KB041012

맨큐의 핵심경제학 : 길잡이

1부 서론

1장	경제학의 10대 기본원리	경제학은 몇 가지 중요한 원리들로 구성되어 있다.
2장	경제학자처럼 생각하기	경제학자는 과학자면서 정책담당자의 입장에서 세상을 바라본다.
3장	상호 의존관계와 교역이득	비교우위 이론은 경제적 상호 의존성이 사람들에게 어떤 이득을 주는지 설명한다.

2부 시장의 작동 원리

4장	시장의 수요와 공급	상호 의존적인 수많은 경제주체들의 의사결정이 시장의 수요와 공급에 의해 어떻게 조정되는지를 살펴본다.
5장	탄력성과 그 응용	
6장	수요, 공급과 정부정책	수요·공급 모형을 이용하여 정부 정책의 효과를 분석한다.

3부 시장과 경제적 후생

7장	소비자, 생산자, 시장의 효율성	수요와 공급의 균형은 왜 사회 전체를 위해 바람직한가? 소비자잉여와 생산자잉여의 개념을 이용하여 시장의 효율성, 조세의 사회적 비용, 국제무역의 이득을 분석한다.
8장	응용 : 조세의 경제적 비용	
9장	응용 : 국제무역	

4부 공공경제학

10장	외부효과	시장에서 나타나는 결과가 항상 효율적인 것은 아니다. 때로는 정부가 시장실패를 시정할 수 있다.
11장	공공재와 공유자원	

5부 기업행동과 산업조직

12장	생산비용	기업 이론은 경쟁적 시장 공급의 이면에 있는 의사결정을 설명해준다.
13장	경쟁시장	
14장	독점	기업들이 시장지배력이 있으면 시장에서 비효율적인 결과가 나타날 수 있다.

6부 거시경제 데이터

15장 국민소득의 측정
16장 생계비의 측정

나라 경제의 상태를 모니터하기 위해 사용되는 주요 변수인 국민소득과 물가수준의 측정에 대해 공부한다.

7부 장기 실물경제

17장 생산과 성장
18장 저축, 투자와 금융제도
19장 재무이론의 기초
20장 실업

GDP의 성장, 저축, 투자, 실질이자율, 실업률 등 주요 실물변수들의 장기 결정 요인들에 대해 알아본다.

8부 화폐와 물가의 장기적 관계

21장 통화제도
22장 통화량 증가와 인플레이션

통화제도는 물가수준과 인플레이션율, 기타 명목변수의 결정에 매우 중요한 영향을 미친다.

9부 단기 경기변동

23장 총수요와 총공급
24장 통화정책과 재정정책이 총수요에 미치는 효과

총수요·총공급모형은 단기 경기변동과 단기 금융·재정정책의 효과, 그리고 실질변수들과 명목변수들 사이의 단기 상관관계를 설명해준다.

ESSENTIALS OF ECONOMICS 9e

맨큐의 핵심경제학

Essentials of Economics,
Ninth Edition

N. Gregory Mankiw

Original edition © 2021 South Western, a part of Cengage Learning.
Essentials of Economics Ninth Edition by N. Gregory Mankiw
ISBN: 9780357133514

This edition is translated by license from South Western, a part of Cengage Learning, for sale in Korea only.

ISBN-13: 978-89-6218-503-4

Cengage Learning Korea Ltd.
14F YTN Newsquare 76 Sangamsan-ro
Mapo-gu Seoul 03926 Korea

Printed in Korea
Print Number: 04 Print Year: 2024

N.GREGORY MANKIW

ESSENTIALS OF ECONOMICS 9e

맨큐의 핵심경제학

김경환 · 김종석 옮김

Cengage

Australia • Brazil • Canada • Mexico • Singapore • United Kingdom • United States

맨큐의 핵심경제학

Essentials of Economics, 9th Edition

제9판 1쇄 발행 | 2021년 3월 5일
제9판 4쇄 발행 | 2024년 3월 22일

지은이 | N. Gregory Mankiw
옮긴이 | 김경환, 김종석
발행인 | 송성헌
발행처 | 센게이지러닝코리아㈜
등록번호 | 제313-2007-000074호(2007.3.19.)
이메일 | asia.infokorea@cengage.com
홈페이지 | www.cengage.co.kr

ISBN | 978-89-6218-503-4

정 가 | 41,000원

저자에 대하여

맨큐(N. Gregory Mankiw) 교수는

JORDI CABRÉ

하버드대학교 경제학과 Rebert M. Beren 석좌교수다. 그는 프린스턴대학교와 MIT에서 경제학을 공부했으며 거시경제학, 미시경제학, 통계학, 경제학 원론 등을 강의했다. 오래전 어느 해 여름 롱비치 아일랜드에서 세일링 강사를 한 적도 있다.

맨큐 교수는 왕성한 저술가이며 학술 토론과 정책 토론에도 활발하게 참여하고 있다. 그의 논문들은 「*American Economic Review*」, 「*Journal of Political Economy*」, 「*Quarterly Journal of Economics*」 등 주요 학술지에 게재되었으며, 『뉴욕타임스』, 『월스트리트저널』 등의 대중적 매체에 기고하기도 했다. 맨큐 교수가 쓴 『거시경제학(Macroeconomics)』(Worth Publishers)은 중급 거시경제학 교과서의 베스트셀러다. 그는 강의, 연구, 저술 활동뿐 아니라 미국의 싱크 탱크인 전국경제조사국(National Bureau of Economic Research)의 연구위원, 보스턴과 뉴욕의 연방준비은행과 의회예산처(Congressional Budget Office)의 자문 교수, Urban Institute의 이사, ETS의 경제학 AP(Advanced Placement) 시험문제 개발위원회 위원 등으로 활동해 왔다. 2003년부터 2005년까지 미국 대통령 경제자문위원회(Council of Economic Advisors) 의장을 역임했다.

한국어판 출판에 부치는 글

It is an honor to have my book, Principles of Economics, translated into Korean.

This book has now been translated into about 16 languages. After spending five years writing the first edition, I am delighted to find so many eager readers around the world.

The study of economics is fascinating, but the goal of the discipline is not just intellectual enjoyment but also to improve economic conditions. Fortunately, the South Korean economy has exhibited an impressive rate of economic growth over the past half century. Although the nation experienced some difficult times in the 1990s, this fact should not overshadow the very positive long-term economic experience.

Prosperity comes not by accident but the consistent application of sound policy, which in turn requires an understanding, on the part of policy makers and the public, of how the economy works. I hope this book can, in a small way, contribute to that understanding in Korea.

N. Gregory Mankiw

『경제학 원론』의 한국어 번역판이 출판된 것을 영광으로 생각합니다. 이 책은 16개 언어로 번역되었습니다. 이 책의 초판을 쓰는 데 5년을 투자한 저는 전 세계적으로 이렇게 많은 독자의 사랑을 받게 되어 기쁩니다.

경제학 공부는 매력적입니다. 그러나 경제학은 지적인 즐거움을 제공하는 것은 물론 경제 여건을 개선하는 데 그 목적이 있습니다. 다행히도 한국 경제는 지난 반세기 동안 눈부신 성장을 이룩했습니다. 1990년대 한때 어려운 시절을 겪었지만 그로 인해 매우 긍정적인 장기적 성과가 가려지지는 않을 것입니다.

번영은 우연히 오는 것이 아니라 건전한 정책을 일관되게 적용할 때 얻을 수 있습니다. 그리고 건전한 정책을 펼 수 있으려면 정책 당국이나 국민들이 경제가 어떻게 작동하는지를 잘 이해해야 합니다. 모쪼록 이 책이 한국에서 경제에 대한 이해를 높이는 데 조금이나마 기여할 수 있기를 바랍니다.

역자에 대하여

김경환 교수는

서강대학교를 졸업하고 프린스턴대학교에서 경제학 박사 학위를 받았다. 미국 시라큐즈대학교 경제학과 교수를 거쳐 1988년부터 서강대학교 경제학부에 재직하고 있다. 김 교수는 UN 정주기구(UN Habitat) 자문관, 아시아부동산학회 회장, 위스콘신대학교 및 싱가포르 경영대학교 방문 교수, 한국부동산분석학회 회장, 한국주택학회 회장, 국토연구원 원장, 국토교통부 차관 등을 역임했다.

김 교수의 전공 분야는 도시 · 부동산 경제학과 공공경제학이다. 김 교수는 『도시경제』(공저), 『부동산경제학』(공저) 등을 저술했고 국내 · 국제 학술지 및 단행본에 많은 논문을 발표했다. 또한 전공 분야의 다양한 정부 위원회와 세계은행 등 국제기구의 컨설팅에도 참여했다. 현재 「*Journal of Housing Economics*」 편집위원과 「*Housing Studies*」의 편집자문 위원을 맡고 있다.

김종석 교수는

서울대학교를 졸업하고 프린스턴대학교에서 경제학 박사 학위를 받았다. 미국 다트머스대학교 경제학과 교수, 한국개발연구원(KDI) 연구위원, 홍익대학교 경영대학 교수와 경영대학장을 역임했다. 김 교수는 한국경제연구원 원장, 규제개혁위원회 위원장, 정부투자기관 경영평가단 위원, 한국규제학회 회장, 케냐 정부 경제자문관, UN 산업개발기구(UNIDO), 세계은행 등 국제기구 자문 역할도 수행하였고, 제20대 국회의원을 지냈다.

김 교수의 전공 분야는 미시경제 이론과 산업조직론이며, 특히 정부규제에 대한 연구와 저술이 많다. 『독립규제 위원회의 발전방향』(공저), 『우리나라 가격규제의 현황과 과제』 등 다수의 저서와 논문을 발표했다.

요약 차례

저자 서문

학생들에게

“경제학은 인간의 일상생활을 연구하는 학문이다.” 19세기의 위대한 경제학자 알프레드 마셜(Alfred Marshall)은『경제학 원론』에서 이렇게 말했다. 우리는 마셜이 살던 시대 이래로 경제에 대해 많은 것을 배워왔지만, 그가 내린 경제학의 정의는『경제학 원론』교과서 초판이 출판된 1890년이나 오늘날이나 변함없이 옳은 것이다.

21세기에 살고 있는 독자 여러분이 왜 경제학을 공부해야 하는가? 여기 세 가지 이유가 있다.

첫째, 경제학은 여러분이 살고 있는 이 세계를 이해하는 데 도움이 되기 때문이다. 여러분의 호기심을 자극할만한 경제 문제는 많다. 왜 뉴욕 시에서는 아파트를 구하기가 그렇게 어려운가? 왜 토요일 밤을 지내고 돌아오는 승객의 왕복 항공권은 더 싼가? 왜 엠마 스톤(Emma Stone)은 영화 출연료를 그렇게 많이 받을까? 왜 아프리카 여러 나라의 생활 수준은 그렇게 낮을까? 왜 어떤 나라는 높은 인플레이션을 겪고, 어떤 나라의 물가는 안정되어 있는가? 왜 어떤 해에는 직장을 구하기 쉽고, 어떤 해에는 어려운가? 이러한 질문들은 경제학 과목을 수강하면 답할 수 있는 몇 가지 사례에 불과하다.

둘째, 경제학을 공부하고 나면 여러분은 경제활동에 더 지혜롭게 참여할 수 있기 때문이다. 여러분은 사는 동안 수많은 경제적 결정을 내리게 된다. 학생 시절에는 학교 교육을 얼마나 받아야 할지 결정해야 한다. 취직을 하고 나면 소득 중의 얼마를 소비하고, 얼마를 저축하며, 저축한 돈을 어떻게 투자해야 할지 결정해야 한다. 훗날 여러분은 중소기업이나 대기업의 경영을 맡게 되어 회사에서 생산하는 제품 가격을 결정해야 할지도 모른다. 이 책의 여러 장에서 공부할 내용들은 이러한 의사결정을 하는 데 도움이 될 새로운 시각을 제공한다. 경제학을 공부했다는 사실만으로 부자가 되지는 않겠지만 경제학은 그러한 노력에 도움이 될 도구들을 제공할 것이다.

셋째, 경제학을 공부하면 경제정책이 달성할 수 있는 것과 그 한계를 이해하게 되기 때문이다. 경제 문제는 시청, 도청, 그리고 대통령 집무실에서 정책을 만드는 사람들이 항상 고민하는 문제다. 다양한 형태의 세금은 국민들에게 어떤 부담을 주는가? 다른 나라와 자유무역을 하면 어떤 효과가 나타날까? 환경을 보호하는 최선의 방법은 무엇일까? 재정적자는 경제에 어떤 영향을 주는가? 독자들은 유권자로서 우리 사회의 자원 배분에 영향을 미칠 정책을 선택해야 한다. 경제학을 제대로 이해하면 여러분이 이

의무를 보다 잘 수행하는 데 도움이 될 것이다. 훗날 여러분이 어떤 정책결정자가 될지 누가 알겠는가?

이처럼 경제학 원리는 우리 삶의 수많은 상황에 적용될 수 있다. 미래에 여러분이 언론인이 되어 있을지, 사업을 하고 있을지, 아니면 대통령 집무실에 앉아 있을지 모르지만 여러분은 경제학 원론을 배우기 잘했다고 느낄 것이다.

2019년 5월

맨큐

역자 서문

『맨큐의 경제학』의 우리말 번역판 초판이 1999년 2월에 출간된 지 22년이 지났다. 그 동안 『맨큐의 경제학』은 판을 거듭하면서 경제학 원론 교재로서뿐 아니라 경제학에 관심이 있는 일반 독자들의 입문서로도 분에 넘치는 사랑을 받아왔다. 무엇보다도 경제학의 기본 개념과 응용 사례를 명료하고 알기 쉽게 설명한 원서의 가치가 우리나라 독자들에게 제대로 전달되어 좋은 반응을 얻었다는 사실에 옮긴이로서 큰 기쁨과 보람을 느낀다.

『맨큐의 경제학』 번역판 초판이 아시아 외환 위기 직후에 기획되었는데, 2008년에 발발한 글로벌 금융 위기를 계기로 위기를 예측하지 못한 경제학자들과 경제학 자체의 무용론이 제기되기도 했다. 제9판이 출판되는 지금 전 세계는 2020년에 시작된 코로나바이러스(COVID−19)의 거대한 충격에 대응하느라 부심하고 있다. 세상이 점점 더 복잡해지고 새로운 경제 현상과 그에 따른 정책접근이 대두됨에 따라 경제 현상과 정책에 대한 정확한 이해가 더 중요해지고 있다.

『맨큐의 핵심경제학』은 『맨큐의 경제학』의 36개 장 중에서 핵심적인 내용을 다룬 24개 장으로 구성된 『Essentials of Economics』의 번역판이다(『맨큐의 경제학』과 『맨큐의 핵심경제학』의 장별 구성은 다음 페이지의 대조표를 참조하기 바란다). 원서 제9판은 이전 판의 기본 골격을 유지하면서 일부 장의 설명을 보강하고 신문 기사와 사례연구, 응용문제를 교체했다. 번역판은 이러한 변화를 최대한 소화했고, 부록인 우리나라 통계도 최근 자료로 보완했다. 이와 함께 본문을 전체적으로 재검토하여 보다 자연스러운 표현으로 다듬었다.

제9판의 편집은 센게이지러닝코리아 편집팀과 박혜정, 박민영 씨가 담당했으며, 서강대학교 계세라 석사가 교정과 통계부록 개정을 맡아 수고해주었다. 오탈자를 지적해주신 독자들께도 감사드린다. 지금까지 지적해주신 내용들을 최대한 반영하려고 노력하였지만, 앞으로도 오류가 발견되는 대로 바로잡을 것을 약속드린다. 변함없는 관심과 격려를 부탁드린다.

2021년 1월

옮긴이

김경환 교수
이메일 stamitzkim@gmail.com

김종석 교수
이메일 kim0032@nate.com

『맨큐의 경제학』과 『맨큐의 핵심경제학』의 장별 내용 대조표

맨큐의 경제학		맨큐의 핵심경제학	
1부	서론	1부	서론
1장	경제학의 10대 기본원리	1장	경제학의 10대 기본원리
2장	경제학자처럼 생각하기	2장	경제학자처럼 생각하기
3장	상호 의존관계와 교역이득	3장	상호 의존관계와 교역이득
2부	시장의 작동 원리	2부	시장의 작동 원리
4장	시장의 수요와 공급	4장	시장의 수요와 공급
5장	탄력성과 그 응용	5장	탄력성과 그 응용
6장	수요, 공급과 정부정책	6장	수요, 공급과 정부정책
3부	시장과 경제적 후생	3부	시장과 경제적 후생
7장	소비자, 생산자, 시장의 효율성	7장	소비자, 생산자, 시장의 효율성
8장	응용 : 조세의 경제적 비용	8장	응용 : 조세의 경제적 비용
9장	응용 : 국제무역	9장	응용 : 국제무역
4부	공공경제학	4부	공공경제학
10장	외부효과	10장	외부효과
11장	공공재와 공유자원	11장	공공재와 공유자원
12장	조세제도		
5부	기업행동과 산업조직	5부	기업행동과 산업조직
13장	생산비용	12장	생산비용
14장	경쟁시장	13장	경쟁시장
15장	독점	14장	독점
16장	독점적 경쟁		
17장	과점		
6부	노동시장의 경제학		
18장	생산요소시장		
19장	임금소득과 차별		
20장	소득불평등과 빈곤		
7부	소비자 선택 이론과 미시경제학의 새로운 영역		
21장	소비자 선택 이론		
22장	미시경제학의 새로운 영역		
8부	거시경제 데이터	6부	거시경제 데이터
23장	국민소득의 측정	15장	국민소득의 측정
24장	생계비의 측정	16장	생계비의 측정
9부	장기 실물경제	7부	장기 실물경제
25장	생산과 성장	17장	생산과 성장
26장	저축, 투자와 금융제도	18장	저축, 투자와 금융제도
27장	재무이론의 기초	19장	재무이론의 기초
28장	실업	20장	실업
10부	화폐와 물가의 장기적 관계	8부	화폐와 물가의 장기적 관계
29장	통화제도	21장	통화제도
30장	통화량 증가와 인플레이션	22장	통화량 증가와 인플레이션
11부	개방경제의 거시경제학		
31장	개방경제의 거시경제학 : 기본 개념		
32장	개방경제의 거시경제 이론		
12부	단기 경기변동	9부	단기 경기변동
33장	총수요와 총공급	23장	총수요와 총공급
34장	통화정책과 재정정책이 총수요에 미치는 효과	24장	통화정책과 재정정책이 총수요에 미치는 효과
35장	인플레이션과 실업의 단기 상충관계		
13부	책 말미에		
36장	거시경제에 관한 여섯 가지 쟁점		

차례

1부 서론

2부 시장의 작동원리

3부 시장과 경제적 후생

4부 공공경제학

5부 기업행동과 산업조직

8부 화폐와 물가의 장기적 관계

9부 단기 경기변동

1장

경제학의 10대 기본원리

'경제'를 의미하는 economy라는 단어는 원래 '집안 살림하는 사람'이라는 의미의 'oiko nomos'라는 그리스어에서 유래했다고 한다. 얼핏 생각하면 이러한 어원이 약간 이상하다고 느껴질 수도 있을 것이다. 그러나 가정 살림살이와 경제에는 공통점이 많다.

어느 가정이든지 많은 결정을 내려야 한다. 누가 저녁을 차려야 할지, 누가 빨래를 해야 할지, 저녁 식탁에서 누가 맛있는 디저트를 더 먹을지, 누가 승용차를 운전해야 할지 등 식구 중 누가 어떤 일을 해야 하고 또 그 대가로 무엇을 받아야 할지를 결정해야 한다. 즉 한 가계는 각 구성원의 능력과 노력, 희망에 따라 제한된 자원(시간, 디저트, 승용차 주행거리)을 식구들에게 나눠주어야 하는 것이다.

가계와 마찬가지로 사회도 많은 결정을 내려야 한다. 어느 사회든지

ISTOCK.COM/LOLOSTOCK

어떤 일을 해야 하고, 그 일을 누가 해야 하는지 결정해야 한다. 누군가는 식량을 생산해야 하고, 누군가는 옷을 만들어야 하며, 또 누군가는 컴퓨터 소프트웨어를 만들어야 한다. 마찬가지로 한 사회가 사람들(토지, 건물, 기계와 같은 생산요소도 동일하다)을 여러 가지 일에 종사하도록 한 뒤에는 생산된 재화와 서비스를 배분해야 한다. 즉 누가 캐비아를 먹고 누가 감자를 먹어야 할지, 또 누가 페라리(Ferrari)를 타고 누가 버스를 타야 할지 결정해야 하는 것이다.

희소성 한 사회가 가지고 있는 자원의 유한성

이와 같이 한 사회가 가지고 있는 자원을 관리하는 건 중요한 일이다. 왜냐하면 자원은 희소하기 때문이다. 희소성(scarcity)이란 사람들이 가지고 싶은 만큼 다 가질 수 없다는 사실을 의미한다. 어느 가정에서든지 모든 식구가 원하는 것을 다 할 수 없는 것처럼, 한 사회도 그 구성원들이 원하는 최고의 생활 수준을 누구에게나 보장해줄 수 없다.

경제학 한 사회가 희소자원을 어떻게 관리하는지 연구하는 학문

경제학(economics)이란 사회가 희소자원을 어떻게 관리하는지를 연구하는 학문이다. 대부분의 사회에서는 자원이 강력한 독재자 한 사람에 의해 배분되는 것이 아니라 무수히 많은 가계와 기업 간의 행위에 따라 배분된다. 따라서 경제학은 사람들이 어떻게 결정을 내리는지에 대해 연구하는 학문이라고도 할 수 있다. 즉 얼마나 일하고 무엇을 구입하며, 얼마나 저축하고 그 저축을 어떻게 투자하는지 등과 같은 사람들의 의사결정 과정을 연구하는 학문이다. 경제학자들은 사람들이 어떻게 상호작용하는지에 대해서도 관심을 갖는다. 예를 들어 수많은 판매자와 구입자들이 어떻게 상호작용하여 한 재화의 거래량과 가격이 결정되는지 분석한다. 그리고 국민들의 평균소득의 증가, 일자리가 없는 국민들의 비율, 물가 상승률 등과 같이 나라 경제 전체에 영향을 미치는 변수와 그 추세도 경제학의 연구 대상이다.

경제학에는 여러 분야가 있지만, 몇 가지 기본원리를 공유하고 있다. 이 장에서는 경제학의 10대 기본원리를 소개한다. 이 원리들은 이 책에서 반복적으로 등장할 것이다. 이 기본원리들을 처음 접하고 이해가 가지 않거나 완전하게 확신할 수 없다고 해서 걱정할 필요는 없다. 앞으로 이 책의 다른 장에서 더 깊이 생각해볼 기회가 있을 것이다. 여기에 경제학의 10대 기본원리를 소개하는 것은 독자들에게 경제학이 어떤 학문인지 개괄적으로 설명하기 위해서다. 따라서 이 장의 내용은 앞으로 독자들이 이 책에서 접할 내용의 예고편이라고 생각해도 좋다.

1-1 사람들은 어떻게 결정을 내리는가

'경제'란 신비로운 것이 아니다. 우리가 로스앤젤레스의 경제나 미국의 경제를 생각하든 아니면 전 세계의 경제를 생각하든, 경제란 살아가면서 상호작용하는 사람들의 집

단을 일컫는 말이다. 한 경제의 움직임은 그 경제를 구성하는 사람들의 움직임을 나타내기 때문에 경제학을 이해하기 위해 우리는 먼저 개인의 의사결정 과정에 관련된 네 가지 기본원리를 살펴볼 필요가 있다.

1-1a 기본원리 1 : 모든 선택에는 대가가 있다

여러분은 '세상에 공짜 점심은 없다'는 속담을 들어본 적이 있을 것이다. 여기에는 많은 진리가 담겨 있다. 우리가 무엇을 얻고자 하면, 대개 그 대가로 무엇인가 포기해야 한다는 것이다. 의사결정에서도 하나의 목표를 달성하기 위해서는 다른 어떤 목표를 포기해야 한다.

어느 학생이 자기의 가장 중요한 자원인 시간을 어떻게 배분할지 궁리하고 있다고 하자. 그 학생은 자신의 모든 시간을 경제학을 공부하는 데 쓸 수도 있고, 심리학을 공부하는 데 쓸 수도 있다. 혹은 시간을 두 과목에 쪼개 쓸 수도 있을 것이다. 분명한 것은 한 과목을 공부하기 위해 사용하는 시간은 다른 과목을 공부하는 데 사용하거나, 낮잠을 자거나, 자전거를 타거나, 비디오 게임을 하거나, 용돈을 벌기 위해 아르바이트를 할 수도 있는 시간이라는 사실이다.

어느 부모가 가계의 수입을 어떻게 써야 할지 생각하고 있다고 하자. 음식이나 옷을 살 수도 있고, 가족 여행을 갈 수도 있다. 혹은 수입의 일부를 은퇴한 뒤에 사용하거나 자녀들 학비에 충당하기 위해 저축할 수도 있을 것이다. 따라서 이 중 어느 한 곳에 돈을 더 쓴다면, 다른 용도에 쓸 돈은 그만큼 줄어든다.

사회 전체로 넓혀 생각해보면 사람들은 또 다른 차원의 선택을 해야 한다. 잘 알려진 선택이 소위 '대포와 버터'의 선택이다. 우리의 국토를 외침(外侵)에서 지키기 위해 더 많은 돈(대포)을 쓴다면, 그만큼 우리의 생활 수준을 높이기 위해 사용할 수 있는 돈(버터)은 줄어들 수밖에 없다. 현대 산업사회가 당면한 중요한 선택 가운데 하나는 깨끗한 환경과 소득 증가 간의 선택이다. 환경오염 방지를 위한 규제는 그만큼 생산비용을 높인다. 생산비가 오르면 기업 이윤이 줄고 임금이 낮아지며, 제품 가격은 높아진다. 환경오염 방지를 위한 정부규제는 깨끗한 환경과 건강을 가져다주지만 기업주나 근로자, 소비자의 소득을 낮추는 대가를 치르게 한다.

사회가 직면하는 또 다른 선택은 효율성과 형평성의 상충관계(trade-off)다. 효율성(efficiency)이란 희소한 자원으로부터 최대의 혜택을 얻는 것이며, 형평성(equality)이란 이러한 혜택이 사회 구성원에게 균등하게 분배되는 것이다. 효율성이 파이의 크기를 나타내는 개념이라면, 형평성은 파이를 나누는 방법에 관한 개념이다.

효율성 한 사회가 가지고 있는 희소한 자원으로부터 최대의 혜택을 얻고자 하는 속성

형평성 경제적 번영의 혜택이 사회 구성원에게 균등하게 분배되는 속성

정부 정책 수립 과정에서 이 두 가지 목표가 상충되는 일이 종종 있다. 예를 들어 경제적 혜택을 보다 균등하게 분배하고자 하는 정책을 생각해보자. 사회복지제도나 실업

보험제도는 경제적으로 어려운 사람들을 돕기 위한 수단이다. 개인소득세 제도는 경제적으로 여유가 있는 사람들이 정부 유지비용을 더 많이 부담하도록 만들어졌다. 이러한 제도들은 형평성을 높이지만, 경제적 효율성은 낮춘다. 정부가 부유한 사람들의 소득을 빈곤한 사람들에게 재분배하려고 하면, 열심히 일하는 데 대한 보상이 줄어들어서 사람들은 덜 열심히 일하고 결과적으로 재화와 서비스의 생산이 줄어든다. 정부가 파이를 좀더 공평하게 나누고자 하면 파이는 더 작아지는 것이다.

사람들이 항상 선택을 해야 한다는 사실 그 자체가 사람들이 어떤 의사결정을 내릴지, 어떤 결정을 내려야 하는지 말해주지는 않는다. 예를 들어 심리학 공부를 포기하면 경제학을 공부할 수 있는 시간이 늘어난다고 해서 심리학 공부를 포기해야 한다는 뜻은 아니다. 환경보호를 위한 정부규제가 우리의 물질적 생활 수준을 낮춘다고 해서 환경보호를 하지 말아야 한다는 것은 아니다. 가난한 사람을 도와주는 것이 그들보다 여유 있는 사람들의 일할 유인을 줄인다고 해서 이를 포기해야 하는 것은 아니다. 그렇지만 사람들은 자신이 어떤 선택을 할 수 있는지 알 때 현명한 결정을 내릴 수 있다. 경제학 공부는 바로 이러한 현실의 상충관계를 이해하는 데서 시작된다.

1-1b 기본원리 2 : 선택의 대가는 그것을 얻기 위해 포기한 그 무엇이다

모든 일에는 대가가 있기 때문에 올바른 의사결정을 위해서는 다른 대안을 선택할 경우의 득과 실을 따져볼 필요가 있다. 그러나 대부분의 경우 선택의 대가는 그리 분명하지 않다.

예를 들어 대학 진학에 관한 의사결정에 대해 생각해보자. 대학 진학의 주요 이득은 지적 성장과 일생 동안 좋은 직업에 종사할 수 있는 가능성일 것이다. 그러나 그 이득에 대한 대가는 무엇일까? 우선 등록금, 책값, 하숙비, 식비 등과 같은 현금비용을 생각할 수 있다. 그러나 이 비용들은 대학을 다니기 위해 포기해야 하는 것을 정확하게 반영하지 못한다. 이러한 계산 방식에는 두 가지 문제가 있다.

첫째, 이 비용의 일부는 대학에 다닌다는 사실 자체만으로 초래되는 비용이 아니라는 점이다. 대학 진학을 포기한다고 해도 어디에선가 잠자고 먹는 비용은 계속 지불해야 한다. 따라서 하숙비와 식비 그 자체는 대학에 다니기 때문에 추가로 지불해야 하는 금액은 아니다. 대학에 다니기 때문에 그렇지 않은 경우보다 하숙비와 식비를 더 부담한다면, 그 차액만큼만 대학에 다니는 비용에 포함되어야 한다.

둘째, 대학에 다니는 가장 큰 비용, 즉 시간비용을 누락시킨다는 점이다. 대학에 다니면서 강의 듣고, 교과서를 읽고, 리포트를 쓰는 시간 동안에는 다른 직업에 종사할 수 없다. 따라서 대부분의 학생들에게는 학교 다니는 시간 동안 돈을 벌 수 있는 잠재적 임금소득이 대학에 다니는 가장 큰 비용이 되는 것이다.

기회비용(opportunity cost)이란 어떤 선택을 위해 포기한 모든 것을 의미한다. 어떤 의사결정을 할 때 올바른 결정을 내리기 위해서는 가능한 모든 선택에 대한 기회비용을 정확하게 아는 것이 매우 중요하다. 사실 사람들은 대부분 그렇게 행동한다고 할 수 있다. 대학에 갈 나이가 된 운동선수 중에 프로에 진출하여 높은 소득을 올릴 수 있는 선수들은 대학 진학의 기회비용이 매우 크다는 것을 잘 안다. 따라서 대학 공부의 혜택이 비용에 비해 크지 않다고 판단하여 대학 진학을 포기하는 경우가 꽤 있다.

기회비용 무엇을 얻기 위해 포기한 모든 것

1-1c 기본원리 3 : 합리적 판단은 한계적으로 이루어진다

경제학자들은 대개 사람들이 합리적으로 행동한다고 가정한다. 합리적인 사람(rational people)들은 자신에게 주어진 기회를 계획적이고 체계적으로 활용하여 자신들의 목적을 달성하기 위해 최선을 다하는 사람들이다. 여러분은 경제 이론을 공부하면서 기업들이 이윤을 극대화하기 위해 직원을 몇 사람이나 고용해야 할지, 제품을 몇 개나 만들어야할지를 결정해야 한다는 것을 알 것이다. 또 개인들도 최고의 만족을 누리기 위해 얼마나 많은 시간을 일할지, 그것을 통해 얻은 수입으로 어떤 재화와 서비스를 소비할지를 결정해야 한다는 사실을 깨달을 것이다.

합리적인 사람 목적을 달성하기 위해 체계적이고 계획적으로 최선을 다하는 사람

합리적인 사람은 일상생활에서 이루어지는 많은 의사결정이 흑백논리에 따라 분명하게 결정되지 않는다는 것을 안다. 예를 들어 저녁식사를 하려고 할 때 여러분이 내려야 하는 결정은 굶을까 돼지처럼 많이 먹을까라기보다는, 식사 중에 밥이나 반찬을 좀 더 먹을까 말까 하는 것이다. 시험을 준비할 때의 의사결정은 시험을 아예 포기할까 하루 24시간 내내 공부할까 하는 것이 아니라, 1시간 더 노트를 복습할까 아니면 그 시간에 비디오 게임을 할까라고 할 수 있다. 경제학자들은 이와 같이 사람들이 현재의 행동에 대한 계획을 조금씩 바꾸어 조정하는 것을 한계적 변화(marginal changes)라고 부른다. 여기서 한계적 변화란 사람들이 하는 일의 맨 끝부분에서 일어나는 변화를 뜻한다. 합리적인 사람은 종종 한계편익과 한계비용을 비교하여 현재 진행 중인 행동을 바꿀지를 판단 한다.

한계적 변화 현재의 행동에 대한 계획을 조금씩 바꾸어 조정하는 것

예를 들어 여러분이 오늘 저녁에 영화를 볼지 생각 중이라고 하자. 여러분은 한 달에 40달러를 내고 무제한 영화 스트리밍 서비스를 구독하고 있으며, 보통 한 달에 8편의 영화를 본다고 하자. 영화를 한 편 더 볼지 말지를 결정할 때 여러분은 어떤 비용을 고려해야 할까? 얼핏 영화 한 편의 평균비용인 40달러/8편, 즉 5달러라고 생각할 수 있다. 그러나 이 결정을 위해 고려해야 할 보다 적절한 비용은 한계비용 즉, 영화를 한 편 더 볼 때 추가로 발생하는 비용이다. 이 경우 한계비용은 0이다. 왜냐하면 여러분은 한 달에 몇 편의 영화를 보는지와 무관하게 늘 같은 비용인 40달러의 동일한 금액을 지불

하고 있기 때문이다. 다시 말해, 한계적으로 영화는 무료인 것이다. 여러분이 오늘 저녁에 영화 한 편을 보는데 드는 유일한 비용은, 영화를 보느라 일을 하거나 (더 바람직하기는) 이 교과서를 공부하는 등의 다른 활동들을 하는 데 사용되지 못하는 시간이다.

한계적 사고는 기업 의사결정에도 적용된다. 항공사가 예약 없이 공항에서 대기하다가 비행기를 타려는 사람들에게 항공료를 얼마나 받아야 할지를 결정해야 한다고 하자. 좌석이 200개 있는 비행기를 목적지까지 운항하는 데 10만 달러가 소요된다면, 좌석 하나당 평균비용은 500달러이므로 이 항공사는 좌석당 500달러 이하를 받아서는 안 된다고 생각할지 모른다. 그러나 비행기가 빈자리 10개를 남겨둔 채 목적지로 출발해야 상황이고 대기 승객 중 1명이 최대 300달러를 지불할 용의가 있다면 항공사는 300달러를 받고 이 승객을 태워야 할까? 물론 그래야 한다. 지금 비행기에 빈자리가 있기 때문에 승객 1명을 더 태우는 비용은 매우 적다. 비록 승객 1명당 평균비용은 500달러지만, 이 승객의 한계비용은 고작해야 그 승객에게 제공되는 기내식과 그 승객의 무게를 실어 나르는데 필요한 소량의 연료 정도다. 대기 중인 승객이 한계비용 이상을 지불할 용의가 있는 한 그 사람을 비행기에 태우는 것이 이윤을 늘리는 길이다. 따라서 합리적인 항공사는 한계적으로 생각함으로써 이윤을 늘릴 수 있다.

한계적 의사결정은 다른 논리로는 이해하기 어려운 경제 현상을 설명하는 데 도움이 된다. 다음의 고전적 사례를 생각해보자. 왜 다이아몬드는 값이 비싸고 물은 쌀까? 물은 사람들의 생존에 필수적이지만, 다이아몬드는 그렇지 않다. 그럼에도 불구하고 사람들은 물을 살 때보다 훨씬 많은 돈을 지불해서라도 다이아몬드를 사려고 한다. 그 이유는 무엇일까? 사람들이 어떤 물건에 대해 기꺼이 지불하려는 금액은 현재 상태에서 그 재화 한 단위가 주는 추가적인 이득, 즉 한계편익에 의해 결정되고, 한계편익은 지금 그 사람이 그 재화를 얼마나 많이 소비하는가에 의해 영향을 받기 때문이다. 물은 필수재지만, 사람들은 물을 충분히 많이 소비하기 때문에 물 1컵의 한계편익은 별로 크지 않다. 반면에 다이아몬드는 생존에 필요한 물건은 아니지만 너무 귀하기 때문에 다이아몬드의 한계편익은 큰 것이다.

합리적인 사람은 어떤 의사결정에 따른 한계편익이 한계비용보다 클 때만 그 대안을 선택할 것이다. 바로 이 원리를 통해 사람들이 왜 영화 스트리밍 서비스를 한없이 보고, 항공사가 왜 평균비용보다 낮은 가격에 표를 팔고, 사람들이 왜 물보다 많은 금액을 내고 다이아몬드를 구입하려는지 이해할 수 있다. 한계적 판단의 논리에 익숙해지는 데는 다소 시간이 걸릴지 모른다. 그러나 경제학을 공부하면서 이러한 논리에 접할 기회는 많을 것이다.

REDPIXEL.PL/SHUTTERSTOCK.COM

많은 영화 스트리밍 서비스는 영화 관람의 한계비용을 0으로 하고 있다.

1-1d 기본원리 4 : 사람들은 경제적 유인에 반응한다

경제적 유인 사람들이 행동하도록 만드는 그 무엇

경제적 유인(incentive)이란 처벌 가능성이나 보상과 같이 사람이 행동하도록 만드는 그 무엇을 의미한다. 합리적인 사람은 어떤 행동을 하고자 할 때 그 행동에 따른 이득과 비용을 비교해서 의사결정을 하기 때문에 경제적 유인에 반응한다. 경제적 유인은 경제학 분석에 중심적 역할을 한다. 심지어 어떤 경제학자는 경제학 전체가 오직 "사람들은 경제적 유인에 반응한다. 나머지는 모두 부수적이다"라는 말로 요약될 수 있다고 주장했다.

경제적 유인은 시장이 어떻게 움직이는지 분석하는 데도 중요하다. 예를 들어 사과 가격이 상승하면 사람들은 사과를 덜 사먹을 것이다. 동시에 사과 과수원 주인들은 인부들을 더 고용해서 사과 생산을 늘리려 할 것이다. 다시 말해서 높은 시장가격은 소비자에게 소비를 줄일 유인을 제공하고, 공급자에게는 생산을 늘리도록 하는 유인을 제공한다. 공급자와 수요자의 행동에 가격이 어떤 영향을 미치는지는 시장이 희소자원을 어떻게 배분하는지 이해하는 데 매우 중요하다는 사실을 앞으로 알게 될 것이다.

정책담당자들은 경제적 유인이 사람들의 행동에 영향을 미친다는 사실을 항상 기억해야 한다. 많은 정책이 사람들이 받는 혜택과 부담해야 하는 비용구조를 바꾸어 사람들의 행동을 변화시키기 때문이다. 예를 들어 휘발유에 대해 세금이 부과되면 사람들은 보다 작고 연비가 좋은 차를 선택할 것이다. 휘발유세가 높은 유럽에서 사람들이 미국에서보다 소형차를 많이 타는 것은 바로 이 때문이다. 또 더 높은 휘발유세는 사람들이 카풀(carpool)이나 대중교통 수단을 이용하고 직장 근처에 살도록 하거나 하이브리드 자동차 또는 전기자동차를 선택할 유인을 제공할 것이다.

그러나 정책담당자들이 정책이 사람들의 유인구조를 어떻게 바꿀지 충분히 고려하지 않고 정책을 만들면 예상 밖의 부작용이 나타날 수 있다. 이러한 사례로 자동차 안전에 관한 공공정책을 들 수 있다. 지금은 거의 모든 차량에 안전띠가 장착되지만, 60년 전만 해도 안전띠가 장착된 자동차가 거의 없었다. 1965년에 미국의 유명한 소비자 운동가 랠프 내이더(Ralph Nader)는 『Unsafe at Any Speed』라는 저서를 통해 자동차 안전에 관한 국민의 관심을 불러일으켰다. 그 후 미 의회는 미국 내 자동차 제조회사들에게 안전띠 등 여러 가지 승객 보호장치를 설치하도록 의무화했다.

그렇다면 안전띠 의무화 규제가 자동차의 안전에 어떠한 영향을 주는가? 직접적인 효과는 명백하다. 많은 운전자와 승객이 안전띠를 착용하면 교통사고에서 살아남을 확률이 높아진다. 그러나 이 정책의 전체적인 효과를 이해하기 위해서는 이 규제가 도입된 이후 바뀐 유인구조에 따라 사람들의 행동이 어떻게 달라졌는지 알아볼 필요가 있다. 이 경우 사람들의 행동이란 주행 속도와 운전시 주의력이라고 할 수 있다. 운전자 입장에서 천천히 조심스럽게 운전하면 시간이 더 걸리고 피곤하기 때문에 비용이 초래된다. 운전자가 안전 운전의 수준을 결정할 때, 합리적인 사람이라면 무의식적으로 안전 운전의 한계편익과 한계비용을 고려할 것이다. 천천히 운전함으로써 안전도가 높아지는 데 따르는 이득이 천천히 운전하는 비용보다 크다면 사람들은 천천히 운전하려고 할 것이다. 길이 미끄러우면 그렇지 않을 때보다 서행하고 조심해서 운전하는 것은 바로 이 때문이다.

이제 안전띠 규제가 합리적인 운전자의 비용편익구조를 어떻게 바꾸는지 생각해보자. 안전띠는 사고를 당했을 때 부상이나 사망의 가능성을 낮추기 때문에 교통사고로 인해 발생하는 비용을 줄이는 효과가 있다. 따라서 안전띠를 착용하면 천천히 조심해서 운전하는 데 따르는 운전자의 이득이 그만큼 작아진다. 안전띠 착용은 도로를 잘 깔아놓은 것과 같은 효과, 즉 속도를 더 내고 덜 조심스럽게 운전하도록 하는 효과를 가져온다. 결국 안전띠 의무화 규제는 교통사고의 증가로 이어진다. 운전자들이 전보다 안전 운전을 하지 않는다는 것은 보행자들에게는 분명히 좋지 않은 일이다. 결과적으로 보행자들은 자동차 사고를 당할 확률이 높아지지만, (운전자들과 달리) 강화된 자동차 안전장치의 혜택은 누리지 못한다.

유인구조의 변화와 안전띠 의무화의 효과에 대한 앞의 논의는 한가한 이론적 추측처럼 보일지 모른다. 그러나 경제학자 샘 펠츠만(Sam Peltzman)은 1975년에 발표한 논문을 통해 실제로 이러한 현상이 미국에서 발생했음을 통계적으로 증명했다. 펠츠만의 결론에 따르면 안전띠 규제를 통해 사고당 사망률은 감소했으나, 사고 건수는 증가한 것으로 나타났다. 이 규제의 순효과는 운전자 사망률은 거의 변화가 없고, 보행자 사망률이 높아진 것이다.

자동차 안전에 관한 펠츠만의 연구는 사람들의 행동이 주어진 유인구조에 반응한다는 일반적인 원리를 보여주는 하나의 사례에 불과하다. 어떤 정책을 분석할 때는 그 정책의 직접 효과뿐 아니라 사람들의 유인구조를 통해 작동하는 덜 분명한 효과도 반드시 고려해야 한다. 정책이 사람들의 유인구조를 변화시킨다면 사람들의 행동도 변한다는 사실을 알아야 한다.

간단한 퀴즈

1. 경제학은?

a. 사회가 희소자원을 어떻게 관리하는지를 연구한다.
b. 최대의 수익을 올리는 기업경영 방법을 연구한다.
c. 인플레이션, 실업, 주식 가격을 예측한다.
d. 통제받지 않는 이기심에 의한 폐해를 정부가 어떻게 막을 수 있는지를 연구한다.

2. 영화 관람의 기회비용은?

a. 입장권 요금
b. 입장권 요금과 극장에서 구입한 음료와 팝콘 가격
c. 영화 관람을 위해 사용한 모든 금액과 시간
d. 영화를 충분히 즐겨서 관람을 위해 지출한 금액과 시간이 충분히 가치가 있다고 여긴다면 0이다.

3. **한계적 변화는?**
   a. 공공정책에 중요하지 않다.
   b. 현재 상태를 조금씩 변화시킨다.
   c. 결과를 비효율적으로 만든다.
   d. 인센티브에 영향을 미치지 않는다.

4. **사람들은 경제적 유인에 반응하기 때문에?**
   a. 정책담당자들은 처벌이나 보상을 통해 결과를 바꿀 수 있다.
   b. 정책이 의도하지 않은 결과를 초래할 수 있다.
   c. 효율성과 형평성 사이에 상충관계가 발생한다.
   d. 위의 모든 것.

정답은 각 장의 끝에

1-2 사람들은 어떻게 상호작용하는가

지금까지 살펴본 네 가지 원리는 사람들이 어떻게 결정을 내리는가에 관한 것이었다. 그러나 일상생활에서 우리가 내리는 의사결정은 우리 자신뿐 아니라 다른 사람들에게도 영향을 미친다. 다음의 세 가지 원리는 사람들이 어떻게 상호작용하는가에 관한 것이다.

1-2a 기본원리 5 : 자유거래는 모든 사람을 이롭게 한다

중국이 세계시장에서 미국의 강력한 경쟁국으로 등장했다는 이야기를 들어본 독자들이 있을 것이다. 미국 기업들과 중국 기업들이 같은 상품을 많이 생산하기 때문에 이것은 어느 정도 사실이다. 미국과 중국의 기업들은 의류, 장난감, 태양전지, 자동차 타이어 외에 많은 품목에서 경쟁하고 있다.

그러나 국가 간의 경쟁에 대해 오해하면 안 된다. 미국과 중국의 무역은 운동경기와 같이 한쪽이 승리하면 다른 쪽은 패배하는 관계가 아니다. 사실은 그 반대다. 두 국가 간의 무역은 양국을 모두 이롭게 한다.

그 이유는 무역이 여러분의 가족에게 어떤 영향을 주는지 생각해보면 잘 알 수 있다. 여러분의 식구 중에 한 사람이 직장을 구하고 있다면, 그는 다른 집 식구 중에 직장을 구하는 어떤 사람과 경쟁하는 것이다. 모든 가정은 최고의 상품을 최저의 가격으로 구입하려고 하기 때문에, 각 가정은 물건을 구입하는 과정에서도 다른 가정과 경쟁한다. 따라서 모든 가정은 어떤 의미에서 경제 내의 다른 모든 가정과 경쟁한다고 볼 수 있다.

이러한 경쟁에도 불구하고 다른 모든 사람에게서 스스로 고립되는 것이 여러분의 가족에게 더 득이 되지는 않는다. 만약 그렇게 한다면 여러분의 가족은 스스로 농사를 지어야 하고, 옷을 만들어야 하며, 집도 지어야 할 것이다. 여러분의 가족은 다른 가족과 거래함으로써 분명히 많은 이득을 얻는 것이다. 사람들끼리 거래할 수 있기 때문에 농사일이든, 바느질이든, 집 짓기든 모든 사람이 각자 가장 잘하는 일에 특화할 수 있다.

"일주일에 5달러만 내시면 엄마한테 잔디 깎으라는 잔소리 듣지 않고 야구 중계를 보실 수 있어요."

사람들은 서로 거래함으로써 보다 다양한 재화와 서비스를 가장 낮은 가격으로 구입할 수 있다.

가정과 마찬가지로 국가도 거래를 통해 이득을 볼 수 있다. 국가 간의 교역을 통해 각 국가는 그들이 가장 잘하는 분야에 특화할 수 있고, 보다 다양한 재화와 서비스를 즐길 수 있다. 따라서 중국은 물론 프랑스, 이집트, 브라질 같은 국가도 세계경제 속에서 경쟁자인 동시에 파트너가 된다.

1-2b 기본원리 6 : 일반적으로 시장이 경제활동을 조직하는 좋은 수단이다

세계적으로 지난 세기에 일어난 중요한 변화 중 하나는 1980년대 후반과 1990년대 초반에 발생한 소련과 동유럽 공산주의 체제의 붕괴일 것이다. 공산국가들은 공무원들이 희소자원의 배분을 가장 효과적으로 관리할 수 있으리라는 전제 아래 경제를 운영해왔다. 이 계획담당자들은 어떤 재화와 서비스를 누가 생산하고, 얼마나 생산해야 하며, 누가 소비해야 하는지 등을 모두 결정했다. 계획경제는 정부만이 국가 전체의 경제적 후생을 가장 잘 증진시킬 수 있다는 논리에 근거를 두고 있다.

시장경제 수많은 기업과 가계가 시장에서 상호작용하면서 분산된 의사결정에 의해 자원배분이 이루어지는 경제 체제

오늘날 과거에 중앙집권적인 계획경제 체제를 유지하던 국가들이 대부분 이 체제를 포기하고 시장경제 체제를 도입하려고 노력하고 있다. 시장경제(market economy)에서는 경제계획 담당자가 결정할 사항들을 무수히 많은 기업과 가계들이 대신 결정한다. 기업은 누구를 고용하고 무엇을 생산할지를 스스로 결정한다. 가계는 어떤 기업에서 일할지, 어떤 재화를 구입할지를 자유롭게 결정한다. 기업과 가계는 시장을 통해 상호작용하며, 시장에서는 가격과 사적 이윤이 그들의 의사결정을 좌우한다.

얼핏 보기에 시장경제의 우수성이 잘 이해되지 않을 수도 있다. 사실 시장경제에서는 사회 전체의 후생을 책임지는 사람이 없기 때문이다. 시장경제에서는 수많은 공급자와 수요자가 각각 자신의 이익에만 관심을 가지고 경제활동을 한다. 그러나 이와 같이 의사결정 과정이 분산되어 있고 각 경제주체들이 자신들의 이익만 추구함에도 불구하고, 시장경제가 경제활동을 조직화하여 경제 전체의 번영을 촉진시키는 가장 유효한 수단이라는 사실이 역사적 경험을 통해 입증되었다.

고전학파 경제학자 애덤 스미스(Adam Smith)는 1776년에 저술한 『국부론(國富論, An Inquiry into the Nature and Causes of the Wealth of Nations)』에서 경제학의 가장 중요한 통찰을 제시했다. 그것은 가계와 기업들이 시장에서 상호작용하는 과정에서 마치 '보이지 않는 손'에 이끌리는 것처럼 행동하여 바람직한 시장 성과를 이뤄낸다는 것이다. 경제학의 목표 중 하나는 보이지 않는 손이 어떻게 이러한 마술을 행하는지 배우는 데 있다.

이해를 돕기 위해

애덤 스미스의 보이지 않는 손

애덤 스미스의 『국부론』과 미국의 독립선언서가 같은 해(1776)에 발표되었다는 것은 우연의 일치일지도 모른다. 그러나 이 두 중요한 역사적 문서는 그 시대를 지배하던 새로운 시대상을 반영하고 있다. 즉 모든 개인은 정부의 권위적인 지도와 간섭보다는 각자의 자유로운 선택에 맡겨질 때 자신을 위한 최선의 결정을 내릴 수 있다는 것이다. 이러한 당시의 정치적 믿음이 시장경제 체제와 이후 보다 자유로운 시민사회를 구성하는 지적 근거가 되었다.

왜 분산된 의사결정 구조를 가진 시장경제가 효율적으로 움직이는 것일까? 사람들이 서로 사랑과 친절로 대하기 때문일까? 물론 그렇지 않다. 시장경제에서 사람들이 어떻게 상호작용 하는가에 대한 애덤 스미스의 설명을 살펴보자.

> 인간은 늘 다른 사람으로부터 도움을 받아야 한다. 그러나 이것을 남들의 호의에만 의존하는 것은 헛된 일이다. 남들의 이기심을 자신에게 유익한 방향으로 유도할 수 있고, 그가 원하는 것을 해주는 것이 그들에게도 이롭다는 사실을 보여줄 수 있다면 그 사람은 보다 유리한 입장에 설 것이다…. 내가 원하는 그것을 여러분이 내게 주면 여러분이 원하는 이것을 여러분에게 주겠다는 것이 모든 거래의 의미다. 이 방법을 통해 우리 모두 원하는 것을 상대방에게서 훨씬 더 많이 얻는다.

LIBRARY OF CONGRESS PRINTS AND PHOTOGRAPHS DIVISION[LC-USZ62-17407]

애덤 스미스

> 우리가 오늘 저녁을 먹을 수 있는 것은 푸줏간 주인, 양조장 주인, 빵 굽는 사람들의 호의 때문이 아니라 그들이 자신의 이익을 위해 일하기 때문이다. 우리는 그들의 자비심이 아니라 그들의 이기심에 의존하는 것이며, 우리에게 무엇이 필요한지가 아니라 그들에게 어떤 이득이 있는지 말해야 한다. 걸인만이 동료 시민들의 호의에 의존하려 할 것이다….
>
> 개인은… 공공의 이익을 증진시킬 의도도 없고, 그가 얼마나 공익을 증진시키는지도 모른다…. 개인은 자신의 사적 이익만 추구하고, 이 과정에서 그들이 의도하지 않은 어떤 목적을 달성하기 위해 다른 많은 경우에서처럼 보이지 않는 손에 인도되고 있다. 그렇지만 개인이 그 목적 달성을 의도하지 않았다고 해서 사회적으로 불리한 것은 아니다. 개인은 자신이 의도적으로 사회적 공익을 증진시키려고 하는 경우보다, 자신의 사적 이익을 추구하는 과정에서 사회적 공익을 효과적으로 증진시키는 경우가 많다.

여기서 애덤 스미스는 시장경제에 참여하는 모든 사람은 자신들의 사적 이익을 추구하기 위해 활동하지만, 시장에 존재하는 '보이지 않는 손'이 이들의 사적 이익 추구 행위가 공동체 전체의 경제적 후생을 증진하도록 유도한다고 말하고 있다.

이와 같은 애덤 스미스의 통찰은 오늘날 시장경제에서도 유효하다. 이 책의 다른 장에서 우리는 그의 이 결론을 자세하게 분석하여, 보이지 않는 손의 강점과 약점을 보다 정확하게 이해하고자 할 것이다. ■

여러분은 경제학을 공부하면서 보이지 않는 손이 경제활동을 조정하기 위해 사용하는 수단이 가격임을 알게 될 것이다. 어느 시장에서든지 구매자들은 가격을 보고 얼마나 구입할지를 결정한다. 판매자들도 가격을 보고 얼마나 시장에 내놓을지를 결정한다. 그 결과 재화의 가격은 그 재화의 사회적 가치와 함께 그 재화를 생산하는데 드는 비용을 반영한다. 가격은 의사결정자들이 대부분의 경우 사회 전체의 후생을 극대화하는 의사결정을 내리도록 유도한다는 것이 애덤 스미스의 위대한 통찰이다.

애덤 스미스의 이 통찰을 통해 한 가지 중요한 결론을 도출할 수 있다. 정부가 수요와 공급의 변화에 따른 가격의 자유로운 움직임을 제한하는 것은 보이지 않는 손의 조정 기능을 제약하는 것과 같다는 것이다. 이를 통해 우리는 세금의 부과가 왜 자원의 배분에 나쁜 영향을 미치는지 짐작할 수 있다. 세금은 가격을 왜곡하고 가계와 기업의 의사결정을 왜곡한다. 특히 임대료 규제와 같은 가격규제가 초래하는 문제들을 설명해 준다. 그리고 공산주의가 실패한 이유도 짐작할 수 있다. 공산국가에서는 가격이 시장에서 결정되지 않고 중앙정부의 계획담당자들에 의해 결정되었다. 이 경제계획 담당자들은 시장경제에서 가격에 반영되어야 하는 소비자의 취향이나 생산자의 비용과 같은 정보들을 가지고 있지 못했다. 이들은 자신들의 손 하나, 즉 시장의 보이지 않는 손을 묶어놓은 채 경제를 운영하려고 했기 때문에 실패한 것이다.

사례 연구

애덤 스미스는 우버를 사랑했을 것이다

여러분은 아마 계획경제에서 살아 본 적이 없을 것이다. 그러나 대도시에서 택시를 잡아 보려고 시도한 적이 있다면 강한 규제를 받는 계획경제를 경험한 셈이다. 많은 도시에서 지방 정부는 택시 시장을 엄격하게 규제하고 있다. 택시 규제는 의무보험이나 안전 규제에 국한된 것이 아니다. 정부는 일정한 수의 택시 면허만을 발급함으로써 시장 진입을 규제하고, 택시 요금도 규제한다. 정부는 또한 경찰 단속을 통해 불법 영업과 불법 요금 징수를 제재한다.

그러나 2009년, 이와 같이 강하게 규제되고 있는 택시 시장에 파괴적인 세력이 침투했다. 우버 택시가 등장한 것이다. 우버는 운전자와 승객을 연결해 주는 스마트폰 앱을 제공하는 회사다. 우버 택시는 일반 택시와 달리 길에서 승객을 기다리지 않기 때문에 법적으로는 택시가 아니므로 택시 규제의 적용대상이 아니다. 그러나 기본적으로 같은 서비스를 제공한다. 사실 우버 택시가 일반 택시보다 더 편리하다. 춥고 비 오는 날에 길가에 서서 빈 택시가 지나가기를 기다리는 것을 누가 좋아하겠는가? 스마트폰으로 택시를 불러 놓고 택시가 올 때까지 따뜻한 실내에서 기다리는 것이 더 편리하다.

우버 택시는 항상 그런 것은 아니지만 일반 택시보다 낮은 요금을 받기도 한다. 또 우버 택시는 갑자기 소나기가 오거나 연말 모임이 많은 저녁 시간과 같이 수요가 몰릴 때에는 요금을 더 받기도 한다. 그러나 일반 택시는 규제 때문에 요금을 더 받는 것이 금지돼 있다.

RICHARD LEVINE/ALAMY STOCK PHOTO

기술발전은 택시 시장을 개선시킬 수 있다.

모든 사람이 우버 택시를 좋아하는 것은 아니다. 기존의 일반 택시들은 이 새로운 경쟁자가 자신들의 손님과 수입을 빼앗아 간다고 불평한다. 이는 이상한 일이 아니다. 공급자는 누구든지 새로운 경쟁자를 좋아하지 않는다. 그렇지만 공급자 간의 치열한 경쟁은 시장이 소비자를 위해 더 잘 작동하도록 만든다.

이것이 경제학자들이 우버를 좋아하는 이유다. 2014년에 다수의 저명한 경제학자들에게 우버 택시가 소비자의 편익을 증진시켰는지 여부를 묻는 설문조사를 시행한 결과, 전체 응답자들이 그렇다고 답변했다. 우버 요금이 수요에 따라 상승하는 것이 소비자에게 이로운지를 묻는 설문에는 85%가 그렇다고 답변했다. 수요 증가에 따른 요금 상승은 승객으로 하여금 높은 요금을 내게 하지만, 우버 운전자들이 요금을 더 받을 수 있다는 유인에 반응하여 택시가 가장 필요한 시간과 장소에 공급을 늘리기 때문에 소비자에게도 이롭다는 것이다. 요금이 유연하게 반응하는 것은 우버 서비스를 가장 필요로 하는 승객에게 우선적으로 제공하도록 해서 승객이 택시를 기다리는 불편을 해소해 준다.

애덤 스미스가 지금 살아 있다면, 당연히 자신의 스마트폰에 우버앱을 깔아 놓았을 것이다.●

1-2c 기본원리 7 : 경우에 따라 정부가 시장 성과를 개선할 수 있다

시장의 보이지 않는 손이 그렇게 위대하다면 정부가 왜 필요할까? 우리가 경제학을 공부하는 이유 중의 하나는 정부 정책의 역할과 범위에 관해 보다 정확하게 알기 위해서다.

보이지 않는 손은 정부가 법을 잘 집행하고, 시장경제의 기본이 되는 제도와 기구를 잘 유지할 때 그 역할을 제대로 수행할 수 있기 때문에 정부가 필요한 것이다. 특히 중요한 것은 시장경제의 작동을 위해 개인이 자원을 소유하고 통제할 수 있도록 재산권(property right)을 보장하는 제도적 장치가 필요하다는 점이다. 농부가 자기 수확물이 도둑질당할 것이라고 예상한다면 농사를 지을 리 없다. 식당 주인은 고객이 식사 후 밥값을 낼 것이라고 믿기 때문에 식사를 제공한다. 그리고 불법 복제를 통해 무료로 영화를 보는 사람들이 아주 많아진다면 영화회사는 영화를 만들지 않을 것이다. 이같이 우리는 정부가 법 집행을 통해 우리가 생산하는 물건에 대한 권리를 보장해줄 것이라고 믿기 때문에 경제활동을 할 수 있다.

재산권 한 개인이 희소자원을 소유하고 통제할 수 있는 능력

그러나 시장이 정부를 필요로 하는 보다 근본적인 이유가 있다. 보이지 않는 손은 강력하지만 전지전능한 것은 아니다. 사람들이 스스로 선택한 자원 배분 결과를 바꾸기 위해 정부가 시장에 개입해야 하는 이유는 크게 두 가지다. 효율성을 높이려는 경우와 형평성을 높이려는 경우다. 비유하자면 대부분의 정책은 파이를 키우려는 목적이나 파이를 나누는 방식을 바꾸려는 목적이 있다.

먼저 효율성을 높이기 위한 정부의 역할을 생각해보자. 보이지 않는 손은 대부분의 경우 시장이 경제적 파이를 극대화하도록 하지만 반드시 그러한 것은 아니다. 경제학에서는 이와 같이 시장이 효율적인 자원 배분을 달성하지 못하는 경우를 시장 실패(market failure)라고 한다. 나중에 살펴보겠지만 시장 실패의 한 가지 이유는 외부효과다. 외부효과(externality)란 한 사람의 행위가 제3자의 경제적 후생에 영향을 미치는 현상을 말한다. 환경오염은 외부효과의 고전적 사례다. 어떤 물건을 생산하는 과정에서 공기를 오염시켜 공장 부근의 주민들에게 피해를 주었다면, 시장의 자율 기능은 이러한 비용을 반영하지 못한다. 시장 실패의 또 다른 이유는 시장지배력이다. 시장지배력

시장 실패 시장이 자유롭게 기능하도록 맡겨 두었을 때 효율적인 자원 배분을 달성하지 못하는 경우

외부효과 한 사람의 행위가 제3자의 경제적 후생에 영향을 미치는 현상

시장지배력 한(혹은 소수의) 사람이나 기업이 시장가격에 상당한 영향을 미칠 수 있는 능력

(market power)이란 한(혹은 소수의) 사람이나 기업이 시장가격에 과도한 영향을 미칠 수 있는 능력을 의미한다. 예를 들어 어떤 마을에 우물이 하나밖에 없다고 하자. 이 우물을 소유한 사람은 물 공급에 대한 시장지배력(이 경우는 독점력)이 있다. 이 우물의 소유자는 보이지 않는 손이 개인의 이기심을 통제하는 수단인 경쟁에 노출되어 있지 않다. 그 사람은 물 공급을 제한하여 물 가격을 올려서 이득을 취하려 할 것이다. 외부효과나 시장지배력이 있을 경우 적절한 정부 정책을 통해 경제적 효율성을 높일 수 있다.

이제 형평성을 높이기 위한 정부의 역할에 대해 생각해보자. 보이지 않는 손이 효율적인 결과를 가져다준다고 해도 사람들의 경제적후생에 상당한 격차를 초래할 수 있다. 시장경제는 사람들이 구입하고 싶은 것을 만들어내는 능력에 비례해서 사람들이 보상을 받도록 하는 체제다. 세계에서 농구를 제일 잘하는 선수가 세계에서 체스를 가장 잘 두는 선수보다 돈을 많이 버는 이유는, 사람들이 농구 경기를 보기 위해 지불하고자 하는 금액이 체스 게임을 보기 위해 지불하고자 하는 금액보다 크기 때문이다. 보이지 않는 손은 모든 사람이 좋은 음식과 좋은 옷, 충분한 의료혜택을 누리도록 보장하지는 못한다. 사람마다 정치적 견해에 따라 다르겠지만, 이와 같은 불평등을 해소하기 위해 정부 개입의 중요성이 제기되기도 한다. 소득세와 사회보장제도 같은 많은 공공정책이 바로 경제적 후생을 보다 공평하게 누리도록 하기 위해 만들어진 정책이다.

그러나 정부가 시장 성과를 개선할 수 있다는 말이 실제로 정부가 시장 성과를 항상 개선한다는 뜻은 아니다. 공공정책은 천사들이 만드는 것이 아니다. 정책은 매우 불완전한 정치적 과정에 의해 만들어진다. 정책은 정치적으로 막강한 사람들을 위해 만들어지기도 하고, 의도는 좋지만 불완전한 정보를 지닌 지도자들에 의해 만들어지기도 한다. 경제학을 공부하는 목적 중의 하나는 효율성이나 형평성을 높이기 위한 정책들이 과연 정당화될 수 있는지 올바르게 판단하려는 데 있다.

간단한 퀴즈

5. 어느 경우에 국제무역이 나라 경제에 이로울까?

a. 수출액이 수입액을 초과하는 경우
b. 무역 상대국의 경제적 후생이 감소하는 경우
c. 모든 나라가 가장 잘 생산하는 품목에 전문화하는 경우
d. 무역으로 인해 일자리 감소가 발생하지 않는 경우

6. 애덤 스미스의 '보이지 않는 손'이란?

a. 기업들이 소비자로부터 이윤을 취하는 은밀한 방법을 의미한다.
b. 시장 참여자들의 이기심에도 불구하고 바람직한 결과를 가져오는 시장기능을 의미한다.
c. 소비자가 모르는 상태에서 규제를 통해 소비자에게 혜택을 주는 정부기능을 의미한다.
d. 생산자와 소비자가 통제받지 않는 시장에서 제3자에게 피해를 주는 현상을 의미한다.

7. 정부가 시장경제에 개입하는 이유는?

a. 재산권을 보호하기 위해
b. 외부효과에 의한 시장 실패를 시정하기 위해
c. 보다 균등한 소득분배를 위해
d. 위의 모든 설명

정답은 각 장의 끝에

1-3 나라 경제는 어떻게 움직이는가

우리는 앞에서 개인들이 어떻게 의사결정을 하고, 그들이 어떻게 상호작용하는지에 대해 살펴보았다. 이러한 개별적인 의사결정과 상호작용이 모여 하나의 '나라 경제'를 이룬다. 다음의 세 가지 기본원리는 나라 경제가 어떻게 움직이는가에 관한 것이다.

1-3a 기본원리 8 : 한 나라의 생활 수준은 그 나라의 생산 능력에 달려 있다

전 세계적으로 국가 간 생활 수준의 차이는 엄청나다. 2017년 미국의 1인당 국민소득은 약 6만 달러다. 그해 독일 국민의 평균소득은 약 5만 1,000달러고 중국은 약 1만 7,000달러, 나이지리아는 6,000달러다. 이러한 커다란 소득 격차는 삶의 질을 측정하는 다른 지표에서도 그대로 나타난다. 고소득 국가의 국민들은 저소득 국가의 국민들에 비해 더 많은 컴퓨터와 자동차를 보유하고, 더 좋은 영양 상태와 의료혜택, 더 긴 평균수명을 누리고 있다.

생활 수준은 시간이 흐름에 따라 매우 크게 변한다. 미국의 경우 매년 소득이 (물가 상승을 제하고) 2% 정도씩 증가하여 평균소득은 35년마다 2배가 되었다. 그 결과 지난 1세기 동안 평균소득은 약 8배로 증가했다.

이처럼 국가 간 국민소득 격차나 오랜 시간에 걸친 한 나라의 국민소득의 차이는 왜 발생할까? 그 해답은 의외로 간단하다. 국민 생활 수준의 변화는 거의 모든 경우 국가 간 생산성(productivity)의 차이, 즉 노동 한 단위를 투입하여 만들어낼 수 있는 재화와 서비스의 양의 차이에 기인한다. 단위 시간당 근로자가 생산해낼 수 있는 재화와 서비스의 양이 많은 나라에서는 대부분 국민들의 생활 수준이 높고, 근로자의 생산성이 낮은 나라의 국민들은 궁핍한 생활을 견뎌야 한다. 마찬가지로 한 나라의 생산성 증가율이 그 나라 국민의 평균소득 증가율을 결정한다.

생산성 노동 한 단위를 투입하여 만들어낼 수 있는 재화와 서비스의 수량

생산성과 생활 수준의 관계는 비교적 간단하지만 그것이 시사하는 바는 매우 크다. 생산성이 생활 수준을 결정하는 가장 기본적인 변수이므로 다른 변수들의 중요성은 부차적이다. 예를 들어 지난 1세기 동안 노동조합의 활동이나 최저임금제가 미국인들의 생활 수준 향상에 기여한 것으로 생각할 수도 있다. 그러나 미국 근로자에게 최대의 혜택을 가져다준 것은 생산성의 향상이다. 어떤 사람들은 일본이나 다른 국가들과의 경쟁이 심화되어 1970년대와 1980년대에 미국인의 소득 증가가 둔화되었다고 주장하였다. 그러나 소득 증가가 둔화된 진정한 이유는 미국 근로자의 생산성이 떨어졌기 때문이다.

생산성과 국민 생활 수준의 관계는 정부 정책에도 중요한 의미가 있다. 정부의 정책

이 국민 생활 수준에 미치는 영향을 알려면, 먼저 그 정책이 재화와 서비스의 생산 능력에 미치는 영향을 생각해보아야 한다. 생활 수준을 향상시키는 가장 확실한 정책은 생산성 향상이고, 잘 교육받은 근로자들이 좋은 장비와 최고의 기술로 생산활동에 임하도록 보장해주면 생산성은 향상된다.

1-3b 기본원리 9 : 통화량이 지나치게 증가하면 물가는 상승한다

인플레이션 물가 수준의 전반적인 상승 현상

1921년 1월에 독일 일간신문의 가격은 0.3마르크였다. 그러나 불과 2년도 지나지 않은 1922년 11월에는 7,000만 마르크가 되었다. 당시 독일의 다른 물건값도 이와 비슷한 수준으로 상승했다고 한다. 이것은 경제사상 가장 기록적인 인플레이션(inflation), 즉 물가 수준의 전반적인 상승 현상의 한 사례다.

비록 1920년대의 독일과 비슷한 정도의 인플레이션도 경험하지 않았지만, 미국에서도 인플레이션은 종종 문제가 되었다. 1970년대에 미국의 물가 수준이 2배로 상승했을 때, 당시 제럴드 포드(Gerald Ford) 대통령은 인플레이션을 '제일의 공적(公敵)'이라고 했다. 이와는 대조적으로 21세기의 첫 20년간 인플레이션은 연평균 약 2%였다. 이러한 인플레이션으로는 물가가 2배로 뛰는 데 거의 35년이 걸린다. 높은 인플레이션은 사회적으로 많은 비용을 유발하기 때문에 물가 상승률을 적절한 수준에서 유지하는 것은 어느 정부에게나 중요한 과제다.

"조금 전에 줄 설 때는 68센트였지만 지금은 74센트입니다."

그렇다면 무엇이 인플레이션을 유발하는가? 높은 물가 상승률이든 지속되는 물가 상승이든 그 근저에는 통화량의 증가라는 원인이 깔려 있다. 정부가 통화량을 크게 늘리면 화폐가치가 떨어질 수밖에 없다. 1920년대 초 독일에서는 매월 평균 물가가 3배씩 상승했고, 통화량도 매월 3배씩 증가했다. 이 정도는 아니지만 미국도 이와 유사한 경험을 한 적이 있다. 미국에서 1970년대에 물가 상승률이 높았던 것은 통화량이 급격히 증가한 탓이고, 1980년대에 물가가 안정된 것은 통화량의 증가율이 낮았기 때문이다.

1-3c 기본원리 10 : 단기적으로는 인플레이션과 실업 사이에 상충관계가 있다

통화량의 증가는 장기적으로 물가 수준의 상승을 가져오지만, 통화량 증가의 단기 효과는 좀더 복잡하다. 대부분의 경제학자들은 통화량 증가의 단기 효과를 다음과 같이 설명한다.

- 경제 내에 통화량이 증가하면 전반적으로 지출이 증가하고 그 결과 재화와 서비스에 대한 수요가 증가한다.

- 수요가 증가하면 시간이 흐름에 따라 기업들이 가격을 인상하지만, 그전까지는 기업들은 생산량을 늘리고 더 많은 사람을 고용할 것이다.
- 고용이 증가하면 실업률이 낮아진다.

이 논리는 나라 경제가 접하는 중요한 상충관계, 즉 인플레이션과 실업의 단기 상충관계를 설명하는 근거가 된다.

이와 같은 단기 상충관계는 아직도 경제학자들 사이에 논쟁이 되는 주제다. 그러나 오늘날 대부분의 경제학자들은 인플레이션과 실업 사이에 단기적으로 상충관계가 있다는 데 동의한다. 다시 말해 1~2년의 단기간에는 정부의 경제정책이 인플레이션과 실업을 반대 방향으로 움직이게 한다는 것이다. 그리고 정부는 인플레이션과 실업이 1980년대 초반과 같이 매우 높은 수준이거나, 1990년대 후반과 같이 매우 낮은 수준이거나, 아니면 그 중간 수준이거나 이러한 상충관계에 직면한다. 이와 같은 실업과 인플레이션의 단기 상충관계는 경기순환을 이해하는 데 중요하다. 경기순환(business cycle)이란 고용 인구나 재화와 서비스의 생산량과 같은 경제활동을 나타내는 지표들이 주기적으로 변하는 현상을 말하는데, 이 변화는 대체로 불규칙적이고 예측하기 어렵다.

경기순환 고용, 생산량과 같은 경제활동의 지표가 주기적으로 오르내리는 현상

정책담당자들은 이 단기 상충관계를 여러 가지 정책수단을 통해 유용하게 활용할 수 있다. 정부지출이나 조세 규모, 통화량을 조절함으로써 단기적으로 실업과 인플레이션을 선택적으로 조절할 수 있는 것이다. 재정정책과 통화정책은 그 효과가 매우 강하기 때문에, 정부가 나라 경제를 관리하기 위해 이러한 수단들을 사용해야 하는가는 지속적인 논쟁거리다.

간단한 퀴즈

8. 어떤 나라가 다른 나라에 비해 높은 생활 수준을 누리고 있는 주된 이유는?
   a. 부자 나라가 가난한 나라를 착취했기 때문이다.
   b. 중앙은행이 통화를 더 많이 발행했기 때문이다.
   c. 근로자를 보호하기 위한 더 강력한 법률을 가지고 있기 때문이다.
   d. 생산성이 높기 때문이다.

9. 어떤 나라에서 높은 인플레이션이 지속되고 있다면?
   a. 중앙은행이 통화를 너무 많이 공급했을 것이다.
   b. 노동조합이 과도한 임금인상을 요구했을 것이다.
   c. 정부가 세금을 과도하게 징수했을 것이다.
   d. 기업들이 독점력을 이용하여 가격을 과도하게 인상했을 것이다.

10. 중앙은행이 통화정책을 사용하여 재화와 서비스에 대한 수요를 줄이기로 했다면, 그 결과 단기적으로 인플레이션은 (　　)지고, 실업은 (　　) 할 것이다.
   a. 낮아, 감소
   b. 낮아, 증가
   c. 높아, 증가
   d. 높아, 감소

정답은 각 장의 끝에

1-4 결론

여러분은 이제 경제학이 무엇에 관한 것인지 감을 잡았을 것이다. 앞으로 이 책을 통해 사람, 시장, 경제에 관한 구체적인 지식을 얻을 것이다. 이러한 지식과 이해를 얻기 위해서는 약간의 노력이 필요하지만 아주 어려운 일은 아니다. 경제학은 다양한 문제에 적용되는 학문이지만 기본적으로 몇 가지 기본원리에 근거한 학문이기 때문이다.

이 책을 공부하는 과정에서 우리는 표 1.1에 정리된 경제학의 10대 기본원리를 다시 접할 것이다. 아무리 복잡하고 어려운 경제분석이라도 이 10대 기본원리에 기초한 것임을 기억하기 바란다.

표 1.1

경제학의 10대 기본원리

사람들은 어떻게 결정을 내리는가

1. 모든 선택에는 대가가 있다.
2. 선택의 대가는 그것을 얻기 위해 포기한 그 무엇이다.
3. 합리적 판단은 한계적으로 이루어진다.
4. 사람들은 경제적 유인에 반응한다.

사람들은 어떻게 상호작용하는가

5. 자유거래는 모든 사람을 이롭게 한다.
6. 일반적으로 시장이 경제활동을 조직하는 좋은 수단이다.
7. 경우에 따라 정부가 시장 성과를 개선할 수 있다.

나라 경제는 어떻게 움직이는가

8. 한 나라의 생활 수준은 그 나라의 생산 능력에 달려 있다.
9. 통화량이 지나치게 증가하면 물가는 상승한다.
10. 단기적으로는 인플레이션과 실업 사이에 상충관계가 있다.

요약

- 개인의 의사결정에 관한 근본적인 교훈은 사람들은 여러 가지 목표 중 반드시 선택을 해야 한다는 것, 선택의 대가는 그 때문에 포기한 다른 어떤 가능성이라는 것, 합리적인 사람들은 한계비용과 한계편익을 비교함으로써 의사결정을 내린다는 것, 사람들은 주어진 유인에 반응하여 그들의 행동을 바꾼다는 것이다.
- 사람들 사이의 상호관계에 관한 근본적인 교훈은 자유거래와 상호 의존 관계는 거래 양방을 이롭게 한다는 것,

시장 기능이 경제활동을 조직하기에 비교적 좋은 수단이라는 것, 정부가 시장 실패를 치유하거나 형평성을 높여 시장 성과를 개선할 수 있다는 것이다.

- 나라 경제에 관한 근본적인 교훈은 생산성이 생활 수준의 궁극적인 결정 요인이라는 것, 통화량의 증가가 물가 상승의 궁극적인 요인이라는 것, 정부는 단기적으로 인플레이션과 실업 사이의 상충관계에 직면한다는 것이다.

중요개념

희소성 2
경제학 2
효율성 3
형평성 3
기회비용 5
합리적인 사람 5
한계적 변화 5
경제적 유인 7
시장경제 10
재산권 13
시장 실패 13
외부효과 13
시장지배력 13
생산성 15
인플레이션 16
경기순환 17

복습문제

1. 여러분이 일상생활에서 경험하는 중요한 상충관계 문제 세 가지를 제시하라.

2. 여러분이 디즈니월드에서 휴가를 보내는 것의 기회비용으로 어떤 항목들을 포함해야 할까?

3. 물은 생명 유지에 필수적이다. 물 1잔의 한계편익은 클까, 작을까?

4. 정책담당자들은 왜 유인구조를 고려해야 할까?

5. 국가 간의 무역은 승자와 패자가 존재하는 게임과 왜 다른가?

6. 시장에서 '보이지 않는 손'의 역할은 무엇인가?

7. 시장 실패의 두 가지 원인을 설명하고 각각의 예를 들라.

8. 생산성은 왜 중요한가?

9. 인플레이션이란 무엇이며 그 원인은 무엇인가?

10. 단기적으로 인플레이션과 실업 사이에는 어떤 관계가 있는가?

응용문제

1. 다음 사람들이 어떤 상충관계에 직면하고 있는지 설명하라.
   a. 새 차를 사야 할지 결정해야 하는 가족
   b. 국립공원에 예산을 얼마나 투입해야 할지 결정해야 하는 국회의원
   c. 공장을 새로 지을지 결정해야 하는 회사 경영자
   d. 강의 준비를 얼마나 충분히 해야 할지 결정해야 하는 교수
   e. 대학원에 진학해야 할지 결정해야 하는 대학 졸업생

2. 여러분은 지금 휴가를 떠나야 할지 여부를 결정하고자 한다. 교통비, 숙박비와 같은 여행비용은 대부분 금액으로

표시할 수 있는 것들이다. 그러나 휴가의 편익은 심리적인 것이다. 여러분은 편익과 비용을 어떻게 비교하겠는가?

3. 여러분은 이번 토요일에 아르바이트를 해야 한다. 그런데 친구가 함께 스키를 타러 가자고 한다. 스키 타러 가는 선택의 비용은 무엇인가? 토요일에 도서관에서 공부를 하려 했다면 이 경우 스키 타러 가는 선택의 비용은 무엇인가? 설명하라.

4. 여러분이 친구와 농구 경기 내기를 해서 100달러를 땄다고 하자. 지금 그 돈을 다 써버리거나 연 5%의 이자를 주는 은행에 예금할 수 있다면, 지금 그 돈을 다 써버리는 선택의 기회비용은 무엇인가?

5. 여러분이 경영하는 회사가 신제품을 개발하는 데 지금까지 500만 달러를 투자했다고 하자. 최근에 영업부에서 보고하기를 경쟁 제품이 출시되어 예상 판매량이 300만 달러로 감소했다고 한다. 100만 달러만 더 투자하여 신제품 개발이 완료된다면 여러분은 신제품 개발을 계속하겠는가? 신제품 개발을 완료하기 위해 여러분이 지불할 수 있는 최대 금액은 얼마인가?

6. 미국은 1996년에 복지제도를 개혁하여 생활보호대상자에게 복지급여를 2년 이상 지급하지 못하도록 법을 개정했다.
   a. 이러한 변화는 사람들의 근로 유인에 어떤 영향을 미칠까?
   b. 이러한 변화는 어떤 점에서 효율성과 형평성의 상충관계를 보여주는가?

7. 다음 정부 정책들이 효율성을 위한 것인지, 형평성을 위한 것인지 설명하라. 효율성을 위한 경우 어떤 시장의 실패 때문인지 설명하라.
   a. 케이블 TV 요금에 대한 규제
   b. 저소득층이 식품 구입에 사용할 수 있는 쿠폰 지급
   c. 공공장소에서 흡연 금지
   d. 정유시장의 90%를 점유하던 스탠더드오일사를 몇 개의 작은 기업으로 분할
   e. 고소득자에게 높은 소득세율 적용
   f. 음주운전 금지

8. 효율성과 형평성의 관점에서 다음 주장을 평가하라.
   a. "사회의 모든 구성원은 가능한 최고 수준의 의료 혜택을 보장받아야 한다."
   b. "근로자가 해고되면 다음 직장을 구할 때까지 실업수당을 계속 지급해야 한다."

9. 여러분의 현재 생활 수준이 부모나 조부모가 여러분 나이에 누리던 생활 수준에 비해 어떻게 다른지 설명하라. 이러한 차이는 왜 생겼는가?

10. 국민들이 저축을 늘리기로 했다고 가정하자. 은행들이 이 저축된 자금을 기업에게 대출해주고, 기업들은 이 자금으로 공장들을 새로 건설했다고 하자. 저축의 증가는 어떻게 생산성을 증가시킬까? 생산성 증가로 혜택을 보는 것은 누구인가? 이 결과는 공짜 점심과 같은가?

11. 전쟁 중인 정부는 전쟁비용을 충당하기 위한 세금을 충분히 거둘 수 없다. 이를 보충하기 위해 정부는 화폐를 더 발행하기로 했다. 전쟁비용을 충당하기 위해 화폐를 더 발행하는 행위는 종종 '인플레이션 세금'이라고도 불린다. 이 경우 '세금'은 누가 내는 것일까? 왜 그런가?

간단한 퀴즈 정답

1. a 2. c 3. b 4. d 5. c 6. b 7. d 8. d 9. a 10. b

2장

경제학자처럼 생각하기

모든 학문에는 나름의 용어와 사고방식이 있다. 수학에는 공리, 적분, 벡터공간과 같은 전문용어가 있고 심리학에서는 자아, 초자아, 인지부조화와 같은 용어가 있으며 법률가들은 관할지, 불법행위, 금반언의 원칙 등과 같은 전문용어를 사용한다.

경제학도 마찬가지다. 수요, 공급, 탄력성, 비교우위, 소비자잉여, 경제적 순손실(deadweight loss, 자중손실이라고도 함) 등이 경제학에서 사용하는 전문용어다. 앞으로 여러분은 이 책에서 새로운 용어들, 그리고 늘 접하지만 경제학자들이 특별한 의미를 부여해서 사용하는 용어들을 접할 것이다. 처음에는 이러한 용어들이 필요 이상으로 난해하다고 느껴질지 모르지만, 전문용어를 사용함으로써 우리를 둘러싸고 있는 세계에 대해 새롭고 유용한 시각을 얻을 수 있다.

ISTOCK.COM/LOLOSTOCK; ISTOCK.COM/EUROBANKS

경제학적 사고를 배우는 것은 이 책을 공부하는 가장 중요한 목표다. 물론 하루아침에 수학자나 심리학자, 법률가가 될 수 없는 것과 마찬가지로 경제학자처럼 생각하는 법을 배우는 데는 다소 시간이 걸린다. 그러나 이론과 사례연구, 경제 관련 신문기사 등을 통해 여러분은 경제학적 사고를 연습하고 체득할 수 있는 충분한 기회를 접할 것이다.

경제학의 본론에 들어가기 전에 경제학자들이 이 세상을 어떻게 바라보는지 살펴보는 것이 도움이 될 것이다. 따라서 이 장에서는 경제학의 방법론에 대해 다루고자 한다. 즉 경제학자들이 문제를 대하는 방식은 어떻게 다른지, 경제학적으로 생각한다는 것은 어떤 의미인지 등에 대해서 살펴볼 것이다.

2-1 과학자로서 경제학자

경제학자들도 과학적인 객관성을 가지고 경제 문제를 연구한다. 경제학자들이 경제 현상을 연구하는 것은 물리학자들이 물질을 연구하고, 생물학자들이 생명체를 연구하는 것과 다르지 않다. 경제학자들도 먼저 이론을 만들고, 자료를 수집 · 분석하여 그 이론이 맞는지 검증한다.

"마이클, 나는 사회과학자란다. 말하자면 나는 전기 같은 것은 잘 모르지만, 혹시 네가 사람에 관해 알고 싶은 게 있다면 내게 물어보면 된단다."

경제학을 처음 접하는 사람들에게는 경제학이 과학이라는 말이 다소 이상하게 들릴 것이다. 물론 경제학자들이 시험관이나 망원경을 가지고 연구하는 것은 아니다. 그러나 과학의 핵심은 이 세상이 어떻게 되어 있는지에 대한 엄정한 관찰과 검증, 즉 과학적 방법론(scientific method)이다. 이러한 방법론은 지구 중력에 대한 연구나 생명체의 진화에 대한 연구, 나라 경제에 대한 연구 등에 모두 적용된다. 아인슈타인의 말대로 "과학이란 일상의 생각을 정밀하게 가다듬은 것에 불과하다."

아인슈타인의 이 말은 물리학과 같은 자연과학은 물론 경제학과 같은 사회과학에도 성립하는 말이지만, 사람들은 대부분 사회 현상을 과학적인 시각으로 들여다보는 데 익숙지 않다. 여기에서는 경제학자들이 경제 현상을 분석할 때 과학적 논리를 어떻게 적용하는지 알아볼 것이다.

2-1a 과학적 방법론 : 관찰, 이론, 그리고 또 관찰

17세기의 유명한 과학자이자 수학자 뉴턴은 어느 날 사과나무에서 사과가 떨어지는 것을 보고 흥미를 느껴 두 물체 간에 적용되는 만유인력의 법칙을 발견했다고 한다. 이후 실험을 통해 뉴턴의 법칙은 사과가 떨어지는 현상뿐 아니라 대부분의 경우에 성립된다는 사실이 입증되었다(비록 아인슈타인이 모든 경우에 성립되는 것은 아니라는 사실을 밝히긴 했지만). 뉴턴의 이론은 관찰된 현상을 너무나 잘 설명했기 때문에 오늘날 전 세계의 물리학과에서 이 이론을 가르치고 있다.

관찰된 현상과 이론의 이러한 관계는 경제학에서도 그대로 적용된다. 어느 경제학자가 사는 나라에서 물가가 빠른 속도로 상승하고, 그는 이러한 관찰을 토대로 인플레이션에 관한 이론을 만들기로 했다고 하자. 그리고 인플레이션은 정부가 너무 많은 돈을 발행해서 발생하는 것이라고 결론지었다고 하자. 이 이론을 검증하기 위해 경제학자는 다른 여러 나라의 물가와 통화량 자료를 수집해서 분석해야 한다. 통화량의 증가가 물가 상승률과 전혀 무관한 것으로 나타났다면, 그는 인플레이션 이론의 유효성을 의심해야 할 것이다. 국가 간 비교를 통해 통화량 증가와 물가 상승률 사이에 밀접한 관계가 있는 것으로 나타났다면 그는 자신의 이론을 더욱 확신할 것이다.

경제학자들도 다른 과학자들과 마찬가지로 이론과 관찰에 의존하지만 경제학에는 독특한 어려움이 있다. 즉 경제학에서는 실험이 매우 어렵거나 불가능한 경우가 있다는 점이다. 물리학에서는 중력 현상을 연구하기 위해 실험실에서 여러 종류의 물건을 떨어뜨려봄으로써 자료를 얻을 수 있다. 이에 반해 경제학자들은 단지 인플레이션에 관한 자료를 얻기 위해 한 나라의 통화정책을 마음대로 조절할 수는 없는 것이다. 결국 경제학자들은 천문학자나 진화 생물학자들처럼 주어진 데이터에 의존하여 연구할 수밖에 없다.

경제학 연구는 실험실에서 실험할 수 없기 때문에 역사적 경험을 통해 얻는 자료에 크게 의존한다. 중동전쟁이 발발하여 원유 공급이 중단되면 전 세계적으로 석유 가격이 폭등한다. 이렇게 되면 석유나 석유제품을 소비하는 소비자들의 생활 수준이 낮아지고, 정책담당자들은 최선의 대응책을 찾기 위한 어려운 선택에 직면한다. 그러나 이러한 사건은 경제학자들에게 주요 천연자원 가격의 변화가 세계경제에 어떤 영향을 미치는지 알아볼 수 있는 기회를 제공한다. 이 책에서는 역사적 경험과 사례가 많이 소개될 것이다. 이러한 경험과 사례를 통해 과거 경제에 대해 이해할 수 있고, 현존하는 경제학 이론을 검증하고 평가할 수 있기 때문에 이들은 매우 중요한 연구 대상이다.

2-1b 가정(假定)의 역할

여러분이 물리학자에게 10층 건물 꼭대기에서 떨어진 조약돌이 땅에 닿는 데 얼마나 걸릴지 물어본다면, 그는 그 조약돌이 진공 상태에서 떨어진다는 가정하에 답변할 것이다. 물론 이 가정은 틀린 가정이다. 건물 주위에는 공기가 존재하므로 조약돌의 낙하 속도는 공기와 마찰로 인해 영향을 받을 것이기 때문이다. 그러나 공기와 마찰에 따른 효과는 무시해도 될 만큼 작은 것이므로 진공 상태에서 조약돌이 떨어진다고 가정함으로써 결과에 거의 영향을 미치지 않으면서 문제를 매우 간단하게 만들 수 있다.

경제학자들도 같은 이유로 가정을 사용한다. 가정은 복잡한 세상을 단순화해서 문제를 쉽게 이해할 수 있도록 해준다. 예를 들어 국제무역의 효과를 분석하기 위해 세상에 두 나라와 두 재화만 존재한다고 가정하는 경우를 보자. 물론 세상에는 훨씬 많은 국가와 수천 가지 재화가 존재한다. 그러나 두 국가와 두 재화의 가정을 통해 우리는 문제의 핵심을 보다 명확하게 분석할 수 있으며, 이 가상세계에서 국가 간 무역을 이해한 뒤에는 이를 이용하여 복잡한 현실세계에서 국제무역 현상을 보다 잘 이해할 수 있다.

과학적 사고의 요령은 그것이 물리학이든, 생물학이든, 경제학이든 어떤 가정을 사용하는가에 달렸다. 우리가 조약돌이 아니라 가벼운 비치볼을 건물 꼭대기에서 떨어뜨린다고 하자. 물리학적으로 이 경우에 공기의 저항이 없다는 가정은 매우 부적절하다. 비치볼은 조약돌보다 크면서도 가벼워 공기의 마찰이 큰 영향을 미칠 것이기 때문이다. 진공 상태에서 중력에 대해 조약돌의 낙하가 이루어지는 것으로 가정하는 것은 일리가 있지만, 비치볼에 대해서는 적절하지 않다.

마찬가지로 경제학에서도 문제에 따라 각기 다른 종류의 가정을 사용한다. 정부가 통화량을 줄이면 어떤 효과가 나타날지 연구한다고 하자. 이 경우에는 물가에 미치는 효과가 중요 관심사가 될 것이다. 가판대에서 파는 잡지의 가격이 몇 년에 한 번씩 변하는 것과 같이 경제 내의 많은 가격도 그다지 자주 변하지는 않는다. 이 사실에서 통화량 변화의 효과를 분석할 때 얼마 후의 효과를 분석하는가에 따라 각각 다른 가정을 적용해야 한다는 것을 짐작할 수 있다. 단기적 효과를 분석하기 위해서는 가격이 그다지 많이 변하지 않거나 아주 극단적으로 가격이 전혀 변하지 않는다고 가정할 수도 있다. 그러나 장기적 효과를 분석하기 위해서는 모든 가격이 완전히 자유롭게 움직인다고 가정해야 한다. 물리학에서 조약돌이 떨어질 때와 가벼운 비치볼이 떨어질 때 다른 가정을 적용하듯이, 경제학에서도 통화량 변화의 장기 효과와 단기 효과를 분석하기 위해 각기 다른 가정을 적용해야 하는 것이다.

2-1c 경제모형

고교 시절 생물 시간에, 선생님은 플라스틱으로 만든 인체모형을 사용해서 인체의 구조를 가르쳐주셨을 것이다. 이 플라스틱 모형에는 심장, 간, 신장 등 사람의 주요 장기가 있다. 선생님은 이 모형을 사용해서 사람 몸속의 장기들이 서로 어떻게 연결되고 맞춰졌는지 설명할 수 있다. 물론 이 플라스틱 모형은 실제 인간의 몸이 아니고, 이것을 실제 인간의 몸이라고 생각하는 학생도 없을 것이다. 이 모형은 단순화되어 실체와는 많이 다르다. 그러나 실체와 다른 단순성에도 불구하고, 오히려 이 비현실적인 단순성 때문에 인체의 구조가 어떻게 생겼는지 이해하는 데 도움이 된다.

경제학에서도 현실 세계를 이해하기 위해 모형을 사용한다. 그러나 경제학의 모형들은 대부분 그래프와 방정식으로 구성된다. 생물 시간에 선생님이 사용하는 플라스틱 인체모형과 마찬가지로 경제모형들도 세부적인 내용들을 생략함으로써 정말 중요한 것을 볼 수 있게 해 준다. 인체모형에 사람 몸의 모든 근육과 혈관이 들어있지 않은 것과 마찬가지로 경제학의 여러 모형에도 경제의 모든 현상이 포함되어 있지 않다.

이 책에서 다루는 여러 가지 경제 현상을 모형을 통해 공부하다 보면 알겠지만, 모든 경제모형은 일정한 가정을 전제로 만들어졌다. 마치 물리학자가 조약돌이 낙하할 때 공기의 저항을 받지 않는 것으로 가정하듯이, 경제학자들도 분석하고자 하는 현상과 직접 관련 없는 세부사항은 없는 것으로 가정한다. 물리학이나 생물학, 경제학의 모든 모형은 현실을 더 잘 이해하기 위해 현실을 단순화하는 것이다.

2-1d 첫째 모형 : 경제순환모형

경제는 구입, 판매, 근로, 고용, 생산 등 다양한 일을 하는 수많은 사람으로 구성된다. 경제가 어떻게 작동하는지 이해하려면 이 모든 경제활동을 단순화하는 작업이 필요하다. 다시 말해 경제가 어떻게 조직화되었는지, 경제활동에 참여하는 사람들이 어떻게

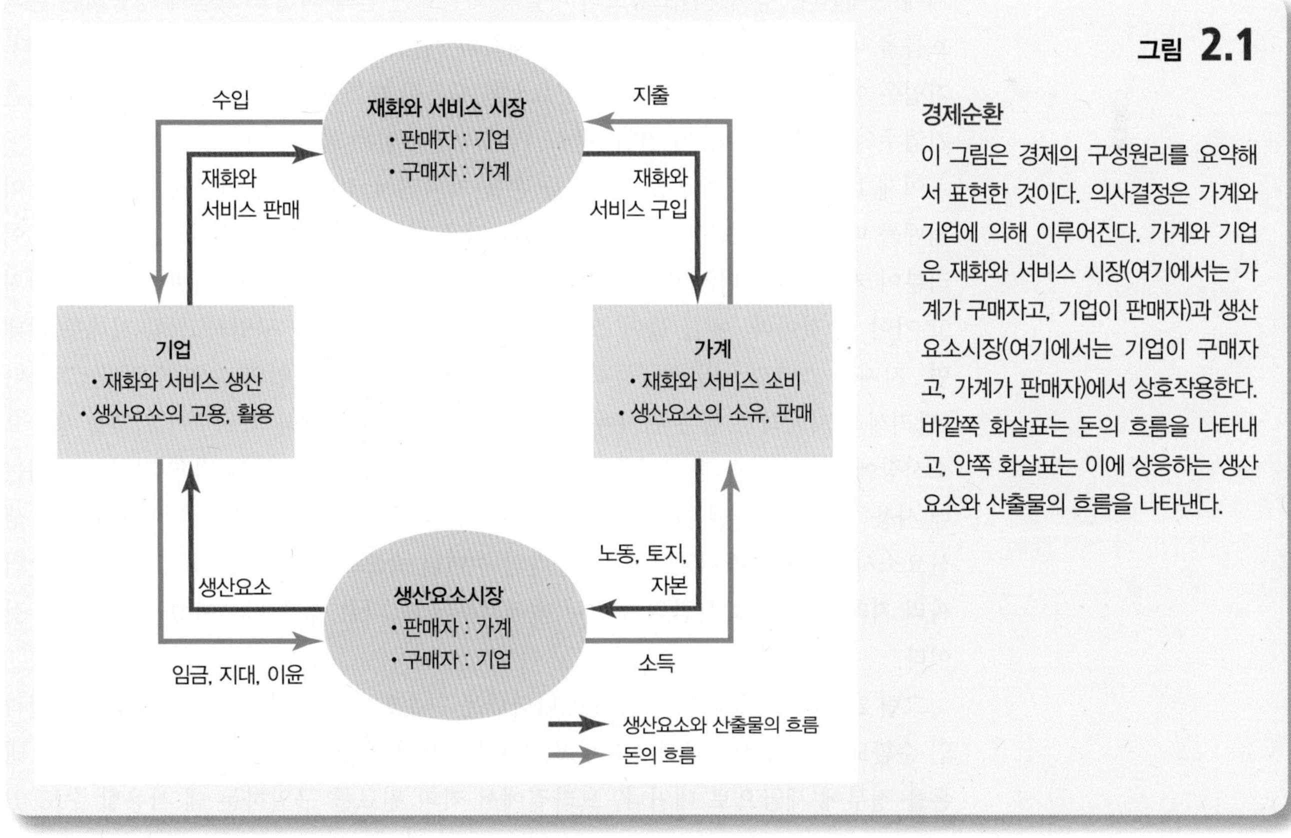

그림 2.1

경제순환

이 그림은 경제의 구성원리를 요약해서 표현한 것이다. 의사결정은 가계와 기업에 의해 이루어진다. 가계와 기업은 재화와 서비스 시장(여기에서는 가계가 구매자고, 기업이 판매자)과 생산요소시장(여기에서는 기업이 구매자고, 가계가 판매자)에서 상호작용한다. 바깥쪽 화살표는 돈의 흐름을 나타내고, 안쪽 화살표는 이에 상응하는 생산요소와 산출물의 흐름을 나타낸다.

상호작용을 하는지 보다 평범한 용어로 설명하는 모형이 필요한 것이다.

경제순환모형도 시장을 통해 가계와 기업 간에 자금이 순환하는 과정을 그림으로 표현한 경제모형

그림 2.1은 경제의 순환 과정을 표현한 것으로 경제순환모형도(circular-flow diagram)라고 한다. 이 모형에서는 경제에 가계와 기업이라는 두 종류의 의사결정자가 존재한다. 기업은 노동, 토지, 자본(건물과 생산 설비)과 같은 요소를 투입하여 재화와 서비스를 생산한다. 이러한 요소들을 생산요소(factors of production)라고 한다. 가계는 생산요소를 소유하며, 기업이 생산하는 모든 재화와 서비스를 소비한다.

가계와 기업은 두 시장에서 서로 만난다. 재화와 서비스 시장(markets for goods and services)에서는 가계가 구매자가 되고 기업이 판매자가 된다. 가계는 기업이 생산하는 재화와 서비스를 구입한다. 생산요소시장(markets for the factors of production)에서는 가계가 판매자가 되고 기업이 구매자가 된다. 즉 기업이 재화와 서비스를 생산하는 데 필요한 요소들을 가계가 공급한다. 경제순환모형을 통해 우리는 가계와 기업 간에 이루어지는 모든 거래를 간단하게 구성할 수 있다.

경제순환모형도에서 안쪽과 바깥쪽의 두 순환은 다른 흐름이지만 서로 관련이 있다. 경제순환모형도의 안쪽 화살표는 가계와 기업 간에 이루어지는 재화와 서비스의 흐름을 나타낸다. 가계는 노동, 토지, 자본을 생산요소시장에서 기업에게 판매한다. 기업은 이 요소들을 투입하여 산출물을 생산하고, 이 산출물은 재화와 서비스 시장을 통해 가계에 판매된다. 경제순환모형도의 바깥쪽 화살표는 안쪽 화살표 흐름에 상응하는 돈의 흐름을 나타낸다. 가계는 기업에게서 재화와 서비스를 구입하기 위해 돈을 지불한다. 기업은 이 돈의 일부를 임금 등 생산요소를 사용한 대가로 지불한다. 그리고 남은 돈은 기업주의 이윤이 된다. 이 기업주들도 가계의 일부임은 물론이다.

이제 1달러짜리 지폐 1장이 사람들 손을 거치면서 경제 속을 어떻게 흘러가는지 이 지폐를 따라 여행해보자. 먼저 이 지폐가 지금 여러분의 주머니 속에 있다고 하자. 여러분이 커피 1잔을 마시고 싶다면, 여러분은 1달러 지폐를 재화와 서비스 시장에 가지고 가야 할 것이다. 예를 들어 스타벅스에서 원하는 커피를 구입하고 이 지폐를 건네면, 지폐는 스타벅스의 현금등록기 속에 들어가면서 그 기업의 수입이 된다. 그러나 1달러짜리 지폐의 여행은 여기에서 끝나는 것이 아니다. 스타벅스는 이 지폐를 생산요소시장에서 생산요소를 구입하는 데 사용할 것이다. 또는 그 돈을 점포 임대료를 내는 데 사용하거나, 종업원들에게 임금으로 지불할 수도 있다. 어쨌든 1달러짜리 지폐는 생산요소시장에 들어왔다가 다시 누군가의 주머니 속으로 들어갈 것이다. 그리고 1달러짜리 지폐는 다시 그 사람의 주머니 속에서부터 또 다른 경제순환 여행을 시작하는 것이다.

그림 2.1의 순환모형도는 경제를 나타내는 단순한 모형이다. 보다 복잡하고 현실적인 순환모형은 정부와 국제무역이 포함되어야 한다(예를 들어 스타벅스가 여러분이 낸 돈을 정부에 세금으로 내거나, 브라질에서 커피 원료를 구입하는 데 사용할 수도 있

다). 그러나 이러한 자세한 사항들은 경제활동이 어떻게 조직되는지 이해하는 데 그다지 중요하지 않다. 이 순환모형은 단순하기 때문에 경제의 여러 부문들이 어떻게 맞물리는지 이해하는 데 유용하다.

2-1e 둘째 모형 : 생산가능곡선

경제학 모형들은 대부분 앞의 순환모형과 달리 수학적 분석 방법을 사용하여 만들어진다. 이러한 종류의 모형 중에서 가장 간단한 것이 생산가능곡선이다. 이 모형을 사용해서 경제학의 가장 기본적인 개념들을 알아보자.

현실 경제에서는 무수히 많은 재화와 서비스가 생산되지만, 여기에서는 자동차와 컴퓨터만 생산하는 경제를 가정해보자. 자동차산업과 컴퓨터산업은 이 경제에 존재하는 생산요소를 모두 사용한다고 하자. 생산가능곡선(production possibilities frontier)이란 한 나라의 경제가 주어진 생산요소와 생산기술을 사용하여 최대한 생산할 수 있는 산출물의 조합을 나타내는 곡선이다. 물론 이 경우 산출물은 자동차와 컴퓨터다.

생산가능곡선 한 나라의 경제가 주어진 생산요소와 생산기술을 사용하여 최대한 생산할 수 있는 산출물의 조합을 나타내는 곡선

그림 2.2는 생산가능곡선의 한 예다. 모든 자원이 자동차 생산에만 투입된다면 최대 1,000대의 자동차가 생산되고, 컴퓨터는 1대도 생산되지 않을 것이다. 그 반대로 모든 자원이 컴퓨터의 생산에만 투입된다면 이 경제에는 3,000대의 컴퓨터만 존재하고, 자동차는 1대도 생산되지 않을 것이다. 생산가능곡선의 양 끝점은 생산 가능성의 극단적인 경우를 나타낸다.

보다 현실적인 경우는 생산자원을 두 산업에 나누어 투입해서 자동차와 컴퓨터를 각각 몇 대씩 생산하는 것이다. 예를 들어 그림 2.2의 점 A에서와 같이 600대의 자동차

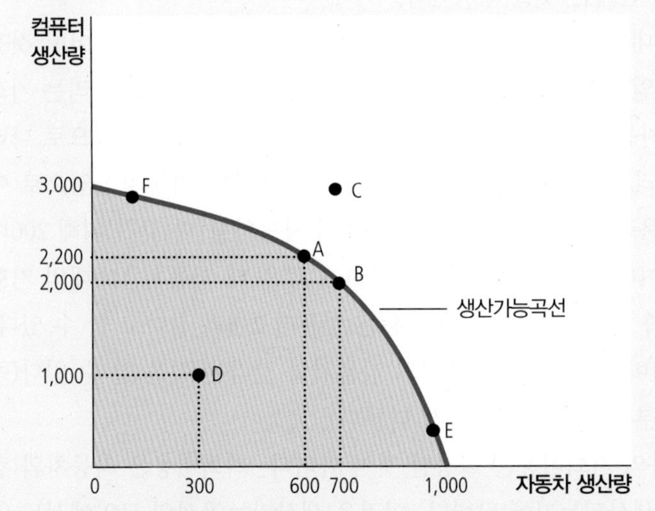

그림 2.2

생산가능곡선

생산가능곡선은 한 나라의 경제가 최대한 생산 가능한 산출물의 조합(이 경우에는 자동차와 컴퓨터)을 나타내는 곡선이다. 생산가능곡선상이나 그 내부의 어느 조합이라도 생산이 가능하다. 곡선 밖의 점은 주어진 자원과 기술 수준으로는 생산이 불가능한 조합이다. 생산가능곡선의 기울기는 컴퓨터 대수로 표시한 자동차의 기회비용을 나타낸다. 이 기회비용은 그 경제가 두 재화를 몇 단위 생산하고 있는지에 따라 변화한다.

와 2,200대의 컴퓨터를 생산할 수 있다. 생산자원의 일부를 컴퓨터 생산에서 자동차 생산으로 이전시키면 점 B에서와 같이 700대의 자동차와 2,000대의 컴퓨터를 생산할 수 있다.

자원이 희소하기 때문에 생각할 수 있는 모든 결과가 실현가능하지는 않다. 예를 들어 두 산업 간에 자원이 어떻게 배분되더라도 경제는 점 C가 나타내는 수량의 자동차와 컴퓨터를 생산할 수는 없다. 이 경제에는 주어진 자동차와 컴퓨터 생산기술을 이용하여 점 C의 생산량을 달성하는 데 충분한 생산요소가 없다. 주어진 자원으로 이 경제는 생산가능곡선상의 모든 점과 생산가능성 내부에 있는 모든 점에서 생산할 수 있지만 생산가능곡선 외부의 점에서는 생산할 수 없다.

경제에 존재하는 유한한 자원을 활용하여 최대의 효과를 얻는 것을 효율적(efficient)이라고 한다. 생산가능곡선상의 점들은 효율적인 생산의 결과를 나타낸다. 경제가 점 A와 같이 효율적인 생산을 할 경우 한 재화의 생산량을 늘리기 위해서는 반드시 다른 재화의 생산량을 줄여야 한다. 점 D는 비효율적(inefficient)인 생산 상태를 나타낸다. 이 점은 실업 등의 이유로 나라 경제가 주어진 자원을 최대한 활용하지 못하는 상태를 나타낸다. 점 D에서 이 경제는 300대의 자동차와 1,000대의 컴퓨터만 생산한다. 비효율의 원인을 제거한다면 이 경제는 두 재화의 생산을 동시에 증가시킬 수 있다. 예를 들어 이 경제가 점 D에서 점 A로 이동하면 자동차 생산량은 300대에서 600대로, 컴퓨터 생산량은 1,000대에서 2,200대로 증가한다.

1장에서 살펴본 경제학의 10대 기본원리 중 하나는 모든 선택에는 대가가 있다는 것이다. 생산가능곡선은 한 사회가 당면한 선택의 대가를 보여준다. 일단 효율적인 생산 상태에 도달하면, 하나의 재화를 더 소유하기 위해 다른 재화를 포기해야 한다. 예를 들어 경제가 점 A에서 점 B로 움직인다는 것은 자동차 100대를 더 생산하는 대가로 컴퓨터 200대를 덜 생산해야 한다는 것을 의미한다.

이 선택은 경제학의 10대 기본원리 중 또 다른 원리를 이해하게 해준다. 어떤 것을 얻기 위한 비용은 그것을 얻기 위해 포기한 그 무엇이라는 것이다. 이것을 우리는 기회비용이라고 부른다. 생산가능곡선은 한 재화의 기회비용을 다른 재화의 수량으로 나타낼 수 있게 해준다. 한 나라의 경제가 생산요소를 컴퓨터산업에서 자동차산업으로 이전시켜 점 A에서 점 B로 움직인다면, 그 경제는 100대의 자동차를 더 갖기 위해 200대의 컴퓨터를 포기하는 것이다. 다시 말해 경제가 점 A에 있을 때 자동차 100대의 기회비용은 컴퓨터 200대다. 즉 자동차 1대의 기회비용은 컴퓨터 2대와 같다고 할 수 있다. 여기서 자동차 1대의 기회비용은 생산가능곡선의 기울기와 같다는 것을 알 수 있다(곡선의 기울기는 이 장의 끝부분에 있는 부록에서 다룬다).

컴퓨터로 표시한 자동차의 기회비용은 일정한 것이 아니다. 기회비용은 자동차와 컴퓨터가 현재 각각 얼마나 생산되는가에 달렸다. 이것은 생산가능곡선의 모양에서도 알 수 있다. 그림 2.2에서 볼 수 있듯이, 생산가능곡선은 밖으로 볼록한 모양이다. 자동차의 기회비용은 점 E에서와 같이 생산가능곡선의 기울기가 매우 가파를 때, 즉 자동차 생산량이 많고 컴퓨터 생산량이 적을 때 매우 높다. 반면에 컴퓨터 생산량이 많고 자동차 생산량이 적은 점 F에서와 같이 생산가능곡선의 기울기가 매우 완만하면 자동차의 기회비용은 별로 크지 않다.

경제학자들은 생산가능곡선이 일반적으로 밖으로 볼록하다고 생각한다. 경제에 존재하는 대부분의 생산자원을 컴퓨터 생산에 투입한다면, 자동차 기술자와 같이 자동차 생산에 더 적합한 사람들까지도 컴퓨터 생산에 종사해야 할 것이다. 자동차 기술자들은 컴퓨터 생산을 잘 못할 것이므로 이 상태에서 자동차 생산을 1대 더 늘리더라도 그 때문에 희생해야 하는 컴퓨터의 수량은 별로 많지 않을 것이다. 점 F에서 컴퓨터 대수로 표시한 자동차의 기회비용은 작고, 생산가능곡선의 기울기는 비교적 완만하다. 이와 반대로 점 E에서와 같이 경제에 존재하는 생산자원의 대부분을 자동차 생산에 투입한다면, 자동차 생산에 적합한 생산자원은 대부분 자동차 생산에 투입되었을 것이다. 이 상태에서 자동차 1대를 더 생산하려면 컴퓨터 기술자까지 자동차 생산에 투입해야 할 것이다. 결과적으로 자동차 1대를 더 생산하기 위해 컴퓨터 생산을 여러 대 포기해야 한다. 이 경우 자동차의 기회비용은 매우 크고 생산가능곡선의 기울기 또한 매우 가팔라진다.

생산가능곡선은 어느 한 시점에서 생산되는 재화 간의 상충관계를 나타낸다. 그러나 이 관계는 시간이 지나면서 바뀔 수 있다. 예를 들어 컴퓨터산업의 기술 진보로 일

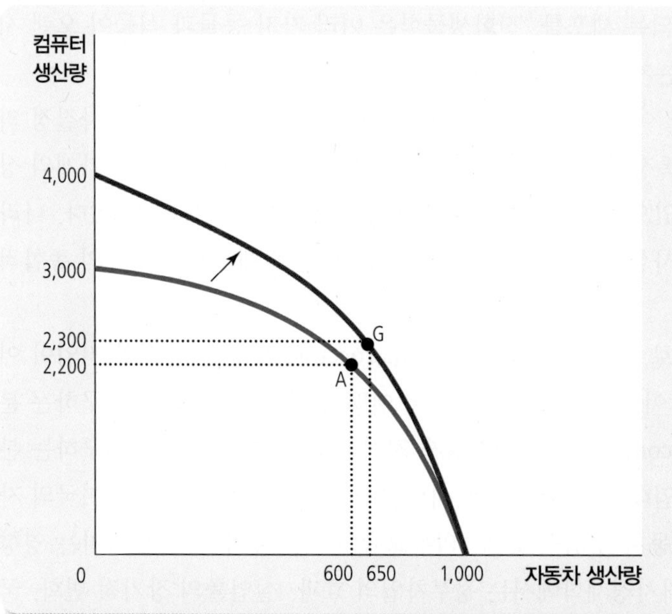

그림 2.3

생산가능곡선의 이동

컴퓨터산업의 기술 진보로 이 경제는 주어진 자동차 생산량에 대하여 더 많은 컴퓨터를 생산할 수 있다. 그 결과 생산가능곡선이 바깥쪽으로 팽창한다. 이 경제가 점 A에서 점 G로 이동하면 자동차와 컴퓨터의 생산량은 모두 증가한다.

주일에 한 근로자가 생산할 수 있는 컴퓨터의 대수가 증가한다면, 이 경제는 주어진 자동차의 생산량에 대하여 더 많은 컴퓨터를 생산할 수 있을 것이다. 그 결과 생산가능곡선은 밖으로 팽창한다. 이 경제가 컴퓨터를 1대도 생산하지 않는다면, 이 경제는 여전히 1,000대의 자동차를 생산할 수 있다. 따라서 생산가능곡선의 가로축 절편은 그대로 1,000대다. 그러나 이 경제가 자원의 일부를 컴퓨터 생산에 투입한다면 같은 양의 자원을 가지고도 더 많은 컴퓨터를 생산할 수 있게 된다. 그 결과 생산가능곡선은 그림 2.3에서 보듯이 바깥 쪽으로 팽창하게 된다.

이 그림은 경제성장을 나타낸다. 이 경제는 이전 생산가능곡선의 한 점에서 새로운 생산가능곡선상의 점으로 이동한다. 곡선상의 어느 점에 이 경제가 위치하는가는 그 사회에 있는 두 재화의 선호에 따라 결정된다. 이 그림의 예에서 이 경제는 점 A에서 점 G로 이동하여 더 많은 컴퓨터(2,200대에서 2,300대로)와 더 많은 자동차(600대에서 650대로)를 가질 수 있다.

생산가능곡선은 복잡한 경제 현상을 단순화해 몇 가지 중요한 경제원리를 명확하게 전달해주었다. 희소성, 효율성, 상충관계, 기회비용, 경제성장 등이 그것이다. 여러분은 경제학을 공부하는 과정에서 이러한 개념들을 여러 가지 형태로 다시 접할 것이다. 생산가능곡선은 이러한 개념들을 이해하는 간단한 방법 중 하나다.

2-1f 미시경제학과 거시경제학

학문마다 여러 종류의 연구 분야가 있다. 생물학을 예로 들어보자. 분자생물학은 생물의 화학적 구성을, 세포생물학은 그 자체가 여러 가지 화학물질로 구성되면서 생물체를 구성하는 기본요소가 되는 세포를, 진화생물학은 여러 가지 동물과 식물이 오랜 시간에 걸쳐 어떻게 변해왔는지 연구하는 분야다.

마찬가지로 경제학에도 여러 가지 연구 분야가 있다. 개인이나 가계의 의사결정 과정을 연구할 수도 있고, 특정한 재화나 서비스를 거래하는 시장에서 기업과 가계의 상호작용을 연구해볼 수도 있으며, 나라 경제 전체의 움직임을 들여다볼 수도 있다. 나라 경제 전체의 움직임이란 사실 모든 시장에서 일어나는 모든 경제주체의 행동의 종합적인 결과다.

미시경제학 가계와 기업이 어떻게 의사결정을 내리며, 시장에서 이들이 어떻게 상호작용하는지 연구하는 경제학의 한 분야

거시경제학 인플레이션, 실업, 경제성장 등과 같이 나라 경제 전체에 관한 경제 현상을 연구하는 경제학의 한 분야

경제학은 크게 두 분야로 나뉜다. 미시경제학(microeconomics)은 가계와 기업이 어떻게 의사결정을 내리며, 이들이 각각의 시장에서 어떻게 상호작용하는지 연구하는 분야다. 거시경제학(macroeconomics)은 나라 경제 전체에 관한 경제 현상을 연구하는 분야다. 미시경제학에서는 임대료 규제가 뉴욕 시의 주택 사정에 미치는 효과, 미국의 자동차산업에 대한 외국 자동차 수입의 효과, 의무교육이 근로자의 소득에 미치는 영향 등이 연구 주제가 된다. 거시경제학에서는 정부차입의 효과, 실업률의 장기적 변화, 국

민 생활 수준을 향상시키는 정책의 비교 등이 주요 연구 대상이다.

미시경제학과 거시경제학은 밀접하게 연결되어 있다. 나라 경제 전체의 변화는 수많은 개인과 기업의 개별적인 의사결정에서 비롯되기 때문에 미시경제 현상을 고려하지 않고는 거시경제 현상을 이해하기가 곤란하다. 예를 들어 거시경제학자가 소득세 경감이 전반적인 생산활동에 미치는 효과를 분석하려면 먼저 세금의 감소가 각 가계의 소비 결정에 어떤 영향을 미치는지 살펴보아야 한다.

미시경제학과 거시경제학의 이러한 관계에도 불구하고, 두 분야는 각각 독특한 특징이 있다. 미시경제학과 거시경제학은 서로 다른 연구 과제를 다루기 때문에 두 분야는 종종 연구 방법과 모델이 아주 다르며, 별개의 과목으로 가르치기도 한다.

간단한 퀴즈

1. 경제학 모형이란?
- a. 나라 경제의 기능을 복사한 기계 모형
- b. 현실 경제의 자세하고도 정확한 설명
- c. 단순화된 현실 경제
- d. 경제를 예측하는 컴퓨터 프로그램

2. 경제순환모형의 생산요소시장에서?
- a. 가계는 판매자, 기업은 구매자
- b. 가계는 구매자, 기업은 판매자
- c. 가계와 기업 모두 구매자
- d. 가계와 기업 모두 판매자

3. 생산가능곡선의 내부에 있는 점들은?
- a. 효율적이지만 생산 불가능
- b. 생산 가능하지만 비효율적
- c. 효율적이고 생산 가능
- d. 비효율적이고 생산 불가능

4. 다음 중 미시경제학의 연구 주제가 아닌 것은?
- a. 담뱃세의 부과가 청소년의 흡연에 미치는 영향
- b. 소프트웨어 가격에 대한 Microsoft사의 영향
- c. 빈곤해소를 위한 복지제도의 유효성
- d. 정부 재정 적자가 경제성장에 미치는 효과

정답은 각 장의 끝에

2-2 정책조언자로서 경제학자

경제학자들은 종종 경제 현상의 원인에 대해 질문을 받는다. 예를 들어 왜 10대 청소년의 실업률이 나이가 많은 근로자에 비해 높은가와 같은 것이다. 혹은 경제 현실을 개선할 수 있는 방안을 제시해달라는 요구를 받기도 한다. 예를 들어 10대 청소년의 복지수준을 향상시키기 위해 정부가 무엇을 해야 하는가와 같은 것이다. 경제학자들이 현실을 설명해야 한다면 이는 과학자로서 역할이다. 경제학자가 현실을 개선하는 것을 돕는다면 이는 정책조언자로서 역할이다.

2-2a 실증적 분석과 규범적 분석

경제학자가 담당하는 두 가지 역할을 보다 분명히 하기 위해 각각에서 사용되는 언어의 차이부터 살펴보자. 과학자와 정책조언자는 목표가 다르기 때문에 그들이 사용하는 언어는 다를 수밖에 없다.

예를 들어 두 사람이 최저임금제에 대해 토론하면서 다음과 같은 대화를 나누었다고 하자.

> 프리샤 : 최저임금제는 실업을 유발할 것이다.
> 노아 : 정부는 최저임금을 인상해야 한다.

여러분이 이들의 이야기에 동의하는가는 차치하고, 프리샤와 노아는 지금 각자 다른 역할을 하고 있다는 것을 알아야 한다. 프리샤는 지금 과학자처럼 이야기하고 있다. 그

하이테크 기업들이 경제학자를 고용하는 이유

많은 하이테크 기업들이 경제학의 전문지식이 그들의 의사결정에 유용하다는 것을 발견하고 있다.

굿바이, 상아탑. 반갑습니다, 실리콘밸리 캔디숍

Steve Lohr

8년 동안 잭 콜스(Jack Coles)는 하버드 경영대학에서 경제학자라면 누구나 꿈꾸는 자리를 차지하고 있었다.

그의 연구 분야는 효율적인 시장을 디자인하는 것이다. 이 분야는 국채 경매시장에 영향을 미치고, 누가 장기이식을 받아야 하는지를 결정하는 등 매우 중요하고 장래 전망이 좋은 분야다. 그는 2012년 노벨 경제학상을 받은 앨빈 E. 로스(Alvin E. Roth) 교수와 함께 일하기도 했다.

그러나 이런 특혜가 그를 하버드 대학에 붙잡아 놓지는 못했다. 2013년에 그는 샌프란시스코 베이 지역으로 이사했고, 지금은 온라인 숙박 공유 플랫폼 회사인 Airbnb에서 일하고 있다. 이 회사는 빅데이터와 높은 연봉으로 경제학자들을 유혹하고 있는 하이테크 기업의 하나다.

실리콘밸리는 전통적 시장에서 더 많은 돈을 쥐어짜서 새로운 시장을 만들고자 끝없이 시도하면서 '우울한 과학(경제학)'에 관심을 보이고 있다. 한편, 경제학자들은 경제학의 영원한 과제인 가격, 유인, 행동에 관한 새로운 지식을 얻기 위해 디지털 세계를 탐험하기를 간절히 원한다.

콜스 교수는 "디지털 세계는 경제학자들에게는 절대적인 캔디숍입니다"라고 말한다….

기업들은 여러 해 동안 경제학자들을 고용해왔다. 그들은 주로 경기순환, 환율 등과 같은 거시경제 추세를 분석하고, 기업들이 이에 대비하도록 자문하는 역할을 해왔다.

그러나 하이테크 분야 경제학자들의 역할은 다르다. 나라 경제나 국제경제 추세를 분석하는 대신, 그들은 소비자 행동에 관한 데이터를 분석해서 디지털 회사들이 광고, 영화, 음악, 여행, 숙박 등과 같은 분야에서 그들의 온라인 시장 영역을 확대하는 현명한 결정을 내릴 수 있도록 돕는다.

Amazon, Facebook, Google, Microsoft와 같은 거대기업들과 새로이 성장하고 있는 Airbnb와 Uber 같은 하이테크 기업들은 이러한 효율성의 향상이 더 많은 이윤으로 이어지기를 희망한다.

Netflix의 경제학자 랜달 루이스(Randall Lewis)는 광고의 효과에 대해 섬세하게 분석하고 있다. 그의 연구는 소비자 행동에서 상관관계인가 인과관계인가를 식별하는 난제에 도전

는 지금 세상이 어떤 원리에 의해 움직이는지 이야기하는 것이다. 반면 노아는 정책조언자처럼 이야기하고 있다. 그가 이 세상을 어떻게 변화시키고 싶은지 이야기하는 것이다.

일반적으로 이 세상에 대한 서술에는 두 종류가 있다. 하나는 프리샤의 입장처럼 실증적인 서술이다. 실증적 서술은 설명적인 것으로, 이 세상이 무엇인지 설명하고자 하는 것이다. 다른 하나는 노아의 입장처럼 규범적인 서술이다. 규범적 서술은 처방적인 것으로, 이 세상이 어떻게 바뀌어야 하는지 주장하는 것이다.

실증적 서술과 규범적 서술의 중요한 차이점은 우리가 이 서술을 어떻게 받아들이고 판단하는가에 있다. 실증적 서술(positive statements)은 기본적으로 나타난 증거를 검사함으로써 인정하거나 부정할 수 있다. 즉 프리샤의 서술에 대해서는 최저임금 수준과 실업률의 관계를 나타내는 시계열 자료를 분석하면 될 것이다. 이와 대조적으로 규범적 서술(normative statements)에는 나타난 사실뿐 아니라 가치관이 개입된다. 노아의

실증적 서술　현실이 어떠하다는 주장

규범적 서술　현실이 어떻게 되어야 한다는 주장

하고 있다. 광고를 보고 나서 취하는 소비자의 어떤 행동이 우연인지, 아니면 어떤 행동이 그 광고에 의해 유발된 것인지를 분석한다.

Airbnb의 콜스는 투숙객과 숙박업주 간에 형성된 시장을 연구하고 있다. 이를 통해 새로운 비즈니스를 만들고 소비자 행태를 이해하는 것을 돕고자 한다. 그의 연구주제 중 하나는 고객들의 예약 행태를 분석해서 행동경제학의 주요 연구과제인 망설임(procrastination) 행태를 연구하는 것이다. 고객이 마지막 순간에 예약을 했는지, 수개월이나 수주전에 예약을 했는지? 예약 행태가 연령, 성별, 또는 국적에 따라 다른지?

미국 경영경제학회(National Association for Business Economics)의 톰 비어스(Tom Beers) 상임이사는 "그들은 미시경제학 전문가입니다. 머신러닝과 알고리즘 작성과 같은 컴퓨팅 방법들과 데이터를 많이 사용합니다"라고 말한다.

Google의 수석 이코노미스트 핼 배리안(Hal Varian)은 최근 들어 디지털 시장이 어떻게 작동하는지를 이해하는데 대한 관심이 높아지고 있지만, 자신은 이미 오래전에 이 주제가 흥미로운 주제라고 생각했다고 말한다.

69세인 배리안 씨는 하이테크 산업에서 상근 경제학자의 대부다. 한 때 University of California at Berkeley에서 명성을 날리던 경제학 교수였던 그는 2002년에 Google에 파트타임으로 처음 참여했다가 곧 상근직으로 고용됐다. 그는 광고주들이 광고를 Google 탐색 페이지에 올리기 위해 경매를 해야 하는 Google의 AdWords 프로그램을 개선하는데 기여했다.

지금은 Amazon이 가장 적극적으로 경제학자들을 영입하려는 것 같다. Amazon은 심지어 경제학자들의 이력서를 받기 위해 Amazon Economists라는 웹사이트를 운영하고 있다. 그 사이트의 동영상 중 하나에서는 이 회사의 수석 경제학자 패트릭 바자리(Patrick Bajari)가 Amazon 경제분석팀이 회사가 '수십억 달러의 효과'를 내는 결정에 기여했다고 밝히고 있다….

현재 Amazon과 Microsoft가 당면한 시장 디자인 과제는 빅 클라우드 서비스다. 이 서비스는 전기회사들과 마찬가지로 최대 수요 부하(peak-load) 문제를 가지고 있다.

수요 급증으로 일부 수요자가 접속을 하지 못할 리스크가 있을 때 서비스를 어떻게 판매해야 하나? 접속이 끊어질 수 있는 서비스에 지불용의가 있는 고객을 상대로 경매에 부쳐야 할까? 또는 접속 불량의 리스크 수준에 따라 가격차별을 해야 할까? Amazon과 Micorsoft는 지금 이 문제를 해결하기 위해 노력하고 있다.

이런 문제의 해답을 얻기 위해 경제학자들은 컴퓨터 전문가, 사업담당자들과 팀을 이뤄 일을 하고 있다. 하이테크 기업에서 시장을 설계하기 위해서는 경제학뿐 아니라 공학, 마케팅 분야가 협력해야 한다. 어떤 해법이 기술적으로 얼마나 어려운 것인지? 이 해법을 고객에게 얼마나 쉽게 설명할 수 있는지?

Microsoft의 수석 경제학자인 프레스턴 맥아피(Preston McAfee)는 "경제학은 결정을 내리는 것이 아니라, 결정에 영향을 미치는 것"이라고 말한다. 그는 이전에 Google과 Yahoo에서 일했었다. ■

토론 문제

1. 여러분이 자주 접하는 기업을 생각해보라. 경제학자의 조언이 이 기업의 경영을 어떻게 개선할 수 있을까?
2. 대학에서 경제학을 공부했다면, 어떤 업계에서 일하는 것이 가장 재미있을까?

자료: *New York Times*, 2016년 9월 4일.

서술은 자료만 가지고는 판단할 수 없다. 무엇이 좋은 정책이고 무엇이 나쁜 정책인지 판단하는 것은 단순한 과학의 영역이 아니다. 거기에는 우리의 윤리관, 종교, 정치철학 등이 개입되는 것이다.

실증적 서술과 규범적 서술은 근본적으로 다르지만 한 사람의 마음속에는 밀접하게 연관되어 있을 수 있다. 세상의 현상에 대한 실증적 이해가 정책에 대한 규범적 선호에 영향을 미칠 수 있다. 최저임금제가 실업을 유발한다는 프리샤의 서술이 사실이라면 노아의 최저임금 인상 서술은 거부되어야 할지 모른다. 그렇지만 규범적 판단은 실증적 분석에만 의존해서는 안 된다. 실증적 분석과 가치관에 입각한 판단이 함께 적용되어야 한다.

여러분은 경제학을 공부하는 과정에서 실증적 서술과 규범적 서술의 차이를 항상 유의하기 바란다. 대부분의 경우 경제학은 실증적이다. 경제가 어떤 원리에 따라 작동하는지 설명하고자 한다. 그러나 경제학을 이용해서 어떤 규범적 목표를 추구하는 사람들도 있다. 그들은 어떻게 하면 경제가 보다 잘 작동하게 할 수 있는지 연구한다. 어느 경제학자가 규범적인 주장을 한다면, 그는 과학자로서가 아니라 정책조언자로서 역할을 하고 있다고 해야 할 것이다.

2-2b 정부 내 경제학자들

미국의 해리 트루먼(Harry Truman) 대통령은 언젠가 제발 외팔이 경제학자를 만났으면 좋겠다고 이야기한 적이 있다. 트루먼 대통령이 경제학자들에게 조언을 구하면 그들은 항상 "한편으로는(on the one hand) 이렇고, 다른 한편으로는(on the other hand) 이렇다"고 답변하기 때문이라고 한다.

경제학자들의 답변이 종종 모호하다고 느낀 사람은 비단 트루먼 대통령만이 아닐 것이다. 경제학자들의 이러한 경향은 1장에서 살펴본 경제학의 10대 기본원리의 하나에 기인한다. 여러분은 모든 선택에는 대가가 있다는 기본원리를 기억할 것이다. 경제학자들은 대부분의 정책결정에 대가가 있다는 것을 안다. 어떤 정책은 효율을 위해 형평성을 희생할 수도 있다. 혹은 미래 세대를 돕고 현 세대를 손해 보게 할 수도 있다. 정책결정이 쉬운 일이라고 말하는 경제학자가 있다면 그 사람 말은 믿을 수 없는 것이다.

"우리 서로 역할을 바꿔봅시다. 나는 정책을 만들 테니 여러분은 집행하고, 저 친구는 설명해보죠."

경제학자들의 조언에 의존한 대통령은 트루먼뿐만이 아니다. 1946년 이래 미국의 대통령들은 3명의 위원과 40~50여 명의 보좌진으로 구성된 '경제자문위원회(Council of Economic Advisers)'의 조언을 받아왔다. 백악관과 불과 몇 걸음 떨어지지 않은 곳에 있는 이 위원회는 대통령의 경제 자문과 1년에 한 번 『대통령 경제보고서(Economic Report of President)』(우리나라의 『경제백서』를 생각하면 좋겠다 – 역자주)를 발간하는 임무만 수행한다. 『대통령 경제보고서』에는 미국 경제의 최근 동향에 대한 논의와 경제

정책 현안에 대한 분석이 제시된다.

미국 대통령은 각 행정부처에서 일하는 많은 경제전문가의 도움도 받는다. 관리예산국(Office of Management and Budget) 소속 경제학자들은 세출계획 작성과 규제정책 수립을 지원한다. 재무성에서 일하는 경제전문가들은 대통령이 조세정책을 입안하는 데 도움을 주며, 노동성에 있는 경제전문가들은 근로자와 구직자에 대한 자료 분석을 통해 노동시장 정책 수립을 돕는다. 법무성의 경제전문가들은 미국의 독점금지 정책을 수행하는 데 도움을 준다.

경제학자들은 행정부 밖에서도 활약하고 있다. 미 의회는 정책에 대한 독립적인 평가를 위해 '의회예산처(Congressional Budget Office)'의 조언에 의존한다. 물론 의회예산처에도 경제전문가들이 있다. 미국의 통화정책을 결정하는 '연방준비제도(Federal Reserve)'도 미국과 전 세계 경제에서 일어나는 일들을 분석하기 위해 수백 명의 경제전문가를 고용하고 있다.

경제정책에 대한 경제학자들의 영향력은 정책조언자로서 역할에 국한되지 않는다. 경제학자들의 연구 결과와 논문들도 경제정책에 영향을 미친다. 저명한 경제학자 존 메이너드 케인즈(John Maynard Keynes)는 다음과 같이 말한 바 있다.

> 경제학자들과 정치철학자들의 아이디어는 그것이 옳고 그름에 상관없이, 사람들이 생각하는 것보다 강력한 영향력이 있다. 사실 이 세상은 바로 이들에 의해 움직인다고 할 수 있다. 어떤 지적 영향력에서도 자유롭다고 생각하는 실용주의적 사람들조차 사실은 어느 죽은 경제학자의 정신적 노예일 가능성이 높다. 허공에서 음성을 듣는 미치광이 권력자들은 몇 년 전에 어느 학자들이 써놓은 낙서장을 통해 그들의 광기를 흡수하는 것이다.

케인즈가 이 말을 한 것은 1935년이지만 지금도 여전히 진리라고 할 수 있다. 오늘날 경제정책에 영향을 미치는 '어느 학자의 낙서장'의 주인공이 가끔은 케인즈 본인이기도 하다.

2-2c 경제학자들의 조언이 항상 받아들여지지 못하는 이유

대통령이나 다른 선출직 정치지도자들에게 자문을 해본 적이 있는 경제학자라면 누구나 자신들의 의견이 항상 받아들여지는 것이 아니라는 사실을 안다. 안타까운 일이지만, 쉽게 이해할 수 있는 일이다. 현실에서 경제정책이 실제로 만들어지는 과정은 경제학 교과서에서 가정하는 이상적인 상황과 차이가 많다.

이 책의 모든 부분에서 정책을 다룰 때마다 우리는 가장 좋은 정책은 무엇인가라는 한 가지 문제에만 관심을 가진다. 마치 정책이 선의를 가진 좋은 임금님에 의해 만들어지는 것처럼 가정한다. 그리고 최선의 정책이 만들어지면 이를 그대로 현실에 적용하는 데 아무런 문제가 없는 것으로 가정한다.

그러나 현실에서 최선의 정책을 찾아내는 일은 정치지도자가 해야 하는 일의 일부분에 불과하다. 이것은 오히려 쉬운 작업일지도 모른다. 대통령은 경제보좌관들에게 어떤 정책이 가장 좋은 정책인지 전문가로서 의견을 듣고 나면 다른 보좌진의 의견을 구한다. 홍보 담당 보좌관들은 그 정책을 국민들에게 어떻게 설명하는 것이 가장 좋은 전략인지, 자칫 오해를 불러일으켜 일을 더 어렵게 만들지는 않을지 검토한다. 대통령 대변인은 언론이 그의 정책을 어떻게 보도할지, 신문 사설에서는 어떤 반응이 나올지 대통령에게 보고한다. 의회 담당 보좌관들은 국회의원들이 이 정책을 어떻게 볼지, 의원들이 대통령의 제안을 어떻게 수정하려 할지, 의회가 대통령 정책의 어떤 부분을 입법을 통해 반영할지 등에 관해 대통령에게 보고한다. 대통령 정치보좌관들은 어떤 단체가 지지를 선언하고 어떤 단체가 정책을 반대할지, 이 정책이 대통령의 정치적 기반에 어떤 영향을 미칠지, 대통령이 추진하는 다른 정책에는 어떤 영향을 미칠지 분석한다. 대통령은 이 모든 분석과 검토를 감안하여 정책을 어떻게 추진할지 결정한다.

대의 민주주의에서 경제정책을 만드는 것은 지저분한 과정이다. 대통령이나 다른 정치지도자들이 경제학자들의 조언을 받아들이지 않는 데는 모두 그만한 이유가 있다. 경제학자들이 정책 형성 과정에 중요한 기여를 하지만, 그들의 조언은 복잡한 의사결정 과정의 일부일 뿐이다.

간단한 퀴즈

5. 다음 중 어느 것이 실증적 주장인가?
 a. 법안 X는 국민소득을 감소시킬 것이다.
 b. 법안 X는 좋은 법안이다.
 c. 국회는 법안 X를 통과시켜야 한다.
 d. 대통령은 법안 X를 거부해야 한다.

6. 다음 중 정부의 어느 부서가 경제학자의 조언에 정기적으로 의존할까?
 a. 재무부
 b. 예산실
 c. 법무부
 d. 위의 모든 부서

정답은 각 장의 끝에

2-3 왜 경제학자들 간에 견해가 다른가

"모든 경제학자를 드러눕혀 일렬로 이어본다면, 그들은 결론이라는 곳에 도달하지 못할 것이다." 조지 버나드 쇼(George Bernard Shaw)의 이 농담은 시사하는 바가 매우 크다. 경제학자들은 하나의 그룹이지만 상충되는 의견을 제시해 정책담당자들에게 비난

받기도 한다. 미국의 레이건 대통령은 경제학자들에게 100개의 질문을 던진다면 3,000개의 답변이 나올 것이라고 농담한 적이 있다.

그렇다면 왜 경제학자들이 정책담당자들에게 상충되는 의견을 제시하는 것처럼 보일까? 여기에는 두 가지 근본적인 이유가 있다.

- 이 세상이 어떻게 돌아가는가에 대한 실증적 현실 인식이 서로 다를 수 있다.
- 가치관이 다르기 때문에 경제정책이 어떤 목표를 달성해야 할지에 대한 의견이 다를 수 있다.

이들 이유에 대해 하나씩 살펴보자.

2-3a 과학적 판단의 차이

수 세기 전에는 과학자들이 태양계의 중심이 지구인지 태양인지 논쟁을 벌였다. 최근에는 기후학자들이 지금 지구온난화 현상이 발생하는지, 그렇다면 왜 그런지 논쟁을 벌이고 있다. 과학이라는 것은 우리 주위를 둘러싸고 있는 이 세상의 현상을 다룬다. 그렇기 때문에 탐구가 진행되면서 과학자들 사이에 무엇이 진리인지 이견이 생기는 것은 당연하다.

똑같은 이유로 경제학자들의 의견이 서로 다를 수 있다. 경제학 분야가 이 세계의 많은 현상을 설명하지만(이 책을 통해 알게 될 것이다), 아직도 밝혀야 할 진리가 많다. 어떤 경제학자들은 제시된 이론의 유효성에 대해 의문을 가지기도 하고, 어떤 때는 경제변수들이 연결되어 있는 모수(parameter)의 크기에 대해 다른 견해를 가지고 있기 때문에 의견이 서로 다를 수 있다.

예를 들어 경제학자들은 정부가 세금을 각 가정의 소득에 근거해서 부과해야 하는지, 소비 지출 규모에 근거해서 부과해야 하는지에 대해 논쟁한다. 현행 소득세를 소비세로 바꾸자고 주장하는 경제학자들은 소비세가 도입되면 소득 중에서 저축되는 부분에 대해서는 세금이 부과되지 않기 때문에 사람들의 저축이 증가할 것이라고 믿는다. 그리고 저축이 증가함에 따라 생산성과 생활 수준이 더 빠른 속도로 향상될 것이라고 생각한다. 그러나 현재와 같은 소득세를 지지하는 사람들은 소비세로 바꾸더라도 저축은 그다지 증가하지 않을 것이라고 믿는다. 이 경우 경제학자들은 저축이 조세제도에 얼마나 민감하게 반응하는가에 관한 실증적 견해차 때문에 어떤 조세제도가 더 바람직한가 하는 규범적 견해차를 보이는 것이다.

2-3b 가치관의 차이

잭과 질은 동네 우물에서 같은 분량의 물을 길어다 쓴다고 하자. 이 우물의 관리를 위해 마을에서는 주민들에게 세금을 걷는다. 질의 소득은 15만 달러고, 이 중 1만 5천 달러, 즉 소득의 10%를 세금으로 낸다. 잭은 4만 달러의 소득을 올리고, 이 중 6,000달러, 즉 소득의 15%를 세금으로 낸다.

이 세금정책은 공평한가? 공평하지 않다면 누가 더 내야 하고, 누가 덜 내야 하는가? 잭이 장애인이기 때문에 소득이 낮다든지, 연극배우라는 사실 등을 감안해야 하는가? 질의 소득이 높은 것이 유산을 많이 물려받았기 때문인지, 아니면 힘든 직업이지만 열심히 일한 대가인지 등이 여러분의 판단을 좌우하는가?

이러한 질문은 사람마다 견해가 다를 수 있는 어려운 문제다. 이 마을이 우물 관리비를 충당하기 위해 어떻게 세금을 부과해야 할지 조세전문가에게 물어보았을 때 서로 다른 결론이 나온다고 해도 그다지 놀라운 일은 아니다.

이 간단한 예는 바로 경제학자들이 경제정책에 대해 왜 서로 견해를 달리하는지 잘 보여준다. 규범적 분석과 실증적 분석의 논의에서도 이야기했듯이, 정책이라는 것이 과학적 근거에 의해서만 결정되는 것은 아니다. 경제학자들이 상반되는 주장을 하는 이유는 그들의 가치관이나 정치철학이 다르기 때문이다. 경제학의 과학적 기법이 아무리 완벽하다고 해도, 잭과 질 중에 누가 더 세금을 내야 하는지 결정해줄 수는 없다.

2-3c 인식 대 현실

경제학자 간의 견해 차는 과학적 판단과 가치관의 차이 때문에 불가피하다. 그러나 이 차이를 지나치게 강조할 필요는 없다. 사실 경제학자들의 견해가 일치하는 경우가 많다.

표 2.1에 경제정책에 관한 20가지 명제가 있다. 경제학자들을 상대로 설문조사한 결과, 응답자들의 절대다수가 이들 명제에 동의했다. 일반 국민들을 상대로 조사했다면 이들 대부분의 명제에 대해 동의를 얻어내지 못했을 것이다.

첫째 명제는 임대료 규제에 관한 것이다. 대부분의 경제학자들은 임대료 규제야말로 주택의 원활한 공급과 주택 품질에 나쁜 영향을 미치며, 경제적 약자를 보호하는 방법으로는 매우 비용이 큰 정책이라는 데 동의할 것이다. 그럼에도 불구하고 수많은 도시 정책 당국자들이 경제학자들의 이러한 충고를 무시하고 주택 임대료의 상한선을 규제하고 있다.

둘째 명제는 국가 간의 무역을 제한하는 두 가지 정책, 즉 관세와 수입쿼터에 관한 것이다. 나중에 보다 자세히 살펴보겠지만, 거의 모든 경제학자는 이러한 무역장벽에 반대하고 있다. 그런데도 대통령과 의회는 지난 수년 동안 일부 품목의 수입에 대해 제한을 가해왔다. 트럼프 행정부의 정책이 좋은 사례다.

경제전문가들의 일치된 반대에도 불구하고 임대료 규제나 무역장벽과 같은 정책이

표 2.1

대부분의 경제학자들이 동의하는 명제들

자료: Richard M. Alston, J. R. Kearl, Michael B. Vaughn, "Is There Consensus among Economists in the 1990s?" *American Economic Review*(May 1992): 203~209. Dan Fuller and Doris Geide-Stevenson, "Consensus among Economists Revisited." *Journal of Economics Dducation*(Fall 2003): 369-387; Robert Whaples, "Do Economists Agree on Anything? Yes!" Economists' Voice (November 2006): 1~6; Robert Whaples, "The Policy Views of American Economic Association Members: The Results of a New Survey," *Econ Journal Watch*(September 2009); 337-348.

역자주: 이들 명제 일부에 대한 우리나라 경제학자들의 동의 비율에 대해서는 우리나라 통계자료 부록 표 2.1 참조.

경제학자들이 동의하는 명제와 동의 비율

1. 주택 임대료 규제는 주택의 수량과 품질의 저하를 가져온다. (93%)
2. 관세와 수입쿼터가 부과되면 대체로 경제적 후생 수준이 낮아진다. (93%)
3. 변동환율제는 유효한 국제통화 체제다. (90%)
4. 조세감면이나 정부지출의 증가와 같은 재정정책은 완전고용에 미달한 경제에서는 현저한 경기부양 효과를 나타낸다. (90%)
5. 미국 정부는 고용주들이 해외 근로자에게 외주(outsourcing) 주는 것을 막아서는 안 된다. (90%)
6. 미국과 같은 선진국은 경제성장을 통해 더 높은 생활 수준을 달성할 수 있다. (88%)
7. 미국 정부는 농업에 대한 보조금을 폐지해야 한다. (85%)
8. 좋은 재정정책은 장기적으로 자본 형성을 촉진한다. (85%)
9. 미국의 지방 정부는 지역 프로 스포츠팀에 대한 보조금을 폐지해야 한다. (85%)
10. 정부재정의 균형은 매년 달성하는 것보다 경기순환 주기를 단위로 달성해야 한다. (85%)
11. 현재의 정책이 지속된다면 미국 사회보장제도의 적자 규모는 50년 이내에 감당하지 못할 정도로 커질 것이다. (85%)
12. 현금을 주는 것이 같은 값의 물건으로 주는 것보다 받는 사람에게 더 큰 이득이다. (84%)
13. 과도한 재정적자는 국민경제에 나쁜 영향을 끼친다. (83%)
14. 소득 재분배는 미국 정부의 정당한 역할이다. (83%)
15. 인플레이션은 기본적으로 통화량 증가율이 너무 높기 때문에 발생한다. (83%)
16. 미국 정부는 유전자 변형 농산물을 금지해서는 안 된다. (82%)
17. 최저임금제가 시행되면 젊은 비숙련 근로자들의 실업률이 높아진다. (79%)
18. 빈곤층에 대한 소득보조는 '마이너스 소득세(부의 소득세)' 개념으로 개편되어야 한다. (79%)
19. 배출부담금 제도와 배출권 거래제도는 배출량 상한 규제보다 우월한 방식이다. (78%)
20. 미국 정부의 에탄올 연료에 대한 보조금은 감축하거나 폐지해야 한다. (78%)

지속되는 이유는 무엇일까? 아마 정치적 현실 때문일 것이다. 그러나 동시에 경제학자들이 이러한 정책들이 결코 좋은 것이 아니라는 사실을 일반 대중에게 충분히 납득시키지 못했기 때문이기도 할 것이다. 이 책의 목표 중 하나는 여러분에게 경제학자들의 이러한 견해를 이해시키고, 가능하다면 옳다고 믿도록 설득하는 것이다.

여러분은 이 책에서 '전문가들에게 묻는다'라고 표시된 박스를 보게 될 것이다. 여기서는 저명한 경제학자들을 대상으로 실시된 IGM Economics Experts Panel의 설문 결과를 소개한다. 이 Panel은 정기적으로 몇 주마다 이들 경제학자에게 설문을 주고 여기

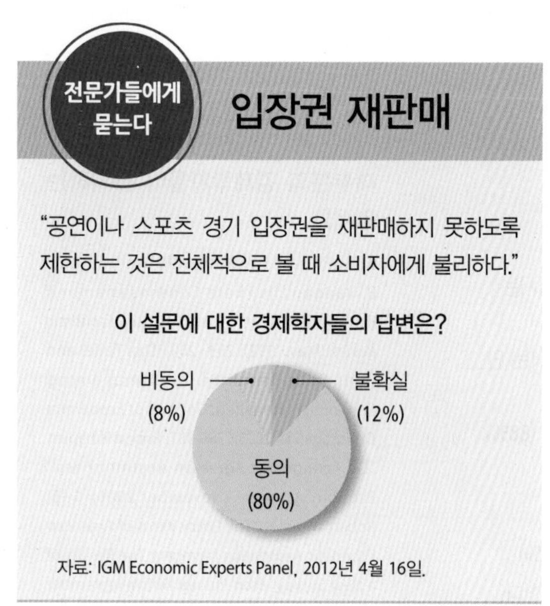

에 동의하는지, 동의하지 않는지, 불확실하다고 생각하는지 답변을 받고 있다. 이 박스의 설문 결과들은 경제학자들이 어떤 문제에 대해 의견이 일치하는지, 의견이 갈리는지, 아니면 잘 알지 못하는지를 알게 해줄 것이다.

이 박스는 공연이나 스포츠 경기 입장권을 재판매하지 못하도록 하는 규제에 대한 설문 결과를 보여 준다. 의회는 때때로 입장권 재판매, 즉 '암표행위'를 규제하려고 한다. 그러나 설문조사 결과 많은 경제학자들이 의회보다는 암표상을 지지하는 것으로 나타났다.

간단한 퀴즈

7. 경제학자들 간에 견해가 다른 이유는?
   a. 제시된 이론의 유효성에 대한 견해가 서로 다르기 때문이다.
   b. 주요 모수의 크기에 대한 견해가 서로 다르기 때문이다.
   c. 공공정책의 목표에 대한 정치철학이 서로 다르기 때문이다.
   d. 위의 모두

8. 대부분의 경제학자들은 관세에 대해 어떻게 생각하나?
   a. 국내 경제성장을 촉진하는 좋은 수단이다.
   b. 경제 전반적인 후생 증진에 좋은 수단이 아니다.
   c. 외국으로부터의 경쟁에 대응하기 위해 필요하다.
   d. 정부의 조세수입을 늘리는 효율적인 수단이다.

정답은 각 장의 끝에

2-4 이제 시작해봅시다

1, 2장에서는 경제학의 아이디어와 방법론에 대해 소개했다. 이제 우리는 본격적으로 공부할 차례가 되었다. 3장에서는 경제행위와 경제정책의 기본원리에 대해 보다 자세하게 공부할 것이다.

이 책을 공부하면서 여러분은 자신의 지적 능력을 발휘할 기회가 생길 것이다. 이를 위해 위대한 경제학자 케인즈의 충고를 기억해두는 것이 유익하다.

> 경제학을 공부하는 데 특별한 재능이 필요한 것은 아니다. 경제학이 고급 철학이나 순수과학에 비해서 그렇게 쉬운 학문일까? 쉬운 학문이기는 하지만 뛰어난 능력을 발휘하기는 매우 어려운 학문이다. 이러한 역설이 성립하는 것은 아마도 경제학의 대가가 되려면 아주 희귀한 재능의 조합(combination)이 필요

> 하기 때문일 것이다. 그는 수학자면서 어느 정도 역사학자, 정치가, 철학자여야 한다. 그는 수학의 기호를 이해하면서 이를 말로 설명해야 한다. 특수한 현상을 일반적 관점에서 사고해야 하고, 구상(concrete)과 추상(abstract)을 같은 사고의 틀로 접근해야 한다. 그는 미래를 위해 현실을 과거의 관점에서 연구해야 한다. 인간의 속성이나 제도의 어느 부분도 완전하게 그의 관심 밖에 있어서는 안 된다. 그는 의지를 가지면서도 동시에 무관심한 상태에 있어야 한다. 예술가처럼 초연하고 청렴하면서도, 어떤 때는 정치가처럼 현실적이 되어야 한다.

이것은 매우 어려운 조건이다. 그러나 연습을 통해 점차 경제학자처럼 생각하는 데 익숙해질 것이다.

요약

- 경제학자들은 경제 현상을 과학자와 같은 객관성을 가지고 접근하려고 한다. 다른 모든 과학자처럼 경제학자들도 우리를 둘러싼 세상을 이해하기 위해 적절한 가정을 도입하여 단순화된 모형을 만든다. 경제순환모형도와 생산가능곡선이 단순한 경제모형의 두 가지 예다. 경제순환모형도는 재화 및 서비스 시장과 생산요소시장에서 가계와 기업의 상호작용을 보여준다. 생산가능곡선은 경제가 여러 재화를 생산하는 과정에서 당면하는 상충관계를 보여준다.
- 경제학은 미시경제학과 거시경제학의 두 분야로 나뉜다. 미시경제학은 가계와 기업의 의사결정 과정을 분석하고 이들이 시장에서 어떻게 작용하는지 연구하는 분야다. 거시경제학은 나라 경제 전체에 영향을 미치는 변수와 추세에 관하여 연구하는 분야다.
- 실증적 서술은 이 세상이 어떠한가에 대한 주장이다. 규범적 서술은 이 세상이 어떻게 되어야 하는가에 대한 주장이다. 실증적 서술은 사실과 과학적 방법에 근거해서 판단되어야 하지만, 규범적 서술은 가치판단을 수반한다. 경제학자가 규범적인 의견을 제시할 때, 그는 과학자라기보다는 정책조언자로서 역할을 하는 것이다.
- 정책담당자에게 조언하는 경제학자들이 종종 상충되는 의견을 제시하는 것은 과학적 분석 결과에 대한 판단의 차이 때문이거나, 그들의 주관적인 가치관의 차이 때문이다. 어떤 때는 경제학자들이 일치된 의견을 제시함에도 불구하고 의사결정 과정에서 많은 제약과 정치적 고려에 의해 정책담당자들이 이를 무시하기도 한다.

중요개념

경제순환모형도 26
생산가능곡선 27
미시경제학 30
거시경제학 30
실증적 서술 33
규범적 서술 33

복습문제

1. 경제학을 어떤 의미에서 과학이라고 할 수 있는가?
2. 경제학자들이 가정을 하는 이유는 무엇인가?
3. 경제학 모형은 현실을 그대로 표현해야 하는가?
4. 여러분의 가족이 생산요소시장과 상호작용하는 사례와 재화와 서비스 시장에서 상호작용하는 사례를 하나씩 제시하라.
5. 단순화된 순환모형에서 다루지 않는 경제적 상호작용 하나를 제시하라.
6. 우유와 과자만 생산하는 경제의 생산가능곡선을 그리고 이를 설명하라. 이 경제에 있는 소의 절반이 질병으로 죽었다면 이 그림에 어떤 변화가 생기겠는가?
7. 생산가능곡선을 사용하여 '효율성'의 개념을 설명하라.
8. 경제학의 두 분야는 무엇인가? 그들은 각각 어떤 주제를 연구하는지 설명하라.
9. 실증적 서술과 규범적 서술의 차이를 설명하고, 각각의 예를 하나씩 제시하라.
10. 경제학자들은 왜 종종 정책담당자에게 상충되는 의견을 제시하는가?

응용문제

1. 경제순환모형도를 그리고, 다음의 경제활동이 그림의 어느 부분에 해당하는지 설명하라.
   a. 셀리나가 우유를 구입하고 1달러를 지불했다.
   b. 스튜어트는 식당에서 1시간에 8달러를 받고 일한다.
   c. 샤나는 이발을 하고 40달러를 지불했다.
   d. 셀마는 애크미산업의 소유권 10%로 2만 달러를 벌었다.
2. 무기(대포)와 소비재(버터)를 생산하는 경제를 생각해 보자.
   a. 대포와 버터의 생산가능곡선을 그려라. 기회비용 개념을 사용하여 생산가능곡선이 왜 밖으로 볼록한지 설명하라.
   b. 이 경제가 달성 불가능한 생산량의 조합(생산점)과 비효율적 생산점을 하나씩 표시하라.
   c. 이 경제에 두 정파가 있다고 하자. 하나는 강력한 군사력을 원하는 '매파'고, 다른 하나는 이를 원치 않는 '비둘기파'다. 생산가능곡선에 매파와 비둘기파가 선택할 점을 각각 표시하라.
   d. 적대적이던 이웃 나라가 군비를 축소한 결과 매파와 비둘기파 모두 같은 양의 군비를 축소하기로 했다. 이 경우 어느 정파의 정책이 더 큰 '평화배당금'(증가된 버터 생산량으로 측정)을 얻을까? 그 이유는 무엇인가?
3. 1장에서 배운 경제학의 10대 기본원리 중 첫째는 모든 선택에는 대가가 있다는 것이다. 생산가능곡선을 사용해서 우리 사회가 당면하고 있는 깨끗한 환경과 생산량의 상충관계를 설명하라. 생산가능곡선의 모양과 위치를 결정하는 변수는 무엇일까? 공해가 거의 없는 발전 기술이 발명되었다면 생산가능곡선은 어떻게 변할까?
4. 경제에 래리, 모, 컬리 세 사람만 존재한다고 하자. 세 사람 모두 하루 10시간씩 일하고, 잔디 깎기와 세차 두 가지 일만 한다고 하자. 래리는 1시간에 잔디밭 한 곳을 깎거나, 자동차 1대를 세차할 수 있다고 하자. 모는 잔디밭 한 곳을 깎거나 자동차 2대를 닦을 수 있다고 하자. 컬리는 잔디밭 두 곳을 깎거나 자동차 1대를 세차할 수 있다고 하자.
   a. 다음의 A, B, C, D 각 경우에 대해 각 서비스가 얼마나 생산될지 계산하라.
      - 세 사람 모두 잔디 깎기에만 종사한다.(A)
      - 세 사람 모두 세차에만 종사한다.(B)

- 세 사람 모두 절반씩 잔디 깎기와 세차에 종사한다.(C)
- 래리는 두 가지 일에 자기 시간의 절반씩을, 모는 세차에, 컬리는 잔디 깎기에만 자기 시간을 투자한다.(D)

b. 이 경제의 생산가능곡선을 그려라. 앞의 답을 이용해 생산가능곡선에 A, B, C, D 각 경우를 표시하라.

c. 생산가능곡선이 왜 그런 모양인지 설명하라.

d. A, B, C, D 중 비효율적인 경우가 있는가? 설명하라.

5. 다음 사례들이 미시경제학의 주제인지, 거시경제학의 주제인지 분류하라.

a. 소득의 얼마를 저축해야 할지를 결정하는 가계의 의사결정

b. 자동차 배출가스 규제 효과

c. 국민저축률 상승이 경제에 미치는 효과

d. 근로자 몇 명을 고용해야 할지를 결정하는 기업의 의사결정

e. 인플레이션과 통화량 변화율 사이의 관계

6. 다음 견해들이 실증적 주장인지, 규범적 주장인지 구분하라.

a. 나라 경제는 단기적으로 실업과 인플레이션의 상충관계를 경험한다.

b. 통화량의 증가율이 감소하면 인플레이션율이 낮아질 것이다.

c. 중앙은행은 통화량의 증가율을 낮춰야 한다.

d. 복지 혜택을 받는 국민들은 반드시 일자리 찾는 노력을 해야 한다.

e. 세율을 낮추면 근로 의욕이 높아지고 저축율도 높아질 것이다.

간단한 퀴즈 정답

1. c 2. a 3. b 4. d 5. a 6. d 7. d 8. b

THE SA
RESTROOMS
BAÑOS
ATM

부록

그래프 : 간단한 복습

경제학자들이 연구하는 많은 개념은 숫자로 표시할 수 있다. 예를 들면 바나나의 가격, 판매량, 재배비용 같은 숫자들이다. 때때로 이 경제변수들은 다른 경제변수들과 연관되어 있다. 예컨대 바나나 가격이 오르면 바나나 판매량은 줄어들 것이다. 변수들 간의 이러한 관계를 그래프를 사용하여 나타낼 수 있다.

그래프를 사용하면 두 가지 효과를 거둘 수 있다. 첫째, 이론을 만들 때 방정식이나 말로 표현해서는 분명치 않은 아이디어를 눈으로 볼 수 있다. 둘째, 데이터를 분석할 때 변수들이 실제로 어떤 상관관계가 있는지 알아낼 수 있다. 우리가 이론을 공부하든 데이터를 분석하든 그래프는 나무들의 무리에서 숲을 보게 해주는 렌즈 역할을 하는 것이다.

마치 하나의 생각이 여러 가지 말로 표현될 수 있듯이 숫자 정보는 여러 가지 그래프로 표현될 수 있다. 좋은 문장가는 주장을 분명하게 하기 위해, 표현을 상쾌하게 만들기 위해, 장면을 극적으로 전달하기 위해 다양한 어휘를 선택한다. 유능한 경제학자도 전달하고자 하는 의도에 적합한 그래프를 잘 골라야 한다.

이 부록에서는 경제학자들이 여러 변수들의 수학적 관계를 연구하기 위해 그래프를 어떻게 사용하는지 살펴볼 것이다. 또 그래프를 사용할 때 유의해야 할 점도 알아볼 것이다.

2A-1 한 변수의 그래프

그림 2A.1에는 가장 일반적으로 사용되는 세 가지 그래프가 나타나 있다. 파이그래프 (a)는 미국의 국민총소득이 임금소득, 기업 이윤 등 소득원별로 어떻게 구성되는지 보여준다. 파이 한 조각의 크기는 각 소득원이 전체 소득에서 차지하는 비율에 비례한다. 막대그래프 (b)는 네 나라의 평균국민소득을 비교한다. 각 막대의 길이가 각 나라의 소득 수준에 비례한다. 시계열그래프 (c)는 시간의 흐름에 따른 미국 기업의 생산성 증가 추세를 보여준다. 줄의 높이가 단위노동 시간당 산출물을 나타낸다. 여러분은 이러한 그래프를 신문이나 잡지에서 종종 보았을 것이다.

그림 2A.1 **그래프 종류**

파이그래프 (a)는 미국 국민소득의 구성을 보여준다. 막대그래프 (b)는 네 나라의 평균 국민소득을 비교한다. 시계열그래프 (c)는 미국의 노동 생산성 증가를 나타낸다.

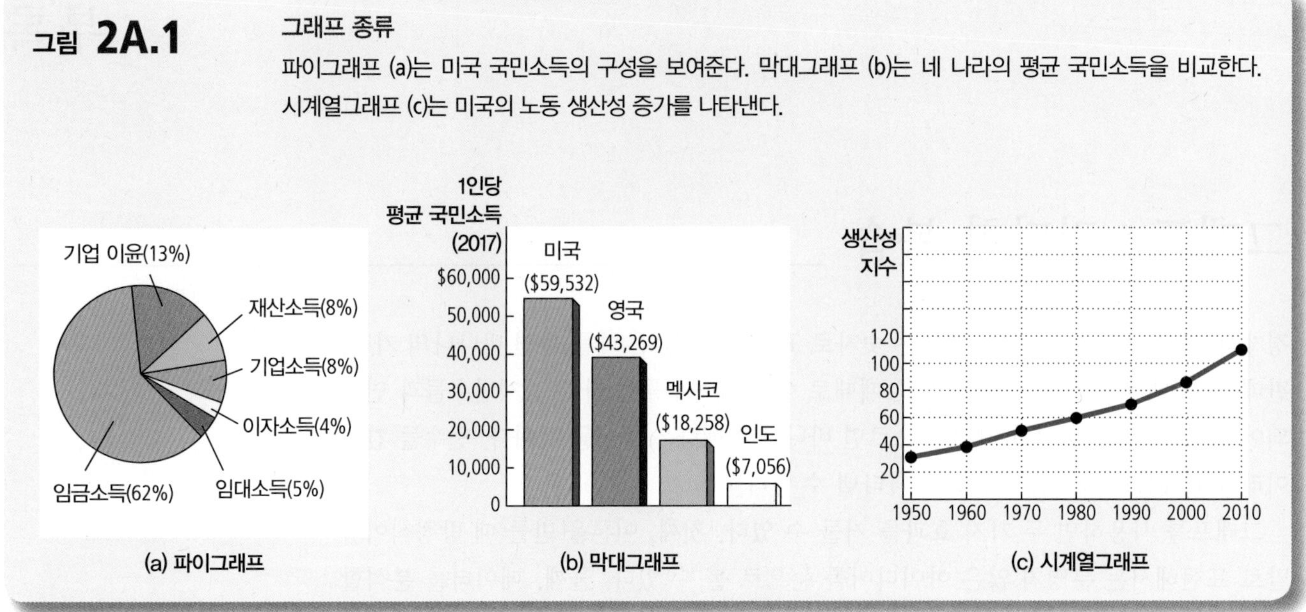

(a) 파이그래프 (b) 막대그래프 (c) 시계열그래프

2A-2 두 변수의 그래프 : 좌표축

그림 2A.1에 있는 세 가지 그래프는 한 변수가 시간이나 개인에 따라 어떻게 변하는지 보여주는 데는 매우 유용하지만, 전달해줄 수 있는 정보의 양에는 한계가 있다. 즉 이 그래프들은 하나의 변수에 관한 정보만 전달하는 것이다. 경제학자들은 때때로 변수들의 관계에 관심을 갖는다. 따라서 두 변수를 하나의 그래프에 표시할 필요가 있다. 좌표축(coordinate system)이 이를 가능하게 해준다.

학생들의 공부시간과 학점의 관계를 알아보려고 한다고 하자. 지금 학급에 있는 모든 학생의 주당 공부시간과 학점을 기록할 수 있을 것이다. 이 숫자들을 순서쌍(ordered pair)으로 괄호 안에 넣어 그래프 위에 하나의 점으로 표시할 수 있다. 예를 들어 앨버트는 좌표평면상에 (25시간/주, 학점 3.5)인 점으로 표시된다. 한편 그의 '천하태평' 친구 알프레드는 좌표평면상에 (5시간/주, 학점 2.0)인 점으로 표시된다.

우리는 이러한 순서쌍을 2차원의 좌표평면에 나타낼 수 있다. 괄호 안의 앞의 숫자를 x좌표라고 부르는데, 이것은 좌표평면상에서 가로축의 위치를 나타낸다. 괄호 안의 뒤의 숫자를 y좌표라고 부르는데, 이것은 좌표평면상에서 세로축의 위치를 나타낸다. x좌표와 y좌표가 모두 0인 점을 원점(origin)이라고 한다. 순서쌍의 두 좌표는 이 점이 원점에서 얼마나 떨어져 있는지 나타낸다. 즉 원점에서 x만큼 오른쪽에, 원점에서 y만큼 위쪽에 위치한다는 것을 의미한다.

그림 2A.2에는 앨버트, 알프레드, 그리고 학급의 다른 학생들의 학점이 각자의 공부

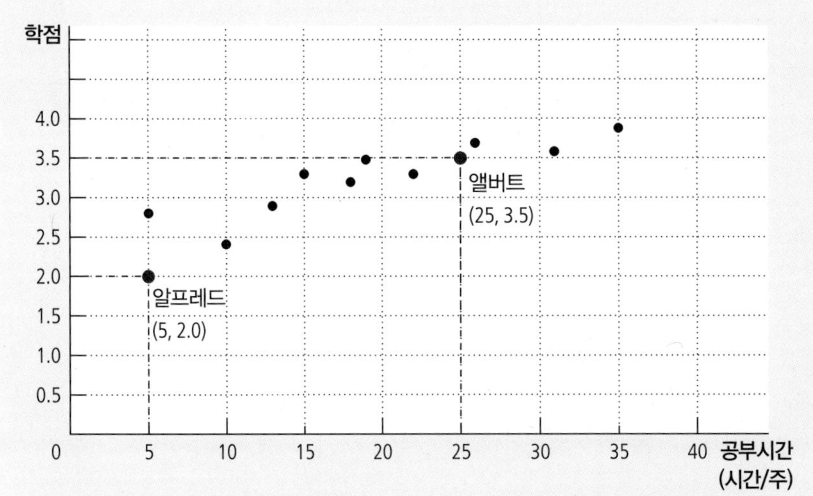

그림 **2A.2**

좌표축 그래프

학점은 세로축에 표시되고 공부시간은 가로축에 표시된다. 앨버트와 알프레드, 그리고 학급의 다른 학생들은 좌표평면상에 각각 하나의 점으로 표시된다. 우리는 그래프를 통해 공부시간이 많은 학생일수록 학점이 높다는 것을 알 수 있다.

시간과 함께 나타나 있다. 이러한 종류의 그래프를 점들을 뿌려놓은 듯하다고 해서 산포도(散布圖, scatterplot)라고 한다. 이 그림을 보면 오른쪽에 위치한 점일수록(즉 공부시간이 많을수록) 위쪽에 위치한다(즉 학점이 높다)는 사실을 발견할 수 있다. 공부시간이 많을수록 학점이 높기 때문에 이러한 두 변수는 플러스 상관관계(positive correlation)가 있다고 한다. 이와 반대로 노는 시간과 학점의 관계를 그래프로 표시한다면 이 변수들이 일반적으로 반대 방향으로 움직이기 때문에 우리는 노는 시간이 늘면 학점이 낮아진다는 사실을 발견할 수 있을 것이다. 이러한 관계를 마이너스 상관관계(negative correlation)라고 한다. 어느 경우든지 좌표축 그래프는 두 변수의 상관관계를 알아보기 쉽게 해준다.

2A-3 좌표평면상의 곡선

공부시간이 많은 학생일수록 높은 학점을 받는 경향이 있지만, 다른 변수들도 학점에 영향을 미친다. 예를 들어 전에 배운 적이 있다거나 타고난 재능, 교수의 관심, 심지어는 아침식사를 잘 하는 것까지도 학점에 영향을 미칠 수 있다. 그림 2A.2와 같은 산포도는 공부시간이 학점에 미치는 효과를 다른 변수의 영향과 분리해서 나타내지는 못한다. 그러나 종종 경제학자들은 다른 변수들이 불변인 상태에서 한 변수가 다른 변수에 어떤 영향을 미치는지 밝히기를 좋아한다.

이러한 관계를 어떻게 표시하는지 보기 위해 경제학에서 중요한 곡선의 하나인 수요곡선(demand curve)을 생각해보자. 수요곡선은 상품가격의 변화가 소비자가 사고자 하는 수량에 미치는 효과를 추적한 곡선이다. 표 2A.1은 에마가 사고자 하는 소설책의 숫

표 2A.1

에마가 구입한 소설책의 양

이 표는 소설책의 가격과 에마의 소득 수준에 따라 에마가 구입한 소설책의 숫자를 나타낸다. 일정한 소득 수준에서 가격과 수량에 관한 자료는 그림 2A.3 그림 2A.4와 같이 소설책에 대한 에마의 수요곡선을 그리는 데 사용될 수 있다.

가격	소득		
	\$30,000	**\$40,000**	**\$50,000**
\$10	2권	5권	8권
9	6	9	12
8	10	13	16
7	14	17	20
6	18	21	24
5	22	25	28
	수요곡선, D_3	수요곡선, D_1	수요곡선, D_2

자가 에마의 소득과 소설책 가격에 어떤 영향을 받는지 보여준다. 책값이 저렴할 때 에마는 소설책을 대량으로 구입한다. 소설책 가격이 상승함에 따라 에마는 책을 도서관에서 빌려보거나, 독서 대신 영화관에 가고자 한다. 마찬가지로 주어진 가격에 대해 에마는 소득이 상승함에 따라 소설책을 더 많이 구입한다. 즉 에마는 소득이 상승함에 따라 증가된 소득의 일부를 소설책 구입에 사용하는 것이다.

이제 우리는 소설책 가격, 소득, 소설책 구입량이라는 세 변수를 가지고 있다. 이 변수들을 2차원의 평면에 표시하는 것은 불가능하다. 표 2A.1에 있는 정보를 그래프로 표시하기 위해서는 세 변수 중의 하나를 고정해놓고 나머지 두 변수의 상관관계를 표시하는 수밖에 없다. 수요곡선은 가격과 구입량의 관계를 나타내는 곡선이기 때문에 우리는 에마의 소득을 일정한 것으로 전제하고, 소설책 구입량이 소설책 가격이 변함에 따라 어떻게 변하는지 나타내야 하는 것이다.

에마의 소득이 4만 달러라고 하자. 에마가 구입한 소설책의 수량을 x축에 표시하고 소설책 가격을 y축에 표시한다면, 우리는 표 2A.1의 가운데 세로줄을 그래프로 표시할 수 있다. 이 표에서 (소설책 5권, 10달러), (소설책 9권, 9달러)와 같은 가운데 세로줄의 내용을 그래프상에 점들로 표시하여 이들을 연결하면 하나의 곡선을 그릴 수 있다. 그림 2A.3의 곡선이 바로 소설책에 대한 에마의 수요곡선이다. 즉 이 곡선은 에마의 소득이 불변인 상태에서 각각의 가격에 대해 에마가 구입하는 소설책의 수량을 나타낸다. 수요곡선은 오른쪽 아래로 내려간다(우하향한다). 이것은 가격이 높아질수록 수요량이 감소한다는 것을 나타낸다. 에마의 소설책 수요량과 가격처럼 두 변수가 반대 방향으로 움직이는 경우, 우리는 두 변수가 마이너스의 관계에 있다고 한다(마찬가지로 두 변수가 같은 방향으로 움직인다면 이 관계를 나타내는 곡선은 우상향할 것이고, 우리는 두 변수가 플러스의 관계에 있다고 한다).

이제 에마의 소득이 5만 달러로 상승했다고 하자. 모든 가격 수준에서 에마는 전보다

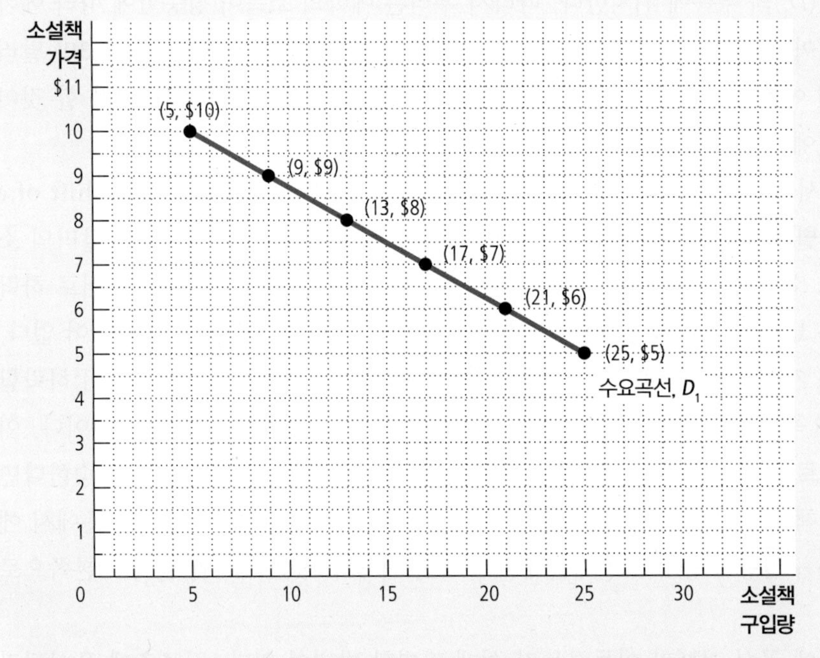

그림 2A.3

수요곡선

D_1 곡선은 소득이 불변인 상태에서 소설책 가격의 변화가 에마가 구입하는 소설책의 수량에 어떤 영향을 미치는지 나타낸다. 가격과 수요량이 반비례하기 때문에 수요곡선은 우하향한다.

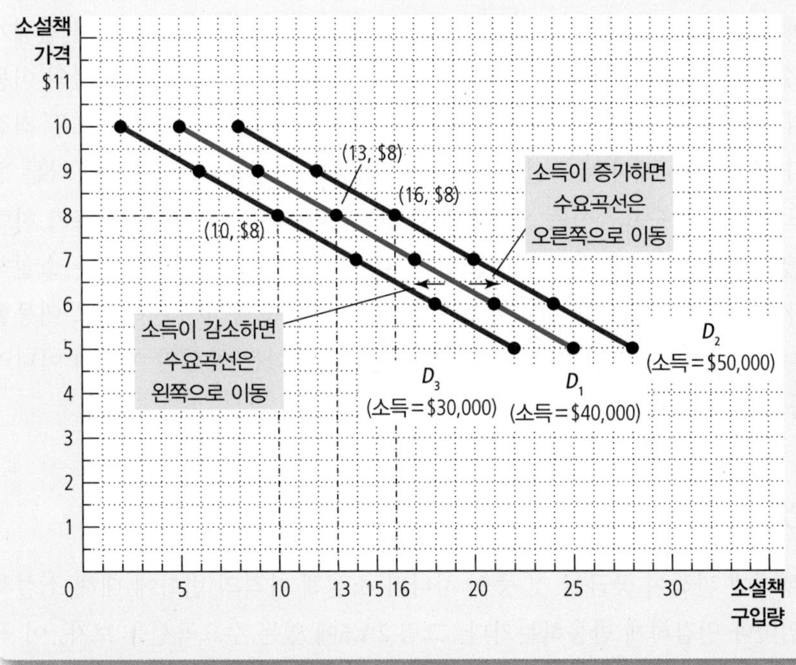

그림 2A.4

수요곡선의 이동

에마의 수요곡선 위치는 에마의 소득 수준에 따라 결정된다. 에마의 소득 수준이 높아질수록 모든 가격 수준에서 더 많은 소설책을 살 수 있기 때문에, 수요곡선은 점점 더 오른쪽으로 이동할 것이다. D_1 곡선은 에마의 소득이 4만 달러인 경우의 수요곡선이다. 에마의 소득이 5만 달러로 상승하면 수요곡선은 오른쪽(D_2)으로 이동할 것이고, 소득이 3만 달러로 하락하면 수요곡선은 왼쪽(D_3)으로 이동할 것이다.

많은 소설책을 구입하려 할 것이다. 조금 전에 표 2A.1의 가운데 세로줄의 내용을 이용하여 에마의 수요곡선을 그렸듯이, 이제 표의 오른쪽 세로줄의 내용을 이용하여 새로운 수요곡선을 그릴 수 있다. 그림 2A.4에 나타난 것처럼 새로운 수요곡선(D_2)은 먼저의 수요곡선(D_1)의 우측에 위치한다. 따라서 우리는 에마의 소득이 상승함에 따라 에마의 수요곡선이 우측으로 이동했다고 말할 수 있다. 마찬가지로 에마의 소득이 3만 달러로 하락하면 에마는 모든 가격 수준에서 전보다 적은 수량의 소설책을 사고자 할 것이고, 그 결과 에마의 수요곡선이 좌측으로(D_3) 이동할 것이다.

경제학에서는 곡선상의 운동(movement along a curve)과 곡선의 이동(shift of a curve)을 구별하는 것이 중요하다. 그림 2A.3에서 볼 수 있듯이 에마가 4만 달러의 소득을 올리고 소설책 가격이 8달러라면, 에마는 13권을 구입한다. 가격이 7달러로 하락하면 에마는 17권을 구입할 것이다. 그러나 수요곡선은 현재의 위치에서 변함이 없다. 에마가 모든 가격 수준에 대하여 구입하는 소설책의 수는 변함이 없고, 가격이 하락함에 따라 수요곡선상의 왼쪽에 있는 점에서 오른쪽에 있는 점으로 옮겨가는 것이다. 이와 대조적으로 소설책 가격이 8달러로 고정된 상태에서 소득이 5만 달러로 상승한다면 에마의 소설책 구입량은 13권에서 16권으로 증가한다. 이 경우 모든 가격 수준에서 에마의 소설책 구입량이 증가했기 때문에 수요곡선 전체가 그림 2A.4와 같이 오른쪽으로 이동한다.

어느 경우에 곡선 전체가 이동하는지 쉽게 판별할 방법이 있다. 좌표축에 표시되지 않은 변수의 변화는 좌표평면상의 곡선 자체를 이동시킨다. 수요곡선 평면에서 소득은 어느 좌표축에 의해서도 표시되지 않고 있다. 따라서 소득이 변하면 수요곡선 전체가 이동한다. 소설책 가격 외에 구입량에 영향을 미치는 변수의 변화는 모두 곡선의 이동으로 나타난다. 공공도서관이 문을 닫아 에마는 앞으로 보고 싶은 소설책을 모두 직접 구입해야 한다면, 이것은 에마의 소설책 구입량에 영향을 미치는 가격이 아닌 다른 변수의 변화이므로 에마의 수요곡선은 오른쪽으로 이동한다. 혹은 영화관 입장료가 하락하여 에마의 영화 보는 시간이 길어지고 소설책 읽는 시간이 줄어든다면 모든 소설책 가격에서 에마의 소설책 구입량은 감소할 것이고, 에마의 수요곡선은 왼쪽으로 이동할 것이다. 그러나 좌표축에 표기된 변수가 변하는 경우 그 변화는 곡선의 이동이 아니라 곡선상의 운동으로 나타난다.

2A-4 기울기

에마의 구입 행태에 관하여 궁금한 것 중의 하나가 소설책 가격의 변화에 대해 소설책의 구입량이 얼마나 민감하게 반응하는가다. 그림 2A.5에 있는 수요곡선을 보자. 이 곡선이 매우 가파르다면 에마는 소설책 가격이 싸든지 비싸든지 구입하는 수량에는 큰 변화가 없을 것이다. 이 곡선이 매우 완만하다면 가격이 상승할 경우 구입량은 급격하게 줄어들 것이다. 한 변수의 변화에 대하여 다른 변수가 얼마나 반응하는지 보기 위해 우리는 기울기(slope)라는 개념을 사용할 수 있다.

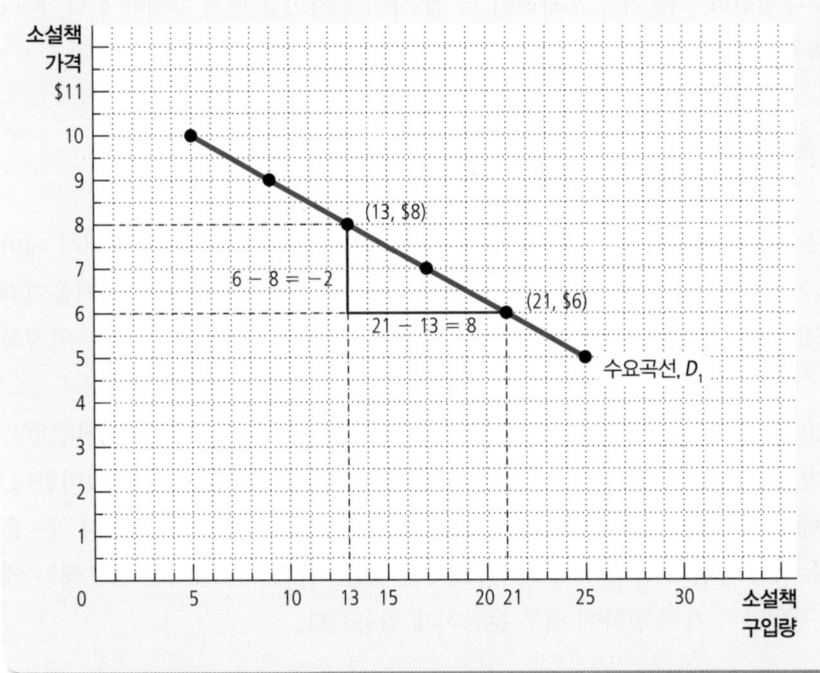

그림 **2A.5**

곡선의 기울기 구하기

수요곡선의 기울기를 구하기 위해서는 수요곡선상의 점 (21, 6)에서 점 (13, 8)으로 움직일 때 *x*축과 *y*축에 나타나는 변화를 계산해야 한다. 기울기는 *y*축에 나타나는 변화(−2)를 *x*축에 나타나는 변화(+8)로 나누면 구할 수 있다. 따라서 기울기는 −1/4이 된다.

곡선의 기울기는 곡선을 따라 이동하면서 가로축상의 이동 거리에 대한 세로축상의 이동 거리의 비율로 정의된다. 이것을 수학 기호로 표시하면 다음과 같다.

$$기울기 = \frac{\Delta y}{\Delta x}$$

앞에서 그리스 문자 Δ(델타)는 변수의 변화량을 의미한다. 다시 말해 곡선의 기울기란 y의 변화량을 x의 변화량으로 나눈 것이라고 할 수 있다.

우상향하는 곡선은 x와 y가 같은 방향으로 움직이기 때문에 기울기가 양수다. x가 증가하면 y도 증가하고, x가 감소하면 y도 감소한다. 완만하게 우상향하는 곡선은 작은 양수의 기울기를 가지고, 가파르게 우상향하는 곡선은 큰 양수의 기울기를 가진다.

우하향하는 곡선은 x와 y가 반대 반향으로 움직이기 때문에 기울기가 음수다. x가 증가하면 y는 감소하고, x가 감소하면 y는 증가한다. 완만하게 우하향하는 곡선은 작은 음수의 기울기를 가지고, 가파르게 우하향하는 곡선은 큰 음수의 기울기를 가진다.

수평선의 기울기는 y가 전혀 변하지 않기 때문에 0이며, 수직선은 x가 전혀 변하지 않아도 y는 얼마든지 변할 수 있기 때문에 기울기가 무한대다.

소설책에 대한 에마의 수요곡선의 기울기는 얼마일까? 우선 곡선이 우하향하기 때문에 기울기가 음수라는 것을 알 수 있다. 기울기를 계산하려면 곡선상의 두 점을 잡아야 한다. 에마는 소득 4만 달러 수준에서 가격이 6달러일 때 21권을 구입하고, 가격이 8달러일 때 13권을 구입한다. 기울기를 구하려면 두 점 사이의 차이를 먼저 구해야 한다. 따라서 한 점의 좌푯값에서 다른 한 점의 좌푯값을 다음과 같이 빼야 한다.

$$\text{기울기} = \frac{\Delta y}{\Delta x} = \frac{\text{원래 } y\text{좌표} - \text{나중 } y\text{좌표}}{\text{원래 } x\text{좌표} - \text{나중 } x\text{좌표}} = \frac{6-8}{21-13} = \frac{-2}{8} = \frac{-1}{4}$$

그림 2A.5는 이 계산이 어떻게 이루어지는지 보여준다. 다른 두 점을 선택해서 에마의 수요곡선 기울기를 계산해도 −1/4이 나올 것이다. 직선인 곡선의 특징은 기울기가 일정하다는 것이다. 곡선의 일부분이 다른 부분보다 가파르거나 하면 기울기는 일정하지 않다.

에마의 수요곡선 기울기는 에마의 구입 행태가 가격에 어떻게 반응하는지 나타낸다. 0에 가까운 작은 음수의 기울기는 수요곡선이 상대적으로 완만하다는 것을 의미한다. 이러한 경우에는 에마의 소설책 구입량이 가격 변화에 매우 민감하게 반응한다. 큰 음수의 기울기는 수요곡선이 상대적으로 가파르다는 것을 의미한다. 이러한 경우에는 에마의 소설책 구입량이 가격 변화에 매우 둔감하게 반응한다.

2A-5 원인과 결과

경제학에서는 경제가 어떻게 작동하는지 설명하기 위해 종종 그래프를 사용한다. 그래프를 사용함으로써 일련의 현상들이 어떻게 다른 현상들의 원인이 되는지 표현할 수 있다. 수요곡선의 경우, 무엇이 원인이고 무엇이 결과인지 명백하다. 다른 변수들이 불변이라는 전제 아래 가격을 변화시켜 수요곡선을 도출했으므로 가격의 변화가 수요량의 변화를 초래한다는 사실을 쉽게 알 수 있다. 그러나 이 수요곡선은 가상적인 사례에서 유도된 것임을 알아야 한다. 실제로 현실의 자료를 사용해서 그래프를 그릴 때는 한 변수가 다른 변수에게 어떤 영향을 미치는지 명확하지 않은 경우가 많다.

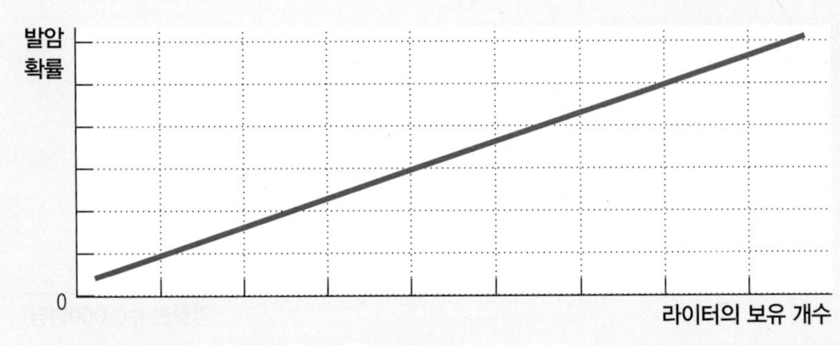

그림 2A.6

누락변수가 존재하는 그래프
우상향하는 이 곡선은 라이터를 많이 보유한 가정에서 암 발생 확률이 더 높다는 것을 나타낸다. 그러나 이 그래프는 실제로 피운 담배의 개수를 반영하지 않기 때문에 라이터를 가지고 있다고 해서 암을 유발한다고 결론지을 수 없다.

첫째 문제는 한 변수가 다른 변수에 미치는 영향을 측정하기 위해 다른 모든 변수를 일정하게 유지한다는 것이 매우 어렵다는 점이다. 다른 변수를 일정하게 유지하지 못한다면, 그래프에 나타나지 않은 누락된 제3의 변수(omitted variable)에 의해 초래된 변화를 그래프상의 한 변수가 다른 변수의 변화를 초래했다고 잘못 판단하게 할 수 있다. 그러나 우리가 두 변수의 관계를 정확하게 찾아냈다고 해도 여전히 문제는 남는다. 즉 인과관계가 뒤바뀔 수 있는 것(reverse causality)이다. 다시 말해 A가 B를 초래했지만, B가 A를 초래한 것으로 착각할 수 있다는 것이다. 이 누락된 변수 문제와 뒤바뀐 인과관계 문제 때문에 그래프를 이용하여 원인과 결과를 나타내고자 할 때 각별히 유의해야 한다.

누락변수 누락된 변수로 인해 그래프가 얼마나 잘못 사용될 수 있는지 알아보기 위해 다음의 예를 살펴보자. 정부가 많은 국민이 암으로 사망하는 것을 우려하여 어느 통계회사에 광범위한 조사를 의뢰했다고 가정하자. 이 회사는 어떤 물건이 발암 가능성을 높이는지 알아보기 위해 각 가정에 있는 물건들을 일일이 조사한 결과, 각 가정에 있는 라이터의 개수와 그 집 식구 중 누군가에게 암이 발생할 확률에 밀접한 관계가 있음을 발견했다. 그림 2A.6은 이 관계를 나타낸다.

이 결과를 토대로 이 회사는 즉시 라이터의 판매에 세금을 부과함으로써 라이터의 소유를 억제해야 한다는 정책 건의를 내놓았다. 또 모든 라이터에 '통계조사에 따르면 이 라이터는 귀하의 건강에 해롭다는 것이 밝혀졌습니다'라는 경고 문구를 의무적으로 표기하게 할 것을 건의했다.

이 통계회사 분석이 유효한지 판단하는 데는 다음의 질문이 매우 중요한 의미가 있다. 이 회사는 지금 분석 대상이 되는 변수 외에 다른 모든 변수들이 불변이라는 전제 아래 분석을 했는가? 그렇지 않다면 분석 결과는 유효하지 않다. 그림 2A.6을 보면 라이터를 가지고 있는 사람은 담배를 피울 가능성이 높고, 담배를 피운다는 사실이 암에

그림 2A.7

인과관계가 뒤바뀐 그래프
우상향하는 이 곡선은 경찰관 수가 많은 도시일수록 범죄가 많음을 나타낸다. 그러나 이 그래프만으로는 경찰관이 범죄를 유발하는지, 범죄가 많은 도시일수록 경찰관을 많이 고용하는지 알 수 없다.

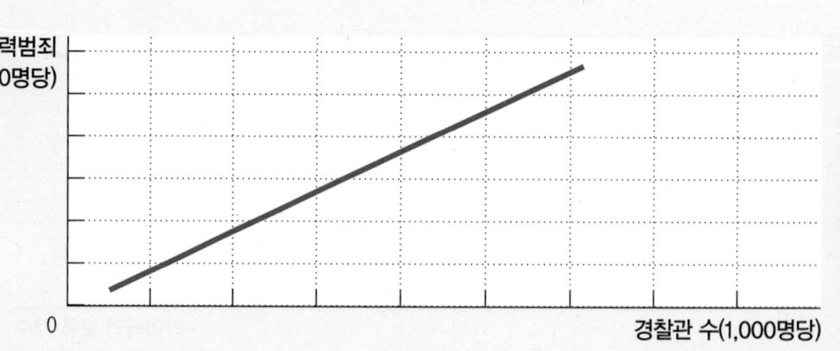

걸릴 확률을 높였다는 것을 쉽게 짐작할 수 있다. 그림 2A.6을 그리는 과정에서 흡연량을 일정하게 유지했다는 것을 전제로 하지 않았다면, 라이터를 가지고 있다는 사실의 진정한 효과는 무엇인지 알 수 없는 것이다.

이 사례를 통해 중요한 원칙 하나를 배울 수 있다. 어떤 인과관계를 보여주는 그래프를 볼 때, 혹시 누락된 제3의 변수의 변화 때문에 이 그래프가 보여주는 관계가 성립된 것이 아닌지 항상 생각해보아야 한다.

뒤바뀐 인과관계 경제학자들은 인과관계의 방향을 반대로 이해하는 실수를 범할 수 있다. 이러한 일이 어떻게 발생할 수 있는지 보기 위해 다음의 예를 살펴보자. 무정부주의자 협회에서 미국의 범죄 문제에 대한 연구 과제를 수행하여 그림 2A.7과 같은 결과를 얻었다고 하자. 그림에는 주요 도시 인구 1,000명당 강력범죄 발생 빈도와 인구 1,000명당 경찰관 숫자의 관계가 표시되어 있다. 무정부주의자들은 그래프의 곡선이 우상향(플러스의 기울기)한다는 사실을 근거로 경찰관 숫자의 증가가 도시 범죄를 오히려 증가시키므로 경찰 업무를 중지시켜야 한다고 주장했다.

그러나 그림 2A.7은 이들의 주장을 입증하지 못한다. 이 그래프는 단지 범죄가 많은 도시에는 경찰관이 더 많다는 사실을 보여줄 뿐이다. 즉 범죄가 많은 도시일수록 더 많은 경찰관을 고용한다는 것으로 이해할 수 있다. 다시 말해 경찰관이 범죄의 원인이 아니라, 범죄가 경찰 업무를 유발하는 것이다. 우리가 잘 통제된 실험을 할 수 있다면, 이러한 인과관계의 뒤바뀜은 피할 수 있다. 먼저 무작위로 선정한 여러 도시의 경찰관의 숫자를 파악하고, 경찰관 수와 범죄 발생 빈도의 상관관계를 검토하면 될 것이다. 이와 같은 실험 없이는 인과관계가 어느 방향으로 작용하는지 알 수 없다.

얼핏 생각하면 인과관계를 판단하는 쉬운 방법은 어느 변수가 먼저 변하는지 알아보는 것이라고 생각할 수 있다. 범죄가 증가하고 이어서 경찰관 수가 증가한다면, 인과관계가 무엇인지 쉽게 결론 내릴 수 있을 것이다. 경찰관 수가 증가한 뒤에 범죄가 증가했다면 그 결론은 뒤집어질 수도 있다. 그러나 이러한 접근 방법에도 문제가 있다. 때때로 사람들은 자신의 행동을 현재 상황의 변화에 대응하여 바꾸는 것이 아니라, 미래에 어떤 상황이 형성될 것인가에 대한 예상에 대응하여 바꾸기도 한다. 예를 들어 어떤 도시에 앞으로 범죄가 급증할 것으로 예상한다면, 범죄가 증가하기 전에 경찰관 수를 늘리고자 할 것이다. 아기와 미니밴의 경우가 좋은 사례라고 할 수 있다. 아기를 곧 가질 부부는 미니밴을 선호하는 경향이 있다. 미니밴이 아기보다 먼저 나타나는 것이다. 하지만 우리는 미니밴의 판매가 인구를 증가시킨다고 할 수는 없다.

그래프만으로 인과관계를 파악할 수 있는 완벽한 요령은 없다. 그러나 라이터가 암을 유발하는 것이 아니라는 것(누락변수)과 미니밴이 아기를 낳도록 하는 것이 아니라는 것(뒤바뀐 인과관계)만 기억한다면 잘못된 경제적 주장을 전개하는 실수를 범하지는 않을 것이다.

THE SA
RESTROOMS
BAÑOS
ATM

3장

상호 의존관계와 교역이득

여러분의 평범한 하루를 생각해보자. 아침에 일어나 플로리다에서 생산된 오렌지주스를 마시고, 브라질에서 수입한 커피를 마신다. 아침식사를 하면서 중국제 태블릿 PC로 뉴욕에서 발간된 신문을 본다. 미국 남부 조지아 주에서 재배된 면화로 태국에서 만든 옷을 입는다. 학교에 갈 때 몰고 가는 차의 부품은 최소한 전 세계 10여 개국에서 만들어진 것들이다. 그리고 경제학 교과서를 편다. 그 교과서는 미국 매사추세츠 주에 사는 저자가 오하이오 주에 있는 출판사를 통해 오리건에서 생산된 나무로 만든 종이를 사용하여 발간한 것이다.

여러분은 매일매일의 생활에서 자신이 원하는 물건과 서비스를 제공받기 위해 전 세계의 많은 사람에게 의존하고 있다. 그리고 그들은 대부분 여러분이 모르는 사람들이다. 이러한 상호 의존관계가 성립하

ISTOCK.COM/LOLOSTOCK; GEORGE RUDY/SHUTTERSTOCK.COM

는 것은 사람들이 서로 교역을 하기 때문이다. 여러분이 원하는 물건이나 서비스를 여러분에게 제공하는 사람들은 마음이 좋아서가 아니다. 그렇다고 정부가 그들에게 그렇게 하라고 지시한 것도 아니다. 그들이 만드는 물건이나 서비스를 여러분에게 제공하는 이유는 그들이 그 대가로 무엇인가를 얻기 때문이다.

이 책에서 우리는 취향과 능력이 다른 수백만 명의 사람들이 이 경제에서 어떻게 활동하며 서로 조화를 이루는지에 대해 공부할 것이다. 우선 이 장에서는 사람들이 경제적인 상호 의존관계를 맺는 이유를 알아본다. 1장에서 배운 경제학의 10대 기본원리 중 자유거래가 모든 사람을 이롭게 한다는 것이 있다. 여기에서는 이 원리를 더 자세히 살펴볼 것이다. 사람들끼리 거래를 하면 어떤 이득이 발생할까? 사람들이 상호 의존관계를 맺으려 하는 이유는 무엇일까?

이 질문들에 대한 해답은 현대 글로벌 경제를 이해하는 데 매우 중요하다. 오늘날 대부분의 국가들은 자국에서 소비하는 많은 재화와 서비스를 외국에서 수입하고 자국에서 생산하는 많은 재화와 서비스를 외국 고객들에게 수출한다. 이 장에서는 개인뿐 아니라 국가 간에도 상호 의존관계가 발생하는 이유를 분석한다. 여러분이 동네 이발소에서 머리를 깎는 경우나, 지구 반대편에 있는 나라의 근로자가 만든 티셔츠를 사는 경우나 자유거래의 이득이라는 원리는 같다는 사실을 알게 될 것이다.

3-1 현대 경제의 예화

재화와 서비스를 얻기 위해 사람들은 왜 다른 사람과 상호 의존관계를 맺고자 하는지, 이것이 그들의 생활을 어떻게 향상시키는지 이해하기 위해 아주 간단한 경제를 생각해 보자. 이 세상에 고기와 감자 2개의 재화만 존재한다고 하자. 그리고 루비라는 목장 주인과 프랭크라는 농부 두 사람만 산다고 하자. 물론 두 사람은 감자와 고기 두 재화를 모두 소비한다.

루비는 고기만 생산하고 프랭크가 감자만 생산한다면, 두 사람이 교환거래를 통해 이득을 볼 수 있다는 사실은 자명하다. 우선 루비와 프랭크가 상대방과 아무런 교환관계가 없다고 하자. 몇 달 동안 루비는 고기만 구워먹고, 삶아먹고, 데쳐먹고, 끓여먹으며 자급자족이 그다지 만족스럽지 못하다는 사실을 깨달을 것이다. 프랭크 역시 그동안 감자만 구워먹고, 삶아먹고, 튀겨먹었지만 불만족스러워할 것이다. 따라서 사람들이 거래를 하면 다양한 소비를 할 수 있다는 사실을 쉽게 짐작할 수 있다. 즉 거래를 하면 스테이크와 감자구이를 먹거나 햄버거와 감자튀김을 즐길 수 있는 것이다.

이것은 사람들이 거래를 통해 어떻게 이득을 볼 수 있는지 보여주는 가장 간단한 사례다. 그리고 이 결과는 루비가 감자를 생산하고 프랭크가 고기를 생산할 수는 있지만,

매우 큰 비용을 치러야 하는 경우에도 비슷하게 성립한다. 예를 들어 루비가 감자를 재배할 수는 있지만, 목장 땅이 감자 키우는 데는 별로 적합하지 않다고 하자. 마찬가지로 프랭크가 가축을 키우고 고기를 생산할 능력은 있지만, 썩 잘하는 편은 아니라고 하자. 이 경우 프랭크와 루비가 각각 가장 잘하는 품목에 특화해서 생산하고 상대방과 거래하면 서로 이득이 된다는 사실은 비교적 명백하다.

그러나 한 사람이 다른 사람보다 모든 일을 잘할 경우에는 거래의 이득이 명백하지 않다. 예를 들어 루비가 가축을 돌보는 일뿐 아니라 감자를 재배하는 일도 프랭크보다 잘한다고 하자. 이 경우 루비가 자급자족을 추구하는 것이 유리할까, 여전히 프랭크와 거래하는 것이 유리할까? 답을 알아보기 위해 이러한 결정을 내리는 데 영향을 미치는 요소들을 보다 자세히 살펴보자.

3-1a 생산가능곡선

프랭크와 루비는 각각 하루에 8시간을 일하며, 이 시간을 감자를 재배하거나 가축을 돌보거나, 혹은 두 가지 일에 나누어서 투입할 수 있다고 하자. 그림 3.1 (a)는 각 사람이 재화 1온스를 생산하는 데 투입해야 하는 시간을 나타낸다. 프랭크는 감자 1온스를 생산하는 데 15분이 필요하고, 고기 1온스를 생산하는 데 60분이 필요하다고 하자. 루비는 프랭크보다 고기와 감자 생산에서 모두 더 효율적이라고 하자. 루비는 감자 1온스를 생산하는 데 10분이 걸리고, 고기 1온스를 생산하는 데 20분이면 된다고 하자. 그림 3.1 (a)의 오른쪽 두 열은 프랭크와 루비가 각각 하루 8시간 동안 감자나 고기만 생산할 경우 가능한 최대 생산량을 나타낸다.

그림 3.1 (b)는 프랭크가 생산할 수 있는 고기와 감자의 양을 보여준다. 프랭크가 8시간을 모두 감자 생산에 투입한다면 감자 32온스를 생산하고, 고기는 하나도 생산하지 못할 것이다(이것은 가로축에 표시되어 있다). 프랭크가 모든 시간을 고기 생산에 투입한다면 고기 8온스를 생산하지만, 감자는 하나도 생산하지 못할 것이다(이것은 세로축에 표시되어 있다). 프랭크가 8시간을 두 품목에 똑같이 4시간씩 나누어 투입한다면 그는 감자 16온스와 고기 4온스를 생산할 수 있다. 이 그림은 세 가지 가능성과 다른 모든 가능한 조합을 보여준다.

이 그래프는 프랭크의 생산가능곡선이다. 2장에서 공부한 바와 같이 생산가능곡선은 한 경제가 생산할 수 있는 산출물의 조합을 나타낸다. 이 곡선은 경제학의 10대 기본원리 중의 하나, 즉 모든 선택에는 대가가 있다는 사실을 보여준다. 여기에서 프랭크는 감자와 고기의 생산에서 상충관계를 경험하고 있다.

여러분은 2장의 생산가능곡선이 밖으로 볼록했던 것을 기억할 것이다. 그 경우에는 두 재화 생산의 교환 비율이 현재 두 재화가 얼마나 생산되는가에 따라 달랐다. 그러나

그림 3.1 **생산가능곡선**

표 (a)는 프랭크와 루비의 생산 능력을 나타낸다. 그림 (b)는 프랭크가 생산할 수 있는 감자와 고기의 조합을 나타낸다. 그림 (c)는 루비가 생산할 수 있는 감자와 고기의 조합을 나타낸다. 두 그림은 각 사람이 하루에 8시간 일한다는 것을 전제로 그린 것이다. 두 사람 사이에 거래가 없다면 이들의 생산가능곡선은 이들의 소비가능곡선과 같다.

	1온스를 생산하는 데 소요되는 시간(분)		8시간 일할 때의 생산량(온스)	
	고기	감자	고기	감자
프랭크	60분/온스	15분/온스	8온스	32온스
루비	20분/온스	10분/온스	24온스	48온스

(a) 프랭크와 루비의 생산 능력

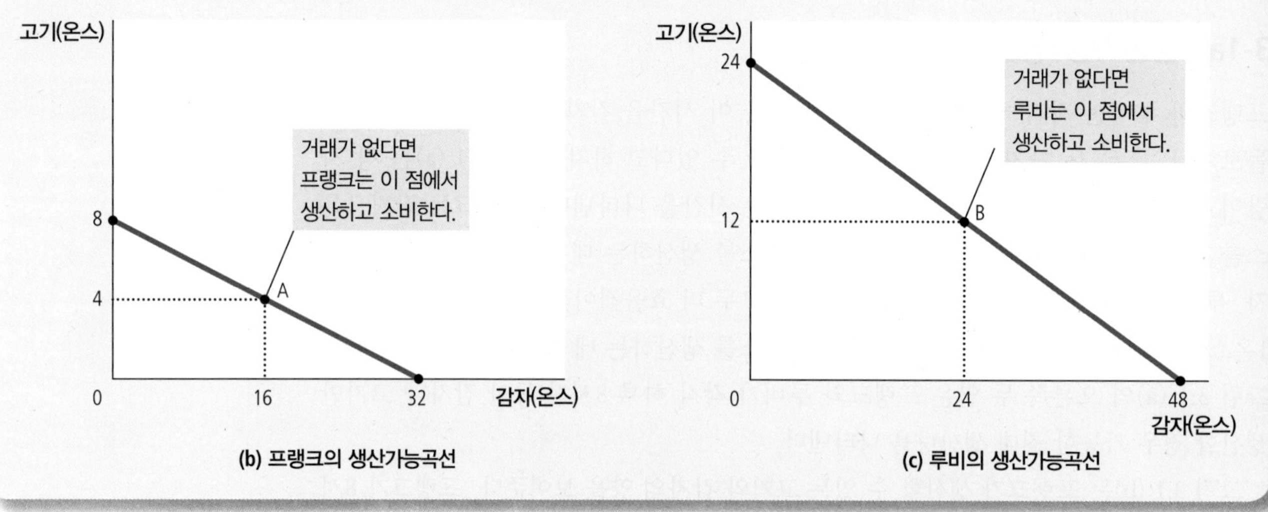

(b) 프랭크의 생산가능곡선 **(c) 루비의 생산가능곡선**

여기에서는 고기와 감자를 생산하는 프랭크의 기술에 의해 (그림 3.1에 나타난 생산성 숫자와 같이) 두 재화의 교환 비율이 일정하다. 프랭크가 고기 생산에 투입하는 시간을 1시간 줄이고 감자 생산에 1시간을 더 투입할 때마다, 프랭크는 고기 생산이 1온스 줄고 감자 생산이 4온스 증가한다. 그리고 이 비율은 프랭크가 지금 고기와 감자를 몇 개나 생산하는가와는 무관하다. 그렇기 때문에 생산가능곡선은 직선이 된다.

그림 3.1 (c)는 루비의 생산가능곡선을 보여준다. 루비가 8시간을 전부 감자 생산에 투입한다면 감자 48온스를 생산하고, 고기는 하나도 생산하지 못할 것이다. 8시간을 전적으로 고기 생산에 투입한다면 고기 24온스를 생산할 수 있지만, 감자는 하나도 생산하지 못할 것이다. 8시간을 두 품목에 4시간씩 투입한다면 감자 24온스와 고기 12온스를 생산할 수 있을 것이다. 여기에서도 생산가능곡선은 루비가 생산할 수 있는 모든 생산량의 조합을 나타낸다.

프랭크와 루비가 각각 자급자족한다면, 각자는 자기가 생산한 수량만큼 소비할 것이다. 이 경우 생산가능곡선은 바로 소비가능곡선이 된다. 즉 두 사람 사이에 거래가 없다면 그림 3.1은 각자의 생산가능곡선이자 소비가능곡선이 되는 것이다.

이 생산가능곡선은 각 생산자가 당면한 생산량의 제약과 두 품목의 상충관계를 보여주지만, 각 생산자가 얼마나 생산할지 결정해주지는 못한다. 이것을 결정하기 위해서는 프랭크와 루비의 취향을 알아야 한다. 우선 프랭크와 루비가 자신들의 생산가능곡선과 취향에 따라 각각 그림 3.1의 점 A와 점 B를 선택했다고 하자. 즉 프랭크는 감자 16온스와 고기 4온스를 생산해서 소비하고, 루비는 감자 24온스와 고기 12온스를 생산해서 소비한다고 가정하자.

3-1b 특화와 거래

루비가 몇 년 동안 점 B의 생산량을 소비하면서 지내다가 한 가지 아이디어가 떠올라 프랭크에게 다음과 같이 말했다.

루비 : 여보게 프랭크 양반, 내가 당신에게 좋은 제안을 하나 하리다. 내가 우리 둘의 생활 수준을 모두 향상시킬 방법을 알고 있다오. 내 생각에 당신은 고기 생산을 완전히 중단하고 감자만 재배하는 것이 좋을 것 같소. 내 계산에 따르면 당신이 하루에 8시간 일하면 감자를 32온스나 생산할 수 있다오. 당신이 그 32온스 중 15온스만 내게 준다면, 나는 그 대가로 당신에게 고기 5온스를 드리리다. 그렇게 하면 당신은 지금처럼 감자 16온스와 고기 4온스가 아니라, 감자 17온스와 고기 5온스를 계속 먹을 수 있을 것이오. 당신이 내 말대로 하면 감자와 고기 모두 전보다 더 먹을 수 있다는 말이오. (루비는 이것을 납득시키기 위해 그림 3.2 (a)를 프랭크에게 보여주었다.)

프랭크 : (약간 의심스러운 목소리로) 그거 아주 좋은 생각처럼 들리는군요. 그렇지만 당신이 내게 왜 그런 제안을 하는지 모르겠소. 내게 그렇게 좋은 일이라면 당신에게는 좋을 리가 없지 않소?

루비 : 아, 그렇지 않아요. 내가 하루 중 6시간을 가축을 돌보는 데 쓰고 2시간을 감자를 재배하는 데 쓴다면, 나는 고기 18온스와 감자 12온스를 생산할 수 있다오. 내가 당신에게 고기 5온스를 주고 대신 감자 15온스를 받는다면, 나는 고기 12온스와 감자 24온스 대신 고기 13온스와 감자 27온스를 갖는 것 아니겠소? 결국 나도 감자와 고기를 전보다 더 먹을 수 있다오. (루비는 그림 3.2 (b)를 프랭크에게 보여주었다.)

프랭크 : 난 모르겠소. 너무 그럴듯해서 믿기지가 않는데….

루비 : 이것은 보기보다 그렇게 복잡한 일이 아니라오. 여기, 내 제안을 알아보

그림 3.2 **거래를 통한 소비 기회의 증대**

프랭크와 루비가 거래를 하면 거래하지 않는 경우에는 도달하기 어려운 양의 감자와 고기를 소비할 수 있다. 그림 (a)에서 프랭크는 점 A가 아니라 점 A*에서 소비할 수 있다. 그림 (b)에서 루비는 점 B가 아니라 점 B*에서 소비할 수 있다. 거래를 통해 두 사람 모두 더 많은 감자와 고기를 소비할 수 있다.

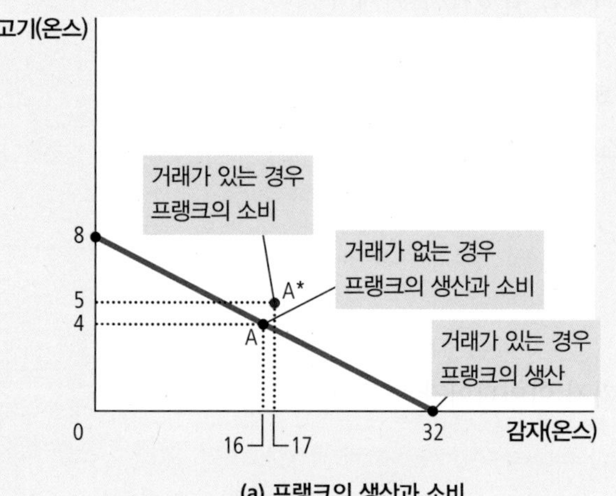

(a) 프랭크의 생산과 소비

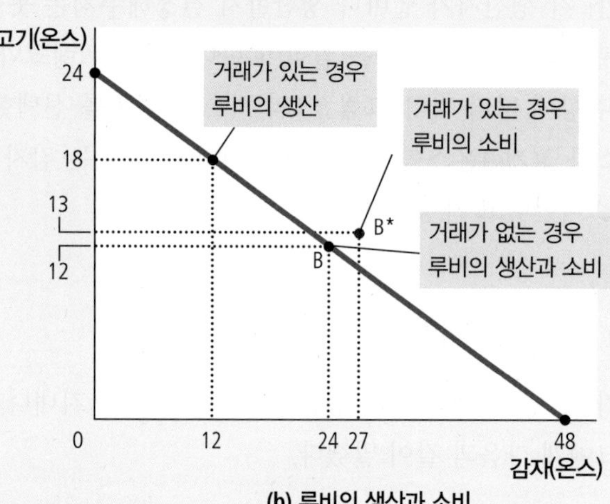

(b) 루비의 생산과 소비

	거래가 없는 경우	거래가 있는 경우			거래의 이득
	생산과 소비	생산	거래	소비	소비 증가
프랭크	고기 4온스 감자 16온스	고기 0온스 감자 32온스	고기 5온스를 받고 감자 15온스를 준다.	고기 5온스 감자 17온스	고기 1온스 감자 1온스
루비	고기 12온스 감자 24온스	고기 18온스 감자 12온스	고기 5온스를 주고 감자 15온스를 받는다.	고기 13온스 감자 27온스	고기 1온스 감자 3온스

(c) 거래이득 : 요약

기 쉽게 정리했다오. (루비는 프랭크에게 그림 3.2 밑에 있는 표를 건네주었다.)

프랭크 : (잠시 표를 들여다보더니) 이 계산은 맞는 것 같소만, 참 이상하오. 어떻게 이 거래가 우리 두 사람에게 모두 이득이란 말이오?

루비 : 우리가 거래를 하면 각자 가장 잘하는 일에 특화할 수 있기 때문이라오. 당신은 가축 돌보는 것보다 감자를 재배하는 데 시간을 더 투자하고, 나는 감자 재배 시간을 줄이는 대신 가축 돌보는 데 시간을 더 할애한다는 말이오. 이같이 각자 생산을 특화한 다음 서로 거래하면, 우리는 모두 전보다 일을 많이 하지 않고도 더 많은 감자와 고기를 먹을 수 있는 것이라오.

간단한 퀴즈

1. **프랭크와 루비가 거래를 하기 전에는, 그들은?**
   a. 그들의 생산가능곡선 내부의 점에서 소비하게 된다.
   b. 그들의 생산가능곡선 상의 점에서 소비하게 된다.
   c. 그들의 생산가능곡선 밖의 점에서 소비하게 된다.
   d. 같은 수량의 감자와 고기를 소비하게 된다.

2. **프랭크와 루비가 거래를 한다면, 그들은?**
   a. 그들의 생산가능곡선 내부의 점에서 소비하게 된다.
   b. 그들의 생산가능곡선 상의 점에서 소비하게 된다.
   c. 그들의 생산가능곡선 밖의 점에서 소비하게 된다.
   d. 같은 수량의 감자와 고기를 소비하게 된다.

정답은 각 장의 끝에

3-2 비교우위 : 전문화의 배경

교역이득에 대한 루비의 설명은 옳은 것이기는 하지만 여전히 궁금한 점이 있다. 루비가 감자와 고기 모두 프랭크보다 효율적으로 생산한다면, 프랭크는 애당초 자기가 잘하는 것이 무엇인지를 어떻게 알아내어 특화한단 말인가? 프랭크가 잘하는 것이 없지 않은가? 이 수수께끼는 비교우위의 원리를 이해하면 풀린다.

이 원리를 이해하는 첫 단계로 다음의 질문을 생각해보자. 앞의 예에서 루비와 프랭크 중 누가 감자를 더 낮은 비용으로 생산하는가? 여기에는 두 가지 답이 가능하다. 그리고 두 가지 답에는 앞의 수수께끼 해답과 자유거래의 이득(gains from trade)을 이해할 수 있는 핵심이 들어 있다.

3-2a 절대우위

감자를 생산하는 비용은 우선 두 생산자가 감자 생산에 투입하는 생산요소를 비교하여 결정할 수 있다. 경제학에서는 개인이나 기업, 국가 간의 생산성을 비교하기 위해 절대우위(absolute advantage)라는 개념을 사용한다. 어떤 재화를 생산하는 데 투입되는 생산요소의 양이 더 적은 생산자가 절대우위에 있다고 말한다.

절대우위 다른 생산자에 비해 같은 재화를 더 적은 양의 생산요소를 투입하여 생산할 수 있는 능력

우리의 예에서는 시간이 유일한 생산요소다. 따라서 각 생산물 한 단위를 생산하는 데 시간이 얼마나 투입되는지 비교하면 절대우위를 알아낼 수 있다. 루비가 프랭크보다 감자와 고기 한 단위를 생산하기 위해 투입하는 시간이 적기 때문에 루비가 감자와 고기에서 절대우위에 있다. 루비는 고기 1온스를 생산하기 위해 20분을 일해야 하지만, 프랭크는 60분을 일해야 한다. 마찬가지로 루비는 감자 1온스를 생산하기 위해 10분을 일해야 하지만, 프랭크는 15분을 일해야 한다. 따라서 감자 생산에 필요한 요소 투입량(여기에서는 시간)을 기준으로 비용을 비교한다면 루비의 감자 생산비용이 더 낮다고 할 수 있다.

3-2b 기회비용과 비교우위

기회비용 무엇을 얻기 위해 포기한 모든 것

감자 생산비용을 다른 방법으로도 비교해볼 수 있다. 생산요소의 투입량을 비교하는 것이 아니라, 기회비용을 비교해보는 방법이다. 1장에서 우리는 기회비용(opportunity cost)을 어떤 것을 얻기 위해 포기한 그 무엇이라고 정의했다. 앞의 예에서 우리는 프랭크와 루비가 하루에 8시간씩 일한다고 가정했다. 감자 재배에 투입된 시간은 고기를 생산하기 위한 시간에서 나온 것이라고 할 수 있다. 루비와 프랭크가 두 재화의 생산을 위해 시간을 재분배하는 것은 하나의 재화를 생산하기 위해 다른 재화를 포기하는 것과 마찬가지다. 따라서 이는 생산가능곡선 위에서의 움직임을 의미한다. 기회비용이란 각 생산자들이 당면한 두 재화의 맞교환 비율인 것이다.

먼저 루비의 기회비용을 생각해보자. 그림 3.1 (a)에 따르면, 감자 1온스를 생산하는 것은 그의 시간 10분을 빼앗는 일이다. 따라서 감자 생산에 10분을 투입했다는 것은 고기 생산에 10분을 덜 투입했다는 뜻이다. 루비는 20분만 일하면 고기 1온스를 생산할 수 있기 때문에 감자 생산을 위해 10분간 일했다는 것은 고기 1/2온스를 포기했다는 것과 마찬가지다. 따라서 루비에게 감자 1온스를 생산하는 기회비용은 고기 1/2온스가 된다.

이제 프랭크의 기회비용을 생각해보자. 감자 1온스를 생산하기 위해 프랭크는 15분을 일해야 한다. 그러나 그는 고기 1온스를 생산하기 위해 60분을 일해야 하기 때문에 15분 동안 일한다는 것은 그에게 고기 1/4온스를 생산한 시간과 같다. 따라서 프랭크에게 감자 1온스의 기회비용은 고기 1/4온스가 된다.

표 3.1에는 고기와 감자에 대한 기회비용이 표시되어 있다. 고기의 기회비용이 감자의 기회비용의 역수라는 사실에 유의하기 바란다. 루비에게 감자 1온스의 기회비용은 고기 1/2온스와 같기 때문에, 고기 1온스의 기회비용은 감자 2온스와 같다. 마찬가지로 프랭크에게 감자 1온스의 기회비용은 고기 1/4온스와 같기 때문에 고기 1온스의 비용은 감자 4온스와 같다.

비교우위 다른 생산자에 비해 같은 재화를 더 적은 기회비용으로 생산할 수 있는 능력

경제학에서는 두 생산자의 기회비용의 크기를 비교할 때 비교우위(comparative advantage)라는 개념을 사용한다. 두 생산자 중 어느 재화의 생산에 있어 그 재화의 기

표 3.1

고기와 감자의 기회비용

	기회비용(1온스당)	
	고기(단위 : 감자)	감자(단위 : 고기)
프랭크	4	1/4
루비	2	1/2

회비용이 낮은 생산자(즉 다른 재화를 덜 포기해야 하는 생산자)가 비교우위에 있다고 한다. 우리의 예에서 감자 1온스는 프랭크에게 고기 1/4온스에 불과하지만, 루비에게는 고기 1/2온스와 같다. 이를 바꿔 말하면 프랭크에게 고기 1온스는 감자 4온스와 같고, 루비에게 고기 1온스는 감자 2온스와 같기 때문에 루비의 고기 생산의 기회비용은 프랭크에 비해 낮다. 따라서 프랭크는 감자 재배에서 비교우위가 있고, 루비는 고기 생산에서 비교우위가 있다.

이 사례와 같이 한 사람이 상대방에 비해 모든 생산물에서 절대우위를 가질 수 있지만, 한 사람이 상대방에 비해 모든 생산물에 비교우위를 갖는 것은 불가능하다. 한 재화의 기회비용이 다른 재화 기회비용의 역수기 때문에 한 사람의 기회비용이 어떤 재화에서 상대적으로 높다면, 다른 재화의 기회비용은 낮을 수밖에 없다. 비교우위는 기회비용의 상대적 크기를 나타낸다. 두 사람의 기회비용이 우연히 같지 않은 한, 한 사람이 어느 재화에서 비교우위가 있다면 다른 사람은 반드시 다른 재화에서 비교우위가 있다.

3-2c 비교우위와 국제무역

전문화와 자유거래를 통해 얻는 이득은 절대우위가 아니라 비교우위 때문이다. 모든 사람이 각자 자기가 비교우위에 있는 물건의 생산에 특화한다면 경제의 총생산량은 증가한다. 그리고 이렇게 증가된 총생산량은 사회의 모든 사람을 전보다 잘살게 해줄 수 있다.

우리의 예에서 프랭크는 감자 생산에 더 많은 시간을 투입하고, 루비는 고기 생산에 더 많은 시간을 투입한다. 그 결과 감자 생산의 총합은 40온스에서 44온스로, 고기 생산의 총합은 16온스에서 18온스로 증가한다. 프랭크와 루비는 전문화와 자유거래를 통해 증가한 총생산량의 혜택을 함께 누리는 것이다.

이러한 자유거래의 이득을 또 다른 관점에서 살펴볼 수 있다. 두 사람이 각각 상대방에게 지불하는 재화의 가격을 보자. 프랭크와 루비의 기회비용이 서로 다르기 때문에 두 사람은 각자 자신이 이득을 보고 있다고 느낄 것이다. 즉 두 사람 모두 교역 이전에 자신들이 내야 했던 각 재화의 기회비용보다 낮은 가격에 그 재화를 얻기 때문에 두 사람 모두 거래를 통해 이득을 보는 것이다.

프랭크의 관점에서 거래 조건을 살펴보자. 프랭크는 고기 5온스를 받고 그 대가로 감자 15온스를 주어야 한다. 다시 말해 프랭크는 고기 1온스당 감자 3온스를 지불하고 구입하는 셈이다. 프랭크의 입장에서 고기 1온스의 기회비용이 감자 4온스이므로 이 고기 가격은 매우 낮다. 즉 프랭크는 고기를 전보다 싼값에 구입할 수 있기 때문에 이득을 보는 것이다.

이제 루비의 관점에서 거래 조건을 살펴보자. 루비는 고기 5온스를 주고 감자 15온스를 얻는다. 즉 감자 1온스의 가격이 고기 1/3온스인 셈이다. 루비에게 감자 1온스의 기회비용이 고기 1/2온스이므로 이 감자 가격은 매우 낮다. 즉 루비는 감자를 전보다 싼값에 구입할 수 있기 때문에 이득을 보는 것이다.

프랭크와 루비 이야기가 우리에게 시사하는 점은 분명하다. 자유거래는 사람들을 각자 비교우위에 있는 활동에 특화할 수 있게 해주기 때문에 사회의 모든 구성원이 이득을 볼 수 있는 것이다.

3-2d 거래가격의 결정

비교우위의 원리는 전문화와 자유거래를 통해 모든 사람이 이득을 본다는 것을 보여준다. 그러나 여전히 두 가지 의문이 남는다. 먼저 두 사람 사이에 이루어지는 거래가격은 어떻게 결정되는가? 그리고 자유거래의 이득은 두 사람 사이에 어떻게 배분되는가? 두 질문에 대한 정확한 답변은 이 책의 범위를 넘는 것이지만, 다음 한 가지 일반 원리는 분명하게 말할 수 있다. 거래를 통해 두 사람 모두 이득을 보려면, 거래가격은 반드시 두 재화의 기회비용 사이에서 결정되어야 한다는 것이다.

우리의 예에서 프랭크와 루비는 고기 1온스를 감자 3온스와 교환하기로 합의했다. 이 거래가격은 프랭크의 기회비용(고기 1온스당 감자 4온스)과 루비의 기회비용(고기 1온스당 감자 2온스) 사이에 있는 가격이다. 거래가격이 반드시 두 가격의 중간점이 될 필요는 없다. 그러나 반드시 2와 4 사이의 숫자여야 한다.

왜 가격이 이 구간에서 결정되어야 하는지 보기 위해서 그렇지 않은 경우를 가정해보자. 고기 가격이 감자 2온스보다 낮게 결정되었다면 프랭크와 루비 모두 고기를 사려 할 것이다. 왜냐하면 고기 가격이 그들의 고기 생산의 기회비용보다 낮기 때문이다. 마찬가지로 고기 가격이 감자 4온스보다 높게 결정되었다면 두 사람 모두 고기를 판매하려고 할 것이다. 왜냐하면 고기 가격이 그들의 고기 생산의 기회비용보다 높기 때문이다. 그러나 이 경제에는 두 사람만 존재한다. 두 사람이 동시에 고기의 소비자가 되거나 생산자가 될 수 없다. 누군가는 생산하고 누군가는 소비해야 한다.

따라서 프랭크와 루비에게 모두 이득이 되는 가격은 반드시 2와 4 사이가 되어야 한다. 이 범위 내에서 가격이 형성되면 루비는 고기를 생산해서 감자와 교환하고자 할 것이고, 프랭크는 감자를 생산해서 고기와 교환하고자 할 것이다. 두 사람 모두 자신들이 생산하는 기회비용보다 낮은 가격에 소비할 수 있다. 결국 두 사람 모두 자신에게 비교우위가 있는 물건에 특화하여 생산하고 두 사람 모두 이득을 얻는다.

이해를 돕기 위해 애덤 스미스와 데이비드 리카도의 유산

경제학자들은 오래전부터 비교우위의 원리를 이해하고 있었다. 다음은 위대한 경제학자 애덤 스미스의 설명이다.

> 집안 살림을 해본 사람이라면 누구나 아는 진리가 있다. 밖에서 더 싸게 살 수 있는 물건은 절대로 집에서 만들지 말라는 것이다. 양복점 주인은 자기 신발을 만들지 않고 신발가게에서 산다. 신발가게 주인은 자기 옷을 만들어 입는 것이 아니라 양복점에서 맞춘다. 농부는 그나마 옷이나 신발 어느 것도 만들지 않고 이 물건들을 만드는 사람들을 이용한다. 모든 사람은 자기가 이웃에 비해 우위에 있는 생산활동에 전념해서 자기가 생산한 물건의 일부를 지불하고, 즉 생산물의 일부에 해당하는 가격을 지불하고 자기들이 필요한 물건을 구입하는 것이 더 이익이라는 사실을 알고 있다.

BETTMANN/GETTY IMAGES

데이비드 리카도

이 글은 애덤 스미스가 1776년에 쓴 『국부론』에서 인용한 것이다. 이 책은 거래와 경제적 상호 의존관계를 분석한 역사적인 걸작이다. 이 책은 나중에 백만장자 증권중개인이자 경제학자인 데이비드 리카도(David Ricardo)에게 큰 영향을 미친다. 리카도는 1817년에 쓴 『정치경제와 조세의 원리(Principles of Political Economy and Taxation)』에서 비교우위의 원리를 완성한다. 그는 저서에서 두 재화(포도주와 옷감)와 두 나라(영국과 포르투갈) 모형을 사용했다. 그는 자유무역과 비교우위에 따른 특화를 통해 두 나라가 모두 이득을 볼 수 있음을 증명했다.

리카도의 이론은 근대 국제경제학 이론의 출발점이 되었다. 그러나 그가 자유무역을 옹호한 것은 학술적인 차원만이 아니다. 리카도는 영국 의회의 의원으로 활약하면서 곡물 수입을 제한하려는 곡물법(Corn Law) 제정에 반대하는 등 자신의 신념을 현실 문제에도 적극적으로 적용했다.

스미스와 리카도의 자유무역 이득 논리는 후세에도 계속 유지되었다. 경제학자들이 정책을 선택하는 데는 종종 의견이 다르지만, 자유무역을 옹호할 때만큼은 의견이 일치하고 있다. 지난 200여 년 동안 자유무역이 이롭다는 논리의 핵심은 거의 변함이 없다. 스미스와 리카도 이후에 경제학의 범위나 이론은 더욱 확장되고 정교해졌으나, 경제학자들이 무역장벽에 대해 대체로 반대하는 것은 비교우위의 원리에 근거한 것이다. ■

간단한 퀴즈

3. 한 시간 동안에 마테오는 자동차 2대를 세차하거나 잔디 깎기를 한번 할 수 있다. 소피아는 한 시간 동안에 자동차 3대를 세차하거나 잔디 깎기를 한 번 할 수 있다. 누가 세차에 절대우위를 지니고 있고, 누가 잔디 깎기에 절대우위를 지니고 있는가?

a. 마테오, 소피아
b. 소피아, 마테오
c. 마테오, 둘 다 아님
d. 소피아, 둘 다 아님

4. 마테오와 소피아 중에 누가 세차에 비교우위를 지니고 있고, 누가 잔디 깎기에 비교우위를 지니고 있는가?

a. 마테오, 소피아
b. 소피아, 마테오
c. 마테오, 둘 다 아님
d. 소피아, 둘 다 아님

5. 마테오와 소피아가 효율적으로 생산을 하고, 비교우위의 원리에 의해 서로에게 이익이 되는 거래를 한다면, (   ).

a. 마테오는 잔디를 더 깎고, 소피아는 세차를 더 하게 될 것이다.
b. 마테오는 세차를 더 하게 되고, 소피아는 잔디를 더 깎게 될 것이다.
c. 마테오와 소피아 모두 세차를 더 하게 될 것이다.
d. 마테오와 소피아 모두 잔디를 더 깎게 될 것이다.

정답은 각 장의 끝에

3-3 비교우위 원리의 응용

비교우위 원리를 통해 상호 의존관계와 자유거래의 이득에 대해 배웠다. 현대 생활에서 사람 사이의 상호 의존관계는 매우 일반화되어 있기 때문에 비교우위 원리를 여러 분야에 적용할 수 있다. 여기에서는 두 가지 사례를 살펴볼 것이다.

3-3a 르브론 제임스가 자기 집 잔디를 직접 깎아야 할까

PATRICK SMITH/GETTY IMAGES SPORT/GETTY IMAGES

르브론 제임스가 잔디깎는 일은 잘 할 것이다. 그러나 그것이 그의 비교우위는 아니다.

르브론 제임스(LeBron James)는 위대한 선수다. 역대 최고의 농구선수로, 누구보다도 높이 점프를 하고 정확하게 슛을 날린다. 아마 그는 체력을 요구하는 다른 활동도 농구 못지않게 잘할 것이다. 예를 들어 르브론이 잔디를 세상 어느 누구보다도 더 빠르게 깎을 수 있다고 가정해보자. 그렇다고 해서 르브론이 그 일을 해야 할까?

우리는 기회비용의 개념과 비교우위 원리를 사용해서 이 질문에 답할 수 있다. 르브론이 자기 집 잔디를 깎는 데 2시간이 소요된다고 하자. 그리고 같은 2시간 동안에 TV 광고에 출연하면 3만 달러를 벌 수 있다고 하자. 반면에 옆집에 사는 카이틀린은 르브론의 집 잔디를 4시간에 깎을 수 있다고 하자. 그리고 같은 4시간 동안 맥도날드에서 일하면 50달러를 벌 수 있다고 하자.

카이틀린보다 잔디를 빨리 깎을 수 있는 르브론은 잔디 깎는 일에 절대우위가 있다. 그러나 비교우위는 카이틀린에게 있다. 왜냐하면 잔디 깎는 일의 기회비용은 르브론이 3만 달러이지만 카이틀린은 50달러이기 때문이다.

이 경우 거래를 통한 이득은 엄청나다. 르브론은 자기 집 잔디를 직접 깎는 대신 광고에 출연하고, 옆집의 카이틀린에게 잔디를 깎아달라고 부탁해야 한다. 르브론이 카이틀린에게 50달러 이상 3만 달러 이하의 금액을 지불하는 한 두 사람 모두 이득을 볼 것이다.

3-3b 미국은 다른 나라와 교역을 해야 하는가

수입품 외국에서 생산되어 국내에서 소비되는 재화

수출품 국내에서 생산되어 외국에서 소비되는 재화

개인이 특화와 거래를 통해 이득을 볼 수 있듯이, 나라 사이에도 마찬가지 원리가 성립한다. 미국인들이 국내에서 소비하는 물건의 상당 부분이 외국에서 생산된 것이고, 미국 내에서 생산된 많은 물건이 외국에 판매된다. 외국에서 생산되어 국내에서 소비되는 물건을 수입품(imports)이라 하고, 국내에서 생산되어 외국에서 소비되는 물건을 수출품(exports)이라 한다.

국가 간에도 교역을 통해 이득을 볼 수 있다는 것을 알아보기 위해, 미국과 일본 두 나라와 식량과 자동차 두 재화만 존재한다고 가정하자. 또 두 나라 모두 자동차를 잘 만든다고 하자. 미국이나 일본이나 근로자 한 사람이 한 달 동안에 자동차 1대를 생산한다. 그러나 비옥한 토지를 많이 소유한 미국이 식량 생산에 더 효율적이라고 하자. 미국의 농민은 매달 식량 2톤을 생산하지만, 일본의 농민은 매달 식량 1톤을 생산한다.

비교우위 원리에 따르면 각 재화는 그 재화의 기회비용이 더 작은 나라에서 생산되어야 한다. 미국에서 자동차 1대의 기회비용은 식량 2톤이지만, 일본에서는 1톤이기 때문에 일본은 자동차 생산에 비교우위가 있다. 따라서 일본은 필요한 자동차보다 많은 자동차를 생산하여 미국에 수출해야 한다. 마찬가지로 일본에서 식량 1톤의 기회비용은 자동차 1대지만 미국에서는 1/2대이므로, 미국이 식량 생산에 비교우위가 있다. 따라서 미국은 자국민들에게 필요한 식량보다 많은 식량을 생산하여 이를 일본에 수출해야 한다. 특화와 거래를 통해 두 나라 모두 더 많은 식량과 자동차를 소비할 수 있다.

물론 국가 간 교역에 관련된 문제는 이보다 훨씬 복잡하다. 가장 중요한 문제는 각국에 이해관계가 다른 여러 부류의 국민이 존재한다는 사실이다. 미국이 일본에 식량을 수출하고 자동차를 일본에서 수입한다면, 농민들과 자동차 근로자들에게 서로 다른 효과가 미칠 것이다. 결과적으로 국가 간의 교역을 통해 나라 전체는 전보다 잘 살 수 있지만, 일부 국민들은 손해를 볼 수도 있다. 그러나 여전히 이 예시는 중요한 교훈을 준다. 일부 정치인이나 정치평론가들이 말하듯이 국제무역이 전쟁과 같은 것은 아니다. 전쟁에서는 승자와 패자가 있지만 국제무역에서는 모든 국가가 더 큰 번영을 이룰 수 있다.

미국과 중국 간의 무역

"다른 이득도 있지만 미국 소비자들이 중국에서 더 싸게 만들어지거나 조립된 상품을 살 수 있기 때문에 중국과의 무역은 미국 사람들에게 이롭다."

이 설문에 대한 경제학자들의 답변은?

"의류산업이나 가구산업과 같이 중국과 경쟁하는 산업에 종사하는 일부 미국인들은 중국과의 무역 때문에 손해를 보고 있다."

이 설문에 대한 경제학자들의 답변은?

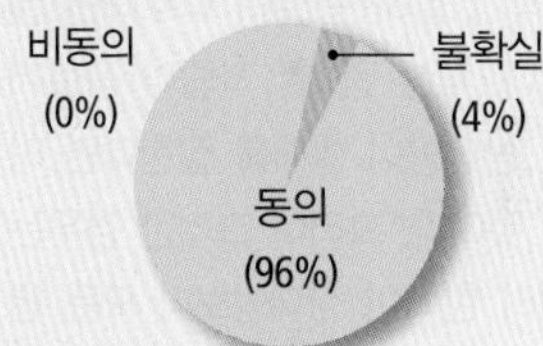

자료: IGM Economic Experts Panel, 2012년 6월 19일.

간단한 퀴즈

6. 한 나라는 어떤 재화를 수입할까?
- a. 그 나라가 절대우위가 있는 재화
- b. 그 나라가 비교우위가 있는 재화
- c. 상대방 국가가 절대우위가 있는 재화
- d. 상대방 국가가 비교우위가 있는 재화

7. 미국은 비행기 1대를 제작하는데 10,000시간의 근로가 필요하고, 셔츠 1장 생산하는 데는 2시간의 근로가 필요하며, 중국은 비행기 1대 제작하는데 40,000시간의 근로가 필요하고, 셔츠 1장 생산하는 데는 4시간의 근로가 필요하다고 가정하자. 이 경우 양국이 무역을 한다면 각국은 어떤 재화를 수출할까?
- a. 중국이 비행기를 수출하고 미국이 셔츠를 수출할 것이다.
- b. 중국이 셔츠를 수출하고 미국이 비행기를 수출할 것이다.
- c. 양국 모두 셔츠를 수출할 것이다.
- d. 양국이 무역을 통해 이득을 볼 수 없다

8. 카일라는 저녁 차리는데 30분이 들고 빨래하는 데는 20분이 소요된다. 그의 룸메이트는 카일라보다 저녁 차림과 빨래하는데 두 배의 시간이 소요된다. 이 둘은 서로 일을 어떻게 분담해야 할까?
- a. 카일라가 저녁 차리는 것에 비교우위가 있으므로 저녁 차리는 일을 더 해야 한다.
- b. 카일라가 빨래하는 것에 비교우위 원리가 있으므로 빨래하는 일을 더 해야 한다.
- c. 카일라가 빨래하는 것에 절대우위 원리가 있으므로 빨래하는 일을 더 해야 한다.
- d. 이 경우 두 사람 사이에 분담의 이득이 없다.

정답은 각 장의 끝에

집안일 분담의 경제원리

여러분이 설거지를 하는 것은 여러분이 배우자보다 그 일을 더 잘하기 때문이 아니라고 이 경제학자는 주장한다.

여러분은 집안일을 잘못 분담하고 있다

Emily Oster

집안일하는 것을 좋아하는 사람은 없다. 행복도 조사에서도 집안일 돌보기는 출퇴근과 같은 순위로 사람들이 가장 하기 싫어하는 일로 나타난다. 그렇기 때문에 식구들 간에 어떤 집안일을 누가 하는가를 놓고 최소한 치열한 논쟁이 벌어지거나 최악의 경우 다투기까지도 하는 모양이다.

식구들이 제각기 잘하는 일이 다르다면 일을 나누기가 쉽다. 부부 중 한 사람이 장보기를 잘하고 다른 상대방이 빨래를 잘한다면 아무 문제가 없을 것이다. 그러나 그러한 경우는 거의 없다. 오히려 한쪽이 상대방보다 모든 면에서 더 잘하는 경우가 많다(그리고 솔직히 말해서 대부분의 경우 여자가 그렇다). 빨래도 잘하고 장도 잘 보고 청소도 잘하고 요리도 잘한다. 그렇다고 여자가 모든 집안일을 해야 할까?

우리 딸이 태어나기 전에는 내가 식사 준비와 설거지를 다 했고, 그것이 별 문제가 되지 않았다. 시간도 별로 걸리지 않았고 사실은 내가 그 두 가지 일을 남편보다 훨씬 잘했다. 남편이 할 수 있는 요리는 달걀 프라이와 칠리소스 만들기 정도였고, 설거지를 시키면 식기세척기에 냄비 하나와 포크 8개를 넣은 채 풀사이클로 돌리기 일쑤였다.

아이가 생긴 후 우리는 더 할 일이 많아졌고 시간이 부족해졌다. 시간을 잘 배분해야 했다. 물론 내가 그 두 가지 일을 더 잘했지만, 내가 계속 그 일들을 다 해야만 했을까?

나는 형평성의 원리에 따라 서로 반반씩 나눠서 일하자고 주장할 수 있었다. 또는 여성운동가처럼 남녀평등을 주장할 수도 있었다. 통계를 보면 남자보다 여자가 더 많은 시간을 집안일에 투입하는 것으로 나타나 있다. 여자가 남자보다 집안일을 하루 44분 더 한다(여자는 2시간 11분, 남자는 1시간 27분). 남자가 여자보다 더 많은 시간을 일하는 경우는 '잔디 깎기'와 '집수리'뿐이다. 나는 이러한 불평등을 해소하기 위해 남편에게 더 많은 집안일을 하도록 요구할 수도 있었다. 이를 통해 내 딸에게 〈Free To Be You and Me〉 노래 가사처럼 아빠 엄마는 평등하고 집안일은 함께하면 즐겁다는 것을 보여줄 수도 있었을 것이다. 또는 식기세척기에 냄비를 내던지며 큰 소리로 한숨을 쉬면서 남편이 눈치를 채도록 해서 도와주게 만들 수도 있었다.

그러나 다행스럽게도 나는 경제학자다. 이러한 도전적인 방법보다 더 효과적인 수단을 알고 있다. 요리나 설거지를 가장 잘하는 사람이 모든 일을 다하는 것이 효율적이지 않기 때문에 집안일을 분담할 필요가 있는 것이다. 여기서 적용할 수 있는 경제원리는 한계비용 체증의 원리다. 기본적으로 사람들은 피곤하면 생산성이 떨어진다. 나는 시카고대학 학생들에게 이 원리를 가르칠 때 고용주의 관점에서 설명한다. 여러분이 유능한 직원과 별로 유능하지 못한 직원을 데리고 있을 때, 모든 일을 유능한 직원에게 맡겨야 할까?

대체로 답변은 그렇지 않다는 것이다. 왜 그럴까? 유능하지 못한 직원이라도 간밤에 잘 자고 출근한 아침 9시에는 17시간째 일하고 있는 새벽 2시의 유능한 직원보다는 일을 더 잘할 것이기 때문이다. 그렇기 때문에 유능하지 못한 직원이라도 몇 가지 일을 맡겨야 하는 것이다. 같은 원리가 집안일에도 적용된다. 여러분이나 또는 여러분 배우자가 모든 면에서 더 유능하다고 해도 누구든지 새벽 4시에 빨래를 하면 빨간 타월을 하얀 티셔츠와 함께 세탁기에 넣는 실수를 범할 수 있는 것이다. 따라서 작업을 분담하는 것은 좋은 생각이다. 결국 어떻게 나누는가는 얼마나 빠르게 그 사람의 생산성이

3-4 결론

여러분은 이제 상호 의존적인 경제활동의 이점을 보다 잘 이해하게 되었을 것이다. 미국 소비자가 중국제 양말을 구입할 때나, 메인 주 주민이 플로리다 오렌지주스를 구입

떨어지는가에 달렸다.

집안일의 효율성을 '최적화'하기 위해서는(이는 모든 경제학자의 궁극적 목표이면서 여러분의 목표이기도 하다), 각자가 하는 일의 마지막 단계에서의 효율성이 동일해져야 한다. 여러분의 배우자가 설거지와 잔디 깎기, 장보기 리스트 만들기의 세 가지 일을 하기로 하고, 여러분은 식사 준비와 빨래, 장보기, 청소, 청구서 정리의 다섯 가지 일을 하기로 했다고 하자. 이러한 배분이 불공평한 것 같지만, 잘 보면 여러분의 배우자가 장보기 리스트를 만들어야 하는 단계까지 가면 매우 피곤하고 졸기까지 한다는 것을 알 수 있다. 그때 그가 할 수 있는 일은 간신히 내일 우유가 몇 개 필요한지를 생각하는 정도다. 그때 그의 생산성은 여러분의 무려 다섯 번째 작업인 청구서 정리를 할 때의 생산성과 거의 같은 수준이 될 것이다.

만약 여러분이 빨래를 상대방에게 넘겨서 서로 네 가지 일을 각각 하기로 했다면 이러한 분담은 비극이 될 것이다. 왜냐하면 그는 세 번째 작업인 장보기 리스트 만들기 단계에서 이미 충분히 지쳐 있겠지만, 여러분은 아직 생생할 것이기 때문이다. 이 경우 결국 한 사람이 다른 사람보다 일을 더 하는 결과를 초래하겠지만, 여전히 한 사람이 모든 일을 해야만 하는 것은 아니다.

일단 집안일을 이렇게 분담하기로 했다면 누가 어떤 일을 해야 할까? 한 가지 방법은 무작위로 배분하는 것이다. 다른 방법은 각자가 모든 일을 조금씩 다 하는 것이다. 어떤 전문 웹사이트는 서로 자기가 가장 좋아하는 일을 맡아서 하라고 권유하기도 한다. 그러나 이 모든 방법은 올바른 방법이 아니다. (마지막 방법에서 누가 화장실 청소를 좋아할까?)

누가 무엇을 해야 하는지를 결정하려면 약간의 경제 이론이 필요하다. 특히 비교우위 이론을 적용할 수 있다. 경제학자들은 이 이론을 대체로 국제무역을 설명하는 데 적용했다. 예를 들어 핀란드가 스웨덴보다 모자와 장화를 더 잘 만들지만, 특히 장화보다 모자를 훨씬 더 잘 만든다고 하자. 이 경우 핀란드가 모자를 만들고 스웨덴이 장화를 만드는 것이 전 세계의 생산을 극대화할 수 있다.

여기서 우리는 핀란드가 두 재화 모두에서 절대우위를 가지고 있지만, 모자 생산에 비교우위가 있다고 말한다. 이 원리가 경제학자들이 자유무역을 옹호하는 근거이기도 하지만, 그 이야기는 다음 기회에 다른 칼럼에서(아마 다른 경제학자가) 다루기로 한다. 그러나 이 원리는 집안일을 부부간에 어떻게 나누어야 하는지를 결정하는 기준이 되기도 한다. 이때 비교우위 원리를 적용할 수 있다. 한쪽이 상대방보다 모든 집안일을 다 잘한다 해도 상관없다. 만약 여러분이 상대방보다 빨래를 매우 잘하고, 화장실 청소는 조금 더 잘한다면 여러분은 빨래를 해야 하고, 상대방이 화장실 청소를 해야 한다. 이렇게 하는 것이 더 효율적이다.

ROBERT NEUBECKER

우리 부부는 비교적 쉽게 문제를 해결했다. 바비큐 그릴을 사용하는 것(이것은 당연히 남편의 영역이다)을 제외하면 음식 만드는 것은 내가 남편보다 매우 잘한다. 그리고 설거지는 약간 더 잘한다. 따라서 남편이 식기세척기 다루는 방법에 문제가 있다는 것을 알지만, 남편이 설거지를 하고 내가 식사를 준비한다. 특히 좋은 점은 또 하나의 경제학 원리가 여기에 적용되기 시작했다는 점이다. '학습 효과'가 나타난 것이다. 사람들은 작업에 익숙해지면 더 효율적이 된다. 18개월 분업의 결과 남편이 식기세척기 다루는 방법은 거의 예술의 경지에 도달했다. 식기세척기에 접시와 그릇을 배열하는 요령을 습득한 것이다. 그리고 내가 식기세척기에 접근하는 것조차 막게 되었다. 남편은 내가 식기세척기를 다루면 문제가 생긴다고 믿는 것이다. ■

토론 문제

1. 여러분의 가정에서는 가족 구성원이 비교우위에 따라 집안일을 분담하고 있는가? 그렇다면 어떻게 배분되어 있는가? 그렇지 않다면 배분하여 개선할 수 있을까?
2. 경제학자와 결혼하면 가족 간의 화합에 도움이 될까, 아니면 그 반대일까?

오스터(Oster)는 시카고 대학교 경제학과 교수다.

자료: *Slate*, 2012년 11월 21일.

할 때나, 옆집 아이에게 우리 집 잔디를 깎도록 고용할 때나 모두 같은 경제원리가 적용된다. 비교우위의 원리는 자유거래가 모든 사람을 이롭게 한다는 사실을 보여준다.

그러나 여전히 이것이 현실에서 어떻게 가능한지 의문이 들 수 있다. 자유로운 사회에서 모든 사람의 다양한 행동이 어떻게 조정되고 조화를 이루는지 궁금할 것이다. 수

많은 재화와 서비스가 생산을 담당하는 사람에서 소비하고자 하는 사람에게 전달되도록 하는 장치는 무엇일까? 프랭크와 루비 두 사람만 존재하는 단순한 경제에서 이에 대한 해답은 간단하다. 이 경우에는 두 사람이 직접 만나 협상을 통해 재화를 나누면 될 것이다. 그러나 수십억 명의 사람들이 존재하는 현실세계에서는 해답이 그렇게 간단하지 않다. 4장에서 수요와 공급이라는 시장의 힘에 따라 자원이 배분되는 과정을 공부하면 이 문제를 이해할 수 있을 것이다.

요약

- 모든 사람은 국내는 물론 전 세계에서 생산된 재화와 서비스를 소비하면서 살아간다. 경제적 상호 의존관계와 거래는 모든 사람이 보다 다양하고 많은 수량의 재화와 서비스를 소비할 수 있게 한다.
- 두 사람의 능력을 비교하는 방법에는 두 가지가 있다. 같은 양의 산출물을 더 적은 양의 생산요소를 사용하여 생산할 수 있는 사람은 절대우위가 있다고 한다. 같은 양의 산출물을 더 낮은 기회비용으로 생산할 수 있는 사람은 비교우위가 있다고 한다. 무역과 거래의 이득은 절대우위가 아니라 비교우위에서 나온다.
- 거래를 하면 사람들은 각자 비교우위가 있는 생산활동에 특화할 수 있기 때문에 모든 사람에게 이득이 된다.
- 비교우위 원리는 개인의 관계뿐 아니라 국가의 관계에도 성립한다. 비교우위 원리는 경제학자들이 자유무역을 옹호하는 근거다.

중요개념

절대우위 63
기회비용 64
비교우위 64
수입품 68
수출품 68

복습문제

1. 어떤 조건에서 생산가능곡선이 볼록하지 않고 직선이 될까?
2. 절대우위와 비교우위의 차이점을 설명하라.
3. 한 사람이 어떤 일에서 절대우위가 있지만, 다른 사람이 같은 일에서 비교우위가 있는 경우의 예를 들라.
4. 교역에서 절대우위와 비교우위 중 어느 것이 더 중요한가? 3번 문제의 예를 사용하여 설명하라.
5. 두 집단이 비교우위에 입각한 교역을 통해 모두 이득을 보았다면, 교역가격은 어느 구간에 있어야 할까?
6. 경제학자들은 왜 국가 간 무역을 제한하는 정책들을 반대하는가?

응용문제

1. 마리아는 1시간에 경제학 교과서를 20쪽, 사회학 교과서를 50쪽 읽을 수 있다. 마리아는 하루에 5시간을 독서에 할애한다.
   a. 마리아의 경제학과 사회학 교과서 독서 생산가능곡선을 그려라.
   b. 마리아가 사회학 교과서 100쪽을 읽는 것의 기회비용은 얼마인가?

2. 미국과 일본의 근로자들은 각각 1년에 자동차 4대를 생산할 수 있다. 미국의 근로자 한 사람은 1년에 곡물 10톤을 생산할 수 있지만, 일본의 근로자 한 사람은 1년에 곡물 5톤을 생산할 수 있다. 계산의 편의를 위해 두 나라의 인구가 각각 1억 명이라고 가정하자.
   a. 지금 이 상황을 나타내기 위하여 그림 3.1 (a)와 같은 표를 작성하라.
   b. 미국과 일본의 생산가능곡선을 각각 그려라.
   c. 미국에서 자동차 1대의 기회비용은 얼마인가? 미국에서 곡물의 기회비용은 얼마인가? 일본에서 자동차 1대의 기회비용은 얼마인가? 일본에서 곡물의 기회비용은 얼마인가? 이 내용을 본문의 표 3.1과 유사한 방식으로 표시하라.
   d. 어느 나라가 자동차 생산에 절대우위가 있는가? 어느 나라가 곡물 생산에 절대우위가 있는가?
   e. 어느 나라가 자동차 생산에 비교우위가 있는가? 어느 나라가 곡물 생산에 비교우위가 있는가?
   f. 두 나라가 서로 교역을 하지 않고 각각 인구의 절반을 자동차와 곡물 생산에 투입한다고 한다. 각국의 자동차와 곡물 생산량은 얼마인가?
   g. 교역을 통해 두 나라 모두 이득을 볼 수 있는 거래의 예를 들라.

3. 디에고와 다넬은 룸메이트다. 그들은 물론 대부분의 시간을 공부하는 데 사용하지만, 남는 시간에는 피자와 루트비어 만드는 것을 즐긴다. 디에고는 루트비어 1갤런을 만드는 데 4시간이 걸리고, 피자를 만드는 데 2시간이 걸린다. 반면 다넬은 루트비어 1갤런을 만드는 데 6시간이 걸리고, 피자를 만드는 데 4시간이 걸린다.
   a. 두 사람의 피자 만드는 기회비용은 루트비어 갤런으로 각각 얼마인가? 누가 피자에 절대우위가 있고, 누가 피자에 비교우위가 있는가?
   b. 디에고와 다넬이 서로 만든 것을 교환한다면 누가 피자를 만들어 루트비어와 바꾸어 먹겠는가?
   c. 피자 가격을 루트비어 갤런 수량으로 표시할 수 있다. 두 사람에게 모두 이득이 되는 피자의 최고 가격과 최저 가격은 각각 얼마인가? 설명하라.

4. 캐나다에 근로자 1,000만 명이 있다고 하자. 근로자 한 사람은 1년에 자동차 2대 혹은 밀 30부셸을 생산할 수 있다고 하자.
   a. 캐나다에서 자동차 1대를 생산하는 기회비용은 얼마인가? 캐나다에서 밀 1부셸을 생산하는 기회비용은 얼마인가? 두 재화의 기회비용 사이의 관계를 설명하라.
   b. 캐나다의 생산가능곡선을 그려라. 캐나다가 자동차 1,000만 대를 소비하려고 한다면 교역이 없는 경우 밀을 얼마나 소비할 수 있는가? 이 점을 생산가능곡선에 표시하라.
   c. 미국이 캐나다에 자동차 1,000만 대를 차 1대당 밀 20부셸을 주고 구입하겠다는 제안을 해왔다. 캐나다가 계속 자동차 1,000만 대를 소비하려고 한다면 미국의 제안대로 할 경우 캐나다는 밀을 얼마나 소비할 수 있을까? 이 점을 그래프에 표시하라. 캐나다는 이 제안을 받아들여야 할까?

5. 잉글랜드와 스코틀랜드는 모두 스콘과 스웨터를 생산한다. 잉글랜드 근로자는 1시간에 스콘 50개 또는 스웨터 1장을 생산할 수 있다. 스코틀랜드 근로자는 1시간에 스콘 40개 또는 스웨터 2장을 생산할 수 있다.
   a. 어느 나라가 각각의 생산물에 대해 절대우위와 비교우위가 있는가?
   b. 잉글랜드와 스코틀랜드가 교역을 한다면 스코틀랜드는 어느 물건을 영국에 수출하겠는가? 설명하라.
   c. 스코틀랜드 근로자가 1시간에 스웨터 1장을 생산할 수 있다면 스코틀랜드와 잉글랜드는 여전히 교역을 통해 이득을 볼 수 있을까? 설명하라.

6. 다음의 표는 두 도시의 두 재화에 대한 생산 능력을 나타낸 것이다. 숫자는 근로자 한 사람이 1시간에 생산할 수

있는 수량이다.

	빨간 양말	하얀 양말
보스턴	3	3
시카고	2	1

a. 두 도시가 교역을 하지 않는다면 보스턴과 시카고에서 빨간 양말의 개수로 표시한 하얀 양말의 가격은 각각 얼마인가?

b. 어느 도시가 각각 하얀 양말과 빨간 양말의 생산에 절대우위가 있는가? 어느 도시가 각각 하얀 양말과 빨간 양말의 생산에 비교우위가 있는가?

c. 두 도시가 거래를 한다면 어느 도시가 어떤 양말을 수출하게 될까?

d. 두 도시 모두에게 이득이 되는 양말 가격의 범위는?

7. 독일 근로자가 자동차 1대를 만드는 데 400시간, 와인 1상자를 만드는 데 2시간이 소요된다고 하자. 프랑스 근로자가 자동차 1대를 만드는 데 600시간, 와인 1상자를 만드는 데 X시간이 소요된다고 하자.

a. 양국이 무역의 이득을 볼 수 있는 X의 값은? 설명하라.

b. 독일이 자동차를 수출하고 포도주를 수입하게 되는 X의 값은? 설명하라.

8. 미국에서는 근로자 한 사람이 1년에 100장의 셔츠 또는 20대의 컴퓨터를 생산할 수 있다고 하자. 중국에서는 근로자 한 사람이 1년에 100장의 셔츠 또는 10대의 컴퓨터를 생산할 수 있다고 하자.

a. 두 나라의 생산가능곡선을 그려라. 교역이 없을 때 각국의 근로자는 자신들이 가진 시간의 절반씩을 각각 셔츠와 컴퓨터를 생산하는 데 투입한다고 가정하고, 각국의 생산점을 그래프에 표시하라.

b. 두 나라 사이에 교역이 발생한다면 어느 나라가 셔츠의 수출국이 될까? 구체적인 숫자를 예로 들어 그래프에 표시하라. 어느 나라가 교역에서 이득을 볼까? 설명하라.

c. 두 나라가 거래하는 (셔츠 수량으로 표시한) 컴퓨터가격은 얼마가 될지 설명하라.

d. 중국이 미국의 생산성을 따라잡아 중국 근로자들도 미국과 같이 1년에 100장의 셔츠 또는 20대의 컴퓨터를 생산할 수 있게 되었다고 하자. 이제 어떤 무역 패턴이 나타날까? 중국의 이와 같은 생산성 향상이 두 나라 국민들의 경제적 후생에는 어떤 영향을 미칠까?

9. 다음의 주장이 맞는지 틀리는지 말하고, 각각의 이유를 설명하라.

a. "한 나라가 다른 나라에 비해 모든 재화의 생산에서 절대우위가 있더라도 두 나라는 교역을 통해 모두 이득을 볼 수 있다."

b. "어떤 유능한 사람은 다른 사람에 비해 모든 일에서 비교우위가 있다."

c. "어떤 거래를 통해 한 사람이 이득을 본다면 다른 사람은 이득을 볼 수 없다."

d. "어떤 거래가 한 사람에게 이득이라면 다른 사람에게도 반드시 이득이다."

e. "교역이 한 나라에게 이득이면 그 나라의 모든 국민들에게도 이득이다.

간단한 퀴즈 정답

1. b 2. c 3. d 4. b 5. a 6. d 7. b 8. d

4장

시장의 수요와 공급

플로리다 주에 한파가 닥치면 미국 전역의 슈퍼마켓에서 판매되는 오렌지주스 가격이 오르고, 뉴잉글랜드 지방의 여름 기온이 상승하면 카리브 해의 호텔 객실 요금이 폭락한다. 중동에서 전쟁이 일어나면 미국의 휘발유 가격은 오르고 중고 캐딜락 자동차 가격은 하락한다. 이러한 현상들은 모두 시장 수요 · 공급 원리의 작동을 보여주는 사례들이다.

수요와 공급이라는 두 단어는 경제학자들이 가장 자주 사용하는 용어인데, 여기에는 그만한 이유가 있다. 수요와 공급은 시장경제를 움직이는 원동력이기 때문이다. 수요와 공급은 각 재화의 생산량과 판매 가격을 결정한다. 따라서 어떤 사건이나 정책이 경제에 어떤 영향을 미칠지 알고 싶다면, 먼저 그 사건이나 정책이 수요와 공급에 어떤 영

ISTOCK.COM/LOLOSTOCK; GEORGE RUDY/SHUTTERSTOCK.COM

향을 미칠지 생각해봐야 한다.

이 장에서는 수요와 공급의 이론을 소개한다. 소비자와 판매자가 어떻게 행동하며 어떻게 상호작용하는지 살펴보고, 시장경제에서 수요와 공급이 가격을 어떻게 결정하며 결정된 가격이 경제의 희소자원을 어떻게 배분하는지 알아본다.

4-1 시장과 경쟁

수요와 공급은 경쟁시장에서 사람들이 상호작용하는 행위를 말한다. 구매자와 판매자의 형태를 분석하기에 앞서 '시장'과 '경쟁'의 의미에 대해 좀더 자세히 살펴보자.

4-1a 시장이란 무엇인가

시장 특정한 재화나 서비스를 사고파는 사람들의 모임

시장(market)이란 특정한 재화나 서비스를 사고파는 사람들의 모임을 말한다. 하나의 집단으로서 구매자들은 상품에 대한 수요를 결정하고, 판매자들도 하나의 집단으로서 상품의 공급을 결정한다.

시장에는 여러 유형이 있다. 농산물시장처럼 정교하게 조직된 시장에서는 구매자와 판매자가 일정한 시간에 일정한 장소에서 만난다. 구매자는 각 가격에서 몇 개를 구매할지를 알고 온다. 판매자는 각 가격에서 몇 개를 판매할지를 알고 온다. 경매인은 중간에서 주문을 받아 수량을 조절하고 (가장 중요한 것은) 판매자와 구매자의 수량이 일치하는 가격을 찾아내는 과정을 원활하게 한다.

그러나 이렇게 체계적으로 조직된 시장은 많지 않다. 어느 동네의 아이스크림 시장을 생각해보자. 아이스크림 소비자들과 판매자들이 일정한 시간, 일정한 장소에서 만나는 것은 아니다. 여기저기에 약간씩 다른 아이스크림을 파는 가게들이 있고, 경매인이 거래를 성사시키는 것이 아니라 각 가게 주인이 가격을 붙여놓고 소비자는 아이스크림을 어느 가게에서 얼마나 살지 결정한다. 그럼에도 불구하고 아이스크림 소비자들과 생산자들은 서로 밀접하게 연결되어 있다. 아이스크림 소비자들은 다양한 아이스크림 가게 중에서 자기 입맛에 맞는 곳을 선택을 하고, 아이스크림 가게들은 자신들의 사업을 위해 소비자들 입맛에 맞는 아이스크림을 더 팔려고 노력한다. 체계적으로 조직되어 있지는 않지만 아이스크림 소비자들과 판매자들은 하나의 시장을 형성하는 것이다.

4-1b 경쟁이란 무엇인가

다른 많은 시장과 마찬가지로 아이스크림 시장은 매우 경쟁이 심하다. 각 소비자는 아이스크림 가게가 여러 개 있다는 사실을 알며, 판매자들도 자신이 팔고자 하는 아이스크림과 비슷한 아이스크림을 파는 가게가 여러 곳 있다는 사실을 안다. 결과적으로 아이스크림의 가격과 판매량은 어느 한 소비자나 판매자가 아니라 시장에서 전체 소비자와 전체 판매자의 상호작용에 따라 결정된다.

경쟁시장(competitive market)이란 소비자와 판매자가 매우 많아서 개별 소비자나 판매자가 시장가격에 거의 영향을 미치지 못하는 시장을 말한다. 다수의 판매자가 비슷한 아이스크림을 팔기 때문에 특정한 판매자가 가격을 마음대로 결정할 수 없다. 어느 판매자도 시세보다 낮은 가격에 판매할 이유가 없으며, 혹시 다른 가게보다 가격을 높게 책정한다면 소비자들이 다른 가게에서 아이스크림을 살 것이다. 한편 개별 소비자의 아이스크림 구입량은 아주 적기 때문에 역시 시장가격에 영향을 미치지 못한다.

경쟁시장 소비자와 판매자가 매우 많아서 개별 소비자나 판매자가 시장가격에 거의 영향을 미치지 못하는 시장

이 장에서는 시장이 완전경쟁적(perfectly competitive)이라고 가정한다. 완전경쟁시장은 (1) 판매되는 재화들이 동일하며, (2) 소비자와 판매자의 수가 너무 많아서 각 소비자와 판매자는 시장가격에 영향을 미치지 못한다는 두 가지 조건을 만족하는 시장이다. 완전경쟁시장에서는 소비자나 판매자가 시장에서 결정되는 가격을 받아들여야 하므로 이들을 가격수용자(price takers)라고 한다. 시장가격에서 소비자는 원하는 만큼 살 수 있고, 판매자는 원하는 만큼 팔 수 있다.

실제로 완전경쟁시장의 두 가지 가정이 완벽하게 적용되는 시장이 있다. 예를 들어 밀시장에서 밀을 팔려는 농부는 수천 명, 소비자는 수백만 명이다. 따라서 개별 소비자나 농부는 밀 가격에 영향을 미칠 수 없으며, 시장가격을 받아들여야 한다.

그러나 모든 재화와 서비스가 완전경쟁시장에서 거래되는 것은 아니다. 어떤 시장에는 판매자가 하나만 있어서 이 판매자가 가격을 결정한다. 이러한 시장을 독점(monopoly)이라고 한다. 어느 지역의 주민들이 오직 하나의 케이블 TV 회사로부터 서비스를 받아야 한다면, 지역 케이블 TV 회사가 독점의 한 예가 될 것이다. 그러나 많은 시장은 완전경쟁과 완전독점의 중간적 성격을 띤다.

현실세계에는 다양한 형태의 시장이 존재하지만, 완전경쟁시장은 가장 단순화되었으면서도 유용한 시장 모형이기 때문에 가장 먼저 공부하기로 한다. 완전경쟁시장은 시장 참여자 모두 시장가격을 주어진 것으로 받아들이기 때문에 분석하기 쉽다. 또 대부분의 시장에서 어느 정도는 경쟁이 존재하기 때문에 완전경쟁시장에서 일어나는 수요 · 공급의 현상에 대한 분석 결과는 보다 복잡한 시장에도 적용된다.

간단한 퀴즈

1. **시장에 대한 가장 정확한 정의는?**
   a. 다양한 재화와 서비스를 제공하는 점포
   b. 경매자가 구매자들에게 가격을 제시하는 장소
   c. 재화와 서비스를 사고파는 구매자와 판매자가 만나는 곳
   d. 하나의 공급자가 상품을 제공하는 장소

2. **완전경쟁시장에서는?**
   a. 모든 판매자들이 경쟁자보다 좋은 상품을 제공하여 차별화하려고 노력한다.
   b. 모든 판매자들이 가격을 시장조건에 의해 결정된 것으로 받아들인다.
   c. 모든 판매자들이 경쟁자의 가격보다 낮은 가격을 제시하려고 한다.
   d. 하나의 판매자가 경쟁자들을 성공적으로 물리쳐서 다른 판매자가 존재하지 않는다.

3. **다음 중 완전경쟁시장의 정의에 가장 부합하는 상품은?**
   a. 계란
   b. 수돗물
   c. 영화
   d. 컴퓨터 구동 프로그램

정답은 각 장의 끝에

4-2 수요

시장을 분석하기 위해 먼저 소비자들의 행태를 살펴보자. 이해하기 쉽게 아이스크림 시장을 예로 들어 생각해보자.

4-2a 수요곡선 : 가격과 수요량의 관계

수요량 소비자들이 값을 치르고 구입할 의사와 능력이 있는 재화의 양

수요의 법칙 다른 조건이 불변일 때, 어떤 재화의 가격이 상승하면 그 재화의 수요량이 감소하는 법칙

수요표 어떤 재화의 가격과 수요량의 관계를 나타내는 표

수요량(quantity demanded)이란 소비자들이 값을 치르고 구입할 의사와 능력이 있는 재화의 양을 말한다. 수요량을 결정하는 변수에는 여러 가지가 있다. 그러나 시장 기능을 분석하는 데는 가격이 매우 중요한 역할을 한다. 아이스크림 가격이 20달러로 오른다면 여러분은 아이스크림 대신 프로즌 요거트를 사먹을 것이다. 반대로 아이스크림 가격이 0.50달러로 내린다면 아이스크림을 더 사먹을 것이다. 이러한 관계는 대부분의 재화에 대해 성립하므로 경제학자들은 이를 수요의 법칙(law of demand)이라고 부른다. 다른 조건이 같을 때 어느 재화의 가격이 상승하면 그 재화의 수요량은 감소하고, 가격이 하락하면 수요량은 증가한다.

그림 4.1에 있는 표는 캐서린이 매달 아이스크림 가격이 변함에 따라 아이스크림을 몇 개나 사 먹는지 보여준다. 아이스크림이 공짜라면 캐서린은 12개의 아이스크림을 소비할 것이다. 가격이 1달러라면 10개를 소비할 것이다. 가격이 계속 상승한다면 캐서린은 점점 소비량을 줄일 것이다. 가격이 6달러에 도달한다면 캐서린은 아이스크림을 전혀 소비하지 않을 것이다. 이러한 관계를 보여주는 표를 수요표(demand schedule)라고 한다. 즉 수요표란 수요량에 영향을 미치는 가격 이외의 다른 모든 변수들이 불변인

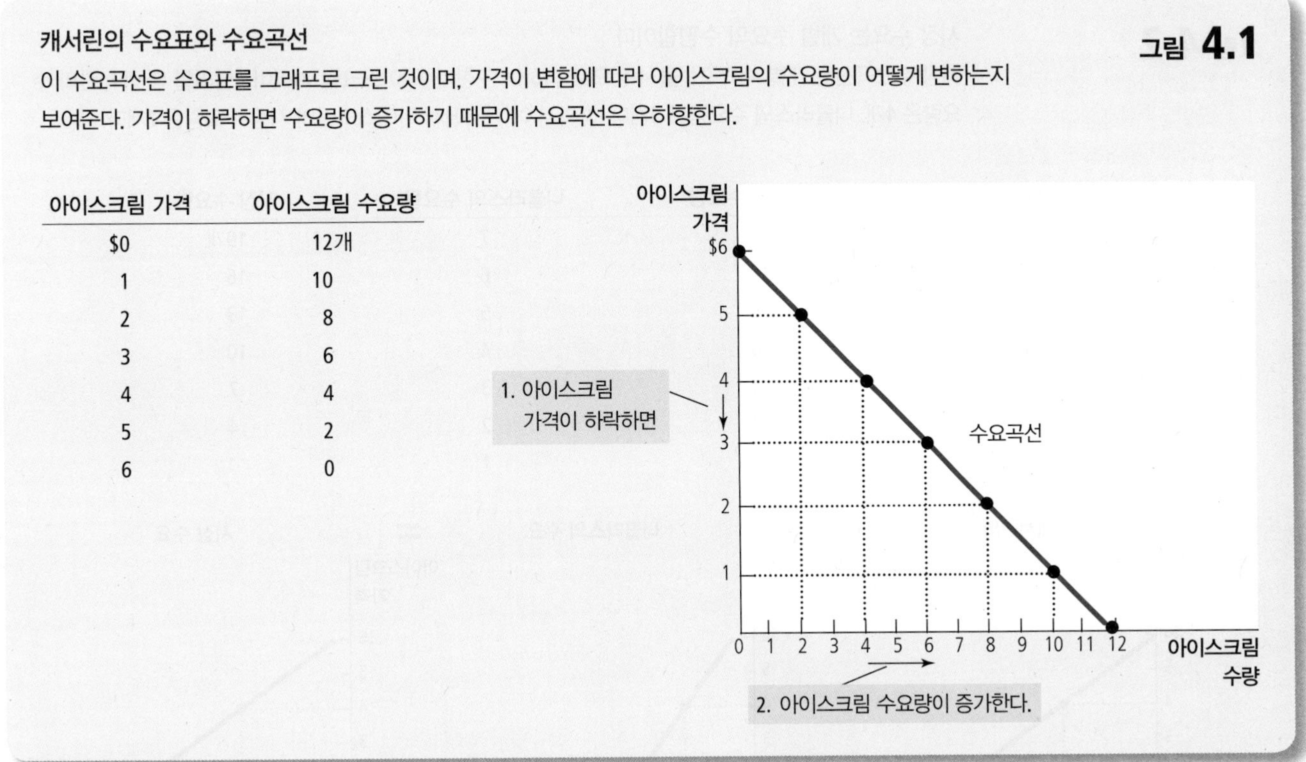

그림 **4.1**

캐서린의 수요표와 수요곡선

이 수요곡선은 수요표를 그래프로 그린 것이며, 가격이 변함에 따라 아이스크림의 수요량이 어떻게 변하는지 보여준다. 가격이 하락하면 수요량이 증가하기 때문에 수요곡선은 우하향한다.

아이스크림 가격	아이스크림 수요량
$0	12개
1	10
2	8
3	6
4	4
5	2
6	0

상태에서 재화의 가격과 수요량의 관계를 보여주는 표다.

그림 4.1에 있는 그래프는 이 표에 있는 숫자들을 그래프로 표시한 것이다. 경제학의 관행에 따라 가격은 수직축에, 수량은 수평축에 표시했다. 가격과 수요량의 관계를 보여주는 곡선을 수요곡선(demand curve)이라고 한다. 다른 조건이 불변일 때, 가격이 낮아질수록 수요량이 증가하기 때문에 수요곡선은 우하향한다(기울기가 마이너스다).

수요곡선 어떤 재화의 가격과 수요량의 관계를 보여주는 그래프

4-2b 시장 수요와 개별 수요

그림 4.1에 있는 수요곡선은 개인의 수요를 나타낸다. 시장이 어떻게 움직이는지 분석하기 위해서는 시장 수요를 알아야 한다. 시장 수요는 개별 수요를 합한 것이다.

그림 4.2에 있는 표는 캐서린과 니콜라스라는 두 소비자의 아이스크림 수요를 보여준다. 캐서린의 수요표는 각 가격에서 캐서린의 수요량을 나타내고, 니콜라스의 수요표는 각 가격에서 니콜라스의 수요량을 나타낸다. 시장 수요는 각 가격에서 캐서린과 니콜라스의 수요량을 더한 것이다.

그림 4.2의 그래프는 이러한 수요표에 상응하는 수요곡선들을 보여준다. 여기에서 시장 수요곡선은 개별 수요곡선을 수평으로 더하여 구한다는 사실에 주목해야 한다.

그림 4.2 **시장 수요는 개별 수요의 수평합이다**

시장 수요곡선은 개별 수요곡선을 수평으로 더하여 구한다. 아이스크림 가격이 4달러일 때 캐서린의 수요량은 4개, 니콜라스의 수요량은 3개다. 따라서 이 가격에서 아이스크림의 시장 수요량은 7개다.

아이스크림의 가격	캐서린의 수요량		니콜라스의 수요량		시장 수요량
$0	12	+	7	=	19개
1	10		6		16
2	8		5		13
3	6		4		10
4	4		3		7
5	2		2		4
6	0		1		1

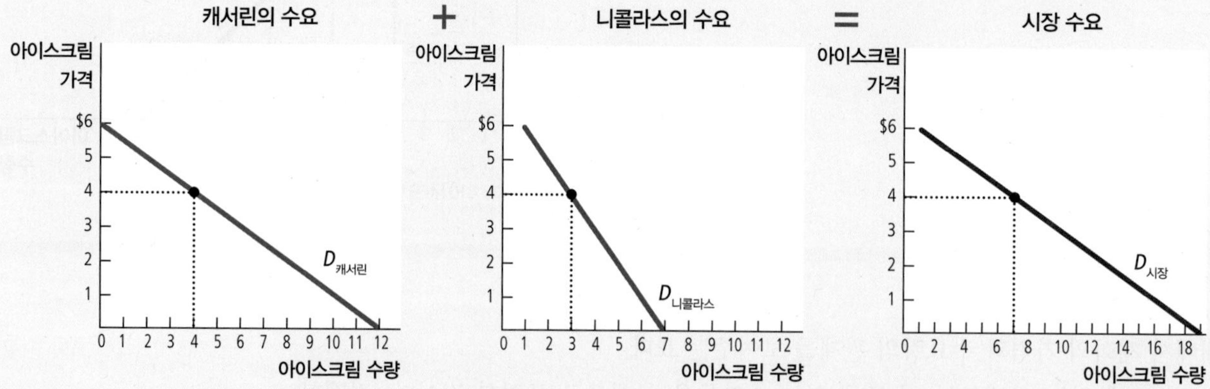

다시 말해 각 가격에서 시장 수요량을 구하기 위해서는 그 가격에 대응하는 개별 수요곡선의 가로축에 나타난 수요량을 더한다는 것이다. 우리는 시장이 어떻게 작동하는지 분석하는 데 관심이 있기 때문에 앞으로는 시장 수요곡선을 주로 사용할 것이다. 시장 수요곡선은 수요량에 영향을 미치는 가격 이외의 다른 모든 변수들이 불변인 상태에서 재화의 가격이 변하면 그 재화의 시장 수요량이 어떻게 변하는지 나타낸다.

4-2c 수요곡선의 이동

수요곡선은 다른 변수들이 불변이라는 전제 아래에 그려지기 때문에 시간이 흐르면 늘 같은 자리에 있을 필요는 없다. 주어진 가격에서 수요량에 영향을 미치는 일이 벌어지면 수요곡선은 이동한다. 예를 들어 미국의학협회(American Medical Association)의 연구 결과, 아이스크림을 정기적으로 먹는 사람들이 건강하게 오래 사는 것이 밝혀졌다고 하자. 이러한 연구 결과는 물론 아이스크림에 대한 수요를 증가시킬 것이다. 어느

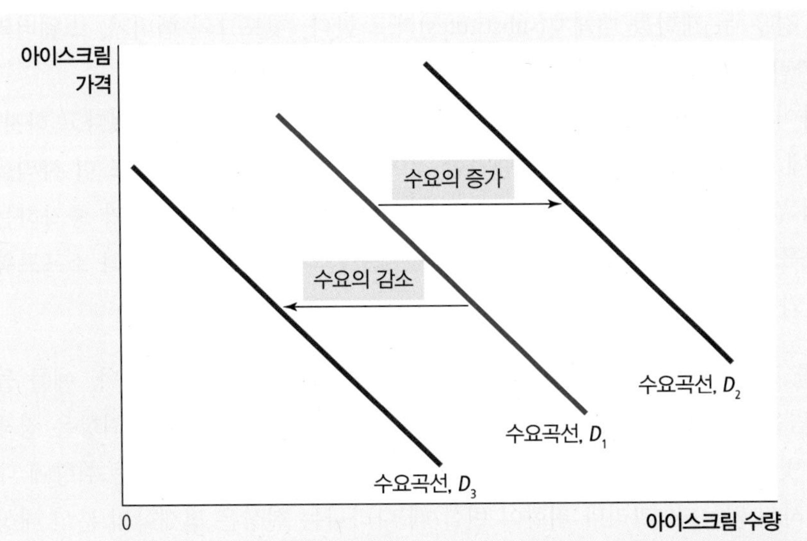

그림 4.3

수요곡선의 이동

주어진 가격에서 소비자들이 사고자 하는 재화의 양을 증가시키는 변화가 일어나면 수요곡선이 오른쪽으로 이동한다. 반대로 주어진 가격에서 소비자들이 사고자 하는 재화의 양을 감소시키는 변화가 일어나면 수요곡선이 왼쪽으로 이동한다.

가격 수준에서라도 아이스크림에 대한 수요는 증가할 것이고, 그 결과 아이스크림 수요곡선이 이동한다.

그림 4.3이 수요곡선의 이동을 보여주고 있다. 앞서 미국의학협회의 가상적 연구 결과와 같이 어느 가격에서든지 가격과 무관하게 수요를 증가시키는 변화는 수요곡선을 오른쪽으로 이동시킨다. 이를 수요의 증가(increase in demand)라고 표현한다. 마찬가지로 어느 가격에서든지 가격과 무관하게 수요를 감소시키는 변화는 수요곡선을 왼쪽으로 이동시킨다. 이를 수요의 감소(decrease in demand)라고 표현한다.

수요곡선을 이동시키는 변수는 매우 많으며, 그 중 다음과 같은 변수들이 가장 중요하다.

소득 여러분이 어느 해 여름에 직장을 잃는다면 여러분의 아이스크림 수요는 감소할 것이다. 소득이 감소하면 지출할 수 있는 돈이 적어지므로 대부분 재화의 구입량을 줄여야 한다. 이와 같이 소득이 감소(증가)함에 따라 수요가 감소(증가)하는 재화를 정상재(normal good)라고 한다.

정상재 다른 조건이 불변일 때, 소득이 감소(증가)함에 따라 수요가 감소(증가)하는 재화

그러나 모든 재화가 정상재인 것은 아니다. 소득이 감소(증가)함에 따라 수요가 증가(감소)하는 재화를 열등재(inferior good)라고 하는데, 버스를 타는 것이 한 예가 될 수 있다. 소득이 감소하면 자가용 승용차를 사서 타거나 택시를 타기보다 버스를 더 이용할 것이기 때문이다.

열등재 다른 조건이 불변일 때, 소득이 증가(감소)함에 따라 수요가 감소(증가)하는 재화

연관재의 가격 프로즌 요거트 가격이 하락하면 수요의 법칙에 따라 소비자들은 프로즌 요거트를 더 많이 사먹을 것이다. 동시에 프로즌 요거트와 맛이 비슷한 아이스크림은 덜 사먹을 것이다. 이와 같이 한 재화의 가격이 하락함에 따라 다른 한 재화의 수요

대체재 한 재화의 가격이 하락함에 따라 다른 한 재화의 수요가 감소하는 관계에 있는 두 재화

가 감소하는 경우 두 재화를 대체재(substitutes)라고 한다. 핫도그와 햄버거, 스웨터와 셔츠, 영화 관람권과 영화 스트리밍서비스 등은 대체재의 예다.

핫 퍼지(아이스크림에 얹어먹는 첨가물의 일종 – 역자주) 가격이 하락했다고 하자. 수요의 법칙에 따라 핫 퍼지의 수요는 증가할 것이고, 동시에 아이스크림도 더 사먹을 것이다. 이와 같이 한 재화의 가격이 하락함에 따라 다른 한 재화의 수요가 증가하는 경우 두 재화를 보완재(complements)라고 한다. 자동차와 휘발유, 컴퓨터와 소프트웨어, 땅콩버터와 잼 등이 보완재의 예다.

보완재 한 재화의 가격이 하락함에 따라 다른 한 재화의 수요가 증가하는 관계에 있는 두 재화

취향 수요를 결정하는 가장 분명한 변수는 아마도 소비자의 취향일 것이다. 예를 들어 아이스크림을 좋아하면 아이스크림을 더 많이 사먹을 것이다. 인간의 취향은 경제학의 영역을 벗어난 역사적 · 심리적 요인에 따라 결정되므로 경제학에서는 취향에 대해 설명하려 하지 않는다. 그러나 취향이 변할 때 나타나는 현상은 경제학의 분석 대상에 속한다.

미래에 대한 기대 미래에 대한 기대는 재화나 서비스에 대한 현재 수요에 영향을 미칠 수 있다. 다음 달부터 소득이 증가할 것으로 기대한다면 현재 저축을 줄이고 지출을 늘려 아이스크림을 더 살 수 있을 것이다. 또 내일 아이스크림 가격이 하락할 것으로 예상된다면 오늘 아이스크림을 덜 사먹을 것이다.

소비자의 수 시장 수요는 앞에 언급된 소비자 개개인의 수요에 영향을 미치는 변수에 더해서 소비자의 수에도 영향을 받는다. 캐서린과 니콜라스만 있는 아이스크림 시장에 피터가 들어온다면 아이스크림에 대한 시장 수요량은 모든 가격에서 늘어난다. 즉 수요곡선이 오른쪽으로 이동할 것이다.

요약 수요량에 영향을 미치는 가격 이외의 다른 모든 변수들이 불변인 상태에서, 재화의 가격이 변하면 그 재화의 수요량이 어떻게 변하는지 보여준다. 가격 이외의 다른

표 4.1

소비자에게 영향을 미치는 변수들

이 표는 소비자의 수요량 결정에 영향을 미치는 변수들을 보여준다. 가격의 변화는 수요곡선상의 운동으로 나타나지만, 다른 변수들의 변화는 수요곡선을 이동시킨다.

변수	변수 증감의 결과
가격	수요곡선상의 운동
소득	수요곡선의 이동
연관재의 가격	수요곡선의 이동
취향	수요곡선의 이동
미래에 대한 기대	수요곡선의 이동
소비자의 수	수요곡선의 이동

변수가 변하면 각각의 가격에 대한 수요량이 변하여 수요곡선은 이동한다. 표 4.1에 소비자들의 수요량 결정에 영향을 미치는 변수들이 정리되어 있다.

수요곡선을 이동시켜야 할지, 주어진 수요곡선상에서 움직여야 할지 판단하기 어려울 경우 2장 부록에서 배운 내용을 기억하면 도움이 될 것이다. 가로축과 세로축 어디에도 나타나 있지 않은 변수가 변하면 곡선이 이동한다. 가격은 세로축에 있기 때문에 가격 변화는 주어진 수요곡선상의 움직임을 나타낸다. 반면에 소득, 연관재의 가격, 취향, 기대, 소비자의 수 등은 가로축, 세로축 어디에도 나타나 있지 않기 때문에 이들 변수 중의 하나가 변하면 수요곡선이 이동한다.

담배 소비를 감소시키는 두 가지 방법

정책당국이 시민들의 흡연량을 줄이고자 할 때, 이 목표를 달성하는 데는 두 가지 방법이 있다.

첫째, 담배와 담배 관련 제품에 대한 수요곡선을 왼쪽으로 이동시키는 것이다. 공익광고, 담뱃갑에 건강 위험을 알리는 경고문 부착의 의무화, 담배에 대한 TV 광고 금지 등의 조치는 모두 주어진 가격에서 담배의 수요량을 줄이기 위한 시도다. 이러한 조치

그림 4.4

수요곡선의 이동과 수요곡선상의 운동

담뱃갑에 흡연이 건강에 미치는 폐해에 대한 광고가 인쇄된 것을 보고 소비자들이 담배를 덜 피운다면 수요곡선은 왼쪽으로 이동한다. 그림 (a)에서 수요곡선은 D_1에서 D_2로 이동하여 담배 가격이 1갑에 4달러일 경우 담배 수요량이 하루에 20갑(점 A)에서 10갑(점 B)으로 감소한다. 그러나 세금 때문에 담배 가격이 오른다면 수요곡선은 이동하지 않고 동일한 수요곡선을 따라 움직인다. 그림 (b)에서 담배 가격이 1갑에 4달러에서 8달러로 오르면 수요량은 하루에 20갑에서 12갑으로 줄어든다. 이러한 변화는 점 A에서 점 C로의 운동으로 표시된다.

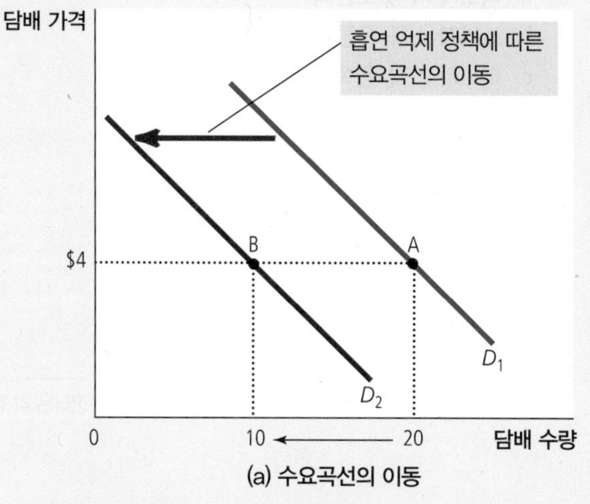

(a) 수요곡선의 이동

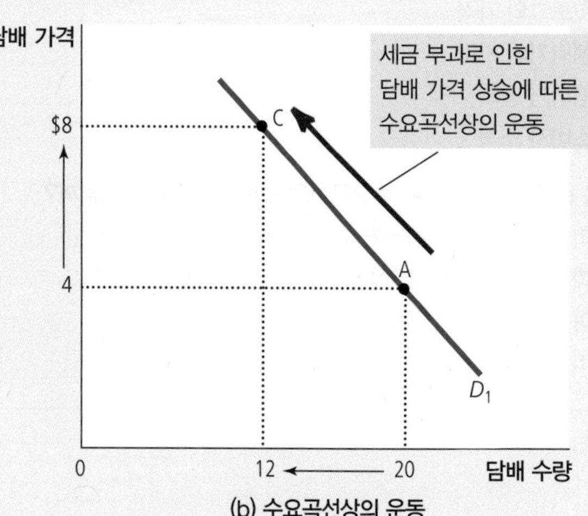

(b) 수요곡선상의 운동

가 성공한다면 그림 4.4 (a)에서처럼 담배 수요곡선이 왼쪽으로 이동할 것이다.

또 다른 방법은 담배 가격을 인상하는 것이다. 예를 들어 담배 제조에 세금을 부과한다면 담배 생산업체들은 세금의 상당 부분을 소비자들에게 전가하여 담배 가격이 상승하고, 이에 따라 소비자들은 담배의 소비를 줄인다. 이 경우 담배 소비의 감소는 수요곡선 전체가 이동하는 것이 아니라 그림 4.4 (b)에서 볼 수 있듯이 동일한 수요곡선상의 한 점(점 A)에서 가격이 높고 수요량은 적은 다른 점(점 C)으로 운동하는 것으로 나타난다.

담배 가격이 변하면 흡연량은 어떻게 달라질까? 이 질문에 답하기 위해 경제학자들은 담뱃세의 효과를 분석했다. 연구 결과 담배 가격이 10% 상승하면 담배 수요량은 4% 감소하는 것으로 나타났다. 10대 소비자들의 반응이 특히 민감하여 담배 가격이 10% 오르면 이들의 담배 소비는 12% 줄어드는 것으로 밝혀졌다.

이와 관련된 문제는 담배 가격의 변화가 대마초와 같은 불법 마약류 수요에 미치는 영향이다. 담뱃세에 반대하는 사람들은 담배와 대마초는 대체재기 때문에 담배 가격이 오르면 대마초 수요가 증가할 것이라고 주장한다. 이와 반대로 약물 남용 분야의 전문가들은 오히려 담배를 10대들이 다른 불법 약물에 손을 대게 하는 '입구' 약물로 본다. 대부분의 통계 자료는 이 견해를 뒷받침하고 있다. 특히 낮은 담배 가격과 대마초 소비의 증가는 상관관계가 있음이 밝혀졌다. 그렇다면 담배와 대마초는 대체재라기보다는 보완재라고 해야 할 것이다. ●

간단한 퀴즈

4. 다음 중 어느 것의 변화가 햄버거 수요곡선을 이동시키지 않을까?

a. 핫도그의 가격
b. 햄버거의 가격
c. 햄버거 빵의 가격
d. 소비자 소득

5. 다음 중 어느 것이 피자 수요곡선을 오른쪽으로 이동시킬까?

a. 피자의 대체재인 햄버거 가격의 상승
b. 피자의 보완재인 루트비어 가격의 상승
c. 여름방학을 맞은 근처 대학생들의 귀향
d. 피자 가격의 하락

6. 파스타가 열등재라면, 파스타의 수요곡선은 ( )이 상승하면 ( )으로 이동한다.

a. 파스타 가격, 오른쪽
b. 소비자 소득, 오른쪽
c. 파스타 가격, 왼쪽
d. 소비자 소득, 왼쪽

정답은 각 장의 끝에

4-3 공급

이제 시장의 다른 한 측면을 구성하는 판매자의 행태에 대해 살펴보자. 수요에서와 마찬가지로 아이스크림 시장을 대상으로 공급량의 결정변수들을 알아보자.

4-3a 공급곡선 : 가격과 공급량의 관계

어느 재화나 서비스의 공급량(quantity supplied)은 판매자들이 팔 의사와 능력이 있는 수량을 말한다. 공급량을 결정하는 변수에는 여러 가지가 있다. 그 중 가격이 가장 중요한 변수다. 아이스크림 가격이 높으면 아이스크림 판매 수익이 높아지므로 아이스크림 판매자는 공급량을 늘리려 할 것이다. 이를 위하여 근무시간을 연장하고, 아이스크림 기계를 더 구입하며, 종업원도 새로 채용할 것이다. 반대로 아이스크림 가격이 낮으면 사업의 채산성이 낮아지므로 아이스크림 생산량을 줄일 것이다. 가격이 어느 수준 이하로 떨어지면 아예 폐업을 하고 아이스크림 생산을 중단할 수도 있다. 어느 재화의 가격과 공급량 사이의 이러한 관계를 공급의 법칙이라고 한다. 즉 공급의 법칙(law of

공급량 판매자들이 팔 의사와 능력이 있는 재화의 양

공급의 법칙 다른 조건이 불변일 때, 어떤 재화의 가격이 상승하면 그 재화의 공급량이 증가하는 법칙

벤의 공급표와 공급곡선

그림 4.5

공급표는 각각의 가격에 대한 공급량을 나타낸다. 이 공급곡선은 다음의 공급표를 그래프로 나타낸 것으로, 아이스크림 가격이 변함에 따라 아이스크림의 공급량이 어떻게 변하는지 보여준다. 가격이 상승하면 공급량이 증가하므로 공급곡선은 우상향한다.

아이스크림 가격	아이스크림 공급량
$0	0개
1	0
2	1
3	2
4	3
5	4
6	5

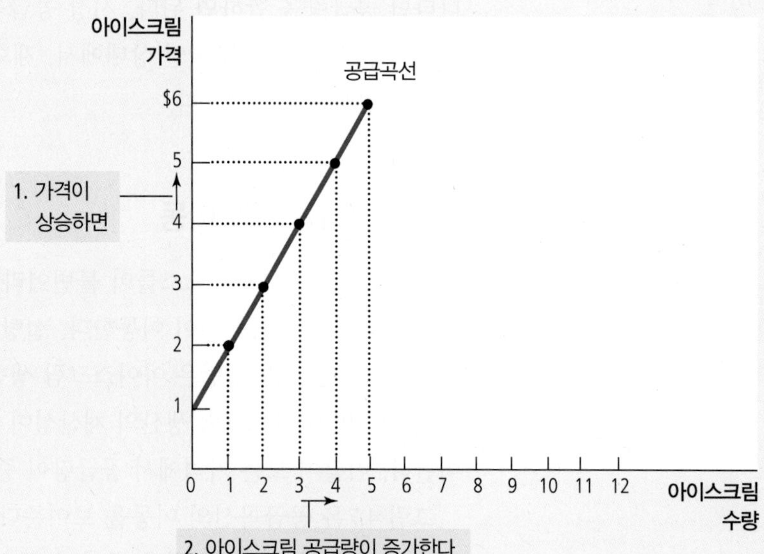

supply)은 다른 조건이 불변일 때 어느 재화의 가격이 상승하면 그 재화의 공급량이 증가하고, 가격이 하락하면 공급량이 감소하는 사실을 말한다.

그림 4.5에 있는 표는 아이스크림 판매자인 벤이 가격이 변함에 따라 공급하고자 하는 수량을 나타낸다. 가격이 2달러 미만이면 벤은 아이스크림을 공급하지 않는다. 가격이 상승함에 따라 공급량이 증가한다. 이러한 관계를 보여주는 표를 공급표(supply schedule)라고 한다. 즉 공급표란 공급량에 영향을 미치는 가격 이외의 다른 모든 변수들이 불변인 상태에서, 재화의 가격과 공급량의 관계를 보여주는 표다.

공급표 어떤 재화의 가격과 공급량의 관계를 나타내는 표

그림 4.5에 있는 그래프는 공급표에 있는 숫자를 사용하여 공급의 법칙을 보여준다. 가격과 공급량의 관계를 보여주는 곡선을 공급곡선(supply curve)이라고 한다. 다른 조건이 불변일 때, 가격이 높아질수록 공급량이 증가하기 때문에 공급곡선은 우상향한다(기울기가 플러스다).

공급곡선 어떤 재화의 가격과 공급량의 관계를 보여주는 그래프

4-3b 시장 공급과 개별 공급

시장 수요가 모든 소비자들의 개별 수요를 더한 것이었듯이 시장 공급도 모든 판매자들의 개별 공급을 합한 것이다. 그림 4.6은 아이스크림 생산자 벤과 제리의 공급표다. 벤의 공급표는 각 가격에서 벤의 공급량을 나타내고, 제리의 공급표는 같은 가격에서 제리의 공급량을 나타낸다. 시장 공급량은 두 판매자의 공급량을 더한 것이다.

그림 4.6의 그래프는 이러한 공급표에 상응하는 공급곡선들을 보여준다. 시장 수요곡선의 경우와 마찬가지로 개별 공급곡선을 수평으로 더해서 시장 공급곡선을 구한다. 즉 어떤 가격에서 시장 전체의 공급량을 구하기 위해서는 개별 공급곡선의 가로축에 나타난 공급량을 합하면 된다. 시장 공급곡선은 공급량에 영향을 미치는 가격 이외의 다른 모든 변수들이 불변인 상태에서, 재화의 가격이 변하면 그 재화의 시장 공급량이 어떻게 변하는지 보여준다.

4-3c 공급곡선의 이동

시장 공급곡선은 다른 요소들이 불변이라고 가정하기 때문에 이들 다른 요소 중 하나만 변하더라도 공급곡선이 이동한다. 설탕 가격이 하락한다면 아이스크림 공급에는 어떤 변화가 있을까? 설탕은 아이스크림 생산에 투입되는 하나의 요소기 때문에 설탕 가격이 내리면 아이스크림 생산의 채산성이 높아진다. 따라서 아이스크림의 공급량이 늘어난다. 이같이 모든 가격에서 공급량이 증가하므로 공급곡선은 오른쪽으로 이동한다.

그림 4.7은 공급곡선의 이동을 보여준다. 설탕 가격의 하락과 같이 어느 가격에서든지 가격과 무관하게 공급량을 증가시키는 변화가 일어나면 공급곡선은 오른쪽으로 이

그림 **4.6**

시장 공급은 개별 공급의 수평합이다

각각의 가격 수준에서 시장 공급량은 모든 판매자들의 공급량을 합한 수량이다. 따라서 시장 공급곡선은 개별 공급곡선을 수평으로 더하여 구한다. 아이스크림의 가격이 4달러일 때 벤의 공급량은 3개, 제리의 공급량은 4개다. 따라서 이 가격에서 아이스크림의 시장 공급량은 7개다.

아이스크림의 가격	벤의 공급량		제리의 공급량		시장 공급량
$0	0	+	0	=	0개
1	0		0		0
2	1		0		1
3	2		2		4
4	3		4		7
5	4		6		10
6	5		8		13

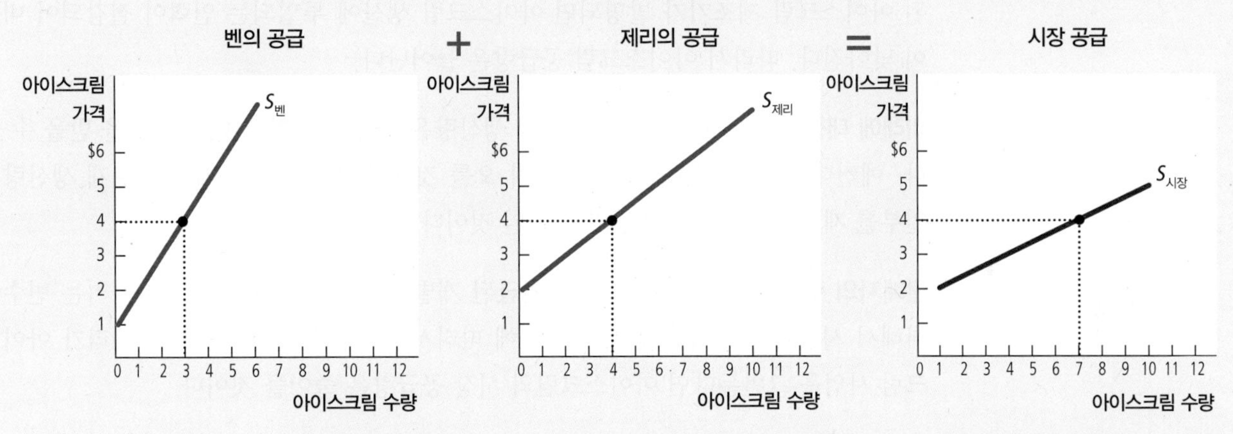

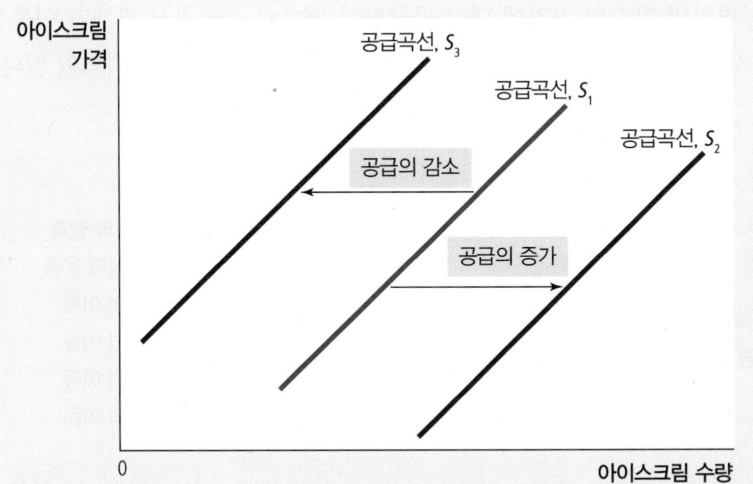

그림 **4.7**

공급곡선의 이동

주어진 가격에서 판매자들이 생산하고자 하는 물건의 양을 증가시키는 변화가 일어나면 공급곡선이 오른쪽으로 이동한다. 반대로 주어진 가격에서 판매자들이 생산하고자 하는 물건의 양을 감소시키는 변화가 일어나면 공급곡선이 왼쪽으로 이동한다.

동한다. 이를 공급의 증가(increase in supply)라고 표현한다. 어느 가격에서든지 가격과 무관하게 공급량을 감소시키는 변화가 일어나면 공급곡선은 왼쪽으로 이동한다. 이를 공급의 감소(decrease in supply)라고 표현한다.

공급곡선을 이동시키는 변수는 매우 많으며, 그중 다음과 같은 변수들이 가장 중요하다.

요소가격 아이스크림을 생산하려면 크림, 설탕, 향료, 아이스크림 기계, 매장 건물, 종업원 등 여러 가지 요소가 필요하다. 이들 요소가격이 상승하면 아이스크림 사업의 채산성이 낮아져 아이스크림 제조업체는 생산량을 줄일 것이다. 요소가격이 너무 높아지면 아이스크림 제조업체가 생산을 중단할 수도 있다. 따라서 어느 재화의 공급량은 그 재화의 생산에 투입되는 요소가격과 반대 방향으로 변한다.

기술 아이스크림 생산기술은 공급량을 결정하는 또 하나의 변수다. 예를 들어 자동화된 아이스크림 제조기가 발명되면 아이스크림 생산에 투입되는 인력이 절감되어 비용이 낮아진다. 따라서 아이스크림 공급량은 늘어난다.

미래에 대한 기대 오늘의 아이스크림 생산량은 미래에 대한 기대의 영향을 받을 수 있다. 예컨대 앞으로 아이스크림 가격이 오를 것으로 예상되면 판매자는 현재 생산량의 일부를 재고로 보관하고 공급량을 줄일 것이다.

판매자의 수 시장 공급량은 앞에 언급된 개별 판매자들의 행동을 변화시키는 변수에 더해서 시장에 존재하는 판매자의 수에 따라서도 영향을 받는다. 벤과 제리가 아이스크림 사업을 그만둔다면 아이스크림의 시장 공급량은 줄어들 것이다.

요약 공급곡선은 공급량에 영향을 미치는 가격 이외의 다른 모든 변수들이 불변인 상태에서, 재화의 가격이 변하면 그 재화의 공급량이 어떻게 변하는지 보여준다. 가격 이외의 다른 변수가 변하면 각각의 가격에 대한 공급량이 변하여 공급곡선 자체가 이동한다. 표 4.2에 판매자가 공급하고자 하는 수량에 영향을 미치는 변수들이 정리되어 있다.

표 4.2

판매자에게 영향을 미치는 변수들

이 표는 판매자의 의사결정에 영향을 미치는 변수들을 보여준다. 가격의 변화는 공급곡선상의 운동으로 나타나지만, 다른 변수들의 변화는 공급곡선을 이동시킨다.

변수	변수 증감의 결과
가격	공급곡선상의 운동
요소가격	공급곡선의 이동
기술	공급곡선의 이동
미래에 대한 기대	공급곡선의 이동
판매자의 수	공급곡선의 이동

여기에서도 마찬가지로 어떤 변화가 공급곡선의 이동인지, 공급곡선상의 운동인지 구분해야 한다. 세로축이나 가로축의 변수가 아닌 다른 변수가 변화했을 때는 곡선 자체가 이동한다. 가격은 세로축 변수이므로, 가격의 변화는 공급곡선상의 운동이 된다. 그러나 요소가격, 기술, 미래에 대한 기대, 판매자 수와 같은 변수들은 가로축이나 세로축의 변수가 아니므로 이러한 변수들의 변화는 공급곡선 자체의 이동을 초래한다.

간단한 퀴즈

7. 다음 중 주어진 공급곡선 위에서 피자 공급량을 증가시키는 것은?

a. 피자 가격의 상승
b. 피자의 보완재인 루트비어 가격의 상승
c. 피자의 원료인 치즈 가격의 하락
d. 피자 가게 주방에 화재 발생

8. 다음 중 피자의 공급곡선을 오른쪽으로 이동시키는 것은?

a. 피자 가격의 상승
b. 피자의 보완재인 루트비어 가격의 상승
c. 피자의 원료인 치즈 가격의 하락
d. 피자 가게 주방에 화재 발생

9. 영화 관람과 온라인 영화 스트리밍 서비스는 서로 대체재이다. 만약 영화 스트리밍 서비스의 가격이 인상된다면, 영화 관람 시장에는 어떤 변화가 생길까?

a. 공급곡선이 왼쪽으로 이동
b. 공급곡선이 오른쪽으로 이동
c. 수요곡선이 왼쪽으로 이동
d. 수요곡선이 오른쪽으로 이동

정답은 각 장의 끝에

4-4 수요와 공급의 결합

지금까지 수요와 공급을 개별적으로 분석했다. 이제 수요와 공급을 결합하여 시장에서 재화의 거래량과 가격이 어떻게 결정되는지 살펴보자.

4-4a 균형

그림 4.8에는 시장 수요곡선과 시장 공급곡선이 함께 그려져 있다. 그림을 보면 시장 수요곡선과 시장 공급곡선이 만나는 점이 하나 있는데, 이 점을 균형(equilibrium)이라고 한다. 두 곡선이 만나는 점의 가격을 균형가격(equilibrium price)이라 하고, 거래량을 균형거래량(equilibrium quantity)이라고 한다. 이 그림에서 아이스크림의 균형가격은 1개당 4달러, 균형거래량은 7개다.

균형 수요량과 공급량을 일치시키는 시장가격에 도달한 상태

균형가격 수요량과 공급량을 일치시키는 가격

균형거래량 균형가격에서 수요량과 공급량

사전에 보면 균형은 '여러 종류의 힘이 평형을 이루는 상태'라고 정의되어 있다. 시장균형도 바로 이러한 상태다. 균형가격에서는 소비자들이 구입할 의사와 능력이 있는 수량이 판매자들이 공급할 의사와 능력이 있는 수량과 정확하게 일치한다. 이 가격에서 소비자들은 원하는 만큼 재화를 살 수 있고 판매자들은 원하는 만큼 재화를 팔 수

그림 **4.8**

수요와 공급의 균형

수요곡선과 공급곡선이 만나는 점에서 균형이 형성된다. 균형가격에서는 수요량과 공급량이 같다. 이 그림에서 균형가격은 4달러고, 아이스크림의 수요량과 공급량은 각각 7개다.

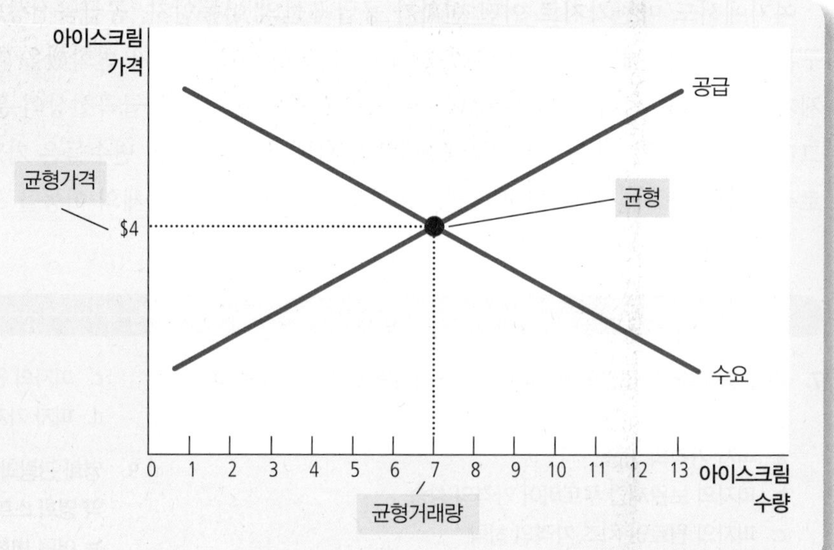

그림 **4.9**

균형이 아닌 시장

그림 (a)는 공급과잉이 존재하는 시장을 나타낸다. 시장가격이 균형가격보다 높은 5달러이므로 공급량(10개)이 수요량(4개)보다 많다. 생산자는 아이스크림 가격을 인하하여 판매를 늘리려 한다. 이 과정에서 가격은 균형가격으로 접근한다. 한편 그림 (b)는 물량 부족이 있는 시장이다. 시장가격이 균형가격보다 낮은 3달러이므로 수요량(10개)이 공급량(4개)보다 많다. 공급량에 비해 물건을 사려는 소비자가 너무 많으므로 생산자는 아이스크림 가격을 인상한다. 따라서 두 경우 모두 가격 조정을 통해 수요와 공급의 균형점에 도달한다.

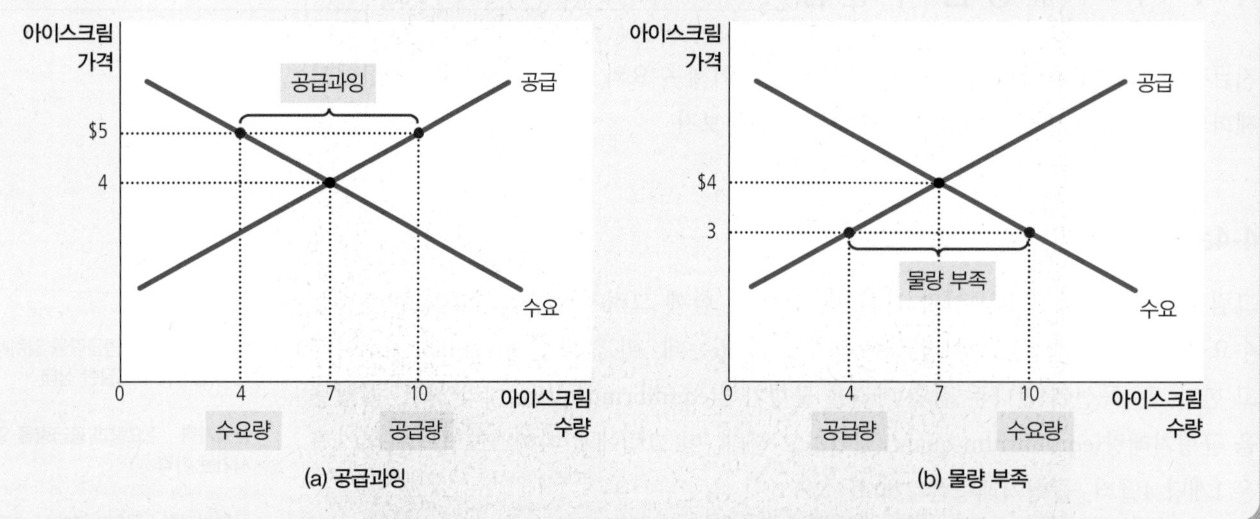

있으므로 소비자와 판매자 모두 만족스러운 상태다. 이러한 이유로 균형가격을 시장청산가격(market-clearing price)이라고도 한다.

소비자와 판매자의 행동을 통해 시장은 자연스럽게 수요와 공급의 균형을 향해 움직인다. 이 사실을 확인하기 위해 가격이 균형가격과 다를 경우 어떤 조정이 일어나는지 알아보자.

먼저 그림 4.9 (a)에서처럼 시장가격이 균형가격보다 높다고 가정하자. 아이스크림 1개당 가격이 5달러면 공급량은 10개고, 수요량은 4개이므로 공급량이 수요량보다 많아 아이스크림이 남아돈다. 따라서 판매자들은 팔고 싶어하는 수량을 이 가격에서 전부 팔 수 없다. 이 상황을 초과공급(excess supply) 혹은 공급과잉(surplus)이라고 한다. 아이스크림 시장에 공급과잉이 발생하면 팔지 못한 아이스크림 재고가 점점 냉동고에 쌓이고, 판매자들은 가격을 낮출 것이다. 가격이 낮아지면 다시 수요량이 늘어나고 공급량은 줄어든다. 이러한 변화는 수요 · 공급 곡선의 이동이 아닌 수요 · 공급 곡선상의 운동으로 나타난다. 가격은 시장이 균형에 도달할 때까지 계속 낮아진다.

공급과잉 공급량이 수요량을 초과하는 상태

이제 그림 4.9 (b)에서처럼 시장가격이 균형가격보다 낮다고 가정하자. 아이스크림 1개당 가격이 3달러면 공급량은 4개고 수요량은 10개이므로 공급량이 수요량보다 적어 아이스크림 부족 현상이 나타난다. 따라서 소비자들은 이 가격에서 사고 싶어하는 만큼 아이스크림을 살 수 없다. 이 상황을 초과수요(excess demand) 혹은 물량 부족(shortage)이라고 한다. 아이스크림 시장에 물량 부족이 있으면 아이스크림을 사려는 소비자들이 줄을 서서 기다려야 한다. 아이스크림 공급량에 비해 소비자들이 사려는 아이스크림의 양이 많으므로 판매자들은 판매량이 감소할 것을 염려하지 않고 가격을 올릴 수 있다. 가격이 상승함에 따라 수요량이 감소하고 공급량이 증가하여 결국 균형이 회복된다. 이러한 변화 역시 수요 · 공급 곡선상의 운동으로 나타난다.

물량 부족 수요량이 공급량을 초과하는 상태

이처럼 다수의 소비자와 판매자의 행동은 최초 가격이 너무 높든지 아니면 너무 낮든지에 상관없이 자동적으로 시장가격이 균형가격을 향해 움직이도록 만든다. 그리고 일단 균형에 도달하면 모든 소비자와 판매자가 만족하므로 더 이상 가격이 오르거나 내릴 이유가 없다. 얼마나 신속하게 균형이 달성되는지는 시장에 따라, 가격이 얼마나 신속히 움직이느냐에 따라 달라진다. 그러나 자유로운 시장에서는 대부분 가격이 궁극

적으로 시장균형을 향해 움직이므로 물량 부족이나 공급과잉 상태는 일시적인 현상에 그친다. 이와 같이 어느 재화의 가격이 그 재화에 대한 수요와 공급이 일치하도록 조정되는 현상을 수요·공급의 법칙(law of demand and supply)이라고 한다.

수요 · 공급의 법칙 어느 재화의 가격이 그 재화에 대한 수요량과 공급량이 일치하도록 조정되는 현상

4-4b 균형의 변화에 대한 3단계 분석

지금까지 우리는 시장 수요와 시장 공급에 따라 한 재화의 균형가격과 소비자들이 원하는 구입량, 판매자들이 원하는 생산량이 어떻게 결정되는지 분석했다. 균형가격과 균형거래량은 수요곡선과 공급곡선의 위치에 따라 결정된다. 따라서 어떤 사건으로 수요곡선이나 공급곡선이 이동하면 시장균형도 변한다. 그 결과 새로운 가격과 새로운 균형거래량이 결정된다.

어떤 사건이 시장균형에 미치는 효과를 다음 3단계에 걸쳐 분석할 것이다. 첫째, 어떤 사건으로 인해 수요곡선이 이동하는지, 공급곡선이 이동하는지, 아니면 두 곡선이 동시에 이동하는지 판정한다. 둘째, 그 곡선이 오른쪽으로 이동하는지 아니면 왼쪽으로 이동하는지 판정한다. 셋째, 수요 · 공급곡선 그래프를 이용하여 수요 · 공급곡선의 이동이 균형가격과 균형거래량에 미치는 효과를 분석한다. 이상의 3단계는 표 4.3에 정리되어 있다. 이 접근법이 어떻게 활용되는지 보기 위해 아이스크림 시장에 영향을 미칠 수 있는 다음 몇 가지 사건에 대해 생각해보자.

예 : 수요 변화에 따른 시장균형의 변화 어느 해 여름이 유난히 덥다고 가정해보자. 이 경우 아이스크림 시장에 미칠 영향을 앞에서 설명한 3단계 접근법을 이용하여 분석해 보면 다음과 같다.

1. 이상고온 현상으로 아이스크림에 대한 사람들의 취향이 달라지므로 수요곡선이 이동한다. 즉 더운 날씨 때문에 주어진 가격에서 사람들이 더 많은 아이스크림을 사먹으려 한다. 날씨가 아이스크림 생산에는 영향을 미치지 않으므로 공급곡선은 변하지 않는다.
2. 날씨가 더워 사람들이 아이스크림을 더 많이 소비하려 하기 때문에 수요곡선은

표 4.3

균형의 변화를 분석하는 3단계 접근법

1. 어떤 사건이 수요곡선을 이동시키는지, 공급곡선을 이동시키는지(아니면 둘 다 이동시키는지) 판정
2. 곡선이 어느 방향으로 이동하는지 판정
3. 수요 · 공급곡선 그래프를 이용하여 곡선의 이동이 균형가격과 균형거래량에 미치는 효과를 분석

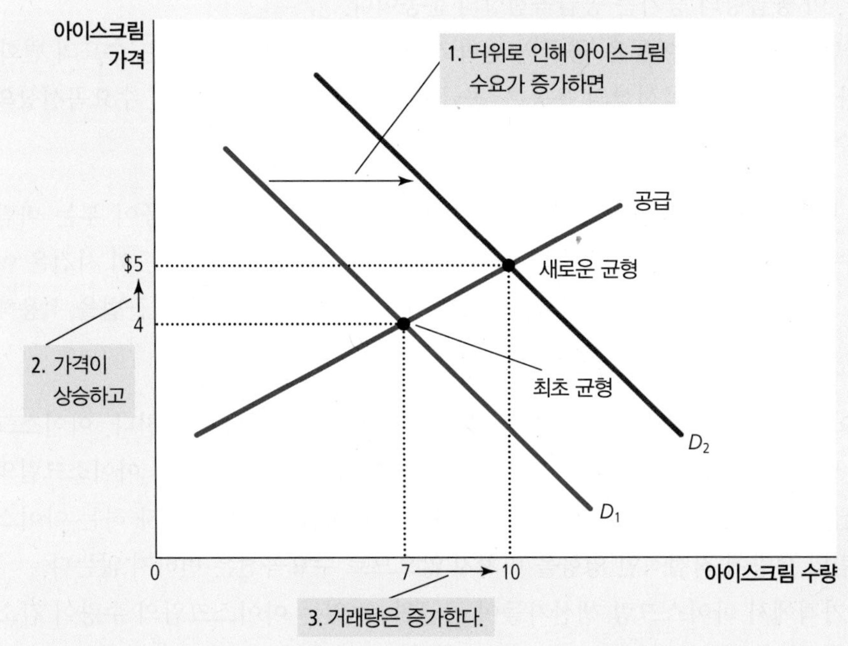

그림 4.10

수요 증가가 균형에 미치는 영향
주어진 가격에서 수요량을 증가시키는 사건은 수요곡선을 오른쪽으로 이동시킨다. 이에 따라 균형가격이 상승하고 균형거래량도 증가한다. 이 예에서는 이상고온으로 소비자들의 아이스크림 수요가 증가하여 수요곡선이 D_1에서 D_2로 이동한다. 그 결과 아이스크림의 균형가격은 4달러에서 5달러로 오르고, 균형거래량은 7개에서 10개로 증가한다.

오른쪽으로 이동한다. 그림 4.10에서 볼 수 있는 것처럼 수요곡선이 D_1에서 D_2로 이동한다. 이는 곧 모든 가격 수준에서 아이스크림의 수요량이 증가한다는 뜻이다.

3. 최초 균형가격 4달러에서는 아이스크림에 대한 초과수요가 존재한다. 이 초과수요는 아이스크림 생산자들로 하여금 가격을 올리도록 한다. 그림 4.10에서 볼 수 있는 것처럼 수요곡선의 이동으로 아이스크림의 균형가격은 4달러에서 5달러로 상승하고, 균형거래량은 7개에서 10개로 증가한다. 즉 더운 날씨 때문에 아이스크림 가격은 오르고 거래량이 증가하는 것이다.

곡선의 이동과 곡선상의 운동 앞의 예에서 더운 날씨로 인해 아이스크림 가격이 올랐을 때 공급곡선은 변하지 않았음에도 불구하고 공급량이 증가했다는 사실에 주목할 필요가 있다. 이 경우 경제학자들은 '공급량'은 증가했지만 '공급'은 변하지 않았다고 말한다.

'공급'이란 공급곡선의 위치를 뜻하고, '공급량'은 생산자가 판매하고자 하는 수량을 뜻한다. 앞의 예에서 날씨가 덥다고 해서 생산자들이 각 가격에서 팔고자 하는 아이스크림의 양이 변하는 것은 아니므로 공급은 변하지 않는다. 반면 더운 날씨는 각 가격에서 소비자들이 구입하고자 하는 아이스크림의 수량을 증가시키므로 수요곡선을 이동시킨다. 수요의 증가는 균형가격의 상승을 가져오며, 가격이 상승하면 공급량도 증가한다. 이 공급량의 증가는 공급곡선상의 운동이다.

요약하면 공급곡선의 이동은 '공급의 변화'라 하고, 수요곡선의 이동은 '수요의 변화'라고 한다. 주어진 공급곡선상의 운동은 '공급량의 변화'라 하고, 주어진 수요곡선상의 운동은 '수요량의 변화'라고 한다.

예 : 공급 변화에 따른 시장균형의 변화 이번에는 어느 해 여름에 태풍이 부는 바람에 사탕수수 농장들이 피해를 입어 설탕 가격이 상승했다고 가정해보자. 이 사건은 아이스크림 시장에 어떤 영향을 미칠까? 이 질문에 답하기 위해 3단계 접근법을 적용해보자.

1. 아이스크림의 원료인 설탕 가격의 상승은 공급곡선에 영향을 미친다. 아이스크림 생산비가 상승하면 아이스크림 생산자들은 모든 가격 수준에서 아이스크림의 공급량을 줄인다. 그러나 높아진 생산비는 소비자들이 구입하고자 하는 아이스크림의 수량에 직접적인 영향을 미치지 않으므로 수요곡선은 변하지 않는다.
2. 각 가격에서 아이스크림 생산자들이 공급할 수 있는 아이스크림의 수량이 감소하므로 공급곡선은 왼쪽으로 이동한다. 그림 4.11에서 공급곡선은 S_1에서 S_2로 이동한다.
3. 최초 균형가격 4달러에서는 아이스크림에 대한 초과수요가 존재한다. 이 초과수요는 아이스크림 생산자들로 하여금 가격을 올리도록 한다. 그림 4.11에서 볼 수

그림 4.11

공급 감소가 균형에 미치는 영향
주어진 가격에서 공급량을 감소시키는 사건은 공급곡선을 왼쪽으로 이동시킨다. 이에 따라 균형가격은 상승하고 균형거래량은 감소한다. 이 예에서는 설탕 가격의 상승으로 아이스크림 공급량이 감소하여 공급곡선이 S_1에서 S_2로 이동한다. 그 결과 아이스크림의 균형가격은 4달러에서 5달러로 오르고, 균형거래량은 7개에서 4개로 감소한다.

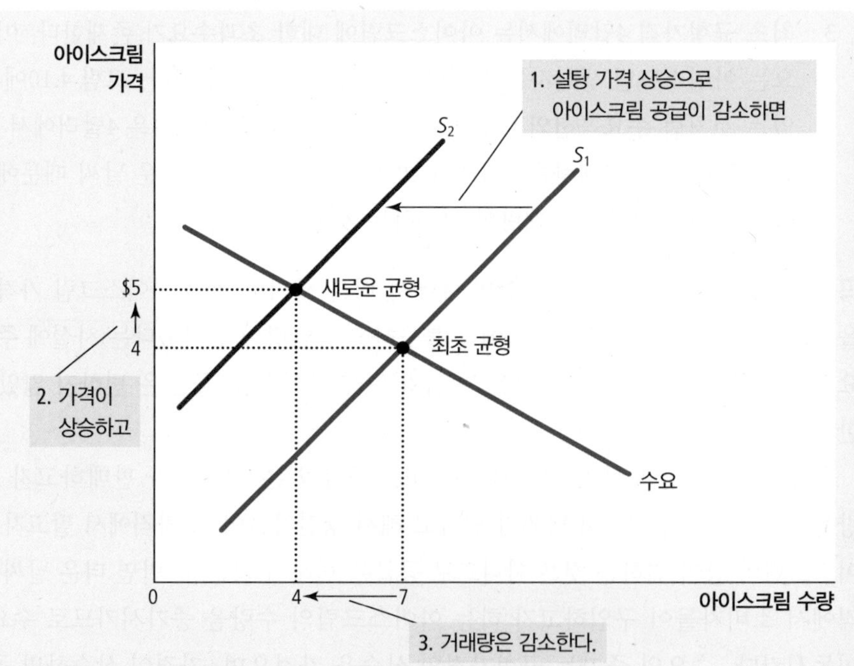

있는 것처럼 공급곡선의 이동으로 아이스크림의 균형가격은 4달러에서 5달러로 오르고, 균형거래량은 7개에서 4개로 감소한다. 즉 설탕가격 상승으로 아이스크림 가격은 오르고 거래량은 감소하는 것이다.

예 : 수요곡선과 공급곡선이 함께 이동하는 경우 이제 어느 해 여름에 더운 날씨와 태풍이 한꺼번에 닥친다고 가정해보자. 3단계 접근법을 사용하여 이 두 사건의 결합 효과를 분석해보면 다음과 같다.

1. 이 경우에는 수요곡선과 공급곡선이 동시에 이동한다. 더운 날씨 때문에 각 가격에서 소비자들이 구입하고자 하는 아이스크림의 수량이 증가하므로 수요곡선이 이동한다. 동시에 설탕 가격의 상승으로 각 가격에서 생산 · 공급되는 아이스크림의 양이 변하므로 공급곡선이 이동한다.
2. 앞에서 분석한 바와 같이 수요곡선은 오른쪽으로 이동하고 공급곡선은 왼쪽으로 이동한다. 이와 같은 수요 · 공급곡선의 이동은 그림 4.12에 나타나 있다.
3. 그림 4.12에서 볼 수 있는 것처럼 수요곡선과 공급곡선 중 어느 쪽이 더 많이 이동하는가에 따라 두 가지 결과가 가능하다. 두 경우 모두 균형가격은 상승한다. 그림 (a)에서 수요는 큰 폭으로 증가하고 공급은 약간 감소하므로 균형거래량은 증가한다. 반면 그림 (b)에서 공급은 큰 폭으로 감소하고 수요는 약간 증가하므

수요곡선과 공급곡선의 동시 이동 **그림 4.12**

여기에서는 수요의 증가와 공급의 감소가 동시에 일어나는 경우를 살펴본다. 이 경우 두 가지 결과가 나타날 수 있다. 그림 (a)에서는 균형가격이 P_1에서 P_2로 상승하고 균형거래량은 Q_1에서 Q_2로 증가한다. 그림 (b)에서는 균형가격이 그림 (a)에서와 마찬가지로 P_1에서 P_2로 상승하지만 균형거래량은 Q_1에서 Q_2로 감소한다.

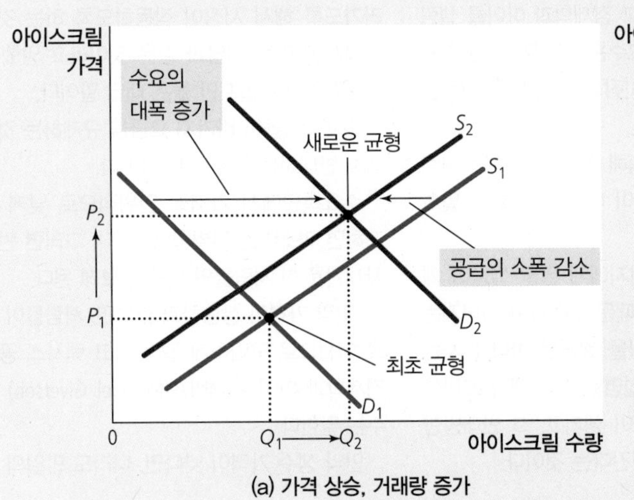

(a) 가격 상승, 거래량 증가

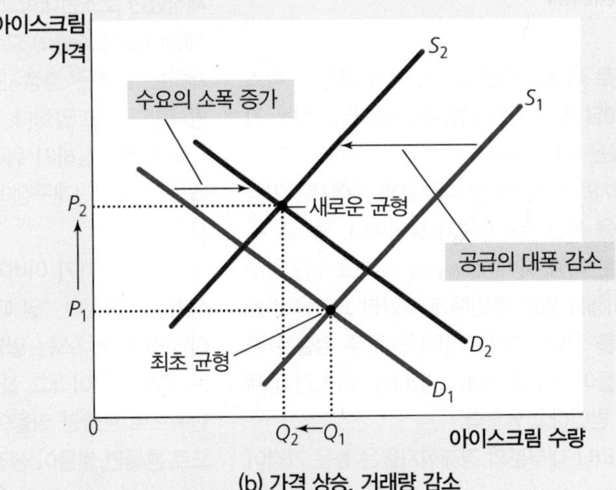

(b) 가격 상승, 거래량 감소

로 균형거래량은 감소한다. 따라서 더운 날씨와 태풍으로 아이스크림 가격은 분명히 상승하지만, 판매량이 어떻게 변할지는 분명치 않다(증가할 수도 있고 감소할 수도 있다).

요약 지금까지 우리는 세 가지 예를 통해 수요 · 공급곡선을 이용하여 시장균형의 변화를 분석해보았다. 우리는 수요 · 공급곡선의 모형을 사용하여 시장에서 어떤 변화가 발생하여 공급곡선이나 수요곡선 혹은 두 곡선이 동시에 이동할 때 균형거래량과 균형가격이 어떻게 변하는지 알 수 있다. 표 4.4에 두 곡선이 동시에 이동할 경우 나타날 수 있는 결과의 가능한 모든 조합이 정리되어 있다. 수요 · 공급곡선을 사용하여 각각의 경우에 가격과 수량이 왜 그와 같이 변하는지 확인해보기 바란다.

뉴스 속의 경제학 재난 발생 후 가격 상승

태풍 같은 재난이 발생했을 때 많은 재화의 수요가 늘거나 공급이 줄어서 가격이 상승한다.
정부 당국자들은 이러한 가격 상승을 우려하지만, 어떤 경제학자들은 동의하지 않는다.

경제학자들은 바가지 요금이 문제라고 생각하지 않는다. 그러나 사회적 가치는 어떻게 되나?

Adriene Hill

홍수로 피해를 입은 이재민에게 생수 한 박스에 30달러, 가솔린 1갤런에 10달러를 받는 것은 옳은 일이 아니다.

텍사스주를 비롯한 대부분의 주에서는 가격인상을 통한 폭리행위가 불법이다. 텍사스 주 검찰은 태풍 하비(Harvey)에 의해 초래된 홍수로 피해를 입은 주민에게 부당한 요금을 받는 행위를 처벌하겠다고 경고했다. 주 검찰은 공급자들이 폭리를 취하고 있다는 수백 건의 제보를 받았다고 말했다.

그러나 대부분의 경제학자들은 높은 가격이 사실은 어려움에 처한 지역에 도움이 된다고 생각한다. 높은 가격은 시장에서 작동하는 수요 공급 법칙의 결과인 것이다.

Federal Trade Commission의 경제국장으로 재직했던 보스턴대학교 경제학과 마이클 샐링거(Michael Salinger) 교수는 "바가지 요금을 규제하는 법률은 경쟁시장의 정상적인 작동을 방해한다"라고 말한다.

이를 뒷받침하기 위해 샐링거 교수는 어렸을 때 보았던 〈개구쟁이 데니스〉 만화의 일화를 소개한다.

데니스는 자기 아버지에게 밀물 썰물이 왜 생기는지 물었다. "달 때문이지"라고 아버지는 대답했다. 데니스는 밀물 썰물은 바다에 사는 큰 고래 때문이라고 설명했다. 고래가 꼬리를 한쪽으로 흔들면 밀물이 생기고, 그 반대방향으로 흔들면 썰물이 생긴다는 것이다.

"정말 그렇게 믿는 건 아니지?"라고 아버지가 묻자, 데니스는 "믿지는 않지만, 달 때문이라는 것보다는 훨씬 말이 되네요"라고 대답했다.

샐링거 교수는 재난을 당했을 때 가격이 올라가도록 해서 시장이 작동하도록 하는 것이 달 때문이라는 대답과 같은 것이라고 말했다. 직관적이지는 않지만 옳은 대답 말이다.

경제학자들이 바가지 요금을 규제하는 것에 대해 반대하는 이유는 두 가지다.

수요측면에서 가격을 인위적으로 낮게 유지하면 과소비를 유발할 수 있다. 그러면 먼저 사재기를 한 사람들만 이득을 보게 된다.

"만약 가격이 상승하지 않으면, 사람들이 필요 이상으로 구입하게 된다"라고 텍사스 공대 경제학과 마이클 기버슨(Michael Giverson) 교수는 말한다.

만약 생수 가격이 낮다면, 나라도 만일의 사

	공급 불변	공급 증가	공급 감소
수요 불변	가격 불변 수량 불변	가격 하락 수량 증가	가격 상승 수량 감소
수요 증가	가격 상승 수량 증가	가격 불분명 수량 증가	가격 상승 수량 불분명
수요 감소	가격 하락 수량 감소	가격 하락 수량 불분명	가격 불분명 수량 감소

표 4.4

수요와 공급이 변할 때 가격과 수량은 어떻게 변할까?

이 표의 결과를 각각 수요 · 공급 그래프를 사용하여 설명해보자.

태에 대비해서 가급적 생수를 많이 사다가 내 차에 비축하려 할 것이다. 반대로 만약 가격이 급등한다면 소비자들은 물건을 살 때 약간이라도 신중해질 것이다.

그리고 공급 측면이 있다. "재난을 당한 지역에서 필수품 가격이 급등한다면, 이것은 재난을 당하지 않은 지역으로부터 필수품을 더 가져오라는 신호를 보내게 된다"라고 샌디에이고 대학 Center for Ethics, Economics, and Public Policy의 소장인 맷 즈월린스키(Matt Zwolinski) 교수는 말한다.

즈월린스키 교수는 가격을 올려 받는 것이 사실은 순수하게 윤리적 관점에서 보아도 바람직한 일이라고 주장한다. 이를 통해 재화와 서비스를 가장 필요한 사람에게 제공할 수 있기 때문이다.

그러나 이런 경제학 논리에 동의하지 않는 주장도 있다. 경제학자들이 이와 같은 논리를 펼 때 간과하는 것은 무엇일까?

시카고대학교 부스경영대학원의 리처드 탈러(Richard Thaler) 교수는 "그들은 사람들을 불쾌하게 만들면, 반드시 대가를 치르게 되어 있다는 것을 모르고 있다"라고 말한다. 탈러 교수는 가격 폭리행위와 사람들의 공정 개념에 대해 분석한 저명한 논문의 공저자이다.

비상시에 이 생수에 얼마를 지불하시겠습니까?

그 논문은 다음과 같은 시나리오로 시작한다. 눈 치우는 삽을 15달러에 팔고 있던 가게가 폭설이 내린 아침에 가격을 20달러로 올려 받았다고 하자. 탈러 교수는 사람들에게 이런 행위가 공정한가를 물었다.

사람들은 모두 그런 행위를 좋아하지 않았고, 나쁜 행위라고 생각했다.

탈러 교수는 장기적으로 사업을 지속하고자 하는 기업은 이와 같이 가격을 올려서는 안 된다고 주장한다. 왜냐하면 집을 수리할 때가 되었을 때, 아무도 일반 가격의 2배에 발전기를 판매한 사람에게서 바닥재를 구입하고 싶지 않을 것이기 때문이다.

탈러 교수는 기업과 경제학자들이 우리 사회의 공유가치에 대해 더 많은 관심을 가져야 한다고 말한다. 그는 "재난 상황은 우리 모두가 힘을 합칠 때이지, 기회로 삼아야 하는 때는 아니다"라고 말한다.

그는 수요 공급 법칙과 순수 경제논리를 넘어 생각해야 한다고 말한다. ■

토론 문제

1. 재난 발생 후 판매자들이 생수 가격을 인상할 수 있다면, 여러분이 물을 구할 가능성은 더 높아질까, 낮아질까?
2. 재난 발생 후 부족해진 자원의 판매자들이 수요와 공급이 일치하도록 가격을 인상할 수 없다면, 이러한 자원을 사람들에게 어떻게 배분해야 할까? 그 방안은 어떤 장점이 있는가? 그리고 어떤 문제를 초래할까?

자료: Marketplae.org, 2017년 9월 1일

간단한 퀴즈

10. 대규모 유전의 발견은 휘발유 ( ) 곡선을 이동시켜 균형가격을 ( ) 시킨다.

a. 공급, 상승
b. 공급, 하락
c. 수요, 상승
d. 수요, 하락

11. 경제가 침체되어 소득이 감소한다면, 열등재 시장에서는 어떤 현상이 발생할까?

a. 가격과 거래량이 모두 증가한다.
b. 가격과 거래량이 모두 감소한다.
c. 가격은 상승하고 거래량은 감소한다.
d. 가격은 하락하고 거래량은 증가한다.

12. 다음 중 어느 것이 젤리의 균형가격을 상승시키고 균형거래량을 감소시킬까?

a. 젤리의 보완재인 피넛버터 가격의 상승
b. 젤리의 대체재인 마쉬멜로우 가격의 상승
c. 젤리의 원료인 포도 가격의 상승
d. 젤리가 정상재이고, 소비자 소득이 증가

13. ( )의 증가는 주어진 공급곡선상의 운동을 초래하며, 이를 ( )의 변화라고 한다.

a. 공급, 수요
b. 공급, 수요량
c. 수요, 공급
d. 수요, 공급량

정답은 각 장의 끝에

4-5 결론 : 가격기구에 따른 자원 배분

이 장에서는 한 시장의 수요와 공급을 분석했다. 우리는 주로 아이스크림 시장에 대해서 논의했지만 그 원리는 대부분 다른 시장에도 적용된다. 여러분이 무언가를 사러 상점에 갈 때마다 그 물건에 대한 수요에 가담하는 것이며, 직장을 찾을 때마다 노동의 공급에 참여하는 것이다. 이처럼 수요와 공급은 매우 흔한 경제 현상이므로, 수요 · 공급모형은 시장 현상을 분석하는 데 강력한 도구가 된다. 우리는 앞으로 이 모형을 반복해서 사용할 것이다.

1장에서 설명한 경제학의 10대 기본원리 중에 일반적으로 시장이 경제활동을 조직하

"2달러입니다."

"이제 2.75달러 받아야겠는데요."

는 좋은 수단이라는 것이 있다. 아직 시장에서 실현된 결과가 좋은지 나쁜지 판단하기는 이르지만, 이 장에서 우리는 시장이 어떻게 작동하는지 이해하기 시작했다. 어느 경제 체제에서나 희소자원은 경쟁관계에 있는 여러 용도 사이에 배분되어야 한다. 시장경제는 수요와 공급에 따라 이 문제를 해결한다. 수요와 공급은 경제에서 생산되는 많은 재화와 서비스의 가격을 결정하고, 결정된 가격은 다시 자원을 배분하는 신호가 된다.

예를 들어 해변에 접한 토지를 배분하는 문제를 생각해보자. 해변에 있는 토지의 양은 제한되어 있으므로 누구나 해변에 사는 즐거움을 누릴 수는 없다. 그렇다면 누가 이 자원을 사용할 것인가? 누구든지 더 높은 가격을 지불하려는 사람이 해변의 토지를 차지할 것이다. 해변에 위치한 토지 가격은 이 토지에 대한 수요와 공급이 일치할 때까지 조정된다. 이와 같이 시장경제에서 가격은 희소자원을 배분하는 장치가 된다.

전문가들에게 묻는다 — 바가지 요금

"코네티컷주 상원에 제출된 '심각한 기후 비상상황에서는 재화와 서비스의 유통과정에서 어느 누구도 재화와 서비스의 가격을 과도하게 인상할 수 없다'는 법안 60호를 통과시켜야 한다."

이 설문에 대한 경제학자들의 답변은?

동의 (7%)
불확실 (16%)
비동의 (77%)

자료: IGM Economic Experts Panel, 2012년 5월 2일.

마찬가지로 가격은 누가 어떤 재화를 얼마나 생산할지 결정한다. 농업의 예를 들어보자. 우리는 식량이 있어야 생존할 수 있으므로 누군가는 농사를 지어야 한다. 그렇다면 어떤 사람이 농부가 되고 어떤 사람이 농부가 되지 않을지 결정하는 것은 무엇인가? 자유시장경제에서는 정부가 이러한 결정을 하거나 적절한 양의 식량 공급을 계획하지 않는다. 누가 농장에서 일할지는 수백만 근로자의 직업 선택에 따라 결정되는 것이다. 분산된 의사결정은 가격을 기초로 훌륭하게 작동한다. 식량가격과 농업 부문 임금의 변동을 통해 충분한 근로자가 농장에서 일하도록 조정되는 것이다.

실제로 시장경제가 어떻게 움직이는지 경험하지 못한 사람에게는 이 모든 것이 말도 안 되는 이야기로 여겨질지도 모른다. 경제는 서로 연관된 행위에 종사하는 여러 부류의 개인으로 구성된다. 그렇다면 이들의 분권화된 의사결정이 혼란을 일으키지 않도록 하는 장치는 무엇인가? 무엇이 능력과 욕구가 다른 수많은 사람의 행동을 조정하는가? 실행되어야 할 일을 실제로 실행하도록 만드는 것은 무엇인가? 그 답은 한마디로 가격기구다. 애덤 스미스의 표현대로 시장경제가 보이지 않는 손에 이끌린다면, 가격기구는 이 보이지 않는 손이 경제라는 교향악단을 지휘할 때 사용하는 지휘봉이라고 할 수 있다.

요약

- 경제학자들은 수요 · 공급모형을 사용하여 경쟁시장을 분석한다. 경쟁적인 시장에는 다수의 소비자와 판매자가 존재하며, 개별 소비자나 판매자는 시장가격에 거의 혹은 전혀 영향을 미치지 못한다.
- 수요곡선은 수요량이 가격에 따라 어떻게 영향을 받는지 보여준다. 수요의 법칙에 의하면 가격이 상승함에 따라 수요량은 감소한다. 따라서 수요곡선은 우하향한다.
- 재화의 가격 이외에 수요량을 결정하는 변수로는 소득, 대체재와 보완재의 가격, 취향, 미래에 대한 기대, 소비자의 수 등이 있다. 이들 결정변수 중 어느 하나라도 변하면 각각의 가격에 대한 수요량이 변하여 수요곡선은 이동한다.
- 공급곡선은 공급량이 가격에 따라 어떻게 영향을 받는지 보여준다. 공급의 법칙에 의하면 가격이 상승함에 따라 공급량은 증가한다. 따라서 공급곡선은 우상향한다.
- 재화의 가격 이외에 공급량을 결정하는 변수로는 요소가격, 기술, 미래에 대한 기대, 판매자의 수 등이 있다. 이들 결정변수 중 어느 하나라도 변하면 각각의 가격에 대한 공급량이 변하여 공급곡선은 이동한다.
- 수요곡선과 공급곡선이 만나는 점에서 시장균형이 형성된다. 균형가격에서는 수요량과 공급량이 일치한다.
- 소비자와 판매자의 행동에 따라 시장은 자연스럽게 균형을 찾아간다. 시장가격이 균형가격보다 높으면 공급과잉이 생겨 가격이 하락한다. 반면에 시장가격이 균형가격보다 낮으면 물량 부족이 발생하여 가격이 상승한다.
- 어떤 사건이 시장에 미치는 영향을 분석하기 위해서는 수요 · 공급곡선 그래프를 이용하여, 그 사건이 균형가격과 균형거래량을 어떻게 변화시키는지 다음과 같은 3단계 접근법을 통해 살펴보면 된다. 첫째, 그 사건으로 인해 수요곡선이 이동하는지, 공급곡선이 이동하는지, 아니면 두 곡선이 동시에 이동하는지 판정한다. 둘째, 그 곡선이 어느 방향으로 이동하는지 판정한다. 셋째, 새로운 균형을 최초의 균형과 비교한다.
- 시장경제에서는 가격이 경제주체들의 의사결정을 인도하고, 이를 통해 희소자원을 배분하는 신호 역할을 한다. 경제에서 생산되는 모든 물건에 대해, 가격은 수요와 공급이 일치하도록 만들어준다. 이 균형가격에 따라 소비자들은 구입량을 결정하고 판매자들은 생산량을 결정한다.

중요개념

복습문제

1. 완전경쟁시장이란 무엇인가? 완전경쟁이 아닌 시장의 예를 간단하게 설명하라.
2. 수요표와 수요곡선은 무엇이며, 이들은 서로 어떤 관계에 있는가? 수요곡선이 우하향하는 이유는 무엇인가?

3. 소비자 취향이 변하면 수요곡선은 이동하는가, 아니면 같은 수요곡선상에서 운동하는가? 가격이 변하면 수요곡선은 이동하는가, 아니면 같은 수요곡선상에서 운동하는가?

4. 해리는 소득이 감소할 때 호박 주스를 더 구입한다. 호박 주스는 그에게 정상재인가 열등재인가? 해리의 호박 주스 수요곡선에 어떤 일이 생기는가?

5. 공급표와 공급곡선은 무엇이며, 이들은 서로 어떤 관계가 있는가? 공급곡선이 우상향하는 이유는 무엇인가?

6. 생산기술이 변하면 공급곡선은 이동하는가, 아니면 같은 공급곡선상에서 운동하는가? 가격이 변하면 공급곡선은 이동하는가, 아니면 같은 공급곡선상에서 운동하는가?

7. 시장균형을 정의하라. 시장이 균형을 향해 움직이도록 하는 원동력은 무엇인가?

8. 맥주와 피자는 보완재다. 맥주 가격이 오르면 피자의 공급, 수요, 공급량, 수요량, 균형가격은 각각 어떻게 변하는가?

9. 시장경제에서 가격의 역할에 대해 설명하라.

응용문제

1. 수요 · 공급곡선 그래프를 이용하여 다음의 각 문장을 설명하라.

a. "플로리다 주에 한파가 닥치면 미국 전역의 슈퍼마켓에서 판매되는 오렌지 가격은 상승한다."

b. "뉴잉글랜드 지방의 여름 기온이 상승하면 카리브 해 호텔의 객실 요금은 하락한다."

c. "중동에 전쟁이 일어나면 휘발유 가격은 오르고 중고 캐딜락의 가격은 하락한다."

2. "노트북에 대한 수요가 증가하면 노트북 수요량이 증가하겠지만, 공급량은 증가하지 않을 것이다." 이 주장은 옳은가 틀린가? 설명하라.

3. 미니밴 시장에서 다음과 같은 현상이 발생하면 수요와 공급이 어떤 영향을 받는지 설명하라. 이 현상들이 미니밴의 가격과 거래량에 미치는 영향을 수요 · 공급곡선 그래프를 이용하여 설명하라.

a. 사람들이 더 많은 자녀를 가지기로 결정했다.

b. 철강 노동자들의 파업으로 철강 가격이 상승했다.

c. 엔지니어가 미니밴 생산을 위한 자동화 기계를 개발했다.

d. SUV 가격이 상승했다.

e. 주가의 폭락으로 사람들의 재산이 줄어들었다.

4. 영화 스트리밍서비스, TV 모니터, 영화 관람권 시장을 각각 생각해보자.

a. 두 재화가 서로 보완재인지 대체재인지 답하라.

- 영화 스트리밍서비스와 TV 모니터
- 영화 스트리밍서비스와 영화 관람권
- TV 모니터와 영화 관람권

b. 기술 혁신에 따라 TV 모니터 생산비가 하락했다고 하자. TV 모니터 시장에 어떤 변화가 발생할지 그래프로 설명하라.

c. TV 모니터 시장에서 발생한 변화가 영화 스트리밍서비스와 영화 관람권 시장에 어떤 영향을 미칠지 2개의 그래프로 설명하라.

5. 지난 40년 동안 생산기술이 발달함에 따라 컴퓨터 칩의 생산비용이 낮아졌다고 한다. 그 결과 컴퓨터 시장, 소프트웨어 시장, 타자기 시장에 각각 어떤 영향을 미쳤는지 설명하라.

6. 수요 · 공급곡선 그래프를 이용하여 다음 현상이 면 티셔츠 시장에 어떤 영향을 미칠지 분석하라.

a. 사우스캐롤라이나에 몰아친 태풍으로 면화 생산량이 감소했다.

b. 가죽 재킷의 가격이 하락했다.

c. 모든 학교 아침 운동시간에 면 티셔츠를 입도록 의무화했다.

d. 새로운 방직기술이 발명되었다.

7. 토마토케첩은 핫도그의 보완재다. 핫도그 가격이 상승하면 토마토케첩 시장에는 어떤 영향을 미칠까? 토마토 시장과 토마토주스 시장, 오렌지주스 시장에 각각 어떤 영향을 미칠까?

8. 피자 시장의 수요와 공급은 다음과 같다.

가격	수요량	공급량
$4	135판	26판
5	104	53
6	81	81
7	68	98
8	53	110
9	39	121

a. 수요곡선과 공급곡선의 그래프를 그려라. 균형가격과 균형거래량을 구하라.
b. 시장가격이 균형가격보다 높으면 어떻게 균형가격이 달성되는가?
c. 시장가격이 균형가격보다 낮으면 어떻게 균형가격이 달성되는가?

9. 오렌지를 먹으면 당뇨병에 걸릴 확률이 낮아진다는 연구 결과가 발표되었다. 동시에 오렌지나무의 생산량을 늘릴 수 있는 새로운 비료가 개발되었다. 이들 변화가 오렌지의 가격과 소비량에 어떤 영향을 미칠지 그래프를 이용하여 설명하라.

10. 베이글과 크림치즈는 보완재다.
a. 크림치즈의 균형가격이 상승하고 동시에 베이글의 균형거래량이 증가했다면 밀가루와 우유 중 어떤 재화의 가격이 하락했기 때문인가? 그래프를 이용하여 설명하라.
b. 이번에는 크림치즈의 균형가격은 상승했지만 베이글의 균형거래량은 줄었다면 밀가루와 우유 중 어떤 재화의 가격이 상승했기 때문인가? 그래프를 이용하여 설명하라.

11. 여러분이 다니는 대학교의 농구 경기 입장권 가격은 시장의 원리에 따라 결정되며, 수요표와 공급표가 다음과 같다고 하자.

가격	수요량	공급량
$ 4	10,000장	8,000장
8	8,000	8,000
12	6,000	8,000
16	4,000	8,000
20	2,000	8,000

a. 수요곡선과 공급곡선의 그래프를 그려라. 이 공급곡선의 모양은 어떤 점에서 특이하며, 그 모양이 타당한 이유는 무엇인지 설명하라.
b. 입장권의 균형가격과 균형거래량을 구하라.
c. 여러분이 다니는 대학교의 등록 학생 수가 내년에 5,000명 증가하고, 이들의 수요가 다음 수요표와 같다고 하자.

가격	수요량
$ 4	4,000장
8	3,000
12	2,000
16	1,000
20	0

재학생들의 수요표와 신규 등록 학생들의 수요표를 합하여 전체 학생의 수요표를 만들어라. 새로운 균형가격과 균형거래량을 구하라.

간단한 퀴즈 정답

1. c 2. b 3. a 4. b 5. a 6. d 7. a 8. c 9. d 10. b 11. a 12. c 13. d

5장

탄력성과 그 응용

어떤 이유로 미국 내 휘발유 가격이 상승했다고 상상해보자. 중동에서 전쟁이 발발해서 석유 공급에 차질이 빚어졌거나, 중국의 급속한 경제 발전으로 세계 석유 수요가 늘었거나, 아니면 미국 의회가 휘발유에 새로운 세금을 부과했다고 하자. 미국 소비자들은 휘발유 가격 상승에 어떻게 반응할까?

소비자들이 소비를 줄일 것이라고 쉽게 답변할 수 있을 것이다. 이는 우리가 4장에서 배운 수요의 법칙이다. 즉, 다른 변수가 불변이라면, 상품의 가격이 상승하면 그 상품의 수요량은 감소한다. 그러나 보다 구체적으로 휘발유 소비가 얼마나 줄어들지 알고 싶다면 그 해답은 이 장에서 공부할 탄력성이라는 개념을 통해 구할 수 있다.

탄력성이란 구매자와 판매자들이 시장 조건의 변화에 얼마나 민감

ISTOCK.COM/LOLOSTOCK; ISTOCK.COM/4X6

하게 반응하는지 나타내는 척도다. 어떤 사건이나 정책의 변화가 시장에 어떤 영향을 미치는지 분석할 때 그 영향의 방향뿐 아니라 크기도 분석해야 한다. 이 장의 후반부에서 볼 수 있듯이 탄력성은 여러 가지 분석에 응용된다.

여러분은 혹시 앞에서 언급한 휘발유 가격 상승의 효과에 대해 궁금해할지 모른다. 휘발유 가격 변동에 소비자들이 어떻게 반응하는지에 대해서는 많은 연구 결과가 있다. 대체로 휘발유 소비량은 단기보다는 장기적으로 더 크게 반응하는 것으로 알려져 있다. 휘발유 가격이 10% 인상되면 1년 뒤에는 소비가 2.5% 감소하지만, 5년 뒤에는 소비가 약 6% 감소한다고 한다. 이 소비 감소의 절반은 대체로 사람들이 운전을 덜하기 때문이고, 나머지 절반은 보다 에너지 효율적인 차량으로 차종을 바꾸었기 때문인 것으로 나타났다. 두 가지 반응은 수요곡선과 탄력성에 반영되어 있다.

5-1 수요의 탄력성

4장에서 수요의 결정변수에 대해 설명한 바와 같이 어느 재화의 가격이 낮을수록, 소득이 높을수록, 대체재의 가격이 높을수록, 보완재의 가격이 낮을수록 그 재화에 대한 소비자들의 수요는 늘어난다. 그런데 수요에 대한 논의는 정량적(quantitative)이 아니고 정성적(qualitative)이었다. 즉 수요량의 변화 방향에 대해서만 설명했을 뿐 변화의 크기에 대해서는 언급하지 않은 것이다. 경제학자들은 수요 결정변수의 변화에 대해 수요량이 얼마나 변하는지 파악하기 위해 탄력성(elasticity)을 사용한다.

탄력성 수요량이나 공급량이 그 결정변수의 변화에 대해 반응하는 정도를 나타내는 지표

5-1a 수요의 가격탄력성과 그 결정변수

수요의 법칙에 따르면 어느 재화의 가격이 하락함에 따라 그 재화의 수요량은 증가한다. 수요의 가격탄력성(price elasticity of demand)은 가격이 변할 때 수요량이 얼마나 변하는지 나타내는 지표다. 한 재화의 수요량이 가격 변화에 대해 민감하게 변하면 그 재화의 수요는 탄력적(elastic)이라고 한다. 가격이 변할 때 수요량이 약간 변하면 수요는 비탄력적(inelastic)이라고 한다.

수요의 가격탄력성 어떤 재화의 가격이 변할 때 그 재화의 수요량이 얼마나 변하는지 나타내는 지표. 수요량의 변화율을 가격 변화율로 나눈 수치

어떤 재화의 수요의 가격탄력성은 재화가격이 상승한 경우 소비자들이 그 재화의 소비를 얼마나 줄일지 나타낸다. 수요곡선은 다양한 경제, 사회, 심리적 요인에 의해 형성되는 소비자의 선호를 반영하기 때문에 수요의 가격탄력성을 결정하는 간단하고 일반적인 규칙은 없다. 그러나 경험을 통해 다음과 같은 몇 가지 규칙을 발견할 수 있다.

밀접한 대체재의 존재 어느 재화에 밀접한 대체재가 있으면 소비자들은 그 재화 대신 다른 재화를 사용할 수 있으므로 그 재화의 수요는 탄력적이다. 예를 들어 버터와 마가

린은 서로 충분히 대체할 수 있으므로 마가린 가격이 변하지 않고 버터 가격이 조금만 오르면 버터 판매량은 크게 감소한다. 반면에 달걀에 대해서는 마땅한 대체재가 없으므로 달걀의 수요는 버터의 수요에 비해 덜 탄력적이다. 즉 달걀 가격이 조금 오르더라도 달걀에 대한 수요는 크게 감소하지 않을 것이다.

필수품과 사치품 대체로 필수품에 대한 수요는 비탄력적인 반면, 사치품에 대한 수요는 탄력적이다. 병원 진료비가 오르면 병원을 방문하는 횟수가 다소 줄기는 하지만 급격히 줄지는 않는다. 그러나 요트의 가격이 상승하면 수요가 현저하게 감소한다. 대부분의 사람들에게 병원 방문은 필수품인 데 반해 요트는 사치품이기 때문이다. 물론 어느 재화가 필수품이고 사치품인지는 그 재화 자체의 속성보다는 소비자들의 선호에 따라 좌우된다. 예컨대 건강에는 별 신경을 쓰지 않으면서 요트 타기에 광적인 사람에게는 요트가 필수품이므로 수요가 비탄력적인 반면, 병원 진료는 사치품이므로 수요가 탄력적이다.

시장의 범위 어느 시장에서든 수요의 가격탄력성은 재화를 얼마나 광범위하게 정의하느냐에 따라 달라진다. 재화의 범위가 좁을수록 대체재를 찾기 쉽기 때문에 좁게 정의된 재화에 대한 수요는 광범위하게 정의된 재화의 수요에 비해 탄력적이다. 예를 들어 식료품이라는 포괄적인 재화에 대해서는 대체재를 찾기 어려우므로 수요가 비탄력적인 편이다. 반면에 아이스크림이라는 좁게 정의된 재화에 대해서는 대체재가 많으므로 탄력성이 더 크다. 범위를 더 좁혀서 바닐라 아이스크림이라는 재화를 생각해보면 여러 가지 다른 아이스크림이 바닐라 아이스크림의 훌륭한 대체재가 될 수 있으므로 수요는 매우 탄력적이다.

시간의 차원 시간을 길게 잡을수록 수요는 더 탄력적이 된다. 휘발유 가격이 인상될 때 처음 몇 달 동안에는 수요가 큰 폭으로 줄지 않는다. 그러나 시간이 흐름에 따라 사람들은 보다 연비가 높은 차를 사거나, 대중교통수단을 이용하거나, 직장과 가까운 곳으로 이사를 한다. 따라서 휘발유 가격이 오르고 몇 년이 지나면 수요가 크게 줄어든다.

5-1b 수요의 가격탄력성 계산법

지금까지는 수요의 가격탄력성에 관한 일반적인 개념을 설명했다. 이제 탄력성을 어떻게 계산하는지 구체적으로 살펴보자. 수요의 가격탄력성은 수요량의 변화율을 가격의 변화율로 나눈 수치다.

$$\text{수요의 가격탄력성} = \frac{\text{수요량의 변화율}}{\text{가격의 변화율}}$$

예를 들어 아이스크림 가격이 10% 인상되었는데, 아이스크림 수요량이 20% 감소했다고 하자. 이 경우 수요의 가격탄력성은 다음과 같다.

$$\text{가격탄력성} = \frac{20\%}{10\%} = 2$$

이 예에서 가격탄력성은 2이므로 수요량의 변화율이 가격 변화율의 2배에 해당한다.

그런데 재화의 수요량은 그 재화의 가격과 반대 방향으로 변하기 때문에 가격 변화율은 수요량의 변화율과 서로 반대 부호를 갖는다. 앞의 예에서 가격 변화율은 플러스 10%(인상)고, 수요량의 변화율은 마이너스 20%(감소)다. 이러한 이유로 수요의 가격탄력성을 마이너스 수치로 표시하기도 한다. 이 책에서는 관례에 따라 마이너스 부호를 붙이지 않고 플러스 수치로 표시한다(이것을 수학에서는 절대치라고 한다). 이러한 관행 아래에서 가격탄력성이 크다는 것은 수요가 가격 변화에 더 민감하다는 뜻이 된다.

5-1c 중간점을 이용한 탄력성 계산법

수요곡선상에 있는 두 점의 가격탄력성을 계산할 때 골치 아픈 문제가 하나 있다. 점 A에서 점 B로 변할 때의 탄력성이 점 B에서 점 A로 변할 때의 탄력성과 같지 않다는 것이다. 예를 들어 점 A와 점 B가 다음과 같다고 하자.

점 A: 가격=4달러, 수요량=120
점 B: 가격=6달러, 수요량=80

점 A에서 점 B로 변할 때 가격은 50% 상승하고 수요량은 33% 감소하므로 수요의 가격탄력성은 33/50, 즉 0.66이다. 반면 점 B에서 점 A로 변한다면 가격은 33% 하락하고 수요량은 50% 증가하므로 수요의 가격탄력성은 50/33, 즉 1.5가 된다. 이 같은 차이가 발생하는 이유는 탄력성을 계산하는 기준점이 다르기 때문이다.

이 문제를 피하는 하나의 방법은 탄력성을 계산할 때 중간점을 사용하는 것이다. 일반적인 계산 방식에서는 변화량을 최초값으로 나누어 변화율을 구하지만, 중간점을 이용한 계산법에서는 변화량을 최초값과 변화 후 값의 중간점으로 나누어 변화율을 계산한다. 앞의 예에서 4달러와 6달러의 중간점은 5달러다. 따라서 가격이 4달러에서 6달러로 변하면 $\{(6-4)/5\} \times 100 = 40$이기 때문에 40% 상승하는 셈이 된다. 마찬가지 이유로 가격이 6달러에서 4달러로 변하면 40% 하락하는 것이다.

이와 같이 중간점을 이용한 계산법에 따르면 변화의 방향에 관계없이 변화율이 같으므로 두 점의 탄력성을 구하는 데 자주 사용된다. 우리 예에서 점 A와 점 B의 중간점은 다음과 같다.

중간점: 가격 = 5달러, 수요량 = 100

점 A에서 점 B로 변할 때 가격은 40% 상승하고 수요량은 40% 하락한다. 마찬가지로 점 B에서 점 A로 변할 때는 가격이 40% 하락하고 수요량은 40% 증가한다. 두 경우 똑같이 탄력성은 1이다.

따라서 수요곡선상 두 점의 가격탄력성을 계산하기 위한 중간점 공식(midpoint method)은 다음과 같이 표시할 수 있다. (Q_1, P_1)과 (Q_2, P_2)를 수요곡선상의 두 점이라고 하면 가격탄력성은 다음과 같다.

$$\text{수요의 가격탄력성} = \frac{(Q_2 - Q_1) \ / \ [(Q_2 + Q_1) \ / \ 2]}{(P_2 - P_1) \ / \ [(P_2 + P_1)/2]}$$

이 공식에서 분자는 중간점을 이용하여 계산한 수량의 변화율이고, 분모는 중간점을 이용하여 계산한 가격의 변화율이다. 탄력성을 계산할 때 항상 중간점을 이용한 이 계산 공식을 사용해야 한다.

그러나 이 책에서는 탄력성을 구체적으로 계산하는 일은 별로 없을 것이다. 탄력성의 계산 방법보다는 탄력성의 개념(즉 가격 변화에 대한 수요량의 반응도)을 이해하는 것이 중요하기 때문이다.

5-1d 다양한 모양의 수요곡선

경제학자들은 탄력성의 크기를 기준으로 수요곡선을 분류한다. 탄력성이 1보다 크면 수요가 탄력적이고, 가격 변화폭보다 수요량의 변화폭이 크다. 반대로 탄력성이 1보다 작으면 수요가 비탄력적이고, 가격 변화폭보다 수요량의 변화폭이 작다. 탄력성이 정확하게 1이면 수요량이 가격과 같은 비율로 변하는데, 이 경우 수요는 단위탄력적(unit elasticity)이라고 한다.

수요의 가격탄력성은 수요량이 가격 변화에 얼마나 민감하게 반응하는지 나타내므로 가격탄력성은 수요곡선의 기울기와 밀접한 관계가 있다. 대체로 어느 한 점을 통과하는 수요곡선의 기울기가 완만할수록 수요의 가격탄력성이 크고, 수요곡선의 기울기가 급할수록 수요의 가격탄력성은 작다고 생각하면 된다.

그림 5.1에는 다섯 가지 유형의 수요곡선이 있다. 극단적으로 탄력성이 0이고 수요가 완전 비탄력적인 경우에는 그림 (a)와 같이 수요곡선이 수직선이다. 이 경우 가격에 관계없이 수요량은 일정하다. 탄력성이 커질수록 그림 (b), (c), (d)와 같이 수요곡선은 점점 더 완만해진다. 반면에 수요가 완전 탄력적인 경우에는 탄력성이 무한대에 접근한다. 이 경우에는 그림 (e)와 같이 수요곡선이 수평선이고, 가격이 조금만 변해도 수요량은 매우 큰 폭으로 변한다.

그림 5.1

수요의 가격탄력성

수요의 가격탄력성은 수요곡선의 기울기를 결정한다. 가격과 수요량의 변화율은 중간점 공식을 사용하여 계산된다.

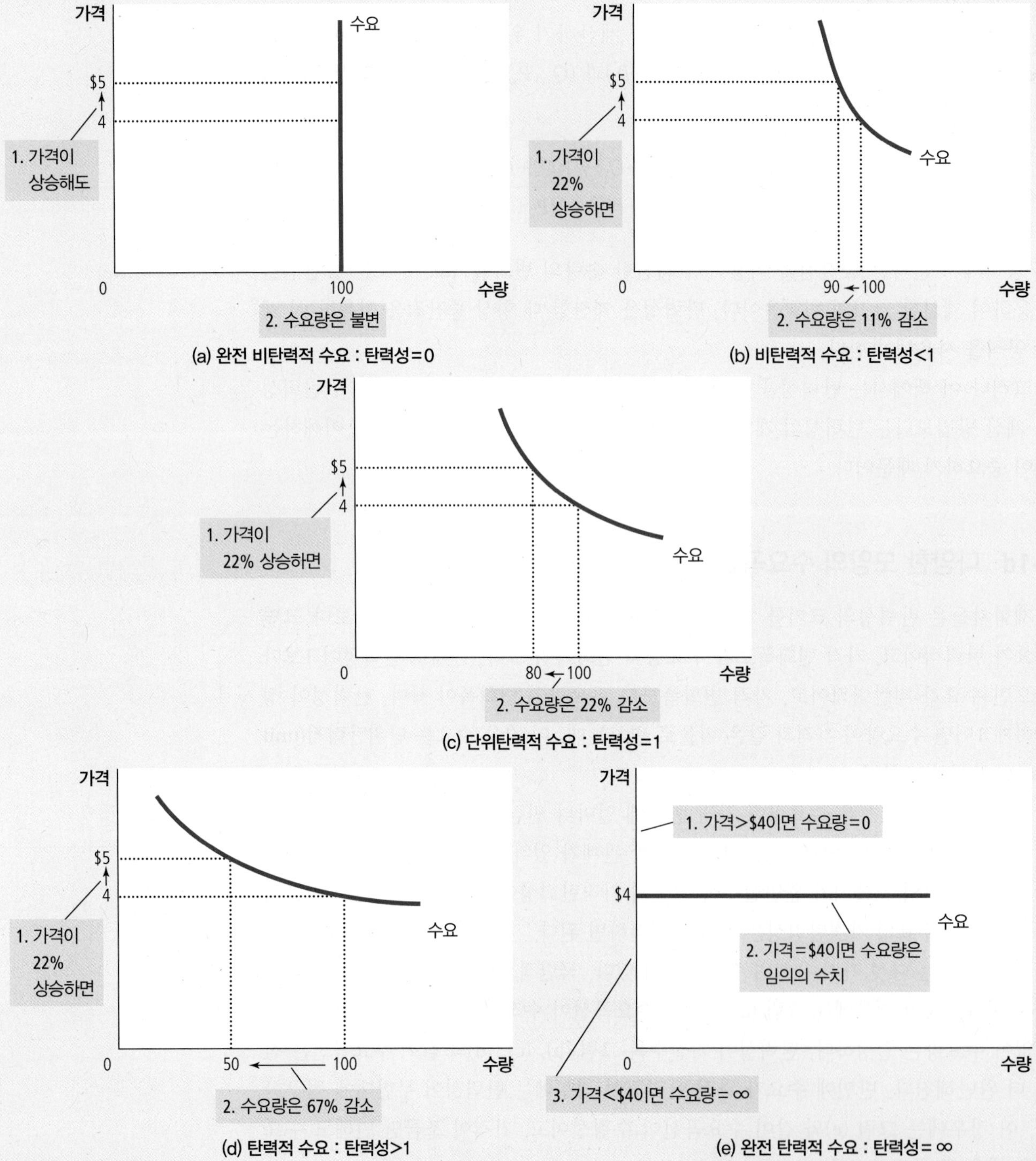

(a) 완전 비탄력적 수요 : 탄력성=0

(b) 비탄력적 수요 : 탄력성<1

(c) 단위탄력적 수요 : 탄력성=1

(d) 탄력적 수요 : 탄력성>1

(e) 완전 탄력적 수요 : 탄력성=∞

이해를 돕기 위해 탄력성의 실제 사례 몇 가지

우리는 탄력성이 무엇을 의미하고, 무엇에 의해 결정되며, 어떻게 계산되는지 살펴보았다. 이런 이론적인 분석에 더해 여러분은 현실에서의 탄력성은 어떤지 궁금할 것이다. 특정 상품의 가격 변화는 그 상품의 수요량에 정확하게 얼마나 영향을 미치게 될까?

이 질문에 답하기 위해 경제학자들은 시장에서 수집된 자료에 통계학 기법을 사용해서 수요의 가격탄력성을 추정한다. 다음은 다양한 연구를 통해 추정된 여러 가지 상품에 대한 수요의 가격탄력성이다.

상품	탄력성	
달걀	0.1	▲ 매우 비탄력적
보건의료	0.2	
담배	0.4	
쌀	0.5	
주택	0.7	
쇠고기	1.6	
피넛버터	1.7	
외식	2.3	
치리오스	3.7	
마운틴듀	4.4	▼ 매우 탄력적

탄력성은 시장을 비교 분석하는 데 유용한 흥미로운 숫자들이다.

그렇지만 우리는 이런 탄력성 추정치를 그대로 받아들이는 것을 경계해야 한다. 한 가지 이유는 탄력성을 추정하기 위해서는 통계학 기법상 몇 가지 가정을 해야 하는데, 이런 가정들이 현실과 다를 수 있기 때문이다. (통계학 기법에 대한 자세한 설명은 이 책의 범위를 넘는 것이기 때문에 생략한다. 그러나 계량경제학을 공부하면 알게 될 것이다.) 또 다른 이유는 직선인 수요곡선의 사례에서 볼 수 있듯이 수요의 가격탄력성이 수요곡선상의 모든 점에서 반드시 같지 않기 때문이다. 이 두 가지 이유 때문에 동일한 재화에 대해 연구자에 따라 가격탄력성 추정치가 다르게 나온다고 해서 놀랄 일은 아니다. ■

마지막으로 탄력적인 수요곡선과 비탄력적인 수요곡선을 기억하는 방법을 하나 소개한다. 그림 (a)와 같은 비탄력적인(Inelastic) 곡선은 영어의 I자를 닮았다. 대단한 것은 아니지만 시험 볼 때 도움이 될지도 모르겠다.

5-1e 총수입과 수요의 가격탄력성

시장의 수요나 공급의 변화를 분석할 때 관심을 갖는 변수 중의 하나는 소비자들이 지급하고 판매자들이 받는 금액, 즉 총수입(total revenue)이다. 총수입은 $P \times Q$, 즉 재화의 가격에 판매량을 곱한 수치다. 총수입은 그림 5.2에서 수요곡선 아래 있는 직사각형의 면적과 같다. 그림에서 $P=4$달러, $Q=100$이므로 총수입은 4달러×100=400달러다.

총수입 어떤 재화에 대한 소비자의 지출액이며 동시에 재화 판매자의 판매 수입. 재화의 가격에 거래량을 곱한 수치

수요곡선을 따라 운동할 때 총수입은 어떻게 변할까? 해답은 수요의 가격탄력성의 크기에 달렸다. 그림 5.3 (a)처럼 수요가 비탄력적인 경우 가격이 오르면 총수입도 증가한다. 이 그림에서 가격이 4달러에서 5달러로 상승할 때 수요량은 100에서 90으로 감

그림 5.2

총수입
어떤 재화에 대한 소비자의 지출액이며 동시에 재화 판매자의 판매 수입. 수요곡선 밑의 직사각형 면적, 즉 *P*×*Q*와 같다. 여기에서 가격은 4달러고, 수요량은 100이므로 총수입은 400달러다.

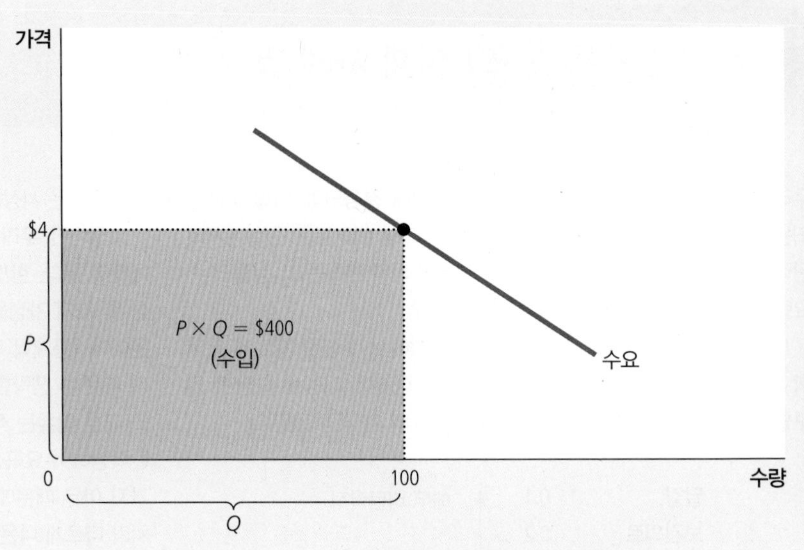

그림 5.3

가격 변화와 총수입의 변화
가격 변화가 총수입(가격×수요량)에 미치는 영향은 수요의 탄력성에 달렸다. 그림 (a)에서처럼 수요가 비탄력적인 경우, 가격이 상승할 때 수요량이 가격 상승에 비해 작은 폭으로 감소한다. 따라서 가격이 상승하면 총수입이 증가한다. 이 그림에서 가격이 4달러에서 5달러로 오를 때 수요량은 100에서 90으로 감소하므로 총수입은 400달러에서 450달러로 증가한다. 그림 (b)에서처럼 수요가 탄력적인 경우에는 가격이 상승할 때 수요량이 가격 상승을 상쇄하고도 남을 만큼 큰 폭으로 감소한다. 따라서 가격이 상승하면 총수입은 감소한다. 그림에서 가격이 4달러에서 5달러로 오를 때 수요량이 100에서 70으로 감소하므로 총수입은 400달러에서 350달러로 감소한다.

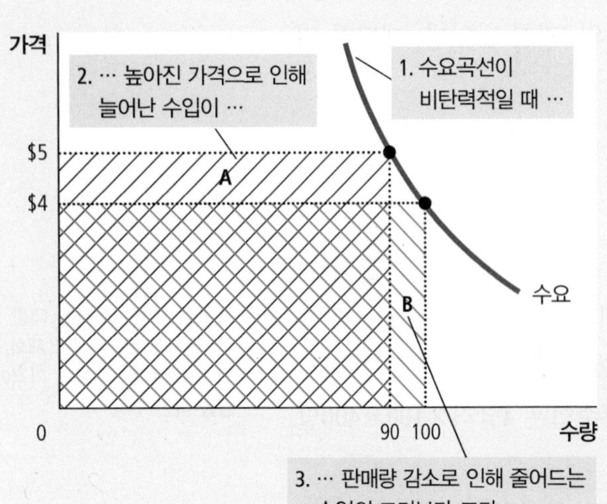

(a) 수요가 비탄력적인 경우

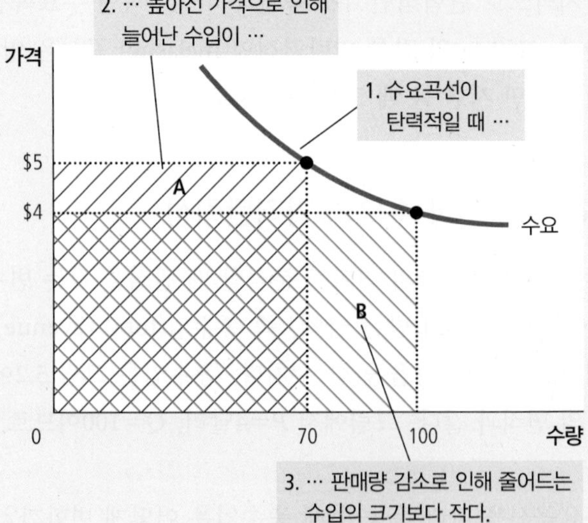

(b) 수요가 탄력적인 경우

소하므로 총수입은 400달러에서 450달러로 증가한다. 이와 같이 가격이 상승할 때 $P \times Q$가 증가하는 것은 P의 상승률에 비해 Q의 감소율이 낮기 때문이다. 이것은 다시 말해 가격 상승에 따른 수입 증가액(그림에서 A부분)이 판매량 감소에 따른 수입 감소액(그림에서 B부분)보다 크기 때문이다.

반대로 수요가 탄력적인 경우 가격이 상승하면 총수입은 감소한다. 예컨대 그림 5.3 (b)처럼 가격이 4달러에서 5달러로 오를 때 수요량이 100에서 70으로 감소하면 총수입은 400달러에서 350달러로 감소한다. 수요가 탄력적인 경우에는 가격이 상승할 때 수요량이 가격 상승을 상쇄하고도 남을 만큼 큰 폭으로 감소한다. 즉 P의 상승률에 비해 Q의 감소율이 높기 때문에 $P \times Q$가 감소하는 것이다. 이것은 가격 상승에 따른 수입 증가액(그림에서 A부분)이 판매량 감소에 따른 수입 감소액(그림에서 B부분)보다 작기 때문이다.

지금까지 살펴본 두 그래프는 극단적인 예지만 다음과 같은 일반적인 법칙을 시사한다.

- 수요가 비탄력적인 경우(수요의 가격탄력성이 1보다 작은 경우) 가격과 총수입은 같은 방향으로 변한다. 즉 가격이 상승하면 총수입도 증가한다.
- 수요가 탄력적인 경우(수요의 가격탄력성이 1보다 큰 경우) 가격과 총수입은 반대 방향으로 변한다. 즉 가격이 상승하면 총수입은 감소한다.
- 수요의 가격탄력성이 정확히 1인 경우 가격이 변해도 총수입은 변하지 않는다.

5-1f 수요곡선이 직선일 경우 가격탄력성과 총수입

그림 5.4와 같이 직선인 수요곡선상에서 탄력성이 어떻게 변하는지 살펴보자. 수요곡선이 직선이면 기울기가 일정하다. 앞에서 배운 바와 같이 기울기는 수직 변화(rise)를 수평 변화(run)로 나눈 비율이며, 이 경우에는 가격 변화량을 수요량의 변화량으로 나눈 수치다. 이 그림에서 가격이 1달러씩 상승함에 따라 수요량은 2단위씩 일정한 폭으로 하락하므로 이 수요곡선의 기울기는 일정하다.

직선인 수요곡선의 기울기는 어느 점에서나 일정하지만 탄력성은 일정하지 않다. 기울기는 두 변수의 변화량의 비율이지만, 탄력성은 두 변수의 변화율의 비율이기 때문이다. 이와 같은 차이는 그림 5.4의 표를 보면 분명히 알 수 있다. 이 표는 그림 5.4에 그려진 수요곡선의 수요표와 중간점을 이용해 계산한 가격탄력성을 표시한 것이다. 가격이 낮고 수요량이 많은 점에서는 수요가 비탄력적인 반면, 가격이 높고 수요량이 적은 점에서는 수요가 탄력적이다.

이러한 사실은 퍼센트 변화의 계산 방식을 통해 설명할 수 있다. 낮은 가격에서 소비자가 많은 양의 재화를 수요하는 경우 가격이 1달러 상승할 때 수요량이 2단위 감소한

그림 **5.4** **직선인 수요곡선의 탄력성**

수요곡선이 직선이면 기울기는 일정하지만 탄력성은 일정하지 않다. 다음 수요표에 있는 탄력성은 중간점을 이용해 계산된 것이다. 가격이 낮고 수요량이 많은 수요곡선상의 점에서 수요곡선은 비탄력적이다. 가격이 높고 수요량이 적은 수요곡선상의 점에서 수요곡선은 탄력적이다.

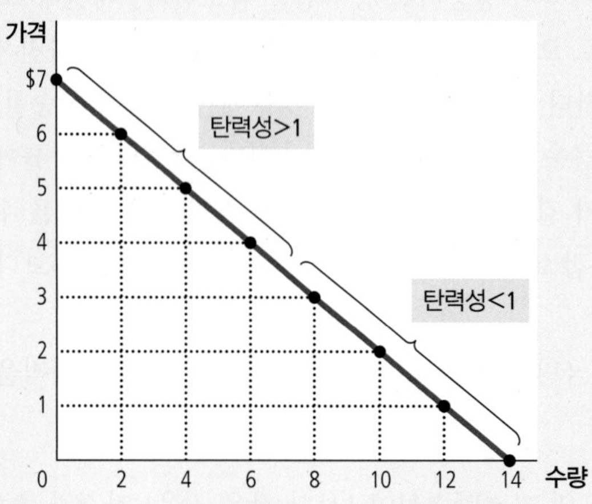

가격	수량	총수입 (가격×수요량)	가격 변화율	수요량 변화율	탄력성	설명
$7	0	$ 0				
			15%	200%	13.0	탄력적
6	2	12				
			18	67	3.7	탄력적
5	4	20				
			22	40	1.8	탄력적
4	6	24				
			29	29	1.0	단위탄력적
3	8	24				
			40	22	0.6	비탄력적
2	10	20				
			67	18	0.3	비탄력적
1	12	12				
			200	15	0.1	비탄력적
0	14	0				

다면 가격이 큰 폭으로 상승했을 때 수요량이 소폭 감소한 것이므로 수요의 탄력성이 작다. 이와는 반대로 가격이 높고 수요량이 적은 경우에 가격이 1달러 상승할 때 수량이 2단위 감소한다면 가격이 소폭 상승할 때 수요량이 대폭 감소하는 것이므로 수요가 탄력적이다.

표에는 수요곡선상의 각 점에서 계산된 총수입도 표시되어 있다. 이 수치들은 총수입과 가격탄력성의 관계를 보여준다. 예컨대 가격이 1달러면 수요가 비탄력적이고 가격이 2달러로 상승하면 총수입도 증가한다. 가격이 5달러면 수요는 탄력적이고 가격이 6달러로 오르면 총수입은 감소한다. 가격이 3달러와 4달러 사이에 있으면 가격탄력성이 정확히 1이므로 두 점에서 총수입은 같다.

직선인 수요곡선의 사례에서 볼 수 있듯이 수요의 가격탄력성은 같은 수요곡선상에서도 일정하지 않다. 수요곡선상에서 탄력성이 일정할 수는 있지만 항상 그런 것은 아니고, 직선인 수요곡선에서는 반드시 일정하지 않다.

5-1g 다른 수요의 탄력성

경제학자들은 소비자들의 구입 행태를 설명하기 위해 수요의 가격탄력성 이외에 다른 탄력성을 함께 사용한다.

수요의 소득탄력성 경제학자들은 소비자들의 소득이 변할 때 수요량이 어떻게 변하는지 측정하기 위해 수요의 소득탄력성(income elasticity of demand)을 사용한다. 소득탄력성은 수요량의 변화율을 소득 변화율로 나눈 것으로, 다음과 같이 계산된다.

수요의 소득탄력성 소비자의 소득이 변할 때 어떤 재화의 수요량이 얼마나 변하는지 나타내는 지표. 수요량의 변화율을 소득 변화율로 나눈 수치

$$\text{수요의 소득탄력성} = \frac{\text{수요량의 변화율}}{\text{소득의 변화율}}$$

4장에서 살펴본 것처럼 대부분의 재화는 정상재이므로 소득이 상승하면 수요량도 증가한다. 정상재의 경우에는 수요량과 소득이 같은 방향으로 움직이므로 소득탄력성이 양수다. 그러나 대중교통수단 등 열등재의 경우에는 소득이 상승하면 수요량이 감소한다. 이같이 수요량과 소득이 반대 방향으로 움직이므로 열등재의 소득탄력성은 음수다.

정상재들 사이에도 소득탄력성의 크기에는 차이가 있다. 식료품 같은 필수재는 소비자들의 소득이 낮아도 어느 정도는 구입하므로 소득탄력성이 낮다. 실제로 엥겔의 법칙(Engel's Law)은 오래전부터 잘 알려진 실증된 법칙이다. 이 법칙을 발견한 통계학자의 이름을 따서 붙여진 명칭인데, 가계의 소득이 증가할수록 가계소득에서 식료품 지출이 차지하는 비중이 낮아진다는 것이다. 즉 식료품의 소득탄력성이 1보다 낮다는 것이다. 반면에 보석이나 취미 용품과 같은 사치재는 소비자들의 소득이 너무 낮으면 이들 재화 없이도 살 수 있다고 생각하기 때문에 소득탄력성이 커지는 경향이 있다.

수요의 교차탄력성 한 재화의 가격이 변할 때 다른 재화에 대한 수요가 어떻게 변하는지 측정하기 위해 경제학에서는 수요의 교차탄력성(cross-price elasticity of demand)을 사용한다. 교차탄력성은 재화 1의 수요량 변화율을 재화 2의 가격 변화율로 나누어 계산한다.

수요의 교차탄력성 한 재화의 가격이 변할 때 다른 재화의 수요량이 얼마나 변하는지 나타내는 지표. 한 재화의 수요량의 변화율을 다른 재화의 가격 변화율로 나눈 수치

$$\text{수요의 교차탄력성} = \frac{\text{재화 1의 수요량 변화율}}{\text{재화 2의 가격 변화율}}$$

교차탄력성의 부호가 양수인지 음수인지에 따라 두 재화의 관계가 대체재인지 보완재인지 판정된다. 4장에서 살펴본 것과 같이 대체재란 햄버거와 핫도그처럼 대신 사용할

수 있는 재화를 말한다. 핫도그 가격이 상승하면 사람들은 핫도그 대신 햄버거를 사먹을 것이다. 핫도그 가격과 햄버거 수요량이 같은 방향으로 변하기 때문에 교차탄력성은 양수가 된다. 한편 보완재란 컴퓨터와 소프트웨어처럼 함께 사용하는 것이 도움이 되는 재화를 말한다. 이 경우 컴퓨터 가격이 상승하면 소프트웨어에 대한 수요량이 감소할 것이다. 따라서 교차탄력성은 음수가 된다.

간단한 퀴즈

1. 다음 중 수요의 가격탄력성이 낮은 경우는?
   a. 재화가 필수재인 경우
   b. 밀접한 대체재가 많이 존재하는 경우
   c. 시장의 범위가 좁게 정의되어 있는 경우
   d. 수요변화의 기간을 길게 잡은 경우

2. 가격의 상승으로 인해 이 재화에 대한 소비자의 총지출이 감소했다면?
   a. 이 재화 수요의 소득탄력성이 1보다 작다.
   b. 이 재화 수요의 소득탄력성이 1보다 크다.
   c. 이 재화 수요의 가격탄력성이 1보다 작다.
   d. 이 재화 수요의 가격탄력성이 1보다 크다.

3. 우하향하는 직선인 수요곡선은?
   a. 비탄력적이다.
   b. 탄력성이 1이다.
   c. 탄력적이다.
   d. 탄력적인 부분도 있고 비탄력적인 부분도 있다.

4. 릴리펏(Lilliput) 주민들은 그들 소득에서 식품에 소비하는 비중이 브롭딩낵(Brobdingnag) 주민들에 비해 높다. 그 이유는?
   a. 릴리펏의 식품 가격이 낮고, 식품 수요의 가격탄력성이 0이다.
   b. 릴리펏의 식품 가격이 낮고, 식품 수요의 가격탄력성이 0.5이다.
   c. 릴리펏의 소득수준이 낮고, 식품 수요의 소득탄력성이 0.5이다.
   d. 릴리펏의 소득수준이 낮고, 식품 수요의 소득탄력성이 1.5이다.

정답은 각 장의 끝에

5-2 공급의 탄력성

4장에서 공급의 결정변수에 대해 설명할 때 어느 재화의 판매자는 그 재화의 가격이 높을수록 공급량을 늘린다는 것을 배웠다. 이제 탄력성의 개념을 이용하여 공급에 관한 정성적인 분석 대신 정량적인 분석을 해보자.

5-2a 공급의 가격탄력성과 그 결정변수

공급의 가격탄력성 어느 재화의 가격이 변할 때 그 재화의 공급량이 얼마나 변하는지 나타내는 지표. 공급량의 변화율을 가격 변화율로 나눈 수치

공급의 법칙에 따르면 어느 재화의 가격이 상승하면 그 재화의 공급량은 증가한다. 공급의 가격탄력성(price elasticity of supply)은 가격이 변할 때 공급량이 얼마나 변하는지 나타내는 지표다. 어느 재화의 공급량이 가격 변화에 민감하게 변하면 그 재화의 공급은 탄력적이라고 한다. 가격이 변할 때 공급량이 조금만 변하면 공급은 비탄력적이라고 한다.

공급의 가격탄력성은 공급자들이 생산량을 얼마나 신축적으로 조절할 수 있는가에 따라 좌우된다. 예를 들어 해변에 인접한 택지는 추가 생산이 불가능하기 때문에 공급이 비탄력적이다. 반면에 책, 자동차, TV 등 공산품은 가격이 높아지면 공장 조업시간을 연장하여 생산량을 늘릴 수 있기 때문에 공급이 탄력적이다.

대부분의 시장에서 공급의 가격탄력성을 결정하는 중요한 변수는 분석 대상 기간이다. 대체로 단기보다는 장기의 공급이 탄력적이다. 단기적으로는 기업이 생산을 늘리거나 줄이기 위해 공장 규모를 변경하기 어렵기 때문에 공급량이 가격 변화에 그리 민감하지 않다. 그러나 장기적으로는 기업이 공장을 새로 건설하거나 기존의 공장을 폐쇄할 수 있으며, 신규 기업이 시장에 진입하거나 기존의 기업이 퇴출할 수도 있다. 따라서 장기적으로는 공급량이 가격 변화에 대해 상당히 민감하게 반응한다.

5-2b 공급의 가격탄력성 계산법

지금까지 공급의 가격탄력성 개념에 대해 설명했다. 이제 탄력성을 어떻게 계산하는지 구체적으로 살펴보자. 공급의 가격탄력성은 공급량의 변화율을 가격 변화율로 나눈 수치다.

$$\text{공급의 가격탄력성} = \frac{\text{공급량의 변화율}}{\text{가격의 변화율}}$$

예를 들어 우유 가격이 1갤런당 2.85달러에서 3.15달러로 오를 때 낙농가들의 우유 공급량은 월평균 9,000갤런에서 1만 1,000갤런으로 증가한다고 하자. 중간점 공식을 사용하면 가격 변화율은

$$\text{가격 변화율} = \{(3.15-2.85)/3.00\} \times 100 = 10\%\text{고,}$$

공급량 변화율은

$$\text{공급량 변화율} = \{(11{,}000-9{,}000)/10{,}000\} \times 100 = 20\%\text{다.}$$

따라서 공급의 가격탄력성은

$$\text{가격탄력성} = \frac{20\%}{10\%} = 2.0\text{이다.}$$

이 예에서 탄력성은 2로, 공급량 변화율이 가격 변화율의 2배라는 것을 나타낸다.

그림 5.5

공급의 가격탄력성

공급의 가격탄력성은 공급곡선의 기울기를 결정한다. 가격과 공급량의 변화량은 중간점 공식을 사용하여 계산된다.

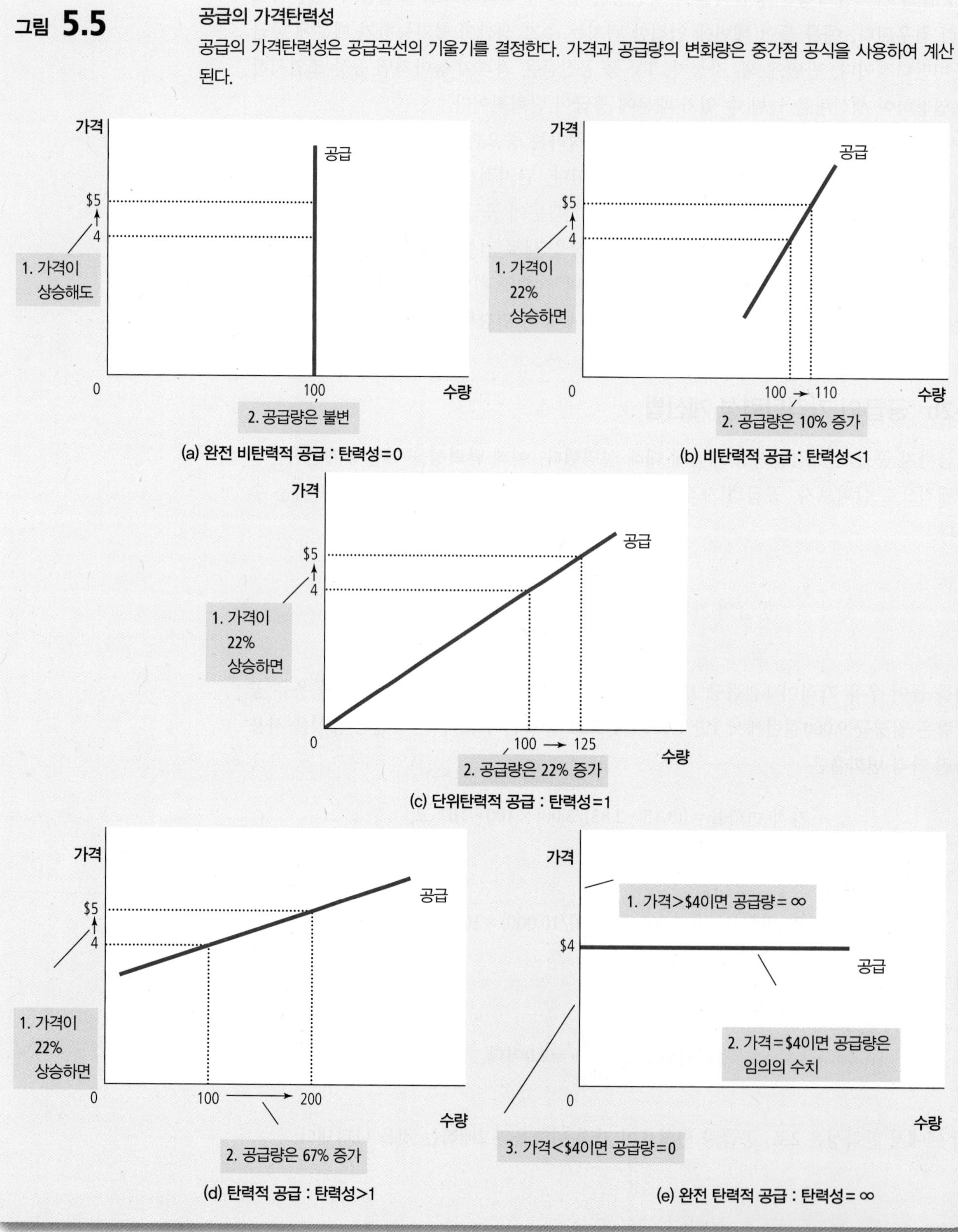

5-2c 다양한 모양의 공급곡선

공급의 가격탄력성은 가격 변화에 공급량이 얼마나 민감하게 반응하는지 나타내므로, 가격탄력성은 공급곡선의 기울기와 밀접한 관계가 있다. 그림 5.5에는 다섯 가지 유형의 공급곡선이 있다. 탄력성이 0이고 공급이 완전 비탄력적인 극단적인 경우에는 그림 (a)와 같이 공급곡선이 수직선이다. 이 경우 공급량은 가격에 관계없이 일정하다. 탄력성이 커질수록 공급곡선은 점점 더 완만해지며, 가격 변화에 대한 공급량의 변화폭도 커진다. 반면에 공급이 완전 탄력적인 경우 탄력성이 무한대에 접근한다. 이 경우에는 그림 (e)와 같이 공급곡선이 수평선이고 가격이 조금만 변해도 공급량은 매우 큰 폭으로 변한다.

공급의 가격탄력성은 공급곡선상의 위치에 따라 다른 경우가 있다. 그림 5.6은 생산능력이 한정된 공장을 보유한 업체들로 구성된 산업의 공급 행태를 보여준다. 공급량이 적을 때는 공급의 탄력성이 높은데, 이는 가격이 변함에 따라 기업의 공급량이 큰 폭으로 변한다는 뜻이다. 공급량이 적은 경우 업체들은 유휴 생산 능력이 있다. 예컨대 공장이나 설비가 하루 종일 혹은 하루 중 몇 시간씩 노는 상태다. 따라서 가격이 조금만 오르면 기업들은 이 유휴 생산 시설과 장비를 가동하는 것이 이익이다. 그러나 공급량이 증가함에 따라 궁극적으로 생산 능력은 한계에 도달하고, 생산량을 증가시키기 위해 새로운 공장을 건설해야 한다. 기업들이 추가비용을 들여서 공장을 짓도록 유도하려면 가격이 큰 폭으로 상승해야 한다. 따라서 공급은 비탄력적이 된다.

그림 5.6은 공급량에 따라 공급의 가격탄력성이 다를 수 있다는 사실을 보여준다. 가격이 3달러에서 4달러로(중간점 공식을 사용하여 29% 상승) 상승하면 공급량은 100에

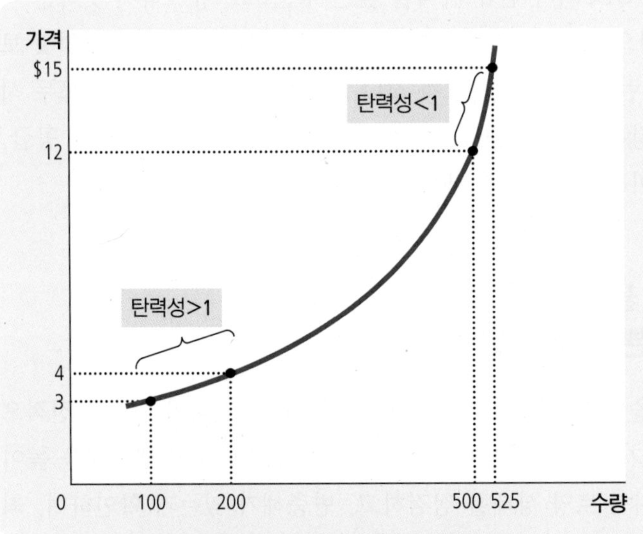

그림 5.6

공급곡선 위의 여러 점에서 가격탄력성이 다를 수 있다. 기업의 생산 능력은 제한되어 있기 때문에 공급량이 적을 때는 탄력성이 높고, 공급량이 많을 때는 탄력성이 낮다. 가격이 3달러에서 4달러로 상승하면 공급량은 100에서 200으로 증가한다. 이와 같이 공급량의 변화율(67%)이 가격 변화율(29%)보다 크므로 이 구간에서 공급은 탄력적이다. 반면에 가격이 12달러에서 15달러로 상승하면 공급량은 500에서 525로 증가한다. 이 경우 공급량의 변화율(5%)은 가격 변화율(22%)보다 작으므로 이 구간에서 공급은 비탄력적이다.

서 200으로(67%) 증가한다. 공급량의 변화율이 가격 변화율보다 크므로 공급탄력성은 1보다 크다. 반면에 가격이 12달러에서 15달러로(22%) 상승하면 공급량은 500에서 525로(5%) 증가한다. 이 경우 공급량의 변화율은 가격 변화율보다 작으므로 탄력성은 1보다 작다.

간단한 퀴즈

5. 가격이 16달러에서 24달러로 상승하고, 공급량은 90개에서 110개로 증가했다면, 이 재화의 공급의 가격탄력성은 얼마인가? 중간점 공식을 사용하여 계산하라.

a. 1/5
b. 1/2
c. 2
d. 5

6. 공급의 가격탄력성이 0이라면, 공급곡선은?

a. 우상향한다.
b. 수평 직선이다.
c. 수직선이다.
d. 작은 수량에서는 비교적 평평하지만, 큰 수량에서는 가파르다.

7. 기업들이 시장에 진입하거나 퇴출할 수 있다는 것은, 장기적으로 ( ).

a. 수요곡선이 더 탄력적이라는 것이다.
b. 수요곡선이 덜 탄력적이라는 것이다
c. 공급곡선이 더 탄력적이라는 것이다.
d. 공급곡선이 덜 탄력적이라는 것이다.

정답은 각 장의 끝에

5-3 수요, 공급, 탄력성에 관한 세 가지 응용 사례

농업의 입장에서 볼 때 좋은 소식이 농부들에게는 나쁜 소식이 될 수 있을까? 국제석유카르텔인 석유수출국기구(OPEC)가 원유 가격을 높은 수준으로 유지하지 못하는 이유는 무엇일까? 마약 금지령으로 인해 마약 관련 범죄는 증가할까, 감소할까? 얼핏 보기에 이 질문들은 서로 아무런 공통점이 없는 것 같다. 그러나 세 가지 질문은 모두 시장에 관한 것이며, 모든 시장은 수요와 공급의 힘에 따라 움직인다. 이제 수요, 공급, 탄력성이라는 분석 도구를 이용하여 복잡한 세 가지 질문에 대한 답을 찾아보자.

5-3a 농업의 입장에서 볼 때 좋은 소식이 농부들에게는 나쁜 소식이 될 수 있을까

여러분이 캔자스 주에서 밀을 재배하는 농부라고 가정해보자. 여러분의 소득은 전적으로 밀의 판매 수입에서 나오기 때문에 가능한 한 밀을 경작하는 토지의 생산성을 높이기 위해 노력할 것이다. 날씨와 토양 상태를 점검하고, 병충해가 있는지 확인하며, 최근에 개발된 영농기술을 공부할 것이다. 밀 수확이 늘어날수록 시장에 내다 팔 밀의 양

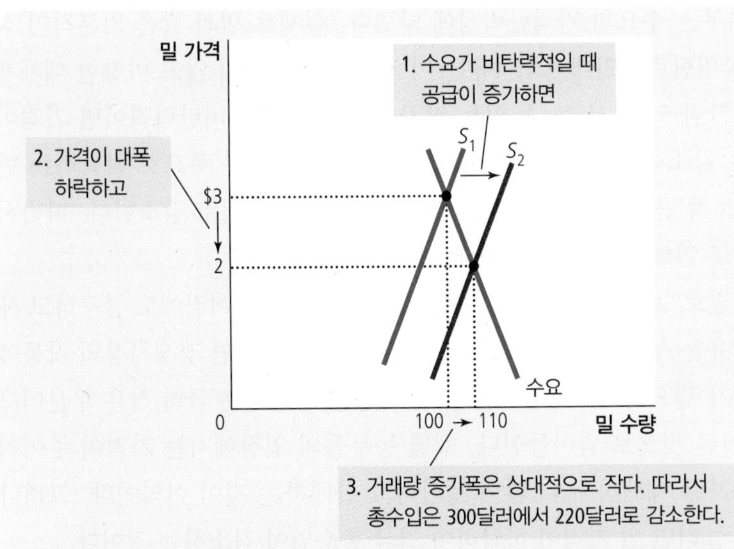

그림 **5.7**

밀 시장에서 공급 증가

새로운 영농기술의 개발로 공급곡선이 S_1에서 S_2로 증가함에 따라 밀 가격은 하락한다. 밀의 수요는 비탄력적이므로 판매량의 증가폭(100에서 110으로 증가)은 가격의 하락폭(3달러에서 2달러로 하락)보다 작다. 따라서 농부들의 총수입은 300달러(3×100)에서 220달러(2×110)로 감소한다.

이 증가하고, 그 결과 소득과 생활 수준이 높아진다는 것을 알기 때문이다.

어느 날 캔자스주립대학 농과대학 연구진이 토지 1에이커당 생산량이 보통 종자보다 20% 많은 밀 종자를 개발했다고 발표했다. 여러분이라면 이 소식을 듣고 어떻게 하겠는가? 새로운 종자를 써보겠는가? 이 발견으로 인해 여러분의 생활은 더 나아지겠는가, 아니면 더 못해지겠는가?

우리는 4장에서 이러한 질문에 대한 답을 찾는 3단계 분석법에 대해 배웠다. 첫째, 수요곡선이 이동하는지, 공급곡선이 이동하는지, 아니면 둘 다 이동하는지 판정한다. 둘째, 어느 방향으로 이동하는지 판정한다. 셋째, 수요 · 공급곡선 그래프를 이용하여 시장균형이 어떻게 변하는지 분석한다.

이 예에서 새로운 밀 종자가 개발되면 공급곡선이 이동한다. 이 종자는 다른 종자에 비해 단위토지당 생산량이 많기 때문에 농부들은 각 가격에서 더 많은 밀을 공급하려 한다. 따라서 공급곡선은 우측으로 이동한다. 그러나 새로운 종자가 개발된다 해도 각 가격에서 소비자들이 희망하는 밀의 구입량은 변하지 않으므로 수요곡선은 변하지 않는다. 그림 5.7에서 공급곡선이 S_1에서 S_2로 이동함에 따라 밀의 판매량은 100에서 110으로 증가하고 가격은 3달러에서 2달러로 하락한다.

그렇다면 새로운 종자 개발로 농부들은 더 잘살 수 있을까? 이 질문에 답하기 위해 밀 재배 농가들의 수입이 어떻게 될지 살펴보자. 농부들의 수입은 $P \times Q$, 즉 밀 가격에 밀 판매량을 곱한 수치다. 새로운 종자의 개발로 두 가지 상반된 효과가 발생한다. 새로운 종자로 인해 공급량은 늘었지만(Q 증가), 밀 가격은 전보다 낮아지는 것이다(P 하락).

총수입의 증가 여부는 수요의 가격탄력성에 달렸다. 실제로 밀과 같은 기본적인 식료품에 대한 수요는 비탄력적인데, 그 이유는 이 제품들이 비싸지 않고 마땅한 대체재도 없기 때문이다. 그림 5.7에서 볼 수 있는 것처럼 수요곡선이 비탄력적이면 가격이 하락할 때 총수입은 감소한다. 그림을 보면 밀 가격은 상당히 큰 폭으로 하락하는 반면, 밀의 판매량은 소폭 증가하여 총수입은 300달러에서 220달러로 감소한다. 따라서 새로운 품종의 개발로 인해 농부들의 밀 판매 수입은 줄어든다.

새로운 품종의 개발로 농부들의 생활 수준이 오히려 전보다 떨어짐에도 불구하고 새 품종을 채택하는 이유는 무엇일까? 이 질문에 대한 답을 구하려면 경쟁시장의 작동에 대한 본질적인 이해가 필요하다. 각 농부들은 밀 시장을 구성하는 극히 작은 부분이므로, 시장가격을 주어진 것으로 받아들인다. 개별 농부들의 입장에서는 가격이 주어져 있으므로 새로운 종자를 채택하여 더 많이 생산하고 판매하는 것이 이익이다. 그러나 모든 농부가 생산을 늘리면 밀 가격이 하락하여 결국 총수입이 감소하는 것이다.

이 예는 가상적인 것으로 여겨질지 모르지만, 실제로 지난 1세기에 걸쳐 미국 경제에서 일어난 중요한 변화를 설명하는 데 도움이 된다. 200년 전만 해도 영농기술이 보잘것없어서 온 국민이 먹을 수 있는 식량을 충분히 생산하려면 대부분의 국민이 농사를 지어야 했다. 그러나 시간이 흐름에 따라 영농기술이 발달하여 식량 생산량은 많이 늘었다. 이처럼 공급이 늘어나자 곡물 가격이 하락하여 농가 수입이 감소했고, 그 결과 많은 농부가 영농을 포기하기에 이르렀다.

이러한 역사적 변화의 크기를 보여주는 몇 가지 통계 수치를 살펴보자. 1950년에 미국 농가의 노동인구는 전체 노동인구의 17%인 1,000만 명에 달했다. 오늘날에는 이 수치가 전체 노동인구의 2%인 300만 명 이하로 줄었는데, 이 변화는 영농기술의 획기적

둔즈베리 : 트뤼도 그림

인 발달과 동시에 일어났다. 농업인구가 크게 감소했음에도 불구하고, 현재 미국 농가의 생산량은 1950년대에 비해 5배 가량 늘어났다.

곡물시장에 대한 이상의 분석을 통해 얼핏 보면 이해하기 어려운 농업정책을 설명할 수 있다. 어떤 농업정책 프로그램은 농부들에게 곡물 생산을 줄이도록 함으로써 도움을 준다. 이러한 정책들의 목표는 농산물의 공급량을 줄여서 가격 상승을 유도하고자 하는 것이다. 곡물에 대한 수요는 비탄력적이기 때문에 농부들이 공급을 줄이면 곡물 판매 수입은 증가한다. 개별 농부들은 시장가격을 주어진 것으로 받아들이기 때문에 자기가 경작하는 곡물을 갈아엎을 이유가 없다. 그러나 모든 농부가 곡물 생산을 줄이면 총수입은 증가한다.

영농기술이나 농업정책의 효과를 분석할 때 유의해야 할 사실은, 농부들에게 득이 되는 일이 사회 전체의 입장에서는 바람직하지 못할 수도 있다는 점이다. 영농기술이 발달하면 농민들의 수가 감소하여 농민들에게는 나쁠 수 있지만, 소비자들의 입장에서는 곡물 가격이 하락하기 때문에 분명히 좋은 일이다. 반면 농산물 생산을 억제하는 정책은 농산물 판매 수입을 증가시키지만 소비자들은 피해를 당한다.

5-3b 석유수출국기구가 고유가 유지에 실패한 이유

지난 수십 년 동안 세계경제를 교란한 가장 중요한 사건들은 국제 원유시장에서 비롯되었다. 1970년대에 OPEC 회원국들은 원유 판매 수입을 늘리기 위해 세계 유가를 인상하기로 결정했다. 이들은 원유 공급량을 줄임으로써 가격 인상이라는 목표를 달성했다. 1973년에서 1974년 국제 원유 가격은 (인플레이션을 감안할 때) 50% 이상 올랐다. 그리고 몇 년 뒤 OPEC은 또 한 번 같은 시도를 했다. 1979년부터 1981년 석유 값은 대략 2배 상승했다.

그러나 OPEC은 고유가를 유지하는 데 많은 어려움을 겪었다. 1982년에서 1985년에 유가는 매년 10%씩 꾸준히 하락했다. 얼마 가지 않아 OPEC 회원국 사이에 불만과 혼란이 생겨났다. 1986년에는 회원국의 공조 체제가 완전히 무너져 원유 가격은 45% 폭락했다. 1990년 유가는 (인플레이션을 감안할 때) 1970년 수준으로 돌아갔고, 1990년대 내내 이 수준에 머물렀다. (21세기 첫 20년 동안 원유 가격은 다시 급등락을 반복했다. 그러나 가격 변동의 원인은 OPEC의 공급 제한이 아니라, 전 세계 경제의 호황과 불황에 의한 세계 석유 수요의 변동에 있었다. 이 기간 동안 공급은 석유 시추기술의 발달로 인해 크게 증가했다.)

1970년대와 1980년대 OPEC의 이 경험은 수요와 공급이 단기와 장기에 어떻게 작동하는지 보여준다. 단기적으로 원유에 대한 수요와 공급은 비탄력적이다. 먼저 공급이 비탄력적인 것은 원유 매장량이 일정하고 원유 추출 능력이 쉽게 변하지 않기 때문이

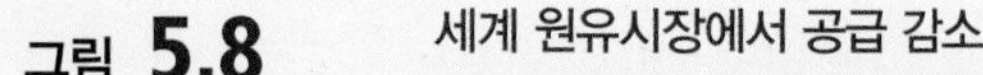

그림 5.8 **세계 원유시장에서 공급 감소**

원유 공급의 감소가 시장에 미치는 효과는 조정 기간에 따라 다르다. 단기에는 그림 (a)에서처럼 수요와 공급이 모두 비탄력적이므로 공급곡선이 S_1에서 S_2로 이동할 때 가격이 많이 오른다. 그러나 장기에는 그림 (b)에서처럼 수요와 공급이 상대적으로 탄력적이기 때문에 공급곡선이 S_1에서 S_2로 이동할 때 가격은 조금 오른다.

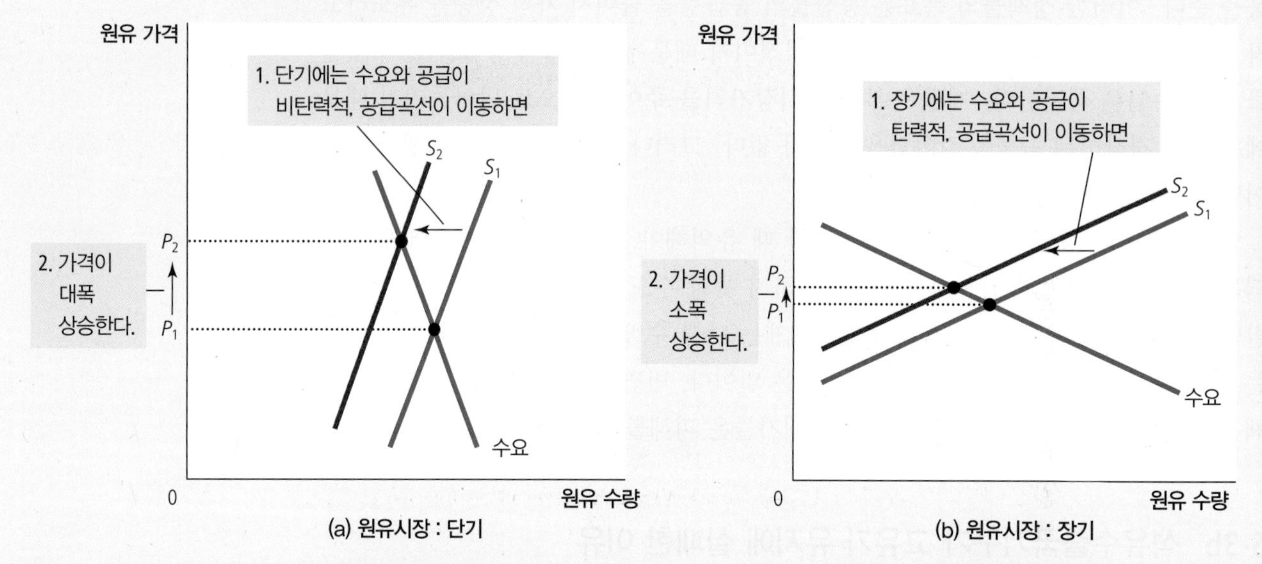

다. 한편 소비자들의 구입 습관이 가격 변화에 따라 즉각적으로 변하지 않으므로 수요도 비탄력적이다. 따라서 그림 5.8 (a)에서 볼 수 있듯이 단기 수요곡선과 공급곡선은 비탄력적이다. 원유 공급이 S_1에서 S_2로 감소하면 가격은 P_1에서 P_2로 대폭 상승한다.

그러나 장기에는 상황이 크게 달라진다. 장기적으로 높은 유가가 형성되면 OPEC 이외의 산유국들은 석유 탐사를 늘리고 원유 추출 시설도 신축할 것이다. 한편 소비자들은 높은 유가에 대응하여 예컨대 엔진 효율이 낮은 낡은 차를 효율이 높은 새 차로 교체한다. 따라서 그림 5.8 (b)가 보여주듯이 장기 수요곡선과 공급곡선은 좀더 탄력적이다. 장기적으로 공급곡선이 S_1에서 S_2로 이동하면 가격 상승폭은 훨씬 작다.

OPEC이 장기적으로 높은 유가를 유지하는 데 실패한 이유는 다음과 같이 설명할 수 있다. OPEC 회원국이 원유 생산을 줄이면 공급곡선은 왼쪽으로 이동한다. 회원국이 공급량을 줄이더라도 유가가 많이 올라 단기적으로는 원유 판매 수입이 증가한다. 그러나 장기적으로는 수요와 공급이 좀더 탄력적이므로 공급이 같은 폭으로 감소하더라도(즉 공급곡선이 같은 폭으로 왼쪽으로 수평 이동하더라도) 가격은 조금밖에 오르지 않는다. 따라서 OPEC 회원국이 다 같이 공급을 줄이더라도 장기적으로는 실익이 별로 없다. 이제 OPEC 카르텔은 가격 인상이 단기적으로나 가능하지 장기적으로는 어렵다는 것을 깨달은 모양이다.

5-3c 마약 퇴치정책으로 마약 관련 범죄는 증가할까, 감소할까

미국 사회의 골칫거리 중 하나는 코카인, 헤로인, 엑스터시, 메탐페타민 등 불법 마약 문제다. 마약 사용에 따르는 해악은 여러 가지다. 마약중독은 마약 사용자와 그 가족의 삶을 망친다. 또 마약중독자들은 마약 살 돈을 마련하기 위해 강도나 다른 강력범죄를 저지르는 경우가 많다. 불법 마약의 사용을 줄이기 위해 미국 정부는 매년 수십억 달러를 들여 마약의 미국 반입을 저지하려고 노력한다. 이제 수요 · 공급모형을 사용하여 마약 퇴치정책의 효과를 분석해보자.

정부가 마약과의 전쟁에 인원을 더 투입한다면 불법 마약시장에 어떤 영향이 미칠까? 앞에서와 마찬가지로 3단계 접근법을 사용해 이 질문에 답해보자. 먼저 수요곡선과 공급곡선 중 어느 곡선이 이동하는지 알아본 다음 이동 방향을 살펴본다. 마지막으로 곡선의 이동이 균형가격과 균형거래량에 미치는 효과를 분석한다.

마약 공급 억제정책의 목적은 마약의 사용을 줄이는 데 있지만, 그 직접적인 효과는 소비자보다는 공급자에게 미친다. 정부가 마약의 국내 반입을 저지하고 마약 수입업자

마약 소비를 줄이기 위한 정책 **그림 5.9**

마약 공급 억제정책으로 마약 공급이 그림 (a)에서처럼 S_1에서 S_2로 감소한다. 마약에 대한 수요는 비탄력적이므로 마약 소비량이 감소하더라도 마약에 대한 총지출은 증가한다. 반면에 마약 퇴치 교육은 그림 (b)에서처럼 수요곡선을 D_1에서 D_2로 이동시킨다. 이 경우 가격과 소비량이 모두 하락하므로 마약에 대한 지출도 감소한다.

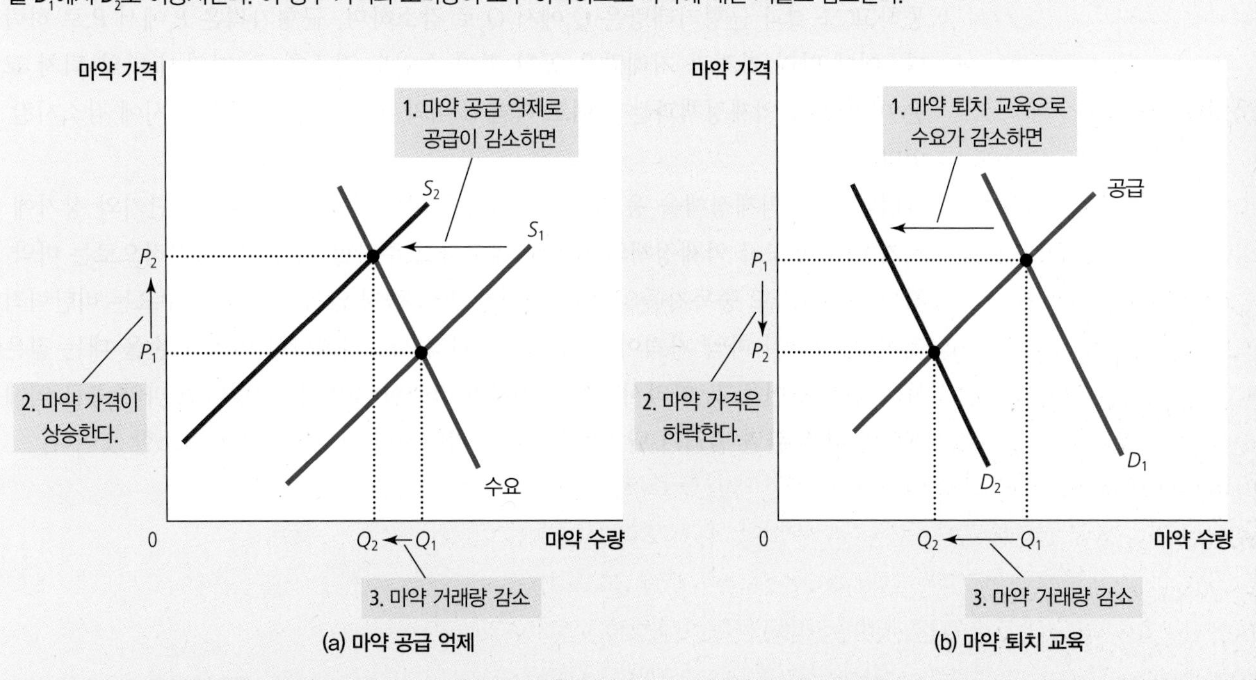

에 대한 단속을 강화하면, 마약 판매의 비용이 상승하여 각 가격 수준에서 마약 공급이 줄어든다. 그러나 마약에 대한 수요, 즉 주어진 가격에서 소비자들이 구입하려는 마약의 양은 변함이 없다. 그림 5.9 (a)에서 볼 수 있듯이 마약 공급 억제정책으로 공급곡선이 S_1에서 S_2로 이동하는 반면, 수요곡선은 변하지 않는다. 따라서 마약의 균형가격은 P_1에서 P_2로 상승하고, 균형거래량은 Q_1에서 Q_2로 감소한다. 균형거래량의 감소는 마약 공급 억제정책으로 마약 소비가 감소했음을 의미한다.

그렇다면 마약 관련 범죄는 어떻게 될까? 이 질문에 답하기 위해서 마약 구입자들의 마약 구입 지출액의 변화를 살펴보자. 가격이 오르더라도 마약중독자들이 쉽사리 마약 소비를 줄일 수는 없으므로 마약에 대한 수요는 그림에 표시된 것처럼 비탄력적일 가능성이 높다. 수요가 비탄력적이면 가격이 상승함에 따라 마약 판매 수입은 증가한다. 즉 마약 공급 억제정책에 따른 소비 감소효과보다 가격 상승효과가 크므로 마약 사용자들의 마약 구입 지출총액이 증가하는 것이다. 가격이 오르기 전에도 마약 구입비용을 마련하기 위해 도둑질을 하던 마약중독자들은 이제 더 많은 돈이 필요하기 때문에 더 큰 범죄를 일으킬 가능성이 높다. 따라서 마약 공급 억제정책으로 마약 관련 범죄는 더 늘어날 수 있는 것이다.

마약 공급 억제정책의 이러한 부작용 때문에 일부 분석가들은 마약 문제를 다른 방식으로 접근해야 한다고 주장한다. 마약의 공급을 줄이기보다는 마약 사용의 위험에 관한 교육을 통해 마약 수요를 줄이는 것이 효과적이라는 이야기다. 성공적인 마약 퇴치 교육의 효과는 그림 5.9 (b)에 표시되어 있다. 그림에서 수요곡선이 D_1에서 D_2로 이동하고 그 결과 균형거래량은 Q_1에서 Q_2로 감소하며, 균형가격은 P_1에서 P_2로 하락한다. 이에 따라 가격과 거래량을 곱한 판매 수입도 감소한다. 따라서 마약 퇴치 교육은 마약 공급 억제정책과는 반대로 마약 소비와 마약 관련 범죄를 동시에 감소시킬 수 있다.

마약 공급 억제정책을 옹호하는 사람들은 마약 수요의 탄력성이 단기와 장기에 다르기 때문에 공급 억제정책의 효과도 다르다고 주장할 수 있다. 단기적으로는 마약 가격이 오르더라도 중독자들의 마약 소비가 별로 줄지 않을 것이므로 수요는 비탄력적일 것이다. 그러나 마약 가격이 높아지면 장기적으로 시험삼아 마약에 손을 대는 젊은이들의 수가 줄어들고, 따라서 마약중독자가 감소할 것이다. 그렇다면 마약 공급 억제정책으로 마약 관련 범죄가 단기적으로는 증가하지만 장기적으로는 감소할 것이다.

간단한 퀴즈

8. 곡물 공급의 증가로 인해 곡물 생산자들의 총수입이 감소했다면?
   a. 공급곡선이 비탄력적이기 때문이다.
   b. 공급곡선이 탄력적이기 때문이다.
   c. 수요곡선이 비탄력적이기 때문이다.
   d. 수요곡선이 탄력적이기 때문이다.

9. 완전경쟁시장에서 농민들은 결과적으로 자신들의 수입을 줄이게 되는 신기술을 채택한다. 그 이유는?
   a. 각각의 농민은 가격 수용자이기 때문이다.
   b. 농민들은 단기적으로 행동하기 때문이다.
   c. 정부 규제가 신기술을 사용하도록 하기 때문이다.
   d. 소비자들의 압력으로 인해 가격을 인하하기 때문이다.

10. 석유에 대한 수요는 장기적으로 (　　) 탄력적이기 때문에, OPEC이 생산량을 감축한다면, 단기에 비해 장기적으로 석유 가격에 미치는 효과는 더 (　　).
   a. 덜, 작다
   b. 덜, 크다
   c. 더, 작다
   d. 더, 크다

11. 시간이 지남에 따라 기술의 발전으로 소비자의 소득은 증가하고, 스마트폰의 가격은 하락했다. 이로 인해 소비자들이 스마트폰에 대한 지출을 늘렸다면, 스마트폰 수요의 소득탄력성은 (　　) 보다 크고, 가격탄력성은 (　　) 보다 크다.
   a. 0, 0
   b. 0, 1
   c. 1, 0
   d. 1, 1

정답은 각 장의 끝에

5-4 결론

앵무새도 '수요와 공급'이라고 말하는 법만 배우면 경제학자가 될 수 있다는 우스갯소리가 있다. 4, 5장을 통해 여러분은 이러한 농담이 일리가 있다는 사실을 알았을 것이다. 여러분은 수요 · 공급모형을 이용하여 경제에 관한 중요한 현상과 정책효과를 분석할 수 있다. 이제 여러분은 경제학도(혹은 최소한 잘 훈련된 앵무새)가 되기 위한 길에 들어선 셈이다.

요약

- 수요의 가격탄력성은 가격이 변할 때 수요량이 얼마나 변하는지 나타낸다. 필수품보다는 사치품일수록, 훌륭한 대체재가 존재할수록, 재화가 좁게 정의될수록, 소비자들이 가격 변화에 적응할 시간이 길수록 수요는 더 탄력적이다.
- 수요의 가격탄력성은 수요량 변화율을 가격 변화율로 나눈 수치다. 탄력성이 1보다 작아서 가격 변화폭보다 수요량 변화폭이 작으면 수요가 비탄력적이라고 말한다. 탄력성이 1보다 커서 가격 변화폭보다 수요량 변화폭이 크면 수요는 탄력적이라고 한다.
- 총수입, 즉 어떤 재화의 구입에 대한 총지출은 그 재화의 가격에 판매량을 곱한 것이다. 수요곡선이 비탄력적이면 가격이 오를 때 총수입도 증가한다. 수요곡선이 탄력적이면 가격이 오를 때 총수입은 감소한다.
- 수요의 소득탄력성은 소득이 변할 때 수요량이 얼마나 변하는지 나타낸다. 수요의 교차탄력성은 한 재화의 가격이 변할 때 다른 재화의 수요량이 얼마나 변하는지 나타낸다.
- 공급의 가격탄력성은 가격이 변할 때 공급량이 얼마나 변하는지 나타낸다. 이 탄력성은 분석 대상 기간에 따라 달라진다. 대부분 시장의 경우 단기에 비해 장기에 탄력성이 크다.
- 공급의 가격탄력성은 공급량 변화율을 가격 변화율로 나눈 수치다. 탄력성이 1보다 작아서 가격 변화폭보다 공급량 변화폭이 작으면 공급이 비탄력적이라고 말한다. 탄력성이 1보다 커서 가격 변화폭보다 공급량 변화폭이 크면 공급은 탄력적이라고 한다.
- 수요 · 공급모형은 다양한 시장의 분석에 적용될 수 있다. 5장에서는 밀, 원유, 불법 마약 시장을 분석했다.

중요개념

복습문제

1. 수요의 가격탄력성과 소득탄력성을 정의하라.
2. 수요의 가격탄력성을 결정하는 네 가지 변수를 열거하고 설명하라.
3. 탄력성이 1보다 크면 수요는 탄력적인가, 비탄력적인가? 탄력성이 0이면 수요는 완전 탄력적인가, 완전 비탄력적인가?
4. 수요 · 공급 그래프에 균형가격, 균형거래량, 그리고 공급자가 받는 총수입을 표시하라.
5. 수요가 비탄력적일 경우 가격이 상승하면 총수입은 어떻게 변하는지 설명하라.
6. 수요의 소득탄력성이 0보다 작은 재화를 무엇이라고 부르는가?
7. 공급의 가격탄력성 공식을 쓰고 의미를 설명하라.
8. 어느 재화의 현재 수량이 고정되어 있고 더 이상 생산할 수 없다면, 이 물건 공급의 가격탄력성은 얼마일까?
9. 태풍으로 완두콩 생산량이 절반으로 줄었다고 한다. 완두콩의 수요가 탄력적인 경우와 비탄력적인 경우 중 어느 경우에 농민들의 수입이 감소할까? 설명하라.

응용문제

1. 다음 재화의 짝 중에서 어느 재화의 수요가 더 탄력적이겠는가? 그 이유를 설명하라.
   a. 필수 교과서와 추리소설
   b. 가수 아델의 음반과 팝 뮤직 음반 전체
   c. 향후 6개월간의 지하철 수요와 향후 5년간의 지하철 수요
   d. 루트비어(음료)와 물

2. 시카고-마이애미 간 항공권에 대한 출장 여행자와 휴가 여행자들의 수요는 다음과 같다.

가격	출장 여행자들의 수요량	휴가 여행자들의 수요량
$150	2,100장	1,000장
200	2,000	800
250	1,900	600
300	1,800	400

   a. 항공권 가격이 200달러에서 250달러로 상승할 경우 (i) 출장 여행자에 따른 수요의 가격탄력성은 얼마인가? (ii) 휴가 여행자에 따른 수요의 가격탄력성은 얼마인가? (중간점 공식을 사용할 것)
   b. 출장 여행자와 휴가 여행자의 가격탄력성이 서로 다른 이유는 무엇인가?

3. 난방유 수요의 가격탄력성은 단기적으로 0.2고, 장기적으로 0.7이라고 한다.
   a. 난방유의 가격이 1.8달러에서 2.2달러로 상승한다면 단기적으로 난방유 수요량은 어떻게 변할까? 장기적으로는 어떻게 변할까? (중간점 공식을 사용하여 계산할 것)
   b. 왜 수요의 가격탄력성이 시간에 따라 변할지 설명하라.

4. 가격 상승으로 수요가 30% 감소했는데 총수입은 15% 증가했다고 한다. 이 재화의 수요는 탄력적인가, 비탄력적인가? 설명하라.

5. 커피와 도너츠는 보완재다. 두 재화 모두 수요가 비탄력적이다. 태풍으로 커피 수확이 절반으로 줄었다고 한다. 다음 문제를 그래프를 사용하여 설명하라.
   a. 커피 원두 가격은 어떻게 변할까?
   b. 커피 1잔 가격과 커피에 대한 지출은 어떻게 변할까?
   c. 도너츠 가격과 도너츠에 대한 지출은 어떻게 변할까?

6. 지난달에 아스피린 가격이 급상승했음에도 판매량에는 변화가 없었다. 아래 다섯 사람이 그 이유를 다음과 같이 설명했다. 누가 옳은지 그래프를 사용하여 설명하라.
   메러디스 : 수요는 증가했지만, 공급이 완전 비탄력적이다.
   알렉스 : 수요는 증가했지만, 수요가 완전 비탄력적이다.
   미란다 : 수요는 증가했지만, 동시에 공급이 감소했다.
   리차드 : 공급이 감소했지만, 수요가 단위 탄력적이다.
   오웬 : 공급이 감소했지만, 수요가 완전 비탄력적이다.

7. 피자에 대한 수요표는 다음과 같다.

가격	소득이 2만 달러일 때 수요량	소득이 2만 4,000달러일 때 수요량
$ 8	40판	50판
10	32	45
12	24	30
14	16	20
16	8	12

   a. 중간점 공식을 사용해서 피자 가격이 8달러에서 10달러로 상승했을 때 (i) 소득이 2만 달러일 때, (ii) 소득이 2만 4,000달러일 때 수요의 가격탄력성을 각각 계산하라.
   b. 중간점 공식을 사용해서 소득이 2만 달러에서 2만 4,000달러로 상승했을 때 (i) 피자 가격이 12달러일 때, (ii) 피자 가격이 16달러일 때 수요의 소득탄력성을 각각 계산하라.

8. 1996년 2월 17일자 「뉴욕타임스」는 '지하철 요금이 1.25달러에서 1.50달러로 인상된 첫 달인 1995년 12월 중 지하철 이용 승객 수는 1994년 12월에 비해 400만 명 이상, 즉 4.3% 줄었다'고 보도했다.
   a. 이 자료를 이용하여 지하철 이용 수요의 가격탄력성을 구하라.
   b. 계산된 가격탄력성에 따르면 요금 인상으로 지하철공사의 수입은 어떻게 변하는가?
   c. 계산된 가격탄력성이 정확하지 않을 수 있는 이유는 무엇인가?

9. 월트와 제시가 어느 주유소에 휘발유를 넣으러 간다. 이들은 가격을 보지 않고 주문부터 한다. 월트는 "휘발유 10갤런 넣어주세요"라고 말하고, 제시는 "휘발유 10달러어치 넣어주세요"라고 말한다. 두 사람의 수요의 가격탄력성을 구하라.

10. 금연정책에 대한 다음 질문에 답하라.

a. 연구에 따르면 담배의 수요의 가격탄력성은 약 0.4다. 만약 담배 1갑이 5달러고 정부가 담배 소비를 20% 감소시키고자 한다면, 가격을 얼마나 인상해야 하는가?

b. 정부가 영구적으로 담배 가격을 인상한다면 담배 소비에 미치는 영향은 1년 뒤와 5년 뒤 어느 쪽이 더 크겠는가?

c. 연구 결과에 따르면 성인에 비해 10대의 수요의 가격탄력성이 크다고 한다. 어떤 이유 때문일까?

11. 여러분이 박물관 관장이라고 하자. 지금 박물관 예산이 부족하여 박물관 수입을 늘리고자 한다. 입장료를 올려야 할까, 내려야 할까? 그 이유는 무엇인가?

12. 다음 문장이 옳을 수 있는 근거를 설명하라.

"전 세계에 가뭄이 들면 농부들의 곡물 판매 수입이 증가하지만 캔자스 주에만 가뭄이 들면 캔자스 주 농부들의 수입은 감소한다."

간단한 퀴즈 정답

1. a 2. d 3. d 4. c 5. b 6. c 7. c 8. c 9. a 10. c 11. b

6장

수요, 공급과 정부 정책

경제학자에게는 두 가지 역할이 있다. 과학자로서 현실세계를 설명하는 이론을 개발하고 검증하는 역할과 정책조언자로서 경제이론을 적용하여 보다 나은 세상을 만들기 위해 노력하는 것이다. 4장과 5장에서는 과학적 측면에 초점을 맞춰 수요와 공급에 따라 재화의 가격과 거래량이 결정되는 원리를 소개했다. 또 여러 가지 사건들이 수요와 공급곡선을 어떻게 이동시켜 균형가격과 거래량을 변화시키는지도 분석했다. 그리고 이러한 변화의 크기를 측정하기 위해 탄력성에 대해 알아보았다.

6장은 정책에 관한 첫 번째 장으로, 수요 · 공급모형을 이용하여 다양한 정책을 분석한다. 이러한 분석을 통해 여러분은 정책조언자들이 의도하거나 예상하지 않은 효과들이 나타나는 경우가 흔하다는 놀라

ISTOCK.COM/LOLOSTOCK

운 사실을 발견할 것이다.

우리는 우선 직접적인 가격통제에 대해 살펴볼 것이다. 예를 들면 집주인이 세입자에게서 받을 수 있는 임대료의 최대치를 규정하는 임대료 통제나, 기업이 근로자들에게 지불해야 하는 임금의 최저치를 규정하는 최저임금법 등이다. 가격통제는 정책조언자들이 시장에서 결정되는 재화나 서비스의 가격이 소비자 혹은 생산자에게 공평하지 못하다고 판단할 때 도입된다. 그러나 가격통제도 그 나름대로 불공평한 결과를 가져온다.

가격통제에 대해 살펴본 다음에는 조세의 효과를 분석할 것이다. 정책조언자들은 시장에서 결정되는 자원 배분에 영향을 미치고 공공 목적에 필요한 재원을 조달할 목적으로 세금을 부과한다. 우리 주변에 많은 세금이 있지만 이들 세금의 효과는 분명치 않다. 예컨대 기업이 근로자들에게 지급하는 임금에 대해 세금을 부과하면 그 부담은 기업이 지는가, 근로자들이 지는가? 수요 · 공급모형을 적용하여 분석해보기 전에는 답이 분명치 않다.

6-1 가격통제

가격통제가 시장에 미치는 영향을 알아보기 위해 아이스크림 시장의 예를 다시 한 번 살펴보자. 4장에서 설명한 바와 같이 아이스크림이 정부의 간섭이 없는 경쟁시장에서 거래된다면 수요와 공급은 일치한다. 균형가격에서 소비자들이 사려는 아이스크림의 개수는 생산자들이 팔고 싶어하는 수량과 정확히 일치한다. 구체적인 설명을 위해 아이스크림의 개당 균형가격이 3달러라고 하자.

이렇게 자유로운 시장에서 결정되는 가격이 누구에게나 만족스럽지는 않을 것이다. 이를테면 전국 아이스크림 소비자연대는 아이스크림 가격이 너무 높아서 누구나 하루에 (그들의 하루 권장 소비량인) 아이스크림 1개를 사 먹을 수 없다고 불평할지 모른다. 반면에 전국 아이스크림 제조업협회에서는 치열한 경쟁 끝에 형성된 시장가격 3달러로는 제조업체의 채산이 맞지 않는다고 주장할 수도 있다. 두 단체는 제각기 정부에 로비를 하여 직접적인 가격통제를 통해 시장가격을 변동해달라고 요청한다.

소비자들은 당연히 낮은 가격을 원하고 생산자들은 높은 가격을 원하므로 이해가 상충된다. 소비자연대의 로비가 성공한다면 정부는 아이스크림 판매가격의 최고치를 법으로 정하는 가격상한(price ceiling)제를 채택할 것이고, 제조업협회의 로비가 관철되면 법정 최저가격을 규정하는 가격하한(price floor)제가 도입될 것이다. 이제 두 유형의 가격통제를 차례로 살펴보자.

가격상한 어떤 재화 판매가격의 법정 최고치

가격하한 어떤 재화 판매가격의 법정 최저치

가격상한제가 있는 시장 **그림 6.1**

그림 (a)는 정부가 가격상한을 4달러에 설정하는 경우를 보여준다. 이 경우 가격상한이 시장가격 3달러보다 높아서 실효성이 없고, 시장 수요 · 공급 원리에 따라 가격은 원래의 균형에서 형성된다. 균형가격에서 수요량과 공급량은 똑같이 100개다. 그림 (b)에서는 정부가 설정한 가격상한 2달러보다 균형가격 3달러가 더 높으므로 가격상한 2달러가 곧 시장가격이 된다. 이 가격에서 수요량은 125, 공급량은 75이므로 아이스크림은 50개가 부족하다.

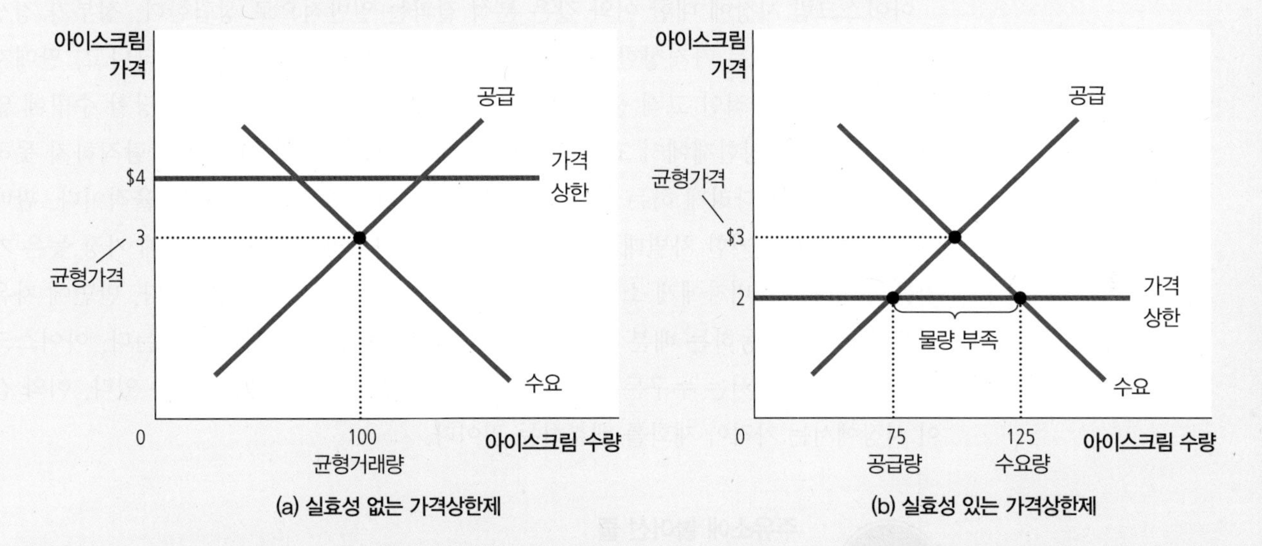

6-1a 가격상한제가 시장에 미치는 효과

정부가 전국 아이스크림 소비자연대의 압력과 선거자금 지원의 영향을 받아 결국 가격상한제를 도입한다면 다음 두 가지 경우를 생각해볼 수 있다. 먼저 그림 6.1 (a)에서처럼 가격상한이 시장가격 3달러보다 높은 4달러로 설정되면 이 가격상한은 시장가격과 거래량에 아무런 효과가 없다(non-binding). 이 경우 시장 수요와 공급에 따라 가격은 원래의 균형에서 형성되고, 가격상한은 아무런 영향을 미치지 못한다.

그림 6.1 (b)는 더 흥미로운 경우다. 여기서는 균형가격 3달러가 정부가 설정한 가격상한 2달러보다 높으므로 이 가격상한은 시장에 실질적 영향을 미친다(binding). 시장 수요와 공급에 따라 가격은 균형가격으로 움직이려고 하지만, 일단 가격상한에 도달하면 더 이상 오를 수 없다. 따라서 가격상한 2달러가 곧 시장가격이 된다. 이 가격에서 수요량(125개)이 공급량(75개)보다 많으므로 아이스크림을 사 먹고 싶어하는 50명의 소비자들은 뜻을 이루지 못한다. 즉 아이스크림의 물량 부족이 발생한다.

가격상한제로 인해 아이스크림 부족 현상이 생기면 부족한 아이스크림을 할당하는 방식이 자연히 고안된다. 선착순 배분 방식을 적용해서 일찍부터 줄을 선 사람들에게 우선적으로 아이스크림을 판매할 수도 있고, 판매자들이 자신의 취향에 따라 친구나 친척, 같은 인종의 소비자들에게만 아이스크림을 공급할 수도 있을 것이다. 여기서 주목할 사실은 소비자들의 부담을 덜어주려는 취지에서 아이스크림에 대한 가격상한제가 도입되지만, 모든 소비자들이 그 혜택을 누리지는 못한다는 점이다. 어떤 소비자들은 오랫동안 줄을 서서 싼값에 아이스크림을 구입할 수 있겠지만, 어떤 소비자들은 아이스크림을 아예 사지도 못한다.

아이스크림 시장에 대한 이와 같은 분석 결과는 일반적으로 성립한다. 정부가 경쟁시장에 실효성 있는 가격상한제를 도입하면 그 재화의 부족 현상이 나타나고, 판매자들은 다수의 잠재적인 고객 중에서 일부를 선별하여 희소한 재화를 배당할 수밖에 없다. 그런데 가격상한제에서 고안되는 할당(rationing) 방식은 대부분 바람직하지 못하다. 줄을 서서 기다리게 하는 선착순은 시간의 낭비를 초래하므로 비효율적이다. 판매자들의 편견에 근거한 차별대우는 불공평할 뿐만 아니라, 그 재화에 대해 가장 높은 가치를 부여하는 소비자에게 소비 기회가 주어지지 않으므로 비효율적이다. 반면에 자유경쟁시장에서 작동하는 배분 방식은 효율적이며 사람을 차별하지도 않는다. 아이스크림 시장의 균형에서는 누구든지 그 가격을 지불하면 아이스크림을 살 수 있다. 이와 같이 시장에서는 가격이 재화를 배분하는 것이다.

사례 연구

주유소에 늘어선 줄

5장에서 설명한 바와 같이 1973년에 OPEC은 생산량을 줄여서 세계 원유 가격을 인상했다. 원유는 휘발유 생산에 필요한 원료이기 때문에 원유 가격이 상승함에 따라 휘발유의 공급은 줄었다. 운전자들은 겨우 몇 갤런의 휘발유를 사기 위해 주유소에 줄을 서서 몇 시간씩 기다려야 했다.

왜 이런 일이 생겼을까? 사람들은 대부분 OPEC을 비난했다. 물론 OPEC이 원유 생산량을 줄이지 않았다면 휘발유 부족 사태는 발생하지 않았을 것이다. 그러나 경제학자들은 정부의 규제 때문에 정유회사들이 휘발유 가격을 올릴 수 없어서 긴 줄이 생겨났다고 보았다.

그림 6.2를 통해 이 사건을 분석해보자. 그림 (a)에서 원유 가격 인상 이전의 휘발유 균형가격은 P_1으로 가격상한보다 낮아 가격상한제는 실효성이 없었다. 그러나 원유 가격이 인상되자 상황이 바뀌었다. 원유 가격의 상승으로 휘발유 생산비용이 상승하여 휘발유의 공급곡선은 그림 (b)의 S_1에서 S_2로 왼쪽으로 이동했다. 시장에 아무런 규제가 없었다면 균형가격이 P_1에서 P_2로 상승하고 물량 부족 현상은 발생하지 않았겠지만, 가격상한제 때문에 시장가격이 균형가격 수준으로 오를 수가 없었다. 가격상한에서 생산자들은 Q_S만큼 팔려고 했고 소비자들은 Q_D만큼 사려고 했다. 따라서 공급곡선의 이동으로 가격상한에서 심각한 휘발유 부족이 야기된 것이다.

결국 휘발유 가격통제는 폐지되었다. 국민들이 휘발유를 사기 위해 장시간 줄을 서

그림 6.2

가격상한제가 있는 휘발유 시장

그림 (a)는 균형가격 P_1이 가격상한보다 낮아 가격상한제가 실효성이 없는 휘발유 시장을 보여준다. 그림 (b)는 휘발유 생산의 원료인 원유의 가격 상승으로 휘발유 공급곡선이 S_1에서 S_2로 이동한 경우를 보여준다. 시장에 아무런 규제가 없으면 균형가격이 P_1에서 P_2로 상승하여 물량 부족이 발생하지 않지만, 가격상한제가 도입되면 시장가격이 균형가격 수준으로 오를 수가 없다. 가격상한에서 생산자들은 Q_S만큼 팔려고 하는 반면, 소비자들은 Q_D만큼 사려고 하므로 $(Q_D - Q_S)$만큼 물량 부족이 발생한다.

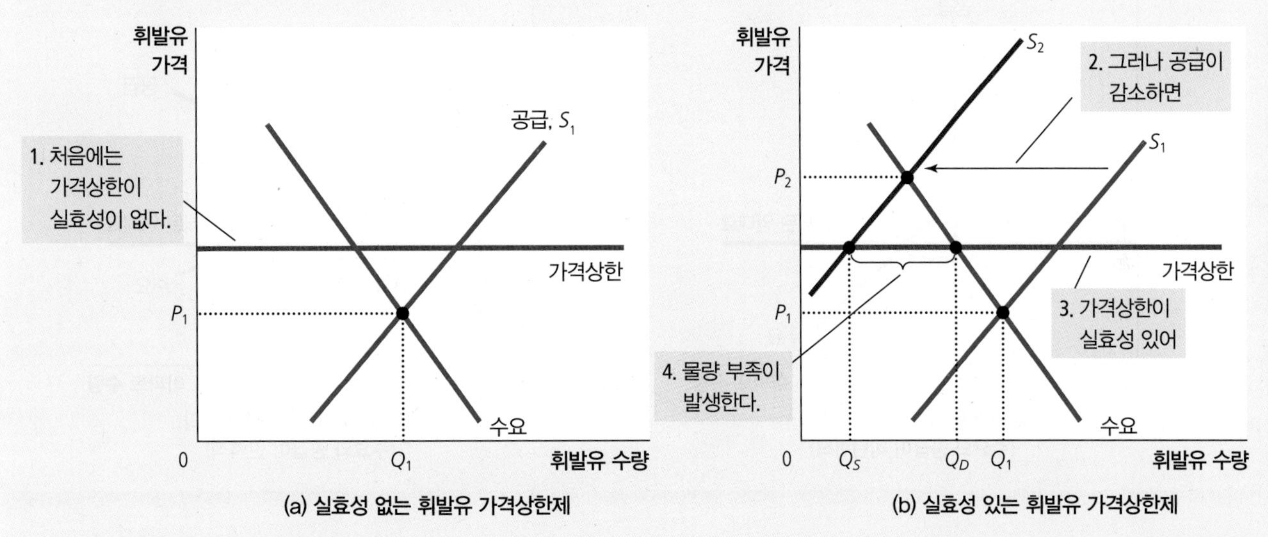

(a) 실효성 없는 휘발유 가격상한제 (b) 실효성 있는 휘발유 가격상한제

서 기다린 것이 어느 정도는 이 규제 탓이었음을 법안 입안자들이 깨달았기 때문이다. 오늘날에는 원유 가격이 변하면 휘발유 가격이 시장 수요와 공급량을 일치시키도록 조정된다. ●

임대료 규제의 단기 효과와 장기 효과

임대료 규제도 가격통제의 흔한 예다. 많은 미국 도시의 지방 정부는 집주인이 세입자들에게서 받을 수 있는 임대료의 상한을 규제하고 있다. 이 정책의 목적은 가난한 사람들의 주거비 부담을 덜어주려는 데 있다. 그러나 경제학자들은 오히려 임대료 규제가 저소득층의 생활 수준을 향상시키는 데 매우 비효율적이라고 비난한다. 어느 경제학자는 '폭격 외에 도시를 파괴하는 가장 확실한 방법'이라고 표현하기도 했다.

그러나 임대료 규제의 부작용은 오랜 기간에 걸쳐서 나타나기 때문에 일반인들이 분명히 느끼기는 어렵다. 단기에는 임대주택의 수가 고정되어 있고 시장 여건이 변하더라도 이 수치가 쉽게 변하지 않는다. 뿐만 아니라 사람들이 주거수준을 조정하는 데는 시간이 걸리므로 단기적으로는 집을 구하는 사람들의 수도 임대료에 민감하게 반응하지

그림 6.3 임대료 규제의 단기 효과와 장기 효과

그림 (a)는 임대료 규제가 주택시장에 미치는 단기 효과를 보여준다. 단기에는 수요와 공급이 상대적으로 비탄력적이기 때문에 임대료 규제로 발생하는 주택 부족의 규모는 작다. 그림 (b)는 임대료 규제의 장기 효과를 보여준다. 장기에서는 임대주택의 수요와 공급이 좀더 탄력적이기 때문에 임대료 규제로 인한 주택 부족 규모가 단기에서보다 크다.

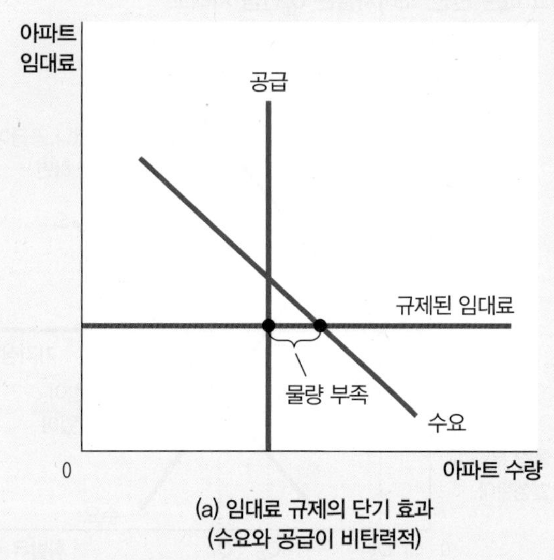

(a) 임대료 규제의 단기 효과
(수요와 공급이 비탄력적)

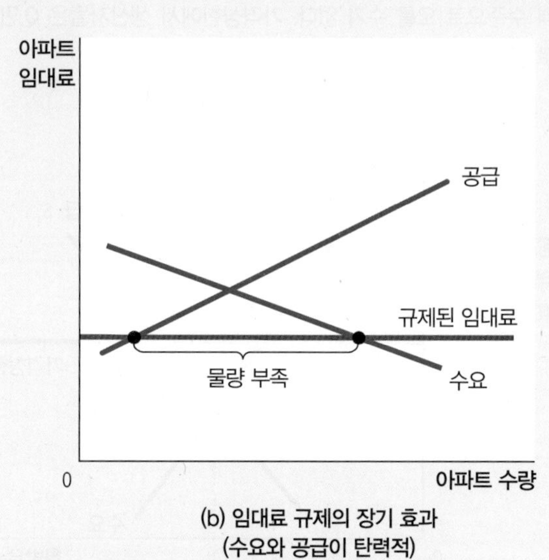

(b) 임대료 규제의 장기 효과
(수요와 공급이 탄력적)

않을 가능성이 높다. 따라서 단기에는 임대주택에 대한 수요와 공급이 모두 상대적으로 비탄력적이다.

그림 6.3 (a)는 임대료 규제가 주택시장에 미치는 단기 효과를 보여준다. 모든 실효성 있는 가격상한제가 그러하듯이 임대료 규제는 주택 부족 현상을 초래한다. 그러나 단기에는 수요와 공급이 모두 비탄력적이기 때문에 임대료 규제로 발생하는 주택 부족의 규모는 작다. 단기적으로 임대료 규제의 주된 결과는 임대료 하락이다.

그러나 시간이 흐름에 따라 임대주택의 수요자와 공급자들이 시장 여건에 보다 민감하게 반응하므로 장기 효과는 단기 효과와 매우 다르다. 공급 측면에서 임대료가 낮아짐에 따라 임대주택 주인들은 임대주택을 새로 짓지 않고, 기존의 임대주택을 제대로 유지하지도 않는다. 수요 측면에서는 임대료가 낮아짐에 따라 부모님 댁에서 함께 살거나 친구와 방을 함께 쓸 수 있는 사람들도 독채 임대주택을 구하고, 도시로 유입되는 인구도 늘어난다. 따라서 장기에는 수요와 공급 모두 더 탄력적이다.

전문가들에게 묻는다

임대료 규제

"뉴욕이나 샌프란시스코 같은 도시에서 일부 임대주택에 대한 임대료 인상을 제한하는 정책은 지난 30년간 임대주택의 공급과 주택품질에 긍정적인 영향을 미쳤다."

이 설문에 대한 경제학자들의 답변은?

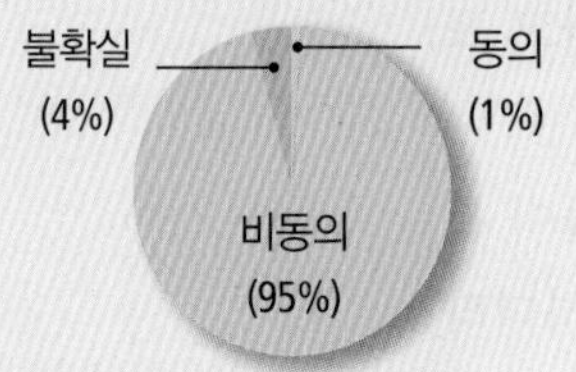

자료: IGM Economic Experts Panel, 2012년 2월 7일.

그림 6.3 (b)는 주택시장의 장기 상황을 보여준다. 임대료 규제로 임대료가 균형 수준보다 낮아지면 임대주택의 공급은 크게 줄고 수요는 크게 늘어 주택 부족 규모는 커진다.

임대료 규제를 실시하는 도시의 임대주택 소유자들은 다양한 방식으로 세입자들에게 주택을 배당한다. 선착순 방식을 따르는 집주인들도 있고, 아이가 없는 세입자를 우대하는 주인들도 있으며, 심지어는 인종차별을 하는 사람들도 있다. 건물 관리인에게 뇌물을 주는 사람들한테 임대주택이 배당되는 경우도 있다. 이 경우 뇌물을 포함한 임대료는 시장 임대료에 더 가깝다.

임대료 규제의 효과를 이해하기 위해서는 1장에서 배운 경제학의 10대 기본원리 중 사람들은 경제적 유인에 반응한다는 원리를 기억할 필요가 있다. 자유시장경제에서 임대주택 주인들이 집을 깨끗하고 안전하게 유지하려는 것은 양질의 주택에 임대료를 더 받을 수 있기 때문이다. 그러나 임대료가 규제되어 주택 부족이 발생하고 세입자들이 줄을 서서 기다린다면 소비자들의 요구에 신경 쓸 이유가 없다. 현상태 그대로도 들어오겠다는 세입자들이 많은데 집주인이 돈을 들여가며 집을 가꿀 필요가 있겠는가? 결국 세입자들은 낮은 임대료를 내는 대신 질 낮은 주택에 사는 것이다.

정책담당자들은 임대료 규제의 부작용을 해소하기 위해 추가적인 규제를 도입하는 경우가 많다. 예를 들어 인종차별을 금지하거나 집주인들에게 임대주택을 최소한 일정 기준 이상의 상태로 유지하도록 의무화한다. 그러나 이러한 법규들은 집행하기가 어렵고 비용도 많이 든다. 반면에 임대료 규제가 폐지되고 시장경쟁의 힘에 따라 주택시장이 운영되면 이런 법들은 필요가 없다. 규제가 없는 시장에서는 가격 변동에 따라 재화의 부족이 해소되므로 집주인들이 바람직하지 못한 행동을 할 수 없다. ●

6-1b 가격하한제가 시장에 미치는 효과

아이스크림 시장의 예로 돌아가서 또 다른 유형의 가격통제 정책에 대해 살펴보자. 전국 아이스크림 제조업협회가 정부를 설득하여 가격하한제를 도입한다고 가정하자. 가격하한제도 가격상한제와 마찬가지로 정부가 가격을 시장균형과 다른 수준으로 유지하려는 시도다. 가격상한제가 가격의 법정 최고수준을 규정하는 데 반해, 가격하한제는 법정 최저수준을 규정한다는 점이 다를 뿐이다.

정부가 아이스크림 가격하한제를 도입한다면 두 가지 경우가 가능하다. 그림 6.4 (a)에서처럼 균형가격이 3달러고 가격하한이 2달러에 설정되면 이 가격하한은 균형가격보다 낮기 때문에 실효성이 없다. 시장 수요와 공급에 따라 가격은 원래의 균형에서 형성되고 가격하한은 아무런 영향을 미치지 못한다.

그림 6.4 (b)는 가격하한이 4달러에 설정되는 경우의 효과를 보여준다. 이 경우에는

그림 6.4 **가격하한제가 있는 시장**

그림 (a)는 정부가 가격하한을 2달러로 설정하는 경우를 나타낸다. 이 가격하한은 균형가격 3달러보다 낮아서 실효성이 없고, 시장 수요와 공급에 따라 가격은 원래의 균형에서 형성된다. 균형가격에서 수요량과 공급량은 100개로 같다. 그림 (b)에서는 정부가 설정한 가격하한 4달러가 균형가격 3달러보다 높으므로 시장가격은 4달러가 된다. 이 가격에서 수요량은 80이고 공급량은 120이므로 아이스크림 40개가 남는다.

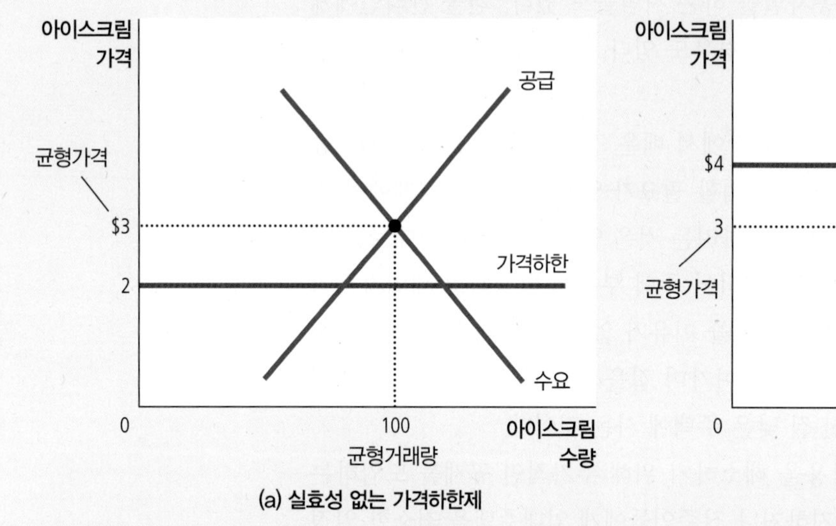

(a) 실효성 없는 가격하한제

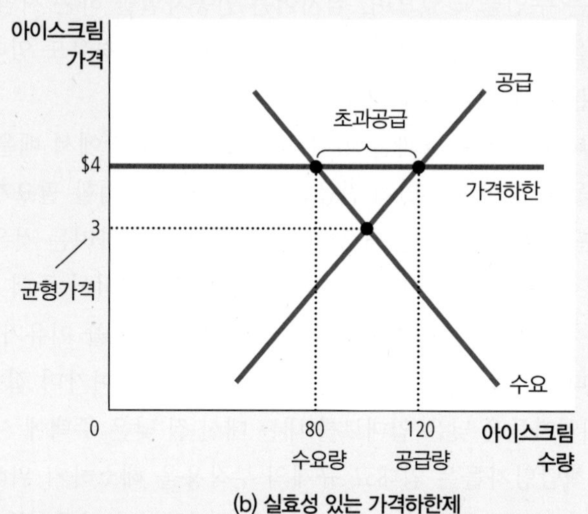

(b) 실효성 있는 가격하한제

균형가격 3달러가 가격하한 4달러보다 낮으므로 가격하한이 시장에 실질적 영향을 미친다. 시장 수요와 공급에 따라 시장가격은 균형가격으로 움직이려고 하지만 일단 가격하한에 도달하면 더 이상 가격이 내려갈 수 없다. 따라서 가격하한 4달러가 시장가격이 된다. 이 가격에서 공급량(120개)이 수요량(80개)보다 많으므로 아이스크림을 팔려는 일부 판매자들은 뜻을 이루지 못한다. 즉 실효성 있는 가격하한은 공급과잉을 야기하는 것이다.

가격상한제로 인한 아이스크림 부족 현상에 대응하여 부족한 아이스크림을 할당하는 바람직하지 못한 방식이 생겨나듯이, 가격하한제와 그에 따른 공급과잉에서도 바람직하지 못한 배분 방식이 채택된다. 가격하한제가 시행되면 일부 아이스크림 판매자들은 원하는 만큼 팔 수 없다. 아마도 이들 중 인종적 유대나 가족관계에 호소하는 판매자들이 그렇지 않은 판매자들에 비해 아이스크림을 더 많이 팔 수 있을 것이다. 반면에 자유경쟁시장에서는 가격이 배분 기능을 담당하므로 균형가격에서 판매자들은 자신들이 원하는 수량을 판매할 수 있다.

최저임금제가 노동시장에 미치는 효과 **그림 6.5**

그림 (a)는 임금 조정에 따라 노동의 수요와 공급이 일치하는 규제 없는 시장을 보여준다. 그림 (b)는 실효성 있는 최저임금제가 적용되는 노동시장을 나타낸다. 최저임금제는 가격하한제이므로 초과공급을 초래한다. 노동의 공급량이 수요량을 초과하여 실업이 발생하는 것이다.

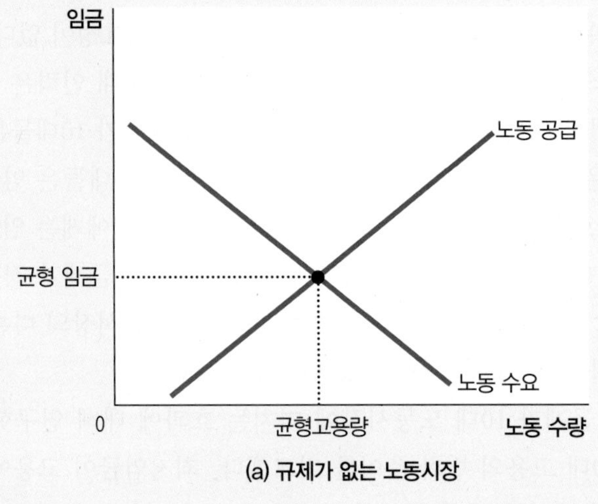

(a) 규제가 없는 노동시장

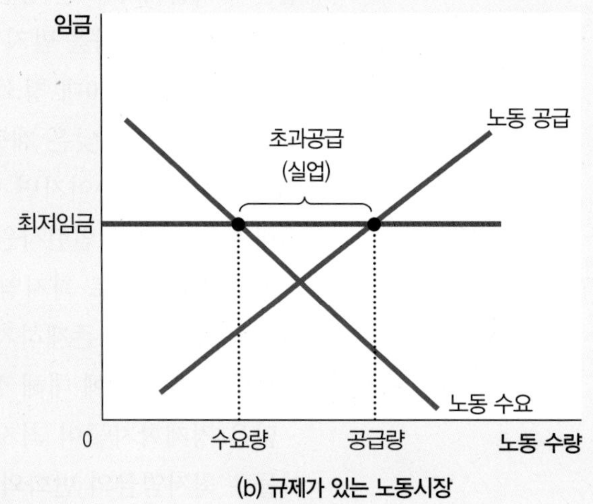

(b) 규제가 있는 노동시장

사례 연구

최저임금제

최저임금제는 가격하한제의 좋은 예다. 최저임금제는 고용주가 피고용인에게 노동의 대가로 지불해야 하는 최소한의 임금수준을 법으로 규정하는 제도다. 미국 의회는 1938년에 제정된 공정노동기준법(Fair Labor Standard Act)에 따라 근로자들에게 최저 생활 수준을 보장할 목적으로 최저임금제를 도입했다. 2018년 연방법률이 정한 최저임금은 시간당 7.25달러였다. 많은 주와 시에서는 연방 정부에서 정한 수준보다 높게 정할 수 있는데, 예를 들어 시애틀의 최저임금은 2018년에 시간당 15달러였다. 대부분의 유럽 국가들도 최저임금제를 시행하고 있다. 일부 유럽 국가들의 최저임금 수준은 미국보다 훨씬 높다. 예를 들어 프랑스 국민의 평균소득은 미국보다 30% 낮지만 최저임금은 미국보다 30% 높다.

최저임금제의 효과를 분석하기 위해 노동시장에 대해 살펴보자. 그림 6.5 (a)는 다른 시장과 마찬가지로 시장 수요와 공급의 원리가 적용되는 노동시장을 나타낸다. 근로자들이 노동 공급을 결정하고 기업은 노동 수요를 결정하며, 정부의 개입이 없으면 대부분의 경우 노동의 수요와 공급이 일치하도록 임금이 조절된다.

그림 6.5 (b)는 최저임금제가 적용되는 노동시장을 나타낸다. 그림에 표시된 것처럼 최저임금이 균형 임금보다 높으면 노동의 공급량이 수요량을 초과하여 노동의 초과공급, 즉 실업이 발생한다. 따라서 최저임금제가 시행되면 직장이 있는 근로자들의 소득

은 상승하지만 직장을 구하지 못한 사람들의 소득은 하락한다.

최저임금제의 효과를 충분히 이해하기 위해서는 어느 경제든 노동시장이 하나만 있는 것이 아니라 서로 다른 부류의 근로자들로 구성된 다양한 노동시장이 있다는 사실을 기억할 필요가 있다. 최저임금제의 효과는 근로자들의 기술과 경험에 따라 좌우된다. 전문적 기술이나 오랜 경험을 갖춘 근로자들의 임금은 시장균형 수준보다 높기 때문에 최저임금제의 영향을 받지 않는다. 따라서 이들에게는 최저임금제가 실효성이 없다.

최저임금제는 10대 청소년의 노동시장에 가장 큰 영향을 미친다. 10대 인력은 숙련도와 경험이 가장 낮은 계층이기 때문에 균형 임금도 낮은 편이다. 게다가 10대들은 직장 훈련 기회가 주어지면 낮은 임금에도 기꺼이 일하려고 한다(어떤 10대들은 임금을 전혀 받지 않고도 인턴사원으로 일하려고 한다. 그러나 이러한 인턴사원에게는 임금이 지급되지 않으므로 최저임금제가 적용되지 않는다. 인턴직에도 최저임금제가 적용된다면 인턴 자리가 존재하지도 않을 것이다). 따라서 최저임금제는 노동시장의 다른 계층보다 10대 인력에 대해 실질적인 영향을 미치는 경우가 많다.

많은 경제학자들이 최저임금제가 10대 노동시장에 미치는 효과에 대해 연구했다. 이들은 최저임금의 변화와 10대 고용의 변화 추이를 비교했다. 최저임금이 고용에 미치는 영향에 대해서는 논란이 있지만 대체로 최저임금이 10% 상승하면 10대 고용이 1~3% 하락하는 것으로 보고되어 있다.

최저임금의 효과를 분석한 대부분 연구의 한계는 단기 효과에 초점을 맞춘다는 점이다. 예를 들어 최저임금이 변화하기 전 해와 그다음 해의 고용을 비교하는 방식이다. 고용에 대한 장기 효과를 분석하는 것은 더 어려운 일이다. 그러나 정책효과를 평가하려면 장기효과를 분석하는 것이 더 적절한 방법이다. 기업들이 업무 방식을 재구성하는 데는 시간이 걸리기 때문에, 최저임금 인상에 따른 장기적인 고용 감소 효과는 단기에 비해 더 크게 나타날 것이다.

최저임금제는 노동에 대한 수요량을 변화시킬 뿐 아니라 노동의 공급량에도 영향을 미친다. 최저임금제로 10대 근로자들의 임금이 인상되면, 일자리를 찾는 10대 청소년의 숫자가 늘어난다. 연구 결과에 따르면 최저임금이 인상될수록 어떤 청소년들이 취업하는지에 영향을 미친다고 한다. 최저임금 수준이 인상되면 학교에 재학 중인 10대 중의 일부가 학업을 포기하고 일자리를 찾는다. 이렇게 학업을 포기하고 새로 일자리를 찾는 청소년들은 이미 학업을 포기하고 일하던 기존의 10대 근로자들을 밀어내고 일자리를 차지한다. 기존에 일을 하던 10대 근로자들은 실직한다.

최저임금제는 종종 논쟁의 대상이 된다. 최저임금제를 옹호하

전문가들에게 묻는다 **최저임금**

"만약 연방 정부의 최저임금이 2020년까지 점진적으로 인상되어 15달러가 된다면 저임금 근로자의 고용률은 지금보다 현저하게 낮아질 것이다."

이 설문에 대한 경제학자들의 답변은?

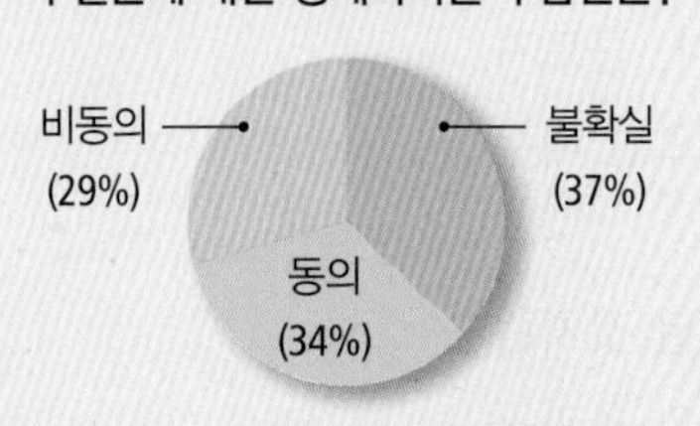

자료: IGM Economic Experts Panel, 2015년 9월 22일.

는 사람들 중에는 이 제도가 저소득 노동계층의 소득을 향상시킬 수 있는 방법의 하나라고 믿는 사람들이 있다. 그러나 그들이 정확히 지적하는 바와 같이 최저임금으로는 매우 낮은 생활 수준에서 벗어날 수 없다. 예를 들어 2018년의 최저임금은 시간당 7.25달러였기 때문에 최저임금으로 주당 40시간을 일한 맞벌이 부부의 연간소득은 3만 160달러로, 미국 전체 가구의 중위 소득(median family income)의 40%에 불과하다. 최저임금제를 옹호하는 사람들도 이 제도가 실업을 증가시키는 등 부작용이 있지만 정도가 심하지 않고, 전체적으로는 장점이 더 많으며, 최저임금이 높을수록 저소득 근로자들에게 이득이 된다고 믿는다.

최저임금제에 반대하는 사람들은 이 정책이 빈곤을 퇴치하는 최선의 방책이 아니라고 주장한다. 이들은 최저임금이 높아지면 실업이 발생하고, 10대들의 학업 중단을 조장하며, 미숙련 근로자들에게 필요한 직장 훈련 기회를 박탈한다고 주장한다. 또 최저임금제 반대론자들은 이 제도의 목표 계층이 바람직하게 선정되지 않는다는 점을 지적한다. 최저임금을 받는 사람들이 모두 빈곤한 가정의 가장들이 아니기 때문이다. 사실은 최저임금을 받는 사람들 가운데 3분의 1 이하만이 빈곤선 아래에 속한 가정의 구성원들이다. 대부분은 용돈을 벌기 위해 파트타임으로 일하는 중류층 가정의 10대 청소년들인 것이다. ●

6-1c 가격통제에 대한 평가

1장에서 소개한 경제학의 10대 기본원리 중에 일반적으로 시장이 경제활동을 조직하는 좋은 수단이라는 것이 있었다. 이 원리를 근거로 경제학자들이 가격상한제나 가격하한제에 자주 반대하는 것이다. 경제학자들은 가격이란 것이 우연한 과정에서 형성된 결과가 아니고, 수요와 공급의 이면에 있는 수많은 소비자들과 기업들의 의사결정의 결정체라고 본다. 가격은 수요와 공급을 일치시키고 경제활동을 조정하는 중요한 역할을 수행한다. 정책담당자들이 법령으로 가격을 결정하면 경제의 희소한 자원을 배분하는 가격의 정상적인 신호 기능이 흐려진다.

경제학의 10대 기본원리 중 또 다른 하나는 경우에 따라 정부가 시장 성과를 개선할 수 있다는 것이다. 실제로 정부가 가격통제를 도입하는 것은 시장에서 결정된 결과가 불공평하다고 판단하기 때문이다. 가격통제는 가난한 사람들을 도울 목적으로 도입되는 경우가 많다. 예컨대 임대료 규제는 모든 사람에게 주거비의 경제적 부담을 낮춰주려는 것이고, 최저임금제는 저소득층이 빈곤에서 탈출하는 것을 돕기 위한 제도다.

그러나 가격통제는 돕고자 하는 사람들에게 피해를 주는 경우가 많다. 임대료 규제가 시행되면 임대료는 낮아지지만 임대주택 주인들의 주택 유지 · 보수 노력을 저해하고 집을 구하기가 어려워진다. 최저임금제로 일부 근로자들의 소득은 올라가지만 다른 근로자들은 일자리를 잃는다.

뿐만 아니라 가격통제가 아닌 다른 방법으로 가난한 사람들을 돕는 길이 있다. 예컨대 저소득층 가구들을 돕기 위해 이들에게 임대료 보조금을 지급하면 임대료 규제와 달리 임대주택의 공급을 저해하지 않으므로 주택 부족 현상을 야기하지 않는다. 마찬가지로 임금 보조제도는 고용을 줄이지 않고 저소득 근로자들의 생활 수준을 높일 수 있다. 임금 보조제도의 한 예는 근로소득세 환급제도(earned income tax credit)로, 저소득 근로자들의 소득을 보충해주는 제도다.

이와 같은 대체적인 정책수단은 가격통제보다 우월하지만 이들 역시 완벽한 것은 아니다. 임대료 보조나 임금 보조에는 재원이 필요하므로 정부가 세금을 인상해야 하며, 다음 절에서 설명하는 바와 같이 세금은 그 나름의 사회적 비용이 있기 때문이다.

간단한 퀴즈

1. 정부가 실효성 있는 가격하한선을 설정하면, ( ).
a. 공급곡선이 왼쪽으로 이동한다.
b. 수요곡선이 오른쪽으로 이동한다.
c. 물량 부족이 발생한다.
d. 공급과잉이 발생한다.

2. 실효성 있는 가격상한선을 인상하면, ( ).
a. 과잉공급량이 증가한다.
b. 물량부족량이 증가한다.
c. 과잉공급량이 감소한다.
d. 물량부족량이 감소한다.

3. 임대료 규제는 ( )으로 더 심각한 물량 부족을 초래한다. 왜냐하면 시간이 경과할수록 수요와 공급이 ( ) 탄력적이기 때문이다.
a. 장기적, 더
b. 장기적, 덜
c. 단기적, 더
d. 단기적, 덜

4. 노동 ( )의 가격탄력성이 1보다 ( )면, 최저임금인상으로 인해 전체 근로자에게 지급되는 임금 총액이 감소할 것이다.
a. 공급, 크다
b. 공급, 작다
c. 수요, 크다
d. 수요, 작다

정답은 각 장의 끝에

6-2 조세

연방 정부부터 조그만 마을에 있는 지방 정부에 이르기까지 모든 정부는 도로, 교육, 국방 등 공공의 목적에 사용할 재원을 조달하기 위해 세금을 거둔다. 이처럼 세금은 중요한 정책수단이고 많은 사람들의 삶에 영향을 미치기 때문에 앞으로 우리는 이 문제를 여러 번 다룰 것이다. 이 절에서 우리는 세금이 경제에 미치는 효과에 대한 분석을 시작한다.

어떤 지방 정부가 매년 가두행진, 불꽃놀이, 지방 유지들의 연설 등으로 구성된 아이스크림 축제를 연다고 하자. 이 행사의 비용을 조달하기 위해 이 지방 정부는 아이스크림 판매에 개당 0.50달러의 세금을 부과하기로 결정했다고 하자. 이러한 방침이 알려지자 두 로비 그룹이 행동에 들어갔다. 전국 아이스크림 소비자연대는 아이스크림 소비자들의 생계가 빠듯하므로 판매자들이 세금을 내야 마땅하다고 주장한다. 반면에 전국 아이스크림 제조업협회는 회원사들이 경쟁에서 살아남기 위해 안간힘을 쓰고 있으므로 소비자들이 세금을 부담해야 한다고 주장한다. 이에 따라 이 마을의 시장은 타협안으로 소비자와 생산자들이 세금을 절반씩 내도록 하자고 제안한다.

이 제안들을 분석하려면 간단하면서도 심각한 질문에 직면한다. 정부가 어떤 재화에 세금을 부과하면 그 부담은 누가 지는가? 그 재화를 구입하는 사람들인가, 그 재화를 판매하는 사람들인가? 소비자와 판매자가 세금을 나누어 부담한다면 각각의 몫은 어떻게 결정될까? 앞의 예에서 시장이 제안한 것처럼 정부가 세금 부담의 몫을 법으로 정할 수 있을까, 아니면 시장의 힘에 따라 그 몫이 결정될까? 조세 부담의 배분에 관한 이러한 질문들을 경제학자들은 조세의 귀착(tax incidence)이라고 한다. 앞으로 살펴보겠지만 단순한 수요 · 공급모형을 이용하여 조세의 귀착에 관해 놀라운 결론을 도출할 수 있다.

조세의 귀착 세금이 시장 참여자 사이에서 분담되는 현상

6-2a 판매자에 대한 과세가 시장에 미치는 효과

우선 세금이 판매자에게 부과되는 경우를 살펴보자. 앞에서 언급한 지방 정부가 법을

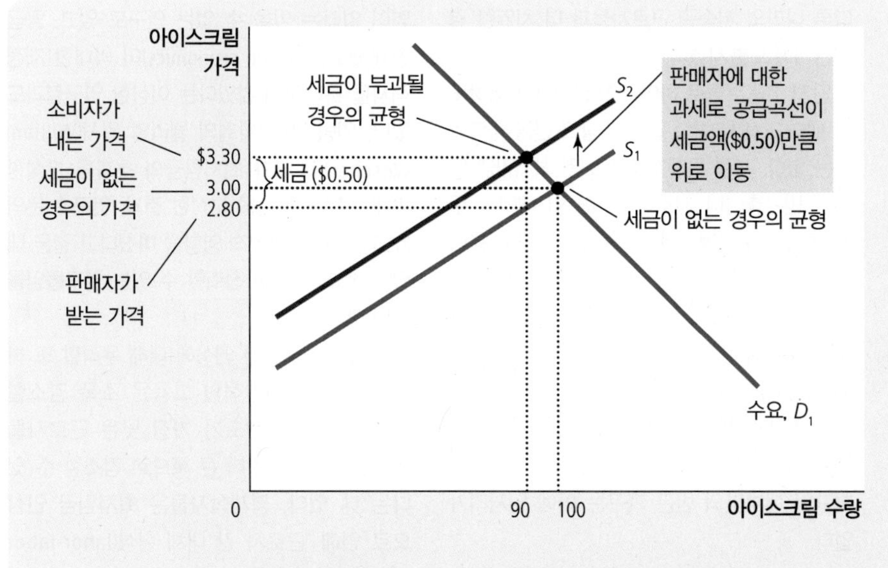

그림 6.6

판매자에 대한 과세

판매자에게 개당 0.50달러의 세금이 부과되면 공급곡선이 S_1에서 S_2로 0.50달러만큼 위로 이동한다. 이에 따라 균형거래량은 100에서 90으로 감소한다. 소비자가 내는 가격은 개당 3.00달러에서 3.30달러로 상승한다. 한편 판매자들이 세금을 내고 나서 실질적으로 받는 가격은 3.00달러에서 2.80달러로 하락한다. 세금이 판매자에게 부과되지만 실질적으로는 소비자와 판매자가 공동으로 세금을 부담한다.

제정하여 아이스크림 판매자에게 개당 0.50달러의 세금을 정부에 납부하도록 한다면 어떤 효과가 나타날까? 이 질문에 답하기 위해 4장에서 배운 3단계 접근 방법을 적용해보자. (1) 이 법에 따라 수요곡선과 공급곡선 중 어느 곡선이 이동하는지 판정한다. (2) 곡선이 어느 방향으로 이동하는지 판정한다. (3) 곡선의 이동이 균형에 어떤 영향을 미치는지 분석한다.

1단계 세금은 우선 아이스크림의 공급에 영향을 미친다. 세금이 소비자에게는 부과되지 않으므로 주어진 가격에서 아이스크림의 수요량은 변화가 없고, 따라서 수요곡선은

최저임금이 시간당 15달러가 되야 할까

2016년에 캘리포니아 주의회가 2022년까지 최저임금을 시간당 15달러로 인상하는 법을 통과시켰다. 이 문제를 연구하는 한 경제학자는 근로빈곤층을 도울 수 있는 더 좋은 방안이 있다고 말한다.

시장의 힘이 더 높은 최저임금을 무력화시킬 이유

David Neumark

슬로건이 난무하고 있다: 15를 위해 싸우자; 이윤보다 사람이 중요하다; 일자리 하나로 충분해야 한다. 소득 격차가 악화되고 빈곤문제가 해소되지 않자 연방 정부와 주 정부 차원에서 최저임금을 인상하려는 움직임이 확산되고 있다. 일부 서부 해안 지역 도시들은 이미 연방 정부 기준의 2배 이상 혹은 15달러로 최저임금을 인상하기 위한 투표를 실시했다. 그리고 로스앤젤레스도 이제 그와 유사한 적극적인 행동을 고려하고 있다.

최저임금 인상을 통해 해결하고자 하는 노동시장 문제는 매우 현실적인 문제다. 그러나 높은 최저임금이 근본적인 문제를 해결할 수 있을까? 다수의 연구결과는 거의 분명하게 그렇지 않다는 것을 보여주고 있다. 그리고 정책 담당자들이 받아들이기 어렵겠지만, 더 좋은 해결책을 제시하고 있다.

근로자들이 받는 지금의 낮은 임금이 최소한의 생활 수준을 보장하기에 미흡한 데는 여러 이유가 있다. 가장 큰 이유는 기술의 변화로 인해 고숙련 노동의 가치는 증가하고, 저숙련 노동의 가치는 감소했다는 점이다. 그 과정에서 세계화는 많은 저숙련 미국 근로자들을 다른 나라의 저숙련 근로자들과 더 치열한 경쟁관계에 노출시켰다.

단지 고용주들로 하여금 15달러를 지급하도록 했다고 해서 이와 같은 시장 조건을 극복할 수는 없다. 사실 통계자료를 보면 최저임금 인상은 빈곤층이나 저소득가구에 별 혜택을 주지 못하고 오히려 혜택이 고소득 가구로 흘러간다는 것을 알 수 있다. 왜냐하면 최저임금은 낮은 임금을 대상으로 한 것이지, 저소득 가구를 대상으로 한 것이 아니기 때문이다. 다수의 최저임금 근로자들은 가난하지도 않고 저소득 가구에 속하지도 않는다. 그들의 1/4은 나중에 좋은 일자리를 얻게 되는 십 대 청소년들이다. 더구나 대부분의 빈곤 가구는 아예 일자리가 없다.

그 결과 최저임금이 5달러 인상되는 경우 오직 1달러만 빈곤 가구에 가고, 대략 그 2배의 금액이 중위소득 이상의 가구에 가게 된다.

최저임금이 인상되면 비숙련 근로자부터 고용이 감소한다. 물론 이 분야를 연구한 수백 건의 연구결과가 모두 이런 결론을 지지하는 것은 아니다. 그러나 인간이 기후변화에 책임이 없다는 믿을 수 없는 연구도 있고, 공급경제학(supply-side economics)이 막대한 재정적자를 초래하지 않았다는 이상한 연구결과도 있다. 연방준비이사회의 윌리엄 워셔(William Wascher)와 내가 최저임금의 효과를 분석한 방대한 연구 문헌을 분석한 결과, 연구 논문의 2/3가 고용에 부정적 영향을 미쳤다고 결론 내렸고, 80% 이상이 신뢰할 수 있는 연구들임을 확인했다.

그러나 최저임금 인상에 대해 우려할 또 하나의 이유는 전반적인 고용은 소폭 감소할지 모르지만 숙련도가 가장 낮은 근로자들의 일자리는 훨씬 더 큰 폭으로 감소할 수 있다는 데 있다. 경제학자들은 최저임금 인상으로 인해 '근로자 간 대체 현상(labor-labor substitution)'이 발생한다고 한다. 즉 고용주가

이동하지 않는다. 반면에 세금으로 인해 아이스크림 사업의 수익성이 감소하므로 아이스크림의 공급곡선이 이동한다.

2단계 판매자에게 부과하는 세금은 아이스크림 생산과 유통비용을 증가시키기 때문에 모든 가격 수준에서 공급량이 감소한다. 따라서 아이스크림의 공급곡선이 왼쪽으로(또는 위로) 이동한다.

이 경우 공급곡선이 얼마나 이동할지 정확하게 알 수 있다. 아이스크림 1개당 0.50달러의 세금이 부과되므로 판매자가 세금을 제외하고 실제로 받는 금액은 0.50달러만

높아진 최저임금에 대응하여 가장 숙련도가 낮은 근로자를 높아진 최저임금 수준에서 고용할 의향이 있는 조금 더 숙련된 근로자로 대체한다는 것이다.

내가 연구한 결과에 따르면, 로스앤젤레스에서 최저임금을 15달러로 인상하면 현재 학업에 전념해야 할 재학 중인 십 대 학생들이 높아진 최저임금을 받으려고 파트타임으로 취업해서, 현재 일자리를 가지고 있는 저숙련 저임금 근로자들을 대체할 것으로 예상된다. 이것은 바람직한 결과가 아니다.

우리가 진정 저숙련 근로자들을 돕고 싶다면, 실효성이 있는 정책은 돈이 많이 들거나 달성하기 어렵다는 것, 또는 돈도 많이 들고 달성하기도 어렵다는 것을 인정해야 한다.

근로자 가구에게 최소한의 생활 수준을 보장해 주는 일은 일정 부분 재분배를 필요로 한다. 경제학자들이 항상 동의하는 것은 아니지만, 최저임금도 재분배의 한 형태다. 그러나 그것은 무딘 수단이다. 조세제도를 활용하는 것이 분명히 더 좋은 방법이다.

예를 들어 근로장려세제(Earned Income Tax Credit)가 저소득 가구를 도울 수 있는 좋은 정책이다. 연구결과들을 보면 근로장려세제가 근로 가구의 근로소득을 보조해 주고, 근로유인을 제공하는 것으로 나타난다. 여야 정당이 이 제도를 지지하는 것도 이 때문일 것이다.

어떤 사람들은 EITC를 '기업 복지제도'라고 비난한다. 이 제도로 인해 임금 수준이 하향 압력을 받기 때문이다. 그러나 바로 그렇기 때문에 고용이 증가한다. 만약 임금을 낮추지 않는다면 고용주들은 고용을 늘리려 하지 않을 것이기 때문이다. 그리고 실업상태에 있는 사람들은 정부의 재정에 더 의존하게 될 것이다.

물론 이 제도는 더 보완할 수 있다. 자녀가 없어서 최소한의 지원만 받는 가구에게도 EITC 보조금을 늘릴 수 있을 것이다. 더 확대해서 고용 여부와 무관하게 모든 저소득 가구에게 직접 현금 보조를 지급하는 것도 고려해 볼 수 있다. 이를 미국 경제의 엄청난 생산성 증가로부터의 '공공 배당금'이라고 생각할 수도 있다. 미국 경제의 생산성 증가로 최상위권의 소득은 엄청나게 증가했지만, 저소득층의 소득은 정체되었기 때문이다.

이런 대안 정책들은 세금을 더 거두어야 하는 일이다. 그러나 그것은 좋은 일이다. 조세를 통한 재분배는 고소득자들이 부담한다. 반대로 최저임금 인상은 저임금 근로자를 고용한 사업자들이 부담한다. 그리고 그런 사업자들의 고객들도 주로 저소득층일 가능성이 높다.

최저임금을 올려서 저소득층 가구를 돕자고 주장하는 진보진영은 차라리 그들의 에너지를 저숙련 근로자들에게 덜 불리하고 실질적으로 도움이 되는 재분배 수단에 집중하는 편이 더 나을 것이다.

소득 정체에 대응해서 무엇인가 변할 거라고 가정하면, 보수진영은 로스앤젤레스가 추진하고 있는 최저임금 인상 정책보다는 잘 만들어진 재분배 정책에 더 만족할 것이다. 지금 당장은 재분배 정책은 '사회주의'라는 주장만

AP IMAGES/LYNNE SLADKY

을 불러일으킨다. 그러나 그럴 필요가 없다. ■

토론 문제

1. 여러분이 저임금 근로자를 돕기 위한 정책을 만들어야 하는 경제학자라면, 최저임금 인상과 근로장려세제 중 어느 정책을 선호하겠는가? 그 이유는 무엇인가?
2. 여러분이 선거에 나설 입후보자라면, 최저임금인상과 근로장려세제 지원 강화 중 어느 공약이 더 유리하겠는가? 그 이유는 무엇인가?

데이비드 누마크(David Nuemark)는 캘리포니아대학교 어바인캠퍼스의 경제학 석좌교수다.

Source: *Los Angeles Times*, 2015년 5월 9일.

큼 줄어든다. 예를 들어 시장가격이 개당 2달러라면 판매자가 실질적으로 받는 가격은 1.50달러로 하락하므로 판매자는 시장가격이 이 금액만큼 하락한 것으로 보고 공급량을 결정할 것이다. 다시 말하면 판매자들이 세금 부과 이전과 동일한 수량의 아이스크림을 공급하도록 하려면 세금 부담을 상쇄할 수 있도록 개당 0.50달러만큼 가격이 높아져야 한다. 따라서 그림 6.6에 표시된 것처럼 판매자에게 세금이 부과되면 공급곡선이 S_1에서 S_2로 정확하게 세금액(0.50달러)만큼 위로 이동한다.

3단계 공급곡선의 이동 결과 우리는 원래의 균형과 새로운 균형을 비교할 수 있다. 그림에서 볼 수 있듯이 세금이 부과되어 새로운 균형이 형성되면 아이스크림의 균형가격은 개당 3.00달러에서 3.30달러로 상승하고, 균형거래량은 100에서 90으로 감소한다. 세금으로 인해 소비자들의 구입량과 판매자들의 판매량이 감소했으므로 시장 규모가 줄어든 것이다.

시사점 이제 조세의 귀착 문제로 돌아가서 누가 세금을 부담하는지 살펴보자. 비록 판매자들이 세금 전액을 정부에 납부하지만 실질적으로는 소비자와 판매자가 공동으로 세금을 부담한다. 세금이 부과된 결과 시장가격이 3.00달러에서 3.30달러로 상승했으므로 소비자들은 세금이 부과되기 전에 비해 개당 0.30달러씩 더 내고, 따라서 이들의 후생 수준은 하락한다. 한편 판매자들은 세금 부과 이전보다 높은 3.30달러를 받지만 세금을 제외한 실질적인 가격은 2.80(=3.30−0.50)달러로 세금 부과 이전의 가격인 3.00달러보다 낮아졌다. 따라서 판매자들의 후생 수준도 전보다 낮아진다.

이상의 분석을 통해 다음의 두 가지 사실을 배울 수 있다.

- 세금은 시장 거래를 억제한다. 어떤 재화에 세금이 부과되면 균형거래량은 줄어든다.
- 소비자와 판매자가 세금을 공동으로 부담한다. 새로운 균형에서 소비자들은 전보다 높은 금액을 내고 판매자들은 전보다 낮은 금액을 받는다.

6-2b 소비자에 대한 과세가 시장에 미치는 효과

이번에는 재화의 소비자들에게 세금이 부과되는 경우를 살펴보자. 예를 들어 앞에서 소개한 지방 정부가 아이스크림 소비자에게 개당 0.50달러를 정부에 납부하도록 법을 제정했다고 가정하자. 이 법은 아이스크림 소비자와 판매자들에게 어떤 영향을 미칠까? 여기에서도 3단계 접근 방법을 적용해보자.

1단계 이 세금은 우선 아이스크림의 수요에 영향을 미친다. 세금이 부과되어도 주어진 가격에서 아이스크림 판매자들의 경제적 유인에는 변화가 없으므로 공급곡선은 이

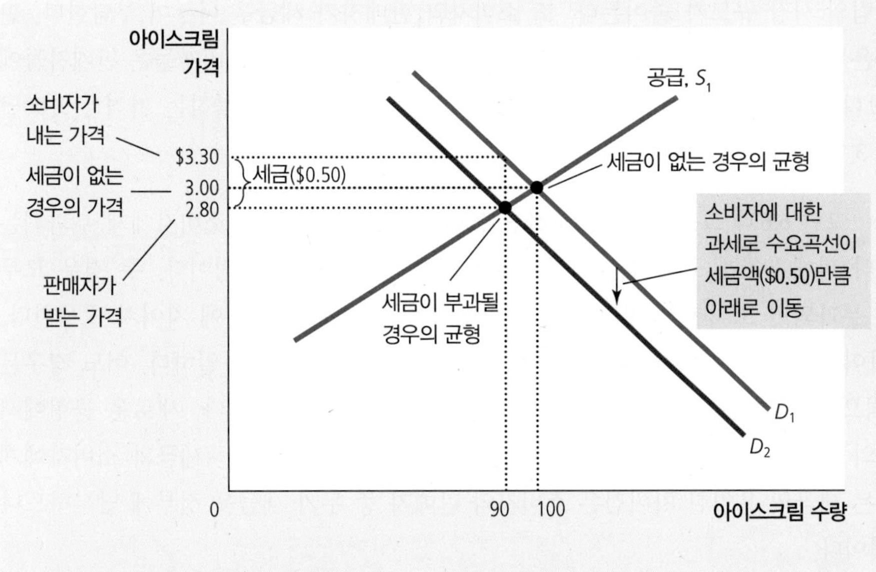

그림 6.7

소비자에 대한 과세

아이스크림 1개당 0.50달러의 세금이 부과되면 수요곡선이 D_1에서 D_2로 0.50달러만큼 아래로 이동한다. 이에 따라 균형거래량은 100에서 90으로 감소한다. 아이스크림 판매자들이 받는 가격은 개당 3.00달러에서 2.80달러로 하락하고, 소비자들이 내는 가격은 세금을 포함하여 3.30달러로 상승한다. 형식적으로는 세금이 소비자에게 부과되지만, 실질적으로는 소비자와 판매자가 공동으로 세금을 부담하는 것이다.

동하지 않는다. 반면에 소비자들은 이제 아이스크림 판매자들에게 값을 치러야 할 뿐 아니라 정부에 세금도 납부해야 하므로 아이스크림의 수요곡선은 이동한다.

2단계 수요곡선이 어느 쪽으로 이동할지 결정한다. 소비자에게 세금이 부과되면 아이스크림은 가격면에서 덜 매력적이 되므로 각 가격 수준에서 소비자들의 희망 구입량이 줄어든다. 따라서 수요곡선은 그림 6.7에서와 같이 왼쪽으로(또는 아래로)로 이동한다.

이 경우 수요곡선이 정확하게 얼마나 이동할지 판단할 수 있다. 아이스크림 1개당 0.50달러의 세금이 부과되므로 소비자 가격은 실질적으로 개당 0.50달러만큼 상승하는 셈이다(이것은 시장균형가격이 결국 얼마가 되는가와는 무관하다). 예를 들어 시장가격이 개당 2달러라면 실질적인 소비자 가격은 이제 2.50달러가 된다. 소비자들의 입장에서는 세금을 포함한 구입가격이 중요하므로 세금이 0.50달러 부과되면 마치 시장가격이 이 금액만큼 상승한 것처럼 소비량을 조절할 것이다. 다른 식으로 표현하면 소비자들이 세금 부과 이전과 동일한 수량의 아이스크림을 구입하도록 하려면 가격이 0.50달러 낮아져야 한다는 것이다. 따라서 이 세금에 의해 수요곡선은 D_1에서 D_2로 정확하게 세금액(0.50달러)만큼 아래로 이동한다.

3단계 세금의 효과를 알아보기 위해 최초의 균형과 새로운 균형을 비교해보자. 그림 6.7에서 아이스크림의 균형가격은 개당 3.00달러에서 2.80달러로 하락하고, 균형거래량은 100에서 90으로 감소한 것을 볼 수 있다. 앞에서와 마찬가지로 세금으로 인해 아이스크림의 시장 규모가 줄어든다. 또 소비자와 판매자가 세금을 나누어 부담한다. 판매자들은 세금이 부과되기 이전보다 낮은 가격을 받는다. 한편 소비자들은 판매자들에게 전보다 낮은 가격을 내지만, 세금을 포함하여 실질적으로 지불하는 가격은 3.00달러에서 3.30달러로 증가한다.

시사점 그림 6.6과 그림 6.7을 비교하면 놀라운 결론에 이른다. 소비자에게 부과되는 세금이나 판매자에게 소비되는 세금이나 효과는 마찬가지라는 점이다. 두 경우 모두 세금이 부과되면 소비자가 내는 가격과 판매자가 받는 가격 사이에 차이가 발생한다. 가격 차이는 세금이 소비자에게 부과되든 판매자에게 부과되든 동일하다. 어느 경우든 이 간격으로 인해 수요곡선과 공급곡선의 상대적 위치가 달라진다. 새로운 균형에서 소비자와 판매자는 세금을 나누어 부담한다. 판매자에게 부과되는 세금과 소비자에게 부과되는 세금의 유일한 차이점은 소비자와 판매자 중 누가 세금을 정부에 납부하느냐 하는 것이다.

정부가 아이스크림 가게 카운터마다 세금 수집함을 비치해놓고 개당 0.50달러의 아이스크림세를 걷는다고 상상하면 두 가지 세금이 동등하다는 사실을 좀더 쉽게 이해할 수 있을 것이다. 정부가 소비자들에게 세금을 부과하면 아이스크림을 1개 살 때마다 소비자들이 수집함에 0.50달러를 넣어야 한다. 세금이 판매자에게 부과된다면 아이스크림을 1개 팔 때마다 가게 주인이 0.50달러를 수집함에 넣어야 한다. 소비자가 직접 0.50달러를 세금 수집함에 넣는 것이나 일단 소비자가 가게 주인에게 돈을 지불하고 가게 주인이 그 금액을 세금 수집함에 넣는 것이나 아무 차이가 없다. 일단 새로운 균형에 도달하면 세금이 누구에게 부과되든 소비자와 판매자가 세금을 나누어 부담하는 것이다.

사례 연구

국회가 급여세 부담의 배분을 정할 수 있을까

월급을 한 번이라도 받아본 경험이 있다면 월급에서 각종 세금이 공제된다는 사실을 알 것이다. 이 세금 중 하나가 연방보험기여금법(FICA)에 의거한 세금이다. 연방 정부는 이 세금을 사회보장과 노인 의료비 지원 재원으로 사용한다. FICA는 기업이 피고용자들에게 지급하는 임금에 대해 부과되는 급여세(payroll tax)의 일종이다. 2018년 FICA 세금총액은 평균적으로 근로자 급여액의 15.3%에 달했다.

여러분은 급여세를 기업과 근로자들 중 누가 부담한다고 생각하는가? 국회가 이 법안을 통과시키면서 세금 부담의 배분을 명문화했다. 즉 세금의 절반은 기업이 납부하고 나머지 절반은 근로자들의 급여에서 공제한다는 것이다. 근로자의 급여 내역에 나온 공제액은 근로자 부담분이다(한국에서도 국민건강보험, 국민연금보험 등은 고용주와 근로자가 절반씩 부담하도록 규정되어 있다 – 역자주).

그러나 조세의 귀착 분석에 따르면 세금의 부담은 법으로 배분할 수 없다. 설명의 편의를 위해 급여세를 노동이라는 재화의 거래에 부과되는 세금으로 생각해보자. 급여세

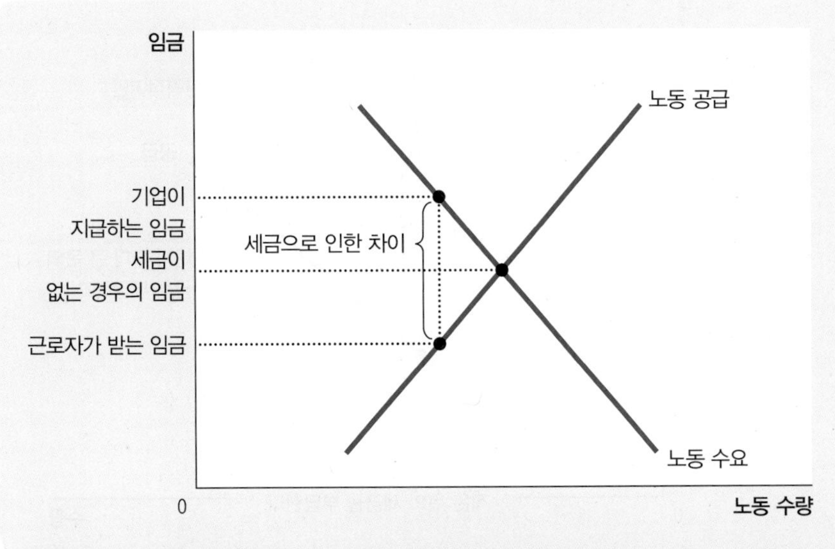

그림 6.8

급여세

급여에 과세가 되면 근로자들이 받는 임금과 기업이 지급하는 임금 사이에 차이가 발생한다. 세금이 있을 때와 없을 때의 임금을 비교해보면 기업과 근로자들이 세금을 공동으로 부담한다는 것을 알 수 있다. 기업과 근로자들의 실질적인 세금 부담 몫은 법에서 세금 부담을 전적으로 기업이 지도록 정하든, 전적으로 근로자들이 지도록 규정하든, 아니면 똑같이 부담하도록 규정하든 무관하게 결정된다.

의 특징은 기업이 지불하는 임금과 근로자가 수령하는 임금 사이에 차이를 야기한다는 점이다. 그림 6.8을 보면 급여세의 효과를 알 수 있다. 급여세가 부과되면 근로자들이 받는 임금은 하락하고 기업이 지급하는 임금은 상승한다. 기업과 근로자들은 궁극적으로 법이 규정한 대로 세금을 나누어 부담한다. 그러나 기업과 근로자들의 실질적인 세금 부담 몫은 법에 규정된 비율과 무관하게 결정된다. 그림 6.8의 부담 배분은 반드시 50대 50일 필요가 없으며, 이 배분은 법에서 세금 부담을 전적으로 기업이 지도록 정하든, 전적으로 근로자들이 지도록 규정하든 관계없이 결정된다.

이 사례는 조세의 귀착에 관한 정책 토론 마당에서 자주 간과되는 중요한 결론을 보여준다. 어떤 세금이 소비자의 주머니에서 나올지 판매자의 주머니에서 나올지는 입법부가 정할 수 있지만, 진정한 세금 부담은 법으로 정할 수 없다는 것이다. 조세의 귀착은 수요와 공급의 힘에 따라 결정되기 때문이다. ●

6-2c 탄력성과 조세의 귀착

어떤 재화에 세금이 부과되면 그 재화의 소비자와 판매자들이 세금을 나누어 부담한다고 했는데, 이때 세금 부담 몫은 어떻게 결정될까? 50대 50으로 배분되는 경우는 매우 드물다. 세금 부담이 어떻게 배분되는지 알아보기 위해 그림 6.9에 표시된 두 시장을 통해 세금의 효과를 살펴보자. 각 시장에는 최초 수요곡선, 최초 공급곡선, 세금에 따른 소비자 가격과 판매자 가격의 차이가 표시되어 있다(세금 부과 이후 새로운 수요곡선과 공급곡선은 그림에 표시되지 않았다. 어느 곡선이 이동하는가는 세금이 소비자나 판매자 중 누구에게 부과되는지에 달렸다. 그러나 앞에서 살펴본 것처럼 조세의 귀착

그림 6.9

세금 부담의 배분

그림 (a)는 공급이 매우 탄력적이고 수요는 상대적으로 비탄력적인 시장을 나타낸다. 이 경우 세금이 부과되면 판매자가 받는 가격은 큰 폭으로 하락하지 않으므로 판매자의 세금 부담은 작다. 반면에 소비자들이 내는 가격은 큰 폭으로 상승하므로 소비자가 세금을 대부분 부담한다. 그림 (b)는 공급이 상대적으로 비탄력적이고 수요는 매우 탄력적인 시장을 나타낸다. 이 시장에 세금이 부과되면 소비자가 내는 가격은 큰 폭으로 상승하지 않지만, 판매자가 받는 가격은 큰 폭으로 하락한다. 따라서 판매자가 세금을 대부분 부담한다.

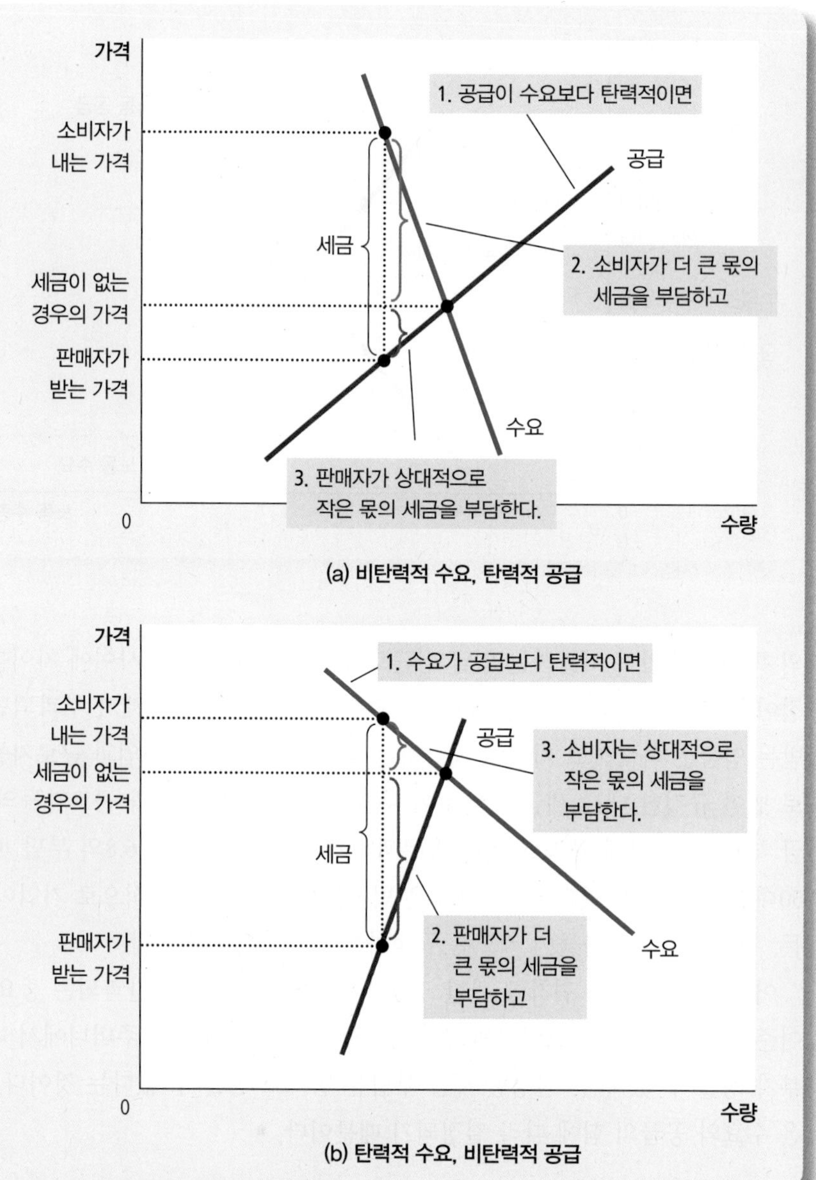

(a) 비탄력적 수요, 탄력적 공급

(b) 탄력적 수요, 비탄력적 공급

측면에서 두 경우는 차이가 없다). 두 그림의 차이는 수요와 공급탄력성의 상대적 크기에 있다.

그림 6.9 (a)는 공급이 매우 탄력적이고 수요는 상대적으로 비탄력적인 시장을 나타낸다. 즉 판매자들은 가격 변화에 민감하게 반응하는 반면, 소비자들은 그렇지 못하다는 것이다(따라서 공급곡선의 기울기는 상대적으로 완만하고, 수요곡선의 기울기는 가파르다). 이 시장에 세금이 부과되면 판매자가 받는 가격은 큰 폭으로 하락하지 않으므로 판매자의 세금 부담은 작다. 반면에 소비자들이 내는 가격은 큰 폭으로 상승하기 때

문에 소비자가 세금을 대부분 부담한다.

그림 6.9 (b)는 공급이 상대적으로 비탄력적이고 수요는 매우 탄력적인 시장을 나타낸다. 이 시장에서 판매자들은 가격 변화에 민감하게 반응하지 않는 반면, 소비자들은 매우 민감하게 반응한다(따라서 공급곡선의 기울기는 상대적으로 가파르고, 수요곡선의 기울기는 완만하다). 그림에서 볼 수 있는 것처럼 세금이 부과되면 소비자가 내는 가격은 큰 폭으로 상승하지 않지만, 판매자가 받는 가격은 큰 폭으로 하락한다. 따라서 판매자가 세금을 대부분 부담한다.

그림 6.9는 세금 부담의 배분에 관한 일반적인 원칙을 보여주는데, 그 원칙이란 탄력성이 낮은 쪽이 더 많은 세금을 부담한다는 것이다. 그 이유는 무엇일까? 본질적으로 탄력성은 소비자나 판매자가 시장 여건이 불리해졌을 때 시장을 떠나려는 의지를 나타낸다고 볼 수 있다. 수요의 탄력성이 작다는 것은 소비자가 세금이 부과된 재화를 대체할 다른 재화를 찾기 어렵다는 뜻이다. 마찬가지로 공급의 탄력성이 작다는 것은 판매자가 세금이 부과된 재화를 대체할 재화를 생산하기 어렵다는 의미다. 재화에 세금이 부과될 때 대체재를 찾기 어려운 쪽일수록 그 재화의 소비를 포기하기 어려우므로 더 큰 몫의 세금을 부담할 수밖에 없는 것이다.

우리는 이 원리를 앞에서 살펴본 급여세의 사례에 적용할 수 있다. 노동경제학자들은 대부분 노동의 공급이 수요보다 비탄력적이라고 생각한다. 그렇다면 급여세의 부담은 대부분 기업주가 아니라 근로자들이 질 것이다. 다시 말해 급여세의 실질적 귀착은 세금을 고용주와 근로자가 반씩 부담해야 한다는 법 규정과 전혀 비슷하지 않다.

사례 연구

사치세는 누가 부담하는가

1990년에 미국 의회는 요트, 개인 전용 비행기, 모피, 보석, 고급 승용차 등에 대해 부과하는 사치세를 채택했다. 이 세금의 목적은 부담 능력이 가장 높은 사람들에게서 세금을 징수하자는 데 있었다. 앞에 열거한 사치품은 부자들만이 살 수 있으므로 이들 품목에 대한 과세는 부유층에 대해 과세하는 논리적인 방안으로 생각되었다.

그러나 수요 · 공급의 원리가 작동하여 나타난 결과는 의회의 의도와는 판이한 것이었다. 예를 들어 요트시장을 생각해보자. 요트에 대한 수요는 매우 탄력적이다. 백만장자들은 요트를 사는 대신 그 돈으로 더 큰 집을 사거나, 호화 여행을 하거나, 자손에게 더 많은 유산을 남겨줄 수 있기 때문이다. 반면에 요트의 공급은 비탄력적이다. 요트공장을 다른 재화의 생산공장으로 쉽게 변환할 수도 없고, 요트공장에서 일하는 근로자들이 시장 여건의 변화에 대응하여 직업을 바꾼다는 것도 쉽지 않기 때문이다.

VALENTINRUSSANOV/E+/GETTY IMAGES

"이 보트가 지금보다 조금이라도 비쌌더라면 우리는 차라리 골프를 쳤을거야."

이러한 경우 조세의 귀착은 분명하게 예측할 수 있다. 수요가 탄력적이고 공급이 비탄력적이면 세금 부담은 주로 공급자에게 귀착된다. 즉 요트에 대한 세금의 부담은 주로 요트 제조업체와 그 근로자들이 지는데, 그 이유는 세금으로 인해 요트 가격이 큰 폭으로 하락하기 때문이다. 그러나 요트 제조업 근로자들은 부자가 아니다. 따라서 사치품에 대한 세금 부담이 부자들보다 오히려 중산층에게 전가되는 것이다.

사치세가 시행됨에 따라 이 세금의 귀착에 대한 가정이 옳지 못했다는 사실이 분명해졌다. 사치품 공급업체들은 의회 의원들에게 자신들이 겪는 경제적 어려움을 납득시켰고, 그 결과 의회는 1993년에 대부분의 사치세를 폐지했다. ●

간단한 퀴즈

5. 소비자에게 부과되는 재화 한 단위당 1달러의 세금은?
a. 생산자에게 부과되는 1달러의 세금과 같다.
b. 생산자에게 지급되는 1달러의 보조금과 같다.
c. 재화 가격을 1달러 인상하는 가격하한제와 같다.
d. 재화 가격을 1달러 인상하는 가격상한제와 같다.

6. 다음 중 소비자가 대부분의 세금을 부담하는 경우는?
a. 세금이 소비자에게 부과되는 경우
b. 세금이 생산자에게 부과되는 경우
c. 공급이 비탄력적이고 수요가 탄력적인 경우
d. 공급이 탄력적이고 수요가 비탄력적인 경우

7. 다음 중 어느 것이 공급량을 늘리고, 수요량을 줄이고, 소비자 가격을 상승시킬까?
a. 재화에 세금 부과
b. 재화에 대한 세금 폐지
c. 실효성 있는 가격하한제의 설정
d. 실효성 있는 가격하한제의 폐지

8. 다음 중 어느 것이 공급량을 늘리고, 수요량을 늘리고, 소비자 가격을 하락시킬까?
a. 재화에 대한 세금 부과
b. 재화에 대한 세금 폐지
c. 실효성 있는 가격하한제의 설정
d. 실효성 있는 가격하한제의 폐지

정답은 각 장의 끝에

6-3 결론

경제는 수요 · 공급의 법칙과 정부가 만든 법이라는 두 가지 법칙의 지배를 받는다. 이 장에서 우리는 두 가지 법칙이 어떻게 상호작용하는지 살펴보았다. 가격통제와 세금은 많은 시장에서 볼 수 있으며, 이들의 효과에 대한 언론매체나 정책담당자의 토론도 자주 벌어진다. 경제 지식이 조금만 있어도 이들 정책을 이해하고 평가하는 데 큰 도움이 될 것이다.

앞으로 다양한 정부 정책에 대해 좀더 자세하게 분석할 것이다. 세금 효과에 대해 상세히 분석하고 이 장에서 배운 것보다 광범위한 정책들에 대해 살펴볼 것이다. 그러나 이 장에서 배운 기본적인 결론은 변하지 않는다. 정부 정책을 분석할 때 수요 · 공급모형은 가장 유용한 분석 도구다.

요약

- 가격상한은 어느 재화나 서비스의 법정 최고가격이다. 임대료 규제가 한 예다. 가격상한이 균형가격보다 낮으면 이 가격상한은 실효성이 있으며, 수요량이 공급량을 초과하게 된다. 이로 인해 발생하는 물량 부족 때문에 판매자는 해당 재화나 서비스를 어떤 식으로든 소비자들에게 배분해야 한다.
- 가격하한은 어느 재화나 서비스의 법정 최저가격이다. 최저임금이 한 예다. 가격하한이 균형가격보다 높으면 이 가격하한은 실효성이 있으며, 공급량이 수요량을 초과하게 된다. 초과공급이 발생하기 때문에 소비자들의 수요량을 어떤 식으로든 판매자들에게 할당해야 한다.
- 정부가 재화에 세금을 부과하면 그 재화의 균형거래량은 감소한다. 즉 세금이 부과되면 시장 규모가 축소된다.
- 어떤 재화에 세금이 부과되면 소비자가 내는 가격과 판매자가 받는 가격 사이에 차이가 발생한다. 새로운 균형에서 소비자는 전보다 높은 가격을 내고, 판매자는 전보다 적은 금액을 받는다. 조세의 귀착(즉 세금의 분담)은 세금이 소비자에게 부과되든, 판매자에게 부과되든 마찬가지다.
- 조세의 귀착은 수요와 공급의 가격탄력성에 좌우된다. 세금이 부과될 때 수요와 공급 중 보다 비탄력적인 쪽이 구입량이나 판매량을 조절하기 어려우므로 상대적으로 세금을 더 많이 부담한다.

중요개념

가격상한 130

가격하한 130

조세의 귀착 141

복습문제

1. 가격상한과 가격하한의 예를 하나씩 들어보라.
2. 가격상한과 가격하한 중 어느 경우에 재화의 부족이 발생하는가? 그래프로 설명하라.
3. 가격이 수요와 공급을 일치시키지 못하면 재화가 어느 기구에 의해 배분될까?
4. 경제학자들이 대체로 가격통제에 반대하는 이유를 설명하라.
5. 정부가 어떤 재화의 소비자에게 부과되는 세금을 폐지하고 같은 금액의 세금을 그 재화의 판매자에게 부과하기로 했다고 하자. 이 변화로 인해 소비자가 판매자에게 내는 금액, 소비자가 세금을 포함하여 내는 금액, 판매자가 세금을 제하고 받는 금액, 이 재화의 거래량은 각각 어떻게 변할까?
6. 세금은 소비자가 내는 가격과 판매자가 받는 가격, 거래량에 어떤 영향을 미치는가?
7. 세금 부담이 소비자와 판매자 사이에 어떻게 배분될지 결정하는 변수는 무엇인가? 그 이유를 설명하라.

응용문제

1. 클래식 음악의 팬들이 의회를 설득하여 음악회 입장권에 40달러의 가격상한선을 설정했다. 이 정책의 결과 더 많은 사람들이 클래식 음악회를 가게 될까, 아니면 더 적은 수의 사람들이 가게 될까?

2. 정부는 시장에서 결정되는 치즈 가격이 지나치게 낮다고 판단했다.
   a. 정부가 치즈시장에 실효성 있는 가격하한을 도입한다고 하자. 수요 · 공급곡선 그래프를 이용하여 이 정책이 치즈 가격과 판매량에 미치는 효과를 설명하라. 치즈의 부족이 생기는가, 잉여가 발생하는가?
   b. 치즈 생산 농민들은 가격하한제로 인해 치즈 판매 수입이 줄었다고 불평한다. 농부들의 주장이 사실일 가능성이 있는가? 설명하라.
   c. 치즈 생산 농민들의 불만을 해소하기 위해 정부가 가격하한에서 치즈의 잉여분을 전부 사들이기로 했다. 최초 가격하한제에 비해 이 정책으로 인해 이득을 보는 사람은 누구인가? 손해를 보는 사람은 누구인가?

3. 최근 연구 결과는 프리즈비의 수요와 공급이 다음 표와 같다는 것을 밝혀냈다.

가격	수요량	공급량
$ 11	1(100만 개)	15(100만 개)
10	2	12
9	4	9
8	6	6
7	8	3
6	10	1

   a. 프리즈비의 균형가격과 거래량을 구하라.
   b. 프리즈비 제조업자들이 프리즈비는 공기역학의 발전에 도움이 되고, 국가안보에 긴요하다는 것을 정부에 설득했다. 의회는 이 의견을 받아들여 프리즈비의 가격에 최초 균형가격보다 2달러 높은 하한선을 설정했다. 프리즈비의 새로운 시장가격과 판매량은 얼마인가?
   c. 분노한 대학생들이 워싱턴에서 행진을 하면서 프리즈비의 가격 인하를 요구하자, 의회는 다시 가격하한선을 폐지하고 가격하한선보다 1달러 낮은 가격에 가격상한선을 설정했다. 프리즈비의 새로운 시장가격과 판매량은 얼마인가?

4. 연방 정부가 맥주 소비자에게 1상자당 2달러의 세금을 부과한다고 하자(실제로 미국에서는 연방 정부와 주 정부가 맥주에 대해 세금을 부과한다).
   a. 세금이 없는 경우 맥주시장의 수요 · 공급곡선 그래프를 그리고 소비자가 내는 가격, 판매자가 받는 가격, 균형거래량을 그래프에 표시하라. 소비자가 내는 가격과 판매자가 받는 가격에 차이가 있는가?
   b. 세금이 부과된 경우 맥주시장의 수요 · 공급곡선 그래프를 그리고, 소비자가 내는 가격, 판매자가 받는 가격, 균형거래량을 그래프에 표시하라. 소비자가 내는 가격과 판매자가 받는 가격에 차이가 있는가? 거래량은 증가했는가, 감소했는가?

5. 어느 국회의원이 세금을 더 거두어 근로자를 지원하고자 한다. 기업이 부담하는 급여세 부담 비율을 높이고, 그만큼 근로자가 부담하는 부담 비율을 낮춘다면 이런 목적을 달성할 수 있을까?

6. 정부가 고급 승용차에 대해 500달러의 세금을 부과한다면 소비자가 내는 가격은 500달러보다 많이 오르는가, 적게 오르는가, 아니면 정확하게 500달러 오르는가? 설명하라.

7. 의회와 대통령은 대기오염을 방지하기 위해 휘발유 소비량을 줄이려고 휘발유 1갤런당 0.50달러의 세금을 부과하기로 결정했다.
   a. 세금을 소비자에게 부과해야 하는가, 생산자에게 부과해야 하는가? 수요 · 공급곡선 그래프를 이용하여 설명하라.
   b. 휘발유에 대한 수요가 좀더 탄력적이라면 휘발유 소비를 줄이는 데 세금이 더 효과적이겠는가, 덜 효과적이겠는가? 그래프를 이용하여 설명하라.
   c. 이 세금으로 인해 휘발유 소비자는 이득을 보는가, 손해를 보는가? 그 이유를 설명하라.
   d. 정유업계 근로자들은 이득을 보는가, 손해를 보는가? 그 이유를 설명하라.

8. 이 장의 사례연구에서 최저임금제를 설명했다.

a. 미숙련 노동시장에서 최저임금이 균형 임금보다 높게 설정되었다고 하자. 이 시장의 수요·공급곡선을 그리고 균형 임금, 고용량, 실업인구, 임금총액을 표시하라.

b. 노동부장관이 최저임금의 인상을 요구한다면 고용량은 어떻게 되겠는가? 고용량의 변화폭은 수요와 공급의 탄력성에 의해 영향을 받는가? 설명하라.

c. 최저임금의 인상은 실업에 어떤 영향을 미치는가? 실업인구의 변화폭은 수요와 공급의 탄력성에 의해 영향을 받는가? 설명하라.

d. 미숙련 노동에 대한 수요가 비탄력적이라면 최저임금의 인상으로 미숙련 근로자들에게 지불되는 임금총액은 증가하는가, 감소하는가? 수요가 탄력적이라면 답이 어떻게 달라지는가?

9. 미국 보스턴 레드삭스 야구단의 홈구장인 펜웨이 구장에는 3만 8,000개의 좌석이 있다. 따라서 발행되는 입장권은 3만 8,000장이다(모든 좌석이 같은 조건이고 같은 가격에 판매된다고 가정하자). 보스턴 시 당국이 수입을 올릴 수 있는 좋은 기회라고 생각하고 입장권 1장당 5달러씩 세금을 징수하기로 했다. 보스턴 팬들은 워낙 공공의식이 강한 사람들이어서 입장권 구매 시 1장당 5달러씩 시 당국에 성실하게 납부하고 있다. 이 세금의 효과를 그래프를 사용하여 설명하라. 세금 부담은 누구에게 귀착될까? 구단주에게? 팬들에게? 구단주와 팬 모두에게? 그 이유는 무엇인가?

10. 어느 시장의 수요와 공급이 다음 방정식으로 표시된다고 하자.

$$Q^S = 2P$$
$$Q^D = 300 - P$$

a. 균형가격과 거래량을 구하라.

b. 정부가 90달러의 가격상한선을 설정하면, 물량 부족, 초과공급 또는 균형 중 어느 현상이 발생하겠는가? 이 가격상한선에서 시장가격, 공급량, 수요량, 초과공급 또는 물량 부족 수량을 계산하라.

c. 정부가 90달러의 가격하한선을 설정하면, 물량 부족, 초과공급 또는 균형 중 어느 현상이 발생하겠는가? 이 가격하한선에서 시장가격, 공급량, 수요량, 초과공급 또는 물량 부족 수량을 계산하라.

d. 정부가 가격규제 대신 공급자에게 개당 30달러의 세금을 부과한다고 하자. 이 경우 공급 방정식은

$$Q^S = 2(P - 30)$$

이다. 이 경우 물량 부족, 초과공급 또는 균형 중 어느 현상이 발생하겠는가? 시장가격, 공급량, 수요량, 초과공급 또는 물량 부족 수량을 계산하라.

간단한 퀴즈 정답

1. d　2. d　3. a　4. c　5. a　6. d　7. c　8. b

THE SAN
RESTROOMS
BAÑOS
ATM

7장

소비자, 생산자, 시장의 효율성

소비자들이 시장에서 추수감사절 저녁식사에 쓸 식품을 사려고 할 때, 칠면조가 너무 비싸서 실망할 수도 있다. 반면 농부들이 시장에 칠면조를 내다 팔 때는 그 가격보다 더 받기를 원할 것이다. 이것은 너무나 당연한 현상이다. 파는 사람은 더 높은 가격을 받고 싶고, 사는 사람은 더 낮은 가격을 원하게 마련이다. 그렇다면 사회 전체로 볼 때 '적절한' 가격이라는 것이 존재할까?

앞 장에서 우리는 시장경제에서 수요 · 공급 기능이 재화와 서비스의 가격과 거래량을 어떻게 결정하는지 살펴보았다. 그러나 지금까지는 시장 기능이 자원을 어떻게 배분하는지 살펴보았을 뿐, 시장에 의한 자원 배분 결과가 과연 바람직한지를 직접 분석하지는 않았다. 다시 말해 지금까지 우리의 분석은 실증적(어떠한가)인 것이었지, 규범

ISTOCK.COM/LOLOSTOCK; ISTOCK.COM/EUROBANKS

적(어떠해야 하는가)인 것은 아니었다. 우리는 칠면조 가격이 칠면조의 수요와 공급이 일치하도록 변동한다는 사실은 알고 있다. 그렇다면 이 균형가격에서 생산 · 소비되는 칠면조의 양은 적절한가, 아니면 너무 적거나 많은가?

후생경제학 자원의 배분이 사람들의 경제적 후생에 미치는 영향을 연구하는 경제학의 한 분야

이 장에서 우리는 후생경제학에 대해 공부할 것이다. 후생경제학(welfare economics)이란 자원의 배분이 사람들의 경제적 후생에 미치는 영향을 연구하는 경제학의 한 분야다. 먼저 구매자(소비자)와 판매자(생산자)가 시장 거래에 참여하면서 얻는 이득을 살펴보고, 사회 전체가 이 이득의 총량을 어떻게 극대화하는지 알아보자. 이러한 분석을 통해 매우 근본적인 결론이 도출될 것이다. 그 결론은 어느 시장에서든지 모든 구매자(소비자)와 판매자(생산자)가 누릴 이득의 총합이 수요와 공급의 균형점에서 극대화된다는 것이다.

1장에서 설명한 경제학의 10대 기본원리 중에 일반적으로 시장이 경제활동을 조직하는 좋은 수단이라는 것이 있다. 후생경제학을 공부하면 이 원리를 보다 자세히 이해할 것이다. 그리고 칠면조의 가장 적절한 가격이 얼마인가에 대한 해답도 얻을 수 있을 것이다. 칠면조의 수요와 공급을 일치시키는 가격이 칠면조 소비자와 생산자의 총후생을 극대화하기 때문에 최선의 가격이다. 칠면조의 소비자나 생산자 어느 쪽도 이것을 달성하려고 의도한 적은 없다. 그러나 시장가격에 따라 이들의 행동이 마치 보이지 않는 손에 이끌리듯이 총후생을 극대화하는 것이다.

7-1 소비자잉여

후생경제학의 첫 단계로 소비자들이 시장에 참여함으로써 얻는 이득부터 살펴보자.

7-1a 지불용의

어떤 사람이 매우 상태가 좋은 엘비스 프레슬리(Elvis Presley)의 첫 음반을 가지고 있다고 하자. 그러나 이 사람은 엘비스 프레슬리의 팬이 아니기 때문에 이 음반을 팔고자 한다. 한 가지 방법은 경매에 부치는 것이다.

지불용의 구입 희망자가 어떤 재화를 구입하기 위해 지불하고자 하는 최고 금액

이 경매에 테일러, 캐리, 리하나, 가가 등 네 사람의 엘비스 팬이 나타났다고 하자. 네 사람 모두 이 음반을 사고 싶어하지만 각자 내고자 하는 금액에는 상한선이 있다. 표 7.1은 구입 희망자가 지불하고자 하는 최고 금액을 보여준다. 이 금액을 지불용의(willingness to pay)라고 한다. 지불용의는 구입 희망자가 이 물건에 얼마나 가치를 부여하는지를 나타낸다. 구입 희망자는 자신의 지불용의보다 낮은 가격에 이 음반을 사고 싶어하겠지만 지불용의를 초과하는 가격을 내고 사지는 않을 것이다. 물론 가격이

표 7.1

구입 희망자 네 사람의 지불용의

구입 희망자	지불용의
테일러	$100
캐리	80
리하나	70
가가	50

지불용의와 일치한다면 소비자는 음반을 사든 안 사든 마찬가지라고 느낄 것이다.

음반 주인은 이 음반을 팔기 위해 낮은 가격부터 부를 것이다. 우선 10달러를 불렀다고 하자. 네 사람 모두 그 이상의 금액을 낼 용의가 있기 때문에 가격은 금방 오르기 시작할 것이다. 가격 올리기는 테일러가 80달러(혹은 약간 더 높은 금액)를 부를 때 끝날 것이다. 그리고 캐리, 리하나, 가가는 80달러보다 높은 금액을 지불할 의사가 없기 때문에 이 경매에서 탈락한다. 테일러는 결국 음반 주인에게 80달러를 주고 음반을 가져갈 것이다. 여기서 유의해야 할 점은 이 음반이 이것을 가장 가치 있다고 여기는 사람에게 팔렸다는 사실이다.

테일러는 엘비스의 음반을 구입함으로써 어떤 이득을 얻을까? 테일러는 어떤 의미에선 이 물건을 아주 싸게 산 것이다. 그는 사실 100달러라도 낼 용의가 있었지만 80달러만 지불했기 때문이다. 이 경우 우리는 테일러가 20달러의 소비자잉여를 누렸다고 한다. 소비자잉여(consumer surplus)란 소비자의 지불용의에서 소비자가 실제로 지불한 금액을 뺀 나머지 금액을 말한다.

소비자잉여 소비자의 지불용의에서 소비자가 실제로 지불한 금액을 뺀 나머지 금액

소비자잉여는 소비자가 시장에 참여하여 얻는 이득이라고 할 수 있다. 앞의 예에서 테일러는 경매에 참여함으로써 100달러의 가치가 있다고 여기는 물건을 80달러에 얻었으므로 20달러에 해당하는 이득을 얻었다. 캐리, 리하나, 가가는 음반을 얻지 못했지만 동시에 아무것도 지불하지 않았으므로 이들은 경매에서 아무런 소비자잉여를 누리지 못했다.

이제 약간 다른 예를 들어보자. 이번에는 어느 사람이 똑같은 엘비스 음반을 2장 가지고 있고, 다시 그 네 사람의 구입 희망자를 상대로 경매를 한다고 하자. 분석의 편의를 위해 두 음반은 같은 가격에 판매되어야 하고, 한 사람이 음반 1장만 구입한다고 가정하자. 따라서 경매는 두 사람이 남을 때까지 진행될 것이다.

이 경우 경매는 테일러와 캐리가 70달러(혹은 약간 더 높은 금액)를 부를 때 종료된다. 이 가격에서는 테일러와 캐리가 기꺼이 이 음반을 구입할 것이고, 리하나와 가가는 더 높은 가격을 부르지 않을 것이다. 테일러와 캐리는 자신들의 지불용의에서 가격을 뺀 만큼 소비자잉여를 누린다. 테일러의 소비자잉여는 30달러고 캐리의 소비자잉여는

그림 7.1 **수요표와 수요곡선**

다음 표는 표 7.1에서 유도된 수요표다. 오른쪽 그림은 수요표에 있는 수요량과 가격의 관계를 나타낸 것이다. 수요곡선의 높이가 소비자의 지불용의를 나타낸다.

가격	소비자	수요량
$100 초과	없음	0
$80~100	테일러	1
$70~80	테일러, 캐리	2
$50~70	테일러, 캐리, 리하나	3
$50 이하	테일러, 캐리, 리하나, 가가	4

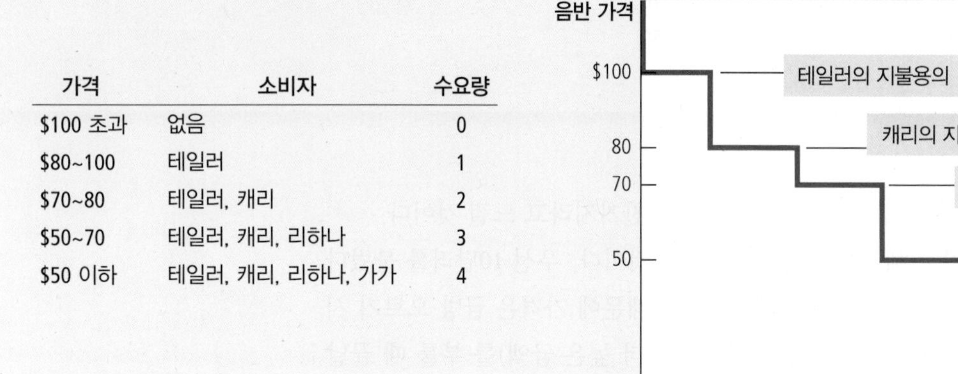

10달러다. 테일러의 소비자잉여가 앞의 예보다 큰 이유는 같은 음반을 더 낮은 가격에 샀기 때문이다. 시장에서 소비자잉여의 합계는 40달러다.

7-1b 수요곡선을 이용한 소비자잉여 계산법

소비자잉여와 수요곡선은 밀접한 관계가 있다. 이 관계를 알아보기 위해 앞의 예에서 엘비스 음반에 대한 수요곡선을 생각해보자.

우선 구입 희망자 네 사람의 지불용의에서 음반의 수요량을 알아낼 수 있다. 그림 7.1의 표는 표 7.1에서 유도된 수요량과 가격의 관계를 나타낸 것이다. 가격이 100달러가 넘는다면 아무도 사려고 하지 않을 것이기 때문에 시장에서 수요는 0이다. 가격이 80달러에서 100달러 사이라면 테일러만 그 정도의 금액을 지불하고자 하므로 수요량은 1이 된다. 가격이 70달러에서 80달러 사이라면 테일러와 캐리가 그 가격을 지불할 용의가 있기 때문에 수요량은 2가 된다. 다른 가격에 대해서도 이와 같은 분석을 반복하면 네 사람의 지불용의에서 수요량과 가격의 관계를 유도해낼 수 있다.

그림 7.1의 그래프는 이 관계를 나타내는 수요곡선이다. 수요곡선의 높이와 소비자의 지불용의의 관계를 주의 깊게 관찰하기 바란다. 어느 수량에서든 수요곡선에 의해 나타나는 가격은 한계소비자(marginal buyer)의 지불용의다. 한계소비자는 그 가격보

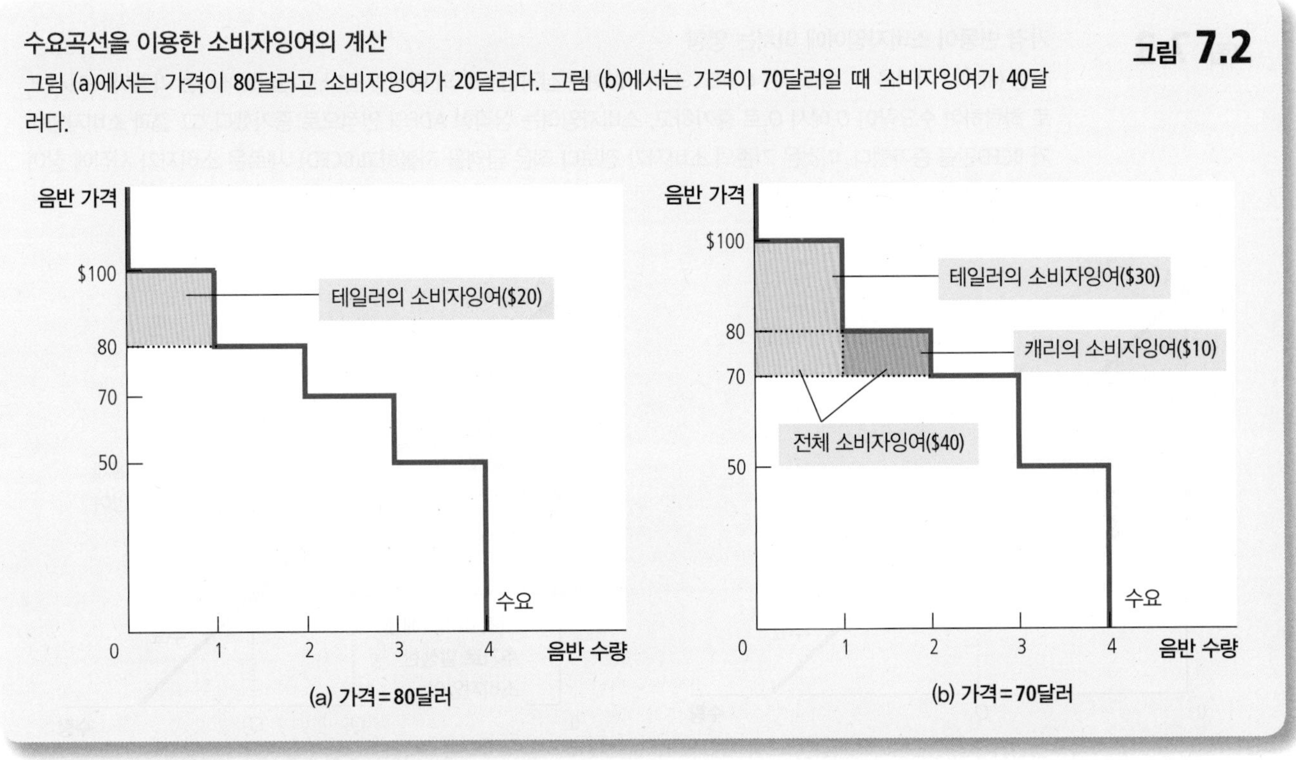

그림 7.2

수요곡선을 이용한 소비자잉여의 계산

그림 (a)에서는 가격이 80달러고 소비자잉여가 20달러다. 그림 (b)에서는 가격이 70달러일 때 소비자잉여가 40달러다.

다 조금이라도 높은 가격에서는 시장을 떠나버리는 소비자다. 예를 들어 수량이 4인 경우 수요곡선의 높이는 50달러다. 이 50달러는 바로 가가(이 경우 한계소비자)의 지불용의다. 음반의 수량이 3인 경우 수요곡선의 높이는 70달러다. 이는 리하나(이 경우 한계소비자)의 지불용의다.

수요곡선이 소비자의 지불용의를 나타내기 때문에 이를 이용하여 소비자잉여를 계산할 수 있다. 그림 7.2는 수요곡선을 이용하여 소비자잉여를 계산하는 방법을 보여준다. 그림 7.2 (a)에서는 가격이 80달러(혹은 약간 더 높은 금액)고 수요량이 1이다. 가격 수준 윗부분, 수요곡선 아랫부분의 면적이 20달러라는 사실에 유의하자. 이 금액은 우리가 앞에서 계산했던 음반 1장이 판매되었을 때의 소비자잉여와 같다.

그림 7.2 (b)는 가격이 70달러(혹은 약간 더 높은 가격)일 때의 소비자잉여를 나타낸다. 이 경우 가격 수준 윗부분, 수요곡선 아랫부분의 면적은 두 직사각형의 면적을 더한 것과 같다. 이 가격에서 테일러의 소비자잉여 30달러와 캐리의 소비자잉여 10달러의 합, 즉 40달러가 시장 전체의 소비자잉여다. 이 역시 우리가 앞에서 계산했던 음반 2장이 판매되었을 때의 소비자잉여와 같은 금액이다.

이 계산은 다른 모든 수요곡선에 대해서도 성립한다. 즉 수요곡선의 아랫부분과 가격 수준 윗부분의 면적이 시장에서 발생하는 소비자잉여의 크기다. 그 이유는 수요곡

그림 7.3 **가격 변동이 소비자잉여에 미치는 영향**

그림 (a)에서 가격은 P_1, 수요량은 Q_1이고 소비자잉여는 삼각형 ABC의 면적과 같다. 그림 (b)에서는 가격이 P_1에서 P_2로 하락하여 수요량이 Q_1에서 Q_2로 증가하고, 소비자잉여는 삼각형 ADF의 면적으로 증가했다. 그 결과 소비자잉여가 BCFD만큼 증가했다. 이것은 기존의 소비자가 전보다 적은 금액을 지불하고(BCED), 새로운 소비자가 시장에 참여하기 때문이다(CEF).

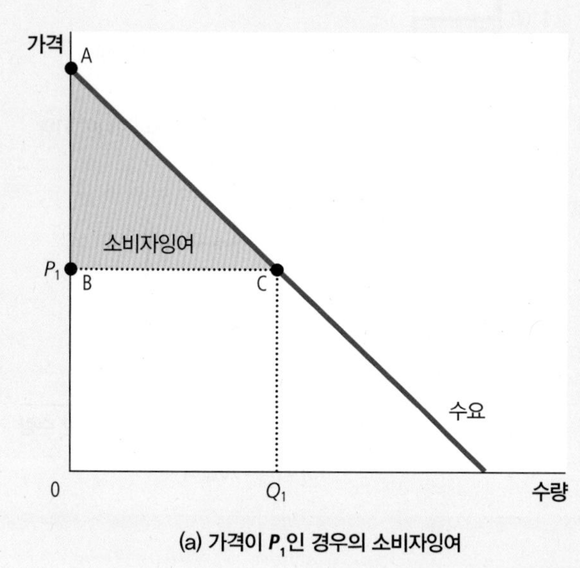

(a) 가격이 P_1인 경우의 소비자잉여

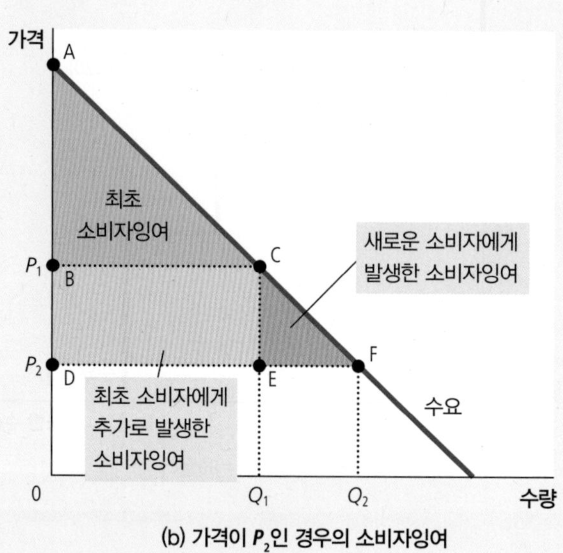

(b) 가격이 P_2인 경우의 소비자잉여

선의 높이가 바로 소비자들이 그 재화에 부여하는 가치, 즉 지불용의를 나타내기 때문이다. 지불용의와 시장가격의 차이가 각 소비자의 소비자잉여인 것이다. 따라서 수요곡선의 아랫부분이면서 가격 수준 윗부분의 면적이 이 시장에서 모든 소비자가 누리는 소비자잉여의 합이 된다.

7-1c 가격 하락에 따른 소비자잉여의 증가

소비자는 항상 낮은 가격으로 물건을 사고 싶어하기 때문에 가격이 낮아지면 이득을 본다. 그러나 가격이 하락할 때 소비자가 얼마나 이득을 보는지 계산할 수 있을까? 소비자잉여의 개념을 이용하면 정확하게 계산할 수 있다.

그림 7.3은 전형적인 수요곡선을 보여준다. 이 수요곡선은 앞의 그림에서 본 계단 모양 수요곡선과는 다르다는 것을 알 수 있다. 소비자가 많으면 계단 하나하나의 길이가 매우 짧아질 것이기 때문에 궁극적으로 매끄러운 직선 모양이 된다. 이 수요곡선은 우리가 앞의 두 그림에서 본 계단 모양 수요곡선과는 다르지만, 앞의 분석이 여기에도 적

용될 수 있다. 즉 소비자잉여는 여기서도 수요곡선의 아랫부분 중 가격 수준의 윗부분의 면적이다. 그림 7.3 (a)에서 가격이 P_1인 경우 소비자잉여는 삼각형 ABC의 면적과 같다.

이제 그림 7.3 (b)에 나타난 바와 같이 가격이 P_1에서 P_2로 하락했다고 하자. 소비자잉여는 ADF의 면적이다. 따라서 가격 하락에 따른 소비자잉여의 증가분은 BCFD다.

소비자잉여의 증가분은 두 부분으로 구성된다. 첫째, Q_1의 수량을 가격 P_1에서 구입한 소비자는 가격 하락의 혜택을 누리게 되었다. 기존의 소비자에게 발생한 소비자잉여 증가분은 그가 지불하는 금액의 감소분과 같으며, 그림에서 직사각형 BCED의 면적이다. 둘째, 이제 인하된 가격을 지불할 용의가 있는 새로운 소비자가 시장에 진입한다. 그 결과 시장수요량이 Q_1에서 Q_2로 증가한다. 새로운 소비자가 누리는 소비자잉여는 삼각형 CEF의 면적이다.

7-1d 소비자잉여는 무엇을 측정하는가

소비자잉여라는 개념을 만든 이유는 시장 성과를 평가하기 위해서다. 과연 소비자잉여가 경제적 후생 수준을 측정할 수 있는 좋은 지표일까?

여러분이 지금 경제제도를 입안해야 하는 정책담당자라면 소비자잉여를 얼마나 중요시해야 할까? 지불용의에서 실제 지불 금액을 뺀 나머지로 정의되는 소비자잉여는 소비자 입장에서 소비자가 누리는 이득을 측정한 것이다. 따라서 정책담당자가 소비자의 취향을 만족시킨다면 소비자잉여는 경제 후생을 측정하는 좋은 지표라고 할 수 있다.

그러나 어떤 경우에는 정책담당자가 소비자 행동의 배경이 되는 소비자 취향을 존중하지 않기 때문에 소비자잉여를 별로 중요하게 여기지 않기도 한다. 예를 들어 마약중독자들은 마약에 대해 아주 높은 금액을 지불하고자 한다. 그렇지만 마약중독자가 마약을 낮은 가격에 구입했다고 해서 큰 이득을 얻었다고 말할 수는 없다(마약중독자는 그렇다고 주장하겠지만). 사회적 관점에서 이런 경우의 지불용의는 소비자의 후생을 나타내는 좋은 지표가 아니며, 마약중독자가 자신의 이익을 스스로 돌보지 않기 때문에 소비자잉여는 경제적 후생을 측정하는 좋은 지표가 될 수 없다.

그러나 대부분의 시장에서 소비자잉여는 경제적 후생을 반영한다. 경제학자들은 대체로 소비자들의 의사결정을 합리적이라고 가정한다. 합리적인 사람들은 주어진 조건에서 자신의 목적을 달성하기 위해 최선을 다한다. 또 경제학자들은 대체로 사람들의 선호는 존중되어야 한다고 믿는다. 소비자들은 자신이 구입하는 물건에서 얼마만큼 이득을 얻는지 스스로 가장 잘 판단할 수 있다고 봐야 한다.

간단한 퀴즈

1. **알렉시스, 브루노, 카밀라 모두 아이스크림을 원한다. 알렉시스는 12달러, 브루노는 8달러, 카밀라는 4달러를 지불할 용의가 있다. 시장가격은 6달러이다. 소비자잉여는 얼마인가?**
   a. 6달러
   b. 8달러
   c. 14달러
   d. 18달러
2. **아이스크림 가격이 3달러로 하락하면, 위의 세 사람의 소비자잉여는 얼마나 증가할까?**
   a. 6달러
   b. 7달러
   c. 8달러
   d. 9달러
3. **과자에 대한 수요곡선은 우하향한다. 과자 가격이 3달러일 때 수요는 100이다. 만약 가격이 2달러로 하락하면, 소비자잉여는 어떻게 될까?**
   a. 100달러 이하 감소한다.
   b. 100달러 이상 감소한다.
   c. 100달러 이하 증가한다.
   d. 100달러 이상 증가한다.

정답은 각 장의 끝에

7-2 생산자잉여

이제 시장의 반대편에 서 있는 생산자들이 시장에 참여하여 얻는 이득이 무엇인지 알아보자. 생산자잉여에 대한 분석은 소비자잉여에 대한 분석과 여러 가지로 유사하다.

7-2a 비용과 판매용의

어떤 사람이 집을 1채 가지고 있는데, 이 집에 페인트칠을 하려고 한다. 그리고 페인트칠을 할 빈센트, 크라우드, 파블로, 앤디 등 네 사람을 구했다고 하자. 각 페인트공은 가격만 맞으면 페인트칠을 할 용의가 있는 사람들이다. 집주인은 이 작업을 입찰에 부쳐 가장 낮은 가격을 제시한 사람에게 작업을 맡길 예정이다.

각 페인트공은 자신이 받을 가격이 작업비용을 초과하는 한 페인트 작업을 할 용의

표 7.2

공급 희망자 네 사람의 비용

공급 희망자	비용
빈센트	$900
크라우드	800
파블로	600
앤디	500

가 있다. 여기서 비용(cost)이란 페인트공들의 기회비용을 의미한다. 기회비용은 그들이 페인트, 붓과 같은 물건을 사기 위해 실제로 지불한 현금 비용은 물론 그들의 시간에 부여한 가치도 포함된 금액이다. 표 7.2에 각 페인트공의 비용이 있다. 페인트공의 비용은 작업을 하고자 하는 최소한의 가격이기 때문에, 서비스를 제공하려는 용의를 나타내는 금액이라고 할 수 있다. 각 페인트공은 자신의 비용보다 가격이 높으면 서비스를 제공할 것이고, 자신의 비용보다 가격이 낮으면 서비스 제공을 거절할 것이며, 가격과 비용이 일치하면 서비스를 제공하는 것과 하지 않는 것이 마찬가지라고 생각할 것이다.

비용 재화를 생산하기 위해 생산자가 포기해야 하는 모든 것의 가치

입찰을 받을 때 높은 가격부터 시작할 수도 있다. 그러나 페인트공들의 경쟁에 따라 그 가격은 곧 하락할 것이다. 앤디가 600달러(혹은 그보다 약간 낮은 금액)를 제시하면, 입찰에는 앤디만 남을 것이다. 앤디는 비용이 500달러기 때문에 600달러에 기꺼이 페인트칠을 하고자 한다. 그러나 빈센트와 크라우드, 파블로는 600달러 미만을 받고는 이 작업을 할 의사가 없다. 결과적으로 이 일은 가장 낮은 비용에 작업할 수 있는 사람에게 돌아간다는 사실을 기억해두자.

앤디는 이 일을 함으로써 어떤 이득을 얻는가? 앤디는 500달러만 받으면 기꺼이 작업할 용의가 있는 일을 600달러를 받고 하기 때문에 생산자잉여 100달러를 누릴 것이다. 생산자잉여(producer surplus)란 생산자가 실제로 받은 금액에서 생산자 비용을 뺀 나머지 금액이다. 생산자잉여는 생산자가 시장에 참여하여 얻는 이득을 나타낸다.

생산자잉여 생산자가 실제로 받은 금액에서 생산자가 그 물건을 제공하는 비용을 뺀 나머지 금액

이제 약간 다른 상황을 생각해보자. 집주인이 2채의 집에 페인트칠을 하고자 한다. 이 일도 네 사람의 입찰 경쟁을 통해 나눠주려고 한다. 분석의 편의를 위해 한 사람이 두 집 일을 다 할 수 없고, 두 페인트공에게 같은 금액을 지불해야 한다고 하자. 따라서 입찰 경쟁은 두 사람이 남을 때 중단된다.

이 경우 입찰 경쟁은 파블로와 앤디 두 사람이 800달러(혹은 그보다 약간 낮은 가격)를 제시할 때 중단된다. 이 가격에서 파블로와 앤디는 일할 용의가 있지만, 빈센트와 크라우드는 이 가격을 받아들일 의사가 없다. 800달러에서 앤디는 생산자잉여 300달러를, 파블로는 생산자잉여 200달러를 누린다. 따라서 이 시장에서 생산자잉여의 합계는 500달러가 된다.

7-2b 공급곡선을 이용한 생산자잉여 계산법

소비자잉여가 수요곡선과 밀접한 관계가 있듯이 생산자잉여도 공급곡선과 밀접한 관계가 있다. 앞의 예를 계속해서 살펴보자.

페인트공 네 사람의 비용 자료를 이용하여 페인트 서비스의 공급곡선을 유도해보자. 그림 7.4의 표는 표 7.2의 비용에서 유도된 공급량과 가격의 관계를 나타낸 것이다. 가

그림 7.4 **공급표와 공급곡선**

다음 표는 표 7.2에서 유도된 공급표다. 왼쪽 그림은 공급표에 있는 공급량과 가격의 관계를 나타낸 것이다. 공급곡선의 높이가 생산자의 비용이다.

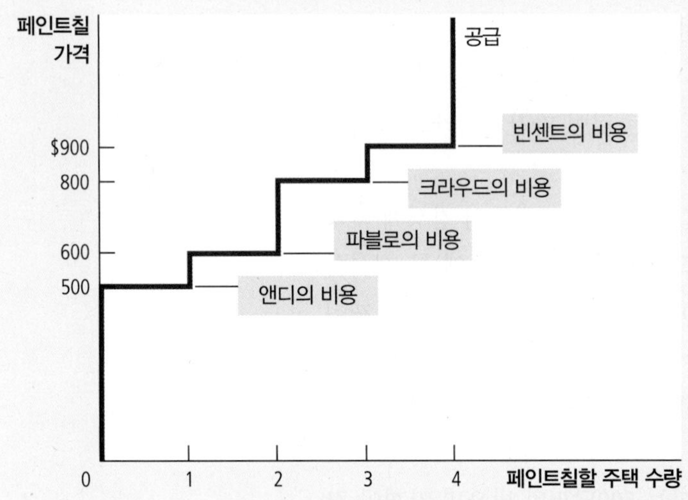

가격	생산자	공급량
$900 이상	빈센트, 크라우드, 파블로, 앤디	4
800~900	크라우드, 파블로, 앤디	3
600~800	파블로, 앤디	2
500~600	앤디	1
500 미만	없음	0

격이 500달러 미만이라면 아무도 일하려고 하지 않을 것이기 때문에 시장 공급은 0이다. 가격이 500달러에서 600달러 사이라면 앤디만 일하고자 하기 때문에 공급량은 1이 된다. 가격이 600달러에서 800달러 사이라면 앤디와 파블로 두 사람만 일할 용의가 있기 때문에 공급량은 2가 된다. 이 같은 분석을 반복함으로써 페인트공 네 명의 비용에서 공급곡선이 도출된다.

그림 7.4에 이 공급곡선이 있다. 공급곡선의 높이가 생산자의 비용과 관련이 있다는 사실에 유의하자. 어떤 수량에서든지 공급곡선에 의해 주어지는 가격은 한계생산자(marginal seller)의 비용을 나타낸다. 한계생산자란 가격이 그 이하로 내려갈 경우 시장을 제일 먼저 떠나는 생산자를 의미한다. 예를 들어 페인트칠할 주택이 4채일 때 공급곡선의 높이는 900달러다. 이 금액은 이 가격에서 한계생산자인 빈센트가 페인트칠을 하는 비용에 해당한다. 페인트칠할 주택이 3채일 때 공급곡선의 높이는 800달러다. 이 금액은 이 가격에서 한계생산자인 크라우드가 페인트칠을 하는 비용이다.

공급곡선의 높이는 생산자의 비용을 나타내기 때문에 공급곡선을 이용하여 생산자잉여를 측정할 수 있다. 그림 7.5에 공급곡선을 이용하여 생산자잉여를 측정하는 방법이 설명되어 있다. 그림 7.5 (a)에서 가격이 600달러(또는 약간 더 낮은 가격)인 경우 공급량은 1이다. 이 가격 수준의 아랫부분이면서 공급곡선의 위에 해당하는 부분의 면적은 100달러다. 이 금액이 바로 우리가 앞에서 계산한 앤디의 생산자잉여다.

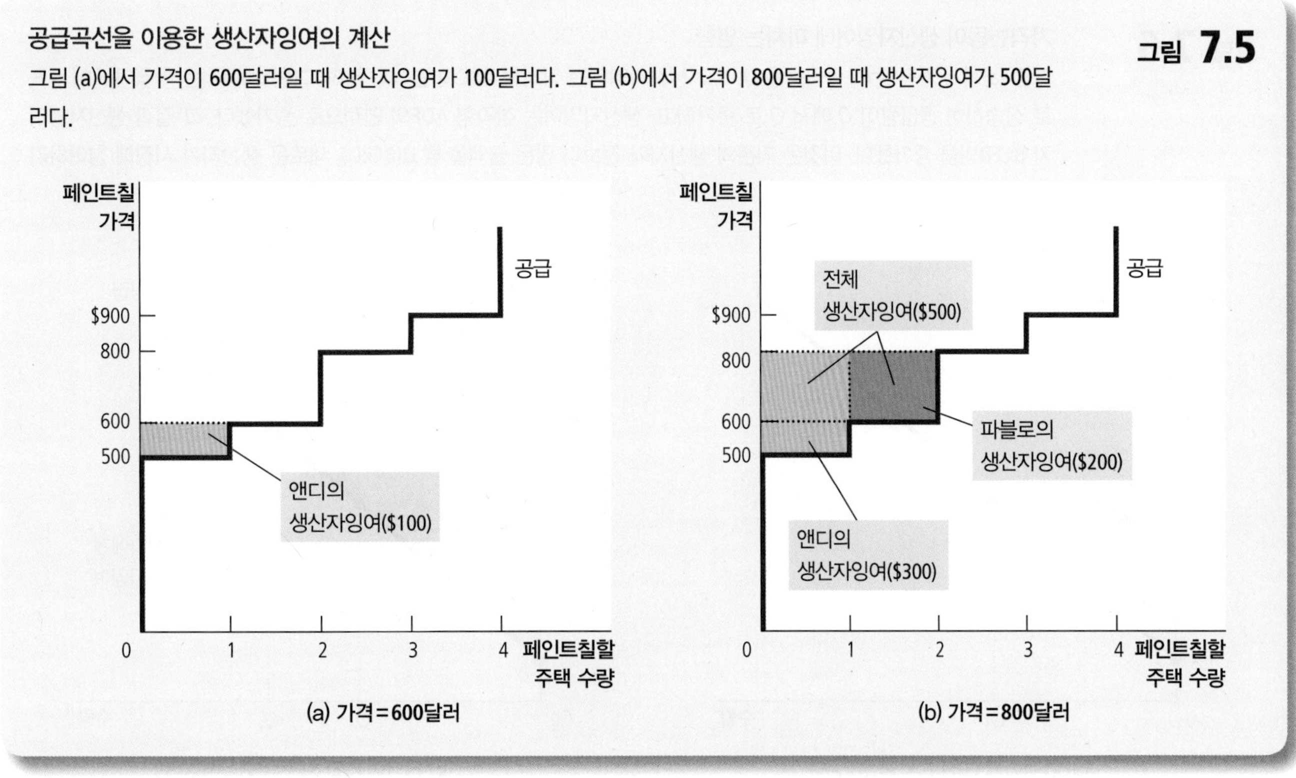

그림 7.5

공급곡선을 이용한 생산자잉여의 계산

그림 (a)에서 가격이 600달러일 때 생산자잉여가 100달러다. 그림 (b)에서 가격이 800달러일 때 생산자잉여가 500달러다.

그림 7.5 (b)는 가격이 800달러(또는 약간 더 낮은 가격)일 때의 생산자잉여를 보여준다. 이때 생산자잉여는 2개의 직사각형으로 구성된다. 이 부분의 면적이 500달러고, 이것은 우리가 앞에서 계산한 파블로와 앤디의 생산자잉여의 합과 같은 금액이다.

이 계산은 다른 모든 공급곡선에도 적용된다. 즉 가격 수준의 아랫부분과 공급곡선의 윗부분의 면적이 시장에서 발생하는 생산자잉여의 크기다. 그 이유는 명백하다. 공급곡선의 높이가 바로 생산자들의 비용이고, 생산자들이 받는 가격과 비용의 차이가 생산자잉여기 때문이다. 그리고 모든 생산자의 생산자잉여를 합한 것이 가격 수준 아래쪽에 있으면서 공급곡선 위쪽에 있는 부분의 전체 면적과 일치한다.

7-2c 가격 상승에 따른 생산자잉여의 증가

생산자들이 언제나 높은 가격을 받고 싶어하는 것은 너무나 당연하다. 그러나 가격이 상승할 경우 생산자의 후생은 얼마나 증가할까? 생산자잉여를 통해 정확하게 측정할 수 있다.

그림 7.6은 생산자가 매우 많을 경우 나타나는 전형적인 공급곡선이다. 이 공급곡선은 우리가 앞의 두 그림에서 본 계단 모양 공급곡선과는 다르지만, 앞에서 설명한 계산

그림 7.6 **가격변동이 생산자잉여에 미치는 영향**

그림 (a)에서 가격은 P_1, 공급량은 Q_1이고 생산자잉여는 삼각형 ABC의 면적과 같다. 그림 (b)에서는 가격이 P_1에서 P_2로 상승하여 공급량이 Q_1에서 Q_2로 증가하고, 생산자잉여는 삼각형 ADF의 면적으로 증가했다. 그 결과 생산자잉여가 BCFD만큼 증가했다. 이것은 기존의 생산자가 전보다 많은 금액을 받고(BCED), 새로운 생산자가 시장에 참여하기 때문이다(CEF).

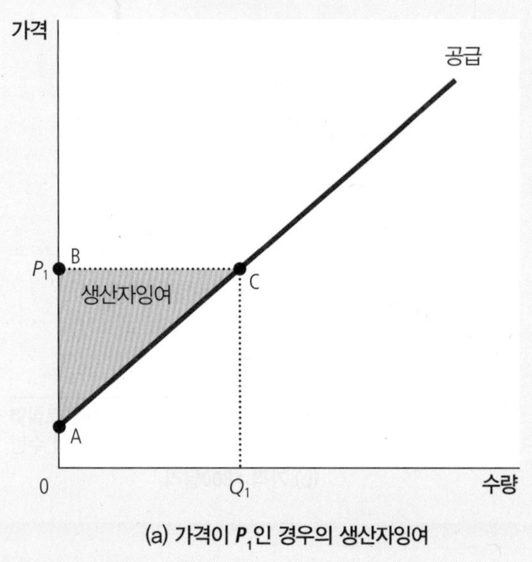

(a) 가격이 P_1인 경우의 생산자잉여

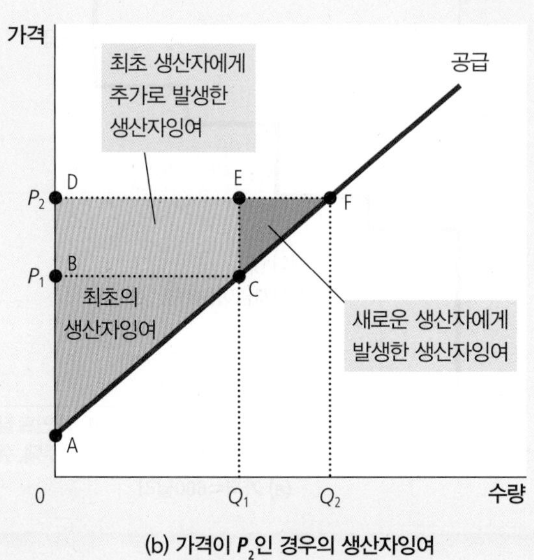

(b) 가격이 P_2인 경우의 생산자잉여

방법은 여기에도 적용될 수 있다. 즉 생산자잉여는 가격 수준 아랫부분이면서 공급곡선 윗부분의 면적이다. 그림 7.6 (a)에서 가격이 P_1인 경우 생산자잉여는 삼각형 ABC의 면적과 같다.

이제 그림 7.6 (b)에 나타난 바와 같이 가격이 P_1에서 P_2로 상승했다고 하자. 이제 생산자잉여는 ADF의 면적으로 증가했다. 이 생산자잉여의 증가분은 두 부분으로 구성된다. 첫째, Q_1의 수량을 원래 가격 P_1으로 공급하던 생산자들은 가격 상승의 혜택을 누리게 되었다. 기존의 생산자들에게 발생한 생산자잉여 증가분은 그들이 받는 금액의 증가분과 같으며 그림에서 직사각형 BCED의 면적이다. 둘째, 이제 높아진 가격에 자극받은 새로운 생산자들이 시장에 들어와 공급량이 Q_1에서 Q_2로 증가한다. 새로운 생산자들이 누리는 생산자잉여는 삼각형 CEF의 면적이다.

이상의 분석에서 알 수 있듯이 소비자잉여로 소비자 후생의 변화를 측정하는 것과 같은 방법으로 생산자 후생의 변화도 측정할 수 있다. 두 가지 측정 방법은 사실상 같기 때문에 두 지표를 함께 사용하는 것은 당연하다. 다음 절에서는 두 지표를 함께 사용할 것이다.

간단한 퀴즈

4. 디에고, 에미, 핀은 모두 이번 학기에 조교 일을 하려고 한다. 조교 업무의 기회비용은 디에고는 100달러, 에미는 200달러, 핀은 400달러다. 대학에서 조교에게 지급하는 급여는 300달러다. 이 경우 생산자잉여는?
   a. 100달러
   b. 200달러
   c. 300달러
   d. 400달러

5. 개빈은 정원사로 일주일에 300달러를 받고 일하고 있다. 정원사의 임금이 일주일에 400달러로 인상되자, 헥터도 정원사로 일하게 됐다. 이로 인해 생산자잉여가 얼마나 증가했을까?
   a. 100달러 미만
   b. 100달러와 200달러 사이
   c. 200달러와 300달러 사이
   d. 300달러 초과

6. 어떤 상품의 공급곡선이 $Q^S = 2P$이고, 시장가격은 10달러다. 생산자잉여를 계산하라. (힌트: 공급곡선을 그리고, 삼각형 면적 공식을 생각하라)
   a. 5달러
   b. 20달러
   c. 100달러
   d. 200달러

정답은 각 장의 끝에

7-3 시장의 효율성

소비자잉여와 생산자잉여는 경제학자들이 소비자와 생산자의 후생을 측정하는 기본적인 분석 도구다. 우리는 이 도구를 사용하여 경제학의 근본적인 질문인 '자유로운 시장 기능에 따른 자원 배분이 과연 바람직한 것인가?'에 대한 해답을 얻을 수 있다.

7-3a 선의의 사회계획가

시장의 성과를 평가하기 위해 우리의 분석에 가상적인 사람 한 명을 소개하고자 한다. 그를 선의의 사회계획가(benevolent social planner)라고 하자. 선의의 사회계획가는 전지전능한 독재자다. 이 계획가는 모든 사회 구성원의 경제적 후생을 극대화하고자 한다. 그렇다면 이 사람은 무엇을 해야 할까? 시장에서 수요와 공급에 따라 균형에 도달한 가격을 그대로 두어야 할까, 경제적 후생을 증가시키기 위해 시장의 결과를 바꿔야 할까?

이 문제를 해결하기 위해서 계획가는 한 사회의 경제적 후생을 측정하는 기준부터 결정해야 한다. 한 가지 기준은 소비자잉여와 생산자잉여의 합, 즉 총잉여(total surplus)다. 소비자잉여는 소비자가 시장에 참여하여 얻는 이득이고, 생산자잉여는 생산자가 얻는 이득이다. 따라서 총잉여를 사회 전체의 경제적 후생 수준을 측정하는 지표로 삼는 것은 당연하다.

이 경제적 후생 지표를 보다 잘 이해하기 위해 소비자잉여와 생산자잉여가 어떻게 도출되었는지 상기해보자. 소비자잉여는 다음과 같이 정의되었다.

소비자잉여＝소비자가 누리는 가치－소비자가 지불한 금액

마찬가지로 생산자잉여는 다음과 같이 정의되었다.

생산자잉여＝생산자가 받는 금액－생산자가 치르는 비용

두 가지 잉여를 합하면 다음과 같다.

총잉여＝(소비자가 누리는 가치－소비자가 지불한 금액)
＋(생산자가 받는 금액－생산자가 치르는 비용)

여기서 소비자가 지불한 금액과 생산자가 받는 금액은 일치하므로 가운데 두 항은 상쇄되고 총잉여는 결국 다음과 같이 표시된다.

총잉여＝소비자가 누리는 가치－생산자가 치르는 비용

즉 시장에서 창출되는 (최대 지불용의로 측정된) 총잉여는 소비자가 누리는 총가치에서 그 재화를 공급하는 데 필요한 생산자의 총비용을 뺀 나머지가 된다.

효율성 사회 구성원이 누리는 총잉여를 극대화하는 자원 배분의 속성

자원 배분이 총잉여를 극대화할 때 우리는 이러한 배분을 효율성(efficiency)이라고 한다. 배분 상태가 효율적이지 않다면 시장 거래로 얻을 수 있는 이득 중 일부를 얻지 못한다는 뜻이다. 예를 들어 어느 재화의 생산이 생산비가 가장 낮은 생산자에 의해 이루어지지 않는다면 자원 배분은 비효율적이 된다. 이때 고비용 생산자에서 저비용 생산자로 생산활동을 이전한다면 사회적 총비용이 감소하므로 사회적 총잉여는 증가한다. 마찬가지로 어떤 재화를 그 재화에 가장 높은 가치를 부여하는 소비자가 소비하지 못한다면 이는 비효율적인 자원 배분이다. 이때 소비가 낮은 가치를 부여하는 소비자에서 높은 가치를 부여하는 소비자로 이전된다면 총잉여는 증가한다.

형평성 경제 발전의 혜택이 사회구성원에게 균등하게 분배되는 속성

선의의 사회계획가는 효율성에 더하여 형평성에도 관심을 가질 수 있다. 형평성(equality)이란 소비자와 생산자 사이에 경제적 후생이 균등하게 분배되는 것을 의미한다. 시장에서 거래를 통해 창출되는 잉여는 마치 시장 참여자들에게 분배되어야 하는 파이와 같은 것이다. 효율성의 문제는 과연 가장 큰 파이가 만들어졌는가 하는 것이고, 형평성의 문제는 이 파이가 균등하게 분배되었는가 하는 것이다. 이 장에서 선의의 사회계획가는 효율성만을 목표로 한다고 전제한다. 그러나 현실세계의 정책담당자들에게는 형평성도 주요 관심 사항이라는 것을 기억해두기 바란다.

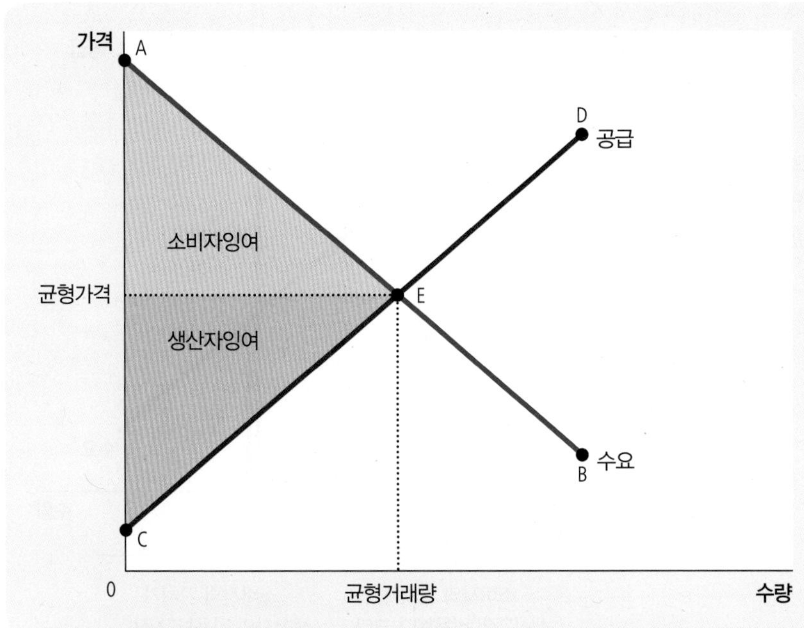

그림 7.7

소비자잉여, 생산자잉여와 시장균형
총잉여는 소비자잉여와 생산자잉여의 합이다. 그림의 세로축에서 균형거래량까지 수요곡선과 공급곡선 사이에 있는 부분이다.

7-3b 시장균형에 대한 평가

그림 7.7은 수요와 공급이 균형에 도달했을 때 발생하는 소비자잉여와 생산자잉여를 나타낸다. 소비자잉여는 수요곡선의 아랫부분이면서 가격 수준의 윗부분이고, 생산자잉여는 가격 수준의 아랫부분이면서 공급곡선의 윗부분이므로, 0에서 균형거래량까지 수요곡선의 아랫부분과 공급곡선의 윗부분의 면적이 시장에서 창출되는 총잉여가 된다.

이 균형 상태에서 자원 배분이 효율적인가? 총잉여가 극대화되는가? 여기에 대한 해답을 얻기 위해서는 어떤 소비자와 생산자가 시장에 참여해야 하는지가 균형가격에 의해 결정된다는 사실을 항상 기억해야 한다. 어떤 재화에 대해 균형가격보다 높은 가치를 부여하는 소비자(수요곡선의 AE 구간)만 이 재화를 구입할 것이고, 균형가격보다 낮은 가치를 부여하는 소비자(수요곡선의 EB 구간)는 구입하지 않을 것이다. 마찬가지로 이 재화의 가격보다 비용이 낮은 생산자(공급곡선의 CE 구간)만 이 재화를 만들어 공급하려 할 것이고, 생산비용이 균형가격보다 높은 생산자(공급곡선의 ED 구간)는 이 재화를 공급하지 않을 것이다.

따라서 시장 성과에 대해 다음과 같은 결론을 얻을 수 있다.

1. 자유로운 시장은 공급된 재화를 지불용의가 가장 큰 소비자에게 배분되도록 한다.
2. 자유로운 시장은 생산비가 가장 저렴한 생산자에게 수요가 배분되도록 한다.

그림 7.8

균형거래량의 효율성

Q_1과 같이 균형거래량보다 적은 수량에서는 소비자의 가치가 생산자의 비용보다 크다. Q_2와 같이 균형거래량보다 많은 수량에서는 생산자의 비용이 소비자의 가치보다 크다. 따라서 시장균형에서 소비자잉여와 생산자잉여가 극대화된다.

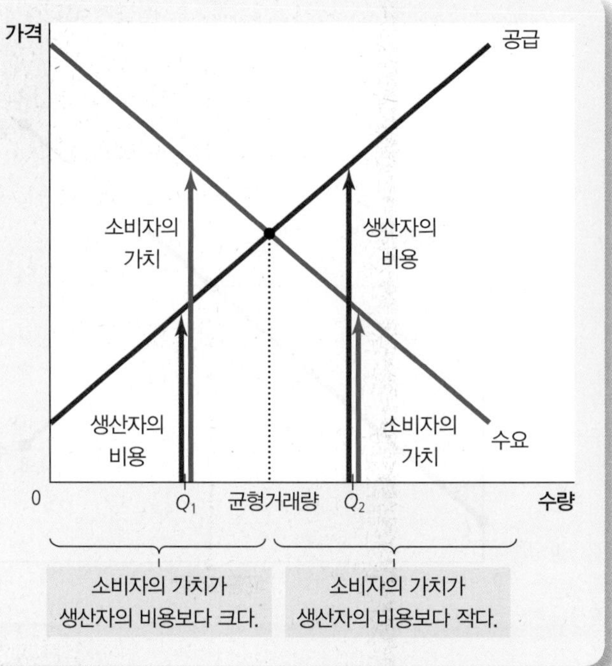

균형거래량이 주어지면 선의의 사회계획가는 수요자 간에 소비의 기회를 재배분하고, 공급자 간에 생산의 기회를 재배분하더라도, 경제적 후생 수준을 증가시킬 수 없다.

그렇다면 사회계획가가 재화의 수량 자체를 늘리거나 줄임으로써 경제적 후생을 증가시킬 수 있을까? 그렇지 않다. 그 이유는 다음 세 번째 결론에 제시되어 있다.

3. 자유로운 시장에서 생산된 재화의 수량은 소비자잉여와 생산자잉여의 합을 극대화하는 수량이다.

그림 7.8을 보면 왜 그런지 알 수 있다. 수요곡선은 소비자가 이 재화에 대해 부여하는 가치를 나타내며, 공급곡선은 생산자의 비용을 나타낸다는 것을 기억할 것이다. Q_1과 같이 균형거래량보다 적은 수량에서는 한계소비자가 느끼는 가치가 한계생산자의 비용보다 크다. 따라서 생산량과 소비량이 증가하면 총잉여가 증가한다. 이 관계는 거래량이 균형거래량에 도달할 때까지 성립한다. 마찬가지로 거래량이 Q_2와 같이 균형거래량보다 많은 수량에서는 한계소비자가 느끼는 가치가 한계생산자의 비용보다 작다. 여기서 생산량을 줄이면 총잉여는 증가하며, 이 관계는 거래량이 균형거래량에 도달할 때까지 성립한다. 따라서 총잉여를 극대화하기 위해서 사회계획가는 수요곡선과 공급곡선이 교차하는 균형거래량을 선택하면 된다.

지금까지 살펴본 시장 성과에 관한 세 가지 결론에서 수요와 공급이 균형을 이룰 때 소비자잉여와 생산자잉여의 합이 극대화된다는 것을 알 수 있다. 다시 말해 시장균형에서 자원이 효율적으로 배분된다는 것이다. 따라서 선의의 사회계획가는 시장에서 나타난 결과를 그대로 두면 된다. 이와 같은 자유방임 정책을 프랑스어로 '레세페르(laissez-faire)'라고도 하는데, 이는 직역하면 '하도록 허용한다'는 뜻이지만 의역하면 '사람들이 원하는 대로 하도록 해준다'는 의미다.

계획가가 시장에 개입할 필요가 없다는 것이 사회로서는 다행이다. 전지전능한 선의의 독재자가 총잉여를 극대화하기 위해 생산량을 어떻게 결정할지 생각해보는 것은 좋은 연습문제지만, 현실에서는 존재하지 않는다. 현실세계의 독재자는 여기에서 우리가 가정하듯이 착한 사람이 아니다. 설사 착한 독재자를 찾아낸다고 해도 그가 완벽한 정보를 가지고 있을 리 없다.

우리의 사회계획가가 시장 기능에 의존하지 않고 자기 마음대로 효율적인 자원 배분 상태를 추구한다고 생각해보자. 이를 위해 그는 모든 소비자가 각각의 상품에서 느끼는 가치와 모든 생산자가 각각의 상품을 생산하기 위해 치르는 비용을 알아야 한다. 그리고 이런 정보는 그 시장뿐 아니라 이 경제에 존재하는 수천 개의 다른 시장에 대해서도 마찬가지로 필요하다. 이것은 현실적으로 불가능하다. 바로 이런 이유 때문에 계획경제가 제대로 작동하지 못한 것이다.

그러나 이 사회계획가가 애덤 스미스의 보이지 않는 손이라는 파트너를 선택한다면 그의 일은 쉬워질 것이다. 보이지 않는 손은 시장에 존재하는 모든 소비자와 생산자가 가진 정보를 반영하여 모든 사람들에게 경제적 효율성의 관점에서 가장 바람직한 결과를 내도록 인도한다. 이것은 참으로 놀라운 기술이다. 이 때문에 경제학자들은 자유로운 시장을 경제활동을 조직하는 가장 좋은 방법이라고 생각하는 것이다.

사례 연구

장기시장이 있어야 할까

몇 년 전에 「보스턴글로브(The Boston Globe)」는 '한 어머니의 사랑이 두 생명을 구해'라는 헤드라인 기사를 1면에 게재했다. 그 기사는 신장 이식이 필요한 아들을 둔 어머니 수잔 스티븐스(Susan Stephens)의 이야기를 전하고 있다. 주치의는 수잔의 신장을 아들에게 이식할 수 없다는 사실을 안 뒤 다음과 같은 제안을 했다고 한다. 수잔이 제3자에게 신장을 기증한다면 아들을 이식 대기자 명단의 맨 앞 순위로 갈 수 있게 해주겠다는 것이다. 수잔은 이를 수락했고, 곧이어 두 환자가 기다리던 신장 이식을 받을 수 있었다.

그 의사가 한 제안의 순수성과 수잔의 헌신적인 행동에 의문을 제기할 수는 없다. 그러나 이 이야기는 여러 가지 까다로운 문제를 제기한다. 수잔이 앞에서와 같이 신장과 신장을 맞바꾸는 거

입장권 재판매업자들은 희소 자원 배분을 돕는다

입장권 재판매는 반사회적 행위인가 아니면 시장을 더 효율적으로 만드는 행위인가?

암표 행위는 사기행위가 아니다

Tracy Miller

브로드웨이 뮤지컬 〈해밀턴〉의 입장권의 암표 가격이 여름 한 때 1,000달러를 넘은 적이 있다. 입장권의 액면 가격은 189달러였다. 이에 대응하기 위해 척 슈머(Chuck Schumer) 상원의원(뉴욕 주–민주당)이 입장권 재판매 거래를 알선하는 소프트웨어의 사용을 금지하는 연방법안을 발의했다. 그런데 이런 규제가 정말 필요할까?

암표상들은 일반인들이 입장권을 구입하기 전에 로봇 프로그램을 사용해서 온라인으로 입장권을 대량 구입한 후 높은 가격에 되판다. 이것은 오래전부터 대중과 입법기관이 죄악시해 온 오랜 관행의 현대판 버전이다.

암표 때문에 일부 소비자들은 분명히 높은 가격을 지불한다. 그러나 높은 가격을 내는 대신 소비자들은 매표소 앞에서 줄 서서 기다리거나 온라인에서 판매 개시를 기다렸다가 경쟁해야 하는 수고 없이 원하는 입장권을 원하는 때에 살 수 있다. 암표 행위를 비판하는 사람들은 높아진 가격이 암표상 때문이라고 오해하고 있다. 가격이 높은 것은 공급은 제한되어 있고, 수요가 많기 때문이다.

현재 암표 행위를 금지하는 연방법은 없다. 그러나 15개 주에서 일정 요건의 암표 행위를 금지하고 있다. 그 외에 7개 주에서는 입장권 재판매업자들이 재판매 면허를 받도록 하고, 가격을 올려 받을 수 있는 상한선을 두고 있다. 어떤 주에서는 행사가 벌어지는 장소로부터 일정 거리 이내에서는 입장권 재판매 행위를 금지하고 있다. 어떤 주에서는 개인 용도로 구입한 입장권의 재판매를 허용하되, 면허 없이 이윤을 목적으로 재판매하는 행위를 금지하고 있다.

암표 행위는 입장권에 가장 큰 가치를 느끼는 사람이 입장권을 얻도록 해 주기 때문에 암표상과 구매자 모두에게 이득이다. 만약 어떤 사람이 뮤지컬이나 콘서트나 운동경기 시작 직전에 가보기를 원한다면, 재판매 균형가격에서 입장권을 구할 수 있다. 암표상이 없다면 행사 관람에 큰 가치를 부여하는 사람이 원하는 티켓을 구할 수 없을 것이다.

암표 행위는 티켓 발행사들(스포츠 팀이나 공연기획사들)에게도 두 가지 형태로 혜택을 준다. 첫째, 발행사들에게 행사 훨씬 이전부터 액면가로 티켓 매출을 올릴 수 있도록 해준다. 둘째, 암표 행위로 인해 티켓에 대한 초기 수요가 발생하여, 그렇지 않은 경우에 비해 티켓 발행사들이 처음부터 가격을 높게 책정할 수 있게 해 준다.

티켓 발생사들은 행사 준비를 위해 장소 임

래를 할 수 있다면, 수잔이 실험 단계에 있는 더 비싼 암 치료를 받는 대신 자신의 신장을 제공하는 것도 허용되어야 할까? 혹은 수잔이 아들이 그 대학 부속 의과대학병원에 다닐 수 있도록 학비 대신 신장을 제공하는 것이 허용될 수 있을까? 신장을 판 돈으로 자신의 오래된 쉐보레를 팔고 신형 렉서스 승용차를 사도 될까?

사람들이 장기를 사고파는 것은 법으로 금지되어 있다. 이것은 정부가 장기시장에 상한가 0의 가격상한제를 부과한 것과 마찬가지다. 그 결과는 다른 가격상한제와 마찬가지로 만성적인 물량 부족 현상이다. 다만 수잔의 경우는 현금이 오가지 않았으므로 이 제약에 걸리지 않는다.

많은 경제학자들은 장기도 시장에서 자유롭게 거래되도록 하면 큰 이득이 있을 것이라고 믿는다. 사람들은 신장을 2개 가지고 태어나지만 하나만 있어도 사는 데 지장은 없다. 하지만 어떤 사람들은 2개의 신장이 모두 작동하지 않는 질병으로 고통받고 있대료 등 사전적으로 많은 비용을 치른다. 티켓 발행사들은 티켓의 대부분을 장기간에 걸쳐 판매하는 것이 아니라, 신속하게 상당량을 미리 판매함으로써 티켓 판매 비용을 절약할 수 있다. 입장권이 판매되는 초기에 구입해서 보관하고 있다가 소비자들에게 가장 편리한 시간에 판매함으로써, 암표상들은 구매자와 판매자를 연결해 주고 양자에게 모두 혜택을 준다. 암표상들은 일종의 중개인 역할을 하는 것이고, 그들이 구입한 비용과 판매한 가격의 차이는 그들이 제공하는 이런 서비스에 대한 대가인 것이다. 암표상들이 경쟁을 치열하게 할수록 그들이 받는 이윤의 폭은 줄어들 것이다.

암표상들의 숫자가 적고 소비자들의 수요를 추정하는데 더 숙달된다면, 그들은 소비자들의 최대 지불용의에 가까운 가격을 받아 낼 것이다. 그들이 받는 입장권의 평균가격이 높아질수록 티켓 발행자들은 더 높은 가격을 받을 수 있다.

암표 행위는 높은 가격을 내야만 하는 일부 소비자들에게 소외감을 준다. 그 결과 이들 소비자들은 미래 관람에 대해 관심을 덜 가지게 될지도 모른다. 연예기획사들이나 스포츠팀이 팬들을 소외시키지 않으려면 입장권 배분 방식을 목적에 맞도록 바꾸면 된다. 예를 들어 티켓의 일정비율을 그들을 위해 합리적 가격에 구입할 수 있도록 배정할 수도 있다. 그렇지만 많은 경우에 티켓 발행사들은 높은 가격을 정하고 그 가격에 신속하게 모든 입장권을 판매하기를 원한다. 그러나 이것은 사실상 티켓의 대부분을 암표상에게 판매하는 것과 같은 일이다.

암표 행위를 금지하는 규제는 불필요하고

〈해밀턴〉으로 출연한
린마누엘 미란다(Lin-Manuel Miranda)

서로에게 이로운 거래 기회를 막는 것이다. 암표 행위는 오직 입장권 가격이 일부 소비자들이 지불하고자 하는 가격보다 낮게 결정되었을 때만 발생한다. 만약 암표상들이 티켓 구입과 판매를 효율적으로 하게 하는 소프트웨어를 사용한다면, 이 과정에 참여하는 모든 사람들의 시간과 노력을 절약해주고 혜택을 줄 것이다. 어떤 형태로든 티켓 발행사, 암표상, 관람객 모두 이득을 보게 될 것이다. ■

토론 문제

1. 〈해밀턴〉 뮤지컬의 기획사는 왜 티켓 재판매 업자들보다 매우 낮은 가격을 받으려 했을까?
2. 입장권 액면 가격보다 높은 재판매 가격을 받는 것을 금지하는 규제가 필요하다고 생각하는가? 그 이유는 무엇인가?

밀러(Miller) 씨는 조지 메이슨 대학 메르카투스 센터의 경제학자다.

자료: *U.S. News and World Report*, 2016년 10월 4일자

다. 자유거래의 이득이 명백함에도 현실은 암울하다. 미국에서 환자들이 신장을 이식받기 위해 몇 년씩 기다려야 하고, 매년 수천 명의 환자가 신장 이식을 받지 못해 죽어간다. 신장 이식이 필요한 환자들이 2개의 신장 모두 건강한 사람들에게서 신장을 구입할 수 있다면, 신장의 시장가격은 신장에 대한 수요와 공급이 일치되는 수준까지 상승할 것이다. 공급자들은 신장을 판매한 수입으로 이득을 볼 것이고, 수요자들은 생명을 구할 수 있는 혜택을 보게 된다. 그리고 신장의 부족 사태는 해소될 것이다.

이 같은 시장에서 자원은 효율적으로 배분될 것이다. 그러나 이러한 제안에 대해 공평성의 관점에서 비판을 하는 사람들도 있다. 이들의 주장은 장기가 지불용의가 가장 높은 사람들에게 우선적으로 배분될 것이기 때문에 장기시장은 가난한 사람의 희생으로 부자들만 이득을 볼 것이라는 이야기다. 그러나 현재 상황이 과연 공평한지에 대해서도 생각해봐야 한다. 지금 사람들은 대부분 필요하지도 않은 장기가 하나 더 있지

만, 우리 국민 중 일부는 그 장기 하나가 없어 죽어야 한다면 과연 이것이 공평한 일일까? ●

간단한 퀴즈

7. 자신의 시간에 시간당 60달러의 가치를 부여하는 이사벨이 자일라에게 2시간 마사지를 해준다. 자일라는 그 대가로 300달러를 지불할 용의가 있다. 그러나 두 사람은 마사지 가격을 200달러에 합의했다. 이 거래의 결과로 (   ).

a. 소비자잉여가 생산자잉여보다 20달러 더 크다.
b. 소비자잉여가 생산자잉여보다 40달러 더 크다.
c. 생산자잉여가 소비자잉여보다 20달러 더 크다.
d. 생산자잉여가 소비자잉여보다 40달러 더 크다.

8. 효율적인 자원의 배분을 통해 극대화되는 것은?

a. 소비자잉여
b. 생산자잉여
c. 소비자잉여와 생산자잉여의 합
d. 소비자잉여에서 생산자잉여를 뺀 나머지

9. 시장이 균형에 도달하면, 소비자들은 지불용의가 (   ) 사람들이고, 생산자들은 생산비용이 (   ) 사람들이다.

a. 가장 높은, 가장 높은
b. 가장 높은, 가장 낮은
c. 가장 낮은, 가장 높은
d. 가장 낮은, 가장 낮은

10. 수요공급이 일치하는 균형생산량보다 더 많은 수량을 생산하는 것은 비효율적이다. 이것은 한계소비자의 지불용의가 (   ).

a. 마이너스이기 때문이다.
b. 0이기 때문이다.
c. 플러스이지만 한계생산자의 비용보다 작기 때문이다.
d. 플러스이고 한계생산자의 비용보다 크기 때문이다.

정답은 각 장의 끝에

7-4 결론 : 시장의 효율성과 시장 실패

이 장에서는 후생경제학의 기본적인 분석 도구를 살펴보았다. 소비자잉여와 생산자잉여라는 분석 도구를 사용하여 자유시장의 효율성을 평가했다. 또 수요와 공급 기능이 자원을 효율적으로 배분한다는 것을 확인했다. 즉 소비자와 생산자는 자신의 후생에만 관심을 갖지만, 이들은 모두 보이지 않는 손에 의해 소비자와 생산자 전체의 이득을 극대화하는 균형으로 인도된다.

그러나 한 가지 유의할 점이 있다. 시장이 효율적이라는 결론은 몇 가지 가정하에서 성립된다. 이 가정들이 성립하지 않을 경우 시장균형이 효율적이라는 결론은 성립하지 않을 수 있다. 이 장을 끝내기 전에 이 가정에서 가장 중요한 두 가지를 살펴보자.

첫째, 시장이 완전경쟁적이라는 가정이다. 그러나 현실 경제에서는 경쟁이 완전하지 못한 경우가 흔하다. 어떤 시장에서는 하나(혹은 소수)의 소비자나 생산자가 시장가격을 조절할 수 있다. 시장가격에 영향을 미칠 수 있는 능력을 시장지배력(market power)이라고 한다. 시장지배력은 가격과 수량을 수요공급에 의해 결정된 시장균형에서 이탈하게 하기 때문에 시장 성과를 비효율적으로 만들 수 있다.

둘째, 시장 성과가 소비자와 생산자에게만 적용된다는 가정이다. 그러나 현실세계에서는 소비자나 생산자의 의사결정이 시장에 전혀 참여하지 않는 사람들에게 영향을 미칠 수 있다. 환경오염은 고전적 예다. 예를 들어 농업에서 살충제를 사용하는 것은 살충제 공급자와 농민뿐만 아니라, 이 살충제에 오염된 공기나 물을 사용해야 하는 다른 사람들에게도 영향을 미친다. 이런 현상을 외부효과(externalities)라고 한다. 외부효과가 존재할 경우 경제적 후생은 소비자가 느끼는 가치와 생산자의 비용 외에 다른 요소의 영향을 받는다. 소비자나 생산자는 소비량이나 생산량을 결정할 때 이러한 외부효과를 고려하지 않을 수 있기 때문에 사회적 관점에서 시장균형은 비효율적일 수 있다.

시장지배력과 외부효과는 시장 실패라는 일반적인 현상의 일종이다. 시장 실패(market failure)란 자유방임 상태의 시장이 자원을 효율적으로 배분하지 못하는 현상을 말한다. 시장 실패가 존재할 때 정부는 정책을 통해 문제를 해소하고 경제 효율을 향상시킬 수 있다. 미시경제학자들은 어떤 경우에 시장이 실패할 수 있으며, 어떤 정책들이 최선의 치유 방안인지 연구하는 데 많은 노력을 기울인다. 여러분은 앞으로 경제학을 계속 공부하면서 여기에서 소개된 후생경제학의 여러 가지 분석 도구가 이런 노력에 항상 적용됨을 볼 것이다.

시장 실패의 가능성에도 불구하고 보이지 않는 손의 역할은 매우 중요하다. 많은 시장에서 우리가 이 장에서 도입한 가정들이 잘 성립하며, 시장의 효율성에 관한 우리의 결론이 그대로 적용될 수 있다. 뿐만 아니라 후생경제학적 분석과 시장의 효율성 분석은 여러 가지 정부 정책의 효과를 규명하는 데도 사용될 수 있다. 다음 두 장에서는 여기에서 살펴본 분석 도구를 사용하여 두 가지 매우 중요한 정책 문제, 즉 조세와 국제무역의 후생경제학적 효과를 공부할 것이다.

요약

- 소비자잉여는 소비자의 지불용의에서 실제로 지불한 금액을 뺀 나머지를 의미한다. 소비자잉여는 소비자가 시장에 참여하여 얻는 이득을 나타낸다. 소비자잉여는 수요곡선의 아래, 가격 수준 윗부분의 면적으로 계산할 수 있다.
- 생산자잉여는 생산자가 실제로 받은 금액에서 생산비용을 뺀 나머지를 의미한다. 생산자잉여는 생산자가 시장에 참여하여 얻는 이득을 나타낸다. 생산자잉여는 가격 수준의 아래, 공급곡선 윗부분의 면적으로 계산할 수 있다.
- 소비자잉여와 생산자잉여의 합인 총잉여를 극대화하는 자원 배분을 효율적이라고 한다. 정책담당자들은 경제활동 결과의 효율성뿐만 아니라 형평성에도 관심을 갖는다.
- 수요와 공급의 균형 상태에서 총잉여가 극대화된다. 즉 시장의 보이지 않는 손에 의해 수요자와 공급자가 자원 배분의 효율을 극대화한다는 것이다.
- 시장지배력이나 외부효과의 존재로 시장 실패가 발생하는 경우 시장 기능은 자원을 효율적으로 배분하지 못한다.

중요개념

복습문제

1. 소비자의 지불용의, 소비자잉여, 수요곡선의 관계를 설명하라.
2. 생산자의 비용, 생산자잉여, 공급곡선의 관계를 설명하라.
3. 수요공급 그래프에 시장균형 상태에서 소비자잉여와 생산자잉여를 표시하라.
4. 효율성이란 무엇인가? 경제정책 담당자에게 효율성은 유일한 목표인가?
5. 시장 실패에 관한 예를 두 가지 들라. 각각에 대해 시장성과가 왜 효율적이지 못할 수 있는지 설명하라.

응용문제

1. 카이라는 아이폰(iPhone)을 240달러에 구입하고 160달러의 소비자잉여를 누렸다.
   a. 카이라의 지불용의는 얼마인가?
   b. 카이라가 아이폰을 세일 기간 중에 180달러에 샀다면 카이라의 소비자잉여는 얼마일까?
   c. 아이폰의 가격이 500달러라면 카이라의 소비자잉여는 얼마일까?
2. 캘리포니아 주에 한파가 닥쳐서 레몬 수확량이 감소했다. 레몬 시장에서 소비자잉여는 어떻게 변하겠는가? 레몬주스 시장에서 소비자잉여는 어떻게 변하겠는가? 그림으로 설명하라.
3. 빵에 대한 수요가 증가했다고 하자. 빵 시장에서 생산자잉여는 어떻게 변하겠는가? 밀가루 시장의 생산자잉여는 어떻게 변하겠는가? 그림으로 설명하라.
4. 더운 날씨 때문에 버트는 목이 마르다. 버트가 물 1병에 대해 느끼는 가치는 다음과 같다.

   첫 번째 물 1병의 가치 : 7달러
   두 번째 물 1병의 가치 : 5달러
   세 번째 물 1병의 가치 : 3달러
   네 번째 물 1병의 가치 : 1달러

   a. 이 표에서 버트의 물 수요곡선을 도출하라.
   b. 물 1병이 4달러라면 버트는 물을 몇 병 소비할까? 버트가 누리는 소비자잉여는 얼마인가? 그래프에 표시하라.
   c. 가격이 2달러로 하락한다면 수요량과 소비자잉여는 어떻게 달라지는가? 그래프에 표시하라.
5. 어니는 물을 생산 · 공급한다. 물 생산량을 늘릴수록 생산비가 증가하기 때문에 물 1병의 생산비는 다음과 같다.

   첫 번째 물 1병의 생산비용 : 1달러
   두 번째 물 1병의 생산비용 : 3달러
   세 번째 물 1병의 생산비용 : 5달러
   네 번째 물 1병의 생산비용 : 7달러

   a. 이 표에서 어니의 물 공급곡선을 도출하라.
   b. 물 1병이 4달러라면 어니는 물을 몇 병 공급할까? 어니가 누리는 생산자잉여는 얼마인가? 그래프에 표시하라.

c. 가격이 6달러로 상승한다면 공급량과 생산자잉여는 어떻게 달라지는가? 그래프에 표시하라.

6. 이제 4번 문제의 버트가 수요자고, 5번 문제의 어니가 공급자라고 하자.
   a. 가격이 2, 4, 6달러인 경우 수요량과 공급량을 각각 구하라. 어느 가격에서 수요와 공급의 균형이 형성되는가?
   b. 이 균형점에서 소비자잉여, 생산자잉여, 총잉여는 각각 얼마인가?
   c. 어니와 버트가 각각 물 1병을 덜 생산하고 덜 소비한다면 총잉여는 어떻게 달라지는가?
   d. 어니와 버트가 각각 물 1병을 더 생산하고 더 소비한다면 총잉여는 어떻게 달라지는가?

7. 지난 10년 동안 평면 TV의 생산비가 현저하게 낮아졌다.
   a. 수요 · 공급곡선 그래프를 사용하여 생산비 감소가 평면 TV 가격과 거래량에 미치는 효과를 분석하라.
   b. 이 그래프에 소비자잉여와 생산자잉여의 변동을 표시하라.
   c. 평면 TV의 공급이 매우 탄력적이라고 하자. 평면 TV 생산비용이 하락하면 소비자와 생산자 중 누가 더 이득을 보는가?

8. 이발비용으로 지불할 용의가 다음과 같은 네 사람이 있다.

   글로리아 : 35달러, 제이 : 10달러,
   클레어 : 40달러, 필 : 25달러

   이발비용이 다음과 같은 네 곳의 이발소가 있다.

   A 이발소 : 15달러, B 이발소 : 30달러,
   C 이발소 : 20달러, D 이발소 : 10달러

   각 이발소에서는 한 사람만 이발할 수 있다.

   효율성을 극대화하려면 몇 사람이 이발을 해야 하는가? 어느 이발소와 어느 소비자가 이발을 해야 하는가? 극대화된 총잉여는 얼마인가?

9. 지난 수십 년 간 미국 경제가 경험한 가장 큰 변화 중 하나는 기술의 진보로 컴퓨터 생산비용이 낮아진 것이다.
   a. 수요 · 공급곡선 그래프를 사용하여 컴퓨터 가격, 생산량, 소비자잉여, 생산자잉여에 어떤 변화가 발생하는지 설명하라.
   b. 40년 전 학생들은 타자기로 숙제를 했지만 오늘날의 학생들은 컴퓨터를 사용한다. 이 사실로 보아 컴퓨터와 타자기는 보완재인가, 대체재인가? 수요 · 공급곡선 그래프를 사용하여 타자기 가격, 생산량, 소비자잉여, 생산자잉여에 어떤 변화가 발생하는지 설명하라. 타자기 생산자들은 컴퓨터산업의 기술 발달을 환영해야 할까, 걱정해야 할까?
   c. 컴퓨터와 소프트웨어는 보완재인가, 대체재인가? 수요 · 공급곡선 그래프를 사용하여 소프트웨어 가격, 생산량, 소비자잉여, 생산자잉여에 어떤 변화가 발생하는지 설명하라. 소프트웨어 생산자들은 컴퓨터 산업의 기술 발달을 환영해야 할까, 걱정해야 할까?
   d. 이 분석을 통하여 소프트웨어 생산자 빌 게이츠가 왜 세계 최고의 갑부가 되었는지 설명할 수 있을까?

10. 여러분의 친구가 이동통신사의 요금제도를 비교하고 있다고 하자. 회사 A는 통화시간에 관계없이 월 120달러를 받는다. 회사 B는 월정액 없이 1분당 1달러를 받는다. 친구의 이동전화 통화 수요는 $Q^D = 150 - 50P$라고 한다. (Q^D는 분으로 표시한 통화시간, P는 1분당 전화 요금)
   a. 각 이동통신사의 경우 1분을 더 통화하는 데 드는 추가비용은 얼마인가?
   b. 앞 문제의 답을 고려할 때, 친구는 이동통신사 A, B를 선택할 경우 각각 월 몇 분 간 통화를 하게 될까?
   c. 각 이동통신사에 친구는 매달 얼마를 지불하게 될까?
   d. 친구는 각 이동통신사로부터 얼마의 소비자잉여를 얻게 될까? (힌트 : 수요곡선을 그린 후 삼각형의 면적을 계산할 것)
   e. 친구에게 여러분은 어떤 회사를 추천해야 할까? 그 이유는 무엇인가?

11. 의료보험제도가 의료 서비스 공급에 어떤 영향을 미칠지 생각해보자. 의료 시술 한 단위의 비용은 100달러다. 그러나 의료보험 가입자가 한 단위 의료 시술을 더 받으려면 20달러를 추가로 부담하고 나머지 80달러는 보험회사가 부담한다고 하자(이 80달러는 보험회사가 가입자 전원에게서 보험료의 형태로 징수한다. 그러나 피보험자 본인이 부담하는 보험료는 그 사람이 몇 개의 의료 시술을 받는가와는 무관하다).
   a. 의료 서비스에 대한 수요곡선을 그려라(의료 시술의 가격을 세로축에, 제공된 의료 시술의 숫자를 가로축에 표시하라). 의료 시술의 가격이 100달러일 때의 수

요량을 표시하라.

b. 수요자가 20달러만 내는 경우의 수요량을 표시하라. 의료 시술 한 단위의 사회적 비용이 100달러고 의료보험제도가 앞에서 설명한 방식으로 운영된다면 사회 전체의 총잉여를 극대화할 수 있는 양의 의료 시술이 달성될 수 있겠는가? 그 이유를 설명하라.

c. 경제학자들은 의료보험제도가 사람들이 의료 서비스를 과도하게 이용하도록 한다고 비판하고 있다. 이 문제에서 설명한 상황에 대한 분석에 따르면 어떤 의미에서 의료 서비스에 대한 수요가 '과도하다'고 할 수 있는가?

d. 의료 서비스에 대한 과도한 수요를 방지하려면 어떤 정책이 필요하겠는가?

간단한 퀴즈 정답

1. b 2. b 3. d 4. c 5. b 6. c 7. a 8. c 9. b 10. c

8 장

응용 : 조세의 경제적 비용

세금은 종종 뜨거운 정치적 논쟁의 원인이 된다. 1776년 영국 정부가 식민지 미국에 부과한 세금은 미국인들의 분노를 야기하여 미국 독립혁명을 촉발했다. 미국의 정치가들은 2세기가 지난 지금까지도 세금의 적절한 규모와 구조를 놓고 논쟁 중이다. 물론 어느 정도의 세금을 징수해야 한다는 사실은 누구나 인정할 것이다. 올리버 웬들 홈스(Oliver Wendell Holmes Jr.)가 말했듯이 "세금은 우리가 문명사회를 유지하기 위해 내는 돈이다."

세금은 현대 경제생활에 매우 중요한 영향을 미치기 때문에 이 책에서 우리가 새로운 분석 방법을 배울 때마다 조세의 경제적 효과를 함께 다룰 것이다. 6장에서 우리는 세금의 부과가 균형가격과 거래량에 어떤 영향을 미치며, 세금 부담이 수요 · 공급의 원리에 따라 소비자와

ISTOCK.COM/LOLOSTOCK; GEORGE RUDY/SHUTTERSTOCK.COM

생산자 간에 어떻게 분담되는지 살펴보았다. 여기에서는 세금 부과의 효과에 대한 분석을 계속하여 세금이 시장 참여자들의 경제적 후생에 어떤 영향을 미치는지 알아보고자 한다. 다시 말해 문명사회를 유지하는 비용이 얼마인지 알아볼 것이다.

세금이 경제적 후생에 미치는 효과는 얼핏 명백한 것처럼 보인다. 정부가 세금을 더 거두고자 한다면 그 돈은 분명 누군가의 주머니에서 나오기 때문이다. 6장에서 살펴본 바와 같이 세금이 부과되면 소비자와 생산자의 경제적 후생은 모두 감소한다. 소비자는 전보다 높은 가격을 지불해야 하고, 생산자는 전보다 낮은 가격을 받기 때문이다. 그러나 세금의 부과가 경제적 후생에 미치는 효과를 보다 완전하게 이해하려면, 소비자와 생산자들의 경제적 후생 감소분과 정부의 조세수입 증가분을 비교해봐야 한다. 이 분석을 위해 소비자잉여와 생산자잉여의 개념을 사용할 수 있다. 분석 결과, 우리는 소비자와 생산자의 후생 감소분이 정부의 조세수입 증가분보다 크다는 사실을 발견할 것이다.

8-1 조세로 인한 경제적 순손실

여러분은 6장에서 살펴본 놀라운 결론 하나를 기억할 것이다. 그것은 바로 세금을 소비자에게 부과하든 판매자에게 부과하든 차이가 없다는 것이다. 세금이 소비자에게 부과되면 수요곡선이 세금만큼 아래로 이동한다. 세금이 판매자에게 부과되면 공급곡선이 그만큼 위로 이동한다. 어느 경우에나 소비자가 내는 가격은 오르고, 판매자가 받는 가격은 내려가게 마련이다. 따라서 세금이 누구에게 부과되는지와 무관하게 수요와 공급의 탄력성이 소비자와 판매자의 세금 분담 비율을 결정한다.

그림 8.1은 세금 부과의 효과를 보여준다. 세금이 누구에게 부과되느냐에 따라 수요곡선과 공급곡선 중 하나가 이동해야 하지만 여기서는 설명을 단순화하고 그래프가 너무 복잡해지지 않도록 하기 위해 곡선의 이동을 표시하지 않는다. 중요한 것은 세금이 부과되면 소비자가 내는 가격과 판매자가 받는 가격 사이에 간격이 생긴다는 사실이다. 이 간격 때문에 시장에서 거래량은 감소한다. 다시 말해 세금 부과로 인해 시장 규모가 축소되는 것이다. 이상의 결론은 6장에서 설명한 내용이다.

J.B. HANDELSMAN/THE NEW YORKER COLLECTION/ THE CARTOON BANK

"그런데 말이야, 국민이 뽑은 대표자가 결정한 세금 부과도 내겐 별로 좋아 보이지 않는군."

8-1a 조세가 시장 참여자들에게 미치는 영향

후생경제학의 분석 도구를 사용하여 재화에 세금이 부과되는 경우의 이득과 부담을 살펴보자. 이를 위해서는 세금 부과가 소비자와 생산자, 정부에 각각 어떤 영향을 미치는지 알아보아야 한다. 소비자가 시장에 참여하여 얻는 이득은 소비자잉여로 측정할 수

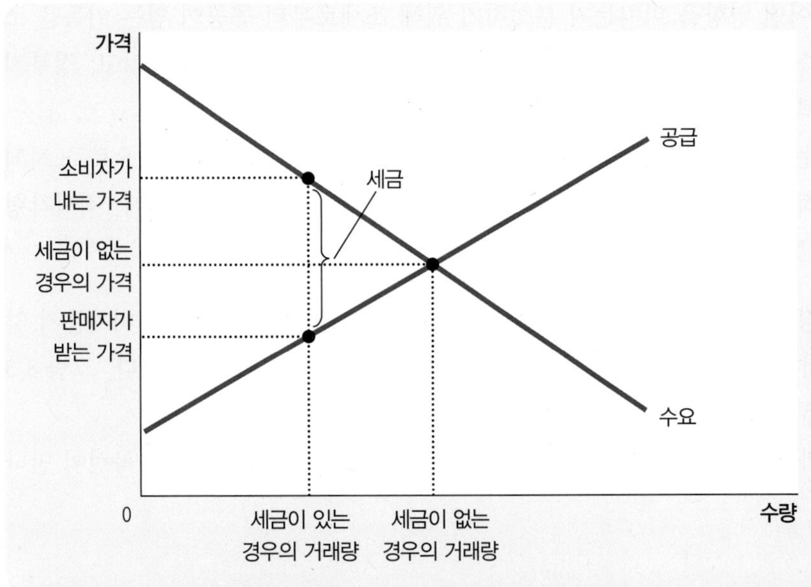

그림 8.1

세금 부과의 효과

재화에 대해 세금이 부과되면 소비자가 지불하는 가격과 판매자가 받는 가격 사이에 간격이 생기고, 거래량은 감소한다.

있다. 생산자가 시장에 참여하여 얻는 이득은 생산자잉여로 측정할 수 있다. 이 지표들은 우리가 7장에서 경제적 후생을 측정하기 위해 사용한 것이다.

그렇다면 제3자인 정부가 얻는 것은 무엇으로 표시해야 할까? 세금이 T고 거래량이 Q라면 정부의 조세수입은 $T \times Q$가 된다. 정부는 조세수입을 도로 건설, 경찰 조직, 공공 교육, 빈민 구제 등 정부 임무를 수행하는 데 사용할 것이다. 따라서 세금 부과가 경

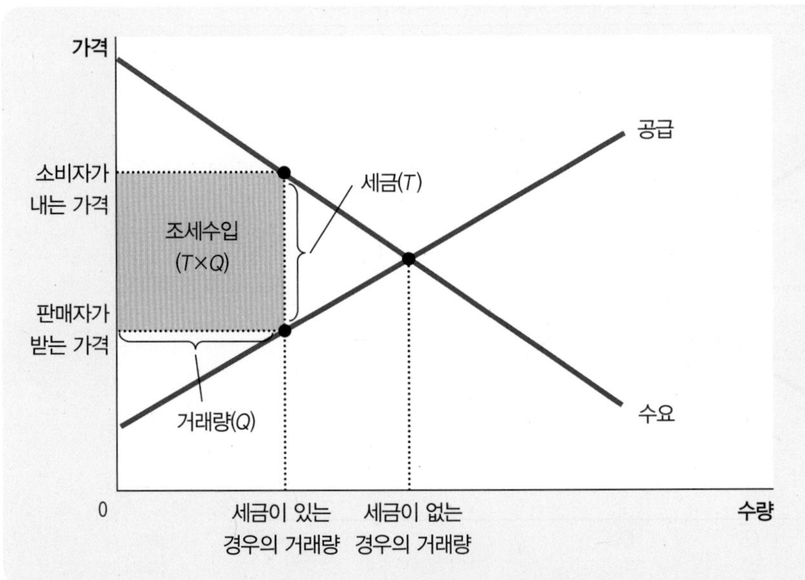

그림 8.2

조세수입

정부가 거둬들이는 조세수입은 $T \times Q$다. 이는 세금(T)에 거래량(Q)을 곱한 금액이다. 따라서 조세수입의 크기는 공급곡선과 수요곡선 사이에 있는 직사각형의 면적이다.

제적 후생에 어떤 영향을 미치는지 분석하기 위해 조세로부터 공공이 얻는 이득을 조세수입으로 측정한다. 그러나 실제로 정부의 이득은 정부에게 귀속되지 않고, 정부지출에 의해 혜택을 받는 사람들에게 귀속된다.

그림 8.2에는 정부의 조세수입이 수요곡선과 공급곡선 사이의 직사각형으로 표시되어 있다. 이 직사각형의 높이가 세금(T)이고, 밑변의 길이가 거래량(Q)이다. 직사각형의 면적은 '밑변×높이'이므로, $T \times Q$가 조세수입이 된다.

세금이 없는 경우의 경제적 잉여 세금 부과가 경제적 후생에 어떤 영향을 미치는지 알아보기 위해서는 먼저 세금이 부과되기 전의 경제적 후생을 살펴보아야 한다. 그림 8.3에 중요한 부분들이 A~F 영역으로 표시되어 있다.

세금이 부과되지 않는 경우, 균형가격과 균형거래량은 수요곡선과 공급곡선이 만나

그림 8.3 세금이 후생에 미치는 영향

세금이 부과되면 소비자잉여가 감소하고(B+C), 생산자잉여도 감소한다(D+E). 소비자잉여의 감소분과 생산자잉여의 감소분의 합이 조세수입(B+D)을 초과하기 때문에 세금 부과는 경제적 순손실(C+E)을 초래한다.

	세금이 없는 경우	세금이 부과된 경우	변화
소비자잉여	A+B+C	A	−(B+C)
생산자잉여	D+E+F	F	−(D+E)
조세수입	없음	B+D	+(B+D)
총잉여	A+B+C+D+E+F	A+B+D+F	−(C+E)

(C+E)는 총잉여의 감소분으로, 세금 부과에 따른 경제적 순손실이다.

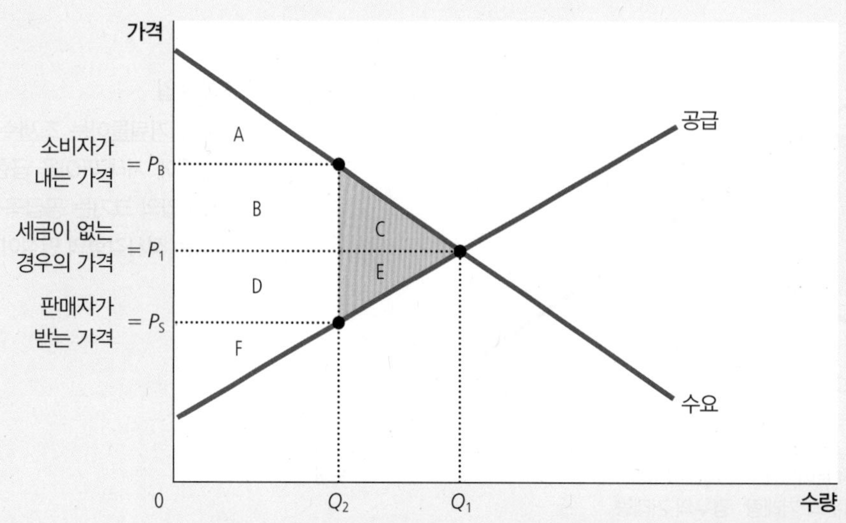

는 점에서 결정된다. 균형가격은 P_1이고 균형거래량은 Q_1이다. 수요곡선은 소비자의 지불용의를 나타내기 때문에 소비자잉여는 수요곡선 아래, 가격 수준 위에 있는 A+B+C다. 마찬가지로 공급곡선은 생산자의 비용을 나타내기 때문에 생산자잉여는 가격 수준 아래, 공급곡선 위에 있는 D+E+F다. 세금이 부과되지 않기 때문에 조세수입은 0이다.

소비자잉여와 생산자잉여의 합, 즉 총잉여는 A+B+C+D+E+F다. 7장에서 살펴본 바와 같이 그림 8.3에서 총잉여는 균형거래량까지 수요곡선의 아랫부분, 공급곡선의 윗부분에 해당하는 부분의 면적이다. 그림 8.3에 있는 표의 첫째 열에 이 결과가 정리되어 있다.

세금이 부과된 경우의 경제적 후생 이제 세금이 부과된 경우 경제적 후생의 변화를 살펴보자. 세금이 부과되면 소비자가격이 P_1에서 P_B로 상승한다. 따라서 소비자잉여는 A뿐이다(수요곡선 아랫부분 중 소비자가격 P_B 윗부분). 생산자가격은 P_1에서 P_S로 낮아지므로 그림에서 F만이 생산자잉여가 된다(공급곡선 윗부분 중 생산자가격 P_S 아랫부분). 거래량이 Q_1에서 Q_2로 감소하므로 정부의 조세수입은 B+D가 된다.

세금 부과 후의 총잉여는 소비자잉여와 생산자잉여에 조세수입을 더한 것이다. 따라서 세금 부과 후의 총잉여는 A+B+D+F가 된다. 그림 8.3에 있는 표의 둘째 열에 이 결과가 정리되어 있다.

경제적 후생의 변화 이제 우리는 세금 부과의 전과 후를 비교함으로써 세금 부과의 효과를 알아낼 수 있다. 그림 8.3에 있는 표의 맨 오른쪽 열에 이 변화가 정리되어 있다. 세금 부과로 인하여 소비자잉여는 B+C가 감소하고, 생산자잉여는 D+E가 감소한다. 조세수입은 B+D가 발생한다. 당연한 이야기지만 세금이 부과되면 소비자와 생산자의 후생은 감소하고 정부의 수입은 증가한다.

총후생의 변화는 소비자잉여의 변화(감소)와 생산자잉여의 변화(감소), 정부 수입의 변화(증가)를 합한 것이다. 세 가지 변화를 모두 합하면 총잉여가 C+E만큼 감소했음을 알 수 있다. 즉 세금 부과에 따른 소비자와 생산자의 후생 감소가 정부 조세수입의 증가를 능가하는 것이다. 세금 부과 등과 같은 시장 왜곡현상에 따른 경제적 총잉여의 순감소를 경제적 순손실(deadweight loss, 자중손실 혹은 사중손실이라고도 함 – 역자 주)이라고 부른다. 그림에서 C+E가 경제적 순손실이다.

경제적 순손실 세금 부과 등과 같은 시장 왜곡현상에 따라 초래되는 총잉여 감소분

세금 부과가 왜 경제적 순손실을 초래하는지 이해하기 위해서 경제학의 10대 기본원리 중 하나인 사람들은 경제적 유인에 반응한다는 사실을 상기해볼 필요가 있다. 7장에서 우리는 정상적인 경우 시장이 희소자원을 가장 효율적으로 배분한다는 사실을 배웠다. 즉 세금이 없다면 수요와 공급이 일치하는 균형 상태에서 소비자와 생산자의 잉여가 극대화된다는 것이다. 그러나 세금이 부과되면 소비자가 내야 하는 가격이 상승

하고 생산자가 받는 가격이 하락하여 소비자는 소비량을 줄이고자 할 것이고 생산자는 공급량을 줄이고자 할 것이다. 결과적으로 그림에서 거래량이 Q_1에서 Q_2로 감소한 것처럼 시장 규모가 최적수준보다 작아진다. 그러므로 세금 부과는 경제주체들의 유인 구조를 바꾸어 시장이 자원을 비효율적으로 배분하게 만든다.

8-1b 경제적 순손실과 자유거래의 이득

세금이 왜 경제적 순손실을 초래하는지 보다 잘 이해하기 위해 다음의 예를 생각해보자. 말리크가 매주 100달러를 받고 메이의 집을 청소해준다고 하자. 말리크의 시간 기회비용은 80달러지만, 메이가 집 청소로 누리는 효용은 120달러라고 하자. 따라서 말리크와 메이는 이 거래에서 각각 20달러의 잉여를 누리고, 창출된 총잉여는 40달러다.

이제 정부가 집 청소에 대하여 50달러씩 세금을 부과한다고 하자. 세금을 납부하고도 말리크와 메이의 후생이 전보다 증가할 수 있는 가격은 존재하지 않는다. 메이가 집 청소를 위해 지불하고자 하는 최대 금액은 120달러다. 그러나 여기에서 세금 50달러를 제하고 나면 말리크는 70달러만 받기 때문에 그의 기회비용 80달러보다 적은 금액이 된다. 말리크가 자신의 기회비용인 80달러를 받고자 한다면 메이가 130달러를 내야 하는데, 이는 메이의 최대 지불용의인 120달러를 초과한다. 결과적으로 이 거래는 성립할 수 없다. 말리크는 소득을 올릴 수 없고, 메이의 집은 지저분해질 것이다.

이들이 세금 부과 전에 누리던 잉여의 합이 40달러기 때문에 세금 부과로 인해 말리크와 메이는 20달러씩 총 40달러의 복지가 감소했다. 또 그들이 거래를 포기했기 때문에 정부도 조세수입을 얻을 수 없다. 여기서 사라진 40달러는 경제적 순손실이다. 소비자와 생산자가 손실을 보았지만 그에 상응하는 조세수입이 증가하지 않았기 때문에 발생하는 것이다. 여기에서 우리는 경제적 순손실이 발생하는 근본적인 원인을 짐작할 수 있다. 세금이 경제적 순손실을 초래하는 이유는 소비자와 생산자들이 자유거래를 통해 이득을 취할 수 있는 기회를 세금이 봉쇄했기 때문이다.

그림 8.3의 수요곡선과 공급곡선 사이의 삼각형(C+E)이 바로 경제적 순손실이다. 그림 8.4에서 수요곡선은 소비자가 누리는 재화의 효용가치를 나타내고, 공급곡선은 생산자들의 비용을 나타낸다는 사실을 상기한다면 경제적 순손실의 의미를 보다 쉽게 이해할 수 있다. 세금으로 인하여 소비자가 내는 가격이 P_B로 상승하고 생산자가 받는 가격이 P_S로 하락한다면, 한계소비자와 한계생산자는 시장을 떠날 것이고 거래량은 Q_1에서 Q_2로 줄어들 것이다. 그러나 그림에서 볼 수 있듯이 이들 한계소비자의 지불용의는 한계생산자의 비용을 초과하고 있다. Q_1과 Q_2 사이의 모든 거래량에서 말리크와 메이의 예에서와 같이 소비자 지불용의와 생산자 비용의 차이, 즉 거래를 통한 이득이 세금보다 적은 경우 세금이 부과됨으로써 거래 자체가 무산되는 것이다. 상호 이득이 될

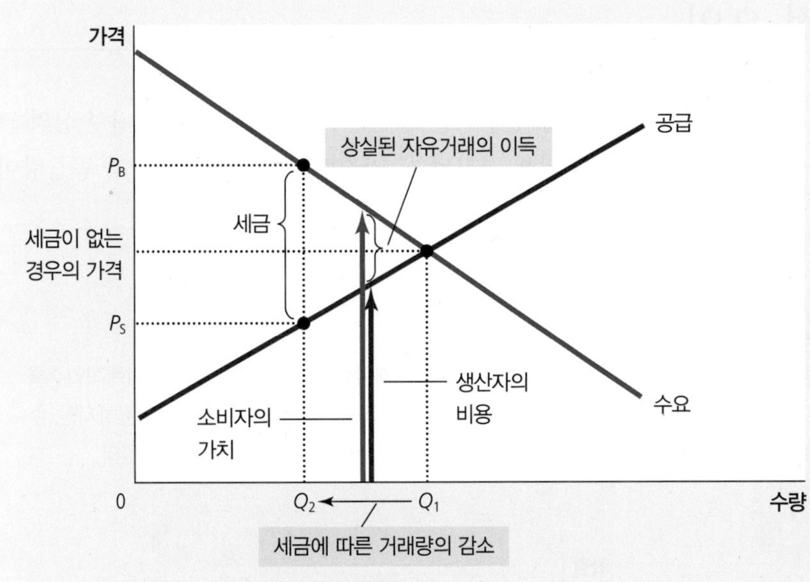

그림 8.4

경제적 순손실

정부가 세금을 부과하면 거래량은 Q_1에서 Q_2로 감소한다. Q_1과 Q_2 사이의 모든 거래량에서 소비자와 생산자의 거래를 통해 얻을 수 있는 잠재적 이득이 실현되지 못한다. 이 실현되지 못한 거래 때문에 경제적 순손실이 발생한다.

수 있었던 거래가 세금 부과로 인해 불가능해지기 때문에 사라지는 잠재적 잉여가 바로 경제적 순손실이다.

간단한 퀴즈

1. 다음 중 어느 경우 재화의 거래에 세금을 부과하면 경제적 순손실이 발생할까?

a. 소비자잉여의 감소와 생산자잉여의 감소의 합이 세금 수입보다 클 때
b. 소비자잉여의 감소와 생산자잉여의 감소의 합이 세금 수입보다 작을 때
c. 소비자잉여의 감소분이 생산자잉여의 감소분보다 클 때
d. 생산자잉여의 감소분이 소비자잉여의 감소분보다 클 때

2. 도나는 호텔을 경영하는데 객실요금은 하루 숙박에 300달러고, 이는 도나의 비용과 같은 금액이다. 잠재 고객인 샘, 해리, 빌은 각각 하루 숙박에 500달러, 325달러, 250달러를 지불할 용의가 있다. 정부가 하루 숙박요금에 50달러의 세금을 부과하자, 도나는 객실요금을 350달러로 인상했다. 이 경우 경제적 순손실은?

a. 25달러
b. 50달러
c. 100달러
d. 150달러

3. 소피아는 스카이에게 매주 잔디 깎는 대가로 50달러를 지불한다. 정부가 스카이에게 잔디 깎는 소득에 대해 10달러의 세금을 부과했다. 그 결과 스카이는 소피아로부터 60달러를 받는다. 이 경우 생산자잉여의 변화, 소비자잉여의 변화, 경제적 순손실은 각각 얼마인가?

a. 0, 0, 10달러
b. 0, −10, 0달러
c. 10, −10, 10달러
d. 10, −10, 0달러

8-2 경제적 순손실의 결정 요인

세금에 따른 경제적 순손실의 크기를 결정하는 요인은 무엇일까? 경제적 순손실의 크기는 수요와 공급의 가격탄력성에 의해 결정된다. 가격탄력성이란 수요량과 공급량이 가격 변화에 얼마나 민감하게 반응하는지 측정하는 지표다.

그림 8.5 **세금에 의한 왜곡과 탄력성**

그림 (a)와 (b)에서 수요곡선과 세금의 크기는 동일하다. 그러나 공급의 가격탄력성은 다르다. 공급이 탄력적일수록 세금에 의한 경제적 순손실이 커지는 것을 알 수 있다. 그림 (c)와 (d)에서 공급곡선과 세금의 크기는 동일하지만, 수요곡선의 가격탄력성은 다르다. 수요가 탄력적일수록 세금에 의한 경제적 순손실이 커지는 것을 알 수 있다.

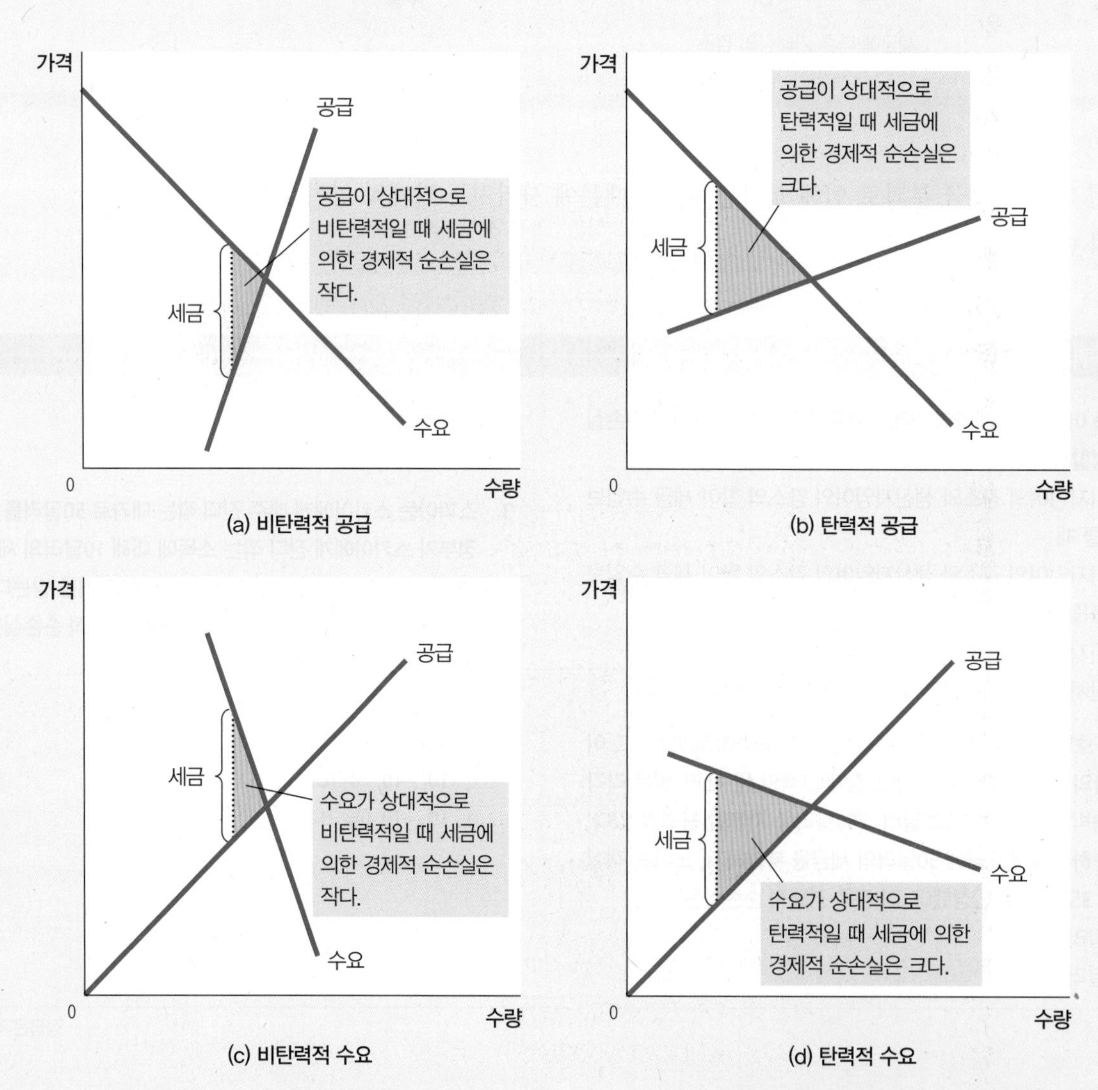

먼저 공급곡선의 가격탄력성이 경제적 순손실에 어떤 영향을 미치는지 알아보자. 그림 8.5의 (a), (b) 두 그림에서 수요곡선과 세금의 크기는 동일하다. 단지 공급곡선의 탄력성만 다르다. 그림 (a)에서는 공급량이 가격 변화에 별로 민감하게 반응하지 않기 때문에 공급이 상대적으로 비탄력적이다. 그림 (b)에서는 공급량이 가격 변화에 민감하게 반응하기 때문에 공급이 상대적으로 탄력적이다. 공급곡선이 탄력적일수록 경제적 순손실, 즉 수요곡선과 공급곡선 사이에 있는 삼각형의 크기가 커지는 것을 볼 수 있다.

마찬가지로 그림 8.5의 (c), (d) 두 그림에서 수요의 가격탄력성의 영향을 볼 수 있다. 이 두 그림에서 공급곡선과 세금의 크기는 동일하다. 그러나 그림 (c)의 수요곡선은 상대적으로 비탄력적이기 때문에 경제적 순손실이 비교적 작지만, 그림 (d)에서는 수요곡선이 상대적으로 탄력적이기 때문에 세금 부과에 따른 경제적 순손실이 더 크다.

이 그림이 시사하는 바는 간단하다. 세금이 경제적 순손실을 유발하는 이유는 소비자와 생산자가 행동을 바꾸기 때문이다. 세금은 소비자가격을 인상시켜 소비를 줄인다. 동시에 세금은 생산자가격을 낮추어 생산량을 줄인다. 이러한 행동의 변화 때문에 시장 거래량이 최적수준 이하로 감소한다. 그리고 소비자와 생산자가 가격 변화에 민감하게 반응할수록 균형거래량은 더 많이 감소한다. 따라서 수요와 공급의 가격탄력성이 클수록 세금 부과에 따른 경제적 순손실은 커진다.

사례 연구

경제적 순손실에 대한 논쟁

수요, 공급, 탄력성, 경제적 순손실 등과 같은 경제 이론은 여러분의 머리를 어지럽게 할 것이다. 그러나 놀랍게도 이런 경제학의 기본 이론들이 정치적 논쟁의 핵심을 이룬다. 예를 들어 정부의 적정 규모에 관한 논쟁은 세금이 경제적 순손실을 초래하고, 그에 따라 정부가 많은 일을 할수록 경제적 순손실이 증가한다는 사실에서 비롯된다. 따라서 세금 부과가 커다란 경제적 순손실을 초래한다고 믿는 사람들은 작은 정부가 바람직하다고 생각할 것이고, 세금 부과에 따른 경제적 순손실이 별로 크지 않다고 믿는 사람들은 정부가 세금을 거둬서라도 문제를 해결하는 것이 오히려 사회적 비용을 줄일 수 있는 방법이라고 생각할 것이다.

그렇다면 세금에 의한 경제적 순손실은 얼마나 될까? 여기에 대해서는 경제학자들 사이에서도 많은 견해차가 있다. 그 견해차가 어떤 것인지 보기 위해 미국 경제에서 가장 중요한 세금이라고 할 수 있는 노동 관련 세금(tax on labor)의 예를 생각해보자. 사회보장세, 의료보험세, 연방소득세 등이 넓은 의미의 노동 관련 세금이라고 할 수 있다. 많은 주 정부에서도 노동 관련 세금을 부과하고 있다. 노동 관련 세금이 부과되면 사용자가 근로자에게 지불하는 임금과 근로자들이 실제로 받는 임금 사이에 간격이 생긴다. 미국의 경우 모든 형태의 노동 관련 세금을 다 고려한다면 많은 근로자들의 한계세율, 즉 마지막 달러 소득에 대한 세율은 거의 40%에 달할 것으로 보고 있다.

노동 관련 세금의 규모는 비교적 쉽게 계산할 수 있지만, 이 세금으로 초래되는 경제적 순손실의 크기를 계산하는 것은 그렇게 간단한 일이 아니다. 거의 40%에 달하는 노동 관련 세금의 한계세율이 얼마나 커다란 경제적 순손실을 초래하는지에 대해서는 경제학자들 사이에도 견해차가 크다. 이는 노동 공급곡선의 가격탄력성에 대한 견해차에서 비롯된다.

노동 관련 세금의 왜곡효과가 그리 크지 않다고 여기는 경제학자들은 기본적으로 노동 공급이 상당히 비탄력적이라고 본다. 그들은 대부분의 사람들이 임금수준과는 무관하게 직업에 종사하고자 한다고 주장한다. 그렇다면 노동 공급곡선은 거의 수직에 가까워 노동 관련 세금으로 인한 경제적 순손실은 별로 크지 않다. 실제로 일부 연구 결과에 따르면, 근로능력이 최고수준에 도달한 연령이면서 한 가정의 주 소득원인 근로자들의 노동 공급이 이런 경우에 해당한다고 한다.

노동 관련 세금의 왜곡효과가 크다고 여기는 경제학자들은 노동 공급이 비교적 탄력적이라고 본다. 그들도 일부 사람들의 노동 공급이 매우 비탄력적일 수 있다는 점은 인정하지만, 다른 사람들은 경제적 유인에 더 민감하게 반응한다고 생각한다. 다음 몇 가지 사례들을 생각해보자.

- 어떤 근로자들은 자신들의 근무시간을 조절할 수 있다. 예컨대 초과근무(overtime work)가 가능하다. 임금이 상승할수록 더 많은 시간을 일하고자 할 것이다.
- 많은 가정에는 두 번째 소득자가 있다. 주로 자녀를 둔 기혼여성들로, 이들은 집에서 집안일에 전념할 것인지, 직장을 구해 돈을 벌 것인지에 대해 비교적 자유롭게 결정한다. 직장을 구할지 여부를 결정할 때 이 두 번째 소득자는 집에 있는 경우의 이득(아이 돌보는 사람을 고용해야 하는 비용이 절약되는 것을 포함하여)과 직장에서 추가적으로 벌 수 있는 소득을 비교할 것이다.
- 많은 노인들은 스스로 은퇴 시기를 결정할 수 있으며 이런 결정은 부분적으로 임금수준에 좌우된다. 그리고 일단 은퇴하더라도 임금수준에 따라 파트타임으로 일할 유인이 생길 수 있다.
- 어떤 사람들은 마약 거래와 같은 불법행위를 하거나, 탈세를 통해 음성 소득을 올리고자 한다. 경제학자들은 이것을 지하경제(underground economy)라고 부른다. 지하경제 활동에 종사할지 여부를 결정할 때 이 잠재적 범법자들은 불법행위를 해서 벌어들일 수 있는 수입과 합법적으로 받을 수 있는 임금을 비교할 것이다.

BLOOMBERG/GETTY IMAGES

"노동의 공급탄력성에 대한 귀하의 입장은 무엇입니까?"

이와 같은 사례에서 노동의 공급량은 임금(즉 노동의 가격)의 영향을 받는다. 그렇기 때문에 근로자들의 노동 공급의 결정은 그들의 임금에 세금이 부과되는지 여부에 따라 영향을 받을 것이다. 노동 관련 세금은 근로자의 일하는 시간을 줄이고, 두 번째 소득자의 취업을 억제하고, 노인들을 일찍 은퇴하도록 만들고, 부정한 사람들을 통해 지하 경제로 들어가게 할 것이다.

노동 관련 세금의 왜곡효과에 대한 논쟁은 지금도 계속되고 있다. 실제로 대통령 후보나 국회의원 후보들이 정부가 더 많은 역할을 해야 하는지 세금 부담을 줄여야 하는지에 대해 논쟁하는 것을 잘 보면, 그 핵심에는 바로 노동의 공급탄력성과 그에 따른 세금의 경제적 순손실의 크기에 대한 견해차가 깔려 있다는 것을 알 수 있다. ●

간단한 퀴즈

4. 정부가 세금을 부과하여 조세수입을 늘리면서 경제적 순손실을 최소화하려면, 수요탄력성은 (   ), 공급탄력성은 (   ).

a. 작아야 하고, 작아야 한다
b. 작아야 하고, 커야 한다
c. 커야 하고, 작아야 한다
d. 커야 하고, 커야 한다

5. 아그리콜라의 경제에서 농민들은 지주로부터 농지를 임대해서 경작한다. 농지의 공급이 완전 비탄력적이라면, 농지에 대한 세금의 부과는 (   ) 경제적 순손실을 초래하고, 세금 부담은 전적으로 (   )이(가) 진다.

a. 큰, 농민
b. 큰, 지주
c. 0, 농민
d. 0, 지주

6. 포도 젤리의 수요는 (딸기 젤리가 밀접한 대체재이기 때문에) 완전탄력적이라고 하자. 포도 젤리의 공급탄력성은 1이다. 포도 젤리에 세금을 부과한다면, 경제적 순손실은 (   ), 세금 부담은 전적으로 (   )가 진다.

a. 크고, 소비자
b. 크고, 생산자
c. 없고, 소비자
d. 없고, 생산자

정답은 각 장의 끝에

8-3 세금의 변화와 경제적 순손실, 조세수입

세금은 시간이 흐름에 따라 변하게 마련이다. 연방 정부와 지방 정부의 정책담당자들은 항상 어느 세금을 올리고 어느 세금을 내릴지 궁리한다. 여기에서는 세금의 크기에 따라 조세수입과 경제적 순손실이 어떻게 변하는지 살펴볼 것이다.

그림 8.6은 같은 수요곡선과 공급곡선을 놓고 소규모, 중규모, 대규모 세금의 효과를 보여준다. 세금 부과로 인해 시장 거래량이 최적수준 이하로 감소하여 발생하는 총잉여의 감소, 즉 경제적 순손실은 수요곡선과 공급곡선 사이의 삼각형 부분이다. 소규모 세금이 부과된 경우인 그림 (a)에서 경제적 순손실의 크기는 작다. 그러나 세금이 무거워짐에 따라 그림 (b)와 (c)에서 보듯이 경제적 순손실은 점차 증가한다.

실제로 경제적 순손실의 증가 속도는 세금의 증가 속도를 능가한다. 그 이유는 경제적 순손실이 삼각형 부분인데 삼각형 면적은 세금의 제곱에 비례하기 때문이다. 예를

그림 8.6 **세금 크기에 따른 경제적 순손실과 조세수입의 변화**

경제적 순손실은 세금 부과에 따른 총잉여의 감소분이다. 그림 (a)에서는 비교적 작은 규모의 세금이 부과되어 경제적 순손실과 조세수입이 작다. 그림 (b)에서는 세금 규모가 다소 크며 경제적 순손실과 조세수입의 규모도 크다. 그림 (c)에서는 매우 무거운 세금이 부과되어 커다란 경제적 순손실이 발생했으나, 무거운 세금으로 인해 시장 거래량이 크게 줄어 조세수입은 오히려 감소했다. 그림 (d)와 (e)는 이러한 결과를 보여준다. 그림 (d)는 세금의 크기가 증가함에 따라 경제적 순손실이 증가하는 것을 보여준다. 그림 (e)는 조세수입이 처음에는 증가하다가 감소하는 것을 보여준다. 이 관계를 래퍼곡선이라고도 한다.

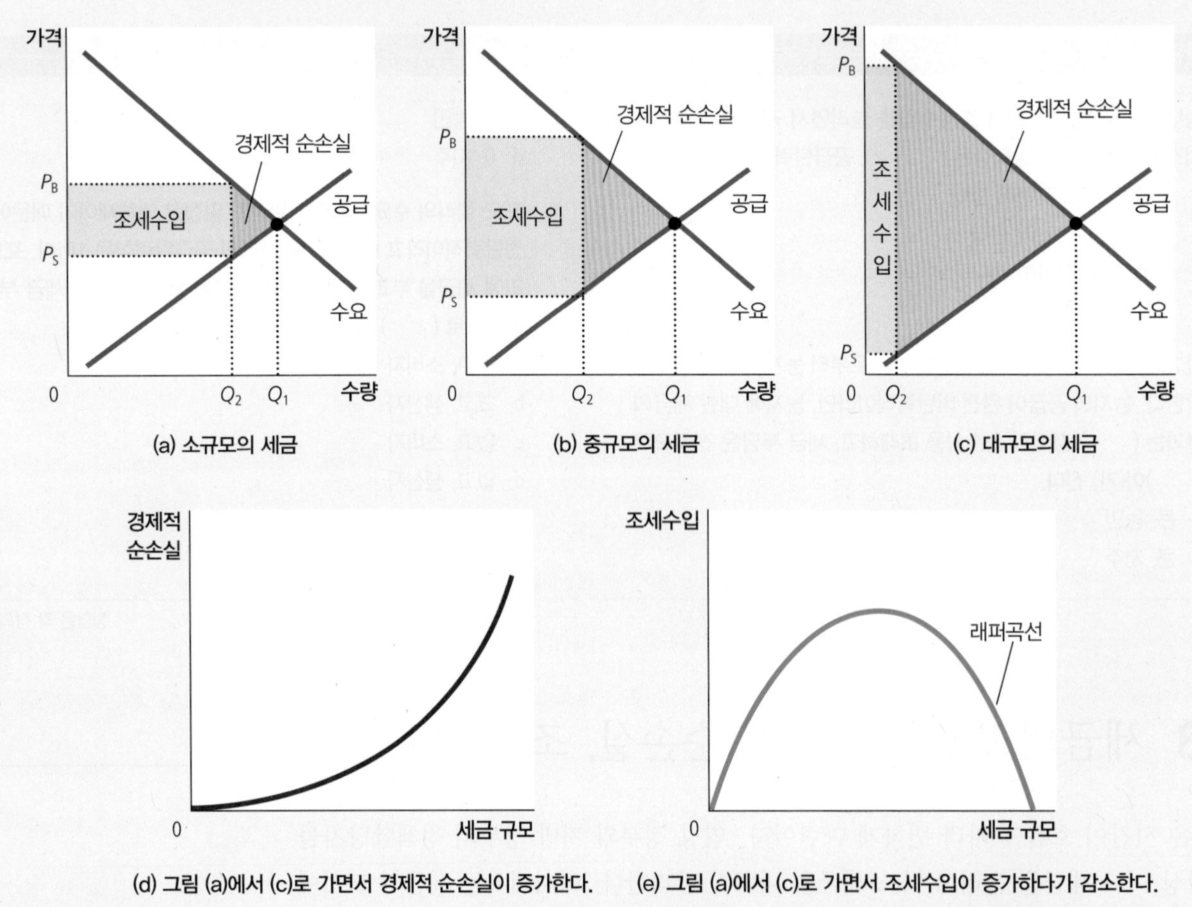

(d) 그림 (a)에서 (c)로 가면서 경제적 순손실이 증가한다.

(e) 그림 (a)에서 (c)로 가면서 조세수입이 증가하다가 감소한다.

들어 세금의 크기가 2배가 된다면, 삼각형의 밑변과 높이가 2배가 되어 경제적 순손실은 4배가 된다. 세금이 3배가 된다면, 밑변과 높이가 3배가 되어 경제적 순손실은 9배가 될 것이다.

정부의 조세수입은 세금에 거래량을 곱한 값과 같다. 그림 8.6의 (a), (b), (c)에서 보듯이 조세수입은 수요곡선과 공급곡선 사이의 직사각형이다. 소규모 세금이 부과된 경우인 그림 (a)에서 조세수입은 적다. 그림 (a)와 (b)에서 보듯이 세금이 커짐에 따라 조세수입은 증가한다. 그러나 그림 (b)와 (c)에서 보듯이 세금이 더 무거워지면 시장 거래량이 줄어 조세수입은 오히려 감소한다. 매우 무거운 세금이 부과되면 시장에서 아예 거래가 발생하지 않아 조세수입은 0이 될 수도 있다.

그림 8.6의 (d)와 (e)에 이 결과가 정리되어 있다. 그림 (d)는 세금의 규모가 증가함에 따라 경제적 순손실이 급격하게 증가함을 보여준다. 그림 (e)는 조세수입이 처음에는 증가하다가 시장 거래량이 감소함에 따라 조세수입도 궁극적으로 감소한다는 사실을 보여준다.

래퍼곡선과 공급주의 경제학

1974년 어느 날, 경제학자 아서 래퍼(Arthur Laffer)는 워싱턴의 한 식당에서 저명한 언론인, 정치인들과 함께 앉아 있었다. 그는 휴지에 세율이 조세수입에 미치는 영향을 나타내는 그림을 그렸다. 그 그림은 그림 8.6 (e)와 거의 같은 모양의 그래프였다. 래퍼는 당시 미국이 이 곡선이 하향하는 부분에 있다고 주장했다. 세율이 너무 높기 때문에 세율을 낮추면 조세수입이 오히려 증가할 수 있다는 것이었다.

래퍼의 주장을 심각하게 받아들인 경제학자는 거의 없었다. 세율을 낮추면 조세수입이 늘어날 수 있다는 생각은 이론적으로 옳을 수 있지만 실제로 그렇게 될지는 의문이었다. 다시 말해 래퍼의 주장대로 미국의 세율이 극단적 수준에 도달했다는 증거는 어디에도 없었다.

그럼에도 불구하고 래퍼곡선(Laffer curve, 나중에 그렇게 불림)은 레이건을 사로잡았다. 레이건 행정부의 초대 예산국장을 지낸 데이비드 스토크먼(David Stockman)은 다음과 같은 이야기를 들려주고 있다.

> 레이건 자신이 래퍼곡선을 경험했다고 한다. 레이건은 다음과 같은 이야기를 자주 했다. "제2차 세계대전 중에 나는 영화 제작 사업으로 돈을 벌려고 했다. 전쟁비용을 조달하기 위해 최고 소득세율이 90%까지 오른 때였다. 당시 영화를 4편만 만들면 최고 소득세율을 내야 했다. 그 때문에 우리는 영화 4편을 만들고 작업을 중단한 채 시골로 내려가야 했다." 높은 세율은 사람들이 일을 덜하게 만들고 낮은 세율은 일을 더하게 만든다. 레이건이 경험한 일이다.

1980년에 레이건이 미국 대통령 후보로 입후보했을 때 세금 삭감을 공약으로 내세웠다. 레이건은 당시 미국의 세율이 너무 높아 사람들이 열심히 일할 의욕과 결과적으로 소득기회를 잃고 있다고 주장했다. 세금을 낮추면 사람들이 더 열심히 일할 유인이 생겨 경제적 후생은 물론 조세수입도 증가할지 모른다는 것이었다. 세금 인하를 통해 사람들이 노동 공급을 증가시키도록 유도한다는 점에서 래퍼와 레이건의 견해는 이후 공

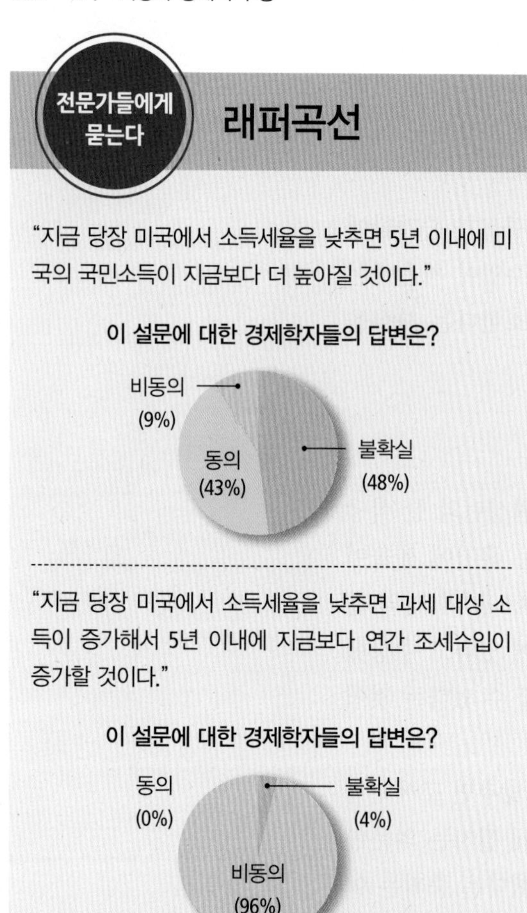

자료: IGM Economic Experts Panel, 2012년 6월 26일.

급주의 경제학(supply-side economics)이라 불렸다.

경제학계에서는 래퍼의 주장에 대해 아직도 논란이 있다. 많은 경제학자들은 이후 역사적 경험을 통해 세율을 낮추면 조세수입이 증가할 것이라는 래퍼의 주장이 틀렸음이 입증되었다고 믿는다. 그러나 역사에 대한 다른 해석도 가능하기 때문에 1980년대에 일어난 사건들을 공급주의자들이 옳았다는 증거라고 생각하는 경제학자들도 있다. 래퍼의 가설의 타당성을 명확하게 평가하려면 역사를 되돌려서 레이건 대통령이 세금을 인하하지 않았던 상황으로 돌아가 조세수입이 늘었는지 줄었는지를 살펴보아야 할 것이다. 그러나 이러한 실험은 불가능하다.

일부 경제학자들은 중립적 견해를 피력한다. 그들에 따르면 전반적인 세율 인하는 조세수입의 감소를 초래하지만, 일부 납세자들은 래퍼곡선의 하향곡선 부분에 위치해 있을 수도 있기 때문에 다른 조건이 동일하다는 전제 아래 그런 사람들에 대해 세금을 감면하면 조세수입이 증가할 수도 있다는 것이다. 래퍼의 주장은 미국보다 세율이 높은 나라에서 더 설득력 있을 수 있다. 예를 들어 1980년대 초 스웨덴의 보통 근로자들은 80%에 달하는 한계세율을 적용받았다. 이와 같이 높은 한계세율은 근로 의욕을 저하시킨다. 실제로 스웨덴이 세율을 낮췄다면 조세수입은 더 늘어났을 것이라는 연구 결과가 있다.

경제학자들이 이 문제에 견해차를 보이는 것은 이 문제에 관련된 탄력성의 크기에 대한 견해가 달랐기 때문이다. 공급과 수요가 탄력적일수록 세금 부과가 사람들의 행동을 더 많이 왜곡하기 때문에 이 경우 세금 인하는 조세수입의 증가로 이어질 수 있다. 그러나 다음 결론에 대해서는 논란의 여지가 없다. 즉 세금을 변화시킬 경우 조세수입이 얼마나 증가할지 혹은 감소할지는 세율만으로 알 수 없으며, 세금의 변화가 사람들의 행동을 어떻게 바꾸는지 알아야 한다는 것이다.

이 이야기의 업데이트: 래퍼는 2016년 미국 대통령 선거에서 다시 유명해졌다. 그가 도널드 트럼프 대통령 후보의 경제자문이 된 것이다. 트럼프가 스티븐 무어(Stephen Moore)와 공저한 저서『트럼프노믹스(Trumponomics)』에 의하면 래퍼가 후보에게 과감한 감세 공약을 제안했다고 한다. 래퍼의 논리는 수년 전에 그가 주장했던 것과 같은 것이었다: 즉, 왜 대부분의 경제학자들이 예상하는 2%의 경제성장에 만족해야 하나? 경제가 더 빠르게 성장한다면 우리의 모든 문제를 더 쉽게 해결할 수 있지 않겠는가? 그 책에 의하면 트럼프가 자신의 세금 공약을 발표할 때 경제성장률이 '3, 4, 5 또는 6%'가 될 것이기 때문에 감세정책으로 재정적자(세금수입을 초과하는 정부지출)가 늘어나지는 않을 것이라고 말했다고 한다. 그러나 대부분의 경제학자들은 회의적이었다. 경제학자들은 2018년에 시행된 트럼프의 감세정책은 경제성장을 어느 정도 촉진했겠지만, 조세수입도 감소시켜 재정적자를 증가시킬 것이라고 생각했다. 지금까지 나타난 증거를 보면 회의론자들이 옳았음을 알 수 있다. •

간단한 퀴즈

7. 래퍼곡선(Laffer curve)에 의하면 정부가 세금을 낮추면, 일정 조건 하에서?

a. 소비자가 내는 가격이 증가할 수 있다.
b. 균형거래량이 증가할 수 있다.
c. 경제적 순손실이 증가할 수 있다.
d. 정부의 조세수입이 증가할 수 있다.

8. 달걀의 공급곡선은 우상향하는 직선이고 수요곡선은 우하향하는 직선이다. 달걀에 부과되던 2센트의 세금이 3센트로 인상된다면 세금이 초래하는 경제적 순손실은?

a. 50% 미만 증가하거나 감소할 수 있다.
b. 정확히 50% 증가한다.
c. 50% 이상 증가한다.
d. 공급과 수요 중 어느 것이 더 탄력적인가에 달려 있다.

9. 땅콩버터의 공급곡선은 우상향하고 수요곡선은 우하향한다. 파운드당 10센트이던 세금이 15센트로 인상된다면 정부의 조세수입은?

a. 50% 미만 증가하거나 감소할 수 있다.
b. 정확히 50% 증가한다.
c. 50% 이상 증가한다.
d. 공급과 수요 중 어느 것이 더 탄력적인가에 달려 있다.

정답은 각 장의 끝에

8-4 결론

이 장에서 우리는 앞의 장에서 배운 분석 기법을 사용하여 세금의 효과에 대해 알아보았다. 경제학의 10대 기본원리 중 일반적으로 시장이 경제활동을 조직하는 좋은 수단이라는 것이 있다. 우리는 7장에서 배운 소비자잉여와 생산자잉여의 개념을 통해 이 원리의 의미를 보다 자세하게 이해할 수 있었다. 이 장에서 우리는 정부가 소비자나 생산자에게 세금을 부과하면 사회적으로 시장 효율성의 이득을 상실한다는 것을 보았다. 세금은 시장 참여자들에게서 정부로 자원을 이전시킬 뿐만 아니라 유인 구조와 시장 성과를 왜곡하기 때문에 시장 참여자들은 세금 부과로 인해 비용을 치른다.

이 장과 6장의 분석을 통해 여러분은 세금의 경제적 효과를 잘 이해했을 것이다. 그러나 이것이 전부가 아니다. 미시경제학은 효율성과 형평성을 어떻게 조화시킬지를 포함해서 조세제도를 어떻게 잘 만들 수 있는지 연구하는 분야다. 거시경제학은 세금이 나라 경제에 어떤 영향을 미치고, 정책담당자들이 조세제도를 통해 경제를 어떻게 안정시키며 경제성장을 촉진할 수 있는지 연구하는 분야다. 그러니까 앞으로 여러분이 경제학을 계속 공부하면서 세금에 관한 내용이 다시 나타난다고 해도 놀라지 말기 바란다.

요약

- 한 재화에 부과되는 세금은 그 재화의 소비자와 생산자의 경제적 후생을 축소하며, 일반적으로 소비자잉여와 생산자잉여의 감소분은 정부가 얻는 조세수입보다 크다. 총잉여(소비자잉여, 생산자잉여, 조세수입의 합)의 감소분을 세금의 경제적 순손실이라고 한다.
- 세금은 생산량과 소비량을 줄여 경제적 순손실을 유발한다. 경제주체들이 세금에 반응하기 때문에 시장 거래량이 총잉여를 극대화하는 수준보다 작아진다. 수요와 공급의 탄력성은 시장 참여자가 시장 조건에 어떻게 반응하는지 나타내므로 탄력성이 높을수록 경제적 순손실도 크다.
- 세금 규모가 증가하면 인센티브가 왜곡되고 경제적 순손실도 커진다. 세금을 부과하면 시장 거래량이 감소하기 때문에 조세수입이 계속 증가하지는 않는다. 처음에는 징수액이 증가하지만, 세금이 어느 수준 이상으로 높아지면 조세수입은 감소하기 시작한다.

중요개념

경제적 순손실 183

복습문제

1. 한 재화의 판매에 세금이 부과되면 소비자잉여와 생산자잉여에 어떤 변화가 일어나겠는가? 생산자잉여와 소비자잉여의 감소분은 조세수입에 비해 큰가, 작은가? 설명하라.

2. 재화의 판매에 세금이 부과될 때의 수요 · 공급 그래프를 그려라. 그림에 경제적 순손실과 조세수입을 나타내라.

3. 수요탄력성과 공급탄력성은 세금의 경제적 순손실에 어떻게 영향을 미치는가? 그 이유는 무엇인가?

4. 노동 전문가들 사이에 노동 관련 세금의 경제적 순손실의 크기에 대해 견해가 다른 이유는 무엇일까?

5. 세금이 증가하면 경제적 순손실과 조세수입에는 어떤 변화가 일어나겠는가?

응용문제

1. 피자의 시장 수요곡선은 우하향하고 공급곡선은 우상향한다.

a. 경쟁시장의 균형을 표시하라. 균형가격과 수량, 소비자잉여, 생산자잉여를 나타내라. 경제적 순손실이 있는가? 설명하라.

b. 정부가 모든 피자가게에서 판매되는 피자 1판당 1달러의 세금을 부과했다고 하자. 그 효과를 그래프로 그리고 소비자잉여, 생산자잉여, 조세수입, 경제적 순손실을 표시하라. 이들은 세금이 부과되기 전에 비해 어떻게 변했는가?

c. 세금이 없어진다면 피자를 판매하는 사람과 구입하는 사람 모두 사정이 더 나아지겠지만, 정부는 조세수입을 잃는다. 이제 소비자와 생산자가 자발적으로 수입의 일부를 정부에 낸다고 하자. 정부, 생산자, 소비자

모두 세금이 있었을 때보다 나아질 수 있는가? 그래프에 표시된 면적을 이용하여 설명하라.

2. 다음 두 주장을 평가하라. 이 견해에 동의하는가, 동의하지 않는가? 그 이유는 무엇인가?

a. 경제적 순손실을 수반하지 않는 세금은 정부의 조세수입을 증가시킬 수 없다.

b. 정부의 조세수입을 증가시키지 않는 세금은 경제적 순손실도 수반하지 않는다.

3. 고무밴드 시장을 생각해보자.

a. 공급이 매우 탄력적이고 수요가 비탄력적이라면, 고무밴드에 부과되는 세금 부담은 소비자와 생산자 간에 어떻게 분배될까? 소비자잉여와 생산자잉여를 사용하여 설명하라.

b. 수요가 매우 탄력적이고 공급이 매우 비탄력적이라면, 고무밴드에 부과되는 세금 부담은 소비자와 생산자 간에 어떻게 분배될까? (a)의 답과 비교하라.

4. 정부가 난방유에 대해 세금을 부과한다고 하자.

a. 이 세금으로 인해 발생하는 경제적 순손실은 세금이 도입된 처음 1년 간이 더 클까, 5년 후가 더 클까? 설명하라.

b. 이 세금으로 인해 발생하는 수입은 처음 1년 간이 더 클까, 5년 후가 더 클까? 설명하라.

5. 경제학 수업을 듣고 난 어느 날, 여러분의 친구가 식료품의 수요는 비탄력적이므로 식료품에 세금을 부과하는 것은 조세수입을 증가시키는 데 좋을 것이라고 말했다. 어떤 의미에서 식료품의 세금 부과가 조세수입을 올리는 데 좋다는 것인가? 어떤 의미에서 이 세금은 조세수입을 올리는 좋은 방법이 아닌가?

6. 대니얼 패트릭 모이니한(Daniel Patrick Moynihan) 상원의원은 방탄조끼를 관통하는 특수 총탄에 대해 1만%의 세금을 부과할 것을 제안했다.

a. 이 세금이 조세수입을 큰 폭으로 증가시킬 수 있을까?

b. 세금이 조세수입을 증가시키지 않는다고 해도 모이니한 의원이 이 세금 부과를 제안할 이유는 무엇일까?

7. 정부가 양말 구입에 세금을 부과했다.

a. 이 세금은 양말시장의 균형가격과 산출량에 어떤 영향을 미치는가? 세금 부과 전후 소비자의 총지출, 생산자의 총수입, 정부의 조세수입의 면적을 비교하라.

b. 생산자가 받는 가격은 상승했는가, 하락했는가? 생산자의 총수령액은 증가했는가, 감소했는가? 설명하라.

c. 소비자가 내는 가격은 상승했는가, 하락했는가? 소비자의 총지출액은 증가했는가, 감소했는가? 설명하라. 소비자의 총지출이 감소했다면 소비자잉여는 증가했는가? 설명하라. (힌트 : 탄력성을 생각하라)

8. 이 장에서는 세금 부과가 경제적 후생에 미치는 효과를 분석했다. 이제 반대의 정책을 생각해보자. 정부가 재화 한 단위가 팔릴 때마다 소비자에게 2달러의 보조금을 지불한다고 하자. 이 보조금은 소비자잉여, 생산자잉여, 조세수입, 총잉여에 어떤 영향을 미치겠는가? 이 보조금으로 인해 경제적 순손실이 생겼는가? 설명하라.

9. 어떤 도시의 호텔 객실요금은 하루에 100달러고 하루에 1,000개의 객실이 판매된다.

a. 조세수입을 늘리기 위해 시정부가 객실 하나당 하루에 10달러의 세금을 부과하기로 했다. 세금이 부과된 이후 객실요금은 108달러로 상승했고, 판매량은 900실로 감소했다. 정부의 조세수입과 이 세금으로 인한 경제적 순손실을 계산하라. (힌트 : 삼각형 면적은 '밑변×높이÷2'다.)

b. 정부가 세금을 20달러로 인상했다. 그 결과 객실요금은 116달러로 상승하고 판매량은 800실로 감소했다. 정부의 조세수입과 경제적 순손실을 계산하라. 조세수입과 순손실이 (a)의 경우에 비해 2배 증가하는가? 2배 이상 또는 2배 이하로 증가하는가? 설명하라.

10. 어느 시장에서 수요와 공급은 다음 방정식으로 표시된다.

$$Q^S = 2P$$
$$Q^D = 300 - P$$

a. 균형가격과 균형거래량을 계산하라.

b. 수요자에게 개당 T의 세금이 부과되어 수요함수가 다음과 같이 달라졌다.

$$Q^D = 300 - (P + T)$$

공급자가 받는 가격, 수요자가 내는 가격, 균형거래량을 계산하라.

c. 조세수입은 $T \times Q$다. 앞의 답을 이용하여 조세수입을 T의 함수로 표시하라. 이것을 T가 0과 300 사이인 구간에 대해 그래프로 표시하라.

d. 세금으로 인한 경제적 손실은 수요곡선과 공급곡선 사이의 삼각형 면적이다. 삼각형 면적 계산 공식이 '밑변×높이÷2'인 것을 이용하여 경제적 순손실을 T의 함수로 표시하라. 이것을 T가 0과 300 사이인 구간에 대해 그래프로 표시하라. (힌트 : 삼각형을 옆으로 눕혀 생각해보면 삼각형의 밑변이 T, 세금이 없을 경우의 거래량과 세금 부과 후의 거래량의 차이가 높이가 된다.)

e. 정부가 이 물건에 대해 개당 200달러의 세금을 부과하고자 한다. 이것은 좋은 정책일까? 그 이유는 무엇인가? 더 좋은 정책이 있는가?

간단한 퀴즈 정답

1. a 2. a 3. b 4. a 5. d 6. b 7. d 8. c 9. a

9장

응용 : 국제무역

여러분들이 지금 입고 있는 옷을 살펴보면 상당수가 외국 제품일 것이다. 100여 년 전만 해도 의류 · 섬유산업은 미국의 주요 산업이었으나 이제는 그렇지 않다. 외국에서 값싸고 질 좋은 의류가 수입됨에 따라 미국 내의 섬유산업은 점차 이익을 남기기 어려워졌다. 그 결과 공장을 폐쇄하고 근로자들을 해고해야 했다. 오늘날 미국인들이 소비하는 섬유제품과 의류는 대부분 외국에서 수입된 것이다.

이러한 미국 섬유산업의 경험은 경제정책에 중요한 문제를 제기한다. 즉 국제무역이 한 국가의 경제적 후생에 어떤 영향을 미치는가? 국제무역을 통해 누가 이득을 보고, 누가 손해를 보는가? 이 이득과 손해 중 어느 것이 더 큰가? 등의 문제다.

3장에서 비교우위의 원리를 사용하여 국제무역의 원리를 공부했다.

ISTOCK.COM/LOLOSTOCK; GEORGE RUDY/SHUTTERSTOCK.COM

이 원리에 따르면, 모든 국가는 교역을 통해 각자 자신들이 가장 잘하는 일에 특화할 수 있기 때문에 교역에 참여하는 모든 국가는 이득을 본다. 그러나 3장의 분석은 완벽한 것이 아니다. 국제시장에서 이득이 어떻게 발생하며, 그 이득이 여러 시장 참여자들에게 어떻게 배분되는지 살펴보지 않았기 때문이다.

여기에서는 국제무역에 관한 이러한 문제들을 알아볼 것이다. 지금까지 우리는 수요, 공급, 균형, 소비자잉여, 생산자잉여 등 시장의 작동원리를 이해하는 데 필요한 여러 가지 도구에 대해 배웠다. 이런 도구들을 사용하여 국제무역이 경제적 후생에 어떤 영향을 미치는지 살펴보자.

이런 이슈는 최근 들어 더 중요해졌다. 트럼프 대통령의 2018년 주요 경제정책의 하나가 미국이 외국으로부터 수입하는 철강, 알루미늄과 같은 재화에 대해 관세(수입품에 부과하는 세금)를 부과하겠다는 것이다. 이에 대응해서 다른 나라들도 미국으로부터 수입하는 재화에 대해 관세를 부과하고 있다. 이 장에서 공부하는 분석방법을 통해 이러한 관세의 효과에 대해 알아볼 수 있다

9-1 국제무역의 결정 요인

섬유시장을 생각해보자. 섬유시장은 무역의 이득과 손실을 살펴볼 수 있는 좋은 시장이다. 섬유는 세계 여러 나라에서 생산되며, 국제무역이 활발한 재화다. 특히 섬유시장은 각국 정부들이 국내 섬유산업을 보호하기 위해 종종 무역장벽을 도입하려고 시도하거나, 실제로 도입한 적이 있는 시장이다. 아이소랜드(Isoland)라는 가상국가의 섬유시장을 생각해보자.

9-1a 무역이 없는 경우의 균형

우선 아이소랜드의 섬유시장이 전 세계의 섬유시장과 완전히 단절되어 있다고 가정하자. 정부의 규제에 따라 아이소랜드의 어느 누구도 섬유를 수입하거나 수출할 수 없으며, 이를 위반하는 경우 엄한 처벌을 받는다.

섬유시장에 국제무역이 존재하지 않기 때문에 아이소랜드의 섬유시장에는 국내 생산자와 국내 수요자만 존재한다. 그림 9.1은 이 나라 섬유시장의 균형가격이 국내 공급량과 국내 수요량이 일치하는 수준에서 결정된다는 사실을 보여준다. 이 그림은 무역이 없는 경우 시장균형에서 소비자잉여와 생산자잉여를 나타낸다. 소비자잉여와 생산자잉여의 합이 이 나라 섬유시장에서 수요자와 공급자가 누리는 혜택의 총합이다.

이제 선거에서 의외의 결과로 아이소랜드에 새로운 대통령이 당선되었다고 하자. 새

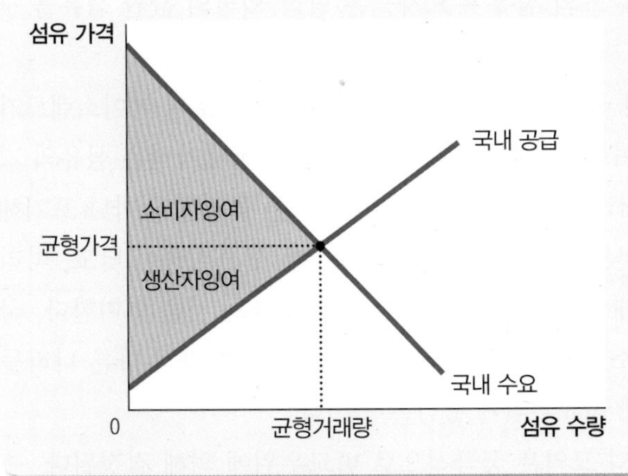

그림 9.1

국제무역이 없는 경우의 균형
한 나라가 다른 나라와 전혀 교역을 하지 않는다면, 국내가격은 국내 공급과 국내 수요를 일치시키는 수준에서 결정된다. 이 그림은 가상국가 아이소랜드의 섬유시장에서 국제무역이 없는 경우의 소비자잉여와 생산자잉여를 보여준다.

대통령은 '변화'와 과감한 '새 정책'들을 공약으로 제시했다. 대통령의 첫 업무는 아이소랜드의 무역정책을 평가하기 위해 경제학자들을 불러모으는 일이었다. 대통령은 다음의 세 가지 문제에 대해 전문가들의 회신을 요구했다.

- 정부가 섬유의 수입과 수출을 자유화한다면, 국내 섬유가격과 거래량은 어떻게 변하겠는가?
- 무역자유화 조치로 누가 이득을 보며, 누가 손실을 보겠는가? 국가적으로 이득이 손실보다 크다고 할 수 있겠는가?
- 새로운 무역정책의 수단으로 관세(수입 섬유에 대한 세금)를 부과해야 하는가?

아이소랜드의 경제전문가들은 그들이 즐겨 읽는 경제학 교과서(물론 이 책이다)의 수요·공급 원리를 공부한 뒤 이 문제에 대한 해답을 구하기 위한 분석에 착수했다.

9-1b 국제가격과 비교우위

경제학자들이 제일 먼저 할 일은 아이소랜드가 섬유의 수출국이 될지, 수입국이 될지 밝혀내는 일이다. 다시 말해 무역이 자유화된다면 아이소랜드 사람들이 섬유를 세계시장에 내다 팔 것인가, 세계시장에서 사올 것인가 하는 점이다.

여기에 대한 해답을 얻기 위해 경제학자들은 아이소랜드의 현재 섬유 가격을 다른 나라의 가격과 비교해야 한다. 세계시장에서 형성된 가격을 국제가격(world price)이라고 한다. 섬유의 국제가격이 아이소랜드의 국내가격보다 높다면 아이소랜드는 섬유 수출국이 될 것이다. 아이소랜드의 섬유 생산자들은 더 높은 가격을 받기 위해 외국의 수요자들에게 섬유를 판매하고 싶어하기 때문이다. 반대로 아이소랜드의 국내 섬유가격이 국제가격보다 높다면 아이소랜드는 섬유 수입국이 될 것이다. 외국의 판매자들이

국제가격 세계시장에서 형성된 가격

더 낮은 가격을 제시하여 아이소랜드의 섬유 수요자들은 당장 외국의 값싼 섬유를 구입할 것이기 때문이다.

요약하면 교역이 시작되기 전의 국제가격과 국내가격을 비교함으로써 아이소랜드가 섬유 생산에 비교우위가 있는지 여부를 판단할 수 있다. 섬유의 국내가격은 섬유의 기회비용, 즉 아이소랜드 사람들이 섬유 한 단위를 얻기 위해 다른 물건을 얼마나 포기해야 하는지 나타낸다. 국내가격이 낮다면 아이소랜드에서 섬유 생산비용이 낮고, 따라서 아이소랜드가 다른 나라에 비해 섬유 생산에 비교우위가 있다는 것을 의미한다. 국내 섬유가격이 높다면 이는 아이소랜드의 섬유 생산비용이 높고, 따라서 다른 나라들이 아이소랜드에 비해 섬유 생산에 비교우위가 있다는 뜻이다.

3장에서 살펴보았듯이 국가 간의 교역은 궁극적으로 비교우위에 의해 결정된다. 즉 각 나라들은 무역을 통하여 제일 잘 만들 수 있는 품목에 특화할 수 있기 때문에 무역의 이득이 발생하는 것이다. 또 교역 이전의 국제가격과 국내가격을 비교함으로써 아이소랜드가 세계 다른 나라들보다 섬유 생산을 더 잘하는지 못하는지 알 수 있다.

간단한 퀴즈

1. 아우타르카는 국제무역을 금지하고 있다. 아우타르카에서는 모직 양복을 금 3온스에 구입할 수 있고, 이웃나라에서는 같은 양복을 금 2온스에 구입할 수 있다. 이것은 무엇을 의미하는가?

a. 아우타르카는 모직 양복 생산에 비교우위가 있고, 무역이 개시되면 양복의 수출국이 될 것이다.
b. 아우타르카는 모직 양복 생산에 비교우위가 있고, 무역이 개시되면 양복의 수입국이 될 것이다.
c. 아우타르카는 모직 양복 생산에 비교우위가 없고, 무역이 개시되면 양복의 수출국이 될 것이다.
d. 아우타르카는 모직 양복 생산에 비교우위가 없고, 무역이 개시되면 양복의 수입국이 될 것이다.

2. 오프니아는 자유무역을 허용하고 있고, 철강의 수출국이다. 만약 철강의 수출이 금지된다면, 오프니아의 국내 철강가격은 (　　), 철강의 (　　)들이 혜택을 본다.

a. 높아지고, 소비자
b. 낮아지고, 소비자
c. 높아지고, 생산자
d. 낮아지고, 생산자

정답은 각 장의 끝에

9-2 무역의 승자와 패자

자유무역의 경제적 후생효과를 분석하기 위해, 먼저 아이소랜드의 경제학자들은 아이소랜드의 경제가 세계경제에 비해 매우 작기 때문에 아이소랜드가 세계경제에 미치는 영향은 무시할 수 있다고 가정했다. 이 작은 경제라는 가정은 섬유시장을 분석하는 데 중요한 의미가 있다. 즉 아이소랜드는 작은 경제이기 때문에 아이소랜드의 무역정책이 세계 섬유가격에 영향을 미치지 않는다는 것이다. 이 경우 우리는 아이소랜드를 가격 수용자(price taker)라고 부른다. 이것은 아이소랜드가 세계 섬유 가격에 아무런 영향을 미치지 못하고 그저 이 가격을 주어진 것으로 받아들여야 하기 때문이다. 이 가격에서 아이소랜드는 얼마든지 수출하거나 수입할 수 있다.

이 작은 경제라는 가정은 국제무역의 이득과 손실을 분석하는 데 반드시 필요한 것은 아니다. 그러나 아이소랜드 경제학자들은 경험을 통해(그리고 이 책 2장을 읽었기 때문에) 단순화를 위한 가정이 유용한 경제모형을 구축하는 데 핵심 요소라는 사실을 알고 있다. 아이소랜드가 작은 경제라고 가정하면 분석이 훨씬 단순해진다. 그리고 기본적인 교훈은 좀더 복잡한 대규모 경제에서도 달라지지 않는다.

9-2a 수출국이 얻는 것과 잃는 것

그림 9.2는 아이소랜드 섬유시장의 균형가격이 국제무역 이전의 국제가격보다 낮다는 것을 보여준다. 자유무역이 허용되면 국내가격은 상승하여 국제가격과 같아진다. 섬유 생산자 중 누구도 국제가격보다 낮은 가격에 공급하려 하지 않을 것이고, 어느 소비자도 국제가격보다 높은 가격에 구입하려 하지 않을 것이다.

이제 국내가격이 국제가격과 같아졌기 때문에 이 가격에 공급되는 국내 공급량과 수

국제무역이 수출국에 미치는 효과 그림 **9.2**

교역이 시작되면 국내가격은 상승하여 국제가격과 같아진다. 공급곡선은 국내에서 생산되는 섬유의 수량을 나타내며, 수요곡선은 섬유에 대한 국내 수요량을 나타낸다. 아이소랜드가 수출하는 물량은 국제가격에서 공급되는 국내 공급량과 국제가격에서 수요되는 국내 수요량의 차이다. 국내가격이 국제가격 수준으로 상승하면 생산자들이 이득을 본다. 생산자잉여는 C에서 B+C+D로 증가한다. 한편 소비자들은 손실을 본다. 소비자잉여는 A+B에서 A로 감소한다. 따라서 총잉여는 D만큼 증가한다. 즉 교역은 수출국 전체의 후생을 증가시키는 것이다.

	교역 이전	교역 이후	변화
소비자잉여	A+B	A	−B
생산자잉여	C	B+C+D	+(B+D)
총잉여	A+B+C	A+B+C+D	+D

D는 총잉여의 증가분으로, 교역의 이득을 나타낸다.

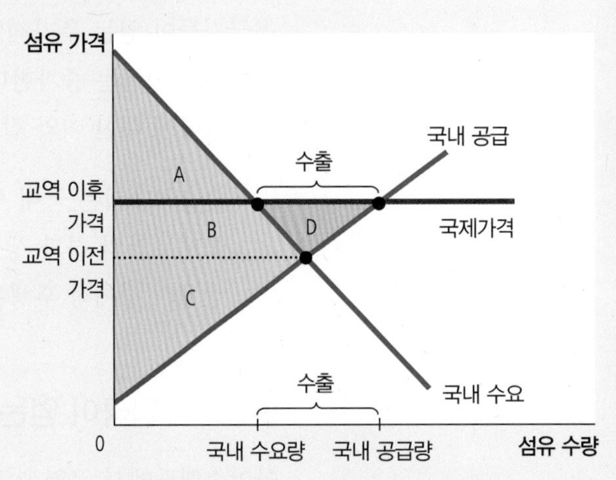

요되는 국내 수요량이 일치하지 않는다. 공급곡선은 아이소랜드에서 섬유를 생산하는 공급자들의 공급량을 나타내고, 수요곡선은 아이소랜드의 섬유 수요자들이 구입하고자 하는 섬유 수요량을 나타낸다. 이 가격에서는 국내 생산자들의 공급량이 국내 수요량보다 많기 때문에 아이소랜드는 남는 물량을 외국에 수출해야 한다. 즉 아이소랜드는 섬유의 수출국이 된다.

비록 국내 공급량과 국내 수요량이 일치하지 않지만, 섬유시장은 세계라는 시장이 존재하기 때문에 여전히 균형 상태를 유지한다. 국제가격 수준에서 수평인 직선을 세계시장의 수요곡선이라고 보아도 무방하다. 아이소랜드는 작은 경제기 때문에 국제가격에서 얼마든지 수출할 수 있다. 따라서 이 수요곡선은 완전탄력적이다.

이제 무역의 결과 얻는 것과 잃는 것을 생각해보자. 분명히 모든 사람이 이득을 보는 것은 아니다. 국제무역으로 인해 국내가격이 국제가격 수준으로 상승했기 때문에 국내 섬유 생산자들은 이득을 본다. 그러나 국내 섬유 소비자들은 더 높은 가격을 내야 하기 때문에 손실을 본다.

무역에 의한 이득과 손실을 따져보기 위해 그림 9.2에 나타난 소비자잉여와 생산자잉여의 변화를 살펴보자. 교역이 시작되기 전의 국내가격은 국내 공급과 국내 수요가 일치하는 수준에서 결정된다. 소비자잉여(수요곡선과 무역 이전 균형가격 사이의 면적)는 A+B고, 생산자잉여(공급곡선과 무역 이전 균형가격 사이의 면적)는 C다. 따라서 무역이 없는 경우의 총잉여는 A+B+C다.

무역이 개시되면 국내가격이 국제가격 수준으로 상승한다. 소비자잉여는 이제 A(수요곡선과 국제가격 사이의 면적)고, 생산자잉여는 B+C+D(공급곡선과 국제가격 사이의 면적)다. 따라서 총잉여는 두 면적의 합, A+B+C+D다.

이와 같은 경제적 후생 변화는 국제무역의 결과 수출국에서 누가 이득을 보고 누가 손실을 보는지 말해준다. 생산자잉여가 B+D만큼 늘어나기 때문에 공급자들은 그만큼 이득을 보고, 수요자들은 소비자잉여가 B만큼 감소하기 때문에 손실을 본다. 그러나 공급자들이 얻는 추가적인 잉여가 수요자들이 상실하는 잉여보다 많기 때문에 아이소랜드의 총잉여는 증가한다.

수출국에 대한 이와 같은 분석에서 두 가지 결론을 얻을 수 있다.

- 수출국에서는 국내 생산자들이 이득을 보고, 국내 소비자들은 손실을 본다.
- 국제무역의 결과 생산자잉여 증가분이 소비자잉여 감소분보다 크기 때문에 나라 전체의 경제적 후생은 증가한다.

9-2b 수입국이 얻는 것과 잃는 것

아이소랜드에서 교역 이전의 국내가격이 국제가격보다 높다고 하자. 그러나 자유무역이 개시되면 국내가격과 국제가격이 같아진다. 따라서 그림 9.3에 나타난 바와 같이 교역 후의 국제가격에서는 국내 공급량이 국내 수요량보다 부족하므로 그 부족분을 외국에서 구입해야 한다. 즉 아이소랜드는 섬유 수입국이 된다.

이 그림에서 국제가격 수준에서 수평인 직선은 세계시장의 공급곡선으로 볼 수 있다. 이 공급곡선이 완전탄력적인 것은 아이소랜드가 작은 경제고, 따라서 국제가격에서 섬유를 얼마든지 구입할 수 있기 때문이다.

이제 무역으로 인한 이득과 손실을 따져보자. 물론 모든 사람이 이득을 보는 것은 아니다. 자유무역의 결과 국내가격이 하락하면 국내 소비자들이 이득을 보고, 국내 생산자들이 손실을 본다. 소비자잉여의 변화와 생산자잉여의 변화가 각각의 이득과 손실이다. 교역이 있기 전에는 소비자잉여가 A고, 생산자잉여는 B+C다. 따라서 총잉여는 A+B+C다. 교역이 개시된 후의 소비자잉여는 A+B+D가 되고, 생산자잉여는 C가 된다. 따라서 총잉여는 A+B+C+D가 된다.

이 분석을 통해 우리는 교역의 결과 수입국에서 누가 이득을 보고 누가 손실을 보는지 알 수 있다. 수요자들이 소비자잉여 증가분 B+D만큼 이득을 보고, 생산자들은 생산자잉여 감소분 B만큼 손실을 본다. 그런데 소비자들의 이득이 공급자들의 손실보다 크기 때문에 총잉여는 D만큼 증가한다.

그림 9.3

국제무역이 수입국에 미치는 효과

교역이 시작되면 국내가격은 하락하여 국제가격과 같아진다. 공급곡선은 국내에서 생산되는 섬유의 수량을 나타내며, 수요곡선은 섬유에 대한 국내 수요량을 나타낸다. 아이소랜드가 수입하는 물량은 국제가격에서 공급되는 국내 공급량과 국제가격에서 수요되는 국내 수요량의 차이다. 국내가격이 국제가격 수준으로 하락하면 소비자들이 이득을 본다. 소비자잉여는 A에서 A+B+D로 증가한다. 한편 생산자는 손실을 본다. 생산자잉여는 B+C에서 C로 감소한다. 따라서 총잉여는 D만큼 증가한다. 즉 교역은 수입국 전체의 후생을 증가시키는 것이다.

	교역 이전	교역 이후	변화
소비자잉여	A	A+B+D	+(B+D)
생산자잉여	B+C	C	−B
총잉여	A+B+C	A+B+C+D	+D

D는 총잉여의 증가분으로, 교역의 이득을 나타낸다.

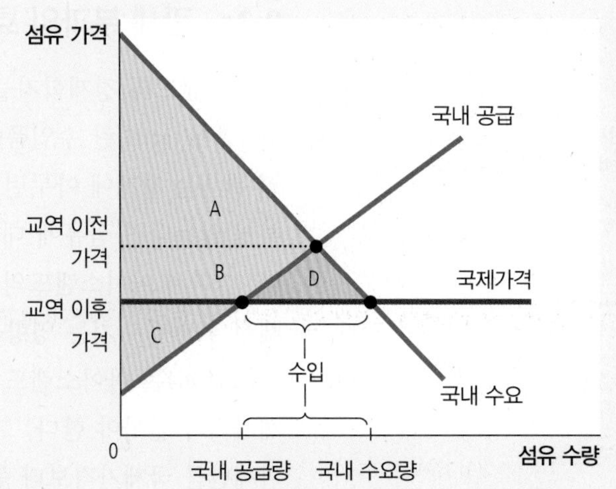

수입국에 대한 이와 같은 분석에서 수출국에 대한 것과 마찬가지로 두 가지 결론을 얻을 수 있다.

- 국제무역의 결과 수입국에서는 국내 소비자들이 이득을 보고, 국내 생산자들은 손실을 본다.
- 국제무역의 결과 소비자잉여 증가분이 생산자잉여 감소분보다 크기 때문에 나라 전체의 경제적 후생은 증가한다.

이제 이 분석을 통하여 1장에서 배운 경제학의 10대 기본원리 중 자유거래는 모든 사람을 이롭게 한다는 원리를 보다 잘 이해할 수 있다. 아이소랜드가 섬유시장을 개방한다면, 그 결과 섬유를 수출하거나 수입하거나 얻는 자와 잃는 자가 발생할 것이다. 그러나 어느 경우든지 득을 보는 사람들의 이득이 손해를 보는 사람들의 손실보다 크기 때문에, 득을 보는 사람들이 손해를 보는 사람들에게 손실만큼 보상을 해주더라도 여전히 전보다 후생이 증가할 수 있다. 이런 의미에서 자유무역은 모든 사람을 이롭게 할 수 있는 것이다. 그러나 자유무역이 실제로 모든 사람에게 이로운가? 현실적으로 패자에 대한 보상은 흔히 일어나지 않는다. 시장 개방을 통한 자유무역은 분명 나라 전체의 경제적 파이(pie)를 크게 하는 효과가 있지만, 승자와 패자 간에 그러한 보상이 없다면 일부 국민들에게 돌아가는 파이는 작아질 수도 있다.

이제 무역정책에 관한 논쟁이 자주 발생하는 이유를 이해할 수 있을 것이다. 정책 변화가 승자와 패자를 만들어낼 때마다 정치적 대결 구도가 형성된다. 많은 국가들이 자유무역의 패자들이 승자보다 정치적으로 잘 조직되었다는 이유만으로 자유무역의 혜택을 누리지 못하기도 한다. 자유무역의 패자들이 자신들의 정치적 영향력을 이용하여 관세나 수입쿼터와 같은 무역장벽을 도입하도록 정부에 로비하기 때문이다.

9-2c 관세 부과의 효과

관세 외국에서 생산되어 국내에서 소비되는 물건에 부과되는 세금

아이소랜드의 경제학자들이 고려해야 할 다음 문제는 관세 부과의 효과에 대한 것이다. 관세(tariff)란 수입품에 부과되는 세금을 의미한다. 아이소랜드가 섬유 수출국이라면 관세는 경제에 아무런 영향을 미치지 않을 것이다. 즉 아무도 외국에서 섬유를 수입하지 않는다면 섬유에 대한 관세는 무의미하다. 관세는 섬유가 수입될 때만 문제가 된다. 따라서 아이소랜드의 경제학자들은 섬유가 수입되는 경우에 한해서 수입관세가 경제적 후생에 미치는 영향을 알아보기로 했다.

그림 9.4는 아이소랜드의 섬유시장을 나타낸다. 자유무역하에서 국내 섬유가격은 국제가격과 같아야 한다. 그러나 수입 섬유에 관세가 부과되면 국내 섬유가격은 부과된 관세만큼 국제가격보다 높아진다. 국내 섬유 생산자들은 이제 국제가격에 수입관세를

더한 가격을 받을 수 있다. 따라서 수입 섬유나 국산 섬유나 국내 섬유가격은 관세가 없었을 때보다 상승한다.

이처럼 국내 섬유가격이 상승하면 국내 생산자와 국내 섬유 수요자의 행동이 변한다. 관세로 인하여 국내 섬유가격이 상승했기 때문에 국내 섬유 수요량은 Q_1^D에서 Q_2^D로 감소하고, 국내 섬유 공급량은 Q_1^S에서 Q_2^S로 증가한다. 따라서 관세가 부과되면 수입량이 줄고, 국내가격은 무역이 없었을 때의 가격 수준에 가깝게 상승한다.

이제 관세로 인한 이득과 손실을 따져보자. 관세로 인해 국내가격이 상승했으므로 국내 생산자들은 이득을 보고, 국내 소비자들은 손실을 본다. 여기에 더해서 정부는 관

그림 9.4

관세의 효과

수입관세는 수입 물량을 감소시켜 시장균형을 무역이 없던 상태에 가깝도록 변화시킨다. 총잉여는 D+F만큼 감소한다. 두 삼각형 부분의 합이 관세 부과에 의해 초래되는 경제적 순손실이다.

	관세 부과 이전	관세 부과 이후	변화
소비자잉여	A+B+C+D+E+F	A+B	−(C+D+E+F)
생산자잉여	G	C+G	+C
정부 관세 수입	없음	E	+E
총잉여	A+B+C+D+E+F+G	A+B+C+E+G	−(D+F)

D+F는 총잉여의 감소분으로, 관세 부과에 따른 경제적 순손실이다.

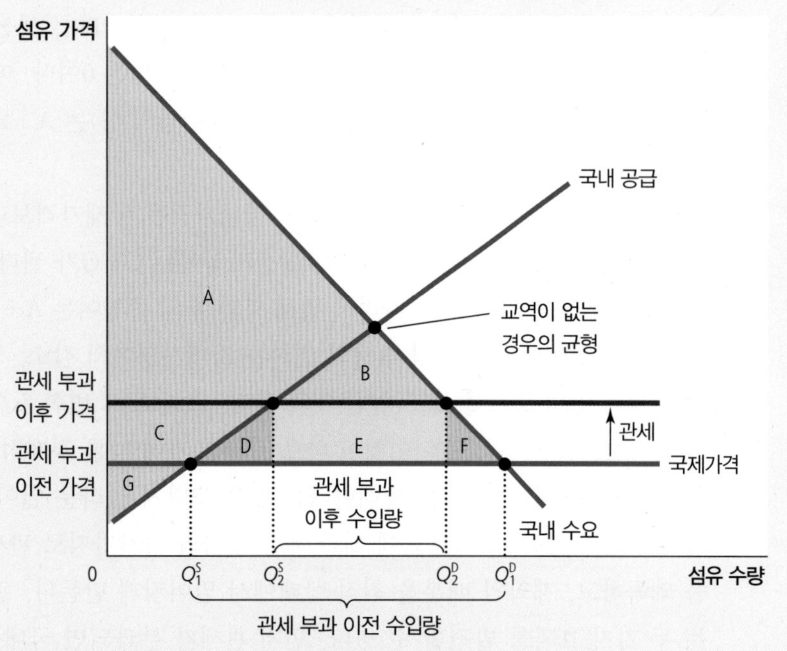

수입쿼터 : 무역을 제한하는 또 다른 방법

관세 외에 국제무역을 제한하는 또 다른 방법은 수입쿼터를 부과하여 수입 물량을 제한하는 것이다. 이 책에서는 수입쿼터에 대한 분석은 생략하고 이 정책의 효과에 대해 다음과 같은 결론만 제시한다. 즉 수입쿼터와 관세는 그 효과가 거의 같다는 것이다. 관세나 수입쿼터 모두 수입량을 줄이고 국내가격을 상승시키며, 국내 소비자들의 복지를 낮추고 국내 생산자들의 복지를 상승시키며 경제적 순손실을 초래한다.

그러나 두 무역장벽 사이에는 한 가지 차이점이 있다. 관세는 정부의 조세수입을 증가시키지만, 수입쿼터는 수입면허를 획득한 수입업자들의 수입을 증가시킨다. 수입면허를 보유한 사업자들의 이윤은 물론 국제가격(구입가격)과 국내가격(판매가격)의 차이다.

정부가 돈을 받고 수입면허를 판매한다면 관세와 수입쿼터의 효과는 더욱 비슷해진다. 정부가 면허 요금을 국내가격과 국제가격의 차액으로 설정한다면 수입면허를 보유한 사업자의 이윤은 모두 정부의 수입으로 흡수되고, 수입쿼터는 사실상 관세와 똑같은 효과를 나타낸다. 즉 소비자잉여, 생산자잉여, 정부의 조세수입에 대한 두 무역장벽의 효과가 똑같아진다.

그러나 현실에서 수입쿼터를 부과하는 대부분의 정부들은 수입면허를 판매하지 않는다. 예를 들어 미국 정부는 과거에 몇 번 일본에 대해 '자발적으로' 미국에 대한 일본 자동차의 수출을 제한하도록 압력을 가한 적이 있다. 이 경우 일본 정부가 일본의 자동차회사들에게 수출면허를 나누어주고, 미국에 대한 일본 자동차 수출의 잉여는 모두 일본의 자동차회사들에게 귀속된다. 이런 형태의 수입쿼터는 미국의 경제적 후생의 관점에서 보면 수입차에 대해 관세를 부과하는 것보다 분명 나쁜 선택이다. 관세와 수입쿼터 모두 국내가격을 인상하고 무역을 억제하며 경제적 순손실을 초래한다. 그러나 적어도 관세는 외국의 수출기업에게 잉여를 제공하는 것이 아니라 정부의 재정수입을 발생하게 한다. ■

세 수입을 올린다. 이러한 이득과 손실을 비교해보기 위해 소비자잉여, 생산자잉여, 정부 관세 수입의 변화를 알아보자. 이 변화는 그림 9.4 의 표에 정리되어 있다.

관세가 부과되기 전에는 국내가격과 국제가격이 같다. 따라서 소비자잉여는 수요곡선과 국제가격 수준 사이의 면적인 A+B+C+D+E+F며, 생산자잉여는 공급곡선과 국제가격 수준 사이의 면적인 G다. 정부의 관세 수입은 0이다. 따라서 자유무역하에서 경제적 총잉여(소비자잉여, 생산자잉여, 정부수입의 합)는 A+B+C+D+E+F+G가 된다.

정부가 수입 섬유에 관세를 부과하면 국내가격은 국제가격보다 관세만큼 높아진다. 따라서 소비자잉여는 이제 A+B고, 생산자잉여는 C+G가 된다. 정부의 관세 수입은 거래량에 관세를 곱한 E다. 따라서 관세 부과 후의 총잉여는 A+B+C+E+G가 된다.

관세 부과에 따른 경제적 후생의 변화는 소비자잉여의 감소, 생산자잉여의 증가, 정부 관세 수입의 증가를 모두 합한 것과 같다. 그리고 그 변화로 인해 D+F만큼 총잉여가 감소했음을 알 수 있다. 이것이 바로 관세 부과에 따른 경제적 순손실이다.

관세가 경제적 순손실을 초래한다는 것은 그다지 놀라운 일이 아니다. 관세도 세금의 일종이기 때문이다. 재화에 대한 세금 부과와 마찬가지로 관세 부과도 경제적 유인을 왜곡하고, 재화의 배분을 최적 상태에서 멀어지게 만든다. 관세 부과의 경우 우리는 두 가지 효과를 발견할 수 있다. 먼저 관세가 부과되면 국내 섬유가격이 상승하기 때문에 국내 섬유 생산자들이 섬유 생산을 Q_1^S에서 Q_2^S로 늘린다. 이렇게 국내에서 추가로 생산하면 국제가격으로 같은 수량을 수입하는 경우에 비해 비용이 더 들지만, 관세 부과로 인해 국내 생산자들이 추가로 이익을 내면서 생산하는 것이 가능해졌기 때문이다. 둘째 효과는 국내 섬유가격의 상승으로 인하여 국내 소비가 Q_1^D에서 Q_2^D로 감소하는 것이다. 국내 소비자들이 이렇게 줄인 소비량에서 느끼는 효용가치가 국제가격에 비해 높지만, 관세가 부과됨에 따라 소비자들이 소비를 줄이기 때문이다. 그림에서 D가 섬유의 과잉 생산으로 인한 경제적 순손실이고, F가 과소 소비에 의한 경제적 순손실이다. 물론 전체 경제적 순손실의 크기는 두 삼각형 면적의 합이다.

9-2d 무역정책에 대한 결론

아이소랜드의 경제학자들은 이제 새 대통령에게 다음과 같은 보고서를 제출할 수 있게 되었다.

> 대통령 귀하
> 귀하께서는 우리에게 세 가지 문제에 대해 답변해줄 것을 요청했습니다. 오랜 연구 끝에 우리는 다음과 같은 해답을 얻었습니다.
>
> 문제 1 : 정부가 섬유의 수입과 수출을 자유화한다면, 국내 섬유가격과 거래량은 어떻게 변하겠는가?
>
> 답 : 자유무역이 허용된다면 아이소랜드의 섬유 가격은 국제가격과 같아질 것입니다. 국제가격이 무역 이전의 국내가격보다 높다면 섬유의 국내가격은 상승할 것입니다. 국내가격이 높아지면 섬유의 국내 소비량이 줄고, 국내 생산량은 증가할 것입니다. 결과적으로 아이소랜드는 섬유 수출국이 될 것입니다. 이것은 아이소랜드가 섬유 생산에 비교우위가 있기 때문입니다. 반대로 국제가격이 무역 이전의 국내가격보다 낮다면 섬유의 국내가격은 하락할 것입니다. 섬유 가격이 낮아지면 국내 수요가 증가하고, 섬유의 국내 생산은 감소할 것입니다. 결과적으로 아이소랜드는 섬유 수입국이 될 것입니다. 이러한 결과는 외국이 아이소랜드에 비해 섬유 생산에 비교우위가 있는 경우에 발생할 것입니다.
>
> 문제 2 : 무역자유화 조치로 누가 이득을 보고, 누가 손해를 볼까? 국가적으로 이득이 손실보다 크다고 할 수 있겠는가?
>
> 답 : 이것은 시장 개방 후 국내가격이 상승하는가, 하락하는가에 달려 있다고 할 수 있습니다. 가격이 상승하면 생산자들이 이득을 보고, 수요자들은 손실을 볼 것입니다. 가격이 하락하면 수요자들이 이득을 보고, 생산

자들은 손실을 볼 것입니다. 그러나 어느 경우든지 국가적으로 무역의 이득이 손실보다 크기 때문에 아이소랜드의 국익은 증가할 것입니다.

문제 3 : 무역정책 수단으로 관세를 부과해야 하겠는가?

답 : 관세는 아이소랜드가 섬유 수입국이 될 때만 효과가 있습니다. 이 경우 관세 부과는 우리 경제를 섬유 수입이 없었을 때의 균형에 가깝도록 만듭니다. 관세도 다른 세금과 마찬가지로 경제적 순손실을 초래합니다. 정부가 얻는 조세수입과 국내 생산자의 증가된 잉여가 수요자가 상실하는 잉여보다 작기 때문에 경제적 비효율을 초래하는 것입니다. 경제 효율의 관점에서 보면 최선의 정책은 관세와 같은 무역제한 정책 없이 자유무역을 허용하는 것입니다.

저희의 답변이 대통령의 새로운 무역정책 입안에 도움이 되기를 기원합니다.

아이소랜드 경제학자 일동

9-2e 국제무역의 또 다른 이득

아이소랜드 경제학자들의 결론은 국제무역의 기본적인 분석에 입각한 것이다. 그들의 분석은 경제학자들이 사용하는 가장 기본적인 분석 수단인 수요와 공급, 생산자잉여와 소비자잉여의 개념을 사용한 것이다. 분석 결과는 한 나라 경제가 무역을 자유화하면 승자와 패자가 발생하지만, 승자의 이득이 패자의 손실보다 크다는 사실을 보여준다.

그러나 자유무역은 이런 단순한 경제적 잉여의 증가 외에도 다음과 같은 경제적 혜택을 제공한다.

- **다양한 소비 기회의 제공** : 같은 물건이라도 나라마다 다른 특징이 있다. 독일 맥주가 반드시 미국 맥주와 같은 것은 아니다. 자유무역은 모든 나라의 소비자들에게 다양한 선택을 할 수 있도록 한다.
- **규모의 경제를 통한 생산비의 하락** : 어떤 재화는 대량으로 생산되는 경우 단위당 적은 비용으로 생산할 수 있다. 이런 현상을 우리는 규모의 경제라고 부른다. 국내시장의 규모가 작은 나라의 기업들은 국내시장을 대상으로 생산하는 경우 규모의 경제를 충분히 활용할 수 없다. 자유무역은 기업들이 세계시장을 상대로 생산하도록 하여 규모의 경제를 최대한 활용할 수 있게 해준다.
- **경쟁의 촉진** : 해외에서 경쟁에 노출되지 않은 기업들은 시장지배력이 있어 국내가격을 인상할 수 있다. 시장지배력은 시장 실패의 원인이 된다. 자유무역은 경쟁을 촉진하여 보이지 않는 손이 보다 효과적으로 기능할 수 있도록 한다.

- **생산성 향상** : 시장이 개방되면 그 나라에서 가장 생산적인 기업들은 시장 점유율을 높일 수 있다. 반면 가장 비생산적인 기업들은 경쟁에 의해 시장에서 도태될 것이다. 자원이 가장 비생산적인 기업에서 생산적인 기업으로 이동함에 따라 나라 전체의 생산성이 향상된다.
- **새로운 아이디어의 전파** : 국가 간 기술의 전파는 많은 경우 새로운 기술로 생산된 재화가 국가 간에 거래되는 과정에서 이루어진다. 예를 들어 가난한 농업국가가 컴퓨터 혁명을 경험하는 것은 컴퓨터를 직접 만드는 것보다 외국에서 최신 기종의 컴퓨터를 구입할 때다.

따라서 자유무역은 소비자들의 선택의 폭을 넓혀주고, 기업들이 규모의 경제를 실현할 수 있도록 해주며, 시장을 더욱 경쟁적으로 만들고, 경제를 더 생산적으로 만들고 새로운 기술의 전파를 촉진한다. 아이소랜드의 경제학자들이 새 대통령에게 이런 점까지 언급했다면 그들의 주장은 더욱 설득력 있었을 것이다.

간단한 퀴즈

3. 엑테니아가 커피 무역을 자유화했을 때 이 나라의 커피 국내가격이 하락했다. 다음 중 옳은 것은?

a. 커피의 국내생산이 증가하고 엑테니아는 커피를 수입했다.
b. 커피의 국내생산이 증가하고 엑테니아는 커피를 수출했다.
c. 커피의 국내생산이 감소하고 엑테니아는 커피를 수입했다.
d. 커피의 국내생산이 감소하고 엑테니아는 커피를 수출했다.

4. 어떤 나라가 무역을 자유화하고 상품의 수입국이 되었다면?

a. 생산자잉여는 감소하고 소비자잉여와 총잉여는 증가한다.
b. 생산자잉여는 감소하고 소비자잉여는 증가한다. 따라서 총잉여가 증가했는지는 불분명하다.
c. 생산자잉여와 총잉여는 증가한다. 그러나 소비자잉여는 감소한다.
d. 생산자잉여, 소비자잉여, 총잉여 모두 증가한다.

5. 재화를 수입하는 나라가 관세를 부과한다면, 다음 중 증가하는 것은?

a. 국내수요량
b. 국내생산량
c. 해외로부터의 수입량
d. 균형의 효율성

6. 다음 중 어느 무역정책이 생산자들에게 혜택을 주고, 소비자잉여를 감소시키고 무역량을 증가시킬까?

a. 수입국이 수입관세를 인상
b. 수입국이 수입관세를 인하
c. 국제가격이 국내가격보다 높을 때 무역을 자유화
d. 국제가격이 국내가격보다 낮을 때 무역을 자유화

정답은 각 장의 끝에

9-3 무역제한 정책 옹호 논리

경제전문가들의 보고서를 읽은 후 새 대통령은 아이소랜드의 섬유시장을 국제시장에 개방하는 방안을 적극적으로 고려했다. 그리고 대통령은 아이소랜드의 국내 섬유가격이 국제가격에 비해 높다는 것을 알았다. 시장이 개방되면 국내 섬유가격이 하락하며,

경제발전 수단으로서의 무역

자유로운 국제무역이 전 세계 빈곤층을 도울 수 있다.

공공정책에 대한 앤디 워홀(Andy Warhol)의 기준

Arthur C. Brooks

나는 종종 내 전공인 공공정책 분야 동료들에게 그들이 누구로부터 영감을 얻는지 묻곤 한다. 많은 진보 학자들은 존 에프 케네디(John F. Kennedy) 전 미국 대통령을 언급하고, 보수 학자들은 대체로 로널드 레이건(Ronald Reagan) 전 미국 대통령을 언급한다. 그러나 나는 개인적으로 "나는 평범한(boring) 것들을 좋아한다."라는 유명한 말을 남긴 화가 앤디 워홀(Andy Warhol)로부터 영감을 얻는다. 그의 말은 물론 예술작품에 대한 것이지만 공공정책에 대해서도 좋은 시사점을 준다.

워홀의 작품들은 일상의 '평범한' 아이템들을 삶의 초월적인 아름다움을 보여 주는 작품들로 격상시켰다. 대표적인 작품이 그의 유명한 〈캠벨 수프〉 그림이다. 어떤 사람들은 그 작품을 조롱했지만, 그 작품을 관심 있게 보는 사람들은 그가 무엇을 표현하고자 하는지 알 수 있다. 이것은 종종 8세기 중국의 유명한 선불교 철학자 방거사(Layman Pang)가 했다는 명언의 의미와 같다. 그는 "이 얼마나 신통하고 놀라운 일인가. 물을 긷고 장작을 나르는 평범한 일들이."

대부분의 사람들은 워홀의 뛰어난 통찰력을 알아채지 못했다. 이것은 사람들이 바보라서가 아니라, 우리의 뇌 구조가 사소한 것에는 관심이 없고 중요한 것에만 초점을 맞추기 때문이다. 이것은 사실 인간이 생존하기 위한 적응의 결과다. 포식자의 공격을 미리 알아채기 위해서는 잎사귀가 바스락거리는 소리보다는 잔가지가 부러지는 소리를 구별할 수 있어야 하기 때문이다.

워홀은 이와 같은 인지 편향을 극복하면 아름다움에 대해 더 많이 느낄 수 있다고 믿었다. 이것은 공공정책의 수립에도 좋은 시사점을 준다. 특히 빈곤정책을 만드는 데 도움이 된다. 예를 들어 열대지방의 질병을 극복하기 위해 혁신적이고 값비싼 방법에 더 관심이 쏠리는 것은 자연스러운 일이지만, 많은 전문가들은 값싸고 보잘것없는 모기장이 말라리아를 막는 가장 좋은 방법이라고 지적한다. 모기장이 생명을 구할 수 있음에도 불구하고 이 평범한 모기장은 항상 부족하다.

우리 주변에서 쉽게 볼 수 있는 사례도 있

국내 섬유 생산자들이 손실을 볼 것이다. 따라서 대통령은 새로운 무역정책을 시행하기 전에 아이소랜드의 섬유회사들에게 경제전문가들의 보고서에 대한 견해를 구했다.

예상대로 섬유회사들은 섬유 무역의 자유화에 반대했다. 그들은 국내 섬유회사들을 해외 경쟁에서 보호해야 한다고 주장했다. 다음은 섬유회사들의 주장과 이에 대한 경제전문가들의 대응이다.

9-3a 일자리 상실에 대한 우려

자유무역에 반대하는 사람들은 국제무역이 국내 일자리를 파괴할 것이라고 주장한다. 앞의 예에서 아이소랜드의 섬유시장 개방은 국내 섬유가격의 하락을 가져와 섬유 생산과 섬유산업의 고용을 줄일 것이다. 결과적으로 아이소랜드 섬유 근로자들은 일자리를 잃을 것이다.

그러나 자유무역은 한편으로 일자리를 파괴하면서 다른 한편으로 일자리를 창출하다. 사람들은 빈곤층 학생들 손에 팬시한 첨단 기술을 쥐어 주는 것을 좋아하지만, 학교 공부에서 낙오되는 아이들을 돕는 가장 좋은 방법은 그 아이들이 학교에 나오도록 하는 것이다.

그러나 공공정책에서 워홀의 원리를 가장 잘 보여 주는 사례는 국제무역이다. 우리가 원하는 것이 빈곤의 해소라면 무역이 역대 어느 개발 프로그램보다 더 확실한 방법이다. 사람들이 물건을 만들어서 자유롭게 교환하는 것 같은 평범하고 단순한 원리가 역사상 가장 효과적으로 빈곤을 해소해 왔다.

지난 20여 년 동안 전 세계 빈곤율은 대략 매년 1%씩 감소했다. 이것은 비교하자면 대략 터키나 타일랜드의 인구에 맞먹는 7,000만 명이 매년 빈곤에서 벗어났다는 뜻이다. 누적적으로는 1990년 이후 약 10억 명이 빈곤에서 벗어났다는 것을 의미한다.

왜 빈곤율이 감소했을까? UN이나 선진국 원조 때문은 아니다. 예일글로벌 온라인(YaleGlobal Online)에서 발간된 자료의 표현에 따르면, "국경을 초월하여 공급 연결망을 사용하는 거대한 신흥 개방경제로부터 나오는 고속성장의 낙수효과" 때문이다. 교수 수준의 전문성을 갖지 못한 독자를 위해 쉽게 설명하자면, 후진국에서의 자유무역 때문이라는 것이다.

여러분은 지금 중국제 머그잔을 들고 있는가. 그렇다면, 그것은 1980년대 이후 6억 8천만 명의 중국인들을 절대빈곤으로부터 탈출하게 한 요인 중의 하나다. 다국적 전문가들의 거대한 협업이나 자금 지원으로 그렇게 된 것이 아니다. 그것은 중국 사람들이 물건을 만들고 배에 실어서 미국에 있는 여러분에게 판매할 수 있도록 허용한 중국의 경제개방 때문이다. 자유무역에 비판적인 사람들은 개방경제가 착취와 환경파괴를 초래한다고 주장한다. 물론 이것은 중요한 이슈다. 그러나 보호무역은 절대로 대안이 될 수 없다. 무역을 제한하는 것은 국내 기득권자를 이롭게 하고 전 세계의 빈곤층에게 불리하게 작용할 뿐이다.

그렇다면 무역이 범세계적으로 소득 격차를 늘린다는 주장은 어떤가? 그 주장도 틀렸다. 세계은행과 LIS(Luxembourg Income Study Center)의 경제학자들은 전 세계적으로 지난 20여 년 동안 소득 불균형이 완화됐다는 사실을 증명했다. 이것은 주로 세계화로 인해 개도국의 국민소득이 증가했기 때문이다. …

물론 무역이 모든 문제를 해결해 주는 것은 아니다. 세계는 민주주의, 안보 등 미국의 가치와 리더십을 나타내는 많은 개념을 필요로 한다. 그러나 말도 안 되고 쓸데없는 엉터리가 많은 정책세계에서 자유무역은 아름답고 평범한 워홀 류의 바로 우리에게 필요한 정책이다. 다른 사람을 돕기 원하는 미국인들은 반드시 자유무역을 타협이나 주저함 없이 지지해야 한다. ■

토론 문제

1. 여러분이 정기적으로 사용하는 물건 중에 어떤 물건이 외국에서 생산된 것인가? 어느 나라에서 수입된 것인가? 그 수입품을 구입하면 여러분과 외국의 생산자 중 누가 혜택을 보나?
2. 미국과 가난한 후진국과의 무역은 후진국의 노동자들에게 어떤 영향을 주었을까?

자료: *New York Times*, 2015년 4월 12일.

기도 한다. 아이소랜드가 다른 나라에서 섬유를 수입할 때 다른 나라들은 아이소랜드에 비교우위가 있는 다른 재화를 수입하고자 할 것이다. 아이소랜드의 섬유 근로자들은 섬유산업에서 아이소랜드에 비교우위가 있는 다른 산업으로 이전해야 할 것이다. 단기적으로 이런 변화는 일부 근로자들에게 고통을 주겠지만, 아이소랜드 전체 국민들은 더 높은 생활 수준을 누릴 수 있을 것이다.

자유무역에 반대하는 사람들은 종종 무역이 일자리를 창출한다는 데 대해 회의적이다. 그들은 어느 물건이라도 더 적은 비용으로 생산할 수 있는 외국이 있기 때문에 자유무역하에서 아이소랜드의 어느 산업도 이익을 내면서 살아남을 수 없을 것이라고 주장한다. 그러나 3장에서 살펴본 바와 같이 자유무역의 이득은 비교우위 원리에 따른 것이지 절대우위와는 아무런 상관이 없다. 한 나라가 다른 나라보다 모든 생산에서 효율적이라고 하더라도 모든 나라는 무역을 통해 서로 이득을 볼 수 있다. 궁극적으로 모든 나라의 근로자들은 그 나라에 비교우위가 있는 산업에서 더 많은 일자리를 찾을 수 있을 것이다.

Berry's World

"선생께서는 '근로자'로서 보호주의가 필요하다고 하셨는데, 소비자로서는 어떤 생각이신지요?"

9-3b 국가안보에 대한 우려

어느 산업이 외국과 경쟁으로 인해 생존의 위협을 받을 때 자유무역 반대론자들은 그 산업이 국가안보에 필수적인 산업이라는 주장을 하기도 한다. 예를 들어 아이소랜드가 철강 무역을 자유화하려고 한다면 아이소랜드 철강회사들은 철강산업이야말로 총과 대포를 만드는 데 필수적인 산업이라고 주장할 것이다. 자유무역은 아이소랜드가 철강의 공급을 외국에 의존하게 만들기 때문에 전쟁이 발발하고 해외 공급이 중단되면 아이소랜드는 국방을 위해 충분한 철강을 생산할 능력이 없다고 여겨질 것이다.

경제학자들도 국가안보에 관한 정당한 우려가 있는 경우 주요 산업에 대한 보호가 필요하다는 점을 인정한다. 그러나 경제학자들은 이런 주장을 하는 사람들이 소비자의 희생을 대가로 이득을 얻고자 하는 생산자라는 데 우려하고 있다.

어느 산업이 국가안보에 중요하다는 주장을 국방전문가가 아닌 업계 대표자가 할 때는 유의해야 한다. 사업자들은 자신들이 국방에 중요하다는 점을 과장함으로써 외국과 경쟁을 막으려는 유인이 있다. 그러나 군 장성들은 매우 다르게 생각할 수도 있다. 실제로 군부는 방위산업의 소비자기 때문에 저렴한 수입품으로 이득을 볼 수 있다. 아이소랜드의 저렴한 철강 가격은 아이소랜드의 군부에게 무기를 더 저렴한 가격으로 구입할 수 있도록 해줄 것이다.

9-3c 유치 산업 보호 논리

새로 시작한 산업들은 그들이 제대로 경쟁할 수 있을 때까지 임시적으로 무역장벽을 통해 보호받아야 한다고 주장한다. 그들의 주장에 따르면, 이들 산업은 일정 기간이 지나면 성숙하여 외국과 경쟁할 수 있다고 한다. 마찬가지로 일부 오래된 전통 산업들도 새로운 경제 환경에 적응하기 위해 일시적으로 보호가 필요하다고 주장하기도 한다.

경제학자들은 기업들의 이런 주장에 대해 대체로 회의적이다. 그 근본적인 이유는 유치 산업 보호를 현실적으로 실행에 옮기기 어렵다는 점 때문이다. 산업 보호를 제대로 하려면 결국 어느 산업이 이익을 남기면서 살아남을지, 이 산업이 살아남을 때 발생하는 이득이 산업 보호를 위해 소비자들이 치러야 할 대가를 능가할지를 정부가 판단해야 한다. 그러나 '승자 알아맞히기(picking winners)'는 매우 어려운 일이다. 이것은 이 과정에 정치적 영향력이 강한 산업에게 보호조치를 해주어야 하는 정치적 고려가 개입되기 때문에 더욱 어렵다. 그리고 일단 정치적으로 강력한 산업이 해외 경쟁에서 보호되면 이 '임시적인' 보호정책은 철회하기가 매우 어렵다.

이뿐 아니라 많은 경제학자들은 보다 근본적인 이유 때문에 유치 산업 보호론에 회의적이다. 예를 들어 어떤 산업이 아직 성숙하지 못하여 외국과의 경쟁에 효과적으로 대응하지 못하지만 장기적으로는 이익을 내면서 경쟁할 수 있을 것으로 보인다고 하

자. 이 경우 회사의 소유주들은 장기적 이윤을 얻기 위해 단기적인 손실을 감수할 용의가 있을 것이다. 기업이 성장하기 위해 보호 같은 조치는 필요하지 않다. 역사적 경험을 보면 수많은 기업들이 미래에 이익을 낼 수 있다는 기대 때문에 단기적인 손실을 감내했던 것이다. 그리고 많은 기업이 해외 경쟁에서 국가의 보호 없이 스스로 살아남았다.

9-3d 불공정 경쟁 논리

자주 제기되는 주장 가운데 자유무역은 모든 국가들이 같은 규칙하에 움직여야 성립된다는 것이 있다. 다른 나라의 기업들이 각기 다른 법과 규제하에 있다면 그런 기업들을 세계시장에서 경쟁하도록 하는 것은 불공정하다는 것이다. 예를 들어 이웃 나라의 정부가 자국 섬유산업을 지원하기 위해 대규모 세금 감세 조치를 취했다고 하자. 아이소랜드의 섬유회사들은 이웃 나라가 공정한 경쟁을 하지 않기 때문에 그들이 보호받아야 한다고 주장할 것이다.

낮은 가격으로 외국에서 섬유를 수입하는 것이 과연 아이소랜드에 불리한 일일까? 물론 아이소랜드의 섬유회사들은 괴로울 것이다. 그러나 아이소랜드의 섬유 소비자들은 가격 하락으로 이득을 본다. 더구나 자유무역의 이점은 그대로 유지된다. 즉 낮은 가격으로 인해 발생하는 소비자잉여의 증가가 생산자잉여의 감소를 능가하기 때문이다. 이웃 나라가 행하는 섬유산업에 대한 보조는 나쁜 정책일 수 있다. 그러나 그 부담은 이웃 나라의 납세자들이 진다. 아이소랜드는 이웃 나라 납세자들이 주는 보조금 덕분에 낮은 가격으로 섬유를 수입할 좋은 기회를 맞는 것이다. 아이소랜드는 이웃 나라가 보조금을 주는 데 대해 항의할 것이 아니라, 감사 편지를 보내야 할 것이다.

9-3e 협상 전략으로서 보호무역 논리

무역제한 조치가 필요하다는 또 다른 주장은 협상 전략 차원의 논리에 근거를 두고 있다. 많은 정책담당자들은 자유무역이 필요하다는 데 동의한다. 그러나 무역제한 조치들이 상대방 국가들과 무역협상을 할 때 유용하다는 점을 지적한다. 무역제한 조치에 대한 위협이 상대방 국가가 취하는 무역제한 조치를 폐지하라고 요구할 때 도움이 된다는 것이다. 예를 들어 아이소랜드는 이웃 나라에 대하여 밀 수입에 대한 관세를 철폐하지 않으면 이웃 나라에서 수입되는 섬유에 관세를 부과하겠다고 위협할 수 있다. 그 결과 이웃 나라가 밀에 대한 관세를 폐지한다면 자유무역에 도움이 된다는 것이다.

이러한 협상 전략의 문제는 위협이 항상 효과를 발휘하지 못한다는 데 있다. 상대 국가가 위협에 굴복하지 않는다면 위협을 가한 나라는 매우 나쁜 두 가지 선택에 직면하게 된다. 위협을 실행에 옮겨 경제적 후생 수준을 낮추거나, 위협을 철회하여 국제사회에서 권위를 상실하는 것이다. 이런 어려운 선택에 직면하여 이 국가는 애당초 이런 위협을 가한 것을 후회할 수도 있다.

사례 연구

무역협정과 세계무역기구

한 국가가 자유무역을 실현하는 방법에는 두 가지가 있다. 하나는 무역제한 조치들을 일방적으로 철폐하는 방법이다. 영국이 19세기에 이런 조치를 취했고, 최근에는 칠레와 한국이 이런 방법을 선택했다. 다른 방법은 다자간(multilateral) 협상을 통해 다른 나라들과 함께 공동 보조를 취하면서 무역장벽을 철폐하는 방법이다. 다시 말해 교역 상대국이 모여 전 세계의 무역장벽을 함께 축소해나가는 방법이다.

다자간 협상의 중요한 사례 중 하나가 북미자유무역협정(North American Free Trade Agreement, NAFTA)이다. 이 협정에 의해 1993년 미국과 캐나다, 멕시코의 무역장벽이 완화되었다. 또 다른 사례는 관세와 무역에 관한 일반 협정(General Agreement on Tariffs and Trade, GATT)이다. GATT는 자유무역을 촉진할 목적으로 세계 여러 나라가 모여 지속적으로 진행하는 무역자유화 협상이다. 제2차 세계대전 직후 미국의 주도하에 GATT가 설치되었다. GATT는 1930년대 대공황기에 부과된 각국의 높은 관세장벽에 대처하기 위하여 추진되었다. 많은 경제학자들은 대공황기의 경제적 어려움이 높은 관세장벽에 일부 기인한 것으로 믿고 있다. GATT는 제2차 세계대전 직후 40%에 달하던 회원국들의 평균 관세율을 오늘날 5% 수준으로 낮추는 데 기여했다.

GATT의 규약은 세계무역기구(World Trade Organization, WTO)에 의해 집행되고 있다. WTO는 1995년에 설립되었고 스위스 제네바에 본부가 있다. 2018년 현재 164개국이 회원으로 가입하고, 전 세계 교역량의 97%를 관할하고 있다. WTO의 주요 기능은 국가 간 무역협정을 집행하고, 무역협상 여건을 조성하며, 회원국 간 무역분쟁을 해결하는 것이다.

자유무역을 위한 다자간 협상의 장점과 단점은 무엇인가? 다자간 협상의 한 가지 장점은 무역장벽을 자국뿐만 아니라 외국에서도 함께 낮출 수 있기 때문에 일방적인 자유화보다 자유무역을 달성할 가능성이 크다는 것이다. 그러나 협상이 실패한다면 그 결과는 일방적인 자유화 조치 때보다 무역이 제한적이 될 수 있다는 단점이 있다.

여기에 더하여 다자간 협상 방식은 정치적인 이점이 있다. 대

전문가들에게 묻는다

관세와 무역협정

"수입 철강과 알루미늄에 대해 새롭게 관세를 부과하면 미국인들의 후생 수준이 높아질 것이다."

이 설문에 대한 경제학자들의 답변은?

"미국이 맺은 주요 무역협정은 대부분의 미국인에게 혜택을 주었다."

이 설문에 대한 경제학자들의 답변은?

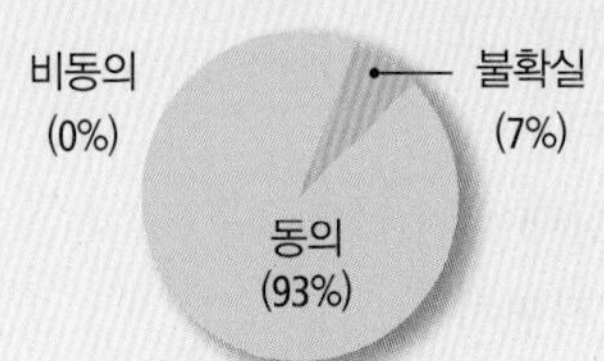

부분의 시장에서 생산자들이 소비자에 비해 소수고 조직화되어 있기 때문에 정치적 영향력이 더 강하다고 할 수 있다. 아이소랜드에서 섬유의 수입관세를 일방적으로 낮추려고 했다면 정치적으로 불가능했을 것이다. 왜냐하면 섬유 생산자들이 이 조치를 반대할 뿐만 아니라, 혜택을 보는 섬유 소비자들은 그 수가 너무 많아서 그들 스스로 조직적인 지지 운동을 벌이기 어렵기 때문이다. 그러나 이웃 나라가 아이소랜드에서 수입하는 밀가루에 대한 관세를 낮추는 조건으로 아이소랜드가 섬유에 대한 관세를 낮출 것을 요구했다고 하자. 이 경우 정치적으로 강력한 아이소랜드의 밀 생산 농민들은 이런 협정을 지지할 것이다. 따라서 무역자유화를 위한 다자간 협상이 때로는 정치적 지지를 이끌어낼 수도 있다. 이것은 일방적 무역자유화 조치로는 달성하기 어려운 결과라고 할 수 있다. ●

"상대 국가가 노동과 환경에 관한 새로운 규제를 도입하지 않으면 무역개방을 하지 않겠다는 것은 잘못된 정책이다. 왜냐하면 새로운 규제가 일부 왜곡을 줄이는 효과가 있긴 하지만, 무역개방을 거부하는 것은 무역제한이라는 더 큰 왜곡을 지속시키는 결과를 초래하기 때문이다."

이 설문에 대한 경제학자들의 답변은?

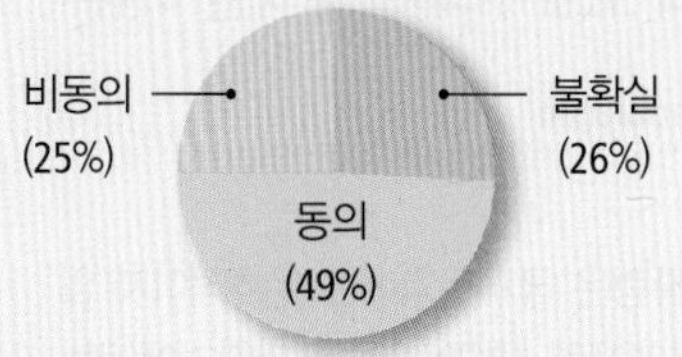

자료: IGM Economic Experts Panel, 2018년 3월 12일, 2014년 11월 11일, 2013년 3월 27일

간단한 퀴즈

7. 릴리펏(Lilliput)은 브롭딩낵(Brobdingnag)으로부터 로프를 수입한다. 브롭딩낵은 정치적 이유로 로프 생산에 보조금을 주고 있다. 릴리펏의 입장에서 가장 효율적인 정책은?

a. 현재 보조받는 가격으로 계속 수입한다.
b. 보조금을 상쇄하기 위해 로프 수입에 관세를 부과한다.
c. 릴리펏 국내 로프 생산자에게 같은 금액의 보조금을 지급한다.
d. 브롭딩낵과의 무역을 중단한다.

8. 다자간 무역협정의 목적은 일반적으로?

a. 각국의 관세를 동일하게 유지해서 피해를 보는 국가가 없도록 하는 것.
b. 관세를 전략적으로 사용해서 각국이 비교우위가 있는 품목을 생산하도록 하는 것.
c. 각국의 관세를 동시에 인하해서 보호무역에 대한 정치적 압력을 약화시키는 것.
d. 장기적으로 성장가능성이 있는 유치산업 보호에만 관세를 적용하도록 하는 것.

정답은 각 장의 끝에

9-4 결론

경제학자와 일반인들은 종종 자유무역에 관해 견해를 달리한다. 2017년에 NBC 뉴스와 「월스트리트저널」이 '일반적으로 자유무역이 미국 경제에 도움이 되었는가, 손해를 끼쳤는가, 아니면 아무런 영향이 없었는가?'라는 설문조사를 한 결과 오직 43%가 도움이 되었다고 대답했고, 34%는 미국 경제에 손해를 끼쳤다고 대답했다. 나머지 23%의 응답자들은 잘 모르겠다거나 아무런 영향이 없다고 생각했다. 이와 대조적으로 대부분의 경제학자들은 자유무역을 지지한다.(이 장의 '전문가들에게 묻는다' 참조) 경제학자

뉴스 속의 경제학

트럼프 대통령의 무역정책

많은 경제학자들은 트럼프 대통령이 2018년부터 추진한 수입관세에 대해 회의적이다.

트럼프의 보호주의가 무익한 이유

Tunku Varadarajan

트럼프 대통령은 국제무역에는 우호적이지 않지만, 무역경제를 연구하는 경제학자에게는 큰 선물이다. 다트머스대학의 더글러스 어윈(Douglas Irwin) 교수는 편안한 대학 강단을 떠나 전국을 돌면서 트럼프 대통령의 무역정책에 대해 강연 중이다. 그의 강의 제목은 〈무익한 시도….(Exercise in Futility...)〉

트럼프 대통령은 동맹국이든 적대국이든 구별하지 않고 보호주의 관세로 두들겨 패고 있다. 그리고 모든 사람들이 어윈 교수의 강의를 듣고 싶어 하는 것 같다. 그는 55세로 작년에 미국 무역정책의 역사를 다룬 『상업의 충돌(Clashing Over Commerce)』이라는 책을 발간했다. 우리는 지금 스탠퍼드대학의 후버 타워 아래 작은 연구실에 있다. 후버 타워는 미국 보호무역주의의 부끄러운 대명사인 1930년의 스무트–홀리 관세법(Smoot-Hawley Tariff)에 서명한 후버 대통령의 이름을 딴 건물이다.

어윈 교수는 이 두 대통령이 다르다는 점을 애써 강조한다. "트럼프는 무역에 관한 레토릭을 이전 대통령에게서는 보지 못한 수준으로 격화시켰다. 그러나 후버 대통령은 다른 나라를 헐뜯지 않고, 미국이 그저 다른 나라로부터 이용당하고 손해를 보고 있다"라고 그는 말한다. 후버 대통령은 항상 미국 산업을 해외 경쟁으로부터 보호해야 한다고 주장했다. 그러나 매우 냉정하고 중립적으로 말했다.

트럼프는 후버 대통령 이후 처음으로 공개적으로 보호무역주의를 주장한 대통령일 것이다. 그러나 어윈 교수가 가장 답답해하는 것은 '트럼프가 어떤 것이 '좋은' 무역협상인지를 정의한 적이 없다는 것이다. 트럼프의 무역에 대한 판단은 무역수지로 귀결된다. 그는 무역의 국민경제적 효과를 생각하기보다는 대부분의 기업인들이 그렇듯이 무역수지를 일종의 손익계산서로 간주한다'라는 점이다. 모든 국가가 무역수지 흑자를 낼 수는 없다. 그러나 '트럼프는 무역을 이익 아니면 손해를 보는 제로섬 게임으로 생각한다. 그는 수출은 좋은 것이고 수입은 나쁜 것이라고 본다.'

그것은 아마 트럼프가 '카지노 사업가, 부동산 사업가 출신이기 때문일 것이다. 그런 사업에서는 프로젝트를 따는지 여부, 카지노를 상대로 돈을 땄는지 여부에 승부가 달려있다.' 그는 국제무역에서 무역 불균형이 한 나라가 다른 나라를 공격하고, 한 나라가 승리하면 다른 나라가 패배하는 것이 아니라는 것을 이해하지 못하고 있다. 트럼프의 논리와 어휘는 '경제학자들이 무역에 대해 생각하는 것과는 전혀 다르다…'

1962년의 무역확장법(Trade Expansion Act)의 Section 232로 알려진 조항을 발동해서, 트럼프는 미국의 군사 동맹국을 포함한 다수의 국가에 철강 관세를 부과했다. 어윈 교수는 아연실색한다. '이것은 엄청나게 불필요한 조치다. 미국의 수출기업에 대해 보복조치가 취해

들은 자유무역이 생산자원을 효율적으로 배분하고, 자국은 물론 다른 나라의 생활 수준을 높이는 데 기여한다고 생각한다.

경제학자들은 미국 경제가 자유무역의 장점을 증명할 수 있는 실험실이라고 생각한다. 역사적으로 미국은 국내 모든 주에서 무제한 교역을 보장했으며, 그 결과 특화를 통해 미국 전체가 혜택을 보았다. 플로리다의 오렌지, 알래스카의 원유, 캘리포니아의 와인 등 주별 특화가 가능했기 때문이다. 미국인들이 자신이 사는 주에서 생산된 물건만 소비해왔다면 오늘날과 같은 물질적 풍요는 누리지 못했을 것이다. 전 세계도 이와 같은 원리로 자유무역을 통해 물질적 풍요를 누릴 수 있는 것이다.

경제학자들이 주장하는 자유무역의 원리를 더 알아보기 위해 다음의 우화를 생각해 보자. 아이소랜드 정부가 최근 여론조사 결과를 본 후 경제학자들의 충고를 무시하고

질 것이다. 따라서 이것은 3중 손해다. 미국 내 철강 소비자에게 피해를 주고, 미국 수출기업을 어렵게 하고, 미국 우방을 소원하게 해서 미국 국가안보를 훼손한다.'

트럼프는 Section 232를 발동해서 수입차와 차량부품에 대해서도 관세를 부과하겠다고 했다. 도대체 어떤 시나리오에서 일본차가 미국의 안보에 위해가 될까? 어윈 교수는 이 문제는 레토릭일 뿐, 그 조항을 발동하는 것은 '대통령에게 가장 쉽고 가장 반대하기 어려운 관세 부과 방법이다. 철강처럼 국가안보는 그저 산업 보호를 위한 구실일 뿐이다.'

어윈 교수에 따르면 미국 자동차 산업을 위협할만한 수입의 급증은 없다. 오히려 그 반대다. 미국 자동차 산업의 가동률은 매우 높은 수준이다. 2017년에 56%의 미국인은 미국산 경차를 구매했다. 수입차 구성을 보면 22%는 캐나다와 멕시코, 11%는 일본, 8%는 한국과 독일이다. 결국 97%의 자동차가 미국 내에서 생산되거나 이웃국가, 또는 미국과 동맹관계에 있는 국가에서 수입된 것이다. 이들 국가는 적대국도 아니고 위기 시에 공급을 위협할 국가도 아니다. 짐 매티스(Jim Mattis) 미 국방장관이 철강 수입에 관해 국가안보 문제가 있다고 생각하지 않았다면, 미국 내 국방관계자들이 자동차에 대해 관세를 부과하는 것이 국가안보에 필요하다고 생각했다고 믿기 어렵다.

철강산업은 무역 때문에 위축되는 미국 내 산업으로 트럼프가 반복적으로 주장하는 사례다. 그러나 어윈 교수는 철강산업은 수입철강 때문에 위기에 처한 것이 아니라고 한다. 미국 내 수입철강의 비중은 비교적 안정적이다. 미국에서 소비되는 철강의 73%가 미국 내에서 생산되고 있다. 따라서 미국이 철강을 전적으로 해외에 의존하고 있으며 미국 철강산업이 사라졌다는 것은 사실이 아니다.

미국 철강산업의 고용은 감소했다. 그러나 그것은 미국 내 철강산업의 생산성이 높아졌기 때문이라고 어윈 교수는 말한다. 1980년대에는 1톤의 철강을 생산하기 위해서는 10 노동–시간(worker-hour)이 필요했다. 오늘날에는 2 노동–시간 미만을 필요로 한다. 따라서 우리가 같은 양의 철강 또는 그보다 많은 양의 철강을 생산하더라도, 훨씬 더 적은 노동력을 필요로 한다.

오래된 뉴스 동영상에 나오는 용광로 옆에서 제철 원료를 섞고 있는 근로자의 모습은 지금의 현실과는 매우 다르다. 지금은 한 명 또는 두 명의 엔지니어가 고도로 자동화된 사무실에서 다이얼을 조작할 뿐이다. 과거의 블루칼라 일자리를 다시 되살리는 것은 선택 가능한 대안이 아니다. 어윈 교수는 트럼프 대통령의 고집을 일종의 노스탤지어 때문이라고 생각한다. '트럼프는 제2차 세계대전 직후 미국의 위대함을 생각하면서, 그날이 다시 오게 하려는 것'이라고 한다.

THEO WARGO/WIREIMAGE/GETTY IMAGES

더글러스 어윈(Douglas Irwin)

토론 질문

1. 국내 일자리를 지키기 위해 관세를 부과해야 할까? 왜그럴까?
2. 국가안보를 위해 관세를 부과할지 여부는 어떻게 결정되어야 할까?

자료: *Wall Street Journal*, 2018년 6월 1일.

섬유의 교역을 금지했다고 하자. 그렇다면 이 경제는 국제무역이 없는 상태로 남을 것이다.

그러던 어느 날, 아이소랜드의 한 과학자가 섬유를 매우 싸게 생산할 수 있는 방법을 발견했다고 하자. 그 생산 방법은 매우 신비한 것이어서 발명가는 이를 비밀에 부쳐야 한다고 고집했다. 이상하게도 이 생산 방법은 면화나 양모와 같은 원료 대신 밀가루만으로 섬유를 생산하는 방법이라고 한다. 더욱 이상한 것은 밀가루로 섬유를 만드는 데 새로운 노동력을 전혀 사용하지 않는다는 점이다.

이 발명가는 불후의 천재로 찬양을 받았다. 누구나 옷을 사 입기 때문에 섬유 가격이 낮아짐으로써 아이소랜드 국민들의 생활 수준은 현저하게 향상되었다. 일부 섬유회사가 문을 닫아 근로자들이 해고되었지만, 이들은 곧 다른 산업에서 일자리를 찾을 수 있었다. 어느 근로자들은 농민이 되어 밀가루를 생산했고, 어느 근로자들은 아이소랜드의 생활 수준이 높아진 결과 나타난 새로운 산업에 종사했다. 모든 사람들이 사양산업에서 근로자의 이직은 기술의 진보와 경제성장을 위해 불가피한 과정으로 받아들였다.

몇 년 뒤, 한 신문기자가 이 신비한 섬유 생산 방법의 비밀을 밝혀내기로 했다. 기자는 발명가의 실험실에 잠입하여 그의 신비한 섬유 생산 방법이 사기라는 것을 알아냈다. 그는 섬유를 생산하는 대신 밀가루를 밀수출하고 외국에서 섬유를 밀수입하고 있었다. 그가 발견한 것은 국제무역을 통한 이득이다.

진실이 공개되었을 때 정부는 발명가의 '생산 시설'을 폐쇄했다. 섬유 가격은 다시 상승하고, 섬유 근로자들은 예전 일터로 복귀했으며, 아이소랜드 국민의 생활 수준은 과거 수준으로 하락했다. 발명가는 투옥되었고 모든 사람들의 조롱거리가 되었다. 그는 발명가가 아니라 경제학자에 불과했던 것이다.

요약

- 자유무역의 효과는 교역이 있을 때와 없을 때의 국내가격을 비교함으로써 알 수 있다. 국내가격이 국제가격보다 낮으면 자국이 그 재화의 생산에 비교우위가 있으며, 수출할 수 있음을 나타낸다. 국내가격이 국제가격보다 높으면 다른 나라들이 그 재화를 생산하는 데 비교우위가 있으며, 자국은 수입을 한다는 것을 나타낸다.
- 한 나라가 교역을 시작하여 한 재화의 수출국이 되면 그 재화의 생산자는 이득을 보고, 그 재화의 소비자는 손실을 본다. 이와 반대로 수입국이 되면 그 재화의 생산자는 손실을 보고, 그 재화의 소비자는 이득을 본다. 두 경우 모두 교역으로 인한 국가적 이득은 손실보다 크다.
- 관세가 부과되면 균형은 교역이 없을 경우의 균형에 가깝도록 변하여 교역에 따른 이득이 감소한다. 국내 생산자가 혜택을 보고 정부수입이 증가한다 해도, 소비자의 손실은 이들의 이득보다 크다.
- 자유무역을 제한해야 한다는 논거는 여러 가지다. 고용안정, 국가안보, 유치 산업 보호, 불공정 경쟁의 예방, 교역 상대국의 무역제한 조치에 대한 대응 등이 그것이다. 이 중 어떤 것들은 일부 특수한 경우에 설득력이 있지만, 대부분의 경제학자들은 자유무역이 가장 좋은 정책이라고 믿고 있다.

중요개념

국제가격 199

관세 204

복습문제

1. 국제무역이 없는 경우에 형성된 국내가격은 한 나라의 비교우위에 어떤 시사점을 주는가?

2. 어떤 경우에 한 나라가 수출국이 될까? 어떤 경우에 수입국이 될까?

3. 수입국의 수요와 공급을 그래프로 나타내라. 교역하기 전의 소비자잉여와 생산자잉여는 어느 부분인가? 자유무역하에서 소비자잉여와 생산자잉여는 어느 부분인가? 총잉여의 변화는?

4. 관세가 무엇인지 설명하고, 그 경제적 효과를 설명하라.

5. 무역제한 조치를 옹호하는 다섯 가지 논리를 제시하라. 이런 논리에 경제학자들의 반론은 무엇인가?

6. 무역자유화를 위한 일방적 자유화와 다자간 협상 방식의 차이는 무엇인가? 각각의 예를 들라.

응용문제

1. 무역이 없을 때 세계 와인 가격은 캐나다 국내가격보다 낮았다.
   a. 캐나다의 와인 수입이 세계 와인 생산의 작은 부분을 차지한다고 가정하고, 자유무역하에 캐나다의 와인 시장을 그래프로 나타내라. 소비자잉여, 생산자잉여, 총잉여를 그래프에 표시하라.
   b. 기상이변으로 유럽의 여름 기온이 낮아져 포도 수확이 크게 줄었다고 하자. 이 사건은 세계 와인 가격에 어떤 영향을 미치겠는가? (a)의 그래프와 표를 이용하여 캐나다의 소비자잉여, 생산자잉여, 총잉여에 미치는 영향을 나타내라. 누가 이득을 보았고, 누가 손해를 보았는가? 캐나다 전체로 보았을 때 이득인가, 손해인가?

2. 미국 의회가 미국산 자동차를 보호하기 위해 외국에서 수입되는 자동차에 관세를 부과하기로 했다. 미국을 세계 자동차 시장의 가격수용자라 하고 자동차 수입량의 변화, 미국 소비자들의 손실, 미국 생산자들의 이득, 정부의 조세수입, 관세로 인한 경제적 순손실을 그래프로 나타내라. 소비자의 손실은 세 부분으로 나눌 수 있다. 즉 국내 생산자에게 이전되는 부분, 정부로 귀속되는 부분, 경제적 순손실이다. 세 부분을 그래프로 나타내라.

3. 중국의 의류산업이 팽창함에 따라 세계시장에 의류 공급이 증가해서 의류 가격이 하락했다.
   a. 이러한 가격 변화가 미국처럼 의류를 수입하는 나라의 소비자잉여, 생산자잉여, 총잉여에 어떤 영향을 미치는지 그래프를 이용하여 분석하라.
   b. 이러한 가격 변화가 도미니카공화국처럼 의류를 수출하는 나라의 소비자잉여, 생산자잉여, 총잉여에 어떤 영향을 미치는지 그래프를 이용하여 분석하라.
   c. (a)와 (b)의 답을 비교하라. 어떤 점이 비슷하고 어떤 점이 서로 다른가? 어느 나라가 중국 의류산업의 팽창에 대해 우려해야 하는가? 어느 나라가 이를 환영해야 할까? 설명하라.

4. 교과서 본문 중 자유무역 제한을 옹호하는 논리를 기억할 것이다.
   a. 여러분이 목재산업을 위해 일하는 로비스트라고 하자. 이 산업은 지금 외국에서 저가에 수입한 목재 때문에 고전하고 있다. 다섯 가지 논리 중 국회의원들을 설득해서 목재 수입을 제한하도록 하려면 어떤 논리가 가장 설득력 있을까? 두세 가지 논리를 제시하고 그 근거를 설명하라.
   b. 여러분이 영민한 경제학 전공 학생이라고 하자(강한 가정이 아니기를 바란다). 자유무역을 제한해야 한다는 논리들은 모두 약점이 있지만, 여러분에게 가장 경제적으로 그럴듯한 논리 두세 가지를 제시하라. 각각에 대해 무역을 제한해야 하거나 제한해서는 안 되는 경제적 근거를 설명하라.

5. 텍스틸리아(Textilia)는 의류 수입을 금지하는 나라다. 의류 수입이 없는 상태에서 티셔츠의 균형가격은 1장에 20달러고, 균형거래량은 300만 장이다. 어느 날 이 나라의 대통령이 휴가 중에 애덤 스미스의 『국부론』을 읽고 의류 시장을 개방하기로 했다. 그 결과 티셔츠의 가격은 국제가격인 16달러로 하락했고, 균형거래량은 400만 장으로 증가했으나 국내 생산량은 100만 장으로 감소했다.

a. 이 상황을 그래프로 표시하라. 모든 숫자를 정확하게 표기하라.

b. 수입 개방 후 소비자잉여와 생산자잉여, 총잉여의 변화를 계산하라. (힌트 : 삼각형의 면적은 '밑변×높이÷2'다.)

6. 중국은 밀, 옥수수, 쌀 등 곡물의 주요 수출국이다. 몇 년 전에 중국 정부는 수출 때문에 중국 국내 곡물 가격이 상승할 것을 우려하여 곡물 수출에 세금을 부과하기로 했다.

a. 곡물을 수출하는 나라의 곡물시장을 나타내는 그래프를 그려라. 이 그래프를 이용하여 다음 문제에 답하라.

b. 곡물 수출에 세금을 부과하면 국내 곡물 가격에 어떤 영향을 미칠까?

c. 곡물 수출 세금이 국내 소비자잉여와 생산자잉여, 정부의 조세수입에 어떤 영향을 미칠까?

d. 중국의 총잉여는 어떻게 될까? 총잉여는 소비자잉여와 생산자잉여, 정부의 조세수입의 합이다.

7. 어떤 상품을 해외로부터 수입하는 나라가 있다. 다음 주장이 옳은지 틀린지 답하고, 그 이유를 설명하라.

a. "수요의 가격탄력성이 클수록 무역자유화의 이득은 커진다."

b. "수요가 완전 비탄력적이라면 무역자유화의 이득은 없다."

c. "수요가 완전 비탄력적이라면 소비자는 무역자유화의 이득을 누릴 수 없다."

8. 섬유에 대한 수입관세 부과를 거부한 아이소랜드의 대통령은 섬유 소비에 대해 같은 금액의 세금을 부과할 것을 검토하고 있다. (국내산과 수입 섬유에 동일한 세금 부과)

a. 그림 9.4를 이용하여 섬유소비세를 부과한 후 아이소랜드에서의 섬유 소비량과 생산량을 결정하라.

b. 섬유소비세의 효과를 나타내는 표를 그림 9.4에 있는 표와 같은 방식으로 작성하라.

c. 수입관세와 섬유소비세 중 어느 쪽의 징수액이 더 클까? 어느 세금의 경제적 순손실이 더 작을까? 설명하라.

9. 미국은 TV의 수입국이고, 수입에 아무런 제약이 없다고 하자. 미국 소비자들은 매년 100만 대의 TV를 구입하는데, 이 중 40만 대는 미국 내에서 생산하고, 나머지 60만 대는 외국에서 수입한다고 하자.

a. 일본산 TV의 기술 혁신으로 TV 1대당 국제가격이 100달러 하락했다고 하자. 이 변화가 미국 소비자의 후생과 미국 생산자의 경제적 후생에 어떤 영향을 미칠지 그래프를 이용하여 설명하라. 미국 전체의 경제적 후생에는 어떤 영향을 미칠지 설명하라.

b. TV 가격 하락 이후 미국 소비자들은 120만 대의 TV를 구입했다. 이 중 100만 대는 수입품이고, 20만 대는 미국 내 생산품이다. 미국의 소비자잉여, 생산자잉여, 총잉여를 계산하라.

c. 미국 정부가 TV에 1대당 100달러의 관세를 부과하면 어떻게 될까? 미국 정부의 관세 수입과 이로 인해 초래되는 경제적 순손실을 계산하라. 미국 전체의 경제적 후생 차원에서 이것은 좋은 정책일까? 누가 이 정책을 지지할까?

d. TV 가격의 하락이 기술 혁신이 아니라 일본 정부가 일본 TV 생산자에게 지급하는 100달러의 보조금 때문이었다면 분석 결과는 어떻게 달라지는가?

10. 강철을 수출하는 작은 나라가 있다고 하자. 무역에 찬성하는 정부는 해외로 수출되는 강철에 대해 톤당 일정액의 보조금을 지급하기로 했다. 이 수출보조금은 국내 강철 가격과 생산량, 소비량, 수출량에 각각 어떤 영향을 미치겠는가? 소비자잉여, 생산자잉여, 정부의 조세수입, 총잉여에는 각각 어떤 영향을 미치겠는가? 이 정책은 경제적 효율성 측면에서 좋은 정책이라고 할 수 있는가? (힌트 : 수출보조금의 분석은 관세의 분석과 유사하다.)

간단한 퀴즈 정답

1. d 2. b 3. c 4. a 5. b 6. c 7. a 8. c

10장

외부효과

종이를 제조, 판매하는 기업들은 생산 과정에서 부산물로 다이옥신이라는 화학물질을 생산한다. 과학자들은 다이옥신이 환경에 배출되면 암과 기형아 출산 위험이 중대할 뿐만 아니라 다른 여러 가지 건강 문제가 야기된다고 믿고 있다.

다이옥신의 생산과 배출은 사회적으로 문제가 될까? 우리는 4~9장에서 수요 · 공급 원리에 의해 시장이 희소한 자원을 어떻게 배분하는지에 대해 알아보았다. 또 수요와 공급의 균형 상태에서 자원이 효율적으로 배분된다는 것을 확인했다. 애덤 스미스의 유명한 비유에 따르면 '보이지 않는 손'은 각자 사익을 추구하는 수요자와 공급자에게 이 사회가 시장에서 누리는 혜택을 극대화하도록 유도한다. 이러한 직관은 1장에서 다룬 경제학의 10대 기본원리 중 하나인 시장이 일반적으

ISTOCK.COM/LOLOSTOCK; ISTOCK.COM/4X6

로 경제활동을 조직하는 가장 좋은 수단이 된다는 주장의 근거이다. 그러나 종이와 그 부산물인 다이옥신의 생산의 경우는 어떨까? 보이지 않는 손이 종이 제조회사들이 지나치게 많은 다이옥신의 배출하는 것을 억제할 수 있을까?

시장은 많은 기능을 잘 수행하지만, 모든 일을 잘하는 것은 아니다. 이 장에서는 경제학의 10대 기본원리 중 경우에 따라서는 정부가 시장의 성과를 개선할 수 있다는 원리에서 출발하여 시장 기능이 자원을 효율적으로 배분하는 데 실패하는 이유는 무엇인지, 정부가 시장에서 자원 배분 성과를 어떻게 개선할 수 있는지, 어떤 정책이 가장 효과적인지 차례로 살펴볼 것이다.

외부효과 한 사람의 행위가 제3자의 경제적 후생에 영향을 미치고 그에 대한 보상이 이루어지지 않는 현상

이 장에서 다루는 시장 실패는 일반적으로 외부효과라고 불리는 현상이다. 외부효과(externality)는 한 사람의 행위가 제3자의 경제적 후생에 영향을 미치지만 그 영향에 대한 보상을 하지도, 받지도 않는 경우에 발생한다. 제3자의 경제적 후생 수준을 낮추는 외부효과를 부정적 외부효과(negative externality)라 하고, 제3자에게 이득을 주는 외부효과를 긍정적 외부효과(positive externality)라고 한다.

외부효과가 발생하면 사회적 후생을 고려할 때 시장에 참여하는 수요자와 공급자의 경제적 후생뿐만 아니라, 방관자로서 간접적인 영향을 받는 제3자의 경제적 후생까지도 감안해야 한다. 수요자와 공급자가 시장에서 의사결정을 할 때 자신들의 행위가 다른 사람에게 어떠한 영향을 미치는지 고려하지 않기 때문에 시장 균형이 자원의 효율적인 배분을 달성할 수 없다. 즉 시장 균형이 창출하는 경제적 후생이 극대화되지 않는 것이다. 대기 중에 다이옥신을 방출하는 것은 부정적 외부효과다. 사적 이윤을 추구하는 종이회사들은 생산 과정에서 배출되는 오염물질의 사회적 비용을 고려하지 않고 생산량을 결정한다. 따라서 정부가 오염물질 배출을 금지하거나 억제하지 않으면 기업들은 오염물질을 과다하게 배출할 것이다.

외부효과에는 여러 가지 유형이 있고, 이에 대응하는 정책방안도 여러 가지가 있다. 다음은 몇 가지 예다.

- 자동차의 배기가스는 대기를 오염시키기 때문에 부정적 외부효과라고 할 수 있다. 운전자들은 어떤 차를 구입하고 얼마나 운행할지를 결정할 때 이러한 외부효과를 무시할 수 있기 때문에 대기를 지나치게 많이 오염시킨다. 정부는 이 문제에 대처하기 위해 자동차의 배기가스 허용 기준을 정해 이를 시행하고, 휘발유에 세금을 부과하여 휘발유 소비를 억제하고 있다.
- 복원된 역사적 건물들은 걸어서, 혹은 차를 타고 지나가는 사람들에게 아름다움과 역사적 의미를 제공한다. 그러나 건물의 소유자는 건물 복원의 이득을 다 누리지 못하기 때문에 너무 일찍 건물을 헐어버리는 경향이 있다. 많은 지방 정부가 역사적 건물의 철거를 금지하거나 건물의 유지 · 관리비용에 세금 혜택을 줌으로써 이 문제에 대처하고 있다.

- 개 짖는 소리는 이웃들에게 부정적 외부효과를 초래한다. 그러나 개 주인은 이 소음으로 이웃들이 느끼는 불쾌감에 대해 대가를 지불하지 않기 때문에 개가 짖지 않도록 충분한 주의를 기울이지 않는다. 지방 정부들은 개 짖는 소리에 따른 소음공해를 금지함으로써 이 문제에 대처하고 있다.
- 신기술의 개발은 다른 사람들이 사용할 수 있는 지식을 창조하므로 긍정적인 외부효과를 나타낸다. 그러나 개별 개발자들은 신기술 개발이 창출하는 사회적 혜택을 완전하게 획득하지 못하기 때문에 연구 · 개발에 충분한 자원을 투입하지 않으려 한다. 연방 정부는 이 문제를 부분적으로 해결하기 위해 신기술 개발자들에게 일정 기간 독점권을 주는 특허제도를 유지하고 있다.

이상의 사례들의 공통적인 특징은 사람들이 의사결정 과정에서 자신들의 행위가 다른 사람에게 미칠 영향을 감안하지 않는다는 사실이다. 정부는 바로 이런 행위에 영향을 미침으로써 제3자의 이익을 보호하고자 하는 것이다.

10-1 외부효과와 시장의 비효율성

7장에서 배운 분석 방법을 사용하여 외부효과가 경제적 후생에 어떻게 영향을 미치는지 알아볼 것이다. 이 분석을 통해 외부효과가 존재하면 왜 시장이 자원을 비효율적으로 배분하는지 정확하게 알 수 있다. 이 장의 후반부에서는 개인이나 정부가 이런 종류의 시장 실패를 해결할 수 있는 다양한 방법들에 대해 알아볼 것이다.

10-1a 후생경제학의 복습

7장에서 배운 후생경제학의 요점을 상기해보자. 분석을 보다 구체화하기 위해 철 시장의 예를 살펴보자. 그림 10.1은 철 시장의 수요곡선과 공급곡선을 나타낸다.

7장에서 공부한 바와 같이 공급곡선과 수요곡선은 비용과 편익에 관한 중요한 정보를 제공한다. 철에 대한 수요곡선은 소비자가 느끼는 철의 가치를 그들이 지불하고자 하는 최대가격으로 나타낸다. 수요곡선의 높이는 어느 수량에서든 한계소비자의 지불용의를 나타낸다. 다시 말해 수요곡선의 높이는 판매된 마지막 수량의 철이 한계소비자에게 창출한 가치를 나타내는 것이다. 마찬가지로 공급곡선은 철 생산자의 비용을 나타내며, 공급곡선의 높이는 어느 수량에서든 한계공급자의 비용을 나타낸다. 다시 말해 공급곡선의 높이는 판매된 마지막 수량의 철의 비용을 나타내는 것이다.

정부의 개입이 없는 상태에서 균형가격은 수요와 공급이 일치하는 수준에서 결정된다. 시장 균형 상태에서 거래된 수량, 즉 그림 10.1의 Q_{MARKET}은 소비자잉여와 생산자잉

그림 10.1

철 시장

수요곡선은 소비자들이 느끼는 가치를 나타내고, 공급곡선은 생산자들의 비용을 나타낸다. 균형거래량 Q_{MARKET}에서, 소비자들이 느끼는 가치의 총합에서 생산자들의 총생산비용을 뺀 차이가 극대화된다. 따라서 외부효과가 없다면 시장 균형은 효율적이다.

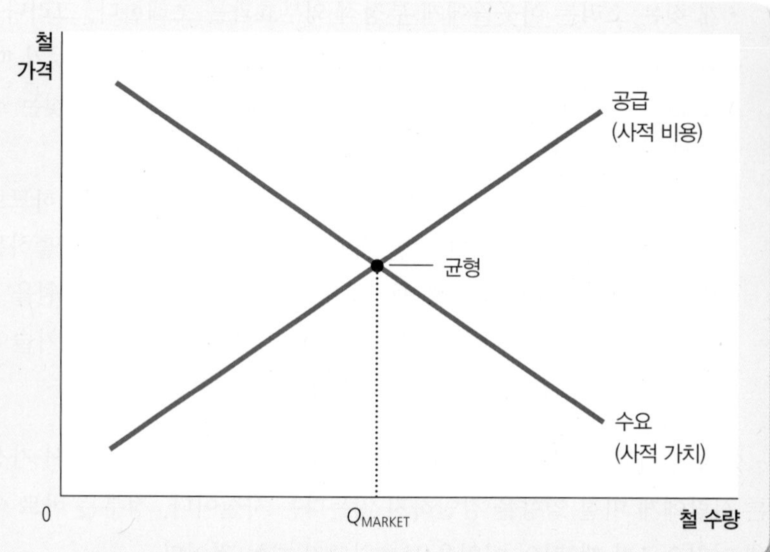

여의 합을 극대화하므로 효율적이다. 시장 기능에 따른 자원 배분의 결과 철 소비자들이 누릴 수 있는 가치의 합과 생산자가 부담하는 총생산비용의 차이가 극대화되는 것이다.

10-1b 부정적 외부효과

이제 철의 생산 과정에서 오염물질이 발생한다고 하자. 철 한 단위당 일정한 분량의 오염물질이 대기 중에 방출된다. 이 오염물질을 흡입하면 건강에 해롭기 때문에 이 현상은 부정적 외부효과다. 이와 같은 외부효과의 존재는 시장의 효율성에 어떤 영향을 미칠까?

이러한 외부효과 때문에 철 생산을 위해 사회가 치르는 비용은 철강 제조회사가 치르는 사적 비용보다 크다. 철 한 단위를 생산하기 위해 치르는 사회적 비용은 사적 비용에 제3자가 부담하는 비용을 더한 것이다. 그림 10.2에 철 생산의 사회적 비용이 표시되어 있다. 사회적 비용곡선이 공급곡선보다 위쪽에 위치하는 것은 철 생산자들이 생산 과정에서 초래하는 외부비용을 반영했기 때문이다. 두 곡선의 높이 차이는 오염으로 인한 사회적 비용을 나타낸다.

J.B. HANDELSMAN/THE NEW YORKER COLLECTION/THE CARTOON BANK

"최대 생산자가 되는 것이 최대 오염자가 되는 것을 의미한다면 어쩔 수 없는 일 아닌가."

그렇다면 철이 얼마만큼 생산되어야 할까? 그 답을 구하기 위해서는 선의의 사회계획가가 어떻게 할지 생각해보면 된다. 사회계획가의 목표는 시장에서 창출되는 총잉여, 즉 소비자가 누리는 총효용가치에서 총생산비용을 뺀 나머지를 극대화하는 데 있다. 그리고 사회계획가는 철의 생산비용에 오염물질로 인한 외

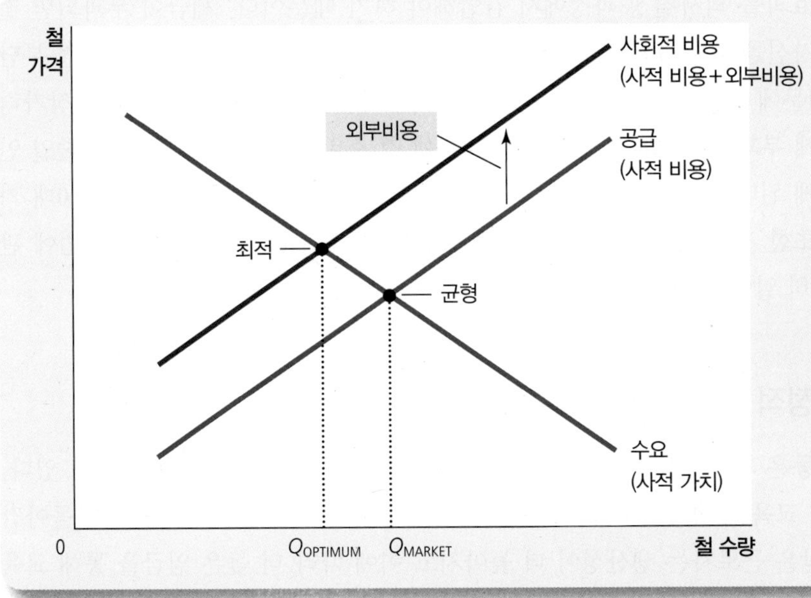

그림 10.2

환경오염과 사회적 최적

환경오염 같은 부정적 외부효과가 존재하는 경우 재화 생산의 사회적 비용이 사적 비용보다 크다. 따라서 최적 생산량 $Q_{OPTIMUM}$은 시장 균형 생산량 Q_{MARKET}보다 작다.

부비용이 포함되어야 한다는 것을 알고 있다.

사회계획가는 수요곡선과 사회적 비용곡선이 교차하는 수준에서 생산량을 선택할 것이다. 사회적 관점에서 볼 때 가장 바람직한 철 생산량이 이 교차점에서 결정된다. $Q_{OPTIMUM}$이 최적 생산량인 것은 생산량이 이 수량보다 작으면 소비자가 누리는 철의 가치(수요곡선의 높이)가 철의 사회적 생산비용(사회적 비용곡선의 높이)보다 크고, 생산량이 이 수량보다 크면 소비자가 누리는 가치가 사회적 비용보다 작기 때문이다.

여기에서 철의 최적 생산량 $Q_{OPTIMUM}$이 시장 균형 생산량 Q_{MARKET}보다 작다는 사실에 주목하기 바란다. 시장 균형은 사적 비용만 반영하기 때문에 외부효과가 있을 경우에는 시장의 비효율성이 발생하는 것이다. 시장 균형에서는 한계소비자가 누리는 효용가치가 사회적 비용보다 작다. 즉 Q_{MARKET}에서는 수요곡선이 사회적 비용곡선 아래쪽에 위치한다. 따라서 철 생산량과 소비량을 시장 균형거래량 이하로 줄이면 경제적 후생이 증가한다.

사회계획가는 어떻게 최적 생산량을 달성할 수 있을까? 한 가지 방법은 철 생산자에게 생산량에 비례하여 세금을 부과하는 것이다. 세금이 부과되면 공급곡선이 세금만큼 위로 이동한다. 세금이 환경오염으로 인한 외부비용을 정확하게 반영한다면 위로 이동한 새로운 공급곡선은 사회적 비용곡선과 일치한다. 따라서 새로운 시장 균형에서 철 생산량은 사회적 최적 생산량과 같아진다.

이와 같이 세금을 통해 시장 성과를 개선하는 것을 외부효과의 내부화(internalizing an externality)라고 표현한다. 세금이 부과되면 수요자와 공급자가 자신들의 행동이 초

외부효과의 내부화　사람들의 유인 구조를 바꾸어 자신들의 행동이 초래하는 외부효과를 의사결정에서 감안하도록 만드는 것

래하는 외부효과를 의사결정 과정에서 감안해야 하기 때문이다. 세금이 부과되면 철 생산자들은 자신들이 초래했지만 전에는 부담하지 않던 외부비용을 이제는 직접 부담해야 하기 때문에 생산량을 결정할 때 오염의 외부비용을 고려한다. 그리고 시장가격이 생산자에게 부과되는 세금을 반영하기 때문에 철 소비자들은 제품구입량을 줄일 인센티브를 갖게 된다. 이 정책은 사람들이 경제적 유인에 반응한다는 경제학의 10대 기본원리에 기초한 것이다. 이 장의 후반부에서 정부가 외부효과를 해결하는 방법에 관해 좀더 자세히 알아볼 것이다.

10-1c 긍정적 외부효과

어떤 경제활동은 제3자에게 비용을 초래하지만 제3자에게 이득을 주는 활동도 있다. 한 가지 예로 교육을 생각해보자. 교육에서 비롯되는 편익은 대부분 개인에게 돌아간다. 교육을 받은 근로자는 생산성이 더 높아지고 이에 따라 더 높은 임금을 통해 교육의 편익을 대부분 누린다. 그러나 교육은 이러한 사적 편익을 넘어 긍정적 외부효과를 창출하기도 한다. 한 가지 외부효과는 국민들이 교육을 많이 받을수록 현명한 투표자가 되어 모든 이들에게 도움이 되는 보다 나은 정부를 갖는 것이다. 또 다른 외부효과는 교육수준이 높아지면 범죄율이 낮아진다는 것이다. 세 번째 외부효과는 국민들이 교육을 더 많이 받으면 기술 지식의 진보와 파급이 촉진되어 생산성이 높아지고 임금도 올라간다는 것이다. 이러한 외부효과가 존재한다면 사람들은 교육수준이 높은 이들을 곁에 두고 싶어 할 것이다.

긍정적 외부효과의 경제학적 분석은 부정적 외부효과의 경우와 비슷하다. 그림 10.3

그림 10.3

교육과 사회적 최적
어느 재화가 긍정적 외부효과를 창출할 경우 그 재화의 사회적 가치는 사적 가치를 초과한다. 따라서 최적 생산량 $Q_{OPTIMUM}$은 시장 균형 수량 Q_{MARKET}보다 많다.

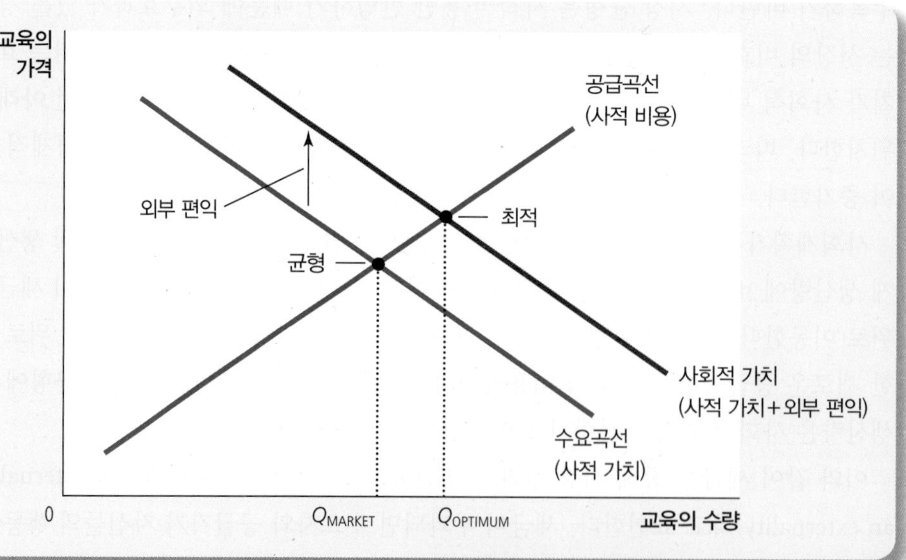

에서 볼 수 있듯이 긍정적 외부효과를 창출하는 재화에 대한 수요곡선은 그 재화의 사회적 가치를 반영하지 못한다. 이 경우 사회적 가치는 사적 가치보다 크기 때문에 사회적 가치곡선은 수요곡선보다 높은 곳에 위치한다. 최적 생산량은 사회적 가치곡선이 한계비용을 나타내는 공급곡선과 만나는 점에서 결정된다. 따라서 사회적으로 바람직한 생산량은 시장이 스스로 자연스럽게 도달하는 균형거래량보다 많다.

이 경우에도 정부는 시장 참여자들에게 외부효과를 내부화하도록 유도함으로써 시장 실패를 바로잡을 수 있다. 긍정적 외부효과의 해결책은 부정적 외부효과의 해결책과 정반대다. 시장 균형을 최적의 상태로 바꾸려면 긍정적 외부효과에 대해 보조금을 주어야 한다. 실제로 정부는 공립학교의 운영과 장학금 지급 등을 통해 교육에 많은 보조금을 지급하고 있다.

요약하면 부정적 외부효과가 있으면 시장에서 결정되는 생산량이 사회적으로 바람직한 수준보다 많고, 긍정적 외부효과가 있으면 시장 균형 생산량이 사회적 최적수준보다 적다. 이러한 문제를 해결하기 위해서 정부는 부정적 외부효과를 일으키는 재화에 세금을 부과하고, 긍정적 외부효과를 창출하는 재화에 보조금을 지급하는 방식으로 외부효과를 내부화할 수 있다.

사례 연구

기술 파급효과, 산업정책과 특허제도

기술 파급효과(technology spillover)는 긍정적 외부효과의 중요한 유형으로, 한 기업의 연구·개발 노력의 결과로 다른 기업들이 기술 진보의 혜택을 누리는 현상을 말한다. 예를 들어 산업용 로봇시장에 대해 생각해보자. 로봇은 급속한 기술 진보를 대표한다. 기업이 산업용 로봇을 제작하는 과정에서 새롭고 더 나은 디자인을 발견할 가능성이 있다. 이러한 새 디자인은 사회 전체가 활용할 수 있는 기술적 지식에 포함되므로 그 디자인을 고안한 기업은 물론 다른 기업들에게도 이득을 준다. 즉 새로운 디자인이 경제 내의 다른 생산자들에게 긍정적 외부효과를 창출할 수 있는 것이다.

이 경우 정부는 산업용 로봇의 생산에 보조금을 지급함으로써 외부효과를 내부화할 수 있다. 정부가 기업이 생산하는 로봇 1대당 얼마씩 보조금을 지급한다면 공급곡선은 보조금만큼 아래쪽으로 이동하고, 이에 따라 로봇의 균형 생산량이 증가한다. 시장 균형이 사회적 최적 생산량과 일치하도록 하려면 보조금은 기술 파급효과의 가치와 같은 금액이어야 한다.

기술 파급효과는 얼마나 크며, 정책적으로 어떤 의미가 있을까? 기술 진보는 장기에 걸친 생활 수준 향상의 열쇠를 쥐고 있기 때문에 이 질문은 매우 중요하다. 그러나 이 질문은 경제학자들 간에도 종종 의견이 일치하지 않는 어려운 질문이다.

일부 경제학자들은 기술 파급효과가 광범위하게 발생하는 현상이므로 정부는 파급효과가 가장 큰 산업들을 선택하여 지원해야 한다고 생각한다. 예를 들어 컴퓨터 칩을 만드는 것이 감자 칩을 만드는 것보다 파급효과가 크다면, 정부는 감자 칩 생산보다 컴퓨터 칩 생산을 장려해야 한다는 것이다. 미국 세법은 연구 · 개발비에 대한 세제 혜택을 통해 제한적이지만 이러한 역할을 한다. 어떤 나라들은 한 걸음 더 나아가 기술 파급효과가 큰 것으로 여겨지는 특정 산업에 대해 보조금을 지급하기도 한다. 기술 개발 촉진 효과가 큰 산업을 선별해서 지원하는 정부의 개입을 산업정책(industrial policy)이라고 한다.

다른 경제학자들은 이러한 산업정책에 대해 회의적이다. 기술 파급효과가 보편적인 현상이라고 하더라도 산업정책을 시행하려면 다양한 시장에서 발생하는 기술 파급효과의 크기를 정부가 정확하게 측정할 수 있어야 한다. 그러나 기술 파급효과의 측정은 매우 어렵다. 정확한 측정이 곤란한 경우 정부의 결정이 정치적 고려에 좌우되어 결국에는 긍정적인 외부효과보다 정치적 영향력이 큰 산업을 지원할 가능성이 크다.

기술 파급효과에 대한 또 하나의 정책은 특허제도다. 특허제도는 새로운 기술이나 물건을 발명한 사람에게 일정 기간 동안 신기술이나 발명품에 대해 배타적인 독점사용권을 갖도록 해주는 제도다. 어느 기업이 신기술을 개발했다면, 이 기업은 이 기술에 대한 특허를 받아 다른 기업들이 이 기술을 사용하지 못하도록 함으로써 경제적 이득을 얻을 수 있다. 특허제도는 신기술에 대한 재산권(property right)을 인정해줌으로써 외부효과를 내부화한다. 다른 기업이 이 기업의 신기술을 사용하려면 이 기업의 허락을 얻고 일정한 사용료(royalty)를 지불해야 한다. 따라서 특허제도는 기업들에게 연구와 개발에 더 많은 노력을 기울이도록 하는 경제적 유인을 제공한다. ●

간단한 퀴즈

1. 다음 중 긍정적인 외부효과의 예는?

a. 뎁이 마이라의 잔디를 깎고 그 대가로 100달러를 받는다.
b. 뎁이 잔디를 깎는 동안 잔디 깎는 기계에서 나오는 매연이 마이라의 이웃인 자비에르가 숨 쉬는 공기를 오염시킨다.
c. 마이라 집의 잔디를 깎은 결과 동네가 더 매력적이 되었다.
d. 마이라가 정기적으로 잔디를 깎기로 약속하면 이웃들이 마이라에게 돈을 주기로 한다.

2. 어떤 재화의 생산이 부정적 외부효과를 수반한다면 사회적 비용함수는 공급함수의 (   )에 위치하며 사회적인 최적 산출량은 균형 산출량보다 더 (   ).

a. 위쪽, 크다
b. 위쪽, 적다
c. 아래쪽, 크다
d. 아래쪽, 적다

정답은 각 장의 끝에

10-2 외부효과에 대한 공공정책

앞에서 외부효과가 왜 시장에 의한 자원 배분을 비효율적으로 만드는지에 대해서 설명했다. 그러나 이러한 비효율성을 어떻게 치유할 수 있을지에 대해서는 간단하게 언급만 했다. 실제로 정부뿐 아니라 민간 경제주체들도 다양한 방식으로 외부효과에 대처한다. 외부효과를 치유하려는 모든 시도는 자원 배분을 사회적 최적 상태에 보다 근접하도록 변화시키려는 목적을 공유한다.

이 절에서는 정부에 의한 해법을 살펴본다. 일반적으로 정부가 외부효과에 대응할 수 있는 방법은 두 가지가 있다. 명령–통제 정책은 행위를 직접적으로 규제한다. 시장원리에 기초한 정책은 의사결정자들이 스스로 문제를 해결하도록 하는 경제적 유인을 제공한다.

10-2a 명령–통제 정책 : 직접 규제

정부는 특정 행위를 의무화하거나 금지함으로써 외부효과 문제를 해결할 수 있다. 예를 들어 독성이 있는 화학물질을 상수원에 버리는 것은 범죄로 규정되어 있다. 이 경우는 사회적 외부효과 비용이 오염 원인자의 사적 이득을 훨씬 초과하기 때문에 정부는 이러한 행위 자체를 불법화하는 직접 규제 수단을 사용한다.

그러나 대부분의 오염 문제는 이처럼 간단하지 않다. 일부 환경보호론자들의 주장에도 불구하고 오염을 유발하는 행위를 전부 금지하는 것은 불가능하다. 예를 들어 거의 모든 교통수단(조랑말을 포함해서)은 어떤 형태로든 오염을 발생시킨다. 그렇다고 해서 모든 교통수단을 금지할 수는 없다. 따라서 모든 오염을 완전히 없애려고 하기보다는 오염 방지의 비용과 편익을 비교하여 사회적으로 허용할 수 있는 수준의 오염배출량을 결정하는 것이 합리적이다. 미국에서 환경보호를 위한 규제의 개발과 집행을 담당하는 기관은 환경보호국(EPA)이다.

환경 규제에는 여러 가지 형태가 있다. 정부가 오염물질의 최고 배출 허용량을 결정하기도 하고, 배출량을 줄이기 위한 정화 기술을 의무화하기도 한다. 그러나 어떤 경우든 정부가 제대로 규제를 하려면 각 산업의 특성과 적용할 수 있는 환경 기술에 대해 잘 알아야 한다. 그러나 정부 규제 당국은 이러한 정보를 쉽게 얻을 수 없는 경우가 많다.

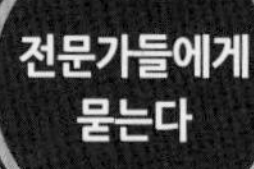

예방접종

"홍역 같은 전염병에 대한 예방접종을 거절하는 것은 다른 사람에게 비용을 초래하므로 부정적인 외부효과다."

이 설문에 대한 경제학자들의 답변은?

"자유로운 선택을 제한하는 데 따른 비용과 자신의 아이들의 홍역 접종을 거부하는 미국인들의 비중을 감안할 때 (납득할 만한 의학적 이유가 있는 사람을 제외한) 모든 미국인들에게 홍역 예방접종을 의무화하면 사회적 편익이 사회적 비용보다 더 클 것이다."

이 설문에 대한 경제학자들의 답변은?

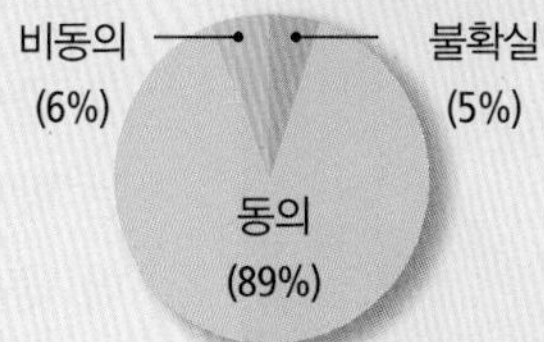

자료: IGM Economic Experts Panel, 2015년 3월 10일.

10-2b 시장 원리에 기초한 정책 1 : 교정적 조세와 보조금

정부는 사람들의 행동을 직접 규제하기보다는 민간의 사적 이익 동기와 사회적 효율을 일치시키도록 시장 원리에 기초한 정책을 사용할 수도 있다. 예를 들어 앞에서 우리는 정부가 부정적 외부효과에 대해서는 세금을 부과하고, 긍정적 외부효과에 대해서는 보조금을 지급함으로써 외부효과를 내부화할 수 있음을 보았다. 부정적 외부효과를 시정하기 위해 고안된 세금을 교정적 조세(corrective tax)라고 한다. 또는 이 세금의 사용을 오래전에 제창한 경제학자 아서 피구(Arthur Pigou, 1877~1959)의 이름을 따서 피구세(Pigovian tax)라고도 한다. 이상적인 교정적 조세는 부정적 외부효과를 일으키는 행위에서 비롯되는 외부비용과 같은 금액이 되어야 하며, 이상적인 교정적 보조금은 긍정적 외부효과를 창출하는 행위에서 비롯되는 외부편익과 같은 금액이 되어야 한다.

교정적 조세 개별 의사결정자들이 부정적 외부효과에서 비롯되는 사회비용을 감안하도록 유도하기 위해 고안된 조세

경제학자들은 오염 문제를 해결하기 위한 수단으로 직접 규제보다 교정적 조세를 선호한다. 그 이유는 이 방법이 더 낮은 비용으로 오염을 줄일 수 있기 때문이다. 다음의 예를 생각해보자.

종이공장과 철강공장이 1년에 500톤씩 오염물질을 강에 버리고 있다. 정부는 오염물질의 양을 줄이기 위해 다음의 두 가지 방법을 고려하고 있다.

- **직접 규제** : 정부가 각 공장에 오염물질 배출량을 연간 300톤으로 줄이도록 명령하는 방법
- **교정적 조세** : 정부가 오염물질 1톤당 5만 달러씩 세금을 부과하는 방법

직접 규제는 오염물질의 배출량을 정부가 강제하는 반면, 교정적 조세는 공장주에게 오염을 줄일 경제적 유인을 제공한다. 어느 것이 더 나은 방법일까?

대부분의 경제학자들은 교정적 조세를 선호한다. 먼저 경제학자들은 세금도 규제와 마찬가지로 전반적인 오염배출량을 줄일 수 있다는 사실을 지적한다. 정부가 교정적 조세를 어느 수준으로 결정하는가에 따라 오염수준이 결정된다. 즉 교정적 조세가 높을수록 오염물질의 배출량은 감소할 것이다. 교정적 조세가 아주 높다면 공장들은 아예 문을 닫아버릴 것이다. 따라서 오염물질의 배출량은 0이 된다.

CHRONICLE/ALAMY STOCK PHOTO

아서 피구

직접 규제와 교정적 조세는 모두 환경오염을 줄일 수 있지만 조세가 규제보다 이 목적을 달성하는 데 효율적이다. 직접 규제는 모든 공장이 오염물질 배출을 동일한 양만큼 줄이도록 의무화한다. 그러나 이러한 규제는 가장 낮은 비용으로 수질오염을 줄이는 방법이 아니다. 종이공장이 철강공장에 비해 같은 양의 오염물질을 줄이는 비용이 더 낮을 경우 종이공장은 세금을 덜 내기 위해 오염물질의 배출을 아주 많이 줄이려 할 것이고, 반대로 철강공장은 오염물질을 줄이는 대신 세금을 내고자 할 것이다.

본질적으로 교정적 조세는 오염물질을 배출하는 권리에 가격을 부과하는 것과 같은

의미가 있다. 마치 자유시장에서 재화에 대해 가장 높은 가치를 부여하는 사람에게 우선적으로 재화가 배분되듯이, 교정적 조세도 오염방지 비용이 가장 큰 생산자에게 오염배출권이 우선적으로 배분되도록 한다. 따라서 정부가 달성하고자 하는 오염수준이 얼마든지 교정적 조세를 통해 그 수준을 가장 적은 사회적 비용으로 달성할 수 있다.

또 경제학자들은 교정적 조세가 환경보호에 더 효과적이라고 믿는다. 명령과 통제 방식의 직접 규제하에서는 공장들이 규제기준인 300톤까지 오염물질을 감축하고 나면 더 이상 오염을 줄일 유인이 없다. 이와는 반대로 세금이 부과되면 공장들은 환경친화적인 기술을 채택해서 세금을 가급적 많이 줄이려고 노력한다.

교정적 조세는 보통의 세금과는 다르다. 8장에서 대부분의 세금은 사람들의 유인 구조를 바꾸어 사람들의 행동이 사회적 최적에서 멀어지게 만든다는 것을 배웠다. 즉 소비자잉여와 생산자잉여의 합(총잉여)의 감소분이 정부 조세수입보다 크기 때문에 경제적 순손실(경제적 비효율)이 발생하는 것이다. 그러나 외부효과가 존재할 때는 그로 인해 영향을 받는 제3자의 후생도 사회적 후생(social welfare)에 반영되어야 한다. 교정적 조세는 시장참여자들이 직면하는 유인을 변화시켜 외부효과의 존재에 대한 책임을 부과하고 그에 따라 자원배분을 사회적 최적 배분에 더 가까워지도록 움직인다. 따라서 교정적 조세는 경제적 효율을 향상시키면서 정부의 조세수입도 증가시킨다.

휘발유에 대한 세금은 왜 높은가

많은 나라에서 휘발유는 가장 높은 세금이 부과되는 재화 중 하나다. 휘발유세는 승용차 이용에서 비롯되는 세 가지 부정적 외부효과를 겨냥한 교정적 조세로 볼 수 있다.

- **교통혼잡** : 꼬리에 꼬리를 물고 늘어선 자동차의 행렬 속에 꼼짝 못 하고 갇혀 본 사람은 도로에 차가 덜 다녔으면 하고 바랄 것이다. 휘발유세는 사람들에게 대중교통수단이나 카풀을 좀더 자주 이용하고, 직장과 가까운 곳에 거주하도록 유도함으로써 교통혼잡을 줄여준다.
- **교통사고** : 대형 차량이나 SUV(Sport-Utility Vehicles)는 타는 사람에게는 안전할지 모르지만 남들에게는 더 큰 위험을 야기한다. 미국 고속도로안전청(National Highway Traffic Safety Administration)에 따르면, SUV와 충돌할 경우 일반 차량과 충돌할 경우에 비해 사망할 확률이 5배나 높은 것으로 나타났다. 휘발유세는 휘발유를 많이 소비하는 대형차를 운행하는 사람들이 다른 사람들에게 초래하는 위험에 대해 비용을 치르게 하는 간접적인 방법이다. 휘발유세는 사람들이 어떤 차량을 구입할지 선택할 때 다른 사람들에게 미치는 이러한 위험을 고려하게 만든다.
- **대기오염** : 자동차는 스모그 현상을 초래한다. 그뿐 아니라 휘발유와 같은 화석연료는 지구 기후변화의 주범으로 알려져 있다. 기후변화가 얼마나 위험한지에 대해

서는 전문가들 사이에 이견이 있지만, 휘발유세가 휘발유의 소비를 억제함으로써 그 위협을 줄여준다는 사실에는 의심의 여지가 없다.

이처럼 휘발유세는 대부분의 세금처럼 경제적 순손실을 초래하는 것이 아니라 오히려 경제를 활성화한다. 휘발유세로 인해 교통혼잡이 줄고, 교통사고가 감소하며 대기환경이 개선된다는 것이다.

휘발유세는 얼마나 높아야 할까? 이 장에 수록된 신문기사에서 볼 수 있듯이 대부분의 유럽 국가의 휘발유세는 미국보다 훨씬 높다. 미국의 휘발유세를 높여야 한다고 주장하는 사람도 많다. 2007년에 「Journal of Economic Literature」라는 학술지에 발표된 논문은 승용차 운행에 따르는 다양한 외부효과의 규모에 대한 연구 결과를 요약했다. 이 논문은 휘발유에 대한 적정한 교정적 조세가 2005년 가격으로 2.28달러라는 결론을 내렸다. 이 금액은 인플레이션을 감안할 경우 2018년 가격으로 2.95달러에 해당한다. 반면 미국의 2018년 실제 휘발유세는 갤런당 0.5달러에 불과했다.

휘발유세 수입을 바탕으로 유인 구조를 왜곡하고 경제적 순손실을 야기하는 소득세와 같은 다른 세금들을 낮출 수 있을 것이다. 뿐만 아니라 자동차 제조업체들에게 자동차의 연비를 높이도록 요구하는 부담스러운 정부규제들도 필요 없어질 것이다. 그러나 휘발유세 인상은 정치적으로 항상 인기가 없었다. ●

기후변화에 어떻게 대응해야 하나

이 사설은 지구 기후변화에 대응하는 한 가지 접근방식을 설명한다.

여러분의 주머니를 불려 줄 탄소세

지구가 점점 더워지고 있다는 징표는 무수히 많고 놓치기 어렵다. 지난해는 지구와 미국 역사상 2015년과 2016년에 이어 세 번째로 기온이 높았던 해였다. AP 통신의 보도에 따르면 과학자들은 지난 6월 남극의 얼음이 1992년 이래 3조 톤 감소했고 이는 텍사스 주를 거의 13피트 높이로 덮기에 충분한 양이라고 보고하였다.

기후변화에 대해 아무런 행동을 취하고 있지 않다는 증거도 풍부하고 명백하다. 지난해 트럼프 대통령이 미국을 지구 온실가스 배출량 감축에 관한 파리협약에서 탈퇴시켰다. 환경보호청은 기후변화 속도를 늦추기 위한 오바마 정부의 노력의 중요한 요소인 발전소와 자동차에 관한 규제를 완화하였다.

한 때 환경 피해에 대한 정상적인 대응으로 여겨졌던 정파를 초월한 행동은 의회나 백악관의 의제에 포함되어 있지 않다. 그럼에도 불구하고 점점 수가 늘고 있는, 장기적 안목을 갖춘 일단의 실용주의자들이 좀처럼 바뀌지 않을 적대세력들 사이에서 중간지대를 찾기 위해 애쓰고 있다.

그들은 양측에 대해 지구 온난화 퇴치를 위한 제안을 한다. 현직 공화당과 민주당 의원들이 이 제안을 지지하는 것은 불가능해 보이지만, 이 집단을 주도하는 인사들은 국제보존협회(Conservation International)와 같은 환경운동 집단과 엑손모빌, 쉘, BP 등 석유회사들의 지지를 이끌어냈다.

전 공화당 상원의원인 트렌트 롯(Trent Lott)과 전 연방준비제도 이사회 의장인 재닛 엘렌(Janet Yellen)이 Americans for Carbon Dividends라는 이름의 새로운 조직의 멤버이다. 이들은 공화당 거물 인사인 전 국무장관 조지 슐츠(George Schultz)와 대통령 경제자문위원회 의장 그레고리 맨큐(N.Gregory Mankiw) 등이 포함된 Climate Leadership Council이라는 위원회가 작년에 제안한 계획을 지지한다.

이 제안은 이산화탄소 배출량 1톤당 40달러의 탄소세를 도입하고 점점 세율을 높여가자는 것이다. 이 탄소세를 도입하면 휘발유 값이 갤런당 38센트 정도 높아질 것이다. 탄소세는 태양광이나 원자력발전과 같은 대안 에너지의 가격 경쟁력을 높이고 소비자들과 기업들에게 고통스러운 충격 없이 적응할 시간을 부여할 것이다. 경제학자들은 대체로 이러한 세금이 최소의 비용으로 최대의 편익을 창출할 것이라는데 동의한다.

지구 온난화가 전적으로 허구는 아니지만 과장되어 있다고 인식하는 일부 우익인사들은 탄소배출량을 줄이려는 정부의 어떠한 행동에 대해서도 반론을 제기한다. 어떤 사람들은 정부에게 그처럼 많은 경제활동을 규제할 수 있는 권한을 부여하는 것이 위험하다고 생각한다. 이들은 탄소세가 대규모의 새로운 세입을 창출할 것이기 때문에 이 세금에 대해 의심을 지니고 있다.

그러나 이 탄소세를 지지하는 사람들은 반대론에 대한 답을 갖고 있다. 이들은 탄소세 수입을 '탄소 배당금'이라는 이름으로 시민들에게 되돌려줄 것을 제안한다. 최초 배당금은 4인 가족 기준으로 2,000달러 정도가 될 것이다.

세금을 걷어서 다시 돌려줄 거라면 왜 세금을 걷자는 걸까? 그 의도는 선출직 정치인들이 낭비할 수 있는 재원을 조성하지 않고 에너지 소비에 대한 소비자들의 행동을 바꾸려는 것이다. 에너지를 절약하는 사람들은 이득을 볼 것이고 연비가 낮은 자동차를 몰고 다니는 사람들은 돌려받는 것보다 더 많은 세금을 낼 것이다.

이 시나리오에 따르면 탄소세는 온실가스 배출과 에너지 사용에 관한 현행 규제를 대체할 것이고 관료들의 역할을 극적으로 줄일 것이다. '정부 규모가 작아질수록 오염배출량도 줄어든다'는 게 주제이다.

다음 대통령은 트럼프보다 지구 기화변화에 보다 적극적으로 대응할지도 모른다. 그러나 탄소세가 부과된다면 연방 정부의 새로운 강제 조치 없이도 탄소배출량이 감소할 것이다.

지금 당장은 워싱턴에 있는 대부분의 인사들은 모든 정치 성향의 사람들이 지지해줄 만한 해법을 찾는데 별 관심이 없다. 이러한 상황이 변한다면, 탄소 배당금 제안은 높은 우선순위를 가질 것이다. ■

토론 문제

1. 만일 탄소배출에 대한 과세가 도입되면 휘발유 값이 오를 것이다. 여러분과 여러분 가족들의 행동은 어떻게 바뀔까?
2. 많은 경제학자들의 지지에도 불구하고 탄소세는 여러 유권자들에게 중요한 변수가 아니다. 왜 그럴까?

자료: *Chicago Tribune*, 2018년 7월 3일. 이 글은 『시카고 트리뷴』지의 편집위원회 의견이다. 편집은 편집위원회의 구성원이 결정한 대로 편집위원회의 의견을 반영한다.

탄소세

"최근 브루킹스 연구소는 1톤당 20달러의 탄소세를 도입하고 매년 4%씩 인상하면, 앞으로 10년 동안 미국 연방 정부 수입이 매년 1,500억 달러씩 증가할 것이라고 설명했다. 이산화탄소 배출에 따른 부정적인 외부효과를 감안하면 이 정도의 탄소세는 모든 근로소득에 대한 한계세율 인상을 통해 같은 금액의 수입을 조달하는 것보다 경제에 미치는 순왜곡이 덜할 것이다."

이 설문에 대한 경제학자들의 답변은?

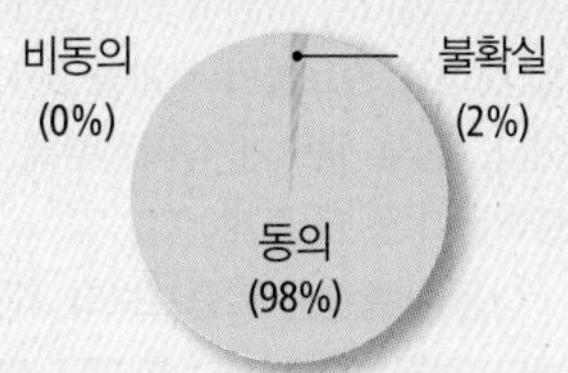

"연료에 포함된 탄소에 대한 과세가 자동차 평균 연비 기준 같은 여러 가지 정책 조합에 비해 이산화탄소 배출량을 줄이는 데 드는 비용이 적을 것이다."

이 설문에 대한 경제학자들의 답변은?

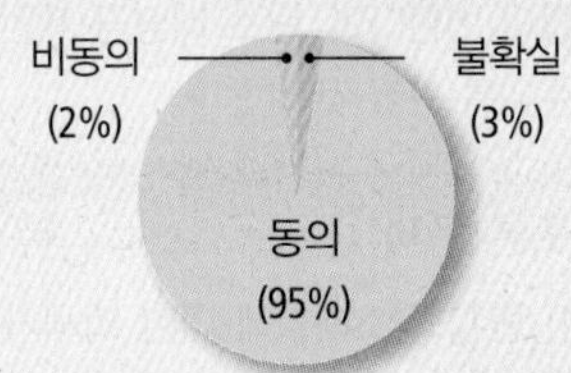

"탄소세는 배출권 거래제보다 기후 정책을 구현하는 더 좋은 방법이다."

이 설문에 대한 경제학자들의 답변은?

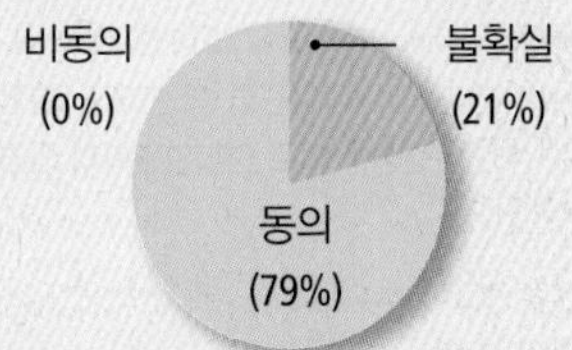

자료: IGM Economic Experts Panel, 2012년 12월 4일, 2011년 12월 20일, 2018년 11월 13일.

10-2c 시장 원리에 기초한 정책 2 : 오염배출권 거래제도

종이공장과 철강공장에 관한 앞의 예에서 경제학자들의 권고에도 불구하고 정부가 두 공장에게 오염물질 배출량을 무조건 연간 300톤 이내로 줄이도록 규제를 가했다고 하자. 그 결과 두 공장은 규정대로 오염배출량을 감축했다. 그런데 어느 날, 두 공장이 공동으로 정부에 다음과 같이 제안했다. 철강공장이 배출량을 300톤에서 400톤으로 늘리는 대신 종이공장이 배출량을 300톤에서 200톤으로 줄이고, 그 대가로 철강공장은 종이공장에게 500만 달러를 지불하겠다는 것이다. 총 배출량은 전과 똑같은 600톤에 유지될 것이다. 정부는 이 두 기업간의 거래를 허용해야 할까?

경제 효율성의 측면에서 보면 이 거래를 허용하는 것이 좋은 정책이다. 두 공장의 오염배출권 거래는 당사자들이 자발적으로 합의에 도달한 것이기 때문에 양자에게 모두 이득이 된다. 더구나 오염물질의 총배출량은 전과 같아 추가적인 사회적 부담도 없다. 따라서 종이공장이 철강공장에 오염배출권을 팔도록 허용하면 사회적 후생이 증가한다.

어떤 형태든 기업 간의 자발적인 오염배출권 거래에 이 같은 논리를 적용할 수 있다. 정부가 오염배출권의 거래를 허용한다면, 정부는 사실상 오염배출권이라는 또 다른 희소자원을 창조하는 것이다. 그렇다면 궁극적으로 이 배출권이 거래되는 시장이 자연스럽게 형성될 것이며, 이 시장 역시 수요 · 공급 원리에 따라 지배될 것이다. 이 새로운 시장은 보이지 않는 손에 의해 오염배출권을 효율적으로 배분할 것이다. 다시 말해 오염배출권에 대해 가장 높은 지불용의가 있는, 가장 높은 가치를 느끼는 기업들이 배출권을 차지할 것이다. 그리고 한 기업이 오염배출권에 대해 지불하고자 하는 금액은 그 기업의 오염물질 처리비용에 따라 결정될 것이다. 즉 오염을 줄이는 비용이 많이 드는 기업일수록 배출권에 높은 금액을 지불하려고 할 것이다.

이런 오염배출권 거래시장의 한 가지 장점은 최초에 오염배출권이 기업 간에 어떻게 배분되었는지와 무관하게 경제적 효율성이 달성된다는 점이다. 오염물질을 적은 비용으로 감축할 수 있는 기업들은 자기들에게 배당된 오염배출권을 팔고자 할 것이고, 반면에 오염물질 감축비용이 많은 기업들은 차라리 오염배출권

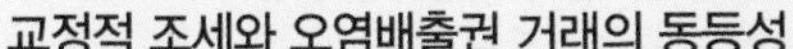
교정적 조세와 오염배출권 거래의 동등성

그림 10.4

그림 (a)에서 정부는 교정적 조세를 부과함으로써 오염에 대한 가격을 설정하고, 수요곡선에 의해 오염배출량이 결정된다. 그림 (b)에서는 정부가 오염배출권의 수량을 정함으로써 오염배출량을 결정하고, 수요곡선에 의해 오염배출의 가격이 결정된다. 두 경우의 오염배출량과 가격은 동일하다.

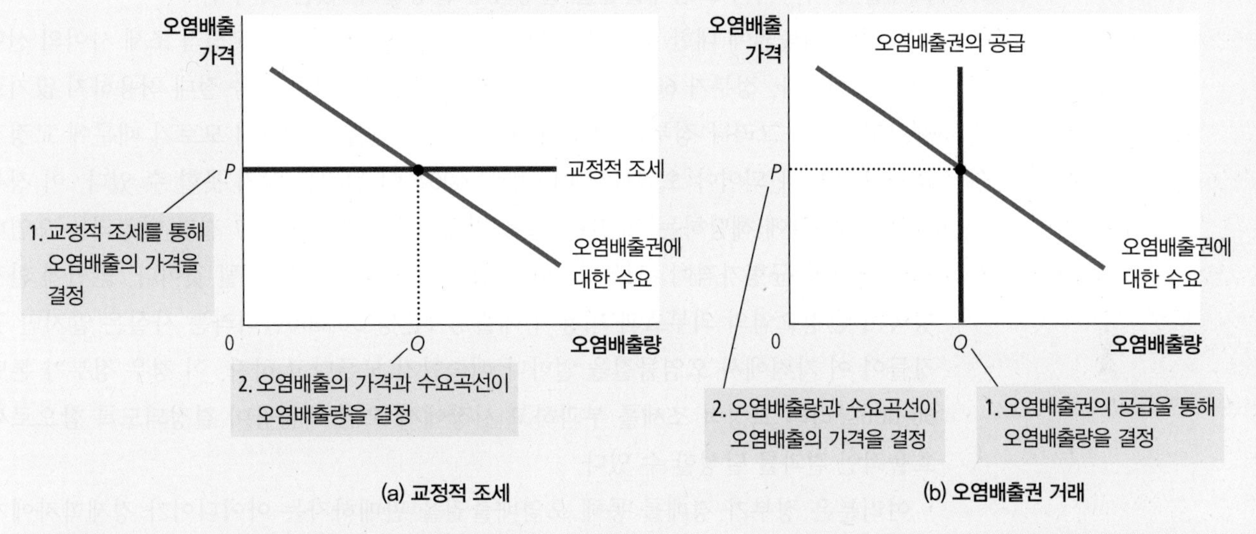

(a) 교정적 조세

(b) 오염배출권 거래

을 구입하는 것이 더 경제적이라고 생각할 것이다. 따라서 시장에서 오염배출권이 자유롭게 거래되기만 한다면, 초기 배분 상태와 무관하게 최종 배분 상태는 효율적이 되는 것이다.

오염배출권의 발행을 통한 오염 감축 방법은 교정적 조세와는 매우 다른 방법처럼 보이겠지만, 사실 두 정책수단은 공통점이 많다. 두 경우 모두 기업들은 오염물질 배출에 대해 비용을 지불해야 한다. 교정적 조세의 경우 기업들이 정부에게 세금의 형태로 지불하고, 오염배출권의 경우 기업들이 오염배출권을 구입하는 비용을 다른 기업들에게 지불한다(오염배출권을 소유한 기업이라도 비용을 치른다고 할 수 있다. 오염물질 배출에 대해 비용을 치러야 한다. 오염물질을 배출하는 행위의 기회비용은 오염배출권을 매각할 경우 받을 수 있는 시장가격이기 때문이다). 두 방법 모두 오염배출 행위에 대한 대가를 치르게 함으로써 환경오염의 외부효과를 내부화한다는 공통점이 있다.

두 정책수단의 유사성은 오염물질에 대한 시장을 분석해보면 알 수 있다. 그림 10.4에 오염배출권에 대한 수요곡선이 있다. 이 수요곡선이 우하향하는 것은 오염배출의 가격이 낮아질수록 기업들이 오염물질을 많이 배출한다는 뜻이다. 그림 (a)는 정부가 교정적 조세를 이용하여 오염배출의 가격을 결정하는 경우를 나타낸다. 이 경우 오염배출권의 공급은 무한 탄력적이다(그 이유는 기업들이 이 금액의 세금을 내는 한 얼마든지 오염물질을 배출할 수 있기 때문이다). 따라서 수요곡선의 위치가 오염물질 배출량을 결정한다. 그림 (b)는 정부가 오염배출권의 수량을 결정하는 경우를 나타낸다. 이 경우 오염배출권의 공급은 완전 비탄력적이다(그 이유는 오염배출량은 오염배출권의 수량에 따라 결정되기 때문이다). 따라서 수요곡선의 위치가 오염배출의 가격을 결정한다. 주어진 오염배출 수요곡선에 대하여 정부는 수요곡선상의 어느 점이든지 교정적 조세를 부과하거나 오염배출권을 발행하여 달성할 수 있는 것이다.

그러나 배출권에 대한 수요가 불확실하면 배출권의 매각과 교정적 조세 사이의 선택이 중요해진다. 정부가 600톤 이상의 오염물질이 배출되는 것을 절대 허용하지 않기로 했다고 하자. 그러나 정부는 오염에 대한 수요곡선을 정확하게 모르기 때문에 교정적 조세가 얼마가 되어야 오염물질 배출량이 600톤이 될지를 알지 못할 수 있다. 이 경우 정부는 600톤에 해당하는 오염배출권을 경매에 부치면 된다. 그 결과 형성되는 오염배출권의 시장 균형가격이 바로 거기에 해당하는 교정적 조세가 될 것이다. 반면에 환경당국이 환경오염의 외부효과 비용이 배출량 1톤당 50,000달러라는 사실은 알지만 공장들이 이 가격에서 오염물질을 얼마나 배출할지 모른다고 하자. 이 경우 정부가 톤당 50,000달러의 교정적 조세를 부과하고 시장에서 오염 배출량이 결정되도록 함으로써 효율적인 결과를 달성할 수 있다.

여러분은 정부가 경매를 통해 오염배출권을 판매하자는 아이디어가 경제학자에게서 처음 나왔으리라고 짐작할 것이다. 실제로도 그렇게 시작되었다. 그러나 미국의 환경보호국(EPA)은 환경오염을 통제하기 위한 수단으로 오염배출권 거래제도를 점점 더 널리 시행해왔다. 산성비의 주범인 아황산가스(SO_2)의 경우는 주목할 만한 성공 사례다. 1990년에 제정된 대기보전법은 발전소에 아황산가스 배출량을 상당히 줄이도록 요구했다. 동시에 이 법은 발전소로 하여금 아황산가스 배출 할당량을 거래할 수 있도록 허용했다. 처음에는 발전업계 대표들이나 환경보호론자들 모두 이 법안에 회의적이었으나, 시간이 흐름에 따라 이 제도에 의해 경제활동에 대한 교란을 최소화하면서도 오염을 줄일 수 있음을 알게 되었다. 오염배출권 거래제도는 교정적 조세처럼 비용 측면에서 효과적인 환경보전 수단으로 인식되고 있다.

10-2d 오염의 경제학적 분석에 대한 반론

"돈 내고 환경을 파괴하는 행위를 허용해서는 안 된다"라는 고(故) 에드먼드 머스키(Edmund Muskie) 상원의원의 말은 환경보호론자들의 견해를 대변한다고 할 수 있다. 그들은 깨끗한 공기, 깨끗한 물은 경제적 논리로 설명해서는 안 되는 기본 인권이라고 생각한다. 깨끗한 공기, 깨끗한 물에 어떻게 값을 매긴다는 말인가? 그들은 환경이 너무나 중요하기 때문에 어떤 대가를 치르더라도 보호되어야 한다고 주장한다.

경제학자들은 이와 같은 주장에 전혀 동의하지 않는다. 경제학자들은 바람직한 환경

정책이란 1장에서 배운 경제학의 10대 기본원리 중 첫째, 즉 모든 선택에는 대가가 있다는 사실을 인정하는 것이라고 생각한다. 물론 깨끗한 공기와 물은 중요한 자원이다. 그러나 그 가치는 그것의 기회비용과 비교되어야 한다. 즉 그것을 얻기 위한 대가가 무엇인지 따져봐야 하는 것이다. 오염을 완전히 제거하는 것은 불가능하다. 오염을 완전히 제거하려면 오늘날 우리가 누리는 높은 생활 수준을 포기해야 할 것이다. 환경을 가능한 한 깨끗하게 하기 위해 국민 영양 섭취수준을 낮추고, 의료 서비스의 질을 낮추고, 주거환경의 수준을 낮추자고 주장할 사람은 거의 없을 것이다.

경제학자들은 일부 환경보호론자들이 경제 논리에 입각하여 생각하지 않음으로써 환경보호 취지 자체를 훼손하고 있다고 생각한다. 다른 재화와 마찬가지로 깨끗한 환경도 하나의 재화다. 다른 정상재와 마찬가지로 깨끗한 환경의 소득탄력성은 0보다 크다. 잘사는 나라들이 깨끗한 환경을 지키기 위해 못사는 나라들보다 큰 비용을 지불할 수 있다. 따라서 잘사는 나라들이 더 엄격한 환경보호 정책을 펼치고 있다. 뿐만 아니라 다른 재화와 마찬가지로 깨끗한 물과 공기도 수요의 법칙을 따른다. 환경보호 비용이 낮을수록 국민들은 더 적극적인 환경보호를 요구할 것이다. 교정적 조세나 오염배출권 거래와 같은 환경보호에 대한 경제적 접근은 환경보호 비용을 낮춤으로써 국민들의 환경보호에 대한 수요를 더욱 증가하게 만든다.

간단한 퀴즈

3. 정부가 어떤 재화에 대해 생산에서 발생하는 외부효과 비용에 해당하는 금액의 세금을 부과하면 그 재화의 소비자 가격은 (　　) 하고 시장 균형은 (　　) 효율적이 된다.

a. 상승, 더
b. 상승, 덜
c. 하락, 더
d. 하락, 덜

4. 교정적 조세에 대한 다음 설명 중 옳지 않은 것은?

a. 소비자 가격의 상승을 초래한다.
b. 정부의 재정수입의 증가를 가져온다.
c. 시장 거래량을 감소시킨다.
d. 경제적 순손실을 초래한다.

5. 정부가 500단위의 오염배출권을 경쟁입찰 방식으로 판매한다. 배출권의 판매가격은 개당 50달러이고 판매 수익은 2만 5,000달러다. 이 정책은 오염배출량 1 단위당 (　　)의 교정적 조세와 동등하다.

a. 10달러
b. 50달러
c. 450달러
d. 500달러

6. 다음 어떤 경우에 직접규제가 교정적 조세보다 더 바람직할 수 있는가?

a. 교정적 조세가 서로 다른 산업에 대해 차별적인 영향을 미칠 경우
b. 일부 기업들이 다른 기업들에 비해 더 저렴한 비용으로 오염물질을 감축할 수 있을 경우
c. 부정적 외부효과가 너무 심각해서 오염을 0으로 줄이는 것이 최적일 경우
d. 오염저감 비용에 관한 지식이 분산되어 있고 확보하기 어려울 경우

정답은 각 장의 끝에

10-3 외부효과에 대한 사적 해결책

외부효과가 시장을 비효율적으로 만들기는 하지만 모든 비효율성을 정부가 해결해야 하는 것은 아니다. 어떤 경우에는 민간 주체들이 사적인 해결방안을 만들어내기도 한다.

10-3a 사적 해결책의 유형

때로는 사회적 규범이나 공중도덕으로 외부효과 문제를 해결할 수도 있다. 예를 들어 사람들이 왜 쓰레기를 아무 데나 버리지 않는지 생각해보자. 물론 쓰레기를 함부로 버리지 말라는 법이 있지만, 이 법은 강력하게 집행되지 않는다. 대부분의 사람들이 쓰레기를 함부로 버리지 않는 이유는 그것이 옳은 일이 아니기 때문이다. 어린이들에게 늘 "남들이 네게 해주기를 바라는 것처럼 너도 남들에게 해주라"고 가르치는 것은 나의 행동이 남들에게 어떤 영향을 미치는지 의식하도록 하기 위해서다. 경제학 용어를 사용하자면 외부효과를 내부화하도록 가르치는 것이다.

다른 형태의 사적 대응은 자선 행위다. 예컨대 시에라클럽(Sierra Club)과 같은 자연보호운동 단체는 민간 기부금으로 운영되는 비영리 조직이다. 또 졸업생, 기업, 각종 재단이 사립대학이나 사립학교에 기부금을 내는 것은 교육이 사회적으로 창출하는 긍정적 외부효과 때문이다. 정부는 기부금을 소득세에서 공제해주는 세제를 통해 외부효과에 대한 사적인 해결을 촉진한다.

어떤 경우에는 관계 당사자들의 사적 이익 동기에 따라 시장에서 외부효과가 해결되기도 한다. 예를 들어 서로 다른 사업들의 통합을 통해 문제가 해결되는 경우가 있다. 가까이 위치한 과수원 주인과 양봉업자를 생각해보자. 두 사업자는 서로 상대방에게 긍정적 외부효과를 주고 있다. 양봉업자의 벌들이 과수원으로 날아가면 꽃가루받이를 보다 많이 할 수 있어 사과 생산량이 증가한다. 벌들은 과수원 꽃들에서 보다 많은 꿀을 채취할 수 있어 꿀의 생산량도 증가한다. 그러나 과수원 주인이 나무를 몇 그루나 심을지, 양봉업자가 벌을 몇 마리나 키울지 결정할 때 그들은 자신이 상대방에게 주는 긍정적 외부효과는 간과할 것이다. 그 결과 사회적 최적수준보다 적은 사과나무를 심고 사회적 최적수준보다 적은 벌을 키우는 것이다. 이런 외부효과는 과수원 주인이 양봉업을 사거나, 양봉업자가 과수원을 사면 해결될 수 있다. 그렇게 하면 사과나무를 심는 결정과 벌을 키우는 결정이 하나의 사업적 판단에 따라 결정되기 때문에 사과나무와 벌을 최적 수량으로 유지할 수 있다. 일부 기업들이 다양한 사업 영역에 참여하는 것은 외부효과를 내부화하기 위한 것일 수도 있다.

시장에서 민간 경제주체들이 자체적으로 외부효과를 해결할 수 있는 또 다른 방법은 이해당사자들이 계약을 맺는 것이다. 앞의 예에서 과수원 주인과 양봉업자는 계약을 통해 나무와 벌의 숫자가 너무 적다는 문제를 해결할 수 있다. 그 계약에는 나무의 숫자, 벌의 숫자, 그리고 필요하다면 상대방에게 지불해야 하는 보상금 등을 명시할 수 있다. 나무와 벌의 숫자를 계약에 명확하게 규정함으로써 외부효과에 의해 발생하는 비효율을 제거하고 양자에게 이득이 되는 결과를 얻을 수 있다.

10-3b 코즈의 정리

시장 기능이 외부효과를 다루는 데 얼마나 효과적일까? 로널드 코즈(Ronald Coase)라는 경제학자는 이에 관한 이론적 결론을 정립했다. 코즈의 정리(Coase theorem)에 따르면 경우에 따라서는 시장 기능이 매우 효과적이다. 즉 민간 경제주체들이 아무런 비용을 치르지 않고 자원 배분에 관한 협상을 할 수 있다면, 시장 기능이 외부효과로 인해 초래되는 비효율성을 해소하고 자원을 효율적으로 배분한다는 것이다.

코즈의 정리 민간 경제주체들이 자원 배분 과정에서 아무런 비용을 치르지 않고 협상할 수 있다면, 외부효과로 인해 초래되는 비효율성을 시장에서 그들 스스로 해결할 수 있다는 정리

코즈의 정리가 어떻게 성립하는지 보기 위해 다음의 예를 생각해보자. 에밀리가 클리포드라는 강아지를 기른다고 하자. 클리포드가 짖는 소리 때문에 이웃집 호레이스가 피해를 본다. 에밀리는 강아지 때문에 즐거움을 얻지만, 호레이스는 강아지 때문에 고통을 받는다. 이 경우 에밀리가 강아지를 동물보호소로 보내야 할까, 호레이스가 매일 밤 개 짖는 소리를 들으며 밤잠을 설쳐야 할까?

먼저 어떤 결과가 사회적으로 바람직할지 생각해보자. 사회계획가는 두 가지 가능성을 생각하면서 에밀리가 얻는 혜택과 호레이스가 받는 고통을 비교해볼 것이다. 혜택이 고통을 초과한다면 에밀리는 계속 강아지를 기르고, 호레이스는 고통을 참는 것이 효율적이다. 고통이 혜택을 초과한다면 에밀리는 강아지를 동물보호소로 보내야 할 것이다.

코즈의 정리에 따르면 시장은 스스로 효율적인 결과에 도달한다. 그 방법은 호레이스가 에밀리에게 강아지를 처분하면 보상하겠다고 제안하는 것이다. 보상액이 강아지를 통해 얻는 혜택보다 크다면 에밀리는 호레이스가 제안을 받아들일 것이다.

따라서 두 사람은 보상액에 대한 협상을 통해 효율적인 결과에 도달할 수 있다. 예를 들어 에밀리가 강아지를 통해 500달러의 즐거움을 얻는 데 반해 호레이스가 800달러의 괴로움을 겪는다면, 호레이스가 에밀리에게 강아지를 처분하는 대가로 600달러를 지불하겠다고 제안하면 된다. 에밀리는 이를 기꺼이 수락할 것이고, 그 결과 두 사람 모두 전보다 높은 경제적 후생 수준을 누릴 수 있는 효율적인 결과에 도달하는 것이다.

물론 호레이스가 에밀리가 받아들일 만한 가격을 제시하지 못할 수도 있다. 예를 들어 에밀리는 1,000달러의 즐거움을 누리는 반면, 호레이스는 800달러의 괴로움을 받는다고 하자. 이 경우 에밀리는 1,000달러 이하의 어떠한 보상금액도 받아들이려 하지 않을 것이고, 호레이스는 800달러 이상의 어떠한 금액도 지불하려고 하지 않을 것이다. 따라서 이 경우 협상은 결렬되어 에밀리는 계속 강아지를 소유하고, 호레이스는 계속

뉴스 속의 경제학 코즈의 정리 실제 사례

사람들이 밀접하게 접촉하게 되면 외부효과가 많아진다.

비행기에서 내가 좌석을 뒤로 젖히는 게 싫은가요? 그럼 나한테 돈을 내시든지.

Josh Barro

나는 비행기를 많이 탄다. 비행기를 타면 좌석을 뒤로 젖힌다. 그렇게 하는 데 대해 죄의식을 느끼지 않는다. 누군가가 내게 돈을 주고 하지 말라고 부탁하기 전까지는 앞으로도 계속 그렇게 할 거다.

내가 이런 얘기를 하는 것은 여러분도 들어 보았을 수 있는 한 사건 때문이다. 일요일에 뉴어크(Newark)에서 덴버로 가는 유나이티드 항공 비행기가 예정에 없이 시카고 공항에 착륙해서 좌석을 뒤로 젖히는 것을 두고 다툰 두 승객을 내리게 했다. AP 통신에 따르면, 중간 좌석에 앉은 승객이 자기 앞자리 승객이 좌석을 뒤로 젖히지 못하도록 하는 21.95달러짜리 '무릎 방어장치(knee defender)'를 설치했다고 한다.

승무원이 이 승객에게 그 장치를 치워 달라고 요청했고 승객은 거부했다. 그러자 앞좌석에 앉아 있던 여성 승객이 뒤로 돌아서 이 승객에게 물을 뿌렸다. 기장은 비행기를 착륙시키고 두 승객을 강제로 내리게 했다.

설사 그럴 만한 이유가 있다 해도 비행기에서 다른 승객에게 물을 끼얹는 것은 명백히 부적절한 행위다. 그렇지만 무릎 방어장치를 설치해서 먼저 문제를 일으켰을 뿐 아니라 앞좌석 승객의 재산권을 침해한 뒷좌석 승객을 동정하는 사람이 너무 많아 보여 내 마음이 불편하다. 승객이 항공권을 구입할 때는 자기 좌석을 뒤로 젖힐 수 있는 권리도 구입하는 것이다. 만일 앞자리 승객이 좌석을 뒤로 젖히지 않기를 간절히 원했다면 그 승객이 권리를 포기하도록 돈을 주었어야 한다.

나는 2011년에 이런 취지의 글을 썼다. 비행기 좌석이 코즈의 정리에 훌륭한 사례연구 대상이라는 데 주목했기 때문이다. 코즈의 정리는 재산권이 최초에 누구에게 배분되는가는 그리 중요하지 않다는 경제학 이론이다. 재산권이 분명하게 정의되고 거래비용이 작다면 자유로운 거래를 통해 재산권이 가장 높은 가치를 부여하는 사람에게 배분된다. 즉 내가 좌석을 뒤로 젖힐 권리를 보유하면 내가 그렇게 하는 것이 못마땅한 승객이 내게 그러지 않도록 돈을 지불하면 된다. 실제로 존재하지는 않는 대안은 뒷자리 승객이 의자를 젖힐 권리를 보유하는 것이다. 이 경우 내가 정말 좌석을 뒤로 젖히고 싶으면 뒷자리 승객에게 돈을 내야 할 것이다.

미국 의회예산처 국장을 지낸 도널드 매런(Donald Marron)은 이러한 분석에 동의한다. 다만 한 가지 단서를 제기한다. 좌석을 젖힐 권리에 대한 협상에는 비용이 따른다. 이웃한 승객들이 좌석을 젖힐 권리에 대해 협상하기를 좋아하지 않는 것은 아마도 그러다가 누군가가 물벼락을 맞을 수도 있기 때문일 것이다.

JASON HETHERINGTON/GETTY IMAGES

매런 씨는 필요한 거래의 수를 줄이기 위해서는 좌석을 뒤로 젖히는 것을 가장 중요시하는 사람에게 최초 재산권을 배분해야 한다고 말한다. 나아가 사람들이 앞자리와의 간격이 넓은 좌석에 대해 더 높은 요금을 지불한다는 사실을 토대로 뒷자리 승객이 이 권리를 가장 중요시할 것이라고 주장한다.

매런 씨의 마지막 주장은 틀렸다. 사람들이 처음 본 사람들과 협상하기를 좋아하지 않는다는 사실은 이해한다. 그러나 내가 수백 번 비행기를 탔어도 내가 좌석을 뒤로 젖혔다고 불평하는 사람은 거의 없었고 내가 좌석을 똑바로 세우면 돈이나 뭔가 가치 있는 것을 주겠다고 제안한 사람도 하나도 없었다.

만일 앞자리 승객이 좌석을 뒤로 젖히는 것으로 인해 뒷자리 승객이 큰 고통을 받는다면, 그리고 나처럼 좌석을 뒤로 젖히는 사람들이 『위클리 스탠더드(The Weekly Standard)』지의 마크 헤밍웨이(Mark Hemingway) 씨가 표현한 대로 괴물이라면, 왜 아무도 내게 좌석을 뒤로 젖히지 않으면 돈을 주겠다고 제안하지 않을까? 사람들은 좌석을 뒤로 젖히는 일이 끔찍하다고 SNS에서 주장하지만 이것 말고도 다른 오만 가지에 대해 불평하기 좋아한다. 이것이 정말 중요한 일이라면 지금쯤 누군가가 지갑을 열고 내게 돈을 주었을 것이다. ■

토론 질문

1. 비행기에서 여러분 앞좌석 승객에게 좌석을 뒤로 젖히지 않으면 돈을 주겠다고 제안할 수 있는가? 그 이유는 무엇인가?
2. 비행기에서 뒷좌석 승객이 여러분에게 좌석을 뒤로 젖히지 않으면 돈을 주겠다고 제안한다면, 여러분은 어떻게 반응하겠는가? 그 이유는 무엇인가?

자료: *New York Times*, 2014년 4월 27일.

괴로운 상황을 감수해야 한다. 그러나 혜택과 고통을 모두 감안한다면 이 결과 자체도 효율적인 결과로 볼 수 있다.

지금까지는 에밀리에게 짖어대는 강아지를 집에서 기를 수 있는 법적 권리가 있다고 전제했다. 다시 말해 호레이스가 에밀리에게 강아지를 자발적으로 포기할 만큼 충분한 보상을 하지 않는다면 에밀리는 강아지를 계속 소유할 수 있다고 가정한 것이다. 반대로 호레이스에게 편안히 수면을 취할 수 있는 법적 권리가 있다고 가정하면 결과는 어떻게 달라질까?

코즈의 정리에 따르면 법적 권리가 누구에게 있는가와 상관없이 시장은 효율적인 결과에 도달한다는 것이다. 예를 들어 호레이스에게 법적으로 에밀리의 강아지를 처분하도록 요구할 수 있는 권리가 있다고 하자. 이런 권리가 호레이스에게 유리하지만 결과는 마찬가지다. 이 경우 에밀리는 강아지를 기르는 대가로 호레이스에게 보상해주겠다고 제안할 수 있다. 에밀리가 누리는 즐거움이 호레이스가 받는 괴로움보다 크다면 에밀리와 호레이스는 협상을 통해 합의에 도달할 것이고, 에밀리는 강아지를 계속 기를 수 있을 것이다.

두 사람은 법적 권리가 누구에게 있든지 효율적인 결과에 도달할 수 있지만, 그 권리가 누구에게 있는가에 따라 경제적 후생이 어떻게 배분되는지 결정된다. 에밀리가 강아지를 기를 권리가 있는지, 호레이스가 조용한 수면을 취할 권리가 있는지에 따라 협상 결과 최종적으로 누가 누구에게 보상을 해야 하는지가 결정된다. 그러나 어떤 경우든 두 사람은 협상을 통해 외부효과를 해소할 수 있다. 결국 에밀리는 강아지를 통해 얻는 혜택이 호레이스의 고통을 초과할 때만 강아지를 계속 기를 수 있을 것이다.

요약하면 코즈의 정리는 민간 경제주체들이 외부효과를 스스로 해소할 가능성이 있다는 것이다. 당초 법적 권리가 누구에게 있는가와 상관없이 당사자들은 협상을 통해 양측에게 모두 이득이 되는 효율적인 결과에 도달할 수 있다.

10-3c 사적 해결책이 항상 효과적이지는 않은 이유

코즈의 정리는 이론상 명쾌하기는 하지만, 현실에서는 민간 주체들이 외부효과 문제를 항상 해결할 수 있는 것은 아니다. 코즈의 정리는 이해당사자들이 협상을 통해 합의에 도달하고 이 합의를 이행하는 데 아무런 문제가 없을 때만 성립한다. 그러나 양자에게 모두 이득이 되는 합의가 가능하더라도 현실세계에서 협상이 항상 성립되는 것은 아니다.

때때로 거래비용 때문에 이해당사자들이 합의에 도달하지 못하는 경우가 발생한다. **거래비용**(transaction costs)이란 이해당사자들이 협상을 통해 합의에 도달하는 과정에서 부담하는 비용을 의미한다. 앞의 예에서 에밀리와 호레이스가 서로 다른 언어를 사

거래비용 이해당사자들이 협상을 통해 합의에 도달하는 과정에서 부담하는 비용

용하기 때문에 협상을 하기 위해서는 반드시 통역을 고용해야 한다고 하자. 그런데 외부효과 문제를 해결하여 얻는 이득이 통역을 고용하는 비용보다 작다면 에밀리와 호레이스는 이 문제를 해결할 유인이 없다. 보다 현실적인 거래비용의 예로 계약서를 만들고 이를 집행하는 데 들어가는 변호사 비용을 들 수 있다.

어떤 때는 협상이 결렬될 수도 있다. 전쟁이나 파업과 같은 사건이 종종 발생하는 것을 보면 합의에 도달하기가 얼마나 어려운 일인지, 합의에 실패하는 경우 치러야 할 대가가 얼마나 큰지 알 수 있다. 문제는 사람들이 더 좋은 협상 결과를 얻기 위해 고집을 부리는 경우가 있다는 점이다. 예를 들어 에밀리는 강아지를 통해 500달러의 즐거움을 얻는 대신 호레이스는 800달러의 괴로움을 당한다고 하자. 호레이스가 에밀리에게 강아지를 다른 집으로 보내도록 하고 보상금을 지급하는 것이 효율적인 해결법이지만 이 결과에 도달할 수 있는 보상금액은 다양하다. 예컨대 에밀리는 750달러를 요구하지만, 호레이스는 550달러만 내려고 할 수도 있다. 이들이 보상금액을 놓고 줄다리기를 하는 동안 개 짖는 소리는 계속될 것이다.

협상당사자들이 많은 경우, 모든 사람들의 의견을 조정하는데 많은 비용이 들기 때문에 효율적인 협상 결과를 달성하기가 더욱 어려워진다. 예를 들어 어느 공장이 호수에 오염물질을 배출하고 있다고 하자. 이 공장은 호수에서 생업을 유지하는 어부들에게 부정적 외부효과를 미친다. 코즈의 정리에 따르면 공장과 어부들은 공장의 오염물질 배출 자제를 위해 어부들이 일정 금액의 보상금을 지불하도록 하는 합의에 도달할 수 있을 것이다. 그러나 어부들의 숫자가 매우 많다면 이들의 의견을 조정하여 공장측과 협상하는 것은 거의 불가능하다.

민간 주체들 간의 자발적인 협상이 불가능할 때 정부가 일정한 역할을 할 수 있다. 정부의 제도적 기능 중 하나가 바로 집단 행동(collective action)을 취하는 것이다. 앞의 예에서 어부들이 자신을 위해 공동 행위를 하는 것이 불가능하다면 정부가 이들 대신 행동을 취할 수 있다.

간단한 퀴즈

7. 코즈의 정리에 따르면?

a. 민간 경제주체들은 정부의 개입 없이 외부효과 문제의 해결을 위한 합의에 도달할 수 있다.

b. 긍정적 외부효과를 해결하는 최선의 방법은 교정적 보조금이다.

c. 부정적 외부효과는 사회적인 문제이지만 긍정적 외부효과는 그렇지 않다.

d. 두 민간 경제주체들이 우호적으로 외부효과 문제를 해결하는 경우는 문제를 제3자에게 넘기는 것이다.

8. 다음 중 코즈의 정리가 성립되지 않는 경우는 무엇인가?

a. 두 거래 당사자들 사이에 상당한 외부효과가 존재한다.

b. 법원이 모든 계약을 강력하게 집행한다.

c. 거래비용으로 인해 직접 협상이 어렵다.

d. 두 거래 당사자들이 외부효과를 충분히 이해한다.

정답은 각 장의 끝에

10-4 결론

보이지 않는 손은 매우 강력하지만 만능은 아니다. 시장 균형에서 소비자잉여와 생산자잉여의 합이 극대가 된다는 것을 배웠다. 시장에서 이해당사자가 수요자와 공급자뿐이라면, 사회 전체로 볼 때 시장 균형이 가장 효율적인 결과라고 할 수 있다. 그러나 오염과 같은 외부효과가 존재할 때 시장 균형을 평가하려면 제3자의 경제적 후생도 고려해야 한다. 이 경우 시장의 보이지 않는 손은 자원을 효율적으로 배분하지 못한다.

경우에 따라서는 사람들이 스스로 외부효과 문제를 해결하기도 한다. 코즈의 정리에 따르면 이해당사자들의 협상을 통해서 효율적인 결과에 도달할 수 있다. 그러나 이해당사자들의 숫자가 너무 많아 협상이 불가능한 경우도 있다.

사람들이 스스로 외부효과 문제를 해결하지 못할 때에는 정부가 개입해야 한다. 그러나 정부가 개입하더라도 시장 기능을 완전히 무시해서는 안 된다. 오히려 정부의 역할은 외부효과의 원인이 되는 경제주체들에게 그들의 행위가 초래하는 사회적 비용을 부담하게 하는 것이 되어야 한다. 예컨대 교정적 조세와 오염배출권 거래가 오염으로 인한 사회적 비용을 내부화하기 위한 정책수단이다. 이러한 정책수단이 점차 환경보호론자들의 지지를 받고 있다. 시장 기능을 적절히 사용하면 시장 실패를 치유하는 최선의 처방이 될 수 있는 것이다.

요약

- 수요자와 공급자의 거래가 제3자의 경제적 후생에 영향을 미치는 것을 외부효과라고 한다. 어떤 경제활동이 환경오염 같은 부정적 외부효과를 야기하면 시장 균형 생산량은 사회적 최적 생산량보다 커진다. 반대로 어떤 경제활동이 기술 파급효과와 같은 긍정적인 외부효과를 창출하면 시장 균형 생산량은 사회적 최적 생산량보다 작아진다.
- 정부는 외부효과로 인한 비효율성을 교정하기 위해 다양한 정책을 추구한다. 정부는 직접 규제를 통해 사회적으로 비효율적인 행위를 방지하거나 교정적 조세를 사용하여 외부효과를 내부화하기도 한다. 또 다른 정책은 배출권 거래제도다. 예를 들어 정부는 한정된 오염배출권을 발행하여 거래를 허용함으로써 환경을 보전할 수 있다. 이 정책의 결과는 오염 원인자에게 교정적 조세를 부과하는 것과 비슷하다.
- 때로는 외부효과의 영향을 받는 사람들이 스스로 문제를 해결하기도 한다. 이를테면 한 사업이 다른 사업에 외부효과를 줄 때 두 사업의 합병을 통해 외부효과를 내부화할 수 있다. 이해당사자들이 계약을 맺음으로써 문제를 해결할 수도 있다. 코즈의 정리에 따르면 협상에 비용이 들지 않는 경우, 사람들은 항상 효율적인 자원 배분을 실현하는 합의에 도달할 수 있다. 그러나 이해당사자의 숫자가 많은 경우에는 이해집단이 합의에 도달하기 어렵다. 따라서 코즈의 정리가 적용되지 않는다.

중요개념

외부효과 222
외부효과의 내부화 225
교정적 조세 230
코즈의 정리 239
거래비용 241

복습문제

1. 부정적 외부효과와 긍정적 외부효과의 예를 하나씩 들라.
2. 수요곡선과 공급곡선을 이용하여 생산에서 부정적 외부효과가 초래하는 결과를 설명하라.
3. 특허제도는 외부효과의 해결에 어떤 식으로 도움을 주는가?
4. 교정적 조세는 무엇인가? 경제학자들이 환경오염을 방지하기 위한 방법으로 직접 규제보다 교정적 조세를 선호하는 이유는 무엇인가?
5. 정부의 개입 없이도 외부효과 문제를 해결할 수 있는 방법을 몇 가지 제시하라.
6. 여러분이 흡연자와 함께 방을 쓰는 비흡연자라고 하자. 코즈의 정리에 따르면 여러분의 룸메이트가 방 안에서 담배를 피울지 여부를 결정하게 하는 것은 무엇인가? 이런 결과는 효율적인가? 여러분과 룸메이트는 이 문제를 어떻게 해결할 수 있겠는가?

응용문제

1. 여러분의 자동차를 절도의 위험으로부터 보호하는 방법은 두 가지가 있다. 하나는 자동차를 훔쳐가기 어렵게 만드는 잠금장치고, 또 하나는 도난당한 자동차를 경찰이 찾기 쉽도록 하는 추적장치다. 두 가지 중 어떤 방법이 다른 자동차 소유자들에게 부정적 외부효과를 야기하는가? 어떤 방법이 긍정적 외부효과를 가져오는가? 이 분석의 정책적 시사점은 무엇인가?
2. 소화기 시장에 대해 생각해보자.
   a. 소화기는 왜 긍정적 외부효과를 나타낼 수 있겠는가?
   b. 소화기 시장을 나타내는 그래프를 그려라. 수요곡선, 사회적 가치곡선, 공급곡선, 사회적 비용곡선을 표시하라.
   c. 시장균형 산출량과 효율적인 산출량을 표시하라. 이 두 수량이 서로 다른 직관적인 이유를 설명하라.
   d. 소화기 1대당 외부 편익이 10달러일 경우 효율적인 결과를 달성할 수 있는 정부 정책을 한 가지 설명하라.
3. 주류 소비가 증가하면 자동차 사고도 증가한다. 따라서 주류 소비는 음주운전을 하지 않는 사람에게는 비용을 초래하는 셈이다.
   a. 주류시장의 수요곡선, 사회적 가치곡선, 공급곡선, 사회적 비용곡선을 그래프로 그리고 균형 생산량, 효율적인 생산량을 표시하라.
   b. 그래프에 경제적 순손실을 표시하고 설명하라. (힌트 : 사회적 비용이 사회적 가치를 초과하므로 경제적 순손실이 발생한다.)
4. 어떤 사람들은 우리 사회의 오염수준이 너무 높다고 생각한다.
   a. 사회가 오염수준을 낮추려 할 때, 기업마다 다른 오염배출량의 감소를 요구하는 정책이 효율적인 이유를 설명하라.
   b. 직접 규제는 모든 기업에게 획일적인 오염배출량 감축을 요구한다. 이런 규제정책이 오염을 더 많이 줄일 수 있는 기업에게 오염물질을 더 많이 감축하도록 유도하지 않는 이유는 무엇인가?
   c. 경제학자들은 적절한 교정적 조세나 오염배출권 거래제도를 통해 오염을 효과적으로 줄일 수 있다고 주장

한다. 이런 정책이 오염을 더 많이 줄일 수 있는 기업에게 오염물질을 더 많이 감축하도록 유도하는 이유는 무엇인가?

5. 후빌(Whoville) 마을에 사는 동일한 취향을 지닌 많은 사람이 특정한 술을 좋아한다고 하자. 이 술에 대한 각 주민의 지불 용의는 다음과 같다.

첫 번째 병	$5
두 번째 병	4
세 번째 병	3
네 번째 병	2
다섯 번째 병	1
여섯 번째 병 이상	0

a. 이 술의 제조원가는 병당 1.50달러다. 이 가격에서 경쟁적인 공급자들이 이 술을 공급한다고 하자(즉 공급곡선은 수평이다). 이 마을 소비자들은 각각 술을 몇 병씩이나 마시겠는가? 각 주민의 소비자잉여는 얼마인가?

b. 이 술을 제조하는 과정에서 환경이 오염되어 술 1병당 1달러의 외부효과 비용이 발생한다고 하자. 이 외부효과 비용을 감안하면 (a)에서 계산한 주민 한 사람당 경제적 잉여는 어떻게 달라지는가?

c. 한 주민이 술 소비를 1병 줄이기로 했다고 하자. 이 사람의 경제적 후생(소비자잉여−외부효과 비용)은 어떻게 달라지는가? 이 주민의 의사결정의 결과 이 마을 전체의 총잉여는 어떻게 달라지는가?

d. 이 마을의 시장이 이 술 1병당 1달러의 세금을 부과한다고 하자. 각 주민의 술 소비는 얼마가 되겠는가? 주민 1인당 소비자잉여, 외부효과 비용, 세금 징수액, 그리고 총잉여를 계산하라.

e. 이상의 계산을 토대로 시장의 제안에 찬성할지 반대할지 판단하고 그 이유를 설명하라.

6. 브루노는 로큰롤을 큰 소리로 듣는 것을 좋아한다. 플라시도는 오페라를 사랑하고 로큰롤을 아주 싫어한다. 불행하게도 두 사람은 같은 아파트의 종잇장같이 얇은 벽을 사이에 둔 이웃이다.

a. 여기서 외부효과는 무엇인가?

b. 아파트 주인이 도입할 수 있는 직접 규제는 무엇인가? 그러한 정책이 비효율적인 결과를 초래할 수 있을까?

c. 아파트 주인이 두 사람에게 각자 하고 싶은 대로 하게 놓아둔다고 하자. 코즈의 정리에 따르면 브루노와 플라시도는 어떻게 하여 스스로 효율적인 결과에 도달할 수 있을까? 이들이 효율적인 결과에 도달할 수 없을 수 있는 이유는 무엇인가?

7. 그림 10.4는 오염배출권에 대한 수요곡선을 나타낸다. 정부는 오염배출권의 양을 제한하든, 교정적 조세를 부과하든 같은 결과에 도달할 수 있었다. 이제 오염물질을 처리하는 획기적인 기술이 개발되었다고 하자.

a. 그림 10.4와 같은 그래프를 이용하여 이런 기술이 오염배출권 수요에 어떤 영향을 미치는지 나타내라.

b. 앞의 두 가지 규제 방법이 오염배출량과 가격에 어떤 영향을 미치겠는가? 설명하라.

8. 정부가 오염배출권을 발행하기로 결정했다고 하자.

a. 정부가 오염배출권을 임의로 분배하는지, 경매에 부치는지에 따라 경제적 효율이 달라지는가? 그 이유는 무엇인가?

b. 정부가 오염배출권을 임의로 분배하기로 했다고 하자. 경제적 효율 측면에서 문제가 발생하는가? 설명하라.

9. 어떤 마을에 오염배출업체가 3개 있다.

기업	최초 배출량	배출량 단위당 감축비용
A	30단위	$20
B	40	30
C	20	10

정부가 오염을 60단위로 낮추려고 업체마다 20단위의 오염배출을 허가하는 오염배출권을 준다고 하자.

a. 오염배출권을 어떤 업체가 몇 개나 팔겠는가? 오염배출권을 어떤 업체가 몇 개나 사겠는가? 왜 이런 거래가 일어나는지 간단히 설명하라. 이런 상황에서 오염을 낮추는 사회적 총비용은 얼마인가?

b. 오염배출권의 매매가 금지된다면 오염 감축비용은 얼마나 증가하겠는가?

간단한 퀴즈 정답

1. c 2. b 3. a 4. d 5. b 6. c 7. a 8. c

THE SA
RESTROOMS
BAÑOS
ATM

11장

공공재와 공유자원

오래된 노래 가사 중에 "세상에 좋은 것은 모두 공짜다"라는 것이 있다. 이 노래 가사를 쓴 사람은 아마 강, 산, 해변, 호수, 바다와 같은 대자연의 아름다움과 공원, 놀이터, 퍼레이드와 같이 정부가 제공하는 것들을 생각하고 있었을 것이다. 사람들은 이런 것을 즐길 때 사용료를 지불하지 않는 경우가 많다.

가격이 존재하지 않는 재화에 대한 경제적 분석은 간단하지 않다. 대부분의 재화는 소비자가 가격을 지불하고 생산자가 대가를 받는 것을 기본원리로 하는 시장을 통해 배분된다. 이런 재화의 거래에서 가격은 소비자와 생산자의 의사결정을 좌우하는 신호를 제공한다. 어떤 재화들이 무상으로 제공되는 경우에는 자원을 배분하는 정상적인 시장의 힘이 작동하지 않는다.

ISTOCK.COM/LOLOSTOCK

이 장에서는 가격이 존재하지 않는 재화가 있을 경우 발생하는 자원 배분상의 문제를 살펴볼 것이다. 이 장의 분석은 1장에서 배운 경제학의 10대 기본원리 중 정부는 경우에 따라 시장 성과를 개선할 수 있다는 원리와 관련된 것이다. 재화에 가격이 존재하지 않을 때 시장 기능은 그 재화의 적절한 생산량과 소비량이 얼마인지 결정할 수 없다. 이 경우 정부는 이러한 시장 실패를 치유하여 경제적 후생을 향상시킬 수 있다.

11-1 재화의 유형

사람들이 원하는 재화의 공급을 시장 기능이 잘 담당하고 있는가? 여기에 대한 답은 어떤 재화인지에 따라 다르다. 7장에서 살펴본 바와 같이 시장은 가장 효율적인 수량의 아이스크림을 공급한다. 아이스크림 가격이 변하여 수요와 공급이 일치하고, 그 균형 수량에서 소비자잉여와 공급자잉여의 합이 극대화된다. 그러나 10장에서 살펴본 바와 같이 시장 기능은 철강 제조공장이 대기를 오염시키는 것을 억제하지 못한다. 시장에서 소비자와 생산자는 자신들의 행동에 수반되는 외부효과를 고려하지 않기 때문이다. 따라서 시장 기능은 아이스크림에 대해서는 잘 작동하지만, 맑은 공기라는 재화에 대해서는 제대로 작동하지 못한다.

경제에 존재하는 다양한 재화들에 대해 생각할 때 이들을 다음 두 가지 특성을 기준으로 구분하는 것이 유용하다.

배제성 사람들이 재화를 소비하는 것을 막을 수 있는 가능성

- 배제성(excludability) : 어떤 사람들에게 어떤 재화의 소비를 금지할 수 있으면 그 재화는 배제성이 있다. 사람들에게 재화의 소비를 금지할 수 없으면 배제가 불가능하다.

경합성 한 사람이 재화를 소비하면 다른 사람이 소비에 제한받는 속성

- 경합성(rivalry in consumption) : 한 사람이 어떤 재화 한 단위를 소비할 경우 다른 사람이 소비할 수 있는 그 재화의 양이 줄어든다면 그 재화의 소비에는 경합성이 존재한다. 그렇지 않으면 그 재화의 소비에는 경합성이 없다.

이상의 두 가지 특성을 기초로 그림 11.1과 같이 네 가지 유형의 재화를 정의할 수 있다.

사적 재화 배제성과 소비에 있어서 경합성이 있는 재화

1. 사적 재화(private goods : 사유재라고도 함)는 배제성과 소비에 있어서 경합성이 모두 있는 재화를 말한다. 아이스크림의 예를 생각해보자. 아이스크림은 배제성이 있다. 여러분이 상대방에게 주지 않으면 그 사람은 아이스크림을 먹을 수 없기 때문이다. 또 아이스크림은 소비에 있어서 경합성이 있다. 여러분이 아이스크림을 먹으면 상대방은 그 아이스크림을 먹을 수 없기 때문이다. 대부분의 재화는 아이스크림처럼 사적 재화다. 소비자가 가격을 지불하지 않으면 재화를 살 수

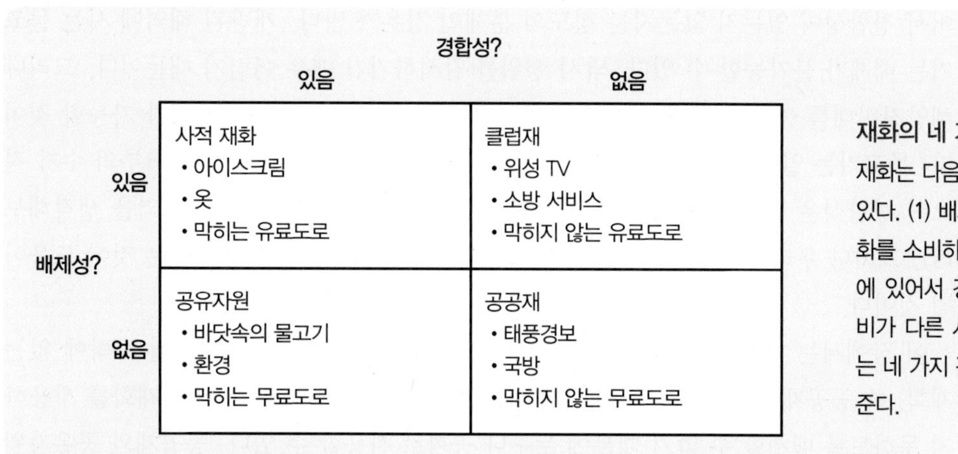

그림 **11.1**

재화의 네 가지 유형

재화는 다음의 두 가지 기준에 따라 분류될 수 있다. (1) 배제성이 있는가, 즉 사람들이 이 재화를 소비하는 것을 막을 수 있는가? (2) 소비에 있어서 경합성이 있는가, 즉 한 사람의 소비가 다른 사람의 소비를 방해하는가? 이 표는 네 가지 경우에 해당하는 재화의 예를 보여 준다.

없고, 일단 사고 나면 그 재화에서 나오는 편익을 혼자서 누린다. 4~6장에서 수요 · 공급 원리와 7~9장에서의 시장 효율성에 대해 공부할 때, 우리는 암묵적으로 모든 재화는 배제성과 경합성이 있는 것으로 가정했다.

2. 공공재(public goods)는 배제성도 없고 소비에 있어서 경합성이 없는 재화를 말한다. 공공재는 사람들이 그 재화를 소비하는 것을 막을 수 없을 뿐 아니라, 한 사람의 공공재 소비가 다른 사람의 공공재 소비를 방해하지도 않는다. 예를 들어 작은 마을의 태풍경보는 공공재다. 일단 태풍경보가 울리면 특정 개인이 경보를 듣지 못하도록 막을 수 없다(따라서 배제성이 없다). 뿐만 아니라 어떤 사람이 태풍경보의 편익을 누린다고 해서 다른 사람들이 누릴 편익이 줄어들지도 않는다(따라서 소비에 있어서 경합성이 없다).

공공재 배제성도 없고 소비에 있어서 경합성도 없는 재화

3. 공유자원(common resources)은 소비에 있어서 경합성은 있지만 배제성이 없는 재화를 말한다. 예를 들어 바닷속의 물고기는 공유자원이다. 누군가 물고기를 잡으면 그만큼 다른 사람이 잡을 수 있는 물고기 수는 줄어든다. 그러나 넓은 바다에서 어부들이 물고기를 잡는 행위를 막기 어렵기 때문에 물고기는 배제성이 없다.

공유자원 소비에 있어서 경합성은 있으나 배제성이 없는 재화

4. 클럽재(club goods)는 소비에 있어서 경합성은 없지만 배제성을 지닌 재화다. 위성 TV가 하나의 예다. 서비스를 제공하는 회사에 요금을 내지 않으면 TV를 볼 수 없으므로 배제성이 존재한다. 그러나 한 사람이 위성 TV를 수신한다고 해서 다른 사람들의 TV를 못 보는 것은 아니므로 소비에 있어서 경합성이 없다. (클럽재에 대해서는 13장에서 다시 설명하겠지만 클럽재는 자연독점의 한 형태이다.)

클럽재 소비에 있어서 경합성은 없으나 배제성이 있는 재화

그림 11.1을 보면 재화를 네 가지 유형으로 분명하게 구분할 수 있을 것 같지만 각 유형 사이의 경계가 애매한 경우도 있다. 어떤 재화가 배제 가능한지 아닌지, 소비에 있

어서 경합성이 있는지 없는지는 정도의 문제인 경우가 많다. 개방된 해역에 사는 물고기는 배제가 불가능할 수 있다. 낚시 행위를 감시하기가 매우 어렵기 때문이다. 그러나 해양경비대를 충분히 많이 배치하면 물고기는 적어도 부분적으로 배제가 가능할 것이다. 물고기는 일반적으로 소비에서 경합성이 있지만 물고기 수에 비해 어부의 수가 적으면 경합성은 덜할 것이다(유럽 이주민들이 정착하기 전 북미 대륙 해역을 생각해보라). 그러나 우리의 분석 목적상 재화를 앞의 네 가지 유형으로 구분하는 것이 도움이 될 것이다.

이 장에서는 배제가 불가능하기 때문에 모든 사람에게 무료로 제공될 수밖에 없는 재화, 즉 공공재와 공유자원에 대하여 살펴볼 것이다. 사람들이 이러한 재화를 사용하지 못하도록 배제할 수 없기 때문에 누구나 공짜로 사용할 수 있다. 공공재와 공유자원에 대한 분석은 외부효과에 대한 분석과 밀접한 관계가 있다. 공공재와 공유자원은 대가를 지불하지 않는 사람들에게도 효용가치를 주기 때문에 외부효과와 같은 효과를 낸다. 어떤 사람이 태풍경보와 같은 공공재를 제공한다면 다른 사람들은 대가를 지불하지 않고 혜택을 받는다(긍정적 외부효과). 마찬가지로 어떤 사람이 바닷속의 물고기와 같은 공유자원을 사용한다면 다른 사람들이 잡은 물고기가 줄어들어 손해를 보지만, 그에 대한 보상은 받지 못한다(부정적 외부효과). 이러한 외부효과 때문에 생산과 소비에 관한 사적인 의사결정이 사회적으로 비효율적인 결과를 초래할 수 있고 따라서 정부 정책이 문제를 해결해야 하는지, 어떻게 해결할 수 있는가 하는 질문이 제기된다.

간단한 퀴즈

1. 다음 중 배제성이 있는 재화는 무엇인가?
   a. 사유재와 클럽재
   b. 사유재와 공유자원
   c. 공공재와 클럽재
   d. 공공재와 공유자원

2. 다음 중 소비에 있어서 경합성이 있는 재화는 무엇인가?
   a. 사유재와 클럽재
   b. 사유재와 공유자원
   c. 공공재와 클럽재
   d. 공공재와 공유자원

정답은 각 장의 끝에

11-2 공공재

공공재가 다른 재화와 어떻게 다르고, 왜 문제를 일으키는지 알아보기 위해 불꽃놀이를 생각해보자. 사람들이 불꽃놀이를 보는 것을 막을 수 없기 때문에 불꽃놀이는 배제성이 없다. 또 누가 불꽃놀이를 본다고 해서 다른 사람이 불꽃놀이를 보는 데 방해가 되지 않기 때문에 소비에 있어서 경합성도 없다.

11-2a 무임승차자 문제

어느 마을 사람들이 독립기념일에 불꽃놀이 보는 것을 즐긴다고 하자. 이 마을 주민 500명은 각자 불꽃놀이를 통해 10달러의 효용을 느낀다고 하자. 한 번 불꽃놀이를 개최하는 데 드는 비용은 1,000달러다. 마을 주민이 느끼는 효용가치의 총합 5,000달러가 비용 1,000달러를 초과하므로, 이 마을은 독립기념일에 불꽃놀이를 개최하는 것이 효율적이다.

시장을 통해 이와 같은 효율적인 결과에 도달할 수 있을까? 아마 아닐 것이다. 예를 들어 이 마을의 조라는 기업가가 불꽃놀이 사업을 추진하고 있다고 하자. 조는 먼저 불꽃놀이 관람권을 판매해야겠지만 쉽지 않을 것이다. 왜냐하면 사람들이 관람권 없이도 불꽃놀이를 볼 수 있다는 사실을 금방 알아차릴 것이기 때문이다. 즉 불꽃놀이는 배제성이 없기 때문에 사람들은 '무임승차'할 유인이 있다. 무임승차자(free rider)란 어떤 재화를 소비하여 이득을 보았음에도 불구하고 이에 대한 대가를 지불하지 않는 사람을 말한다. 사람들은 돈 내고 관람권을 사기보다는 무임승차할 유인이 있으므로 시장에서 효율적인 양의 재화가 공급될 수 없다.

무임승차자 어떤 재화를 소비하여 이득을 보았음에도 불구하고 이에 대한 대가를 지불하지 않는 사람

이런 유형의 시장 실패는 외부효과 때문에 발생한다고 볼 수 있다. 조가 불꽃놀이를 개최한다면 공짜로 불꽃놀이를 보는 사람들에게 긍정적 외부효과를 주게 된다. 하지만 조는 불꽃놀이를 개최할지 여부를 결정할 때 이 외부효과를 전혀 감안하지 않는다. 불꽃놀이가 사회적으로 바람직한 것이라 해도 사적으로는 이익이 되지 않는다. 따라서 조는 개인의 입장에서는 합리적이지만 사회적으로는 비효율적인 결정을 내려 불꽃놀이를 개최하지 않는다.

주민들의 수요가 있더라도 이 같은 이유로 민간기업이 진행하는 불꽃놀이 개최가 불가능해진다면, 이 문제는 당연히 정부가 해결해야 한다. 마을 자치기구가 주민 1인당 2달러씩 세금을 거둬 그 수입으로 조에게 불꽃놀이를 개최하도록 하면 될 것이다. 그렇게 하면 이 마을 주민의 모든 경제적 후생은 8달러(불꽃놀이가 주는 효용가치 10달러에서 세금 2달러를 뺀 금액)씩 증가할 것이다. 민간기업이 달성할 수 없던 효율적인 결과가 정부에 의해 달성된 것이다.

이 마을의 이야기는 하나의 가상적 사례지만 매우 현실적인 이야기다. 미국에서는 대부분의 마을이 독립기념일 불꽃놀이를 직접 주최하고 있다. 이 이야기는 공공재에 관한 보다 일반적인 결론을 제시한다. 즉 공공재는 배제성이 없기 때문에 무임승차 문제로 인해 민간기업이 공공재를 공급하는 것은 불가능하다. 그러나 정부가 이 문제를 해결할 수 있다. 정부가 어느 공공재의 사회적 총이득이 총비용보다 크다는 것을 확인할 수 있다면, 정부가 세금을 거둬 공공재를 공급하는 비용을 부담하면 된다. 이 경우 모든 사람의 경제적 후생이 향상될 수 있다.

11-2b 중요한 공공재의 예

공공재의 사례는 많다. 여기에서는 세 가지 중요한 공공재를 살펴볼 것이다.

DANA FRADON/THE NEW YORKER COLLECTION/THE CARTOON BANK

"세금을 더 거두지 않고 할 수만 있다면, 그거 아주 좋은 생각이오."

국방 외부의 침략으로부터 나라를 지키는 국방은 공공재의 고전적인 예다. 국방의 혜택을 특정한 개인들이 누리지 못하게 할 수 없다. 그리고 한 사람이 국방의 혜택을 받는다고 해서 다른 사람이 누릴 수 있는 편익이 줄지도 않는다. 따라서 국방은 배제가 불가능하고 소비에 있어서 경합성도 없다.

국방은 비싼 공공재 중의 하나다. 2017년 미국 연방 정부의 국방비 지출액은 7,440억 달러로 1인당 2,284달러에 달했다. 사람에 따라서는 이 금액이 너무 많다고 생각할 수도 있고, 너무 적다고 생각할 수도 있다. 그러나 국방비를 지출해야 한다는 데는 이견이 없다. 작은 정부를 주장하는 경제학자들조차도 국방은 정부가 반드시 제공해야 하는 공공재라는 데 의견을 같이한다.

기초과학 연구 지식은 연구에 의해 창조된다. 지식 창조에 적절한 정책을 평가함에 있어서 일반적 지식과 특정 기술 지식을 구별하는 일이 중요하다. 수명이 더 긴 건전지, 더 작은 마이크로칩, 성능이 더 좋은 디지털 뮤직 플레이어의 발명과 같은 특정 기술 지식에 대해서는 특허를 낼 수 있다. 따라서 이러한 기술을 발명한 사람은 일정 기간 동안 자신이 창조한 지식에 대한 배타적인 권리를 갖는다. 특허받은 정보를 사용하려는 사람은 발명한 사람에게 특허 사용료를 내야 한다. 즉 특허는 발명가가 창조한 지식을 배제 가능하게 만든다.

반면에 일반적 지식은 공공재다. 예컨대 수학자는 자신이 증명한 정리에 대해 특허를 낼 수 없다. 일단 정리가 증명되면, 그 지식은 배제성이 없다. 이 수학 정리는 누구나 자유롭게 무료로 활용할 수 있는 인간 지식의 일부가 될 것이다. 또한 이 정리는 소비에 있어서 경합성이 없다. 한 사람이 그 정리를 사용한다고 해서 다른 사람이 같은 정리를 사용하지 못하게 할 수 없다.

이윤을 추구하는 기업들은 나중에 특허를 내고 판매할 수 있는 신제품을 개발하기 위해 많은 돈을 연구에 투입하지만 기초과학 연구에는 많은 돈을 투자하지 않는다. 이들은 다른 사람들이 창조한 일반적 지식에 무임승차할 유인이 있다. 따라서 정부의 정책 개입이 없다면 새로운 지식을 창조하는 데 너무 적은 자원이 투입될 것이다.

정부가 공공재인 일반적 지식을 공급하는 방법에는 여러 가지가 있다. 먼저 정부가 각종 국책 연구소나 정부 출연 연구재단을 통해 의학, 수학, 물리학, 화학, 생물학, 심지어 경제학과 같은 분야의 기초과학 연구에 보조금을 지급할 수 있다. 어떤 사람들은 미국 정부의 우주개발 계획에 대한 예산 지원이 인간 지식의 축적이라는 측면에서 정당화될 수 있다고 생각한다. 과학기술 연구의 사회적 혜택은 측정하기가 매우 어렵기 때문에, 정부가 이런 과학적 노력에 얼마나 지원해야 하는지 결정하는 것 역시 어려운 일이다. 더구나 연구 · 개발에 대한 정부 예산 지원을 결정하는 국회의원들은 대부분 과학 분야에 문외한들이다. 그렇기 때문에 국회의원들이 어느 분야에 대한 연구비 지원이 가장 큰 사회적 이득을 낼 수 있을지 결정하는 것은 적합하지 않다. 기초과학 연구는 분명히 공공재지만 정부가 올바른 종류의 연구에 적절한 재원을 배분하지 못한다 해도 놀라운 일은 아니다.

빈곤구제 정책 가난한 사람들을 돕기 위해 많은 정책이 시행되고 있다. 공적 부조 제도(welfare system, 공식적으로는 빈곤 가구에 대한 일시적 지원(TANF))는 일부 빈곤 가구들에게 약간의 소득을 제공한다. 푸드 스탬프(food stamps, 공식적으로는 보충적 영양지원 프로그램(SNAP))은 저소득 가구들의 식료품 구입비용을 보조해준다. 그리고 다양한 주거지원 프로그램은 주거비 부담을 줄여준다. 이러한 빈곤구제 정책은 경제적으로 고소득자들이 낸 세금으로 유지된다.

경제학자들도 정부가 빈곤 문제를 어떻게 해결해야 하는지에 대해 의견 일치를 보지 못하고 있다. 이 장에서는 빈곤구제 정책을 옹호하는 사람들이 어떤 경우에는 빈곤구제가 공공재라고 주장한다는 사실에 주목하고자 한다. 모든 사람이 빈곤 없는 사회에서 살기를 원한다고 하더라도 빈곤퇴치는 민간기업이 제공할 수 있는 '재화'가 아니다.

그 이유를 이해하기 위해 누군가 부자들을 조직해서 빈곤퇴치를 시도한다고 생각해 보자. 이들은 공공재를 공급하는 셈이다. 한 사람이 빈곤 없는 사회에서 사는 즐거움을 누린다고 해서 다른 사람들이 누리는 같은 즐거움이 줄어들지는 않을 것이다. 이 재화는 배제가 불가능하다. 일단 빈곤이 사라지면 누구든지 그 사실로 인해 즐거움을 누리지 못할 이유가 없다. 따라서 사람들은 다른 사람들의 관대함에 무임승차하려는 경향이 있다. 즉 빈곤퇴치에 소요되는 비용을 부담하지 않고 빈곤퇴치에 따르는 편익만 취하려 든다는 것이다.

이러한 무임승차 문제 때문에 개인들의 자선 행위를 통해 빈곤 문제를 해결하기는 어렵다. 그러나 정부 정책은 이 문제를 해결할 수 있다. 부자들에게 세금을 거둬 가난한 사람들의 생활 수준을 향상시키는 것은 모든 사람에게 유익할 수 있다. 즉 가난한 사람들은 전보다 향상된 생활 수준을 누리고, 세금을 내는 사람들은 빈곤이 줄어든 사회에서 살 수 있기 때문에 모든 사람이 이득을 보는 것이다.

사례 연구

등대는 공공재인가

어떤 재화는 상황에 따라 공공재가 되기도 하고 사적 재화가 되기도 한다. 예를 들어 불꽃놀이가 마을 공터에서 행해진다면 공공재지만, 디즈니랜드와 같은 놀이공원에서 행해진다면 요금을 내고 입장한 사람들만 볼 수 있기 때문에 사적 재화라고 할 수 있다.

TETRA IMAGES/ALAMY STOCK PHOTO

등대는 어떤 재화일까?

또 다른 예로 등대를 생각해보자. 경제학자들은 등대를 오랫동안 공공재로 생각해왔다. 등대는 항해하는 선박들이 위험 지역을 안전하게 통과할 수 있도록 해안을 따라 특정한 위치를 알려주는 시설물이다. 선박 소유주들이 등대를 통해 얻는 혜택은 배제성도 없고 경합성도 없기 때문에 이들은 등대 사용료를 지불하지 않고 무임승차할 유인이 있다. 바로 이 무임승차 문제 때문에 시장에서 선박 소유주들이 원하는 등대 서비스가 공급되지 않는다. 그래서 대부분의 국가에서는 정부가 등대를 운영한다.

그러나 어떤 경우에는 등대가 사적 재화에 더 가깝게 작동해왔다. 예컨대 19세기 영국 해안에는 민간이 소유하고 운영하는 등대들이 있었다. 등대 주인들은 지나가는 선박의 선장들에게 등대 사용료를 징수하는 대신 등대 근처 항구의 소유주에게 사용료를 받았다. 항구 소유주가 등대 주인에게 사용료를 내지 않으면 등대 주인은 불을 꺼버렸고, 배들은 그 항구를 기피했다.

어떤 재화가 공공재인지 판별하려면 이 재화를 통해 혜택을 받는 사람들이 누구인지, 이들이 혜택에서 배제될 수 있는지 알아야 한다. 혜택을 받는 사람들이 매우 많고 누구도 배제할 수 없다면 무임승차 문제가 발생한다. 등대가 수많은 선박 소유주들에게 혜택을 준다면 등대는 공공재가 된다. 그러나 등대의 혜택이 항구 소유주 한 사람에게 집중된다면 등대는 사적 재화에 더 가깝다고 할 수 있다. ●

11-2c 비용 · 편익 분석이라는 난제

지금까지 우리는 시장이 효율적인 수량의 공공재를 공급할 수 없기 때문에 정부가 공공재를 공급해야 한다는 사실을 배웠다. 그러나 정부가 어떤 역할을 해야 한다는 것만으로는 충분하지 않다. 정부는 어떤 종류의 공공재를 얼마나 공급해야 하는지 결정해야 한다.

예를 들어 정부가 지금 새 고속도로를 건설하려고 한다고 하자. 이 고속도로의 건설 여부를 결정하려면 고속도로 완공 이후 이 도로를 이용하는 모든 사람들이 누릴 혜택과 고속도로 건설 · 유지비용을 비교해야 한다. 이를 위해 정부는 경제학자와 기술자를 고용하여 건설 계획이 사회적으로 끼치는 편익과 비용을 추정하는 비용·편익 분석(cost-benefit analysis)을 수행해야 한다.

비용 · 편익 분석 공공재 공급의 사회적 비용과 편익을 비교하는 연구 · 분석

비용 · 편익 분석은 쉽지 않다. 고속도로는 누구에게나 무료로 개방될 것이므로 고속도로의 이용 가치를 측정할 가격이 존재하지 않는다. 사람들에게 고속도로 이용료를 얼마나 낼 용의가 있는지 물어보는 방식은 신빙성이 낮다. 그 이유는 설문을 통해 혜택을 계량화하기 매우 어렵고, 응답자가 진실을 말할 유인이 없기 때문이다. 고속도로를 이용할 용의가 있는 사람들은 혜택을 과장할 유인이 큰 반면, 고속도로의 건설로 인해 손해를 볼 사람들은 자신들이 부담하는 비용을 과장할 유인이 있다.

따라서 공공재의 적정 공급량은 사적 재화에 비해 본질적으로 결정하기 어렵다. 사적 재화 시장에서 수요자들은 재화에 지불하려는 가격을 통해 그 재화의 가치를 표출한다. 공급자들은 생산비용을 자신들이 받고자 하는 가격으로 나타낸다. 시장 균형은 이러한 모든 정보를 반영하기 때문에 자원의 효율적 배분을 달성한다. 이와는 대조적으로 정부가 공공재를 공급해야 하는지, 공급한다면 얼마나 공급해야 하는지를 결정하기 위한 비용 · 편익 분석에서는 분석에 필요한 가격 정보가 전혀 존재하지 않는다. 따라서 공공사업의 비용과 편익은 기껏해야 추정치라고밖에 할 수 없다.

사례 연구

생명의 가치는 얼마일까

여러분이 지방의회 의원이라고 하자. 지방 정부가 여러분에게 정지 신호밖에 없는 마을의 한 교차로에 1만 달러를 들여 신호등을 설치하겠다는 계획안을 가져왔다고 하자. 신호등의 편익은 물론 교통안전의 향상이다. 유사한 교차로들의 자료를 바탕으로 추정한 결과, 신호등을 설치하면 교차로에서 치명적인 사고가 발생할 확률이 1.6%에서 1.1%로 낮아진다고 한다. 여러분은 이 계획안을 승인하겠는가?

이에 대한 답을 구하기 위해 여러분은 비용 · 편익 분석을 할 것이다. 그러나 곧 어려운 문제에 부딪힌다. 객관적인 분석을 하려면 비용과 편익이 같은 단위로 측정되어야 한다. 그러나 편익(이 경우에는 사람의 생명)이 금전적인 것이 아니기 때문에 이를 돈으로 환산해야 한다.

우선 여러분은 사람의 생명이 고귀한 것이기 때문에 가격을 정할 수 없다고 생각할지 모른다. 사실 아무리 많은 돈을 준다고 해도 자신이나 사랑하는 사람의 생명을 스스로 포기하지는 않을 것이다. 이렇게 보면 인간의 생명은 무한대의 가치가 있다고 할 수 있다.

그러나 비용 · 편익 분석에서 이러한 논리는 터무니없는 결과를 초래한다. 우리가 인간의 생명에 무한한 가치를 부여한다면 모든 길거리에 신호등을 설치해야 할 것이다. 마찬가지로 모든 사람들이 안전장치가 별로 없는 소형차 대신 최첨단 안전장치가 장착된 대형차를 타고 다녀야 할 것이다. 그러나 모든 길거리마다 신호등을 설치하지 않고, 어떤 사람들은 에어백이나 ABS 장치가 없는 대신 값이 싼 소형차를 선택하기도 한다. 사적인 결정이든, 공공정책상의 결정이든 우리는 때때로 비용을 절약하기 위해 추가적인 위험 부담을 감수하는 것이다.

일단 인간의 생명에 암묵적으로 금전적 가치를 부여할 수 있다고 한다면, 과연 그 가치는 얼마나 될까? 한 가지 방법은 법원에서 사망자에 대한 보상금액을 결정하는 데 종종 사용되는 방법으로, 죽은 사람이 죽지 않았다면 일생 동안 얼마나 소득을 올렸을지 추정하는 것이다. 그러나 경제학자들은 이 방법에 대해 다소 비판적이다. 이 논리에 따르면 은퇴한 사람이나 불구자의 생명은 가치가 없다는 이상한 결론이 나오기 때문이다.

좀더 나은 방법은 사람들이 받아들일 용의가 있는 위험수준과 그 위험을 받아들이기 위해 사람들이 얼마나 보상받고자 하는지 알아보는 것이다. 예를 들어 직종에 따라 사망률이 다른 점을 생각해보면 될 것이다. 건설 현장에서 일하는 사람은 사무실에서 일하는 사람에 비해 사망률이 높다. 이와 같이 위험한 직업과 덜 위험한 직업의 임금 차이를 비교함으로써 사람들이 자신의 생명에 부여하는 금전적 가치를 어느 정도 유추할 수 있다. 물론 이 임금 차이는 학력, 경력 등 임금수준에 영향을 미치는 다른 요소를 배제하고 계산해야 한다. 이런 방법을 사용한 연구들은 대체로 사람의 생명이 1,000만 달러의 가치가 있는 것으로 추정한다.

이제 앞의 신호등 설치 문제로 돌아가보자. 신호등의 설치는 치명적 사고의 확률을 0.5% 줄인다고 했다. 따라서 신호등을 설치함으로써 기대할 수 있는 편익은 0.005×1,000만 달러, 즉 5만 달러가 된다. 이 금액은 설치비용 1만 달러를 초과하기 때문에 여러분은 이 계획을 승인해야 한다. ●

간단한 퀴즈

3. 다음 중 공공재의 예는 무엇인가?
- a. 주택
- b. 국방
- c. 식당에서의 식사
- d. 바닷속의 물고기

4. 공공재는 (   ).
- a. 시장의 힘에 의해 효율적으로 공급된다.
- b. 정부가 개입하지 않으면 과소하게 공급된다.
- c. 정부가 개입하지 않으면 과도하게 소비된다.
- d. 자연독점의 한 예이다.

5. 스몰빌에 사는 주민 3명이 불꽃놀이를 할지를 검토하고 있다. 이 공공재에 대해 클라크는 80달러, 라나는 50달러의 가치를 느끼는 반면 불꽃놀이를 싫어하는 피트가 느끼는 가치는 −30달러라고 한다. 불꽃놀이에는 120달러의 비용이 소요되며 세 사람이 40달러씩 부담한다. 이 마을의 입장에서 효율적인 결과는 다음 중 어느 것인가?
- a. 중위투표자가 느끼는 가치가 1인당 세금 부담보다 크기 때문에 불꽃놀이를 해야 한다.
- b. 다수의 주민이 1인당 세금 부담보다 더 높은 가치를 느끼기 때문에 불꽃놀이를 해야 한다.
- c. 다수의 주민들이 느끼는 가치의 합이 비용보다 크기 때문에 불꽃놀이를 해야 한다.
- d. 모든 주민들이 느끼는 가치의 합이 비용보다 작기 때문에 불꽃놀이를 하지 말아야 한다.

정답은 각 장의 끝에

11-3 공유자원

공유자원의 비극 공유자원이 사회적 관점에서 볼 때 과다하게 사용되어 결국 고갈된다는 우화

공유자원도 공공재와 같이 배제성이 없다. 공유자원은 원하는 사람이면 누구나 거저 사용할 수 있다. 그러나 공유자원은 소비에 있어서 경합성이 있다. 즉 한 사람이 공유자원을 사용하면 다른 사람이 사용에 제한을 받는다. 따라서 공유자원은 새로운 형태의 문제를 야기한다. 정부는 공유자원의 사용량에 관심을 가져야 한다. 이 문제는 '공유자원의 비극(Tragedy of the Commons)'이라는 고전적인 우화가 잘 설명해준다.

11-3a 공유자원의 비극

중세의 작은 마을을 상상해보자. 이 마을의 가장 중요한 경제활동은 양을 기르는 일이다. 마을의 많은 사람들이 양을 키워 양털을 팔아 생활한다.

이 마을의 양들은 대부분의 시간을 마을 공유지(Town Common)라 불리는 마을 주변의 초원에서 풀을 뜯어 먹으며 보낸다. 이 초원은 공동 소유지로 마을 주민이라면 누구든지 이곳에서 자신의 양에게 풀을 먹일 수 있다. 초원의 풀이 풍부할 때 공동 소유제도는 별문제가 없었다. 모든 사람이 원하는 만큼 풀을 먹일 수 있는 한 마을 공유지는 소비에 있어서 경합성이 없는 재화기 때문이다. 따라서 양들이 무료로 풀을 먹는 것이 아무런 문제가 되지 않았고, 모든 사람이 만족스러워했다.

그러나 시간이 흘러 마을의 인구가 증가하고 마을 공유지에서 풀을 뜯는 양의 숫자도 증가했다. 초원의 면적은 제한되어 있으나 양의 숫자는 계속 증가하여 초원은 결국 황무지가 되고 말았다. 마을 공유지에 풀이 없기 때문에 양을 기를 수 없었고, 한때 융성하던 이 마을의 양털산업은 쇠퇴했다. 마을 사람들은 생활 기반을 상실한 것이다.

무엇이 이 비극을 초래했을까? 마을 사람들은 왜 양이 그렇게 많이 증가하여 공유지를 망치도록 내버려두었을까? 그 이유는 사적 유인과 사회적 유인의 괴리 때문이다. 초원이 폐허가 되지 않도록 하려면 마을 사람들의 공동 노력이 필요하다. 마을 사람들이 공동 보조를 취했다면 그들은 양의 숫자를 초원이 유지되는 수준으로 조절할 수 있었을 것이다. 그러나 마을 주민 누구도 자신의 양을 줄일 유인이 없었다. 각자 소유한 양은 전체 숫자에 비하면 작은 부분에 불과했기 때문이다.

'공유자원의 비극'은 외부효과 때문에 발생한 것이다. 한 사람의 양 떼가 공유지의 풀을 뜯으면 이는 다른 사람의 양 떼가 먹을 풀의 질을 떨어뜨린다. 사람들이 양을 몇 마리 소유할지 결정할 때 자신이 초래하는 이런 부정적 외부효과를 감안하지 않았기 때문에 양의 수가 너무 많아진 것이다.

이런 비극이 예견되었다면 마을은 이 문제를 여러 가지 방법으로 해결할 수 있었을 것이다. 마을 주민이 소유할 수 있는 양의 숫자를 규제하거나, 양의 소유에 세금을 부과해서 외부효과를 내부화하거나, 초원에서 풀을 먹일 수 있는 허가권을 경매에 부칠 수도 있었을 것이다. 즉 이 마을은 현대사회가 환경오염 문제를 해결하는 방법을 사용하여 초원의 과잉 방목 문제를 해결할 수 있었을 것이다.

그러나 토지의 경우는 보다 손쉬운 방법이 있다. 마을 사람들이 공유지를 분할하여 각자 소유하는 것이다. 그리고 각 소유주는 자기 토지에 담장을 쳐서 구획을 설정하여 과잉 방목을 막으면 된다. 이렇게 하면 토지는 공유자원이 아니라 사유재산이 된다. 이와 같은 구획 짓기 운동(enclosure movement)은 17세기 영국에서 실제로 발생했다.

공유자원의 비극 이야기는 여러 가지 교훈을 준다. 한 사람이 공유자원을 사용하면 다른 사람은 공유자원을 사용하는 데 제한을 받는다. 이런 부정적 외부효과 때문에 공유자원이 과도하게 사용되는 것이다. 정부는 이 문제를 규제나 세금 등을 통해 해결하거나, 공유자원을 사유재산으로 만들어 해결할 수 있다.

이 교훈은 수천 년 전부터 알려져 있었다. 고대 그리스 철학자 아리스토텔레스(Aristotle)는 공유자원의 문제를 다음과 같이 지적했다. "사람들은 여러 사람과 공유하는 재산은 잘 간수하지 않는다. 누구든지 다른 사람과 공유한 물건보다 자기 물건에 관심을 갖기 때문이다."

11-3b 중요한 공유자원의 예

공유자원에는 여러 가지가 있으며, 거의 모든 경우 공유자원의 비극이 발생한다. 즉 사적인 의사결정자들이 공유자원을 과도하게 사용하고 있다. 따라서 정부는 공유자원의 과다 사용을 억제하기 위해 규제를 하거나 사용료를 부과하고 있다.

깨끗한 공기와 물 10장에서 배운 바와 같이 시장 기능은 환경을 효율적으로 보호하지 못한다. 환경오염은 교정적 조세나 정부 규제와 같은 수단으로 해결할 수 있는 부정적 외부효과다. 환경 파괴와 같은 시장 실패도 일종의 공유자원 문제로 볼 수 있다. 깨끗한 물과 공기도 초원과 같은 공유자원이기 때문에 오염물질의 과다한 배출은 과다한 방목과 같은 현상이다. 환경 파괴는 현대판 공유자원의 비극이라고 할 수 있다.

혼잡한 도로 도로는 공공재일 수도 있고, 공유자원일 수도 있다. 도로가 혼잡하지 않다면 한 사람이 도로를 사용한다고 다른 사람이 사용하는 것을 방해하지 않는다. 이 경우 도로 사용에 경합성이 없으므로 공공재다. 그러나 도로가 혼잡하다면 도로 사용에 부정적 외부효과가 발생한다. 한 사람이 추가로 도로를 사용하면 그만큼 교통혼잡을 유발하여 다른 사람이 사용하는 것을 방해한다. 이 경우 도로는 공유자원의 속성이 있다.

교통혼잡을 해결하는 한 가지 방법은 혼잡통행료를 받는 것이다. 혼잡통행료는 기본적으로 교통혼잡이라는 외부효과를 치유하기 위한 교정적 조세라고 할 수 있다. 도시 내 도로의 경우처럼 때로는 통행료 징수비용이 너무 비싸서 현실적인 해법이 되지 못할 수도 있다. 그러나 런던과 스톡홀름 등 몇몇 도시는 혼잡통행료가 교통혼잡을 줄이는 효과적인 방법이라는 사실을 발견했다.

교통혼잡은 하루 중 일정한 시간에만 발생할 수도 있다. 교량이 출퇴근 시간에만 혼잡하다면 도로 사용의 외부효과는 이 시간 동안에만 매우 크고, 다른 시간대에는 별로 크지 않다고 할 수 있다. 이 문제를 효율적으로 해결하는 방법은 출퇴근 시간대에만 통행료를 받는 것이다. 이 요금 부과는 운전자들이 다른 시간대에 운전하게 하는 유인을 제공할 것이다.

교통혼잡을 해결하기 위한 또 다른 방법은 10장의 사례연구에서 설명한 바와 같이 휘발유에 세금을 부과하는 것이다. 휘발유 가격의 인상은 차량 운행을 줄이고 따라서 교통혼잡을 줄일 수 있다. 그러나 휘발유세는 교통혼잡을 해결하기에는 불완전한 방안이다. 휘발유세는 혼잡한 도로에서의 자동차 운행뿐 아니라 다른 의사결정에도 영향을 미치기 때문이다. 특히 휘발유세는 외부효과가 없는 혼잡하지 않은 도로의 사용까지 억제하는 결과를 가져온다.

물고기, 돌고래와 같은 야생동물 야생동물은 공유자원이다. 물고기나 돌고래는 시장가치가 있지만 누구나 바다에서 잡을 수 있다. 사람들이 내년을 위해 이 동물들을 남겨둘 유인이 거의 없다. 마을 공유지 초원을 과잉 방목으로 황폐하게 만든 것처럼 물고기나 돌고래의 남획은 해양자원을 고갈시킬 수 있다.

바다야말로 아직까지 규제를 거의 받지 않는 공유자원의 하나다. 해양 문제는 두 가지 이유 때문에 해결하기 어렵다. 첫째, 여러 나라가 바다에 접해 있다. 따라서 어떤 해결 방안이든 국제적인 협력이 필요하다. 둘째, 바다는 워낙 광대하기 때문에 국제협약을 집행하기 매우 어렵다. 우호적인 국가 간에도 어업권을 놓고 종종 국제적 긴장이 야기되는 것은 바로 이 때문이다.

전문가들에게 묻는다 **혼잡세**

"일반적으로 혼잡한 교통 네트워크에 대해 혼잡세—출퇴근 시간대 도시내 도로에 대해 더 높은 통행료를 부과하거나, 항공기 이착륙이 많은 시간대에 더 높은 활주로 사용료를 책정—를 부과하고 그 징수액을 다른 세금을 낮추는 데 활용한다면 평균적인 시민들의 후생은 증가할 것이다."

이 설문에 대한 경제학자들의 답변은?

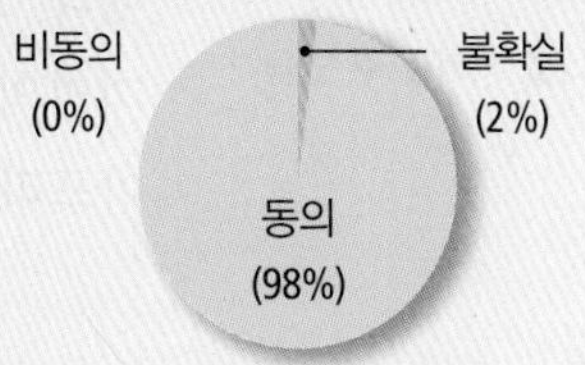

자료: IGM Economic Experts Panel, 2012년 1월 11일.

미국에는 물고기와 야생동물의 포획을 관리하기 위한 여러 가지 법률이 있다. 예를 들어 낚시와 사냥에는 면허가 필요하고, 일정 기간 동안에만 허용된다. 낚시꾼들은 작은 물고기를 잡아서는 안 되며, 사냥꾼이 잡을 수 있는 동물 숫자에는 제한이 있다. 이러한 규제는 모두 공유자원의 남용을 막아 동물의 멸종을 방지하기 위한 것이다.

소는 왜 멸종되지 않았을까

역사적으로 수많은 동물이 멸종 위기를 겪었다. 유럽인들이 북미 대륙에 처음 이주했을 때 북미 대륙에는 6,000만 마리가 넘는 버팔로(들소)가 있었다. 그러나 불행하게도 19세기 동안 무제한적으로 사냥한 결과, 버팔로의 숫자가 400마리까지 감소한 적이 있다. 일부 아프리카 국가에서는 상아를 노리는 밀렵꾼 때문에 코끼리들이 이와 비슷한 운명에 처하기도 했다.

그러나 상업적 가치가 있는 모든 동물이 이런 운명을 겪는 것은 아니다. 예를 들어 소는 인간 생활에 매우 중요한 동물이지만 소가 멸종되리라고 생각하는 사람은 없다. 오히려 쇠고기 수요가 늘수록 소는 멸종의 위협에서 더 멀어진다.

상아의 시장가치는 코끼리의 생존에 위협이 되지만 쇠고기의 시장가치는 소의 생존에 도움이 되는 것이다. 왜 그럴까? 코끼리는 공유자원이지만 소는 사유재산이기 때문이다. 코끼리는 주인 없이 초원을 자유로이 돌아다닌다. 따라서 밀렵꾼은 가능한 한 많은 코끼리를 남보다 먼저 잡아야 하는 유인이 있다. 왜냐하면 밀렵꾼의 수는 많고, 각

PHOTOZEK07/ISTOCK/GETTY IMAGES

"시장 기능이 나를 지켜줄 수 있을까?"

각의 밀렵꾼은 코끼리의 개체수를 유지하기 위해 밀렵을 자제할 유인이 거의 없기 때문이다. 반면에 소는 개인이 소유한 목장에서 사육되는 사유재산이다. 목장 주인은 소의 숫자를 유지하는 것이 자신에게 이득이 되기 때문에 소를 잘 관리한다.

각국 정부는 코끼리의 멸종 위기를 두 가지 방법으로 해결하려고 한다. 케냐, 탄자니아, 우간다와 같은 나라에서는 코끼리 사냥을 불법화하고 상아 거래를 금지했다. 그러나 이러한 조치들은 집행하기가 매우 어려웠고, 정부와 밀렵꾼들 간의 분쟁은 점점 격화되었다. 그러는 동안 이들 나라에서 코끼리의 숫자는 계속 감소해왔다. 이와는 대조적으로 보츠와나, 말라위, 나미비아, 짐바브웨와 같은 나라에서는 코끼리 사냥을 허용하되, 자기 소유의 토지에서만 사냥을 할 수 있도록 하여 사실상 코끼리를 사유재산화했다. 그 결과 토지 소유자들은 코끼리가 자기 소유의 토지에서 계속 머물기를 원해 코끼리의 숫자는 다시 증가하기 시작했다. 소유권과 이윤 동기를 적절히 활용함으로써 아프리카의 코끼리들이 멸종 위기에서 벗어난 것이다. ●

공유자원으로서의 소셜 미디어

현대적인 광장이 고전적인 문제에 직면하다.

페이스북이 공유자원의 비극에 직면하다

John Gapper

페이스북과 트위터 같은 소셜 네트워크와 관련된 크고 작은 스캔들은 따라가기 힘들 정도로 많다. 미국 선거를 방해하려는 러시아의 공작을 무심코 돕거나 극단주의자들 또는 음란물 유포자들에 의해 악용되는 등 소셜 네트워크는 끊임없이 어려움을 겪고 있다.

스캔들이 터질 때마다 소셜 네트워크가 자신의 이름으로 공표되는 모든 것에 책임을 지는 뉴스 매체와 동등하게 취급되어야 한다는 주장이 새로이 등장한다. 이는 '커뮤니티 기준'의 강화와 더 많은 콘텐츠 확인 인력의 채용으로 이어진다. 페이스북은 내년까지 검열 담당 부서인 '커뮤니티 오퍼레이션'에서 일할 인력 2만 명을 채용할 계획이다.

거대한 인터넷 회사들에게 전자 광고를 많이 빼긴 전통적인 매체들의 입장에서는 이들이 자신들과 동등한 대접을 받아야 한다고 믿고 싶겠지만, 이러한 생각에는 오류가 있다. 페이스북은 단순히 21억 명이 읽는 신문에 그치지 않기 때문이다. 그러나 플랫폼 회사라고 해서 책임이 없는 것이 아니라 오히려 더 큰 부담을 져야 한다.

러시아의 정치적 광고, 극단주의 영상, 가짜 뉴스 등은 비록 사적으로 소유되고 있기는 하지만 공유되고 있는 자원의 오염자들로 보는 것이 더 타당하다. 이러한 현상을 일컫는 용어가 공유자원의 비극이다. 공동체 전체에 의해 공유되는 개방된 생태계는 훼손된다는 뜻이다.

1968년에 이 용어를 처음 지어낸 미국의 생태학자이자 철학자인 개럿 하딘(Garrett Hardin)은 공유지 고유의 논리가 무자비하게 비극을 만들어낸다고 경고하였다. 그는 공유자원의 자유를 믿는 사회에서 각자의 이익을 앞세우는 개인들이 서둘러 달려가는 종착역은 파멸이라는 우울한 말을 덧붙였다.

그가 제시한 가장 중요한 사례는 공유지에서의 과도한 방목이다. 가축들에게 공짜로 먹일 수 있는 초지를 이용하려는 농부와 목축 농가가 너무 많아진다는 것이다. 그는 폐수, 화학물질, 다른 폐기물 등을 자체적으로 처리하지 않고 배출하여 환경을 오염시키는 기업들을 또 하나의 사례로 들었다. 합리적인 이기주의가 공유자원을 황폐화하거나 더럽힌다는 것이다.

소셜 네트워크에 대한 위협도 여기에 있다. 그들은 스스로를 공유자원으로 설정하고 수억 명의 사람들에게 오픈액세스(open access)를 제공하여 사용자 제작 콘텐츠를 게시하고 다른 사람들과 사진을 공유할 수 있도록 한다.

간단한 퀴즈

6. 다음 중 공유자원의 예는?
   a. 주택
   b. 국방
   c. 식당에서의 식사
   d. 바닷속의 물고기

7. 공유자원은 (   ).
   a. 시장의 힘에 의해 효율적으로 공급된다.
   b. 정부가 개입하지 않으면 과소하게 공급된다.
   c. 정부가 개입하지 않으면 과도하게 소비된다.
   d. 자연독점의 한 예이다.

8. 66번 도로는 러시아워 동안에만 혼잡한 유료도로다. 나머지 시간대에는 이 도로의 사용은 (   ) 효율적인 통행료 수준은 (   ).
   a. 배제가 불가능하므로, 더 높아야 한다.
   b. 배제가 불가능하므로, 0이어야 한다.
   c. 소비에 경합성이 없으므로, 더 높아야 한다.
   d. 소비에 경합성이 없으므로, 0이어야 한다.

정답은 각 장의 끝에

이러한 공유 행위는 네트워크 효과를 창출했다. 즉 사람들은 서로 소통하기 위해 페이스북이나 다른 소셜 미디어를 필요로 했던 것이다.

그러나 소셜 네트워크들은 무상의 공유자원을 돈벌이나 변태적 목적에 악용하려는 개인과 조직 등 악덕 참여자들도 끌어들인다. 이들은 디지털 공유자원의 오염자들이며 이들과 함께 분쟁을 조장하는 자들도 생긴다. 주의를 끌기 위해 목소리를 높이거나 다른 사람들을 공격하는 보다 가벼운 죄를 범하는 사람들 말이다.

하딘이 주목한 바와 같이 이러한 현상은 불가피하다. 디지털 공유자원은 전통적 의미의 출판사 역할 이상의 커다란 공동체 편익을 장려한다. 유튜브는 개방되어 있고 무료이기 때문에 연예산업에서는 가능하지 않은 모든 종류의 창의성이 꽃을 피울 수 있다. 비극은 유튜브가 동시에 포르노물 제작자나 테러 선동자들의 활동 무대이기도 하다는 것이다.

그래서 페이스북의 창업자인 마크 저커버그(Mark Zuckerberg)가 러시아의 가짜 뉴스 제조 공장에 대해 "그들이 한 짓은 잘못이며 우리는 그들을 대표하지 않는다"라고 비난했을 때 마치 영화 〈카사블랑카〉에 나오는 경찰관이 카지노에서 도박이 행해지고 있는 것을 알고 충격을 받았다고 고백하는 것처럼 들렸다. "우리 모두를 지구촌 공동체로 모이게 하겠다"라는 저커버그의 미션은 칭송할 만하지만 문제를 일으키기도 한다.

하딘은 공유자원 문제에 대해 회의적이었다. 기술적인 해법은 없고 유일한 치유책은 다수가 동의하는 상호 제재라고 주장하였다. 이를 페이스북, 트위터, 유튜브에 적용한다면 이들이 지금과 같은 개방성 대신 진입과 행태에 대한 엄격한 규칙을 요구하는 출판매체가 되는 것이다.

이들은 이러한 역할에 저항한다. 엄격한 법적 책임이 부과되기도 하고 공유자원으로 남아있기를 원하기 때문이다. 그러나 스캔들이 터질 때마다 편집을 통한 방어를 강화하고 그들의 본성을 바꿀 수도 있는 콘텐츠 모니터링에 더 가까이 다가간다.

경고음이 울렸을 때 도발적인 게시물을 제거하는 대신 게시되기 전에 미리 검토를 한다면 선을 넘는 일이 될 것이다. 하딘의 주장을 거역하듯 그들은 열성을 다해 기술적인 해법을 찾고 있다. 인공지능을 활용하여 저작권 침해 행위를, 그것도 사용자들이나 다른 기관들이 검토를 해달라고 신고하기 전에 식별한다.

유튜브에서 삭제되는 극단주의 영상물의 75퍼센트는 알고리듬에 의해 식별되며 페이스북은 ISIS와 알 카에다 관련 게시물의 99퍼센트를 자동으로 찾아서 제거한다. 이는 마치 어떤 영토 주변에 자동 담장을 둘러쳐서 적법한 출입객과 이기적인 이용자들을 가려내는 것과 같다.

그러나 기계가 모든 문제를 해결할 수는 없다. 모든 악인들을 배제하고 나면 공유지는 다른 그 무엇인가로 변할 것이다. 규제가 없는 공동체는 매혹적이지만 이상향은 항상 취약한 법이다. ■

토론 문제

1. 소셜 미디어를 사용할 때, 다른 사람들의 바람직하지 않은 행동을 접한 경험이 있는가? 그렇다면 몇 가지 예를 들어보라. 이 행동이 일종의 외부효과와 유사한다?
2. 소셜 미디어 포럼 제공자가 사용자의 행동을 규제해야 하는가? 그 이유는 무엇이며, 어떻게 해야 하는가?

자료: *Financial Times*, 2017년 11월 29일.

11-4 결론 : 재산권의 중요성

10장과 이 장에서 우리는 시장이 적절하게 공급할 수 없는 재화가 있음을 알았다. 또 시장 기능은 우리가 호흡하는 공기를 항상 깨끗하게 유지해줄 수 없고, 국가를 외침에서 지켜줄 수 없다는 것을 알았다. 따라서 정부가 환경을 보호하고 국방을 책임져야 하는 것이다.

이 장에서 살펴본 문제들은 여러 가지 형태로 나타나지만 한 가지 공통적인 배경이 있다. 모든 경우에서 재산권(property rights)이 명확하게 확립되어 있지 않기 때문에 시장이 자원을 효율적으로 배분하지 못한다는 것이다. 즉 가치 있는 재화의 법적인 소유자가 존재하지 않기 때문에 발생하는 문제들이다. 예를 들어 누구도 맑은 공기와 국가안보의 가치를 부정할 수 없지만, 거기에 가격을 부과하여 이득을 취할 권리가 있는 사람 역시 없다. 공장이 오염물질을 과다하게 배출하는 것은 그 배출물에 대해 아무도 요금을 부과하지 않기 때문이다. 시장이 국방 서비스를 공급할 수 없는 것은 어떤 사업자도 국가안보로 이득을 보는 사람에게 요금을 받아낼 수 없기 때문이다.

재산권이 확립되지 않아 시장 실패가 발생했다면 정부는 여러 가지 방법으로 이 문제를 해결할 수도 있다. 어떤 경우에는 오염배출권 거래를 허용하는 것과 같이 정부가 재산권을 설정해주고, 그다음에는 시장 기능이 작동하도록 유도할 수 있다. 혹은 수렵기간을 제한하는 것과 같이 정부가 민간의 행위를 직접 규제하여 해결할 수도 있다. 국방은 시장이 공급하지 못하는 서비스를 정부가 직접 공급하여 해결하는 경우다. 이 모든 시장 실패 사례에 대하여 잘 고안되고 잘 집행된 정책은 자원이 보다 효율적으로 배분되도록 하여 모든 사람의 경제적 후생을 향상시킬 수 있다.

요약

- 모든 재화는 배제성과 소비에 있어서 경합성이 있는가에 따라 구분된다. 사람들이 어떤 재화를 사용하는 것을 막을 수 있다면 그 재화는 배제성이 있다. 어느 사람이 한 재화를 사용함으로써 다른 사람이 그 재화를 사용하는 데 제한을 받는다면 그 재화는 소비에 있어서 경합성이 있다. 시장 기능은 배제적이고 소비에 있어서 경합적인 재화의 배분을 효율적으로 수행한다. 그러나 다른 형태의 재화는 시장 기능이 역할을 잘못 할 수도 있다.
- 공공재는 배제가 불가능하고 소비에 있어서 경합적이지도 않은 재화다. 공공재의 예로는 불꽃놀이, 국방, 기초과학, 지식의 발견 등이 있다. 공공재를 사용할 때는 따로 요금을 내지 않아도 되므로 사람들은 무임승차할 유인이 있고 따라서 민간에 의한 공급이 불가능하다. 정부는 공공재를 공급하고 각 공공재의 공급량을 비용 · 편익 분석을 통해 결정함으로써 자원배분을 개선할 수 있다.
- 공유자원은 배제가 불가능하지만 소비에 있어서 경합적

인 재화다. 초원, 맑은 공기, 혼잡한 도로 등이 공유자원이다. 사람들은 이 공유자원을 이용하는 데 별도의 사용료를 지불하지 않으므로 지나치게 많이 이용하려 한다. 따라서 정부는 규제와 교정적 조세와 같은 다양한 방법을 통해 문제를 해결할 수도 있다.

중요개념

배제성 248
경합성 248
사적 재화 248
공공재 249
공유자원 249
클럽재 249
무임승차자 251
비용 · 편익 분석 254
공유자원의 비극 256

복습문제

1. 재화의 '배제성'이란 무엇인가? 재화의 '소비에 있어서 경합성'이란 무엇인가? 피자 한 조각은 배제성이 있는가, 소비에 있어서 경합성이 있는가?
2. 공공재를 정의하고 예를 하나 들라. 시장이 스스로 이 재화를 공급할 수 있는가? 설명하라.
3. 공공재의 비용 · 편익 분석이란 무엇인가? 왜 중요한가? 왜 어려운가?
4. 공유자원을 정의하고 예를 하나 들라. 정부의 개입이 없다면 사람들은 이런 자원들을 너무 많이 사용할까, 너무 적게 사용할까? 그 이유는 무엇인가?

응용문제

1. 여러분의 지방 정부가 제공하는 재화와 서비스에 대해 생각해보라.
   a. 그림 11.1을 이용하여 다음 각 재화가 어느 유형에 속하는지 설명하라.
      - 경찰 서비스
      - 눈 치우기(제설작업)
      - 교육
      - 농촌지역의 도로
      - 도시의 거리
   b. 정부가 공공재가 아닌 재화를 제공하는 이유는 무엇인가?
2. 공공재와 공유자원 모두 외부효과가 있다.
   a. 공공재와 관련된 외부효과는 일반적으로 긍정적인가, 부정적인가? 시장에서 사용되는 공공재의 수량은 일반적으로 효율적인 수준보다 많은가, 적은가? 예를 들어 답하라.
   b. 공유자원과 관련된 외부효과는 일반적으로 긍정적인가, 부정적인가? 시장에서 공급되는 공유자원의 수량은 일반적으로 효율적인 수준보다 많은가, 적은가? 예를 들어 답하라.
3. 프레도는 공영 TV에서 방영하는 '다운튼 애비'의 애청자다. 그러나 그는 한 번도 방송국이 모금을 할 때 참여한 적이 없다.
   a. 경제학자들은 프레도 같은 사람을 무엇이라고 부를까?
   b. 정부는 프레도 같은 사람들의 문제를 어떻게 해결할 수 있을까?
   c. 사적 시장에서 이러한 문제를 해결할 수 있는 방법을 생각해보라. 케이블 TV가 존재한다면 상황이 어떻게 달라질까?

4. 어느 도시의 공항에서 고속 무선인터넷이 무료로 제공된다고 하자.

a. 처음에는 소수의 고객들이 이 서비스를 사용한다고 하자. 이 경우 무선인터넷 서비스는 어떤 유형의 재화인가? 그 이유를 설명하라.

b. 궁극적으로 더 많은 사람들이 이 서비스를 알게 되고 사용하게 되면서 접속 속도가 느려지기 시작했다고 하자. 이 경우 무선인터넷 서비스는 어떤 유형의 재화인가?

c. 어떤 문제가 발생할 소지가 있는가? 그 이유는 무엇인가? 이 문제를 해결할 수 있는 방법을 한 가지 제시하라.

5. 4명의 룸메이트가 주말에 오래된 영화 몇 편을 볼지 논쟁을 벌이고 있다. 4명이 각 영화에 대해 지불하려는 금액은 다음과 같다.

	드웨인	하비에르	샐만	크리스
첫 번째 영화	$7	$5	$3	$2
두 번째 영화	6	4	2	1
세 번째 영화	5	3	1	0
네 번째 영화	4	2	0	0
다섯 번째 영화	3	1	0	0

a. 기숙사 방 안에서의 영화 상영은 공공재인가 아닌가? 그 이유를 설명하라.

b. 영화 1편을 보는 비용이 8달러라면 기숙사 학생들의 총잉여를 극대화하기 위해서는 영화를 몇 편 봐야 할까?

c. (b)에서 계산한 최적 편수의 영화를 보는 비용을 똑같이 나눠서 낸다면 영화 관람을 통해 얻는 잉여는 각각 얼마인가?

d. 모든 사람이 이득을 볼 수 있도록 비용을 분담하는 방법이 있는가? 이러한 방법을 실행하는 데 따르는 현실적인 문제는 무엇인가?

e. 4명이 최적 편수의 영화를 보고 그 비용을 똑같이 나누기로 사전에 합의했다고 가정하자. 이 경우 드웨인에게 얼마를 지불할 의사가 있는지 묻는다면 그는 진정한 지불용의를 밝힐 유인이 있는가? 그렇다면 이유는 무엇인가? 만일 유인이 없다면 지불용의를 뭐라고 밝히겠는가?

f. 이 문제를 통해 공공재의 적정 공급에 대해 무엇을 배울 수 있는가?

6. 일부 경제학자들은 민간기업이 기초과학 연구를 사회적 최적수준까지 하지 않는다고 주장한다.

a. 그들이 최적수준의 연구를 하지 않을 수 있는 이유를 설명하라. 기초과학 연구는 그림 11.1의 재화 종류 중 어디에 속하는가?

b. 이런 문제에 대응하기 위해 정부는 어떤 정책을 사용하는가?

c. 이런 정책이 기업들의 기술수준을 외국 기업에 비해 높인다는 주장이 있다. 이 주장이 (a)의 분류와 부합되는가? (힌트 : 공공재의 혜택을 일부 수혜자에게만 적용되도록 배제성을 적용할 수 있을까?)

7. 각각 3명의 주민들로 구성된 2개의 마을에서 새해를 축하하는 불꽃놀이 시행 여부를 결정하려 한다. 불꽃놀이의 비용은 360달러다. 마을 주민들의 불꽃놀이에 대한 선호도는 동일하지 않다.

a. 베이포트(Bayport) 마을 주민들은 공공재의 가치를 다음과 같이 평가한다.

프랭크: 50달러
조이: 100달러
캘리: 300달러

불꽃놀이는 비용 · 편익 분석을 통과할 수 있을까? 설명하라.

b. 베이포트 시장은 다수결로 결정할 것과, 만일 투표결과 가결된다면 그 비용을 주민들이 균등하게 부담할 것을 제안했다. 누가 찬성할까? 누가 반대할까? 투표를 통해 비용 · 편익 분석과 동일한 결과를 얻을 수 있을까?

c. 리버 하이츠(River Heights) 마을 주민들은 공공재의 가치를 다음과 같이 평가한다.

낸시: 20달러
베스: 140달러
네드: 160달러

불꽃놀이는 비용 · 편익 분석을 통과할 수 있을까? 설명하라.

d. 리버 하이츠 시장 역시 다수결로 결정할 것과, 만일 투표결과 가결된다면 그 비용을 주민들이 균등하게 부담할 것을 제안했다. 누가 찬성할까? 누가 반대할

까? 투표를 통해 비용 · 편익 분석과 동일한 결과를 얻을 수 있을까?

e. 두 마을의 사례가 공공재의 최적공급에 대해 말하고자 하는 것은 무엇인가?

8. 왜 고속도로에는 지저분한 쓰레기가 많고, 개인의 마당은 대부분 깨끗한가?

9. 워싱턴 D.C. 지하철과 같은 대중교통 요금은 출퇴근 시간에 더 비싸다. 이런 요금 체계를 시행하는 이유는 무엇인가?

10. 고소득층은 저소득층보다 사망률을 낮추기 위해 많은 금액을 지불할 용의가 있다. 예를 들어 그들은 차를 구입할 때 안전을 위해 많은 돈을 지불한다. 비용 · 편익 분석을 통해 공공 투자 계획을 평가할 때 이런 측면을 고려해야 하는가? 예를 들어 부유한 동네와 가난한 동네에 각각 신호등 설치의 타당성을 결정해야 할 때, 부유한 동네에서는 인간의 생명에 대한 화폐가치를 더 높게 적용해야 할까? 그 이유는 무엇인가?

간단한 퀴즈 정답

1. a 2. b 3. b 4. b 5. d 6. d 7. c 8. d

THE SA
RESTROOMS
BAÑOS
ATM

12장

생산비용

경제는 수많은 기업들로 구성된다. 우리가 매일 소비하는 재화와 서비스는 이들 기업에 의해 생산된다. 이 중에는 자동차 제조업체 제너럴 모터스(GM)나 가전제품 생산업체 제너럴 일렉트릭(GE), 시리얼 제조업체 제너럴 밀스(General Mills)처럼 수천 명의 근로자를 고용하고 수천 명의 주주가 소유한 대기업이 있는가 하면, 동네 일반 상점이나 이발소, 카페처럼 한 사람이나 한 가족이 소유한 종업원 몇 명의 사업체도 있다.

앞에서 우리는 공급곡선을 통해 기업의 생산에 관한 의사결정에 대해 살펴보았다. 공급의 법칙에 따르면 기업은 제품 가격이 높을수록 그 제품을 더 많이 생산 · 판매하려고 하기 때문이다. 공급곡선은 우상향한다. 공급의 법칙만 알면 기업의 행태에 관한 많은 문제를 분석할

ISTOCK.COM/LOLOSTOCK; GEORGE RUDY/SHUTTERSTOCK.COM

수 있다.

이 장과 다음 몇 장에서는 기업의 의사결정에 대해 보다 자세히 살펴볼 것이다. 이 주제를 공부하면 여러분은 공급곡선의 배후에 있는 의사결정을 좀더 잘 이해할 수 있을 것이다. 이와 함께 가격과 생산량에 관한 기업들의 의사결정이 그 기업들이 직면한 시장 여건에 따라 어떤 영향을 받는지 연구하는 산업조직론(industrial organization)의 일부 내용에 대해서도 다룰 것이다. 예를 들어 어떤 동네에는 피자가게가 여러 개 있지만 케이블 TV 방송은 하나만 있을 가능성이 높다. 그렇다면 시장을 구성하는 기업 수의 차이는 이들 시장에서 형성되는 가격과 자원 배분에 어떤 영향을 미칠까? 산업조직론은 바로 이런 문제를 다룬다.

그러나 산업조직론에 관한 분석에 앞서 생산비용에 대해 공부할 필요가 있다. 모든 기업은 거대한 항공사든, 동네에 있는 조그만 식료품점이든 재화와 서비스를 생산 · 판매한다. 앞으로 공부하겠지만 생산비용은 기업의 생산과 가격을 결정하는 중요한 변수다. 이 장에서는 경제학자들이 기업비용을 측정하기 위해 사용하는 여러 변수를 살펴보고, 이 변수들이 서로 어떤 관계가 있는지 알아볼 것이다.

이 장의 주제는 다소 건조하고 기술적이다. 아주 솔직히 말하면 내용이 좀 지루할지도 모르겠다. 그러나 이후 우리가 공부할 흥미진진한 주제들을 이해하기 위해서는 반드시 알아야 할 기초 지식이다.

12-1 비용이란 무엇인가

우선 끌로에의 과자 공장의 비용에 대해 생각해보자. 이 공장의 주인인 끌로에는 밀가루와 설탕, 초콜릿 칩 등 재료와 믹서, 오븐을 구입하고 근로자를 고용하여 과자를 생산한 다음 소비자들에게 판매한다. 이제 끌로에가 사업을 하면서 직면하는 몇 가지 이슈에 대해 살펴봄으로써 모든 기업에 적용되는 결론을 도출해보자.

12-1a 총수입, 총비용, 이윤

기업의 목적에 대해 먼저 생각해보자. 기업이 어떤 결정을 내리는지 이해하려면 기업이 무엇을 하려는지 알아야 하기 때문이다. 끌로에는 세상 사람들에게 맛있는 과자를 만들어 공급하겠다는 이타적 동기 혹은 제과업에 대한 열정 때문에 공장을 창업할 수도 있겠지만, 그보다는 돈을 벌 목적으로 사업을 시작했을 가능성이 크다. 경제학자들은 기업의 목표가 이윤을 극대화하는 데 있다고 가정하며, 실제로 이 가정은 대부분의 경우 잘 들어맞는다.

그렇다면 기업의 이윤이란 무엇일까? 기업이 생산한 재화(과자)를 판매하여 벌어들인 금액을 총수입(total revenue)이라 하고, 기업이 생산요소(밀가루, 설탕, 근로자, 오븐 등)를 구입하는 데 지출하는 금액을 총비용(total cost)이라고 한다. 수입 중에서 비용을 충당하고 남은 부분을 끌로에가 갖는다. 이와 같이 이윤(profit)은 기업의 총수입에서 총비용을 뺀 금액으로 정의된다.

총수입 기업이 제품을 판매하고 받은 금액

총비용 기업이 생산 과정에 투입한 모든 요소의 시장가치

이윤 총수입−총비용

$$\text{이윤} = \text{총수입} - \text{총비용}$$

끌로에의 사업 목표는 가능한 한 많은 이윤을 남기는 것이다.

기업이 어떤 식으로 이윤을 극대화하는지 알아보기 위해서는 총수입과 총비용을 어떻게 측정하는지 잘 알아야 한다. 총수입은 기업이 생산하는 제품의 산출량에 그 제품의 판매가격을 곱하면 쉽게 구할 수 있다. 끌로에가 과자를 1만 개 만들어서 1개에 2달러씩 받고 판다면 총수입은 2만 달러가 된다. 그러나 기업의 총비용을 계산하는 일은 총수입을 계산하는 것보다 복잡하다.

12-1b 기회비용

기업의 비용을 계산할 때 우리는 경제학의 10대 기본원리 중 선택의 대가는 그것을 얻기 위해 포기한 그 무엇이라는 원리를 기억할 필요가 있다. 물건의 기회비용은 그것을 얻기 위해 포기해야 하는 모든 것을 말한다. 경제학자들이 기업의 생산비용에 대해 언급할 때는 재화와 서비스를 생산하는 데 따르는 모든 기회비용을 포함한다.

기업의 생산에 따르는 기회비용은 분명한 경우도 있고 그렇지 않은 경우도 있다. 끌로에가 1,000달러를 주고 밀가루를 구입하면 이 돈으로 다른 물건을 살 수 없으므로 기회비용은 1,000달러다. 마찬가지 이유로 근로자들에게 지급하는 임금도 기업의 비용에 포함된다. 이러한 재료비나 인건비는 기업이 현금으로 지출해야 하므로 명시적 비용(explicit costs)이다. 이에 반해 기업의 기회비용 중에는 현금 지출이 필요하지 않은 암묵적 비용(implicit costs)도 있다. 예를 들어 끌로에가 숙련된 컴퓨터 프로그래머여서 이 일을 하면 1시간에 100달러를 벌 수 있다고 하자. 이 경우 끌로에는 자신의 공장에서 1시간 일하면 100달러의 수입을 포기하는 셈이므로 포기한 소득도 비용에 포함되어야 한다. 따라서 끌로에의 총비용은 명시적 비용과 암묵적 비용의 합이다.

명시적 비용 현금 지출이 필요한 요소비용

암묵적 비용 현금 지출이 필요하지 않은 요소비용

명시적 비용과 암묵적 비용의 차이는 기업을 분석하는 데 있어 경제학자와 회계사의 시각 차이를 분명히 보여준다. 경제학자는 기업이 어떤 식으로 생산량과 가격을 결정하는지 연구하는 데 관심이 있으므로 비용을 계산할 때 모든 명시적 비용과 암묵적 비용을 감안한다. 그러나 회계사는 기업으로 유입되는 돈과 기업에서 유출되는 돈의 흐름을 추적하는 것이 목적이므로 명시적 비용만 감안하고 암묵적 비용은 무시하는 경우

가 많다.

경제학자와 회계사의 비용 계산 방식의 차이는 끌로에의 과자 공장의 예를 통해 쉽게 이해할 수 있다. 끌로에가 컴퓨터 프로그래머로서 벌 수 있는 소득을 포기할 경우, 회계사는 이 금액을 과자 공장 경영비용으로 보지 않는다. 이 비용은 실제로 과자 공장에서 지급되지 않아 회계장부상에 나타나지 않기 때문이다. 그러나 경제학자는 포기한 소득을 비용에 포함시킨다. 포기한 소득의 크기가 끌로에의 사업 결정에 영향을 미치기 때문이다. 예를 들어 끌로에가 컴퓨터 프로그래머로서 받을 수 있는 임금이 시간당 100달러에서 500달러로 높아지면 과자 공장을 운영하는 비용이 너무 높아져서 아예 과자 공장의 문을 닫고 전업 컴퓨터 프로그래머로 일할 수도 있다.

12-1c 기회비용으로서 자본비용

거의 모든 사업에서 중요한 암묵적 비용은 그 사업에 투입된 금융자본의 기회비용이다. 예컨대 끌로에가 30만 달러를 주고 공장을 인수했다고 하자. 그 돈을 연리 5%가 지급되는 저축예금 계좌에 넣었다면 1년에 1만 5,000달러를 벌었을 것이다. 끌로에는 과자 공장이라는 사업체를 소유하기 위해 1년에 1만 5,000달러의 이자소득을 포기한 것이므로, 포기한 이자소득 1만 5,000달러는 과자 공장 사업의 기회비용에 포함되어야 한다.

앞에서 언급한 것처럼 경제학자와 회계사가 파악하는 비용은 서로 다른데, 이러한 차이는 특히 자본비용에서 두드러지게 나타난다. 끌로에가 포기한 매년 1만 5,000달러의 이자소득은 암묵적 비용이지만, 경제학자는 이 비용을 과자 공장 사업을 운영하는 데 따르는 비용에 포함시킨다. 그러나 회계사는 이 비용을 지불하기 위해 실제로 과자 공장에서 1만 5,000달러의 현금이 유출되지 않으므로 포기한 이자소득을 비용이라고 보지 않는다.

경제학자와 회계사의 비용 계산 방식의 차이를 보다 자세히 알아보기 위해 앞의 예를 약간 수정해보자. 끌로에가 과자 공장을 구입하는 데 자기 자금을 30만 달러 투입한 것이 아니라, 저축한 돈 10만 달러와 연리 5%로 은행에서 대출받은 자금 20만 달러를 합한 것이라고 하자. 명시적 비용만 비용으로 파악하는 회계사는 이제 차입금에 대한 연간 지급이자 1만 달러를 비용으로 계산할 것이다. 이 금액이 실제로 기업에서 유출되기 때문이다. 반면에 경제학자의 계산에 따르면 이 경우에도 기회비용은 앞에서와 같은 연 1만 5,000달러다. 기회비용은 차입금에 대한 지급이자 1만 달러(명시적 비용)와 포기한 저축예금 이자소득 5,000달러(암묵적 비용)를 합한 금액이기 때문이다.

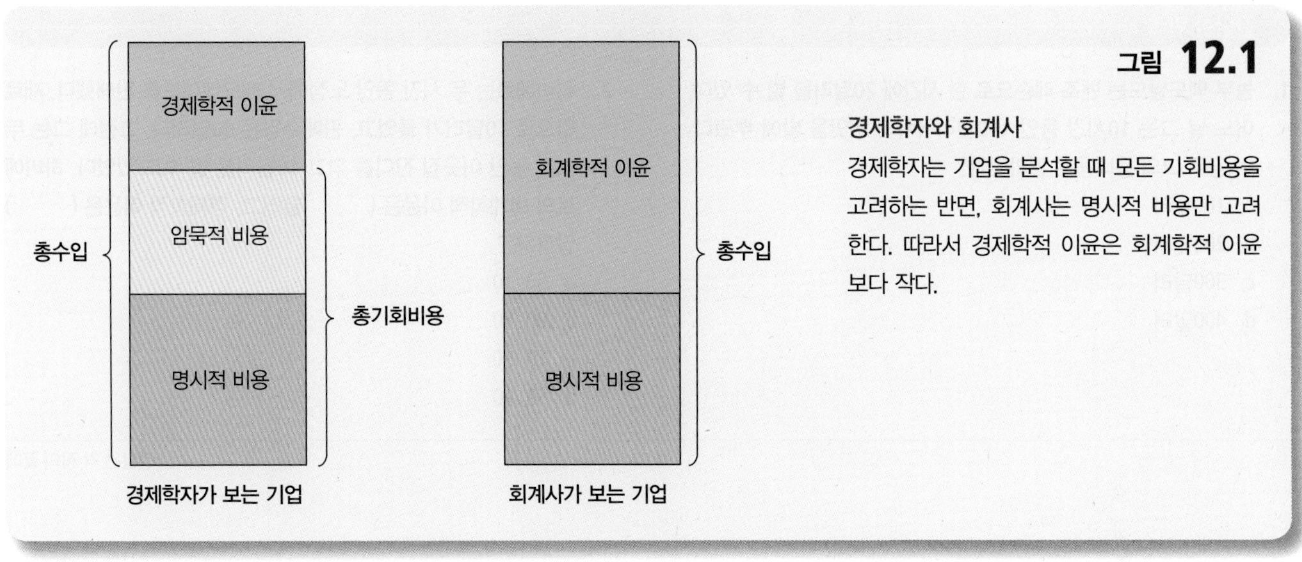

그림 12.1

경제학자와 회계사
경제학자는 기업을 분석할 때 모든 기회비용을 고려하는 반면, 회계사는 명시적 비용만 고려한다. 따라서 경제학적 이윤은 회계학적 이윤보다 작다.

12-1d 경제학적 이윤과 회계학적 이윤

이제 기업의 경영 목적인 이윤으로 돌아가자. 경제학자와 회계사는 비용을 다르게 보기 때문에 이들이 계산하는 이윤도 서로 다르다. 경제학적 이윤(economic profit)은 기업의 총수입에서 그 기업이 판매하는 재화와 서비스의 생산에 따르는 모든 기회비용(명시적 비용과 암묵적 비용)을 뺀 금액이다. 반면에 회계학적 이윤(accounting profit)은 기업의 총수입에서 명시적 비용만 뺀 금액이다.

경제학적 이윤 총수입에서 명시적 비용과 암묵적 비용을 포함한 모든 기회비용을 뺀 금액

회계학적 이윤 총수입에서 명시적 비용을 뺀 금액

이러한 차이는 그림 12.1에 요약되어 있다. 회계사는 암묵적 비용을 무시하기 때문에 회계학적 이윤이 경제학적 이윤보다 크다. 경제학적 관점으로 볼 때 사업에서 이윤이 발생하려면 총수입이 명시적 비용과 암묵적 비용을 포함한 모든 기회비용보다 커야 한다.

기업들이 재화와 서비스를 시장에 공급하는 이유는 이윤을 얻기 위해서다. 따라서 경제학적 이윤은 매우 중요한 개념이다. 나중에 살펴보겠지만 경제학적 이윤을 내는 기업들은 사업을 지속할 수 있다. 그런 기업은 사업의 모든 기회비용을 총수입으로 충당하고 일부 수입을 남겨 기업 소유주들에게 보상이 돌아가도록 한다. 어느 기업이 경제학적 손실(즉 마이너스의 경제학적 이윤)을 본다면 그 기업의 소유주는 생산의 기회비용을 충당할 만큼 충분한 수입을 올리지 못하는 것이다. 이런 상태가 바뀌지 않는다면 이 기업의 소유주는 결국 사업을 중단하고 시장에서 퇴출해야 한다. 어느 산업이 어떻게 변화하는지 알기 위해서는 경제학적 이윤을 잘 관찰해야 한다.

간단한 퀴즈

1. 농부 맥도날드는 밴조 레슨으로 한 시간에 20달러를 벌 수 있다. 어느 날 그는 10시간 동안 100달러어치의 씨앗을 밭에 뿌렸다. 이 경우 그의 총비용은 얼마인가?

a. 100달러

b. 200달러

c. 300달러

d. 400달러

2. 하비에르는 두 시간 동안 노점에서 레모네이드를 판매했다. 재료값으로 10달러가 들었고, 판매수입은 60달러다. 그런데 그는 두 시간 동안 이웃집 잔디를 깎고 40달러를 벌 수도 있었다. 하비에르의 회계학적 이윤은 (   )달러고, 경제학적 이윤은 (   )달러다.

a. 50, 10

b. 90, 50

c. 10, 50

d. 50, 90

정답은 각 장의 끝에

12-2 생산과 비용

기업이 판매할 재화와 서비스를 생산하는 데 필요한 생산요소를 구입하면 비용이 든다. 이 절에서는 끌로에의 과자 공장 예를 사용하여 기업의 생산 과정과 총비용의 관계를 살펴볼 것이다.

다음의 분석에서 우리는 매우 중요한 한 가지 단순화 가정을 사용한다. 우리는 과자 공장의 규모는 고정되어 있고, 과자 생산량을 늘리기 위해서는 근로자를 더 고용하는 방법밖에 없다고 가정한다. 이 가정은 단기적으로 옳지만 장기적으로는 옳지 않다. 공장 규모를 하루아침에 늘릴 수는 없지만 1, 2년이 지나면 가능하기 때문이다. 따라서 이 가정을 사용한 다음의 분석은 단기 생산 과정에 대한 분석으로 보아야 한다. 장기 생산 과정은 이 장의 뒷부분에서 자세히 다룰 것이다.

12-2a 생산함수

표 12.1은 과자 생산에 투입된 근로자 수와 과자 생산량의 관계를 보여준다. 이 공장에 근로자를 1명도 두지 않으면 과자를 전혀 생산할 수 없다. 근로자가 1명 있으면 과자를 50개 만들 수 있다. 근로자가 2명이면 과자 생산량은 90개가 된다. 이 표의 제1, 2열에 표시된 수치를 그래프로 나타낸 것이 그림 12.2 (a)다. 가로축에는 근로자 수가, 세로축에는 과자 생산량이 표시되어 있다. 생산요소(근로자) 투입량과 산출량(과자)의 이와 같은 관계를 생산함수(production function)라고 한다.

생산함수 생산요소 투입량과 산출량의 관계

1장에서 소개한 경제학의 10대 기본원리 중에 합리적 판단은 한계적으로 이루어진다는 것이 있다. 앞으로 살펴보겠지만 이 개념은 기업이 근로자를 몇 명 고용하여 산

표 12.1

과자 공장의 생산함수와 총비용

(1) 근로자 수	(2) 산출량(시간당 과자 생산량)	(3) 노동의 한계생산물	(4) 공장비용	(5) 인건비	(6) 총비용 (공장비용+인건비)
0	0		$30	$ 0	$30
		50			
1	50		30	10	40
		40			
2	90		30	20	50
		30			
3	120		30	30	60
		20			
4	140		30	40	70
		10			
5	150		30	50	80
		5			
6	155		30	60	90

그림 12.2

과자 공장의 생산함수와 총비용곡선

그림 (a)의 생산함수는 과자 생산에 투입된 근로자 수와 제품 생산량의 관계를 보여준다. 여기에서 가로축에 표시된 근로자 수는 표 12.1 제1열의 수치고, 세로축에 표시된 제품 생산량은 제2열의 수치다. 그림에서 투입된 근로자 수가 증가할수록 생산함수는 더 평평해진다. 이것은 한계생산물 체감 현상을 나타낸 것이다. 그림 (b)의 총비용곡선은 제품 산출량과 총생산비용의 관계다. 여기에서 가로축에 표시된 산출량은 표 12.1 제2열의 수치고, 세로축에 표시된 총비용은 제6열의 수치다. 산출량이 증가함에 따라 총비용곡선의 기울기가 가팔라지는 것은 한계생산물이 체감하기 때문이다.

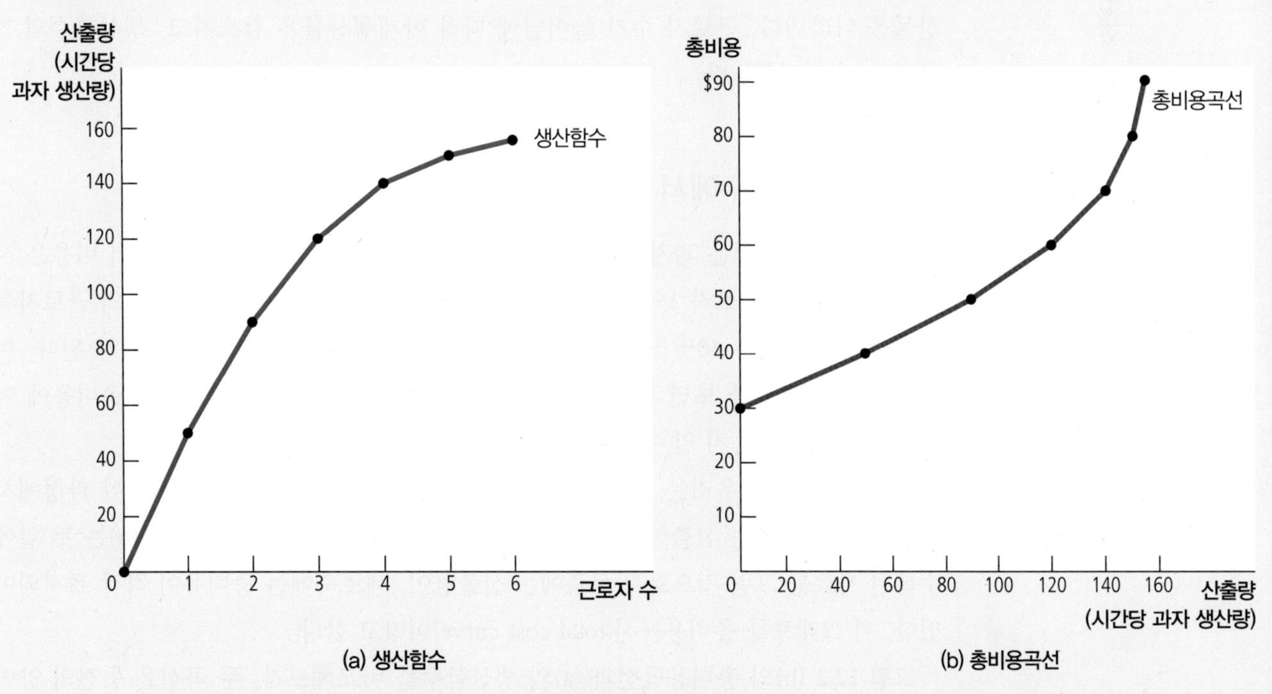

(a) 생산함수

(b) 총비용곡선

출물을 얼마나 생산할지를 어떻게 결정하는지 이해하는 데 요긴하다. 이러한 의사결정에 한 발 더 접근하기 위해 표 12.1의 제3열에는 근로자의 한계생산물 수치가 제시되어 있다. 어느 생산요소의 한계생산물(marginal product)은 생산요소의 투입량을 한 단위 증가시킬 때 창출되는 산출량의 증가분이다. 근로자 수가 1명에서 2명으로 증가함에 따라 과자 산출량은 50개에서 90개로 증가한다. 따라서 두 번째 근로자의 한계생산물은 과자 40개다. 근로자 수가 2명에서 3명으로 증가하면 과자 산출량은 90개에서 120개로 증가하므로 세 번째 근로자의 한계생산물은 과자 30개다. 표에서 한계생산물 수치를 근로자 수를 나타내는 행의 중간 위치에 표시한 이유는 한계생산물이 근로자를 1명 더 고용할 때 늘어나는 산출량이기 때문이다.

한계생산물 생산요소의 투입량을 한 단위 증가시킬 때 창출되는 산출량의 증가분

이 예에서 근로자의 수가 늘어남에 따라 한계생산물이 줄어든다는 점에 주목해야 한다. 두 번째 근로자의 한계생산물은 과자 40개고, 세 번째 근로자의 한계생산물은 과자 30개, 네 번째 근로자의 한계생산물은 과자 20개로 점점 적어진다. 이러한 현상을 한계생산물 체감 현상(diminishing marginal product)이라고 한다. 처음에 근로자가 몇 사람밖에 없을 때는 각 근로자들이 주방 기계를 쉽게 사용할 수 있다. 그러나 근로자 수가 늘어남에 따라 추가로 고용된 근로자들은 기존의 근로자들과 기계를 함께 사용해야 하고 보다 혼잡한 상태에서 작업을 해야 한다. 따라서 근로자 수가 늘어남에 따라 과자 생산량의 증가분은 점점 감소한다.

한계생산물 체감 현상 생산요소의 투입량이 증가함에 따라 그 요소의 한계생산물이 감소하는 현상

한계생산물 체감 현상은 그림 12.2를 봐도 분명히 알 수 있다. 생산함수의 기울기는 추가로 투입되는 근로자 수에 대한 과자 생산량 증가분의 비율이므로 근로자의 한계생산물을 나타낸다. 근로자 수가 늘어남에 따라 한계생산물은 감소하고, 생산함수의 기울기는 더 평평해진다.

12-2b 생산함수에서 총비용함수로

표 12.1의 제4~6열은 과자의 생산비용을 나타낸다. 이 예에서 과자 공장의 비용은 시간당 30달러고, 근로자 1인당 비용은 1시간에 10달러다. 이 공장에서 1명의 근로자를 고용하면 총비용은 40달러고, 2명의 근로자를 고용하면 총비용은 50달러가 된다. 이 표에 수록된 자료를 보면 과자 공장에 고용된 근로자 수가 과자 산출량과 총비용에 어떤 식으로 연계되는지 알 수 있다.

다음 몇 장에서 우리는 기업의 생산과 가격 결정에 대해 공부할 텐데, 이 과정에서 가장 중요한 관계는 산출량(제2열)과 총비용(제6열)의 관계다. 그림 12.2 (b)는 두 열에 수록된 자료를 그린 것으로 가로축에는 산출량이, 세로축에는 총비용이 각각 표시되어 있다. 이 그래프를 총비용곡선(total cost curve)이라고 한다.

그림 12.2 (b)의 총비용곡선과 (a)의 생산함수를 비교해보자. 두 곡선은 동전의 양면

과 같다. 산출량이 증가함에 따라 총비용곡선은 기울기가 점점 급해지지만, 생산함수는 기울기가 점점 완만해진다. 두 곡선의 기울기가 이렇게 변하는 이유는 같다. 산출량이 증가한다는 것은 작업장에 근로자가 점점 늘어난다는 뜻이다. 근로자가 늘어남에 따라 작업장이 혼잡해지고, 과자 생산량의 증가분은 점점 감소한다. 이와 같은 한계생산물 체감 현상 때문에 근로자 수가 증가할수록 생산함수가 상대적으로 평평해진다. 그러나 이 논리를 뒤집어보면 어떻게 될까? 작업장이 복잡해지기 때문에 과자를 더 생산하려면 근로자를 더 많이 고용해야 하고, 비용도 많이 들어갈 것이다. 따라서 산출량이 증가함에 따라 총비용곡선의 기울기는 상대적으로 가팔라진다.

간단한 퀴즈

3. 농부인 그린은 한계생산물 체감 현상을 겪고 있다. 그가 밭에 씨앗을 뿌리지 않으면 수확량은 0이다. 씨앗 한 통을 뿌리면 3부셸, 2통을 뿌리면 5부셸의 밀을 수확할 수 있다. 3통을 뿌리면 밀을 얼마나 수확할 수 있을까?

a. 6부셸
b. 7부셸
c. 8부셸
d. 9부셸

4. 한계생산물 체감 현상은 기업의 산출물이 증가함에 따라 나타나는 어떤 현상을 설명할 수 있는가?

a. 생산함수와 총비용곡선의 기울기가 점점 가파르게 되는 현상
b. 생산함수와 총비용곡선의 기울기가 점점 평평해지는 현상
c. 생산함수의 기울기가 점점 가파르게 되고, 총비용곡선의 기울기는 점점 평평해지는 현상
d. 생산함수의 기울기가 점점 평평해지고, 총비용곡선의 기울기는 점점 가파르게 되는 현상

정답은 각 장의 끝에

12-3 여러 가지 비용 개념

앞에서 살펴본 끌로에의 과자 공장의 예는 한 기업의 생산함수와 총비용곡선의 관계를 보여준다. 이제 기업의 총비용 자료에서 몇 가지 연관된 비용 개념을 도출해보자. 이들 비용 개념은 나중에 기업의 생산과 가격 결정을 분석할 때 유용할 것이다. 비용 개념이 어떻게 도출되는지 보기 위해 표 12.2의 예를 살펴보자. 이 표는 끌로에의 이웃인 칼레브의 커피숍의 비용 자료를 나타낸다.

이 표의 제1열은 커피 산출량이 1시간에 0잔에서 10잔 범위에 있음을 보여준다. 제2열은 커피의 총비용을 나타낸다. 그림 12.3은 이 커피숍의 총비용곡선을 그래프로 나타낸 것이다. 가로축에는 커피 산출량(제1열)이, 세로축에는 총비용(제2열)이 표시되어 있다. 이 커피숍의 총비용곡선은 앞에서 소개한 과자 공장의 총비용곡선과 모양이 비슷하다. 보다 구체적으로 말해서 산출량이 증가할수록 총비용곡선의 기울기가 가팔라지는데, 이는 앞에서 설명한 바와 같이 한계생산물 체감 현상을 반영한 것이다.

표 12.2 여러 가지 비용 개념 : 커피숍

(1) 산출량 (시간당 커피 잔 수)	(2) 총비용	(3) 고정비용	(4) 가변비용	(5) 평균고정비용	(6) 평균가변비용	(7) 평균총비용	(8) 한계비용
0	$ 3.00	$ 3.00	$ 0.00	—	—	—	
							$0.30
1	3.30	3.00	0.30	$3.00	$0.30	$3.30	
							0.50
2	3.80	3.00	0.80	1.50	0.40	1.90	
							0.70
3	4.50	3.00	1.50	1.00	0.50	1.50	
							0.90
4	5.40	3.00	2.40	0.75	0.60	1.35	
							1.10
5	6.50	3.00	3.50	0.60	0.70	1.30	
							1.30
6	7.80	3.00	4.80	0.50	0.80	1.30	
							1.50
7	9.30	3.00	6.30	0.43	0.90	1.33	
							1.70
8	11.00	3.00	8.00	0.38	1.00	1.38	
							1.90
9	12.90	3.00	9.90	0.33	1.10	1.43	
							2.10
10	15.00	3.00	12.00	0.30	1.20	1.50	

그림 12.3

커피숍의 총비용곡선

여기에서 가로축에 표시된 산출량은 표 12.2 제1열의 수치고, 세로축에 표시된 총비용은 제2열의 수치다. 그림 12.2에서와 같이 산출량이 증가함에 따라 총비용곡선의 기울기가 가팔라지는 것은 한계생산물이 체감하기 때문이다.

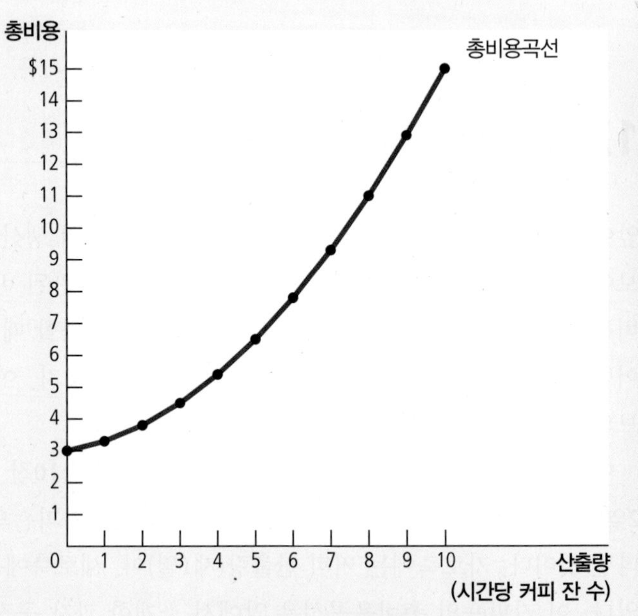

12-3a 고정비용과 가변비용

칼레브의 총비용은 고정비용과 가변비용으로 구분할 수 있다. 고정비용(fixed costs)은 생산량에 따라 변하지 않는 비용이다. 따라서 고정비용은 아무것도 생산하지 않아도 계속 지출되는 비용이다. 커피를 얼마나 생산하느냐와 상관없이 칼레브가 매달 내야하는 임대료는 고정비용에 포함된다. 칼레브가 회계 처리를 전담하는 직원을 고용한다면 커피 생산량에 관계없이 월급을 지불해야 하므로 이 직원에 대한 보수도 고정비용이다. 표 12.2의 제3열은 커피숍의 고정비용으로, 시간당 3.00달러다.

고정비용 산출량에 따라 변하지 않는 비용

한편 기업의 비용 중에는 생산량에 따라 달라지는 것도 있는데, 이런 비용을 가변비용(variable costs)이라고 한다. 칼레브의 가변비용에는 커피원두, 우유, 설탕, 종이컵 등이 포함된다. 커피를 더 생산하려면 이들 품목이 더 필요하기 때문이다. 칼레브가 커피 생산을 늘리기 위해 종업원을 추가로 고용한다면 이들에게 지급되는 월급 역시 가변비용이 된다. 표 12.2의 제4열은 칼레브의 가변비용을 나타낸다. 생산하지 않으면 가변비용은 0이고, 생산량이 1잔이면 가변비용은 0.30달러, 2잔이면 0.80달러가 된다.

가변비용 산출량에 따라 변하는 비용

기업의 총비용은 고정비용과 가변비용의 합이다. 표 12.2에서 제2열의 총비용은 제3열의 고정비용에 제4열의 가변비용을 더한 수치다.

12-3b 평균비용과 한계비용

기업의 소유주로서 칼레브는 생산량을 결정해야 하는데, 이 결정에서 고려해야 할 중요한 이슈는 생산량을 변동시킴에 따라 비용이 어떻게 변하는가 하는 것이다. 칼레브는 생산책임자에게 생산비와 관련해 다음 두 가지 질문을 할 것이다.

- 커피 1잔을 만드는 데 드는 비용은 얼마인가?
- 커피 1잔을 더 만드는 데 드는 추가비용은 얼마인가?

두 질문에 대한 답이 같을 것 같지만 사실은 그렇지 않다. 두 질문에 대한 답 모두 기업의 생산량 결정을 이해하는 데 중요하다.

제품을 한 단위 생산하는 데 드는 비용을 계산하기 위해서는 기업의 총비용을 산출량으로 나누면 된다. 예를 들어 커피숍에서 1시간에 커피를 2잔 생산하고 그 총비용이 3.80달러라면 커피 1잔의 생산비용은 3.80/2=1.90달러다. 이처럼 총비용을 산출량으로 나눈 수치를 평균총비용(average total cost)이라고 한다. 총비용은 고정비용과 가변비용의 합과 같으므로 평균총비용은 평균고정비용과 평균가변비용의 합으로 표시될 수 있다. 여기서 평균고정비용(average fixed cost)은 고정비용을 산출량으로 나눈 것이고, 평균가변비용(average variable cost)은 가변비용을 산출량으로 나눈 것이다.

평균총비용 총비용을 산출량으로 나눈 것

평균고정비용 고정비용을 산출량으로 나눈 것

평균가변비용 가변비용을 산출량으로 나눈 것

평균총비용은 제품을 한 단위 생산하는 데 소요되는 비용을 나타내지만, 기업이 생산량을 변동시킬 때 총비용이 어떻게 변하는지 말해주지는 않는다. 표 12.2의 제8열은 기업이 생산량을 한 단위 증가시킴에 따라 총비용이 얼마나 증가하는지 보여주는데, 이 수치를 한계비용(marginal cost)이라고 부른다. 예컨대 칼레브가 커피 생산량을 2잔에서 3잔으로 늘리면 총비용은 3.80달러에서 4.50달러로 증가하므로 커피 세 번째 잔의 한계비용은 4.50－3.80＝0.70달러다. 표에서 한계비용 수치를 산출량을 나타내는 행의 중간 위치에 표시한 이유는 한계비용이 산출량을 한 단위 늘릴 때 증가하는 총비용이기 때문이다.

한계비용 산출량을 한 단위 증가시킬 때 총비용의 증가분

이러한 비용 개념들을 수식으로 표시하면 이해하는 데 도움이 될 것이다. 산출량을 Q, 총비용을 TC, 평균총비용을 ATC, 한계비용을 MC라 하면 다음과 같은 수식이 완성된다.

$$\text{평균총비용} = \text{총비용}/\text{산출량}$$
$$ATC = TC/Q$$

$$\text{한계비용} = \text{총비용의 변화량}/\text{산출량의 변화량}$$
$$MC = \Delta TC/\Delta Q$$

여기에서 Δ는 그리스 문자 '델타'로 변수의 변화량을 나타낸다. 이 방정식들은 평균비용과 한계비용이 총비용에서 어떻게 도출되는지 보여준다.

평균총비용은 총비용이 생산되는 제품 모든 단위에 똑같이 배분될 경우 한 단위를 생산하는 데 드는 비용을 말한다. 한계비용은 산출량을 한 단위 증가시킬 때 총비용의 증가를 나타낸다. 다음 장에서 자세히 배우겠지만, 기업의 생산에 관한 의사결정에서 평균비용과 한계비용의 개념은 매우 중요하다.

12-3c 비용곡선

수요곡선과 공급곡선의 그래프가 시장을 분석하는 데 유용했듯이 평균비용곡선과 한계비용곡선은 기업을 분석하는 데 유용하다. 그림 12.4는 표 12.2에 수록된 자료로 여러 가지 비용곡선을 그린 것이다. 그래프의 가로축은 산출량을, 세로축은 한계비용과 평균비용을 나타낸다. 이 그림에는 평균총비용(ATC), 평균고정비용(AFC), 평균가변비용(AVC), 한계비용(MC) 등 네 가지 곡선이 있다.

이 그림에 그려진 네 가지 곡선의 그래프는 칼레브의 커피숍에 관한 것이지만, 그 모양은 여러 다른 기업의 비용곡선에도 공통적으로 적용된다. 이 곡선들을 통해 한계비용곡선의 모양, 평균총비용곡선의 모양, 한계비용곡선과 평균총비용곡선의 관계 등을 알아보자.

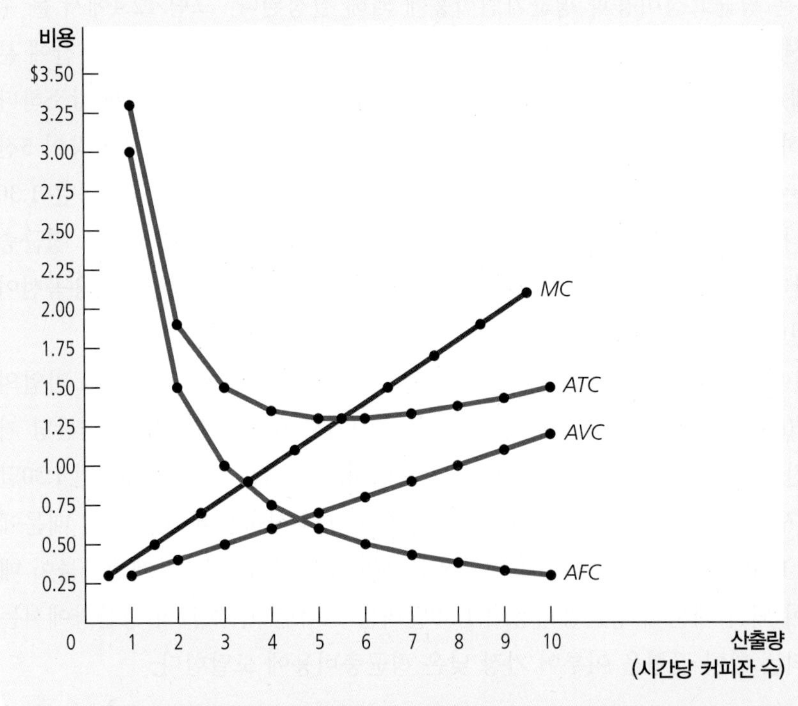

그림 12.4

커피숍의 평균총비용곡선과 한계비용곡선 이 그림에는 커피숍의 평균총비용(*ATC*), 평균고정비용(*AFC*), 평균가변비용(*AVC*), 한계비용(*MC*) 등 네 가지 곡선이 있다. 이 곡선들은 표 12.2의 자료를 바탕으로 그린 것으로, 다음과 같은 세 가지 보편적인 특성이 있다. (1) 산출량이 증가하면 한계비용도 증가한다. (2) 평균총비용곡선은 U자 모양이다. (3) 한계비용곡선은 평균총비용곡선의 최저점을 통과한다.

우상향의 한계비용곡선 커피 생산이 증가함에 따라 칼레브의 한계비용도 증가한다. 이러한 우상향의 기울기는 한계생산물이 체감하기 때문에 나타나는 현상이다. 커피 산출량이 적을 때는 종업원 수가 적어서 생산설비가 대부분 가동되지 않는다. 이러한 유휴 생산 시설은 비교적 적은 비용으로 가동할 수 있고, 종업원 1명을 추가로 투입할 경우 한계생산물이 많기 때문에 커피 1잔을 더 만드는 데 드는 추가비용은 상대적으로 적을 것이다. 반면 많은 커피를 생산하는 경우에는 주방이 종업원들로 붐비고, 대부분의 생산설비가 완전 가동되고 있을 것이다. 종업원을 더 채용하면 생산량을 늘릴 수는 있지만, 새로 고용된 종업원들은 복잡한 작업환경에서 일해야 하고 생산설비를 이용하기 위해 오래 기다려야 한다. 따라서 커피 생산량이 높은 수준일 경우, 종업원 1명을 추가로 투입하더라도 그로 인한 한계생산물이 적기 때문에 커피 1잔을 더 만드는 데 드는 추가비용이 상대적으로 크다.

U자 모양의 평균총비용곡선 칼레브의 평균총비용곡선은 그림 12.4에 나와 있듯이 U자 모양이다. 그 이유를 이해하기 위해 평균총비용이 평균가변비용과 평균고정비용의 합이라는 사실을 상기해보자. 산출량이 증가하면 고정비용이 산출물 여러 단위에 분산되므로 평균고정비용은 계속 감소한다. 한편 한계생산물이 체감하기 때문에 평균가변비용은 산출량이 증가함에 따라 상승한다.

평균총비용은 평균고정비용과 평균가변비용에 의해 결정된다. 그림 12.4에서 볼 수 있듯이 커피 산출량이 시간당 1잔이나 2잔으로 적을 때는 고정비용이 불과 몇 잔에 분산되기 때문에 평균총비용이 대체로 높다. 평균고정비용은 처음에는 빠르게 감소하다가 점차 완만하게 감소한다. 생산량이 더 늘면 평균고정비용이 낮아져 생산량이 5잔이 될 때까지는 평균총비용이 하락한다. 산출량이 시간당 5잔일 때 평균총비용은 1.30달러다. 그러나 생산량이 6잔을 넘으면 평균가변비용이 큰 폭으로 증가하므로 평균총비용도 상승한다. 평균고정비용과 평균가변비용의 줄다리기로 인해 평균총비용곡선이 U자 모양이 된다.

효율적 생산량 평균총비용이 최소가 되는 산출량 수준

U자 모양의 바닥(최저점)은 평균총비용이 최소가 되는 점이다. 이 산출량을 기업의 **효율적 생산량**(efficient scale)이라고 한다. 커피숍의 예에서 효율적 생산량은 시간당 커피 5잔이나 6잔이다. 생산량이 이보다 많거나 적으면 평균총비용은 최저 수준인 1.30달러보다 높다. 생산량이 적을 때는 고정비용이 적은 수량의 산출물에 분산되기 때문에 평균총비용이 1.30달러를 초과한다. 그러나 생산량이 많을 경우에는 한계생산물이 매우 적은 수준이 되기 때문에 평균총비용이 1.30달러를 초과한다. 효율적 생산량에서는 두 가지 상충되는 힘이 균형을 이루어 가장 낮은 평균총비용에 도달한다.

한계비용과 평균비용의 관계 그림 12.4(혹은 표 12.2)를 보면 놀라운 사실을 발견할 수 있다. 한계비용이 평균총비용보다 작을 때는 평균총비용이 하락하는 반면, 한계비용이 평균총비용보다 클 때는 평균총비용이 상승한다는 것이다. 이러한 관계는 칼레브의 커피숍에서만 특별히 성립하는 것이 아니라 모든 기업에 공통적으로 적용된다.

그 이유를 하나의 비유를 들어 알아보자. 평균총비용은 여러분의 평점 평균에 비유될 수 있고, 한계비용은 여러분이 새로 수강하는 과목의 성적에 비유될 수 있다. 새로 수강하는 과목의 성적이 이 과목을 택하기 전의 평점 평균보다 낮으면 평점 평균은 하락할 것이다. 반면에 새로 수강하는 과목의 성적이 이전의 평점 평균보다 높으면 평점 평균은 상승할 것이다. 평균총비용과 한계비용의 수학적 관계는 평점 평균과 한계 학점의 관계와 정확하게 일치한다.

평균총비용과 한계비용의 관계에서 다음과 같은 결과가 도출된다. 한계비용곡선은 평균총비용곡선이 축소되는 산출량에서 교차한다. 왜 그럴까? 산출량이 낮을 때는 한계비용이 평균총비용 밑에 있어서 평균총비용이 하락한다. 그러나 두 곡선이 교차하는 생산량 수준을 넘어서면 한계비용이 평균총비용보다 높다. 앞에서 설명한 이유로 효율적인 생산량 수준에서는 평균총비용이 상승하기 시작한다. 따라서 두 곡선이 만나는 점에서 평균총비용이 최소가 된다. 다음 장에서 배우겠지만 최소 평균총비용은 완전경쟁기업에 대한 분석에서 매우 중요하다.

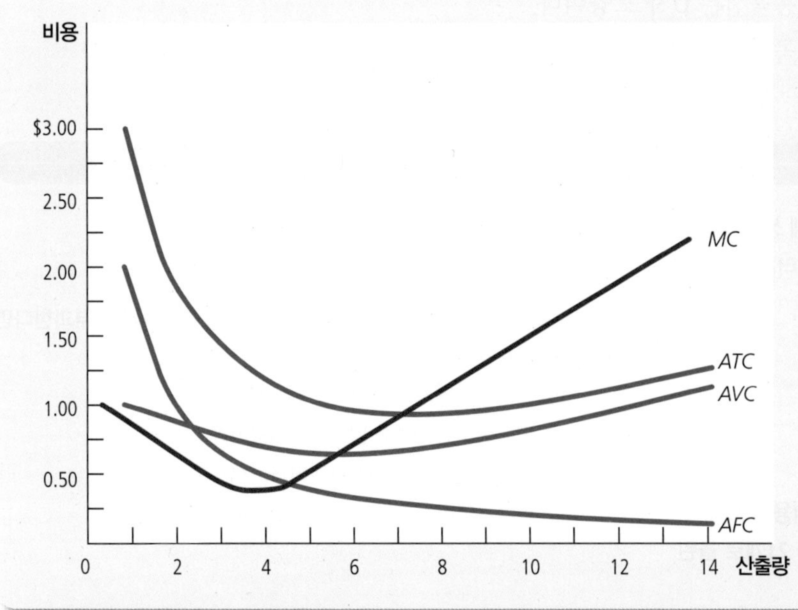

그림 12.5

전형적인 기업의 비용곡선

많은 기업의 경우 이 그림처럼 생산이 증가할 때 처음에는 한계생산물이 증가하다가 얼마 지난 뒤 체감한다. 그 결과 곡선들은 그림과 같은 모양을 나타낸다. 한계비용과 평균총비용이 얼마 동안 하락하다가 상승하기 시작한다는 점에 주목하기 바란다.

12-3d 전형적인 비용곡선

지금까지 우리가 살펴본 예에서는 한계생산물 체감 현상으로 인해 처음부터 한계비용이 상승하는 것으로 가정했다. 이 가정은 나중에 기업의 행동을 분석하는 데 유용하다. 그러나 실제 기업들은 이보다 좀더 복잡하다. 많은 기업의 경우 첫 번째 근로자가 투입되었을 때부터 한계생산물 체감 현상이 나타나는 것은 아니다. 생산 공정에 따라 두 번째 혹은 세 번째 근로자의 한계생산물이 첫 번째 근로자에 비해 높을 수도 있다. 혼자 일하는 것보다는 몇몇 근로자들이 팀을 이루어 일을 분담하면 생산의 효율이 높아지기 때문이다. 이런 기업들은 생산이 증가할 때 처음에는 한계생산물이 증가하다가 얼마 지난 뒤 체감하기 시작한다.

그림 12.5는 그런 기업의 비용곡선들을 보여준다. 그림에 평균총비용곡선(*ATC*), 평균고정비용곡선(*AFC*), 평균가변비용곡선(*AVC*), 한계비용곡선(*MC*)이 있다. 생산량이 적은 단계에서는 생산량을 늘림에 따라 한계생산물이 증가하고, 한계비용은 감소한다. 생산량이 계속 증가하면 궁극적으로 한계생산물은 체감하고 한계비용은 증가한다. 이와 같이 한계생산물이 처음에는 증가하다가 나중에는 감소하기 때문에 평균총비용곡선이 U자 모양이 된다.

앞의 예와 다르기는 하지만 그림 12.5의 비용곡선들도 다음과 같은 중요한 특징이 있기는 마찬가지다.

- 산출량이 증가함에 따라 한계비용은 궁극적으로 증가한다.

- 평균총비용곡선은 U자 모양이다.
- 한계비용곡선은 평균총비용곡선의 최저점을 통과한다.

간단한 퀴즈

5. 어느 기업이 현재 1,000개의 산출물을 5,000달러에 생산하고 있다. 산출물을 1,001개 생산하면 총비용은 5,008달러가 된다. 이 사실은 이 기업에 대해 어떤 정보를 제공하는가?

a. 한계비용은 5달러고 평균가변비용은 8달러다.
b. 한계비용은 8달러고 평균가변비용은 5달러다.
c. 한계비용은 5달러고 평균총비용은 8달러다.
d. 한계비용은 8달러고 평균총비용은 5달러다.

6. 어느 기업이 20개의 산출물을 생산하는데 평균총비용은 25달러, 한계비용은 15달러라고 한다. 이 기업이 산출물을 21개로 늘린다면 (　　　　　).

a. 한계비용이 감소할 것이다.
b. 한계비용이 증가할 것이다.
c. 평균총비용이 감소할 것이다.
d. 평균총비용이 증가할 것이다.

7. 정부가 피자 레스토랑에 매년 1,000달러의 면허세를 부과한다면 다음 중 어느 곡선이 영향을 받을까?

a. 평균총비용곡선과 한계비용곡선
b. 평균총비용곡선과 평균고정비용곡선
c. 평균가변비용곡선과 한계비용곡선
d. 평균가변비용곡선과 평균고정비용곡선

정답은 각 장의 끝에

12-4 단기 비용과 장기 비용

우리는 이 장의 앞부분에서 기업의 비용구조는 기간 구분에 따라 다를 수 있음을 보았다. 우리는 기업의 며칠 후의 의사결정과 몇 년 후의 의사결정을 이해해야 하므로 단기와 장기 비용구조가 왜 서로 다른 지 살펴보기로 하자.

12-4a 단기 평균총비용과 장기 평균총비용의 관계

여러 기업에 있어 고정비용과 가변비용의 구분은 분석 기간에 따라 달라진다. 예를 들어 포드 자동차회사는 몇 달 사이에 공장 규모를 조정할 수 없다. 따라서 자동차 생산을 늘리려면 주어진 규모의 공장에서 더 많은 근로자를 고용할 수밖에 없다. 그러므로 이들 공장의 비용은 단기적으로 고정비용이다. 반면에 몇 년 정도 기간이 주어지면 포드사는 공장을 확장할 수 있고, 새로운 공장을 건설하거나 기존 공장을 폐쇄할 수도 있다. 따라서 공장의 비용이 장기에는 가변비용이 된다.

단기에는 고정비용이지만 장기에는 가변비용인 것이 많기 때문에 한 기업의 장기 비

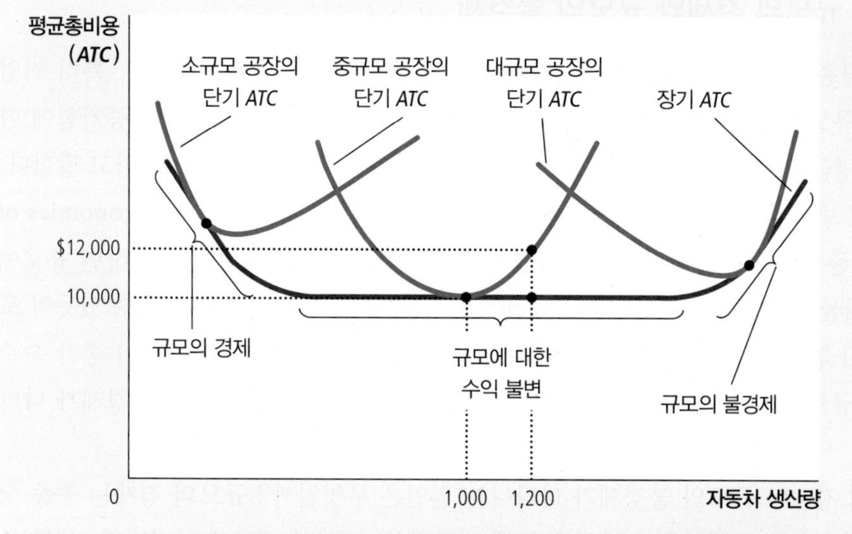

그림 12.6

단기 평균총비용곡선과 장기 평균총비용곡선

장기에는 고정비용이 가변비용이 되므로 단기 평균총비용곡선은 장기 평균총비용곡선과 다르다.

용곡선은 단기 비용곡선과 다르다. 그림 12.6에는 소규모, 중규모, 대규모 공장의 단기 평균총비용곡선과 장기 평균총비용곡선이 있다. 이 기업은 장기 평균총비용곡선 위를 운동함에 따라 생산량에 맞추어 공장 규모를 조절할 수 있다.

이 그래프는 단기 곡선과 장기 곡선의 관계를 보여준다. 장기 평균총비용곡선은 단기 평균총비용곡선보다 훨씬 더 완만한 U자 모양이다. 뿐만 아니라 모든 단기 비용곡선은 장기 비용곡선과 접하거나 그 위에 위치한다. 이러한 특성은 기업이 단기보다는 장기에 많은 융통성을 발휘할 수 있다는 데서 비롯된다. 본질적으로 단기에는 과거의 선택에 기초한 단기 비용곡선 위에서만 생산할 수 있지만 장기에는 기업이 원하는 단기 비용곡선을 선택할 수 있다.

이를 그림에 있는 숫자를 가지고 생각해보자. 단기에 포드사가 자동차 하루 생산량을 1,000대에서 1,200대로 늘리려면 종전의 공장에서 근로자를 더 고용하는 수밖에 없다. 이 경우 한계생산물 체감 현상 때문에 자동차 1대당 평균총비용은 1만 달러에서 1만 2,000달러로 증가한다. 그러나 장기에는 포드사가 공장 규모와 근로자 수를 동시에 조정 가능하므로 평균총비용은 1만 달러에서 유지될 수 있다.

그렇다면 어느 정도 기간이 장기인가? 장기와 단기의 구분은 산업에 따라 다르다. 자동차 생산과 같이 큰 생산설비가 필요한 사업에서는 1년이나 그 이상의 기간이 장기라고 할 수 있지만, 커피숍과 같은 사업은 커피 기계만 추가로 마련하면 생산설비를 늘릴 수 있다. 따라서 생산설비 규모를 바꾸는 데 얼마나 걸리는가, 즉 언제부터가 장기인가는 기업과 생산기술에 따라 다르다.

12-4b 규모의 경제와 규모의 불경제

규모의 경제 산출량이 증가함에 따라 장기 평균총비용이 하락하는 현상

규모의 불경제 산출량이 증가함에 따라 장기 평균총비용이 상승하는 현상

규모에 대한 수익불변 장기 평균총비용이 산출량과 관계없이 일정한 현상

장기 평균총비용곡선의 모양은 생산기술에 관한 중요한 정보를 제공한다. 특히 기업의 생산 규모가 변함에 따라 비용이 어떻게 변하는지 알려준다. 산출량이 증가함에 따라 장기 평균총비용이 하락하면 **규모의 경제**(economies of scale)가 존재한다고 말한다. 산출량이 증가함에 따라 장기 평균총비용이 상승하면 **규모의 불경제**(diseconomies of scale)가 존재한다고 말한다. 장기 평균총비용이 산출량과 관계없이 일정하면 **규모에 대한 수익불변**(constant returns to scale)이라고 말한다. 그림 12.6에서 볼 수 있듯이 포드사의 산출량이 상대적으로 적을 때는 규모의 경제가 존재하고, 산출량이 중간 수준일 때는 규모에 대한 수익불변이 작용하며, 산출량이 많아지면 규모의 불경제가 나타난다.

규모의 경제나 규모의 불경제가 나타나는 원인은 무엇일까? 규모의 경제는 종종 생산량이 많을수록 근로자들이 분업을 통해 전문화할 수 있기 때문에 나타난다. 예를 들어 포드사가 다수의 근로자를 고용하고 자동차를 대량으로 생산한다면 현대적인 조립

이해를 돕기 위해 핀 공장의 교훈

"팔방미인은 아무것도 잘하는 것이 없다"는 격언은 기업 비용곡선의 속성에 대해 시사하는 점이 있다. 모든 것을 다 해보려는 사람은 아무것도 제대로 하지 못하는 경우가 많다. 어느 기업이 근로자들의 생산성이 높아지기를 원한다면, 그들이 전문성을 갖출 수 있도록 업무를 몇 가지에 집중시키는 것이 좋다. 그러나 이것은 근로자와 생산량이 충분히 많을 때의 이야기다.

애덤 스미스는 『국부론』에서 자신이 방문한 적이 있는 핀 공장의 예를 통해 이를 설명하고 있다. 애덤 스미스는 핀 공장에서 근로자들이 분업을 통해 각자 맡은 공정에서 축적한 전문성과 그 결과 나타나는 규모의 경제에 강한 인상을 받은 듯하다.

> 한 사람이 철사를 뽑아낸다. 그다음 사람은 이것을 곧게 편다. 세 번째 사람은 이것을 자른다. 네 번째 사람은 이것을 고정하고, 다섯 번째 사람은 철사 끝 부분을 갈아 머리를 붙일 수 있도록 만든다. 핀 머리 부분을 만드는 작업은 또 다른 두세 가지 과정을 거쳐야 한다. 철사에 머리를 붙이는 작업은 각별한 기술이 필요하다. 핀을 희게 칠하는 것도 기술이 필요한 작업이다. 핀을 종이에 꽂는 것은 그 자체로 전문기술이라고 할 수 있다.

애덤 스미스는 이와 같은 분업과 전문화 덕분에 그 공장은 근로자 1인당 하루에 수천 개의 핀을 생산할 수 있었다고 말한다. 근로자들이 팀을 이루어 일하지 않고 제각각 핀을 만들었다면, '그들은 분명히 하루에 1인당 20개 이하 혹은 아예 하나도 만들지 못했을 것'이라고 추측한다. 다시 말해 분업과 전문화를 통해 규모가 큰 핀 공장은 근로자 1인당 높은 평균 생산량을 달성할 수 있어 핀 1개당 평균 제조단가를 낮출 수 있는 것이다.

애덤 스미스가 핀 공장에서 관찰한 분업과 전문화는 현대 경제에서는 일반적인 현상이다. 여러분이 집을 지을 때 모든 작업을 혼자 할 수도 있다. 그러나 대부분의 사람들은 건설업자에게 이를 부탁할 것이다. 건설업자는 목수, 배관공, 전기기술자, 페인트공 등과 같이 기능공들을 고용할 것이다. 기능공들은 각자 맡은 일에 전문성이 있기 때문에 모든 작업을 혼자 하는 사람보다 훨씬 잘할 수 있다. 실제로 분업과 전문화를 통해 규모의 경제를 달성한 것이 현대사회가 지금과 같이 물질적 풍요를 누릴 수 있는 이유다. ■

라인 방식을 이용해 비용을 줄일 수 있다. 규모의 불경제는 거대한 조직에 일반적으로 나타나는 업무 조정 문제(coordination problems) 때문에 발생한다. 포드사의 생산 규모가 늘어날수록 경영진의 업무량이 늘어 비용을 효과적으로 통제하기 어려워지기 때문이다.

이 분석을 통해 장기 평균총비용곡선이 왜 U자형인지 알 수 있다. 기업의 생산 규모가 작을 때는 생산 규모를 늘릴수록 전문화의 이점을 살릴 수 있는 반면, 업무조정은 큰 문제가 되지 않는다. 그러나 생산 규모가 커짐에 따라 전문화의 이점은 모두 실현되고, 점점 업무조정이 문제로 대두된다. 따라서 생산 규모가 작을 때는 생산량이 증가함에 따라 장기 평균총비용곡선이 하락하다가 생산 규모가 커짐에 따라 장기 평균총비용곡선은 다시 상승한다.

간단한 퀴즈

8. 생산량이 증가함에 따라 근로자 작업의 전문성이 향상된다면, 이 기업은 규모의 (　　)를 누리고 있으며, 평균총비용은 (　　　　).

a. 경제, 감소한다.
b. 경제, 증가한다.
c. 불경제, 감소한다.
d. 불경제, 증가한다.

9. 보잉사는 한 달에 제트기 9대를 생산한다. 보잉사의 장기총비용은 매월 900만 달러다. 보잉사가 한 달에 10대의 제트기를 생산한다면 보잉사의 장기 총비용은 매월 1,100만 달러가 된다. 보잉사는 현재 어떤 비용 구조로 되어 있는가?

a. 한계비용의 증가
b. 한계비용의 감소
c. 규모의 경제
d. 규모의 불경제

정답은 각 장의 끝에

12-5 결론

이 장의 목적은 기업의 생산량과 가격결정 행태를 연구하는 데 유용한 몇 가지 개념을 소개하는 것이다. 이제 여러분은 경제학자들이 말하는 비용이 무엇이며, 산출량이 변함에 따라 비용이 어떻게 변하는지 잘 이해할 수 있다. 여러분의 기억을 돕기 위해 앞에서 살펴본 여러 비용 개념을 표 12.3에 요약 · 정리했다.

기업의 비용곡선만으로는 그 기업이 어떤 의사결정을 할지 알 수 없다. 그러나 다음 장에 가면 비용곡선이 기업의 의사결정에 중요하다는 사실을 알게 될 것이다.

표 12.3

여러 가지 비용 개념 : 요약

비용	정의	기호
명시적 비용	현금 지출이 필요한 요소비용	
암묵적 비용	현금 지출이 필요하지 않은 요소비용	
고정비용	산출량에 따라 변하지 않는 비용	FC
가변비용	산출량에 따라 변하는 비용	VC
총비용	기업이 생산 과정에 투입한 모든 요소의 시장가치	$TC=FC+VC$
평균고정비용	고정비용을 산출량으로 나눈 것	$AFC=FC/Q$
평균가변비용	가변비용을 산출량으로 나눈 것	$AVC=VC/Q$
평균총비용	총비용을 산출량으로 나눈 것	$ATC=TC/Q$
한계비용	산출량을 한 단위 증가시킬 때 총비용의 증가분	$MC=\Delta TC/\Delta Q$

요약

- 기업의 목표는 이윤 극대화며, 이윤은 총수입에서 총비용을 뺀 것이다.
- 기업의 행태를 분석할 때는 생산의 모든 기회비용을 고려해야 한다. 기업이 근로자에게 지불하는 임금 등은 명시적 기회비용이지만, 기업주가 다른 직장에서 일하지 않고 자신이 경영하는 기업에서 일함으로써 포기하는 임금 등은 암묵적인 기회비용이다. 경제학적 이윤은 명시적 비용과 암묵적 비용을 모두 반영한 개념이다. 이에 반해 회계학적 이윤은 오직 명시적 비용만을 반영한 개념이다.
- 기업의 비용은 그 기업의 생산 공정을 반영한다. 전형적인 기업의 생산함수는 요소의 투입량이 증가할수록 평평해지는 한계생산물 체감 현상을 보인다. 이에 따라 생산량이 증가할 때 기업의 총비용곡선의 기울기는 가팔라진다.
- 기업의 총비용은 고정비용과 가변비용으로 구분된다. 고정비용은 산출량이 변해도 달라지지 않는 비용이다. 가변비용은 산출량이 변함에 따라 변동하는 비용이다.
- 기업의 총비용에서 두 가지 비용 개념을 도출할 수 있다. 평균비용은 총비용을 산출량으로 나눈 것이고, 한계비용은 산출량을 한 단위 증가시킬 때 총비용의 증가분이다.
- 기업의 행태를 분석할 때는 총비용과 한계비용의 그래프가 유용하다. 전형적인 기업의 한계비용은 산출량이 늘면 증가한다. 평균총비용은 산출량이 증가함에 따라 처음에는 감소하지만, 어느 시점부터는 증가한다. 한계비용곡선은 항상 평균총비용곡선의 최저점을 통과한다.
- 기업의 비용은 분석 기간에 따라 좌우된다. 여러 가지 비용이 단기에는 고정적이지만 장기에는 가변적이다. 따라서 기업이 생산량을 변화시킬 때 평균총비용은 장기보다 단기에 큰 폭으로 증가한다.

중요개념

복습문제

1. 기업의 총수입과 총비용, 이윤 사이에는 어떤 관계가 있는가?
2. 회계사가 비용으로 계산하지 않는 기회비용의 예를 들라. 회계사가 이러한 비용을 무시하는 이유는 무엇인가?
3. 한계생산물이란 무엇이고, 이것이 체감한다는 것은 무슨 뜻인가?
4. 노동의 한계생산물 체감 현상을 나타내는 생산함수를 그리고, 이에 상응하는 총비용곡선을 그려라(각 좌표축이 무엇을 나타내는지 분명하게 표시할 것). 두 곡선의 모양에 대해 설명하라.
5. 총비용, 평균총비용, 한계비용을 정의하라. 이들 사이에는 어떤 관계가 있는가?
6. 전형적인 기업의 한계비용곡선과 평균총비용곡선을 그려라. 이들이 이런 모양을 나타내는 것과 평균총비용의 최저점에서 교차하는 이유를 설명하라.
7. 기업의 평균총비용곡선은 단기와 장기에 어떻게 다른가? 왜 그런가?
8. 규모의 경제를 정의하고, 그 발생 이유를 설명하라. 규모의 불경제를 정의하고, 그 발생 이유를 설명하라.

응용문제

1. 이 장에서는 기회비용, 총비용, 고정비용, 가변비용, 평균총비용, 한계비용 등 여러 종류의 비용에 대해 살펴보았다. 다음의 빈칸을 적절한 비용으로 채워라.
   a. 어떤 행동을 취하기 위해 포기한 그 무엇은 (　　　) 이다.
   b. (　　　)은 한계비용이 그 비용보다 적을 때는 하락하고, 한계비용이 그 비용보다 커지면 상승한다.
   c. 산출량의 변화에 좌우되지 않는 비용을 (　　　)이라 한다.
   d. 단기적으로 아이스크림 업계의 (　　　)은 크림과 설탕 비용을 포함하지만, 공장 비용은 포함하지 않는다.
   e. 이윤은 총수입에서 (　　　)을 뺀 것이다.
   f. 추가적인 산출량 한 단위를 더 생산하는 데 드는 비용이 (　　　)이다.
2. 버피는 부적 판매점을 개업하려고 한다. 점포 임대료와 상품 구매자금으로 1년에 35만 달러가 들어갈 것으로 추정되며, 개업하면 그동안 흡혈귀 사냥꾼으로서 벌어들이던 연간 8만 달러의 수입을 포기해야 한다.

a. 기회비용을 정의하라.
b. 버피가 1년 동안 가게를 경영함으로써 부담할 기회비용은 연간 얼마인가?
c. 버피는 40만 달러어치의 부적을 판매할 수 있다고 생각한다. 회계사는 부적 판매점의 이윤을 얼마로 계산할까?
d. 버피는 사업을 해야 할까? 그 이유는?
e. 버피의 판매점이 경제적 이윤을 누리려면 매출이 얼마가 되어야 할까?

3. 어부의 조업 시간과 어획량의 관계가 다음과 같다고 하자.

조업 시간	어획량(파운드)
0	0
1	10
2	18
3	24
4	28
5	30

a. 조업 시간당 한계생산물은 얼마인가?
b. 이 자료를 이용하여 생산함수의 그래프를 그리고, 그 모양을 설명하라.
c. 어부는 낚싯대를 사는 고정비용으로 10달러를 치러야 하며, 어부의 시간에 대한 기회비용은 시간당 5달러다. 어부의 총비용곡선을 그리고, 곡선의 모양을 설명하라.

4. 빗자루회사에서 근로자 수와 하루 빗자루 생산량의 관계는 다음 표와 같다.

근로자 수	산출량	한계생산물	총비용	평균총비용	한계비용
0	0		—	—	
		—			—
1	20		—	—	
		—			—
2	50		—	—	
		—			—
3	90		—	—	
		—			—
4	120		—	—	
		—			—
5	140		—	—	
		—			—
6	150		—	—	
		—			—
7	155		—	—	

a. 한계생산물의 빈칸을 채워라. 어떤 패턴을 볼 수 있는가? 설명하라.
b. 근로자의 일당은 100달러고, 고정비용은 200달러다. 이 정보를 사용하여 총비용의 빈칸을 채워라.
c. 평균총비용의 빈칸을 채워라. 어떤 패턴을 볼 수 있는가?
d. 한계비용의 빈칸을 채워라. 어떤 패턴을 볼 수 있는가?
e. 한계생산물과 한계비용을 비교하라. 어떤 패턴을 볼 수 있는가?
f. 평균총비용과 한계비용을 비교하라. 어떤 패턴을 볼 수 있는가?

5. 여러분이 게임 콘솔을 만드는 회사의 재무 담당 이사라고 하자. 회사의 평균총비용 구조는 다음과 같다.

수량	평균총비용
600개	$300
601	301

현재 회사의 생산량은 600개고, 전량이 매진되어 재고가 없는 상태다. 이때 어느 고객이 550달러를 줄 테니 콘솔 1개를 팔라고 제안했다. 여러분은 이 요청을 받아들여야 하는가, 거부해야 하는가? 그 이유는 무엇인가?

6. 어떤 피자가게의 비용 구조는 다음과 같다.

산출량	총비용	가변비용
0더즌(12개 묶음)	$300	$ 0
1	350	50
2	390	90
3	420	120
4	450	150
5	490	190
6	540	240

a. 피자가게의 고정비용은 얼마인가?
b. 이 표에 명시된 총비용을 이용하여 피자 1더즌의 한계비용을 계산하라. 가변비용을 이용하여 한계비용을 계산하라. 이러한 수치들 사이에는 어떤 관계가 있는지 설명하라.

7. 여러분의 사촌 비니가 소유한 페인트회사의 총고정비용은 200달러고, 총가변비용은 다음과 같다.

페인트칠하는 집의 수 (월 평균)	1	2	3	4	5	6	7
가변비용	$10	20	40	80	160	320	640

각 생산수준에서 평균고정비용, 평균가변비용, 평균총비용을 계산하라. 페인트회사의 효율적인 생산량은 얼마인가?

8. 시 정부가 햄버거 사업자에 대해 다음과 같은 두 가지 조세제도를 고려 중이다.

- 모든 사업자에게 300달러씩 세금 부과
- 사업자들에게 햄버거 1개당 1달러씩 세금 부과

a. 300달러 세금이 부과되면 평균고정비용곡선과 평균가변비용곡선, 평균총비용곡선, 한계비용곡선 중 어느 곡선이 이동할까? 그 이유는 무엇인가? 그래프로 표시하라.

b. 햄버거 1개당 1달러씩 세금이 부과되면 앞의 네 곡선 중 어느 곡선이 이동할까? 그 이유는 무엇인가? 그래프로 표시하라.

9. 제인의 주스가게의 비용 구조가 다음과 같다고 하자.

산출량	가변비용	총비용
0통	$ 0	$ 30
1	10	40
2	25	55
3	45	75
4	70	100
5	100	130
6	135	165

a. 각 산출량 수준에서 평균가변비용, 평균총비용, 한계비용을 계산하라.

b. 세 가지 곡선을 그래프로 나타내라. 한계비용곡선과 평균총비용곡선은 어떤 관계가 있는가? 한계비용곡선과 평균가변비용곡선은 어떤 관계가 있는가? 설명하라.

10. 다음 세 기업의 장기 총비용 자료를 보고 질문에 답하라.

산출량	1	2	3	4	5	6	7
A 기업	$60	70	80	90	100	110	120
B 기업	11	24	39	56	75	96	119
C 기업	21	34	49	66	85	106	129

각 기업은 규모의 경제를 실현하고 있는가, 규모의 불경제를 겪고 있는가?

간단한 퀴즈 정답

1. c　2. a　3. a　4. d　5. d　6. c　7. b　8. a　9. d

THE SAN
RESTROOMS
BAÑOS
ATM

13장

경쟁시장

어느 주유소가 휘발유 가격을 20% 인상한다면 그 주유소의 매출은 현저히 줄어들 것이다. 고객들이 즉시 다른 주유소를 찾아갈 것이기 때문이다. 그러나 수돗물의 경우 가격이 20% 오른다고 해도 판매량은 그다지 많이 줄지 않을 것이다. 사람들이 잔디에 물을 주는 횟수를 조금 줄이고 샤워기를 절수가 가능한 것으로 바꿀 수는 있지만, 물 소비를 크게 줄이거나 새로운 공급자를 찾기는 어렵기 때문이다. 이와 같이 휘발유시장과 수돗물시장의 차이는 분명하다. 휘발유를 파는 주유소는 여러 곳이지만 수돗물을 파는 곳은 하나뿐이기 때문이다. 시장 구조에 따라 기업들의 가격과 생산량 결정이 다를 것이라는 점은 쉽게 짐작할 수 있다.

이 장에서 우리는 주유소처럼 경쟁시장에 있는 기업들의 행동을 살

ISTOCK.COM/LOLOSTOCK; GEORGE RUDY/SHUTTERSTOCK.COM

펴볼 것이다. 여러분이 기억하듯이 수요자와 공급자가 시장 규모에 비해 매우 작기 때문에 이들이 시장가격에 거의 영향을 미칠 수 없는 시장을 경쟁적이라고 한다. 반대로 어느 기업이 시장가격에 영향을 미칠 수 있다면 그 기업은 시장지배력이 있다고 말한다. 시장지배력이 있는 기업(앞에서 언급한 수돗물 공급자와 같은)의 행태는 다른 장에서 분석할 것이다.

우리가 경쟁시장의 기업부터 공부하는 데는 두 가지 이유가 있다. 첫째, 경쟁시장의 기업은 시장가격에 영향을 미치지 못하기 때문에 시장지배력을 가진 기업에 비해 분석하기가 단순하다. 둘째, 경쟁시장은 (우리가 7장에서 공부한 바와 같이) 자원을 효율적으로 배분하기 때문에 다른 시장구조를 평가하는 기준이 될 수 있다.

또 우리는 경쟁시장에 있는 기업들을 분석함으로써 공급곡선의 이면에 어떤 현상이 숨어 있는지 밝혀낼 것이다. 공급곡선이 기업들의 생산비용과 밀접한 관계가 있다는 것은 충분히 예상할 수 있다. 그러나 기업의 여러 가지 비용(고정비용, 가변비용, 평균비용, 한계비용 등) 중 어느 것이 기업의 공급량 결정과 가장 밀접한 관계가 있을까? 이 장에서 우리는 모든 비용이 서로 관련되어 있으며, 모두 공급량 결정에 중요한 역할을 한다는 사실을 배울 것이다.

13-1 경쟁시장이란

이 장에서는 경쟁시장에 있는 기업들이 어떻게 생산 결정을 내리는지 공부한다. 이를 위해 먼저 경쟁시장이란 무엇인지 알아보자.

13-1a 경쟁의 의미

경쟁시장 동일한 상품을 취급하는 수많은 공급자와 수요자로 구성되어 모든 사람이 가격수용자인 시장

경쟁시장(competitive market, 완전경쟁시장이라고도 함)에는 다음과 같은 두 가지 특징이 있다.

- 수많은 수요자와 공급자가 존재한다.
- 공급자들이 공급하는 물건이 거의 동일하다.

이 조건들 때문에 어느 개별 수요자나 공급자도 시장가격에 영향을 미칠 수 없다. 이들은 시장가격을 주어진 것으로 받아들일 뿐이다.

우유시장이 여기에 해당한다. 개별 우유 소비자들은 시장 규모에 비해 매우 적은 양을 소비하기 때문에 우유의 시장가격에 영향을 미칠 수 없다. 마찬가지로 개별 우유 생산자는 사실상 동질의 상품을 판매하기 때문에 시장가격에 영향을 미칠 수 없다. 각 생

산자는 시장가격에서 얼마든지 판매할 수 있기 때문에 굳이 가격을 인하할 이유가 없고, 가격을 조금이라도 인상한다면 소비자들은 모두 다른 우유 공급자에게 갈 것이기 때문에 그렇게 하지 못한다. 경쟁시장에 있는 수요자와 공급자 어느 쪽도 시장에서 결정된 가격에 아무런 영향을 미칠 수 없으므로 이들은 가격수용자가 된다.

이와 같은 경쟁시장의 두 가지 특징에 더하여 완전경쟁시장이 되기 위한 세 번째 조건이 있다.

- 기업들이 자유롭게 진입하고 퇴출할 수 있다.

농장을 차리거나 농장 사업을 그만두고자 할 때 아무런 장애가 없으면 우유시장은 이 조건을 충족시킨다고 할 수 있다. 그러나 진입과 퇴출이 자유롭다는 조건 때문에 완전경쟁시장에서 기업들이 가격수용자가 되는 것은 아니다. 진입과 퇴출이 자유롭다는 조건은 완전경쟁시장의 장기 균형에 중요한 영향을 미친다.

13-1b 경쟁시장 기업의 수입

경쟁시장에 있는 기업도 대부분의 다른 기업들과 마찬가지로 이윤을 극대화하려고 노력한다. 이윤은 총수입에서 총비용을 뺀 나머지다. 기업들이 이윤을 어떻게 극대화하는지 알아보기 위해 먼저 경쟁시장에 있는 기업의 수입을 살펴보자. 구체적으로 바카 가족 농장의 예를 생각해보자.

바카 농장은 우유를 Q만큼 생산하여 시장가격 P에 판다. 따라서 농장의 총수입은 $P \times Q$다. 예를 들어 우유 1갤런에 6달러고 1,000갤런을 판매한다면 농장의 총수입은

표 13.1

경쟁시장 기업의 총수입, 평균수입, 한계수입

(1) 수량 (Q)	(2) 가격 (P)	(3) 총수입 ($TR = P \times Q$)	(4) 평균수입 ($AR = TR/Q$)	(5) 한계수입 ($MR = \Delta TR/\Delta Q$)
1갤런	$6	$ 6	$6	
				$6
2	6	12	6	
				6
3	6	18	6	
				6
4	6	24	6	
				6
5	6	30	6	
				6
6	6	36	6	
				6
7	6	42	6	
				6
8	6	48	6	

6,000달러다.

바카 농장은 세계 우유시장에 비해 규모가 매우 작기 때문에 우유의 시장가격을 주어진 것으로 받아들여야 한다. 다시 말해 우유의 시장가격은 바카 농장이 생산하여 파는 우유의 양에 영향을 받지 않는다는 것이다. 바카 농장이 우유 생산량을 2배로 늘려 2,000갤런을 생산한다면 농장의 총수입은 2배로 늘어나 1만 2,000달러가 되지만, 우유의 시장가격은 변함이 없다. 그러므로 총수입은 생산량에 비례한다.

표 13.1에 바카 농장의 수입이 나타나 있다. 제1, 2열은 각각 생산량과 가격을 나타낸다. 제3열은 농장의 총수입이다. 가격은 6달러로 일정하기 때문에 총수입은 생산량에 6달러를 곱한 값이 된다.

12장에서 비용을 분석할 때와 마찬가지로 수입을 분석할 때도 평균값과 한계값의 개념이 유용하다. 이 개념들은 다음의 문제를 이해하는 데 도움을 준다.

- 바카 농장은 우유 1갤런당 수입을 얼마나 올리는가?
- 우유 생산량을 1갤런 늘리면 추가적으로 발생하는 수입은 얼마인가?

표 13.1의 제4, 5열이 이 문제에 대한 답이다.

평균수입 총수입을 수량으로 나눈 값

표의 제4열은 평균수입(average revenue)이다. 평균수입은 총수입(제3열)을 생산량(제1열)으로 나눈 값이다. 평균수입은 기업이 판매하는 재화 한 단위를 통해 얼마나 버는지 보여준다. 표 13.1에서 평균수입은 6달러임을 알 수 있다. 이것은 우유의 시장가격이다. 여기서 완전경쟁 하의 기업은 물론 다른 시장의 기업에 대해서도 적용되는 일반 원리를 배울 수 있다. 평균수입은 총수입($P \times Q$)을 수량(Q)으로 나눈 값이다. 따라서 모든 기업에 평균수입은 그 재화의 가격과 같다.

한계수입 한 단위를 추가 판매함으로써 발생하는 총수입의 변화

제5열은 한계수입(marginal revenue)이다. 한계수입은 한 단위를 추가 판매함으로써 발생하는 총수입의 변화를 말한다. 표 13.1에서 한계수입은 6달러로 일정하다. 물론 6달러는 우유 1갤런의 가격이다. 총수입이 $P \times Q$고, P는 완전경쟁시장에 있는 기업에게는 불변이므로, Q가 한 단위씩 증가하면 총수입은 P만큼 증가한다. 따라서 경쟁시장의 기업에게 한계수입은 그 재화의 가격과 같다.

간단한 퀴즈

1. 완전경쟁 시장의 기업은 ( ).

a. 가격을 조절하여 이윤을 극대화한다.
b. 유사한 상품을 판매하는 다른 기업에 대응하여 가격을 낮게 결정한다.
c. 시장에서 결정된 가격을 주어진 것으로 받아들인다.
d. 시장점유율이 최대화되는 가격을 결정한다.

2. 완전경쟁시장에 있는 기업이 생산량을 10% 증가시키면, 이 기업의 한계수입은 ( ), 총수입은 ( ) 증가한다.

a. 감소하고, 10% 보다 적게
b. 감소하고, 정확히 10%
c. 불변이고, 10%보다 적게
d. 불변이고, 정확히 10%

정답은 각 장의 끝에

13-2 이윤 극대화와 경쟁기업의 공급곡선

경쟁시장에 있는 기업들의 목적은 이윤 극대화다. 이윤은 총수입에서 총비용을 뺀 나머지다. 앞에서 우리는 기업의 수입에 관하여 살펴보았으며, 12장에서는 비용에 대해 알아보았다. 이제 우리는 기업이 어떻게 이윤을 극대화하며, 이를 통해 공급곡선이 어떻게 유도되는지 살펴볼 것이다.

13-2a 이윤 극대화의 간단한 예

표 13.2의 예를 통해 기업의 공급량 결정 과정을 알아보자. 표의 제1열은 바카 농장이 생산하는 우유의 양을 나타낸다. 제2열은 농장의 총수입이다. 총수입은 물론 생산량에 6달러를 곱한 값이다. 제3열은 농장의 총비용이다. 총비용은 고정비용과 가변비용을 더한 금액인데, 이 예에서 고정비용은 3달러고 가변비용은 생산량에 따라 다르다.

제4열은 농장의 이윤을 나타낸다. 이윤은 총수입에서 총비용을 뺀 나머지다. 바카 농장이 아무것도 생산하지 않는다면 손실은 3달러(고정비용)다. 농장이 우유 1갤런을 생산하면 이윤은 1달러고, 2갤런을 생산하면 이윤은 4달러다. 바카 농장이 이윤을 극대화하기 위해서는 이윤이 최댓값이 되는 생산량을 선택해야 한다. 이 예에서 이윤은 생산량이 4갤런 혹은 5갤런일 때 7달러로 극대화된다.

바카 농장의 이윤 극대화 과정을 다른 방법으로도 설명할 수 있다. 바카 농장은 한계수입(marginal revenue)과 한계비용(marginal cost)을 비교함으로써 이윤 극대화 생

표 13.2

이윤 극대화의 예

(1) 수량 (*Q*)	(2) 총수입 (*TR*)	(3) 총비용 (*TC*)	(4) 이윤 (*TR* − *TC*)	(5) 한계수입 (*MR* = Δ*TR*/Δ*Q*)	(6) 한계비용 (*MC* = Δ*TC*/Δ*Q*)	(7) 이윤의 변화 (*MR* − *MC*)
0갤런	$ 0	$ 3	−$3			
				$6	$2	$4
1	6	5	1			
				6	3	3
2	12	8	4			
				6	4	2
3	18	12	6			
				6	5	1
4	24	17	7			
				6	6	0
5	30	23	7			
				6	7	−1
6	36	30	6			
				6	8	−2
7	42	38	4			
				6	9	−3
8	48	47	1			

산량을 결정할 수 있다. 표 13.2의 제5, 6열은 한계수입과 한계비용을 나타낸다. 마지막 열은 생산량이 1갤런씩 변할 때 이윤의 변화를 나타낸다. 우유 1갤런을 생산하면 한계수입은 6달러고 한계비용은 2달러다. 따라서 1갤런의 우유를 생산하면 이윤이 4달러만큼(−3달러에서 1달러로) 증가한다. 2갤런째 우유의 한계수입은 6달러고 한계비용은 3달러다. 따라서 우유 생산을 1갤런에서 2갤런으로 늘리면 이윤이 3달러만큼(1달러에서 4달러로) 증가한다. 한계수입이 한계비용을 초과하는 한 생산량이 증가하면 이윤도 증가한다. 농장의 우유 생산량이 일단 5갤런에 도달하면 상황은 매우 달라진다. 6갤런째 우유의 한계수입은 6달러고 한계비용은 7달러다. 따라서 생산을 5갤런에서 6갤런으로 늘리면 이윤이 1달러만큼(7달러에서 6달러로) 감소한다. 따라서 바카 농장은 5갤런 이상의 우유를 생산하지 않을 것이다.

1장에서 배운 경제학의 10대 기본원리 중에 합리적 판단은 한계적으로 이루어진다는 것이 있다. 여기에서 우리는 바카 농장이 이 원리를 어떻게 적용해야 하는지 알 수 있다. 한계수입이 한계비용보다 크다면(1~3갤런의 경우처럼) 바카 농장은 추가로 들어오는 수입(한계수입)이 추가로 나가는 비용(한계비용)보다 크기 때문에 생산량을 늘려야 한다. 한계수입이 한계비용보다 작으면(6~8갤런의 경우처럼) 바카 농장은 생산량을 줄여야 한다. 이와 같이 바카 농장이 한계적으로 생산량을 조절해간다면 자연스럽게 이윤 극대화 생산량에 도달할 것이다.

13-2b 한계비용곡선과 공급량의 결정

그림 13.1에 있는 비용곡선들을 살펴보자. 이 비용곡선들은 12장에서 설명한 바와 같이 세 가지 일반적인 속성이 있다. 한계비용곡선(*MC*)은 우상향한다. 평균총비용곡선(*ATC*)은 U자형이다. 한계비용곡선은 평균총비용곡선의 최저점을 지난다. 이 그림에서 시장가격은 수평인 직선 *P*로 나타난다. 가격선이 수평인 것은 이 경쟁시장 기업이 가격수용자기 때문이다. 즉 이 기업이 얼마를 생산하든지 시장에서 결정된 가격은 변함이 없다. 다시 말하면 경쟁시장 기업의 가격은 평균수입(*AR*)이자 한계수입(*MR*)과 같다.

우리는 그림 13.1을 사용하여 이윤 극대화 생산량을 알아낼 수 있다. 지금 이 기업이 Q_1을 생산하고 있다고 하자. 이 생산량에서는 한계수입곡선이 한계비용곡선보다 위에 있다. 즉 한계수입이 한계비용보다 크다. 다시 말해 이 기업이 지금 이 상태에서 재화를 한 단위 더 생산하여 판매한다면, 그로 인해 추가로 발생하는 수입(MR_1)이 추가로 부담할 비용(MC_1)보다 크다. 따라서 Q_1에서와 같이 한계수입이 한계비용을 초과하는 경우 생산량을 늘리면 이윤이 증가한다.

비슷한 분석이 Q_2에 대해서도 적용될 수 있다. 이 생산량에서는 한계비용곡선이 한

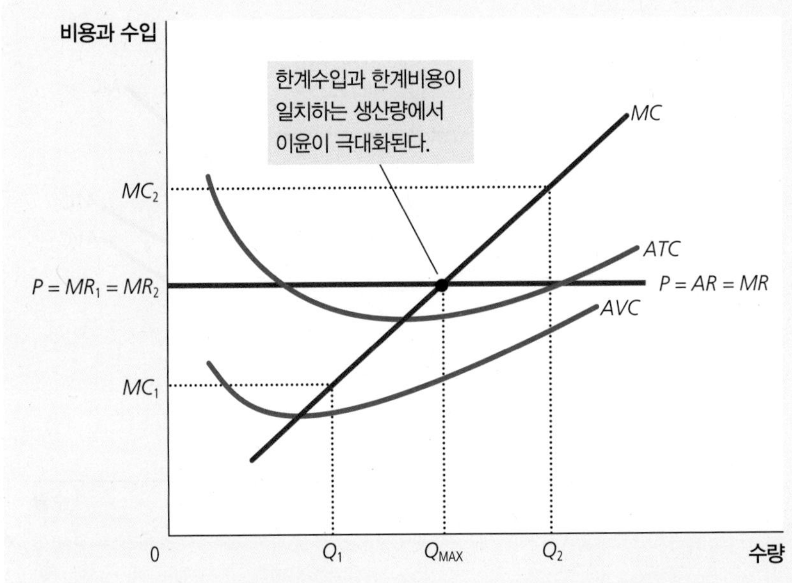

그림 **13.1**

경쟁시장 기업의 이윤 극대화
이 그림에는 한계비용곡선(*MC*), 평균총비용곡선(*ATC*), 평균가변비용곡선(*AVC*)이 표시되어 있다. 시장가격은 *P*고, 경쟁시장 기업에게 이것은 한계수입(*MR*)이자 평균수입(*AR*)과 같다. 생산량 Q_1에서는 한계수입(MR_1)이 한계비용(MC_1)보다 크다. 따라서 생산량이 증가하면 이윤이 증가한다. 생산량 Q_2에서는 한계비용(MC_2)이 한계수입(MR_2)보다 크다. 따라서 생산량이 감소하면 이윤이 증가한다. 이윤 극대화 생산량 Q_{MAX}는 수평인 가격선이 한계비용곡선과 교차하는 점에서 결정된다.

계수입곡선보다 위에 있다. 즉 한계비용이 한계수입보다 크다. 다시 말해 이 기업이 지금 이 상태에서 생산량을 한 단위 줄이면, 그로 인해 추가로 절약되는 비용(MC_2)이 줄어들 수입(MR_2)보다 크다. 따라서 Q_2에서와 같이 한계비용이 한계수입을 초과하는 경우 생산량을 줄이면 이윤이 증가한다.

이러한 생산량의 한계적 조절은 어떻게 끝날까? 매우 적은 생산량(Q_1과 같이)에서 생산을 시작하든, 매우 많은 생산량(Q_2와 같이)에서 생산을 시작하든 이 기업은 궁극적으로 생산량을 조절하여 Q_{MAX}에 도달한다. 이를 통해 우리는 이윤 극대화를 위한 세 가지 일반 원리를 알아냈다.

- 한계수입이 한계비용보다 크면 이 기업은 생산량을 늘려야 한다.
- 한계비용이 한계수입보다 크면 이 기업은 생산량을 줄여야 한다.
- 이윤이 극대화되는 생산량에서 한계수입과 한계비용이 일치한다.

세 가지 원리는 이윤을 극대화하려는 기업이 합리적 결정을 내리기 위해 따라야 하는 원리다. 이 원리는 경쟁시장에 있는 기업뿐 아니라 다음 장에서 볼 수 있듯이 불완전경쟁시장에 있는 기업들에게도 적용된다.

이제 우리는 경쟁시장에 있는 기업들이 시장에 공급하는 물건의 수량을 어떻게 결정하는지 알았다. 경쟁시장에 있는 기업들은 가격수용자기 때문에 시장가격이 바로 한계수입이다. 따라서 어느 가격에서라도 가격 수준을 나타내는 선과 한계비용곡선이 교차하는 수량이 경쟁시장 기업의 이윤 극대화 생산량이다. 그림 13.1에서 이윤 극대화 생

그림 13.2

경쟁시장 기업의 공급곡선으로서 한계비용곡선
가격이 P_1에서 P_2로 상승하면 이윤 극대화 생산량이 Q_1에서 Q_2로 증가한다. 어느 가격에서든 기업이 공급하고자 하는 생산량이 한계비용곡선에 따라 결정되기 때문에 한계비용곡선이 기업의 공급곡선이 된다.

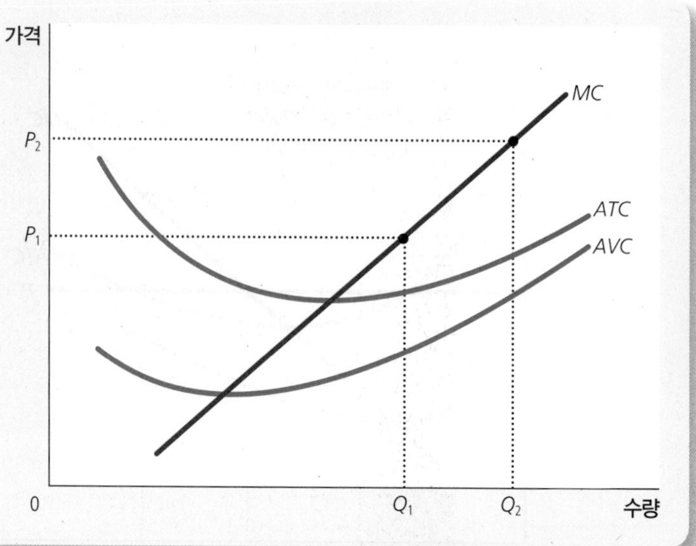

산량은 Q_{MAX}다.

시장 수요의 증가로 시장가격이 상승했다고 하자. 그림 13.2는 경쟁시장에서 기업이 가격 상승에 어떻게 반응하는지 보여준다. 가격이 P_1일 때 생산량은 Q_1이다. Q_1에서 가격과 한계비용이 일치하기 때문이다. 가격이 P_2로 상승하면 당초 생산량 Q_1에서 한계수입이 한계비용보다 크기 때문에 이 기업은 생산량을 증가시키려 할 것이다. 이제 새로운 이윤 극대화 생산량은 새로운 가격 수준(P_2)과 한계비용이 일치하는 Q_2다. 요약하면 어느 가격에서든지 한계비용곡선에 따라 기업이 생산 · 공급하고자 하는 생산량이 결정되기 때문에, 경쟁시장의 기업에게는 한계비용곡선이 공급곡선이 되는 것이다. 그러나 여기에는 몇 가지 조건이 있다. 다음에 이것에 대한 설명이 있다.

13-2c 단기 조업 중단 조건

지금까지 우리는 경쟁시장의 기업이 얼마나 생산할 것인가에 초점을 맞추었다. 그러나 경우에 따라서 기업들은 아예 조업을 중단하고 아무것도 생산하지 않기도 한다.

여기서 우리는 기업이 시장에서 영구적으로 퇴출하는 것과 일시적으로 조업을 중단하는 것을 구별해야 한다. 조업 중단(shutdown)이란 시장 상황이 악화되어 일시적으로 아무것도 생산하지 않는 단기적 의사결정을 의미한다. 퇴출(exit)이란 아예 시장을 떠나는 장기적 의사결정을 말한다. 단기적으로 기업은 고정비용을 피할 수 없지만, 장기적으로는 고정비용이 존재하지 않기 때문에 단기적 의사결정과 장기적 의사결정은 구별되어야 한다. 즉 단기적으로 조업을 중단하는 기업은 여전히 고정비용을 부담해야 하지만, 퇴출하는 기업은 고정비용과 가변비용 어느 것도 부담하지 않는다.

예를 들어 농부가 당면하는 생산 결정을 생각해보자. 토지비용(즉 토지의 기회비용 혹은 토지 임대료)은 농부의 고정비용 중 하나다. 농부가 아무것도 생산하지 않고 토지를 그냥 둔다고 해도 이 비용은 계속 지출되기 때문이다. 단기적으로 농사일을 한 철 중단해야 할지 여부를 결정할 때 토지에 대한 고정비용은 매몰 비용이다. 그러나 농부가 아예 농업을 그만두고자 할 때 이 토지를 팔아버릴 수 있다. 따라서 시장에서 퇴출할지 여부를 결정하는 장기적 의사결정에서 토지비용은 매몰 비용이 아니다(매몰 비용에 대해서는 14.2d에서 다시 설명한다 – 역자주).

이제 기업이 조업을 중단하는 조건이 무엇인지 알아보자. 조업을 중단하면 기업은 모든 수입을 잃는다. 동시에 가변비용도 지출하지 않는다(그러나 고정비용은 계속 지출해야 한다). 따라서 기업은 총수입이 가변비용보다 작을 때 단기적으로 조업을 중단한다.

약간의 수학적 분석을 이용하면 조업 중단 조건을 보다 쉽게 이해할 수 있다. TR는 총수입, VC는 가변비용을 의미한다면, 기업의 조업 중단 조건은 다음과 같이 표현할 수 있다.

$$TR < VC$$

즉 총수입이 가변비용보다 작을 때 기업은 단기적으로 조업을 중단한다는 것이다. 앞 조건의 부등호 양변을 Q(수량)로 나누면 다음과 같다.

$$TR/Q < VC/Q$$

이를 다시 더 쉬운 표현으로 바꿀 수 있다. TR/Q는 총수입을 수량으로 나눈 것, 즉 평

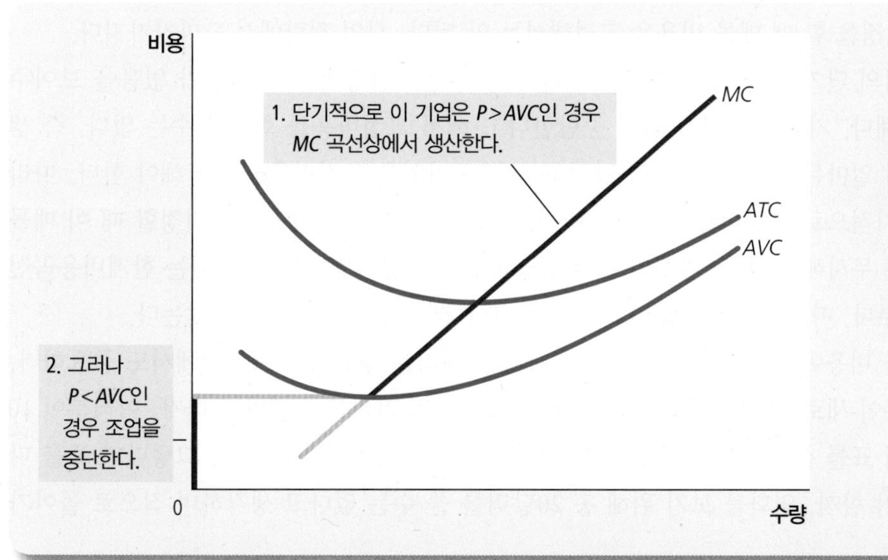

그림 **13.3**

경쟁시장 기업의 단기 공급곡선

경쟁시장에 있는 기업의 단기 공급곡선은 한계비용곡선(*MC*) 중 평균가변비용곡선(*AVC*) 위쪽에 있는 부분이다. 가격이 평균가변비용 이하로 내려가면 기업은 잠정적으로 조업을 중단하는 것이 유리하다.

균수입이다. 앞에서 살펴본 바와 같이 평균수입은 그 재화의 가격(P)이다. 마찬가지로 VC/Q는 평균가변비용(AVC)이다. 따라서 기업의 조업 중단 조건은 다음과 같이 표현할 수 있다.

$$P < AVC$$

즉 기업은 재화의 판매가격이 평균가변비용보다 낮으면 조업을 중단하는 것이 유리하다. 이 조건을 다시 설명하면, 기업이 생산 여부를 결정할 때 자신들이 만드는 물건에 대해 평균적으로 받을 가격과 평균적으로 한 단위당 들어가는 가변비용을 비교하여 가격이 평균가변비용조차 충당하지 못하는 경우에는 생산을 중단하는 편이 유리하다는 것이다. 조업을 중단하면 이 기업은 손실을 본다(단기 고정비용을 계속 지불해야 하기 때문에). 그러나 조업을 지속하면 더 큰 손실을 본다.

이제 우리는 경쟁시장에 있는 기업의 이윤 극대화 전략을 완전히 설명할 수 있다. 기업이 생산을 한다면 기업이 주어진 것으로 받아들이는 재화가격과 한계비용이 일치하는 수준에서 생산한다. 그러나 가격이 평균가변비용보다 낮으면 잠정적으로 생산을 중단해야 한다. 이 결과는 그림 13.3에 표시되어 있다. 한계비용곡선 중에서 평균가변비용곡선보다 위쪽에 있는 부분이 경쟁시장에 있는 기업의 단기 공급곡선이다.

13-2d 엎질러진 물과 매몰 비용

매몰 비용 한번 발생하고 난 뒤 회수할 수 없는 비용

여러분은 살면서 "엎질러진 물이야, 후회하지 마" 혹은 "지난 일은 지난 일일 뿐이야" 라고 말한 적이 있을 것이다. 이런 말에는 합리적인 의사결정에 대한 깊은 진실이 담겨 있다. 경제학자들은 한번 발생하고 난 뒤 회수할 수 없는 비용을 '매몰 비용(sunk cost)'이라고 부른다. 한번 비용이 매몰되면 회수할 수 없기 때문에 여러 가지 상황을 놓고 의사결정을 할 때 매몰 비용은 고려해서는 안 된다. 사업 전략에서도 마찬가지다.

기업의 단기 조업 중단 조건은 매몰 비용이 의사결정에 아무 관계가 없음을 보여주는 사례다. 기업이 생산을 잠시 중단한다고 해서 고정비용을 회수할 수는 없다. 즉 생산량이 얼마든지, (심지어 생산량이 0이라도) 기업은 고정비용을 부담해야 한다. 따라서 단기적으로 고정비용은 매몰 비용이다. 그리고 기업이 생산량을 결정할 때 이 매몰 비용은 무시해야 한다. 기업의 단기 공급곡선은 평균가변비용 위에 있는 한계비용곡선의 일부다. 따라서 고정비용의 크기는 공급량 결정에 영향을 미치지 않는다.

매몰 비용이 의사결정과 무관해야 한다는 원리는 개인의 의사결정에서도 중요하다. 여러분이 새로 개봉한 영화를 보는 데서 15달러의 가치를 느낀다고 하자. 여러분이 10달러에 표를 샀지만 극장에 들어가기 전에 표를 잃어버렸다고 하자. 그렇다면 표를 다시 사야 할까, 영화를 보기 위해 총 20달러를 쓸 수는 없다고 생각하며 집으로 돌아가야 할까? 정답은 표를 다시 사는 것이다. 영화를 보는 것의 편익(15달러)은 여전히 기회비용(표를 다시 사는 비용 10달러)을 초과하고, 잃어버린 표의 비용 10달러는 매몰비용이다. 엎질러진 물이니 후회해봐야 소용없는 것이다.

사례 연구

텅 빈 식당과 비수기 미니골프장

점심식사를 하기 위해 어느 식당에 들어갔다가 그 식당이 거의 비어 있는 것을 발견하고 도대체 왜 점심시간에 영업을 하는지 의아해한 적이 있을 것이다. 그리고 몇 명 안 되는 손님들이 올려주는 매상으로 어떻게 식당 운영이 가능한지 궁금할 것이다.

점심시간에 영업을 할지 여부를 결정할 때 식당 주인은 고정비용과 가변비용을 구분해야 한다. 식당비용의 상당 부분은 고정비용이다. 예를 들어 임대료, 주방용기, 식탁, 접시, 식기 등은 고정비용 항목이다. 점심시간에 영업을 하지 않는다고 해서 이 비용이 줄어드는 것은 아니다. 식당 주인이 점심시간에 영업을 하고자 할 때는 음식 재료비와 종업원의 추가 임금 등과 같은 가변비용만 고려해야 한다. 식당 주인은 점심시간의 매상이 점심시간 영업에 소요되는 가변비용보다 적을 때 점심시간 영업을 중단할 것이다.

ADRIAN SHERRATT/ALAMY STOCK PHOTO

식탁이 대부분 비어 있어도 영업을 하는 것이 유리할 때도 있다.

여름 휴양지의 미니골프장 주인도 비슷한 문제가 있다. 계절에 따라 수입이 큰 폭으로 변하기 때문에 미니골프장 주인은 언제까지 미니골프장을 열지 결정해야 한다. 이 경우에도 고정비용(토지 임대료와 미니골프장 건설비)은 단기 의사결정에서 고려할 사항이 아니다. 미니골프장 주인은 매출액이 미니골프장을 운영하는 데 들어가는 가변비용보다 큰 기간에만 미니골프장을 열 것이다. ●

13-2e 장기 진입 · 퇴출조건

기업이 시장에서 퇴출할지 결정하는 것도 단기 조업 중단 결정과 비슷하다. 기업이 시장에서 퇴출하면 수입이 없어지지만, 고정비용과 가변비용도 지출하지 않는다. 따라서 기업은 총수입이 총비용보다 작으면 시장에서 퇴출한다.

여러분은 약간의 수학을 이용하여 이것을 보다 분명하게 이해할 수 있다. *TR*이 총수입, *TC*가 총비용을 나타낸다면 기업의 퇴출조건은 다음과 같다.

$$TR < TC$$

즉 총수입이 총비용보다 적으면 퇴출한다는 것이다. 앞 식의 양변을 수량(Q)으로 나누면 다음과 같다.

$$TR/Q < TC/Q$$

그림 13.4

경쟁시장 기업의 장기 공급곡선
장기적으로 경쟁시장 기업의 공급곡선은 한계비용곡선(*MC*) 중 평균총비용곡선(*ATC*) 위쪽에 있는 부분이다. 가격이 평균총비용 아래로 내려가면 기업은 시장에서 퇴출하는 것이 유리하다.

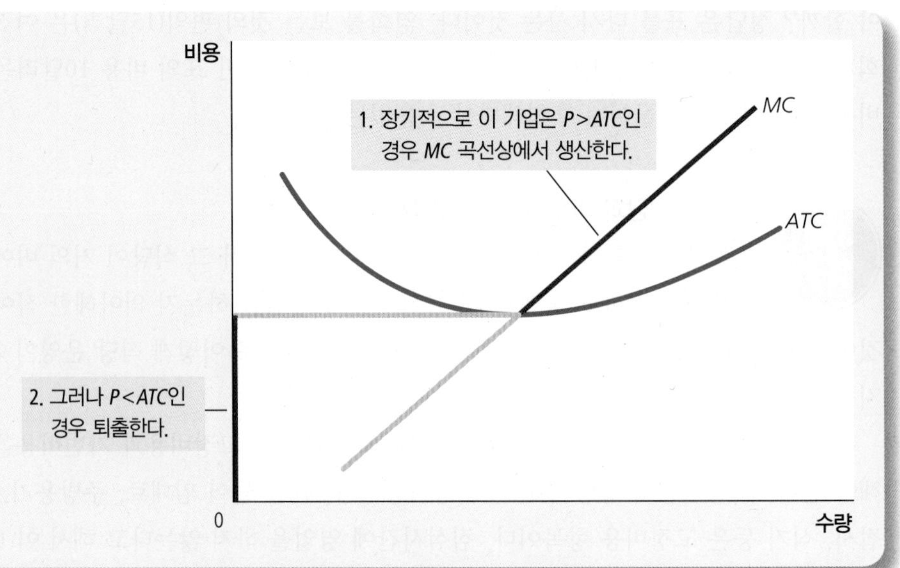

TR/*Q*는 평균수입이므로 가격(*P*)과 같다. *TC*/*Q*는 평균총비용이다. 따라서 기업의 퇴출조건은 다음과 같이 쓸 수 있다.

$$P < ATC$$

즉 기업은 자신이 판매하는 재화의 가격이 평균총비용보다 낮으면 퇴출한다.

이와 같은 논리는 지금 기업을 시작하려고 하는 기업인에게도 적용된다. 기업인은 시장 진입 후에 이윤을 낼 수 있으면 진입하고자 할 것이다. 그런데 가격이 평균총비용보다 높을 때 이윤이 발생한다. 따라서 진입조건은 다음과 같다.

$$P > ATC$$

이 조건은 당연히 퇴출조건의 정반대다.

따라서 기업의 장기 이윤 극대화 전략은 다음과 같이 정리할 수 있다. 시장에서 경쟁하는 기업들은 한계수입과 한계비용이 일치하는 수량에서 생산하며, 그 수량에서 가격이 평균총비용보다 적으면 기업은 퇴출하거나 진입을 포기한다. 이 결과는 그림 13.4에 있다. 경쟁시장에 있는 기업의 장기 공급곡선은 한계비용곡선 중 평균총비용곡선보다 위쪽에 있는 부분이다.

13-2f 그래프로 나타낸 이윤

진입과 퇴출 과정을 분석하기 위해서는 기업의 이윤에 대해 보다 자세히 알아볼 필요가 있다. 이윤은 총수입(*TR*)에서 총비용(*TC*)을 뺀 나머지다.

그래프로 본 이윤과 손실 **그림 13.5**

가격과 평균총비용 사이에 색칠된 직사각형의 면적이 기업 이윤이다. 직사각형의 높이는 가격과 평균 총비용의 차이($P-ATC$)다. 직사각형의 폭은 생산량(Q)이다. 그림 (a)는 가격이 평균총비용보다 크기 때문에 기업이 이윤을 내는 경우고, 그림 (b)는 가격이 평균총비용보다 작기 때문에 기업이 손실을 보는 경우다.

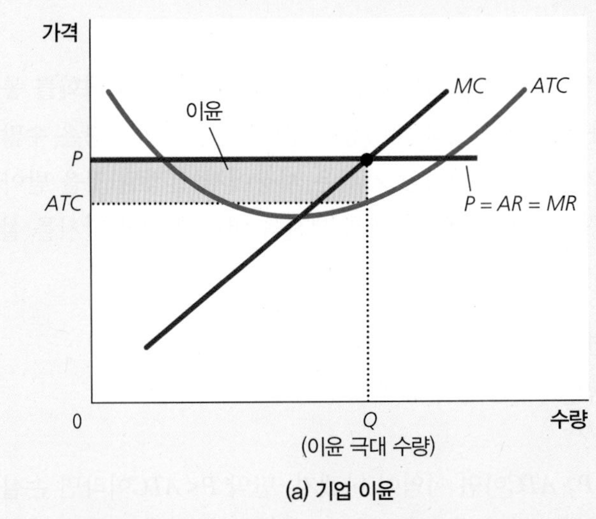

(a) 기업 이윤

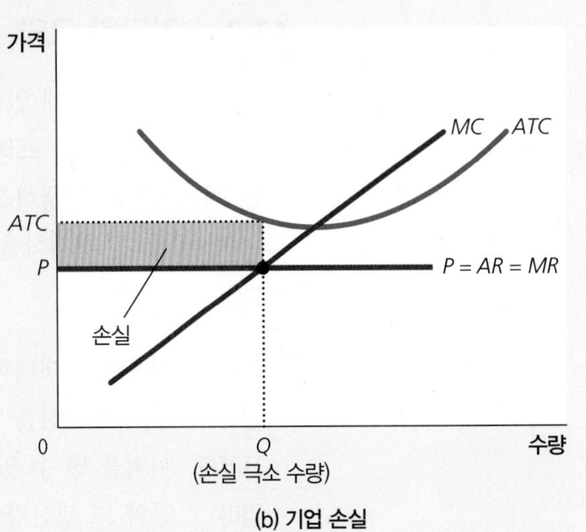

(b) 기업 손실

$$\text{이윤} = TR - TC$$

앞의 우변을 Q로 나눈 뒤 다시 Q를 곱하여 다음과 같이 표시할 수 있다.

$$\text{이윤} = (TR/Q - TC/Q) \times Q$$

앞에서 TR/Q는 평균수입이므로 가격이다. 그리고 TC/Q는 평균총비용이다. 따라서 앞의 관계식은 다음과 같이 다시 쓸 수 있다.

$$\text{이윤} = (P - ATC) \times Q$$

이 식을 이용하여 이윤을 그래프로 나타낼 수 있다.

그림 13.5 (a)는 기업이 이윤을 내는 상황을 보여준다. 기업 이윤은 가격과 한계비용이 일치하는 생산량에서 극대화된다. 그림에서 색칠된 직사각형을 보자. 직사각형의 높이는 $P-ATC$(가격과 평균총비용의 차이), 폭은 Q(생산량)다. 따라서 직사각형의 면적은 $(P-ATC) \times Q$, 즉 기업 이윤의 크기와 같다.

그림 13.5 (b)는 손실을 보는 기업의 상황을 보여준다. 이 경우 기업 이윤의 극대화 노력은 손실의 극소화를 추구하는 것이다. 그러나 이것 역시 가격이 한계비용과 같아지는 생산량에서 달성된다. 그림에서 색칠된 직사각형을 보자. 직사각형의 높이는

$ATC-P$, 폭은 Q다. 따라서 면적은 $(ATC-P)\times Q$고, 이는 손실의 크기와 같다. 이 상황에서 기업은 평균총비용을 충당할만한 수익을 내지 못하므로, 장기적으로 시장에서 퇴출할 것이다.

13-2g 간단한 요약

앞에서 본 경쟁시장에 있는 기업에 대한 분석을 다음과 같이 두 동업자의 대화를 통해 정리할 수 있다. 최근 프레드와 윌마가 화강암 채석장을 구입했다. 이 채석장은 수많은 다른 채석장들과 경쟁하고 있기 때문에, 화강암 가격은 시장에서 결정된 것을 받아들일 수밖에 없다. 경제학을 전공한 윌마가 프레드에게 생산을 어떻게 해야 할지를 설명한다.

프레드: 이윤을 극대화하려면 얼마나 생산해야 할까?
윌마: 우리가 생산을 한다면, $P=MC$인 수량에서 생산해야 할 거야.
프레드: 이익을 낼 수 있을까?
윌마: 만약 그 생산량에서 $P>ATC$이면 이익이 나겠지. 만약 $P<ATC$이라면 손실을 볼 거야.
프레드: 그 생산량에서 이익이 난다면, 우리는 어떻게 해야 하나?
윌마: 기쁜 마음으로 계속 생산해야겠지.
프레드: 만약 우리가 손실을 본다면?
윌마: 장기적으로는 사업을 접어야 하겠지.
프레드: 손실을 보더라도 단기적으로는 생산을 계속해야 할까?
윌마: 만약 $P>AVC$이라면 계속 생산해야 해. 그래야 우리 손실이 최소화되지.
프레드: 만약 $P<AVC$이라면?
윌마: 그러면 단기적으로도 생산을 중단해야겠지.(장기적으로는 폐업하고)
프레드: 그렇다면 우리의 장기 공급곡선은 MC곡선 중 ATC곡선의 윗부분이고, 우리의 단기 공급곡선은 MC곡선 중 AVC곡선의 윗부분이 되겠군.
윌마: 맞아. 그게 우리 사업 계획이지. 표 13.3에 네가 알아야 하는 모든 것이 정리되어 있어.

표 13.3

경쟁시장 기업의 이윤 극대화 규칙

1. $P=MC$인 Q를 찾는다.
2. 만약 $P<AVC$이면 즉시 조업을 중단한다.
3. 만약 $AVC<P<ATC$이면 단기적으로 조업을 지속하되, 장기적으로는 폐업한다.
4. 만약 $ATC<P$이면 사업을 지속하면서 이윤을 낸다.

간단한 퀴즈

3. 경쟁시장의 기업은 이윤을 극대화하는 수량을 어떻게 결정하는가?
a. 평균총비용이 최소화되는 수량
b. 한계비용이 가격과 일치하는 수량
c. 평균총비용이 가격과 일치하는 수량
d. 한계비용이 평균총비용과 일치하는 수량

4. 경쟁시장의 기업의 단기 공급곡선은 ( ) 곡선 중 ( ) 곡선의 윗부분이다.
a. 평균총비용, 한계비용
b. 평균가변비용, 한계비용
c. 한계비용, 평균총비용
d. 한계비용, 평균가변비용

5. 경쟁시장의 기업이 이윤을 극대화하고 있는데, 현재 생산량에서 한계비용이 평균가변비용보다는 크고 평균총비용보다는 작다고 한다. 이 기업은 현재 ( ).
a. 단기적으로 생산을 지속하지만, 장기적으로는 퇴출한다.
b. 단기적으로 생산을 중단하지만, 장기적으로는 다시 생산할 것이다.
c. 단기적으로 생산을 중단하고, 장기적으로 퇴출한다.
d. 단기적으로 생산을 지속하고, 장기적으로도 생산을 지속한다.

정답은 각 장의 끝에

13-3 경쟁시장의 공급곡선

지금까지는 기업의 공급곡선을 살펴보았다. 이제 시장 전체의 공급곡선에 대해 알아보자. 우리는 두 가지 경우를 생각해야 한다. 먼저 기업의 숫자가 고정된 시장을 분석하고, 이어서 기업의 진입과 퇴출이 가능하여 기업의 숫자가 변할 수 있는 시장을 분석한다. 두 경우는 각각 단기와 장기 시장 상황을 나타내기 때문에 중요하다. 단기적으로는 기업들의 진입과 퇴출이 어렵다. 따라서 기업의 숫자가 일정하다는 가정이 적용된다. 그러나 장기적으로는 기업의 숫자가 시장 상황에 따라 변하기 때문에 기업의 수가 변할 수 있다는 가정이 더 적절하다.

13-3a 기업의 수가 고정된 경우의 시장 공급 : 단기

1,000개의 똑같은 기업이 존재하는 시장을 생각해보자. 그림 13.6 (a)와 같이 각 기업은 가격과 한계비용이 일치하는 수량을 생산할 것이다. 가격이 평균가변비용을 초과하는 한 기업의 한계비용곡선이 기업의 공급곡선이다. 따라서 시장에 공급되는 전체 수량은 각 기업이 생산하는 생산량의 합이 된다. 즉 시장 공급곡선은 각 기업의 공급곡선을 합한 것이다. 그림 13.6 (b)에서 보듯이 각 기업은 똑같다고 가정했기 때문에 시장 공급량은 개별 기업 생산량의 1,000배다.

13-3b 기업 진입 · 퇴출이 가능한 경우의 시장 공급 : 장기

이제 기업들이 시장에 진입하거나 퇴출할 수 있다고 가정해보자. 또 모든 기업이 같은

그림 13.6 **단기 시장 공급곡선**

단기적으로 시장에 있는 기업의 수가 고정되었다면, 그림 (b)의 시장 공급곡선은 그림 (a)의 개별 기업의 한계비용곡선을 반영한 것이다. 여기에서는 시장이 1,000개의 동일한 기업으로 구성되었다고 가정했으므로 시장 공급량은 개별 기업 생산량의 1,000배다.

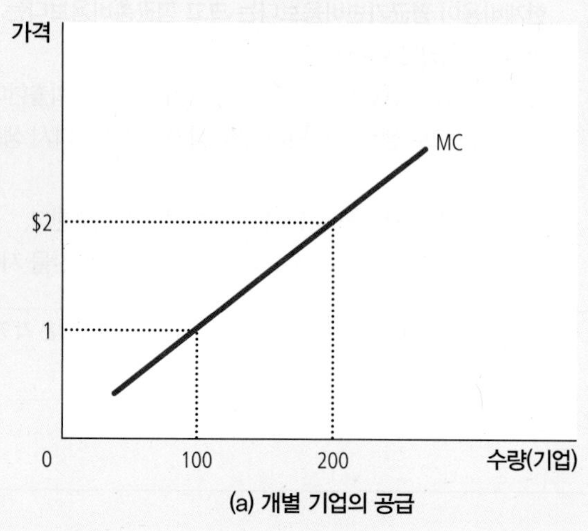

(a) 개별 기업의 공급

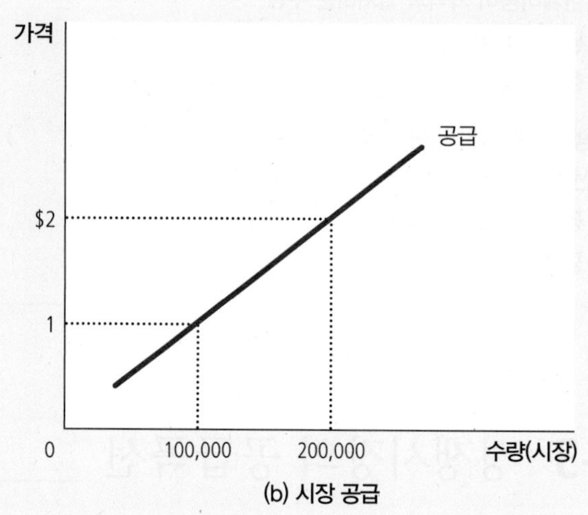

(b) 시장 공급

기술을 보유하고 동일한 생산요소시장에서도 생산요소를 구입할 수 있다고 가정해보자. 즉 잠재적 기업을 포함한 모든 기업의 비용 조건이 동일하다.

이와 같은 시장에서 기업들의 진입 · 퇴출 결정은 기존 기업의 기업주들과 새로운 기업을 시작하려는 기업인들에게 달렸다. 기존 기업들이 이윤을 낸다면 잠재적 경쟁기업들은 시장에 진입할 유인이 있다. 이와 같은 진입이 발생하면 시장에 존재하는 기업 수가 증가하고, 시장 공급량이 증가하여 시장가격과 기업 이윤이 낮아진다. 반대로 기존 기업들이 손실을 본다면 일부 기업들은 시장에서 퇴출할 것이다. 기업의 퇴출로 시장에 존재하는 기업 수와 시장 공급량이 감소하여 시장가격이 상승하고 기업 손실은 사라질 것이다. 이런 과정이 진행되면 장기적으로 시장에 존재하는 모든 기업의 경제적 이윤은 0이 된다.

앞에서 살펴본 바와 같이 기업 이윤은 다음과 같이 표현할 수 있다.

$$\text{이윤} = (P - ATC) \times Q$$

이 식에서 가격이 평균총비용과 일치하는 경우에만 기업 이윤이 0이 된다. 가격이 평균총비용보다 크면 기업은 이윤을 누리고, 이는 새로운 기업들이 시장에 진입하도록 하는 유인을 제공한다. 가격이 평균총비용보다 작으면 기업은 손실을 보고, 이는 기업들을 시장에서 퇴출하도록 유도한다. 이 과정은 가격이 평균총비용과 일치할 때 정지된다.

이 분석은 매우 놀라운 시사점을 던져준다. 앞에서 우리는 경쟁시장의 기업들은 가

그림 13.7

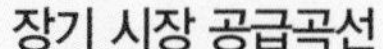

장기 시장 공급곡선

장기적으로 기업들은 이윤이 0이 될 때까지 진입과 퇴출을 반복한다. 따라서 그림 (a)에서 보듯이 장기적으로 가격이 평균총비용의 최솟값과 같아진다. 이 가격에서 모든 수요가 충족될 수 있도록 기업의 수가 조정된다. 따라서 장기 공급곡선은 그림 (b)와 같이 이 가격에서 수평인 직선이다.

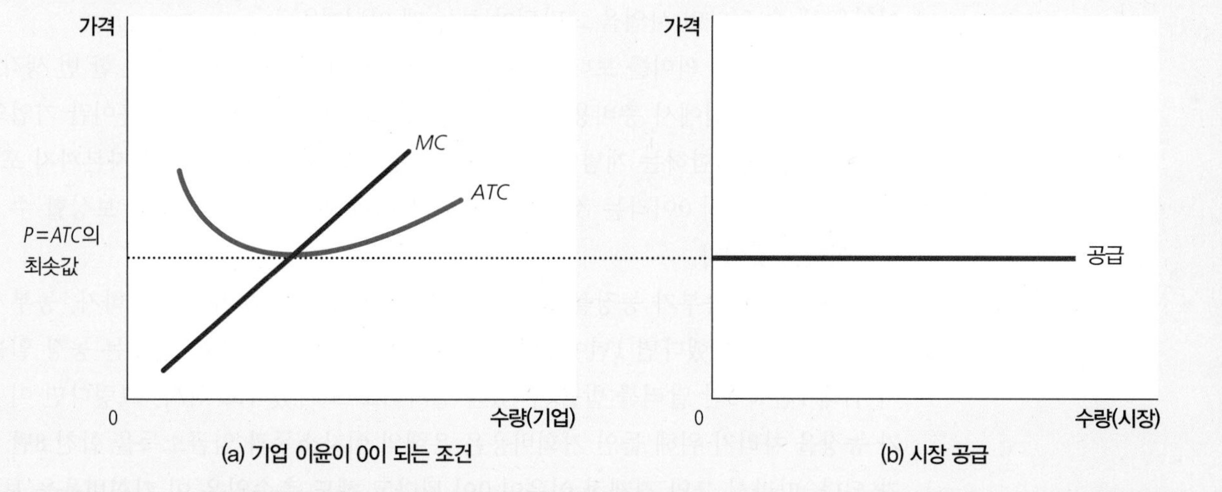

(a) 기업 이윤이 0이 되는 조건

(b) 시장 공급

격과 한계비용을 일치시켜 이윤을 극대화한다는 사실을 확인했다. 그리고 기업의 자유로운 시장 진입 · 퇴출이 장기적으로 가격과 평균총비용을 일치시킨다는 것을 살펴보았다. 그러나 가격이 한계비용과 같고 동시에 평균총비용과도 같은 것은 기업이 평균총비용이 최소가 되는 점에서 생산할 때만 가능한 일이다. 앞 장에서 우리는 평균총비용이 극소가 되는 생산 규모를 효율적 생산 규모(efficient scale)라고 배웠다. 따라서 진입과 퇴출이 자유로운 경쟁시장의 장기 균형 상태에서 기업들은 가장 효율적인 규모로 생산한다는 것을 알 수 있다.

그림 13.7 (a)는 이 같은 장기 균형 상태의 기업을 보여준다. 이 그림에서 가격 *P*는 한계비용 *MC*와 일치하므로, 이윤이 극대화되고 있다. 또 가격이 평균총비용 *ATC*와 일치하여 이윤이 0이다. 결과적으로 새로운 기업이 이 시장에 진입할 유인이 없고, 기존 기업도 퇴출할 유인이 없다.

이상의 분석을 통해 시장의 장기 공급곡선을 그릴 수 있다. 진입과 퇴출이 자유로운 시장에서는 가격이 평균총비용의 최솟값과 일치할 때만 이윤이 0이다. 결과적으로 장기 공급곡선은 그림 13.7 (b)에서 볼 수 있듯이 가격 *P*에서 수평인 직선(완전탄력적 공급곡선)이 된다. 가격이 *P*보다 높으면 이윤이 발생하여 잠재적 기업들의 시장 진입을 유발하고 시장 공급량을 증가시킨다. 가격이 *P*보다 낮으면 손실이 발생하여 기업 퇴출을 유발하고 시장 공급량을 감소시킨다. 궁극적으로 가격이 평균총비용곡선의 최소점과 일치하고 그 가격에서 모든 수요가 충족될 수 있도록 기업의 수가 변한다.

13-3c 경쟁시장 기업들의 이윤이 장기적으로 0이라면 이들은 왜 시장에 남아 있을까

사업을 하는 것은 이익을 남기기 위해서다. 그렇다면 경쟁시장의 기업들이 장기 균형 상태에서 이윤이 0이라는 점이 이상하게 여겨질 것이다. 경쟁자들 때문에 장기적으로 이익을 낼 수 없다면 사업을 그만둬야 하는 게 아닐까?

이윤이 0이라는 의미를 보다 잘 이해하기 위하여 이윤의 정의를 다시 한 번 생각해보자. 이윤은 총수입에서 총비용을 뺀 나머지다. 그리고 여기에서 총비용이란 기업의 모든 기회비용을 포함하는 개념이다. 특히 총비용에는 기업주의 시간과 자본까지 포함된다. 따라서 이윤이 0이라는 것은 총수입이 이러한 기회비용을 충분히 보상할 수 있는 수준이라는 뜻이다.

예를 들어 한 농부가 농장을 차리기 위해 100만 달러를 투자했다고 하자. 농부가 이 돈을 은행에 예금했다면 1년에 5만 달러의 이자를 받을 수 있고, 농부는 농장 일을 하기 위해 1년에 3만 달러를 받을 수 있는 일자리도 포기했다고 하자. 그렇다면 이 농부가 농장을 차리기 위해 들인 기회비용은 은행의 이자소득과 임금소득을 합친 8만 달러가 된다. 따라서 그의 경제적 이윤이 0이 된다고 해도 총수입은 이 기회비용을 보상하는 수준이 되는 것이다.

여기에서 유의할 점은 경제학의 비용 개념이 회계학의 비용 개념과 다르다는 것이다. 12장에서 살펴본 바와 같이 회계학에서는 명시적 비용만 비용으로 파악하고 암묵적 비용은 포함시키지 않는다. 즉 회계학에서는 실제로 현금 지출을 유발하는 비용만 비용으로 보고, 현금 지출을 유발하지 않는 기회비용은 포함시키지 않는다. 따라서 우리가 장기적으로 기업의 이윤이 0이라고 할 때는 경제적 이윤이 0이라는 의미기 때문에 실제 회계장부상의 이윤은 0보다 큰 것이다. 앞의 예에서 농부의 경제적 이윤이 0이 되었다면 농부가 회계장부상 8만 달러의 이윤을 냈다는 뜻이고, 이것은 농부가 농장을 유지하기 위한 최소한의 이익이다.

"우리는 비영리 조직입니다. 그럴 의도는 없었지만, 그렇게 되었습니다."

13-3d 수요 변화의 장기와 단기 효과

이제 우리는 기업들이 어떤 원리로 공급량을 결정하는지 잘 알았으므로, 시장 수요의 변화가 시장에 어떤 결과를 초래하는지 이해할 수 있다. 기업의 진입과 퇴출은 단기간에는 불가능하므로, 시장 수요의 변화는 단기와 장기에 각각 다른 효과를 나타낸다. 시간이 흐름에 따라 수요 변화에 대해 시장이 어떻게 반응하며, 기업의 자유로운 진입과 퇴출을 통해 시장이 어떻게 장기 균형 상태에 도달하는지 알아보자.

지금 우유시장이 장기 균형 상태에 있다고 하자. 기업들의 이윤은 0이다. 즉 가격이 평균총비용의 최솟값과 일치한다. 그림 13.8 (a)는 이 상황을 나타낸다. 장기 균형은 점

그림 13.8

수요 변화의 단기와 장기 효과

시장이 장기 균형 상태에 있다고 하자. 최초의 장기 균형은 점 *A*다. 이 균형에서 기업들의 이윤은 0이다. 가격이 평균총비용의 최솟값과 일치한다. 그림 (b)는 수요가 D_1에서 D_2로 이동하는 경우 어떤 변화가 생기는지 보여준다. 단기 균형은 점 *A*에서 점 *B*로 이동하여 생산량은 Q_1에서 Q_2로 증가하고, 가격은 P_1에서 P_2로 상승한다. 새로운 단기 균형점에서 가격이 평균총비용보다 높기 때문에 기업들은 이윤을 얻는다. 따라서 시간이 흐름에 따라 새로운 기업들이 이 시장에 진입한다. 그 결과 단기 공급곡선은 그림 (c)와 같이 S_1에서 S_2로 이동한다. 새로운 장기 균형점 *C*에서 가격은 P_1으로 복귀했지만, 우유 생산량은 Q_3로 증가한다. 기업 이윤은 다시 0이 되고, 가격은 다시 평균총비용의 최솟값과 같아진다. 그러나 이제 시장에는 증가한 수요를 충족시키기 위해 더 많은 기업이 존재한다.

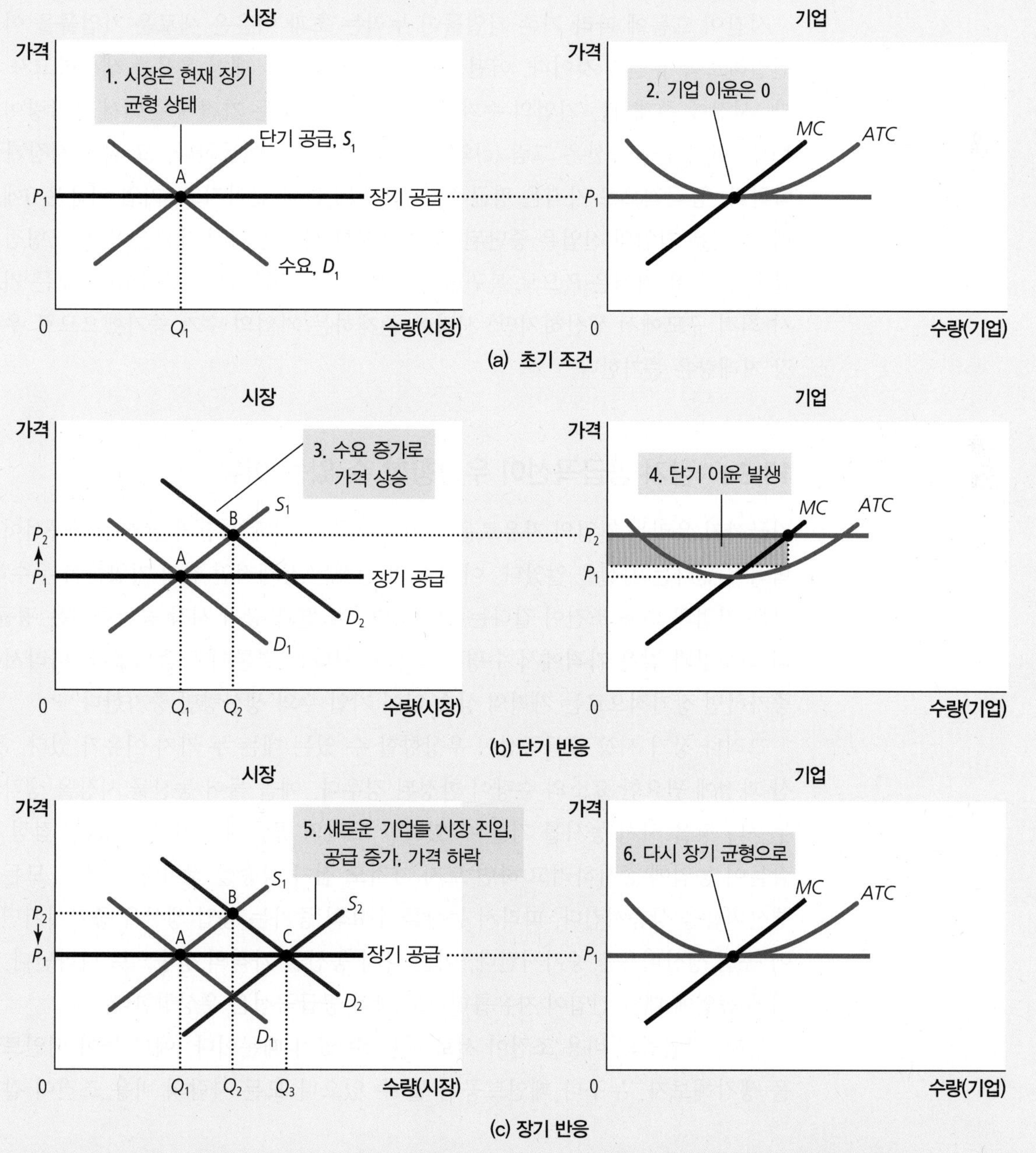

A고, 시장 거래량은 Q_1이며, 가격은 P_1이다.

이제 과학자들이 우유에 놀라운 건강 증진 효과가 있다는 사실을 발견했다고 하자. 그 결과 모든 가격 수준에서 우유의 수요량이 증가하여 그림 13.8 (b)처럼 수요가 D_1에서 D_2로 이동했다고 하자. 단기 균형이 점 A에서 점 B로 이동하여 생산량은 Q_1에서 Q_2로 증가하고, 가격은 P_1에서 P_2로 상승한다. 모든 기업은 높아진 가격에 대응하여 생산량을 증가시킨다. 각 기업의 한계비용곡선이 공급곡선이므로 각 기업이 생산량을 얼마나 증가시킬지는 한계비용곡선에 따라 결정된다. 새로운 단기 균형점에서 가격이 평균총비용보다 높기 때문에 기업들은 이윤을 얻는다.

시간이 흐름에 따라 기존 기업들이 누리는 초과 이윤은 새로운 기업들을 이 시장에 진입하도록 유인할 것이다. 어떤 농가는 다른 농산물 대신 우유를 생산하고자 할 것이다. 시장에 존재하는 기업의 수가 증가함에 따라 모든 가격 수준에서 공급량이 증가하므로, 단기 공급곡선은 그림 (c)와 같이 S_1에서 S_2로 이동한다. 그 결과 시장가격은 하락한다. 궁극적으로 가격은 평균총비용의 최솟값과 같아지고, 기업 이윤은 0에 수렴하며, 새로운 기업의 진입은 중단된다. 여기에서 시장은 다시 새로운 장기 균형점 C에 도달한다. 우유 가격은 P_1으로 복귀했지만 우유 생산량은 Q_3로 증가했다. 모든 기업은 다시 최적 규모에서 생산하지만, 시장에 존재하는 기업의 수가 증가했으므로 우유의 시장 거래량은 증가한다.

13-3e 장기 공급곡선이 우상향할 수 있는 이유

지금까지 우리는 기업의 자유로운 진입과 퇴출로 인해 시장의 장기 공급곡선이 완전탄력적이 된다는 사실을 알았다. 이 결론의 전제는 잠재적인 진입 기업들이 무수히 많고, 모든 기업의 비용 조건이 같다는 것이었다. 그 결과 장기 시장 공급곡선은 평균총비용의 최솟값과 같은 가격에서 수평인 직선이 된다는 결론이 도출되었다. 따라서 수요가 증가하면 장기적으로는 가격의 상승 없이 기업 수와 생산량만 증가한다.

그러나 장기 시장 공급곡선이 우상향할 수 있는 데는 두 가지 이유가 있다. 첫째, 생산 과정에 필요한 요소의 수량이 한정된 경우다. 예를 들어 농산물 시장을 생각해보자. 누구나 땅을 사서 농사를 지을 수 있지만 토지의 공급에는 한계가 있다. 점점 많은 사람들이 농업에 종사하려고 하면 토지 가격도 점차 상승할 것이다. 이것은 모든 농민의 생산비용을 상승시킨다. 따라서 농산물 수요의 증가는 농업 생산을 증가시키면서 동시에 농업 생산비용을 증가시킨다. 이는 다시 농산물 가격의 상승으로 나타난다. 따라서 비록 농업에 대한 진입이 자유롭더라도 장기 공급곡선은 우상향한다.

둘째, 기업들의 비용 조건이 서로 다를 수 있기 때문이다. 예를 들어 페인트공 시장을 생각해보자. 누구나 페인트공이 될 수 있으나 모든 사람의 비용 조건이 같지는 않다. 어느 사람이 다른 사람보다 페인트칠을 더 빨리 할 수도 있고, 사람마다 시간에 대한 기회비용이 다르기 때문이다. 주어진 가격에서 아무래도 비용이 낮은 사람이 시장에 참여할 가능성이 더 높다. 따라서 페인트공의 시장 공급을 증가시키려면 더 많은 사람들이 페인트공 시장에 참여하도록 유도해야 한다. 그러나 나중에 참여하는 새로운 참여자들은 종전의 페인트공들보다 비용이 상대적으로 높기 때문에 가격이 상승해야 시장에 참여할 유인이 생길 것이다. 따라서 진입이 자유롭더라도 장기 시장 공급곡선이 우상향할 수 있다.

시장에 있는 기업들의 비용수준이 서로 다르다면, 일부 기업들은 장기적으로도 이윤을 누릴 수 있다는 사실에 유의해야 한다. 이런 경우에 형성되는 시장가격은 한계기업의 평균총비용을 나타낸다. 한계기업(marginal firm)이란 시장가격이 지금보다 낮아질 경우 퇴출해야 하는 기업을 의미한다. 한계기업의 이윤은 0이지만, 이보다 비용수준이 낮은 기업들은 0보다 큰 이윤을 얻는다. 잠재적 경쟁기업의 비용수준이 시장에 존재하는 기업들의 비용수준보다 높기 때문에 자유로운 시장 진입이 허용되더라도 이 이윤은 사라지지 않는다. 고비용 기업들은 시장가격이 상승하여 그들도 이윤을 낼 수 있을 때만 진입할 것이다.

장기 시장 공급곡선이 우상향할 수 있는 두 가지 이유를 살펴보았다. 다시 말해 시장에 공급되는 수량을 증가시키기 위해서는 가격 상승이 필요할 수도 있다는 것이다. 그럼에도 불구하고 시장 진입과 퇴출이 주는 시사점은 유효하다. 즉 기업의 시장 진입과 퇴출은 단기보다 장기적으로 용이하므로, 장기 공급곡선이 단기 공급곡선보다 탄력적이다.

간단한 퀴즈

6. 경쟁시장에서 똑같은 기업들이 장기 균형 상태에 있다. 현재 가격 *P*와 한계비용 *MC*, 평균총비용 *ATC*의 관계는?

a. $P > MC$, $P > ATC$

b. $P > MC$, $P = ATC$

c. $P = MC$, $P > ATC$

d. $P = MC$, $P = ATC$

7. 경쟁시장에서 똑같은 기업들이 단기 균형 상태에 있다. 만약 새로운 기업들이 이 시장에 진입하려고 한다면, 현재 가격 *P*와 한계비용 *MC*, 평균총비용 *ATC*의 관계는?

a. $P > MC$, $P > ATC$

b. $P > MC$, $P = ATC$

c. $P = MC$, $P > ATC$

d. $P = MC$, $P = ATC$

8. 뉴욕시의 프레첼 노점상은 완전경쟁시장이고 장기 균형 상태에 있다. 이들에게 시 당국이 매월 100달러의 세금을 부과하기로 했다고 하자. 이 조치로 단기와 장기 프레첼 소비량은 어떻게 변할까?

a. 단기적으로는 감소하고, 장기적으로는 변화 없다.

b. 단기적으로는 증가하고, 장기적으로는 변화 없다.

c. 단기적으로는 변화 없고, 장기적으로는 감소한다.

d. 단기적으로는 변화 없고, 장기적으로는 증가한다.

정답은 각 장의 끝에

13-4 결론 : 공급곡선의 이면

지금까지 경쟁시장에서 이윤 극대화를 추구하는 기업의 행태를 알아보았다. 1장에서 배운 경제학의 10대 기본원리 중에 합리적 판단은 한계적으로 이루어진다는 것이 있다. 이 장에서 우리는 바로 이 원리를 경쟁시장 기업에 적용했다. 한계적 분석을 통해 우리는 경쟁시장 공급곡선의 원리를 이해했다.

경쟁시장에서 물건을 구입할 때 가격이 그 물건의 생산비에 가깝다는 사실을 알았다. 특히 기업이 경쟁시장에 있고 이윤을 극대화한다면 그 기업이 만드는 물건의 가격은 그 물건의 한계생산비용과 같으며, 기업의 진입과 퇴출이 자유롭다면 그 가격은 평균총비용의 최솟값과 일치한다는 것도 알았다.

이 장에서 우리는 기업들이 경쟁시장에 존재하기 때문에 기업들이 가격수용자로 행동한다고 가정했다. 그러나 이 장에서 사용한 분석 기법은 불완전경쟁시장의 기업 행태를 분석하는 데도 여전히 유용하다. 다음 장에서 우리는 시장지배력이 있는 기업들의 행태를 분석할 것이다. 한계적 분석이 여기에서도 매우 유용할 것이다. 그러나 기업의 생산량 결정과 시장의 성과는 매우 다르게 나타난다.

요약

- 경쟁시장의 기업은 가격수용자이므로 총수입은 생산량에 비례한다. 생산물의 가격은 기업의 평균수입, 한계수입과 일치한다.
- 이윤 극대화를 위해 기업은 한계수입과 한계비용이 일치하는 수준에서 생산한다. 경쟁시장에 있는 기업의 한계수입은 시장가격과 같으므로, 기업은 가격과 한계비용이 같아지는 수준에서 생산량을 결정한다. 그러므로 기업의 한계비용곡선은 그 기업의 공급곡선이 된다.
- 기업이 고정비용을 회수할 수 없는 단기에는 재화의 판매가격이 평균가변비용보다 낮을 경우 일시적으로 조업을 중단한다. 기업이 고정비용과 가변비용을 모두 회수할 수 있는 장기에는 가격이 평균총비용보다 낮을 경우 시장에서 스스로 퇴출한다.
- 진입과 퇴출이 자유로운 시장에서 기업의 이윤은 장기적으로 0이 된다. 이러한 장기 균형에서는 모든 기업이 효율적인 생산 규모에서 생산하며, 가격은 평균총비용의 최솟값과 같다. 그리고 기업의 수는 이 가격에서 수요량을 충족하는 수준으로 조정된다.
- 수요의 변화는 시간의 흐름에 따라 다른 효과를 가져온다. 단기적으로 수요가 증가하면 가격이 상승하고 이윤이 발생한다. 수요가 감소하면 가격이 하락하고 손실이 초래된다. 그러나 장기적으로 기업이 시장에 자유롭게 진입하고 퇴출할 수 있다면 기업의 수는 이윤이 0인 장기 균형 상태로 돌아가도록 조정된다.

중요개념

경쟁시장(완전경쟁시장) 292
평균수입 294
한계수입 294
매몰 비용 300

복습문제

1. 경쟁시장의 주요 특성들은 무엇인가?
2. 기업의 총수입과 이윤의 차이를 설명하라. 기업은 무엇을 극대화하는가?
3. 전형적인 기업의 비용곡선을 그려라. 주어진 가격에서 이윤 극대화를 추구하는 경쟁시장 기업은 생산량을 어떻게 결정하는지 설명하라. 그 수준의 생산량에서 그 기업의 총수입과 총비용을 그래프에 표시하라.
4. 기업이 일시적으로 조업을 중단하는 조건에 대해 설명하라.
5. 기업이 시장에서 퇴출하는 조건에 대해 설명하라.
6. 경쟁시장 기업의 가격이 한계비용과 같은 것은 단기에서인가, 장기에서인가, 아니면 장기와 단기에서 모두 그런가? 설명하라.
7. 경쟁시장 기업의 가격이 평균총비용의 최소수준과 같은 것은 단기에서인가, 장기에서인가, 아니면 장기와 단기에서 모두 그런가? 설명하라.
8. 전형적인 시장의 공급곡선에서 단기와 장기 중 어느 곡선이 더 탄력적일까? 설명하라.

응용문제

1. 작은 배들은 유리섬유로 만들어진다. 유리섬유의 원료는 석유라고 한다. 석유 가격이 상승했다고 하자.
   a. 그래프를 사용하여 작은 배를 제작하는 기업들의 비용곡선과 시장 공급곡선에 어떤 변화가 일어나는지 설명하라.
   b. 단기적으로 작은 배를 제작하는 기업들의 이윤에는 어떤 영향이 있는지 설명하라. 장기적으로 작은 배를 만드는 기업의 수는 어떻게 될까?
2. 밥의 잔디 깎기 회사는 완전경쟁시장에서 이윤을 극대화한다. 밥은 한 곳의 잔디를 깎는데 27달러를 받는다. 하루 총비용은 280달러고, 이 중 30달러는 고정비용이다. 하루에 10곳의 잔디를 깎는다면 밥의 단기 조업 중단 조건은 무엇인가? 장기적으로 퇴출 조건은 무엇인가?
3. 다음 표에 총비용과 총수입의 관계가 표시되어 있다.

수량	0	1	2	3	4	5	6	7
총비용	$8	9	10	11	13	19	27	37
총수입	$0	8	16	24	32	40	48	56

   a. 각 수량에 대해 이윤을 계산하라. 이윤 극대화 수량은 얼마인가?
   b. 각 수량의 한계비용과 한계수입을 계산하고, 이를 그래프로 나타내라. (힌트 : 한계비용은 두 수량의 중간점에 표시하라. 예를 들어 수량 2와 3 사이의 한계비용과 한계수입은 수량 2.5 위에 표시하라.) 두 곡선이 어느 점에서 교차하는가? 이 교차점과 앞의 이윤 극대화 수량은 어떤 관계가 있는가?
   c. 이 기업이 완전경쟁시장에 있다면 장기적으로 이 시장에는 어떤 변화가 나타날까?

4. 볼베어링사의 비용구조는 다음과 같다.

수량	총고정비용	총가변비용
0	$100	$ 0
1	100	50
2	100	70
3	100	90
4	100	140
5	100	200
6	100	360

a. 각 생산량에 대하여 이 회사의 평균고정비용, 평균가변비용, 평균총비용, 한계비용을 계산하라.

b. 볼베어링의 단위당 가격은 50달러다. 이윤을 낼 수 없다는 사실을 발견한 이 회사의 사장은 조업을 중단하기로 했다. 이 기업의 이윤 혹은 손실은 얼마인가? 이것은 현명한 결정인가? 설명하라.

c. 경제원론 시간의 기억을 더듬어 이 회사의 재무 담당 임원이 사장에게 볼베어링을 한 단위 생산하면 한계수입과 한계비용이 일치하기 때문에 생산하는 것이 좋다고 건의했다. 한 단위 생산하는 경우 이윤 혹은 손실은 얼마인가? 이것은 최선의 결정인가? 설명하라.

5. 인쇄업은 경쟁산업이고, 현재 장기 균형 상태에 있다고 하자.

a. 이 산업 내 전형적인 기업의 평균총비용, 한계비용, 한계이윤, 공급곡선을 그래프로 표시하라.

b. 하이텍이라는 인쇄소가 새로운 인쇄기술을 개발하여 인쇄비용을 현저하게 낮췄다고 하자. 그런데 하이텍에 특허권이 있어서 다른 회사가 이 기술을 모방할 수 없다면 단기적으로 하이텍의 이윤과 책값은 어떻게 될까?

c. 장기적으로 특허권이 소멸되어 다른 회사들도 이 기술을 사용할 수 있다면 어떤 변화가 발생할까?

6. 경쟁시장에서 생산활동을 하는 기업의 총수입이 500달러고, 한계수입은 10달러다. 이 기업의 평균수입은 얼마이고, 현재 생산량은 얼마인가?

7. 경쟁시장에서 이윤을 극대화하는 기업이 현재 100개를 생산하고 있다. 평균수입은 10달러고, 평균총비용은 8달러다. 고정비용은 200달러다.

a. 이윤은 얼마인가?

b. 한계비용은 얼마인가?

c. 평균가변비용은 얼마인가?

d. 이 기업의 효율적 생산량은 100보다 큰가, 작은가, 일치하는가?

8. 비료 시장이 완전경쟁시장이라고 하자. 현재 이 시장의 기업들은 생산을 하지만 손실을 본다.

a. 현재 비료 가격과 평균총비용, 평균가변비용, 한계비용의 크기를 비교하라.

b. 이 시장의 한 기업과 시장 전체의 현재 상황을 비교하는 2개의 그래프를 나란히 그려라.

c. 시장 수요와 비용곡선에 아무런 변화가 없다면 장기적으로 비료 가격, 한계비용, 평균총비용, 각 기업의 생산량, 시장에 공급되는 총생산량은 각각 어떻게 될까?

9. 엑테니아(Ectenia)시의 애플파이 시장은 완전경쟁시장이고 애플파이에 대한 수요는 다음과 같다.

가격	수요량
$ 1	1,200개
2	1,100
3	1,000
4	900
5	800
6	700
7	600
8	500
9	400
10	300
11	200
12	100
13	0

애플파이 생산자의 고정비용은 9달러고 한계비용 구조는 다음과 같다.

수량	한계비용
1개	$ 2
2	4
3	6
4	8
5	10
6	12

a. 각 생산자의 총비용과 평균총비용을 생산량 1부터 6에 대해 계산하라.

b. 현재 파이 가격은 개당 11달러다. 파이의 판매량은 몇

개인가? 각 생산자는 몇 개의 파이를 생산할까? 현재 몇 명의 생산자가 시장에 존재하는가? 각 생산자의 이윤은 얼마일까?

c. (b)의 상황은 장기균형인가? 왜 그런가?

d. 장기적으로 이 시장에 대한 생산자의 진입과 퇴출이 자유롭다고 하자. 각 생산자의 장기 이윤은 얼마일까? 장기적으로 파이의 시장가격은 얼마이고, 각 생산자는 몇 개의 파이를 생산할까? 시장에서 거래되는 파이의 수량은 얼마일까? 몇 명의 생산자가 시장에 존재할까?

10. 어느 산업에 100개의 기업이 있다. 각 기업의 고정비용은 16달러고, 평균가변비용은 다음 표와 같다.

수량	평균가변비용
1	$1
2	2
3	3
4	4
5	5
6	6

a. 1부터 6까지의 수량에 대해 한계비용과 평균총비용을 계산하라.

b. 현재 균형가격은 10달러다. 이 가격에서 각 기업의 생산량과 전체 시장 공급량은 얼마인가?

c. 장기적으로 똑같은 비용구조를 가진 기업들이 이 시장에 진입하거나 퇴출을 할 수 있다. 이 시장이 장기균형으로 가는 과정에서 시장가격은 상승할까, 하락할까? 수요량은 증가할까, 감소할까? 각 기업의 공급량은 증가할까, 감소할까? 그 이유를 설명하라.

d. 이 시장의 장기 공급곡선을 그려라.

11. 완전경쟁시장의 기업들의 비용함수가 다음과 같다고 하자. q는 각 기업의 생산량이다.

$$\text{총비용: } TC = 50 + \tfrac{1}{2}q^2$$
$$\text{한계비용: } MC = q$$

이 시장의 수요곡선은 다음과 같다. Q는 전체시장 수요량이고, P는 시장가격이다.

$$Q^D = 120 - P$$

현재 이 시장에는 9개의 기업이 존재한다.

a. 각 기업의 고정비용과 가변비용은 얼마인가? 평균총비용을 방정식으로 표시하라.

b. 5에서 15 사이의 생산량에 대해 평균총비용과 한계비용곡선을 그려라. 어떤 수량에서 평균총비용이 최소가 되는가? 그 수량에서 한계비용과 평균총비용은 얼마인가?

c. 각 기업의 공급곡선 방정식을 구하라.

d. 단기적으로 기업의 수가 고정돼 있을 때, 시장 전체 단기 공급곡선의 방정식을 구하라.

e. 단기적으로 이 시장의 균형가격과 균형거래량은 얼마인가?

f. 이 균형에서 각 기업의 생산량은 얼마인가? 각 기업의 이윤 또는 손실을 계산하라. 이 상태에서 기업들은 진입하려 할까, 퇴출하려 할까?

g. 장기적으로 진입과 퇴출이 자유롭다면, 이 시장의 장기 균형가격과 균형거래량은 얼마인가?

h. 장기균형 상태에서 각 기업의 생산량은 얼마인가? 얼마나 많은 기업이 시장에 참여하고 있는가?

간단한 퀴즈 정답

1. c 2. d 3. b 4. d 5. a 6. d 7. c 8. c

THE
RESTROOMS
BAÑOS
ATM

14장

독점

여러분이 개인용 컴퓨터를 갖고 있다면, 마이크로소프트(Microsoft Corporation)사가 판매하는 운영체제인 윈도우의 한 버전을 사용할 것이다. 마이크로소프트사는 윈도우를 처음 개발했을 때 미국 정부에 저작권(copyright)을 신청했다. 이 저작권은 마이크로소프트사에 윈도우 운영체제의 제작과 판매에 관한 독점 권한을 부여한다. 따라서 누구든지 윈도우를 구입하려면 마이크로소프트사가 결정한 약 100달러의 가격을 지불해야 한다. 즉 마이크로소프트사는 윈도우 시장을 독점하는 것이다.

마이크로소프트사의 기업 의사결정 과정은 앞 장에서 배운 모형으로는 잘 설명되지 않는다. 앞 장에서 우리는 똑같은 물건을 파는 수많은 기업이 시장에 존재하기 때문에 어느 기업도 시장가격에 영향을

ISTOCK.COM/LOLOSTOCK; ISTOCK.COM/4X6

미칠 수 없는 것으로 가정했다. 이와 반대로 마이크로소프트사와 같은 독점기업은 경쟁기업이 존재하지 않기 때문에 시장가격을 자유롭게 결정할 수 있다. 경쟁시장의 기업은 가격수용자(price taker)인 반면, 독점기업은 가격설정자(price maker)라고 할 수 있다.

이 장에서 우리는 이와 같은 시장지배력의 의미에 대해 알아볼 것이다. 시장지배력이 존재하면 제품 가격과 제품 생산비의 관계가 달라진다. 경쟁시장에 있는 기업은 시장가격을 주어진 것으로 받아들여 이 가격과 자신들의 한계비용이 일치하는 생산량을 결정한다. 그러나 독점기업의 가격은 한계비용보다 높다. 이것은 윈도우의 경우에서 명백하게 나타난다. 마이크로소프트사의 한계비용, 즉 윈도우 하나를 추가로 다운로드하는 비용은 거의 없다. 그러나 윈도우 시장가격은 한계비용의 몇 배나 된다.

독점기업이 높은 가격을 받는 것은 그다지 놀라운 일이 아니다. 독점기업의 제품을 구입하는 소비자는 독점기업이 제시하는 가격을 지불하는 것 외에 별다른 대안이 없기 때문이다. 그렇다면 마이크로소프트사는 왜 윈도우 가격을 1,000달러나 1만 달러를 받지 않을까? 그 이유는 가격을 올리면 판매량이 줄기 때문이다. 사람들이 아예 컴퓨터를 사지 않거나 다른 운영체제를 구입하거나 불법 복제를 시도할 것이기 때문이다. 높은 가격을 받으면 판매량이 감소하기 때문에 독점기업이라고 해서 얼마든지 많은 이윤을 남길 수 있는 것은 아니다. 가격은 마음대로 받을 수 있지만, 이윤의 크기에는 한도가 있다.

우리는 이 장에서 독점기업의 가격 설정과 생산량 결정 과정을 분석하면서 독점의 경제적 효과도 살펴볼 것이다. 독점기업도 경쟁시장의 기업들처럼 이윤의 극대화를 추구한다. 그러나 이 목표는 경쟁기업과 독점기업에서 매우 다른 결과로 나타난다. 경쟁시장에서 사익을 추구하는 수요자의 구매 결정과 사익을 추구하는 공급자의 판매 결정은 그들도 모르게 보이지 않는 손에 이끌리듯 사회 전체의 경제적 후생을 증가시킨다. 그러나 독점기업은 경쟁에 의해 견제를 받지 않기 때문에 독점기업의 의사결정이 반드시 사회적으로 최적인 것은 아니다.

1장에서 배운 경제학의 10대 기본원리 중 경우에 따라 정부가 시장 성과를 개선할 수 있다는 것이 있다. 이 장의 분석을 통해 이 원리의 의미가 더욱 분명해질 것이다. 독점이 초래하는 문제를 분석하면서 이 문제를 해결할 수 있는 정부의 정책 방안에 대해서도 살펴볼 것이다. 예를 들어 마이크로소프트사의 경우, 미국 정부는 이 회사의 사업상의 의사결정을 면밀히 주시하고 있다. 1994년에 마이크로소프트사가 다른 소프트웨어 회사인 인튜이트(Intuit)사를 흡수 · 합병하려 했을 때 미국 정부는 이를 저지했다. 인튜이트사는 가장 많이 팔리는 개인 금융 관리 프로그램의 저작권을 가지고 있었다. 마이크로소프트사가 인튜이트사를 합병하면 마이크로소프트사의 시장지배력이 지나치게 커진다는 것이 미국 정부의 생각이었다. 또 1998년에 미국 정부는 마이크로소프트사가 윈도우 운영체제에 인터넷 익스플로러 브라우저를 통합하여 파는 행위를 제한하기 위해 법원에 제소하기도 했다. 그렇게 되면 마이크로소프트사의 시장지배력이 과도해질 것이라는 이유에서다. 최근 미국과 외국의 정부 당국자들은 구글(Google)이나 아마존(Amazon)과 같은 새로운 시장지배적 기업들을 주시하고 있다. 물론 마이크로소프트사가 독점금지법을 잘 지키고 있는지도 계속 감시하고 있다.

14-1 독점은 왜 생기는가

어느 기업이 공급하는 상품에 밀접한 대체재가 존재하지 않고, 그 재화를 한 공급자가 공급한다면 그 기업은 독점기업(monopoly)이다. 독점이 발생하는 근본적인 원인은 진입장벽(barriers to entry)이 존재하기 때문이다. 즉 독점기업이 독점적 지위를 유지할 수 있는 것은 다른 기업이 이 시장에 진입하여 경쟁할 수 없기 때문이다. 진입장벽이 발생하는 이유는 다음 세 가지다.

독점기업 밀접한 대체재가 없는 상품의 유일한 공급자

- **생산요소의 독점** : 중요한 생산요소를 한 기업이 소유하는 경우
- **정부규제** : 정부가 한 기업에게 독점 생산권을 부여한 경우
- **생산기술** : 한 기업이 생산할 때의 생산비용이 여러 기업이 생산하는 것보다 낮은 경우

이에 관해 하나씩 살펴보자.

14-1a 생산요소의 독점

독점이 발생하는 가장 간단한 배경은 생산에 필수적인 어떤 요소를 한 기업이 독점하는 경우다. 예를 들어 작은 마을의 식수시장을 생각해보자. 이 마을에 우물이 10여 개 있다면 공급자들의 경쟁으로 인해 물값은 단위당 물을 퍼내는 한계비용과 같아질 것이다. 그러나 이 마을에 우물이 1개만 존재한다면 우물 주인은 식수 공급을 독점할 것이다. 말할 것도 없이 독점 공급자는 경쟁시장의 공급자에 비해 시장지배력이 매우 크다. 식수와 같은 필수재의 경우 독점 공급자는 한계비용을 훨씬 초과하는 가격을 받을 수 있다.

자원의 독점으로 발생한 시장 독점의 고전적 사례로 남아프리카공화국의 다이아몬드회사 드비어스(DeBeers)를 들 수 있다. 이 회사는 1888년에 영국의 사업가 세실 로즈(Cecil Rhodes)가 설립했다(이 사람은 로즈장학재단의 설립자기도 하다). 오늘날 드비어스는 전 세계 다이아몬드 생산의 80%를 차지한다. 이 회사의 시장점유율이 100%는

FROM THE WALL STREET JOURNAL, PERMISSION CARTOON FEATURES SYNDICATE

"독점기업이라기보다는 시중에 우리밖에 없다고 생각하시는 것이 어떨지…."

아니므로 정확하게 말해 독점이라 할 수는 없지만 세계 다이아몬드 가격에 상당한 영향을 미쳤다.

물론 중요한 자원의 배타적인 소유로 인해 독점이 발생할 수 있지만 실제로 이런 경우는 그렇게 많지 않다. 현실에서는 경제 규모가 크기 때문에 한 사람이 한 생산자원을 독점하기 쉽지 않고, 또 많은 자원이 국제시장에서 거래되기 때문에 생산요소의 독점에 따른 독점 사례는 거의 없다.

14-1b 정부가 만든 독점

많은 경우 독점은 정부가 한 사람 혹은 한 기업에게 배타적인 공급권을 부여함으로써 발생한다. 공급자의 정치적 영향력 때문에 주어지는 독점권도 있다. 예를 들어 과거에 왕들은 자신의 친지나 동지들에게 독점 사업권을 하사하기도 했다. 그리고 경우에 따라서 독점이 공익을 보호한다는 정부의 판단하에 독점권이 부여되기도 한다.

특허권이나 저작권 제도가 그 예다. 새로운 약품을 발명한 제약회사는 정부에 특허권을 신청한다. 정부가 이 신청을 심사하여 이 약품을 새로운 발명품으로 인정하면 정부는 이 회사에게 특허권을 부여하고, 이 회사는 (미국의 경우 20년간) 독점적으로 이 약품을 생산 · 판매할 권리가 있다. 마찬가지로 어느 소설가가 문학작품을 저술했다면 이 사람은 저작권을 획득할 수 있다. 저작권이란 저자의 동의 없이 어느 누구도 그의 작품을 인쇄 · 복제 · 판매할 수 없도록 정부가 보장해주는 것이다. 저작권은 소설가에게 그의 작품 판매에 대해 독점권을 부여한다.

특허권이나 저작권 제도의 효과는 자명하다. 생산자들은 이 제도에 따라 독점권을 갖기 때문에 이들이 공급하는 상품은 높은 가격을 받는다. 그러나 이같이 높은 가격과 높은 이윤을 허용함으로써 사회적으로 바람직한 행동을 유발할 수 있다. 제약회사들에게 독점권을 주면 이들이 새로운 약품을 더 열심히 연구 · 개발할 유인이 생기며, 저술가들은 저작권이 보호되기 때문에 더 좋은 작품을 쓰고자 노력할 것이다.

따라서 특허권과 저작권을 인정해주는 것은 사회적으로 득과 실이 있다. 창의적 활동이 장려된다는 사회적 이득이 있지만, 그 이득은 독점가격의 형성으로 인해 부분적으로 상쇄된다.

14-1c 자연독점

자연독점 시장 전체 수요를 여러 생산자보다 하나의 생산자가 맡아 더 적은 비용으로 생산 · 공급할 수 있는 시장 조건

시장 전체 수요를 여러 생산자보다 하나의 생산자가 맡아 더 적은 비용으로 생산 · 공급할 수 있는 시장 조건을 자연독점(natural monopoly)이라고 한다. 자연독점은 규모의 경제가 존재할 때 발생한다. 그림 14.1에 규모의 경제가 존재하는 경우의 평균총비용곡선이 있다. 이 경우 생산량에 상관없이 한 기업이 생산하는 것이 비용을 최소화하는 길

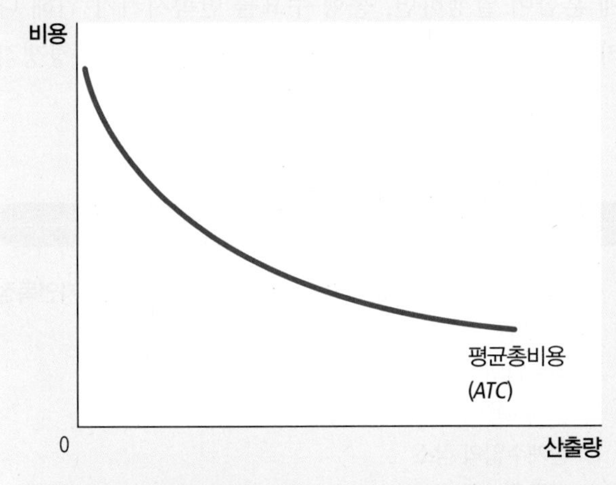

그림 14.1

규모의 경제로 인한 독점

기업의 평균총비용이 지속적으로 감소한다면 이 기업은 자연독점이다. 이 시장에서 여러 기업이 생산을 담당한다면 각 기업의 생산량은 감소하고, 각 기업의 평균총비용은 증가한다. 즉 생산량이 얼마나 되든지 한 기업이 최소 비용으로 생산할 수 있는 것이다.

이다. 즉 생산량이 얼마나 되든 여러 기업이 나누어 생산하면 평균총비용이 증가한다.

상수도 공급은 자연독점의 예라고 할 수 있다. 지역 주민에게 수돗물을 공급하려면 공급자는 마을 구석구석에 배수관을 설치해야 한다. 복수의 공급자가 수돗물을 공급한다면 공급자마다 배관망을 설치해야 하는데, 이를 위해서는 막대한 고정비용을 지출해야 한다. 따라서 수돗물을 공급하는 평균총비용은 하나의 공급자가 존재할 때 가장 낮다.

우리는 11장에서 공공재와 공유자원에 대해 살펴볼 때 자연독점의 몇 가지 다른 예를 살펴보았다. 배제성이 있지만 소비에 있어서 경합성이 없는 재화를 클럽재(club goods)라고 했다. 교통혼잡이 전혀 없는 다리가 좋은 예다. 다리는 통행료를 받을 수 있기 때문에 배제성이 있다. 그러나 혼잡이 없다면 다리의 이용은 소비에 있어서 경합성이 없다. 다리를 건설하는 데 큰 고정비용이 지출되었지만, 통행의 한계비용은 거의 무시해도 될 만큼 작기 때문에 다리를 이용하는 사람이 증가할수록 다리를 이용하는 평균총비용(총비용/이용량)은 감소한다. 즉 다리는 자연독점이다.

어느 기업이 자연독점이라면 이 기업은 경쟁자가 진입하여 시장을 잠식할 것을 걱정하지 않아도 된다. 생산자원에 대한 독점력이나 정부가 보장하는 독점권이 없는 기업이 독점 지위를 유지하기는 쉽지 않다. 독점기업이 누리는 이윤이 경쟁자들을 유인하여 시장을 보다 경쟁적으로 만들 것이기 때문이다. 그러나 자연독점 기업이 지배하는 시장에는 경쟁기업들이 진입할 유인이 그다지 존재하지 않는다. 왜냐하면 후발 경쟁자들이 기존의 독점기업보다 많은 양을 생산하지 않는 한 평균총생산비용이 더 높을 것이기 때문이다.

시장 규모가 자연독점 여부를 결정하는 경우도 있다. 예를 들어 도시인구가 적을 때는 하나의 다리로 통행 수요를 충족시킬 수 있어 자연독점 상태가 된다. 그러나 인구가 증가하여 다리 이용이 늘고 통행에 혼잡이 발생하면, 통행 수요를 만족시키기 위해 다리가 2개 이상 필요할 것이다. 따라서 자연독점이던 시장이 규모가 커짐에 따라 경쟁적 시장으로 변하기도 한다.

간단한 퀴즈

1. **정부가 기업에게 독점권을 부여하는 것이 바람직한 경우는?**
   a. 과열 경쟁의 부작용을 막는 경우
   b. 산업의 수익성을 더 높이는 경우
   c. 발명의 유인과 예술적 창작을 촉진하는 경우
   d. 소비자들이 공급자를 선택해야 하는 노력을 해소해 주는 경우

2. **기업의 생산량이 증가할 때 다음 어떤 현상이 발생하면 자연독점이 되는가?**
   a. 총수입의 증가
   b. 한계비용의 증가
   c. 한계수입의 감소
   d. 평균총비용의 감소

정답은 각 장의 끝에

14-2 독점기업의 생산과 가격 결정

지금까지 우리는 독점이 어떻게 발생하는지 살펴보았다. 이제 독점기업이 생산량과 가격을 어떻게 결정하는지 알아보자. 독점기업 행태에 대한 분석은 앞으로 독점시장의 성과를 평가하고 정부가 독점에 대해 어떤 정책을 사용해야 하는지 분석하는 전제가 된다.

14-2a 독점과 경쟁

경쟁시장 기업과 독점기업의 가장 큰 차이점은 독점기업이 시장가격에 영향을 미칠 수 있다는 점이다. 경쟁시장 기업은 시장 규모에 비해 너무 작기 때문에 자신의 산출물 가격에 아무런 영향을 미치지 못하고 시장에서 결정된 가격을 받아들여야 한다. 그러나 독점기업은 자신이 시장의 유일한 공급자기 때문에 생산량을 조절하여 시장가격에 영향을 미칠 수 있다.

이 차이점은 경쟁시장 기업과 독점기업이 느끼는 시장 수요곡선을 비교해보면 분명해진다. 앞 장에서 우리는 경쟁시장 기업의 수요곡선이 시장가격 수준에서 수평인 직선이라고 배웠다. 경쟁시장 기업은 시장가격에서 얼마든지 자신이 원하는 물량을 판매할 수 있기 때문에 그림 14.2 (a)와 같이 수요곡선이 수평인 직선이 된다. 사실 경쟁시장에서 각 기업이 공급하는 모든 상품은 서로 완전 대체재기 때문에 각 기업이 느끼는 자기 상품에 대한 수요곡선은 완전탄력적이다.

경쟁시장 기업과 독점기업의 수요곡선 **그림 14.2**

경쟁시장 기업들은 가격수용자기 때문에 그림 (a)처럼 수요곡선이 수평인 직선이다. 독점기업은 시장의 유일한 공급자기 때문에 그림 (b)처럼 수요곡선이 우하향한다. 따라서 독점기업이 판매량을 늘리려면 반드시 가격을 낮춰야 한다.

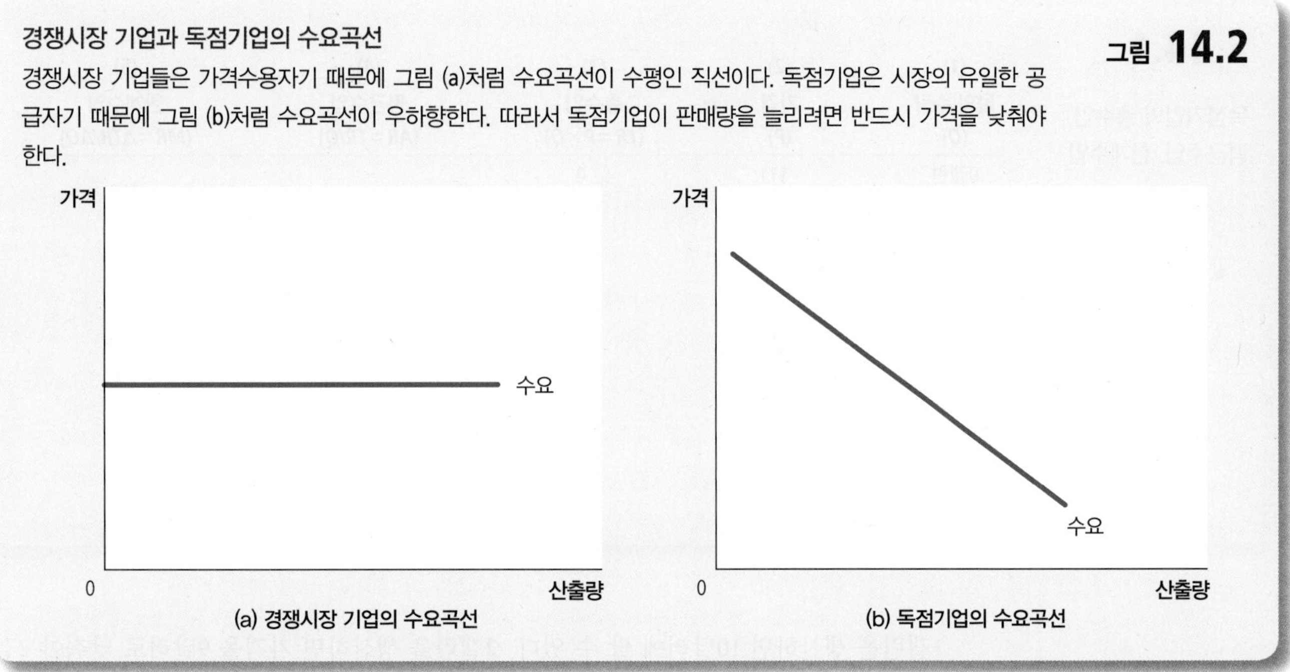

그러나 독점기업은 시장의 유일한 공급자기 때문에 독점기업이 직면하는 수요곡선은 시장 수요곡선 그 자체가 된다. 그러므로 독점기업에 대한 수요곡선은 그림 14.2 (b)와 같이 우하향한다. 독점기업이 가격을 인상하면 시장 수요가 줄어들고, 독점기업이 생산량을 줄이면 시장가격이 상승한다.

바로 이러한 시장 수요곡선 때문에 독점기업이 무한대의 이윤을 누리지 못한다. 독점기업은 가능한 한 높은 가격에 매우 많은 양을 팔고 싶어하지만 시장 수요곡선 때문에 그럴 수 없다. 독점기업은 수요곡선상의 가격과 수량 조합 중 하나만 선택해야 하기 때문이다. 다시 말해 독점기업은 자신이 원하는 가격을 받거나 자신이 원하는 수량을 생산할 수 있지만, 수요곡선에서 벗어난 가격과 수량의 조합을 선택할 수는 없다.

그렇다면 독점기업은 어떤 가격과 산출량을 선택할까? 경쟁시장의 기업과 마찬가지로 독점기업의 목표도 이윤 극대화라고 가정하자. 이윤은 총수입에서 총비용을 뺀 나머지이므로, 우선 독점기업의 총수입에 관해 알아보자.

14-2b 독점기업의 수입

어느 마을에 식수를 공급하는 독점기업을 생각해보자. 표 14.1은 이 기업의 수입과 생산량의 관계를 보여준다.

표의 제1, 2열이 독점기업이 공급하는 재화에 대한 수요곡선이다. 이 독점기업은 물

표 14.1

독점기업의 총수입, 평균수입, 한계수입

(1) 물의 수량 (Q)	(2) 가격 (P)	(3) 총수입 ($TR = P \times Q$)	(4) 평균수입 ($AR = TR/Q$)	(5) 한계수입 ($MR = \Delta TR/\Delta Q$)
0갤런	$11	$ 0	–	
1	10	10	$10	$10
2	9	18	9	8
3	8	24	8	6
4	7	28	7	4
5	6	30	6	2
6	5	30	5	0
7	4	28	4	−2
8	3	24	3	−4

1갤런을 생산하면 10달러에 팔 수 있다. 2갤런을 생산하면 가격을 9달러로 낮춰야 2갤런을 다 팔 수 있다. 3갤런을 생산하면 가격을 8달러로 더 낮춰야 생산량을 모두 팔 수 있다. 두 열의 숫자를 그래프에 표시하면 우하향하는 수요곡선이 된다.

제3열은 독점기업의 총수입(total revenue)을 나타낸다. 총수입은 가격에 수량을 곱한 값이다. 제4열은 평균수입(average revenue)을 나타낸다. 평균수입은 총수입을 수량으로 나눈 값이다. 따라서 평균수입은 독점기업이나 경쟁시장의 기업이나 항상 가격과 같다.

표 14.1의 제5열은 한계수입(marginal revenue)을 나타낸다. 한계수입은 상품을 한 단위 더 판매했을 때 발생하는 총수입의 변화다. 예를 들어 이 기업이 3갤런의 물을 판매했을 때 총수입은 24달러고, 판매량을 4갤런으로 한 단위 늘렸을 때 총수입은 28달러다. 따라서 한계수입은 4달러다.

표 14.1은 독점기업의 행태를 이해하는 데 중요한 정보를 제공한다. 즉 독점기업의 한계수입은 상품가격보다 항상 작다. 예를 들어 이 기업이 생산량을 3갤런에서 4갤런으로 늘리면 한계수입은 4달러지만, 가격은 갤런당 7달러다. 이와 같이 독점기업의 한계수입이 가격보다 낮은 것은 수요곡선이 우하향하기 때문이다. 즉 판매량을 늘리려면 반드시 모든 수요자에 대해 가격을 인하해야 한다. 네 번째 갤런의 물을 판매하려면 앞서 판매한 3갤런도 7달러에 판매해야 한다. 따라서 네 번째 갤런의 물은 7달러를 받지만, 앞서 판매한 3갤런은 1달러씩 덜 받아야 하기 때문에 네 번째 갤런의 한계수입은 4달러가 된다.

독점기업의 한계수입은 경쟁시장 기업의 한계수입과 매우 다르다. 독점기업이 판매

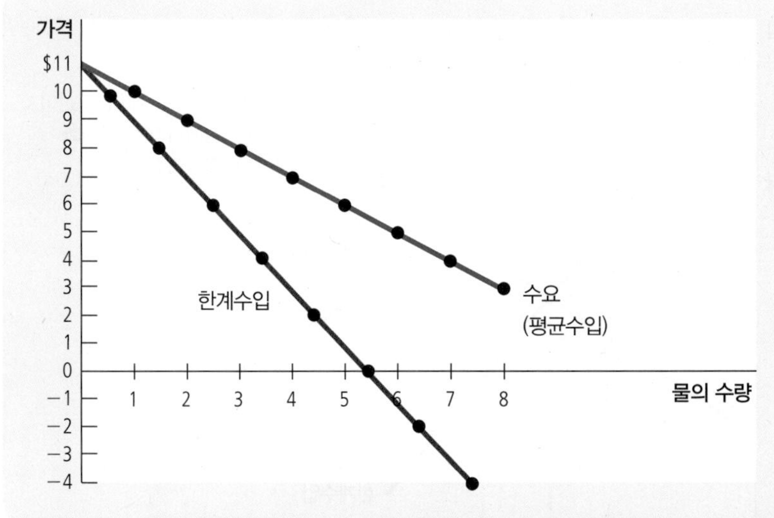

그림 14.3

독점기업의 수요곡선과 한계수입곡선
수요곡선은 수량과 가격의 관계를 나타낸다. 한계수입곡선은 수량 한 단위의 변화에 따른 총수입의 변화를 보여준다. 독점기업이 생산량을 늘리면 종전 판매량의 가격도 함께 인하해야 하기 때문에 독점기업의 한계수입은 가격보다 항상 낮다.

량을 늘리면 두 가지 효과가 발생한다.

- 산출효과(output effect) : 판매량이 증가했으므로 *Q*가 커진다. 총수입 증가효과를 낸다.
- 가격효과(price effect) : 가격이 하락했으므로 *P*가 작아진다. 총수입 감소효과를 낸다.

경쟁시장 기업은 시장가격에서 얼마든지 원하는 수량을 판매할 수 있음으로, 가격효과는 발생하지 않는다. 경쟁시장 기업이 한 단위의 상품을 더 팔면 추가로 들어오는 수입은 시장가격 그 자체가 되고, 전에 팔던 수량에 대해 가격을 인하할 필요가 없다. 즉 경쟁시장 기업은 가격수용자이므로 시장가격이 그 기업의 한계수입이다. 반면에 독점기업이 생산량을 한 단위 늘리려면 가격을 인하해야 하는데, 이러한 가격 인하는 판매하는 모든 수량에 적용되어야 한다. 그 결과 독점기업의 한계수입은 가격보다 낮아진다.

그림 14.3은 독점기업의 수요곡선과 한계수입곡선을 보여준다(가격이 평균수입과 같기 때문에 수요곡선은 평균수입곡선이다). 두 곡선은 가격 축에서 절편이 항상 같다. 첫째 판매량의 한계수입은 가격 그 자체기 때문이다. 그러나 둘째 단위 이후에는 한계수입이 가격보다 적어지므로, 한계수입곡선은 수요곡선의 아래쪽에 위치한다.

표 14.1과 그림 14.3에서 나타나듯이 한계수입은 마이너스가 될 수도 있다. 가격효과가 산출 효과를 능가하면 한계수입은 마이너스가 된다. 독점기업이 한 단위 더 생산한 결과 가격이 하락하여 판매량이 늘었음에도 불구하고 오히려 기업의 총수입이 감소할 수 있기 때문이다.

그림 14.4

독점기업의 이윤 극대화 과정
독점기업은 먼저 한계수입과 한계비용이 일치하는 점을 찾는다(점 A). 그 다음에는 그 점에서 생산되는 수량을 시장에서 모두 판매할 수 있는 가격을 수요곡선상에서 찾는다(점 B).

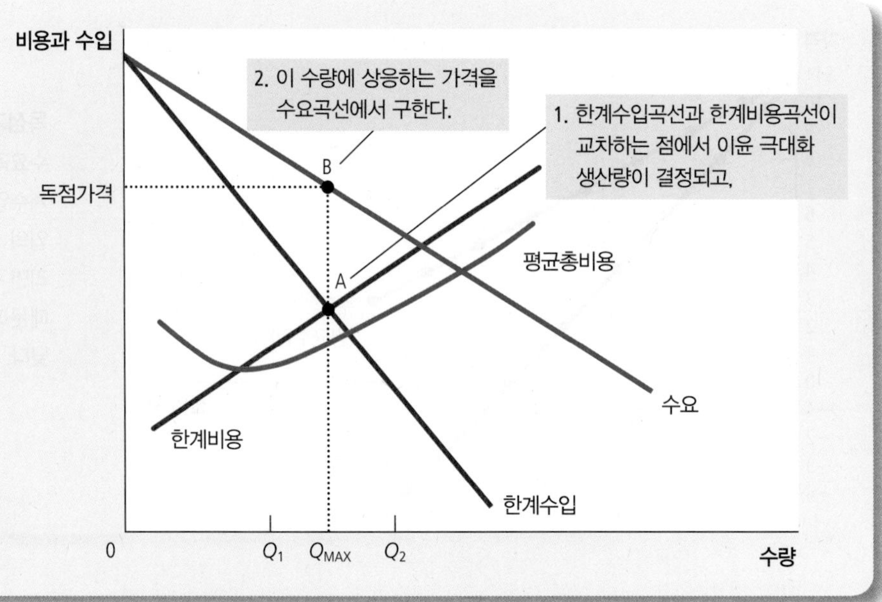

14-2c 이윤 극대화 조건

지금까지 독점기업의 수입에 대해 알아보았다. 이를 토대로 독점기업이 어떻게 이윤을 극대화하는지 알아보자. 1장에서 배운 경제학의 10대 기본원리 중 합리적 판단은 한계적으로 이루어진다는 것을 기억할 것이다. 이 원리는 경쟁시장의 기업이나 독점기업이나 마찬가지로 적용된다. 한계적 분석을 이용하여 독점기업이 이윤을 극대화하기 위해 얼마나 생산해야 하는지 알아보자.

그림 14.4에는 독점기업의 수요곡선, 한계수입곡선, 비용곡선들이 표시되어 있다. 수요곡선과 한계수입곡선은 그림 14.3에서 가져온 것이고, 비용곡선들은 앞의 두 장에서 경쟁시장의 기업 행태를 분석하는 데 사용한 것이다. 이 곡선들을 사용하여 독점기업이 이윤 극대화를 위해 생산량을 어떻게 결정하는지 밝힐 수 있다.

먼저 독점기업이 Q_1과 같이 적은 수량을 생산한다고 하자. 이 경우 한계비용이 한계수입보다 작다. 따라서 이 기업이 한 단위를 더 생산한다면 추가로 들어오는 수입이 추가로 발생하는 비용보다 크기 때문에 이윤이 증가한다. 즉 한계비용이 한계수입보다 작을 때는 생산량을 늘리면 이윤이 증가한다.

Q_2와 같이 많은 생산량에 대해서도 유사한 분석을 할 수 있다. 이 경우에는 한계비용이 한계수입보다 크다. 따라서 이 기업이 생산을 한 단위 줄인다면 비용 절약효과가 수입 감소효과보다 크기 때문에 이윤이 증가한다. 한계비용이 한계수입보다 클 때 생산량을 줄이면 이윤이 증가하는 것이다.

결국 독점기업은 생산량을 조절하여 한계비용과 한계수입이 일치하는 Q_{MAX}에서 생산할 것이다. 따라서 독점기업의 이윤 극대화 생산량은 한계수입곡선과 한계비용곡선이 교차하는 수준에서 결정된다. 그림 14.4에서 이 교차점은 점 A다.

13장에서 우리는 경쟁시장의 기업들도 한계수입과 한계비용이 일치하는 생산량을 선택한다는 사실을 배웠다. 이 점에서 독점기업과 경쟁시장 기업의 의사결정은 같다고 할 수 있다. 그러나 중요한 차이는 경쟁시장 기업의 한계수입은 가격과 같은 반면, 독점기업의 한계수입은 가격보다 낮다는 점이다. 이것을 식으로 표현하면 다음과 같다.

$$\text{경쟁시장 기업}: P = MR = MC$$
$$\text{독점기업}: P > MR = MC$$

한계수입과 한계비용이 일치하는 점에서 이윤이 극대화되는 것은 어느 기업이나 마찬가지다. 차이점은 가격이 한계수입, 한계비용과 어떤 관계에 있는가다.

독점기업은 이윤을 극대화하는 가격을 어떻게 결정할까? 수요곡선은 주어진 수량에 대한 수요자들의 최대 지불용의를 나타내기 때문에 수요곡선이 이에 대한 단서를 제공한다. 독점기업은 먼저 한계수입과 한계비용이 일치하는 생산량을 결정하고, 수요곡선에서 이 생산량을 판매할 수 있는 최고가격을 찾아낸다. 그림 14.4에서 이윤을 극대화하는 가격은 수요곡선상에 있는 점 B의 높이와 같다.

여기에서 우리는 경쟁시장 기업과 독점기업의 가장 중요한 차이점을 알 수 있다. 경쟁시장에서는 가격이 한계비용과 일치하는 반면, 독점시장에서는 가격이 한계비용을 초과한다. 이 점은 나중에 독점의 사회적 비용과 관련하여 중요한 의미가 있다.

14-2d 독점기업의 이윤

독점기업은 이윤을 얼마나 남길 수 있을까? 그래프에서 독점기업의 이윤은 총수입(TR)에서 총비용(TC)을 뺀 나머지다.

$$\text{이윤} = TR - TC$$

이것을 다시 쓰면 다음과 같다.

$$\text{이윤} = (TR/Q - TC/Q) \times Q$$

TR/Q는 평균수입이므로 가격(P)과 같다. TC/Q는 평균총비용(ATC)이다. 따라서 다음의 식도 성립한다.

$$\text{이윤} = (P - ATC) \times Q$$

이 이윤 공식은 경쟁시장 기업의 이윤 공식과 같다. 이 공식을 사용하여 그래프에 독점

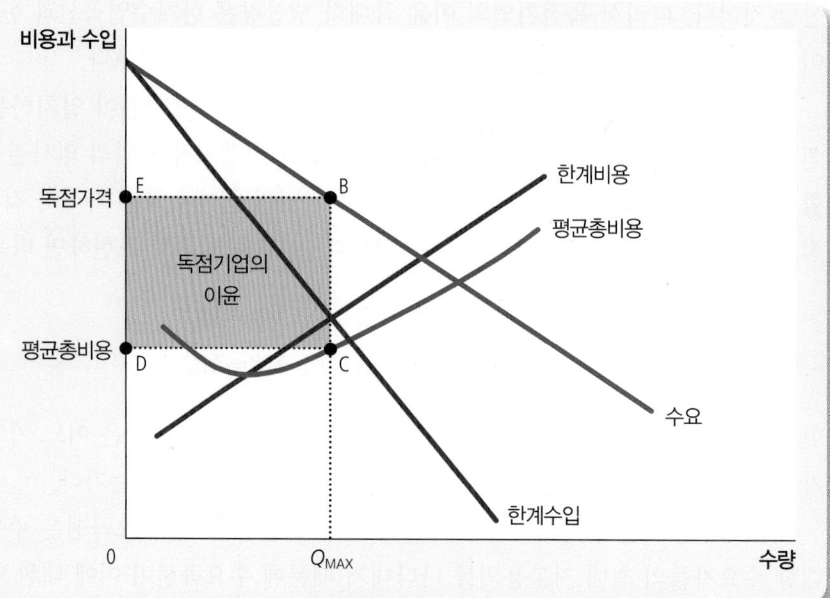

그림 14.5

독점기업의 이윤
직사각형 BCDE의 면적이 독점기업의 이윤이다. 직사각형의 높이(BC)는 가격에서 평균총비용을 뺀 것, 즉 단위 수량당 이윤이다. 직사각형의 밑변(DC)은 이윤 극대화 생산량이며 판매량이다.

기업 이윤의 크기를 표시할 수 있다.

그림 14.5에서 색칠된 직사각형을 살펴보자. 직사각형의 높이(BC)는 가격에서 평균총비용을 뺀 것($P-ATC$)이다. 이것은 단위 수량당 발생하는 이윤이다. 직사각형의 밑변(DC)은 이윤 극대화 생산량(Q_{MAX})이다. 따라서 이 직사각형의 면적이 독점기업의 이윤이다.

표 14.2에 독점기업이 어떻게 이윤을 극대화하는지 지금까지 공부한 내용이 정리되어 있다.

이해를 돕기 위해 | 독점기업의 공급곡선이 존재하지 않은 이유

우리는 독점시장의 가격 결정을 분석하면서 시장 수요곡선과 비용곡선만 사용하고 시장 공급곡선에 대해서는 아무런 언급도 하지 않았다. 반면 4장 이후 우리가 경쟁시장의 가격 결정 과정을 분석할 때 가장 많이 사용한 용어는 수요와 공급이다.

공급곡선은 도대체 어디로 갔을까? 독점기업 역시 얼마만큼 공급할지 결정하지만, 이것은 공급곡선에서 결정되는 것이 아니다. 공급곡선이란 주어진 가격에 대해 기업이 공급하고자 하는 수량을 나타내는 것이다. 공급곡선의 이런 정의는 기업들이 가격수용자인 경쟁시장에서는 성립한다. 그러나 독점기업은 가격수용자가 아니라 가격설정자다. 가격설정자인 독점기업에게 주어진 가격에서 얼마만큼 생산할지 묻는 것은 무의미하다. 독점기업은 가격과 공급하려는 수량을 수요곡선상에서 선택하기 때문이다.

실제로 독점기업의 공급량 결정을 수요곡선과 분리하는 것은 불가능하다. 시장 수요곡선으로부터 한계수입곡선이 도출되고, 이를 통해 독점기업의 이윤 극대화 생산량이 결정되기 때문이다. 경쟁시장에서는 공급량이 수요곡선과 무관하게 결정된다. 그러나 독점시장에서는 그렇지 않다. 따라서 독점기업의 공급곡선은 존재하지 않는다. ■

1. 수요곡선으로부터 *MR*곡선을 도출한다.
2. *MR*=*MC*인 *Q*를 결정한다.
3. 수요곡선상에서 수요량이 *Q*가 되는 *P*를 결정한다.
4. 만약 *P*>*ATC*라면, 독점기업은 이윤을 낸다.

표 14.2

독점기업의 이윤 극대화 법칙

사례 연구

독점 약품과 무상표 약품

이상의 분석을 통해 우리는 경쟁시장에서 가격 결정이 독점시장에서의 가격 결정과 매우 다르다는 사실을 알았다. 이 이론적 결과를 시험해볼 수 있는 좋은 시장이 의약품 시장이다. 의약품 시장은 독점시장과 경쟁시장의 성격을 모두 나타내는 시장 구조다. 제약회사가 새로운 약품을 개발하면 이 회사는 특허제도에 따라 독점권을 보장받을 수 있다. 그러나 일정 기간이 지나면 특허권이 소멸되어 어느 제약회사나 그 약을 제조할 수 있다. 독점시장이 경쟁시장으로 전환되는 것이다.

그렇다면 특허권이 소멸되면 약품 가격에 어떤 변화가 발생할까? 그림 14.6은 전형적인 의약품 시장을 나타낸다. 이 그림에서 약품 생산의 한계비용은 일정한 것으로 가정되어 있다(이 가정은 대부분의 의약품 제조에서 사실로 나타난다). 특허권이 유효한 동안에 이 회사는 한계수입이 한계비용과 일치하는 생산량을 생산하고, 한계비용을 초과하는 가격을 설정할 것이다. 그러나 특허권이 소멸되면 다른 제약회사들도 이 약품을 생산할 수 있으므로 이 시장은 점점 경쟁적이 될 것이다. 결국 이 약품의 가격은 한계비용과 일치한다.

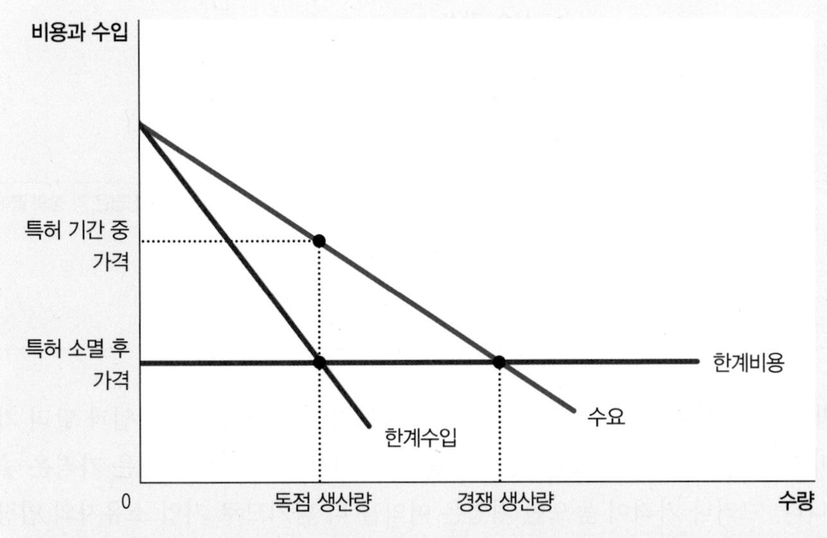

그림 14.6

의약품 시장

어느 제약회사가 특허권이 있다면, 그 기업은 한계비용을 초과하는 독점가격을 설정한다. 특허권이 소멸되면 새로운 기업들이 이 약품을 제조하기 시작하여 경쟁이 심화된다. 그 결과 가격은 독점가격에서 한계비용 수준으로 떨어진다.

이 이론적 결론이 옳다는 것을 경험이 확인해주고 있다. 대부분의 경우 특허가 소멸된 후에는 다른 기업들이 이 약품을 생산하는 일에 즉시 착수하여 소위 무상표 약품(generic drugs)을 제조·판매하기 시작했다. 무상표 약품이란 독점 상표가 붙은 종전의 특허 약품과 화학적으로 동일하지만 고유의 상표가 없는 약품을 말한다. 우리 이론이 시사하는 것처럼 경쟁적으로 생산되는 무상표 약품들은 종전의 독점 상표 약품보다 현저하게 낮은 가격으로 판매된다.

그러나 특허권이 소멸되었다고 독점기업이 시장지배력을 모두 상실하는 것은 아니다. 무상표 약품이 그동안 사용하던 친숙한 상표의 약품과 다를지 모른다는 우려 때문일 수도 있으나, 일부 소비자들은 가격 차이가 있어도 상표가 있는 약품을 계속 구입하게 된다. 그 결과 대부분의 의약품 시장에서 독점 상표가 있는 제약회사들의 약품은 후발 경쟁사들보다 다소 높은 가격을 유지한다.

예를 들면 미국에서 수백만 명이 복용하는 항우울제 플루옥세틴(fluoxetine)이라는 약이 있다. 이 약의 특허가 2001년에 만료되었기 때문에 이제 소비자들은 그동안 프로작(Prozac)이라는 상표명으로 팔리고 있던 원래 약을 구입하거나, 플루옥세틴 성분의 무상표 약품(generic drug)을 구입할 수가 있게 되었다. 프로작은 약국에서 무상표 약품의 플루옥세틴에 비해 3배나 높은 가격에 판매되고 있다. 이런 가격 차이가 지속될 수 있는 이유는 일부 소비자들이 여전히 두 약품이 완벽한 대체재라고 믿지 않기 때문이다. ●

간단한 퀴즈

3. 모든 소비자에게 같은 가격을 부과하는 독점기업의 경우 가격 P, 한계수입 MR, 한계비용 MC의 관계는?

a. $P = MR$, $MR = MC$

b. $P > MR$, $MR = MC$

c. $P = MR$, $MR > MC$

d. $P > MR$, $MR > MC$

4. 독점기업의 고정비용이 증가하면 독점기업의 가격은 (   )하고, 이윤은 (   )한다.

a. 상승, 감소

b. 하락, 증가

c. 상승, 불변

d. 불변, 감소

정답은 각 장의 끝에

14-3 독점의 비효율성

독점이 바람직한 시장 구조인가? 우리는 앞에서 독점기업이 경쟁시장 기업과 달리 가격을 한계비용보다 높게 설정한다는 것을 배웠다. 소비자의 입장에서 높은 가격은 좋은 일이 아니다. 그러나 가격이 높으면 기업은 이익을 더 남기므로 기업 소유자의 입장에서는 좋은 일이다. 소비자에게 부과되는 비용보다 기업 소유자에게 돌아가는 이득이 커서 독점이 사회적으로 바람직한 현상이 될 수 있을까?

우리는 후생경제학의 분석 방법을 사용하여 이에 대한 해답을 구할 수 있다. 7장에서와 마찬가지로 경제적 총잉여를 경제적 후생을 측정하는 기준으로 삼는다. 경제적 총잉여는 소비자잉여와 생산자잉여의 합이다. 소비자잉여는 소비자의 최대 지불용의 금액에서 실제 지불 금액을 뺀 나머지며, 생산자잉여는 생산자의 총수입에서 총생산비용을 뺀 나머지다. 여기에서 생산자는 독점기업뿐이다.

여러분은 아마 결론을 짐작했을 것이다. 7장에서 우리는 경쟁시장에서 수요와 공급의 균형점이 자연스러운 시장의 결과일 뿐만 아니라 매우 효율적이라고 결론지은 바 있다. 특히 시장의 보이지 않는 손에 의한 자원 배분 결과 창출되는 경제적 잉여의 총합이 최대가 된다는 것을 보았다. 독점시장의 자원 배분 결과는 경쟁시장의 그것과 다르기 때문에 독점시장에 의해 창출되는 경제적 잉여는 경쟁시장보다 작을 것이라고 예측할 수 있다.

14-3a 경제적 순손실

선의의 사회계획가가 경영하는 독점기업이 있다고 가정하자. 선의의 계획가는 기업 이윤뿐만 아니라 소비자가 누리는 편익에도 관심이 있다. 따라서 이 계획가는 경제적 총

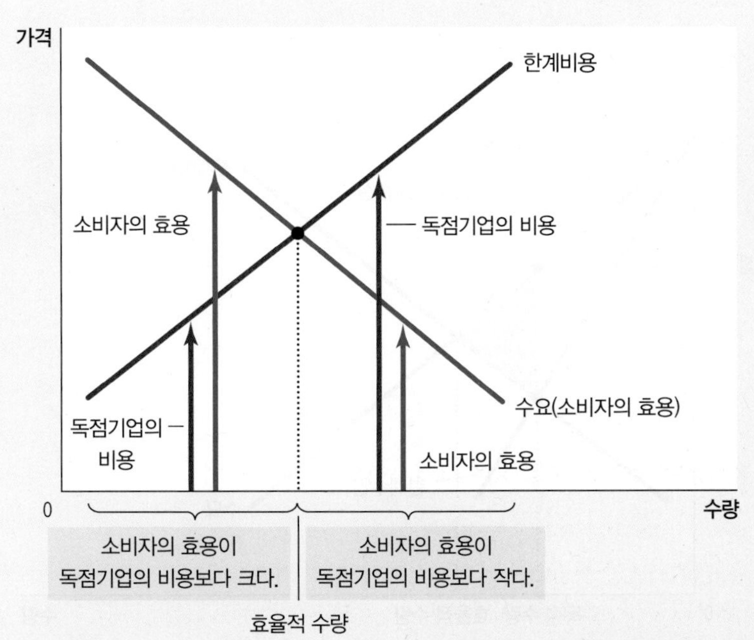

그림 14.7

최적 생산량의 결정

경제적 잉여를 극대화하려는 선의의 사회계획가는 수요곡선과 한계비용곡선이 교차하는 점의 생산량을 선택한다. 이보다 작은 생산량에서는 한계소비자의 지불용의(수요곡선)가 한계비용보다 크다. 최적 생산량보다 큰 생산량에서는 한계소비자가 누리는 편익이 한계비용보다 작다.

잉여를 극대화하고자 한다. 총잉여는 소비자잉여와 생산자잉여(이윤)의 합이지만, 이는 다시 소비자가 누리는 총효용가치에서 생산비를 뺀 나머지와도 일치한다는 것을 기억하자.

그림 14.7은 선의의 사회계획가가 어느 수준의 생산량을 선택할지 보여준다. 수요곡선은 소비자가 누리는 총효용가치를 소비자의 최대 지불용의로 나타낸 것이다. 한계비용곡선은 독점기업의 생산비를 나타낸다. 따라서 사회적으로 최적인 생산량은 수요곡선과 한계비용곡선이 교차하는 점에서 결정된다. 이 생산량보다 작은 생산량에서는 소비자가 누리는 효용가치가 재화를 생산하는 한계비용보다 크기 때문에 생산량을 늘리면 경제적 잉여가 증가한다. 이보다 큰 생산량에서는 소비자가 누리는 한계편익보다 기업의 한계비용이 크기 때문에 생산량을 줄여야 경제적 잉여가 증가한다. 따라서 최적 생산량에서는 소비자의 한계편익과 기업의 한계비용이 일치해야 한다.

선의의 사회계획가가 독점기업을 경영한다면 수요곡선과 한계비용곡선이 교차하는 점의 가격을 선택함으로써 효율적인 결과를 얻고자 할 것이다. 따라서 선의의 사회계획가는 경쟁시장 기업처럼, 그리고 독점기업과는 달리 가격을 한계비용에 일치시킨다. 이 가격 수준은 소비자들에게 재화의 생산비에 대한 정확한 신호(signal)를 전달하기 때문에 소비자들은 효율적인 수량을 구입할 수 있다.

이윤 극대화를 추구하는 독점기업과 선의의 사회계획가가 경영하는 독점기업의 생산량을 비교함으로써 우리는 독점의 경제적 후생효과를 알아낼 수 있다. 앞에서 본 바와 같이 독점기업은 한계수입곡선과 한계비용곡선이 교차하는 점에서 생산량을 결정한다. 반면 선의의 사회계획가는 수요곡선과 한계비용곡선이 교차하는 점에서 생산량

그림 14.8

독점의 비효율성

독점기업은 가격을 한계비용보다 높게 설정하기 때문에 재화의 생산비보다 지불용의가 높은 소비자 중 일부가 소비를 못 한다. 따라서 독점기업의 생산량은 사회적 최적보다 적다. 독점에 의해 초래되는 경제적 순손실은 수요곡선과 한계비용곡선 사이에 삼각형으로 표시된 부분이다.

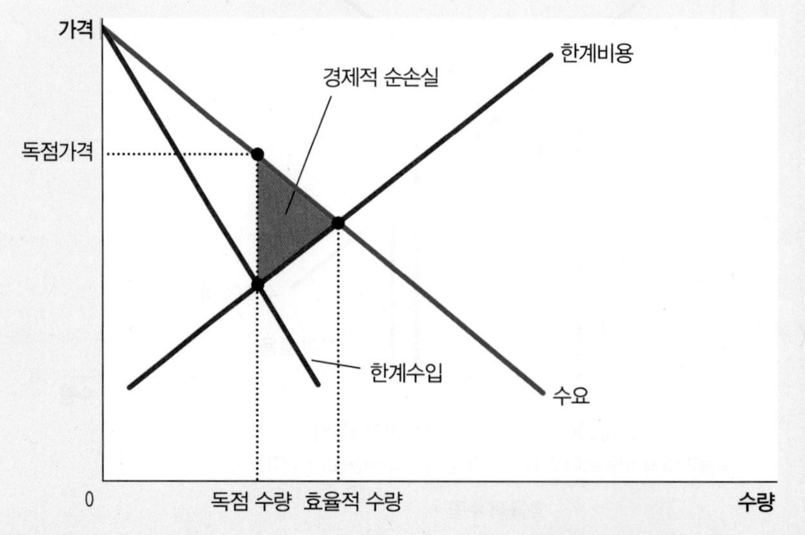

을 결정한다. 그림 14.8에 두 산출량이 비교되어 있다. 여기에서 독점기업의 생산량은 사회적으로 최적인 생산량보다 작다.

우리는 독점의 비효율성을 독점가격의 관점에서도 확인할 수 있다. 시장 수요곡선은 가격과 수량의 마이너스 상관관계를 나타내기 때문에 생산량이 비효율적으로 적다는 것은, 다시 말해 가격이 비효율적으로 높다는 뜻이다. 어느 재화의 시장가격이 한계생산비보다 높으면 이 재화에 대해 한계생산비보다는 높은 가치를 부여하지만, 지불용의가 가격보다 낮은 소비자들은 소비를 포기한다. 이들이 이 재화의 소비를 통해 누릴 수 있었던 효용가치가 그 재화의 한계생산비보다 크기 때문에 이러한 결과는 경제적으로 비효율적이다. 다시 말해 독점의 존재로 인해 상호 이득이 될 수 있었던 거래의 기회가 사라진 것이다.

독점이 초래하는 경제적 순손실도 이와 유사하게 표시할 수 있다. 그림 14.8에 독점에 따른 경제적 순손실이 표시되어 있다. 수요곡선은 소비자들이 누리는 효용가치를 나타내고, 한계비용곡선은 독점기업의 생산비용을 나타낸다. 따라서 수요곡선과 한계비용곡선 사이에 있는 삼각형의 면적은 독점으로 인해 발생하는 경제적 총잉여의 감소분이다.

독점으로 인해 발생하는 경제적 순손실은 세금으로 인해 발생하는 경제적 순손실과 유사하다. 사실 독점기업은 민간 징세원(tax collector)이라고 생각할 수 있다. 8장에서 우리는 세금이 (수요곡선에 의해 표시되는) 소비자 지불용의와 (공급곡선에 의해 표시되는) 생산자의 비용 사이에 괴리를 유발한다는 것을 보았다. 독점기업은 시장지배력을 사용하여 가격을 한계비용보다 높게 설정하기 때문에 독점도 세금과 비슷한 괴리를 유발한다. 두 가지 경우 모두 가격과 한계비용의 괴리 때문에 생산량이 사회적 최적보다 적다. 한 가지 차이는 세금의 수입은 정부 몫이지만, 독점의 수입은 독점기업에게 귀속된다는 점이다.

14-3b 독점 이윤은 사회적 비용일까

독점기업은 공익에 반하여 '이윤만 추구한다'는 비난을 받기도 한다. 사실 독점기업은 자신들의 시장지배력 덕분에 높은 이윤을 얻는다. 그러나 독점에 대한 경제학적 분석은 독점 이윤 자체가 반드시 문제는 아니라는 것을 보여준다.

독점시장의 경제적 후생도 다른 시장과 마찬가지로 소비자와 생산자의 후생을 포함한다. 소비자가 생산자에게 1달러를 추가로 지불하면 소비자잉여가 그만큼 감소하지만 생산자잉여는 같은 금액만큼 증가한다. 이와 같이 소비자에서 생산자로 부(富)가 이전되어도 사회적으로 총잉여의 합은 변하지 않는다. 다시 말해 독점 이윤이 존재하는 자체로 사회 전체의 경제적 파이(economic pie)가 작아지는 것은 아니다. 다만 생산자가 더 큰 조각을 차지하고 소비자가 더 작은 조각을 차지한다. 생산자보다 소비자가 중요하다고 전제하지 않는 한(이것은 형평성에 대한 가치 판단의 문제로, 경제적 효율성의 영역을 넘는 주제다) 독점 이윤은 사회적으로 문제가 되지 않는다.

독점의 문제는 독점기업이 사회적 최적 생산량보다 낮은 수준에서 생산함으로써 경제적 총잉여가 극대화되지 못한다는 데 있다. 독점 때문에 경제적 순손실이 발생했다는 것은 독점 때문에 경제적 파이가 작아졌다는 뜻이다. 이 비효율은 본질적으로 독점가격이 높기 때문에 발생한다. 소비자들이 한계비용보다 높은 가격으로 인하여 수요량을 줄이기 때문이다. 그러나 가격이 높아져 증가된 이윤 때문에 경제적 비효율이 발생하는 것은 아니다. 문제는 생산량이 비효율적으로 낮다는 데 있다. 다시 말해 높은 독점가격에도 불구하고 수요량이 전혀 변하지 않는다면 소비자잉여의 감소분은 생산자잉여의 증가분과 같고, 그 결과 독점에 따른 자원 낭비는 발생하지 않는다.

그럼에도 불구하고 이 경우 자원 낭비가 전혀 없다고 할 수는 없다. 독점기업이 자신의 독점적 지위를 유지하기 위하여 정부와 국회에 로비를 하는 등 추가적인 비용을 지불해야 한다면, 독점기업은 독점 이윤의 일부를 바로 이런 노력에 소모할 수밖에 없다. 이 경우 독점의 사회적 비용은 가격이 한계비용을 초과하여 발생하는 잉여의 순손실에 더하여 이런 노력에 투입된 자원까지 포함해야 한다.

간단한 퀴즈

5. 사회적 최적 상태에 비해, 독점기업은?

a. 생산량은 너무 적고, 가격은 너무 높다.
b. 생산량은 너무 많고 가격은 너무 낮다.
c. 생산량이 너무 많고 가격도 너무 높다.
d. 생산량이 너무 적고, 가격도 너무 낮다.

6. 독점에 의한 경제적 순손실이 발생하는 이유는?

a. 독점기업의 이윤이 경쟁시장의 기업보다 많기 때문이다.
b. 독점기업이 생산하는 상품에 대한 가치를 한계비용보다 높게 여기는 잠재적 소비자들의 소비 기회가 사라지기 때문이다.
c. 소비자들이 한계비용보다 높은 가격을 부담해야 하고, 그 결과 소비자 잉여가 감소하기 때문이다.
d. 독점기업의 생산량에서 독점가격이 평균수입과 일치하지 않기 때문이다.

정답은 각 장의 끝에

14-4 가격차별

가격차별 동일한 상품에 대해 소비자에 따라 다른 가격을 받는 행위

지금까지 우리는 독점기업이 모든 소비자에게 동일한 가격을 부과한다고 가정했다. 그러나 기업들은 생산비가 같은 경우에도 소비자에 따라 다른 가격을 부과하기도 한다. 이런 행위를 가격차별(price discrimination)이라고 한다.

독점기업의 가격차별 행위를 분석하기 전에 경쟁시장에서는 기업들이 가격차별을 할 수 없다는 사실에 주목해야 한다. 경쟁시장에서는 동일한 물건을 시장가격에 공급하는 경쟁기업이 많다. 어느 기업이나 시장가격에 원하는 수량을 얼마든지 팔 수 있기 때문에 일부러 시장가격보다 낮은 가격을 제시할 필요가 없다. 그리고 어느 기업이 시장가격보다 높은 가격을 받으려고 하면 소비자는 다른 기업의 상품을 구입할 것이다. 따라서 어느 기업이 가격차별을 한다는 것은 그 기업이 시장지배력이 있다는 뜻이다.

14-4a 가격 설정에 관한 우화

독점기업이 왜 가격차별을 하려고 하는지 한 가지 예를 들어 생각해보자. 여러분이 출판사의 사장이고, 유명한 베스트셀러 작가가 방금 최신작의 집필을 마쳤다고 가정하자. 여러분은 소설가에게 그 작품에 대한 독점 출판권의 대가로 미리 200만 달러를 지불했고, 그 책을 인쇄하는 비용은 0이라고 하자(예를 들어 이북(e-Book)이 여기에 해당할 것이다). 출판사의 이윤은 책의 판매 수입에서 작가에게 미리 지불한 200만 달러를 뺀 나머지가 될 것이다. 이제 여러분은 이윤을 극대화하기 위해 이 책의 가격을 얼마로 책정해야 할까?

먼저 여러분이 해야 할 일은 책에 대한 수요가 얼마나 될지 예측하는 것이다. 영업부가 조사한 바에 따르면 시중에 두 종류의 독자가 있다고 한다. 우선 이 작가에게 10만 명의 열렬한 독자들이 있는데, 이들은 이 책에 무려 30달러를 지불할 용의가 있는 것으로 조사되었다. 그리고 약 40만 명의 일반 독자가 있는데, 이들은 5달러를 지불할 용의가 있다고 한다.

이 출판사가 모든 소비자에게 동일한 책값을 받아야 한다면 출판사의 이윤을 극대화하는 가격은 얼마일까? 우선 두 가지 방법을 생각할 수 있다. 책값을 30달러로 정하면 10만 부를 팔아 300만 달러의 수입을 올리고 100만 달러의 이윤을 남길 수 있다. 책값을 5달러로 정하면 50만 부를 팔아 250만 달러의 수입을 올리고 50만 달러의 이윤을 남길 수 있다. 따라서 이 출판사는 가격을 30달러로 정해 이윤을 극대화하고, 나머지 40만 명의 일반 독자에게 이 책을 판매할 기회를 포기해야 할 것이다.

그러나 5달러의 지불용의가 있는 40만 명의 수요자가 있고, 이 책의 한계생산비는 0이므로 출판사의 이런 결정은 경제적 순손실을 초래한다. 따라서 출판사가 가격을 30달러로 정하면 가격을 5달러로 정했을 경우 창출될 수 있었던 200만 달러(5달러×40만 명)의 경제적 잉여는 상실된다. 이 경제적 손실이 바로 가격이 한계비용보다 높게 설정되었을 때 발생하는 경제적 비효율이다.

그런데 출판사의 영업부가 한 가지 중요한 사실을 발견했다고 하자. 두 독자층이 지리적으로 분리되어 있다는 것이다. 열렬한 독자층은 모두 오스트레일리아에 살고, 일반 독자는 모두 미국에 산다. 더구나 두 나라 독자들은 서로 상대방 국가에서 책을 구입하는 것이 불가능하다.

출판사는 이 정보를 이용하여 더 많은 이윤을 남길 수 있다. 오스트레일리아의 10만 독자에게는 30달러에 팔고, 미국 내 40만 독자에게는 5달러에 팔면 된다. 그렇게 하면 오스트레일리아 독자에게 판매한 300만 달러와 미국 독자에게 판매한 200만 달러를 합쳐 500만 달러의 수입을 올릴 수 있다. 따라서 이윤은 300만 달러가 될 것이다. 이것은 가격차별을 하지 않았을 경우, 즉 모든 독자에게 30달러를 받는 경우의 100만 달러 이윤에 비해 매우 높다. 출판사는 당연히 이러한 가격차별 전략을 선택할 것이다.

이상의 우화는 가상적인 것이지만 이런 가격차별은 출판업계에서는 일반적인 관행이다. 하드커버 책과 소프트커버 책의 가격 차이를 생각해 보자. 출판사들이 소설책을 출판할 때 똑같은 내용이지만 처음에는 하드커버 책을 높은 가격에 내놓고, 나중에 소프트커버의 책(페이퍼백)을 저렴한 가격에 내놓는 것이 관행이다. 두 종류 책의 가격 차이는 제본 원가 차이보다 훨씬 크다. 출판사들이 이런 판매 전략을 사용하는 이유는 열성적인 독자에게 먼저 하드커버 책을 판매하고, 일반 독자들에게는 나중에 소프트커버 책을 판매하는 가격차별 전략을 사용함으로써 이윤을 증가시킬 수 있기 때문이다.

14-4b 우화에서 배울 점

앞의 우화에서 우리는 가격차별에 관한 세 가지 중요한 사실을 배울 수 있다.

첫째, 독점기업에게 가격차별은 이윤 증가를 위한 합리적인 선택이라는 것이다. 다시 말해 소비자의 지불용의에 따라 소비자별로 다른 가격을 부과함으로써 단일 가격을 부과할 때보다 많은 이윤을 남길 수 있는 것이다.

둘째, 가격차별을 할 때 소비자를 지불용의에 따라 구분할 수 있어야 한다는 것이다. 앞의 예에서 소비자들은 지리적으로 분리되어 있었다. 그러나 소비자를 연령이나 소득과 같은 특징으로 구분하기도 한다.

가격차별의 이 전제조건 때문에 시장 기능에 따라 가격차별이 곤란해지는 경우가 발생하기도 한다. 특히 차익거래(arbitrage)가 가능하면 가격차별이 곤란해진다. 차익거래란 물건을 한 시장에서 싸게 사서 다른 시장에 비싸게 판매함으로써 시세차익을 노리는 거래 행위를 말한다. 앞의 예에서 어느 중개인이 미국에서 낮은 값에 책을 사서 오스트레일리아에서 높은 값에 팔 수 있다고 생각해보자. 이런 차익거래가 발생하면 출판사는 가격차별을 시행할 수가 없다. 오스트레일리아의 어느 수요자도 비싼 값에 책을 사려고 하지 않을 것이기 때문이다.

셋째, 가격차별이 경제적 후생을 증가시킬 수 있다는 점이다. 앞에서 출판사가 30달러의 단일 가격을 설정했을 때 지불용의가 30달러에 못 미치는 40만 명의 일반 독자는 책을 살 수 없었다. 그런데 그들의 지불용의가 한계비용보다 높기 때문에 경제적 순손실이 발생했다. 반면에 출판사가 가격차별을 시행하면 모든 독자들이 책을 살 수 있다. 그리고 이 결과는 모든 사람에게 이득이다. 따라서 가격차별이 어떤 경우에는 독점가격에 의해 초래되는 비효율을 해소할 수 있다.

여기에서 가격차별에 따른 경제적 후생의 증가는 모두 생산자잉여의 증가다. 앞의 예에서 두 종류의 소비자 모두 지불용의가 책값과 같다고 가정했기 때문에 소비자잉여의 변화는 없다. 가격차별에 따른 총잉여의 증가는 전액 출판사 이윤의 증가분이 된다.

14-4c 가격차별의 이론

이제 가격차별이 경제적 후생에 어떤 영향을 미치는지 좀더 이론적으로 분석해보자. 먼저 독점기업이 완전하게 가격차별을 할 수 있다고 하자. 완전가격차별(perfect price discrimination)은 독점기업이 모든 소비자의 최대 지불용의를 정확히 파악하여 모든 소비자에게 지불용의와 같은 가격을 부과하는 경우를 말한다. 완전가격차별이 발생하면 소비자잉여는 전액 공급자에게 흡수된다.

그림 14.9는 가격차별이 없는 경우와 있는 경우의 소비자잉여와 생산자잉여를 보여준다. 여기서는 분석을 단순화하기 위해 단위당 생산비가 일정하다고 가정한다. 즉 한

가격차별의 후생효과 **그림 14.9**

그림 (a)는 가격차별을 하지 않는 경우다. 이 경우 총잉여는 생산자잉여(이윤)와 소비자잉여의 합이다. 그림 (b)는 완전가격차별을 하는 경우다. 소비자잉여는 0이 되기 때문에 총잉여는 오직 생산자잉여(이윤)로 구성된다. 두 그림을 비교하면 완전가격차별은 이윤과 총잉여를 증가시키고 소비자잉여를 감소시킨다는 것을 알 수 있다.

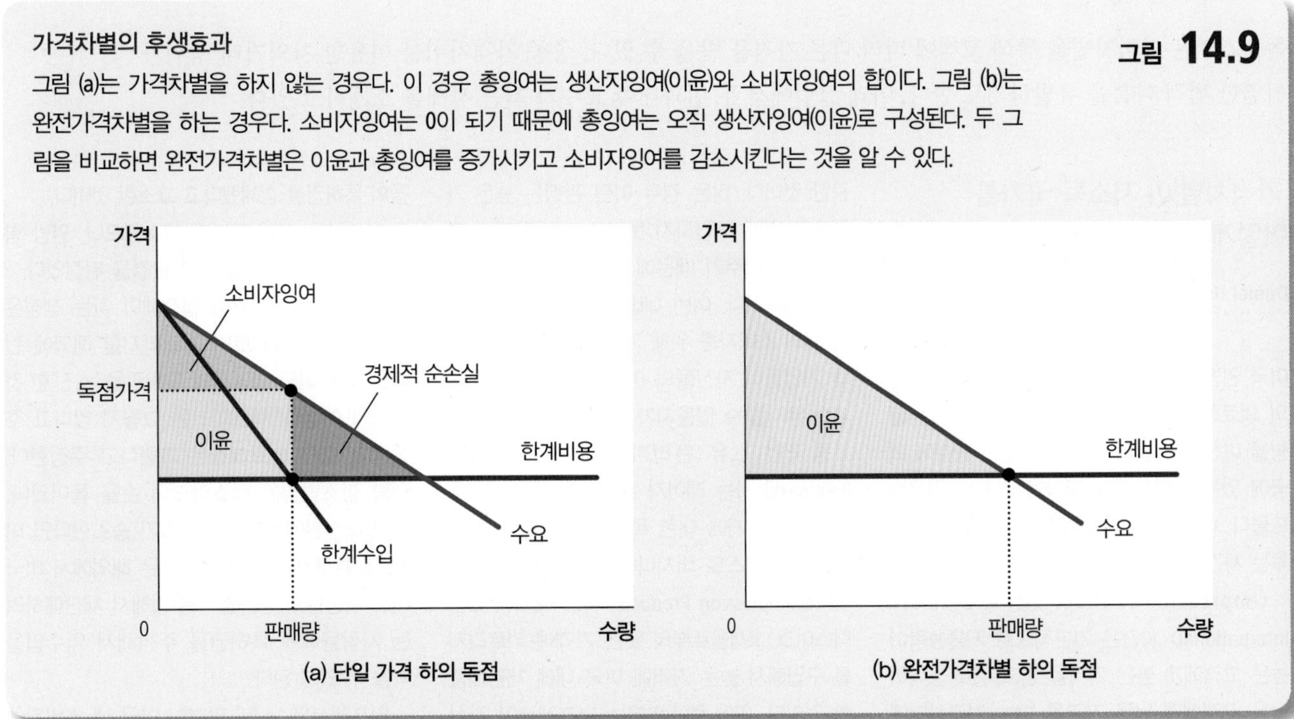

(a) 단일 가격 하의 독점

(b) 완전가격차별 하의 독점

계비용과 평균비용이 일정하고 일치한다고 가정한 그림이다. 가격차별이 없는 경우 그림 (a)에서 보듯이 독점기업은 한계비용보다 높은 독점가격을 받는다. 지불용의가 한계비용을 초과하는 일부 소비자가 이렇게 높은 가격에서는 소비를 하지 않기 때문에 독점가격은 경제적 순손실을 초래한다. 그러나 독점기업이 완전한 가격차별을 한다면 그림 (b)에서처럼 지불용의가 한계비용을 초과하는 모든 소비자에게 각자의 지불용의에 해당하는 만큼 가격이 부과되기 때문에 경제적으로 유익한 모든 거래가 이루어지고 경제적 순손실은 발생하지 않는다. 다만 창출되는 경제적 총잉여는 모두 이윤의 형태로 공급자에게 귀속된다.

물론 현실에서는 완전한 가격차별이 존재하지 않는다. 소비자가 가게에 들어갈 때 자신의 지불용의가 얼마인지 써 붙이고 들어가지는 않는다. 그 대신 기업들은 소비자를 일정 기준에 따라 분류하여 가격차별을 행한다. 예를 들어 소비자의 나이, 주중 고객과 주말 고객, 판매 지역 등과 같은 기준이 적용된다. 앞의 출판사의 예와는 달리 소비자 그룹 내에서도 소비자마다 지불용의가 다르기 때문에 완전가격차별은 불가능하다.

대법원까지 도달한 가격차별

독점기업은 가격차별을 통해 고객에 따라 다른 가격을 받을 수 있다. 종종 가격차이를 이용한 차익거래 행위가 치열한 법적 다툼을 유발하기도 한다. 아래 칼럼에서 두 법과대학 교수가 최근 사례를 소개하고 있다.

'가격차별'이 저소득 국가를 어떻게 도울 수 있을까

Daniel Hemel and Lisa Larrimore Ouellette

미국 연방 대법원의 판결은 평범한 미국 시민의 의료혜택에서부터 주거 문제에까지 큰 영향을 미친다. 그러나 미국 대법원의 판결이 외국에 있는 사람들에게 영향을 미치는 경우는 드물다. 미국 연방 대법원이 이번 화요일에 다루는 사건은 이런 점에서 이례적이다.

〈Impression Product Inc. v. Lexmark International〉 사건은 기본적으로 지불능력이 높은 고객에게 높은 가격을 받고, 지불능력이 낮은 고객에게 낮은 가격을 받는 가격차별에 관한 것이다. 많은 경우 이런 관행은 높은 가격으로 인해 구입하지 못하는 소비자에게 가격할인을 해주기 때문에 소득이 낮은 소비자에게 이득이다. 이번 대법원의 판결은 기업들이 해외 소비자를 위해 가격을 낮게 설정했을 때 기업들이 자신들의 이익을 위해 특허권을 계속 유지할 수 있을지가 쟁점이다.

중국인 소유 켄터키 소재의 렉스마크(Lexmark) 사는 레이저 프린터를 생산하는데, 토너 카트리지에 대한 특허권을 가지고 있다. 고발당한 웨스트 버지니아 소재 임프레션 프라덕트(Impression Products) 사는 해외에 있는 렉스마크 고객들로부터 낮은 가격에 카트리지를 구입해서 높은 가격에 미국 내에 재판매를 한 것이다. 이에 렉스마크는 임프레션이 자신들의 특허권을 침해했다고 고소한 것이다.

1심에서는 렉스마크가 패소했으나, 연방 항소법원은 2016년 2월에 그 판결을 뒤집었다.

이제 연방 대법원이 결정해야 하는 쟁점은 당초 렉스마크가 토너 카트리지를 해외에 판매한 것이 미국 내에서의 특허권을 '소진'한 것인지의 여부다. 렉스마크는 그렇지 않다고 주장한다. 반면 임프레션은 그렇다고 주장한다. 연방 항소법원은 렉스마크의 손을 들어줬다. 만약 대법원에서도 렉스마크가 승소한다면 미국 내 특허권을 가진 기업들은 해외에서 미국 내로 자신들의 상품을 역수입해서 재판매하려는 사람들에게 특허권을 주장해서 역수입을 막을 수 있게 된다.

임프레션은 '소진' 판결이 미국 내 소비자에

불완전한 가격차별은 경제적 후생에 어떤 영향을 미칠까? 가격 구조에 대한 분석은 다소 복잡하지만 경제적 후생에 대한 효과는 분명하지 않다. 가격차별을 하지 않는 경우와 비교하여 가격차별은 총잉여를 증가시킬 수도 있고 감소시킬 수도 있으며, 중립적일 수도 있다. 분명한 것은 가격차별이 독점기업의 이윤을 증가시킨다는 사실이다. 그렇지 않다면 독점기업은 가격차별을 하지 않을 것이기 때문이다.

14-4d 가격차별의 예

현실세계의 기업들은 다양한 방법으로 가격차별을 한다. 다음은 가격차별의 몇 가지 사례다.

영화표 대부분의 영화관은 어린이와 노인에게 할인을 해준다. 이런 현상은 경쟁시장에서는 발생하기 어렵다. 왜냐하면 경쟁시장에서 가격은 한계비용과 일치해야 하고, 영화관 한 좌석의 한계비용은 어린이나 노인, 일반인이 모두 같기 때문이다. 그러나 이

게 이익이 된다고 주장한다. 일리 있는 주장이다. 미국 내로 특허상품이 역수입된다면 미국 내 소비자들은 가격 인하로 인해 혜택을 본다. 그러나 항소법원의 판결이 유지된다면 렉스마크는 저가 수출품의 역수입으로 국내시장을 빼앗길 염려 없이 저소득 국가에 낮은 가격으로 수출할 수 있게 된다.

이번 판결이 토너 카트리지에만 적용된다면 우리는 결과에 크게 신경 쓸 이유가 없다. 그러나 이번 대법원의 판결은 제약회사들의 후진국에 대한 저가 수출에도 적용되고, 사카르 인터내셔널(Sakar International)이 전 세계 학생들에게 저가에 보급하고 있는 교육용 XO 태블릿에도 적용될 것이다.

만약 미국 내 특허권이 이러한 상품들에 적용되지 못하고 미국 내로 역수입된다면, 해외 가격은 미국 내 가격에 수렴하게 될 것이다. 미국인보다 소득이 낮은 후진국 소비자들은 예를 들어, 그들의 소득의 더 많은 부분을 의약품을 사는 데 써야 할 것이다. 더 우려되는 것은 제약회사들이 많은 나라에서 가격규제를 받고 있기 때문에, 이럴 경우 제약회사들은 아예 일부 해외 시장에서 철수할지도 모른다는 점이다.

만약 임프레션이 승소한다면, 소득이 낮은 일부 미국 소비자들은 분명히 혜택을 볼 것이다. 이번 사건은 개인 간은 물론 국가 간의 부의 재분배에 관한 문제라고 할 수 있다. 그리고 재분배 문제는 쉬운 문제가 아니다. 최소한 대법관들이 그들의 판결이 해외 소비자들, 특히 미국 대법원 판결의 무게를 느끼게 될 후진국 소비자들에게 어떤 의미가 있는지를 고려하기를 희망한다.

저자 업데이트: 2017년 5월에 미국 대법원은 연방 항소법원의 판결을 뒤집고 임프레션의 손을 들어줬다. 판결의 근거는 "상품의 첫 번째 판매를 넘어서까지 특허권을 인정하는 것은 상거래를 위축시킬 것"이라는 것이다. 그 결과 렉스마크는 임프레션이 해외에서 저가의 카트리지를 미국 내로 역수입해서 재판매하는 것을 막을 수 없게 되었다. 이번 판결은 렉스마크 같은 회사들이 저소득 국가에 낮은 가격으로 수출하는 것을 더욱더 어렵게 만들 것이다. ■

AP IMAGES/J. SCOTT APPLEWHITE

미국 연방 대법원 대법관

토론문제

1. 여러분은 미국의 제약회사들이 저소득 국가에 낮은 가격으로 수출하고 미국 내 역수입을 막을 수 있어야 한다고 생각하는가? 그 이유는 무엇인가?
2. 여러분은 미국 학생들이 저소득 국가의 학생들보다 더 높은 교과서 가격을 부담해야 한다고 생각하는가? 그 이유는 무엇인가?

헤멜(Hemel) 교수는 시카고대학 법과대학 조교수이고, 오엘레트(Ouellette) 교수는 스탠퍼드대학교 법과대학 조교수다.

자료: *Wall Street Journal*, 2017년 3월 21일.

LUCY HAMILTON

"제가 이 비행기표를 얼마나 싸게 샀는지 말씀드려도 될까요?"

현상은 영화관이 지역적인 독점력(local monopoly power)이 있고, 어린이와 노인들의 영화표에 대한 지불용의가 낮다면 설명이 가능하다. 이 경우 영화관은 가격차별을 통해 이윤을 증가시킬 수 있다.

비행기 요금 비행기 좌석표는 여러 가지 요금으로 판매된다. 대부분의 항공사들은 토요일 저녁을 목적지에서 체류하는 조건으로 왕복표를 낮은 요금에 판매한다. 이것은 얼핏 다소 이상하게 여겨질 수 있다. 토요일 저녁 승객이 목적지에 머무는 것이 항공사에게 중요한 이유는 무엇일까? 그 이유는 이 조건을 통해 사업상 여행하는 승객과 개인 용무로 여행하는 승객을 가려낼 수 있기 때문이다. 사업상 여행하는 승객들은 지불용의가 높고, 일반적으로 토요일을 목적지에서 보내고 싶어 하지 않는다. 업무상 회의는 주말에는 거의 열리지 않기 때문이다. 반대로 휴가나 지인 방문 등의 개인 용무로 여행하는 승객은 대체로 지불용의가 낮고, 토요일을 목적지에서 보내는 것을 마다하지 않을 것이다. 따라서 항공사들은 토요일을 목적지에서 보내는 것을 조건으로 두 종류의 승객을 비교적 잘 구분할 수 있다.

할인권 많은 기업들이 신문이나 잡지 광고 또는 온라인을 통해 다양한 할인권을 제공한다. 소비자는 할인권을 오려 다음번 구입할 때 사용하면 약간의 금액을 절약할 수 있다. 기업들이 이런 일을 하는 이유는 무엇일까? 애당초 가격을 할인 금액만큼 낮추어 팔지 않는 이유는 무엇일까?

그 이유는 이를 통해 기업들이 가격차별을 할 수 있기 때문이다. 기업들은 모든 소비자가 시간을 내서 할인권을 오리지 않는다는 사실을 알고 있다. 더구나 할인권을 오리는 정성은 그 상품에 대한 소비자의 지불용의와 관련이 있다. 바쁘고 수입이 많은 회사 사장들이 신문에서 할인권을 오리지는 않을 것이다. 이런 사람들은 지불용의가 비교적 높다. 지불용의가 낮은 실업자들이 쿠폰을 오려 사용할 것이다. 기업들은 할인권을 제시하는 사람에게만 낮은 가격을 제공함으로써 효과적인 가격차별을 할 수 있다.

장학금 많은 대학이 어려운 학생들에게 장학금을 지급한다. 이것도 일종의 가격차별이라고 할 수 있다. 집안 사정이 좋은 학생들은 재정적 여유가 있기 때문에 대학 교육에 대한 지불용의가 상대적으로 높다고 할 수 있다. 따라서 등록금을 높게 책정하고, 선별적으로 장학금을 지원하는 것은 학생의 지불용의에 따라 등록금을 차별하는 사실상의 가격차별이다.

수량 할인 지금까지 가격차별은 소비자들의 가격차별이다. 그러나 독점기업들은 같은 소비자를 대상으로 구매 수량에 따라 다른 가격을 부과하기도 한다. 대부분의 기업들은 대량 소비 고객에게 할인해주는 것이 관행이다. 어떤 제과점에서는 도넛을 개당 0.5달러에 팔지만 12개들이 한 세트는 5달러에 팔 수 있다. 이 경우 첫 번째 도넛 가격이 열두 번째 도넛 가격보다 비싸기 때문에 이것은 일종의 가격차별이다. 소비자의 지불용의는 구매 수량이 증가함에 따라 감소하는 경향이 있기 때문에 수량 할인은 매우 효과적인 가격차별의 수단이 될 수 있다.

간단한 퀴즈

7. 독점기업이 소비자에게 가격차별을 하는 근거는?
   a. 소비자들의 지불용의
   b. 소비자들의 인종 또는 민족 집단
   c. 소비자별 생산비용의 차이
   d. 소비자의 반복 구매 가능성

8. 독점기업이 단일 가격을 부과하다가 완벽한 가격차별을 수행한다면?
   a. 생산량이 줄어든다.
   b. 기업의 이윤이 줄어든다.
   c. 소비자 잉여가 줄어든다.
   d. 총잉여가 줄어든다.

정답은 각 장의 끝에

14-5 독점에 대한 정책

경쟁시장의 기업과 달리 독점기업은 자원을 효율적으로 배분하지 못한다는 사실을 살펴보았다. 독점기업은 사회적 최적 생산량보다 적은 양을 생산하고 한계비용보다 높은 가격을 설정한다. 이러한 독점 문제를 해결하기 위한 정부 정책은 다음 네 가지로 정리할 수 있다.

- 독점시장을 보다 경쟁적으로 만든다 : 독점금지법과 경쟁 촉진
- 독점기업의 행태를 규제한다 : 정부규제
- 민간 소유의 독점을 국영 독점으로 전환한다 : 국유화
- 아무런 조치도 취하지 않는다 : 자유방임

14-5a 독점금지법과 경쟁 촉진

코카콜라와 펩시콜라 회사가 합병을 추진한다고 하면 미국 정부는 심각하게 우려할 것이다. 미국 법무부는 이 합병이 미국 음료산업의 경쟁을 현저하게 약화시켜 결과적으로 미국 소비자의 경제적 후생을 낮출것이라고 판단할 수 있다. 이런 결론을 내린다면 법무부는 법원에서 두 회사의 합병을 금지하는 판결을 얻어내려 할 것이다. 전통적으로 미국 법원은 코카콜라와 펩시콜라처럼 동일한 시장에 있는 기업 간의 합병, 즉 수평합병(horizontal mergers)에 대해서는 매우 조심스러워해 왔다. 그러나 생산 과정에서 단계가 다른 기업 간의 합병, 즉 수직합병(vertical mergers)에 대해서는 합병을 금지할

SCIENCECARTOONSPLUS.COM

"그러나 우리가 저쪽 회사와 합병을 한다면 독점금지법 위반 소송을 이겨낼 충분한 능력을 갖출 수 있다는 말이죠…."

가능성이 낮다. 다시 말해, 생산과정에서 공급관계에 있는 기업 간의 합병보다는 서로 경쟁관계에 있는 기업 간의 합병에 더 엄격한 잣대를 적용한다는 것이다.

미국 정부가 민간기업의 거래에 이와 같이 간섭할 수 있는 것은 독점금지법(antitrust laws)이 있기 때문이다(한국의 독점금지법은 '독점규제 및 공정거래에 관한 법률'로 통상 '공정거래법'이라고 불린다 – 역자주). 미국 독점금지법의 효시는 1890년에 제정된 셔먼 독점금지법(Sherman Antitrust Act)이다. 이 법은 당시 미국 산업계를 지배하던 막강한 트러스트(trust, 트러스트란 기업들의 담합을 통한 공동 행위를 의미한다 – 역자주)를 규제하기 위하여 만들어졌다. 1914년에 제정된 클레이턴법(Clayton Act)은 독점규제를 위한 정부의 권한을 더욱 강화하고, 민간인들도 경쟁 제한 행위에 대해 제소할 수 있도록 했다. 미국 대법원이 판결문을 통해 선언한 바와 같이 독점금지법은 '자유경쟁이 상거래의 기본원칙으로 자리잡도록 하는 경제적 자유의 포괄적 헌장'이라고 할 수 있다.

독점금지법은 경쟁을 촉진하기 위해 정부에게 다양한 수단을 허용한다. 정부는 기업 간의 합병을 막을 수 있고, 기업을 분할할 수도 있다. 독점금지법은 또 경쟁을 회피하기 위한 기업 간 공동 행위와 행동 조정을 금지한다.

독점금지법으로 얻는 것도 있지만 잃는 것도 있다. 기업들이 합병하는 것은 경쟁을 회피하기 위해서만은 아니다. 경우에 따라서는 공동 생산을 통한 비용의 절약과 효율성의 향상도 기대한다. 기업 합병의 이런 효과를 시너지(synergy)라고 한다. 최근 미국의 많은 은행이 합병을 추진한다. 이것은 합병을 통해 은행 관리비용을 줄이고 경영을 효율화할 수 있기 때문이다. 항공산업에서도 이와 비슷한 흡수 합병이 진행됐다. 독점금지법이 실효를 거두려면 정부는 어떤 기업 합병이 경쟁을 제한하고, 어떤 합병이 그렇지 않은지 결정해야 한다. 즉 기업 합병에서 발생하는 시너지와 경쟁의 제한으로 발생하는 손실을 잘 비교해야 한다. 독점금지법의 비판자들은 정부가 이런 비용편익분석을 제대로 할 수 있는지에 대해 회의적이다. 독점금지법의 집행은 전문가들 사이에서도 여전히 논란의 대상이 되고 있다.

14-5b 정부규제

독점 문제를 해결할 수 있는 또 하나의 방법은 정부가 직접 독점기업의 행태를 규제하는 것이다. 상수도나 전기와 같은 자연독점 산업에서 이 방법이 일반적으로 사용된다. 이 분야의 기업들은 임의로 요금을 결정하지 못하도록 규제받는다. 그 대신 정부규제 기관이 요금을 결정해준다.

정부는 자연독점 사업자의 가격을 어떻게 결정해야 할까? 이것은 생각처럼 그리 쉬운 질문이 아니다. 가격이 독점기업의 한계비용과 같아야 한다고 결론 내릴 수도 있을

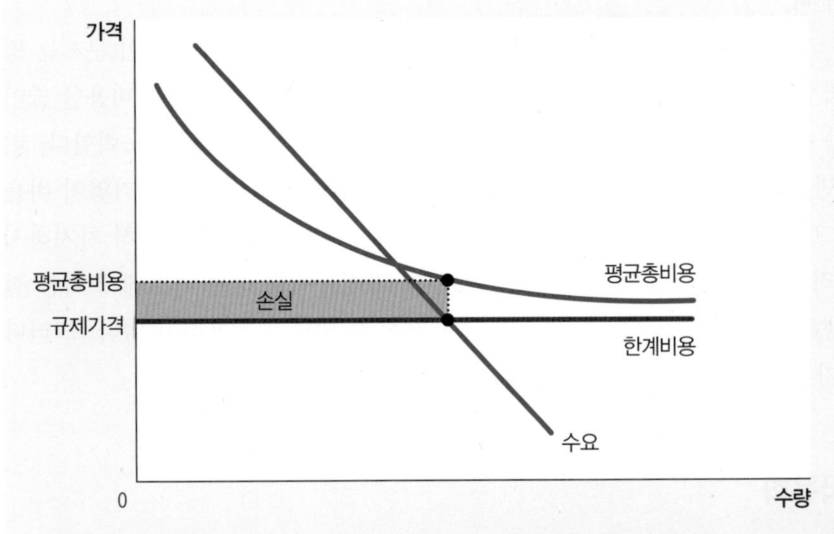

그림 14.10

자연독점과 한계비용 가격

자연독점 사업의 평균총비용은 지속적으로 하락하기 때문에 한계비용은 항상 평균총비용보다 적다. 따라서 정부가 규제가격을 한계비용과 같게 설정하면 가격이 평균총비용보다 낮아져 독점기업은 손실을 본다.

것이다. 가격이 한계비용과 일치하면 경제적 총잉여를 극대화하는 수량이 생산되어 자원이 효율적으로 배분될 것이다.

그러나 이 한계비용 가격정책을 실행하는 데는 두 가지 현실적인 문제가 따른다. 첫 번째 문제는 비용곡선들의 관계 때문에 발생한다. 정의상 자연독점 사업의 평균총비용은 지속적으로 하락한다. 13장에서 배운 바와 같이 평균총비용이 감소하면 한계비용은 항상 평균총비용보다 적다. 이 상황이 그림 14.10에 나타나 있다. 정부가 가격을 한계비용과 같도록 규제한다면 이 기업은 손실을 볼 것이다. 장기적으로 이 기업은 사업을 포기하고 시장을 떠날 것이다.

정부는 이 문제를 몇 가지 방법으로 해결할 수 있다. 그러나 어떤 방법도 완벽하지는 않다. 한 가지 방법은 독점기업에게 보조금을 주는 것이다. 정부가 한계비용 가격 때문에 불가피하게 초래되는 손실을 세금으로 보상해주는 방법이다. 그러나 세금을 거두는 것 자체가 경제적 순손실을 초래한다는 사실을 기억해야 한다. 정부는 그 대신 가격을 한계비용보다 높게 설정할 수도 있다. 정부가 가격을 평균총비용과 같도록 결정하면 독점기업의 이윤은 0이 될 것이다. 그러나 가격이 한계비용을 초과하기 때문에 평균비용 가격도 불가피하게 경제적 순손실을 초래한다. 평균비용 가격도 결국은 독점기업 제품에 대해 세금을 부과한 것과 같

기업 합병

"미국 정부가 2000년대에 미국 내 대형 항공사들의 합병을 승인하지 않았더라면, 여행객들은 지금보다 더 많은 혜택을 누리고 있을 것이다."

이 설문에 대한 경제학자들의 답변은?

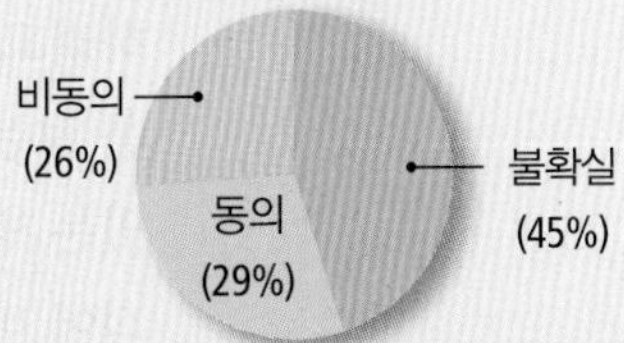

"AT&T와 타임워너(Time Warner)의 합병이 이후 10여 년간 소비자들의 후생을 증진시켰을 것이다."

이 설문에 대한 경제학자들의 답변은?

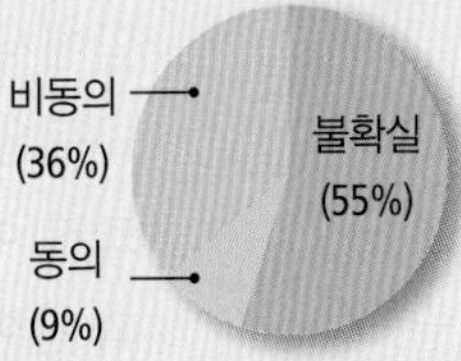

자료: IGM Economic Experts Panel, 2013년 8월 28일, 2016년 11월 8일.

은 효과를 낸다.

한계비용 가격정책의 또 다른 문제는 가격규제의 문제라고 할 수 있다. 이 문제는 평균비용 가격정책에서도 마찬가지다. 가격규제 정책은 규제를 받는 기업이 비용을 줄이려는 유인을 없앤다. 경쟁시장의 기업들은 비용을 가급적 많이 줄이려고 노력한다. 비용을 줄인 만큼 이윤이 증가하기 때문이다. 그러나 가격규제를 받는 독점기업이 비용을 줄이면 그만큼 가격도 하락하기 때문에 기업이 비용 절감의 혜택을 전혀 차지하지 못한다. 이러한 문제 때문에 현실적으로는 정부가 가격규제를 받는 기업에게 비용 절감으로 발생하는 잉여의 일부를 기업 이윤으로 가질 수 있도록 허용하고 있다. 그러나 이 방법도 가격이 한계비용에서 멀어지게 하기는 마찬가지다.

14-5c 국유화

독점 문제를 해결하기 위한 세 번째 정부 정책은 국유화다. 민간이 소유한 독점기업을 규제하는 대신 아예 정부가 독점기업을 소유하는 것이다. 이 방법은 유럽 여러 국가의 전화, 상수도, 전력 등의 분야에서 많이 행해지고 있다. 미국에서는 우편 배달 서비스가 정부 소유의 사업이라고 할 수 있다. 우편물의 배달은 자연독점적이라고 여겨지기 때문이다.

경제학자들은 자연독점이라도 민간 소유가 정부 소유보다 바람직하다고 본다. 여기에서 논점은 '소유 구조에 따라 생산비가 어떻게 영향을 받을 것인가' 하는 점이다. 민간 소유주는 비용을 조금이라도 절약하면 그만큼 이윤이 증가하기 때문에 가능한 한 비용을 최소화하려는 유인을 갖는다. 비용 최소화에 실패하면 소유주는 경영진을 교체하려고 할 것이다. 그러나 국영기업을 경영하는 관료들이 경영을 잘못했을 경우 손해를 보는 사람들은 소비자와 납세자다. 국민들이 국영기업 경영진에게 책임을 물을 수 있는 방법은 정치적 경로를 통하는 길뿐이다. 그러나 관료집단도 하나의 이익집단이 되어 비용 절약을 위한 개혁에 저항하려 할 것이다. 간단하게 표현하면 투표함(정치적 동기)보다는 이윤 동기가 기업 경영을 잘하도록 유도하는 데 효과적이다.

14-5d 자유방임

앞에서 살펴본 세 가지 독점 문제 해결 방안은 각각 단점이 있다. 따라서 일부 경제학자들은 아예 독점 문제를 그대로 놓아두는 것이 더 우월한 정책이라고 주장한다. 산업조직 이론에 대한 공로로 노벨 경제학상을 받은 조지 스티글러(George Stigler)는 다음과 같이 말하고 있다.

> 경쟁적인 기업 경제가 제한된 자원으로 최대의 소득을 올린다는 것은 경제학

의 유명한 정리 중 하나다. 그러나 현실에서 이 정리가 요구하는 조건을 정확하게 만족시키는 시장은 존재하지 않으며, 현실의 모든 시장은 이상적인 시장 조건에 미치지 못한다. 우리는 이 차이를 '시장 실패'라고 부른다. 그러나 내 생각에 미국에서 시장 실패의 정도는 불완전한 현실 정치 구조가 만들어내는 불완전한 경제정책의 결과인 '정치실패(political failure)'보다는 작다.

스티글러의 이 말이 시사하는 바와 같이 정부의 적절한 경제적 역할이 무엇인지 판단하려면 시장 기능에 대한 평가뿐만 아니라 정부 기능에 대한 평가도 반드시 필요하다.

간단한 퀴즈

9. 다음 중 어느 경우에 경쟁 당국은 두 기업의 합병을 금지하려고 할까?

a. 해당 산업에 기업들이 많은 경우
b. 합병으로 인한 시너지 효과가 큰 경우
c. 합병 후 기업의 시장 점유율이 높아지는 경우
d. 합병 후 기업이 경쟁기업보다 가격을 낮추려 하는 경우

10. 만약 정부가 자연독점 기업에게 한계비용 가격을 받도록 규제한다면, 어떤 문제가 발생할까?

a. 소비자들이 효율적인 수량보다 더 많이 소비하려 할 것이다.
b. 소비자들이 효율적인 수량보다 더 적게 소비하려 할 것이다.
c. 기업은 손실을 보고 장기적으로 폐업할 것이다.
d. 기업은 초과 이윤을 누릴 것이다.

정답은 각 장의 끝에

14-6 결론 : 독점의 광범위성

이 장에서 우리는 가격 결정 능력이 있는 기업의 행태를 알아보았다. 이런 기업의 행태는 앞 장에서 본 완전경쟁시장의 기업과는 다르다. 표 14.3에 경쟁시장 기업과 독점기업의 유사점과 차이점을 정리해놓았다.

경제정책의 관점에서 중요한 점은 독점기업이 사회적 최적 생산량보다 적게 생산하고 한계생산비를 초과하는 가격을 받는다는 것이다. 그 결과 경제적 순손실이 초래된다. 경우에 따라 이 비효율성은 독점기업의 가격차별에 의해 완화되기도 하지만 정부가 적극적으로 개입해야 해소되는 경우도 있다.

독점은 현실적으로 과연 얼마나 광범위하게 존재할까? 여기에는 두 가지 답변이 가능하다.

우선 어떤 의미에서 독점은 매우 흔하다. 대부분의 기업들은 자신들의 제품에 대해 어느 정도 가격 설정 능력이 있다. 대부분의 기업들은 다른 기업들과 약간씩이라도 차별화된 제품을 공급하기 때문에 반드시 시장가격을 그대로 수용해야 하는 것은 아니다. 포드 토러스(Taurus)는 토요타 캠리(Camry)와 똑같지 않다. 벤앤제리스 아이스크림은 브라이어스 아이스크림과 똑같지 않다. 이런 제품들은 각자 우하향하는 수요곡선

표 14.3

경쟁과 독점 : 비교 요약

	경쟁	독점
유사점		
기업의 목표	이윤의 극대화	이윤의 극대화
극대화 조건	$MR = MC$	$MR = MC$
단기 초과 이윤	가능	가능
차이점		
기업의 수	다수	하나
한계수입	$MR = P$	$MR < P$
가격	$P = MC$	$P > MC$
생산량	최적 생산량	최적 생산량 아님
장기적 시장 진입	가능	불가능
장기 초과 이윤	불가능	가능
가격차별	불가능	가능

을 가지며, 이 때문에 어느 정도 시장지배력이 있다.

그러나 완전한 의미의 독점은 그리 흔하지 않다. 세상에 유일한 브랜드라고 말할 수 있는 상품은 거의 존재하지 않는다. 대부분의 상품은 매우 유사한 대체재가 있다. 벤앤제리스 아이스크림이 가격을 조금 인상한다고 해서 하나도 못 파는 것은 아니다. 물론 가격을 많이 인상한다면 소비자들이 다른 브랜드를 선택할 것이기 때문에 수요가 현저하게 줄어들기는 할 것이다.

결국 독점력은 정도의 문제다. 사실 대부분의 기업들은 어느 정도 독점력이 있다. 그러나 그들의 독점력이 상당히 제약을 받는다는 것 또한 사실이다. 따라서 우리가 이런 시장에 대해 경쟁적이라고 가정하더라도 그렇게 틀린 것은 아니다.

요약

- 시장에서 한 기업이 유일한 판매자인 경우를 독점이라고 한다. 독점은 특정 기업이 핵심 자원을 보유했을 때, 정부가 기업에게 특정 재화를 생산하는 배타적 권리를 부여했을 때, 한 기업이 다른 모든 기업보다 싼 비용으로 시장 전체 수요를 감당할 수 있을 때 발생한다.
- 독점기업은 시장의 유일한 생산자이므로 우하향하는 수요곡선을 갖는다. 독점기업이 생산을 한 단위 늘리면 그 재화의 가격은 하락하고, 판매되던 수량의 가격도 함께

하락한다. 따라서 독점기업의 한계수입은 재화의 가격보다 항상 낮다.

- 독점기업도 경쟁기업처럼 이윤 극대화를 위해 한계수입이 한계비용과 일치하는 수준에서 생산한다. 그리고 이러한 생산량에 해당하는 수요곡선의 높이에 해당하는 가격을 책정한다. 독점기업의 가격은 경쟁기업과 달리 한계수입보다 높다. 따라서 가격은 한계비용보다도 높다.
- 독점기업의 이윤 극대화 산출량은 소비자잉여와 생산자잉여의 합을 극대화하는 산출량보다 적다. 즉 독점기업이 가격을 한계비용보다 높게 설정하면 한계비용보다 지불용의가 높은 일부 소비자들이 소비를 포기한다. 결과적으로 독점은 세금과 마찬가지로 경제적 순손실을 초래한다.
- 독점기업은 소비자의 지불용의에 따라 같은 재화에 다른 가격을 부과하여 이윤을 증가시킬 수 있다. 이러한 가격차별은 가격차별이 없었다면 소비를 포기했을 소비자들에게 구입 기회를 제공하여 경제적 후생을 증가시킬 수 있다. 완전가격차별의 경우 독점에 따른 경제적 순손실은 발생하지 않지만, 시장의 모든 잉여는 독점기업에 귀속된다. 대부분의 경우 불완전한 가격차별은 가격차별이 없는 경우와 비교하여 경제적 후생을 증가시킬 수도 있고, 감소시킬 수도 있다.
- 정부는 네 가지 방법으로 독점의 비효율에 대처한다. 산업을 더욱 경쟁적으로 만들기 위해 독점금지법을 적용하거나, 독점기업의 독점적 행위를 규제하거나, 아예 독점기업을 국유화할 수 있다. 독점에 따른 시장 실패가 정부 실패의 폐해에 비해 경미하다면 차라리 아무것도 하지 않는 방안도 고려해야 한다.

중요개념

독점기업 319　　자연독점 320　　가격차별 334

복습문제

1. 정부가 만든 독점의 예를 들라. 정부가 독점을 만드는 것은 나쁜 정책인가? 설명하라.
2. 자연독점을 정의하라. 한 산업이 자연독점인 것과 시장의 크기는 어떤 관계가 있는가?
3. 독점기업의 한계수입이 판매가격보다 낮은 이유는 무엇인가? 독점기업의 한계수입이 0보다 작을 수 있을까? 설명하라.
4. 독점기업의 수요곡선, 한계수입곡선, 평균총비용곡선, 한계비용곡선을 그래프에 그려라. 이윤을 극대화하는 산출량 수준과 가격, 이윤을 표시하라.
5. 4번 문제의 그래프에 총잉여를 극대화하는 생산량 수준, 독점에 따른 경제적 순손실을 표시하고 설명하라.
6. 가격차별의 예를 두 가지 들라. 각각의 경우에 왜 독점기업이 이러한 전략을 택했는지 설명하라.
7. 기업 간의 합병을 규제하는 법적 근거는 어디에서 나오는가? 사회 전체의 경제적 후생의 관점에서 기업 합병의 긍정적인 면과 부정적인 면을 하나씩 들라.
8. 규제기관이 자연독점 기업에게 한계비용과 같은 수준에서 가격을 책정하라고 할 때 발생하는 두 가지 문제점은 무엇인가?

응용문제

1. 어느 출판사의 인기 작가 소설에 대한 시장 수요가 다음 표와 같다고 하자.

가격	수요량
$100	0권
90	100,000
80	200,000
70	300,000
60	400,000
50	500,000
40	600,000
30	700,000
20	800,000
10	900,000
0	1,000,000

작가에게 200만 달러를 선불로 지급했고, 책 1권을 인쇄하는 한계비용은 10달러라고 한다.

a. 각각의 생산량에 대해 총수입, 총비용, 이윤을 계산하라. 이윤을 극대화하는 생산량과 가격은?
b. 한계수입을 계산하라. 가격과 한계수입을 비교하여 그 관계를 설명하라.
c. 한계수입, 한계비용, 수요곡선을 그래프에 그려라. 어느 수량에서 한계수입곡선과 한계비용곡선이 교차하는가? 이 교차점의 의미는?
d. 그래프에 경제적 순손실을 표시하라. 이것이 어떤 의미인지 설명하라.
e. 작가에게 300만 달러를 선불로 지급했다면 이 출판사의 책값은 어떻게 될까? 설명하라.
f. 이 출판사가 이윤을 극대화하는 것이 아니라 경제적 효율성을 극대화하는 기업이라면 책값은 얼마가 되어야 하는가? 이 가격에서 출판사의 이윤은 얼마인가?

2. 작은 마을에 많은 슈퍼마켓이 경쟁하고 있다. 이들의 한계비용은 동일하고 일정하다.
a. 식품시장 그래프를 이용하여 소비자잉여, 생산자잉여, 총잉여를 나타내라.
b. 이제 독립적이던 슈퍼마켓들이 하나의 체인점으로 결합되었다고 하자. 새 그래프를 이용하여 새로운 소비자잉여, 생산자잉여, 총잉여를 나타내라. 경쟁시장과 비교했을 때 소비자에서 생산자로 이전되는 것은 무엇인가? 경제적 순손실은 얼마인가?

3. 어느 가수가 최신 CD 녹음을 끝냈다. 음반회사의 마케팅 부서는 그의 CD에 대한 수요를 다음과 같이 산정했다.

가격	수요량
$24	10,000장
22	20,000
20	30,000
18	40,000
16	50,000
14	60,000

이 음반회사는 고정비용을 들이지 않고 CD를 제작할 수 있으며, 가변비용은 장당 5달러다.

a. 각 산출량 수준에서 총수입을 계산하라. 판매 수량이 1만 장씩 증가할 때 한계수입은 얼마인가?
b. 이윤을 극대화하는 CD 생산량은 얼마인가? 이때 가격과 이윤은 각각 얼마인가?
c. 여러분이 이 가수의 매니저라면 음반회사의 수요를 감안할 때 녹음비를 얼마나 요구하겠는가? 이유는 무엇인가?

4. 한 기업이 강에 교량을 건설하는 것을 검토하고 있다. 교량 건설에는 200만 달러가 소요될 예정이며, 유지비용은 없다. 다음 표는 교량 이용에 대한 예상 수요를 나타낸 것이다.

통행료	통행자 수(1,000명)
$8	0
7	100
6	200
5	300
4	400
3	500
2	600
1	700
0	800

a. 이 회사가 교량을 건설한다면 이윤을 극대화하는 통행료는 얼마가 되겠는가? 이것은 효율적인 결과인

가? 그 이유를 설명하라.

b. 이 회사가 이윤을 극대화하려고 한다면 교량을 건설해야 하는가? 그럴 경우 이윤 혹은 손실은 얼마인가?

c. 정부가 교량을 건설하려고 한다면 통행료는 얼마가 되어야 하는가?

d. 정부는 교량을 건설해야 하는가? 설명하라.

5. 독점기업의 가격 결정과 수요탄력성의 관계를 생각해보자.

a. 독점기업은 왜 수요가 비탄력적인 수준에서 생산하지 않을까? (힌트 : 수요가 비탄력적일 때 생산자가 가격을 올리면 총수입과 총비용은 어떻게 변하겠는가?)

b. 독점기업의 수요곡선 그래프를 그려라. 수요곡선이 비탄력적인 부분을 표시하라. (힌트 : 한계수입곡선을 사용하여 표시할 수 있음.)

c. 이 그래프에 총수입을 극대화하는 생산량과 가격을 표시하라.

6. 어른 300명과 어린이 200명이 거주하는 마을에서 공연을 하여 수입을 올리고자 한다. 공연을 개최하려면 고정비용 2,000달러가 든다. 그러나 입장권 1장을 판매하는 한계비용은 0이다. 이 마을 두 종류 관람객의 수요는 다음 표와 같다.

가격	어른	어린이
$10	0명	0명
9	100	0
8	200	0
7	300	0
6	300	0
5	300	100
4	300	200
3	300	200
2	300	200
1	300	200
0	300	200

a. 이윤을 극대화하려면 어른 입장료와 어린이 입장료를 각각 얼마나 받아야 하는가? 총이윤은 얼마인가?

b. 시의회가 가격차별을 금지하는 법을 통과시켰다고 하자. 이제 입장료를 얼마나 받아야 하나? 총이윤은 얼마인가?

c. 이 가격차별을 금지하는 규제 때문에 누가 손해를 보고 누가 이득을 보는가? (가능하면 복지수준의 변화를 수량으로 계산하라.)

d. 고정비용이 2,500달러라면 (a), (b), (c)의 답은 어떻게 달라지는가?

7. 엑테니아라는 도시의 주민들이 경제학을 사랑하기 때문에 시장이 경제학박물관을 건립하기로 했다. 박물관 건립에 고정비용 240만 달러가 들고 가변비용은 없다. 인구는 10만 명이고, 각 주민의 박물관 관람 수요곡선은 동일하며 다음과 같다. $Q^D = 10 - P$(Q^D는 방문횟수, P는 입장료).

a. 박물관의 평균총비용곡선과 한계비용곡선 그래프를 그려라. 박물관 관람시장은 어떤 특징을 지니고 있는가?

b. 시장은 입장료를 없애는 대신 주민 1인당 24달러씩의 세금을 거둘 것을 제안했다. 각 주민은 박물관을 몇 번 관람할까? 박물관 관람을 통해 각 주민이 얻는 순이익(소비자잉여에서 세금을 뺀 금액)은 얼마인가?

c. 세금 부과에 반대하는 주민들은 입장료를 받아서 박물관을 운영해야 한다고 주장한다. 박물관이 손실을 보지 않으려면 최소 얼마의 입장료를 받아야 할까? (힌트 : 입장료가 2, 3, 4, 5달러의 경우 각각 관람객 숫자와 이윤을 계산해볼 것.)

d. (c)의 입장료를 받을 경우 소비자잉여는 얼마일까? 시장의 제안과 비교해서 입장료를 받을 경우 누가 이득을 보고 누가 손해를 보는가를 설명하라.

e. 이 문제에서 입장료를 받을 수밖에 없는 어떤 현실적인 고려사항이 빠져 있는가?

8. 헨리 포터는 마을에 하나뿐인 우물을 소유하고 있다. 물에 대한 수요와 한계수입, 한계비용은 다음 방정식과 같다.

수요 : $P = 70 - Q$

한계수입 : $MR = 70 - 2Q$

한계비용 : $MC = 10 + Q$

a. 위 세 곡선을 그래프에 그려라. 헨리 포터가 이윤을 극대화한다면, 물 생산량과 가격은 얼마인가? 이를 그래프에 표시하라.

b. 이 마을의 시장인 조지 베일리가 소비자를 보호하기 위해 (a)의 이윤극대가격보다 10% 낮은 가격상한선을 설정한다면, 이 가격에서 물 수요량은 얼마인가? 이윤극대화를 추구하는 헨리 포터는 그 수량을 생산할까? 설명하라. (힌트 : 한계비용을 생각해볼 것)

c. 조지의 삼촌인 빌리는 가격상한제가 물량 부족을 초

래할 것이기 때문에 좋은 정책이 아니라고 주장한다. 이 주장이 옳은가? 그렇다면 물량 부족 수량은 얼마인가? 설명하라.

d. 조지의 친구인 클라렌스는 소비자를 더 보호해야 한다고 하면서, 독점가격보다 50% 낮은 가격상한선을 설정해야 한다고 주장한다. 이 가격에서 물 수요량과 헨리 포터의 생산량은 얼마인가? 이 경우 빌리 삼촌의 주장이 옳은가? 그렇다면 물량 부족 수량은 얼마인가?

9. 위크남 왕국에는 오직 하나의 기업이 축구공을 만들고 있다. 축구공의 국제거래는 금지되어 있다고 하자. 다음 방정식은 축구공 독점기업의 수요, 한계수입, 총비용, 한계비용을 나타내는 식들이다.

수요 : $P=10-Q$
한계수입 : $MR=10-2Q$
총비용 : $TC=3+Q+\ 0.5\ Q^2$
한계비용 : $MC=1+Q$

Q는 수량이고, P는 가격이다.

a. 축구공을 생산하는 독점기업의 생산량, 가격, 이윤을 계산하라.

b. 어느 날 위크남 왕국의 국왕이 축구공 시장의 대외 개방을 선언했다. 축구공의 국제가격은 6달러다. 이제 축구공 생산기업은 국제가격을 수용해야만 하는 완전경쟁시장의 기업이 되었다. 국내 축구공 생산량은 어떻게 될까? 국내 축구공 소비량은 얼마인가? 위크남 왕국은 축구공을 수출할까, 수입할까?

c. 우리는 9장에서 국내가격이 국제가격보다 높으면 그 나라는 그 상품의 수입국이 되고, 국내가격이 국제가격보다 낮으면 그 나라는 그 상품의 수출국이 된다고 배웠다. 이 결론은 (a)와 (b)의 답에도 적용되는가? 설명하라.

d. 만약 축구공의 국제가격이 6달러가 아니라, (a) 문제의 답과 같은 가격이라고 하자. 그렇다면 시장개방이 위크남 왕국의 경제에 아무런 영향을 미치지 않을까? 설명하라. 이 분석의 결과와 9장의 분석을 비교해 설명하라.

10. 엑테니아의 한 영화제작사는 시장조사 결과 DVD의 수요와 생산에 관해 다음의 관계식을 얻었다.

수요 : $P=1{,}000-10Q$
총수입 : $TR=1{,}000Q-10Q^2$
한계수입 : $MR=1{,}000-20Q$
한계비용 : $MC=100+10Q$

Q는 생산량, P는 가격(엑테니아 달러)을 나타낸다.

a. 이 회사의 이윤을 극대화하는 가격과 수량을 계산하라.

b. 사회적 후생을 극대화하는 가격과 수량을 계산하라.

c. 독점 상태의 경제적 순손실을 계산하라.

d. 이에 더하여 회사가 감독에게도 보수를 지급해야 한다고 하자. 회사는 다음 네 가지 선택이 가능하다.

i. 2,000엑테니아 달러를 한 번에 지급
ii. 이윤의 50%를 지급
iii. 판매량 한 장당 150엑테니아 달러를 지급
iv. 총수입의 50%를 지급

각각의 선택에 대해 이윤 극대화 가격과 수량을 계산하라. 어떤 선택이 독점에 따른 경제적 순손실의 크기를 변화시킬까? 그 이유는 무엇인가?

11. 래리, 컬리, 모는 마을에서 유일한 술집을 경영하고 있다. 래리는 손실을 보지 않고 술을 가급적 많이 팔기를, 컬리는 총수입을 극대화하기를, 모는 최대의 이윤을 올리기를 원한다. 이 술집의 수요곡선과 비용곡선을 이용하여 3명이 원하는 가격과 산출량의 조합을 나타내고 설명하라. (힌트: 세 사람 중 오직 한 사람만이 한계수입과 한계비용을 일치시킬 것이다.)

12. 많은 가격차별은 비용을 수반한다. 예를 들어 할인권은 판매자와 소비자에게 많은 시간과 자원을 투입하도록 한다. 이제 가격차별에 따르는 비용을 고찰해보고자 한다. 단순화를 위해 독점기업의 비용은 산출량에 비례하고, 평균총비용과 한계비용이 같으며, 두 비용은 일정하다고 가정하자.

a. 독점기업의 비용곡선, 수요곡선, 한계수입곡선을 그려라. 가격차별이 없는 경우에 책정할 수 있는 가격을 나타내라.

b. 그래프에 독점기업의 이윤을 X로, 소비자잉여를 Y로, 경제적 순손실을 Z로 표시하라.

c. 이제 독점기업이 완전가격차별을 한다고 하자. 이윤은 얼마가 되는가? X, Y, Z를 사용하여 답하라.

d. 가격차별에 따른 이윤의 변화는 얼마인가? 가격차별에 따른 총잉여의 변화는 얼마인가? 둘 중 어느 것이 더 큰가? X, Y, Z를 사용하여 답하라.

e. 이제 가격차별에 얼마간 비용이 든다고 하자. 이것을 모형화하기 위해 독점기업이 가격차별을 하려면 고정비용 C를 지불해야 한다고 하자. 독점기업은 C의 지불 여부를 어떻게 결정하겠는가? X, Y, Z, C를 사용하여 답하라.

f. 총잉여를 중시하는 선의의 사회계획가는 독점기업의 가격차별화 여부를 어떻게 결정하겠는가? X, Y, Z, C를 사용하여 답하라.

g. (e)와 (f)의 답을 비교해보라. 독점기업이 가격차별화를 하려는 동기는 사회계획가의 의도와 어떻게 다른가? 사회적으로 바람직하지 않은데도 독점기업이 가격차별을 할 수 있을까?

간단한 퀴즈 정답

1. c 2. d 3. b 4. d 5. a 6. b 7. a 8. c 9. c 10. c

THE
RESTROOMS
BAÑOS
ATM

15장

국민소득의 측정

여러분이 학교를 졸업하고 직장을 구하려 할 때 경제 여건에 따라 그 결과는 달라질 것이다. 어느 해에는 거의 모든 기업이 생산을 확대하여 일자리가 많아서 직장을 구하기 쉽고, 어느 해에는 기업들이 생산을 축소하여 일자리가 적어서 직장을 구하기 어렵다. 대학 졸업생이라면 당연히 경기가 나쁜 해보다는 경기가 좋은 해에 취업전선에 뛰어들기를 원할 것이다.

거시경제의 건전성은 모든 사람들에게 큰 영향을 미치기 때문에 언론매체를 통해 널리 보도된다. 최근에 발표된 경제지표를 몇 개라도 담지 않은 신문이나 온라인 뉴스, TV 뉴스는 드물다. 이러한 경제지표에는 경제 구성원들의 총소득(국내총생산, GDP), 물가 상승률(인플레이션율 또는 디플레이션율), 경제활동인구 중 직장이 없는 사람의

ISTOCK.COM/LOLOSTOCK; GEORGE RUDY/SHUTTERSTOCK.COM

비율(실업률), 총판매액(소매 거래액), 다른 나라들과 무역수지 불균형(무역수지 적자) 등이 있다. 이 지표는 개별 가계나 기업, 또는 개별 시장이 아니라 경제 전체에 관한 자료, 즉 거시경제에 관한 것이다.

미시경제학 개별 가계와 기업이 어떻게 의사결정을 하고 이들이 시장에서 어떻게 상호작용하는지 다루는 경제학의 한 분야

거시경제학 인플레이션, 실업, 경제성장 등 경제 전반에 관한 현상을 연구하는 경제학의 한 분야

2장에서 설명한 것처럼 경제학은 미시경제학과 거시경제학의 두 분야로 구분된다. 미시경제학(microeconomics)은 개별 가계와 기업이 어떻게 의사결정을 하고 이들이 시장에서 어떻게 상호작용하는지를 다룬다. 반면에 거시경제학(macroeconomics)은 경제 전체를 연구하는 분야로, 다수의 가계와 기업, 시장에 한꺼번에 영향을 미치는 경제적 변화를 설명하는 데 그 목적이 있다. 거시경제학은 다음과 같은 다양한 질문을 다룬다. 왜 어떤 나라의 소득수준은 높고 어떤 나라의 소득수준은 낮은가? 왜 어떤 시기에는 물가가 급속히 오르고 다른 시기에는 물가가 안정적인가? 왜 어떤 해에는 생산과 고용이 확대되고 어느 해에는 축소되는가? 정부가 빠른 소득증대, 낮은 인플레이션, 안정된 고용을 촉진하기 위해 무엇을 할 수 있는가? 이런 질문은 모두 경제 전체의 작동에 관한 것이므로 거시경제학적 질문이다.

거시경제는 여러 시장에서 상호작용하는 다수의 가계와 기업으로 구성되기 때문에 미시경제학과 거시경제학은 서로 밀접한 관계가 있다. 예를 들어 수요와 공급의 기본 이론은 미시경제학은 물론 거시경제학에서도 핵심적인 개념이다. 여기에 더하여 거시경제학 분석에는 새롭고 흥미로운 과제들이 포함된다.

이 장과 다음 장에서는 경제학자들과 정책담당자들이 전반적인 경제 상황을 파악하는 데 사용하는 중요한 데이터에 대해 살펴볼 것이다. 이러한 데이터는 거시경제학자들이 설명하려고 노력하는 경제적 변화를 반영한다. 먼저 이 장에서는 한 나라의 총소득을 나타내는 국내총생산(GDP)에 대해 알아본다. GDP는 한 나라의 경제적 후생 수준을 반영하는 가장 우수한 단일지표이므로 주의 깊게 관측되는 통계 자료다.

15-1 경제 전체의 소득과 지출

어떤 사람의 경제적 지위를 알고 싶으면 우선 그 사람의 소득을 알아야 할 것이다. 소득이 많은 사람은 생활필수품이든 사치품이든 더 많이 구입할 수 있으므로 당연히 생활 수준이 더 높다. 이들은 더 넓은 집에 살면서 양질의 의료 혜택을 받고, 멋진 승용차를 타며 풍요로운 휴가를 즐길 수 있다.

나라 경제도 마찬가지다. 한 나라의 경제가 얼마나 잘 운영되는지 판단하려면 당연히 그 경제 모든 구성원의 총소득, 즉 GDP를 살펴봐야 한다.

GDP는 경제의 모든 구성원의 소득 총액과 그 경제에서 생산되는 모든 재화와 서비스에 대한 지출이라는 두 가지 측면을 함께 나타낸다. GDP가 소득과 지출을 동시에 측

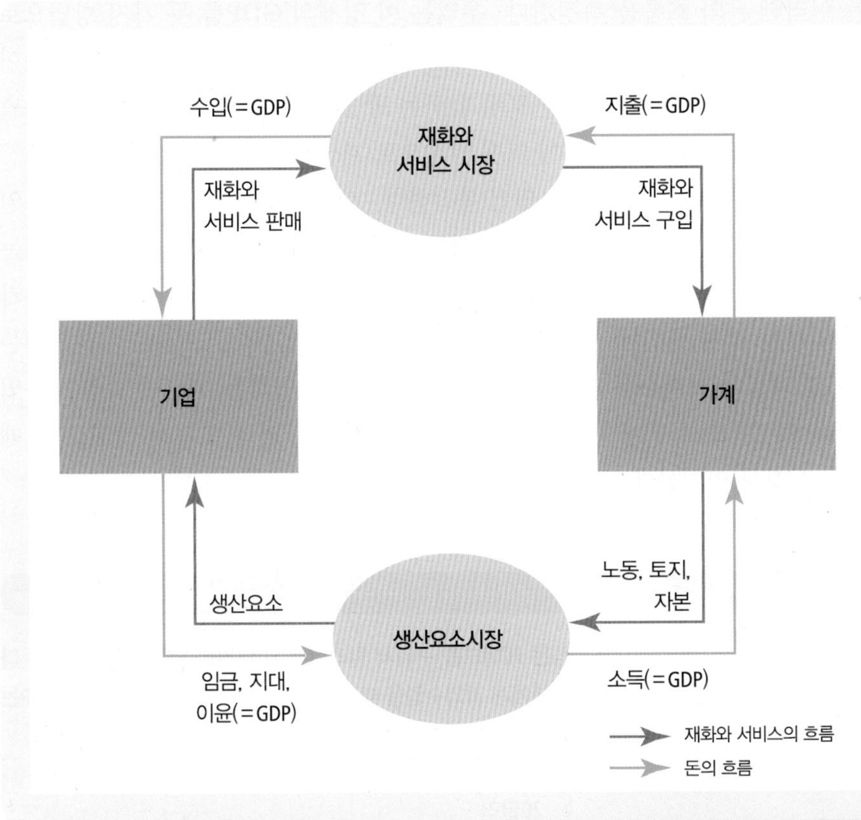

그림 15.1

나라 경제의 순환모형도
가계는 기업에게 재화와 서비스를 구입하며, 기업은 재화와 서비스의 판매대금을 받아 근로자에게 임금을, 토지 소유자에게 지대를, 주주에게 이윤을 지불한다. GDP는 각 가계가 재화와 서비스 시장에서 지출한 금액을 합한 것과 같다. 또 GDP는 기업이 생산요소시장에서 지불하는 임금, 지대, 이윤의 합과 같다.

정할 수 있는 것은 경제 전체로 볼 때 소득과 지출이 같기 때문이다.

왜 그럴까? 어느 거래나 사는 사람과 파는 사람이 있기 때문이다. 구매자가 1달러를 지출하면 판매자는 1달러의 수입을 올린다. 예컨대 카렌이 더그에게 100달러를 주고 잔디를 깎게 한다고 가정해보자. 이 경우 더그는 잔디 깎기 서비스의 판매자고 카렌은 구매자다. 더그는 100달러를 벌고 카렌은 100달러를 지출하므로 두 사람의 거래로 인해 전체 경제의 소득과 지출은 100달러씩 증가한다. 즉 총소득으로 보든 총지출로 보든 GDP는 100달러 증가하는 것이다.

소득과 지출이 같다는 사실은 그림 15.1의 순환모형도를 통해서도 확인할 수 있다. 2장에서 본 기억이 나겠지만 이 그림은 단순화된 경제에서 가계와 기업 사이에 일어나는 모든 거래를 보여준다. 모형을 단순화하기 위해 가계가 모든 재화와 서비스를 구입하고 여기에 소득을 전부 지출한다고 가정한다. 가계는 기업에게서 재화와 서비스를 구입하며, 이에 따른 지출은 재화와 서비스 시장을 통해 흘러간다. 한편 기업은 재화와 서비스의 판매대금을 받아 근로자에게는 임금을, 토지 소유자에게는 지대를, 주주에게는 이윤을 지불하며, 이 소득은 생산요소시장을 통해 흘러간다. 이 경제에서 돈은 가계에서 기업으로, 다시 기업에서 가계로 지속적으로 순환한다.

GDP는 이러한 돈의 흐름을 측정한다. 우리는 이 경제의 GDP를 두 가지 방법으로 계산할 수 있다. 하나는 각 가계의 지출을 모두 합하는 방법이고, 다른 하나는 기업이 지불하는 총소득(임금, 지대, 이윤)을 모두 합하는 방법이다. 그런데 경제의 모든 지출은 결국 누군가의 소득이 되기 때문에 어떤 방식으로 계산하든 GDP는 같다.

물론 현실의 경제는 그림 15.1보다 훨씬 복잡하다. 가계는 소득을 전부 쓰지 않고 일부는 정부에 세금으로 납부하며, 일부는 미래를 위해 저축한다. 한 경제에서 생산되는 모든 재화와 서비스를 가계가 구입하는 것은 아니다. 재화와 서비스의 일부는 정부가 구입하며, 일부는 장차 생산에 사용할 목적으로 기업이 구입한다. 그러나 기본원리는 같다. 즉 어떤 재화나 서비스를 가계가 구입하든, 정부가 구입하든 아니면 기업이 구입하든 그 거래에는 반드시 구매자와 판매자가 있게 마련이다. 따라서 경제 전체로 볼 때 지출과 소득은 항상 일치한다.

간단한 퀴즈

1. 한 나라의 국내총생산은 ( )이다.
- a. 지출이 소득을 초과하는 부분
- b. 소득이 지출을 초과하는 부분
- c. 총소득과 총지출의 합
- d. 총소득과 총지출의 곱

2. 샘은 케이크를 구워서 칼라한테 10달러를 받고 판다. 우디는 다이앤에게 과외수업을 받고 30달러를 지급한다. 이 경제의 GDP는 얼마인가?
- a. 10달러
- b. 20달러
- c. 30달러
- d. 40달러

정답은 각 장의 끝에

15-2 국내총생산의 계산

앞에서 국내총생산의 의미를 일반적인 용어로 설명했는데 이제 구체적으로 국내총생산 통계가 어떻게 측정되는지 살펴보자. 여기서는 총지출의 지표에 초점을 맞춘 GDP의 정의를 소개한다.

국내총생산 한 나라에서 일정 기간 동안 생산된 모든 최종 재화와 서비스의 시장가치

- 국내총생산(gross domestic product, GDP)은 한 나라에서 일정 기간 동안 생산된 모든 최종 재화와 서비스의 시장가치다.

이 정의는 단순해 보일지 모르지만 실제로 한 나라의 GDP를 계산하려면 여러 가지 미묘한 문제에 부딪힌다. 이 정의의 각 부분을 하나씩 살펴보자.

15-2a "한 나라에서…"

GDP는 한 나라의 영토안에서 이루어진 생산활동의 가치를 측정한다. 캐나다 국민이 임시로 미국에서 일한다면 그 사람의 생산활동은 미국의 GDP에 포함된다. 미국 국민이 아이티(Haiti)에 있는 공장을 소유할 경우 그 공장에서 생산된 재화의 가치는 아이티의 GDP에 포함되지만 미국의 GDP에는 포함되지 않는다. 즉 한 나라의 영토에서 생산되는 재화는 생산자의 국적에 관계없이 그 나라 GDP로 측정되는 것이다.

15-2b "일정 기간 동안…"

GDP는 일정 기간 동안 이루어진 생산의 가치를 측정한다. 보통 일정 기간은 1년이나 1분기(3개월)를 의미하며, GDP는 이 기간에 발생한 지출의 흐름뿐 아니라 소득의 흐름도 나타낸다.

정부가 어느 분기의 GDP를 보고할 때는 연간 GDP 수치를 제시한다. 이렇게 함으로써 분기에 발표되는 GDP가 그 분기 GDP의 4배가 되어 연간 GDP와 분기 GDP 자료를 쉽게 비교 · 사용하도록 한다.

또 정부는 분기 GDP를 발표할 때 먼저 계절조정(seasonal adjustment)이라는 통계 절차를 거쳐 조정한 데이터를 발표한다. 계절조정을 하지 않은 자료를 보면 1년 중 어느 계절의 재화와 서비스 생산량은 다른 계절에 비해 많다(짐작하겠지만 12월의 크리스마스 선물 구입 기간은 매출이 많은 시기다). 경제 동향을 관찰할 때 경제학자들과 정책담당자들은 이러한 규칙적인 계절적 변화를 배제한 자료를 원하는 경우가 많다. 따라서 통계당국에서는 계절조정을 거친 분기 데이터를 발표하는 것이다.

15-2c "생산된…"

GDP에는 그해에 생산된 재화와 서비스만 포함되며, 과거에 생산된 물건의 거래는 포함되지 않는다. 포드사가 새 차를 만들어 팔면 그 금액은 GDP에 포함되지만, 한 사람이 중고차를 다른 사람에게 팔면 그 중고차의 가치는 GDP에 반영되지 않는다.

15-2d "모든…"

GDP는 한 경제에서 생산되어 시장에서 합법적으로 판매된 모든 품목을 포함하는 포괄적인 지표다. GDP에는 사과와 오렌지뿐만 아니라 배, 자몽, 책, 영화, 이발, 의료 서비스 등도 포함된다.

또 GDP는 기존 주택에서 창출되는 주거 서비스의 시장가치도 포함한다. 임대주택의 경우 주택 서비스의 가치는 세입자의 임대료 지불액인 동시에 집주인의 임대소득이므로 쉽게 측정할 수 있다. 그러나 자기 소유의 집에 거주하는 사람들은 집세를 내지 않으므로 정부는 이러한 자가주택의 임대료 가치를 추정하여 GDP에 반영한다. 요컨대 GDP는 자가주택 보유 가구가 자신에게 임대료를 내는 것으로 간주하여 임대료를 그 가구의 소득과 지출에 포함시키는 것이다. 따라서 GDP에도 포함된다.

그러나 어떤 재화들은 측정하기 어렵기 때문에 GDP에 포함되지 않는다. 마약처럼 불법으로 생산 · 판매되는 재화들은 대부분 포함되지 않는다. 가정에서 생산 · 소비되어 시장을 거치지 않는 품목들도 대부분 GDP에 포함되지 않는다. 우리가 식료품점에서 구입하는 채소는 GDP에 포함되지만, 집에서 재배하는 채소는 포함되지 않는다.

이렇게 GDP에서 배제되는 항목들 때문에 때로는 이상한 결과가 나올 수도 있다. 앞의 예에서 카렌이 더그에게 돈을 주고 자기 집 잔디를 깎게 하면 이 거래는 GDP에 포함된다. 그러나 두 사람이 결혼한다고 가정해보자. 여전히 더그가 카렌 집 잔디를 깎아주더라도 이 서비스는 시장에서 거래되지 않으므로 GDP에 포함되지 않는다. 즉 두 사람의 결혼으로 GDP는 줄어드는 것이다.

15-2e "최종…"

어떤 카드 제조회사가 제지회사로부터 종이를 구입하여 그 종이로 카드를 생산하는 경우 종이는 중간재(intermediate good), 카드는 최종재(final good)라고 한다. 중간재의 가격은 최종재의 가격에 포함되기 때문에 GDP는 최종재의 가치만 계산한다. 카드의 시장가치에 종이의 시장가치를 더하면 종이의 가치가 두 번 계산되기 때문이다.

이 원칙에는 중요한 예외가 있는데, 그것은 생산된 해에 사용되지 않고 장래의 판매나 생산을 위해 보관되는 중간재다. 이 경우 중간재는 당분간 최종재로 간주되고 그 가치는 재고 투자로 GDP에 포함된다. 재고가 증가하면 GDP에 더하고, 재고품이 나중에 사용되거나 팔리면 GDP에서 뺀다.

15-2f "재화와 서비스…"

GDP에는 가시적인 물건(음식, 의복, 자동차 등)은 물론 보이지 않는 서비스(이발, 청소, 의사의 진료 등)도 포함된다. 여러분이 좋아하는 밴드의 CD를 사면 하나의 재화를 구입하는 셈이고, GDP에 CD 가격이 포함된다. 또 그 밴드의 공연을 관람한다면 하나의 서비스를 구입하는 셈이며, 입장료 역시 GDP의 일부분이 된다.

15-2g "시장가치…"

여러분은 아마 "사과와 오렌지는 비교할 수 없다"는 속담을 들어보았을 것이다. 그렇지만 GDP는 사과와 오렌지를 비교한다. 즉 GDP는 여러 가지 서로 다른 재화를 시장가격을 기준으로 합하여 하나의 경제활동 지표를 도출하는 것이다. 시장가격은 소비자들이 여러 가지 재화에 대해 지불하려는 금액을 나타내므로 이들 재화의 가치로 볼 수 있다. 따라서 사과 1개의 가격이 오렌지 가격의 2배라면 사과 1개는 오렌지 2개만큼 GDP를 증가시킨다.

GDP의 정의를 다시 한 번 정리해보면 다음과 같다.

- 국내총생산(GDP)은 한 나라에서 일정 기간 동안 생산된 모든 최종 재화와 서비스의 시장가치다.

이 정의는 GDP를 경제 전체의 총지출로 파악한다. 그러나 재화와 서비스에 대한 소비자의 지출은 그 재화와 서비스를 판매한 사람의 수입이 된다는 점을 기억해야 한다. 따

이해를 돕기 위해

국민소득에 관한 추가 지표

미국 상무부에서 석 달에 한 번씩 GDP를 계산할 때 경제가 어떻게 작동하고 있는지를 보다 정확하게 파악하기 위해 국민소득에 관한 여러 가지 다른 지표도 함께 계산한다. 이들 지표는 특정한 유형의 소득을 포함하거나 배제한다는 점에서 GDP와 다르다. 이들 국민소득 지표 중에서 다섯 가지를 금액이 가장 큰 것부터 순서대로 설명하면 다음과 같다.

- **국민총생산(gross national product, GNP)** 한 나라의 국민들이 벌어들인 총소득이다. GNP는 GDP에 우리 국민들이 외국에서 벌어들인 소득을 더하고, 외국인들이 우리나라에서 벌어들인 소득을 뺀 금액이다. 예컨대 일시적으로 미국에서 일하는 캐나다 국민이 생산한 재화나 서비스는 미국의 GDP에는 포함되지만, 미국의 GNP에는 포함되지 않는다(이 소득은 캐나다의 GNP에 포함된다). 미국을 비롯한 대부분의 나라에서는 내국인들이 국내 생산활동의 대부분을 담당하기 때문에 GDP와 GNP가 비슷하다.
- **국민순생산(net national product, NNP)** 국민들의 총소득에서 감가상각을 뺀 수치다. 감가상각은 한 경제가 보유한 장비나 구조물이 닳아 없어지는 것을 말한다. 트럭에 녹이 슬거나 컴퓨터 구형 모델이 못쓰게 되는 현상 등을 예로 들 수 있다. 상무부에서 작성하는 국민계정에서는 감가상각을 '고정자본의 소비'라고 부른다.
- **국민소득(national income, NI)** 한 나라의 거주자들이 재화와 서비스의 생산 과정에서 벌어들인 소득을 합한 것이다. 국민소득은 국민순생산과 거의 같다. NNP와 국민소득의 차이는 자료 수집 과정에서 발생하는 통계상 불일치 때문에 발생한다.
- **개인소득(personal income, PI)** 가계소득과 비법인 영업소득을 말한다. 국민소득과 달리 개인소득에는 유보 이윤(retained earnings), 즉 기업의 이윤 중 배당의 형태로 주주에게 지급되지 않은 금액은 포함되지 않는다. 법인세와 사회보장세도 제외된다. 한편 개인소득에는 가계의 국채 이자소득이나 복지 수당, 사회보장 급여 등 정부에서 이전된 수입이 포함된다.
- **개인 처분가능소득(disposable personal income, DPI)** 가계와 비법인들이 정부에 세금을 납부한 후 보유하는 소득이다. 개인 처분가능소득은 개인소득에서 세금과 여타 납부금(교통위반 범칙금 등)을 뺀 금액이다.

이와 같이 다양한 국민소득 지표는 구체적인 차이가 있지만 각 지표가 그려내는 경제 상황은 언제나 거의 같다. GDP가 빠른 속도로 상승할 때는 다른 국민소득 지표도 대개 빠른 속도로 상승한다. 마찬가지로 GDP가 하락할 때는 다른 국민소득 지표도 하락한다. 따라서 경기 변동을 관찰할 때 어떤 지표를 사용할지는 별로 중요하지 않다. ■

라서 정부는 경제 내의 지출을 다 더해서 GDP를 계산하는 것에 더하여 경제 내의 소득을 다 더해서 국내총소득(gross domestic income: GDI)을 계산한다. GDP와 GDI 수치는 거의 일치한다. (왜 정확하게 같지 않고 거의 같을까? 개념적으로는 두 가지 방식으로 측정한 수치가 정확히 같아야 하지만 사용되는 데이터가 완전하지 않기 때문이다. GDP와 GDI 사이의 차이를 통계상 불일치(statistical discrepancy)라고 한다.)

GDP가 경제활동의 가치를 측정하는 중요한 지표라는 사실을 분명히 알았을 것이다. 거시경제학의 상급 과목에서 GDP의 추계에 관련된 보다 자세한 내용을 배우겠지만, 이제 GDP의 정의에 포함된 각 문구의 깊은 뜻을 이해할 수 있을 것이다.

간단한 퀴즈

3. 핫도그 1개의 가격이 2달러고 햄버거 1개의 가격이 4달러라면 핫도그 30개는 햄버거 (　　　)개만큼 GDP에 기여한다.

a. 5
b. 15
c. 30
d. 60

4. 양을 기르는 농부인 앵거스는 스웨터 제조업자인 바나비에게 양털을 20달러에 판다. 바나비는 스웨터 2장을 만든다. 스웨터 1장의 시장가격은 40달러다. 스웨터 2장 중 1장은 콜렛이 구입하고 나머지 1장은 바나비가 재고로 보유한다. 이 경우 GDP는 얼마인가?

a. 40달러
b. 60달러
c. 80달러
d. 100달러

5. 어떤 미국 대학생이 대학을 졸업하고 일본에 가서 영어를 가르친다면 이 사람의 소득은 어느 나라 GDP에 포함되겠는가?

a. 미국 GDP에만 포함된다.
b. 일본 GDP에만 포함된다.
c. 미국과 일본 GDP에 모두 포함된다.
d. 미국과 일본 GDP 어느 쪽에도 포함되지 않는다.

정답은 각 장의 끝에

15-3 GDP의 구성 항목

한 경제의 지출에는 여러 가지 유형이 있다. 로페스 가족이 버거킹에서 점심을 먹는 것, 포드사가 자동차 공장을 짓는 것, 해군이 잠수함을 건조하는 것, 영국 항공이 보잉사에서 비행기를 구입하는 것 등이 그 예다. GDP에는 국내에서 생산되는 재화와 서비스에 대한 모든 종류의 지출이 포함된다.

경제에서 희소자원이 어떻게 사용되는지 알아보기 위해 경제학자들은 GDP의 구성에 관심을 가지고 분석한다. 이를 위해 GDP(Y로 표시)를 소비(C), 투자(I), 정부구입(G), 순수출(NX) 등 네 가지 항목으로 분해한다. 즉 다음과 같은 식이 성립된다.

$$Y = C + I + G + NX$$

이 방정식은 변수들의 정의상 항상 성립하는 항등식이다. GDP에 포함된 각 달러는 앞의 네 가지 항목 중 하나에 속하기 때문에 네 항목의 합은 GDP와 같다. 이제 네 가지 구성요소를 하나씩 살펴보자.

15-3a 소비

소비(consumption)는 재화와 서비스에 대한 가계의 지출을 말한다. 다만 신축 주택 구입에 대한 지출은 소비에 포함되지 않는다. 재화에는 자동차, 가전제품 같은 내구재에 대한 지출과 음식, 옷 같은 비내구재에 대한 지출이 포함된다. 서비스에는 이발, 의료 등 손에 잡히지 않는 항목들이 포함된다. 가계의 교육비 지출도 재화 서비스의 예다(여러분 중에는 교육이 다음에 설명할 투자에 더 가깝다고 주장할 이도 있을 것이다).

소비 신축 주택 구입을 제외한 재화와 서비스에 대한 가계의 지출

15-3b 투자

투자(investment)는 미래에 더 많은 재화와 서비스를 생산하는 데 사용될 수 있는 재화, 즉 자본재(capital goods)의 구입을 말한다. 투자는 기업 자본, 주택 자본, 그리고 재고 구입의 합이다. 기업 자본에는 공장이나 오피스 같은 건물, 직원들이 사용하는 컴퓨터 같은 장비, 그리고 컴퓨터 작동에 사용되는 소프트웨어 같은 지적재산이 포함된다. 주택 자본에는 임대사업자들이 보유한 아파트 건물과 자가보유자들이 거주하는 주택이 포함된다. 신축 주택의 구입은 관행에 따라 가계 지출 중에서 소비가 아닌 투자로 분류된다.

투자 기업 자본, 주택 자본 및 재고품에 대한 지출

여기에서 재고 축적의 회계 처리 방식에 주목할 필요가 있다. 애플(Apple)사가 생산한 컴퓨터를 판매하지 않고 재고로 쌓아둔다면 애플사는 자사에서 만든 컴퓨터를 구입한 것으로 간주한다. 즉 자체적인 재고 구입은 국민소득 회계 처리상 애플사의 투자 지출의 일부로 취급되는 것이다. (만일 애플사가 재고로 쌓아둔 컴퓨터를 판매한다면 애플사의 재고 투자에서 차감되고, 이 컴퓨터를 구입한 사람의 소비지출과 상쇄된다.) 재고 축적을 이런 식으로 처리하는 것은 GDP를 계산하는 이유가 한 나라 경제가 일정 기간 동안 만들어낸 생산물의 가치를 측정하는 데 있고, 재고로 축적되는 재화도 그 기간 동안 생산된 물건의 일부이기 때문이다.

GDP 측정에서 '투자'라는 단어가 일상 회화에서 쓰이는 '투자'와 다른 의미로 사용된다는 데 주목하기 바란다. 여러분은 투자라는 단어를 들으면 주식, 채권, 뮤추얼 펀드 등 재무적 투자(financial investments)를 생각할지 모르겠다. 이 주제에 대해서는 19장에서 공부할 것이다. 그러나 GDP는 재화와 서비스에 대한 지출을 측정하기 때문에 여기에서 말하는 투자는 기업 자본, 주택 건물, 재고품 등 다른 재화 생산에 투입되는 재화의 구입을 의미한다.

15-3c 정부구입

정부구입 재화와 서비스에 대한 연방 정부, 주 정부, 지방 정부의 지출

정부구입(government purchases)은 연방 정부, 주 정부, 지방 정부에 의한 재화와 서비스의 구입을 말한다. 여기에는 공무원의 급여와 공공사업에 대한 지출이 포함된다. 최근에 미국 국민소득 계정에서 이 항목의 명칭이 '정부 소비지출과 투자(government consumption expenditure and gross investment)'로 바뀌었지만, 이 책에서는 전통적으로 사용되어온 '정부구입'을 사용할 것이다.

정부구입의 의미를 좀더 분명히 할 필요가 있다. 정부가 육군 장성이나 교사의 월급을 지급하면 그 금액은 정부구입에 포함된다. 그러나 정부가 은퇴한 노령층에게 국민연금 급여를 지급하거나 최근에 일시 해고된 근로자에게 실업수당을 지급한다면 얘기는 전혀 달라진다. 이런 지출은 올해 생산된 재화나 서비스에 지불되는 대가가 아니므로 이전지출(transfer payments)이라고 한다. 이전지출은 가계소득에 영향을 주지만, 한 경제의 생산과는 관련이 없다. (거시경제의 관점에서 이전지출은 마이너스 세금과 같다.) 그런데 GDP는 재화와 서비스의 생산에서 창출되는 소득 혹은 재화나 서비스에 대한 지출을 측정하는 지표이므로 이전지출은 정부구입에 포함되지 않는다.

15-3d 순수출

순수출 국내에서 생산되어 외국에서 판매된 금액(수출)에서 외국에서 생산되어 국내에서 판매된 재화와 서비스의 가치(수입)를 뺀 금액

순수출(net exports)은 수출에서 수입을 뺀 금액이다. 보잉사가 영국 항공에 여객기를 판매하는 것처럼 한 나라의 기업이 외국 소비자들에게 재화를 판매하면 순수출이 증가한다.

순수출에서 '순'이란 단어는 수출에서 수입을 뺀다는 의미다. 수입을 빼는 것은 재화와 서비스의 수입이 GDP의 다른 항목에 포함되기 때문이다. 예를 들어 어떤 소비자가 스웨덴제 볼보 승용차를 5만 달러에 구입한다면 소비가 5만 달러 증가한다. 이와 동시에 수입이 5만 달러 증가하므로 순수출은 5만 달러 감소한다. 다시 말하면 외국에서 생산된 재화나 서비스는 소비, 투자, 정부구입에 플러스 항목으로 포함되기 때문에 순수출에 마이너스 항목으로 포함되는 것이다. 따라서 가계, 기업, 정부가 외국에서 재화나 서비스를 구입하면 소비, 투자, 정부구입이 증가하는 한편, 순수출은 동일한 금액만큼 감소하여 GDP는 변하지 않는다.

사례 연구

미국 GDP의 구성요소

표 15.1은 2018년 미국의 GDP를 구성하는 항목들을 정리한 것이다. 2018년 미국의 GDP는 약 20조 달러며 이 금액을 인구 약 3억 2,700만 명으로 나누면 1인당 GDP, 즉 평균적인 미국인의 1인당 지출은 6만 2,609달러가 된다.

	총액(10억 달러)	1인당 금액	구성비
국내총생산, *Y*	$20,501	$62,609	100%
소비, *C*	13,952	42,609	68
투자, *I*	3,652	11,154	18
정부구입, *G*	3,523	10,758	17
순수출, *NX*	−626	−1,911	−3

표 15.1

GDP와 그 구성 항목

이 표는 2018년 미국의 GDP 총액과 GDP를 구성하는 네 가지 요소를 보여준다. 이 표를 읽을 때 $Y=C+I+G+NX$라는 항등식을 기억하기 바란다.

주: 반올림 때문에 합계가 100%가 되지 않을 수 있다.
자료: 미국 상무부

소비는 GDP의 약 68%고 1인당으로는 4만 2,609달러다. 투자는 1인당 1만 1,154달러, 정부구입은 1인당 1만 758달러다. 한편 순수출은 1인당 −1,911달러인데 마이너스 값을 나타낸 것은 미국인이 외국 상품에 지출한 금액보다 외국인이 미국 상품에 지출한 금액이 적었기 때문이다.

이 데이터의 출처는 미국 국민소득 계정을 산출하는 상무부(U.S. Department of Commerce) 소속 경제분석국(Bureau of Economic Analysis)이다. 미국 GDP에 관한 보다 최신 자료는 웹사이트(www.bea.gov)에서 찾을 수 있다(우리나라의 GDP는 한국은행[www.bok.or.kr]에서 작성한다 – 역자주). ●

간단한 퀴즈

6. 다음 중 미국의 GDP를 증가시키는 요인이 아닌 것은?
a. 프랑스 항공사가 미국 보잉사로부터 비행기를 구입한다.
b. GM사가 노스캐롤라이나 주에 자동차 생산공장을 새로 건설한다.
c. 뉴욕시가 시 경찰공무원에게 월급을 지급한다.
d. 미국 연방 정부가 여러분의 할머니에게 국민연금 급여를 지급한다.

7. 어떤 미국 사람이 이탈리아에서 제조된 구두 한 켤레를 구입한다면 미국의 국민계정에 어떻게 반영될까?
a. 순수출 증가, GDP 증가
b. 순수출 감소, GDP 감소
c. 순수출 감소, GDP 불변
d. 순수출 불변, GDP 증가

8. 다음 중 GDP에서 가장 비중이 큰 항목은?
a. 소비
b. 투자
c. 정부구입
d. 순수출

정답은 각 장의 끝에

15-4 실질 GDP와 명목 GDP

앞에서 설명한 바와 같이 GDP는 한 나라의 모든 시장에서 거래되는 재화와 서비스에 대한 지출 총액이다. 어느 해의 GDP가 그 전해에 비해 증가했다면 (1) 그 경제의 재화와 서비스 생산량이 증가했거나, (2) 재화나 서비스 가격이 상승했거나 아니면 둘 다였을 것이다. 매년 경제 추이를 분석할 때 경제학자들은 두 가지 요인을 분리하고 싶어 한다. 그 경제에서 생산되는 재화와 서비스 총량을 가격 변동과 독립적으로 파악하려는 것이다.

이러한 목적으로 경제학자들은 실질 GDP라는 지표를 사용한다. 실질 GDP는 올해 생산된 재화와 서비스의 가치를 과거의 특정 연도 가격으로 환산한다면 얼마가 될까 하는 가상적인 질문에 대한 답이다. 즉 실질 GDP는 올해 생산된 재화와 서비스의 가치를 과거의 고정된 가격으로 측정함으로써 그 경제의 전반적인 재화와 서비스 생산이 시간의 흐름에 따라 어떻게 변해왔는지 보여주는 것이다.

실질 GDP가 어떻게 계산되는지를 보다 정확하게 알아보기 위해 다음의 예를 살펴보자.

15-4a 계산 사례

표 15.2는 핫도그와 햄버거라는 두 종류의 재화만 생산하는 경제에 관한 데이터다. 이 표는 2019, 2020, 2021년의 생산량과 가격을 나타낸 것이다.

이 경제의 총지출을 계산하기 위해서는 핫도그와 햄버거의 생산량에 각각의 가격을 곱한 결과를 합해야 한다. 2019년에는 핫도그 100개가 생산되고 가격은 개당 1달러이므로 핫도그에 대한 지출은 100달러다. 같은 해의 햄버거 생산량은 50개고 개당 가격은 2달러이므로 햄버거에 대한 지출도 100달러다. 따라서 이 경제의 총지출은 핫도그에 대한 지출과 햄버거에 대한 지출을 합한 200달러다. 이 금액은 재화와 서비스 생산액을 현재 가격으로 계산한 것으로, 명목 GDP(nominal GDP)라고 한다.

명목 GDP 재화와 서비스 생산의 가치를 현재 가격으로 계산한 것

이 표에는 3년치 명목 GDP 수치가 표시되어 있다. 총지출액은 2019년에 200달러에서 2020년에 600달러, 2021년에는 1,200달러로 증가한다. 명목 GDP 증가의 일부는 핫도그와 햄버거 생산량의 증가에 따른 것이고, 나머지는 이들 재화의 가격 상승에 따른 것이다.

가격 상승의 영향을 제외한 재화 생산량을 측정하기 위해 우리는 불변 가격으로 계산한 재화와 서비스의 수량, 즉 실질 GDP(real GDP)를 사용한다. 실질 GDP를 계산하기 위해서는 먼저 기준 연도를 정한 다음 이 기준 연도 가격을 사용하여 각 연도의 재화와 서비스 생산량의 가치를 구한다. 다시 말해 기준 연도 가격은 각 연도의 재화와

실질 GDP 재화와 서비스 생산의 가치를 불변 가격으로 계산한 것

표 15.2

명목 GDP와 실질 GDP
이 표는 핫도그와 햄버거만 생산하는 가상적인 경제의 명목 GDP와 실질 GDP, GDP 디플레이터 계산 방법을 보여준다.

가격과 생산량

연도	핫도그 가격	핫도그 생산량	햄버거 가격	햄버거 생산량
2019	$1	100	$2	50
2020	2	150	3	100
2021	3	200	4	150

연도	명목 GDP
2019	(핫도그 1개당 $1×핫도그 100개)+(햄버거 1개당 $2×햄버거 50개)=$200
2020	(핫도그 1개당 $2×핫도그 150개)+(햄버거 1개당 $3×햄버거 100개)=$600
2021	(핫도그 1개당 $3×핫도그 200개)+(햄버거 1개당 $4×햄버거 150개)=$1,200

연도	실질 GDP(2019년 기준)
2019	(핫도그 1개당 $1×핫도그 100개)+(햄버거 1개당 $2×햄버거 50개)=$200
2020	(핫도그 1개당 $1×핫도그 150개)+(햄버거 1개당 $2×햄버거 100개)=$350
2021	(핫도그 1개당 $1×핫도그 200개)+(햄버거 1개당 $2×햄버거 150개)=$500

연도	GDP 디플레이터
2019	($200/$200)×100=100
2020	($600/$350)×100=171
2021	($1,200/$500)×100=240

서비스 수량을 비교하는 기준이 되는 것이다.

앞의 예에서 2019년을 기준 연도로 삼는다면 2019년의 핫도그와 햄버거 가격으로 2019, 2020, 2021년의 핫도그와 햄버거 생산량의 가치를 계산할 수 있다. 계산 결과는 표 15.2에 표시되어 있다. 2019년의 실질 GDP를 구하기 위해서는 기준 연도인 2019년의 핫도그와 햄버거 가격을 2019년의 생산량에 곱하면 된다(기준 연도에는 실질 GDP와 명목 GDP가 같다). 2020년의 실질 GDP를 구하기 위해서는 기준 연도인 2019년의 핫도그와 햄버거 가격을 사용하여 2020년 생산량의 가치를 구한다. 마찬가지로 2021년의 실질 GDP를 구하기 위해서는 2019년의 핫도그와 햄버거 가격을 2021년의 생산량에 적용하면 된다. 계산 결과 실질 GDP가 2019년 200달러에서 2020년에는 350달러로, 2021년에는 500달러로 증가했다. 그런데 가격이 기준 연도 수준에 고정되었으므로 실질 GDP의 증가는 전적으로 생산량의 증가에 따른 것이다.

요약하면 어느 해의 명목 GDP는 재화와 서비스 생산량의 가치를 그해의 가격으로 계산한 것이며, 실질 GDP는 생산량의 가치를 기준 연도 가격으로 환산한 수치다. 실질 GDP는 가격 변화의 영향을 받지 않으므로 실질 GDP의 변동은 생산량의 변동만을 나타낸다. 따라서 실질 GDP는 한 경제의 재화와 서비스 생산량의 지표로 볼 수 있다.

GDP를 계산하는 이유는 전반적으로 경제가 얼마나 잘 운용되는지 파악하기 위해서다. 실질 GDP는 한 경제의 재화와 서비스 생산량의 지표로서, 국민들의 소요(needs)와 욕구를 충족시키는 능력을 나타낸다. 따라서 실질 GDP는 명목 GDP보다 우월한 경제 후생 지표다. 경제학자들이 한 경제의 GDP에 대해 언급할 때는 대개 명목 GDP가 아니라 실질 GDP를 의미한다. 또 경제성장을 언급할 때도 실질 GDP의 변화율을 사용한다.

15-4b GDP 디플레이터

앞에서 살펴본 것처럼 명목 GDP는 한 나라에서 생산된 재화와 서비스 가격과 수량을 반영한다. 반면에 실질 GDP는 고정된 기준 연도 가격을 적용함으로써 수량만 나타낸다. 두 가지 변수를 통해 GDP 디플레이터라는 제3의 변수를 계산할 수 있다. GDP 디플레이터는 재화와 서비스 생산량 대신 가격만 반영한다.

GDP 디플레이터 물가 수준의 지표로, 명목 GDP를 실질 GDP로 나눈 수치에 100을 곱한 것

GDP 디플레이터(GDP deflator)는 다음과 같이 계산된다.

$$\text{GDP 디플레이터} = \frac{\text{명목 GDP}}{\text{실질 GDP}} \times 100$$

기준 연도에는 명목 GDP와 실질 GDP가 같아야 하므로 기준 연도의 GDP 디플레이터는 100이다. 여타 연도의 GDP 디플레이터는 명목 GDP의 증가분 중에서 실질 GDP의 증가에 따르지 않은 부분을 나타낸다.

GDP 디플레이터는 기준 연도의 물가 수준 대비 현재 물가 수준을 측정한다. 왜 그런지 확인하기 위해 두 가지 간단한 예를 살펴보자. 우선 시간이 흐름에 따라 경제의 생산량은 증가하는 반면, 가격은 변함이 없다고 하자. 이 경우 명목 GDP와 실질 GDP는 동시에 증가하므로 GDP 디플레이터는 변하지 않는다. 이번에는 시간이 흐름에 따라 가격은 상승하는 반면, 생산량은 변함이 없다고 하자. 이 경우 명목 GDP는 증가하지만 실질 GDP는 변하지 않기 때문에 GDP 디플레이터는 상승한다. 두 경우 모두 GDP 디플레이터는 생산량이 아닌 가격 변동을 반영한다는 사실에 주목하기 바란다.

이제 표 15.2의 사례로 돌아가 보자. GDP 디플레이터는 표 마지막 행에 계산되어 있다. 2019년의 경우 명목 GDP는 200달러고 실질 GDP도 200달러이므로 GDP 디플레이터는 100이다(기준 연도의 GDP 디플레이터는 항상 100이다). 2020년의 경우, 명목 GDP는 600달러고 실질 GDP는 350달러이므로 GDP 디플레이터는 171이다.

나라 경제의 전반적인 물가 수준이 상승하는 현상을 경제학자들은 인플레이션(inflation)이라는 용어를 사용하여 설명한다. 인플레이션율(inflation rate)은 물가 수준의 지표가 한 해와 그 이듬해 사이에 얼마나 변했는지를 나타낸다. GDP 디플레이터를 사용하면 연속된 두 해의 인플레이션율은 다음과 같은 방식으로 계산할 수 있다.

2차 연도 인플레이션율 =

$$\frac{\text{2차 연도 GDP 디플레이터} - \text{1차 연도 GDP 디플레이터}}{\text{1차 연도 GDP 디플레이터}} \times 100$$

앞의 예에서 2020년에는 GDP 디플레이터가 100에서 171로 상승했으므로 인플레이션율은 100×(171−100)/100, 즉 71%다. 2021년에는 GDP 디플레이터가 171에서 240으로 상승했으므로 인플레이션율은 100×(240−171)/171, 즉 40%다.

GDP 디플레이터는 한 경제의 평균적인 물가 수준과 인플레이션율을 나타내는 지표다. GDP 디플레이터라는 표현을 쓰는 이유는 이 지표가 명목 GDP 중에서 물가 상승으로 인한 증가분을 떼어내어 명목 GDP의 '바람을 빼는 데' 사용될 수 있기 때문이다. 16장에서는 물가 수준을 측정하는 또 다른 지표인 소비자 물가지수에 대해 살펴보고, 두 물가지수의 차이에 대해서도 설명할 것이다.

실질 GDP의 최근 추이

실질 GDP가 무엇이고 어떻게 계산되는지 알았으니, 이제 미국의 실질 GDP가 최근에 어떻게 변해왔는지 살펴보자. 그림 15.2는 1965년 이래 미국의 분기별 GDP를 나타낸다.

이 데이터가 보여주는 가장 두드러진 특징은 시간이 흐름에 따라 실질 GDP가 증가했다는 사실이다. 2018년 미국의 실질 GDP는 1965년 수치의 4배를 넘는다. 다시 말해 미국에서 생산된 재화와 서비스의 양이 이 기간 동안 매년 평균 약 3%씩 늘었다는 뜻이다. 이같이 실질 GDP의 지속적인 증가가 인구 성장보다 높았기 때문에 오늘날 평균적인 미국인은 부모나 조부모에 비해 경제적으로 풍족한 삶을 영위할 수 있는 것이다.

이 그래프에서 발견할 수 있는 또 다른 특징은 성장 추세가 꾸준하지 않다는 점이다. 실질 GDP가 대체로 상승하지만 간혹 감소 추세를 보이는데, 이런 일은 경기침체(recessions)일 때 일어난다. 그림 15.2에는 경기침체기가 색칠된 수직 막대로 표시되어 있다. (공식적으로 언제 경기침체가 시작되었는지 판단하는 분명한 기준은 없지만, 실질 GDP가 2분기에 걸쳐 연속적으로 하락하면 경기침체라고 보는 것이 관행이다.) 경기침체기에는 소득이 감소할 뿐 아니라 실업이 늘고, 이윤이 감소하며 파산이 증가한다.

거시경제학의 상당 부분은 실질 GDP의 장기 성장과 단기 변동을 설명하는 데 목적이 있다. 다음 장에서 설명하겠지만 두 가지 목적을 위해서는 각각 다른 모형이 필요하

그림 15.2 미국의 실질 GDP

이 그림은 1965년 이래 미국의 분기별 GDP 추이를 나타낸다. 실질 GDP가 감소한 시기, 즉 경기침체기는 색칠된 수직 막대로 표시되어 있다.

자료: 미국 상무부

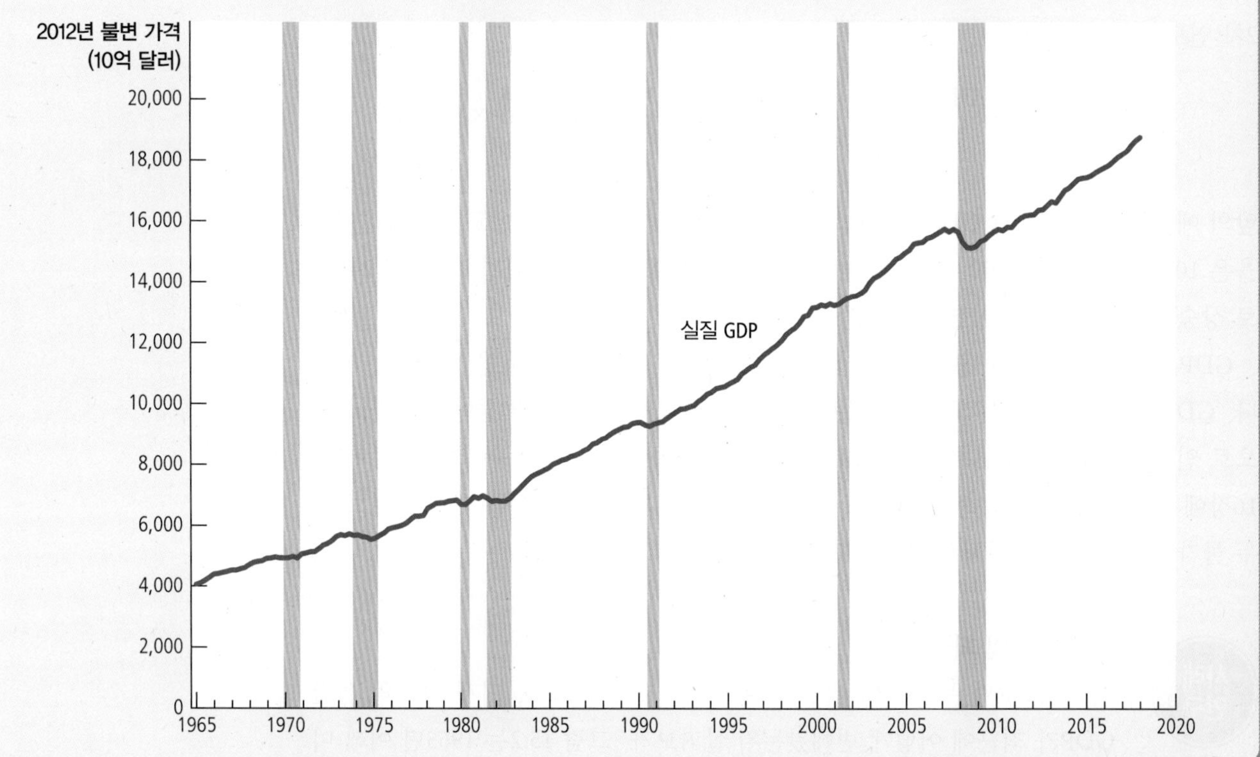

다. 단기 변동은 장기 추세로부터의 이탈을 의미하기 때문에 우선 실질 GDP를 포함한 주요 거시경제 변수의 장기 행태를 분석한다. 그 분석 결과를 토대로 단기 변동에 대해 설명할 것이다. ●

간단한 퀴즈

9. 어떤 경제가 첫해에 과자 10개를 생산하며 과자 1개의 가격은 2 달러다. 둘째 해에는 과자 12개를 생산하며 과자 1개의 가격은 3 달러다. 둘째 해의 실질 GDP는 첫해에 비해 얼마나 증가했나?

a. 20%
b. 50%
c. 70%
d. 80%

10. 만일 경제의 모든 재화와 서비스 생산량이 5% 증가하고 모든 가격이 5% 하락한다면 어떻게 될까?

a. 실질 GDP 5% 증가, 명목 GDP 5% 감소
b. 실질 GDP 5% 증가, 명목 GDP 불변
c. 실질 GDP 불변, 명목 GDP 5% 증가
d. 실질 GDP 불변, 명목 GDP 5% 감소

정답은 각 장의 끝에

15-5 GDP는 경제적 후생을 측정하는 좋은 지표인가

이 장 앞부분에서 GDP가 경제적 후생을 나타내는 가장 좋은 지표라고 설명했다. 이제 GDP가 무엇인지 배웠으니 앞의 주장이 사실인지 알아보자.

앞에서 살펴본 바와 같이 GDP는 한 나라의 총소득이면서 재화와 서비스에 대한 총지출과 같다. 따라서 1인당 GDP는 그 경제의 평균적인 사람의 소득과 지출을 나타낸다. 대부분의 사람들은 더 높은 소득을 받아 더 많이 지출하고 싶어 하므로 1인당 GDP는 평균적인 개인의 경제 후생 수준을 나타내는 지표로 볼 수 있다.

그러나 GDP가 경제 후생 지표라는 데 반론을 펴는 사람들도 있다. 로버트 케네디 상원의원은 1968년 대통령 선거에 입후보했을 때 GDP에 대해 다음과 같이 비판함으로써 감동을 주었다.

> GDP는 우리 자녀들의 건강, 교육의 질 혹은 그들이 놀이에서 얻는 즐거움 등을 반영하지 않는다. 시(詩)의 아름다움이나 결혼생활의 건강함, 국정에 관한 논쟁에서 나타나는 예지, 공무원들의 정직성 등도 포함하지 않는다. 우리의 용기나 지혜, 국가에 대한 헌신도 반영하지 않는다. 요컨대 GDP에는 우리의 삶을 가치 있게 만들고 우리가 미국인임을 자랑스럽게 만드는 것들을 제외한 나머지 모든 것들이 포함된다.

로버트 케네디의 말은 대부분 옳다. 그렇다면 우리가 GDP를 중요시하는 이유는 무엇인가?

그것은 GDP가 높을수록 행복한 생활을 영위하기 쉽기 때문이다. GDP가 어린이들의 건강을 반영하지는 않지만, GDP가 높은 나라일수록 어린이들의 건강을 보다 잘 보살필 수 있다. GDP에 교육의 질이 포함되지는 않지만, GDP가 높은 나라의 교육제도가 더 우수하다. GDP는 시의 아름다움을 반영하지는 않지만, GDP가 높은 나라일수록 국민들에게 글을 읽고 시를 즐기도록 가르칠 수 있다. GDP는 우리의 지적 우월성, 정직성, 용기, 지혜, 국가에 대한 헌신 등을 나타내지는 않지만, 기본적인 물질적 욕구에 대한 걱정이 없을수록 이러한 덕성을 보다 쉽게 증진할 수 있다. 요컨대 GDP는 우리의 삶을 가치 있게 하는 요인을 직접 포함하지는 않지만, 가치 있는 삶을 실현하는 데 필요한 전제조건을 마련할 수 있는 능력을 나타내는 것이다.

그러나 GDP는 완벽한 후생 지표가 아니다. 행복한 삶을 구현하는 데 필요한 요소 중에는 GDP에 포함되지 않는 것들이 있다. 여가가 한 예다. 한 경제의 모든 사람이 매일같이 일하고 주말에도 쉬지 않는다면 GDP는 증가하겠지만, 이로 인해 모든 사람이 더 행복해진다고 말할 수는 없다. 여가의 손실에 따른 후생의 감소가 더 많은 재화와 서비스를 생산 · 소비하는 데서 비롯되는 후생의 증가를 상쇄하기 때문이다.

GDP는 시장가격을 이용하여 재화와 서비스의 가치를 산정하므로 시장 밖에서 일어나는 행위는 대부분 누락된다. 특히 GDP에는 가정에서 생산된 재화나 서비스가 포함되지 않는다. 요리사가 식당에서 요리를 만들어 판매하면 그 요리의 가격이 GDP에 포함되지만, 집에서 가족을 위해 같은 음식을 만들면 그가 창출한 부가가치(음식의 가치에서 재료비를 뺀 금액)는 GDP에 포함되지 않는다. 마찬가지로 아이들을 유료 탁아소에서 돌봐주면 그 금액이 GDP에 포함되지만, 부모가 집에서 아이들을 돌보면 GDP에 반영되지 않는다. 자원봉사는 사회복지에 기여하지만 GDP에는 포함되지 않는다.

GDP는 환경의 질도 포함하지 않는다. 정부가 모든 환경 규제를 철폐한다면 기업들은 오염물질 배출을 염려하지 않고 재화와 서비스를 생산할 것이다. 그 결과 GDP는 증가하겠지만 국민들의 후생은 저하될 가능성이 높다. 대기와 수질오염이 생산 증가에서 비롯되는 후생의 증가를 상쇄할 것이기 때문이다.

GDP는 소득 분배에 대해 아무것도 말해주지 않는다. 100명이 각각 1년에 5만 달러를 버는 사회와 100명 중 10명이 1년에 50만 달러를 벌고 나머지 90명은 소득이 전혀

뉴스 속의 경제학 섹스, 마약, 그리고 GDP

몇몇 나라들은 GDP에 무엇을 포함시킬 것인가에 대해 논쟁을 벌이고 있다.

섹스는 포함시키면 안 됩니다. 우리는 프랑스 사람들입니다

Zachary Karabell

프랑스 정부는 외견상 공표 아닌 공표를 했다. 불법 약물이나 매춘을 국내총생산에 포함시키지 않겠다고 공표한 것이다.

이 발표가 이상한 것은 프랑스나 대부분의 국가에서 이런 행위들을 국내총생산에 포함시킨 적이 없기 때문이다. 또한 대부분 국가의 정부들은 무엇을 하지 않겠다고 (예컨대 '미국 정부는 사람을 금성에 보낼 의향이 없습니다.'라는 식으로) 공표하지도 않는다. 그러나 이번 프랑스 정부의 결정은 이웃 나라들과 유럽연합(EU)으로부터 위의 행위들을 국민계정과 산출물에 포함시키라는 상당한 압력을 받고 있는 와중에 이루어졌다. 그래서 많은 의문이 제기된다. 이러한 행위들이 포함되어야 하나? 포함되어야 한다면 왜 다른 행위들은 포함되지 않아야 하나? 도대체 우리가 측정하는 것은 정확히 무엇인가? 왜 측정하려고 하는가?

오늘날 GDP보다 우리가 사는 세상에 더 큰 영향을 미치는 수치는 별로 없다. GDP는 국가적 성공의 처음이자 마지막이 됐고, 정치인들과 전문가들에 의해 국력을 측정하는 주요 지표로 사용되고 있으며, 위대함 또는 그 부족함을 대변하는 수치로 취급받고 있다.

그러나 GDP는 모든 통계가 가진 제약들을 지닌 하나의 통계에 불과하다. 1930년대에 이르러서야 고안된 국민계정의 파생물로 생겨난 GDP는 지금은 포괄적인 척도로 취급되고 있지만, 절대로 포괄적인 척도가 아니었다. 자원봉사나 가사노동 같은 경제생활의 다양한 분야가 빠져 있었다.

현재 유럽연합의 공식 통계기구인 유럽통계국(Eurostat)은 많은 불법 행위를 GDP를 계산하는 데 포함시키려는 시도를 선도하고 있다. 그중에서도 주목을 받는 것이 매춘과 불법 약물이다. 이들의 주장은 한 UN 위원회가 2008년에 설명한 것처럼 꽤 단순하다. 매춘과 불법 약물 거래는 상당히 규모가 큰 경제활동이고, 따라서 이들이 경제통계에 포함되지 않으면 통계가 불완전해지고 똑똑한 정책을 수립하기가 훨씬 어려워진다는 것이다. 게다가 나라마다 법도 다르다. 예컨대 네덜란드에서는 매춘과 마리화나가 합법이고 이러한 상거래(적어도 기록되고 과세하는 부분)는 이미 네덜란드

없는 사회가 있다고 하자. 두 사회의 GDP는 500만 달러, 1인당 GDP는 5만 달러로 같다. 그러나 두 사회의 상황이 동등하다고 생각할 사람은 별로 없을 것이다. 1인당 GDP는 그 사회의 평균적인 사람에게 어떤 일이 벌어지고 있는지를 알려주지만 평균의 배후에는 다양한 개인들의 경험이 있다.

결과적으로 GDP는 대부분의 경우 훌륭한 후생 지표지만 모든 경우가 다 그런 것은 아니다. 따라서 GDP에 무엇이 포함되고 무엇이 포함되지 않는지 분명히 알아야 한다.

사례 연구

GDP와 삶의 질에 관한 국가 간 격차

GDP가 후생 지표로서 얼마나 만족스러운지 판정하는 방법 가운데 하나는 여러 나라 데이터를 비교해보는 것이다. 잘사는 나라와 못사는 나라의 1인당 GDP는 크게 다르다. GDP가 높은 나라의 생활 수준이 더 높다면 GDP와 삶의 질을 나타내는 지표 사이에는 강한 상관관계가 있을 것이다. 실제로 데이터를 보면 그렇다.

GDP의 일부다. 따라서 이들 항목을 이탈리아나 스페인의 GDP에 포함시키지 않으면 GDP의 국가 간 비교가 힘들어진다.

이런 이유로 최근에 스페인, 이탈리아, 벨기에, 영국이 불법 약물과 면허 없이 이루어지는 섹스 거래를 국민계정에 포함시키기로 했다. 특히 영국 통계청이 이 일에 열의를 보여, 예를 들면 매춘 사업의 규모를 어떻게 계산하고 (경찰 기록이 도움이 될 것이다.) 국내산 약물과 수입 약물을 어떻게 달리 처리할 것인지 등을 설명하는 20페이지짜리 요약 문건을 발행했다. 오는 9월에 공표되겠지만 추정 결과 영국의 GDP가 100억 파운드 증가하리라는 것이다.

그러나 프랑스는 이에 반대했다. 섹스와 여타 밤 문화를 즐기는 것으로 널리 알려진 나라인 프랑스는 (적어도 프랑스 관료들은) EU의 지침에도 불구하고 합의가 없거나 비자발적인 경우가 많은 불법 행위들의 효과를 계측하지 않기로 했다. 일부 매춘(한 프랑스 장관은 거리에서 이루어지는 매춘은 대개 마피아의 통제를 받는다고 말했다)은 분명히 비자발적이고 중독성 약물도 상당히 그렇다고 할 수 있다.

프랑스 정부의 결정에는 강력한 도덕적 요소가 있음을 부인할 수 없다. 매춘이나 약물거래가 비자발적이거나 합의 없이 이루어지므로 GDP에 포함되지 말아야 한다고 주장함으로써 프랑스 정부는 사회적 당위에 대한 도덕적 비전을 사회의 현실에 관한 경제적 비전보다 우선시하는 것이다. 이로 인해 이미 엉망인 통계는 더 혼란스러워져 아무의 국익에도 도움이 되지 않는다.

GDP의 모든 한계를 감안할 때 새로운 도덕적 차원을 더하면 그 수치의 효용성이 훨씬 줄어들 것이다. 그러려면 왜 여성을 타락시키는 매춘만 포함시키지 않으려고 하는가? 환경을 훼손하는 석탄 생산은 왜 계측을 거부하지 않나? 암을 일으키는 담배 소비는 왜 누락시키지 않나? 이러한 기준에 따른 배제 사례는 끝이 없을 것이다.

만일 GDP가 현재로서는 국가의 산출량을 측정하는 최선의 지표라면 최소한 계측할 수 있는 모든 산출물을 포함시켜야 할 것이다. 대체로 도덕을 중시하는 미국도 사실 네바다의 합법적 매춘과 콜로라도, 캘리포니아, 워싱턴주의 마리화나 거래를 강력한 반대 없이, 이러한 행위가 경제라는 모호한 객체를 구성하는 상거래라는 주장만을 근거로 GDP에 포함시키고 있다.

약물이나 섹스 거래를 계측하지 않는다고 해서 이들 거래가 사라지진 않을 것이다. 다만 우리가 싫어하는 것을 삭제하려는 부질없는 노력이 우리 경제생활의 모호한 실체를 이해하려는 노력을 좌절시킬 것이다. ■

토론 질문

1. 불법 경제활동도 GDP에 포함되어야 한다고 생각하는가? 이유를 설명하라.
2. 합법적이지만 사회적으로 바람직하지 않다고 생각하는 경제활동들이 있는가? 있다면 어떤 것들인가? 이러한 경제활동이 GDP에 포함되어야 한다고 생각하는가? 이유를 설명하라.

자료: *Slate*, 2014년 6월 20일.

표 15.3

GDP와 삶의 질

이 표는 세계 주요 국가 12개국의 1인당 GDP와 삶의 질을 나타내는 세 가지 지표를 보여준다.

자료: *UN, Human Development Report 2018*, 2017년 실질 GDP(2011년 가격), 평균 교육 연수는 25세 이상 성인 기준

국가	1인당 실질 GDP	기대수명	평균 교육 연수	생활 만족도(0~10)
미국	$54,941	80세	13년	7.0
독일	46,136	81	14	7.1
일본	38,986	84	13	5.9
러시아	24,233	71	12	5.6
멕시코	16,944	77	9	6.4
중국	15,270	76	8	5.1
브라질	13,755	76	8	6.3
인도네시아	10,846	69	8	5.1
인도	6,353	69	6	4.0
파키스탄	5,311	67	5	5.8
나이지리아	5,231	54	6	5.3
방글라데시	3,677	73	6	4.3

표 15.3은 세계에서 인구가 많은 12개 나라를 1인당 GDP 순서로 배열하고, 이와 함께 출생 시 기대수명, 성인들의 평균 교육 연수, 0부터 10척도(10이 최고)로 표시한 국민들의 생활 만족도를 정리한 것이다. 이들 데이터는 분명한 패턴을 보여 준다. 미국, 독일 등 부유한 나라에서는 국민들이 약 80세까지 살 것으로 기대되고, 성인들은 약 13년간 학교 교육을 받으며, 생활에 대한 만족도는 7점 정도다. 방글라데시와 나이지리아 같은 가난한 나라의 경우 부유한 나라들에 비해 국민들의 수명은 10년 정도 짧고 성인들의 교육 연수는 절반에 못 미치며, 생활 만족도는 10점 기준으로 2점 정도 더 낮다.

삶의 질을 나타내는 다른 변수들에 대한 데이터도 비슷한 양상을 나타낸다. 1인당 GDP가 낮은 나라일수록 저체중으로 태어난 영아 수가 더 많고, 유아 사망률과 산모 사망률이 더 높으며, 어린이 영양실조도 더 많다. 또한 전기, 포장도로 및 깨끗한 식수에 대한 접근율도 더 낮다. 이런 나라에서는 학교에서 교육받아야 할 어린이들이 학교에 다니지 못하거나, 학교에 다니는 어린이들의 경우에도 학생 1인당 교사 수가 적고 성인 문맹률도 더 높다. 또 TV, 전화, 인터넷 접속 기회도 적다. 국가 간 비교를 통해 볼 때 한 나라의 1인당 GDP가 국민들의 삶의 질과 밀접한 관계가 있다는 것은 의심의 여지가 없다. ●

간단한 퀴즈

11. 만일 키팅 선생님이 교사직을 그만두고 자기 자녀들을 집에서 가르친다면 GDP에는 어떤 영향이 있겠는가?

a. 동일한 경제활동을 계속하므로 영향이 없다.
b. 소득세를 덜 내게 되었으므로 GDP가 증가할 것이다.
c. 시장소득이 감소하므로 GDP가 감소할 것이다.
d. 홈스쿨링의 가치에 따라 GDP가 증가할 수도 있고 감소할 수도 있다.

12. GDP가 후생의 지표로 불완전한 이유는?

a. 물질적 생산은 포함되지만 보이지 않는 재화는 포함되지 않기 때문
b. 정부가 제공하는 재화와 서비스가 포함되지 않기 때문
c. 경제활동으로 인한 환경 파괴를 무시하기 때문
d. 삶의 질에 관한 다른 지표들과 상관계수가 낮기 때문

정답은 각 장의 끝에

15-6 결론

이 장에서는 한 나라의 총소득을 측정하는 방법에 대해 설명했다. 물론 총소득의 측정은 출발에 불과하며, 거시경제학의 대부분은 한 나라 GDP의 단기 변동과 장기 추세를 설명하는 데 목적이 있다. 앞으로 우리는 미국이나 일본의 GDP가 인도나 나이지리아보다 큰 이유는 무엇인지, 후진국의 신속한 경제성장을 촉진하기 위해서 정부가 할 수 있는 일은 무엇인지, 미국의 GDP가 왜 어느 해에는 빠른 속도로 증가하다가 어느 해에는 감소하는지, 이러한 GDP의 변동폭을 줄이기 위해 미국의 정책담당자들이 할 수 있는 일은 무엇인지 등의 질문에 대한 답을 구하고자 한다.

이 시점에서 우리는 GDP를 정확하게 측정하는 것이 중요하다는 사실을 인식해야 한다. 평범한 사람들도 살아가면서 경제가 얼마나 잘 돌아가는지 어느 정도 감을 잡는다. 그러나 경제학자들과 정책담당자들이 자신들의 역할을 좀더 잘 수행하기 위해서는 이러한 모호한 느낌 이상이 필요하다. 즉 그들의 판단의 토대가 될 구체적인 데이터가 필요한 것이다. 따라서, GDP 같은 통계 수치를 이용하여 경제의 행태를 수량화하는 일은 거시경제학 공부를 위한 첫걸음이다.

요약

- 모든 거래에는 구매자와 판매자가 있기 때문에 한 경제의 총지출은 총소득과 같아야 한다.
- 국내총생산(GDP)은 새로 생산된 재화와 서비스에 대한 총지출이면서, 재화와 서비스의 생산 과정에서 창출된 총소득을 나타낸다. 보다 정확하게 말하면 GDP는 한 나라에서 일정 기간 동안 생산된 모든 최종 재화와 서비스의 시장가치다.
- GDP는 소비, 투자, 정부구입, 순수출 등 네 가지 요소로 구성된다. 소비는 재화와 서비스에 대한 가계의 지출을 말하며, 신축 주택 구입에 대한 지출은 포함되지 않는다. 투자에는 기업 자본과 주택 자본, 재고품에 대한 지출이 포함된다. 정부구입은 재화와 서비스에 대한 연방 정부, 주 정부, 지방 정부의 지출이다. 순수출은 수출(국내에서 생산되어 외국에서 판매된 재화와 서비스의 가치)에서 수입(외국에서 생산되어 국내에서 판매된 재화와 서비스의 가치)을 뺀 수치다.
- 명목 GDP는 현재 가격을 사용하여 재화와 서비스 생산량의 가치를 계산한다. 실질 GDP는 기준 연도 가격을 사용하여 재화와 서비스 생산량의 가치를 계산한다. GDP 디플레이터는 명목 GDP를 실질 GDP로 나눈 것으로, 그 경제의 물가 수준을 나타낸다.
- 사람들은 낮은 소득보다는 높은 소득을 선호하므로 GDP는 경제 후생의 좋은 지표다. 그러나 완전한 지표는 아니다. 예를 들어 GDP는 여가나 깨끗한 환경의 가치를 반영하지 않는다.

중요개념

복습문제

1. 한 경제의 소득이 지출과 일치해야 하는 이유를 설명하라.
2. 소형차와 대형차 중 어느 쪽이 GDP를 큰 폭으로 증가시키는가? 그 이유는 무엇인가?
3. 한 농부가 빵 제조업자에게 2달러를 받고 밀을 판매한다. 빵 제조업자는 밀로 빵을 만들어 3달러에 판매한다. 이러한 거래로 인해 GDP는 얼마나 증가하는가?
4. 소피아는 여러 해전에 500달러어치 음반을 구입했고, 오늘 이 음반들을 100달러에 팔았다. 올해의 GDP에는 어떤 영향이 있는가?
5. GDP를 구성하는 네 가지 항목을 열거하고, 각 항목의 예를 하나씩 제시하라.
6. 경제학자들이 경제적 후생을 측정하는 데 명목 GDP 대신 실질 GDP를 사용하는 이유는 무엇인가?
7. 어떤 경제는 2020년에 1개에 2달러 하는 빵을 100개 생산한다. 2021년에는 빵을 200개 생산하고, 빵 1개의 가격은 3달러다. 2020년을 기준 연도로 하여 2020년과 2021년의 명목 GDP, 실질 GDP, GDP 디플레이터를 계산하라. 이들 변수의 증가율을 구하라.
8. GDP가 클수록 좋은 이유는 무엇인가? GDP를 증가시키지만 바람직하지 못한 예를 하나 제시하라.

응용문제

1. 다음의 각 거래는 GDP의 어떤 항목에 영향을 미치는가? 그 이유를 설명하라.

a. 페스터 삼촌이 국내산 새 냉장고를 구입한다.

b. 돌리 숙모가 지역 건축업자로부터 신규 주택을 구입한다.

c. 황 가족이 엘리스 가족으로부터 오래된 빅토리아 양식의 주택을 구입한다.

d. 여러분이 이발사에게 이발 비용을 지불한다.

e. 포드사가 마르티네즈 가족에게 재고로 가지고 있던 머스탱(Mustang) 승용차 1대를 판매한다.

f. 포드사가 포커스(Focus) 승용차 1대를 제조하여 차량 렌탈회사인 에이비스(Avis)에 판매한다.

g. 캘리포니아 주에서 고속도로를 재포장하기 위해 근로자들을 고용한다.

h. 연방 정부가 여러분의 할머니에게 국민연금 급여를 지급한다.

i. 여러분의 부모님이 프랑스산 포도주 1병을 구입한다.

j. 자동차 회사 혼다(Honda)가 오하이오 주에 있는 공장을 확장한다.

2. 빈 칸을 채워라.

연도	실질 GDP (2000년 기준 달러)	명목 GDP (달러)	GDP 디플레이터 (2000년 기준)
1970	3,000	1,200	_______
1980	5,000	_______	60
1990	_______	6,000	100
2000	_______	8,000	_______
2010	_______	15,000	200
2020	10,000	_______	300
2030	20,000	50,000	_______

3. GDP를 구성하는 항목 중에서 사회보장 급여와 같은 이전지출은 정부구입에 포함되지 않는다. GDP의 정의를 토대로 이전지출이 GDP에 포함되지 않는 이유를 설명하라.

4. GDP에는 재판매된 중고품의 가치가 포함되지 않는다. 중고품의 거래를 포함시키면 GDP가 후생 지표로 더 불완전해지는 이유는 무엇인가?

5. 다음 자료를 보고 문제에 답하라.

연도	우유 가격	우유 생산량	꿀 가격	꿀 생산량
2020	$1	100쿼트	$2	50쿼트
2021	1	200	2	100
2022	2	200	4	100

a. 2020년을 기준 연도로 하여 각 연도의 명목 GDP, 실질 GDP, GDP 디플레이터를 계산하라.

b. 2021, 2022년의 전년 대비 명목 GDP, 실질 GDP, GDP 디플레이터 변화율을 계산하라. 연도별로 변하지 않는 변수를 찾아라. 계산 결과를 설명하라.

c. 2021, 2022년 중 어떤 해에 경제적 후생이 더 큰 폭으로 증가했는가? 그 이유를 설명하라.

6. 초콜릿바만 생산하는 나라의 경제를 생각해보자. 1차 연도의 산출량은 3, 가격은 4달러고, 2차 연도의 산출량은 4, 가격은 5달러며, 3차 연도의 산출량은 5, 가격은 6달러다. 기준 연도는 1차 연도다.

a. 1, 2, 3차 연도의 명목 GDP는 각각 얼마인가?

b. 1, 2, 3차 연도의 실질 GDP는 각각 얼마인가?

c. 1, 2, 3차 연도의 GDP 디플레이터는 각각 얼마인가?

d. 2차 연도와 3차 연도 사이의 실질 GDP 성장률은 얼마인가?

e. 2차 연도와 3차 연도 사이의 GDP 디플레이터로 측정한 인플레이션율은 얼마인가?

f. 이 경제에서 질문 (b)와 (c)를 먼저 풀지 않고 어떻게 질문 (d)와 (e)를 풀 수 있었는가?

7. 미국 GDP에 관한 다음 표를 보고 물음에 답하라.

연도	명목 GDP (10억 달러)	GDP 디플레이터 (2012년 기준)
2018	20,501	110.4
1998	9,063	75.3

a. 1998~2018년의 명목 GDP의 증가율을 구하라. (힌트 : N년 동안의 변수 X의 증가율은 $100 \times [(X \text{ 말년}/X \text{ 초년})^{1/N} - 1]$이다.)

b. 1998~2018년의 GDP 디플레이터 증가율을 구하라.

c. 2012년 가격으로 계산한 1998년의 실질 GDP는 얼마인가?

d. 2012년 가격으로 계산한 2018년의 실질 GDP는 얼마인가?

e. 1998~2018년의 실질 GDP의 증가율은 얼마인가?

f. 명목 GDP 증가율은 실질 GDP 증가율에 비해 더 높은가, 낮은가? 그 이유를 설명하라.

8. 최근 GDP 발표를 보도한 신문이나 한국은행의 웹사이트(www.bok.or.kr) 보도자료를 찾아서 명목 GDP와 실질 GDP, 그 구성 항목의 최근 변동 추세를 설명하라. (미국의 GDP 자료는 www.bea.gov 참조)

9. 농부가 밀을 재배하여 100달러를 받고 방앗간에 판다. 방앗간은 밀로 밀가루를 만들어 150달러를 받고 제과점에 판다. 제과점에서는 밀가루로 빵을 만들어 180달러를 받고 소비자에게 판다. 소비자는 이 빵을 소비한다.

a. 이 경제에서 GDP는 얼마인가? 설명하라.

b. 부가가치는 생산자의 산출량의 가치에서 생산자가 구입한 중간재의 가치를 뺀 수치로 정의된다. 앞에서 설명된 것 외에 다른 중간재가 없다고 가정하고 농부와 방앗간, 제과점 주인의 부가가치를 각각 계산하라.

c. 이 경제 전체의 부가가치는 얼마인가? 이 금액을 경제 전체의 GDP와 비교하라. 예를 통해 GDP를 계산하는 또 다른 방법이 있다는 사실을 이해할 수 있는가?

10. 가정에서 재배하여 소비하는 식품 등 시장에서 판매되지 않는 재화와 서비스는 일반적으로 GDP에 포함되지 않는다. 이 사실은 미국과 인도의 경제 후생을 비교하는 데 어떤 영향을 미치는지 표 15.3을 사용하여 설명하라.

11. 1970년 이래 미국 여성의 경제활동 참여가 극적으로 증가했다.

a. 이로 인해 GDP에는 어떤 영향이 있었겠는가?

b. 가사노동 시간과 여가를 포함하는 후생 지표가 있다면 이 지표의 변화는 GDP의 변동과 어떻게 다르겠는가?

c. 여성의 경제활동 참가율 증가에 의해 경제 후생의 다른 측면에 영향이 있겠는가? 이런 영향을 감안한 지표를 만드는 것이 현실적으로 가능하겠는가?

12. 이발사 배리는 하루에 이발요금으로 400달러를 번다. 이발소 장비의 감가상각은 매일 50달러다. 배리는 판매세로 30달러를 납부하고, 220달러를 임금으로 집에 가져가며, 100달러는 앞으로 장비 구입을 위해 유보해둔다. 그가 집으로 가져가는 220달러 중에서 70달러를 소득세로 낸다. 이상의 정보를 이용하여 다음 국민소득 지표에 대해 배리가 기여한 금액을 계산하라.

a. 국내총생산

b. 국민순생산

c. 국민소득

d. 개인소득

e. 개인가처분소득

간단한 퀴즈 정답

1. c 2. d 3. b 4. c 5. b 6. d 7. c 8. a 9. a 10. b 11. c 12. c

16장

생계비의 측정

미국이 대공황으로 고통을 겪고 있던 1931년에 유명한 야구선수 베이브 루스(Babe Ruth)는 뉴욕 양키스에서 연봉 8만 달러를 받았다. 당시 루스의 연봉은 야구 스타 선수들 중에서도 예외적으로 높았다. 일화에 따르면, 한 기자가 루스에게 당시 허버트 후버(Herbert Hoover) 대통령(7만 5,000달러)보다 높은 연봉을 받는 것이 타당하다고 생각하는지 물었더니 루스는 "올해에는 내가 대통령보다 벌이가 더 좋았군요"라고 답했다고 한다.

2018년 미국 메이저리그 야구선수들의 평균 연봉은 약 450만 달러였고, LA 다저스의 투수 클레이튼 커쇼(Clayton Kershaw)는 3,300만 달러를 받아 메이저리그 최고 연봉 선수가 되었다. 이런 사실을 보고 여러분은 지난 90년 사이에 프로야구라는 산업의 수익성이 크게 높

ISTOCK.COM/LOLOSTOCK; GEORGE RUDY/SHUTTERSTOCK.COM

아졌다고 생각할지 모르겠다. 그러나 여러분도 알다시피 그동안 물가도 많이 올랐다. 1931년에는 아이스크림 1개가 5센트였고, 영화 1편 관람료는 25센트에 불과했다. 이와 같이 베이브 루스가 선수로 활약하던 시절의 물가는 오늘날에 비해 너무 낮았기 때문에 루스의 생활 수준이 오늘날 현역 야구선수의 생활 수준에 비해 높았는지 낮았는지는 분명하지 않다.

15장에서 우리는 한 경제에서 생산되는 재화와 서비스의 총량을 측정하는 경제지표인 국내총생산(GDP)에 대해 알아보았다. 이 장에서는 경제학자들이 전반적인 생계비를 측정하는 방식에 대해 알아볼 것이다. 베이브 루스의 1931년 연봉 8만 달러를 오늘날 선수들의 연봉과 비교하려면 현재와 그 당시 달러의 구매력을 나타내는 믿을 만한 지표가 필요하다. 소비자물가지수(CPI)가 바로 이런 목적으로 작성되는 지표다. 먼저 CPI가 어떻게 작성되는지 살펴보고, 이 지표를 이용하여 서로 다른 시점의 화폐가치를 비교하는 방법에 대해 알아보자.

CPI는 시간 경과에 따른 생계비의 변동을 나타내는 데 쓰인다. CPI가 상승하면 평균적인 가계가 전과 같은 생활 수준을 유지하는 데 드는 비용이 증가한다. 경제학자들은 경제의 전반적인 물가 상승 현상을 인플레이션이라고 부른다. 인플레이션율은 물가지수의 전년도 대비 상승률을 말한다. 15장에서 경제학자들이 GDP 디플레이터를 이용하여 인플레이션율을 어떻게 측정하는지 설명했다. 그러나 여러분이 TV 저녁 뉴스에서 접하는 인플레이션율은 소비자들이 구입하는 재화와 서비스 가격을 보다 잘 반영하는 소비자물가지수로부터 계산된다.

앞으로 살펴보겠지만 인플레이션은 거시경제 동향에 관한 가장 주목받는 지표이며, 거시경제 정책의 방향을 결정하는 데 영향을 미치는 중요한 변수다. 이 장에서는 인플레이션에 대한 분석의 전 단계로, CPI를 이용하여 인플레이션율이 어떻게 측정되며 이 통계가 서로 다른 시점의 화폐 금액을 비교하는 데 어떻게 사용될 수 있는지 살펴볼 것이다.

16-1 소비자물가지수

소비자물가지수 대표적인 소비자가 구입하는 재화와 서비스의 전반적 비용을 나타내는 지표

소비자물가지수(consumer price index, CPI)는 대표적인 소비자가 구입하는 재화와 서비스의 전반적인 비용을 나타내는 지표다. 미국 노동통계국(BLS)에서는 매달 소비자물가지수를 작성하여 발표한다. 여기에서는 먼저 소비자물가지수가 어떻게 계산되며, 소비자물가지수 측정에 따르는 문제점들이 무엇인지 살펴본다. 그리고 15장에서 설명한 또 다른 물가지수인 GDP 디플레이터와 소비자물가지수를 비교해볼 것이다.

1단계 : 소비자 지출 행태 조사를 거쳐 고정된 재화 묶음을 선택

핫도그 4개, 햄버거 2개

2단계 : 각 품목의 연도별 가격 자료 수집

연도	핫도그 가격	햄버거 가격
2019	$1	$2
2020	2	3
2021	3	4

3단계 : 고정된 재화 묶음의 연도별 구입비용 계산

연도	재화 묶음의 비용
2019	(핫도그 1개당 $1×핫도그 4개)+(햄버거 1개당 $2×햄버거 2개)=$8
2020	(핫도그 1개당 $2×핫도그 4개)+(햄버거 1개당 $3×햄버거 2개)=$14
2021	(핫도그 1개당 $3×핫도그 4개)+(햄버거 1개당 $4×햄버거 2개)=$20

4단계 : 기준 연도를 2019년으로 정하고 각 연도의 소비자물가지수 계산

연도	소비자물가지수
2019	($8/$8)×100=100
2020	($14/$8)×100=175
2021	($20/$8)×100=250

5단계 : 소비자물가지수를 이용하여 전년도 대비 인플레이션율 계산

연도	인플레이션율
2020	(175−100)/100×100=75%
2021	(250−175)/175×100=43%

표 16.1

소비자물가지수와 인플레이션율의 계산법

이 표는 소비자가 핫도그와 햄버거만 소비하는 가상적인 경제에 대해 소비자물가지수와 인플레이션율을 계산하는 방법을 보여준다.

16-1a 소비자물가지수의 계산법

노동통계국은 수천 개 항목의 재화와 서비스에 대한 가격 자료를 사용하여 소비자물가지수와 인플레이션율을 계산한다. 이 지표가 어떻게 계산되는지 정확히 알아보기 위해 핫도그와 햄버거라는 두 가지 재화만 생산하는 가상적인 경제를 생각해보자. 표 16.1은 노동통계국이 소비자물가지수를 산정하는 5단계 절차를 정리한 것이다.

1. 물가지수에 포함되는 품목, 즉 재화 묶음을 결정한다 : 대표적인 소비자가 어떤 물건의 가격을 가장 중요하게 여기는지 판단한다. 이 소비자가 햄버거보다 핫도그를 많이 산다면 그에게는 핫도그 가격이 햄버거 가격보다 중요하므로 생계비를 계산할 때 핫도그에 더 높은 비중을 두어야 한다. 노동통계국에서는 대표적인 소비자가 구입하는 재화와 서비스의 지출 구조를 조사하여 각 재화와 서비스의 비중

을 정한다. 표 16.1의 예에서 대표적인 소비자는 핫도그 4개와 햄버거 2개를 소비한다.

2. **가격을 조사한다** : 각 시점에서 물가지수에 포함되는 각 재화와 서비스의 가격을 알아낸다. 표 16.1에는 3년 동안 핫도그와 햄버거 가격이 표시되어 있다.
3. **재화 묶음의 비용을 계산한다** : 가격 자료를 이용하여 각 시점에서 정해진 재화와 서비스 묶음을 구입하는 데 소요되는 비용을 계산한다. 표에는 이 비용의 3년간 수치가 기록되어 있다. 이 비용을 계산할 때 주목할 점은 가격만 변한다는 사실이다. 즉 소비자가 구입하는 재화 묶음(핫도그 4개와 햄버거 2개)을 고정함으로써 가격 변동의 효과를 동시에 일어날 수 있는 수량 변화의 효과와 분리하려는 것이다.
4. **기준 연도를 선정하고 물가지수를 계산한다** : 어떤 한 해를 기준 연도로 정하고 이 기준 연도를 나머지 연도와 비교하는 기준으로 삼는다. (물가지수는 생계비의 변동률(%)을 측정하는 데 사용되기 때문에 기준 연도를 어느 해로 정하든 상관없다.) 기준 연도를 정하고 나면, 물가지수는 다음과 같이 계산할 수 있다.

$$\text{소비자물가지수} = \frac{\text{재화 묶음 구입비용}}{\text{기준 연도 재화 묶음 구입비용}} \times 100$$

즉 특정 연도의 CPI는 해당 연도의 재화와 서비스 묶음 구입비용을 기준 연도의 재화와 서비스 묶음 구입비용으로 나눈 수치에 100을 곱한 값이다.

표에 있는 예에서 기준 연도는 2019년이고, 이 해에 핫도그 4개와 햄버거 2개를 구입하는 데 드는 비용은 8달러다. 따라서 각 연도의 소비자물가지수를 구하려면 그해에 동일한 재화 묶음을 구입하는 데 드는 비용을 8달러로 나누어 100을 곱하면 된다. 2019년의 CPI는 100이다(기준 연도의 물가지수는 항상 100이다). 2020년의 CPI는 175다. 이것은 정해진 재화 묶음을 구입하는 데 드는 2020년의 비용이 기준 연도의 175%라는 뜻이다. 달리 표현하면 기준 연도에 구입하는 데 100달러가 소요되는 재화 묶음을 2020년에 구입하려면 175달러가 든다는 것이다. 비슷한 방법으로 계산하면 2021년의 물가지수는 250이고, 2021년의 물가 수준은 기준 연도의 250%에 해당한다.

인플레이션율 지난 기 대비 물가지수 변동률

5. **인플레이션율을 계산한다.** 소비자물가지수의 전년도 대비 상승률, 즉 인플레이션율(inflation rate)은 다음과 같이 계산할 수 있다.

$$\text{2차 연도 인플레이션율} = \frac{\text{2차 연도 CPI} - \text{1차 연도 CPI}}{\text{1차 연도 CPI}} \times 100$$

표 16.1 맨 마지막 줄에서 볼 수 있듯이 우리의 예에서 2020년 인플레이션율은 75%, 2021년 인플레이션율은 43%다.

우리가 살펴본 예는 두 가지 재화만 포함하여 실제 경제에 비해 매우 단순화된 것이지만, 노동통계국에서 CPI와 인플레이션율을 계산하는 방법을 잘 설명하고 있다. 노동통계국에서는 매달 수천 개 품목의 가격 자료를 수집하고 처리하여, 앞에서 설명한 5단계를 거쳐 대표적인 소비자의 생계비가 얼마나 상승했는지 계산한다.

노동통계국은 전체 경제에 대한 CPI 이외에도 식료품, 의복, 에너지와 같은 협의의 지출 영역별 물가지수 등 몇 개의 다른 물가지수도 발표한다. 또한 식료품과 에너지를 제외한 모든 재화와 서비스에 대한 소비자물가지수도 작성하는데, 이를 근원 소비자물가지수(core CPI)라고 한다. 식료품과 에너지 가격은 단기간에 변동폭이 크기 때문에 전체 CPI보다 코어 CPI가 인플레이션 추세를 더 잘 반영한다. 끝으로 기업들이 구입하는 재화와 서비스 묶음의 비용을 나타내는 생산자물가지수(producer price index, PPI)도 계산한다. 궁극적으로 기업들은 생산비용 상승분을 소비자가격의 인상을 통해 소비자에게 전가하므로 생산자물가지수는 소비자물가지수의 변동을 예측하는 데 매우 유용하다.

근원 소비자물가지수 식료품과 에너지를 제외한 모든 재화와 서비스의 전반적인 비용을 나타내는 지표

생산자물가지수 기업들이 구입하는 재화와 서비스 묶음의 비용을 나타내는 지표

이해를 돕기 위해 소비자물가지수 계산에 사용되는 재화와 서비스

소비자물가지수를 계산할 때 노동통계국에서는 대표적인 소비자가 구입하는 모든 재화와 서비스를 반영하려고 노력한다. 뿐만 아니라 각 재화와 서비스의 비중은 이들 항목에 대한 소비자의 실제 지출 금액을 근거로 결정된다.

그림 16.1은 소비자 지출을 주요 재화와 서비스 분야별로 구분한 것이다. 가장 큰 지출 항목은 주거비(42%)로, 대표적인 소비자 지출을 차지한다. 여기에는 주택을 보유 또는 사용하는 데 드는 비용(33%)과 연료, 수도료, 전기료 등 공공요금(5%), 가구와 주택 유지비(4%) 등이 포함된다. 다음으로 큰 항목은 교통비(17%)인데 여기에는 자동차에 대한 지출, 휘발유 구입, 버스 · 지하철 요금 등이 포함된다. 다음은 식료품 · 음료비(14%)가 차지한다. 여기에는 가정에서 소비하는 식료품비(7%), 외식비(6%), 주류비(1%) 등이 포함된다. 다음 항목은 의료비(9%), 교육 · 통신비(7%), 레크리에이션비(6%) 순이다. 의복지출은 옷, 신발, 보석 등을 포함하며 가계지출의 3%를 차지한다.

나머지 기타(3%)는 재화와 서비스에 대한 지출로 담배, 이발, 장례비 등 다른 지출 항목으로 분류하기 어려운 모든 항목이 여기에 해당된다. ■

그림 16.1

전형적인 재화와 서비스 묶음

이 그림은 대표적인 소비자가 지출을 재화와 서비스 항목에 어떻게 배분하는지 보여준다. 노동통계국에서는 각 항목의 백분율 수치를 그 영역의 '상대적 중요도'라고 한다.

주: 반올림 때문에 합계가 100%가 아니다.
자료: 미국 노동부, 상무부

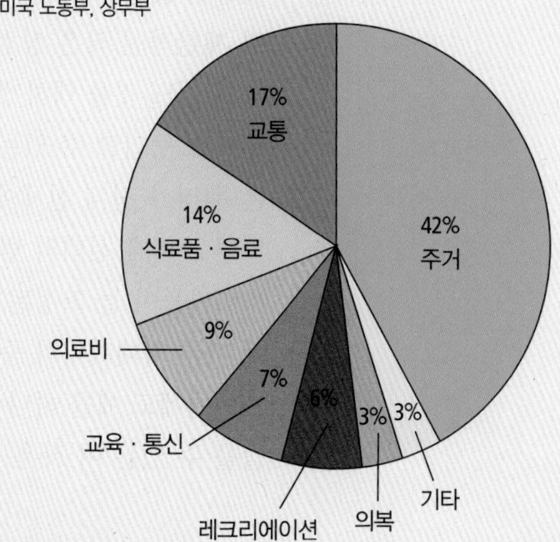

16-1b 소비자물가지수 측정상의 문제점

소비자물가지수의 목표는 생계비의 변동을 측정하는 데 있다. 달리 표현하면 소비자물가지수는 일정한 생활 수준을 유지하기 위해서 소득이 얼마나 늘어야 하는지를 계산하는 것이다. 그러나 소비자물가지수는 생계비를 측정하는 완벽한 지표가 아니다. 다음은 널리 알려져 있지만 해결하기 쉽지 않은 세 가지 문제점이다.

첫째, 대체효과에 따른 왜곡(substitution bias)이다. 어느 해와 다음 해 사이에 물가가 변동할 때 모든 물건 가격이 같은 비율로 변하지는 않는다. 어떤 물건의 가격은 많이 오른 반면 어떤 물건의 가격은 덜 오른다. 소비자들은 상대적으로 가격이 많이 오른 물건의 소비를 줄이고, 가격이 덜 오르거나 내린 물건의 소비는 늘린다. 즉 소비자는 상대적으로 가격이 높아진 재화 대신 가격이 낮아진 재화를 소비하는 것이다. 그러나 소비자물가지수는 고정된 재화 묶음을 가정하고 작성되므로 소비자의 대체 가능성을 배제함으로써 생계비 변동을 과대평가한다.

간단한 예를 들어 설명해보자. 기준 연도에 사과가 배보다 싸서 소비자가 배보다 사과를 많이 산다면, 노동통계국은 소비자물가지수 산정에 사용되는 재화 묶음을 설정할 때 사과를 많이 넣고 배는 덜 넣을 것이다. 그런데 이듬해에 배가 사과보다 싸졌다면 소비자는 당연히 가격이 낮아진 배를 더 사고 사과를 덜 살 것이다. 그러나 노동통계국이 소비자물가지수를 계산할 때는 사과 가격이 상대적으로 높아졌음에도 불구하고 소비자가 전과 같은 수의 사과를 구입한다고 가정한다. 따라서 이렇게 계산된 소비자물가지수에 따르면 소비자가 실제 느끼는 것보다 생계비가 훨씬 많이 오른 것으로 나타난다.

둘째, 새로운 상품의 등장이다. 새로운 상품이 시장에 나오면 소비자 선택의 폭은 넓어진다. 선택의 폭이 넓어지면 소비자는 더 낮은 비용으로 동일한 생활 수준을 유지할 수 있다. 그 이유에 대해서는 가상적인 예를 들어 생각해보자. 여러분에게 누가 매우 다양한 물건을 파는 백화점에서 쓸 수 있는 100달러짜리 상품권과 판매하는 물건이 훨씬 제한적인 작은 상점에서 쓸 수 있는 100달러짜리 상품권 중 하나를 선택하라고 한다면 어느 것을 택하겠는가? 대부분의 사람들은 백화점 상품권을 선택할 것이다. 같은 돈으로 구입할 수 있는 물건의 가짓수가 많을수록 돈의 가치가 높아지기 때문이다. 같은 원리가 경제 전체에도 적용될 수 있다. 시간이 흐름에 따라 새로운 상품들이 출시되면 소비자 선택의 범위가 넓어지고 돈의 가치가 높아진다. 그러나 소비자물가지수는 소비자들이 늘 고정된 재화와 서비스 묶음을 구입한다고 가정하기 때문에 신제품 출시에 따른 화폐가치의 증가를 반영하지 못하는 것이다.

이번에도 예를 하나 들어보자. 2001년에 애플에서 아이팟(iPod)을 출시했다. 음악을 들을 수 있는 이 작은 기기는 훗날 나온 아이폰의 전신이라 할 수 있다. 그전에도 음악을 들을 수 있는 기계들이 있었지만 아이팟만큼 휴대하기에 편하거나 성능이 다양하지는 않았다. 아이팟은 소비자들의 선택기회를 넓혀주는 새로운 대안이었다. 아이팟의 출시로 주어진 소득에서 소비자들은 더 높은 후생 수준을 누릴 수 있게 되었다. 역으로 더 낮은 소득으로 동일한 경제적 후생 수준을 달성할 수 있게 되었다. 완벽한 생계비지수라면 아이팟의 출시로 인한 생계비 하락을 반영했어야 할 것이다. 그러나 소비자물가지수는 고정된 재화 묶음을 사용하기 때문에 아이팟의 출현에도 불구하고 지수가 하락하지 않았다. 궁극적으로 노동통계국은 조사 대상 품목을 조정하여 아이팟을 포함시켰고, 이에 따라 아이팟 가격의 변동은 소비자물가지수에 반영되기 시작했다. 그러나 아이팟의 초기 출현으로 인한 생계비 하락은 물가지수에 반영된 적이 없다.

셋째, 품질 변화가 반영되지 않는다는 점이다. 1년 사이에 어떤 재화의 가격은 그대로지만 품질이 저하되면 소비자의 구매력은 감소한다. 비슷한 이치로 제품의 품질이 개선되면 소비자의 구매력은 증가한다. 노동통계국은 품질 변화를 소비자물가지수에 반영하기 위해 최선을 다한다. 물가지수 산정에 사용되는 재화 묶음에 속하는 물건의 품질이 변하면, 예를 들어 올해 출고된 승용차가 작년 모델에 비해 엔진 출력이 높고 연비가 우수하다면, 품질 변화를 반영하여 그 물건의 가격을 조정한다. 요컨대 노동통계국은 품질이 일정한 재화와 서비스 묶음의 가격을 측정하려고 애쓴다. 그러나 품질을 측정하기가 매우 어렵기 때문에 품질 변화를 소비자물가지수에 반영하는 데 애로가 있다.

지금까지 지적한 소비자물가지수 산정상의 문제점들이 얼마나 심각한지, 이 문제들을 어떻게 해결해야 할지에 관해서는 아직도 경제학자들 사이에서 논란이 있다. 몇몇 연구의 결론은 소비자물가지수로 인해 인플레이션율이 매년 0.5~1% 포인트 과대평가되고 있다는 것이었다. 소비자물가지수의 정확성 문제가 중요한 것은 상당수의 정부 정책 프로그램이 소비자물가지수를 사용하여 전반적인 물가 변동을 반영하기 때문이다. 예를 들어 사회보장(국민연금) 급여액은 소비자물가지수에 연동된다. 몇몇 경제학자들은 소비자물가지수의 부정확성에 따른 오류를 시정하기 위해 물가 상승에 따른 정부 프로그램 급여액의 자동 증가분을 줄이는 방식의 제도 개선을 제안했다.

16-1c GDP 디플레이터와 소비자물가지수

15장에서 우리는 전반적인 물가 수준을 나타내는 지표로 GDP 디플레이터에 대해 살펴보았다. GDP 디플레이터는 명목 GDP를 실질 GDP로 나눈 수치다. 그런데 명목 GDP는 산출량의 가치를 현재 가격으로 측정한 것이고, 실질 GDP는 산출량의 가치를 기준 연도 가격으로 계산한 것이므로 GDP 디플레이터는 기준 연도 물가 수준에 대한 올해의 물가 수준을 나타낸다.

경제학자들과 정책담당자들은 물가가 얼마나 빠른 속도로 상승하는지를 파악하기

THE WALL STREET JOURNAL

AUDIO - VIDEO

FROM THE WALL STREET JOURNAL—PERMISSION, CARTOON FEATURES SYNDICATE.

"가격이 좀 비싸 보일지 모르지만 이 가격은 현재의 화폐가치를 반영한 것이라는 점을 기억하셔야 합니다."

위해 소비자물가지수와 GDP 디플레이터 동향을 관찰한다. 대개 두 물가지수는 비슷하게 움직이지만 두 가지 차이점이 있다.

첫째, GDP 디플레이터는 국내에서 생산되는 모든 재화와 서비스의 가격을 반영하는 데 반해, 소비자물가지수는 소비자가 구입하는 재화와 서비스의 가격만 포함한다는 사실이다. 예를 들어 보잉사가 생산하여 공군에 판매하는 비행기 가격이 상승한다고 하자. 비행기는 GDP에 포함되지만 대표적인 소비자가 구입하는 재화 묶음에는 속하지 않는다. 따라서 비행기 가격의 상승은 GDP 디플레이터에 반영되지만 소비자물가지수에는 나타나지 않는다.

또 다른 예로 볼보사가 승용차 가격을 인상한다고 하자. 볼보 승용차는 스웨덴에서 생산되기 때문에 미국의 GDP에는 포함되지 않지만 미국의 소비자들이 볼보 승용차를 구입하므로 대표적인 소비자의 재화 묶음에 포함된다. 따라서 볼보 승용차 같은 수입품 가격의 상승은 GDP 디플레이터에 나타나지 않지만 소비자물가지수에는 반영된다.

GDP 디플레이터와 소비자물가지수의 이러한 차이점은 특히 원유 가격이 변동할 때 크게 나타난다. 미국에서도 원유가 일부 생산되지만 대부분 수입한다. 따라서 휘발유나 난방연료가 GDP에서 차지하는 비중보다는 소비자 지출에서 차지하는 비중이 높다. 그러므로 원유 가격이 오르면 GDP 디플레이터에 비해 소비자물가지수가 훨씬 많이 오른다.

그림 16.2

두 가지 인플레이션 지표
이 그림은 GDP 디플레이터와 소비자물가지수를 사용하여 계산한 1965년 이래의 연간 인플레이션율(물가지수의 변동률)을 보여준다. 두 인플레이션 지표는 대체로 같이 움직인다.

자료: 미국 노동부, 상무부

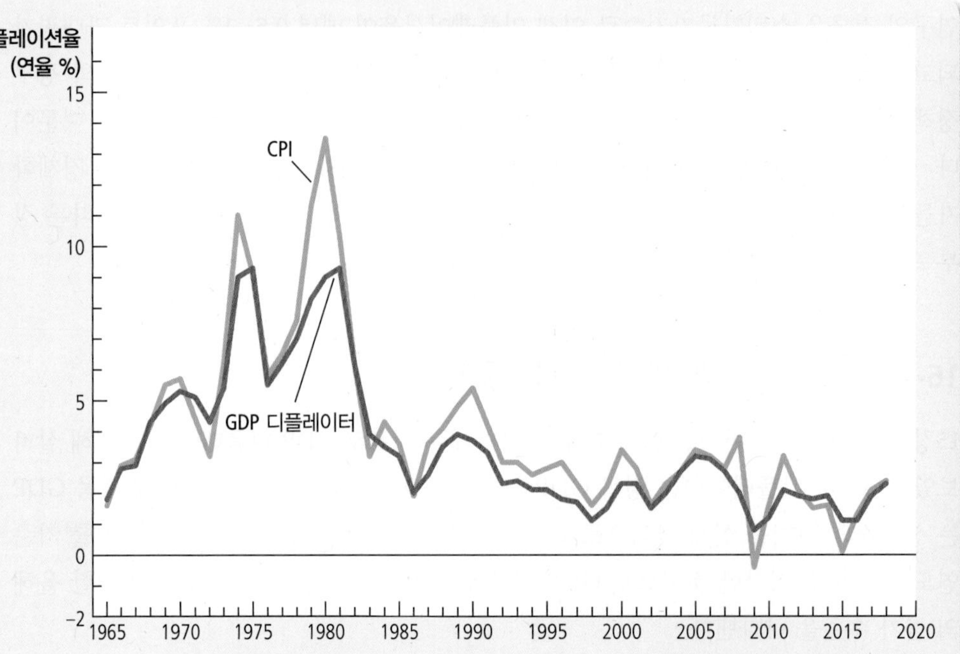

둘째, 다양한 물건 가격에 가중치를 부여하여 물가지수를 하나의 수치로 산출하는 방식에 기인하는 좀더 미묘한 차이다. 소비자물가지수는 고정된 동일한 재화 묶음에 대해 현재 구입하는 데 드는 비용을 기준 연도에 구입하는데 드는 비용과 비교한다. 노동통계국은 이 재화 묶음을 몇 년에 한 번씩 조정하는 반면, GDP 디플레이터는 올해 생산된 재화와 서비스의 가치를 기준 연도에 구입했을 때의 비용과 비교한다. 따라서 GDP 디플레이터의 산정에 이용되는 재화 묶음은 매년 자동적으로 바뀐다. 모든 물건 가격이 비례적으로 변동할 때는 이러한 차이가 문제되지 않는다. 그러나 여러 재화 가격의 변동폭이 서로 다를 경우에는 가중치를 어떻게 부여하는가가 인플레이션율을 측정하는 데 중요한 영향을 미친다.

그림 16.2는 GDP 디플레이터와 소비자물가지수로 측정한 1965년 이래 연간 인플레이션율을 표시한 것이다. 두 인플레이션율 지표가 가끔씩 차이가 나는 것이 눈에 띄는데, 이러한 차이는 앞에서 이야기한 두 가지 요인으로 설명될 수 있다. 예를 들어 1979년과 1980년에는 소비자물가지수 상승률이 GDP 디플레이터 상승률보다 높았는데 이는 주로 원유 가격이 2배 이상 올랐기 때문이다. 역으로 2009년과 2015년에는 원유가격이 폭락했기 때문에 CPI 상승률이 GDP 디플레이터 상승률보다 훨씬 낮았다. 그러나 두 지표는 대부분 같이 움직이며 차이가 나는 것은 예외적이다. 1970년대에는 GDP 디플레이터와 소비자물가지수 중 어느 쪽을 기준으로 하든 인플레이션율이 높았고, 1980년대 중반 이후에는 두 지표에 따른 인플레이션율이 모두 낮은 것으로 나타났다.

간단한 퀴즈

1. 다음 중 소비자물가지수가 측정하는 것과 비슷한 경제 현상을 측정하는 것은 무엇인가?

a. 명목 GDP
b. 실질 GDP
c. GDP 디플레이터
d. 실업률

2. 미국의 소비자물가지수를 산출하는 데 포함되는 재화와 서비스 중에서 비중이 가장 큰 항목은 무엇인가?

a. 식료품과 음료
b. 주거
c. 의료
d. 의복

3. 펜실베이니아의 어떤 총기회사가 미국 육군에 납품하는 총의 가격을 올린다면 어떻게 될까?

a. 소비자물가 상승, GDP 디플레이터 상승
b. 소비자물가 불변, GDP 디플레이터 불변
c. 소비자물가 상승, GDP 디플레이터 불변
d. 소비자물가 불변, GDP 디플레이터 상승

4. 소비자들은 때때로 가격이 상승한 재화 대신 가격이 낮은 재화를 구입할 수 있다. 따라서 (   ).

a. CPI는 인플레이션을 과대평가한다.
b. CPI는 인플레이션을 과소평가한다.
c. GDP 디플레이터는 인플레이션을 과대평가한다.
d. GDP 디플레이터는 인플레이션을 과소평가한다.

정답은 각 장의 끝에

16-2 인플레이션 효과의 조정

경제 전체의 전반적인 물가 수준을 측정하는 목적은 서로 다른 시점의 화폐가치를 비교할 수 있게 하려는 데 있다. 소비자물가지수가 어떻게 산정되는지 살펴보았으니 이 지표를 사용하여 과거의 금액과 현재의 금액을 비교하는 방법에 대해 알아보자.

16-2a 서로 다른 시점의 금액 비교

앞에서 소개한 베이브 루스의 연봉 이야기로 돌아가보자. 오늘날 현역 야구선수들과 비교할 때 루스가 1931년에 받은 연봉 8만 달러는 높은가, 낮은가?

이 질문에 답하기 위해서는 오늘날의 물가 수준과 1931년의 물가 수준을 알아야 한다. 오늘날 현역 야구선수들이 받는 연봉이 높은 것은 물가 상승에 대한 보상의 성격이 있다. 루스의 연봉을 요즘 연봉과 비교하기 위해서는 루스의 1931년 연봉을 현재 달러 금액으로 환산해보아야 한다.

T년도의 달러 금액을 오늘날의 달러 금액으로 환산하는 공식은 다음과 같다.

$$\text{현재 금액} = T\text{년도 금액} \times \frac{\text{현재 물가 수준}}{T\text{년도 물가 수준}}$$

소비자물가지수와 같은 물가지수는 물가 수준을 측정하고 따라서 인플레이션 조정 규모를 결정한다.

이제 이 공식을 베이브 루스의 연봉 계산에 적용해보자. 정부 통계에 따르면 1931년의 물가지수는 15.2, 2018년에는 251이다. 따라서 이 기간 동안에 물가 수준은 16.5배(251/15.2) 증가했다. 이 수치를 사용하여 다음과 같은 방법으로 루스의 1931년 연봉을 2018년 금액으로 환산할 수 있다.

$$\begin{aligned}\text{2018년 연봉} &= \text{1931년 연봉} \times \frac{\text{2018년 물가 수준}}{\text{1931년 물가 수준}}\\ &= \$80{,}000 \times \frac{251}{15.2}\\ &= \$1{,}321{,}053\end{aligned}$$

이와 같이 베이브 루스의 1931년 연봉은 2018년 금액으로 따져보면 130만 달러가 넘는다. 이 정도면 상당히 높은 소득이기는 하지만 오늘날 평균적인 야구 선수 연봉의 3분의 1 수준이고, LA 다저스의 스타플레이어인 투수 클레이튼 커쇼가 받는 연봉의 4%에 불과하다. 경제성장, 스타 선수들이 받는 연봉 비중의 상승 등 다양한 이유로 정상급

이해를 돕기 위해 물가지수가 할리우드를 방문하다

역대 가장 인기가 높았던 영화는 무엇일까? 답을 알면 여러분은 놀랄지도 모른다.

영화의 인기는 대개 입장권 판매수입을 기준으로 측정한다. 이 기준에 따르면 역대 흥행 수입 1위는 「스타워즈: 깨어난 포스」(9억 3,700만 달러)고, 다음이 「아바타」(7억 6,100만 달러), 「블랙 팬서」(7억 달러) 순이다. 그러나 이 순위는 영화 입장료를 포함한 전반적인 물가 상승이라는 중요한 변수를 감안하지 않은 것이다. 인플레이션 때문에 최근에 제작된 영화가 흥행 순위에서 유리하다. 인플레이션을 감안한 입장료 수입을 기준으로 하면 이야기는 확 달라진다. 흥행 순위 1위는 「바람과 함께 사라지다」(17억 7,840만 달러), 2위는 「스타워즈」(15억 7,300만 달러), 3위는 「사운드 오브 뮤직」(12억 5,800만 달러)이다. 명목 입장료 수입 기준 1위인 「스타워즈: 깨어난 포스」는 인플레이션을 감안하면 11위로 떨어진다.

「바람과 함께 사라지다」는 TV가 모든 가정에 보급되기 전인 1939년에 개봉되었다. 1930년대에는 주당 9,000만 명의 미국인이 영화관을 찾았다. 이에 반해 오늘날 주당 영화 관람객은 2,500만 명이다. 그럼에도 불구하고 그 시대 영화들이 대부분 역대 흥행 순위에 들지 못하는 것은 당시 입장료 수입이 현재의 25% 수준에 불과했기 때문이다. 명목 입장료 판매수입을 기준으로 하면 「바람과 함께 사라지다」는 상위 100대 영화에도 들지 못한다. 그러나 인플레이션의 영향을 감안하면 「바람과 함께 사라지다」의 흥행 실적은 훨씬 좋은 것으로 나타난다. ■

LUCASFILM/PHOTO 12/ALAMY STOCK PHOTO

"인플레이션의 위력이 그대에게 함께 하기를"

선수들의 생활 수준은 대폭 상승했다.

다음으로 후버 대통령이 1931년에 받은 연봉 7만 5,000달러에 대해 살펴보자. 앞에서와같이 1931년 금액을 2018년 금액으로 환산하려면 1931년 수치에 두 해의 물가 수준의 비율을 곱하면 된다. 따라서 후버 대통령의 1931년 연봉은 2018년 금액으로는 7만 5,000달러×(251/15.2)=123만 8,487달러에 해당한다. 이 금액은 도널드 트럼프 대통령의 연봉 40만 달러보다 훨씬 높다. 후버 대통령의 벌이가 좋았던 셈이다.

사례 연구 생계비의 지역 격차

여러분이 대학을 졸업하면 몇몇 취업 제안을 놓고 선택을 해야 할지 모른다. 놀라운 일은 아니지만, 급여를 더 주는 직장이 있고 덜 주는 직장이 있을 것이다. 그러나 만일 직장들이 서로 다른 지역에 위치해 있다면 이들의 급여를 비교할 때 신중해야 한다. 생계비는 시대뿐만 아니라 지역에 따라서도 다르다. 더 높아 보이는 급여가 재화와 서비스 가격의 지역 격차를 고려하면 그렇지 않을 수도 있기 때문이다.

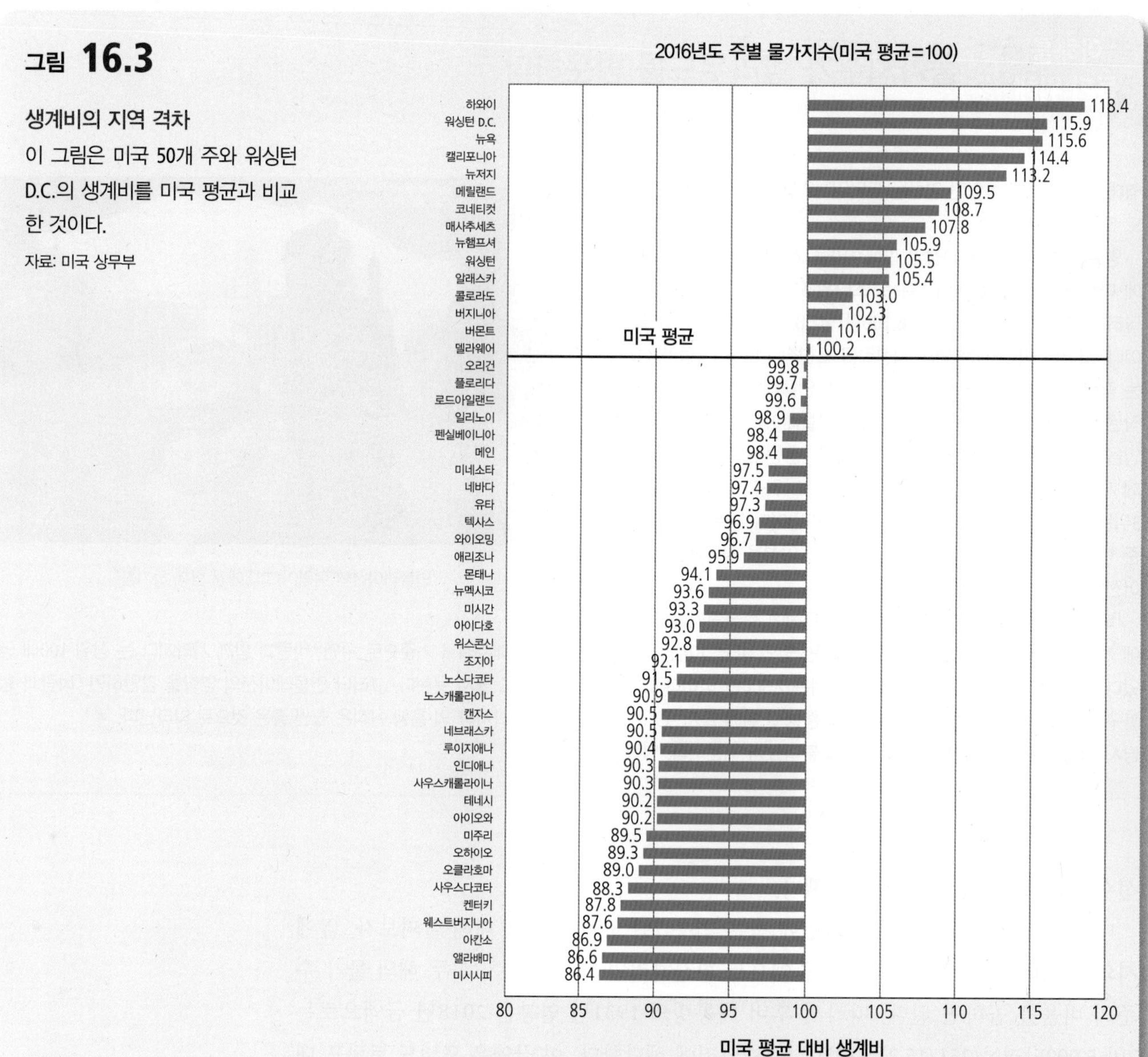

그림 16.3

생계비의 지역 격차
이 그림은 미국 50개 주와 워싱턴 D.C.의 생계비를 미국 평균과 비교한 것이다.

자료: 미국 상무부

미국 경제분석국(BEA)은 소비자물가지수 산출을 위해 수집한 데이터를 이용하여 미국 각 주의 가격을 비교한다. 이러한 방법으로 만들어진 통계 수치를 지역별물가지수(regional price parities)라고 한다. CPI가 시점 간 생계비 변동을 측정하는 것과 마찬가지로, 지역별 물가지수는 주별 생계비 변동을 측정한다.

그림 16.3은 2016년 지역별 물가지수를 보여 준다. 예를 들어 뉴욕주에 사는 경우의 생계비는 전형적인 주에 사는 경우의 생계비의 115.6%에 해당한다. (즉 뉴욕주의 물가

가 미국 모든 주 평균에 비해 15.6% 더 비싸다는 것이다.) 미시시피주의 생계비는 전형적인 주의 생계비의 86.4%다. (즉 미시시피주의 물가가 미국 평균에 비해 13.6% 더 싸다는 것이다.)

이러한 생계비 지역 격차는 왜 발생할까? 식료품과 의복 같은 재화 가격 차이는 지역 생계비 격차의 작은 부분에 불과하다. 대부분의 재화는 교역재이고 한 주에서 다른 주로 쉽게 수송할 수 있다. 지역 간 교역이 가능하기 때문에 지역 간 상당한 가격 격차는 오래 지속되지 못한다.

지역 간 생계비 격차의 큰 부분은 서비스 가격 격차에서 비롯된다. 예컨대 이발 요금은 주마다 다르다. 이발사들이 이발 요금이 비싼 지역으로 이주하거나 고객들이 이발 요금이 싼 지역을 찾아다닌다면 지역 간 이발 요금 격차도 해소될 것이다. 그러나 현실적으로 이발 서비스의 이송 비용이 매우 크기 때문에 이발 요금의 지역 간 격차는 지속될 수 있다.

주거서비스는 생계비 지역 격차를 이해하는 데 있어 특히 중요하다. 주거비는 전형적인 소비자의 생계비 중에서 큰 비중을 차지한다. 뿐만 아니라 주택이나 아파트는 일단 지어지면 쉽게 이동할 수 없고 토지는 이동이 완전히 불가능하다. 따라서 주거비의 지역 격차는 크고 오래 지속된다. 예를 들어 뉴욕주의 월세는 미시시피주의 거의 두 배에 달한다.

취업 제안을 비교할 때 이러한 사실들을 명심하기 바란다. 급여의 절대 금액만 볼 것이 아니라 해당 지역의 재화와 서비스 가격, 특히 주거비도 감안해야 한다. ●

16-2b 물가연동제

앞에서 살펴보았듯이 서로 다른 시점의 금액을 비교하려면 물가지수를 사용하여 인플레이션 효과를 조정해야 한다. 이런 조정은 경제의 여러 분야에서 볼 수 있다. 어떤 금액에 대해 법이나 계약에 따라 자동적으로 인플레이션 효과를 조정하는 경우 이 금액은 인플레이션에 대해 연동되었다고 한다.

예컨대 기업과 노동조합의 장기 고용계약에서는 임금을 소비자물가에 100% 혹은 부분적으로 연동시키는 경우가 있는데, 이러한 조항을 생계비 조정(cost-of-living allowance 혹은 COLA)이라고 하며 이 조항이 있으면 CPI가 상승할 때 임금이 자동적으로 인상된다.

물가연동(indexation)제는 여러 법률에도 규정되어 있다. 예를 들어 미국에서 노인들에게 지급되는 사회보장 급여는 매년 물가 상승을 감안하여 조정된다. 연방소득세의 소득 구간(특정 세율이 적용되는 소득의 범위)도 인플레이션에 연동된다. 그러나 조세 제도가 완벽하게 물가에 연동되는 것은 아니다. 이 문제에 대해서는 인플레이션 비용

물가연동　어떤 금액에 대해 법이나 계약에 따라 자동적으로 인플레이션 효과를 조정하는 것

을 설명할 때 자세히 다룰 것이다.

16-2c 명목이자율과 실질이자율

인플레이션을 감안한 경제변수의 조정 문제는 이자율의 경우 특히 중요하고 미묘하다. 이자율이라는 개념 자체가 서로 다른 시점의 화폐 금액을 비교하는 것과 관련이 있다. 여러분이 은행에 예금을 하면 은행은 나중에 예금의 원금과 이자를 여러분에게 지급할 것이다. 마찬가지로 여러분이 은행에서 대출을 받으면 여러분은 나중에 이자와 함께 빌린 돈을 갚아야 한다. 두 가지 거래에서 미래의 화폐가치가 현재의 가치와 다를 수 있다는 사실을 인정하는 것이 매우 중요하다. 다시 말해 인플레이션 효과를 조정해야 하는 것이다.

예를 들어 설명해보자. 새라 세이버(Sara Saver)가 연리 10%를 지급하는 은행에 1,000달러를 예금한다면 1년 뒤 이자 100달러가 붙어 원리금 1,100달러를 찾을 것이다. 이 경우 새라는 1년 전에 비해 100달러 부유하다고 할 수 있는가?

이 질문에 대한 답은 '부유하다'는 의미에 달려 있다. 물론 새라는 1년 전에 비해 100달러를 더 가지고 있다. 즉 새라가 가진 돈이 10% 증가한 것이다. 그러나 새라는 금액 자체에는 신경을 쓰지 않는다. 그 돈으로 무엇을 살 수 있는지가 중요한 것이다. 은행에 돈을 맡겨둔 기간 동안 물가가 상승했다면 1달러짜리 지폐 한 장으로 살 수 있는 물건의 양이 줄었을 것이다. 이 경우 새라의 구매력, 즉 구입할 수 있는 재화와 서비스의 양은 10% 증가하지 않은 셈이다.

설명을 단순화하기 위해 새라가 영화를 좋아하는 사람이고 가진 돈 전부로 영화관람권을 산다고 하자. 새라가 예금할 당시 영화관람권 1장의 가격은 10달러였다. 따라서 예금할 당시 1,000달러의 가치는 영화관람권 100장에 해당했다. 1년 뒤 10% 이자가 붙어서 예금의 원리금 합계는 1,100달러가 되었다. 이 돈으로 새라는 영화관람권 몇 장을 살 수 있을까? 답은 1년 사이에 영화관람권 가격이 어떻게 변했는지에 달렸다. 몇 가지 경우를 생각해보자.

- **인플레이션이 없는 경우** : 영화관람권 1장 가격이 여전히 10달러라면 새라는 이제 110장을 살 수 있다. 즉 가진 돈이 10% 증가함에 따라 구매력도 10% 증가한 것이다.
- **인플레이션이 6%인 경우** : 영화관람권 1장 가격이 10달러에서 10.60달러로 올랐다면 새라가 살 수 있는 영화관람권은 100장에서 약 104장으로 늘었다. 새라의 구매력은 약 4% 증가한 것이다.
- **인플레이션이 10%인 경우** : 영화관람권 1장 가격이 10달러에서 11달러로 올랐다면 살 수 있는 영화관람권은 여전히 100장이다. 따라서 새라가 가진 돈이 늘었음에도

불구하고 구매력은 1년 전과 똑같다.

- 인플레이션이 12%인 경우 : 영화관람권 1장 가격이 10달러에서 11.20달러로 올랐다면 새라가 살 수 있는 영화관람권은 100장에서 98장으로 오히려 줄었다. 따라서 새라가 가진 돈은 늘었지만 구매력은 1년 전에 비해 2% 감소한 것이다.

새라가 디플레이션을 겪는 경제, 즉 물가가 하락하는 경제에 산다면 또 다른 가능성도 있다.

- 디플레이션이 2%인 경우 : 영화관람권 1장 가격이 10달러에서 9.80달러로 내렸다면 새라는 영화관람권을 약 112장 살 수 있다. 새라의 구매력은 약 12% 증가한 것이다.

앞의 예에서 물가 상승률이 높을수록 새라의 구매력 증가율은 낮아진다는 것을 알 수 있다. 인플레이션이 이자율을 초과하면 구매력은 실제로 감소한다. 그리고 디플레이션으로 물가 상승률이 마이너스면 구매력은 이자율보다 큰 폭으로 증가한다.

따라서 예금자가 저축예금으로 얼마를 벌 수 있는지 파악하려면 이자율과 물가 변동률을 모두 알아야 한다. 은행이 지급하는 이자율은 명목이자율(nominal interest rate)이고 인플레이션을 감안하여 조정한 이자율은 실질이자율(real interest rate)이다. 명목이자율과 실질이자율, 인플레이션율의 관계는 다음과 같이 표시할 수 있다.

명목이자율 인플레이션을 감안하여 조정하지 않은 이자율

실질이자율 인플레이션을 감안하여 조정한 이자율

실질이자율 = 명목이자율 − 인플레이션율

실질이자율은 명목이자율에서 인플레이션율을 뺀 것이다. 명목이자율은 여러분의 예금이 시간이 경과함에 따라 얼마나 빠른 속도로 불어나는지 말해주는 반면, 실질이자율은 예금의 구매력이 얼마나 빨리 상승하는지 나타낸다.

미국의 이자율

그림 16.4는 1965년 이래 명목이자율과 실질이자율을 나타낸 것이다. 명목이자율은 3개월 만기 단기 국채(treasury bill) 이자율이다(다른 이자율도 비슷할 것이다). 실질이자율은 명목이자율에서 인플레이션율을 뺀 수치다. 여기서 인플레이션율은 소비자물가지수의 변동률로 측정한 것이다.

이 그림에서 볼 수 있는 한 가지 특징은 명목이자율이 실질이자율보다 항상 높았다는 사실이다. 이는 이 기간 동안 미국의 소비자물가가 거의 매년 상승했음을 뜻한다. 반면에 19세기 말 미국 경제나 최근 몇 년 동안 일본 경제는 디플레이션을 경험했다. 디플레이션 기간 중에는 실질이자율이 명목이자율보다 높다.

또 인플레이션이 가변적이기 때문에 명목이자율과 실질이자율이 늘 같이 움직이지 않는다는 사실을 알 수 있다. 예컨대 1970년대 말에는 명목이자율은 높았지만 인플레

그림 16.4

실질이자율과 명목이자율
이 그림은 1965년 이래 연간 자료를 이용하여 계산된 명목이자율과 실질이자율을 보여준다. 명목이자율은 3개월 만기 단기 국채 이자율이다. 실질이자율은 명목이자율에서 소비자물가지수로 측정한 인플레이션율을 뺀 수치다. 명목이자율과 실질이자율이 함께 움직이지 않는 경우가 많다는 점을 유의하자.

자료: 미국 노동부, 재무부

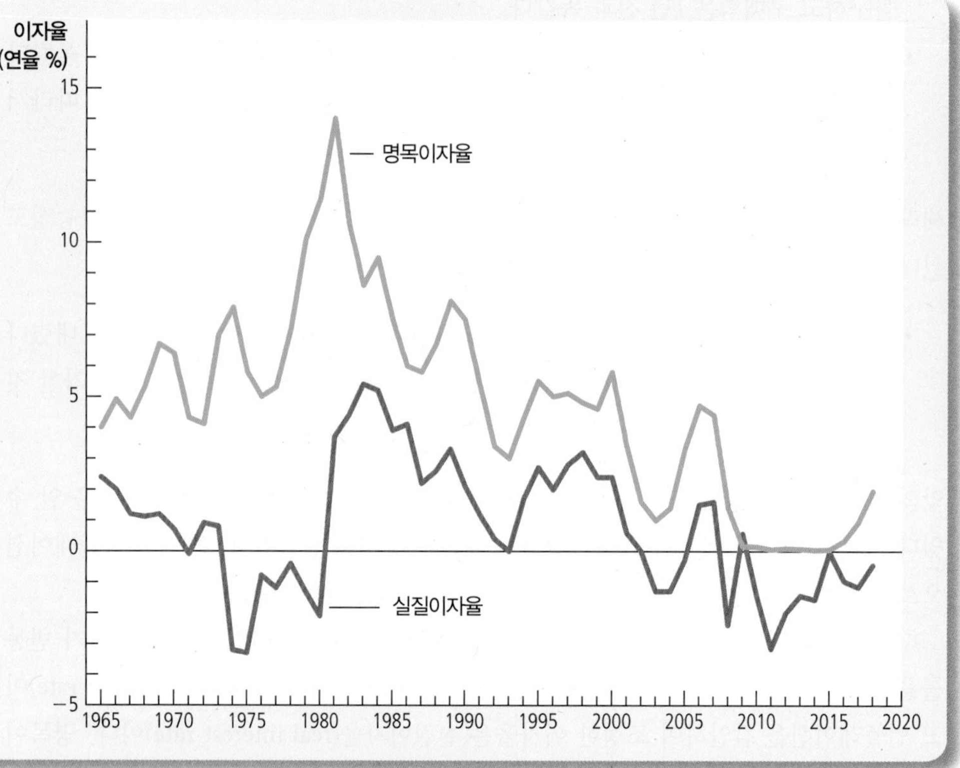

이션율이 매우 높아서 실질이자율은 매우 낮았다. 1970년대 대부분의 해에는 명목이자율로 인한 예금액의 증가보다 인플레이션으로 인한 가치 하락이 빨라서 실질이자율이 마이너스인 적도 있었다. 반면 1990년대 말에는 명목이자율이 20년 전에 비해 낮았으

간단한 퀴즈

5. 1980년 소비자물가지수가 200이고 현재는 300이라면 1980년 당시 600달러의 구매력은 현재의 몇 달러에 해당하나?

a. 400달러
b. 500달러
c. 700달러
d. 900달러

6. 한 나라의 지역 간 생계비 격차가 발생하는 주된 이유는 다음 어떤 재화 가격의 격차 때문인가?

a. 식료품
b. 의복
c. 주택
d. 의료서비스

7. 은행에 2,000달러를 예금하면 1년 후에 2,100달러를 받는다고 하자. 1년 사이에 소비자물가지수가 200에서 204로 오른다면 명목이자율은 (   )%고, 실질이자율은 (   )%다.

a. 1, 5
b. 3, 5
c. 5, 1
d. 5, 3

정답은 각 장의 끝에

나 인플레이션율이 훨씬 더 낮아서 실질이자율은 높았다. 실질이자율과 명목이자율을 결정하는 경제변수들에 대해서는 다음 장들에서 살펴볼 것이다. ●

16-3 결론

유명한 야구선수 고(故) 요기 베라(Yogi Berra)는 언젠가 "5센트짜리 동전은 더 이상 아무런 가치가 없단 말이야"라고 푸념한 적이 있다. 사실 근래의 역사를 보면 화폐의 실질적 가치는 안정적이지 못했다. 물가의 지속적인 상승이 정상이었고, 시간이 흐름에 따라 화폐의 구매력은 하락했다. 서로 다른 시점의 금액을 비교할 때 오늘날의 1달러가 20년 전의 1달러와 다르고, 20년 후의 1달러와 다르다는 점을 명심해야 한다.

이 장에서는 경제학자들이 경제 전체의 전반적인 물가지수를 어떻게 측정하며, 인플레이션 효과를 감안한 물가지수로 경제변수를 어떻게 조정하는지 설명했다. 물가지수는 서로 다른 시점의 화폐가치를 비교할 수 있도록 해주므로 경제가 어떻게 변하는지를 보다 잘 판단할 수 있게 한다.

이 장에서 물가지수에 대해, 그리고 15장에서는 GDP에 대해 설명했는데 이는 거시경제학을 공부하는 첫걸음에 불과하다. 우리는 앞으로 한 나라의 GDP가 어떤 변수에 의해 결정되는지, 인플레이션의 원인과 결과는 무엇인지에 대해 공부할 것이다. 이를 위해서는 보다 자세한 분석이 필요하며 이것이 우리의 다음 과제다. 15, 16장에서 산출량과 물가를 측정하는 방법을 배웠기 때문에 이들 변수의 장기와 단기 변동을 설명할 모형에 대해 알아볼 준비가 되었다.

앞으로 배울 장들에 대한 전략은 다음과 같다. 먼저 장기 실질 GDP와 저축, 투자, 실질이자율, 실업 등 관련 변수들의 결정 변수들에 대해 공부할 것이다. 둘째로 장기 물가 수준과 통화량, 인플레이션, 명목이자율 등 관련 변수들의 결정 변수에 대해 알아볼 것이다. 이러한 변수들이 장기적으로 어떻게 결정되는지 살펴본 다음, 마지막으로 실질 GDP와 물가 수준이 단기에 왜 변동하는지에 관한 좀더 복잡한 문제에 대해 공부할 것이다. 이 모든 과정에서 지금까지 설명한 GDP와 소비자물가지수의 측정에 관한 이슈들은 분석의 기초가 될 것이다.

요약

- 소비자물가지수(CPI)는 주어진 재화와 서비스의 묶음을 구입하는 데 들어가는 비용을 기준 연도의 구입비용과 비교한 수치다. 이 지수는 경제의 전반적인 물가 수준을 측정하는 데 사용된다. 소비자물가지수의 상승률이 인플레이션율이다.
- 소비자물가지수는 다음의 세 가지 이유 때문에 생계비 변동의 지표로서 불완전하다. 첫째, 소비자물가지수는 소비자들이 상대적으로 가격이 높아진 재화 대신 가격이 낮아진 재화를 구입할 수 있다는 사실을 감안하지 않는다. 둘째, 이 지수는 새로운 상품의 도입에 따른 화폐의 구매력 증가를 고려하지 않는다. 셋째, 측정되지 않는 재화와 서비스의 질적 변화로 왜곡되어 있다. 이런 측정상의 문제 때문에 미국의 소비자물가지수는 실제 인플레이션율을 과대평가하고 있다.
- GDP 디플레이터도 소비자물가지수처럼 경제의 전반적인 물가 수준을 측정한다. 이 두 물가지수는 대개 같이 움직이지만 중요한 차이가 있다. GDP 디플레이터는 소비자들이 소비하는 재화와 서비스가 아닌 국내에서 생산된 모든 재화와 서비스만을 포함한다. 따라서 수입품은 소비자물가지수에는 영향을 미치지만, GDP 디플레이터에는 영향을 주지 않는다. 또 소비자물가지수는 고정된 재화 묶음을 사용하는 반면, GDP 디플레이터는 시간이 흘러 GDP의 구성이 변함에 따라 재화와 서비스의 묶음이 자동적으로 변한다는 점이 다르다.
- 서로 다른 시점의 금액을 가지고는 구매력을 제대로 파악할 수 없다. 과거의 금액을 현재의 금액과 비교하려면 물가지수를 적용하여 실질가치를 환산해야 한다.
- 여러 법규와 민간 계약은 물가지수를 사용하여 인플레이션 효과를 조정하도록 되어 있다. 그러나 세법은 인플레이션에 대해 부분적으로만 연동되어 있다.
- 인플레이션을 조정하는 것은 특히 이자율 계산에서 중요하다. 명목이자율은 일반적으로 말하는 이자율로, 시간이 흐름에 따라 저축예금의 원금이 증가하는 속도를 나타낸다. 이에 반해 실질이자율은 시간의 경과에 따른 화폐의 구매력 변화를 나타낸다. 실질이자율은 명목이자율에서 인플레이션율을 뺀 것이다.

중요개념

복습문제

1. 닭 가격의 10% 상승과 캐비어 가격의 10% 상승 중 어느 것이 소비자물가지수에 더 큰 영향을 미치는가?
2. 소비자물가지수가 생계비의 지표로서 불완전한 이유 세 가지를 설명하라.
3. 프랑스산 수입 와인의 가격이 오른다면 소비자물가지수와 GDP 디플레이터 중 어느 쪽이 더 큰 영향을 받는가? 그 이유는 무엇인가?
4. 오랜 기간에 걸쳐 막대사탕 가격이 20센트에서 1.2달러로 올랐고, 같은 기간 동안 소비자물가지수는 150에서 300으로 상승했다. 전반적인 인플레이션을 감안할 때 막대사탕 가격은 얼마나 오른 셈인가?
5. 명목이자율과 실질이자율의 의미를 설명하라. 이 둘은 어떤 관계가 있는가?

응용문제

1. 여러분이 태어난 해에 누군가가 100달러어치 물건을 선물했다고 하자. 비슷한 물건을 지금 구입하려면 비용이 얼마나 들지 추정해보라. 이제 소비자물가지수 데이터를 찾아서 답을 확인해보라.

2. 어떤 도시 주민들은 소득의 전부를 콜리플라워, 브로콜리, 당근을 구입하는 데 지출한다. 2020년에 이들은 콜리플라워 100개를 200달러에, 브로콜리 50개를 75달러에, 당근 500개를 50달러에 구입했다. 2021년에는 콜리플라워 75개를 225달러에, 브로콜리 80개를 120달러에, 당근 500개를 100달러에 구입했다.
   a. 2020년과 2021년의 채소 가격을 각각 계산하라.
   b. 기준 연도가 2020년이라면 2020년과 2021년의 소비자물가지수는 각각 얼마인가?
   c. 2021년의 인플레이션율은 얼마인가?

3. 사람들이 다음 세 종류의 재화만 소비한다고 하자.

	테니스공	골프공	게토레이
2020년 가격	$2	$4	$1
2020년 구입량	100	100	200
2021년 가격	$2	$6	$2
2021년 구입량	100	100	200

   a. 세 가지 재화의 가격 상승률은 각각 얼마인가?
   b. 소비자물가지수와 비슷한 방법을 이용하여 전반적인 물가 수준의 변동률을 계산하라.
   c. 게토레이 1병의 용량이 2020년과 2021년 사이에 증가했다면 인플레이션 계산은 어떻게 달라져야 할까? 그 이유를 설명하라.
   d. 게토레이에 새로운 맛이 2021년에 추가되었다면 인플레이션 계산은 어떻게 달라져야 할까? 그 이유를 설명하라.

4. 통계청 웹사이트(www.kostat.go.kr)에서 소비자물가지수 데이터를 찾아보라. 지난 한 해 동안 소비자물가지수는 얼마나 상승했는가? 가장 많이 오른 지출 항목은 무엇인가? 가장 덜 오른 지출 항목은 무엇인가? 내린 항목도 있는가? 이러한 물가변동 추세를 설명해보라(미국 소비자물가지수는 www.bls.gov 참조 – 역자주).

5. 주민이 10명인 작은 나라에서 「The Voice」라는 TV 프로그램을 즐겨 본다. 이 나라 국민들은 노래방 기계와 CD만 생산하고 소비한다. 이 두 재화의 가격과 구입량은 다음과 같다.

	노래방 기계		CD	
	구입량	가격	구입량	가격
2020	10	$40	30	$10
2021	12	60	50	12

   a. 소비자물가지수와 비슷한 방식을 이용하여 전반적인 물가 수준의 변동률을 계산하라. 기준 연도는 2020년으로 하고, 재화 묶음은 노래방 기계 1대와 CD 3장으로 고정하라.
   b. GDP 디플레이터와 비슷한 방식을 사용하여 전반적인 물가 수준의 변동률을 계산하라. 기준 연도는 2020년으로 하라.
   c. 두 가지 방식으로 계산된 2021년 인플레이션율은 동일한가? 그 이유를 설명하라.

6. 소비자물가지수를 산정할 때 다음의 각 상황에 어떤 문제가 적용되는가? 그 이유를 설명하라.
   a. 휴대전화의 발명
   b. 승용차 에어백의 등장
   c. PC 가격 하락에 따른 PC 구입의 증가
   d. 레이진 브랜(Raisin Bran) 시리얼 각 봉지에 들어 있는 건포도 양의 증가
   e. 휘발유 가격의 상승 이후 연비가 높은 승용차 사용 증가

7. 달걀 12개의 가격이 1980년 1월에는 88센트였고, 2018년 1월에는 1.77달러였다. 생산직 근로자의 시간당 평균임금은 1980년 1월에 6.57달러, 2018년 1월에는 22.36달러였다.
   a. 달걀의 가격 상승률은 얼마인가?
   b. 임금 상승률은 얼마인가?
   c. 근로자들이 달걀 12개를 사기 위해서는 1980년과 2018년에 각각 몇 분을 일해야 했겠는가?
   d. 달걀로 표시한 근로자들의 구매력은 상승했는가, 하락했는가?

8. 많은 경제학자가 소비자물가지수가 실제 인플레이션율을 과대평가한다고 믿지만, 본문에서 설명한 바와 같이 사회보장 급여 지급액은 매년 소비자물가지수 상승률에 비례하여 인상된다.

a. 은퇴한 노년층들이 다른 사람들과 동일한 재화 묶음을 구입한다면 사회보장 급여로 인해 노년층의 생활수준은 매년 상승하는가? 설명하라.

b. 노년층은 젊은층에 비해 의료비를 많이 지출하는데, 의료비 상승률이 일반 인플레이션을 초과했다. 시간이 흐름에 따라 노년층의 후생 수준이 더 나아졌는지의 여부를 어떤 식으로 판단하겠는가?

9. 어떤 차입자와 은행이 합의하여 대출이자율을 결정했는데, 실제 인플레이션이 양쪽이 예상한 것보다 더 높았다고 하자.

a. 실질이자율은 예상보다 높았는가, 낮았는가?

b. 예기치 못한 높은 인플레이션으로 차입자는 이익을 보았는가, 손해를 보았는가? 은행은 이익을 보았는가, 손해를 보았는가?

c. 1970년대의 인플레이션은 당초 사람들이 예상한 것보다 훨씬 높았다. 예상치 못한 높은 인플레이션은 1960년대에 고정이자율로 주택자금을 대출받은 사람들에게 어떤 영향을 미쳤겠는가? 돈을 빌려준 은행에는 어떤 영향이 있었겠는가?

간단한 퀴즈 정답

1. c 2. b 3. d 4. a 5. d 6. c 7. d

17장

생산과 성장

세계 여러 나라를 다녀보면 나라마다 생활 수준이 다르다는 것을 알 수 있다. 미국, 일본, 독일 등 선진국의 1인당 평균소득은 인도, 나이지리아, 니카라과와 같은 저개발국가 평균소득의 약 10배에 달한다. 이러한 소득 격차는 삶의 질의 격차로 나타난다. 부유한 나라의 사람들은 더 많은 자동차와 전화, 컴퓨터를 가지고 있으며, 더 좋은 영양 상태, 더 안전한 주택, 더 훌륭한 의료서비스, 더 긴 기대수명을 누린다.

같은 나라 안에서도 시간이 흐름에 따라 생활 수준이 크게 달라진다. 지난 100여 년 동안 미국의 1인당 실질 GDP는 연평균 2%씩 증가했다. 2%가 작은 수치로 생각될지 모르지만 이 추세로 성장하면 35년 만에 평균소득이 2배로 증가한다. 이러한 성장 덕택에 대부분의 미국

ISTOCK.COM/LOLOSTOCK; ISTOCK.COM/4X6

인들은 부모나 조부모, 증조부모 세대보다 경제적으로 훨씬 풍요롭게 살고 있다.

성장률은 나라마다 크게 다르다. 1990년부터 2017년 사이에 중국의 1인당 소득은 연평균 9% 성장했으며, 누적적으로 평균소득이 10배 증가했다. 그 결과 한 세대 안에 중국은 세계에서 가장 가난한 나라 중의 하나에서 중간 소득국가의 하나가 되었다. 만일 이러한 빠른 속도의 경제성장이 한 세대 간 더 지속된다면 중국은 세계에서 가장 부유한 나라 중의 하나가 될 것이다. 이와는 대조적으로 같은 기간 동안 짐바브웨의 1인당 소득은 (누계기준으로) 27% 감소하여 국민들은 빈곤의 수렁에 빠졌다.

이러한 차이를 어떻게 설명할 수 있을까? 부유한 나라들은 어떤 식으로 높은 생활 수준을 유지할 수 있을까? 가난한 나라들이 더 빠른 속도로 성장하여 선진국 대열에 합류할 수 있도록 유도하려면 어떤 정책이 필요할까? 이런 질문들은 거시경제학에서 가장 중요한 질문에 속한다. 노벨 경제학 수상자 로버트 루카스(Robert Lucas) 교수는 "이러한 질문들이 인류 복지에 미치는 영향은 실로 엄청나다. 여기에 대해 생각하기 시작하면 다른 생각을 하기 어렵다"고 말한다.

15, 16장에서는 경제학자들이 거시경제 산출량과 물가를 어떤 식으로 측정하는지에 대해 공부했다. 이제 장기적으로 산출량을 결정하는 요인들을 살펴볼 것이다. 앞에서 배운 것처럼 국내총생산(GDP)은 한 나라의 총소득인 동시에 그 나라에서 생산된 재화와 서비스에 대한 총지출을 나타낸다. 따라서 실질 GDP는 경제적 풍요의 유용한 지표며, 실질 GDP의 성장률은 경제성장의 좋은 지표다. 이 장에서는 장기적으로 실질 GDP와 그 증가율을 결정하는 요인들에 초점을 맞출 것이다. 이 책의 뒷부분에서는 단기적으로 실질 GDP가 그 장기 추세를 중심으로 어떻게 변동하는지 알아본다.

우리는 이 장에서 세 단계 접근을 시도할 것이다. 첫째, 1인당 실질 GDP에 대한 여러 나라의 자료를 살펴본다. 이 지표들을 보면 세계 여러 나라의 생활 수준과 그 상승세가 얼마나 다른지에 대한 감이 생길 것이다. 둘째, 근로시간 1시간당 재화와 서비스 산출량을 나타내는 생산성에 대해 알아본다. 특히 한 나라의 생활 수준이 그 나라 국민들의 생산성에 의해 결정된다는 사실을 설명하고, 한 나라의 생산성을 결정하는 변수들에 대해 생각해본다. 셋째, 생산성과 경제정책의 관계에 대해 살펴본다.

17-1 세계 여러 나라의 경제 성장

장기 경제성장에 대해 알아보기 위해 먼저 세계 몇몇 나라의 경험을 살펴보자. 표 17.1은 13개국의 1인당 실질 GDP 자료를 정리한 것이다. 각국의 데이터는 100여 년에 걸친 역사를 담고 있다. 표의 제1, 2열은 나라 이름과 분석 대상 기간을 나타낸다(나라에 따라 자료를 구할 수 있는 기간이 달라서 기간에 차이가 있다). 제3, 4열은 약 100년 전

표 17.1

국가별 성장률의 차이

자료: Robert J. Barro and Xavier Sala-i-Martin, *Economic Growth*(New York : Mcgraw-Hill, 1995), 표 10.2와 표 10.3, *World Bank* 온라인, 저자 계산. 국가간 물가의 차이를 반영하기 위해 가능한 경우 구매력 평가(PPP) 조정한 데이터를 사용.

		1인당 실질 GDP(2017년 불변 가격 기준)		
국가	기간	개시 연도	종료 연도	연평균 성장률
중국	1900~2017	$ 794	$16,807	2.64%
일본	1890~2017	1,667	43,279	2.60
브라질	1900~2017	863	15,484	2.50
멕시코	1900~2017	1,285	18,258	2.29
인도네시아	1900~2017	988	12,284	2.18
독일	1870~2017	2,422	50,639	2.09
캐나다	1870~2017	2,633	46,705	1.98
인도	1900~2017	748	7,056	1.94
아르헨티나	1900~2017	2,542	20,787	1.81
미국	1870~2017	4,443	59,532	1.78
파키스탄	1900~2017	818	5,527	1.65
방글라데시	1900~2017	691	3,869	1.48
영국	1870~2017	5,332	43,269	1.43

과 최근의 1인당 실질 GDP를 보여준다.

1인당 실질 GDP 자료를 보면 나라에 따라 생활 수준에 큰 차이가 있음을 알 수 있다. 예를 들어 미국의 1인당 실질 GDP는 중국의 약 4배, 인도의 약 8배나 된다. 오늘날 가장 가난한 나라의 평균소득 수준은 미국의 수십 년 전 소득에도 미치지 못한다. 2017년 파키스탄의 1인당 실질소득은 1870년 영국의 1인당 실질소득과 비슷했고, 방글라데시의 2017년 1인당 실질 GDP는 1870년 미국의 1인당 실질 GDP보다 훨씬 낮았다.

표의 마지막 열은 각 나라의 성장률을 나타낸다. 성장률은 1인당 실질소득이 매년 얼마나 빠른 속도로 증가했는지를 측정한다. 예컨대 미국의 1870년 1인당 실질소득은 4,443달러고 2017년에는 5만 9,532달러이므로 연평균 1.78% 증가한 셈이다. 즉 1인당 실질 GDP가 4,443달러에서 시작하여 매년 1.78%씩 증가하면 147년 후에는 5만 9,532달러가 된다는 것이다. 물론 1인당 실질소득이 매년 정확히 1.78%씩 증가한 것은 아니다. 어떤 해에는 1인당 실질소득 증가율이 이보다 낮았고 어떤 해에는 이보다 높았으며, 1인당 실질소득이 하락한 해도 있다. 따라서 연평균 성장률 1.78%라는 수치는 단기 변동을 무시하고 장기 추세를 중심으로 여러 해에 걸친 1인당 실질소득의 평균 증가율을 나타낸다.

표 17.1은 여러 나라를 성장률 순서대로 나열한 것이다. 여기서 여러분은 나라에 따라 성장의 경험이 크게 다르다는 사실을 알 수 있을 것이다. 성장률이 높은 나라로 브

이해를 돕기 위해

여러분은 미국 역대 최고 부자보다 부유합니까

『아메리칸 헤리티지(American Heritage)』라는 잡지에 미국 역대 부자 명단이 실린 적이 있다. 1위는 석유 재벌 존 록펠러(John D. Rockefeller, 1839~1937)다. 이 잡지의 계산에 따르면 인플레이션 조정 후 록펠러의 재산은 요즘 돈으로 2,500억 달러에 해당하며, 이는 현재 미국 최고 부자인 온라인 판매 기업인 제프 베조스(Jeff Bezos) 재산의 거의 2배에 달한다.

그러나 록펠러는 그 많은 재산이 있었음에도 불구하고 오늘날 당연한 것으로 여겨지는 문명의 이기들을 즐기지 못했다. 그는 TV를 보지 못했고, 비디오 게임도 하지 못했으며, 인터넷 서핑을 하거나 이메일을 보내지도 못했다. 한여름 무더위에 에어컨으로 집을 식힐 수 없었다. 평생 대부분의 기간 동안 자동차나 비행기로 여행하지 못했고, 친구나 가족에게 전화를 걸 수도 없었다. 아플 때 오늘날 의사들이 환자의 생명을 연장하고 그 질을 높이기 위해 일상적으로 처방하는 항생제 같은 약품도 쓸 수 없었다.

BETTMANN/GETTY IMAGES
존 록펠러

이제 생각해보자. 여러분한테 얼마를 주면 록펠러가 생전에 누릴 수 없었던 오늘날의 편리한 것들을 평생 동안 포기하겠는가? 누가 여러분에게 2,500억 달러를 주면 그렇게 하겠는가? 아마 그러지 않을 것이다. 그렇다면 여러분이 미국 최고 부자로 알려진 록펠러보다 잘 산다고 할 수 있지 않겠는가?

16장에서 우리는 서로 다른 시점의 화폐 금액을 비교하는 데 쓰이는 소비자물가지수가 신상품의 도입 효과를 제대로 반영하지 못하고, 그로 인해 인플레이션을 과대평가한다는 사실에 대해 살펴보았다. 이 사실을 뒤집어보면 실질 경제 성장률은 과소평가된다는 것이다. 록펠러의 인생에 대해 곰곰이 생각해보면 이 문제가 얼마나 중요한지 알 수 있다. 엄청난 기술 진보 덕분에 오늘날 평균적인 미국인은 100년 전 미국 최고의 부자보다 더 부자라고 주장할 만하다. 이러한 사실이 전형적인 경제 통계 속에 묻혀 있지만 말이다. ■

라질과 중국이 있는데, 이들은 가장 가난한 나라에서 중간소득 국가의 대열에 진입했다. 일본도 성장률이 높아서 중간소득 국가에서 가장 부유한 나라 중의 하나가 됐다.

바닥에 가까운 나라로 파키스탄과 방글라데시를 들 수 있는데, 이들은 19세기 말에 가장 가난한 나라들에 속해 있었고 오늘날에도 그렇다. 성장률이 가장 낮은 나라는 영국이다. 1870년에는 영국이 세계에서 가장 부유한 나라였으며, 평균소득이 미국보다 약 20% 높았고 캐나다 소득의 약 2배였다. 오늘날 영국의 1인당 소득은 미국보다 27% 낮고 캐나다보다 7% 낮다.

이상의 통계를 통해서 세계에서 가장 잘사는 나라들이 계속 부자 나라로 남거나 가난한 나라들이 영원히 빈곤에서 벗어나지 못하리라는 법은 없다는 사실을 알 수 있다. 그렇다면 순위 변동은 왜 발생하는가? 왜 어떤 나라들은 다른 나라에 비해 급속히 성장하는 반면, 어떤 나라들은 다른 나라에 뒤처지는가? 이제 이런 질문에 대한 답을 찾아보자.

간단한 퀴즈

1. **지난 한 세기 동안 미국의 1인당 실질 GDP는 매년 약 ( )% 성장하였으며, 이는 1인당 실질 GDP가 약 ( )년마다 2배가 된다는 뜻이다.**
   a. 2, 14
   b. 2, 35
   c. 5, 14
   d. 5, 35

2. **미국이나 독일 같은 부유한 나라들의 1인당 소득은 파키스탄이나 인도 같은 가난한 나라들의 1인당 소득의 약 ( )배에 달한다.**
   a. 2
   b. 4
   c. 10
   d. 30

3. **지난 1세기 동안 ( )은(는) 특별히 성장률이 높았고 ( )은(는) 특별히 성장률이 낮았다.**
   a. 일본, 영국
   b. 일본, 캐나다
   c. 영국, 캐나다
   d. 캐나다, 일본

정답은 각 장의 끝에

17-2 생산성의 역할과 결정변수

세계 여러 나라의 생활 수준이 왜 큰 차이를 보이는지를 설명하는 것은 어떤 의미에서 쉬운 일이다. 그 답은 생산성이라는 한 단어로 요약될 수 있기 때문이다. 그러나 다른 의미에서 국가 간 생활 수준의 격차는 이해하기 어렵다고 말할 수도 있다. 어떤 나라의 소득이 다른 나라에 비해 월등하게 높은 이유를 설명하기 위해서는 각 나라의 생산성의 결정 변수를 알아야 하기 때문이다.

17-2a 생산성은 왜 중요한가

무인도에 표류한 선원에 관한 대니얼 디포(Daniel Defoe)의 유명한 소설『로빈슨 크루소(Robinson Crusoe)』에 기초한 단순한 모형을 구축하여 생산성과 경제성장의 관계에 대한 공부를 시작해보자. 크루소는 혼자였기 때문에 스스로 낚시질을 하고 채소를 재배하며 옷도 만들어 입었다. 이러한 크루소의 생산과 소비활동은 하나의 단순한 경제로 볼 수 있다. 크루소 경제를 연구함으로써 보다 복잡하고 현실에 가까운 경제에 적용 가능한 교훈을 찾아낼 수 있다.

크루소의 생활 수준은 어떤 요인에 의해 결정되겠는가? 생산성(productivity)이란 노동 투입량 한 단위당 재화와 서비스의 산출량을 말한다. 크루소가 낚시를 잘하고, 채소를 잘 재배하고, 옷을 잘 만든다면 풍족하게 살 수 있을 것이고 그렇지 않으면 못살 것이다. 크루소는 스스로 생산한 것만 소비할 수 있으므로 그의 생활 수준은 생산력에 좌

생산성 노동 투입량 한 단위당 재화와 서비스의 산출량

우되는 것이다.

크루소의 경제에서 생산성이 생활 수준을 좌우하는 변수며, 생산성의 증가율이 생활 수준의 상승률을 결정한다는 사실은 쉽게 이해할 수 있다. 물고기를 더 많이 잡으면 저녁식사가 그만큼 풍성해질 것이다. 고기가 잘 잡히는 곳을 발견하면 생산성이 높아지고 따라서 생활 수준도 향상된다. 생선을 더 많이 먹을 수도 있고, 낚시에 투자하는 시간을 줄여 그 시간에 다른 필요한 물건을 만들 수도 있기 때문이다.

생산성이 생활 수준을 결정하는 데 중요한 역할을 하는 것은 크루소의 경제나 현실 국가 경제에서나 마찬가지다. 기억하겠지만 한 나라의 GDP는 그 경제의 모든 구성원의 총소득이면서 경제에서 생산되는 재화와 서비스에 대한 총지출을 나타낸다. 경제 전체로 보아 총소득과 총지출은 같아야 하기 때문이다. 간단히 말해서 한 경제의 소득은 산출량과 같다.

크루소의 경제에서와 마찬가지로 한 나라가 높은 생활 수준을 누리기 위해서는 재화와 서비스를 많이 생산할 수 있어야 한다. 미국 국민들이 나이지리아 국민들보다 잘사는 것은 미국 근로자들이 나이지리아 근로자들에 비해 생산성이 높기 때문이다. 마찬가지로 일본의 생활 수준이 아르헨티나보다 빠른 속도로 향상된 것은 일본 근로자들의 생산성이 아르헨티나 근로자들에 비해 빠르게 증가했기 때문이다. 한 나라의 생활 수준이 그 나라의 생산 능력에 따라 결정된다는 사실은 1장에서 소개한 경제학의 10대 기본원리 중 하나다.

따라서 국가 간, 시점 간 생산성의 차이를 이해하기 위해서는 재화와 서비스의 생산 측면에 주목해야 한다. 그러나 생활 수준과 생산성의 관계를 살펴보는 것은 시작에 불과하다. 왜 나라마다 재화와 서비스를 생산하는 능력이 다른지를 알아내야 하기 때문이다.

17-2b 생산성은 어떻게 결정되는가

생산성은 로빈슨 크루소의 생활 수준을 결정하는 특별히 중요한 변수다. 크루소의 생산성은 여러 가지 변수에 의해 결정된다. 예를 들어 크루소가 낚싯대를 더 많이 가졌다면, 고기 잡는 기술에 관한 훈련을 받았다면, 그가 표류한 섬 주변에 물고기가 많다면, 더 좋은 미끼를 발명한다면 크루소는 물고기를 더 많이 잡을 수 있을 것이다. 이 네 가지 요인은 크루소의 생산성을 결정하는 변수며 각각 물적자본, 인적자본, 자연자원, 기술지식이라고 부를 수 있다. 이제 보다 복잡한 경제에서 이 네 가지 요인의 역할을 살펴보자.

물적자본 재화와 서비스의 생산에 투입되는 장비와 건축물

근로자 1인당 물적자본 근로자들이 연장을 사용하면 생산성이 높아진다. 재화와 서비스의 생산에 투입되는 장비나 건축물을 물적자본(physical capital) 혹은 줄여서 그냥 자

본이라고 한다. 예컨대 목수가 가구를 만들 때 톱, 선반 기계, 드릴 프레스 등 연장을 사용하는데, 연장이 많을수록 목수는 좀더 빠르고 정확하게 일을 할 수 있다. 즉 기본적인 도구만 사용하는 목수보다 정교한 장비를 갖춘 목수가 같은 기간 동안 더 많은 가구를 만들 수 있는 것이다.

2장에서 배운 기억이 나겠지만 재화와 서비스를 생산하는 데 투입되는 노동, 자본 등을 생산요소라고 한다. 자본이라는 생산요소의 특징은 요소 자체가 생산된다는 점이다. 즉 자본은 과거 생산 과정에서 창출된 산출물로서 현재 생산 과정에 투입되는 요소인 것이다. 목수는 선반 기계를 이용하여 탁자의 다리를 만든다. 그런데 선반 기계는 선반 제조회사에서 만든 산출물이다. 한편 선반 제조회사는 다른 장비를 이용하여 선반 기계를 만든다. 이렇게 자본은 또 다른 자본재를 포함한 여러 종류의 재화와 서비스를 만드는 데 사용되는 생산요소다.

근로자 1인당 인적자본 생산성을 결정하는 둘째 요인은 인적자본이다. 인적자본(human capital)은 근로자들이 교육, 훈련, 경험을 통해 습득하는 지식과 기술을 가리키는 경제학 용어다. 인적자본에는 유아교육, 초등교육, 중 · 고등교육, 대학교육, 그리고 성인 노동인구들이 현장 직업 훈련을 통해 얻는 모든 기술이 포함된다.

인적자본 근로자들이 교육과 훈련, 경험을 통해 습득하는 지식과 기술

인적자본인 교육, 훈련, 경험 등은 선반 기계, 건물, 불도저 등처럼 눈에 보이는 것은 아니다. 그러나 인적자본과 물적자본은 여러 모로 비슷하다. 인적자본도 한 국가의 재화와 서비스 생산 능력을 높여준다. 물적자본과 마찬가지로 인적자본도 생산된다. 인적자본을 생산하기 위해서는 교사, 도서관, 학생들의 시간 등 요소가 투입되어야 한다. 예컨대 학생은 장차 생산 과정에 투입될 인적자본을 생산하는 중요한 역할을 수행하는 근로자라고 볼 수 있다.

근로자 1인당 자연자원 생산성을 결정하는 셋째 요인은 자연자원(natural resources)이다. 자연자원은 토지, 강, 광물 등 자연에 의해 제공되는 생산요소다. 자연자원은 회복 가능한 자원(renewable resources)과 회복 불가능한 자원(nonrenewable resources)으로 구분된다. 산림은 회복 가능한 자원의 예다. 나무를 베어낼 때 그 나무 대신 묘목을 심으면 다시 목재를 얻을 수 있기 때문이다. 반면에 석유는 회복 불가능한 자원이다. 석유는 수천 년에 걸쳐 자연적으로 만들어지므로 공급이 제한되어 있고, 공급이 고갈되면 더는 만들어낼 수 없다.

자연자원 토지, 강, 광물 등 자연에 의해 제공되는 생산요소

자연자원 부존량의 차이는 세계 여러 나라의 생활 수준 격차와 어느 정도 관계가 있다. 역사적으로 미국 경제가 성공할 수 있었던 이유 중의 하나는 농사짓기 좋은 토지가 많았기 때문이다. 오늘날 쿠웨이트나 사우디아라비아 같은 중동의 일부 나라들은 세계적으로 가장 많은 원유가 매장된 땅 위에 자리잡고 있기 때문에 부자가 된 것이다.

이렇게 자연자원이 중요하지만 자연자원이 많아야 재화와 서비스의 생산 능력이 높

아지는 것은 아니다. 예컨대 일본은 부존자원이 거의 없지만 세계에서 가장 부유한 나라 중의 하나다. 일본은 원유 등 필요한 자연자원을 수입하는 대신 재화를 만들어 자연자원이 많은 나라에 수출한다. 일본은 이런 국제무역을 통해 경제적으로 성공했다.

기술지식 재화와 서비스를 생산하는 최선의 방법에 대한 사회의 이해

기술지식 생산성을 결정하는 넷째 요인은 기술지식(technological knowledge), 즉 재화와 서비스를 생산하는 최선의 방법에 대한 이해다. 200년 전, 당시의 농업 기술로는 미국 전체 인구가 먹을 식량을 생산하기 위해 많은 노동력이 필요했기 때문에 대부분의 미국인들이 농업에 종사했다. 오늘날에는 영농 기술이 발달해 소수의 농업인구만으로도 충분한 식량을 생산할 수 있다. 이러한 기술 진보로 인해 과거에 농업에 투입되던 인력을 다른 재화나 서비스 생산에 활용할 수 있는 것이다.

기술지식에는 다양한 형태가 있다. 어떤 기술은 처음에는 한 사람이 사용하다가 누구나 알게 되어서 공동의 지식이 된 것도 있다. 예컨대 헨리 포드가 조립에 의한 공정을 개발한 후 많은 자동차 제조업체들이 그 뒤를 따랐다. 그러나 기술에는 발견자만 아는 기술, 즉 소유권이 한정된 기술도 있다. 예를 들어 코카콜라를 제조하는 비법은 코카콜라 회사만 안다. 또 어떤 기술은 소유권이 일시적으로 인정되기도 한다. 어떤 제약

이해를 돕기 위해 생산함수

경제학자들은 재화와 서비스의 생산에 투입되는 요소의 양과 산출량의 관계를 생산함수(production function)를 통해 설명한다. Y가 산출량, L은 노동인구, K는 자본의 양, H는 인적자본의 양, N은 자연자원의 양을 나타낸다면 이 요소들이 산출량을 생산하기 위해 어떻게 결합되는지를 나타내는 생산함수 $F(\ )$는 다음과 같이 표시될 수 있다.

$$Y=AF(L, K, H, N)$$

여기서 A는 생산기술을 나타내는 변수다. 생산기술이 향상되면 A가 상승하며, 주어진 생산요소를 투입하여 더 많은 산출량을 생산할 수 있다.

많은 생산함수는 '규모에 대한 수익불변(constant returns to scale)'이라는 특징이 있다. 생산함수가 규모에 대해 수익불변이면 모든 생산요소의 투입량을 2배로 증가시킬 경우 산출량도 2배로 증가한다. 수학적으로 말해서 생산함수가 규모에 대해 수익불변이면 0보다 큰 임의의 양수 x에 대해 다음의 관계가 성립한다.

$$xY=AF(xL, xK, xH, xN)$$

이 식에서 $x=2$면 모든 요소의 투입량이 2배가 된다는 뜻이다. 우변에 있는 모든 요소의 투입량이 2배로 증가하면 좌변에 있는 산출량도 2배로 증가한다는 사실을 확인할 수 있다.

생산함수가 규모에 대해 수익불변이면 유용하고 흥미로운 시사점이 도출된다. 이 시사점을 이해하기 위해 $x=1/L$로 두면 앞의 식을 다음과 같이 다시 쓸 수 있다.

$$Y/L=AF(1, K/L, H/L, N/L)$$

여기서 Y/L는 근로자 1인당 산출량이므로 생산성의 지표가 된다. 이 식을 통해 우리는 생산성이 근로자 1인당 물적자본의 양(K/L), 근로자 1인당 인적자본의 양(H/L), 근로자 1인당 자연자원의 양(N/L)에 따라 결정된다는 사실을 알 수 있다. 물론 생산성은 생산기술을 나타내는 A에 의해서도 영향을 받는다. 따라서 우리가 지금까지 공부한 생산성의 네 가지 결정 변수가 이 방정식에 요약된 셈이다. ■

회사가 신약을 개발하면 특허를 내 얼마 동안 다른 업체들이 같은 약을 만드는 것을 금지할 수 있다. 그러나 특허 기간이 끝나면 다른 업체들도 같은 약을 만들 수 있다. 이런 세 가지 유형의 기술지식은 모두 경제의 재화와 서비스 생산 능력을 결정하는 중요한 변수다.

여기서 기술지식과 인적자본을 구별하여 살펴볼 필요가 있다. 기술지식과 인적자본은 서로 밀접한 관계가 있지만 중요한 차이점이 하나 있다. 기술지식은 한 사회가 세상이 어떻게 작동하는지를 이해하는 능력을 가리키는 반면, 인적자본은 이러한 이해 능력을 노동인구에게 전파하는 데 소요되는 자원을 말한다. 비유적으로 표현하면 기술지식은 어떤 사회가 가지고 있는 교과서의 품질이고, 인적자본은 사회의 구성원들이 그 교과서를 읽는 데 투자하는 시간이라고 말할 수 있다. 근로자들의 생산성은 이 두 가지 모두에 의해 좌우된다.

사례 연구

자연자원이 성장에 제약이 되는가

오늘날 세계인구는 100년 전의 4배가 넘는 80억 명 가까이 되지만 대부분의 사람들은 100년 전 증조할아버지 세대에 비해 높은 생활 수준을 누리고 있다. 인구 증가와 생활 수준의 향상이 앞으로도 양립할 수 있는지에 대해서 끊임없는 논쟁이 제기되었다.

세계경제 성장은 궁극적으로 자연자원의 제약에 따른 한계에 도달할 것이라고 주장해온 사람들이 많다. 언뜻 생각하면 이들의 주장을 무시하기 힘들지도 모른다. 회복 불가능한 자연자원의 공급이 고정되어 있다면 인구와 생산과 생활 수준이 어떻게 지속적으로 성장할 수 있을까? 궁극적으로는 원유와 광물들이 고갈될 것이고, 그렇게 되면 경제성장이 멈추고 생활 수준은 하락하지 않겠는가?

이런 주장들이 외견상으로는 그럴듯해 보일지 모르지만 대부분의 경제학자들은 자원 고갈로 인한 경제성장의 제약에 대해 크게 염려하지 않는다. 경제학자들은 기술 진보가 자원 제약을 극복할 길을 열어준다고 주장한다. 과거에 비해 오늘날은 자연자원을 사용하는 방식이 많이 개선되었다. 오늘날의 자동차는 과거에 비해 연비가 높다. 요즘 짓는 집들은 단열이 잘 되어 냉난방에 연료가 적게 든다. 오늘날 석유 추출장치는 효율성이 높아서 원유 추출 과정에서 낭비가 적다. 자원의 재사용으로 회복 불가능한 자원의 소비가 줄고 있다. 휘발유를 대체할 에탄올 같은 새로운 연료가 개발되어 회복 불가능한 자원을 회복 가능한 자원으로 대체할 수도 있다.

70년 전에는 자원보전론자들이 주석과 구리의 과도한 소비를 우려했다. 당시 주석은 식기를 만드는 데 사용되고, 구리는 전화선에 사용되는 등 매우 중요한 광물이었다. 일부에서는 주석과 구리를 후세가 쓸 수 있도록 보전하기 위해 채광량을 할당하고 재사용을 의무화할 것을 주장했다. 그러나 오늘날에는 양철 대신 플라스틱이 식기로 사용되고, 전화선은 모래를 원료로 생산되는 광섬유 케이블을 이용한다. 이같이 기술 진보로 인해 과거에는 필수적이던 자연자원이 이제는 그리 중요하지 않게 된 것이다.

그러나 이런 노력만으로 지속적인 경제성장을 이룩할 수 있을까? 이 질문에 답하기 위해 자연자원의 가격을 살펴보자. 시장경제에서는 희소성이 시장가격에 반영된다. 자연자원이 고갈되기 시작한다면 이들 자원의 가격은 시간이 흐를수록 상승할 것이다. 그러나 사실은 거의 정반대 현상이다. 단기적으로는 자원의 가격이 상당폭 오르거나 내리지만, 장기적으로는 인플레이션을 감안할 경우 거의 모든 자원의 가격이 변하지 않았거나 하락한다. 이들 자원의 공급이 고갈되는 속도보다 보전하려는 인류의 노력이 빠른 속도로 증가하는 듯하다. 따라서 시장가격을 보면 경제성장이 자원 공급의 제약으로 한계에 이를 것 같지는 않다. ●

간단한 퀴즈

4. 경제의 인적자본의 양이 증가하면 실질소득은 ( )한다. 그 이유는 노동의 ( )이 증가하기 때문이다.
a. 증가, 교섭력
b. 증가, 생산성
c. 감소, 교섭력
d. 감소, 생산성

5. 대부분의 경제학자들은 자연자원이 궁극적으로 경제성장을 제약할 것이라고 ( ). 그 증거로 이들은 인플레이션을 배제한 대부분의 자연자원의 가격이 ( )해 왔음을 지적한다.
a. 걱정한다, 상승
b. 걱정한다, 하락
c. 걱정하지 않는다, 상승
d. 걱정하지 않는다, 하락

정답은 각 장의 끝에

17-3 경제성장과 정부 정책

지금까지 어떤 사회의 생활 수준이 재화와 서비스의 생산 능력에 따라 결정되며, 생산성은 근로자 1인당 물적자본, 인적자본, 자연자원, 기술지식에 좌우된다는 사실을 배웠다. 이제 세계 여러 나라 정부가 직면한 문제, 즉 정부가 어떤 정책을 시행하면 생산성과 생활 수준을 높일 수 있는지에 대해 생각해보자.

17-3a 저축과 투자

자본은 생산되는 생산요소기 때문에 어떤 사회가 보유한 자본의 양은 증가시킬 수 있다. 어떤 경제가 오늘 자본재를 많이 생산하면, 내일 쓸 수 있는 자본의 양이 증가하고 여러 종류의 재화와 서비스를 더 많이 생산할 수 있을 것이다. 따라서 미래의 생산성을 높이는 한 가지 방법은 지금보다 더 많은 자원을 투자해서 자본재를 생산하는 것이다.

1장에서 소개한 경제학의 10대 기본원리 중 하나는 모든 선택에는 대가가 있다는 것이다. 이 원리는 자본 축적에 대해서 특히 중요한 의미가 있다. 자원은 희소하기 때문에 자본재를 더 많이 생산하려면 당장 소비할 재화의 생산에 대한 자원 투입량을 줄여야 한다. 즉 어떤 사회가 자본에 대한 투자를 늘리려면 현재 소비를 줄이고 저축을 늘려야 하는 것이다. 따라서 자본 축적에서 비롯되는 경제성장은 공짜가 아니다. 미래에 높은 소비수준을 달성하기 위해서는 현재 소비를 희생해야 한다.

다음 장에서는 나라 경제의 저축과 투자가 금융기관을 통해 어떻게 조정되며, 정부 정책이 저축과 투자수준에 어떤 영향을 미치는지에 대해 공부할 것이다. 여기에서는 정부가 저축과 투자를 장려함으로써 경제성장을 촉진하고, 장기적으로 생활 수준을 높일 수 있다는 사실만 지적한다.

17-3b 수확 체감의 법칙과 따라잡기 효과

어떤 나라 정부가 GDP 대비 저축률(즉 GDP 중 소비가 아닌 저축에 투입되는 부분의 비율)을 높이는 정책을 채택한다면 어떤 결과가 나타날까? 국민들이 저축을 늘림에 따라 소비재의 생산에 필요한 자원의 양은 줄어드는 대신 더 많은 자원이 자본재 생산에 투입될 것이다. 그 결과 자본이 축적되고 생산성이 향상되며, GDP의 성장률이 높아질

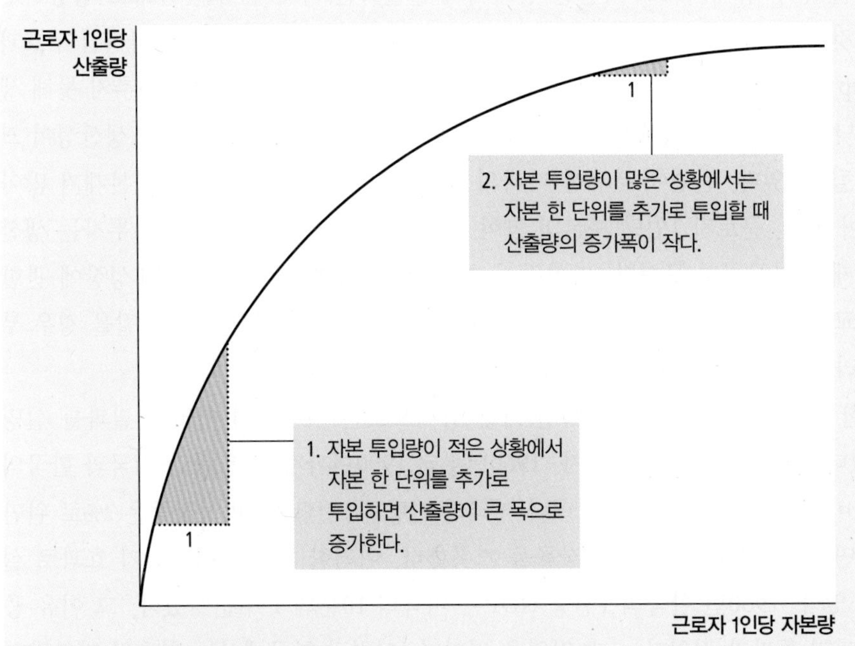

그림 **17.1**

생산함수 그래프

이 그림은 근로자 1인당 자본의 양이 증가함에 따라 산출량이 어떻게 변하는지 보여준다. 인적자본, 자연자원, 기술 지식 등 산출량을 결정하는 다른 변수들은 고정되어 있다. 자본 투입량이 증가함에 따라 곡선의 기울기가 점점 완만해지는 것은 자본에 대한 수익이 체감하기 때문이다.

것이다. 그러나 이렇게 높은 성장률이 얼마나 지속될 수 있을까? 저축률이 한 번 높아진 상태에서 유지된다면 그 결과 높아진 GDP 성장률은 무한정 지속될까, 아니면 일정 기간 동안에만 유지될까?

수확 체감 생산요소의 투입량이 증가함에 따라 추가 투입에 따른 산출량 증가분이 감소하는 현상

전통적인 생산 이론에 따르면 자본에 대한 투자에는 수확 체감(diminishing returns)이 적용된다. 자본량이 증가함에 따라 자본 한 단위를 추가로 투입할 때 증가하는 산출량은 점점 감소한다는 것이다. 다시 말해 근로자들이 재화와 서비스의 생산에 투입되는 자본을 이미 많이 보유하고 있다면 자본재의 투입량을 추가로 늘려도 생산성이 크게 증가하지 않는다. 이러한 현상은 그림 17.1에 표시되어 있다. 이 그래프는 산출량을 결정하는 다른 변수들(자연자원과 기술지식 등)이 주어졌을 때 근로자 1인당 자본의 양이 증가함에 따라 산출량이 어떻게 변하는지를 보여준다. 자본에 대한 수확 체감은 자본의 한계 생산의 체감이라고도 부른다.

수확 체감의 법칙이 적용되기 때문에 저축률이 증가해도 일시적으로만 높은 성장률이 유지된다. 저축률이 높아짐에 따라 자본이 축적되지만 축적되는 자본에서 비롯되는 이득은 시간이 흐를수록 점점 작아지기 때문에 성장률이 둔화되는 것이다. 장기적으로 저축률이 높으면 생산성과 소득이 높아지지만 이 변수들의 성장률은 높아지지 않는다. 그러나 이러한 장기에 도달하는 데는 오랜 시간이 소요된다. 경제성장에 관한 국제 비교 연구에 따르면 저축률이 상승할 경우 수십 년에 걸쳐 성장률이 뚜렷이 높아지는 것으로 나타난다.

자본에 대한 수확 체감이라는 특성은 또 다른 흥미로운 시사점을 던져준다. 다른 조건이 같을 경우 상대적으로 가난한 상태에서 출발하는 나라가 빠른 속도로 성장하기 쉽다는 것이다. 초기 조건이 이후의 성장 속도에 미치는 이러한 영향을 따라잡기 효과(catch-up effect)라고 한다. 가난한 나라의 근로자들은 기본적인 장비도 갖추지 못해 생산성이 낮다. 이러한 상황에서는 자본을 조금만 투자하더라도 근로자들의 생산성이 크게 향상될 수 있다. 반면에 부유한 나라의 근로자들은 사용할 수 있는 자본재가 많아 생산성이 높다. 근로자 1인당 자본의 양이 많기 때문에 자본에 대한 추가 투자는 생산성을 크게 증가시키지 못한다. 따라잡기 효과가 존재한다는 사실은 경제성장에 관한 국제 비교 연구에서 확인할 수 있다. 즉 GDP 대비 투자율 등 다른 조건이 같을 경우 부유한 나라에 비해서 가난한 나라의 성장률이 높다는 것이다.

따라잡기 효과 가난한 상태에서 출발한 나라들이 부유한 상태에 있는 나라들에 비해 성장률이 높은 경향

이러한 따라잡기 효과를 이용하면 다른 방식으로는 이해하기 어려운 결과를 설명할 수 있다. 한 가지 예를 들어보자. 1960년부터 1990년까지 30년 동안 미국과 한국의 GDP 대비 투자율은 비슷했다. 그러나 미국의 연평균 1인당 GDP 성장률은 2%로 완만했던 반면, 한국은 6%가 넘는 성장률을 기록했다. 이러한 차이는 따라잡기 효과로 설명할 수 있다. 1960년 한국의 1인당 GDP는 미국의 10분의 1 수준이었다. 그 이유 중 하나는 과거 투자가 적었다는 데 있었을 것이다. 이처럼 한국에서는 최초의 자본량이

적었기 때문에 자본 축적에 따른 이득이 미국에 비해 훨씬 컸고, 따라서 높은 성장률을 달성할 수 있었던 것이다.

따라잡기 효과의 예는 우리 일상생활에서도 찾아볼 수 있다. 학교에서 학년말에 1년 동안 성적이 가장 많이 향상된 학생에게 상을 주는 경우가 있다. 이 상은 학년 초에 성적이 상대적으로 부진하던 학생이 받는 경우가 많다. 학년 초에 공부를 열심히 하지 않던 학생들은 학년 초부터 열심히 공부하던 친구들에 비해 성적을 올리기가 쉽다. 그러나 성적이 가장 크게 향상된 학생보다 최우등 학생이 더 우수하다. 마찬가지로 1960년부터 1990년까지 30년 동안 한국의 경제성장 속도가 미국에 비해 훨씬 빨랐지만 아직도 1인당 GDP는 미국이 더 높다.

17-3c 해외 투자

지금까지 우리는 한 나라의 저축률을 높이기 위한 정부 정책이 투자를 증가시키고 장기적인 경제성장을 촉진할 수 있다는 사실에 대해 알아보았다. 그러나 국내 저축만이 신규 자본 투자 재원을 마련하는 유일한 길은 아니다. 외국 자본에 의한 투자도 하나의 대안이다.

해외 투자, 즉 외국인 투자에는 여러 가지 유형이 있다. 포드사가 멕시코에 자동차 공장을 짓는 경우처럼 외국의 개인이나 법인이 소유 · 운영하는 투자를 외국인 직접 투자(foreign direct investment)라고 한다. 다른 유형으로 미국인이 멕시코 회사의 주식을 구입하고(이 경우는 그 회사의 소유권 일부를 사는 셈이다), 멕시코 회사가 주식 판매대금을 재원으로 새로운 공장을 건설하는 방법도 있다. 이와 같이 외국인 자본으로 재원을 조달하고 내국인이 운영하는 투자를 외국인 포트폴리오 투자(foreign portfolio investment)라고 한다. 두 경우 모두 미국인들이 멕시코의 자본 축적에 필요한 자원을 공급하는 것이다. 즉 미국인의 저축이 멕시코의 투자 재원으로 활용되는 셈이다.

외국인들이 다른 나라에 투자하는 이유는 이를 통한 수익을 기대하기 때문이다. 포드사가 멕시코에 자동차공장을 지으면 멕시코의 자본량이 증가하고 생산성이 높아져 GDP가 증가한다. 반면 포드사는 멕시코 국민소득 증가액의 일부를 이윤의 형태로 미국으로 가져간다. 마찬가지로 미국인이 멕시코 회사의 주식을 구입하면 그 회사 이윤의 일부를 배당받을 권리가 있다.

따라서 외국인 자본 투자가 모든 국민소득 지표에 똑같은 영향을 미치지는 않는다. 앞에서 배운 바와 같이 국내총생산(GDP)은 그 나라 국민이든 외국인이든 그 나라 안에서 벌어들인 소득이며, 국민총생산(GNP)은 한 나라의 국민들이 국내 혹은 외국에서 벌어들인 소득을 말한다. 포드사가 멕시코에 자동차공장을 지어 운영하면 그 공장에서 창출되는 소득의 일부는 멕시코에 살지 않는 사람들에게 돌아간다. 따라서 이 투자로 인한 멕시코 사람들의 소득 증가액(GNP로 측정)은 멕시코 내의 생산 증가액(GDP로 측정)보다 작다.

그럼에도 불구하고 외국인 자본 투자는 경제성장을 추진하는 하나의 방안이다. 투자 과실의 일부가 외국으로 돌아가지만 투자로 인해 대상 국가의 자본량이 늘어나고, 따라서 생산이 증가하며 실질임금도 상승한다. 또 저개발국가들은 해외 투자를 통해 선진국의 최신 기술을 도입할 수도 있다. 이러한 이유로 저개발국가들에 대한 정책 자문을 제공하는 많은 경제학자들은 해외 자본을 유치할 것을 권한다. 그런데 해외 자본을 유치하기 위해서는 국내 자본의 외국인 소유에 관한 규제를 풀어야 하는 경우가 많다.

세계은행(World Bank)은 가난한 나라들에 대한 외국인 자본 투자를 장려하는 국제기구 중의 하나다. 세계은행은 미국 등 선진국에서 조성한 자금을 저개발국가들에 대출해 이들 국가가 도로, 하수도, 학교와 여타 자본 형성을 위해 투자할 수 있도록 지원한다. 또 세계은행은 저개발국가들이 재원을 가장 효율적으로 쓸 수 있는 방법을 자문해준다. 세계은행과 국제통화기금(International Monetary Fund, IMF)은 제2차 세계대전 이후 설립되었다. 제2차 세계대전의 교훈 중의 하나는 경제적 고난이 정치적 혼란이나 국가 간 분쟁, 군사적 충돌로 이어질 수 있다는 것이다. 따라서 많은 나라가 세계 전체의 경제적 번영을 촉진하는 데 관심을 보였고, 세계은행과 IMF는 이러한 목적을 추구하고 있다.

17-3d 교육

교육은 인적자본에 대한 투자로, 물적자본 못지않게 한 나라의 장기적 번영을 좌우하는 중요한 변수다. 미국의 경우 역사적으로 볼 때 학교 교육을 1년 더 받으면 평균적으로 임금이 10% 상승했다. 인적자본이 특히 부족한 저개발국가에서는 교육을 받은 근로자와 교육을 받지 못한 근로자의 임금격차가 훨씬 더 크다. 따라서 정부가 국민의 생활수준을 향상시키기 위해 취할 수 있는 한 가지 정책은 좋은 학교를 제공하고 국민들이 학교 교육을 받도록 장려하는 것이다.

인적자본에 대한 투자에도 물적자본에 대한 투자와 마찬가지로 기회비용이 있다. 학생들이 학교에 다니는 동안에는 경제활동에 참여했을 경우 받을 수 있는 임금을 포기해야 한다. 저개발국가에서는 교육을 더 받을 경우의 이득이 커도 가족 부양을 위해 일을 해야 하기 때문에 어린 나이에 학업을 포기하는 아동이 많다.

몇몇 경제학자들은 인적자본이 긍정적 외부효과를 창출하므로 경제성장에 특히 중요하다고 주장한다. 외부효과(externality)란 한 사람의 행동이 관계없는 다른 사람의 후생 수준에 미치는 영향을 말한다. 예컨대 교육을 받은 사람이 재화와 서비스를 생산하는 방법에 대한 아이디어를 개발하고, 이 아이디어를 사회의 모든 구성원들이 이용할 수 있다면 이 아이디어는 긍정적 외부효과를 낸다. 이 경우 학교 교육의 사회적 이득은 개인의 이득보다 크다. 따라서 공교육과 같은 인적자본에 대한 대대적인 지원이 정당화될 수 있다.

몇몇 가난한 나라들은 교육을 가장 많이 받은 사람들이 더 높은 생활 수준을 누릴 수 있는 부유한 나라로 이민을 가는 두뇌 유출(brain drain)에 직면해 있다. 인적자본에 긍정적 외부효과가 있다면 저개발국 국민들은 두뇌 유출로 인해 더 가난해질 우려가 있다. 따라서 저개발국 정책담당자들은 이 문제로 딜레마에 빠진다. 한편으로는 미국 등 선진국의 교육제도가 가장 우수하므로 인재들을 선진국에 보내 좋은 교육을 받도록 하는 것이 바람직하다. 그러나 이들이 교육을 받은 후 고국으로 돌아오지 않을 가능성이 있고, 이로 인한 두뇌 유출이 가뜩이나 부족한 인적자본 문제를 악화시킬 수도 있다.

17-3e 건강과 영양

인적자본은 대개 교육을 뜻하는 용어지만 사람에 대한 또 다른 유형의 투자, 즉 국민들을 건강하게 만드는 지출을 가리킬 수도 있다. 다른 조건이 같다면 건강한 노동자들의 생산성이 높다. 국민 건강 증진을 위한 적절한 투자는 한 나라의 생산성과 생활 수준을 높이는 길이다.

경제사학자 고(故) 로버트 포겔(Robert Fogel) 교수에 의하면 영양 상태 개선을 통한 건강 증진이 장기 경제성장의 중요한 요인이다. 포겔 교수의 추정에 따르면 1780년 영국 국민의 20%가 육체노동을 할 수 없을 정도로 영양 상태가 나빴다. 그리고 노동을 할 수 있는 사람들도 칼로리 섭취량이 부족해 근로 노력이 상당히 위축되었다. 영양 상태가 개선됨에 따라 노동자들의 생산성도 높아졌다.

포겔 교수는 부분적으로 국민들의 키에 주목하여 영양 상태와 생산성에 관한 역사적 추세를 분석했다. 키가 작다는 것은 영양실조, 특히 임신 기간과 영아기의 영양 섭취 부족을 나타내는 지표가 될 수 있다. 포겔 교수의 연구에 따르면 경제가 성장함에 따라 국민들의 음식물 섭취량이 늘고 키도 커진다. 1775년에서 1975년 사이에 영국 국민의 평균 칼로리 섭취량은 26% 늘었고, 남성의 평균 신장은 3.6인치(약 9cm) 커졌다. 마찬가지로 엄청난 경제성장을 이룬 한국에서도 1962년부터 1995년 사이에 칼로리 섭취량이 44% 늘었고, 남성의 평균 신장이 2인치(약 5cm) 커졌다. 물론 사람의 신장은 유전인자와 환경 요인이 결합되어 결정된다. 그러나 일반적으로 한 나라 국민들의 유전적 구성은 서서히 변화하므로 평균 신장 변화는 환경 요인 때문일 가능성이 매우 높다. 특히 영양 상태 개선의 대표적인 요인이다.

뿐만 아니라 신장이 생산성의 지표라는 연구 결과도 있다. 특정 시점의 다수의 노동자들에 대한 데이터를 분석한 연구자들은 키가 큰 노동자들의 임금이 높은 경향이 있음을 발견했다. 그런데 노동자의 임금이 그의 생산성을 반영하기 때문에 키가 큰 노동자들의 임금이 높다는 사실은 키가 큰 노동자의 생산성이 높다는 것을 의미한다. 신장이 임금에 미치는 영향은 영양실조의 위험이 큰 가난한 나라들에서 두드러지게 나타난다.

포겔 교수는 영양 상태에 관한 연구뿐 아니라 미국 노예제도와 미국 경제성장에 있어서 철도의 역할에 관한 연구를 포함한 경제사에 관한 연구로 1993년에 노벨 경제학상을 받았다. 노벨 경제학상 수상 기념 강연에서 그는 국민 건강과 경제성장에 관한 증거를 소개했다. 포겔 교수는 국민들의 영양 섭취 개선이 1790년부터 1980년까지 영국의 1인당 소득 증가의 약 30%를 설명한다고 주장했다.

다행히 오늘날 영국, 미국 등 선진국에서는 영양실조가 드물다(비만이 더 큰 문제다). 그러나 개발도상국 국민들에게는 아직도 쇠약한 건강 상태와 영양 섭취의 부족이 생산성과 생활 수준을 높이는데 장애가 되고 있다. UN은 최근 사하라 사막 이남 아프리카 국가 국민들의 4분의 1이 영양 섭취 부족 상태에 있는 것으로 추산했다.

건강 상태와 부(wealth)의 인과관계는 양방향으로 작용한다. 가난한 나라의 국민들이 가난한 이유 중 하나는 이들이 건강하지 못하기 때문이고, 이들이 건강하지 못한 이유 중 하나는 가난해서 의료와 영양 섭취에 필요한 비용을 감당하지 못하기 때문이다. 악순환 구조인 것이다. 그러나 이러한 사실은 선순환의 가능성을 시사하기도 한다. 경제성장을 촉진하는 정책은 국민들의 건강 상태를 개선하는 데 기여하고, 건강이 좋아지면 다시 경제성장이 촉진되기 때문이다.

17-3f 재산권과 정치적 안정

정부가 경제성장을 촉진하기 위해 취할 수 있는 또 다른 정책은 재산권을 보호하고 정치적 안정을 도모하는 일이다. 이 이슈는 시장경제 작동의 핵심에 관련된 것이다.

시장경제에서 생산활동은 수많은 개인과 기업의 상호작용을 통해 이루어진다는 사실을 언급했다. 예컨대 여러분이 자동차 1대를 살 경우에는 자동차 판매상, 자동차 제조업체, 제철공장, 철광 채굴업체 등의 산출물을 구입하는 셈이다. 생산에서 많은 기업의 분업 덕분에 경제의 생산요소들이 가장 효과적으로 사용될 수 있다. 이런 결과를 달성하기 위해서는 기업과 소비자의 거래는 물론 기업과 기업의 거래도 조정되어야 하는데, 시장경제에서는 가격기구가 이러한 조정을 수행한다. 즉 시장의 보이지 않는 손이 가격이라는 수단을 이용하여 경제를 구성하는 수많은 개별 시장에서 수요와 공급을 일치시키는 것이다.

시장가격 기구가 작동하기 위한 가장 중요한 전제조건은 재산권(property rights)의 확립이다. 재산권이란 사람들이 자신이 보유한 자원에 대해 권리를 행사할 수 있는 능력을 말한다. 채굴한 철광석을 도둑맞을 우려가 매우 크다면 이 채굴회사는 철광석을 캐내려고 애쓰지 않을 것이다. 이 업체는 철광석을 원하는 대로 판매할 자신이 있을 때만 채굴할 것이다. 이러한 이유로 법원은 시장경제에서 재산권을 집행하는 중요한 기능을 수행한다. 법원은 형법제도를 통해 직접적인 절도를 억제하고, 민법제도를 통해 매입자와 판매자가 계약 조건을 이행하도록 보장한다.

선진국에 사는 사람들은 재산권을 당연한 것으로 받아들이지만 저개발국가에 사는 사람들은 재산권이 정립되지 않은 것이 중요한 문제가 될 수 있다는 사실을 알고 있다. 세상에는 사법제도가 제대로 운용되지 않는 나라도 많다. 계약이 준수되지 않거나 사기가 묵인되는 경우도 있고, 극단적으로 정부가 재산권을 잘 집행하지 못할 뿐만 아니라 오히려 재산권을 침해하는 사례도 있다. 어떤 나라에서는 사업을 하기 위해 막강한 권력을 행사하는 공무원들에게 뇌물을 주는 것이 관례다. 이러한 뇌물은 시장의 조정 능력을 훼손하는 것은 물론, 국내 저축과 해외로부터의 자본 유입을 저해한다.

정치적 불안은 재산권에 대한 위협이다. 혁명이나 군사 쿠데타가 흔한 나라에서는 미래에 재산권이 보호될지에 대한 불안이 상존한다. 공산혁명의 경우처럼 혁명정부가 어떤 업종의 자본재를 몰수한다면 내국인들의 저축이나 투자 혹은 창업의 인센티브가 없어지고, 외국인들이 이 나라에 투자할 이유도 없어진다. 혁명이 일어날 수 있다는 위협만으로도 국가의 생활 수준이 낮아질 수 있다.

이처럼 경제적 번영은 우호적인 정치 제도에 일정 부분 달려 있다. 효율적인 사법제도, 정직한 공무원, 안정적인 헌법이 있는 나라가 사법제도가 부실하고 관리들이 부패하며 혁명과 군사 쿠데타가 잦은 나라에 비해 높은 생활 수준을 누릴 수 있는 것이다.

17-3g 자유무역

세계에서 가장 가난한 일부 국가들은 급속한 경제성장을 이룩하기 위해 대내 지향적 정책(inward-oriented policies)을 추구했다. 이러한 정책은 세계 다른 나라들과 교류를 피하고 자체적으로 생산성과 생활 수준을 높이려는 것이다. 국내 기업들은 종종 국내 산업의 경쟁력을 키우고 성장하기 위해 외국과의 경쟁에서 보호받아야 한다는 유치 산업 보호론을 편다. 이러한 주장과 외국인에 대한 전반적인 불신으로 인해 저개발국의 정책담당자들은 종종 관세나 기타 무역장벽을 도입한다.

오늘날 경제학자들은 대부분 가난한 나라들이 자국 경제를 세계경제에 통합시키는 대외 지향적 정책(outward-oriented policies)을 추구하는 편이 더 바람직하다고 믿는다. 재화와 서비스의 자유무역은 한 나라 국민들의 경제적 후생을 향상시킬 수 있다. 무역은 어떤 의미에서 하나의 기술이다. 어떤 나라가 밀을 수출하고 섬유제품을 수입하면 그 나라는 밀을 섬유제품으로 변환하는 기술을 개발한 것과 같은 결과를 얻는다. 따라서 무역장벽을 제거함으로써 중요한 기술 진보에 따르는 경제성장을 경험할 수 있는 것이다.

개발도상국의 경제 규모가 대부분 작다는 점을 감안하면 대내 지향적인 정책의 단점이 분명해진다. 예를 들어 아르헨티나의 GDP는 미국 오하이오주의 총소득과 비슷하다. 오하이오 주의회가 시민들이 다른 주와 거래하는 것을 금지한다고 가정해보자. 이제 오하이오주는 무역을 통해 얻는 이익을 누릴 수 없기 때문에 소비자들이 필요한 모든 재화를 자체적으로 생산해야 할 뿐만 아니라, 다른 주에서 첨단 장비를 수입하는 대신 자본재도 모두 자체 생산해야 할 것이다. 이렇게 되면 오하이오주 주민들의 생활 수준은 즉시 하락할 것이고, 시간이 흐를수록 상황은 더욱 악화될 것이다. 이것이 바로 아르헨티나가 20세기 내내 대내 지향적인 정책을 추구했을 때 일어난 일이다. 반면에 한국, 싱가포르, 대만 등 대외 지향적인 정책을 추구한 나라들은 급속한 경제성장을 이룩했다.

한 나라와 외국의 교역 규모는 정부 정책뿐만 아니라 지리적 위치에도 영향을 받는다. 좋은 항구가 있는 나라는 그렇지 못한 나라에 비해 무역이 활발하다. 뉴욕, 샌프란시스코, 홍콩 등 세계 주요 도시가 대양에 가까이 위치한 것은 우연이 아니다. 반면에 다른 나라들로 둘러싸인 내륙 국가들은 무역을 하기에 불리한 위치 때문에 소득수준이 낮은 경향이 있다.

17-3h 연구 · 개발

100년 전에 비해 오늘날의 생활 수준이 높은 주된 이유는 기술지식의 진보 때문이다. 전화, 트랜지스터, 컴퓨터, 내연기관 등은 재화와 서비스 생산 능력을 향상시킨 수천 가지 기술 혁신의 몇 가지 예다.

대부분의 기술 진보는 개별 기업이나 발명가 등 민간 부문의 연구로부터 창출되지만 민간의 이러한 노력을 장려하는데 따른 공공의 이익도 있다. 지식은 상당 부분 공공재다. 개인이 어떤 아이디어를 개발하면 그 아이디어는 사회 구성원 전체가 자유로이 사용할 수 있는 공동 지식이 된다. 따라서 국가가 국방과 같은 공공재를 공급하는 것과 마찬가지 이유로 새로운 기술에 대한 연구 · 개발을 장려하는 역할도 정부의 몫이다.

미국 정부는 오랜 기간 동안 기술지식을 창출하고 전파하는 역할을 수행해왔다. 1세기 전에는 영농 기술에 관한 연구를 지원하고 농부들에게 토지를 가장 잘 이용하는 방법을 가르쳤으며, 최근에는 공군과 항공우주국(NASA)을 통해 우주항공 관련 연구를 지원해왔다. 그 결과 미국은 로켓과 항공기 제조 부문에서 가장 앞선 나라가 되었다. 미국 정부는 국립과학재단(National Science Foundation)과 국립보건원(National Institutes of Health)을 통해 연구비를 지급하고, 연구 · 개발을 수행하는 기업에 세제혜택을 주는 등의 방식으로 새로운 지식의 발견을 장려하고 있다.

또 정부는 특허제도를 통해 정책적으로 연구를 촉진한다. 새로운 약품 등 혁신적인 제품을 개발한 개인이나 기업은 특허를 신청할 수 있다. 정부가 그 신제품이 독창적이라고 판정하면 발명가에게 일정한 기간 동안 그 제품을 독점적으로 생산할 수 있는 권리를 부여하는 특허를 내준다. 본질적으로 특허는 발명에 대한 재산권을 부여함으로써 발명가의 새로운 아이디어를 공공재에서 사유재로 변환하는 것이다. 특허제도는 발명을 위해 투자한 사람들에게 일정한 기간 동안이라도 발명을 통해 창출되는 이익을 차지할 수 있도록 보장함으로써 개인과 기업에게 연구를 수행할 경제적 유인을 제공하는 것이다.

전문가들에게 묻는다 **혁신과 성장**

"전 세계에 걸쳐 미래에 일어날 혁신은 미국과 서유럽이 지난 150년 동안 누렸던 것과 같은 1인당 평균소득 성장률을 향후 100년 동안 지속할 수 있을 만큼 충분한 변화를 가져오지는 못할 것이다."

이 설문에 대한 경제학자들의 답변은?

비동의 (34%)
불확실 (59%)
동의(7%)

자료: IGM Economic Experts Panel, 2014년 2월 11일.

17-3i 인구 성장

인구 성장이 한 사회에 미치는 영향에 대해서 경제학자들과 다른 사회과학자들은 오랫동안 논쟁을 벌여왔다. 인구 성장의 가장 직접적인 효과는 노동인구의 증가다. 인구가 많다는 것은 재화와 서비스를 생산할 근로자가 많다는 뜻이다. 중국이 세계 경제에서 중요한 나라인 이유 중 하나는 인구가 엄청나게 많기 때문이다.

동시에 인구가 많다는 것은 재화와 서비스를 소비할 사람이 많다는 의미다. 그래서 인구가 많은 나라의 재화와 서비스의 생산량은 많지만, 이것이 반드시 평균적인 국민의 생활 수준이 높다는 뜻은 아니다.

이러한 인구 규모의 명백한 효과를 넘어서 인구 성장이 다른 생산요소와 어떤 영향을 주고받는지는 좀더 미묘한 문제며 논란의 소지가 많다.

자연자원 제약의 심화 영국의 목사며 초기 경제학자인 토머스 로버트 맬서스(Thomas Robert Malthus, 1766~1834)는 『인구론(An Essay on the Principle of Population as It Affects the Future Improvement of Society)』의 저자로 유명하다. 이 책에서 맬서스는 인구가 지속적으로 증가함에 따라 사회의 부양 능력은 끊임없이 위협받을 것이며, 인류는 빈곤에서 영원히 헤어나지 못할 것이라는 역사상 가장 섬뜩한 예측을 제시했다.

맬서스의 논리는 매우 단순하다. 그는 식량이 인류의 생존에 필수적이고 남녀 간 애정 역시 필연적이며, 현재 상태에서 유지될 것이라고 전제했다. 그는 인구의 힘이 영속적으로 식량 생산 능력을 초과할 것이라고 결론지었다. 맬서스에 따르면 인구 성장을 제한할 수 있는 유일한 요인은 궁핍과 악행뿐이라는 것이다. 그는 빈곤을 줄이려는 자선단체나 정부의 시도는 가난한 사람들이 자녀를 더 많이 낳게 만들어 사회의 생산 능력에 더 큰 부담을 주기 때문에 비생산적이라고 주장했다.

2002 ARPL/TOPFOTO/THE IMAGE WORKS

토머스 로버트 맬서스

맬서스는 자신이 살던 시기의 세계를 정확하게 설명했을지는 모르지만, 다행히 그의 암울한 예측은 크게 빗나갔다. 지난 2세기 동안 세계 인구는 약 6배로 증가했지만 세계의 생활 수준 역시 크게 향상되었다. 또한 경제성장의 결과로 오늘날 만성적인 기아와 영양실조 문제는 맬서스가 살던 시대에 비해 덜하다. 가끔 기근이 발생하지만 그 원인은 식량 생산 부족보다는 불균등한 소득 분배나 정치적 불안정한 경우가 많다.

맬서스의 생각은 어디가 잘못되었을까? 이 장의 사례연구에서 설명한 것처럼 인류의 창의력 성장이 인구 성장의 효과를 상쇄해왔다. 살충제, 비료, 영농 기계, 새로운 품종 개발 등 맬서스가 상상하지 못한 기술 진보로 농부 한 사람이 점점 더 많은 사람들이 먹을 식량을 생산했다. 인구는 늘었지만 농부의 생산성이 더 크게 높아져 적은 수의 농부들이 많은 식구들을 부양할 수 있게 된 것이다.

1인당 자본량의 감소 맬서스는 인구 성장이 자연자원의 사용에 미칠 영향에 대해 우려한 반면, 일부 경제성장론 학자들은 인구 성장이 자본 축적에 미치는 영향을 강조한다. 이들의 이론에 따르면 인구 성장률이 높아지면 주어진 자본량을 더 많은 노동자들이 나누어 써야 하기 때문에 노동자 1인당 GDP가 감소한다는 것이다. 인구가 급속히 성장하면 각 근로자들의 자본 장비가 줄어든다는 말이다. 근로자 1인당 자본의 양이 줄면 노동 생산성이 낮아지고, 1인당 GDP도 감소한다.

이러한 문제는 인적자본의 경우에 가장 명백하다. 인구 성장률이 높은 나라에는 취학 연령 아동이 많으며, 이는 교육 시스템에 큰 부담을 준다. 따라서 인구 성장률이 높은 나라에서 교육 성취도가 낮은 것은 놀라운 일이 아니다.

세계 여러 나라의 인구 성장률에는 큰 차이가 있다. 지난 몇십 년 동안 미국이나 서부 유럽 등 선진국의 인구 성장률은 1% 정도이고 앞으로는 더 서서히 증가할 것으로 예상된다. 반면 아프리카의 많은 가난한 나라들의 인구 성장률은 약 3%에 달했다. 연평균 인구 성장률이 3%인 경우 23년마다 인구가 2배로 증가한다. 이렇게 빠른 속도로 인구가 증가하면 근로자들이 높은 생산성을 발휘하는 데 필요한 도구와 기술을 제공하기가 더 어려워진다.

급속한 인구 증가가 저개발국이 가난한 중요한 이유는 아니지만, 일부 전문가들은 인구 성장률을 낮추면 이들 국가의 생활 수준을 높이는 데 도움이 될 것이라고 생각한다. 일부 국가에서는 각 가정에서 가질 수 있는 아이의 수를 규제하는 법률을 통해 인구 성장을 억제하고 있다. 예를 들어 1980년부터 2015년까지 중국은 가구당 자녀 1명만 갖도록 허용하고, 이 법을 어기는 사람들에 대해서는 무거운 벌금을 부과했다. 보다 자유로운 나라에서는 산아제한에 대한 인식을 높임으로써 간접적으로 인구 성장률을 낮추고 있다.

인구 성장에 영향을 미칠 수 있는 또 다른 방법은 사람들이 경제적 유인에 반응한다는 경제학의 10대 기본원리를 적용하는 것이다. 다른 의사결정과 마찬가지로 아이를 낳는 데는 기회비용이 따른다. 기회비용이 높아지면 사람들은 자녀를 덜 가지려 할 것이다. 특히 좋은 교육과 취업 기회가 있는 여성들은 가정 밖에서 별 기회가 없는 여성들에 비해 아이를 덜 낳으려고 한다. 따라서 양성 평등을 촉진하는 정책은 개발도상국의 인구 성장률을 낮추고, 생활 수준을 높일 수 있는 한 가지 방법이다.

기술 진보의 촉진 급속한 인구 증가는 근로자 1인당 자본의 양을 감소시켜 경제성장을 저해할 수 있지만 몇 가지 이득을 가져오기도 한다. 세계 인구 성장이 기술 진보와 경제적 번영의 원동력이었다고 주장하는 경제학자들도 있다. 이 논리는 단순하다. 인구가 많으면 기술 진보에 공헌할 과학자, 발명가, 엔지니어도 많아져 모든 사람들에게 이득이 된다는 것이다.

경제학자 마이클 크레머(Michael Kremer)는 1993년 『쿼털리 저널 오브 이코노믹스』에 실린 논문 「인구 성장과 기술 변화 : BC 100~1990(Population Growth and Technological Change : One Million BC to 1990)」에서 이 가설을 입증하는 결과를 제시했다. 크레머는 먼저 오랜 인류 역사를 통해 세계 인구가 증가함에 따라 세계경제성장률도 높아졌다는 점에 주목한다. 예컨대 세계 인구가 1억 명이던 BC 500년경에 비해 인구가 10억 명이던 1800년경에 세계 경제성장률이 높았다는 것이다. 이 사실은 사람이 많을수록 기술 진보가 활발하다는 가설에 부합된다.

크레머가 제시하는 또 다른 증거는 세계 여러 지역의 비교에서 나온다. B.C. 1만 년경에 북극의 빙하가 녹으면서 홍수 때문에 세계가 여러 지역으로 나뉜 뒤 이 지역들은 수천 년 동안 서로 교류할 수 없었다. 뭔가 발견할 수 있는 사람들이 많을 때 기술 진보가 급속하게 일어난다면 인구가 많은 지역일수록 더 빨리 성장했을 것이다.

크레머에 따르면 이 가설이 정확히 들어맞는다는 것이다. 1500년경(콜럼버스가 접촉을 재개한 시점) 세계에서 가장 성공적인 지역은 오래된 세계 문명의 발상지인 유라시아와 아프리카 지역이었다. 다음으로 기술 진보가 활발했던 지역은 아메리카 대륙의 아즈텍과 마야 문명이었으며, 그 뒤로 오스트레일리아의 수렵인들, 불도 피울 줄 모르고 돌이나 뼈로 만든 도구도 거의 없었던 테즈메이니아 원주민들 순이었다.

가장 고립된 작은 지역은 오스트레일리아와 테즈메이니아 사이에 위치한 플린더스 섬(Flinders Island)이었다. 인구가 가장 적었던 이 섬은 기술 진보의 기회도 가장 적었고 실제로 퇴보했다. BC 3000년경에 플린더스 섬에서 인간은 완전히 소멸되었다. 크레머는 많은 인구가 기술 진보의 전제 조건이라는 결론을 내렸다.

아프리카는 왜 대부분 가난한가?

지구상의 가장 가난한 사람들은 대부분 사하라 사막 이남 아프리카에 산다. 이 지역의 2017년 1인당 GDP(2011년 달러 기준)는 3,489달러로 세계 평균의 23%에 불과했다. 그러니 아프리카의 빈곤율이 극히 높다는 사실도 놀랍지 않다. 전 세계 인구의 10%가 하루에 1.9달러 미만으로 살아가는데 아프리카에서는 이 비율이 41%다.

이렇게 경제발전이 저조한 이유는 무엇일까? 쉬운 답은 없다. 서로 얽힌 많은 요인들이 작용하고 있으며 빈곤의 원인과 결과를 구별하기 어려운 경우도 있다. 그러나 다음 몇 가지 요인들이 이러한 우울한 현상을 설명하는 데 도움이 될 것이다.

- **저조한 자본 투자** : 사하라 이남 아프리카는 1인당 소득이 낮고 1인당 자본이 작기 때문에 자본의 수익률이 높고 따라서 국내 저축자들과 해외 투자자들이 투자하기에 매력적인 지역이라고 기대할지 모르겠다. 그러나 사실은 GDP 대비 퍼센트로 표시한 이 지역의 투자율은 전 세계 평균치보다 5% 포인트 더 낮다. 투자가 부진한 것은 다음과 같은 요인들 때문일 수 있다.
- **낮은 교육 성취도** : 사하라 이남 아프리카에 사는 사람들의 평균 교육 연수는 5.6년으로 전 세계 평균 8.4년보다 낮고 교육의 질도 열악하다. 사하라 이남 아프리카의 초등학교 교사 1인당 학생 수는 39명인데 전 세계 평균은 23명이다. 이에 따라 사하라 이남 아프리카에 거주하는 성인의 60%만이 글을 읽을 수 있는데 이는 전 세계 평균 82%와 비교된다. 교육을 덜 받은 근로자들은 생산성이 더 낮다.
- **열악한 건강 상태** : 사하라 이남 아프리카의 1년 안 된 영아들 중 21%가 DPT(디프테리아, 백일해, 파상풍) 예방 접종을 하지 않고 31%는 홍역 예방 접종을 하지 않는다. 이 두 수치는 세계 평균치의 2배를 넘는다. 5세 미만 아이들 중 36%는 성장이 저해될 만큼 영양실조에 시달리고 있으며 이는 세계 전체의 평균치인 27%와 비교된다. 성인의 4.5%가 HIV에 감염되어 있는데 이는 세계 평균치의 4배에 달한다. 이러한 수치들은 극단적인 개인적 비극을 반영하지만 경제적 비극을 설명하는 데 도움이 된다. 덜 건강한 근로자들은 생산성이 더 낮다.
- **높은 인구 증가** : 사하라 이남 아프리카의 인구는 최근 들어 연평균 2.8% 증가하였다. 이 추세라면 25년마다 인구가 2배로 늘어난다. 반면에 세계 인구는 매년 1.2% 증가하여 58년 만에 2배가 된다. 인구가 빠른 속도로 늘면 각 근로자에게 높은 생산성을 달성하는데 필요한 물적자본과 인적자본을 장착시키기 어렵다.
- **지리적 약점** : 사하라 이남 아프리카 인구의 25% 이상이 에티오피아, 우간다. 차드, 니제르, 말리 등 내륙 국가에 사는데 이 비중은 세계 전체의 7%와 비교된다. 내륙 국가들은 대개 가난하다. 교통을 위해 바다에 접근하기가 어려워 무역의 이득을 누리기 힘들기 때문이다.
- **자유의 제약** : 사회과학자들은 한 국가의 시민들이 누릴 수 있는 인간적 자유의 정도를 측정하는 지수들을 개발했다. 이 지수들은 사법제도의 신뢰성, 개인의 안전,

표현의 자유, 국제무역에 참여할 권리 등등의 특성을 측정한다. 사하라 이남 아프리카 국가들은 남아시아, 동유럽, 중동 등과 함께 이들 지수 순위가 낮다. 서유럽, 북유럽, 북미 지역 국가들의 순위가 가장 높다(남미 등 다른 지역들은 이들 두 극단의 중간에 있다). 자유에 관한 지수들은 경제적 번영과 플러스 상관관계에 있다. 자유 수준이 높은 국가일수록 소득이 높다. 아마도 자유를 제한하면 자원을 효율적으로 배분하는 보이지 않는 손의 작동이 방해받기 때문일 것이다.

- **만연한 부패** : 많은 아프리카 국가의 정부는 매우 부패하다. 부패를 감시하는 비영리 기구인 국제투명성기구(Transparency International)에 따르면 소말리아가 2018년에 세계에서 가장 부패한 나라였다. 전 세계에서 부패가 가장 심한 14개 국가 중 아프리카 국가가 절반을 넘는다(북미와 유럽에는 하나도 없다). 부패는 내국인들의 저축과 투자를 저해하고 해외로부터의 투자를 막는다.
- **식민통치의 유산** : 경제학자 대런 아세모글루(Daron Acemoglu)와 제임스 로빈슨(James Robinson)은 아프리카의 많은 나라들이 발전하지 못한 이유를 식민지 시대부터 생겨난 결함 있는 제도의 탓으로 돌린다. 17~18세기에 식민지를 개척하여 정착할 곳을 찾고 있던 유럽인들은 미국, 캐나다, 뉴질랜드와 같은 기후가 온화한 지역을 선호했다. 식민지 개척자들은 자신들이 거주할 생각이었기 때문에 이들 지역에 유럽식의 포용적인 제도를 도입했다. 포용적인 제도는 정치적 권력을 널리 분산하고, 재산권과 법치를 존중함으로써 경제적 번영을 촉진하였다. 덜 매력적인 열대기후에 속한 아프리카 지역에서는 이들이 항구적으로 정착하는데 관심이 별로 없었다. 그래서 이들 지역의 인구와 자원을 착취할 목적으로 권위주의적 정부와 같은 착취적인 제도를 만들었다. 식민 통치자들이 이 지역을 떠난 후에는 새로운 엘리트 지배계층이 착취적인 제도를 인수하여 유지하였고 이로 인해 경제 개발이 저해되었다.

이러한 원인들 어느 것도 아프리카 문제에 대한 쉬운 해결책을 제시하지 않는다. 그렇다고 해서 빈곤이란 결론이 기정사실화 되어서도 안된다. 보츠와나처럼 훌륭한 정책에 행운이 결합되면 1인당 GDP가 세계 평균치와 비슷해지고 빈곤율은 나머지 사하라 이남 아프리카 국가들의 절반 이하가 될 수도 있다. 보츠와나는 내륙 국가라는 약점이 있고 HIV 감염자도 많지만 다른 아프리카 국가들보다 투자 수준이 높고, 교육이 우수하고, 인구 증가률이 낮고, 예방접종률이 높으며, 영양실조는 적고, 더 많은 자유를 누리며 부패는 낮은 편이다. 보츠와나는 과거 식민지배를 받던 국가에서 이제 아프리카에서 가장 오랜 기간 민주주의를 유지하는 국가로 변모하려고 노력하고 있다. 여러모로 보츠와나는 한

사하라 이남 아프리카는 세계에서 가장 가난한 지역이다.

미국의 번영의 비밀 소스

여러 큰 나라들 중에서 미국이 오랫동안 가장 높은 평균소득을 유지해 왔다. 한 경제학자가 그 성공의 이유에 대해 곰곰이 생각한다.

미국이 다른 큰 나라들에 비해 아직도 더 부유한 이유

Martin Feldstein

매년 미국의 1인당 생산은 대부분의 다른 선진국들보다 더 높다. 2015년 미국의 1인당 실질 GDP는 56,000달러였다. 같은 해 구매력 차이를 반영하여 조정된 1인당 GDP는 독일이 47,000달러, 프랑스와 영국은 41,000달러, 그리고 이탈리아는 36,000달러에 불과했다.

간단히 말해서 미국은 경쟁 국가들보다 여전히 더 부유하다. 그 이유는 무엇일까? 내 생각에는 미국을 다른 선진국들과 구별하는 10가지 특성이 있다.

- **기업가 문화** : 미국 사람들은 창업을 하고 사업체를 키워가려는 욕망, 그리고 위험을 감수하려는 의지를 과시한다. 미국의 문화에서는 실패하고 다시 시작하는 데 대한 페널티가 적다. 대학생이나 경영대학원생들도 이러한 기업가적 열망을 보여주는데 이는 스스로 강화된다. 페이스북처럼 실리콘밸리에서 성공한 기업 사례는 기업가정신을 더욱 자극한다.
- **기업가정신을 뒷받침하는 금융 시스템** : 미국은 유럽 국가들에 비해 더 발달된 지분을 통한 자금조달 시스템을 갖추고 있다. 여기에는 창업기업들에 기꺼이 투자하려는 앤젤 투자자들과 이들 기업의 성장에 필요한 자금을 제공하는 매우 왕성한 벤처 자본시장이 포함된다. 또한 기업가들에게 대출을 제공하는 7,000여 개의 소규모 은행들을 포함한 분권화된 은행 시스템이 있다.
- **세계 정상급 연구 중심 대학교** : 미국의 대학교들은 하이테크 기업의 동인이 되는 많은 기초과학 연구 결과물을 만들어낸다. 교수들과 박사과정 학생들이 대학 근처에 있는 창업기업에서 시간을 보내는 경우가 흔하고, 대학과 기업 문화가 이러한 중첩을 권장한다. 최상의 연구대학들은 전 세계로부터 우수한 학생들을 유치하며 이들 중 많은 이들이 공부를 마친 후 미국에 남는다.
- **대규모 노조나 국영기업 또는 과도한 노동 규제의 방해를 받지 않고 노동자들과 일자리를 연결해 주는 노동시장** : 미국 민간부문 노동인구의 노조 조직률은 7%에 미치지 못하며 노동 관련 법규도 유럽에 비해 훨씬 덜 성가시다. 이에 따라 노동자들은 자신에 맞는 직장을 찾을 가능성이 더 높고 기업들은 혁신을 이루기 더 용이하며, 신규 기업들은 창업하기가 더 쉽다.
- **외국으로부터의 이민을 포함한 인구 증가** : 미국의 인구가 늘고 있다는 것은 노동인구가 더 젊고 따라서 더 유연하고 훈련받기 쉽다는 뜻이다. 미국 이민에는 제약이 있지만 미국 경제에 대한 접근을 가능하게 하는 특별한 규정들이 있고, 개인의 재능과 산업계

국가가 경제성장을 이룩하는 요인들에 집중하면 무엇을 성취할 수 있는지를 보여주는 모범사례다. ●

간단한 퀴즈

6. 자본 축적에는 수확 체감이 적용되므로 저축과 투자가 늘어난다고 해서 (   )이 증가하지는 않는다.

a. 장기 소득
b. 단기 소득
c. 장기 성장률
d. 단기 성장률

7. 일본의 도요타 자동차 회사가 미국에 있는 제조공장을 확장하면 미국의 GDP와 GNP는 어떻게 달라지는가?

a. GDP 증가, GNP 감소
b. GNP 증가, GDP 감소
c. 둘 다 증가, GDP가 GNP보다 더 많이 증가
d. 둘 다 증가, GNP가 GDP보다 더 많이 증가

의 후원을 토대로 시민권이나 영주권을 딸 수 있는 경로도 존재한다. 또한 별도의 영주권 추첨제도(green card lottery)는 미국에 오기를 갈망하는 사람들에게 하나의 창구가 된다. 이민자들을 유치하는 능력은 미국의 번영의 중요한 요인이 되어 왔다.

- **열심히, 그리고 장시간 일하는 것을 장려하는 문화와 세제** : 미국 근로자들은 연평균 1,800시간 일하는데 이는 (물론 2,200시간 이상 일하는 홍콩, 싱가포르, 한국보다는 작지만) 프랑스의 1,500시간과 독일의 1,400시간보다 훨씬 많다. 일반적으로 오래 일하면 생산을 많이 하고 따라서 실질소득이 높다.
- **에너지 독립을 가능하게 하는 에너지 공급** : 수압을 이용한 파쇄 기법을 통한 천연가스 생산으로 미국의 기업들은 충분한 에너지를 상대적으로 저렴한 비용에 공급받을 수 있다.
- **호의적인 규제 환경** : 미국의 규제들이 완벽하지는 않지만 유럽 국가들과 유럽연합이 부과하는 규제들에 비해서는 기업에 훨씬 덜 부담을 준다.
- **다른 선진국들에 비해 작은 정부** : OECD에 따르면 미국의 연방 정부, 주 정부 및 지방정부를 포함한 정부지출은 GDP의 38%인데 반해 독일은 44%, 이탈리아는 51%, 프랑스는 57%이다. 다른 나라들의 정부지출 수준이 더 높다는 것은 소득의 더 큰 몫이 세금으로 빠져나갈 뿐 아니라 더 높은 이전지출로 인해 근로 유인이 저해된다는 의미이다. 미국 노동자들이 일을 많이 하는 것은 놀라운 일이 아니다. 그럴만한 추가적인 유인이 있으니 말이다.
- **주들이 서로 경쟁하는 분권화된 정치체제** : 주들 간의 경쟁은 기업가정신과 노동을 장려하며 주들은 각각의 법규와 세제를 토대로 기업과 개인들을 유치하기 위해 경쟁한다. 소득세가 없고 노조 결성을 제한하는 주들도 있다. 주들은 주민들에게 낮은 수업료에 양질의 대학교육을 제공한다. 주들은 법적 책임에 관한 규정을 통해서도 서로 경쟁한다. 법률 시스템은 새로운 기업가들과 대기업들을 끌어들인다. 미국은 정치적 분권화 정도의 측면에서 고소득 국가들 중에 특이하다.

미국은 이러한 장점들을 유지해 나갈 수 있을까? 조셉 슘페터(Joseph Schumpeter)는 1942년에 저술한 『사회주의, 자본주의, 그리고 민주주의』라는 책에서 자본주의가 번영하기 위해 필요한 정치적, 지적환경이 자본주의의 성공과 지식인들의 비판에 의해 약화되기 때문에 자본주의는 쇠퇴하여 실패할 것이라고 경고한 바 있다. 그는 국민들에 의해 선출된 사회민주정당들이 기업가정신을 제약하는 복지국가를 만들 것이라고 주장했다.

슘페터의 책은 그가 유럽에서 미국으로 이주한 지 20여 년이 지난 시점에 출판되었지만 그의 경고는 오늘날 미국보다는 유럽에 더 적절해 보인다. 미국도 점점 복지국가로 성장해 오긴 했지만 그 정도는 유럽에 비해 훨씬 덜하다. 그리고 미국의 지적 분위기도 자본주의를 훨씬 지원하는 편이다.

만일 슘페터가 오늘 우리 곁에 있다면 유럽의 공업 국가들이 미국에서 달성되었던 것과 같은 견고한 경제성장을 이루지 못한 이유로 사회민주정당들의 성장과 그로 인한 복지국가의 확대를 꼽을 것이다.

토의 질문

1. 이 글에서 제시된 속성 중 어떤 것이 미국의 번영을 가장 잘 설명하였나? 그 이유를 설명하라.
2. 이들 속성 중에서 잘못된 정책 선택에 의해 타격을 입을 가능성이 가장 큰 것은 무엇인가? 그 이유를 설명하라.

펠드슈타인은 하버드 대학교의 경제학 교수다.

자료: *Harvard Business Review*, 2017년 4월 20일.

8. 다음 중 로버트 맬서스의 인구 증가에 대한 견해는 무엇인가?
   a. 인구 증가가 경제의 식량 생산 능력에 스트레스를 주어 결국 인류는 빈곤에 머물게 된다.
   b. 인구가 증가하면 노동자 1인당 자본량이 너무 작아져 노동자의 생산성이 저하될 것이다
   c. 인구가 증가하면 과학자와 발명가 수가 늘기 때문에 기술 진보가 촉진될 것이다.
   d. 산아제한 기법이 개선되고 사람들이 작은 가구를 선호함에 따라 인구 성장률이 궁극적으로 지속 가능한 수준으로 하락할 것이다.

정답은 각 장의 끝에

17-4 결론 : 장기 성장의 중요성

이 장에서 우리는 한 나라의 생활 수준이 어떻게 결정되며, 경제성장을 촉진하는 정책을 통해 생활 수준을 향상시킬 수 있는 방법이 무엇인지 공부했다. 이 장 내용의 대부분은 한 나라의 생활 수준이 그 나라의 생산 능력에 달려있다는 경제학의 10대 기본원리로 요약된다. 국민들의 생활의 질을 향상시키려는 정책담당자들은 우선 생산요소를 축적하고, 이 요소들이 가능한 한 가장 효과적으로 사용되도록 하여 경제의 생산성을 높여야 한다.

경제성장을 촉진하기 위한 정부의 역할에 대해서는 경제학자들 간에 견해 차이가 있다. 그러나 최소한 재산권과 정치적 안정을 보장함으로써 보이지 않는 손의 작용을 도울 필요가 있다. 정부가 기술 진보에 중요하다고 생각되는 특정 산업에 보조금을 지급해야 하는가는 더 큰 논쟁거리다. 이러한 질문들이 경제학에서 가장 중요한 질문에 속한다는 사실에는 의문의 여지가 없다. 한 세대의 정책담당자들이 경제성장에 관한 교훈을 잘 배우고 유념하는 것이 다음 세대가 이어받을 세상의 모습을 좌우할 것이다.

요약

- 1인당 GDP로 측정한 경제적 풍요도는 나라에 따라 차이가 크다. 가장 부유한 나라들의 평균소득은 가장 가난한 나라들의 평균소득의 10배가 넘는다. 반면에 실질 GDP의 성장률이 나라마다 다르기 때문에 시간이 경과함에 따라 여러 나라의 경제적 서열도 크게 달라질 수 있다.
- 한 나라의 생활 수준은 그 나라의 재화와 서비스 생산 능력에 따라 좌우된다. 생산성은 근로자들이 사용할 수 있는 물적자본, 인적자본, 자연자원, 기술지식에 따라 결정된다.
- 경제성장률에 영향을 미칠 수 있는 정부 정책에는 여러 가지가 있다. 저축과 투자의 장려, 외국 자본 투자의 촉진, 교육에 대한 지원, 보건 증진, 재산권과 정치적 안정의 보장, 자유무역의 허용, 새로운 기술에 대한 연구 · 개발 지원 등이 포함된다.
- 자본의 축적에는 수확 체감이 적용된다. 즉 자본의 양이 많아질수록 자본 한 단위를 증가시킬 때 창출되는 추가적인 산출량은 점점 적어진다. 따라서 저축률이 증가하면 일정 기간 동안은 성장률이 높아지지만 자본의 양, 생산성, 소득이 증가하면 궁극적으로 성장률은 낮아진다. 또 수확 체감의 법칙이 적용되기 때문에 저개발국가의 자본 수익률이 높고, 따라서 다른 조건이 같다면 따라잡기 효과에 의해 이런 나라들이 더 빠른 속도로 성장할 수 있다.
- 인구 성장은 경제성장에 다양한 영향을 미친다. 인구가 빨리 성장하면 노동자 한 사람에게 돌아가는 자연자원과 물적자본의 양이 줄어서 생산성이 낮아진다. 반면에 인구가 많아지면 과학자와 엔지니어들이 늘기 때문에 기술 진보가 촉진될 수도 있다.

중요개념

생산성 401
물적자본 402
인적자본 403
자연자원 403
기술지식 404
수확 체감 408
따라잡기 효과 408

복습문제

1. 한 나라의 GDP 수준은 무엇을 나타내는가? 한 나라의 GDP 성장률은 무엇을 나타내는가? GDP의 규모가 크고 성장률이 낮은 나라와 GDP의 규모가 작고 성장률이 높은 나라가 있다면 여러분은 어떤 나라에서 살고 싶은가?
2. 생산성을 결정하는 네 가지 요인에 대해 설명하라.
3. 대학 교육은 어떤 식으로 인적자본을 형성하는가?
4. 저축이 늘면 생활 수준이 향상하는 이유를 설명하라. 저축률을 증가시키는 정책을 도입하기 어렵게 만드는 요인에는 어떤 것이 있는가?
5. 저축률이 증가하면 경제성장이 일시적으로 빨라지는가, 무한정 빨라지는가?
6. 관세와 같은 무역장벽을 제거하면 경제성장이 촉진되는 이유는 무엇인가?
7. 인구 성장률은 1인당 GDP에 어떤 영향을 미치는가?
8. 미국 정부가 기술지식의 발전을 촉진하기 위해 시행하는 두 가지 정책은 무엇인가?

응용문제

1. 미국을 포함한 대부분의 나라들은 외국에서 재화와 서비스를 수입한다. 그러나 이 장에서 배운 바에 따르면 어떤 나라의 생활 수준을 향상시키려면 자체적인 재화와 서비스 생산 능력을 제고해야 한다. 두 가지 사실이 어떻게 양립할 수 있는가?
2. 어떤 사회에서 소비를 줄이고 투자를 늘리기로 결정했다고 하자.
   a. 이러한 결정은 경제성장에 어떤 영향을 미치는가?
   b. 이 결정으로 사회의 어떤 집단이 이득을 보고, 어떤 집단이 손해를 보는가?
3. 어떤 사회이든 소비와 투자의 몫을 정해야 한다. 여기에는 민간 지출도 있고 정부지출도 있다.
   a. 민간 소비와 민간 투자의 예를 몇 가지 들라. 국민소득 계정에서는 등록금이 소비지출에 포함된다. 여러분이 교육에 투입하는 자원은 소비로 봐야 할까, 투자로 봐야 할까?
   b. 정부에 의한 소비와 투자의 예를 몇 가지 들라. 건강 증진 프로그램에 대한 정부지출은 소비로 봐야 할까, 투자로 봐야 할까? 청년층을 위한 건강 증진 프로그램과 노인들을 위한 건강 증진 프로그램을 구별할 필요가 있을까?
4. 자본 투자의 기회비용은 무엇인가? 한 국가가 자본에 과도한 투자를 하는 것이 가능한가? 인적자본 투자의 기회비용은 무엇인가? 한 국가가 인적자본에 과도한 투자를 하는 것이 가능한가? 설명하라.
5. 1990년대와 21세기의 첫 20년 동안 일본과 중국 등 아시아 투자자들이 미국에 많은 직접 투자와 포트폴리오 투자를 했고, 이에 대해 당시 많은 미국 사람이 불쾌해했다.

a. 미국이 일본 사람들의 투자를 받아들이기를 잘한 이유는 무엇인가?

b. 이런 투자를 일본 사람 대신 미국 사람이 했다면 더 좋았을 이유는 무엇인가?

6. 많은 개발도상국의 경우 여성 청소년의 중 · 고등학교 재학률이 남성 청소년에 비해 낮다. 여성 청소년들에 대한 교육 기회 확대가 이들 국가의 경제성장을 촉진할 수 있는 몇 가지 이유를 설명하라.

7. 법적, 정치적 환경을 기초로 평가한 국제 지적재산권 지수 점수는 지적재산권이 어떻게 보호되는지를 나타낸다. 온라인에서 최근 지적재산권 지수 순위를 찾아라. 점수가 높은 세 나라와 점수가 낮은 세 나라 등 6개 국가의 1인당 GDP는 어떤 패턴을 보이는가? 이 패턴에 대한 두 가지 가능한 설명을 제시하라.

8. 여러 나라 자료를 보면 한 국가의 1인당 소득과 건강 상태는 플러스 상관관계를 나타낸다.

a. 소득이 높을수록 건강 상태가 개선될 수 있는 이유를 설명하라.

b. 건강 상태가 좋을수록 소득이 높아질 수 있는 이유를 설명하라.

c. 앞의 두 가설 중 어느 쪽이 더 중요한지가 정부 정책에 어떤 시사점을 줄까?

9. 18세기의 위대한 경제학자 애덤 스미스는 '가장 야만적인 국가를 가장 부유한 나라로 끌어올리기 위한 필수조건은 평화, 낮은 세금, 그리고 용인할 수 있는 사법행정 이외에 다른 것이 별로 없다. 나머지는 자연스럽게 일어나게 되어 있다'라고 썼다. 스미스가 말한 세 가지 조건이 각각 어떻게 경제성장을 촉진할지 설명하라.

간단한 퀴즈 정답

1. b 2. c 3. a 4. b 5. d 6. c 7. c 8. a

18 장

저축, 투자와 금융제도

여러분이 대학을 졸업하고 곧바로 경제를 예측하는 회사를 차린다고 생각해보자. 여러분은 사업을 시작하기에 앞서 적지 않은 회사 설립비용을 감당해야 할 것이다. 경제 예측에 사용할 컴퓨터, 책상, 의자, 서류 캐비닛 등 가구와 장비, 즉 설립하려는 회사에서 서비스를 생산하는 데 필요한 자본재를 구입해야 하기 때문이다.

그렇다면 이런 자본재를 구입할 자금을 어디에서 마련하겠는가? 물론 과거에 저축해둔 돈을 쓸 수도 있겠지만, 여러분도 대부분의 기업인들처럼 회사를 시작하는 데 드는 비용 전액을 자기 자금으로 충당하기는 어려울 테니 필요한 자금을 어디에서든 조달해야 할 것이다.

자본재에 대한 투자자금을 조달하는 방법으로 몇 가지를 생각해볼 수 있다. 우선 나중에 원금과 이자를 갚기로 약속하고 은행이나 친구, 친척에게 돈을 빌리는 방법이 있다. 아니면 여러분의 사업에서 장차

ISTOCK.COM/LOLOSTOCK

발생할 이윤의 일정 지분을 준다는 조건으로 누군가를 설득해서 자금을 투자하게 할 수도 있다. 두 가지 중 어느 쪽을 택하든지 여러분은 컴퓨터와 사무용품에 대한 투자자금을 타인의 저축으로 충당하는 것이다.

금융제도 한 사람의 저축을 다른 사람의 투자로 연결하는 것을 돕는 여러 기관들로 구성

금융제도(financial system)는 한 사람의 저축을 다른 사람의 투자와 연결하는 역할을 하는 기관들로 구성된다. 17장에서 논의한 바와 같이 저축과 투자는 경제성장의 핵심 요소다. 국내총생산(GDP)의 많은 부분을 저축할수록 자본에 투자할 여력이 커지고, 자본이 많아지면 경제의 생산이 늘고 생활 수준이 높아지기 때문이다. 그러나 17장에서는 저축과 투자가 어떻게 조정되는지에 대해 설명하지 않았다. 특정 시점에서 어떤 사람들은 소득의 일부를 미래를 위해 저축하려 하고, 어떤 사람들은 신규 사업이나 종전에 하던 사업을 확장하기 위해 투자자금을 빌리려고 한다. 두 부류의 사람들을 어떻게 서로 연결할 수 있을까? 저축하려는 사람들의 자금 공급과 투자하려는 사람들의 자금 수요가 일치하도록 만들어주는 메커니즘은 무엇일까?

이 장에서는 금융제도가 어떻게 작동하는지 알아본다. 먼저 금융제도를 구성하는 다양한 금융기관을 소개하고, 둘째로 금융제도와 저축, 투자 등 주요 거시경제 변수 사이의 관계를 설명한다. 셋째로 금융시장에서 자금 수요 · 공급모형을 도출한다. 이 모형에서는 이자율이 수요와 공급을 일치시키는 가격의 역할을 한다. 다음으로 이 모형을 이용해서 여러 가지 정부 정책이 이자율에 어떤 영향을 미치며, 이로 인해 경제의 희소자원 배분에 어떤 영향을 미치는지 분석한다.

18-1 미국 경제의 금융기관

포괄적으로 말하면, 금융제도는 자신의 소득보다 적은 금액을 지출하고 나머지를 저축하려는 사람들에게서 자신의 소득보다 많이 지출하려는 사람들에게로 경제의 희소한 자원을 이전시키는 역할을 한다. 사람들은 자녀의 대학 교육자금 마련, 편안한 노후생활 보장 등 다양한 이유로 저축을 한다. 마찬가지로 돈을 빌리려는 사람들의 동기도 다양하다. 주택을 구입하려는 사람도 있고, 생계를 위해 사업을 시작하려는 사람도 있다. 저축을 하려는 사람들은 미래에 원금과 이자를 되돌려받을 것을 기대하고 금융기관에 돈을 맡긴다. 자금을 차입하려는 사람들은 원금과 이자를 나중에 갚아야 한다는 사실을 알고 돈을 빌린다.

금융제도는 저축자들과 투자자들의 행동을 조정하는 여러 금융기관으로 구성된다. 금융 부문의 작동 원리를 분석하기 전에 금융제도를 구성하는 두 가지 중요한 기관에 대해 설명할 것이다. 금융기관은 금융시장과 금융중개 기관으로 구분되는데, 두 부류에 대해 차례로 살펴보자.

18-1a 금융시장

금융시장(financial markets)은 저축을 하고 싶어하는 사람들이 돈을 빌리려는 사람들에게 자금을 직접 공급하는 시장이다. 금융시장에서 가장 중요한 것은 채권시장과 주식시장이다.

금융시장 저축하는 사람들이 차입하는 사람들에게 자금을 공급할 수 있게 해주는 시장

채권시장 컴퓨터 칩 제조업체로 유명한 인텔(Intel)사가 새 공장을 건설할 자금을 마련하고 싶으면 회사채라는 채권을 판매하여 일반 국민들에게서 자금을 직접 차입할 수 있다. 채권(bond)이란 돈을 빌린 사람이 그 증서를 보유한 사람에게 특정한 금액을 갚아야 할 의무가 있음을 나타내는 증서다. 쉽게 말해 채권 구매자는 대출자이고 채권은 차용증이다. 채권에는 차입금의 상환 시기, 즉 만기(maturity)와 만기가 되기까지 채무자가 정기적으로 지불할 이자율이 규정되어 있다. 채권을 사는 사람은 앞으로 이자를 받고 궁극적으로 원금을 돌려받는다는 조건으로 돈을 빌려주는 것이다. 채권을 산 사람은 그 채권을 만기까지 보유할 수도 있고, 만기 이전에 다른 사람에게 되팔 수도 있다.

채권 일종의 차용증서

미국에서 발행되는 채권은 수백만 종에 달한다. 대기업이 새 공장을 지으려 할 때, 연방 정부가 신형 전투기를 구입하려 할 때, 주 정부나 지방 정부가 학교를 새로 지을 필요가 있을 때 이들은 대개 채권을 발행하여 자금을 조달한다. 월스트리트저널(Wall Street Journal)이나 뉴스 서비스의 경제면에는 중요한 채권의 가격과 이자율에 대한 정보가 수록되어 있다. 이 채권들은 다음 네 가지 중요한 속성의 측면에서 다르다.

첫 번째 중요한 속성은 채권이 만기가 되기까지 걸리는 시간(term)이다. 만기가 몇 달인 단기채도 있고, 만기가 30년인 장기채도 있다(영국 정부는 원금은 상환하지 않고 영원히 이자만 지급하는 영구공채(perpetuity)를 발행한 적도 있다). 채권에 대한 이자율은 부분적으로 만기의 영향을 받는다. 장기채는 단기채에 비해 원금을 돌려받을 때까지 오래 기다려야 하므로 위험 부담이 크다. 장기채 보유자가 만기 이전에 자금이 필요하면 남에게 채권을 파는 수밖에 없고, 이 경우 낮은 가격을 받을 가능성이 높다. 이러한 위험을 보상해 주기 위해 대개 장기채는 단기채에 비해 이자율이 높다.

두 번째 중요한 속성은 신용위험(credit risk), 즉 차입자가 이자나 원금을 지불하지 않을 위험이다. 이같이 원리금의 지급 의무를 이행하지 못하는 것을 채무불이행(default)이라고 한다. 차입자들이 파산을 선언하고 지급 의무 이행을 중단할 가능성이 있으며, 실제로 이런 일이 종종 일어난다. 채권 구입자들이 채권 발행자의 채무불이행 가능성이 높다고 판단하면 그러한 위험을 보상받기 위해 높은 이자율을 요구한다. 미국 정부의 국채는 신용위험이 낮기 때문에 이자율이 낮은 반면, 자금 사정이 나쁜 기업들이 정크본드(junk bonds)를 발행하는 경우에는 높은 이자율을 부담해야 한다. 채권 구입자들은 다양한 채권들의 신용위험을 평가하는 민간 신용평가기관들의 의견을

참고하여 채권의 신용위험도를 판단한다. 예컨대 스탠더드 앤드 푸어스(Standard & Poor's)는 채권들에 대해 AAA(가장 안전한 채권)에서 D(이미 지급불능 상태의 채권)까지 등급을 매긴다.

세 번째 중요한 속성은 그 채권의 이자 수입에 대한 과세 여부(tax treatment)다. 대부분의 채권에서 나오는 이자소득은 과세 대상이므로 채권 보유자는 이자 수입의 일부를 소득세로 납부해야 한다. 그러나 주 정부나 지방 정부가 발행하는 지방채(municipal bonds)를 보유한 사람은 이자소득에 대해 연방소득세를 내지 않아도 된다. 이러한 세제 혜택 때문에 지방채의 이자율은 연방 정부 국채나 일반 기업이 발행하는 회사채에 비해 낮다.

네 번째 중요한 속성은 채권이 인플레이션으로부터의 보호장치를 제공하는지 여부이다. 대부분의 채권은 지급조건이 명목 금액으로 설정되어 있다. 즉 채권은 이자와 원금을 명시된 달러 금액(혹은 다른 나라 화폐 금액)으로 지급하겠다고 약정한다. 만일 물가가 오르고 달러의 구매력이 감소하면 채권 보유자들의 수익은 하락한다. 그러나 이자와 원금 지급액이 인플레이션 지표에 연동되어 물가가 오르면 지급액이 비례적으로 증가하는 채권들도 있다. 미국 정부는 1997년부터 인플레이션으로부터 보호되는 국채(Treasury Inflation-Protected Securities, TIPS)라는 이름의 이러한 채권들을 발행하기 시작했다. TIPS는 인플레이션의 영향으로부터 투자자들을 보호해 주기 때문에 이러한 장치가 없는 다른 채권들에 비해 이자율이 낮다.

주식시장 인텔사가 새로운 공장 건설에 필요한 자금을 조달할 수 있는 또 다른 방법은 그 회사의 주식을 발행하는 것이다. 주식(stock)은 어느 기업의 소유권을 나타내며, 따라서 그 회사 이윤의 일부에 대한 청구권이다. 인텔사가 주식 100만 주를 판다면 한 주당 그 회사 이윤의 100만 분의 1의 지분을 보장해 준다.

주식 한 회사의 소유 지분에 대한 청구권

주식의 매각을 통한 자금 조달을 자기자본 조달(equity finance)이라 하고, 채권의 매각을 통한 자금 조달을 타인자본 조달(debt finance)이라고 한다. 회사들은 보통 두 가지 방법을 모두 활용하여 자금을 조달하지만 주식과 채권은 서로 성격이 다르다. 인텔사의 주식을 보유한 사람은 그 회사의 지분을 소유하지만, 인텔사가 발행한 회사채를 보유한 사람은 그 회사에 대한 채권자일 뿐이다. 인텔사가 많은 이윤을 낼 경우 주주들은 이윤을 배당받지만, 회사채 보유자들은 이자만 받는다. 반대로 인텔사의 자금 사정이 악화될 경우에는 회사채 보유자들에게 우선 이자를 지급하고 자금이 남으면 주주들에게 배당을 지급한다. 따라서 주식은 채권에 비해 위험이 크지만 잠재적 수익성이 높다.

어떤 기업이 주식을 일반 대중에게 매각하고 나면 이 주식들은 조직화된 증권시장에서 거래된다. 주식을 발행한 회사들은 증권시장에서 주식이 거래될 때 돈을 받지 않는다. 미국 경제에서 가장 중요한 증권시장은 뉴욕 증권시장, 나스닥(NASDAQ) 등이다.

세계 주요 국가에는 각각의 증권시장이 있어서 자국 기업들의 주식이 거래된다. 가장 유명한 거래소로는 도쿄, 상하이, 홍콩, 런던을 들 수 있다.

증권시장에서 거래되는 주식의 가격은 시장의 수요와 공급에 따라 결정된다. 한 기업의 주식은 그 기업에 대한 소유권을 나타내므로, 주식의 수요와 가격은 그 기업의 장래 수익성에 대한 사람들의 인식을 반영한다. 즉 사람들이 어떤 기업의 장래를 낙관적으로 볼수록 그 회사 주식에 대한 수요가 늘고 주가가 상승하는 것이다. 반대로 어떤 기업의 장래에 대한 전망이 나빠지면 그 기업의 주가는 하락한다.

전반적인 주식가격 동향을 나타내는 주가지수(stock index)에는 몇 가지가 있다. 주가지수는 여러 주식의 가격을 평균하여 산출된다. 가장 유명한 주가지수는 1896년부터 정기적으로 발표되고 있는 '다우존스 산업평균지수(Dow Jones Industrial Average)'로서 현재는 디즈니, 마이크로소프트, 코카콜라, 보잉, 애플, 월마트 등 미국 30대 기업의 주가를 기초로 작성되고 있다. 널리 알려진 또 다른 주가지수는 500개 주요 기업의 주식가격을 토대로 작성되는 'S&P 500(Standard & Poor's 500 Index)'이다. 주식가격은 장래의 이윤 가능성을 반영하므로 주가지수들은 장래 경제 여건에 대한 예고 지표로 주목을 받는다.

18-1b 금융중개 기관

금융중개 기관(financial intermediaries)은 저축하려는 사람들과 자금을 차입하려는 사람들을 간접적으로 연결해주는 금융기관이다. 중개(intermediary)라는 단어는 이 기관들이 저축자와 차입자의 중간에 위치한다는 사실을 나타낸다. 여기에서는 가장 중요한 금융중개 기관인 은행과 뮤추얼 펀드, 즉 증권 투자회사에 대해 살펴볼 것이다.

금융중개 기관 저축하려는 사람들이 차입하려는 사람들에게 자금을 간접적으로 공급할 수 있게 해주는 금융기관

은행 조그만 식료품가게 주인이 사업을 확장하기 위해 필요한 자금을 조달하고자 할 때, 인텔사 같은 대기업과는 다른 전략이 필요하다. 영세한 식료품가게 주인은 인텔사처럼 주식시장이나 채권시장에서 자금을 조달할 수가 없다. 주식과 채권을 사는 사람들은 대부분 규모가 크고 평판이 좋은 기업들이 발행한 주식과 채권을 선호하기 때문이다. 따라서 영세 상인들은 그 지역사회에 있는 은행에서 사업자금을 대출받으려고 시도하는 편이 성공할 가능성이 높다.

은행은 사람들에게 가장 널리 알려진 금융중개 기관이다. 은행의 주된 기능은 저축하려는 사람들의 예금을 받아서 돈을 빌리려는 사람들에게 대출해주는 것이다. 은행은 예금주에게 예금이자를 지급하고 돈을 빌리는 사람들에게는 예금이자율보다 높은 대출이자율을 부과한다. 은행은 대출이자율과 예금이자율의 차이에서 나오는 수익으로 사업 경비를 충당하고 은행 소유주들에게 이윤의 일부를 배당한다.

은행은 금융중개뿐만 아니라 사람들이 예금을 근거로 개인 수표를 발행하고 직불카

드를 사용할 수 있도록 해줌으로써 재화와 서비스의 거래를 촉진하는 중요한 기능도 수행한다. 다시 말해 은행은 교환의 매개(medium of exchange)라는 특별한 자산, 즉 통화를 창출한다는 점에서 다른 금융중개 기관들과 구별된다. 주식과 채권도 은행 예금처럼 축적된 재산을 저장하는 수단(store of value)이다. 그러나 은행 예금을 토대로 수표를 발행하거나 직불카드를 사용하는 것처럼 손쉽게 저렴한 비용으로 주식과 채권을 즉시 현금화할 수는 없다. 은행의 통화 창출 기능에 대해서는 나중에 살펴보기로 하고 이 장에서는 그냥 넘어갈 것이다.

뮤추얼 펀드 일반 대중에게 주식을 공모하여 조성한 자금으로 다양한 주식과 채권을 구입하는 투자 회사

뮤추얼 펀드 뮤추얼 펀드(mutual fund)는 미국에서 점점 중요성이 더해가는 금융중개 기관이다. 뮤추얼 펀드는 일반 대중에게 주식을 매각하여 조성된 자금으로 다양한 주식이나 채권, 또는 주식과 채권 모두로 구성된 포트폴리오를 구입하는 기관이다. 뮤추얼 펀드의 주주들은 포트폴리오에서 나오는 수익을 얻는 대신 위험을 감수한다. 즉 포트폴리오의 가치가 상승하면 주주들은 이익을 보고, 반대로 포트폴리오의 가치가 하락하면 손해를 본다.

뮤추얼 펀드의 가장 큰 장점은 소액 투자자들에게 분산투자의 기회를 부여한다는 점이다. 주식이나 채권에 투자하는 사람들은 "모든 달걀을 한 바구니에 담지 말라"는 격언을 귀담아듣는 것이 좋다. 특정 회사의 주식이나 채권은 그 회사의 재산과 연계되므로 한 회사의 주식이나 채권만 보유하는 것은 위험이 크다. 반면에 여러 회사의 주식을 골고루 보유한 사람은 개별 회사에 대한 의존도가 낮으므로 위험이 작다. 뮤추얼 펀드는 이와 같은 분산투자를 용이하게 해주는 역할을 한다. 뮤추얼 펀드의 주식을 구입함으로써 몇백 달러만 가지고도 개인 투자자가 여러 기업에 대한 지분과 채권을 간접적으로 보유할 수 있는 것이다. 뮤추얼 펀드는 이러한 분산투자 서비스를 제공하는 대가로 매년 투자자들에게서 자산의 0.1∼1.5%에 해당하는 수수료를 징수한다.

뮤추얼 펀드의 또 다른 장점은 일반인들에게 전문적인 자금 운용가(fund managers)

알로와 재니스 지미 존슨 작

의 도움을 제공한다는 것이다. 뮤추얼 펀드의 자금 운용가는 그 펀드에서 투자하는 대상 기업에게 발생하는 여러 가지 사건과 전망을 면밀히 추적해서, 앞으로 유망한 기업의 주식을 사고 전망이 좋지 않은 회사의 주식은 판다. 이러한 전문적인 자금 운용 때문에 뮤추얼 펀드의 수익률이 높다는 주장이 있다.

그러나 금융경제학자들은 이러한 주장에 대해서 회의적이다. 수천 명의 자금운용 전문가들이 각 회사의 장래 수익성 전망에 주목하고 있으므로 각 회사의 주가는 그 회사의 진정한 가치를 반영한다고 볼 수 있고, 따라서 전망이 좋은 주식을 사고 전망이 나쁜 주식을 팔아서 남보다 많은 이익을 남기기가 어렵다는 것이다. 사실 뮤추얼 펀드 중 특정한 주가지수 산정에 포함되는 모든 회사의 주식에 투자하는 이른바 인덱스 펀드(index funds)의 수익률이 전문적인 자금 운용가들을 고용하여 자산을 운용하는 뮤추얼 펀드보다 다소 높은 경향이 있다. 이는 인덱스 펀드가 주식을 자주 사고팔지 않아서 수수료가 덜 들고, 전문적인 자금 운용가들을 두지 않아 이들에게 월급을 지급할 필요가 없어 비용을 절감할 수 있기 때문이다.

18-1c 요약

미국에는 다수의 금융기관이 있다. 채권시장, 주식시장, 은행, 뮤추얼 펀드뿐만 아니라 연금, 신용조합, 보험회사, 그리고 고리대금업자까지 있다. 이 기관들은 여러모로 다르다. 그러나 거시경제에서 금융기관의 역할을 분석할 때는 이들의 차이점에도 불구하고 모든 금융기관들은 저축하려는 사람들의 자원을 차입하려는 사람들에게 제공해 주는 역할을 한다는 공통점이 있다는 사실을 기억하는 것이 더 중요하다.

간단한 퀴즈

1. 칼리는 아이스크림 트럭을 사서 운영해보고 싶지만, 사업을 시작할 자금이 없다. 그래서 칼리는 친구 프레디로부터 이자율 7%에 2만 달러를 빌리고, 또 다른 친구 샘에게는 사업 이윤의 3분의 1을 주기로 하고 3만 달러를 빌리기로 했다. 다음 중 이 상황을 가장 정확하게 설명한 것은 무엇인가?

a. 프레디는 주주이고 칼리는 채권자이다.
b. 프레디는 주주이고 샘은 채권자이다.
c. 샘은 주주이고 칼리는 채권자이다.
d. 샘은 주주이고 프레디는 채권자이다.

2. 다음 어느 경우에 채권 이자율이 높겠는가?

a. 장기채가 아닌 단기채일 경우
b. 지방채 이자 소득에 대해서 연방소득세가 면제될 경우
c. 회사채가 아닌 국채의 경우
d. 신용도가 의심스러운 기업이 발행한 회사채의 경우

3. 다음 중 뮤추얼 펀드의 중요한 장점은?

a. 정부가 수익을 보장해 준다.
b. 분산투자 포트폴리오를 보유하는 손쉬운 방법이다.
c. 교환의 매개로 널리 통용되는 자산이다.
d. 주식과 채권 가격의 변동을 피할 수 있는 방법이다.

정답은 각 장의 끝에

18-2 국민계정에서의 저축과 투자

금융제도에서 일어나는 사건들은 전반적인 경제 동향을 이해하는 데 매우 중요하다. 앞 절에서 살펴본 것처럼 채권시장, 주식시장, 은행, 뮤추얼 펀드 등 금융제도를 구성하는 기관들은 경제의 저축과 투자를 조정하는 기능을 수행한다. 그리고 17장에서 배운 것처럼 저축과 투자는 GDP의 장기 성장과 생활 수준을 결정하는 중요한 변수다. 따라서 거시경제를 분석하려는 사람은 금융시장이 어떻게 작동하는지, 여러 가지 사건과 정책이 금융시장에 어떤 영향을 미치는지 알아야 한다.

이제 금융시장에 대한 분석의 첫 단계로 금융시장에서 일어나는 경제 행위를 포착하는 주요 거시변수들에 대해 살펴볼 것이다. 여기에서는 회계학적 측면에 주목하고자 한다. 회계(accounting)는 다양한 숫자들을 정의하고 합산하는 방식을 말한다. 회계사가 특정인의 수입과 지출의 합산을 도와주듯이 국민소득을 집계하는 기관은 국민 경제 전체의 수입과 지출을 집계한다. 국민소득 계정에는 특히 GDP와 그에 연관된 많은 통계가 있다.

국민소득 회계 규칙에는 몇 가지 중요한 항등식이 포함된다. 항등식(identity)이란 그 식에 있는 변수의 정의와 측정 방식 때문에 반드시 성립하는 방정식을 말한다. 항등식은 여러 변수가 서로 어떻게 연계되는지 분명히 해준다는 점에서 유용하다. 이제 거시경제에서 금융시장의 역할을 보여주는 몇 가지 항등식을 알아보자.

18-2a 중요한 항등식

기억하겠지만 국내총생산(GDP)은 한 경제의 총소득이자 그 경제에서 생산되는 재화와 서비스에 대한 총지출을 나타낸다. GDP(Y)는 소비(C), 투자(I), 정부구입(G), 순수출(NX) 등 네 가지 지출 항목으로 구성된다. 따라서 다음과 같은 식이 성립된다.

$$Y=C+I+G+NX$$

이 방정식은 항등식이다. 좌변에 표시된 지출액은 반드시 우변의 네 가지 지출 항목 중 하나에 반영되기 때문이다. 각 변수의 정의와 측정 방식 때문에 이 방정식은 항상 성립한다.

이 장에서는 분석을 단순화하기 위해 폐쇄경제를 가정한다. 폐쇄경제(closed economy)는 다른 나라와 교류하지 않는 경제를 말한다. 폐쇄경제는 재화와 서비스를 외국에 수출하거나 외국으로부터 수입하지 않고, 외국에서 자금을 차입하거나 외국에 자금을 공급하지도 않는다. 현실 경제는 세계 여러 나라와 교류를 하는 개방경제(open economy)다(개방경제의 거시경제 분석은 나중에 다룰 것이다). 그러나 폐쇄경제의 분석에서 모든 경제에 적용되는 몇 가지 중요한 결과를 도출할 수 있으므로 폐쇄경제를 가정하는 것은 쓸모가 있다. 사실 세계경제는 완벽한 폐쇄경제다(아직까지 지구가 다른 혹성과 경제 교류를 하지 않으니까!).

폐쇄경제는 국제무역을 하지 않으므로 수출과 수입이 없고, 따라서 순수출(NX)이 정확히 0이 된다. 그러므로 국민소득 항등식은 다음과 같이 단순해진다.

$$Y=C+I+G$$

즉 폐쇄경제에서는 GDP가 소비, 투자, 정부구입의 합으로 구성되는 것이다. 폐쇄경제에서 판매되는 산출물의 각 단위는 소비되거나 투자되거나 정부가 구입한다.

이 항등식이 금융시장과 관련하여 어떤 의미가 있는지 보기 위해 이 식의 양변에서 C와 G를 빼면 다음과 같다.

$$Y-C-G=I$$

이 방정식의 좌변($Y-C-G$)은 이 경제의 총소득에서 소비와 정부구입에 지출하고 남은 금액이다. 이 금액을 국민저축(national saving), 줄여서 저축(saving)이라 하고 S로 표시한다. $Y-C-G$ 대신 S를 대입하면 앞의 식은

국민저축 경제 전체의 소득에서 소비와 정부구입에 충당하고 남은 금액

$$S=I$$

로 표시되고, 저축이 투자와 같음을 나타낸다.

앞의 방정식을 좀더 변형해보면 국민저축의 의미를 이해하는 데 도움이 된다. 정부가 가계에서 징수하는 세금에서 정부가 가계에 지급하는 이전지출(사회보장 급여 혹은 저소득층 생계보조)을 뺀 금액을 T라고 하면 국민저축 방정식은 다음 두 식으로 표시할 수 있다.

$$S=Y-C-G$$
$$S=(Y-T-C)+(T-G)$$

두 번째 식에서 T는 소거될 수 있기 때문에 이 두 식은 같은 식이다. 그러나 이 두 식은 국민저축을 보는 시각에서 서로 다르다. 구체적으로 말해서 두 번째 식은 국민저축을 민간저축($Y-T-C$)과 정부저축($T-G$)으로 구분하고 있다.

이제 국민저축을 구성하는 두 요소를 살펴보자. 민간저축(private saving)은 가계소득에서 국가에 세금을 납부하고 소비에 지출한 뒤 남은 금액이다. 즉 가계소득이 Y고 세금이 T, 소비지출이 C이므로 민간저축은 ($Y-T-C$)가 된다. 한편 정부저축(public saving)은 정부의 조세수입에서 정부지출을 제하고 남은 금액이다. 정부는 세금으로 T를 징수하고 재화와 서비스의 구입에 G를 지출한다. 이때 T가 G를 초과하면 정부의

민간저축 가계소득 중에서 소비와 정부지출에 충당하고 남은 금액

정부저축 정부의 조세수입에서 정부지출을 제하고 남은 금액

재정흑자 정부수입이 정부지출을 초과하는 금액

재정적자 정부수입이 정부지출에 미달하는 금액

수입이 지출보다 많으므로 재정흑자(budget surplus)가 발생하는데, 이 흑자가 정부저축이다. 반대로 정부가 세금으로 거둬들인 돈보다 많은 금액을 지출하면 G가 T를 초과하여 재정적자(budget deficit)가 발생하고 정부저축($T-G$)은 마이너스가 된다.

이제 이 회계학적 항등식들이 금융시장과 어떻게 연계되는지 살펴보자. $S=I$ 방정식은 경제 전체로 보아 저축은 투자와 같아야 한다는 중요한 사실을 보여준다. 그렇다면 저축과 투자가 일치한다는 이 방정식의 배후에는 어떤 메커니즘이 있을까 하는 의문이 제기된다. 얼마나 저축할지 결정하는 사람들과 얼마나 투자할지 결정하는 사람들의 의사결정을 조정해주는 것이 바로 금융시장이다. $S=I$ 방정식 양변의 배후에는 채권시장, 주식시장, 은행, 뮤추얼 펀드, 그리고 다른 금융시장과 금융중개 기관들이 있어서 국민경제의 저축을 투자로 연결해주는 것이다.

18-2b 저축과 투자의 의미

저축과 투자라는 두 단어는 때때로 혼란을 일으킨다. 많은 사람들이 두 단어를 무심히, 마치 같은 단어인 것처럼 사용하기 때문이다. 반면에 국민소득 계정을 작성하는 거시경제학자들은 저축과 투자라는 두 단어를 조심스럽게 그리고 분명히 구분하여 사용한다.

예를 들어보자. 어떤 사람이 벌어들인 소득이 지출보다 많아서 쓰고 남은 돈을 은행에 저축하거나 그 돈으로 어떤 회사의 주식 혹은 채권을 산다고 하자. 이 사람의 소득은 소비보다 많기 때문에 국민저축에 기여한다. 이 사람은 자기 돈을 '투자'한다고 생각할지 모르지만 거시경제학자들은 이 행위를 투자가 아니라 '저축'이라고 부른다.

거시경제학의 용어로 '투자'는 장비나 건물 등 신규 자본재를 구입하는 것을 말한다. 어떤 사람이 은행에서 대출을 받아 주택을 신축하면 국민 경제 입장에서는 투자가 된다(가계의 지출 중에서 신축 주택의 구입은 소비가 아니라 투자로 취급된다는 사실을 기억하기 바란다). 마찬가지로 어떤 회사가 주식을 팔아서 그 돈으로 새 공장을 건설하면 그 경제의 투자는 늘어난다.

$S=I$라는 항등식은 국민 경제 전체로 보아 저축과 투자가 일치한다는 사실을 보여주지만, 개별 가계나 기업의 저축과 투자가 반드시 일치한다는 뜻은 아니다. 저축이 투자보다 많은 사람은 그 차액을 은행에 예금하는 반면, 어떤 사람은 저축이 투자금액에 미달하여 그 차액을 은행 대출로 충당해야 할 수도 있다. 은행이나 다른 금융기관들이 한 사람의 저축을 다른 사람의 투자 재원으로 활용될 수 있도록 중개해주기 때문에 개인의 저축과 투자액이 달라도 무방한 것이다.

간단한 퀴즈

4. 정부가 지출보다 세금을 더 많이 걷고 가계는 세후 소득보다 더 많이 소비한다면 민간저축과 정부저축은 어떻게 될까?

a. 민간저축>0, 정부저축>0

b. 민간저축<0, 정부저축<0

c. 민간저축>0, 정부저축<0

d. 민간저축<0, 정부저축>0

5. 어떤 폐쇄경제의 소득이 1,000달러고 정부지출은 200달러, 세금은 150달러, 투자는 250달러다. 이 경제의 민간저축은 얼마인가?

a. 100달러

b. 200달러

c. 300달러

d. 400달러

정답은 각 장의 끝에

18-3 대부자금 시장

지금까지 중요한 금융기관들과 그들이 거시경제에서 수행하는 역할에 대해 설명했다. 이제 이를 토대로 금융시장에 관한 모형을 구축해보자. 이 모형에 대해 공부하려는 이유는 금융기관이 저축과 투자를 어떤 식으로 조정하는지 알아보고, 저축과 투자에 영향을 미치는 여러 가지 정책의 효과를 분석하는 도구로 사용하기 위함이다.

논의를 단순화하기 위해서 우리 경제에 대부자금 시장(market for loanable funds)이라는 금융시장만 존재한다고 가정하자. 저축하려는 사람은 누구나 이 시장에서 예금을 하고, 자금을 차입하려는 사람은 모두 이 시장에서 대출을 받는다고 하자. 따라서 대부자금은 소득 중에서 스스로 소비하지 않고 저축하여 남들에게 빌려주려는 금액이면서 투자자들이 새로운 투자 프로젝트의 자금을 조달하기 위해 빌리려는 금액을 말한다. 이 시장에서 성립하는 하나의 이자율은 저축에 대한 수익률인 동시에 자금의 차입비용이다.

대부자금 시장 저축하려는 사람들이 투자 재원을 마련하기 위해 차입하려는 사람들에게 자금을 공급해 주는 시장

물론 금융시장이 하나만 있다는 가정은 비현실적이다. 앞에서 본 것처럼 경제에는 다양한 금융기관이 있다. 그러나 2장에서 설명한 것처럼 경제 모형을 구축하는 이유는 세상을 단순화해 설명하는 데 있다. 금융기관의 다양성을 무시하고 금융시장이 하나만 있다고 가정하는 것은 우리의 목적에는 문제가 되지 않는다.

18-3a 대부자금의 수요와 공급

다른 시장들과 마찬가지로 대부자금 시장도 수요와 공급에 의해 움직인다. 따라서 대부자금 시장이 어떻게 작동하는지 이해하기 위해서는 이 시장의 수요와 공급을 결정하는 요인들에 대해 먼저 살펴볼 필요가 있다.

대부자금의 공급은 여유자금을 저축하거나 다른 사람들에게 빌려주려는 사람들에게서 나온다. 여기에는 어떤 가계가 어떤 회사의 채권을 구입하는 것과 같이 직접적인 형태도 있고, 가계가 은행에 예금하고 은행이 이 자금으로 대출을 해주는 간접적인 방식

그림 18.1

대부자금 시장

이자율은 대부자금에 대한 수요와 공급이 일치하도록 조정된다. 대부자금은 민간저축과 정부저축을 합한 국민저축으로 공급된다. 대부자금에 대한 수요는 투자를 목적으로 자금을 빌리려는 기업과 가계에서 발생한다. 이 그림에서 균형이자율은 5%고, 균형거래량은 1조 2,000억 달러다.

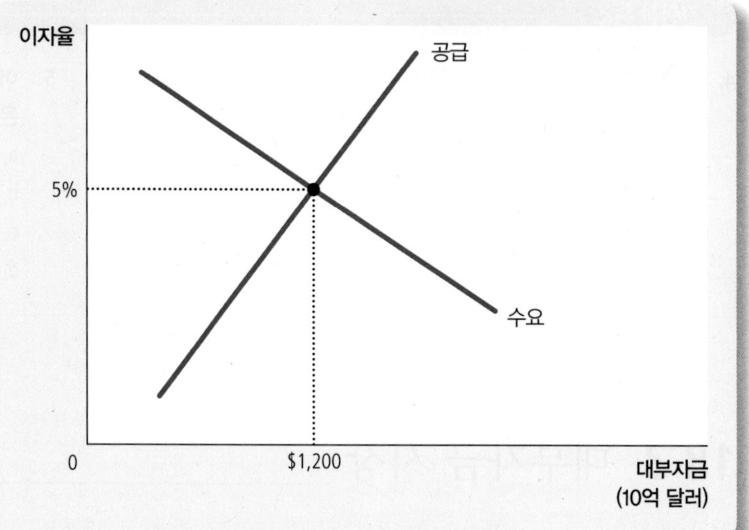

도 있다. 두 경우 모두 대부자금의 공급원은 저축이다.

대부자금에 대한 수요는 투자자금을 마련하기 위해 대출을 받으려는 사람들에게서 나온다. 가계가 주택자금을 대출받아 주택을 구입하거나, 기업이 새로운 장비를 구입하고 공장 건설에 필요한 자금을 차입하는 것 등이 대부자금 수요의 예다. 두 경우 모두 대부자금에 대한 수요의 원천은 투자다.

이자율은 대부자금의 가격이다. 즉 이자율은 대출을 받는 사람이 은행에 지불하는 금액이면서 대출자금의 공급자들이 저축에 대해 받는 수익을 나타낸다. 이자율이 높아지면 차입비용이 상승하므로 대부자금에 대한 수요는 감소한다. 한편 이자율이 높아지면 저축의 수익이 증가하므로 대부자금의 공급은 증가한다. 따라서 대부자금 수요곡선의 기울기는 마이너스고, 공급곡선의 기울기는 플러스다.

그림 18.1은 대부자금의 수요와 공급을 일치시키는 이자율을 보여준다. 이 그림에서 균형이자율은 5%고 대부자금의 균형거래량은 1조 2,000억 달러다.

이자율이 균형 수준을 찾아가는 원리는 다른 시장에서와 같다. 이자율이 균형이자율보다 낮으면 대부자금의 공급량이 수요량보다 적어 대부자금의 부족 현상이 발생하므로 대출기관에서 이자율을 인상한다. 이자율이 높아지면 저축이 늘고 대부자금의 공급량이 증가하는 반면, 투자를 위한 차입이 줄어서 대부자금의 수요량이 감소한다. 반대로 이자율이 균형이자율보다 높으면 대부자금의 공급량이 수요량을 초과한다. 이 경우 대부자금의 공급자들 사이에 경쟁이 심화되므로 대출기관이 이자율을 인하한다. 이런 식으로 이자율은 대부자금의 수요량과 공급량이 정확하게 일치하는 균형 수준을 찾아가는 것이다.

앞에서 배운 것처럼 경제학자들은 명목이자율과 실질이자율을 구별한다. 명목이자율은 보통 발표되는 이자율로, 저축에 대한 명목수익과 차입비용을 나타낸다. 실질이자율은 인플레이션을 감안하여 명목이자율을 조정한 이자율로, 명목이자율에서 인플레이션을 뺀 수치다. 인플레이션은 화폐의 구매력을 저하시키므로, 명목이자율보다 실질이자율이 저축에 대한 실질수익과 실질 차입비용을 나타내는 더 정확한 지표다. 따라서 대부자금의 수요와 공급은 실질이자율에 의해 결정되며, 그림 18.1의 균형이자율은 실질이자율로 해석되어야 한다. 앞으로 이 장에 나오는 '이자율'이라는 단어는 '실질이자율'을 나타낸다는 점을 기억해두기 바란다.

대부자금의 수요 · 공급모형은 금융시장이 경제의 여타 시장과 마찬가지 원리에 따라 작동한다는 사실을 보여준다. 예컨대 우유시장에서는 우유의 수요량과 공급량이 일치하도록 우유 가격이 움직인다. 이런 방식으로 보이지 않는 손이 낙농가와 우유 소비자의 수요 · 공급 행위를 조정해준다. 저축이 대부자금의 공급이고 투자가 대부자금의 수요를 나타낸다는 사실을 이해하고 나면, 보이지 않는 손이 어떤 식으로 저축과 투자를 조정해주는지 알 수 있다. 즉 이자율이 대부자금의 시장 수요량과 공급량이 같아지도록 움직임으로써 저축을 하려는 사람(대부자금의 공급자)과 투자를 하려는 사람(대부자금의 수요자)들의 행동을 조정해주는 것이다.

이러한 대부자금 시장 분석 모형을 이용하여 경제의 저축과 투자에 영향을 미치는 여러 가지 정부 정책에 대해 살펴보자. 대부자금 시장의 수요 · 공급모형도 특정한 시장의 수요 · 공급모형에 불과하므로, 이 모형을 이용하여 정책효과를 분석하기 위해서는 4장에서 공부한 3단계 접근법을 따르면 된다. 먼저 어떤 정책이 수요곡선을 이동시키는지 아니면 공급곡선을 이동시키는지 판별하고, 그 곡선이 어느 방향으로 이동하는지 결정한 다음, 수요 · 공급모형을 이용하여 균형이 어떻게 변하는지 판단하면 된다.

18-3b 정책 1 : 저축에 대한 유인책

많은 경제학자들과 정책담당자들은 저축을 늘리는 정책을 옹호해 왔다. 그 이유는 단순하다. 1장에서 소개한 경제학의 10대 기본원리 중에 한 나라의 생활 수준은 그 나라의 생산 능력에 달려 있다는 것이 있다. 또 17장에서 공부한 것처럼 저축은 한 나라의 장기적인 생산성을 결정하는 중요한 변수다. 어떤 식으로든 미국의 저축률을 끌어올릴 수 있다면 자본축적에 쓸 수 있는 재원이 늘어나 미국의 GDP 성장률은 높아질 것이며, 장기적으로 미국인들은 더 높은 생활 수준을 누릴 수 있을 것이다.

경제학의 10대 기본원리 중에는 사람들이 경제적 유인에 반응한다는 것도 있다. 이 원리를 기초로 많은 경제학자들은 저축률이 낮은 이유가 부분적으로는 조세제도가 저축을 억제하기 때문이라고 주장해왔다. 미국 연방 정부와 여러 주 정부는 이자와 배당소득에 대해 소득세를 징수한다. 이 정책이 저축에 어떤 영향을 미치는지 살펴보기 위해 25세인 사람이 1,000달러를 저축하여 9%의 이자를 지급하는 30년 만기 채권을 구입

그림 18.2

저축 유인 증대에 따른 대부자금 공급의 증가

저축을 촉진하는 방향으로 세법이 개정되면 대부자금의 공급은 S_1에서 S_2로 이동한다. 이에 따라 균형이자율은 하락하고 투자가 증가한다. 이 그림에서 균형이자율은 5%에서 4%로 하락하고, 대부자금의 균형거래량은 1조 2,000억 달러에서 1조 6,000억 달러로 증가한다.

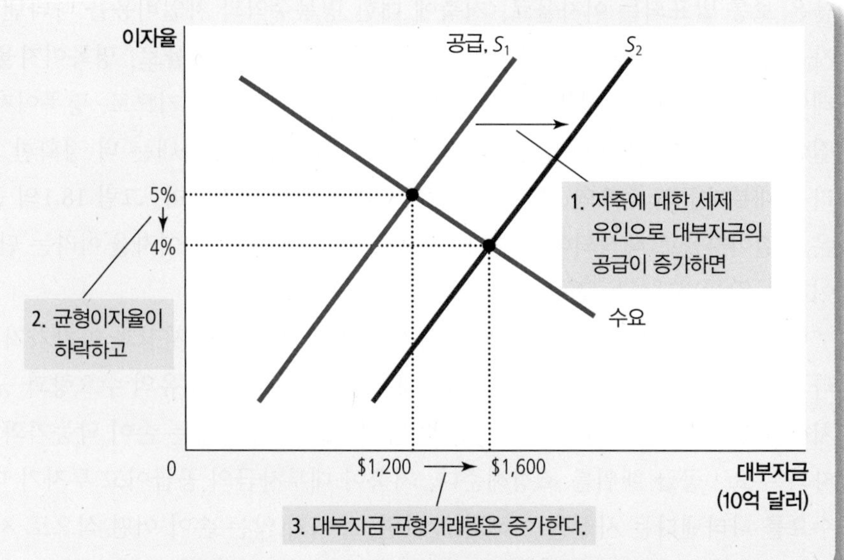

한다고 하자. 세금이 없다면 1,000달러는 이 사람이 55세가 되는 해에 1만 3,268달러로 불어날 것이다. 그러나 이자소득에 33% 세금이 부과된다면 세금을 제한 이자율은 6%가 되어 같은 1,000달러가 30년 뒤 겨우 5,743달러로 증가하는 데 그칠 것이다. 이와 같이 이자소득에 대한 과세는 현재 저축에 대한 미래의 수익을 큰 폭으로 줄여 저축에 대한 유인을 저하시킨다.

이런 문제를 해결하기 위해 일부 경제학자들과 의회 의원들은 저축을 장려하도록 조세제도를 개혁하자고 제안해왔다. 예를 들어 개인퇴직저축(Individual Retirement Accounts, IRA)처럼 비과세 저축의 대상을 확대하자는 것이다. 이제 그림 18.2를 통해 이러한 저축에 대한 유인제도가 대부자금 시장에 어떤 영향을 미치는지 살펴보자. 이 분석은 앞에서 공부한 3단계 접근법에 따를 것이다.

첫째, 수요곡선과 공급곡선 중 어느 곡선이 이동할까? 조세제도가 달라지면 모든 이자율에서 가구들의 저축 유인이 달라지므로 각 이자율 수준에서 대부자금의 공급량이 변한다. 이 경우 대부자금의 공급곡선은 오른쪽으로 이동한다. 그러나 조세제도의 개편은 모든 이자율에서 사람들이 빌리려는 금액에는 영향을 주지 않으므로 대부자금의 수요곡선은 이동하지 않는다.

둘째, 공급곡선이 어느 방향으로 이동할까? 새로운 세제가 도입되면 지금보다 저축에 대한 세금 부담이 낮아지므로 사람들은 소비를 줄이고 저축을 늘릴 것이다. 이렇게 늘어난 저축으로 사람들은 은행에 예금을 하거나 채권을 살 것이다. 따라서 대부자금의 공급이 늘어 그림 18.2의 공급곡선은 S_1에서 S_2로 이동할 것이다.

끝으로, 새로운 균형을 최초 균형과 비교해보자. 그림에서 대부자금의 공급이 증가함에 따라 균형이자율은 5%에서 4%로 하락하며, 대부자금에 대한 수요량은 1조 2,000억 달러에서 1조 6,000억 달러로 증가한다. 즉 공급곡선이 이동함에 따라 시장균형은 원래의 수요곡선을 따라 움직인다. 자금의 차입비용이 낮아짐에 따라 가계와 기업은 차입을 늘려 전보다 많은 투자를 할 것이다. 따라서 저축을 촉진하는 방향으로 조세제도를 개혁하면 이자율은 낮아지고 투자는 늘어날 것이다.

저축의 증가 효과에 관한 이상의 분석은 많은 경제학자들이 받아들이지만 어떤 세제 개편이 필요한지에 대해서는 의견이 일치하지 않고 있다. 많은 경제학자들은 투자와 성장을 촉진하기 위해 저축을 증대할 수 있는 세제 개혁에 동의한다. 그러나 다른 경제학자들은 이러한 조세제도 개편이 국민저축을 대폭 증가시킬 것으로 믿지 않는다. 이 비관론자들은 제안된 세제 개혁이 공평성 측면에서도 바람직하지 않다고 본다. 이들은 많은 경우에 세제 혜택을 줘야 할 명분이 가장 약한 부유층이 세제 개편의 이득을 차지할 것이라고 주장한다.

18-3c 정책 2 : 투자에 대한 유인책

의회가 과거에 종종 그랬던 것처럼 투자를 보다 매력적으로 만들기 위해 투자세액 공제(investment tax credit)의 도입 등과 같은 세제개혁 법안을 통과시킨다고 하자. 투자세액 공제는 공장을 새로 짓거나 새로운 장비를 구입하는 모든 기업에게 세제상의 혜택을 제공한다. 이러한 세제 개혁이 대부자금 시장에 미치는 효과를 그림 18.3을 통해 분석해보자.

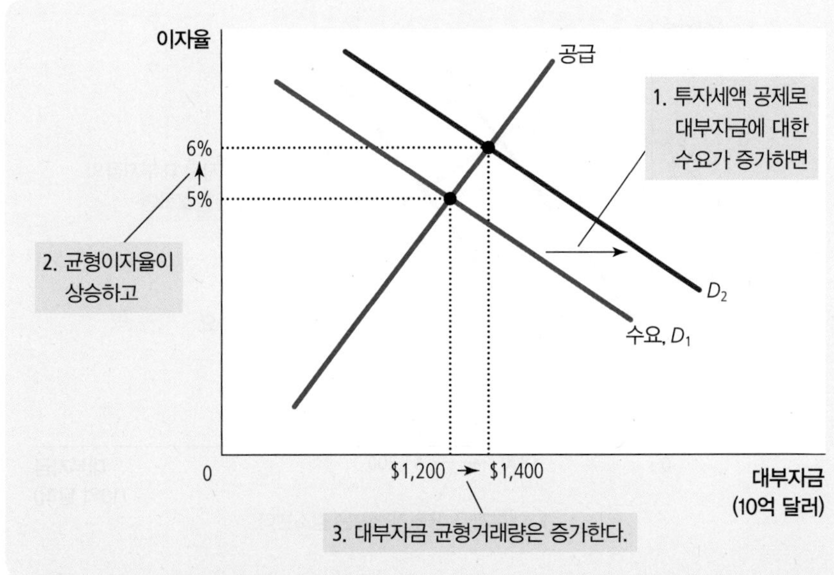

그림 18.3

투자 유인 증대에 따른 대부자금 수요의 증가

투자를 장려하기 위해 투자세액 공제제도가 도입되면 대부자금에 대한 수요가 증가한다. 이렇게 되면 이자율이 상승하고, 이자율이 높아지면 저축이 늘어난다. 그림에서 대부자금에 대한 수요곡선이 D_1에서 D_2로 이동하면 균형이자율은 5%에서 6%로 상승하고, 대부자금의 균형거래량은 1조 2,000억 달러에서 1조 4,000억 달러로 증가한다.

첫째, 수요곡선과 공급곡선 중 어느 곡선이 이동할까? 투자세액 공제가 도입되면 기업들의 자금 차입과 투자에 대한 경제적 유인이 달라지므로 대부자금의 수요는 변한다. 그러나 이 제도가 도입되더라도 각 이자율에서 가구들이 저축하려는 금액에는 영향이 없으므로 대부자금의 공급곡선은 이동하지 않을 것이다.

둘째, 수요곡선은 어느 방향으로 이동할까? 각 이자율에서 기업들은 투자를 늘릴 유인이 발생하므로 대부자금 수요량이 증가한다. 따라서 대부자금에 대한 수요곡선은 그림 18.3의 D_1에서 D_2로 이동할 것이다.

셋째, 새로운 균형을 최초 균형과 비교해보자. 그림 18.3에서 대부자금의 수요가 증가함에 따라 균형이자율은 5%에서 6%로 상승하며, 이자율이 높아짐에 따라 가계저축이 늘어 대부자금의 공급량은 1조 2,000억 달러에서 1조 4,000억 달러로 증가한다. 이와 같은 가계저축 행태의 변화는 공급곡선상의 운동으로 표시된다. 즉 투자를 촉진하는 방향으로 조세제도가 변하면 이자율은 높아지고 저축은 증가할 것이다.

18-3d 정책 3 : 재정적자와 재정흑자

정부 재정 상태(흑자인지 적자인지)는 끊임없는 정치적 논쟁의 대상이다. 앞에서 설명한 바와 같이 정부가 세금으로 거둬들이는 금액보다 지출이 더 많아서 발생하는 부족액을 재정적자라고 한다. 재정적자를 메우기 위해 정부는 채권시장에서 자금을 차입하는데, 과거의 정부차입이 누적된 것을 정부채무(government debt)라고 한다. 재정흑자는 조세수입이 정부지출을 초과하는 금액으로, 정부채무의 일부를 상환하는 데 사용될

그림 18.4

재정적자의 효과
정부의 세입보다 지출이 더 많으면 재정적자가 발생하여 국민저축이 감소한다. 이에 따라 대부자금의 공급이 감소하고 균형이자율이 상승한다. 따라서 정부가 재정적자를 메우기 위해 차입을 하면 가계와 기업에 의한 투자를 밀어내는 셈이다. 그림에서 대부자금의 공급곡선이 S_1에서 S_2로 이동하면 균형이자율은 5%에서 6%로 상승하고, 대부자금의 균형거래량은 1조 2,000억 달러에서 8,000억 달러로 감소한다.

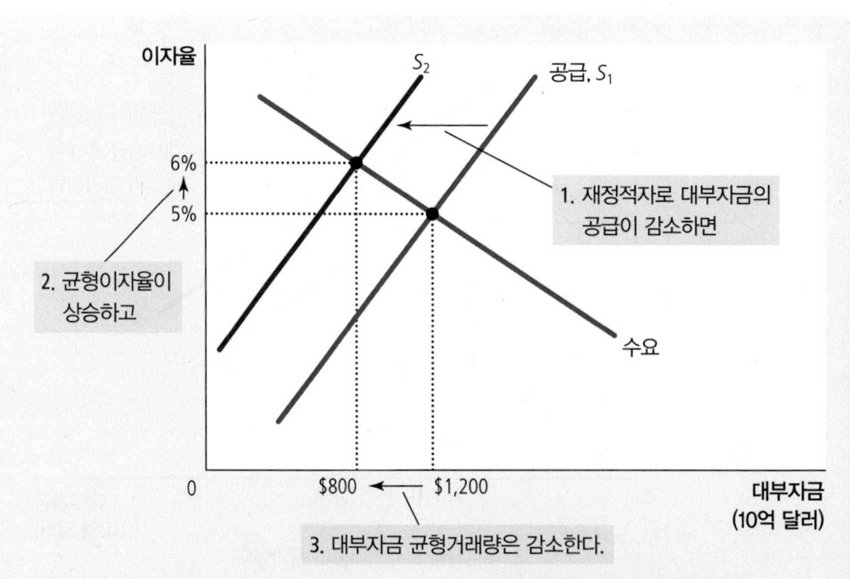

수 있다. 정부지출이 조세수입과 똑같으면 정부는 균형 재정 상태에 있다고 말한다.

정부가 처음에는 균형 재정 상태에 있다가 지출 증가로 적자를 내기 시작했다고 하자. 재정적자의 효과는 그림 18.4에 표시된 대부자금 시장의 3단계 분석을 통해 파악할 수 있다.

첫째, 재정적자가 발생하면 어떤 곡선이 이동할까? 대부자금의 공급원인 국민저축은 민간저축과 정부저축의 합으로 구성된다. 재정수지가 변하면 정부저축이 변화하여 대부자금 공급이 변동한다. 그러나 재정적자는 주어진 이자율에서 가계와 기업들이 빌리려는 금액에 영향을 주지 않으므로 대부자금의 수요곡선은 이동하지 않는다.

둘째, 공급곡선은 어느 방향으로 이동할까? 재정적자가 발생하면 정부저축이 마이너스가 되므로 국민저축이 감소한다. 즉 정부가 재정적자를 충당하기 위해 차입을 하면 가계와 기업들에 의한 민간 투자 재원으로 활용할 수 있는 대부자금의 공급량이 줄어든다. 따라서 재정적자로 인해 대부자금의 공급곡선은 그림 18.4의 S_1에서 S_2로(왼쪽으로) 이동할 것이다.

셋째, 새로운 균형을 최초 균형과 비교해보자. 그림에서 재정적자로 인해 대부자금의 공급이 감소함에 따라 균형이자율은 5%에서 6%로 상승한다. 이자율이 상승하면 많은 대부자금 수요자들이 위축되어 대부자금 수요량이 1조 2,000억 달러에서 8,000억 달러로 감소한다. 가계의 신규주택 구입과 기업의 공장 신축이 감소한다. 정부에 의한 차입의 증가로 인한 투자 감소는 대부자금 수요곡선상의 움직임으로 표시되며 이를 밀어내기(crowding out) 효과라고 부른다. 즉 정부가 재정적자를 메우기 위해 자금을 차입하면 민간 투자 재원 마련을 위한 차입이 밀려난다는 것이다.

밀어내기 정부차입으로 인한 민간 투자의 감소 현상

이와 같이 재정적자에 관한 가장 기본적인 결론은 재정적자가 대부자금에 대한 수요와 공급에 미치는 영향으로부터 바로 도출될 수 있다. 즉 정부 재정적자로 국민저축이 감소하면 이자율이 상승하고 투자는 위축된다는 것이다. 투자는 장기 경제성장을 결정하는 중요한 변수이므로 재정적자는 경제성장률을 떨어뜨린다.

재정적자가 왜 대부자금에 대한 수요가 아니라 대부자금의 공급에 영향을 미치느냐고 묻고 싶은 독자도 있을 것이다. 결국 정부는 국채를 매각하여 민간에서 자금을 빌리는 방식으로 재정적자를 충당한다. 민간 투자자들의 차입이 증가하면 대부자금 수요곡선이 이동하는데, 정부차입이 증가하면 왜 대부자금 공급곡선이 이동하는 것일까? 이 질문에 답하기 위해서는 대부자금의 의미를 보다 정확하게 살펴볼 필요가 있다. 이 장에서 설명한 모형에서 대부자금은 '민간 투자 재원 조달에 쓸 수 있는 자원의 흐름'을 의미한다. 따라서 정부 재정적자는 대부자금의 공급을 감소시키는 것이다. 대부자금을 '민간저축에서 사용할 수 있는 자원의 흐름'으로 정의했다면 재정적자는 공급을 감소시키는 것이 아니라 수요를 증가시켰을 것이다. 이처럼 대부자금의 해석을 바꾸면 모형을 설명하는 어휘가 달라지지만, 분석의 골자는 달라지지 않는다. 대부자금을 어떻게

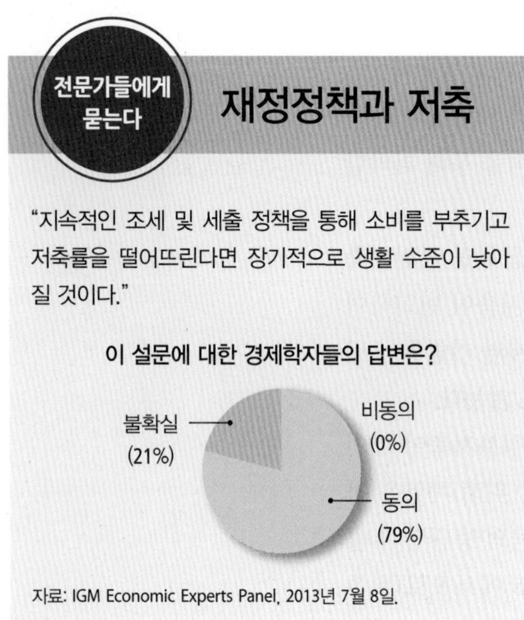

정의하든 재정적자는 이자율을 상승시키고, 따라서 민간 투자 프로젝트의 재원을 금융시장에서 조달하려는 민간 차입자들을 밀어내는 결과를 초래한다.

지금까지는 정부지출의 증가로부터 비롯되는 재정적자에 대해 살펴보았지만 조세 감축에 따른 재정적자의 효과도 비슷하다. 세금(T)을 인하하면 정부저축($T-G$)이 감소한다. T가 감소하므로 민간저축($Y-T-C$)은 늘어날 수 있지만 소비자들이 세금 인하에 대응하여 소비(C)를 늘린다면 민간저축의 증가폭은 정부저축의 감소폭보다 작을 것이다. 따라서 정부저축과 민간저축의 합인 국민저축($S=Y-C-G$)은 감소한다. 앞에서와 마찬가지로 재정적자로 인해 대부자금의 공급이 감소하고 이자율이 상승하며 투자재원을 마련하려는 민간 차입자들은 밀려난다.

재정적자의 효과를 이해했으니 이제 재정흑자가 정반대의 효과를 가져온다는 사실을 이해할 수 있을 것이다. 정부의 조세수입이 지출보다 많으면 그 차액으로 정부채무의 일부를 갚을 수 있다. 재정흑자, 즉 정부저축은 국민저축의 증가를 가져온다. 따라서 재정흑자가 발생하면 대부자금의 공급이 늘고 이자율이 하락하며 투자가 촉진된다. 투자가 늘면 자본 축적이 증가하고 경제성장이 더 빨라진다.

사례 연구

미국 정부채무의 역사

미국 정부의 채무는 어느 정도나 될까? 이 질문에 대한 답은 시대에 따라 다르다. 그림 18.5는 GDP 대비 미국 연방 정부 채무를 백분율로 나타낸 것이다. 그림을 보면 정부채무의 비율이 1836년 0%에서 1945년에는 107%로 상승했음을 알 수 있다.

정부채무 비율은 재정 운용 상태를 측정하는 하나의 지표다. GDP는 정부의 과세 기반을 나타내므로 GDP 대비 정부채무의 비율이 하락한다는 것은 정부의 세금 징수 능력에 비해 정부채무가 줄어들고 있다는 뜻이다. 이는 어떤 의미에서 정부가 세입 내 세출 원칙을 지키고 있음을 시사한다. 반면에 GDP 대비 정부채무의 비율이 상승한다는 것은 정부의 세금 징수 능력에 비해 정부채무가 늘어나고 있다는 뜻이다. 이것은 종종 재정정책(정부지출과 세금)이 현재 수준에서 영원히 지속될 수 없다는 의미로 해석된다.

역사적으로 보면 정부채무가 크게 변동한 것은 주로 전쟁 때문이다. 전쟁이 일어나면 군인들의 급여와 군사 장비 등 방위비 지출이 크게 증가한다. 물론 조세수입도 늘어나지만 지출에 비해 증가폭이 작다. 따라서 재정적자가 발생하고 정부채무가 증가한다. 전쟁이 끝나면 재정지출이 감소하고 이에 따라 GDP 대비 정부채무 비율도 하락한다.

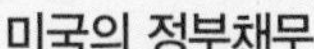

미국의 정부채무

그림 18.5

미국의 GDP 대비 연방 정부 채무의 비율은 상당한 변동을 보여왔다. 전시 재정지출은 전형적으로 정부채무의 대폭적인 증가를 수반한다.

자료: 미국 재무부, 상무부, T. S. Berry, "Production and Population since 1789", Bostwick Paper No. 6, Richmond, 1988

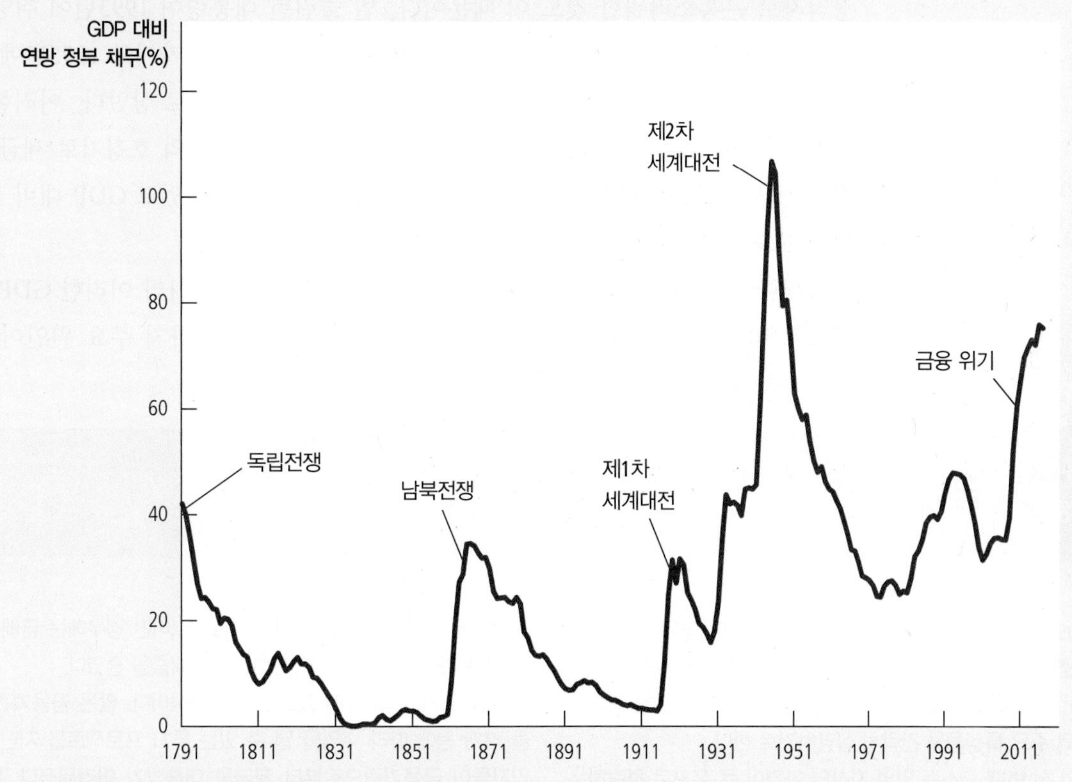

국채를 발행하여 전쟁비용을 조달하는 것은 다음 두 가지 이유에서 적절한 선택이라고 생각할 수 있다. 첫째, 이렇게 함으로써 세율을 비슷한 수준으로 유지할 수 있다. 국채를 발행하지 않는다면 전쟁 중에 세율을 급격히 인상해야 하고, 이에 따라 경제의 효율이 상당히 떨어질 것이다. 둘째, 국채 발행을 통해 전비를 조달하면 후세에게 국채 상환 부담을 넘겨줌으로써 전쟁비용의 일부를 부담시킬 수 있다. 이렇게 하는 것이 정부채무를 세대 간에 공평하게 분담하는 길이라고 볼 수도 있다. 현세대가 외부의 침략으로부터 나라를 지키기 위해 전쟁을 치르면 그 결과 후세가 득을 보기 때문이다.

그러나 1980년대에 미국의 정부채무가 큰 폭으로 증가한 것은 전쟁 탓이 아니다. 1981년에 취임한 레이건 대통령은 작은 정부와 낮은 세율을 지향했다. 그러나 재정지출 삭감이 세금 인하보다 정치적으로 어려웠다. 결과적으로 대규모 재정적자 시대가 시작되었으며, 이 추세는 레이건 대통령 재임 기간은 물론이고 그가 퇴임한 이후에도 여러 해 동안 지속되었다. GDP 대비 정부채무 비율은 1980년 26%에서 1993년에는 48%로 높아졌다.

앞에서 설명한 바와 같이 재정적자는 국민저축을 감소시키고, 이에 따라 민간 투자와 장기 경제성장을 저해한다. 많은 경제학자들과 정책담당자들이 1980년대의 미국 재정적자로 곤혹스러워한 것도 이 때문이다. 빌 클린턴 대통령이 1993년에 취임해서 가장 먼저 내놓은 중요 정책목표가 재정적자 감축이었다. 마찬가지로 1995년에 의회 다수당이 된 공화당은 재정적자 감축을 입법 활동의 중요 과제로 삼았다. 이러한 노력에 힘입어 재정적자는 상당히 줄었다. 이에 더하여 1990년대 말의 호경기로 세금이 더 걷혔다. 궁극적으로 연방 정부 재정은 적자에서 흑자로 반전되었고 GDP 대비 정부채무의 비율도 몇 년 동안 상당폭 하락했다.

그러나 부시 정부 들어 재정수지가 다시 적자로 반전됨에 따라 이러한 GDP 대비 정부채무 비율의 하락은 멈췄다. 재정수지가 반전된 데는 세 가지 주요 원인이 있었다.

이해를 돕기 위해

금융 위기

2008년과 2009년에 미국을 비롯한 세계 여러 선진국이 금융 위기와 그 뒤에 이어진 심각한 경기침체를 경험했다. 이러한 일련의 사건에 대해 나중에 자세히 살펴볼 것이다. 그러나 이 장이 금융기관에 관한 장이므로 금융 위기의 주요 특성들을 간략히 설명하기로 한다.

금융 위기의 첫 번째 요소는 몇몇 자산의 가격이 큰 폭으로 하락하는 것이다. 2008년과 2009년의 경우는 부동산이 그런 자산이었다. 그 전 10년 동안 급격히 상승했던 미국의 주택 가격은 불과 몇 년 사이에 30% 가량 하락했다. 이러한 주택 가격 하락은 1930년대 이후 미국에서 일어나지 않은 일이었다.

금융 위기의 두 번째 요소는 금융기관들 사이에 널리 퍼진 지급 불능 사태이다(지급 불능 사태는 기업의 부채가 자산보다 많은 상태를 말한다). 2008년과 2009년에 은행들과 많은 다른 금융기관은 주택 가격이 상승할 것이라고 생각해 주택을 담보로 한 모기지 대출 채권에 투자했다. 주택 가격이 하락함에 따라 많은 차입자가 대출금 상환을 중단했고 이로 인해 몇몇 주요 금융기관이 파산했다.

금융 위기의 세 번째 요소는 금융기관에 대한 신뢰의 저하다. 일부 은행 예금은 정부의 보호를 받지만 모든 금융기관의 예금이 보호받는 것은 아니다. 2008년과 2009년에 대출금 상환 불능 사태가 급증함에 따라 모든 금융기관이 잠재적인 파산 대상이 되었다. 예금보호를 받지 못하는 금융기관들에 예금한 개인과 기업들은 예금을 인출했다. 은행들은 예금자들에게 내줄 현금이 필요했기 때문에 (어떤 경우에는 급매 수준의 대폭 낮은 가격에) 자산을 매각했고 신규 대출을 줄였다.

금융 위기의 네 번째 요소는 신용경색이다. 많은 금융기관이 자금난을 겪게 됨에 따라 수익을 낼 수 있는 투자 프로젝트를 지닌 유망한 차입자들이 금융기관으로부터 자금을 대출받기 어려워졌다. 본질적으로 금융기관들은 여유 자금을 저축하는 사람들의 자금을 최상의 프로젝트에 투자하려는 차입자들에게 재분배하는 본연의 기능을 수행하기 어렵게 되었다.

금융 위기의 다섯 번째 요소는 경기침체다. 기업들이 투자 프로젝트를 추진할 자금을 대출받기 어려워짐에 따라 재화와 서비스에 대한 수요가 전반적으로 위축되었다. 이로 인해 이 책의 뒷부분에서 설명하듯이 생산은 줄고 실업은 늘어났다.

금융 위기의 마지막 여섯 번째 요소는 이러한 과정의 악순환이다. 경기침체로 기업의 투자 수익성이 저하되고 이에 따라 자산 가격이 하락한다. 결국 금융 위기의 발단이 되는 첫 번째 단계가 다시 시작되고 금융시스템의 문제들과 경기침체가 상승작용을 일으킨다.

2008년과 2009년에 발생한 것과 같은 금융 위기는 심각한 상처를 남긴다. 다행스러운 것은 금융 위기가 언젠가는 끝난다는 사실이다. 정부 정책 등에 힘입어 금융기관들은 궁극적으로 정상을 회복하고 금융중개라는 본연의 임무를 다시 수행할 수 있게 된다. ■

첫째, 2000년에 부시 대통령은 공약으로 내세운 몇 가지 조세 감면 조치를 입법화했다. 둘째, 2001년에 미국 경제가 경기침체(경제활동의 감소)를 겪었으며, 이로 인해 자동적으로 조세수입이 줄고 정부지출은 증가했다. 셋째, 2011년 9 · 11 테러와 그로 인해 비롯된 이라크 및 아프가니스탄에서의 전쟁으로 정부지출이 늘어났다.

2008년에 미국 경제가 금융 위기와 심각한 경기침체(여기에 대해서는 '이해를 돕기 위해'에서 간단히 설명하고 다음 장들에서 상세히 살펴볼 것임)를 겪게 되면서 GDP 대비 정부채무의 비율은 극적인 속도로 상승하기 시작했다. 경기침체 때문에 자동적으로 재정적자가 늘어났고, 경기침체를 막기 위해 부시 행정부와 오바마 행정부가 채택한 몇 가지 정책들로 인해 조세수입은 줄고 지출은 더 늘었다. 2009년부터 2012년까지 연방정부의 재정적자는 GDP의 평균 9%에 달했는데 이는 제2차 세계대전 이후 가장 높은 수치였다. 이러한 재정적자를 충당할 자금을 조달하기 위해 국채를 발행함에 따라 GDP 대비 정부채무가 2008년의 39%에서 2012년에는 70%까지 증가했다.

2012년 이후 경기가 회복되면서 재정적자가 줄었고 GDP 대비 정부채무 비율도 안정화되었다. 그러나 많은 예산 분석가들은 앞으로 GDP 대비 정부채무 비율이 증가할 것으로 염려하고 있다. 한 가지 이유는 트럼프 대통령이 2018년부터 상당한 감세를 단행했기 때문이다. 더 중요한 이유는 베이비붐 세대 구성원들이 조만간 은퇴하여 국민연금과 고령층 건강보험 혜택을 받을 자격을 갖추게 되면 재정지출의 압력이 증가하리라는 것이다. 조세수입을 상당히 늘리거나 지출을 상당히 줄이지 않으면 앞으로 수십 년 동안 GDP 대비 연방정부의 채무 비율은 상승할 것이다. ●

간단한 퀴즈

6. 인기 있는 TV 재테크 프로그램을 보고 미국인들이 은퇴에 대비한 저축의 중요성을 확신하게 되었다면 대부자금의 (　　　)곡선이 이동하여 균형이자율이 (　　　)할 것이다.

a. 공급, 상승
b. 공급, 하락
c. 수요, 상승
d. 수요, 하락

7. 기업들이 자본의 이윤 기회에 대해 더 낙관적으로 된다면 대부자금의 (　　　)곡선이 이동하여 균형이자율이 (　　　)할 것이다.

a. 공급, 상승
b. 공급, 하락
c. 수요, 상승
d. 수요, 하락

8. 다음 중 어떤 정책이 분명히 대부자금 공급 감소와 밀어내기에 의한 투자 감소를 초래하겠는가?

a. 조세수입 증가와 정부지출 감소
b. 조세수입 감소와 정부지출 증가
c. 조세수입 증가와 정부지출 증가
d. 조세수입 감소와 정부지출 감소

9. 2008년에서 2012년 사이에 미국의 GDP 대비 정부채무는 (　　　　　).

a. 현저히 증가했다.
b. 현저히 감소했다.
c. 역사상 최고 수준에서 안정적이었다.
d. 역사상 최저 수준에서 안정적이었다.

정답은 각 장의 끝에

18-4 결론

셰익스피어의 희곡『햄릿(Hamlet)』에서 폴로니우스는 자기 아들에게 "남에게 빚을 지지도 말고 돈을 빌려주지도 말라"고 충고한다. 모든 사람들이 이 말대로 행동한다면 이 장은 아예 필요하지도 않았을 것이다.

그러나 폴로니우스의 충고를 따르는 사람은 거의 없다. 우리 경제에서 사람들은 돈을 빌리기도 하고 빌려주기도 하는데, 거기에는 대개 합당한 이유가 있다. 여러분도 언젠가 창업을 위해 혹은 새집을 사기 위해 돈을 빌려야 할지 모른다. 그리고 여러분이 지불하려는 이자로 은퇴 후 좀더 풍요로운 생활을 영위하기를 기대하는 사람들이 여러분에게 돈을 빌려줄 것이다. 차입과 대출에 관한 모든 행동을 조정하는 일은 금융시장의 몫이다.

금융시장은 여러모로 다른 시장들과 비슷하다. 대부자금의 가격인 이자율은 다른 모든 가격과 마찬가지로 수요와 공급 요인에 따라 결정된다. 또 금융시장에서 수요와 공급곡선의 이동에 대한 분석도 다른 시장의 경우와 마찬가지 방법을 따른다. 1장에서 소개한 경제학의 10대 기본원리 중에 일반적으로 시장이 경제활동을 조직하는 좋은 수단이라는 것이 있다. 금융시장은 대부자금에 대한 수요와 공급을 일치시킴으로써 희소한 자원이 가장 효율적으로 사용될 수 있도록 도와준다.

그러나 금융시장은 현재와 미래를 연결하는 역할을 수행한다는 점에서 다른 시장에 비해 특별하다. 대부자금을 공급하는 사람들이 저축을 하는 이유는 자신들의 현재 소득을 미래의 구매력으로 변환하고 싶어 하기 때문이다. 대부자금의 수요자들은 장차 재화와 서비스를 생산하는 데 필요한 자본을 늘리기 위해 지금 투자하고 싶어 하기 때문에 자금을 차입한다. 따라서 원활히 작동하는 금융시장은 현세대는 물론이고 현세대의 의사결정에 따른 이득을 상당 부분 물려받을 후세대에게도 중요하다.

요약

- 미국의 금융제도는 채권시장, 주식시장, 은행, 뮤추얼 펀드 등 여러 가지 금융기관으로 구성된다. 이 모든 금융기관들은 소득의 일부를 저축하려는 가계들의 자원이 자금을 차입하고 싶어하는 가계와 기업들에게 공급되도록 도와준다.
- 국민소득 계정 항등식은 거시경제 변수들 간에 성립하는 몇 가지 중요한 관계를 보여준다. 특히 폐쇄경제에서는 국민저축과 투자가 일치한다는 점이 중요하다. 금융기

관을 통해서 한 사람의 저축이 다른 사람의 투자와 맺어진다.

- 이자율은 대부자금의 수요와 공급에 따라 결정된다. 대부자금의 공급은 소득의 일부를 저축하여 남에게 빌려주려는 가계에서 나오고, 대부자금에 대한 수요는 투자 재원을 마련하기 위하여 돈을 빌리려는 가계와 기업들에게서 나온다. 따라서 어떤 정책이나 사건이 이자율에 미치는 효과를 분석하려면 그 정책이나 사건이 대부자금의 수요와 공급에 어떻게 영향을 미치는지를 살펴보아야 한다.
- 국민저축은 민간저축과 정부저축의 합과 같다. 재정적자는 정부에 의한 마이너스 저축이므로 국민저축을 감축하고 민간 투자에 쓸 수 있는 대부자금의 공급량을 감소시킨다. 재정적자로 인해 민간 투자가 위축되면 생산성과 GDP 성장률이 낮아진다.

중요개념

금융제도 426
금융시장 427
채권 427
주식 428
금융중개 기관 429
뮤추얼 펀드 430
국민저축 433
민간저축 433
정부저축 433
재정흑자 434
재정적자 434
대부자금 시장 435
밀어내기 441

복습문제

1. 금융제도의 기능은 무엇인가? 우리 경제의 금융제도를 구성하는 두 가지 시장과 두 가지 금융중개 기관에 대해 설명하라.

2. 주식과 채권을 보유하는 사람들의 입장에서 여러 주식과 채권을 분산하여 보유하는 것이 왜 중요한가? 이러한 분산투자(diversification)를 쉽게 하는 금융기관에는 어떤 것이 있는가?

3. 국민저축이란 무엇인가? 민간저축과 정부저축은 각각 무엇인가? 세 변수 사이에는 어떤 관계가 있는가?

4. 투자란 무엇인가? 폐쇄경제에서 투자와 국민저축 사이에는 어떤 관계가 있는가?

5. 민간저축을 활성화하기 위해서는 세법을 어떻게 바꿔야 하겠는가? 이 정책이 집행되면 대부자금 시장에는 어떤 영향이 미치겠는가?

6. 재정적자는 무엇인가? 재정적자는 이자율, 투자, 경제성장에 어떤 영향을 미치는가?

응용문제

1. 다음의 각 항에 들어 있는 두 가지 채권 중에서 어떤 채권의 이자율이 더 높겠는가? 설명하라.

a. 미국 정부 국채와 동유럽 어떤 국가의 국채
b. 2020년에 원금이 지급되는 채권과 2040년에 원금이 지급되는 채권
c. 코카콜라사의 회사채와 여러분의 차고에 설립한 소프트웨어회사가 발행하는 채권
d. 미국 정부 국채와 뉴욕 주정부 채권

2. 자신이 일하는 직장의 주식을 여러 주 보유한 직원들이 많다. 회사들이 우리 사주 보유를 장려하는 이유는 무엇인가? 자신이 근무하는 회사의 주식을 보유하기 싫어할 만한 이유가 있다면 무엇인가?

3. 거시경제학에서 말하는 저축과 투자의 차이를 설명하라. 다음 중 어느 것이 저축이고, 어느 것이 투자인지 설명하라.

a. 여러분 가정에서 주택자금을 대출받아 새 집을 구입한다.

b. 여러분이 주급 200달러를 받아 AT&T사의 주식을 산다.

c. 여러분의 친구가 100달러를 벌어서 은행에 예금한다.

d. 여러분이 은행에서 1,000달러를 대출받아 피자 배달 사업에 사용할 자동차를 구입한다.

4. 어떤 나라 경제의 GDP가 8조 달러, 세금이 1.5조 달러, 민간저축이 0.5조 달러, 정부저축이 0.2조 달러다. 이 경제가 폐쇄경제라고 가정하고 소비, 정부구입, 국민저축, 투자를 계산하라.

5. 어떤 폐쇄경제에 대한 다음 정보를 이용하여 질문에 답하라.

$Y = 10{,}000$ $C = 6{,}000$

$T = 1{,}500$ $G = 1{,}700$

한편 투자함수는 $I = 3{,}300 - 100\,r$로 추정된다. 여기서 r은 이 경제의 실질이자율(%)이다. 이 경제의 민간저축, 정부저축, 국민저축, 투자, 균형 실질이자율을 구하라.

6. 인텔사가 새 반도체 공장을 건설할지 여부를 검토하고 있다고 하자.

a. 인텔사가 채권시장에서 자금을 차입해야 한다고 가정하자. 이 경우 이자율의 상승이 인텔사의 의사결정에 영향을 미치는 이유는 무엇인가?

b. 인텔사의 자금이 풍부해서 외부자금을 차입하지 않고도 공장을 건설할 능력이 있다고 하자. 이 경우 이자율의 상승이 인텔사의 의사결정에 영향을 미치겠는가? 그 이유를 설명하라.

7. 다음 세 학생들은 각각 1,000달러씩의 저축이 있다. 이들에게는 각자 2,000달러까지 투자할 수 있는 투자 기회가 있다. 이들의 투자에 대한 수익률은 다음과 같다.

해리 : 5%

론 : 8%

헤르미온 : 20%

a. 차입과 대출이 금지되어 각자 자신의 저축으로 투자 재원을 마련해야 한다고 하자. 1년 후에 투자금과 수익금을 돌려받는다면 각 학생은 얼마씩을 갖게 되겠는가?

b. 이 학생들의 소속 학교에서 학생들이 이자율 r에서 자유롭게 차입하거나 대출을 해줄 수 있는 대부자금 시장을 개설한다고 하자. 어떤 학생이 이 시장에서 자금을 차입할지, 대출을 해줄지를 결정하는 요인은 무엇인가?

c. 이자율 7%에서 이 세 학생 간에 거래되는 대부자금의 수요량과 공급량은 얼마인가? 이자율이 10%라면 대부자금의 수요량과 공급량은 얼마인가?

d. 이 대부자금 시장의 균형이자율은 얼마인가? 이 이자율에서 어떤 학생이 자금을 차입하고 어떤 학생이 자금을 대출해주겠는가?

e. 균형이자율에서 이 세 학생들이 1년 후에 투자 수익을 수령하고 대출을 상환하면 각자 얼마씩을 갖게 되는가? 이 질문의 답을 (a)의 답과 비교하라. 차입자와 대출자 중 누가 대부자금 시장의 존재로 인해 이득을 보는가? 대부자금 시장의 존재로 인해 손해를 보는 학생이 있는가?

8. 내년 정부차입이 올해에 비해 200억 달러 증가한다고 하자.

a. 대부자금의 수요 · 공급곡선을 이용하여 이 정책의 효과를 분석하라. 이자율은 상승하는가, 하락하는가?

b. 투자와 민간저축, 정부저축, 국민저축은 어떻게 변하는가? 이들 변수의 변화량은 정부에 의한 추가 차입액 200억 달러보다 많은가, 적은가?

c. 대부자금 공급의 탄력성은 이들 변수의 변화량에 어떤 영향을 미치는가?

d. 대부자금 수요의 탄력성은 이들 변수의 변화량에 어떤 영향을 미치는가?

e. 정부가 올해 차입을 늘리면 채무를 상환할 자금을 마련하기 위해 장차 세금을 인상할 가능성이 있다. 사람들이 이렇게 생각한다면 올해의 민간저축과 대부자금

의 공급은 어떻게 달라지겠는가? 여러분이 (a)와 (b)에서 답한 것보다 변화폭이 크겠는가, 작겠는가?

9. 이 장에서는 민간저축에 대한 과세를 낮추거나 정부 재정적자를 줄임으로써 투자를 촉진할 수 있다고 설명했다.

a. 두 가지 정책을 동시에 시행하기 어려운 이유는 무엇인가?

b. 민간 투자를 확충하는 데 두 가지 정책 중에서 어느 쪽이 더 효과적인지 판단하려면 민간저축에 대한 어떤 정보가 필요한가?

간단한 퀴즈 정답

1. d 2. d 3. b 4. d 5. c 6. b 7. c 8. b 9. a

THE SA
RESTROOMS
BAÑOS
ATM

19장

재무이론의 기초

여러분이 살다 보면 언젠가는 금융제도와 접할 경우가 있을 것이다. 은행에 예금을 하거나 학자금 또는 주택구입 자금을 대출받을 수 있다. 직장을 잡고 나면 고용주는 은퇴계좌를 개설해 줄 것이며, 여러분은 이를 주식에 투자할지, 채권에 투자할지, 다른 금융 상품에 투자할지 결정해야 할 것이다. 여러분이 나름대로 포트폴리오를 구성하려고 시도할 수도 있을 텐데, 이 경우 코카콜라처럼 잘 알려진 회사에 투자할지, 트위터처럼 비교적 새로운 회사에 투자할지 선택해야 한다. 그리고 언론을 통해 주식가격이 오르는지, 내리는지, 그 이유는 무엇인지에 대한 궁색한 설명을 자주 접할 것이다.

여러분이 평생 살아가는 동안 내려야 할 금융에 관한 거의 모든 의사결정에서 시간과 위험이라는 두 가지 연관된 요소와 마주칠 것이다.

ISTOCK.COM/LOLOSTOCK, ISTOCK.COM/EUROBANKS

17, 18장에서 보았듯이 금융제도는 경제성장의 중요한 결정 요인인 저축과 투자를 조정하는 역할을 한다. 가장 근본적으로 금융제도는 우리의 장래 생활에 영향을 미칠 오늘의 의사결정과 관련되어 있다. 그러나 미래는 알려져 있지 않다. 어떤 사람이 저축을 배분하거나 어떤 기업이 투자를 할 때 그 의사결정은 미래에 일어날 가능성이 있는 결과에 대한 짐작을 바탕으로 이루어진다. 그렇지만 실제 결과는 예상과 매우 다를 수 있다.

재무이론 시간에 걸친 자원 배분과 위험 관리에 관한 사람들의 의사결정을 연구하는 분야

이 장에서는 사람들이 금융시장에 참여해서 내리는 의사결정을 이해하는 데 도움이 될 몇 가지 기초적인 분석 도구를 소개한다. 재무이론(finance)은 이러한 분석도구에 대해 상세하게 다루며, 아마 여러분도 관련 과목을 수강할지 모르겠다. 금융제도는 나라 경제가 기능하는 데 있어서 너무나 중요하기 때문에 재무의 기본원리들은 경제가 어떻게 작동하는지 이해하는 데 요긴하다. 재무이론의 기초적인 분석 도구는 여러분이 일상생활에서 내리는 몇 가지 의사결정에 대해서도 충분히 생각할 수 있도록 도움을 줄 것이다.

이 장에서는 세 가지 주제를 다룬다. 첫째, 서로 다른 시점에서 주어진 금액을 비교하는 방법을 설명한다. 둘째, 위험을 관리하는 방법을 다룬다. 셋째, 시간과 위험에 대한 분석을 토대로 주식과 같은 자산의 가치를 결정하는 요인을 살펴본다.

19-1 현재가치 : 돈의 시간가치를 계산하는 법

누군가 여러분에게 100달러를 지금 주거나 10년 후에 주겠다는 제안을 했다고 하자. 여러분은 어느 쪽을 택하겠는가? 이건 쉬운 문제다. 오늘 100달러를 받는 게 분명히 더 유리하다. 100달러를 당장 받아서 은행에 예금해두면 10년 후에 찾을 수 있고, 그 기간 동안 이자를 받을 수 있기 때문이다. 이처럼 현재 수중에 있는 돈이 미래에 지급될 같은 금액에 비해 가치가 높다.

이제 좀더 어려운 질문에 대해 생각해보자. 누군가 여러분에게 당장 100달러를 주거나 10년 후에 200달러를 주겠다고 한다면 어느 쪽을 택해야 할까? 이 질문에 답하기 위해서는 서로 다른 시점의 금액을 비교하는 기법이 필요하다. 경제학자들은 현재가치라는 개념을 사용하여 분석한다. 미래에 지급될 어떤 금액의 현재가치(present value)란 현재 이자율에서 미래에 그 금액을 얻기 위해 지금 필요한 금액을 나타낸다.

현재가치 현재 이자율을 적용하여 미래에 주어진 금액을 얻기 위해 지금 필요한 금액

현재가치의 개념이 어떻게 응용되는지 알아보기 위해 다음 몇 가지 예제를 풀어보자.

미래가치 현재 이자율에서 오늘 주어진 금액으로 미래에 얻을 수 있는 금액

질문 : 오늘 은행에 100달러를 예금하면 N년 뒤에는 얼마가 될까? 즉 현재 100달러의 미래가치(future value)는 얼마일까?

복리계산 은행 예금의 이자가 그 계좌에 예치되어 거기에 다시 이자가 붙는 방식으로 원리금이 축적되는 것

답 : 소수점으로 표시한 이자율을 r이라고 하자(이자율이 5%면 $r = 0.05$다). 또 매년 이자가 지급되고, 그 이자에 다시 이자가 붙는 복리계산(compounding) 방

식이 적용된다고 하자. 그러면 100달러에 대한 원리금은 다음과 같다.

1년 뒤 : $(1+r)\times\$100$
2년 뒤 : $(1+r)\times(1+r)\times\$100=(1+r)^2\times\$100$
3년 뒤 : $(1+r)\times(1+r)\times(1+r)\times\$100=(1+r)^3\times\$100$
⋮
N년 뒤 : $(1+r)^N\times\$100$가 된다.

예를 들어 100달러를 5% 이자율에 10년간 투자한다면 미래가치는 $(1.05)^{10}\times\$100=163$달러다.

질문 : 이제 여러분이 N년 뒤에 200달러를 받기로 되어 있다면 이 미래 금액의 현재가치는 얼마일까? 다시 말해 N년 뒤에 200달러를 찾기 위해서는 당장 은행에 얼마를 예금해야 할까?

답 : 이 질문에 답하기 위해서는 앞의 문제를 뒤집어서 생각하면 된다. 앞의 문제에서 미래가치를 구하기 위해 현재 금액에 $(1+r)^N$을 곱했다. 미래 금액의 현재가치를 구하기 위해서는 미래 금액을 $(1+r)^N$으로 나누면 된다. 따라서 N년 뒤에 받을 200달러의 현재가치는 $\$200/(1+r)^N$다. 이 금액을 오늘 은행에 예금하면 N년 뒤에 원리금이 $(1+r)^N\times[\$200/(1+r)^N]=\$200$가 되기 때문이다. 예컨대 이자율이 5%라면 10년 후에 지급될 200달러의 현재가치는 $\$200/(1.05)^{10}=\$123$다. 즉 이자율이 연 5%일 경우 오늘 123달러를 은행에 예금하면 10년 후에는 200달러의 가치를 지닌다는 것이다.

이상에서 일반적인 공식을 도출할 수 있다.

- 이자율이 r이라면 N년 뒤에 받을 X의 현재가치는 $X/(1+r)^N$다.

미래에 받을 X달러의 현재가치는 이자를 받을 수 있는 가능성으로 인해 X달러보다 작아지기 때문에 미래에 받을 금액의 현재가치를 계산하는 과정을 할인(discounting)이라고 한다. 이 공식은 미래에 받을 금액이 정확하게 얼마나 할인되는지 보여준다.

이제 앞의 문제로 돌아가자. 오늘 당장 받을 100달러와 10년 후에 받을 200달러 중 어느 쪽을 택해야 할까? 현재가치 계산을 통해 이자율이 5%면 현재의 100달러보다 10년 후의 200달러가 낫다는 것을 알 수 있다. 10년 후에 받을 200달러의 현재가치는 123달러로 100달러보다 크기 때문이다. 따라서 10년 후에 200달러를 받는 것이 당장 100달러를 받는 것보다 이익이다.

그런데 이 답은 이자율에 따라 달라질 수 있다. 이자율이 8%라면 10년 후에 받을 200달러의 현재가치는 $\$200/(1.08)^{10}=\$93$이므로 당장 100달러를 받는 것이 유리하다. 이처럼

이해를 돕기 위해 복리계산의 마술과 70의 법칙

어느 나라가 매년 1%씩 성장하고, 다른 나라는 3%씩 성장한다고 하면 그게 뭐 대수인가? 그 차이는 겨우 2%인데… 라고 생각할 수 있다.

그러나 사실 3%와 1%의 성장률은 커다란 격차를 나타낸다. 연율 %로 표시하면 작아 보이는 성장률이 여러 해에 걸쳐 누적되면 큰 숫자가 된다.

예를 하나 들어보자. 엘리엇(Elliot)과 달린(Darlene)이 22세에 대학을 졸업하고 각각 연봉이 3만 달러인 직장에 취직했다고 하자. 엘리엇이 속한 경제에서는 모든 소득이 매년 1%씩 증가하고, 달린이 속한 경제에서는 소득이 매년 3% 증가한다고 하자. 40년 뒤 두 사람이 62세가 되었을 때 엘리엇의 소득은 4만 5,000달러인 데 반해, 달린의 소득은 9만 8,000달러가 된다. 매년 성장률이 2% 포인트 차이가 난 결과 40년 뒤 두 사람의 소득은 2배 이상 벌어지는 것이다.

'70의 법칙'은 성장률과 복리계산의 효과를 이해하는 데 도움이 된다. 이 법칙에 따르면 어느 변수가 매년 x% 성장할 경우 약 70/x년 뒤에는 그 변수의 값이 2배가 된다. 앞의 예에서 엘리엇이 속한 경제는 매년 1% 성장하므로 소득이 2배 되는 데 70년이 걸리는 반면, 달린이 속한 경제는 매년 3% 증가하므로 소득이 2배 되는 데 70/3, 즉 23년이 걸린다.

70의 법칙은 경제성장뿐 아니라 저축의 증가에도 적용된다. 1791년에 벤 프랭클린(Ben Franklin)이 죽으면서 5,000달러를 향후 200년 동안 의대생과 과학자들의 연구를 지원하는 데 투자하라고 유산으로 남겼다. 이 돈이 매년 7%씩 불어났다면(실제 그렇게 되었을 가능성이 있다) 원리금은 10년마다 2배로 증가하여 200년 뒤에는 20회에 걸쳐 2배가 되었을 것이다. 이 증가율을 200년 동안 복리로 적용하면 원리금은 $2^{20}\times$ \$5,000, 즉 50억 달러가 되었을 것이다. (그러나 실제로 프랭클린이 남긴 5,000달러 중 일부는 여러 용도로 사용되었기 때문에 실제로 200년 뒤에 남은 원리금 합계는 200만 달러에 불과했다.)

이상의 몇 가지 예를 통해 본 바와 같이 성장률과 이자율이 여러 해에 걸쳐 복리로 적용되면 엄청난 결과가 나타날 수 있다. 그래서 아인슈타인이 복리계산을 '가장 위대한 수학적 발견'이라고 한 모양이다. ■

이자율이 중요한 원인은 무엇일까? 이자율이 높으면 은행에 같은 금액을 예금할 경우 원리금이 더 많아지고, 따라서 지금 수중에 있는 100달러의 이득이 더 커지기 때문이다.

현재가치는 기업들의 투자 프로젝트 평가를 포함한 많은 사례에 적용될 수 있는 유용한 개념이다. 예를 들어 GM이 자동차공장 신축을 고려하고 있다고 하자. 이 공장을 짓는 데 당장 1억 달러가 들고, 공장에서 10년 후에 2억 달러의 수입이 발생한다면 이 공장을 건설해야 할까? 여러분은 이 문제가 앞에서 살펴본 문제와 정확하게 같은 문제라는 사실을 알 수 있을 것이다. 이 의사결정을 위해서는 현재의 비용 1억 달러를 미래의 수입 2억 달러와 비교해야 하기 때문이다.

따라서 GM의 의사결정은 이자율에 따라 좌우된다. 이자율이 5%라면 10년 뒤의 수입 2억 달러의 현재가치는 1억 2,300만 달러이므로 공장을 짓는 편이 이익이다. 반면에 이자율이 8%라면 2억 달러의 현재가치는 9,300만 달러이므로 이 프로젝트는 포기해야 한다. 이처럼 현재가치의 개념을 통해 이자율이 상승하면 투자 수요, 따라서 대부자금에 대한 수요가 왜 감소하는지를 설명할 수 있다.

현재가치의 응용 사례를 하나 더 들어보자. 여러분이 100만 달러 복권에 당첨되었으며, 당첨금을 앞으로 50년 동안 매년 2만 달러씩 받거나 당장 목돈으로 40만 달러를 받을 수 있다고 하자. 여러분은 어느 대안을 택하겠는가? 올바른 선택을 하려면 당첨금

지급액의 현재가치를 계산해야 한다. 이자율이 연 7%라고 가정해보자. 앞에서 소개한 현재가치 계산을 50번의 상금 지급액에 적용해서 더하면 이자율이 7%일 때 현재가치는 27만 6,000달러가 된다. 따라서 여러분은 당장 40만 달러를 받는 쪽을 택하는 것이 이득이다. 100만 달러가 더 큰 금액으로 보이지만, 미래에 받을 현금 흐름을 현재가치로 환산하면 훨씬 작은 금액이 된다.

간단한 퀴즈

1. 이자율이 0%라면 10년 후에 받을 100달러의 현재가치는 얼마인가?

a. 100달러보다 적다.
b. 정확히 100달러다.
c. 100달러보다 많다.
d. 알 수 없다.

2. 이자율이 10%라면 현재 100달러의 2년 후 미래가치는 얼마인가?

a. 80달러
b. 83달러
c. 120달러
d. 121달러

3. 이자율이 10%라면 2년 후에 받을 100달러의 현재가치는 얼마인가?

a. 80달러
b. 83달러
c. 120달러
d. 121달러

정답은 각 장의 끝에

19-2 위험의 관리

인생은 도박으로 가득 차 있다. 여러분이 스키를 타러 간다면 타다가 넘어져서 다리가 부러질 수도 있는 위험을 감수하는 것이다. 차를 몰고 출근할 때는 교통사고의 위험이 있다. 저축의 일부로 주식을 살 때는 주가가 하락하여 돈을 잃을 위험을 감수한다. 이러한 위험에 대한 합리적인 대응은 아무리 많은 비용이 들더라도 위험을 피하는 것이 아니라 그 위험을 감안한 의사결정을 내리는 것이다. 이제 여러분이 금융에 관한 의사결정을 할 때 어떻게 위험을 감안할지에 대해 생각해 보자.

19-2a 위험 회피

위험 회피적 불확실성을 싫어하는 성향

대부분의 사람들은 위험 회피적(risk averse)이다. 이것은 단지 사람들이 자신에게 나쁜 일이 일어나는 것을 싫어한다는 것 이상을 의미한다. 나쁜 일과 비교할 만한 좋은 일을 좋아하는 것보다 나쁜 일을 더 싫어한다는 뜻이다.

예를 들어 한 친구가 다음과 같은 제안을 한다고 하자. 동전을 던져서 앞면이 나오면

그림 19.1

효용함수

효용함수는 효용, 즉 만족에 관한 주관적인 척도가 재산 규모에 따라 어떻게 영향을 받는지를 보여준다. 재산이 많아질수록 효용함수가 평평해지는 것은 한계효용이 체감한다는 사실을 반영한다. 즉 한계효용이 체감하기 때문에 1,000달러를 잃을 경우의 효용 감소폭이 1,000달러를 얻을 경우의 효용 증가폭보다 크다는 것이다.

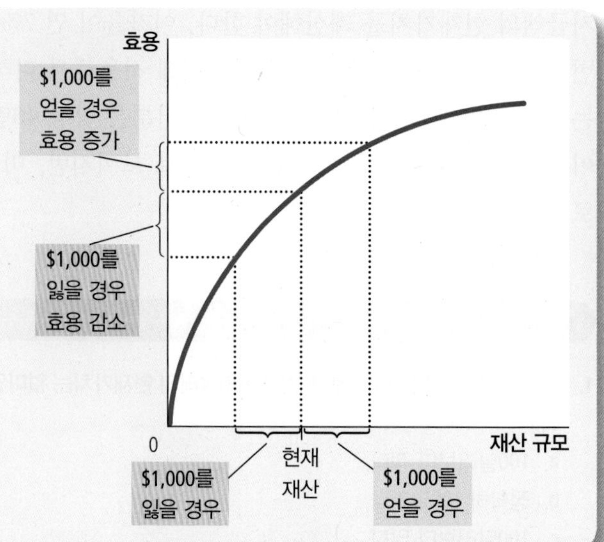

여러분에게 1,000달러를 주고, 뒷면이 나오면 여러분이 그 친구에게 1,000달러를 준다는 것이다. 여러분은 이 제안을 받아들일까? 여러분이 위험 회피적이라면 받아들이지 않을 것이다. 위험 회피적인 사람에게는 1,000달러를 잃을 때의 고통이 1,000달러를 받을 때의 기쁨보다 크기 때문이다.

경제학자들은 효용(utility)이라는 개념을 사용하여 위험 회피에 관한 모형들을 발전시켰다. 여기에서 효용이란 경제적 후생이나 만족에 관한 주관적인 지표다. 그림 19.1의 효용함수에서 볼 수 있듯이 재산은 그 금액에 해당하는 효용을 준다. 그러나 재산 규모가 커질수록 효용함수는 점점 평평해진다. 즉 효용함수는 한계효용이 체감하는 속성을 보인다. 재산이 많을수록 재산이 1달러 증가할 때 그 사람이 얻는 추가적인 효용은 줄어든다. 한계효용이 체감하기 때문에 내기에서 1,000달러를 잃을 때의 효용 감소가 1,000달러를 얻을 때의 효용 증가보다 크다. 다시 말해서 사람들이 위험을 회피하는 것은 한계효용 체감 때문이다.

위험 회피는 우리가 경제에서 관찰하는 다양한 현상들을 설명하는 출발점을 제공한다. 이제 보험, 분산투자, 그리고 위험과 수익의 상충관계 등 세 가지 현상에 대해 살펴보자.

19-2b 보험시장

위험에 대처하는 한 가지 방법은 보험을 드는 것이다. 보험 계약의 일반적 특성은 위험에 처한 사람이 보험회사에게 보험료를 지불하고, 보험회사는 그 위험의 전부 혹은 일부를 수용하기로 동의하는 것이다. 보험의 종류는 다양하다. 자동차보험은 교통사고에 대한 위험, 화재보험은 집이 화재로 소실될 위험, 건강보험은 값비싼 치료를 받아야 할 위험, 생명보험은 가족에게 소득을 남기지 않고 사망할 위험에 대비한 보험이다. 그런가 하면 너무 오래 살 위험에 대한 보험도 있다. 오늘 보험료를 내면 보험회사는 여러분이 사망할 때까지 매년 연금(annuity)이라는 정규적인 소득을 지급한다.

어떤 의미에서 모든 보험 계약은 도박이다. 보험 가입자가 자동차 사고를 당하지 않을 수도 있고, 집에 불이 나지 않을 수도 있으며, 비싼 치료를 받을 필요가 없을 수도 있다. 대부분의 경우 보험 가입자는 보험료를 내고 마음의 평화를 누릴 뿐 다른 대가를 받지 않는다. 실제로 보험회사는 대부분의 사람들이 보험금을 청구하지 않을 것으로 기대한다. 그래야 불행한 사고를 당한 소수의 가입자들에게 거액의 보험금을 지급하고도 사업을 계속할 수 있는 것이다.

경제 전체로 볼 때 보험은 인생에서 닥칠 수밖에 없는 위험을 완전히 제거하는 것이 아니라 그 위험을 보다 효율적으로 분산하는 기능을 한다. 화재보험의 예를 들어보자. 여러분이 화재보험에 가입한다고 해서 화재로 집이 소실될 위험이 줄어들지는 않는다. 단지 화재의 위험을 여러분이 혼자 부담하는 것이 아니라 수천 명의 보험 가입자들이 나누어 부담하는 것이다. 사람들은 위험 회피적이기 때문에 1만 명이 위험을 1만 분의 1씩 나누어 부담하는 것이 한 사람이 전부 부담하는 것보다 낫다.

보험시장이 위험을 분산하는 데 있어서 두 가지 문제가 지장을 준다. 한 가지 문제는 역선택(adverse selection)이다. 위험이 높은 사람이 위험이 낮은 사람보다 보험에 가입하려고 할 가능성이 높다는 것이다. 또 다른 문제는 도덕적 해이(moral hazard)다. 사람들이 보험에 가입하고 나면 위험이 따르는 행동을 할 때 아무래도 덜 조심한다는 것이다. 보험회사들은 이러한 두 가지 문제를 인지하고 있지만, 모든 상황에 대응할 수는 없다. 보험회사는 위험이 높은 고객과 위험이 낮은 고객을 완벽하게 구분할 수 없으며, 고객들의 위험한 행동을 모두 모니터링할 수도 없다. 보험회사는 보험을 판매한 이후처할 실제 위험을 반영하여 보험료를 책정한다. 보험료가 높기 때문에 어떤 사람들, 특히 자신들이 위험이 낮다고 생각하는 사람들은 보험에 가입하지 않고 인생의 불확실성을 스스로 감내하기도 한다.

19-2c 특정 기업 위험의 분산

한때 널리 존경받던 엔론(Enron)이라는 대기업이 2001년에 사기와 회계 부정 혐의를 받고 파산했다. 이 회사의 최고경영진 몇 명은 기소되어 징역형을 선고받았다. 그러나 이 사건에서 가장 안타까운 부분은 이 회사의 종업원들에 관한 것이다. 이들은 직장을 잃었을 뿐 아니라 많은 경우 평생 모은 저축까지 함께 잃었다. 직원들은 퇴직금의 약 3분의 2를 엔론사 주식으로 가지고 있었는데, 이 주식이 휴지가 되었기 때문이다.

위험 회피적인 사람들에게 재무이론이 주는 실질적인 충고는 '모든 달걀을 한 바구니에 담지 말라'는 것이다. 여러분은 이 말을 들어본 적이 있을지 모르지만, 재무이론은 이 전통적인 지혜를 분산투자(diversification)라는 과학으로 바꿔놓았다.

분산투자 한 가지 위험을 여러 개의 서로 관련 없는 소규모 위험으로 대체할 경우 위험이 감소되는 현상

보험시장은 분산의 한 예다. 어느 마을에 1만 명이 주택을 소유하고 있고, 모든 주택에 불이 날 위험이 있다고 하자. 누군가가 보험회사를 설립하고 이 마을 주민들이 이 회사의 주주인 동시에 보험 가입자가 된다면 이들은 분산을 통해 위험을 줄일 수 있다. 이제 각 주택 소유자는 자기 집에 한 번 불이 날 위험이 아니라 발생할 수 있는 1만 건의 화재 위험의 1만분의 1에 해당하는 위험에 직면한다. 이 마을 전체 주택에 동시에 불이 나지 않는 한 각 주민이 직면하는 위험은 훨씬 작아지는 것이다.

사람들이 저축으로 금융자산을 구입할 때도 분산을 통해 위험을 줄일 수 있다. 어느 회사의 주식을 사는 사람은 그 회사의 장래 수익성에 대해 도박을 하는 셈이다. 특정 회사의 수익은 예측하기 어렵기 때문에 그 도박은 상당한 위험을 수반한다. 마이크로소프트는 별난 십 대 청소년 몇 명이 창업한 회사지만, 불과 몇 년 사이에 세계에서 가장 가치 있는 기업으로 성장했다. 그런가 하면 엔론은 세계에서 존경받는 기업 중의 하나였는데, 몇 달 사이에 거의 가치 없는 회사로 전락했다. 다행히 각 주식 소유자는 특정 회사의 운명에 자신의 전 재산을 걸지 않아도 된다. 한두 회사에 큰 금액을 투자했다면 회사의 가치에 따라 위험이 수반되지만, 금액을 여러 군데로 분산하면 위험은 훨씬 감소하기 때문이다.

그림 19.2는 주식 포트폴리오의 위험이 그 포트폴리오에 포함된 주식 수에 따라 어떻게 달라지는지를 보여준다. 여기에서 위험은 여러분이 수학이나 통계학 시간에 배웠을지도 모르는 표준편차(standard deviation)라는 통계량으로 측정된다. 표준편차는 어떤

그림 19.2

분산투자에 따른 위험 감소

이 그림은 표준편차라는 통계량으로 측정된 포트폴리오의 위험이 포트폴리오에 포함된 주식 수에 의해 어떻게 영향을 받는지 보여준다. 투자자는 각 주식에 포트폴리오의 일정 백분율을 똑같이 배분한다고 가정한다. 이 경우 주식 수가 증가하면 포트폴리오의 위험은 감소하지만, 위험이 완전히 제거되지는 않는다.

자료: Meir Statman, "How Many Stocks Make a Diversified Portfolio?", *Journal of Financial and Quantitative Analysis* 22(1987년 9월호) : pp. 353~364에서 재구성.

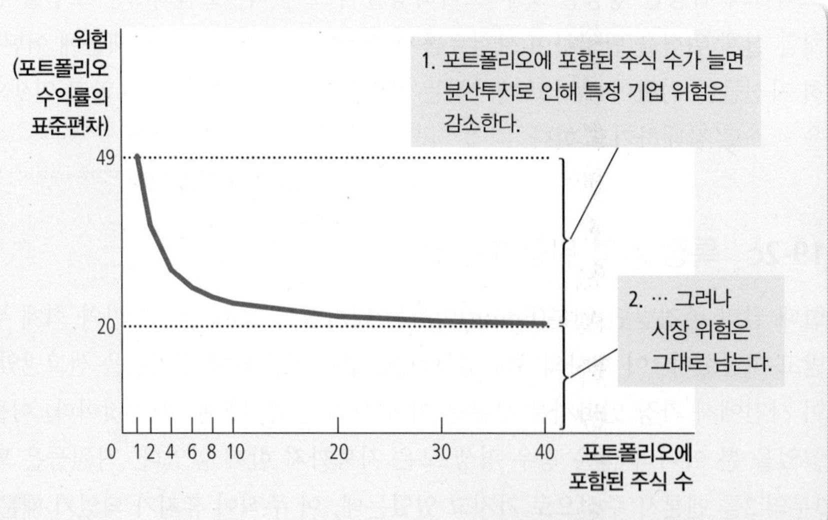

변수의 변동성을 나타낸다. 즉 그 변수가 얼마나 큰 폭으로 변동할 가능성이 있는지 보여주는 것이다. 포트폴리오에서 기대되는 수익률의 표준편차가 클수록 수익률의 변동폭이 크고, 그 포트폴리오를 보유한 사람이 기대하는 수익이 실현되지 않을 위험도 높다.

이 그림은 포트폴리오에 포함된 주식 수가 늘어남에 따라 포트폴리오의 위험이 상당히 줄어든다는 사실을 보여준다. 한 가지 주식으로 구성된 포트폴리오의 표준편차는 49%인데, 주식이 10개로 늘어나면 위험이 절반가량 줄어든다. 주식 종류를 10개에서 20개로 늘리면 위험은 다시 약 10% 감소한다. 주식 수가 증가하면 위험도 지속적으로 감소한다. 그러나 주식 수가 20이나 30을 넘으면 위험 감소폭이 작아진다.

여기에서 포트폴리오에 포함되는 주식의 가짓수를 늘리더라도 위험을 완전히 제거할 수 없다는 사실에 주목해야 한다. 분산투자는 특정 기업 위험(firm-specific risk), 즉 특정 기업에 관련된 불확실성을 제거할 수 있다. 그러나 시장 위험(market risk), 즉 모든 상장기업에 영향을 미치는 경제 전체에 관한 불확실성은 제거할 수 없다. 예를 들어 경제가 불황에 빠지면 대부분 기업들의 매출이 감소하고, 이윤이 줄어들며, 주식에 대한 수익률도 하락한다. 분산투자를 통해 주식 보유의 위험을 줄일 수는 있지만 완전히 제거할 수는 없다.

특정 기업 위험 특정 기업에게만 영향을 미치는 위험

시장 위험 모든 기업에게 동시에 영향을 미치는 위험

19-2d 위험과 수익의 상충관계

경제학의 10대 기본원리 중의 하나는 사람들이 상충관계에 직면한다는 것이다. 재무적 결정을 이해하는 데 가장 적절한 상충관계는 위험과 수익의 상충관계다.

앞에서 살펴본 바와 같이 분산투자를 하더라도 주식 보유에는 반드시 위험이 따른다. 그럼에도 불구하고 위험 회피적인 사람들이 이러한 불확실성을 기꺼이 받아들이는 것은 그만한 보상이 따르기 때문이다. 역사적으로 보면 채권이나 은행 예금 등 다른 대체적인 금융자산들에 비해 주식의 수익률이 훨씬 더 높았다. 지난 200년 동안 주식의 평균 실질수익률은 연 8%인 데 반해, 단기 재정증권의 수익률은 연 3%에 불과했다.

저축을 어떻게 배분할지 결정할 때 사람들은 높은 수익을 얻기 위해 얼마나 큰 위험을 받아들일지 정해야 한다. 예를 들어 두 가지 유형의 자산으로 포트폴리오를 구성하려는 사람에 대해 생각해보자.

- 첫 번째 유형의 자산은 위험이 따르는 다양한 주식들로, 평균수익률은 8%고 표준편차는 20%다. 수학이나 통계학 시간에 배운 기억이 나겠지만 정규 분포를 따르는 확률변수의 값은 평균값에서 표준편차의 2배 범위 안에 있을 확률이 약 95%다. 여기서 표준편차의 2배 범위는 ±40%다. 따라서 수익률은 평균값인 8% 주변에 있지만, 95%의 확률로 48% 수익에서 32% 손실까지 수익률이 변동할 수 있다.
- 두 번째 유형의 자산은 평균수익률이 3%고 표준편차가 0인 안전한 자산이다. 즉

그림 **19.3**

위험과 수익의 상충관계
주식에 투자되는 저축의 몫이 늘어나면 평균수익이 증가하지만, 동시에 위험도 증가한다.

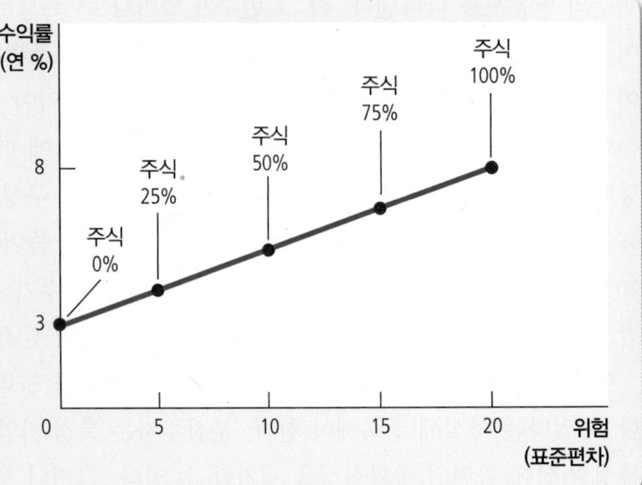

이 자산의 수익률은 항상 정확히 3%이다. 안전한 자산의 예로는 은행 저축예금이나 국채를 생각할 수 있다.

그림 19.3은 위험과 수익 사이의 상충관계를 보여준다. 이 그림에서 직선상에 있는 각 점은 위험이 따르는 주식과 안전한 자산을 특정 비율로 배합하여 만든 포트폴리오를 나타낸다. 이 그림을 보면 주식에 많이 투자할수록 수익도 높아지고 위험도 커진다는 사실을 알 수 있다.

위험과 수익의 상충관계를 인식하는 것만으로는 이 사람이 어떤 선택을 해야 할지 알 수 없다. 위험과 수익의 특정한 조합의 선택은 그 사람의 위험에 대한 태도에 달려 있으며, 위험에 대한 태도는 그 사람 특유의 취향을 반영한다. 그러나 주식 보유자들이 높은 수익에는 높은 위험이 따른다는 사실을 이해하는 것은 중요하다.

간단한 퀴즈

4. 다음 중 보험의 위험 분산을 제약하는 요인은?
a. 위험 회피와 도덕적 해이
b. 위험 회피와 역선택
c. 도덕적 해이와 역선택
d. 위험 회피

5. 포트폴리오 구성에 있어서 분산투자의 이득이 발생하는 것은 다음 중 무엇을 제거할 수 있기 때문인가?
a. 역선택
b. 위험 회피
c. 특정 기업 위험
d. 시장 위험

6. 평균적으로 주식이 채권에 비해 수익률이 더 높은 것은 다음 중 주식 보유에 따르는 무엇에 대한 보상 때문인가?
a. 시장위험이 더 큰 데 대한 보상
b. 특정 기업 위험이 더 큰 데 대한 보상
c. 주식투자자에 대한 더 높은 세금에 대한 보상
d. 주식 구입에 수반되는 더 높은 수수료에 대한 보상

정답은 각 장의 끝에

19-3 자산 가치 평가

시간과 위험이라는 두 가지 기본 개념에 대해 공부했으니 이제 이 지식을 적용해보자. 이 절에서는 주식의 가치가 무엇에 의해 결정되는가 하는 단순한 질문에 대해 생각해 본다. 대부분의 가격이 그렇듯이 답은 수요와 공급이다. 그러나 이것이 전부는 아니다. 주식가격을 이해하려면 주식에 대해 지불하고자 하는 금액이 어떻게 결정되는지 보다 깊이 생각해봐야 한다.

19-3a 기초 가치 분석

여러분이 저축의 60%를 주식에 투자하기로 결정했으며, 분산투자를 위해 주식 20개를 선정하기로 했다고 하자. 신문을 보면 수천 개의 주식이 나열되어 있다. 이 중에서 여러분의 포트폴리오에 들어갈 20개의 주식을 어떻게 골라야 할까?

주식을 사는 것은 그 회사의 지분을 사는 것이다. 어느 기업의 지분을 살지 결정할 때는 당연히 그 회사의 가치와 지분의 거래가격을 감안해야 한다. 주식가격이 회사 가치보다 높으면 그 주식은 고평가(over-valued)되었다고 한다. 주식가격이 회사의 가치와 같다면 그 주식은 정당하게 평가(fairly valued)되었다고 말한다. 주식가격이 회사의 가치보다 낮으면 그 주식은 저평가(under-valued)되었다고 한다. 따라서 저평가된 주식을 사는 것은 싸게 나온 물건을 사는 것과 같다. 여러분은 포트폴리오에 들어갈 20개의 주식을 선정할 때 저평가된 주식을 찾아야 한다.

그러나 이것은 말처럼 쉽지 않다. 주식가격은 쉽게 찾아볼 수 있지만, 회사의 가치를 결정하는 일은 어렵기 때문이다. 기초 가치 분석(fundamental analysis)이란 한 기업의 가치를 결정하기 위한 상세한 분석을 말한다. 월가(Wall Street)에 있는 많은 회사는 이러한 기초 가치 분석을 담당하는 주식분석가들을 고용하고, 어떤 주식을 사야 할지에 관한 조언을 제공한다.

기초 가치 분석 기업의 가치를 산정하기 위해 기업의 재무제표와 장래 전망을 분석하는 것

주식 보유자에게 주식의 가치는 그 주식을 소유함에 따라 얻을 수 있는 이득을 말하며, 여기에는 배당금의 흐름과 처분가격이 포함된다. 여기서 배당금(dividends)이란 기업이 주주들에게 지급하는 현금이다. 어떤 회사의 배당 능력과 그 회사 주식의 처분가격은 회사의 수익성에 달려 있다. 회사의 수익성은 그 회사 제품에 대한 수요, 그 회사가 보유하고 있는 자본의 규모와 유형, 그 회사가 직면하는 경쟁의 정도, 직원들의 노조활동의 정도, 고객의 충성도, 정부규제와 조세 등 여러 가지 요소에 따라 좌우된다. 기초 가치 분석의 과제는 이러한 모든 요인을 감안하여 그 회사 주식의 가치를 결정하는 것이다.

여러분이 기초 가치 분석에 의거하여 주식 포트폴리오를 선정하고 싶다면 세 가지

이해를 돕기 위해 주식 투자자들을 위한 주요 지표

어떤 회사의 주식가격을 추적할 때 여러분은 다음 세 가지 주요 수치에 주목해야 한다. 이 수치들은 일부 신문의 경제면에 수록되고 (Yahoo Finance 같은) 온라인을 통해서도 쉽게 구할 수 있다.

- **주가(price)** : 주식에 관한 가장 중요한 정보는 주식가격이다. 뉴스 매체들은 대개 몇 가지 가격 지표를 제공한다. 종가(last)는 최근에 거래된 가격이다. 전일 종가(previous close)는 직전 거래일에 거래소가 폐장하기 전에 이루어진 최종 거래 가격이다. 어떤 뉴스 매체는 전 거래일, 어떤 경우에는 지난해의 최고가격과 최저가격을 알려 준다. 또한 직전 거래일 종가 대비 변동률을 수록하기도 한다.
- **배당(dividend)** : 주식회사들은 이윤의 일부를 주주들에게 나눠주는데 이 금액을 배당이라고 한다. (주주들에게 배분되지 않은 이윤은 유보이익(retained earnings)이라고 하며 이 돈은 기업의 추가 투자 재원으로 활용된다.) 매체들은 주식 1주당 전년도 배당금 지급액을 게재한다. 어떤 경우에는 주당 배당금을 퍼센트로 나타낸 배당수익률(dividend yield)을 수록하기도 한다.
- **주가수익률(price-earnings ratio)** : 주식회사의 순이익 혹은 회계학적 이윤은 산출물 판매 수입에서 회계학적 생산비용을 뺀 금액이다. 주당 순이익(earnings per share)은 회사의 순이익을 상장된 회사 주식의 수로 나눈 수치이다. P/E로 표시되는 주가수익률은 회사의 주식 1주당 가격을 지난해 1주당 순이익으로 나눈 값이다. 역사적으로 미국의 주가수익률은 15 정도였다. P/E가 높으면 기업의 주가가 최근 이윤 실적에 비해 비싸다는 뜻이다. 따라서 사람들이 이 회사 주가가 장래에 상승할 것으로 기대하고 있거나 주식이 고평가되어 있음을 시사한다. 반대로 P/E가 낮으면 기업의 주가가 최근 이윤 실적에 비해 싸다는 뜻이다. 따라서 사람들이 이 회사 주가가 장래에 하락할 것으로 기대하고 있거나 주식이 저평가되어 있음을 시사한다.

뉴스 매체들은 왜 이러한 데이터들을 제공할까? 저축을 주식에 투자하는 많은 사람들은 어떤 주식을 사거나 팔지를 결정할 때 이들 지표를 면밀히 추적한다. 이와는 대조적으로 어떤 사람들은 매입 후 보유(buy-and-hold) 전략을 따른다. 이들은 경영실적이 좋은 기업들의 주식을 사서 장기간 보유하며 매일 매일의 주가 변동에 반응하지 않는다. ■

가능한 방법이 있다. 첫째, 여러분이 회사의 연차보고서 같은 서류를 읽는 등 스스로 연구하는 것이다. 둘째, 주식분석가들의 조언에 의존하는 것이다. 셋째, 자금 운용가가 기초 가치 분석을 해서 여러분 대신 결정해주는 뮤추얼 펀드의 지분을 사는 것이다.

19-3b 효율적 시장 가설

앞에서 설명한 방법 외에 여러분의 포트폴리오에 들어갈 20개 주식을 고르는 방법이 하나 더 있다. 칠판에 과녁을 그려놓고 화살을 쏘는 것처럼 무작위로 주식을 고르는 것이다. 말도 안 되는 방법처럼 들릴지 모르지만 이렇게 해도 크게 잘못되지 않을 것으로 믿을 만한 근거가 있다. 그 이유를 효율적 시장 가설(efficient markets hypothesis)이라고 한다.

효율적 시장 가설 자산가격이 그 자산의 가치에 관한 모든 공개된 정보를 반영한다는 이론

이 이론을 이해하는 출발점은 증권거래소에 상장된 모든 회사가 뮤추얼 펀드 운영자 등 많은 사람의 분석 대상이라는 사실을 인식하는 것이다. 이들은 매일매일 새로운 소식들을 모니터하고 주식의 가치를 산정하기 위한 기초 가치 분석을 수행한다. 이들의

임무는 주식가격이 기본 가치 이하로 내려가면 그 주식을 사고, 주식가격이 기본 가치를 초과하면 파는 것이다.

효율적 시장 가설의 둘째 요소는 시장가격이 수요와 공급의 균형에 따라 결정된다는 사실이다. 즉 균형 가격에서는 팔려고 내놓은 주식의 양이 사람들이 사려는 양과 정확하게 같다는 것이다. 다시 말해 시장균형 가격에서는 이 주식이 저평가되었다고 생각하는 사람과 고평가되었다고 생각하는 사람의 수가 일치한다는 뜻이다. 평균적인 사람들이 판단하기로는 모든 주식이 항상 정당하게 평가되었다는 것이다.

이 이론에 따르면 주식시장은 정보 효율성(informational efficiency)을 보여준다. 시장이 각 자산의 가치에 대해 활용 가능한 모든 정보를 반영한다는 것이다. 정보가 변하면 주식가격도 변한다. 어느 회사의 전망에 관한 좋은 소식이 알려지면 그 회사의 가치와 주식가격이 상승한다. 회사의 장래 전망이 나빠지면 회사의 가치와 주식가격이 하락한다. 그러나 특정 시점에서 시장가격은 주어진 정보에 입각한 그 회사의 가치에 대한 최선의 추정치다.

정보 효율성 사용 가능한 모든 정보를 합리적으로 반영한 자산가격을 나타냄

효율적 시장 가설의 시사점 중의 하나는 주식가격이 랜덤워크(random walk)를 따른다는 것이다. 이 말은 활용 가능한 정보를 토대로 주식가격의 변동을 예측할 수 없다는 뜻이다. 누군가 공개된 모든 정보를 바탕으로 어떤 주식의 가격이 내일 10% 오를 것을 예측할 수 있다면, 주식시장은 오늘 그러한 정보를 반영하는 데 실패한 것이다. 이 이론에 따르면 주식가격의 변동을 가져올 수 있는 유일한 요인은 그 회사의 가치에 대한 시장의 인식을 변화시키는 뉴스뿐이다. 그러나 뉴스는 본질적으로 예측이 불가능하다. 예측이 가능하다면 그것은 진정한 뉴스가 아니기 때문이다. 따라서 주식가격의 변동도 예측할 수 없어야 한다.

랜덤워크 변화를 예측할 수 없는 변수의 변동 행태

효율적 시장 가설이 옳다면 여러분의 포트폴리오에 포함시킬 20개 주식을 선정하기 위해 신문의 경제면을 오랜 시간 동안 들여다볼 이유가 별로 없다. 주식가격이 활용 가능한 모든 정보를 반영한다면 어느 주식도 다른 주식보다 나을 게 없다. 따라서 여러분이 할 수 있는 최선의 선택은 분산된 포트폴리오를 구성하는 것이다.

사례 연구

랜덤워크와 인덱스 펀드

효율적 시장 가설은 금융시장의 작동에 관한 한 가지 이론이다. 이 이론이 완벽하게 옳지는 않을 것이다. 앞 절에서 설명한 바와 같이 주식 투자자들이 항상 합리적이고 주식가격이 늘 정보 효율적이라고 믿기 어려운 이유가 있다. 그러나 효율적 시장 가설은 여러분이 기대하는 것보다 현실을 훨씬 잘 설명한다.

주식가격이 완벽하게 랜덤워크를 따르지는 않지만 거기에 매우 가깝다는 증거가 많다. 예를 들어 여러분은 최근에 가격이 오른 주식을 사고 최근에 가격이 내린 주식을 피하려는 충동(아니면 정반대의 충동)을 느낄지 모른다. 그러나 통계적 분석에 따르면

그러한 추세를 따를 경우(아니면 추세를 거스를 경우) 시장 평균수익률보다 결과가 나쁜 것으로 나타난다. 어떤 주식의 특정 연도 성과와 그 다음 연도 성과의 상관관계는 0에 가깝다.

효율적 시장 가설에 대한 가장 유리한 증거는 인덱스 펀드(index fund)의 실적에서 찾아볼 수 있다. 인덱스 펀드란 주가지수에 포함된 모든 주식을 사는 뮤추얼 펀드를 말한다. 인덱스 펀드의 실적을 자금 운용가들이 광범위한 연구와 전문지식을 바탕으로 주식을 선택하여 구입하고, 적극적으로 사고파는 뮤추얼 펀드의 실적과 비교해볼 수 있다. 본질적으로 인덱스 펀드는 모든 주식을 구입하므로 투자자들에게 평균적인 주식에 대한 수익률을 제공하는 반면, 적극적으로 관리되는 펀드들은 가장 좋은 주식들만 구입하기 때문에 시장 평균보다 더 좋은 성과를 낸다는 것이다.

실제로 적극적인 자금 운용가들의 수익률이 대개 시장수익률에 미달한다. 예를 들어 2004년 2월부터 2019년 1월 31일까지 15년 동안 뮤추얼 펀드의 86%가 미국의 주식시장에서 거래되는 모든 주식에 투자한 인덱스 펀드보다 수익률이 더 낮았다. 이 기간 동안 주식 펀드의 연평균 수익률은 인덱스 펀드의 수익률보다 0.94% 포인트 낮았다. 적극적인 자금 운용가들이 관리하는 대부분의 펀드 수익률이 인덱스 펀드에 비해 낮은 이유는 이들이 거래를 자주 해서 거래 수수료가 많이 들고, 전문적 능력에 대한 보수라는 명목으로 높은 수수료를 받기 때문이다.

그렇다면 시장수익률보다 높은 수익률을 올리는 14%의 자금 운용가들은 어떤가? 이들은 평균보다 똑똑할 수도 있고 운이 좋을 수도 있다. 5,000명이 동전을 열 번씩 던질 때 열 번 모두 앞면이 나오는 사람은 평균적으로 5명이다. 이 5명은 자기들이 특별히 재주가 있다고 주장할지 모르지만, 그렇게 훌륭한 결과를 되풀이하기는 어려울 것이다. 이와 비슷하게 과거에 높은 수익을

전문가들에게 묻는다

분산투자

"일반적으로 내부정보가 없다면 주식투자자는 몇몇 주식을 골라서 투자하는 것보다 다양한 주식이 포함된 수수료가 낮은 패시브 인덱스 펀드에 투자할 경우 더 좋은 성과를 기대할 수 있다."

이 설문에 대한 경제학자들의 답변은?

자료: IGM Economic Experts Panel, 2019년 1월 28일.

올린 자금 운용가들이 대개 그 다음에는 훌륭한 수익을 유지하지 못한다는 연구 결과가 있다.

효율적 시장 가설은 시장 평균수익률보다 높은 수익률을 달성하기가 불가능하다는 것이다. 금융시장에 관한 축적된 많은 연구는 시장수익률보다 높은 수익률을 올리기가 매우 어렵다는 사실을 확인해준다. 효율적 시장 가설이 현실세계를 정확히 나타내지는 못하더라도 상당한 타당성이 있다는 것이다. ●

19-3c 시장의 비합리성

효율적 시장 가설은 주식을 사고파는 사람들이 해당 주식의 기본가치에 관한 정보를 합리적으로 처리한다고 가정한다. 그러나 주식시장 참여자들이 정말 그렇게 합리적일까, 아니면 주식가격이 종종 그 진정한 가치에 대한 기대치에서 벗어나는가?

주식가격의 변동이 부분적으로 심리적 요인에 좌우된다는 것을 시사하는 오랜 전통이 있다. 1930년대에 존 메이너드 케인즈(John Maynard Keynes)는 자산시장이 투자자들의 동물적 충동(animal spirits), 즉 낙관론과 비관론의 비이성적 파동에 좌우된다고 설명했다. 1990년대에 미국 주식시장이 역대 최고 수준에 달했을 때 전 연방준비제도 이사회 앨런 그린스펀(Alan Greenspan) 의장은 주식시장의 활황장세가 비이성적 과열(irrational exuberance)이 아닌가 하는 의문을 제기했다. 그 후 주식가격이 하락한 것은 사실이지만, 1990년대 주식시장의 낙관적인 분위기가 당시 존재하던 정보를 토대로 판단하기에 비이성적이었는지는 논란의 여지가 있다. 어떤 자산가격이 시장의 기본 가치를 초과하면 이 시장에는 투기적 거품이 존재한다고 말한다.

주식시장에서 투기적 거품이 발생하는 이유는 주식보유자에게 주식의 가치가 배당흐름뿐 아니라 최종 매각가격에 의해서도 영향을 받기 때문이다. 한 사람이 내일 다른 사람에게 주식을 더 높은 가격에 팔 수 있을 것이라고 기대한다면 오늘 그 주식의 가치보다 더 높은 가격을 지불하고 주식을 살 수도 있는 것이다. 여러분이 주식의 가치를 평가할 때는 기업의 가치뿐 아니라 다른 사람들이 장차 그 기업의 가치가 얼마나 될 것으로 생각하는지도 추정해야 한다.

자산가격이 합리적인 가격에서 이탈하는 현상의 빈도와 중요성에 대해서는 경제학자들 사이에 많은 논란이 있다. 시장이 비합리적이라고 믿는 사람들은 주식시장이 합리적인 가치 평가를 변화시킬 만한 뉴스를 토대로 설명하기에는 어렵게 움직이는 사례가 빈번하다는 사실을 지적한다. 효율적 시장 가설을 믿는 사람들은 어느 회사의 가치에 대한 정확하고 합리적인 평가를 알 수 없기 때문에 특정한 가치 평가가 비합리적이라고 성급하게 결론을 내려서는 안 된다고 주장한다. 그뿐 아니라 시장이 비합리적이라면 합리적인 사람이 이 사실을 이용하여 이득을 취할 수 있을 것이다. 그럼에도 불구하고 앞의 사례연구가 보여주듯이 시장보다 나은 결과를 얻기는 거의 불가능하다.

간단한 퀴즈

7. 기초 가치 분석의 목적은?
- a. 한 회사의 진정한 가치를 산정하는 것
- b. 분산투자 포트폴리오를 구성하는 것
- c. 투자자들의 비이성적 행동의 변화를 예측하는 것
- d. 투자들의 위험 회피를 제거하는 것

8. 다음 중 효율적 시장 가설의 시사점으로 옳은 것은?
- a. 과도한 분산투자는 투자자의 포트폴리오 기대수익률을 저하시킨다.
- b. 공개된 정보로부터 주가 변동을 예측하는 것은 불가능하다.
- c. 적극적으로 관리되는 펀드는 인덱스 펀드보다 더 높은 수익을 내야 한다.
- d. 주식시장은 투자자들의 동물적 충동의 변동을 토대로 움직인다.

9. 역사적으로 인덱스 펀드는 적극적으로 관리되는 펀드에 비해 (   ).
- a. 수수료가 더 높다.
- b. 분산투자의 정도가 더 낮다.
- c. 세금 부담이 더 크다.
- d. 수익률이 더 높다.

정답은 각 장의 끝에

19-4 결론

이 장에서는 사람들이 재무에 관한 결정을 내릴 때 사용해야 하고 실제로도 자주 사용하는 기초적인 분석 도구에 대해 배웠다. 현재가치는 내일의 1달러가 오늘의 1달러보다 가치가 작다는 점을 상기시키며, 서로 다른 시점에서 돈의 액수를 비교하는 방법을 제공한다. 위험 관리 이론은 미래가 불확실하며 위험 회피적인 사람들은 이러한 불확실성에 대처하여 예방책을 강구할 수 있음을 알려준다. 자산 가치 평가에 관한 연구는 어떤 회사의 주식가격이 그 회사의 장래 수익성에 대한 기대를 반영한다는 사실을 말해준다.

재무학의 기초적인 분석 도구는 대부분 정립되어 있지만, 효율적 시장 가설의 타당성과 주식가격이 실제로 진정한 기업 가치의 합리적 추정치와 같은지에 대해서는 논란이 있다. 합리적이든 비합리적이든 우리가 관찰하는 주식가격의 커다란 변동은 거시경제에 중요한 시사점을 준다. 주식가격 변동은 나라 경제의 전반적인 변동과 함께 일어나는 경우가 많기 때문이다. 주식시장에 대해서는 경기변동에 관해 공부할 때 다시 살펴볼 것이다.

요약

- 저축에는 이자가 붙기 때문에 오늘의 일정 금액은 미래의 같은 금액보다 가치가 크다. 현재가치의 개념을 이용하면 서로 다른 시점의 금액을 비교할 수 있다. 미래의 일정 금액의 현재가치는 주어진 이자율에서 그 금액을 만들어 내는 데 오늘 필요한 금액이다.
- 기대효용이 체감하기 때문에 대다수의 사람들은 위험 회피적이다. 위험 회피적인 사람들은 보험 가입, 분산투자, 저위험-저수익 포트폴리오의 선정 등을 통해 위험을 줄일 수 있다.
- 자산의 가치는 그 자산의 소유자가 미래에 받을 현금 흐름의 현재가치와 같다. 주식의 경우 이 현금 흐름에는 배당 수익과 매각 수입이 포함된다. 효율적 시장 가설에 따르면 금융시장은 활용 가능한 정보를 합리적으로 처리하므로, 주식가격은 항상 기업의 가치에 관한 최선의 추정치와 같다. 그러나 일부 경제학자들은 효율적 시장 가설에 의문을 제기하며 비이성적 심리적 요인들도 자산가격에 영향을 미친다고 믿는다.

중요개념

재무이론 452
현재가치 452
미래가치 452
복리계산 452
위험 회피적 455
분산투자 458
특정 기업 위험 459
시장 위험 459
기초 가치 분석 461
효율적 시장 가설 462
정보 효율성 463
랜덤워크 463

복습문제

1. 이자율이 7%일 때 10년 뒤 받을 200달러의 현재가치와 20년 뒤 받을 300달러의 현재가치를 계산하라.
2. 사람들은 보험시장에서 어떤 이득을 얻는가? 보험시장이 완벽하게 작동하지 못하게 하는 두 가지 장애 요인은 무엇인가?
3. 분산투자란 무엇인가? 주식의 가짓수를 1개에서 10개로 늘리는 경우와 100개에서 120개로 늘리는 경우 중, 어떤 경우에 분산투자의 이득이 큰가?
4. 주식과 국채 중 어떤 자산이 더 위험한가? 어떤 자산의 평균수익률이 더 높은가?
5. 주식분석가가 주식의 가치를 결정할 때 어떤 요인들을 고려해야 하는가?
6. 효율적 시장 가설을 설명하고, 이 가설에 부합되는 증거를 하나 제시하라.
7. 효율적 시장 가설에 대해 회의적인 경제학자들의 견해를 설명하라.

응용문제

1. 약 400년 전에 아메리카 원주민들은 맨해튼 섬을 24달러에 팔았다고 한다. 이 금액을 7% 이자율에 투자했다면 지금 얼마쯤 되었을까?

2. 어떤 회사가 오늘 1,000만 달러가 소요되고 4년 후에 1,500만 달러의 수익을 가져올 투자 프로젝트를 검토하고 있다.
   a. 이자율이 각각 연 11%, 10%, 9%, 8%일 때, 회사는 이 투자 프로젝트를 채택해야 하는가?
   b. 이 회사의 입장에서 프로젝트를 수행하든 포기하든 무차별하게 되는 정확한 이자율을 계산하라. (이 이자율을 투자의 내부수익률이라 부른다.)

3. 채권 A는 20년 후에 8,000달러를 지급한다. 채권 B는 40년 후에 8,000달러를 지급한다. (문제를 단순화하기 위해 이 채권들은 제로쿠폰 채권이라고 가정하자. 즉 투자자들이 받는 금액은 8,000달러가 전부다.)
   a. 이자율이 연 3.5%라면 이 두 채권의 현재가격은 얼마인가? 어느 채권의 가격이 더 높은가? 그 이유를 설명하라. (힌트 : 계산기를 사용할 수도 있지만 70의 법칙을 적용하면 쉽게 계산할 수 있다.)
   b. 이자율이 연 7%로 오른다면 이 두 채권의 현재가격은 얼마가 되는가? 어느 채권의 가격 상승률이 더 높은가?
   c. 이 예를 토대로 다음 문장에 있는 2개의 괄호를 채워라. "이자율이 상승하면 채권의 가격은 [오른다, 내린다]. 만기가 긴 채권가격이 이자율 변동에 대해 [더, 덜] 민감하다."

4. 은행 예금 이자율이 8%다. 어떤 투자자가 XYZ사의 주식 1주를 110달러에 매입할 것을 고려하고 있다. 이 주식을 보유하면 1년 뒤, 2년 뒤, 3년 뒤에 각각 5달러씩 배당을 받는다. 3년 뒤에는 이 주식을 120달러에 매각할 수 있을 것으로 예상된다. 이 주식은 좋은 투자 대상인가? 계산을 통해 답을 설명하라.

5. 다음 각 종류의 보험에 대해 도덕적 해이와 역선택 행위의 예를 하나씩 들라.
   a. 건강보험
   b. 자동차보험
   c. 생명보험

6. 경제 여건에 민감한 업종(예 : 자동차산업)의 주식과 경제 여건에 별로 민감하지 않은 업종(예 : 상수도)의 주식 중 어느 주식의 평균수익률이 더 높겠는가? 왜 그런가?

7. 어떤 기업이 두 가지 위험에 직면했다. 특정 기업 위험은 시장에 경쟁기업이 진입하여 고객의 일부를 빼앗아가는 것이고, 시장위험은 경제가 불경기에 접어드는 것이다. 이 회사 주식의 소유주들은 두 가지 위험 중에서 어떤 위험에 대해 더 높은 수익률을 요구하겠는가? 왜 그런가?

8. 기업 임원들이 직무 중 취득한 정보를 토대로 주식을 사거나 파는 경우를 내부자 거래(insider trading)라고 한다.
   a. 주식을 사거나 파는 데 유용한 내부자 정보의 예를 한 가지 들라.
   b. 내부자 정보에 입각하여 주식을 거래하는 사람들은 대개 높은 수익을 얻을 수 있다. 이런 사실은 효율적 시장 가설에 위배되는가?
   c. 내부자 거래는 불법이다. 그 이유를 설명하라.

9. 자말의 효용함수는 $U = W^{1/2}$이다. 여기서 W는 자말의 재산(단위는 100만 달러)이고 U는 재산으로부터 나오는 효용이다. 자말이 출연한 게임 쇼 최종 단계에서 진행자가 다음 두 가지 대안을 제안했다. A : 확실하게 400만 달러를 지급, B : 100만 달러를 지급할 확률 0.6, 900만 달러를 지급할 확률 0.4.
   a. 자말의 효용함수의 그래프를 그려라. 자말은 위험 회피적인가? 그 이유를 설명하라.
   b. A, B 중 어느 대안의 기댓값이 더 큰가? 계산을 통해 답을 설명하라. (힌트 : 확률변수의 기대치는 가능한 대안들의 가중평균이고 가중치는 대안들이 실현될 확률이다.)
   c. A, B 중 어느 대안이 자말에게 더 높은 기대효용을 주는가? 계산을 통해 답을 설명하라.
   d. 자말은 A, B 중 어느 대안을 선택해야 하나? 그 이유를 설명하라.

간단한 퀴즈 정답

1. b 2. d 3. b 4. c 5. c 6. a 7. a 8. b 9. d

20장

실업

실직은 한 사람의 삶에서 경제적으로 가장 고통스러운 일일 것이다. 대부분의 사람들은 근로소득으로 생계를 유지한다. 사람들은 노동을 통해 소득뿐 아니라 성취감을 얻기 때문에, 직장을 잃으면 당장 생활 수준이 낮아지고 장래가 불안해지며 자존심도 손상된다. 그러므로 공직에 출마하는 후보자들이 자신이 계획하는 정책이 어떤 식으로 새로운 일자리를 창출할 수 있을지 힘주어 설명하는 것은 놀라운 일이 아니다.

앞에서 우리는 한 나라의 생활 수준과 그 성장 속도를 결정하는 몇 가지 변수들에 대해 살펴보았다. 예를 들면 소득의 많은 부분을 저축하고 투자하는 경제일수록 자본량과 GDP가 더 빠른 속도로 성장한다는 사실을 배웠다. 그러나 한 경제의 생활 수준을 결정하는 보다 분명

ISTOCK.COM/LOLOSTOCK; GEORGE RUDY/SHUTTERSTOCK.COM

한 변수는 평균적인 실업률이다. 일을 하고 싶지만 일자리를 찾지 못하는 사람들은 재화와 서비스의 생산에 아무런 공헌을 하지 못한다. 수백만 명의 노동자가 수천 개의 기업에서 일하는 복잡한 경제에서 어느 정도의 실업은 불가피하지만, 실업인구의 규모는 시간과 나라에 따라 큰 차이를 보인다. 어느 나라든지 그 나라의 노동력을 가능한 한 완전히 고용할 수 있다면 실업자가 많은 경우에 비해서 GDP가 증가할 것이다.

이 장에서 우리는 실업에 대한 공부를 시작한다. 실업 문제는 장기적인 문제와 단기적인 문제로 구분된다. 자연 실업률(natural rate of unemployment)은 경제의 정상적인 실업률을 말한다. 경기적 실업(cyclical unemployment)은 실제 실업률이 자연 실업률을 중심으로 매년 상하로 움직이는 현상으로, 단기 경기변동과 밀접한 관련이 있다. 경기적 실업에 대한 설명은 단기 경기변동을 배울 때까지 미루고, 이 장에서는 한 경제의 자연 실업률을 결정하는 변수들에 대해 공부하자. 나중에 배우겠지만 자연 실업률에 '자연적인(natural)'이란 형용사가 붙는다고 해서 이 실업률이 바람직하거나 불가피하다는 뜻은 아니다. 자연 실업률이란 이 실업이 장기적으로도 스스로 사라지지 않는다는 의미일 뿐이다.

이 장에서는 우선 실업을 설명하는 몇 가지 사실들에 대해 알아본다. 구체적으로 다음과 같은 세 가지 질문에 대한 답을 구하고자 한다. 정부는 어떤 식으로 한 경제의 실업률을 측정하는가? 실업에 관한 통계 자료를 해석하는 데는 어떤 문제점이 있는가? 실업자들은 얼마나 오랫동안 실업 상태에 머무는가?

다음으로 경제에 어느 정도의 실업이 항상 존재하는 이유와 정부가 실업자들을 도울 수 있는 방법에 대해 살펴본다. 그리고 직업 탐색, 최저임금제, 노동조합, 효율임금 등 자연 실업률에 대한 네 가지 설명을 소개한다. 앞으로 살펴보겠지만 장기적 실업은 한 가지 요인 때문에 발생하는 것이 아니며, 그 해법도 여러 가지다. 따라서 정책담당자들이 자연 실업률을 줄이고 동시에 실직자들의 고통을 덜어주는 것은 쉽지 않다.

20-1 실업률의 측정

먼저 실업률의 정확한 의미에 대해 살펴보자.

20-1a 실업률은 어떻게 계산되는가

미국의 실업률은 노동부 산하 노동통계국(Bureau of Labor Statistics, BLS)에서 집계한다. BLS는 매달 한 번씩 실업률과 고용 형태, 주당 평균 근로시간, 실업 기간 등 노동시장에 관한 통계 자료를 발표한다. 이러한 통계는 약 6만 가구를 대상으로 하여 정기

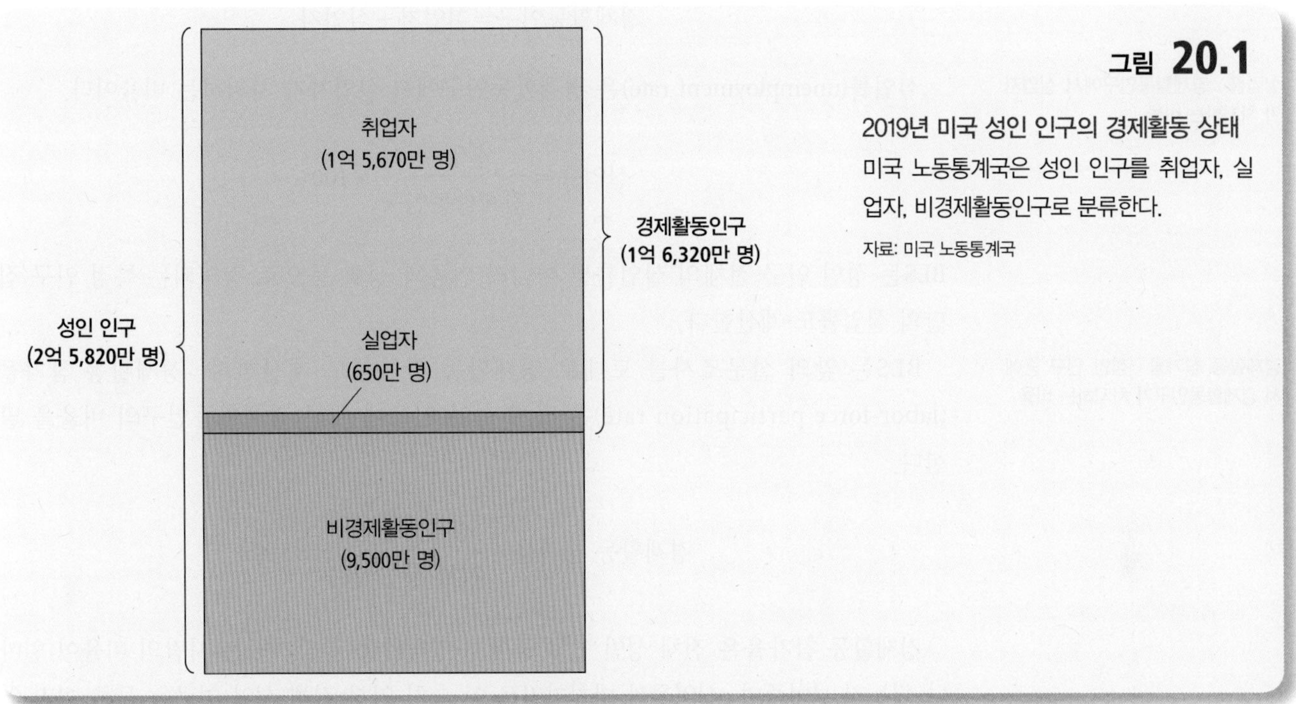

그림 20.1

2019년 미국 성인 인구의 경제활동 상태
미국 노동통계국은 성인 인구를 취업자, 실업자, 비경제활동인구로 분류한다.

자료: 미국 노동통계국

적으로 실시되는 경제활동인구조사(Current Population Survey)에서 작성된다.

BLS는 설문조사에 대한 응답 결과를 토대로 조사 대상 가구에 속한 16세 이상의 모든 성인을 취업자, 실업자, 비경제활동인구로 구분한다.

- **취업자** : 이 범주에는 임금을 받고 일한 사람, 자영업자, 가족이 경영하는 사업체에서 무보수로 일한 사람 등 풀타임과 파트타임 취업자가 다 포함된다. 직장은 있지만 휴가, 질병, 악천후 등으로 인해 일시적으로 일을 하지 않는 사람도 여기에 포함된다.
- **실업자** : 이 범주에는 취업 기회가 주어졌으면 일을 할 수 있었으며, 최근 4주 동안에 일자리를 찾으려고 노력했으나 고용되지 않은 사람이 포함된다. 일시 해고된 상태로 다시 취업하기를 기다리는 사람도 여기에 포함된다.
- **비경제활동인구** : 이 범주에는 전업 학생, 주부, 은퇴자 등 앞의 두 범주 어디에도 속하지 않는 사람들이 포함된다.

그림 20.1은 미국의 2019년 1월 현재 성인 인구를 세 부류로 분류한 것이다.

BLS는 조사된 가구의 모든 구성원을 앞의 세 부류 중 하나로 구분한 다음 노동시장 동향을 나타내는 여러 가지 통계 자료를 계산한다. 경제활동인구(labor force)는 취업자와 실업자의 합으로 정의된다.

경제활동인구 취업자와 실업자의 합

$$경제활동인구 = 취업자 + 실업자$$

실업률 경제활동인구에서 실업자가 차지하는 비율

실업률(unemployment rate)은 경제활동인구에서 실업자가 차지하는 비율이다.

$$실업률 = \frac{실업자}{경제활동인구} \times 100$$

BLS는 성인 인구 전체의 실업률뿐 아니라 인종과 성별 등으로 정의되는 특정 인구 집단의 실업률도 계산한다.

경제활동 참가율 성인 인구 중에서 경제활동인구가 차지하는 비율

BLS는 앞의 설문조사를 토대로 경제활동 참가율도 계산한다. 경제활동 참가율(labor-force participation rate)은 전체 성인 인구에 대한 경제활동인구의 비율을 말한다.

$$경제활동\ 참가율 = \frac{경제활동인구}{전체\ 성인\ 인구} \times 100$$

경제활동 참가율은 전체 성인 인구 중에서 경제활동에 참가하는 사람의 비율이 얼마나 되는지 보여주며, 실업률과 마찬가지로 이 수치 역시 전체 성인 인구는 물론 여러 인구 집단에 대해서도 계산된다.

2019년 1월 수치를 이용하여 이들 통계 수치가 어떻게 작성되는지 알아보자. 2019년에 미국의 취업자는 1억 5,670만 명, 실업자는 650만 명이었다. 따라서 경제활동인구는

$$경제활동인구 = 15{,}670 + 650 = 16{,}320만\ 명이고$$

표 20.1

인구 집단별 실업률과 경제활동 참가율

이 표는 2018년 미국 인구를 구성하는 여러 집단의 실업률과 경제활동 참가율을 보여준다.

자료: 미국 노동통계국

인구학적 구분	실업률	경제활동 참가율
주 근로 연령 성인(25~54세)		
백인 남성	2.8%	90.1%
백인 여성	3.0	75.3
흑인 남성	5.6	82.7
흑인 여성	5.4	77.8
십 대(16~19세)		
백인 남성	12.6	36.2
백인 여성	10.0	38.1
흑인 남성	25.7	29.6
흑인 여성	18.4	31.4

실업률은

$$실업률=(650/16,320)\times 100=4.0\%다.$$

2019년의 성인 인구는 모두 2억 5,820만 명이므로 경제활동 참가율은

$$경제활동\ 참가율=(16,320/25,820)\times 100=63.2\%다.$$

따라서 2019년 1월 미국 성인 인구의 거의 3분의 2가 노동시장에 참여했으며, 노동시장에 참여한 사람들(경제활동인구) 중 4.0%가 일자리를 갖지 못한 셈이다.

표 20.1은 미국 인구를 구성하는 여러 집단의 실업률과 경제활동 참가율 통계를 보여준다. 이러한 비교를 통해 세 가지 분명한 특징을 발견할 수 있다. 첫째, 주 근로 연령(25~54세) 여성의 경제활동 참가율이 남성보다 낮지만 일단 경제활동에 참가한 여성의 실업률은 남성의 실업률과 비슷하다. 둘째, 주 근로 연령 흑인들의 경제활동 참가율은 백인과 비슷하지만 실업률은 훨씬 더 높다. 셋째, 전체 인구 평균치에 비해 십 대 청소년의 경제활동 참가율이 낮고 실업률은 훨씬 높다. 좀더 일반화하면 한 경제 구성원들의 노동시장 경험은 그들이 어느 인구 집단에 속해 있는가에 따라 큰 차이를 보인다는 것이다.

1960년 이래 미국의 실업률 추이 **그림 20.2**

이 그래프는 경제활동인구 중 직장이 없는 사람의 비중을 나타내는 실업률의 연간 자료를 보여준다. 자연 실업률은 정상적인 실업률이며, 실제 실업률은 자연 실업률을 중심으로 변동한다.

자료: 미국 노동부, 의회 예산처

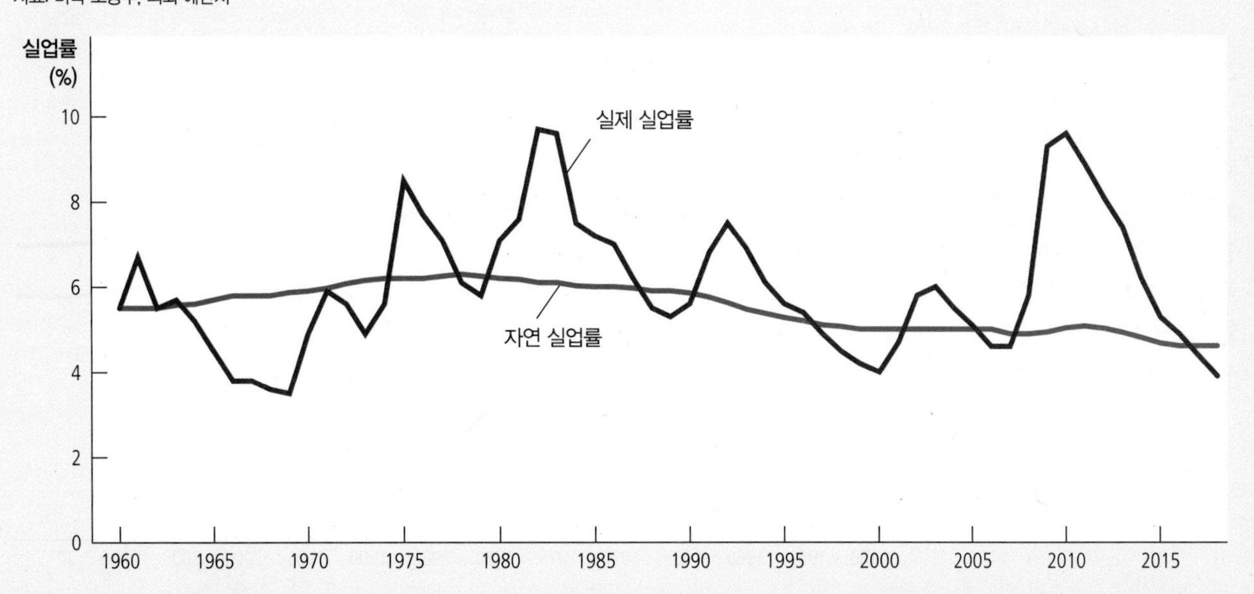

자연 실업률 실제 실업률이 상승 · 하락하는 기준이 되는 정상적인 실업률

경기적 실업 자연 실업률을 벗어난 실업

경제학자들과 정책담당자들은 BLS의 노동시장 통계를 이용하여 여러 해에 걸쳐 경제에 일어나는 변화를 추적하기도 한다. 그림 20.2는 1960년 이래 미국의 실업률을 나타낸다. 이 그래프를 보면 어느 해든 어느 정도의 실업이 있었으며, 연도에 따라 실업률에 차이가 있다는 것을 알 수 있다. 특정한 해의 실업률은 정상적인 실업률을 중심으로 위아래로 변동하는데 이와 같이 정상적인 실업률을 자연 실업률(natural rate of unemployment)이라 하고, 자연 실업률을 벗어난 실제 실업을 경기적 실업(cyclical unemployment)이라고 한다. 그림에 표시된 자연 실업률은 의회 예산처 소속 경제학자들이 추정한 시계열이다. 2018년의 경우 자연 실업률 추정치는 4.6%로 실제 실업률 3.9%보다 조금 더 높았다. 해마다 실업률이 자연 실업률을 중심으로 어떻게 변동하는지에 대해서는 나중에 다루기로 하고, 이 장에서는 어느 정도의 실업이 왜 항상 존재하는지에 대해 살펴보자.

사례 연구

미국의 성별 경제활동 참가 형태

지난 100년간 미국 사회에서 여성의 역할은 크게 변했다. 사회학자들은 이러한 변화의 원인을 여러 가지로 분석한다. 먼저 세탁기, 건조기, 냉장고, 식기세척기 등 새로운 기술 덕분에 가사노동에 투입해야 할 시간이 줄어든 것을 들 수 있다. 산아제한 기법의 개선으로 인해 일반 가정의 자녀 수가 감소한 것도 한 가지 원인이다. 정치 · 사회적 태도의 변화도 여성의 역할을 변화시킨 원인의 일부인데 이는 기술 진보와 산아제한으로 인해 촉진되었을 가능성도 있다. 이러한 모든 요인은 사회 전반에 영향을 미쳤지만 특히 경제 부문에 커다란 영향을 미쳤다.

그림 20.3

1950년 이후 성별 경제활동 참가율 추이 지난 60년 동안 남성의 경제활동 참가율은 하락하고, 여성의 경제활동 참가율은 상승했다.

자료: 미국 노동부

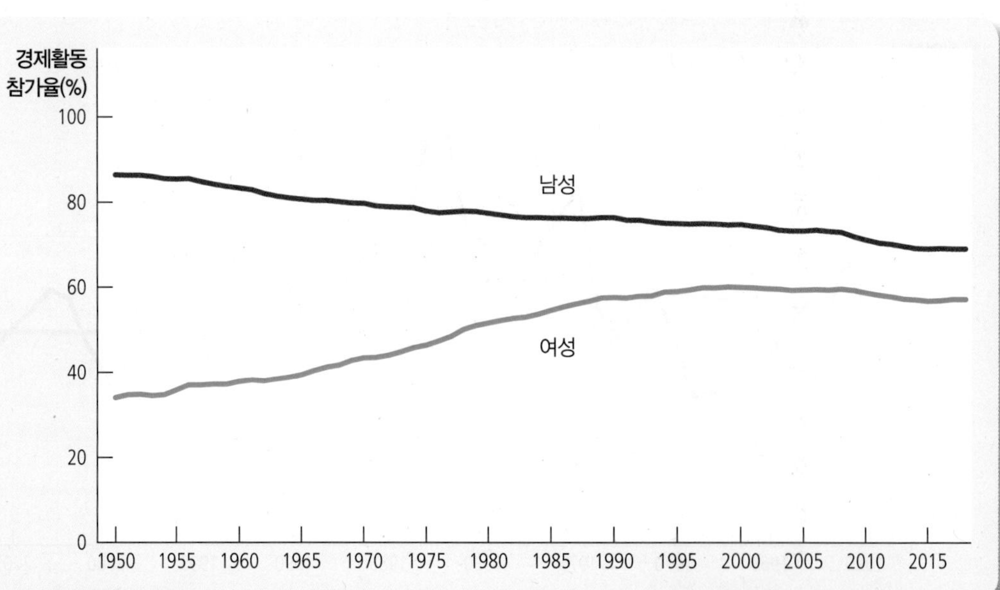

이러한 변화는 경제활동 참가율 통계에 분명히 반영되어 나타난다. 그림 20.3에는 1950년 이래 미국의 성별 경제활동 참가율이 표시되어 있다. 제2차 세계대전 직후만 해도 남녀의 사회적 역할에는 큰 차이가 있었다. 여성인구의 33%가 취업하거나 직장을 찾는 것으로 나타난 반면, 남성의 경제활동 참가율은 87%다. 그 후 남성의 경제활동 참가자는 감소하고 여성의 경제활동 참가자는 증가했으며, 이에 따라 남녀 간 경제활동 참가율의 격차는 점차 줄어들었다. 2018년 통계를 보면 남성의 경제활동 참가율이 69%인 반면, 여성의 경제활동 참가율은 57%다. 따라서 경제활동 참가율로 볼 때 남성과 여성은 과거에 비해 보다 평등한 역할을 담당하는 것을 알 수 있다.

여성의 경제활동 참가율이 상승한 것은 쉽게 이해되지만, 남성의 경제활동 참가율이 하락한 것은 이해하기 어렵다. 그러나 여기에도 몇 가지 이유가 있다. 첫째, 오늘날 남성들은 자기 아버지나 할아버지 세대에 비해 오랜 시간 동안 학교 교육을 받는다. 둘째, 과거에 비해 은퇴 연령이 낮아졌고 평균 수명은 늘었다. 셋째, 여성 취업이 늘어남에 따라 가정에서 자녀를 양육하는 남성이 늘었다. 전업 학생, 은퇴한 사람, 가사를 돌보는 남성은 모두 경제활동인구에서 제외되는데, 이 부류에 속하는 남성이 늘어남에 따라 남성의 경제활동 참가율이 낮아진 것이다. ●

20-1b 실업률 통계는 우리가 원하는 지표를 측정하는가

한 경제의 실업률을 계산하는 것은 간단할 듯싶지만 사실은 그렇지 않다. 취업 상태인 사람과 전혀 일을 하지 않는 사람은 쉽게 구별할 수 있다. 그러나 실업 상태에 있는 사람과 경제활동에 참가하지 않는 사람을 구별하는 일은 무척 까다롭다.

사람들이 경제활동인구에 참가했다 안 했다 하는 현상은 흔하다. 경제활동인구 중 3분의 1 이상은 최근에 경제활동인구에 가세한 사람들이다. 이들 중에는 대학교를 졸업하고 첫 직장을 찾는 젊은이들도 있다. 그러나 한 번 경제활동인구에서 떠났다가 다시 직장을 찾는 사람들이 더 많다. 더구나 직장을 찾는 사람들이 반드시 취업함으로써 실업이 종료되는 것도 아니다. 실업자들의 50%는 구직활동을 포기하고 경제활동인구에서 떠나는 것으로 실업 상태를 마감한다.

이처럼 사람들이 경제활동인구에 참가했다가 빠져나갔다가 하는 현상이 잦아 실업 통계를 해석하는 데 어려움이 따른다. 실업자라고 보고된 사람 중에는 열심히 직장을 찾지 않는 사람도 있다. 이들은 정부의 실업자 지원 혜택을 받기 위해 또는 실제로는 일을 하고 있지만 세금을 내지 않으려고 비공식적으로 급여를 받고 있기 때문에 자신을 실업자라고 부른다. 이러한 사람들 중 일부는 경제활동인구에서 이탈하였거나 어떤 경우에는 취업 상태에 있는 것으로 보는 것이 더 정확하다. 그런가 하면 경제활동인구에 속하지 않는다고 말하는 사람들 중에는 일하고 싶어 하는 사람들도 있다. 이들은

표 20.2

노동의 저활용에 관한 지표들

이 표는 미국 경제의 실업률에 관한 몇 가지 대안 지표들을 보여준다. 데이터는 2019년 1월 수치다.

자료: 미국 노동부

	실업률 지표와 설명	실업률
U–1	100×(15주 이상 실업자/민간 경제활동인구) : 장기적 실업만 포함한 수치	1.3%
U–2	100×{(실직자+임시직 고용 계약이 완료된 사람의 수)/민간 경제활동인구} : 이직자를 제외한 수치	1.9
U–3	100×(총 실업자/민간 경제활동인구) : 공식 실업률	4.0
U–4	100×{(총 실업자+실망 노동자)/(민간 경제활동인구+실망 노동자)}	4.3
U–5	100×{(총 실업자+한계 근로자)/(민간 경제활동인구+한계 근로자)}	4.9
U–6	100×{(총 실업자+한계 근로자+시간제 취업자)/(민간 경제활동인구+한계 근로자)}	8.1

주: 노동통계국의 용어 정의는 다음과 같다.

- 한계 근로자(marginally attached workers)란 현재 취업 상태도 아니고 구직활동을 하지도 않지만, 과거에 구직활동을 한 적이 있으며 취업을 원하고 일할 준비가 되어 있는 근로자를 말한다.
- 실망 노동자는 한계 근로자 중에서 현재 노동시장의 상황으로 인해 구직활동을 하지 않고 있는 사람들을 말한다.
- 경제적 이유로 인한 시간제 취업자는 전업 직장을 원하고 전업 노동이 가능하지만, 시간제 근로를 할 수밖에 없는 근로자를 말한다.

실망 노동자 직장을 찾다가 구직활동을 포기한 사람

한 동안 일자리를 찾기 위해 노력했지만 성공하지 못해 구직활동을 포기했을 수 있다. 실망 노동자(discouraged workers)라고 불리는 이러한 사람들은 분명히 일자리를 구하지 못한 잠재적인 근로자들이지만 실업자 통계에 포함되지 않는다.

이러한 문제들과 다른 문제들 때문에 BLS는 공식적인 실업률에 추가하여 노동의 저활용(underutilization) 정도를 나타내는 몇 가지 다른 지표들을 측정한다. 이러한 지표들은 표 20.2에 정리되어 있다. 결국 공식적인 실업률은 유용하지만 완벽하지 않은 실업의 지표로 보는 것이 최선이다.

20-1c 실업 상태는 얼마나 지속되는가

실업이 얼마나 심각한 문제인지 판단하는 데 중요한 질문은 실업이 단기적 현상인가, 장기적 현상인가 하는 것이다. 실업이 단기적 현상이라면 큰 문제가 아닐 수도 있다. 사람들이 한 직장을 떠나 자신의 기술에 가장 합당한 직장을 찾기까지 몇 주가 걸리는 것뿐이기 때문이다. 그러나 실업이 장기간 지속된다면 심각한 문제가 될 수 있다. 여러 달씩 실직 상태에 있는 근로자들은 경제적 · 심리적으로 큰 고통을 겪기 때문이다.

실업의 지속 기간에 따라 실업이 얼마나 심각한 문제인가에 대한 판단이 달라질 수 있기 때문에 경제학자들은 실업의 지속 기간에 관한 통계 자료의 분석에 힘써왔다. 이러한 연구를 통해 중요하고 심오하면서도 이해하기 어려운 결과가 도출되었다. 실업의 지속 기간은 대체로 짧은 반면, 특정 시점에 존재하는 실업은 대부분 장기 실업자들에 따른 것이라는 사실이다.

한 가지 예를 살펴보면 이 결론을 이해할 수 있을 것이다. 여러분이 1년 동안 매주 한 번씩 실업 문제를 담당하는 정부기관을 방문하여 실업자 실태를 파악한다고 하자. 방문할 때마다 실업자는 4명인데 이 중 3명은 1년 내내 같은 사람이고 나머지 1명은 매주 바뀐다고 하자. 이 경우 여러분은 실업을 단기적 현상이라고 보겠는가, 아니면 장기적 현상이라고 보겠는가?

이 질문에 답하기 위해 간단한 계산을 해보자. 앞의 예에서 여러분은 1년 동안 모두 55명의 실업자를 만난다. 이 중 52명은 일주일 동안만 실업 상태에 있고, 3명은 1년 내내 실업 상태에 있다. 따라서 실업자 중 52/55, 즉 실업자의 95%는 일주일 미만 동안만 실업 상태에 있다. 그러나 실업 문제를 담당하는 사무소를 방문할 때마다 만나는 사람들 4명 중 3명은 1년 내내 실업 상태에 있는 사람들일 것이다. 따라서 실업자의 95%는 일주일 내로 실업 상태에서 벗어나지만, 특정한 시점에서 관찰되는 실업의 75%는 1년 내내 실업 상태에 있는 실직자들에 기인한 것이다. 현실 세계에서와 마찬가지로 이 예에서도 대부분의 실업은 단기적 현상이지만 특정 시점에 존재하는 실업은 장기적 현상이다.

이상과 같은 미묘한 결론은 경제학자나 정부가 실업 통계를 해석하거나 실업자들을 돕기 위한 정책을 수립할 때 신중해야 한다는 것을 의미한다. 실직 상태에 있는 사람들 중 대다수는 단기간 내에 직장을 구할 수 있다. 실제 실업 문제는 장기간 실업 상태에 있는 상대적으로 소수의 근로자들에게서 비롯된다.

20-1d 실업은 왜 항상 존재하는가

지금까지 정부가 실업을 어떻게 측정하는지, 실업 통계를 해석하는 데 어떤 문제들이 있는지, 실업의 지속 기간에 관한 노동경제학자들의 연구 결과는 무엇인지 공부했다. 따라서 실업이 무엇인지는 이해할 것이다.

그러나 실업이 왜 생기는지에 대해서는 아직 설명하지 않았다. 대부분의 시장경제에서는 가격 조정을 통해 수요량과 공급량이 일치한다. 이상적인 노동시장에서는 노동의 수요량과 공급량이 일치하도록 임금이 조정될 것이고, 이러한 임금 조정을 통해 모든 근로자가 항상 완전히 고용될 수 있다.

물론 이상과 현실은 다르다. 경제가 전반적으로 호황일 때도 항상 실직자들이 있게 마련이다. 다시 말해 실업률은 절대로 0이 되지 않으며, 자연 실업률을 중심으로 상하로 움직인다. 자연 실업률을 이해하기 위해 이제 노동시장이 이상적인 완전고용을 달성하지 못하는 이유에 대해서 살펴보자.

결론부터 말하면 장기 실업을 설명하는 방법은 네 가지가 있다. 첫째, 노동자들이 자

이해를 돕기 위해 취업자 통계

노동통계국이 매월 초에 실업률을 발표하면서 지난 1개월간의 취업자 증감 수치도 함께 발표한다. 단기 경제 추이에 대한 지표로서 취업자 수는 실업률 못지않게 주목을 받는다.

취업자 수는 어느 자료로 산정될까? 실업률을 산정하는 데 사용되는 동일한 6만 가구 설문조사라고 짐작할지 모르겠다. 실제로 바로 그 가계 설문조사에서 총 취업자 통계가 작성된다. 그러나 가장 많은 주목을 받는 취업자 수는 4,000만 명 이상을 고용하는 16만 개의 사업체에 대한 조사에서 나온다. 사업체 조사 결과는 가계 조사 결과와 동시에 발표된다.

두 가지 조사 모두 취업자 수에 대한 정보를 제공하지만 조사 결과가 늘 일치하는 것은 아니다. 한 가지 이유는 사업체 조사의 표본이 더 크기 때문에 자료의 신빙성이 좀더 높다는 것이다. 또 다른 이유는 두 조사가 완전히 동일한 지표를 측정하는 것이 아니기 때문이다. 예컨대 서로 다른 2개의 회사에서 시간제 일자리에 근무하는 사람의 경우 가구 조사에서는 1명의 취업자로 간주되지만 사업체 조사에서는 2명의 취업자로 파악된다. 예를 하나 더 들면 자영업자는 가구 조사에서는 취업자로 간주되지만 사업체 조사에는 취업자로 잡히지 않는다. 사업체 조사는 기업의 급여대장에 등재된 취업자만 대상으로 하기 때문이다.

사업체 조사는 취업자 통계 때문에 주목을 받지만, 실업률에 대해서는 아무런 정보도 제공하지 않는다. 실업자 수를 측정하기 위해서는 현재 직장이 없으면서 일자리를 찾는 사람이 얼마나 되는지 알아야 한다. 이러한 정보는 가구 조사를 통해서만 얻을 수 있다. ■

신에게 가장 잘 맞는 직장을 찾는 데는 시간이 걸린다. 이처럼 구직자들이 직장을 구하는 과정에서 발생하는 실업을 마찰적 실업(frictional unemployment)이라고 한다. 마찰적 실업은 비교적 짧은 기간에 걸친 실업을 설명할 수 있다.

마찰적 실업 구직자들이 자신에게 가장 잘 맞는 직장을 찾는 데 시간이 걸리기 때문에 발생하는 실업

다음 세 가지 설명은 일부 노동시장에서 제공되는 일자리의 수가 직장을 찾는 노동자들의 수에 비해 작다는 것이다. 이러한 실업은 노동의 공급이 수요를 초과하기 때문에 발생하며, 구조적 실업(structural unemployment)이라 부른다. 구조적 실업은 오래 지속되는 실업을 설명하는 데 적합하다. 나중에 설명하겠지만 구조적 실업은 임금이 노동의 수요와 공급이 같아지는 임금보다 높기 때문에 발생한다. 우리는 임금이 균형 임금보다 높아지는 세 가지 이유, 즉 최저임금제, 노동조합, 효율임금에 대해 살펴볼 것이다.

구조적 실업 노동시장에서 제공되는 일자리의 수가 직장을 찾고 있는 노동자들의 수에 비해 적어서 발생하는 실업

간단한 퀴즈

1. 엑테니아의 인구는 100명이다. 이 중 40명은 풀타임으로 일하고 20명은 하프타임으로 일한다. 10명은 일자리를 찾고 있으며 10명은 일은 하고 싶지만 좌절한 나머지 구직활동을 포기했다. 10명은 전업 학생이라 일할 생각이 없고 10명은 은퇴자다. 이 나라의 실업자는 몇 명인가?

a. 10
b. 20
c. 30
d. 40

2. 문제 1번에서 엑테니아의 경제활동인구는 얼마인가?

a. 50
b. 60
c. 70
d. 80

정답은 각 장의 끝에

20-2 직업 탐색

경제에 어느 정도의 실업이 항상 존재하는 이유 중 하나는 직업 탐색이다. 직업 탐색(job search)은 근로자들이 자신의 적성에 맞는 적절한 직업을 찾는 과정을 말한다. 모든 근로자가 어느 직장에서든 똑같이 일을 잘할 수 있다면 구직에 아무런 어려움이 없을 것이다. 일시적으로 해고된 근로자들은 자신들에게 맞는 새로운 직장을 쉽게 구할 수 있을 것이기 때문이다. 그러나 현실적으로 근로자들의 취향과 기술이 다르고 일자리마다 속성이 다르며, 구직자와 비어 있는 일자리에 대한 정보가 여러 기업과 가계들에 전달되는 속도도 느리다.

직업 탐색 근로자들이 자신의 취향과 기술에 맞는 적절한 직업을 찾는 과정

20-2a 왜 어느 정도의 마찰적 실업은 불가피한가

마찰적 실업은 여러 기업들에 의한 노동 수요의 변화 때문에 발생하는 경우가 많다. 소비자들이 GM보다 포드 자동차를 선호하게 되면 GM은 직원들을 감축하고 포드는 고용을 늘릴 것이다. 기존에 GM에서 일하던 직원들은 새로운 일자리를 찾아야 하고, 포드는 새로 생겨난 일자리에 어느 직원을 채용할지 결정해야 한다. 이러한 조정이 일어나는 과도기에 일시적으로 실업이 발생한다.

비슷한 논리로 한 나라의 여러 지방에서 서로 다른 재화를 생산하기 때문에 한 지방에서 고용이 증가하고 다른 지방에서는 고용이 감소할 수도 있다. 예를 들어 국제 원유 가격이 하락하면 텍사스와 노스다코타 주에 있는 정유회사들은 생산과 고용을 줄일 것이다. 그런가 하면 휘발유 가격의 하락으로 자동차 판매가 늘어 미시간과 오하이오 주에 있는 자동차 제조업체들은 생산과 고용을 늘릴 것이다. 국제 원유 가격이 상승하면 정반대 현상이 나타날 것이다. 산업 간 혹은 지역 간 수요 구성의 변화를 부문 간 이동(sectoral shifts)이라고 한다. 근로자들이 새로운 부문에서 일자리를 구하는 데는 시간이 걸리므로 부문 간 이동은 일시적인 실업을 초래한다.

국제무역 패턴의 변화도 마찰적 실업의 중요한 원인 중의 하나다. 3장에서 우리는 각 나라가 비교우위를 지닌 재화를 수출하고 다른 나라가 비교우위를 지닌 재화를 수입한다고 배웠다. 그러나 비교우위가 오랜 기간 동안 안정적으로 유지되는 것만은 아니다. 세계경제가 진화함에 따라 나라들도 과거에 수출하거나 수입했던 재화들과는 다른 재화를 수출하거나 수입하게 될 수 있다. 이에 따라 노동자들도 산업 간에 이동할 필요가 있다. 노동자들이 이러한 이행과정을 거치는 과정에서 상당 기간 동안 실업상태에 머물게 될 수 있다.

마찰적 실업은 단순히 경제가 늘 변화하기 때문에 불가피하게 발생한다. 예를 들어 2006년부터 2016년 사이에 미국 경제의 고용이 건설업에서 98만 명, 제조업에서는 180

만 명 줄었다. 같은 기간 동안에 컴퓨터 시스템 설계에서는 70만 6천 명, 식료품 서비스에서는 210만 명, 그리고 헬스케어에서는 380만 명의 고용이 늘었다. 제대로 작동하는 역동적인 경제에서 이러한 노동인구의 교반은 정상적이다. 노동자들은 자신들이 가장 큰 가치를 인정받는 산업으로 옮겨 가는 경향이 있기 때문에 이러한 이동은 궁극적으로 생산성의 증가와 생활 수준의 향상이라는 결과를 가져온다. 그러나 그 과정에서 쇠퇴 산업의 노동자들은 실직하게 되고 새로운 일자리를 찾아야 한다. 그 결과 어느 정도의 마찰적인 실업이 발생하는 것이다.

20-2b 공공정책과 직업 탐색

어느 정도의 마찰적 실업은 불가피하지만 마찰적 실업의 정확한 규모는 달라질 수 있다. 비어 있는 일자리와 일자리를 찾는 사람들에 관한 정보가 신속히 전파될수록 구직자와 기업을 더 빠른 시간에 연결할 수 있다. 예컨대 인터넷을 이용하면 직업 탐색이 수월해지고 마찰적 실업이 줄어들 수 있다. 여기에 덧붙여 공공정책도 중요한 역할을 할 수 있다. 정책을 통해 실직자들이 새로운 직장을 구하는 데 소요되는 시간을 단축할 수 있다면 마찰적 실업은 줄어들 것이다.

정부는 구직활동을 돕기 위해 다양한 프로그램을 운영한다. 그 중 하나는 정부가 운영하는 고용 촉진 기관을 통해 비어 있는 일자리에 대한 정보를 제공함으로써 구직자와 구인기업을 연결해주는 것이다. 또 다른 방법은 공공 직업 훈련 프로그램을 통해 사양산업에 종사하던 근로자들이 다른 직종으로 이직할 수 있도록 지원하고, 경제적으로 열악한 지위에 있는 사회계층의 구성원들이 빈곤에서 벗어날 수 있도록 도와주는 것이다. 이러한 정책에 찬성하는 사람들은 이들 프로그램을 통해 고용을 촉진하여 경제가 효율적으로 작동할 수 있고, 지속적으로 변화하는 경제에서 불가피한 불평등을 완화할 수 있다고 믿는다.

이러한 프로그램들에 비판적인 사람들은 정부가 구직 과정에 개입할 필요가 있는지에 대해 의문을 제기한다. 이들에 따르면 근로자와 일자리를 연결해주는 일은 정부보다 민간에 맡기는 것이 바람직하다는 것이다. 정부 개입에 비판적인 사람들은 적절한 근로자들에게 적절한 정보를 공급하고 근로자들에게 가장 요긴한 노동 훈련 프로그램을 선정하는 능력면에서 정부가 민간보다 우월하지 않고 오히려 떨어진다고 주장한다. 따라서 이러한 결정은 근로자와 고용주에게 맡기는 것이 최선이라는 것이다. 사실 미국 경제에서 대부분의 구직활동은 정부 지원 없이 이루어진다. 신문광고, 인터넷 구직 사이트, 대학의 취업 알선 부서, 인재 스카우터(헤드헌터) 그리고 사람들의 입소문 등이 일자리와 구직자들에 관한 정보를 전파하는 데 도움을 준다. 마찬가지로 직업 교육도 대부분 학교나 현장 훈련 등을 통해 민간 부문에서 담당하고 있다.

20-2c 실업보험

실업보험 근로자들이 실직할 경우 소득의 일부를 보충해주는 정책 프로그램

정부의 프로그램 중 그 의도와 달리 마찰적 실업을 증가시키는 결과를 초래하는 것이 실업보험(unemployment insurance)이다. 실업보험의 취지는 근로자들이 실직할 경우 소득의 일부를 보충해주는 데 있다. 스스로 직장을 그만두었거나 정당한 이유가 있어서 해고된 사람, 막 경제활동인구에 합류한 사람들은 실업보험 지원 대상이 아니다. 일하던 직장에서 더 이상 필요로 하지 않아 해고된 사람들에게만 실업급여가 지급된다. 실업급여의 지급 조건은 주나 연도에 따라 차이가 있지만, 대체로 미국의 평균적인 실직 근로자는 실직 후 26주 동안 기존 월급의 50% 정도에 해당하는 실업급여를 받는다.

실업보험은 실업의 고통을 완화해주기는 하지만 동시에 실업의 증가를 가져온다. 그 이유는 경제학의 10대 기본원리 중 사람들이 경제적 유인에 반응한다는 데 있다. 실직 근로자가 새로운 직장에 취업하는 순간부터 실업급여가 끊기기 때문에 실직 근로자들은 새로운 일자리를 열심히 찾지 않거나 썩 내키지 않는 일자리는 거절하는 경향이 있다. 또 실업보험이 실업의 고통을 덜어주기 때문에 고용주와 고용 조건을 협상할 때 고용 안정성을 보장받으려고 애쓰지 않는 경향이 있다.

많은 노동경제학자가 실업보험의 경제적 유인효과를 분석했다. 이 중에는 1985년에 일리노이 주 정부가 행한 실험 결과를 연구한 것이 있다. 실직 근로자들이 실업보험 급여를 신청했을 때 주 정부는 임의로 몇 명을 선정하여 11주 이내에 새로운 직장에 취업하면 보너스로 500달러를 주겠다고 제안했다. 그런 다음 보너스 제안을 받은 집단과 보너스 제안을 받지 않은 나머지 집단의 직업 탐색 행태를 비교했다. 그 결과 보너스 제안을 받은 집단의 실직 기간이 그렇지 않은 집단의 평균치에 비해 7% 짧았다. 이러한 실험 결과는 실업보험제도의 내용이 실직 근로자들의 구직 노력에 영향을 미친다는 사실을 보여준다.

실직 근로자들의 구직 노력을 일정한 기간 동안 추적한 다른 연구도 있다. 실업급여는 영원히 지급되는 것이 아니라 대개 6개월 혹은 1년이 지나면 중단된다. 이들 연구에 따르면 실업급여 지급 기간이 만료되는 시점에서 실직 근로자들이 새로운 일자리를 구할 확률이 뚜렷하게 높아지는 것으로 나타났다. 이러한 결과 역시 실업보험이 실직 근로자들의 구직 노력을 저해한다는 사실을 보여준다.

그러나 실업보험제도가 실직자들의 구직 노력을 저해하고 실업을 증가시킨다고 해서 섣불리 바람직하지 못한 제도라고 결론지어서는 안 된다. 실업보험은 근로자들의 소득에 대한 불확실성을 줄여준다는 본래의 목적을 달성하고 있다. 게다가 실직 근로자들은 실업보험 덕분에 탐탁지 않은 새 직장을 받아들이는 대신 자기 취향과 능력에 잘 맞는 직장을 구할 기회를 얻는다. 따라서 몇몇 경제학자들은 실업보험 덕분에 근로자들이 자신에게 가장 적합한 직장을 찾을 가능성이 높아진다고 주장한다.

실업보험에 관한 연구는 실업률이 한 나라의 경제적 후생 수준을 나타내는 지표로서

불완전하다는 사실을 보여준다. 대부분의 경제학자는 실업보험을 없애면 마찰적 실업이 줄어들 것이라는 데 동의한다. 그러나 그러한 정책은 경제적 후생을 저하시킬 수도 있을 것이다.

간단한 퀴즈

3. 실업보험의 주된 목적은 ( )을 줄이는 데 있다.
a. 실직자들의 구직 노력
b. 노동자들이 직면하는 소득의 불확실성
c. 임금 결정에서 노동조합의 역할
d. 마찰적 실업

4. 다음 중 실업보험의 의도하지 않은 부작용은 무엇인가?
a. 실업자들의 구직 노력이 감소한다.
b. 근로자들의 소득에 관한 불확실성이 감소한다.
c. 임금 결정에서 노조의 역할이 감소한다.
d. 마찰적 실업이 감소한다.

정답은 각 장의 끝에

20-3 최저임금제

지금까지 구직자와 직장을 연결하는 과정에서 발생하는 마찰적 실업에 대해 살펴보았다. 이제 직장의 수가 구직자의 수보다 적어서 발생하는 구조적 실업에 대해 알아보자.

구조적 실업을 이해하기 위해 앞에서 공부한 최저임금제로 인해 실업이 발생할 수 있는 이유를 다시 살펴보자. 최저임금제가 미국 전체 실업의 주된 원인은 아니지만 특별히 실업률이 높은 특정 집단의 실업에는 중요한 영향을 미치는 것이 사실이다. 또 최

그림 20.4

임금이 균형 임금보다 높아서 발생하는 실업

이 노동시장에서 노동의 수요와 공급을 일치시키는 임금은 W_E다. 이 균형 임금에서 노동 수요와 공급량은 각각 L_E다. 그러나 최저임금제로 인해 임금이 균형 임금보다 높은 수준에 고정된다면 노동의 공급량은 L_S로 증가하고, 수요량은 L_D로 감소한다. 따라서 (L_S-L_D) 만큼 노동의 공급과잉, 즉 실업이 발생한다.

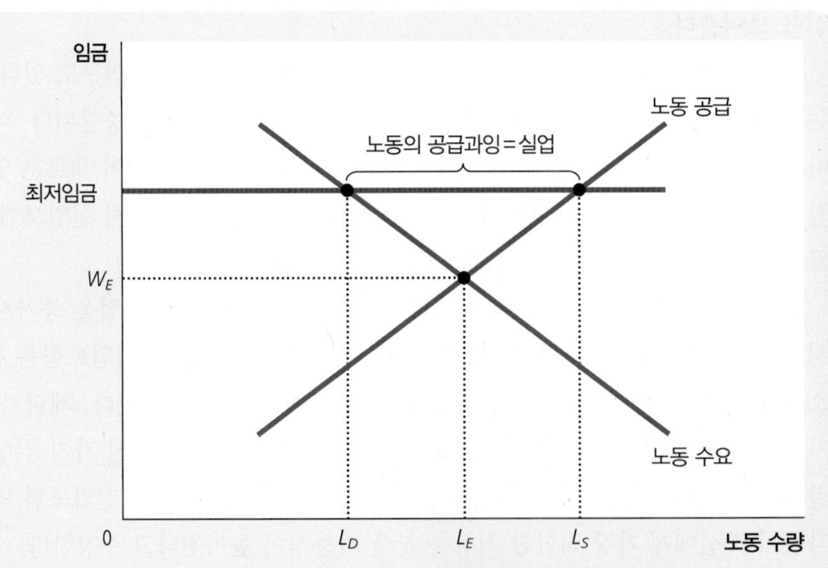

저임금제를 분석하는 것은 구조적 실업에 영향을 미치는 보다 중요한 다른 요인들을 이해하는 데도 유용하므로 최저임금제의 효과에 대해 살펴보자.

그림 20.4는 최저임금제에 관한 기본적인 경제원리를 보여준다. 최저임금이 노동의 수요량과 공급량을 일치시키는 임금수준보다 높게 책정되면 노동 공급량은 늘고 수요량은 줄어 공급과잉 현상이 나타난다. 일자리 수에 비해 일자리를 구하는 사람의 수가 많기 때문에 몇몇 근로자들은 일자리를 구하지 못하여 실업자가 된다.

최저임금제는 실업이 늘 존재하는 이유 중 하나지만 모든 사람에게 영향을 미치지는 않는다. 대부분의 근로자들이 최저임금보다 높은 임금을 받고 일하기 때문에 최저임금제로 인해 노동 수요와 공급이 일치하도록 임금이 조정되지 못한다고 볼 수 없다. 최저임금제는 대개 십 대 청소년 근로자들처럼 숙련도와 경험이 부족한 계층에 대해서만 실질적인 영향을 미친다. 이들의 균형 임금은 낮은 경향이 있기 때문에 최저임금 이하에서 형성될 가능성이 더 높다. 따라서 최저임금제는 이러한 계층의 실업만을 설명할 수 있는 것이다.

그림 20.4는 최저임금제의 효과를 보여주기 위한 것이지만, 임금이 어떤 이유로 균형 수준보다 높게 유지되면 실업이 발생한다는 일반적인 결론을 내포하고 있다. 최저임금제는 임금을 지나치게 높게 만드는 하나의 원인에 불과하다. 다음 두 절에서 우리는 실제 임금이 균형 임금보다 높아지는 두 가지 다른 이유, 즉 노동조합과 효율임금에 대해 공부할 것이다. 두 가지 요인에 따른 실업의 원리는 그림 20.4에서 설명한 것과 같다. 그러나 노동조합과 효율임금은 최저임금제에 비해 훨씬 더 많은 실업자를 설명할 수 있다.

그러나 우리는 이쯤에서 임금이 균형 임금보다 높아서 발생하는 구조적 실업과 직업 탐색에서 비롯되는 마찰적 실업에 중요한 차이가 있다는 사실에 주목할 필요가 있다. 직업 탐색은 노동의 수요와 공급이 같아지도록 임금이 조절되지 못하기 때문에 필요한 것이 아니다. 직업 탐색 과정에서 실업이 발생하는 것은 노동자들이 자신의 취향과 기능에 가장 잘 맞는 일자리를 찾는 중이기 때문이다. 반면에 임금이 균형 수준보다 높은 경우에는 노동의 공급량이 수요량을 초과해서 일자리가 없는 노동자들이 일자리가 생기기를 기다리는 것이다.

최저임금을 받는 사람은 누구인가

미국 노동부는 최저임금이 시간당 7.25달러였던 2017년에 어떤 근로자들이 당시 최저임금 또는 그보다 낮은 임금을 받는다고 보고했는지에 관한 연구 보고서를 2018년에 공개했다(최저임금보다 낮은 임금을 받는다고 보고한 사람들이 존재하는 것은 일부 노동자들이 최저임금법의 적용을 면제받거나, 법이 제대로 지켜지지 않거나, 임금을 보고할 때 반올림해서 보고했기 때문이다). 보고서 결과를 요약하면 다음과 같다.

- 2017년 현재 경제활동인구의 약 절반에 해당하는 8,000만 명의 근로자가 (정규 급여를 받거나 자영업에 종사하지 않고) 시간당 임금을 받았다. 이들 시급 노동자의 약 2.3%가 연방 정부가 정한 최저임금 또는 그보다 낮은 임금을 받았다. 따라서 최저임금은 모든 근로자의 약 1%에게 직접적인 영향을 미쳤다.
- 최저임금을 받는 노동자들은 대체로 젊다. 25세 이상 노동자 중에서 약 1%가 최저임금 또는 그 이하의 임금을 받은 반면, 10대 청소년 노동자(16~19세)의 8%가 최저임금 또는 그 이하의 임금을 받았다.
- 최저임금을 받는 노동자들은 대체로 교육수준이 낮다. 시간급을 받는 16세 이상 노동자 중에서 고등학교를 졸업하지 않은 노동자의 약 4%가 최저임금 또는 그 이하의 임금을 받은 반면, 고등학교를 졸업하고 대학에 진학하지 않은 노동자들의 약 2%와 대졸자의 약 1%만이 최저임금 또는 그 이하의 임금을 받았다.
- 최저임금을 받는 노동자들은 파트타임으로 일할 가능성이 높다. 대개 주당 35시간 미만 일하는 파트타임 노동자의 6%가 최저임금 또는 그 이하의 임금을 받은 반면, 정규직(풀타임) 노동자의 1%만이 최저임금 또는 그 이하의 임금을 받았다.
- 최저임금 또는 그 이하의 임금을 받는다고 보고한 노동자의 비율이 가장 높은 업종은 레저·접객업으로 약 11%에 달했다. 최저임금 또는 그보다 낮은 임금을 받는 노동자의 약 3/5이 식당과 다른 요식업에 종사했다. 이들 중 많은 경우 팁이 시간급을 보충하는 경향이 있다.
- 연방 최저임금 또는 그보다 낮은 임금을 받는 시간급 노동자들의 비중은 시간이 흐름에 따라 상당히 달라졌다. 이 비중은 처음으로 체계적인 데이터 수집이 시작된 1979년의 13.4%에서 2017년에는 2.3%로 낮아졌다. 이러한 변화의 원인 중 하나는 연방 정부의 최저임금이 물가상승을 반영하여 조정되지 않았다는 데 있다. 만일 그러한 조정이 이루어졌다면 2017년 최저임금은 시간당 7.25달러가 아니라 10달러 정도가 되었을 것이다. 최저임금이 더 높으면 임금 하한선이 더 많은 근로자들에게 구속력 있는 제약으로 작용했을 것이다. ●

간단한 퀴즈

5. 경쟁적 노동시장에서 정부가 최저임금을 인상하면 노동의 공급량은 (　　　)하고, 노동의 수요량은 (　　　)한다.

a. 증가, 증가
b. 증가, 감소
c. 감소, 증가
d. 감소, 감소

6. 미국 경제활동 인구의 몇 % 정도가 최저임금제의 직접적인 영향을 받는가?

a. 1%
b. 6%
c. 12%
d. 25%

정답은 각 장의 끝에

20-4 노동조합과 단체교섭

노동조합(union)은 임금, 부가급여(fringe benefits), 그리고 근로 조건에 대해 고용주와 교섭하는 근로자들의 단체다. 노동조합의 전성기였던 1940년대와 1950년대에는 미국 근로자들의 33%가 노동조합에 가입했었다. 오늘날 노동조합에 가입한 근로자는 전체의 11% 미만이다. 그러나 많은 유럽 국가에서 노동조합은 아직도 중요한 역할을 수행하고 있다. 벨기에, 노르웨이, 스웨덴 등에서는 노동자의 50% 이상이 노동조합에 가입한 상태다. 프랑스, 이탈리아, 독일에서는 대다수 노동자들의 임금이 법률에 따른 단체교섭을 통해 책정되지만, 이들 중 일부만 노동조합원이다. 이러한 경우에는 임금이 경쟁적 노동시장에서 수요와 공급의 균형에 따라 결정되지 않는다.

노동조합 임금이나 근로 조건에 대해 고용주와 교섭하는 근로자들의 단체

20-4a 노동조합의 경제학적 측면

노동조합은 일종의 카르텔이다. 다른 카르텔과 마찬가지로 노동조합은 공급자들이 연합하여 시장지배력을 행사하려는 조직이다. 대부분의 근로자들은 개별적으로 임금, 임금 외 부가급여(fringe benefits), 근로 조건 등에 관해 고용주들과 직접 교섭한다. 이에 반해 노동조합에 가입한 근로자들은 이러한 문제를 단체로 교섭한다. 노동조합과 기업주가 고용 조건에 합의하는 과정을 단체교섭(collective bargaining)이라고 한다.

단체교섭 노동조합과 기업주가 고용 조건에 합의하는 과정

노동조합은 기업과 교섭할 때, 노동조합이 없을 때의 기업측 제안 조건보다 더 높은 임금, 더 나은 혜택과 근로조건을 요구한다. 기업과 노동조합이 합의에 도달하지 못하면 노동조합이 조직적으로 작업을 거부하는데, 이를 파업(strike)이라고 한다. 파업은 생산, 매출, 이윤을 감소시키기 때문에 파업의 위기에 직면하는 기업은 그러한 위협이 없을 경우에 비해 높은 임금을 지급한다. 노동조합의 효과를 분석한 경제학자들의 연구 결과에 따르면 노동조합에 속한 근로자들의 임금이 그렇지 않은 근로자들의 임금에 비해 10~20% 높은 것으로 나타난다.

파업 기업과 노동조합이 합의에 도달하지 못해 노동조합이 조직적으로 작업을 거부하는 행위

노동조합이 임금을 균형 임금 수준 이상으로 인상하면 노동의 공급량은 늘고 수요량은 줄어 실업이 발생한다. 고용 상태를 유지하는 근로자들은 전보다 이득이지만, 전에 고용되었다가 임금이 높아져서 일자리를 잃는 근로자들은 피해를 본다. 노동조합는 높은 임금의 혜택을 입는 노동조합원, 즉 내부자(insiders)와 노동조합이 결성된 직종에서 고용 기회를 얻지 못한 근로자, 즉 외부자(outsiders)의 갈등을 야기하는 경우가 흔하다.

외부자들이 자신의 고용 상태에 대해 취할 수 있는 반응은 두 가지다. 계속 실업 상태를 유지하면서 언젠가 내부자가 되어 노동조합원들과 같이 높은 임금을 받을 때까지 기다리거나, 노동조합이 결성되지 않은 다른 기업에서 일자리를 찾는 것이다. 따라서 경제의 한 부문에서 노동조합으로 인해 임금이 상승하면 다른 부문에서 노동의 공급이

ALAN DUNN/THE NEW YORKER COLLECTION/ WWW.CARTOONBANK.COM

"여러분, 노사 간에 최종 합의에 이르는 데 아무런 문제가 없습니다. 단지 경영진은 이윤을 극대화하려는 것이고, 노동조합 측은 돈을 더 달라는 겁니다."

증가한다. 이에 따라 노동조합이 결성되지 않은 직종의 임금이 하락한다. 다시 말해 노동조합에 가입한 근로자들이 단체교섭을 통해 높은 임금의 혜택을 누리는 반면, 노동조합에 가입하지 않은 근로자들은 낮은 임금을 감수함으로써 그 비용을 일부 부담하는 셈이다.

한 경제에서 노동조합의 역할은 노동조합의 결성과 단체교섭에 관한 법규에 어느 정도 좌우된다. 정상적인 경우 카르텔 구성원 간의 명시적인 합의는 위법이다. 동일한 제품을 판매하는 기업들이 가격을 높이기로 담합하면 그 합의는 '공정거래를 저해하려는 음모'가 된다. 정부는 이러한 업체들을 공정거래법 위반 혐의로 민 · 형사 법원에 기소할 수 있다. 그러나 노동조합은 이러한 법을 적용받지 않는다. 독점금지법과 노동관계법을 입안한 사람들은 노동조합이 고용주들과 협상하기 위해서는 기업보다 시장지배력이 강해야 한다고 믿었기 때문에 여러 법률을 통해 노동조합의 결성을 장려했다. 1935년에 제정되고 이후 개정된 노사관계법(National Labor Relations Act)은 고용주들이 근로자들의 노동조합 결성 노력을 방해하지 못하도록 하고 노조가 있는 기업들에서는 고용주가 신의를 가지고 노동조합과 교섭하도록 규정했다.

노동조합의 시장지배력에 영향을 미치는 법률은 영원한 정치적 논쟁거리다. 예를 들어 때때로 주의회 의원들은 노동조합과 고용주가 근로자들에게 노동조합에 대한 재정 지원을 요구하는 행위를 금지하는 노동권리 관련법(right-to-work laws)에 대해 논쟁을 한다. 이러한 법률이 없다면 노동조합은 단체교섭 과정에서 모든 피고용인들에 대해 노조 회비(노조 가입자들의 경우) 또는 대리인 수수료(노조 비가입자들의 경우)를 납부하는 것을 고용의 조건으로 요구하는 합의를 시도할 수 있다. 2018년 미국의 주 중 약 절반이 노동권리 관련법을 보유하고 있으며 미 의회의 일부 의원들은 미국 전체 차원의 노동권리 관련법을 제정하자고 제안한 바 있다. 워싱턴 정가의 의원들은 파업을 좀더 가능하게 하는 법안 또는 어떤 경우에는 파업을 금지하는 법안을 고려한 적도 있다. 예를 들어 기업들이 파업 근로자들을 (임시적으로가 아니라) 항구적으로 대체할 인력을 채용하는 것을 금지하자는 제안도 있었다. 만일 그러한 법이 제정된다면 파업 근로자들은 더 이상 항구적 대체 인력에게 일자리를 뺏길지 모른다는 위협에 처하지 않게 될 것이며, 이에 따라 파업의 실행 가능성이 높아지고 노조의 시장지배력은 증가할 것이다. 노동조합과 고용주들에게 단체협상이 종결되는 시점에 남아 있는 이견들을 중재에 의해 해소하도록 요구함으로써 항공과 철도산업의 파업을 금지하려는 제안도 있었다. 이러한 정치적 논쟁들이 어떻게 해결되는지가 노동조합 운동의 장래에 영향을 미칠 것이다.

20-4b 노동조합은 경제에 도움이 될까, 해가 될까

노동조합이 경제에 도움이 되는지, 해가 되는지에 관해서는 경제학자들 사이에 이견이 있다. 양측의 견해를 살펴보자.

노동조합에 대해 비판적인 학자들은 노동조합이 카르텔에 불과하다고 주장한다. 노동조합이 완전경쟁 노동시장에서 결정될 균형 임금보다 높은 임금을 유지하려고 하면, 노동의 수요량이 줄어서 실업이 발생하고 다른 부문의 임금은 하락한다. 노동조합에 비판적인 학자들은 이러한 노동의 자원배분이 비효율적이고 공평하지 않다고 주장한다. 노동조합이 설정한 임금이 너무 높아 노동조합이 있는 업체의 고용이 완전고용 수준보다 낮아지므로 비효율적이다. 그리고 노동조합원들이 높은 임금을 받는 대신 다른 근로자들이 낮은 임금을 받아야 하므로 공평성에 위배된다.

반면에 노동조합을 옹호하는 학자들은 근로자들을 고용하는 기업의 시장지배력에 대한 대응수단으로 노동조합이 반드시 필요하다고 주장한다. 한 기업이 한 지역의 거의 모든 근로자를 고용하는 이른바 '기업도시(company town)'는 기업의 시장지배력이 극단적으로 나타난 예다. 이러한 도시의 근로자들은 특정 기업이 제시하는 임금과 근로 조건을 받아들이지 않으면 일을 하지 않거나 그 도시를 떠나는 방법 외에 대안이 없다. 이 경우 노동조합이 없다면 유일한 기업이 시장지배력을 행사하여, 취업할 다른 직장이 있을 경우 근로자들이 받을 수 있을 임금과 누릴 수 있는 고용 조건보다 낮은 임금과 열악한 고용 조건을 제시할 가능성이 있다. 이 경우 기업의 시장지배력을 견제하고 고용주들의 자비에 맡겨진 근로자들을 보호하기 위해 노동조합이 필요할 수 있다.

노동조합 옹호론자들은 노동조합이 근로자들의 관심사에 보다 효율적으로 대처할 수 있다고 주장한다. 근로자는 누구나 취업할 때마다 임금은 물론 근로시간, 시간 외 근무, 휴가, 병가, 의료 혜택, 승진 일정, 고용 안정 등 다양한 측면에 대해 기업과 합의해야 한다. 그런데 노동조합은 근로 조건에 대한 근로자들의 견해를 대변함으로써 기업이 근로자들이 원하는 근로 조건을 제시할 수 있게 해 준다. 따라서 노동조합은 임금을 균형 수준 이상으로 높이고 실업을 초래한다는 점에서 기업에 불이익을 주지만, 근로 조건에 만족하고 열심히 일하는 노동력을 유지할 수 있도록 돕는다는 점에서 기업에 이득이 되기도 한다.

궁극적으로 노동조합이 경제에 이로운지 해로운지에 대해서는 경제학자들 사이에 의견이 일치되지 않고 있다. 다른 많은 기관이 그러하듯이 노동조합의 영향 역시 어떤 경우에는 이롭고 어떤 경우에는 해로운 것이다.

간단한 퀴즈

7. 미국의 경우 노동조합에 가입한 노동자들은 가입하지 않은 비슷한 노동자들에 비해 임금을 (　　　)% 더 받는다.

a. 2

b. 5

c. 15

d. 40

8. 많은 유럽 국가들에서 노동조합은 (　　　　　　).

a. 독점금지법에 위배되는 카르텔로 간주된다.

b. 기업들과 결탁하여 임금을 경쟁시장 수준 이하로 낮추려 한다.

c. 경제적 영향력이 없는 사교클럽이다.

d. 미국에서보다 훨씬 더 큰 역할을 한다.

정답은 각 장의 끝에

20-5 효율임금

효율임금 근로자의 생산성을 높이기 위해 기업 스스로 균형 임금보다 높은 임금을 지불하는 것

직업 탐색, 최저임금제, 그리고 노동조합에 더하여 경제에 항상 어느 정도의 실업이 존재하는 네 번째 이유는 효율임금(efficiency wages) 이론으로 설명될 수 있다. 이 이론에 따르면 기업이 균형 임금보다 높은 임금을 지불하면 효율이 높아지기 때문에, 노동의 공급과잉이 있는 경우에도 높은 임금을 유지하는 것이 기업에게 이익이라는 것이다.

어떤 점에서 보면 효율임금으로 인해 발생하는 실업은 최저임금제나 노동조합으로 인한 실업과 비슷하다. 세 경우 모두 노동의 수요량과 공급량이 일치하는 균형 임금보다 실제 임금이 높기 때문에 실업이 발생한다는 공통점이 있다. 그러나 한 가지 중요한 차이점이 있다. 최저임금제나 노동조합이 있을 경우에는 노동의 초과공급이 있더라도 기업은 임금을 낮출 수 없다. 이에 반해 효율임금 이론에 따르면 어떤 경우에는 기업이 균형 임금보다 높은 임금을 지불하는 것이 이득이기 때문에 최저임금제나 노동조합이라는 제약이 없더라도 실업이 발생한다는 것이다.

그렇다면 기업들이 왜 임금을 균형 임금 수준보다 높게 유지하려고 할까? 일반적으로 이윤을 극대화하는 기업이라면 비용(임금)을 가능한 한 낮추려 할 것이다. 효율임금 이론에 담긴 새로운 시각은 근로자들에게 높은 임금을 지급하면 이들의 효율이 높아지기 때문에 기업의 이윤이 증가할 수 있다는 것이다.

효율임금 이론에는 몇 가지 유형이 있다. 유형마다 기업이 왜 근로자들에게 높은 임금을 지급하는지에 대한 설명이 다르다. 이제 네 가지 유형의 효율임금 이론에 대해 살펴보자.

20-5a 근로자들의 건강

가장 단순한 형태의 효율임금 이론은 임금과 근로자들의 건강에 밀접한 관계가 있다는 점을 강조한다. 근로자들이 더 높은 임금을 받으면 영양분을 더 많이 섭취할 수 있고, 더 건강해져서 생산성이 높아진다. 따라서 기업의 입장에서는 낮은 임금을 지급하여 약하고 생산성이 낮은 근로자들을 고용하는 것보다는 높은 임금을 지급하더라도 건강하고 생산성이 높은 근로자들을 고용하는 편이 이익이라는 것이다.

이러한 유형의 효율임금 이론은 부적절한 영양 상태가 문제가 되는 저개발국에 합당하다. 실제로 이러한 나라의 기업들은 임금을 낮추면 근로자들의 건강과 생산성에 악영향을 줄지 모른다고 우려할 수 있다. 다시 말해 잉여 인력이 있는데도 임금을 낮추지 않는 현상은 영양실조에 대한 우려로 설명할 수 있는 것이다. 노동자들의 건강에 대한 배려는 대부분 노동자들의 균형 임금이 적절한 영양 섭취에 필요한 수준보다 훨씬 높은 미국과 같은 부유한 나라의 기업에는 별로 중요하지 않다.

20-5b 근로자들의 이직

둘째 유형의 효율임금 이론은 임금과 근로자 이직의 관계를 강조한다. 근로자들이 직장을 그만두는 이유는 다른 회사에 취직하기 위해, 다른 지방으로 이주하기 위해, 경제활동인구에서 빠져나가기 위해 등등 다양하다. 근로자들이 얼마나 자주 직장을 그만두는가는 그들이 직면하는 전체적인 경제적 유인에 따라 좌우된다. 여기에는 현재 직장을 떠날 때의 이득과 계속 남을 경우의 이득이 포함된다. 기업이 지급하는 임금수준이 높을수록 그 기업에 고용된 근로자들이 직장을 그만두는 빈도는 낮을 것이다. 따라서 기업은 높은 임금을 지급함으로써 근로자들의 이직을 줄일 수 있다.

기업이 근로자들의 이직에 신경을 쓰는 것은 근로자를 새로 채용하여 훈련시키는 데 비용이 들기 때문이다. 더구나 신규 근로자들은 훈련시킨다 해도 경험이 많은 기존 근로자들에 비해 생산성이 떨어진다. 따라서 이직률이 높은 기업은 생산비가 많이 드는 것이 보통이다. 그러므로 균형 임금보다 높은 임금을 지급해서 근로자들의 이직을 줄이는 것이 기업에게 더 이익일 수 있다.

20-5c 근로자들의 자질

셋째 유형의 효율임금 이론은 임금과 근로자들의 자질 사이의 관계를 강조한다. 어느 기업이나 재능 있는 근로자를 채용하고 싶어하므로 지원자들 중에서 가장 우수한 사람을 선발하기 위해 노력한다. 그러나 기업이 지원자들의 자질을 완벽하게 판단할 수 없기 때문에 채용에는 어느 정도 자의성이 따르게 마련이다. 어느 기업이 높은 임금을 지급한다면 그 기업에 더 좋은 근로자들이 지원할 것이고, 그로 인해 근로자들의 자질이 향상될 것이다. 노동의 공급과잉이 있는 상황에서 기업이 임금을 낮추면 덜 우수한 지원자에 비해 더 나은 대안을 찾을 수 있는 가장 우수한 지원자들이 이 회사에 지원하지 않을 것이다. 임금이 근로자의 자질에 미치는 영향이 강력하다면 기업이 수요와 공급이 일치하는 균형 임금보다 높은 임금을 지급하는 것이 오히려 이윤을 늘리는 길이 될

수 있다.

20-5d 근로자들의 근로 열의

넷째 유형의 효율임금 이론은 임금과 근로자들의 근로 열의 사이의 관계를 강조한다. 많은 직장에서 근로자들은 얼마나 열심히 일할지 어느 정도 선택할 수 있다. 고용주들은 근로자들의 작업 태도를 감시하여 직무에 태만한 근로자는 해고한다. 그러나 근로자들을 감시하는 일은 비용도 많이 들고 불완전하기 때문에 태만한 근로자들을 신속하게 잡아내는 것은 불가능하다. 이러한 상황에 처한 기업은 농땡이를 막기 위한 방법을 늘 모색한다.

한 가지 해법은 균형 임금보다 높은 임금을 지급하는 것이다. 임금이 높으면 근로자들이 그 직장에서 계속 근무하기를 원할 것이고, 따라서 최선을 다해 일할 경제적 유인이 생긴다. 현재 받는 임금이 균형 임금과 같은 수준이라면 근로자들이 직장을 잃더라도 금방 새 직장을 구할 수 있기 때문에 열심히 일할 이유가 별로 없다. 따라서 기업들은 근로자들이 열심히 일할 유인을 제공하기 위해 균형 수준보다 높은 임금을 지급할 수 있는 것이다.

사례 연구

헨리 포드와 파격적인 일당 5달러

헨리 포드(Henry Ford)는 미국 공업계의 선각자다. 그는 포드사의 설립자로서 현대적인 생산 방식을 처음 도입한 장본인이었다. 소수의 숙련된 기술자들로 구성된 팀으로 자동차를 생산하던 방식을 바꿔 단순한 업무를 반복적으로 수행하도록 훈련된 미숙련 근로자들로 구성된 조립 라인을 도입했다. 이러한 조립 공정을 거쳐 초창기 자동차 중에서 가장 유명한 모델이라 할 수 있는 포드의 '모델 T'가 생산되었다.

포드는 1914년에 또 다른 혁신적인 조치를 취했다. 하루 5달러의 일당을 제안한 것이다. 대단하지 않은 금액처럼 보이지만 이는 당시 일당 수준의 약 2배에 해당하며, 수요와 공급을 일치시키는 임금보다도 훨씬 높았다. 5달러 일당이 발표되자 포드 공장마다 직장을 구하는 근로자들이 줄을 섰다. 응모자들은 포드사가 필요로 하는 인력 규모보다 훨씬 많았다.

포드의 고임금정책은 효율임금 이론이 예측하는 많은 결과를 직접 보여주었다. 포드사 종업원들의 효율이 하도 높아서 임금 인상에도 불구하고 생산비는 하락했다. 균형 임금보다 높은 임금을 지불한 것이 회사에 이득이 된 것이다. 포드사 초기의 한 사가(史家)는 '포드와 동업자들은 여러 자리에서 고임금정책이 성공적이었다는 사실을 공표했다. 그 의미는 고임금으로 인해 근로자들이 규율을 잘 지키고 회사에 대한 충성심이 높아졌으며, 개인의 효율도 제고되었다는 것이다'라고 기록했다. 헨리 포드 자신도 5달러 일당이 일찍이 시도해본 어떤 비용 절감 대책보다 효과적이었다고 평가했다.

포드가 이러한 효율임금을 도입한 이유는 무엇일까? 그때까지 다른 기업들은 왜 이와 같이 이윤을 올릴 수 있는 전략을 채택하지 않았을까? 몇몇 분석가들의 견해에 따르면 포드가 고임금정책을 채택한 것은 조립 라인을 채택한 것과 밀접한 관계가 있다고 한다. 조립 라인을 중심으로 조직화된 근로자들은 상호 의존도가 높다. 한 근로자가 결근하거나 자기가 맡은 일을 더디게 하면 다른 근로자들이 자기들의 책임을 완수하기 어려워진다. 따라서 조립 라인으로 인해 생산 효율이 높아진 동시에, 근로자들의 이직률을 낮추고 노동의 질과 근로 열의를 높이는 것이 중요해졌다. 결과적으로 당시 포드사의 입장에서는 효율임금을 지급한 것이 훌륭한 전략이었던 것이다.

그러나 균형 임금보다 높은 임금을 지급한 사례는 포드사에만 국한되지는 않는다. 2018년에 발간된 「California Sun」에 실린 한 기사는 패스트푸드 체인인 인 앤 아웃 버거(In-N-Out Burger) 사는 점장들에게 업계 평균의 약 3배인 연봉 16만 달러를 지급한다고 보도했다. 이유가 뭘까? 데니 워닉(Denny Warnick) 영업담당 부사장은 회사의 이러한 정책이 고품질 서비스 제공에 경영의 역점을 두었던 설립자들에 의해 시작되었다고 말했다. "직원들에게 높은 임금을 지급하는 것은 이러한 경영방침을 유지하는 데 도움이 되는 한 가지 방법이었으며 이러한 믿음은 오늘날도 굳건히 유지되고 있습니다." 라고 그는 말했다. 인 앤 아웃 버거의 사주들도 헨리 포드처럼 근로자의 효율을 진작하기 위해 높은 임금을 지급한 것으로 보인다. ●

간단한 퀴즈

9. 효율임금 이론에 따르면 (   ).

a. 기업들이 균형 임금보다 더 높은 임금을 지급하는 것이 더 이익일 수 있다.
b. 노동의 초과공급은 임금 하락 압력을 행사한다.
c. 부문 간 이동이 마찰적 실업의 중요한 원인이다.
d. 일할 권리를 보장하는 법률은 노동조합의 협상력을 감소시킬 수 있다.

10. 기업이 효율임금을 지급하면 (   ).

a. 충분한 수의 근로자를 확보하기 어려울 수 있다.
b. 근로자들을 보다 면밀히 감시해야 할 수 있다.
c. 근로자들의 자질이 하락할 수 있다.
d. 근로자들의 이직 빈도가 줄어들 수 있다.

정답은 각 장의 끝에

20-6 결론

우리는 이 장에서 실업률이 어떻게 측정되는지와 어느 경제에 어느 정도의 실업이 왜 항상 존재하는지에 대해 살펴보았다. 직업 탐색, 최저임금제, 노동조합, 효율임금 등이 실업을 설명하는 데 유용하다는 사실을 배웠다. 앞의 네 가지 중 어떤 요인이 미국과 다른 나라 경제의 자연 실업률을 설명하는 데 가장 적절할까? 애석하게도 간단한 답은 없다. 경제학자에 따라 이들 중 어떤 설명을 더 강조하는지도 차이가 있다.

이 장의 분석을 통해 중요한 결론을 얻을 수 있다. 경제에는 언제나 얼마간의 실업이 존재하지만 그렇다고 해서 자연 실업률이 불변인 것은 아니다. 여러 가지 사건과 정책들이 자연 실업률에 영향을 미친다. 정보혁명으로 직업 탐색 과정이 달라지고, 연방의회나 주의회가 최저임금 제도를 수정하고, 노동자들이 노동조합을 결성하거나 노동조합에서 탈퇴하고 기업들이 얼마나 효율임금을 따르는가 등에 따라 자연 실업률은 변한다. 실업은 단순한 문제가 아니며 해법도 단순하지 않다. 그러나 실업이 얼마나 심각한 문제가 되는지는 우리가 어떤 방식으로 사회를 조직화하느냐에 따라 영향을 받는다.

요약

- 실업률은 일할 의사는 있지만 직장이 없는 사람들의 비율이다. 미국 노동통계국은 수천 개의 표본 가구를 대상으로 조사를 실시하여 매월 실업률을 계산한다.
- 실업률은 직장이 없는 상태를 나타내는 지표로서 불완전하다. 자신을 실업자라고 부르는 사람들 중에는 아예 일할 생각이 없는 이들도 있고, 일할 의욕은 있지만 일자리를 구하지 못해 경제활동인구에서 떠난 이들은 실업자로 잡히지 않는다.
- 미국에서 실업 상태에 있는 거의 모든 사람은 단기간 내에 일자리를 구한다. 특정한 시점에서 관찰되는 실업률은 대부분 장기적으로 실업 상태에 있는 소수의 실업자에 기인한 것이다.
- 실업이 존재하는 한 가지 원인은 근로자들이 자신의 기술과 취향에 맞는 직장을 구하는 데 시간이 걸리기 때문이다. 실직한 근로자들의 소득을 보호하기 위한 정부 정책인 실업보험은 이러한 마찰적 실업의 증가를 초래한다.
- 어느 정도의 실업이 항상 존재하는 두 번째 원인은 최저임금제다. 최저임금제는 숙련도가 낮고 경험이 부족한 근로자들의 임금을 균형 수준 이상으로 올림으로써 노동의 공급량을 증가시키고 수요량을 감소시킨다. 이로 인한 노동의 초과공급만큼 실업이 발생한다.
- 실업의 세 번째 원인은 노동조합의 시장지배력이다. 노동조합이 노조가 조직된 산업의 임금을 균형 수준 이상으로 밀어 올리면 노동의 초과공급이 발생한다.
- 실업의 네 번째 원인으로 효율임금 이론이 있다. 이 이론에 따르면 균형 수준 이상의 임금을 지불하는 것이 기업에 더 이익이 된다. 높은 임금은 근로자의 건강을 향상시키고 이직률을 낮추며, 근로자의 평균 자질을 높이고 근로 열의를 증가시키기 때문이다.

중요개념

경제활동인구 471
실업률 472
경제활동 참가율 472
자연 실업률 474
경기적 실업 474
실망 노동자 476
마찰적 실업 478
구조적 실업 478
직업 탐색 479
실업보험 481
노동조합 485
단체교섭 485
파업 485
효율임금 488

복습문제

1. 통계청에서 사람들을 분류할 때 사용하는 세 가지 범주는 무엇인가? 경제활동인구, 실업률, 경제활동 참가율은 어떻게 계산되는가?

2. 실업의 전형적인 형태는 단기적인가, 장기적인가? 설명하라.

3. 마찰적 실업은 왜 불가피한가? 정부의 어떤 정책이 마찰적 실업을 줄일 수 있는가?

4. 최저임금제는 십대 근로자들의 실업과 대학 졸업자들에게 발생하는 실업 중 어느 쪽을 더 잘 설명할 수 있는가? 그 이유는 무엇인가?

5. 노동조합은 자연 실업률에 어떤 영향을 미치는가?

6. 노동조합 옹호자들은 노동조합이 경제에 바람직한 영향을 준다는 것을 어떤 식으로 주장하는가?

7. 기업이 근로자에게 높은 임금을 지급함으로써 채산성을 증가시킬 수 있는 네 가지 경로를 설명하라.

응용문제

1. 대침체기의 저점이었던 2009년에 미국 노동통계국은 미국 전체 성인 인구 중 취업자가 1억 4,019만 6,000명, 실업자가 1,472만 9,000명, 비경제활동인구가 8,072만 9,000명이라고 발표했다. 이 자료를 이용하여 다음 수치를 구하라.
   a. 성인 인구
   b. 경제활동인구
   c. 경제활동 참가율
   d. 실업률

2. 다음 각 사건은 실업률과 경제활동 참가율을 증가시키는가, 감소시키는가, 영향을 주지 않는가?
   a. 오랜 구직활동 끝에 존이 취업한다.
   b. 전업 대학생인 티리온이 졸업하고 바로 취업한다.
   c. 구직활동에도 불구하고 취업하지 못한 아리야가 구직활동을 포기하고 은퇴한다.
   d. 대너리스는 직장을 그만두고 전업주부가 되기로 한다.
   e. 산사는 성년이 되었지만 일할 생각이 없다.
   f. 제이미는 성년이 되어 구직활동을 시작한다.
   g. 세르세이는 은퇴 생활을 즐기다 세상을 떠난다.
   h. 조라는 사무실에서 오랜 시간 일하다 과로사한다.

3. 통계청 웹사이트(www.kostat.go.kr)에 가서 현재 실업률 수치를 찾아보라. 여러분이 속한 인구학적 집단(예를 들면 성이나 연령)의 실업률은 얼마인가? 이 수치는 전국 평균 실업률에 비해 높은가, 낮은가? 그 이유는 무엇인가? (미국 실업률 통계는 www.bls.gov 참조–역자주)

4. 미국의 취업인구는 2012년 1월부터 2019년 1월 사이에 1,730만 명이 증가한 반면, 같은 기간 중 실업인구는 630만 명 감소하는 데 그쳤다고 한다. 이 두 수치가 어떻게 상호 일관성을 가질 수 있을까? 왜 취업자의 증가보다 실업자의 감소 수치가 작을까?

5. 경제학자들은 노동시장 데이터를 이용하여 나라 경제가 가장 중요한 자원인 노동을 얼마나 잘 활용하는지 평가한다. 두 가지 면밀하게 관찰되는 통계는 실업률과 성인 인구 대비 취업자 수의 비율이다. 다음 시나리오에서 두 지표가 어떻게 될지 설명하라. 경제가 얼마나 잘 작동하는지 판단하는 데 어떤 지표가 더 우수한가?

a. 자동차 제조업체가 파산하여 노동자들을 일시 해고하고 이들은 즉시 새로운 일자리를 찾기 시작한다.

b. 얼마 동안 일자리를 찾다가 해고된 노동자들의 일부가 직장 찾기를 중단한다.

c. 다수의 학생이 대학을 졸업하지만 취업하지 못한다.

d. 다수의 학생이 대학을 졸업하고 즉시 취업한다.

e. 주식시장의 붐으로 부자가 된 60세 노동자들이 조기 퇴직한다.

f. 의료 서비스의 개선으로 많은 은퇴자의 수명이 연장된다.

6. 다음의 근로자들 중 어떤 사람들이 단기 실업을 겪을 가능성이 높고, 어떤 사람들이 장기 실업을 겪을 가능성이 높은지 밝히고 그 이유를 설명하라.

a. 좋지 않은 날씨로 일거리를 잃은 건축 현장 근로자

b. 고립된 지역의 공장에서 일하다가 실직한 제조업 근로자

c. 철도산업의 번성으로 직업을 잃은 마차 산업 근로자

d. 건너편에 새로운 식당이 개업하여 실직한 즉석요리 전문 요리사

e. 회사가 새로운 용접 기계를 설치함에 따라 실직한 교육 수준이 낮은 용접공

7. 노동시장의 그래프를 이용하여 근로자에게 지불되는 최저임금의 상승이 노동 공급량과 노동 수요량, 실업에 미치는 영향을 설명하라.

8. 제조업 노동시장과 서비스업 노동시장이 존재하는 경제가 있다고 하자. 처음에는 두 시장 모두 노동조합이 없다고 가정하자.

a. 제조업 노동자들이 노동조합을 결성한다면 제조업 노동시장의 임금과 고용에 어떤 영향이 미치겠는가?

b. 제조업 노동시장에 나타나는 이러한 변화가 서비스업 노동 공급에 어떤 영향을 미치겠는가? 그 결과 서비스업 노동시장의 균형 임금과 고용은 어떻게 변하겠는가?

9. 구조적 실업은 고용주들이 원하는 기술과 노동자들의 기술이 일치되지 않아서 발생하는 경우가 있다고 한다. 이러한 가능성을 분석하기 위해 자동차 제조업과 항공기 제조업 등 2개 산업에 대해 생각해보자.

a. 두 산업의 노동자들에게 비슷한 양의 훈련이 필요하고, 노동자들이 처음 취업할 때 어느 산업에 필요한 훈련을 받을지 결정한다면 두 산업의 임금은 어떻게 되겠는가? 이 과정은 얼마나 오래 걸리겠는가? 설명하라.

b. 어느 날부터 이 경제가 개방되어 자동차를 수입하고 항공기를 수출하게 되었다고 하자. 두 산업의 노동 수요는 어떻게 될까?

c. 한 산업에 종사하는 노동자가 다른 산업에 필요한 직업 훈련을 곧바로 받을 수 없다고 하자. 노동 수요의 이동이 단기와 장기 균형 임금에 어떤 영향을 미치겠는가?

d. 어떤 이유로 새로운 균형을 향해 임금이 조정되지 않는다면 어떻게 될까?

10. 고용주가 근로자에게 의료비 등 부가급여의 지급을 의무화하는 법안이 국회에서 통과되고, 이에 따라 고용주가 근로자 1명을 고용하는 데 드는 비용이 시간당 4달러 증가한다고 하자.

a. 이 조치로 인해 노동 수요에 어떤 영향이 미치겠는가? (a~e의 문제에 대해 가능하면 일정한 분량의 답을 제시하라.)

b. 근로자들이 앞과 같은 부가급여에 대해 정확하게 그 제공 비용만큼 가치를 느낀다면 이 법안은 노동 공급에 어떤 영향을 미치겠는가?

c. 임금이 수요와 공급의 균형을 달성하도록 자유롭게 조절된다면 앞의 법안은 임금과 고용량에 어떤 영향을 미치겠는가? 고용주에게는 더 이득인가, 손해인가? 근로자들에게는 더 이득인가, 손해인가?

d. 이 법안이 도입되기 전 임금이 최저임금보다 3달러 높았다고 하자. 이 경우 법안 도입으로 인해 임금과 고용, 실업은 어떻게 변하겠는가?

e. 이제 근로자들이 앞의 법률에 따라 의무적으로 제공되는 부가급여에 대해 아무런 가치를 느끼지 못한다면 (b), (c)의 답은 어떻게 달라지겠는가?

간단한 퀴즈 정답

1. a 2. c 3. b 4. a 5. b 6. a 7. c 8. d 9. a 10. d

THE
RESTROOMS
BAÑOS
ATM

21 장

통화제도

미국인들은 음식점에 들어가서 배불리 식사한 뒤 이상한 기호와 정부청사 그림, 몇몇 유명한 사람들의 얼굴이 그려진 초록색 종이 몇 장이나, 거래 은행의 이름과 예금자의 서명이 담긴 종이 한 장을 주인에게 지불한다. 아니면 플라스틱 카드를 제시하고 종이 전표에 서명한다. 식당에서는 현금이든 수표든 직불카드 영수증이든 그 자체로서는 아무런 가치가 없는 종이 몇 장을 받고 기꺼이 손님들에게 음식을 대접한다.

현대 경제에서 살아온 사람들은 이러한 사회적 관행에 익숙하다. 화폐 자체는 아무런 가치가 없지만 식당 주인은 그 화폐를 나중에 제3의 인물에게 지불하고 자기가 원하는 물건을 살 수 있다는 확신이 있다. 그리고 제3의 인물은 다음 사람이 장차 그 화폐를 받아들일 것으로 확

ISTOCK.COM/LOLOSTOCK; GEORGE RUDY/SHUTTERSTOCK.COM

신하기 때문에 화폐를 받고 물건을 판다. 이런 식으로 화폐는 계속해서 다른 사람에게 받아들여진다. 식당 주인을 포함한 모든 사회 구성원의 입장에서 현금이나 수표 또는 직불카드 영수증은 장래에 재화나 서비스를 획득할 수 있는 권한을 부여해주기 때문이다.

화폐를 통한 거래 관행은 거대하고 복잡한 현대사회에서 각별히 요긴하다. 잠시 재화와 서비스의 거래에 널리 통용되는 지불수단이 없다고 상상해보자. 이 경우 사람들은 물물교환(barter)을 통해 필요한 물건을 구입할 수밖에 없을 것이다. 예를 들어 외식을 하고 싶으면 설거지를 해주든지, 잔디를 깎아주든지 자신만이 아는 요리 비법을 전해주든지, 무엇인가 식당 주인에게 당장 가치 있는 재화나 서비스를 대신 제공해야 할 것이다. 이러한 물물교환 경제에서는 자원이 효율적으로 배분되기 어렵다. 물물교환을 위해서는 거래하려는 두 사람이 각각 상대방이 원하는 물건을 보유해야 하는데, 쌍방간 욕구의 일치(double coincidence of wants)가 일어나기 힘들기 때문이다.

화폐는 이러한 문제를 해결해준다. 식당 주인은 손님이 자기에게 필요한 재화나 서비스를 제공할 수 있는지 상관하지 않고 기꺼이 화폐를 받는다. 다른 사람들도 그 화폐를 받을 것이라는 확신이 있기 때문이다. 식당 주인은 손님에게서 받은 화폐로 주방장에게 월급을 준다. 주방장은 월급으로 아이를 탁아소에 보낸다. 탁아소에서는 이 돈으로 교사들에게 월급을 준다. 교사는 돈을 주고 사람을 구해서 자기 집 잔디를 깎게 한다. 이렇게 화폐는 여러 사람의 손을 거치며 생산과 거래를 원활하게 해준다. 이에 따라 각자 자신이 가장 잘할 수 있는 일에 특화함으로써 생활 수준을 향상시킬 수 있다.

이 장에서 우리는 경제에서 화폐가 수행하는 역할에 대한 분석을 시작한다. 화폐의 정의, 화폐의 유형, 은행권에 의한 화폐의 창출, 정부에 의한 통화량 조절 등에 대해 다룬다. 이 책의 나머지 장들에서 통화량, 즉 화폐 수량의 변동이 인플레이션율, 이자율, 생산, 고용 등 경제변수에 미치는 영향을 공부하는 데 많은 지면을 할애할 것이다. 앞의 세 장과 마찬가지로 이 장에서도 장기 분석에 초점을 맞출 것이다. 따라서 이 장에서는 통화량의 변화가 경제에 미치는 장기 효과를 살펴보고, 보다 복잡한 단기 효과에 대해서는 22장에서 다루기로 한다. 이 장의 내용은 앞으로 배울 내용의 기초가 될 것이다.

21-1 화폐의 의미

화폐, 즉 돈이란 무엇인가? 참 이상한 질문이다. 우리는 억만장자 제프 베조스(Jeff Bezos)가 돈이 많다는 것이 어떤 의미인지 알고 있다. 무엇이든 원하는 것은 다 살 수 있을 정도로 부자라는 뜻이다. 여기서 돈(money)은 재산(wealth)이라는 의미로 사용된다.

화폐 사람들이 다른 사람들로부터 재화와 서비스를 구입하기 위해 일반적으로 사용하는 몇 가지 자산

그러나 경제학자들은 화폐라는 단어를 보다 구체적인 의미로 사용한다. 화폐

(money)는 사람들이 다른 사람들에게서 재화와 서비스를 구입하기 위해 일반적으로 사용하는 몇 가지 자산을 말한다. 여러분 지갑에 들어 있는 현금은 화폐다. 식당에서 외식을 하거나 옷가게에서 셔츠를 사는 데 사용할 수 있기 때문이다. 반면에 제프 베조스의 부의 큰 부분을 차지하는 거액의 아마존 주식은 화폐의 한 형태로 간주되지 않는다. 이 주식을 현금으로 바꾸기 전에는 주식으로 외식을 하거나 셔츠를 살 수 없기 때문이다. 경제학자들의 정의에 따르면 화폐는 재화와 서비스를 판매하는 사람들이 일반적으로 받아들이는 몇 가지 유형의 자산을 말한다.

21-1a 화폐의 기능

화폐는 교환의 매개수단, 회계의 단위, 가치의 저장수단이라는 세 가지 기능을 수행한다. 화폐는 이러한 세 가지 기능을 종합적으로 수행한다는 점에서 주식, 채권, 부동산, 예술품, 베이스볼 카드(미국 야구선수들의 사진) 등 다른 자산과 구별된다. 이제 화폐의 세 가지 기능을 하나씩 살펴보자.

교환의 매개수단(medium of exchange)이란 재화나 서비스를 사는 사람이 파는 사람에게 주는 지불수단이다. 예를 들어 여러분이 옷가게에 가서 셔츠를 사고 돈을 내는 것처럼 물건을 사는 사람이 파는 사람에게 돈을 지불함으로써 거래가 성사된다. 상점에 들어갈 때 우리는 그 상점 주인이 우리가 가진 돈을 받고 물건을 내주리라는 것을 의심하지 않는다. 화폐가 보편적으로 받아들여지는 교환의 매개수단이기 때문이다.

교환의 매개수단 재화나 서비스를 사는 사람이 파는 사람에게 주는 지불수단

회계의 단위(unit of account)란 물건 가격을 정하고 채무를 기록할 때 사용되는 기준이다. 셔츠 1장의 가격이 50달러고, 햄버거 1개의 값은 5달러라고 하자. 이 경우 셔츠 1장의 가격은 햄버거 10개고, 햄버거 1개의 값은 셔츠 10분의 1장이라고 말해도 되지만, 물건값을 이런 식으로 표시하지는 않는다. 마찬가지로 은행에서 대출을 받을 경우 원리금 상환액도 재화나 서비스의 수량이 아닌 화폐 단위로 표시한다. 이와 같이 경제적 가치를 측정하고 표기할 때는 화폐를 회계의 단위로 사용한다.

회계의 단위 물건 가격을 정하고 채무를 기록할 때 사용되는 측정 기준

가치의 저장수단(store of value)이란 현재의 구매력을 미래로 이전하는 데 이용되는 수단을 말한다. 한 사람이 지금 물건을 팔고 돈을 받으면 그 돈을 가지고 있다가 나중에 다른 물건을 사는 데 사용할 수 있으므로 화폐는 가치의 저장수단이다. 화폐가 유일한 가치의 저장수단은 아니다. 화폐 대신 주식이나 채권 같은 다른 자산을 보유함으로써 현재의 구매력을 미래로 이전할 수 있기 때문이다. 화폐와 여타 자산을 포함한 모든 가치의 저장수단을 일컬어 '재산(wealth)'이라고 한다.

가치의 저장수단 현재의 구매력을 미래로 이전하는 데 이용되는 수단

유동성(liquidity)은 어떤 자산을 교환의 매개수단으로 얼마나 쉽게 바꿀 수 있는지를 나타내는 개념이다. 화폐는 일반적인 교환의 매개수단이므로 유동성이 가장 큰 자산이다. 다른 자산의 유동성은 자산마다 차이가 있다. 대부분의 주식이나 채권은 적은 비용

유동성 어떤 자산을 교환의 매개수단으로 얼마나 쉽게 바꿀 수 있는지의 정도

으로 쉽게 현금화할 수 있기 때문에 유동성이 비교적 높은 자산이다. 반면에 주택이나 렘브란트의 그림, 1948년 조 디마지오(Joe DiMaggio) 베이스볼 카드 등을 처분하려면 많은 시간과 노력이 필요하므로 이들 자산은 유동성이 낮다.

사람들이 재산을 어떤 형태로 보유할지 선택할 때는 각 자산의 유동성과 가치의 저장수단으로서 유용성을 함께 고려해야 한다. 화폐는 가장 유동성이 높은 자산이지만 가치의 저장수단으로서는 결함이 많다. 물가가 오르면 화폐가치가 하락하기 때문이다. 다시 말해 물건값이 오르면 여러분의 지갑 속에 있는 지폐로 살 수 있는 물건의 양은 줄어든다. 물가 수준과 화폐가치의 이러한 관계는 22장에서 다룰 화폐가 경제에 미치는 영향을 이해하는 데 중요하다.

21-1b 화폐의 종류

물품화폐 물건 자체로도 상품가치가 있는 화폐

그 자체로 가치가 있는 물건이 화폐로 통용될 때 그 화폐를 물품화폐(commodity money)라고 한다. 여기서 자체적인 가치(intrinsic value)는 그 물건이 화폐로 사용되지 않더라도 지니고 있을 가치를 말한다. 물품화폐의 예로 금(gold)을 들 수 있다. 금은 공업용이나 보석 세공용으로도 사용되기 때문에 그 자체로 가치가 있다. 오늘날에는 금을 화폐로 사용하지 않지만 금은 운반, 무게 측정, 위조품의 구별이 쉽기 때문에 역사상 가장 널리 화폐로 사용되었다. 어떤 경제가 금이나 금으로 교환될 수 있는 지폐를 화폐로 사용하는 경우 그 경제는 금본위제도(gold standard)를 운영한다고 말한다.

물품화폐의 또 다른 예는 담배다. 제2차 세계대전 당시 죄수들은 포로수용소에서 담배를 교환의 매개수단, 회계의 단위, 가치의 저장수단으로 삼아 재화와 서비스를 사고팔았다. 1980년대 말에 구소련이 여러 나라로 나뉠 때도 모스크바에서는 담배가 루블보다 인기 있는 화폐로 통용되었다. 두 경우 모두 담배를 피우지 않는 사람들까지도 담배를 거래대금으로 받아들였는데, 이는 담배가 다른 재화와 서비스를 구입하는 데 사용될 수 있다는 것을 알았기 때문이다.

법화 자체로는 가치가 없고 정부의 명령에 따라 통용되는 화폐

그 자체로는 가치가 없는 화폐를 법화(fiat money, 法貨)라고 한다. 법령(fiat)은 정부의 명령이고, 법화는 정부의 명령에 따라 통용되는 화폐다. 예를 들어 여러분의 지갑에 들어 있는 지폐(중앙은행이 발행한 지폐)와 장난감 지폐(장난감회사에서 만든 모조 지폐)를 생각해보라. 음식점에 가서 외식을 하고 중앙은행이 발행한 지폐를 내면 받지만 장난감 지폐를 내면 받지 않는 이유는 정부가 중앙은행권을 적법한 화폐로 정했기 때문이다. 미국 달러 지폐에는 "이 지폐는 민간과 정부의 모든 채무 결제에 사용될 수 있는 법화다"라고 인쇄되어 있다.

법화제도를 설립하고 운영하기 위해서는 지폐 위조범을 처벌하는 등 정부의 역할이 매우 중요하지만, 이 제도가 성공하려면 다른 조건들도 충족되어야 한다. 법화의 수용

암호화폐 : 일시적 유행인가 미래의 대세인가

최근 몇 년 동안 암호화폐라고 불리는 새로운 종류의 화폐가 전 세계적으로 확산되어 왔다. 이들 화폐는 암호기술을 이용하여 전자 형태로만 존재하는 교환의 매개수단을 만들어낸다. 이들은 거래를 기록하는 분권화된 공적 장부를 유지하기 위해 블록체인이라는 기술에 의존한다.

최초의 암호화폐는 2009년에 나온 비트코인(Bitcoin)이다. 비트코인은 사토시 나카모토(Satoshi Nakamoto)라는 컴퓨터 프로그래머에 의해 고안되었다. 나카모토는 비트코인 프로토콜을 정립한 백서를 저술하여 유통시켰지만 그의 정체에 대해 더 이상 알려진 게 없다. 비트코인 프로토콜에 따르면 사람들은 컴퓨터를 이용하여 복잡한 수학 문제를 풀어냄으로써 비트코인을 창출한다. 이런 방식으로 채굴할 수 있는 비트코인의 수는 2,100만 개로 제한되어 있다. 비트코인이 일단 만들어지면 거래에서 통용될 수 있다. 비트코인은 조직화된 거래소에서 사고팔 수 있으며 수요와 공급에 의해 달러 가격이 결정된다. 사람들은 비트코인을 부의 저장수단으로 보유하거나 비트코인을 받아들이려는 판매상으로부터 물건을 사고 대금을 결제할 수 있다.

비트코인은 물품 화폐도 아니고 법화도 아니다. 물품 화폐와 달리 비트코인은 고유의 가치가 없다. 비트코인은 교환의 매개 이외의 다른 수단으로 사용할 수 없다. 비트코인은 법화와 달리 정부의 명령에 의해 만들어지지 않는다. 비트코인의 팬들은 이 새로운 화폐가 정부와 무관하게 존재하기 때문에 받아들인다. 비트코인을 교환의 매개로 사용하는 사람들 중 일부는 마약 같은 불법 거래에 연루되어 있고 비트코인을 통한 거래가 제공하는 익명성의 득을 본다.

짧은 역사 동안에 비트코인의 달러 가치는 큰 폭으로 출렁거렸다. 2010년에는 비트코인 한 개의 가격이 5센트에서 39센트 사이에 형성되었다. 2011년에 1달러를 돌파한 후 2013년에는 1,000달러를 넘었다가 2014년에는 500달러 밑으로 떨어졌다. 그다음 몇 해 동안 비트코인 가격은 폭등하여 2017년에는 19,000달러를 넘었다. 그러나 2019년 초에는 3,500달러로 떨어졌다. 그러는 동안 이더리움(Ethereum), 라이트코인(Litecoin), 리플(Ripple), 제트캐시(Zcash) 등 다양한 암호화폐가 출시되어 비트코인과 경쟁하고 있다. 이들 암호화폐들은 프로토콜의 세부사항 측면에서 서로 다르지만 비트코인처럼 가격이 큰 폭으로 등락하였다.

장기적으로 암호화폐의 성공은 이들이 가치저장, 회계 기준, 교환의 매개수단 등 화폐의 기능을 성공적으로 수행할 수 있느냐에 달려 있다. 많은 경제학자들은 이에 대해 비관적인 입장이다. 암호화폐는 달러 가격의 변동성이 크기 때문에 가치저장 수단으로써 리스크가 크고 가격을 매기는 기준으로도 불편하기 때문이다. 적어도 지금까지는 암호화폐를 받아들이는 소매상들이 별로 없다. 그래서 암호화폐는 표준적인 통화량 지표에 포함되지 않는다.

암호화폐는 미래의 화폐가 될 수도 있고 지나가는 유행에 그칠 수도 있을 것이다. ■

성은 정부의 법령뿐 아니라 미래에 대한 예상과 사회 관습에도 영향을 받는다. 1980년대 말 구소련 정부가 루블이 공식 화폐가 아니라고 선언하지는 않았지만, 모스크바 사람들은 루블 대신 담배나 미국 달러를 재화와 서비스 판매대금으로 선호했다. 이는 루블보다는 담배나 미국 달러가 장래에도 통용될 가능성이 높다고 믿었기 때문이다.

21-1c 미국 경제의 화폐

나중에 배우겠지만 경제에서 유통되는 화폐의 양, 즉 통화량(money stock)은 여러 경제변수에 강력한 영향을 미친다. 그러나 그 이유를 따져보기 전에 통화량이 무엇인지 알아볼 필요가 있다. 여러분에게 통화량을 측정하라는 과제가 주어졌다면 어떤 것들을 화폐에 포함시키겠는가?

화폐에 포함되는 가장 명백한 자산은 현금(currency), 즉 일반 국민들의 수중에 있는

현금 일반 국민들의 수중에 있는 지폐와 동전

지폐와 동전일 것이다. 현금은 분명히 경제에서 가장 널리 통용되는 교환의 매개수단이다. 따라서 현금이 통화량에 포함되어야 한다는 데는 의심의 여지가 없다.

그러나 현금이 재화와 서비스를 구입하는 데 사용될 수 있는 유일한 자산은 아니다. 미국의 많은 상점에서는 개인 수표도 받는다. 요구불예금 계좌에 들어 있는 재산은 지갑 속에 있는 현금과 거의 마찬가지로 재화와 서비스를 구입하는 데 편리하다. 따라서 요구불예금(demand deposits) 잔액, 즉 개인 수표를 발행하거나 직불카드를 사용하여 인출할 수 있는 은행 예금 계좌의 잔액도 통화량에 포함시켜야 할 것이다.

요구불예금 개인 수표를 발행하여 인출할 수 있는 은행 예금 계좌

요구불예금 잔액이 통화량에 포함된다면 은행과 여타 금융기관에 있는 여러 가지 계좌도 고려할 필요가 있을 것이다. 저축예금 계좌 잔액을 토대로 수표를 발행할 수는 없지만, 저축예금 계좌 잔액을 요구불예금 계좌로 쉽게 이체할 수 있다. 게다가 MMMF(Money Market Mutual Fund : 시장이자율에 연동된 예금 상품의 일종 – 역자 주) 잔액에 대해서는 수표 발행이 허용된다. 따라서 이러한 예금 계좌도 미국의 통화량에 포함되어야 한다.

미국처럼 복잡한 경제에서 화폐와 화폐가 될 수 없는 다른 자산들을 구분하기는 쉽지 않다. 우리 호주머니에 있는 동전은 분명히 통화량에 포함되고, 엠파이어 스테이트 빌딩은 분명히 포함되지 않는다. 그러나 이 양극의 사이에 있는 여러 가지 자산은 통화량에 포함되어야 할지 아닐지 분명하지 않다. 화폐가 아닌 여러 가지 자산 중에서 어디까지를 화폐로 분류해야 할지에 대해서는 분석가들의 견해가 다를 수 있기 때문에 다양한 통화지표가 사용된다. 그림 21.1은 미국에서 가장 보편적으로 사용되는 두 가지 통화지표인 M1과 M2를 정리한 것이다. M2에는 M1보다 더 많은 자산이 포함된다.

우리 입장에서는 여러 가지 통화지표들 간의 차이에 연연할 필요가 없다. M1과 M2

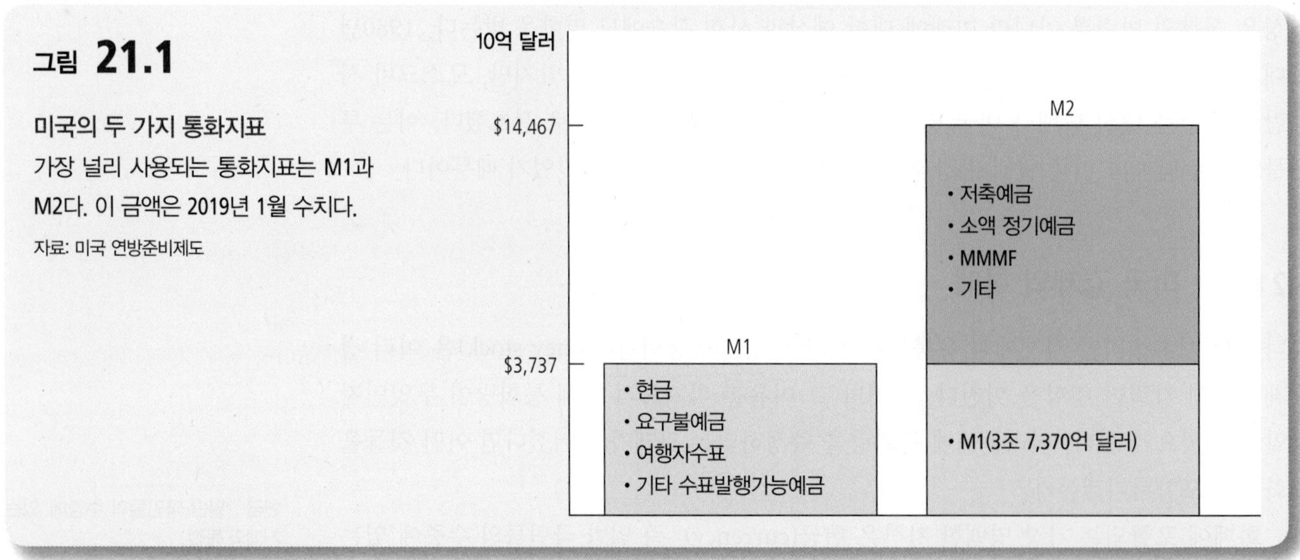

그림 21.1

미국의 두 가지 통화지표

가장 널리 사용되는 통화지표는 M1과 M2다. 이 금액은 2019년 1월 수치다.

자료: 미국 연방준비제도

이해를 돕기 위해 신용카드는 왜 화폐가 아닌가

'신용카드가 통화량에 당연히 포함되어야 한다'고 생각하는 사람들도 있을 것이다. 사람들은 재화와 서비스를 구입할 때 신용카드를 사용한다. 그렇다면 신용카드는 교환의 매개수단이므로 화폐로 봐야 하지 않을까?

이 주장은 상당히 설득력 있어 보이지만 실제로 신용카드는 어떠한 통화지표에도 포함되지 않는다. 신용카드는 지불수단이 아니라 지급을 연기(deferring payment)하는 수단이기 때문이다. 한 사람이 식당에서 식사를 하고 신용카드로 대금을 결제하면 신용카드를 발급한 은행이 식당에게 식사 대금을 먼저 지급한다. 신용카드 주인은 나중에 이 금액(이자를 더한 금액)을 은행에 납부한다. 은행에서 신용카드 사용대금 청구서를 받으면 예금 잔액에 대해 수표를 발행하여 대금을 지불할 수 있다. 이 경우 은행 예금 잔액은 통화량에 포함된다.

신용카드와 달리 직불카드로 물건을 구입하면 그 결제금액이 은행 예금 계좌에서 바로 빠져나간다. 직불카드는 카드 소유자에게 지급을 연기하도록 허용하는 것이 아니고, 은행에 있는 자기 예금 계좌의 잔액을 즉시 쓸 수 있게 해 준다. 이러한 의미에서 직불카드는 신용카드보다 개인 수표에 가깝다고 볼 수 있다. 직불카드의 배후에 있는 예금 계좌의 잔액은 통화량에 포함된다.

비록 화폐로 취급되지는 않지만 신용카드는 은행제도를 분석하는 데 중요하다. 신용카드를 사용하는 사람은 물건을 살 때마다 대금을 지급하는 것이 아니라 월말에 한꺼번에 결제한다. 따라서 신용카드 보유자들은 신용카드를 보유하지 않은 사람들에 비해 평균적으로 화폐 보유량이 적을 가능성이 높다. 그러므로 신용카드가 보급되고 더 많이 사용되면 사람들이 보유하려는 화폐의 양은 줄어들 것이다. ■

어느 쪽을 사용하든 이 장에서 설명하는 내용에는 아무런 영향이 없다. 중요한 사실은 현금은 물론, 쉽게 인출할 수 있고 재화와 서비스 구입에 사용 가능한 은행과 다른 금융기관 예금도 통화량에 포함된다는 점이다.

사례 연구 현금(달러)은 다 어디에 있을까

미국 통화량에 관한 한 가지 수수께끼는 현금의 규모다. 2019년 1월 현재 미국에서 발행된 현금은 1조 7,000억 달러다. 이 수치를 좀더 실감나게 표현하기 위해 이를 미국의 16세 이상의 성인 인구 2억 5,800만 명으로 나눠보자. 이 계산에 따르면 미국 성인 1인당 평균 6,500달러가 넘는 현금을 보유하는 셈이 된다. 대부분의 사람들이 지갑에 지니고 있는 현금은 이보다 훨씬 적은 금액이므로 미국 경제에 현금이 이렇게 많다는 사실에 놀랄 것이다.

그렇다면 이 많은 현금을 누가 다 가지고 있단 말인가? 아무도 확실히 알 수는 없겠지만 다음과 같은 두 가지 설명이 가능하다.

첫째, 미국 달러의 상당액을 외국에서 보유하고 있다는 것이다. 화폐 시스템이 안정적이지 못한 외국에서는 그 나라 자산보다 미국 달러를 선호하는 사람이 많다. 미국 달러의 절반 이상이 미국밖에서 유통되고 있는 것으로 추정된다.

둘째, 마약 거래상과 탈세범, 기타 범죄자들이 많은 현금을 보유한다는 것이다. 대부분의 미국인들에게 현금은 재산으로 보유하기에 훌륭한 자산이 아니다. 현금은 분실과

도난의 위험이 있다. 또 현금에는 이자가 붙지 않지만 은행 예금에는 이자가 붙는다. 이런 이유로 대부분의 사람들은 소액의 현금만 보유한다. 그러나 범법자들에게는 현금이 보다 매력적이다. 예를 들어 은행 예금은 경찰이 불법행위를 추적할 단서가 될 수 있기 때문에 범법자들은 돈을 은행에 예금하는 것을 피할지도 모른다. 따라서 범법자들에게는 현금이 최상의 가치 저장 수단일 수 있다. ●

간단한 퀴즈

1. 다음 중 법화에 대한 옳은 설명은?
a. 자체적인 가치를 지니고 있는 화폐
b. 정부의 명령에 따라 통용되는 화폐
c. 교환의 매개로 사용되는 모든 자산
d. 회계의 단위로 사용되는 모든 자산

2. 다음 중 통화 공급에 포함되지 않는 것은?
a. 동전
b. 지폐
c. 신용카드 사용 한도
d. 직불카드로 인출 가능한 예금 잔고

정답은 각 장의 끝에

21-2 미국 연방준비제도

연방준비제도 미국의 중앙은행

중앙은행 한 나라의 은행제도를 감독하고 통화량을 통제하는 기구

어떤 나라 경제든 법화제도를 운영하려면 그 제도를 통제하고 책임을 지는 기관이 있어야 한다. 미국의 경우 이 역할을 연방준비제도(Federal Reserve, 줄여서 Fed)가 맡고 있다. 미국 달러 지폐에는 '연방 은행권(Federal Reserve Note)'이라고 쓰여 있다. 연방준비제도는 은행제도를 감독하고 통화량을 통제하는 기구, 즉 중앙은행(central bank)의 한 예다. 세계 주요 국가의 중앙은행에는 영란은행(Bank of England), 일본은행(Bank of Japan), 유럽 중앙은행(European Central Bank) 등이 있다.

21-2a 연방준비제도의 구조

미국의 연방준비제도는 1907년에 일련의 은행 파산 사태를 겪은 후 의회가 은행제도의 건전성을 보장할 중앙은행이 필요하다고 확신함에 따라 1913년에 창립되었다. 오늘날 연방준비제도는 연방준비제도이사회(Board of Governors)가 운영하는데, 이사회는 대통령이 지명하고 상원이 인준하는 7명 이내의 이사로 구성된다. 이사들의 임기는 14년이다. 대법원 판사들을 정치권에서 보호하기 위해 종신 임기를 보장하는 것과 같은 이유로, 통화정책을 수립하는 데 단기적인 정치적 압력을 배제하기 위해 연방준비제도이사회 이사들에게 긴 임기를 보장하는 것이다.

이사들 중에서 가장 중요한 인물은 의장이다. 의장은 연방준비제도의 직원들을 관장

하고 이사회를 주재하며, 정기적으로 의회의 소위원회에 참석하여 연방준비제도의 정책에 대해 증언한다. 의장은 대통령이 임명하며 임기는 4년이다. 현재 연방준비제도이사회 의장은 2017년에 도널드 트럼프 대통령이 임명한 제롬 파월(Jerome Powell)이다.

연방준비제도는 워싱턴 D.C.에 본부를 둔 연방준비제도이사회(Federal Reserve Board)와 미국 주요 도시에 위치한 12개 지역 연방준비은행으로 구성된다. 지역 연방준비은행의 총재는 그 지역 은행과 민간업계 인사들로 구성된 각 지역 연방준비은행의 이사회가 선임한다.

연방준비제도는 두 가지 연관된 직무를 수행한다. 첫째, 은행을 규제하고 은행제도의 건전성을 보장하는 것이다. 구체적으로 말하면 연방준비제도가 각 은행의 재무 상태를 감시하고, 어음교환을 통해 은행 간 거래를 지원한다. 연방준비제도는 은행들이 자금을 빌리고 싶어 할 경우 자금을 대출해주는 은행의 은행(banker's bank) 역할도 수행한다. 재무 상태가 나쁜 은행에 단기 자금이 필요할 때 연방준비제도는 은행제도 전체의 안정성을 유지하기 위해 최종 대부자(lender of last resort) 노릇을 하는 셈이다. 여기에서 최종 대부자란 다른 어느 곳에서도 돈을 빌릴 수 없는 사람들에게 돈을 빌려주는 기관이라는 의미다.

둘째, 경제 내에 유통되는 화폐의 공급량, 즉 통화량(money supply : 앞으로 통화량과 화폐 공급량은 같은 의미로 쓴다 – 역자주)을 조절한다. 화폐 공급에 관한 정책담당자들의 의사결정이 통화정책(monetary policy)이다. 연방준비제도에서 통화정책을 담당하는 기구는 연방공개시장위원회(Federal Open Market Committee, FOMC)다. FOMC는 6주에 한 번씩 워싱턴 D.C.에 모여 경제 상황에 대해 토론하고 통화정책을 변경할 필요가 있는지 검토한다.

통화량 경제 내에 유통되는 화폐의 공급량

통화정책 중앙은행의 정책담당자들이 통화량을 결정하는 것

21-2b 연방공개시장위원회

연방공개시장위원회는 연방준비제도이사회 이사들과 12개 지역 연방준비은행 총재 중 5명으로 구성된다. 12개 지역 연방준비은행 총재 전원이 FOMC의 모든 회의에 참석하지만, 이 중 5명만 투표권이 있다. 투표권은 12개 지역 연방준비은행 총재들이 교대로 행사하지만, 뉴욕 연방준비은행 총재는 항상 투표권을 행사한다. 그 이유는 전통적으로 뉴욕이 미국 경제의 금융 중심지며, 연방준비제도에 의한 모든 국채의 매입 · 매각이 뉴욕 연방준비은행에서 집행되기 때문이다.

연방준비제도는 연방공개시장위원회의 의사결정에 따라 통화량을 늘리거나 줄이는 권한이 있다. 쉽게 비유하면 연방준비제도는 지폐를 인쇄해서 헬리콥터로 전국 상공을 날아다니며 뿌리기도 하고, 거대한 진공청소기로 사람들의 지갑에 있는 지폐를 빨아들이기도 하는 것이다. 실제로 연방준비제도가 통화량을 늘리고 줄이는 방식은 이보다

복잡하고 미묘하지만, 앞의 비유는 실제 통화정책에 가까운 표현이다.

이 장 후반부에서 미국의 중앙은행인 연방준비제도가 화폐 공급을 조절하는 방법에 대해 설명하겠지만, 연방준비제도가 사용하는 주된 수단이 공개시장조작이라는 점은 지적해둘 필요가 있다. 공개시장조작이란 연방준비제도가 미국 정부 채권을 사고파는 행위를 말한다(미국 정부 채권은 연방 정부의 채무증서다). 연방공개시장위원회가 통화량을 늘리기로 결정하면 연방준비제도는 달러를 발행하여 채권시장에서 민간으로부터 국채를 사들인다. 연방준비제도가 국채를 매입한 결과 새로운 달러들이 민간의 수중에 들어감에 따라 통화량이 증가한다. 반대로 연방공개시장위원회가 통화량을 줄이기로 결정하면 연방준비제도는 채권시장에서 민간에게 국채를 매각한다. 연방준비제도가 국채 매각대금을 받게 되면 시중의 달러가 민간으로부터 연방준비제도로 환수되어 통화량이 감소한다.

중앙은행은 경제에 중대한 영향을 미치는 통화량의 관리를 책임지는 기구다. 1장에서 소개한 경제학의 10대 기본원리 중에 통화량이 지나치게 증가하면 물가가 오른다는 것이 있다. 또 단기적으로는 인플레이션과 실업 사이에 상충관계가 있다는 원리도 있다. 중앙은행의 힘은 바로 이 두 원리에서 나온다. 나중에 자세히 공부하겠지만 중앙은행의 정책결정은 장기 인플레이션율과 단기 고용, 생산수준을 결정하는 중요한 요인이다. 그래서 연방준비제도이사회 의장은 미국에서 대통령 다음으로 강력한 권한이 있는 인물이라고 할 수 있다.

간단한 퀴즈

3. 다음 중 연방준비제도에 대한 설명으로 옳지 않은 것은?
a. 미국 헌법에 의해 설립되었다.
b. 은행제도를 규제한다.
c. 은행에 대출을 제공한다.
d. 공개시장조작을 수행한다.

4. 만일 중앙은행이 통화공급을 늘리고 싶다면?
a. 소득세율을 높이면 된다.
b. 소득세율을 낮추면 된다.
c. 공개시장조작을 통해 채권을 매입하면 된다.
d. 공개시장조작을 통해 채권을 매각하면 된다.

정답은 각 장의 끝에

21-3 은행과 화폐 공급

지금까지 우리는 화폐의 개념과 중앙은행이 국채의 매입과 매각이라는 공개시장조작을 통해 통화량을 조절하는 과정에 대해 살펴보았다. 중앙은행이 공개시장조작을 통해 통화량을 조절한다는 설명은 옳지만 완전하지는 않다. 이러한 설명에는 시중은행 전체가 화폐 공급 과정에서 중요한 역할을 수행한다는 사실이 간과되기 때문이다.

통화량에는 현금(지갑 속에 있는 지폐와 주머니에 있는 동전)뿐 아니라 요구불예금(당좌예금) 잔액도 포함된다는 사실을 기억할 것이다. 요구불예금은 은행에 예치되기 때문에 은행들의 행동은 요구불예금의 규모에 영향을 미치며, 나아가 통화량에도 영향을 줄 수 있다. 이 절에서는 은행들이 어떤 식으로 통화량에 영향을 주며, 이로 인해 중앙은행이 통화량을 조절하는 데 어떤 복잡한 문제가 발생할 수 있는지 알아볼 것이다.

MICK STEVENS/THE NEW YORKER COLLECTION/WWW.CARTOONBANK.COM

"돈에 대한 얘기는 많이 들었으니 이제 대출 좀 받았으면 합니다."

21-3a 100% 지급준비제도

은행들이 화폐 공급에 어떤 영향을 미치는지 알아보기 위해 은행이 전혀 없는 세상을 상상해보면 좋을 것이다. 이러한 경제에서는 현금이 유일한 화폐다. 구체적으로 현금 총액이 100달러고, 따라서 통화량도 100달러라고 하자.

이제 한 사람이 제1은행이라는 최초의 은행을 설립한다고 하자. 이 은행은 예금만 받고 대출은 하지 않는 예금은행이다. 이 은행의 목적은 화폐를 안전하게 보관할 장소를 제공하는 데 있다. 누군가 은행에 예금을 하면 은행은 예금자가 그 돈을 인출하거나 예금 잔액만큼 수표를 발행할 때까지 고스란히 금고에 보관한다. 이와 같이 은행 예금 중에서 대출되지 않은 금액을 지급준비금(reserves)이라고 한다. 이 가상의 경제에서는 모든 예금이 지급준비금으로 보유되므로 100% 지급준비제도(100-percent-reserve banking)를 운영한다고 말한다.

지급준비금 은행 예금 중에서 대출되지 않은 금액

제1은행의 자금 상태는 T-계정(T-account)으로 표시할 수 있다. 이 경제에 있는 현금 100달러 전액이 제1은행에 예금된다면 이 은행의 T-계정은 다음과 같다.

제1은행

자산		부채	
지급준비금	$100	예금	$100

T-계정의 좌변에는 은행의 자산(금고에 보관된 현금) 100달러가 기록되고, 우변에는 은행의 부채(은행이 예금자들에게 진 빚) 100달러가 기록되어 있다. 여기에서 제1은행의 자산과 부채가 정확하게 일치(balance)하기 때문에 이 계정을 대차대조표(balance sheet)라고 부른다.

이 가상적인 경제의 통화량을 계산해보자. 제1은행이 설립되기 전에 이 경제의 통화량은 사람들이 보유한 현금 100달러다. 이제 은행이 영업을 개시하고 사람들이 현금 100달러를 은행에 예금하면 통화량은 요구불예금 잔액인 100달러가 된다(이제 은행 밖에서 유통되는 현금은 하나도 없다. 현금은 전액 은행 금고에 있다). 은행에 예금된 금액과 같은 금액만큼 현금이 줄고 요구불예금은 늘어난다. 따라서 통화량은 변하지 않는다. 즉 은행이 모든 예금을 지급준비금으로 보유하면 은행은 화폐 공급에 아무런 영향을 미치지 않는다.

21-3b 부분 지급준비제도와 통화 창출

부분 지급준비제도 예금액의 일부만 지급준비금으로 남겨두고 나머지는 대출하는 은행제도

지급준비율 예금 중에서 은행이 지급준비금으로 보유하는 금액의 비율

제1은행은 궁극적으로 100% 지급 준비정책에 대해 다시 생각하기 시작할지 모른다. 사람들이 예금한 돈을 고스란히 은행 금고에 묵히지 말고 대출을 해주면 어떨까? 새집을 사려는 가정이나 새 공장을 지으려는 기업, 대학등록금을 마련하려는 대학생들은 기꺼이 이자를 내고 돈을 빌리려 할 것이다. 물론 제1은행은 예금자들이 예금을 인출하러 찾아올 경우에 대비하여 어느 정도의 현금을 지급준비금으로 남겨두어야 한다. 그러나 새로 들어오는 예금의 규모가 인출 규모와 비슷하다면 예금액의 일부만 지급준비금으로 남겨두면 될 것이다. 이렇게 해서 제1은행은 이른바 부분 지급준비제도(fractional-reserve banking) 방식의 은행 영업을 채택한다.

예금 중에서 은행들이 지급준비금으로 보유하는 금액의 비율을 지급준비율(reserve ratio)이라고 한다. 지급준비율은 정부규제와 은행들의 자체적인 정책의 영향을 받는다. 다음 장에서 좀더 상세히 설명하겠지만 중앙은행은 은행들이 보유해야 하는 지급준비금의 최저치, 즉 법정지급준비금(reserve requirement)을 규정한다. 이에 더하여 은행들은 현금 부족 사태를 겪지 않도록 하기 위해 추가로 지급준비금을 보유하는데, 이를 초과지급준비금(excess reserves)이라고 한다. 여기에서는 지급준비율이 주어진 것으로 가정하고 부분 지급준비제도하의 은행들이 통화 공급에 어떤 영향을 미치는지 살펴볼 것이다.

이제 제1은행의 지급준비율이 10%라고 하자. 이 경우 제1은행은 예금의 10%를 지급준비금으로 남겨두고 나머지 90%를 대출한다. 이 은행의 T-계정을 다시 살펴보자.

제1은행

자산		부채	
지급준비금	$10	예금	$100
대출	90		

제1은행이 대출을 시작했더라도 예금자들의 인출 요구에 응해야 하는 의무는 변함이 없기 때문에 이 은행의 부채는 전과 같이 100달러다. 그러나 이 은행의 자산은 이제 두 종류다. 하나는 금고에 보관한 지급준비금 10달러고, 다른 하나는 사람들에게 빌려준 대출금 90달러다(대출금은 대출을 받은 사람들의 입장에서는 부채지만, 은행의 입장에서는 차입자들에게 돌려받을 돈이므로 자산이다). 전체적으로 제1은행의 자산과 부채는 여전히 일치한다.

이 경제의 통화량에 대해 다시 생각해보자. 제1은행이 대출을 하기 전에는 통화량이 은행 예금 100달러였다. 그러나 은행이 대출을 하면 통화량이 증가한다. 예금자들은

여전히 100달러의 은행 예금을 보유하며, 대출을 받은 사람들은 현금 90달러를 가지고 있다. 통화량은 현금과 예금의 합이므로 190달러다. 이와 같이 은행이 예금의 일부만을 지급준비금으로 보유하고 나머지를 대출하면 은행은 예금통화라는 화폐를 창출하는 것이다.

처음 보면 부분 지급준비제도에 따른 화폐 창출이 너무 신기해서 믿기 어려울 것이다. 은행이 무에서 유를 창조하는 것처럼 보일 테니 말이다. 그러나 제1은행이 지급준비금의 일부를 대출하여 화폐를 창출하더라도 재산이 늘어나지는 않는다는 사실에 주목하면 화폐 창출이 처음 생각한 것처럼 신기하지 않을 것이다. 대출을 받은 사람들은 현금이 생겼으므로 재화와 서비스를 구입할 수 있는 능력이 커졌다. 그러나 그만큼 은행 빚도 늘었으므로 이 사람들이 더 부자가 된 것은 아니다. 다시 말하면 은행이 차입자들에게 화폐라는 자산과 동시에 그에 상응하는 화폐를 빌린 사람들의 부채를 창출해 낸 것이다. 화폐 창출 과정이 완료되면 교환의 매개수단으로 쓰이는 화폐의 양이 늘어서 경제의 유동성이 증가하지만, 경제가 종전에 비해 더 부유해진 것은 아니다.

21-3c 예금통화 승수

화폐 창출 과정은 제1은행에서 끝나는 것이 아니다. 이제 제1은행에서 대출받은 사람들이 그 현금으로 물건을 구입하고, 물건을 판 사람이 그 돈을 제2은행에 예금한다고 하자. 제2은행의 T-계정은 다음과 같다.

제2은행

자산		부채	
지급준비금	\$ 9	예금	\$90
대출	81		

제2은행이 예금을 받고 나면 90달러의 부채가 발생한다. 이 은행의 지급준비율이 10%라면 예금액 90달러 중에서 9달러는 지급준비금으로 남겨두고 나머지 81달러는 대출할 것이다. 이러한 방식으로 제2은행은 81달러의 화폐를 창출한다. 이 81달러가 궁극적으로 제3은행에 예금되고, 제3은행의 지급준비율 역시 10%라면 8.10달러를 지급준비금으로 보유하고, 나머지 72.90달러를 누군가에게 대출해줄 것이다. 제3은행의 T-계정은 다음과 같다.

제3은행

자산		부채	
지급준비금	\$ 8.10	예금	\$81
대출	72.90		

이러한 과정은 계속될 것이다. 이 과정에서 화폐가 예금되고 그 일부가 은행에서 대출될 때마다 화폐가 창출된다.

궁극적으로 창출되는 화폐의 양은 얼마일까? 합산해보자.

최초예금	= \$100.00
제1은행 대출	= \$ 90.00 [=0.9×\$100]
제2은행 대출	= \$ 81.00 [=0.9×\$90]
제3은행 대출	= \$ 72.90 [=0.9×\$81]
⋮	⋮
통화량 증가액 합계	= \$1,000.00

이 과정은 무한정 계속될 수 있지만 화폐가 무한정 창출되는 것은 아니다. 이 예에서 무한 등비급수의 합을 구해보면 100달러의 지급준비금이 1,000달러의 화폐를 창출한 결과가 나온다. 1달러의 지급준비금으로 은행제도가 창출하는 화폐의 양을 예금통화 승수(money multiplier : 신용 승수라고도 한다 – 역자주)라고 한다. 앞에서 설명한 가상적인 경제에서는 100달러의 지급준비금에서 1,000달러의 예금통화가 창출되었으므로 예금통화 승수는 10이다.

예금통화 승수 1달러의 지급준비금으로 은행제도가 창출할 수 있는 예금통화의 양

예금통화 승수의 크기를 결정하는 요인은 무엇일까? 답은 간단하다. 예금통화 승수는 지급준비율의 역수다. 모든 은행의 지급준비율을 R이라 하면 1달러의 지급준비금이 $1/R$달러의 화폐를 창출한다. 우리의 예에서 $R=0.1$이므로 예금통화 승수는 10이다.

예금통화 승수가 지급준비율의 역수라는 공식은 직관적으로 그럴듯하다. 어떤 은행이 예금을 1,000달러 보유하고 지급준비율이 10분의 1(10%)이라면 은행은 100달러를 지급준비금으로 남겨두어야 한다. 이것을 거꾸로 생각해보면 예금통화 승수가 나온다. 은행권 전체가 지급준비금으로 100달러를 보유한다면 예금 총액은 1,000달러가 되어야 한다. 다시 말해서 지급준비율(각 은행이 예금 중에서 지급준비금으로 보유하는 금액의 비율)이 R라면 예금통화 승수(은행 전체의 예금과 지급준비금의 비율)는 $1/R$이 되어야 한다.

이 공식은 은행들이 창출할 수 있는 예금통화가 어째서 지급준비율에 달렸는지 보여준다. 지급준비율이 20분의 1(5%)이라면 은행제도 전체는 지급준비금의 20배에 해당하는 예금을 창출할 수 있고, 예금통화 승수는 20이 된다. 즉 1달러의 지급준비금으로 20달러의 예금이 창출되는 것이다. 지급준비율이 4분의 1(25%)이라면 은행 전체의 예금은 지급준비금의 4배가 된다. 따라서 예금통화 승수는 4이고, 지급준비금 1달러당 4달러의 예금이 창출되는 것이다. 이와 같이 지급준비율이 높을수록 은행 예금 중에서 대출되는 금액이 줄어들어 예금통화 승수가 작아진다. 극단적으로 100% 지급준비제도하에서는 지급준비율이 1이므로 예금통화 승수는 1이고, 은행들은 화폐를 창출할

수 없다.

21-3d 은행자본, 레버리지, 그리고 2008~2009 금융 위기

앞 절에서는 은행들이 어떻게 작동하는지에 대해 매우 단순하게 설명했다. 그러나 현대 은행업의 현실은 좀더 복잡하며 이러한 복잡성이 2008년과 2009년의 금융 위기에서 중요한 역할을 했다. 금융 위기에 대해 알아보기 전에 실제로 은행들이 어떻게 작동하는지에 대해 좀더 배울 것이 있다.

지금까지 살펴본 은행 대차대조표에서는 은행이 예금을 받아서 대출해주거나 지급준비금으로 보유했다. 좀더 현실적으로 말하면 은행은 예금을 통해서뿐 아니라 다른 기업들과 마찬가지로 주식 발행과 차입을 통해서도 재원을 조달한다. 은행이 주주들에게 주식을 발행해서 조달하는 재원을 은행자본(bank capital)이라고 한다. 은행은 주주들의 이윤을 창출하기 위해 이 재원을 다양한 방법으로 활용한다. 은행은 대출을 하거나 지급준비금으로 보유할 뿐 아니라 주식과 채권 같은 증권을 매입하기도 한다.

은행자본 은행 주주들이 은행에 출자한 자금

보다 현실적인 은행 대차대조표의 예는 다음과 같다.

보다 현실적인 은행

자산		부채 및 자기자본	
지급준비금	$200	예금	$800
대출	700	차입금	150
증권	100	자기자본	50

대차대조표 오른쪽(대변)에는 은행의 부채와 자본(자기자본이라고도 함)이 있다. 이 은행은 주주들로부터 50달러의 재원을 조달했다. 또한 예금으로 800달러, 차입을 통해 150달러를 조달했다. 이렇게 조달한 1,000달러는 세 가지 방식으로 운용되었다. 그 항목들은 은행의 자산을 나타내는 대차대조표 왼쪽(차변)에 표기되어 있다. 이 은행은 200달러를 지급준비금으로 보유하고 700달러를 대출해주었으며 국채나 회사채 같은 증권을 100달러 매입했다. 은행은 각 자산 유형의 위험과 수익, 지급준비금에 관한 규제 등 은행의 선택을 제한하는 규제들을 감안하여 재원을 배분한다.

회계 규칙에 따라 대차대조표 왼쪽에 있는 지급준비금, 대출금, 보유 증권의 합은 오른쪽에 있는 예금, 차입금, 자본의 합과 항상 같아야 한다. 이 항등식에는 어떤 마술도 없다. 이 식이 성립하는 것은 자기자본이 은행의 자산(지급준비금, 대출금, 보유 증권)에서 부채(예금과 차입금)를 뺀 금액으로 정의되기 때문이다. 따라서 대차대조표의 왼쪽과 오른쪽의 합은 늘 같아야 한다.

많은 기업은 레버리지(leverage)를 사용한다. 즉 보유 재원에 차입금을 더하여 투자 재원을 조달한다. 어떤 기업이 차입을 통해 투자 프로젝트의 재원을 마련한다면 그 기

레버리지 기존의 자금에 차입한 자금을 더하여 투자 재원을 마련하는 것

업은 레버리지를 이용하는 것이다. 그러나 레버리지는 은행들에게 특히 중요하다. 차입과 대출이 은행업의 핵심이기 때문이다. 따라서 은행업을 완전히 이해하려면 레버리지가 어떻게 작동하는지를 이해하는 것이 매우 중요하다.

레버리지 비율 은행의 자산을 자기자본으로 나눈 비율

레버리지 비율(leverage ratio)은 은행의 총자산을 자기자본으로 나눈 비율이다. 이 예에서 레버리지 비율은 1,000/50달러, 즉 20이다. 레버리지 비율이 20이라는 것은 은행 주주들이 내놓은 자기자본 1달러당 20달러의 자산이 있다는 뜻이다. 이 20달러의 자산 중 19달러는 예금이나 차입금 등 부채로 조달된 것이다.

여러분은 과학 과목에서 지렛대가 힘을 확대할 수 있다는 사실을 배웠을지 모르겠다. 스스로의 힘으로 움직일 수 없는 돌을 지렛대를 이용하면 좀더 쉽게 움직일 수 있다. 비슷한 결과가 은행 레버리지에서도 나타난다. 이러한 확대 과정을 이해하기 위해 우리의 사례를 이용한 설명을 계속해보자. 예컨대 은행이 보유하고 있는 증권의 가격이 상승하여 은행 자산이 5% 증가한다고 하자. 이제 은행의 자산가치는 1,000달러가 아닌 1,050달러가 된다. 예금과 차입금의 합은 여전히 950달러이기 때문에 은행의 자기자본은 50달러에서 100(1,050−950)달러로 증가한다. 따라서 레버리지 비율이 20인 경우에 자산가치가 5% 증가하면 자기자본은 100% 증가하는 것이다.

같은 원리는 반대 방향으로도 작용하지만 이 경우 골치 아픈 결과를 가져온다. 은행으로부터 돈을 빌린 사람이 대출금을 갚지 못하게 되어 은행의 자산가치가 1,000달러에서 950달러로 5% 감소한다고 하자. 은행은 예금자와 채권자들에게 여전히 950달러를 갚아야 하므로 은행의 자기자본은 50달러에서 0(950−950)달러로 감소한다. 따라서 레버리지 비율이 20인 경우에 자산가치가 5% 감소하면 자기자본은 100% 감소한다. 이 예에서 자기자본이 100% 이상 감소하면 은행의 자산이 부채보다 작아진다. 이 경우 은행은 채권자와 예금주들에게 돈을 전액 돌려줄 수 없는 지급 불능 상태가 된다.

자본금 규제 은행 자기자본금의 최소 규모를 규정하는 정부규제

은행규제 당국은 은행들이 일정액의 자본을 보유하도록 요구한다. 이러한 자본금 규제(capital requirement)의 목적은 은행이 정부가 제공하는 예금보험에 의지하지 않고 예금을 전액 돌려줄 수 있도록 하려는 것이다. 요구되는 자본 규모는 은행이 보유하는 자산 유형에 따라 결정된다. 다른 조건이 같다면, 신용이 의심스러운 차입자들에게 제공한 대출금처럼 위험한 자산을 보유한 은행들은 국채와 같은 안전한 자산을 보유한 은행들에 비해 더 많은 자본을 보유해야 할 것이다.

은행들의 자본금이 최소 자본금을 충족시킬 수 없을 정도로 줄어들면 경제적 혼란이 발생할 수 있다. 한 가지 사례로 2007년과 2008년에 많은 은행은 특히 주택담보대출(모기지론)과 이 대출 채권을 기초로 발행한 증권 등 보유 자산에 상당한 손실을 입고 나서 자본금이 너무 작다는 것을 알게 되었다. 자본금이 부족해지자 은행들은 대출을 줄였고 이러한 신용경색은 심각한 경기침체로 이어졌다(여기에 대해서는 23장에서 좀더 상세히 설명하기로 한다). 이 문제를 해결하기 위해 미국 재무부는 연방준비제도와 협

력하여 은행 자본금을 증가시키기 위해 수십 억 달러의 공적 자금을 은행 시스템에 투입했다. 그 결과 미국의 납세자들은 당분간 많은 은행의 주주가 된 셈이다. 이러한 이례적인 정책의 목적은 은행 시스템의 자본금을 재충전하여 은행 대출을 정상화하려는 것이었고, 실제로 2009년 후반에 은행 대출은 정상화되었다.

간단한 퀴즈

5. 어떤 사람이 지갑에 있던 현금 100달러를 은행 요구불예금에 예금한다. 이 은행이 예금 전액을 지급준비금으로 보유한다면 통화량은 (　　　). 그러나 만일 은행이 예금 100달러 중 일부를 대출해준다면 통화량은 (　　　).

a. 증가한다, 더 많이 증가한다.
b. 증가한다, 덜 증가한다.
c. 변하지 않는다, 증가한다.
d. 감소한다, 덜 감소한다.

6. 만일 지급준비율이 4분의 1이고 중앙은행이 은행 전체의 지급준비금을 120달러 늘린다면 통화량은 (　　　) 증가한다.

a. 90달러
b. 150달러
c. 160달러
d. 480달러

7. 어떤 은행의 자본금이 200달러고 레버리지 비율이 5라고 한다. 만일 이 은행의 자산가치가 10% 하락하면 자본금은 얼마나 감소하겠는가?

a. 100달러
b. 150달러
c. 180달러
d. 185달러

정답은 각 장의 끝에

21-4 중앙은행의 통화량 조절

앞에서 설명한 바와 같이 미국에서는 중앙은행인 연방준비제도가 화폐의 공급을 통제하는 책임을 진다. 이제 부분 지급준비제도가 어떻게 작동하는지 배웠으므로 중앙은행이 통화량을 어떻게 통제하는지 좀더 잘 알았을 것이다. 중앙은행이 화폐 공급량을 조절하기로 결정하면 중앙은행의 행동이 은행제도를 거쳐 어떤 결과를 가져올지 생각해봐야 한다.

중앙은행은 통화량을 조절하기 위해 사용할 수 있는 다양한 수단을 보유하고 있다. 이들 수단은 지급준비금의 규모에 영향을 미치는 수단과 지급준비율, 따라서 통화 승수에 영향을 미치는 수단 등 두 가지로 구분할 수 있다.

21-4a 지급준비금 조절

연방준비제도가 통화 공급을 변동시키는 첫 번째 방법은 지급준비금의 변동을 통해서다. 연방준비제도는 공개시장조작을 통해 채권을 매입 또는 매각하거나 은행들에게 자금을 대출하는 방식(혹은 두 가지의 조합)을 통해 경제 전체의 지급준비금의 양을 조절한다. 이제 하나씩 살펴보기로 하자.

공개시장조작 중앙은행이 민간에게서 국채를 사거나 파는 행위

공개시장조작 공개시장조작(open-market operations)은 중앙은행이 민간에게서 국채를 사거나 파는 행위를 말한다. 연방준비제도가 화폐 공급을 늘리려면 뉴욕 연방준비은행에 지시하여 국채시장에서 국채를 사들이도록 한다. 연방준비제도는 국채 매입대금을 새로 창출한 달러로 지급함으로써 달러의 수량을 늘리게 된다. 이 자금의 일부는 현금으로 보유되고 일부는 예금된다. 현금이 증가하면 그 증가액과 정확히 같은 금액만큼 통화량이 증가한다. 그러나 은행에 예금되는 자금은 통화량을 더 큰 폭으로 증가시킨다. 예금으로 인해 지급준비금이 늘고 은행이 창출할 수 있는 화폐의 양도 증가하기 때문이다.

반대로 연방준비제도가 통화량을 줄이고 싶을 때는 국채를 매각한다. 연방준비은행에서 국채를 구입한 사람들은 자신들이 보유한 현금이나 은행 예금으로 구입대금을 지불한다. 따라서 시중에 유통되는 화폐의 양은 줄어든다. 또 사람들이 은행에서 예금을 인출함에 따라 은행의 지급준비금이 줄어들고, 이에 대처하여 은행들이 대출을 줄이므로 화폐 창출 과정이 거꾸로 작용하여 통화량이 줄어든다.

공개시장조작은 집행하기 쉽다. 사실 중앙은행이 민간에게서 국채를 매입 혹은 매각하는 행위는 개인들이 보유 자산의 구조를 조정하기 위해 시행하는 거래와 비슷하다(물론 두 개인이 서로 국채를 사고팔면 돈의 주인이 바뀔 뿐, 시중에 유통되는 화폐의 양은 변하지 않는다). 그뿐 아니라 연방준비제도는 주요 법률이나 은행 관련 규정을 변경하지 않고도 공개시장조작을 통해 언제든지 통화량을 소폭 혹은 대폭 조절할 수 있다. 그렇기 때문에 공개시장조작은 중앙은행이 가장 자주 사용하는 통화정책 수단이다.

시중은행에 대한 대출 미국의 연방준비제도는 시중은행들에게 지급준비금을 빌려줌으로써 지급준비금을 증가시킬 수 있다. 은행들이 은행규제를 충족시키기 위해, 예금자들의 인출 요구에 응하기 위해, 신규 대출을 위해, 또는 사업상의 다른 이유로 지급준비금이 충분하지 못하다고 판단하면 연방준비제도로부터 자금을 차입할 수 있다.

재할인율 연방준비제도가 은행들에게 제공하는 대출에 대해 부과하는 이자율

은행들은 연방준비제도로부터 다양한 방식으로 자금을 빌릴 수 있다. 전통적으로 은행들은 연방준비제도의 재할인 창구로부터 자금을 차입하고 재할인율(discount rate)이라고 부르는 이자를 지급한다. 연방준비제도가 은행에게 이러한 자금을 대출하면 은행 시스템의 지급준비금이 증가하고, 따라서 보다 많은 통화를 창출할 수 있다.

연방준비제도는 재할인율을 조절함으로써 통화 공급을 변동시킬 수 있다. 재할인율을 인상하면 은행들은 연방준비제도로부터 차입을 꺼리게 되어 은행 시스템 내의 지급준비금이 감소하고 이에 따라 통화 공급도 감소한다. 반대로 재할인율이 낮아지면 은

행들이 연방준비제도로부터 차입을 늘리게 되고 이에 따라 지급준비금과 통화량이 증가한다.

때로는 연방준비제도가 은행들이 연방준비제도로부터 대출을 받을 수 있는 다른 장치들을 만들었다. 예컨대 2007년부터 2010년까지 기간물입찰제도(Term Auction Facility, TAF)를 통해 연방준비제도가 은행들에게 빌려줄 수 있는 자금 규모를 정해놓고 자격을 갖춘 은행들이 입찰을 통해 대출을 받도록 했다. 입찰에 참여한 은행들 중 수용 가능한 담보를 보유하고 가장 높은 이자를 내겠다는 은행들이 대출을 받았다. 연방준비제도가 대출 가격(이자율)을 정해놓고 은행들이 차입 금액을 결정하는 재할인 창구와 달리, TAF의 경우에는 연방준비제도가 대출 총액을 결정하고 은행들 간의 경쟁 입찰을 통해 가격이 결정된다. 연방준비제도가 이러한 기구들을 통해 더 많은 자금을 공급할수록 지급준비금과 통화량은 증가한다.

연방준비제도는 통화량을 조절하기 위해서 뿐 아니라 어려움에 처한 금융기관들을 지원하기 위해 은행들에게 대출을 해 준다. 예를 들어 1987년 10월 19일에 주가가 22% 폭락했을 때 월가의 많은 중개기관은 일시적으로 거액의 주식 거래자금을 충당할 자금의 부족을 겪었다. 다음 날 아침 증시가 개장하기 전에 연방준비제도이사회 그린스펀 의장은 '경제와 금융 시스템을 지원하기 위해 유동성을 공급할 준비가 되어 있다'라고 선언했다. 많은 경제학자는 증시 폭락에 대한 그린스펀의 이러한 대응이 사태의 파장을 줄인 중요한 이유였다고 믿고 있다.

비슷한 사례로 2008년과 2009년에는 미국 전역의 주택 가격이 하락하면서 많은 주택 소유자가 주택담보대출 원리금을 상환하지 못하게 되었고, 이로 인해 이들 대출 채권을 보유한 금융기관들이 어려움을 겪었다. 이 사태가 경제 전체에 미칠 파장을 막기 위해 연방준비제도는 곤경에 빠진 많은 금융기관에게 수십 억 달러의 자금을 공급했다.

21-4b 연방준비제도가 지급준비율에 영향을 미치는 방법

중앙은행은 지급준비금 규모에 영향을 미치는 방법 말고도 지급준비율과 그를 통해 통화 승수에 영향을 미침으로써 통화량을 조절한다. 연방준비제도는 은행들이 의무적으로 보유해야 하는 지급준비금 규모를 규제하거나 은행들의 지급준비예치금에 대해 지급하는 이자율을 통해서 지급준비율에 영향을 미칠 수 있다. 이제 이상의 통화정책 수단에 대해 하나씩 살펴보자.

법정 지급준비율 중앙은행이 지급준비율에 영향을 미치는 또 다른 방법은 법정 지급준비율이다. 법정 지급준비율(reserve requirements)이란 은행들이 예금액 중에서 의무적으로 보유해야 하는 지급준비금의 최저 비율을 규제하는 것이다. 법정 지급준비율은 은행들이 주어진 금액의 지급준비금으로 창출할 수 있는 화폐의 양에 영향을 준다. 법

법정 지급준비율 은행들이 예금액 중에서 의무적으로 보유해야 하는 지급준비금의 최저 비율

정 지급준비율을 인상하면 은행들은 더 많은 지급준비금을 보유해야 하므로 예금액 중에서 대출할 수 있는 금액이 줄어든다. 따라서 예금통화 승수가 작아지고 통화량이 줄어든다. 반대로 법정 지급준비율을 인하하면 예금통화 승수가 커지고 통화량은 증가한다.

그러나 법정 지급준비율의 잦은 변동은 은행 영업에 혼란을 줄 수 있으므로 중앙은행은 여간해서는 법정 지급준비율을 조정하지 않는다. 예를 들어 중앙은행이 법정 지급준비율을 인상하면 일부 은행들에서는 예금이 줄지 않더라도 지급준비금 부족 사태가 발생할 수 있다. 이 경우 은행들은 새로 요구되는 지급준비금을 맞출 때까지 대출을 줄여야 한다. 게다가 최근에는 많은 은행들이 초과지급준비금(법정준비금보다 더 많은 준비금)을 보유하고 있어서 이 방법은 점점 효과가 떨어지고 있다.

지급준비금에 대한 이자 지급 전통적으로 은행들이 보유한 지급준비금에는 이자가 붙지 않는다. 그러나 2008년 10월에 연방준비제도는 지급준비금에 대해 이자를 지급하기 시작했다. 즉 은행이 지급준비금을 연방준비제도에 예금하면 이 예금에 대해 연방준비제도가 이자를 지급한다. 결과적으로 연방준비제도는 경제에 영향을 미칠 수 있는 또 하나의 수단을 갖게 되었다. 지급준비금에 대한 이자율이 높을수록 은행들은 더 많은 지급준비금을 보유하려고 한다. 따라서 지급준비금에 대한 이자율을 인상하면 지급준비율이 상승하고 통화 승수가 작아져서 통화량이 감소한다.

21-4c 통화량 조절상의 문제점

공개시장조작, 은행에 대한 대출, 법정 지급준비율, 지급준비금에 대한 이자 등 중앙은행의 다양한 정책수단은 통화량에 강력한 영향을 미친다. 그렇다고 해서 중앙은행이 통화량을 정확하게 통제할 수 있는 것은 아니다. 중앙은행은 두 가지 문제와 씨름하는데, 두 문제는 모두 통화량이 대부분 부분 지급준비제도에 의해 창출되기 때문에 발생한다.

첫째 문제점은 가계들이 예금 형태로 보유하려는 화폐의 양을 중앙은행이 통제할 수 없다는 것이다. 가계가 예금을 많이 할수록 은행의 지급준비금이 늘고, 이를 토대로 은행 전체가 더 많은 화폐를 창출할 수 있다. 반대로 가계가 예금을 적게 할수록 은행의 지급준비금이 줄고, 은행 전체에서 창출될 수 있는 화폐의 양도 감소한다. 이러한 사실이 왜 문제가 될 수 있는지 이해하기 위해, 어느 날 사람들이 은행제도를 불신하게 되어 예금을 인출해서 현금으로 보유한다고 가정해보자. 이렇게 되면 은행 전체의 지급준비금이 줄어 통화 창출이 위축된다. 따라서 중앙은행이 아무런 행동을 취하지 않아도 통화량은 줄어든다.

통화량 통제의 둘째 문제점은 은행들이 대출하려는 금액을 중앙은행이 통제할 수 없다는 것이다. 일단 돈이 은행에 예금되면 은행이 대출을 해야 더 많은 화폐가 창출된다. 그러나 은행들은 법정지급준비금보다 많은 지급준비금, 즉 초과지급준비금을 보유할 수 있다. 이러한 초과지급준비금을 보유하는 것이 통화량을 조절하는 데 어떤 문제를 일으키는지 이해하기 위해, 어느 날 은행들이 경제 여건에 대해 좀더 보수적인 태도를 취하여 대출을 줄이고 지급준비금을 늘린다고 가정해보자. 이렇게 되면 은행 전체의 예금 창출액이 줄어든다. 즉 은행들의 자체적인 의사결정으로 통화량이 줄어드는 것이다.

이와 같이 부분 지급준비제도하에서 통화량은 부분적으로 예금자들과 은행들의 행동에 따라 영향을 받는다. 중앙은행이 이들의 행동을 정확하게 통제하거나 예측할 수 없기 때문에 통화량을 완벽하게 통제하는 것은 불가능하지만, 중앙은행이 방심하지 않는다면 이러한 것들은 큰 문제가 되지 않는다. 실제로 미국의 중앙은행은 매주 시중은행들에게서 예금과 지급준비금에 대한 자료를 수집하여 예금자들이나 은행들의 행동에 일어나는 변화를 곧 감지할 수 있다. 따라서 중앙은행은 이러한 변화에 적절히 대처하여 통화량을 원하는 수준으로 유지할 수 있다.

은행 예금 인출 사태와 통화량

여러분은 실제로 은행 예금 인출 사태(bank run)를 직접 겪어보지 않았을 가능성이 높지만 「메리 포핀스(Mary Poppins)」나 「멋진 인생(It's a Wonderful Life)」 같은 영화를 통해 어떤 것인지 보았을지도 모르겠다. 은행 예금 인출 사태는 예금자들이 은행이 재무적으로 어려움에 처해 있을 것으로 우려하여 예금을 찾으러 은행으로 달려갈 때 발생한다. 근래에 미국에서는 예금 인출 사태가 없었지만 영국에서는 2007년 노던록(Northern Rock)이라는 은행에 예금 인출 사태가 발생했고, 그 결과 이 은행은 정부가 인수했다.

부분 지급준비제도하에서 은행 예금 인출 사태는 심각한 문제를 일으킬 수 있다. 각 은행은 예금의 일부만 지급준비금으로 보유하므로 모든 예금자의 인출 요구를 동시에 충족시킬 수 없다. 은행의 재무 상태가 건전(solvent)하더라도(자산이 부채보다 많더라도) 모든 예금자의 인출 요구에 응할 만큼 충분한 현금을 보유하지는 않는다. 따라서 예금 인출 사태가 발생하면 그 은행은 일단 문을 닫고 일부 대출을 회수하거나 예금을 돌려주는 데 필요한 현금을 최종 대부자(중앙은행)에게서 차입할 때까지 영업을 중단하는 수밖에 없다.

은행 예금 인출 사태는 통화량을 통제하기 어렵게 만든다. 이러한 문제가 실제로 1930년대 미국의 대공황 기간에 발생한 적이 있다. 한바탕 은행 예금 인출 사태와 은행 폐쇄가 벌어진 뒤 가계와 은행가들은 더 신중해졌다. 가계는 은행에 돈을 맡기기보다는 예금을 찾아서 현금으로 보유하고 싶어했다. 한편 은행들은 장차 예금 인출 사태

MOVIESTORE COLLECTION LTD/ALAMY STOCK PHOTO

별로 좋을 게 없는 은행 예금 인출 사태

가 발생할 경우 예금자들의 인출 요구를 수용하는 데 필요한 현금을 확보하기 위해 지급준비율을 높였다. 지급준비율이 높아짐에 따라 예금통화 승수가 하락하고 화폐 공급도 줄었다. 실제로 1929년부터 1933년 사이에 연방준비제도가 화폐 공급을 의도적으로 줄이려 하지 않았음에도 불구하고 화폐 공급이 28% 감소했다. 여러 경제학자들은 이와 같은 화폐 공급의 급격한 감소가 높은 실업률과 물가 하락을 초래했다고 지적한다(화폐 공급량의 변화가 실업과 물가에 영향을 미치는 메커니즘에 대해서는 나중에 공부할 것이다).

오늘날 예금 인출 사태는 미국의 은행 시스템이나 연방준비제도의 입장에서 볼 때 중요한 문제가 아니다. 연방 정부는 주로 연방예금보험공사(Federal Deposit Insurance Corporation, FDIC)를 통해 대부분의 은행 예금의 안전성을 보장하고 있다. 은행이 파

제킬섬으로의 여행

아래 기사는 미국 연방준비제도의 탄생에 관한 얘기다.

연방준비제도 창립에 관한 소설보다도 이상한 얘기

Roger Lowenstein

여론조사에 따르면, 미국에서 국세청을 제외하고는 연방준비제도보다 더 낮은 평가를 받는 기관이 없다. 연방준비제도는 미국 화폐를 타락시키고 궁극적으로는 나라를 파산시킬 것이라고 주장하는 과격한 자유주의자들에 의해 조장된 음모론의 원천이다.

만일 연방준비제도가 2008년 금융위기 때 개입하여 금융 시스템을 살려내지 못했더라면 이처럼 인기가 없을 법도 하다. 그러나 사실은 연방준비제도가 미국 경제를 구해냈다.

그럼에도 불구하고 의회에는 불만이 남아 있어서 연방준비제도의 자율성을 박탈하고 민감한 통화정책 의사결정이 선출된 정치인들의 엄밀한 감시하에 두려는 다양한 법안이 제출돼 있다. 어떤 법안들은 한 걸음 더 나아가 금본위제도로 돌아가는 방안을 모색하고 있다.

효과적인 정책을 수행하고도 인기영합주의자들의 조롱을 받는 이러한 역동적인 상황은 중앙은행의 감시자들에게는 전혀 새로울 게 없다. 미국에서는 늘 그래 왔기 때문이다.

알렉산더 해밀턴의 주장으로 미 의회는 1791년에 중앙은행 설립 법안을 처음으로 제정했다. 그러나 은행들을 불신한 것으로 잘 알려져 있고 (그는 은행보다 농업이 더 도덕적이라고 생각했다) 강력한 중앙정부를 두려워했던 토마스 제퍼슨은 이 상황에 반대했다. 20년 후에 제퍼슨파들이 이겼고 의회는 은행 설립 법안의 시효가 소멸되도록 내버려 뒀다.

이러한 결정은 엄청난 인플레이션이란 재앙을 초래했다. 그래서 의회는 두 번째 중앙은행 설립 법안을 입법했고, 1817년에 영업을 개시한 이 은행은 성장하는 국가 미국에 더 나은 균일한 화폐를 제공했으며 정부 재정도 개선했다. 그러나 이러한 성공도 이 은행을 살릴 수는 없었다. 앤드루 잭슨(Andrew Jackson)은 이 은행을 동부 엘리트들을 위한 수단이라고 경멸했고 결국 이 은행도 폐쇄됐다.

19세기 대부분의 기간 동안 미국에는 대부분의 유럽 국가와 달리 최종대부자(중앙은행)가 없었다. 그 결과 금융 패닉과 신용 부족이 자주 발생했다. 그러나 자금을 절실히 필요로 했던 농부들과 같이 중앙은행으로부터 가장 큰 이득을 보았을 만한 바로 그 사람들이 중앙은행이 없는 상태를 더 좋아했다. 그 이전의 잭슨이나 제퍼슨처럼 이들도 정부 은행은 아마도 월가와 한패가 되어 국민들에게 폭정을 휘두를 것이라고 두려워했던 모양이다.

1907년에 발생한 금융 패닉으로 은행제도가 실질적으로 붕괴된 후 개혁가들이 다시 한 번 중앙은행의 설립을 시도했다. 그러나 대중의 불신이 너무 명백해서 이들은 공개적으로 작업 추진하기를 두려워했다.

훗날 한 할리우드 극작가에 의해 포착된 이 얘기가 일어난 때가 이 무렵(105년 전)이다.

1910년 11월 어느 날 저녁, 로드 아일랜드 주 출신 공화당의 유력 상원의원인 넬슨 올드리치(Nelson W. Aldrich)는 뉴욕 근처에서 그의 개인 기차에 올랐다. 눈이 내리는 소리는 그가

산하더라도 예금자들은 자신들의 예금이 보호된다는 확신이 있으므로 예금 인출 사태를 일으키지 않는다. 정부의 예금보험 정책에는 비용이 따른다. 예금보험이 있으면 은행들은 위험이 높은 대출을 회피할 유인이 별로 없다. 그러나 예금보험 제도로 인해 은행제도의 안정성이 높아졌기 때문에 예금 인출 사태는 영화에서나 볼 수 있는 일이 되었다. ●

21-4d 연방기금 금리

미국의 통화신용 정책에 대한 뉴스에는 연방기금 금리에 관한 얘기가 많이 나온다. 이와 관련해서 몇 가지 질문이 제기된다.

초대한 손님들의 조용하고 은밀한 대화 소리를 거의 들리지 않게 만들었다. 이것이 올드리치 의원이 정확히 원한 바였다.

손님 중 한 사람인 개혁 성향의 은행가 폴 워버그(Paul Warburg)는 사냥용 총을 들고 있었지만 사냥에는 관심이 없었다. 일행 중에는 모건 은행의 강력한 위원 한 명, 재무부 차관보, 그리고 미국 최대 은행인 내셔널 시티(National City) 은행장인 프랭크 밴더립(Frank Vanderlip) 등도 있었다.

"우리가 무슨 일을 하게 됩니까?"라고 밴더립씨가 물었다.

"야생 거위 사냥일 수도 있고, 여러분과 내가 지금까지 한 일 중에 가장 중요한 일이 될 수도 있을 겁니다."라고 워버그 씨가 답했다.

오리 사냥꾼들을 가장한 일행은 조지아주 브런즈윅을 출발하여 소나무와 팔메토 야자나무 숲으로 둘러싸인 배타적 클럽이 있는 제킬섬으로 보트를 타고 이동했다. 그리고 일주일 동안 올드리치 의원과 함께 간 은행 관계자들은 나중에 연방준비제도 법이 되어 미국 경제를 영원히 바꿔 놓을 문건의 초안을 작성하게 된다.

의회에는 올드리치 법안이 월가 인사들에 의해 작성됐다는 사실을 말해 주지 않았다. 이 법안은 통과되지 못했지만 그 후속 법안으로 1913년에 윌슨 대통령이 서명하게 될 연방준비제도 법의 기초가 됐다. 여러 해가 지난 뒤 제킬섬으로의 여행이 공개되자 극단주의자들은 소설보다 더 이상한 이 사건을 트집 잡아 연방준비제도가 미국 국민들에 대한 은행가들의 음모였다고 주장했다. 음모론자들에게는 제킬섬에서 이루어진 은행가들의 비밀회의가 연방준비제도 자체에 대한 상징이 됐다. 중앙은행에 대한 미국인들의 비이성적인 의심을 걱정해서 올드리치 의원과 그 일행이 택한 추진 방식이 궁극적으로 중앙은행에 대한 국가적 편집증을 심화시켰다는 사실은 명백히 역설적이다.

그들의 은밀한 계책에도 불구하고 은행가들의 동기는 사실 애국적이었다. 올드리치 의원은 유럽을 방문하여 중앙은행들을 연구했고 미국에도 그에 상응하는 기관을 만들기 위한 전문적 도움을 받고자 했다. 그리고 올드리치 의원과 함께한 부유한 은행가들은 야생 터키 고기와 갓 채취한 굴이 나오는 호화로운 식사들 사이사이에 '경제에 대한 통제권을 연방 정부와 지방 정부가 어떻게 나눠 가져야 할까?', '중앙은행은 이자율과 통화량을 어떻게 책정해야 할까?' 같은 오늘날까지도 논란거리가 되고 있는 여러 이슈들에 대해 진지하게 고심했다.

오늘날 연방준비제도는 완벽하지 않다. 그러나 벤 버냉키(Ben Bernanke) 전 의장이 추진한 여러 개혁조치 덕택에 과거 어느 때보다 더 투명해졌으며, 지금도 1791년에 창립될 때 못지않은 꼭 필요한 기관이다. 미국인들의 편집증은 과거에도 그랬듯이 지금도 근거가 없다. ■

넬슨 올드리치 상원의원

토론 질문

1. 올드리치 상원의원은 왜 제킬섬 회동을 비밀에 부치려고 했다고 생각하는가? 비밀로 한 것은 잘한 일인가?
2. 대부분의 사람들은 연방준비제도가 무슨 일을 하는지 잘 이해하지 못한다. 이것이 중앙은행 사람들이 업무를 수행하는 데 어떤 영향을 준다고 생각하는가?

로저 로웬스틴은 『미국의 은행 : 연방준비제도 창립을 위한 서사시적 투쟁(America's Bank: The Epic Struggle to Create the Federal Reserve)』의 저자다.

자료: *Los Angeles Times*, 2015년 11월 2일.

연방기금 금리 은행들 사이의 하루짜리 대출에 적용되는 이자율

질문 : 연방기금 금리란 무엇인가?

답 : 연방기금 금리(federal funds rate)는 은행들 사이의 대출에 적용되는 단기 이자율이다. 어떤 은행이 지급준비금이 부족한 반면, 다른 은행은 초과지급준비금을 보유한다면 여유가 있는 은행이 지급준비금이 모자라는 은행에게 자금을 빌려줄 수 있다. 이러한 대출은 단기 대출이고 대개 하루짜리다. 이러한 대출자금의 가격이 바로 연방기금 금리다.

질문 : 연방기금 금리는 재할인율과 어떻게 다른가?

답 : 재할인율은 은행이 연방준비제도의 재할인 창구로부터 자금을 직접 차입할 때 지급하는 이자율이다. 은행들은 연방준비제도로부터 자금을 차입하는 대신 연방자금시장에서 다른 은행으로부터 자금을 빌릴 수 있다. 자금이 부족한 은행은 두 가지 대안 중 비용이 덜 드는 대안을 선택한다. 실제로 재할인율과 연방기금 금리는 서로 밀접하게 함께 움직인다.

질문 : 연방기금 금리는 은행들에게만 중요한가?

답 : 전혀 그렇지 않다. 은행들만이 연방 자금시장으로부터 직접 자금을 차입하지만 이 시장의 경제적 영향은 훨씬 광범위하다. 금융 시스템의 여러 부분이 서로 밀접하게 연결되어 있기 때문에 여러 유형의 대출이자율은 서로 강한 상관관계를 보인다. 따라서 연방기금 금리가 변동하면 다른 금리들도 같은 방향으로 움직인다.

질문 : 연방준비제도는 연방기금 금리에 어떤 영향을 주는가?

답 : 근년에 연방준비제도는 연방기금 금리의 목표치를 설정했다. 약 6주마다 열리는 연방공개시장위원회에서 이 목표치를 높일지 낮출지를 결정한다.

질문 : 연방준비제도는 어떤 식으로 연방기금 금리의 목표치를 달성하는가?

답 : 연방기금 금리는 은행 간 자금거래시장에서 수요와 공급에 따라 결정되지만 연방준비제도는 공개시장조작을 통해 이 시장에 영향을 줄 수 있다. 예를 들어 연방준비제도가 공개시장에서 채권을 매입하면 은행 시스템에 지급준비금이 추가로 투입된다. 은행 시스템 내에 지급준비금이 증가하면 법정 지급준비금을 충족시키는 데 필요한 자금이 부족한 은행이 줄어든다. 지급준비금의 차입 수요가 감소하면 이러한 차입의 가격, 즉 연방기금 금리가 하락한다. 반대로 연방준비제도가 공개시장에서 채권을 매각하면 은행 시스템의 지급준비금이 감소하고 이에 따라 지급준비금을 차입해야 하는 은행이 늘어나 이 자금의 차입비용이 상승한다. 따라서 연방준비제도가 공개시장에서 채권을 매입하면 연방기금 금리가 하락하고 공개시장에서 채권을 매각하면 연방기금 금리가 상승한다.

질문 : 그러나 공개시장조작이 통화량에 영향을 미치지 않는가?

답 : 당연히 그렇다. 연방준비제도가 연방기금 금리를 변동시킨다고 발표할 때는 그

러한 변화를 실현하는 데 필요한 공개시장조작을 수행하겠다는 뜻이다. 그리고 공개시장조작은 통화량을 변화시킨다. 연방기금 금리를 변동시키는 연방공개시장위원회 결정은 곧 통화량을 변동시키는 결정이기도 하다. 이 두 가지는 동전의 양면과 같다. 다른 조건이 같을 경우, 연방기금 금리 목표치를 인하하면 통화량이 증가하고 연방기금 금리 목표치를 인상하면 통화량은 감소한다.

간단한 퀴즈

8. 중앙은행의 다음 행동 중 통화량을 증가시키는 것은?

a. 공개시장조작을 통한 국채 매각
b. 법정 지급준비율 인하
c. 은행의 지급준비예치금에 지급되는 이자율 인상
d. 은행에 대한 대출금의 재할인율 인상

9. 연방준비제도가 지급준비금에 대해 지불하는 이자율을 인상하면 (　　　)이(가) 증가하여 통화량이 (　　　)할 것이다.

a. 통화 승수, 감소
b. 초과지급준비금, 감소
c. 통화 승수, 증가
d. 초과지급준비금, 증가

10. 부분 지급준비금 제도에서는 중앙은행이 아무런 행동을 취하지 않아도 가계들이 현금 보유를 (　　　) 은행이 초과지급준비금 보유액을 (　　　) 통화량이 감소한다.

a. 늘리거나, 늘리면
b. 늘리거나, 줄이면
c. 줄이거나, 늘리면
d. 줄이거나, 줄이면

정답은 각 장의 끝에

21-5 결론

몇 년 전에『성전의 비밀 : 연방준비제도가 미국 경제를 어떻게 운영하는가?(Secrets of the Temple : How the Federal Reserve Runs the Country?)』라는 책이 베스트셀러가 된 적이 있다. 분명히 과장된 것이기는 하지만, 이 책의 제목은 은행제도가 우리 생활에 얼마나 중요한 역할을 하는지 알려준다. 물건을 사고팔 때마다 우리는 '돈(화폐)'이라는 대단히 유용한 사회적 관습에 의존한다. 이제 우리는 화폐가 무엇인지, 화폐 공급을 결정하는 요소가 무엇인지 알았으니 다음 장부터는 화폐 공급량의 변화가 경제에 미치는 영향에 대해 살펴볼 수 있을 것이다.

요약

- 화폐란 사람들이 재화나 서비스를 구입할 때 정기적으로 사용하는 자산을 가리킨다.
- 화폐는 세 가지 기능을 수행한다. 화폐는 거래의 결제에 사용되는 교환의 매개수단이다. 화폐는 회계의 단위로서 재화의 가격과 다른 경제변수의 값을 기록하는 기준을 제공한다. 가치의 저장수단으로서 화폐는 현재의 구매력을 미래로 이전하는 역할을 한다.
- 금과 같은 물품화폐는 그 자체로서 고유한 가치가 있다. 즉 이러한 물건은 화폐로 사용되지 않아도 가치가 있을 것이다. 달러 지폐 같은 법화는 그 자체로서는 가치가 없는 화폐다. 이러한 물건은 화폐로 통용되지 않으면 아무런 가치가 없을 것이다.
- 통화량은 현금과 요구불예금 등 다양한 형태의 은행 예금으로 구성된다.
- 연방준비제도, 즉 미국의 중앙은행은 미국 은행제도를 통제하는 책임을 진다. 연방준비제도이사회 의장은 4년에 한 번씩 대통령이 임명하고 의회가 인준한다. 의장은 약 6주에 한 번 모여서 통화정책의 변경을 고려하는 연방공개시장위원회 회의를 주도한다.
- 은행 예금자들은 은행 계좌에 자금을 맡김으로써 은행에게 재원을 제공한다. 이 예금은 은행의 부채다. 은행의 소유자들도 (은행자본금이라는) 재원을 은행에게 제공한다. 레버리지(차입한 자금을 이용하여 투자하는 것) 때문에 은행이 보유한 자산의 가치가 조금만 변해도 은행자본금은 큰 폭으로 변할 수 있다. 예금자들을 보호하기 위해 은행 규제 당국은 은행들에게 일정 규모의 최소 자본금을 보유하도록 요구한다.
- 연방준비제도는 주로 공개시장조작을 통해 통화량을 조절한다. 연방준비제도가 국채를 매입하면 통화량이 증가하고 국채를 매각하면 통화량이 감소한다. 연방준비제도는 통화량을 조절하는 다른 수단들도 사용한다. 재할인율을 낮추거나, 은행들에 대한 대출을 늘리거나, 지급준비율을 낮추거나, 은행들의 지급준비예치금에 대해 지불하는 이자율을 낮추면 통화량이 증가한다. 재할인율을 높이거나 은행들에 대한 대출을 줄이거나, 지급준비율을 높이거나, 은행들의 지급준비예치금에 대해 지불하는 이자율을 높이면 통화량이 감소한다.
- 은행이 예금의 일부를 대출하면 그 경제의 화폐 공급량은 증가한다. 이와 같이 은행들이 통화량을 결정하는 역할을 수행하기 때문에 중앙은행은 통화량을 완벽하게 통제할 수 없다.
- 연방준비제도는 근년에 은행 간 거래에 적용되는 단기 이자율인 연방기금 금리를 통화정책의 중간 목표로 선정했다. 연방준비제도가 이자율 목표치를 달성하고자 노력하는 과정에서 통화량을 조절한다.

중요개념

복습문제

1. 화폐가 여타 자산과 구별되는 그 이유는 무엇인가?
2. 물품화폐란 무엇인가? 법화란 무엇인가? 우리는 두 가지 중 어떤 화폐를 사용하는가?
3. 요구불예금은 무엇인가? 요구불예금이 통화량에 포함되어야 하는 이유는 무엇인가?
4. 미국에서 통화정책을 결정하는 기관은 무엇인가? 이 기관의 구성원은 어떻게 선정되는가?
5. 중앙은행이 공개시장조작을 통해 화폐 공급을 늘리려 한다면 어떤 행동을 취하겠는가?
6. 은행이 예금의 100%를 지급준비금으로 보유하지 않는 이유는 무엇인가? 은행이 보유하는 지급준비금과 은행 전체가 창출하는 예금 통화는 어떤 관계가 있는가?
7. A은행의 레버리지 비율은 10이고 B은행의 레버리지 비율은 20이다. 이들 은행의 대출 채권에 비슷한 규모의 손실이 발생하여 자산가치가 7% 감소한다고 하자. 어느 은행의 자본금이 더 큰 폭으로 변하는가? 어느 은행이 지급가능 상태를 유지하는가? 설명하라.
8. 재할인율이란 무엇인가? 중앙은행이 재할인율을 인상하면 화폐 공급에는 어떤 영향이 미치는가?
9. 법정 지급준비율이란 무엇인가? 중앙은행이 이 비율을 인상하면 화폐 공급에는 어떤 영향이 미치는가?
10. 중앙은행이 통화량을 완벽하게 통제할 수 없는 이유는 무엇인가?

응용문제

1. 다음 중 어느 것이 미국 경제에서 화폐로 인정되는가? 어느 것이 화폐에 포함되지 않는가? 화폐의 세 가지 기능을 감안하여 그 이유를 설명하라.
   a. 1페니짜리 동전(페니는 미국 동전의 가장 작은 단위다－역자주)
   b. 멕시코 페소화
   c. 피카소의 그림
   d. 신용카드
2. 다음 각각의 사건이 통화량을 증가시키는지 감소시키는지 설명하라.
   a. 중앙은행이 공개시장조작을 통해 국채를 매입한다.
   b. 중앙은행이 지급준비율을 인하한다.
   c. 중앙은행이 시중은행의 지준예치금에 대해 지급하는 이자율을 인상한다.
   d. 한 시중은행이 중앙은행으로부터 빌린 차입금을 상환한다.
   e. 소매치기가 많아져 사람들이 현금 보유액을 줄인다.
   f. 인출 사태를 우려해서 시중은행들이 초과지급준비금 보유액을 늘린다.
   g. 공개시장위원회에서 연방기금 금리 목표치를 인상한다.
3. 어떤 사람이 한 은행에 있는 당좌 계좌 잔액을 기초로 100달러 수표를 발행하여 같은 은행에서 차입한 100달러를 갚았다. T－계정을 사용하여 이 거래가 이 사람과 은행에 미치는 영향을 보여라. 이 사람의 재산은 달라졌는가? 설명하라.
4. 어떤 은행은 고객들의 예금 2억 5,000만 달러를 받아 이 중 10%를 지급준비금으로 보유한다.
   a. 이 은행의 T－계정을 작성하라.
   b. 이 은행의 최대 고객이 현금 1,000만 달러를 인출한다고 하자. 이 은행이 대출 잔액을 줄여 지급준비금을 예금의 10% 수준으로 회복하기로 결정한다면 새로운 T－계정은 어떻게 되는지 보여라.
   c. 이 은행의 행동은 다른 은행들에게 어떤 영향을 주겠는가?
   d. 이 은행이 (b)와 같은 행동을 취하기 어려운 이유는

무엇일까? 이 은행이 종전 지급준비금 수준을 회복할 수 있는 다른 방법을 제시하라.

5. 여러분이 베개 밑에 숨겨둔 100달러를 꺼내 은행에 예금했다. 은행들이 예금의 10%에 해당하는 지급준비금을 보유한다면 은행권 전체의 예금 총액은 얼마나 증가하겠는가? 통화량은 얼마나 증가하는가?

6. 어떤 은행의 최초 자본금은 200달러고 이 은행은 800달러의 예금을 받는다. 은행은 예금액의 12.5%(1/8)를 지급준비금으로 보유하고 나머지 자산으로 대출을 한다.
   a. 이 은행의 대차대조표를 그려라.
   b. 이 은행의 레버리지 비율은 얼마인가?
   c. 이 은행으로부터 대출을 받은 차입자 중 10%가 상환불능에 빠져 은행의 대출 채권이 쓸모없게 되었다고 하자. 이 은행의 새로운 대차대조표를 그려라.
   d. 이 경우 은행의 자산 총액은 몇 퍼센트 감소하는가? 은행의 자본금은 몇 퍼센트 감소하는가? 자산과 자본금 어느 쪽이 더 큰 폭으로 감소하는가? 그 이유는 무엇인가?

7. 중앙은행이 공개시장에서 1,000만 달러어치 국채를 매입하려 한다. 법정 지급준비율이 10%라면 국채 매입으로 통화량은 최소 또는 최대 얼마까지 증가할 수 있겠는가? 설명하라.

8. 지급준비율이 5%라고 가정하자. 다른 조건이 같다면 연방준비제도가 국채를 2,000달러 매입하는 경우와 누군가 장롱 속에 감춰둔 현금 2,000달러를 은행에 예금하는 경우 중 어느 경우에 통화량이 더 큰 폭으로 증가하겠는가? 그 차이는 얼마나 되는가? 그 이유를 설명하라.

9. 요구불예금의 법정 지급준비율이 10%고 은행들은 초과지급준비금을 보유하지 않는다고 가정하자.
   a. 중앙은행이 국채 100만 달러를 매각한다면 이 경제의 지급준비금과 화폐 공급은 어떻게 변하겠는가?
   b. 이제 중앙은행이 법정 지급준비율을 5%로 낮춘다고 하자. 그럼에도 불구하고 은행들은 예금의 5%를 초과 지급준비금으로 보유하기로 결정했다. 은행들은 왜 이런 선택을 할까? 이러한 행동은 화폐 공급과 예금통화 승수에 어떤 영향을 미치겠는가?

10. 은행권 전체가 보유하는 지급준비금 총액이 1,000억 달러라고 하자. 요구불예금에 대한 법정 지급준비율이 10%고, 은행들은 초과지급준비금을 보유하지 않는다. 또 가계들은 현금을 보유하지 않는다고 하자.
   a. 예금통화 승수는 얼마인가? 화폐공급량은 얼마인가?
   b. 이제 중앙은행이 법정 지급준비율을 20%로 인상하면 지급준비금 총액과 화폐 공급량은 어떻게 달라지겠는가?

11. 지급준비율이 20%고 은행들은 초과지급준비금을 보유하지 않으며, 개인들은 현금을 전혀 보유하지 않는다고 가정하자. 연방준비제도가 통화량을 4,000만 달러 늘리기로 결정했다고 하자.
   a. 공개시장조작을 실시한다면 국채를 매각해야 하나, 매입해야 하나?
   b. 정책목표를 달성하려면 국채를 얼마나 매입 또는 매각해야 하나? 그 이유를 설명하라.

12. 어떤 경제에 1달러짜리 지폐 2,000장이 있다고 하자.
   a. 사람들이 모든 화폐를 현금으로 보유한다면 통화량은 얼마인가?
   b. 사람들이 모든 화폐를 요구불예금의 형태로 보유하고, 은행은 예금의 100%를 지급준비금으로 보유한다면 통화량은 얼마인가?
   c. 사람들이 화폐를 현금과 요구불예금 형태로 절반씩 보유하고, 은행은 100% 지급준비금 수준을 유지한다면 통화량은 얼마인가?
   d. 사람들이 모든 화폐를 요구불예금 형태로 보유하고, 은행은 예금의 10%를 지급준비금으로 보유한다면 통화량은 얼마인가?
   e. 사람들이 화폐를 현금과 요구불예금 형태로 절반씩 보유하고, 은행은 예금의 10%를 지급준비금으로 보유한다면 통화량은 얼마인가?

간단한 퀴즈 정답

1. b 2. c 3. a 4. c 5. c 6. d 7. a 8. b 9. b 10. a

22장

통화량 증가와 인플레이션

오늘날에는 아이스크림콘 1개를 사는 데 최소 2달러가 들지만 늘 그랬던 것은 아니다. 1930년대 우리 할머니가 운영하던 뉴저지주 트렌턴의 한 구멍가게에서는 두 종류의 아이스크림콘을 팔았는데 작은 것은 3센트, 큰 것은 5센트였다.

아이스크림 값이 올랐다는 사실은 그다지 놀라운 일이 아닐 수도 있다. 시간이 흐르면 대부분의 물건값은 오르게 마련이다. 이러한 일반 물가 수준의 상승을 인플레이션(inflation)이라고 한다. 앞에서 우리는 경제학자들이 소비자물가지수나 GDP 디플레이터 혹은 다른 물가지수의 변화율을 이용하여 인플레이션율을 측정하는 방법에 대해 살펴보았다. 이들 물가지수를 보면 미국에서는 지난 80년 동안 물가가 매년 평균 약 3.7%씩 상승했음을 알 수 있다. 이렇게 매년 3.7%씩 상승하면

ISTOCK.COM/LOLOSTOCK; ISTOCK.COM/4X6

80년 동안 물가는 18배 증가한다.

최근 몇십 년간 미국에서 자란 사람들에게 인플레이션은 자연스럽고 불가피한 것으로 여겨질지 모르지만 사실은 그렇지 않다. 19세기에는 오랫동안 대부분의 물가가 하락한 이른바 디플레이션(deflation)이 지속되었다. 1896년 미국의 일반 물가는 1880년에 비해 23% 낮았으며, 이러한 디플레이션은 1896년 미국 대통령선거에서 주요 쟁점이 되었다. 많은 빚을 진 농부들은 곡물 가격의 하락으로 소득이 감소하고 부채 상환 능력이 저하되어 고통을 겪었다. 따라서 농부들은 디플레이션을 반전시킬 정부 정책을 옹호했다.

근래 들어서 인플레이션은 일반적인 현상이 되었지만, 인플레이션율 자체는 해마다 큰 차이가 있었다. 2008년부터 2018년까지 미국의 연평균 인플레이션율은 1.5%인 반면, 1970년대에는 물가가 연평균 7.8%씩 올라 10년 동안 물가 수준은 2배 이상이 되었다.

세계 여러 나라의 인플레이션 경험은 더욱 다양하다. 2018년 미국의 인플레이션은 2.4%였는데 일본은 1.2%, 멕시코는 4.8%, 나이지리아는 12%, 터키는 15%, 아르헨티나는 32%였다. 그런데 나이지리아, 터키, 아르헨티나의 인플레이션도 어떤 기준에 따르면 완만한 것이다. 국제통화기금(IMF)에 따르면 2018년 베네수엘라의 인플레이션은 연 140만%에 달하였다. 이는 매일 물가가 2.6%씩 오르는 것과 동등하다. 이렇게 비정상적으로 높은 인플레이션을 초인플레이션(hyperinflation)이라고 한다.

한 경제에 인플레이션이 발생하는지 여부와 인플레이션이 발생할 경우 그 정도를 결정하는 요인들은 무엇일까? 이 장에서는 화폐수량설을 이용하여 두 가지 질문에 답할 것이다. 화폐수량설은 통화량이 지나치게 늘면 물가가 상승한다는 경제학의 10대 기본원리 중 하나에 요약되어 있다. 이러한 직관은 경제학자들 사이에 오래전부터 잘 알려진 유서 깊은 전통이다. 화폐수량설은 18세기에 유명한 철학자 데이비드 흄(David Hume)이 주장했으며, 근래에 들어서는 유명한 경제학자 밀턴 프리드먼(Milton Friedman)이 이를 옹호했다. 화폐수량설에 입각한 인플레이션 이론은 초인플레이션뿐만 아니라 미국에서 우리가 경험하고 있는 완만한 인플레이션도 설명할 수 있다.

이 장에서는 인플레이션 이론을 소개한 다음, 인플레이션이 왜 문제가 되는지 알아볼 것이다. 얼핏 보면 이 질문에 대한 답은 명백한 것 같다. 사람들이 인플레이션을 좋아하지 않으니까 인플레이션이 문제라는 것이다. 1970년대 미국의 인플레이션이 비교적 높았을 때 여론조사 결과를 보면, 인플레이션이 미국이 직면한 가장 심각한 문제로 나타났다. 이러한 국민 정서를 반영하여 1974년에 포드(Ford) 대통령은 인플레이션을 '미국의 공적 제1호'라고 선언했다. 한동안 포드 대통령은 '인플레이션을 당장 퇴치하자(Whip Inflation Now)'는 뜻의 약어 WIN이 새겨진 배지를 달고 다녔다. 그리고 1980년 지미 카터(Jimmy Carter) 대통령이 재선에 나섰을 때 도전자였던 로널드 레이건(Ronald Reagan) 후보는 높은 인플레이션을 카터 정권의 경제정책 실패 사례의 하나로 지목

했다.

하지만 '인플레이션이 사회에 끼치는 비용은 정확하게 무엇일까?'라는 질문에 대한 답을 들으면 여러분은 놀랄지도 모르겠다. 인플레이션으로 인한 여러 가지 비용을 파악하는 것은 생각처럼 간단하지 않다. 모든 경제학자들이 초인플레이션에 대해서는 나쁘다고 얘기하지만, 지나치지 않은 인플레이션의 비용은 사람들이 생각하는 것처럼 크지 않다고 주장하는 경제학자들도 있다.

22-1 고전학파의 인플레이션 이론

이제 화폐수량설을 소개하는 것으로 인플레이션에 대한 분석을 시작해보자. 이 이론은 경제 문제를 연구한 초창기 경제학자들에 의해 발전되었기 때문에 '고전학파의 이론'이라고 불린다. 대부분의 경제학자들은 화폐수량설을 토대로 장기 물가 수준과 인플레이션율의 결정변수들을 설명한다.

22-1a 물가 수준과 화폐의 가치

아이스크림콘 1개의 가격이 일정 기간 동안에 5센트에서 1달러로 20배 상승했다고 하자. 사람들이 그렇게 많은 돈을 주고 아이스크림콘을 사려 한다는 사실은 무엇을 의미할까? 물론 누군가가 환상적인 맛이 나는 아이스크림을 개발했기 때문에 사람들이 아이스크림을 더 좋아하게 되었을 수도 있다. 그러나 이보다는 아이스크림에 대한 사람들의 취향은 거의 변하지 않았는데, 아이스크림을 사는 데 사용되는 화폐의 가치가 전보다 낮아졌을 가능성이 높다. 사실 인플레이션에 대한 첫째 관찰은 인플레이션이 재화의 가치보다는 화폐의 가치에 관련된 현상이라는 점이다.

이러한 관찰은 인플레이션 이론을 이해하는 데 유용하다. 소비자물가지수(CPI)나 다른 물가지수가 상승할 때, 경제평론가들은 이들 물가지수를 구성하는 개별 품목의 가격에 주목하려는 유혹에 빠진다. '지난달에 소비자물가지수가 3% 상승했는데, 커피(20%)와 난방 연료(30%)가 가격 상승을 주도하였다.' 하는 식이다. 이러한 접근은 인플레이션의 배후에서 일어나는 현상들에 대한 유용한 정보를 담고 있기는 하지만 한 가지 중요한 사실을 간과한다. 즉 인플레이션은 경제 전체에 관한 현상이며, 무엇보다도 교환의 매개수단인 화폐에 관한 것이라는 사실이다.

"자, 어떡하지? 작년과 같은 크기의 나무를 살까, 작년과 같은 가격의 나무를 살까?"

한 경제의 전반적인 물가 수준은 두 가지 방식으로 파악할 수 있다. 지금까지는 전반적인 물가 수준을 재화와 서비스 묶음의 가격으로 파악했다. 즉 물가 수준이 상승하면 소비자들이 재화와 서비스를 구입하는 데 더 많은 돈을 지불해야 한다는 것이다. 다른 각도에서 보면 물가 수준을 화폐의 가치로 파악할 수 있다. 물가 수준이 오르면 우리 지갑 속의 지폐로 살 수 있는 재화와 서비스의 양이 줄어들기 때문에 화폐의 가치가 하락한다고 볼 수 있다.

이 개념을 수학적으로 표시하면 이해하기 쉬울 것이다. 소비자물가지수나 GDP 디플레이터로 측정한 물가지수를 P라고 하면, P는 주어진 재화와 서비스 묶음을 구입하는데 필요한 달러의 수량으로 볼 수 있다. 이 관계를 뒤집어 생각해보면 1달러로 살 수 있는 재화와 서비스의 양은 $1/P$이 된다. 다시 말해 P가 화폐 단위로 표시한 재화와 서비스의 가격이라면 $1/P$은 재화와 서비스의 양으로 표시한 화폐의 가치다.

이러한 수학적 관계는 한 가지 재화만 생산하는 경제를 생각하면 가장 쉽게 이해할 수 있다. 예컨대 아이스크림콘 한 가지만 생산하는 경제에서 P는 아이스크림콘 1개의 가격이 된다. 아이스크림콘 가격이 2달러라면 달러의 가치 ($1/P$)은 아이스크림콘 반개다. 아이스크림콘 가격이 3달러로 오르면 화폐의 가치는 아이스크림콘 3분의 1개로 떨어진다. 현실의 경제는 수천 가지의 재화와 서비스를 생산하므로 한 재화의 가격 대신 물가지수를 사용한다. 그러나 기본 논리는 같다. 전반적인 물가 수준이 상승하면 화폐의 가치는 하락한다.

22-1b 화폐 공급, 화폐 수요, 화폐시장의 균형

화폐의 가치는 무엇에 의해 결정될까? 경제학의 많은 질문들에 대한 대답과 마찬가지로, 이 질문의 답도 바로 수요와 공급이다. 바나나에 대한 수요와 공급이 바나나의 가격을 결정하듯이, 화폐의 수요와 공급이 화폐의 가치를 결정한다. 따라서 화폐수량설을 전개하기 위해서는 화폐의 수요와 공급을 결정하는 변수들을 살펴봐야 한다.

먼저 화폐 공급에 대해 알아보자. 21장에서 우리는 중앙은행과 은행권 전체가 어떻게 화폐 공급량, 즉 통화량을 결정하는지 공부했다. 중앙은행이 공개시장조작을 통해 국채를 팔면 현금이 회수되므로 통화량이 줄어든다. 반대로 중앙은행이 국채를 사들이면 현금을 지급하므로 통화량이 증가한다. 그뿐 아니라 이렇게 지급된 현금이 일부라도 은행에 예금되면 은행의 지급준비금이 증가하고 이에 따라 예금통화 승수가 작동하므로 공개시장조작은 화폐 공급에 더 큰 영향을 미칠 수 있다. 이 장에서는 은행제도에 의해 발생하는 복잡한 문제들은 무시하고 통화량을 중앙은행이 직접 통제할 수 있는 정책변수라고 가정한다.

다음으로 화폐 수요에 대해 살펴보자. 가장 기본적으로 화폐 수요는 사람들이 얼마나 많은 재산을 유동성 형태로 보유하고 싶어 하는지를 반영한다. 화폐 수요량을 결정하는 변수는 다양하다. 예를 들어 사람들이 지갑 속에 넣고 다니는 현금의 양은 신용카드가 얼마나 널리 사용되는가, 현금인출기를 얼마나 쉽게 찾을 수 있는가 등에 좌우된다. 또 24장에서 강조하겠지만, 화폐 수요량은 화폐를 지갑에 넣고 다니거나 이자가 낮은 요구불예금에 예치하지 않고 채권을 살 경우 그 채권으로 얻을 수 있는 이자율에도 영향을 받는다.

여러 가지 변수들이 화폐 수요를 결정하지만 그중 가장 중요한 변수 중의 하나는 일반 물가 수준이다. 사람들이 화폐를 보유하는 것은 화폐가 교환의 매개수단이기 때문이다. 채권이나 주식 같은 여타 자산과 달리 사람들은 화폐를 사용하여 자신들이 원하는 재화와 서비스를 구입할 수 있다. 이러한 목적으로 보유하려는 화폐의 양은 재화와 서비스의 가격에 달렸다. 물가가 비싸면 거래를 결제하는 데 많은 돈이 필요하므로 사람들은 더 많은 현금을 보유하고, 개인 수표를 발행할 수 있는 요구불예금 계좌에 더 많은 잔액을 유지하려 할 것이다. 따라서 물가가 높을수록(혹은 화폐의 가치가 낮을수록) 화폐 수요량은 증가한다.

지금까지 화폐의 수요와 공급에 대해 살펴보았다. 그렇다면 중앙은행이 공급하는 화폐의 양과 사람들이 보유하려는 화폐의 양을 일치시키는 것은 무엇일까? 이 질문에 대한 답은 분석 기간에 따라 달라진다. 나중에 배우겠지만, 단기에는 이자율의 역할이 중요하다. 그러나 장기에는 답이 더 간단하다. 즉 장기에는 전반적인 물가 수준에 의해

화폐 수요와 공급에 따른 균형 물가 수준의 결정

그림 22.1

가로축은 통화량을 나타내고, 왼쪽 세로축에는 화폐의 가치, 오른쪽 세로축에는 물가 수준이 표시되어 있다. 통화량은 중앙은행이 결정하므로 화폐 공급은 수직이다. 화폐 한 단위의 구매력이 낮아지면 사람들은 더 많은 화폐를 보유하고자 하므로 화폐 수요곡선은 음의 기울기를 갖는다. 화폐의 수요량과 공급량이 같아지도록 화폐의 가치(구매력)와 물가 수준이 조정되어 점 A에서 균형이 성립한다.

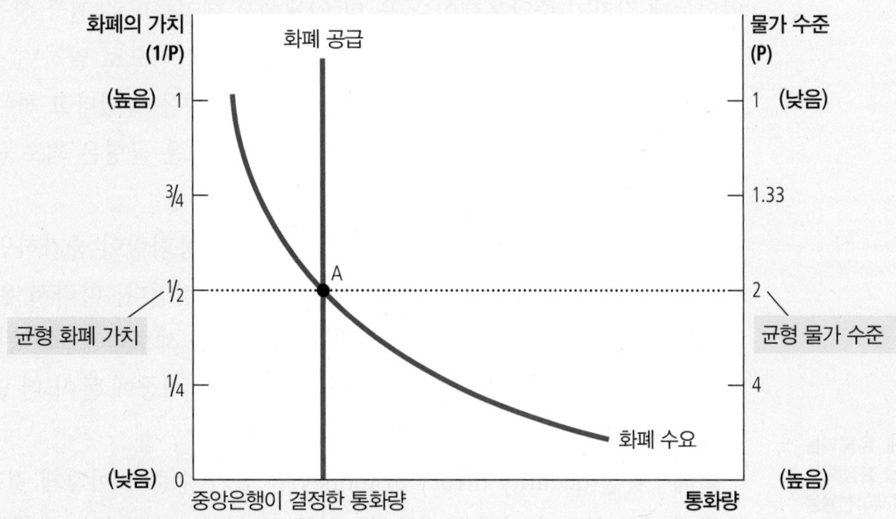

화폐의 수요와 공급이 일치하게 된다. 물가 수준이 균형보다 높으면 사람들은 중앙은행이 공급하는 화폐의 양보다 많은 화폐를 보유하려 할 것이다. 따라서 화폐의 수요와 공급이 같아질 때까지 물가 수준이 하락해야 한다. 반대로 물가 수준이 균형보다 낮으면 사람들이 보유하려는 화폐의 양이 중앙은행이 공급하는 화폐의 양보다 적다. 따라서 물가 수준이 상승해야 화폐의 수요와 공급이 일치한다. 균형 물가 수준에서는 사람들이 보유하고자 하는 화폐의 양이 중앙은행에 의해 공급되는 화폐의 양, 즉 통화량과 정확하게 같다.

이러한 사실은 그림 22.1을 이용해 설명할 수 있다. 이 그래프의 가로축은 화폐의 양을 나타내며, 왼쪽 세로축은 화폐가치($1/P$), 오른쪽 세로축은 물가 수준(P)을 나타낸다. 오른쪽 세로축의 꼭대기에 가까울수록 물가 수준은 낮고, 밑바닥으로 갈수록 물가 수준은 높다. 따라서 화폐의 가치가 높으면(왼쪽 세로축 꼭대기에 가까워지면) 물가 수준은 낮다(오른쪽 세로축 꼭대기에 접근한다).

그림의 두 곡선은 화폐의 수요와 공급을 나타낸다. 통화량은 중앙은행에 의해 고정되므로 화폐 공급곡선은 수직선이다. 화폐 수요곡선은 우하향의 기울기를 갖는다. 즉 화폐의 가치가 낮으면(물가 수준이 높으면) 사람들은 재화와 서비스를 구입하기 위해 더 많은 화폐를 수요한다. 균형은 점 A로 표시되었는데, 이 점에서 화폐 수요량은 화폐 공급량과 일치한다. 화폐 수요량과 공급량이 같아지는 균형점이 화폐의 가치와 물가 수준을 결정한다.

22-1c 통화량 증가의 효과

이제 통화정책 변화의 효과에 대해 살펴보자. 이를 위해서 최근에 경제는 균형 상태에 있었는데 갑자기 중앙은행이 돈을 더 인쇄해서 헬리콥터로 전국 상공을 다니며 뿌려댄 결과 통화량이 2배로 늘었다고 가정하자(보다 현실적으로 말하면 중앙은행이 공개시장조작을 통해 민간에게서 국채를 매입하여 통화량을 늘렸다고 하는 편이 옳겠다). 이러한 통화량의 증가는 어떤 결과를 가져올까? 새로운 균형은 최초 균형과 어떻게 다를까?

그 답은 그림 22.2에 제시되어 있다. 그림에서 통화량이 증가하면 화폐 공급곡선이 MS_1에서 MS_2로 이동하고, 균형은 A에서 B로 움직인다. 따라서 왼쪽 세로축에 표시된 화폐의 가치는 1/2에서 1/4로 하락하고, 오른쪽 세로축에 표시된 균형 물가 수준은 2에서 4로 상승한다. 다시 말해 통화량이 증가해서 시중에 돈이 더 많아지면 물가가 오르고 화폐의 가치는 하락하는 것이다.

화폐수량설 한 경제에 유통되는 화폐의 양이 물가 수준을 결정하며, 통화량의 증가율이 인플레이션율을 결정한다는 이론

화폐수량설(quantity theory of money)은 물가 수준이 어떻게 결정되는가와 시간의 흐름에 따라 물가가 어떻게 변동하는지를 설명하는 이론이다. 화폐수량설에 따르면 한

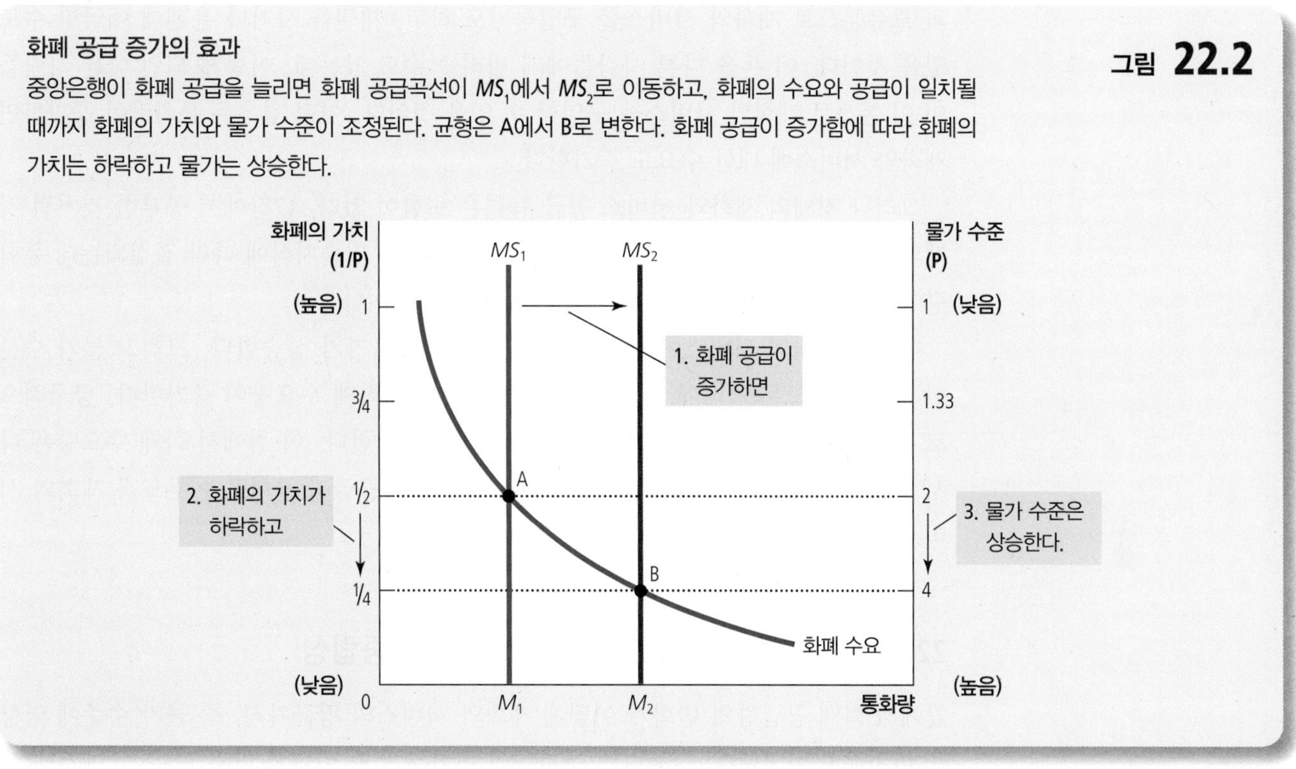

그림 **22.2**

화폐 공급 증가의 효과

중앙은행이 화폐 공급을 늘리면 화폐 공급곡선이 MS_1에서 MS_2로 이동하고, 화폐의 수요와 공급이 일치될 때까지 화폐의 가치와 물가 수준이 조정된다. 균형은 A에서 B로 변한다. 화폐 공급이 증가함에 따라 화폐의 가치는 하락하고 물가는 상승한다.

경제에 유통되는 화폐의 양이 화폐의 가치를 결정하며, 통화량의 증가가 인플레이션의 주된 원인이 된다. 경제학자 밀턴 프리드먼이 말했듯이 '인플레이션은 언제 어디에서나 화폐적인 현상'이다.

22-1d 조정 과정에 대한 간단한 설명

지금까지 통화량이 증가하기 전과 후의 균형을 비교했다. 그렇다면 경제가 최초 균형에서 새로운 균형으로 어떻게 옮겨가는가? 이 질문에 완벽하게 답하기 위해서는 단기 경기 변동을 이해해야 하는데, 이에 대해서는 나중에 다룰 것이다. 그러나 단기 경기 변동을 공부하기 전이라도 화폐 공급의 변동에 따르는 조정 과정을 간단히 살펴보는 것은 유익하리라고 생각한다.

통화량이 증가하면 즉각적으로 화폐의 초과 공급이 발생한다. 그림 22.2의 최초 균형점 A의 균형 물가 수준에서 사람들은 정확하게 자신들이 원하는 양만큼 화폐를 보유하고 있었다. 그러나 사람들이 헬리콥터에서 투하된 돈을 주워서 자신들이 원하는 금액보다 많은 돈을 가졌다. 즉 최초 균형 물가 수준에서 화폐 공급량이 수요량을 초과한 것이다.

사람들은 다양한 방법으로 화폐의 초과 공급량을 제거하려고 애쓸 것이다. 화폐 초과 보유분으로 재화와 서비스를 구입하기도 하고, 채권을 사거나 은행에 예금할 수도 있을 것이다. 이 돈을 다른 사람들에게 빌려줄 수도 있는데, 이렇게 되면 다른 사람들이 이 돈으로 재화와 서비스를 구입할 수 있을 것이다. 어떤 경우든 통화량이 증가하면 재화와 서비스에 대한 수요도 증가한다.

그러나 경제의 재화와 서비스 공급 능력은 변함이 없다. 17장에서 공부한 것처럼 경제의 생산량은 노동, 물적자본, 인적자본, 자연자원, 기술지식에 따라 결정되는데 통화량이 증가해도 이들 중 어떤 것도 변하지 않기 때문이다.

따라서 재화와 서비스에 대한 수요가 증가하면 물가가 상승한다. 그리고 물가 수준이 상승하면 모든 거래에 더 많은 돈이 필요하므로 화폐 수요량이 증가한다. 궁극적으로 경제는 그림 22.2의 점 B에서 새로운 균형에 도달한다. 이 점에서 화폐 수요량은 다시 화폐 공급량과 같아진다. 이처럼 화폐의 수요와 공급이 균형을 이루도록 재화와 서비스에 대한 일반 물가 수준이 조절된다.

22-1e 고전학파의 이분법 논리와 화폐의 중립성

앞에서 화폐 공급량의 변화가 어떻게 재화와 서비스의 평균가격, 즉 물가 수준에 영향을 미치는지 설명했다. 그렇다면 통화량의 변화는 물가 이외의 다른 변수들, 예컨대 생산이나 고용, 실질임금, 실질이자율 등에는 어떤 영향을 미칠까? 이 문제는 오랫동안 경제학자들에게 흥미로운 연구 과제였다. 18세기 경제학자 데이비드 흄도 그 중 한 사람이다.

명목변수 화폐 단위로 측정된 변수

실질변수 실물 단위로 측정된 변수

흄과 동시대에 살던 다른 학자들은 경제변수를 두 부류로 구분해야 한다고 생각했다. 첫째 유형은 화폐 단위로 측정된 명목변수(nominal variables)고, 둘째 유형은 실물 단위로 측정된 실질변수(real variables)다. 예를 들어 옥수수를 재배하는 농부들의 소득은 달러라는 화폐 단위로 표시되므로 명목변수고, 농부들의 옥수수 생산량은 부셸(bushel)이라는 실물 단위로 측정되므로 실질변수다. 다른 예를 들면 명목 GDP는 한 경제의 재화와 서비스 산출량의 화폐의 가치이므로 명목변수다. 실질 GDP는 재화와 서비스 생산량을 나타내므로 실질변수며, 재화와 서비스의 현재 가격에 영향을 받지 않는다. 이와 같이 경제변수를 두 부류로 나누는 것을 고전학파의 이분법(classical dichotomy)이라고 한다(dichotomy는 두 부류로 나누는 것이고, classical은 초기 경제학자들을 말한다).

고전학파의 이분법 경제변수를 명목변수와 실질변수로 나누는 것

가격에 대해서는 고전학파의 이분법을 적용하기가 조금 미묘하다. 가격은 대개 화폐 단위로 표시되는 명목변수다. 옥수수 1부셸이 2달러고 밀 1부셸이 1달러라고 말할 때 이 가격들은 명목변수다. 그런데 한 재화를 다른 재화로 나타낸 상대가격은 어떨까? 이 경우 옥수수 1부셸은 밀 2부셸이라고 말할 수도 있을 것이다. 이 상대가격은 화폐

단위로 표시되지 않았다는 점에 주목해야 한다. 한 재화의 가격을 다른 재화의 가격으로 나누면 화폐 단위는 지워지므로 상대가격은 실물 단위로 측정된다. 즉 화폐 단위로 표시한 가격은 명목변수인 반면, 상대가격은 실질변수다.

이러한 사실은 몇 가지 중요한 사례에 적용될 수 있다. 예컨대 실질임금(명목임금을 인플레이션에 대해 조정한 것)은 노동 한 단위와 재화나 서비스의 교환 비율을 나타내므로 실질변수다. 마찬가지로 실질이자율(명목이자율을 인플레이션에 대해 조정한 것)은 오늘 생산된 재화나 서비스와 미래에 생산될 재화나 서비스의 교환 비율을 나타내므로 역시 실질변수다.

경제변수를 왜 두 부류로 구분해야 할까? 명목변수와 실질변수에 영향을 주는 요인들이 서로 다르기 때문에 고전학파의 이분법이 경제 분석에 유용하다. 고전학파 이론에 따르면 명목변수들은 경제의 화폐 부문에 일어나는 사건들의 영향을 받는 반면, 실질변수들은 그렇지 않다.

이러한 견해는 우리의 장기 거시경제 분석에도 반영된다. 이 책의 앞부분에서 우리는 화폐의 존재에 대해 언급조차 하지 않고 실질 GDP, 저축, 투자, 실질이자율, 실업률의 결정변수들에 대해 설명했다. 한 경제가 생산하는 재화와 서비스의 양은 기술과 요소 공급에 따라 좌우되고, 실질이자율의 조정을 통해 대부자금의 수요와 공급이 같아진다. 또 실질임금은 노동의 수요와 공급이 균형을 이루도록 변동하고, 실질임금이 균형 수준보다 높게 책정되면 실업이 발생한다. 그리고 이러한 결론들은 화폐 공급량과 무관했다.

고전학파의 분석에 따르면 화폐 공급량의 변동은 명목변수에는 영향을 미치지만, 실질변수에는 아무런 영향을 주지 못한다. 중앙은행이 통화량을 2배로 늘리면 물가 수준이 2배로 상승하고, 명목임금과 여타 명목변수도 각각 2배로 증가한다. 그러나 생산, 고용, 실질임금, 실질이자율 등 실질변수들은 변하지 않는다. 이와 같이 실질변수가 통화량의 변동과 무관하다는 사실을 **화폐의 중립성**(monetary neutrality)이라고 한다.

화폐의 중립성 통화량의 변화가 실질변수에 영향을 주지 못한다는 이론

화폐의 중립성을 보다 잘 이해하기 위해 한 가지 비유를 들어보자. 앞에서 화폐는 회계의 단위로서 경제 거래를 측정하는 기준이라고 설명했다. 중앙은행이 화폐 공급을 2배로 늘리면 모든 물가는 2배로 오르고, 회계의 단위인 화폐의 가치는 절반으로 떨어진다. 이러한 변화는 정부가 1야드를 36인치에서 18인치로 줄이는 것에 비유될 수 있다. 이처럼 줄어든 새로운 잣대를 적용하면 측정된 거리(measured distance, 명목변수)는 2배로 늘겠지만 실제 거리(actual distance, 실질변수)는 변하지 않는다. 달러라는 화폐도 야드와 마찬가지로 측정의 단위에 불과하기 때문에 화폐의 가치는 변해도 실질변수에 영향을 주지 않을 것이다.

화폐의 중립성이 현실에서 성립할까? 완벽하게 성립하지는 않을 것이다. 장기적으로는 1야드를 36인치에서 18인치로 바꾼다고 해도 큰 문제가 되지 않겠지만, 단기적으

로는 많은 실수와 혼란이 빚어질 것이다. 이와 비슷하게 오늘날 대부분의 경제학자들은 1년이나 2년의 단기에는 통화량의 변동이 실질변수에 중요한 영향을 미칠 수 있다고 믿는다. 흄 자신도 화폐의 중립성이 단기에도 성립할 것이라고 믿지는 않았다.(단기에서 화폐의 비중립성은 나중에 다룰텐데 이 주제가 중앙은행이 왜 시간이 흐름에 따라 통화량을 변동시키는지를 설명하는데 도움을 줄 것이다.)

그러나 오늘날 대부분의 경제학자들은 고전학파 분석의 결론을 장기에 대한 설명으로 수용한다. 예컨대 10년에 걸친 기간에는 통화량의 변동이 (물가 수준 같은) 명목소득에는 중요한 영향을 미치지만, (실질 GDP 같은) 실질변수에 미치는 영향은 미미하다는 것이다. 따라서 화폐의 중립성은 현실 경제에 일어나는 장기적 변화를 분석하는 데 유용하다.

22-1f 화폐유통속도와 화폐수량설

화폐유통속도 화폐가 한 사람에게서 다른 사람에게로 이동하는 빈도

우리는 다음과 같은 질문을 통해 화폐수량설을 또 다른 각도에서 조명할 수 있다. 1년 동안 한 경제에서 새로 생산된 재화와 서비스의 거래를 결제하기 위해서는 달러 지폐 1장이 몇 번이나 사용되어야 하겠는가? 이 질문에 대한 답은 화폐유통속도(velocity of money)라는 변수로 설명될 수 있다. 물리학에서 속도(velocity)는 물체가 움직이는 빠르기를 의미한다. 경제학에서 화폐유통속도란 각 달러 지폐가 지갑에서 지갑으로 얼마나 빨리 이동하는지 나타낸다.

화폐유통속도를 계산하기 위해 산출물의 명목 가치, 즉 명목 GDP를 통화량으로 나눠보자. 물가 수준(GDP 디플레이터)을 P, 산출량(실질 GDP)을 Y, 통화량을 M이라 하면 화폐유통속도는 다음과 같다.

$$V=(P\times Y)/M$$

이 식이 이치에 맞는다는 사실을 확인하기 위해 피자만 생산하는 경제를 상상해보자. 이 경제는 1년에 피자 100판을 생산하며, 피자 1판의 가격은 10달러다. 이 경제의 통화량은 50달러라고 한다. 이 경우 화폐유통속도는 다음과 같다.

$$V=(\$10\times 100)/\$50=20$$

이 경제에 사는 사람들은 1년에 피자를 구입하는 데 1,000달러를 지출한다. 이 1,000달러의 지출을 50달러의 화폐로 결제하려면 지폐 1장이 1년 동안 20번 회전해야 한다는 것이 앞 식의 의미다.

앞의 방정식은 다음과 같이 다시 쓸 수 있다.

$$M\times V=P\times Y$$

그림 22.3

명목 GDP, 통화량, 화폐유통속도의 관계

이 그림에는 산출물의 명목 가치를 나타내는 명목 GDP, 통화량의 지표인 M2, 명목 GDP를 M2로 나눈 화폐유통속도가 표시되어 있다. 비교를 쉽게 하기 위해 각 변수들의 1960년 수치를 100으로 통일했다. 그래프를 보면 1960년 이래 명목 GDP와 통화량은 급속하게 증가했지만, 화폐유통속도는 상대적으로 안정적이었음을 알 수 있다.

자료: 미국 상무부, 연방준비제도

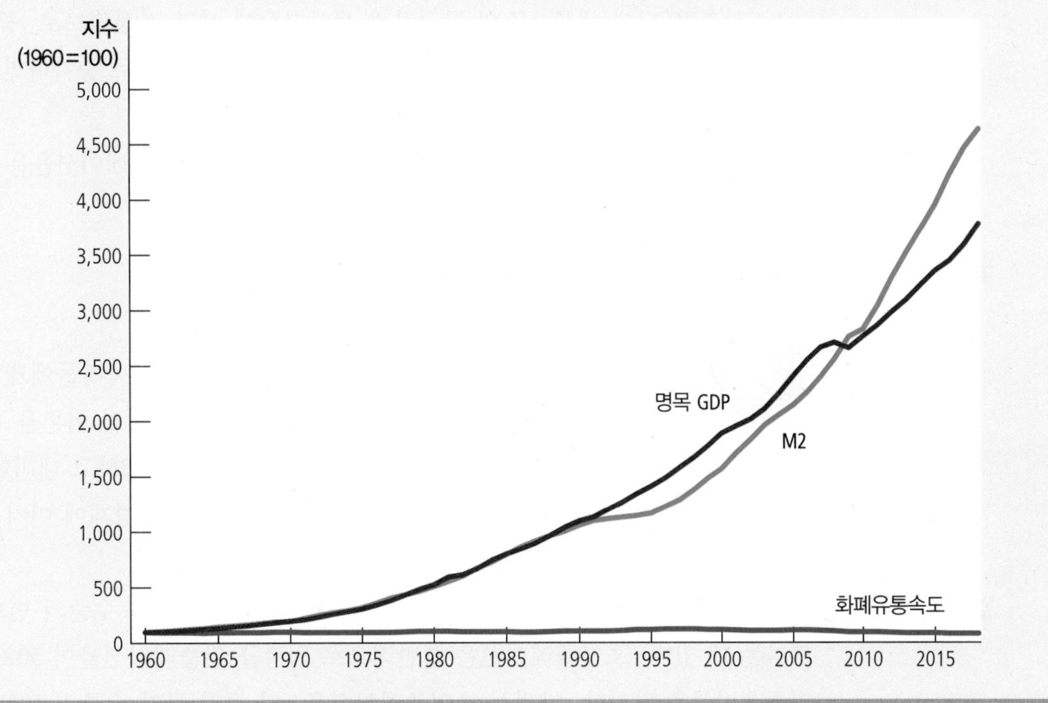

이 방정식은 화폐 수량(M)에 화폐유통속도(V)를 곱한 수치가 산출물의 가격(P)에 산출량(Y)을 곱한 수치와 같다는 사실을 보여준다. 이 방정식은 화폐 수량, 즉 통화량(M)과 산출물의 명목 가치($P \times Y$)를 연결해주기 때문에 화폐 수량 방정식(quantity equation, 교환방정식이라고도 한다 – 역자주)이라고 한다. 이 방정식에 따르면 통화량이 증가하면 물가가 상승하거나, 산출량이 증가하거나, 화폐유통속도가 하락해야 한다.

화폐 수량 방정식 $M \times V = P \times Y$ 라는 통화량, 화폐유통속도, 재화와 서비스 산출물의 달러 가치 사이의 관계를 나타내는 방정식

많은 경우 화폐유통속도는 비교적 안정적이다. 예를 들어 1960년 이후 미국의 명목 GDP, 화폐 수량(M2)과 화폐유통속도를 표시한 그림 22.3을 보면 통화량과 명목 GDP는 이 기간 동안 각각 약 40배로 증가했다. 반면에 화폐유통속도는 늘 일정하지는 않았지만 극적으로 변하지도 않았다. 따라서 화폐유통속도가 일정하다는 가정은 미국 경제의 현실에 비교적 가깝다고 할 수 있다.

이제 우리는 균형 물가 수준과 인플레이션율을 설명하는 데 필요한 모든 요소를 갖춘 셈이다.

1. 화폐유통속도는 오랜 기간에 걸쳐 비교적 안정적이다.
2. 화폐유통속도가 안정적이기 때문에 중앙은행이 통화량(M)을 변화시키면 산출물의 명목 가치($P \times Y$)는 비례적으로 변한다.
3. 재화와 서비스의 산출량(Y)은 기본적으로 노동, 물적 자본, 인적 자본, 자연 자원 등 생산요소의 공급량과 생산기술에 따라 결정된다. 화폐의 중립성이 성립하기 때문에 화폐 수량, 즉 통화량은 산출량에 영향을 미치지 않는다.
4. 산출량(Y)이 생산요소의 공급량과 생산기술에 따라 결정되므로, 중앙은행이 통화량(M)을 늘려 산출물의 명목 가치($P \times Y$)가 비례적으로 증가하면 물가 수준의 변동에 반영된다.
5. 따라서 중앙은행이 화폐 공급을 급속히 증가시키면 인플레이션율은 높아진다.

이상의 5단계 논리가 화폐수량설의 핵심이다.

초인플레이션을 경험한 4개국의 통화량과 물가

지진은 한 사회를 파괴하지만, 지진을 연구하는 학자들에게 유용한 많은 자료를 제공한다. 이러한 자료는 지진에 대한 여러 이론을 검증할 수 있게 하고, 그로 인해 그 사회가 장래에 닥칠 새로운 지진을 예측하고 대비할 수 있게 해준다. 마찬가지로 초인플레이션도 금융경제학자들이 화폐가 경제에 미치는 영향을 연구하는 데 유용하면서도 자연스러운 실험의 기회를 제공한다.

초인플레이션이 흥미로운 이유 중의 하나는 통화량과 물가 수준의 변화 폭이 매우 크다는 데 있다. 초인플레이션은 일반적으로 월평균 인플레이션율이 50%를 초과하는 인플레이션을 말한다. 따라서 초인플레이션은 1년 동안 물가 수준이 100배 이상 증가한다는 뜻이다.

초인플레이션에 관한 통계 자료를 보면 통화량과 물가 수준의 명백한 관계가 드러난다. 그림 22.4는 1920년대에 오스트리아, 헝가리, 독일, 폴란드 등 4개국에서 발생한 전형적인 초인플레이션에 관한 자료를 그림으로 옮긴 것이다. 각 그래프는 그 나라 경제의 통화량과 물가지수를 나타낸다. 통화량 선의 기울기는 통화량의 증가율을, 물가 수준 선의 기울기는 물가지수의 상승률(인플레이션율)을 나타낸다. 기울기가 급할수록 통화량 증가율과 인플레이션율이 높다.

각 그래프에서 통화량과 물가 수준을 나타내는 선이 거의 평행하다는 사실에 주목할 필요가 있다. 네 경우 모두 초기에는 통화량의 증가 속도와 인플레이션율이 완만하다가 시간이 흐름에 따라 통화량의 증가 속도가 점점 빨라지고 이와 동시에 인플레이션율도 급격히 높아진다. 그러다가 통화량의 증가 속도가 안정됨에 따라 인플레이션율도 안정된다. 초인플레이션 사례들은 통화량이 지나치게 늘면 물가가 오른다는 경제학의 10대 기본원리를 잘 설명해준다. ●

초인플레이션 기간 중 통화량과 물가 추이

이 그림은 4개국의 초인플레이션 기간 동안 통화량과 물가의 추이를 보여준다(그래프는 각 변수의 자연로그 값을 기준으로 작성되었으므로, 그래프상의 수직 거리가 같으면 그 변수의 변화율이 같다). 네 경우 모두 통화량과 물가의 움직임은 매우 밀접한 상관관계를 보인다. 이 두 변수의 밀접한 상관관계는 통화량의 증가가 인플레이션의 주된 원인이라는 화폐수량설의 주장과 일치한다.

그림 22.4

자료: Thomas J. Sargent, "The End of Four Big Inflations" in Robert Hall, ed., *Inflation*(Chicago : University of Chicago Press, 1983), pp. 41~93.

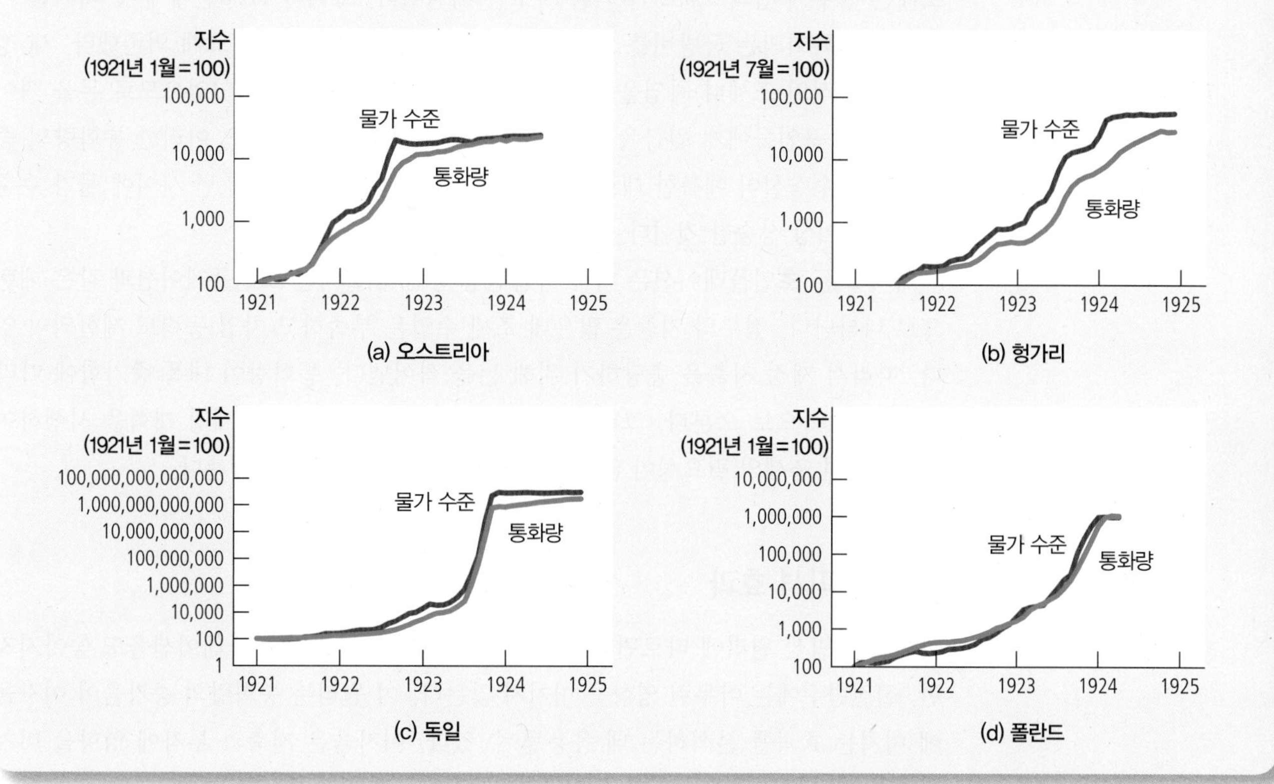

22-1g 인플레이션 조세

인플레이션이 이처럼 쉽게 설명될 수 있다면 어째서 초인플레이션이 발생하는가? 이러한 나라의 중앙은행은 왜 그렇게 많은 돈을 찍어내서 화폐의 가치가 급속하게 하락하도록 만드는가?

그것은 이들 국가의 정부가 재정 지출 자금을 조달하기 위한 방편으로 돈을 찍어내기 때문이다. 정부가 도로를 건설하고 군인들에게 월급을 주고 빈곤층과 노인들에게 생계비를 지원하려면 자금이 필요하다. 정상적인 경우에는 정부가 필요한 자금을 조달하기 위해 소득세나 판매세 같은 세금을 부과하거나 국채를 발행하여 민간에게 매각한다. 그러나 필요한 만큼 돈을 찍어 자금을 조달할 수도 있다.

인플레이션 조세 정부가 통화 증발을 통해 조달하는 수입

정부가 통화 증발을 통해 세입을 증가시킬 때 이 세금을 인플레이션 조세(inflation tax)라고 한다. 그러나 인플레이션 조세는 일반적인 세금과 달리 고지서가 발부되지 않는다. 인플레이션 조세는 보다 묘하게 작동한다. 정부가 통화량을 늘리면 물가 수준이 상승하고, 우리 지갑 속에 있는 화폐의 가치가 전보다 떨어진다. 따라서 인플레이션 조세는 화폐를 보유한 모든 사람에게 부과되는 세금과 같다.

인플레이션 조세의 중요성은 나라와 시대에 따라 다르다. 최근 미국에서 인플레이션 조세는 정부 수입의 3%도 안 되는 사소한 재원이다. 그러나 1770년대에 갓 태어난 미합중국 대륙회의는 국방비를 조달하기 위해 인플레이션 조세에 크게 의존했다. 새 정부는 정상적인 조세나 차입을 통해 재원을 조달하는 데 한계가 있었으므로 돈을 찍어내는 것이 군인들에게 월급을 지급하는 가장 손쉬운 방법이었다. 이러한 통화량의 증가는 화폐수량설이 예측한 대로 높은 인플레이션을 초래했다. 몇 년 사이에 물가 수준이 100배 이상 상승한 것이다.

거의 모든 초인플레이션은 미국 독립전쟁 동안에 일어난 초인플레이션과 같은 패턴으로 나타난다. 정부의 지출은 많은데 조세 수입은 부족하고 차입 능력도 제한되어 있다. 따라서 재정 지출을 충당하기 위해 돈을 찍어낸다. 통화량이 대폭 증가함에 따라 물가도 큰 폭으로 오른다. 그러다가 정부가 재정 지출 삭감 등 재정 개혁을 시행하여 인플레이션 조세의 필요성이 없어지면 이러한 초인플레이션도 멈춘다.

22-1h 피셔 효과

화폐의 중립성 원리에 따르면 통화량의 증가율이 높아지면 인플레이션율도 높아지지만, 실질변수에는 아무런 영향을 미치지 않는다. 이 원리는 통화량의 증가율이 이자율에 미치는 효과를 분석하는 데 응용될 수 있다. 이자율은 저축과 투자에 영향을 미쳐 현재와 미래를 연결해주기 때문에 거시경제학자들에게는 중요한 변수다.

화폐, 인플레이션, 이자율의 관계를 이해하기 위해 명목이자율과 실질이자율의 구별을 상기해보자. 명목이자율(nominal interest rate)은 여러분이 은행에 가면 볼 수 있는 이자율이다. 예컨대 저축예금에 대한 명목이자율은 일정 기간 동안 예금이 얼마나 불어나는지 알려준다. 이에 비해 실질이자율(real interest rate)은 명목이자율에 물가 상승을 감안한 이자율로, 저축예금 계좌에 있는 예금 잔액의 구매력이 얼마나 빠른 속도로 증가하는지 나타낸다. 실질이자율은 명목이자율에서 인플레이션율을 뺀 것이다.

$$\text{실질이자율} = \text{명목이자율} - \text{인플레이션율}$$

예를 들어 어떤 은행의 예금에 대한 연간 명목이자율이 7%고 인플레이션율이 3%라면 이 은행에 예금한 돈의 실질가치는 1년 동안 4% 증가한다.

앞의 식을 다시 쓰면 명목이자율은 실질이자율과 인플레이션율의 합으로 표시된다.

$$\text{명목이자율} = \text{실질이자율} + \text{인플레이션율}$$

명목이자율을 이러한 식으로 표시하는 것이 유용한 이유는 이 식의 우변에 있는 두 항에 영향을 미치는 변수들이 서로 다르기 때문이다. 18장에서 설명한 바와 같이 실질이자율은 대부자금의 수요와 공급에 따라 결정된다. 한편 화폐수량설에 따르면 인플레이션율은 통화량의 증가 속도에 의해 결정된다.

이제 통화량의 증가율이 이자율에 미치는 영향에 대해 생각해보자. 장기에는 화폐의 중립성이 성립하므로 통화량의 증가율은 실질이자율에 영향을 미치지 않는다. 실질이자율도 실질변수기 때문이다. 실질이자율이 변하지 않으려면 인플레이션율이 1% 변동함에 따라 명목이자율이 정확하게 1% 변동해야 한다. 따라서 중앙은행이 통화량의 증가율을 높이면 장기적으로 인플레이션율과 명목이자율도 높아진다. 이와 같이 인플레이션율이 변하면 명목이자율도 같은 폭으로 변하는 현상은 최초 발견자인 미국의 경제학자 어빙 피셔(Irving Fisher, 1867~1947)의 이름을 따서 피셔 효과(Fisher effect)라고

피셔 효과 인플레이션율이 변하면 명목이자율도 같은 폭으로 변하는 현상

명목이자율과 인플레이션율

그림 22.5

이 그림은 1960년 이후 3개월 만기 국채 이자율로 측정한 명목이자율과 소비자물가지수 상승률로 측정한 인플레이션율의 관계를 보여준다. 두 변수가 밀접한 관계에 있는 것은 인플레이션율이 오르면 명목이자율도 오른다는 피셔 효과가 성립한다는 증거다.

자료: 미국 재무부, 노동부

불린다.

피셔 효과에 대한 우리의 분석은 장기적 관점을 견지한다는 점에 유의해야 한다. 단기 인플레이션은 예상이 불가능하므로 피셔 효과가 성립하지 않는다. 명목이자율은 대출에 대한 지급이자로, 대개 처음 대출되는 시점에서 결정된다. 인플레이션이 대출 금융기관이나 대출을 받는 차입자가 예상한 수준보다 큰 폭으로 상승하면 최초 대출이자율은 물가 상승을 제대로 반영하지 못한다. 그러나 높은 물가가 계속 유지되면 사람들이 물가가 오를 것으로 기대하게 되고 대출이자율에 인플레이션에 대한 기대가 반영될 것이다. 따라서 정확하게 말하면 피셔 효과란 명목이자율이 예상 인플레이션에 적응한다는 것이다. 예상 인플레이션율은 장기적으로는 실제 인플레이션과 같이 움직이지만, 단기에는 반드시 그렇지 않을 수도 있다.

피셔 효과는 명목이자율의 변동을 이해하는 데 매우 중요하다. 그림 22.5는 1960년 이후 미국의 명목이자율과 인플레이션율의 관계를 보여준다. 이 그림을 보면 명목이자율과 인플레이션율 사이에 매우 밀접한 상관관계가 있음을 알 수 있다. 1960년대와 1970년대에는 인플레이션율이 상승함에 따라 명목이자율도 상승했다. 한편 1980년대부터 1990년대 중반까지는 연방준비제도가 인플레이션을 안정시킴에 따라 명목이자율도 낮아졌다. 최근에는 명목이자율과 인플레이션율 둘 다 역사적으로 낮은 수준을 보이고 있다.

간단한 퀴즈

1. 고전학파의 화폐 중립성 이론에 따르면 통화량의 변화는 ( ) 변수들에는 영향을 미치지 않으며 이 이론은 ( )에 가장 잘 적용될 수 있다.

a. 명목, 단기
b. 명목, 장기
c. 실질, 단기
d. 실질, 장기

2. 명목 GDP가 400달러, 실질 GDP가 200달러, 통화량이 100달러라면 물가 수준은 ( )이고 화폐유통속도는 ( )이다.

a. 1/2, 2
b. 1/2, 4
c. 2, 2
d. 2, 4

3. 화폐수량설에 따르면 화폐 수량 방정식에 포함된 변수들 중에서 장기적으로 가장 안정적인 변수는 무엇인가?

a. 통화량
b. 화폐유통속도
c. 물가 수준
d. 실질 산출량

4. 정부가 대규모의 재정 ( )(을)를 내고 이를 중앙은행이 상당 규모의 통화공급 ( )(은)로 조달하면 초인플레이션이 발생한다.

a. 적자, 감축
b. 적자, 확대
c. 흑자, 감축
d. 흑자, 확대

5. 화폐수량설과 피셔 효과에 따르면 중앙은행이 통화공급 증가율을 높이면 ( ).

a. 물가상승률과 명목이자율이 상승한다.
b. 물가상승률과 실질이자율이 상승한다.
c. 명목이자율과 실질이자율이 상승한다.
d. 물가상승률, 명목이자율, 실질이자율이 상승한다.

정답은 각 장의 끝에

22-2 인플레이션의 비용

미국의 인플레이션율이 연간 10%에 달하던 1970년대 말에는 인플레이션이 경제정책에 관한 논쟁에서 압도적인 비중을 차지했다. 그리고 지난 20년 동안 인플레이션율이 낮았지만 인플레이션은 여전히 주목받는 거시경제 변수다. 어떤 조사에 따르면 미국 신문에 가장 자주 언급된 경제용어는 인플레이션이다(2위와 3위는 실업과 생산성인데, 1위와는 상당한 격차가 있다).

이와 같이 인플레이션은 심각한 경제 문제로 인식되기 때문에 면밀히 감시되고 널리 논의된다. 인플레이션은 정말 심각한 경제 문제일까? 그렇다면 어떤 이유에서일까?

22-2a 구매력의 하락? 인플레이션에 관한 오해

사람들에게 인플레이션이 왜 나쁘냐고 물으면 애써 벌어들인 돈의 구매력을 빼앗아가기 때문이라고 말할 것이다. 물가가 오르면 소득으로 구입할 수 있는 재화와 서비스의 양이 줄어들기 때문에 인플레이션은 직접적으로 생활 수준을 떨어뜨리는 것처럼 보인다.

그러나 잘 생각해보면 이것은 착각이다. 물가가 오르면 재화와 서비스를 구입하는 사람들은 더 많은 돈을 지불해야 한다. 그러나 이와 동시에 재화와 서비스를 파는 사람들은 판매하는 물건에 대해 더 많은 돈을 받는다. 대부분의 사람들은 노동과 같은 서비스를 판매하여 소득을 올리므로 물가가 상승하면 동시에 소득도 상승한다. 따라서 인플레이션으로 인해 사람들의 실질적인 구매력이 감소하는 것은 아니다.

사람들이 인플레이션에 대해 잘못 생각하는 것은 화폐의 중립성을 이해하지 못하기 때문이다. 사람들은 월급이 10% 오를 경우 이것이 자신의 재능과 노력에 대한 당연한 보상이라고 생각하는 경향이 있다. 따라서 이 경우 10% 월급 인상에도 불구하고 6%의 인플레이션으로 인해 월급의 구매력이 4% 증가하는 데 그치면 자신이 마땅히 받아야 할 소득을 빼앗겼다고 생각한다. 그러나 17장에서 설명한 바와 같이 실질소득은 물적자본, 인적자본, 자연자원, 생산기술 등 실질변수에 따라 결정되고, 명목소득은 이들 실질변수와 물가 수준에 따라 결정된다. 앞의 예에서 중앙은행이 인플레이션을 6%에서 0%로 낮춘다면 월급은 10%가 아니라 4%만 오를 것이다. 이 경우 사람들은 인플레이션 때문에 자신들의 소득이 박탈되었다고 생각하지 않겠지만, 그렇다고 실질소득이 더 큰 폭으로 오르는 것은 아니다.

인플레이션으로 인해 물가가 오르지만 명목소득도 같은 폭으로 오른다면 인플레이션이 어째서 문제가 될까? 이 질문에 대한 한 가지 답은 없다. 경제학자들은 인플레이션의 몇 가지 비용을 밝혀냈다. 이들 비용은 지속적인 통화량의 증가가 실질변수에 어떤 식으로 부정적인 영향을 미치는지를 보여준다.

22-2b 구두창 비용

앞에서 설명한 바와 같이 인플레이션은 화폐 보유자들에게 부과되는 세금과 같다. 이 세금 자체는 자원을 가계에서 정부로 이전하는 데 불과하기 때문에 사회 전체로 볼 때 진정한 비용은 아니다. 그러나 대부분의 세금은 사람들이 세금 부담을 피하기 위해 행동을 바꾸도록 유도한다. 이와 같이 세금은 경제주체들의 유인 체계를 왜곡하므로 사회 전체에 경제적 순손실을 초래하는 것이다. 다른 세금들과 마찬가지로 인플레이션 조세도 사람들에게 희소자원을 낭비하도록 강요함으로써 경제적 순손실을 초래한다.

그렇다면 어떤 식으로 인플레이션 조세를 피할 수 있을까? 인플레이션은 우리 지갑 속에 있는 화폐의 실질가치를 떨어뜨리므로 화폐를 덜 보유할수록 인플레이션 조세를 피할 수 있다. 이렇게 하는 한 가지 방법은 은행에 자주 가는 것이다. 예를 들면 4주마다 한 번씩 200달러를 인출하는 대신 매주 한 번씩 50달러를 인출하는 것이다. 이렇게 은행에 자주 감으로써 인플레이션으로 인해 가치가 하락하는 현금의 보유액을 줄이고 더 많은 돈을 이자가 붙는 은행 저축예금 계좌에 넣어둘 수 있다.

구두창 비용 인플레이션에 직면한 경제주체들이 현금 보유를 줄이는 과정에서 낭비되는 자원

이와 같이 현금 보유를 줄이는 데 드는 비용을 인플레이션에 따른 구두창 비용(shoeleather costs)이라고 한다. 이 표현은 은행에 자주 갈수록 구두창이 더 빨리 닳아 없어진다는 의미지만 문자 그대로 해석할 필요는 없다. 화폐 보유를 줄이는 데 따르는 실질적인 비용은 구두창이 닳는 것이 아니라 현금 보유를 줄이기 위해 시간을 투자하고 불편을 감수해야 한다는 데 있기 때문이다.

인플레이션에 따른 구두창 비용은 대단치 않아 보일지 모른다. 사실 근래 들어 인플레이션이 심하지 않은 미국에서는 이 비용이 대단치 않다. 그러나 초인플레이션을 겪는 나라에서는 구두창 비용도 막대하다. 다음에 인용한 1985년 8월 13일 자 『월스트리트저널』 기사는 볼리비아의 초인플레이션 기간 중에 사람들이 실제로 겪은 일을 잘 설명해준다.

> 에드가 미란다(Edgar Miranda)라는 교사는 월급으로 2,500만 페소를 받고 나면 지체할 겨를이 없다. 페소의 가치가 시간마다 떨어지기 때문이다. 그의 부인은 급히 시장으로 달려가서 한 달 치 쌀과 국수를 사고, 미란다 선생은 남은 돈으로 달러를 사기 위해 암시장에 간다.
>
> 미란다 선생은 세계에서 가장 걷잡을 수 없는 인플레이션 속에서 생존의 제1 법칙을 실천하는 셈이다. 볼리비아는 통제 불가능한 인플레이션이 한 사회를 어떤 식으로 망칠 수 있는지 보여주는 좋은 예다. 인플레이션율이 너무 높아서 수치 자체도 감당하기 어려울 지경이다. 예를 들어 6개월 사이에 물가 수준이 연율 기준 38,000% 올랐다고 한다. 공식적으로는 지난해 인플레이션율이 연 2,000%고 올해는 8,000%에 이를 것으로 전망된다. 그러나 비공식적인 예측은 이 수치

> 보다 훨씬 높다. 볼리비아의 인플레이션에 비하면 이스라엘(370%)이나 아르헨티나(1,100%)는 아무것도 아니다.
>
> 올해 38세인 미란다 선생이 월급을 받아 즉시 달러로 바꾸지 않을 경우 무슨 일이 일어날지는 쉽게 짐작할 수 있다. 월급날 환율은 1달러에 50만 페소였지만, 그 다음 날 환율은 90만 페소가 되었으므로 하루만 지체했더라도 월급이 50달러에서 27달러로 떨어졌을 것이다.

이 이야기가 보여주듯이 인플레이션에 따른 구두창 비용은 상당히 클 수 있다. 인플레이션이 이렇게 심한 상황에서 자국 통화인 페소를 가치의 저장수단으로 삼겠다는 것은 어리석은 생각이다. 따라서 월급을 받는 즉시 물건을 사거나 달러로 바꿀 수밖에 없다. 페소보다는 물건이나 달러가 가치 저장에 유리하기 때문이다. 미란다 선생이 페소 보유를 줄이기 위해 쏟는 시간과 노력은 자원 낭비다. 통화 당국이 인플레이션을 낮추는 정책을 쓴다면 그 시간과 노력을 보다 생산적인 곳으로 돌릴 수 있을 것이다. 볼리비아 정부는 실제로 이 기사가 보도되고 얼마 지나지 않아 통화 긴축을 단행했고, 이에 따라 인플레이션도 진정되었다.

22-2c 메뉴 비용

대부분의 기업들은 제품 가격을 매일매일 바꾸지 않는다. 일단 가격을 발표하면 몇 주나 몇 달, 혹은 몇 년 동안 그대로 유지한다. 한 설문조사에 따르면 미국의 기업들은 평균적으로 1년에 한 번씩 가격을 조정하는 것으로 나타났다.

이와 같이 기업들이 가격을 자주 조정하지 않는 것은 가격을 조정하는 데 비용이 들기 때문이다. 가격 조정에 들어가는 비용을 메뉴 비용(menu costs)이라고 하는데, 이 용어는 음식점에서 새로운 메뉴를 인쇄하는 데 드는 비용에서 유래한 것이다. 메뉴 비용에는 새로운 가격과 제품 목록을 인쇄하는 비용, 인쇄된 새 목록을 대리점과 소비자들에게 발송하는 비용, 새로운 가격을 광고하는 데 드는 비용, 새로운 가격을 결정하는 비용, 가격 조정에 대한 소비자들의 불만에 대응하는 비용 등이 포함된다.

메뉴 비용 가격을 변동시키는 데 드는 비용

인플레이션이 발생하면 기업이 부담해야 하는 메뉴 비용이 증가한다. 현재 미국 경제와 같이 인플레이션이 낮은 상황에서는 대부분의 기업의 입장에서 가격을 1년에 한 번 조정하는 것이 적절한 경영전략이다. 그러나 인플레이션이 심해서 기업의 비용이 급속히 상승하면 가격을 1년에 한 번만 조정해서는 곤란하다. 예컨대 초인플레이션 시기에는 경제 전체의 다른 물가 상승과 보조를 맞추기 위해 기업들이 매일 한 번씩, 혹은 그보다 자주 가격을 인상해야 한다.

22-2d 상대가격의 변화와 자원 배분의 왜곡

어떤 음식점이 매년 1월에 새로운 가격을 적용한 메뉴를 인쇄하고 연말까지 가격을 올리지 않는다고 하자. 인플레이션이 없으면 경제의 다른 물가에 대한 이 음식점에서 판매하는 요리의 가격, 즉 상대가격은 1년 동안 변함이 없을 것이다. 그러나 인플레이션율이 1년에 12%라면 이 음식점 요리의 상대가격은 자동으로 매달 1%씩 하락한다. 이 음식점이 연초에 새 가격을 책정할 때는 요리 가격이 상대적으로 높았다가 시간이 흐르면 상대적으로 낮아진다. 인플레이션율이 높을수록 이러한 상대가격의 변동성은 더 커진다. 1년에 한 번만 가격을 조정하는 상태에서 인플레이션이 발생하면 인플레이션이 없을 경우에 비해 상대가격의 변화폭이 증가하는 것이다.

이와 같은 상대가격의 변화는 왜 중요할까? 시장경제에서는 상대가격에 따라 희소자원이 배분되기 때문이다. 소비자들은 여러 가지 재화와 서비스의 가격과 품질을 비교해 보고 구매를 결정한다. 이를 통해 소비자들은 경제의 희소한 생산요소가 어떤 산업과 어떤 기업에게 배분될지 결정한다. 그런데 인플레이션이 상대가격을 왜곡하면 소비자들의 의사결정도 왜곡되고, 시장이 자원을 최선의 용도에 맞게 배분할 수 없는 것이다.

22-2e 인플레이션에 따른 조세 왜곡

거의 모든 세금은 경제적 유인을 왜곡하고 경제주체들의 행동을 변화시켜 자원 배분의 효율성을 저해한다. 그러나 인플레이션이 발생하면 여러 세금에 따른 부작용이 더욱 심해진다. 그 이유는 세법을 입안할 때 인플레이션을 감안하지 않는 경우가 많기 때문이다. 세법을 연구하는 경제학자들에 따르면 인플레이션이 저축에서 발생하는 소득에 대한 세금 부담을 가중시킨다고 한다.

인플레이션이 저축을 저해하는 한 가지 사례로 자본이득(capital gains), 즉 자산을 구입가격보다 높은 가격에 팔았을 때 발생하는 소득에 대한 과세를 들 수 있다. 여러분이 1974년에 예금을 찾아 IBM사의 주식을 10달러에 샀다가 2019년에 그 주식을 140달러에 팔았다고 하자. 미국 세법에 따르면 130달러의 자본이득이 발생한 것이며, 이 금액은 연방소득세를 신고할 때 포함시켜야 한다. 그러나 1974년에서 2019년 사이에 물가 수준이 5배로 높아졌기 때문에 1974년에 투자한 10달러는 구매력을 기준으로 할 때 2019년 가격으로는 50달러에 해당한다. 따라서 주식을 140달러에 매각하면 구매력을 기준으로 한 실질적인 자본이득은 90(140−50)달러가 된다. 그럼에도 불구하고 세법은 인플레이션을 감안하지 않으므로 자본이득을 130달러로 보아 과세한다. 이러한 식으로 인플레이션은 자본이득을 과대평가하고 과중한 세금을 부과하는 것이다.

인플레이션에 따른 조세 왜곡의 또 한 가지 예로 이자소득에 대한 과세를 들 수 있다. 명목이자율의 일부는 인플레이션에 대한 보상에 불과하지만, 세법에서는 저축에

	경제 A (물가가 안정적)	경제 B (인플레이션 존재)
실질이자율	4%	4%
인플레이션율	0	8
명목이자율 (실질이자율+인플레이션율)	4	12
25% 세금에 따른 이자율 하락 (0.25×명목이자율)	1	3
세후 명목이자율 (0.75×명목이자율)	3	9
세후 실질이자율 (세후 명목이자율−인플레이션율)	3	1

표 22.1

인플레이션에 따른 이자소득에 대한 세금 부담 증가

인플레이션율이 0일 때 이자소득에 대해 25%의 세금이 부과되면 실질이자율은 4%에서 3%로 하락한다. 그러나 인플레이션율이 8%면 똑같은 25%의 세금이 부과되더라도 실질이자율은 4%에서 1%로 더 많이 하락한다.

붙는 이자를 전부 소득으로 간주한다. 이러한 과세 관행의 효과를 표 22.1의 예를 통해 살펴보자. 이 표는 이자소득에 25%의 세율이 부과되는 두 경제를 비교하고 있다. 경제 A에는 인플레이션이 없어서 명목이자율과 실질이자율이 4%로 같다. 이 경우 이자소득에 대해 25%의 세금이 부과되면 실질이자율은 4%에서 3%로 하락한다. 한편 경제 B의 실질이자율은 4%지만 인플레이션율이 8%다. 피셔 효과에 따라 이 경제의 명목이자율은 12%가 된다. 소득세법은 12%를 전부 이자소득으로 보아 25%의 세금을 부과하기 때문에 세후 명목이자율은 9%이고, 8% 인플레이션을 감안하면 세후 실질이자율은 1%가 된다. 이 경우 명목이자 소득에 대한 25%의 세금으로 인해 실질이자율은 4%에서 1%로 하락하는 셈이다. 세후 실질이자율이 저축에 대한 경제적 유인을 제공하기 때문에 인플레이션이 없는 경제 (A)에 비해 인플레이션이 있는 경제 (B)에서는 저축할 이유가 그만큼 적다.

명목 자본이득과 명목 이자소득에 대한 과세는 세법이 인플레이션과 맞물려 어떤 효과를 가져오는지를 보여주는 두 가지 사례이며 다른 사례도 많다. 이처럼 인플레이션에 따른 세금 증가로 인해 높은 인플레이션은 저축을 저해한다. 앞에서 배운 바와 같이 저축은 장기적인 경제성장에 필수적인 투자의 재원이 된다. 따라서 인플레이션은 저축에 대한 세금 부담을 늘려 장기 경제성장률을 저하시키는 경향이 있다. 그러나 이러한 효과가 얼마나 큰지에 대해서는 경제학자들 사이에 의견이 일치하지 않는다.

인플레이션에 따른 조세 왜곡 문제를 해결하는 한 가지 방법은 세제를 인플레이션에 연동시키는 것이다. 즉 인플레이션의 영향을 감안하여 세법을 고치는 방법이다. 예를 들어 자본이득의 경우 세법을 개정하고 물가지수를 적용하여 자산의 취득가격을 조정하고, 이를 토대로 실질 자본이득에 대해 세금을 부과하면 된다. 이자소득의 경우 명목이자율 중에서 인플레이션에 대한 보상에 해당하는 부분을 제외하고 남은 실질 이자소득에 대해서만 과세할 수 있을 것이다. 미국 세법은 물가연동을 도입하는 방향으로 개정되어왔다. 예컨대 소득세는 각 세율이 적용되는 소득 구간의 경계 소득이 매년 소비자물가지수 변동에 맞춰 조정된다. 그러나 자본이득과 이자소득에 대한 과세 등 여러 부문에는 물가연동제가 도입되지 않고 있다.

이상적인 세계에서라면 인플레이션이 사람들의 세금 부담에 영향을 주지 못하도록 세법을 고치면 되겠지만, 우리가 사는 현실세계의 세법은 이상과는 거리가 멀다. 보다 완전한 물가연동제가 바람직하긴 하겠지만 그렇게 되면 가뜩이나 복잡한 세법이 더욱 복잡해질 것이다.

22-2f 혼란과 불편

사람들에게 '올해에는 1야드가 36인치인데 내년에는 1야드가 몇 인치가 되어야 하겠는가?'라는 질문을 한다고 가정해보자. 설문에 응하는 사람들이 이 질문을 진지하게 받아들인다면 1야드는 계속해서 36인치가 되어야 한다고 대답할 것이다. 그렇지 않으면 생활이 필요 이상으로 복잡해질 테니까 말이다.

이 예와 인플레이션이 무슨 관계가 있냐고 반문할지 모르겠다. 그러나 우리는 앞에서 화폐가 가격을 고시하고 부채를 기록하는 회계의 단위로 사용된다는 사실을 배웠다. 즉 화폐는 경제적인 거래를 측정하는 기준이라는 것이다. 따라서 중앙은행의 역할은 통상적으로 사용되는 측정 단위의 신빙성을 보장하는 표준국(Bureau of Standards)의 기능과 비슷한 측면이 있다. 중앙은행이 통화량을 늘려서 인플레이션이 발생하면 회계의 단위인 화폐의 실질 가치가 하락하기 때문이다.

인플레이션으로 야기되는 혼란과 불편에 따른 비용은 판단하기 어렵다. 앞에서 우리는 인플레이션이 있을 때 세법이 어떤 식으로 실질소득을 부정확하게 계산하는지 설명했다. 마찬가지로 물가가 오를 때는 회계사들이 기업의 이윤을 정확하게 측정하기 어렵다. 인플레이션이 있으면 서로 다른 시점에서 명목 금액의 실질 가치가 달라지므로 기업의 수입과 비용의 차액, 즉 이윤을 계산하는 일이 복잡해진다. 따라서 인플레이션이 발생하면 투자자들이 경영 성과가 좋은 기업과 그렇지 못한 기업을 구별하기 어려워지고, 저축을 여러 부문의 투자에 배분하는 금융시장의 기능도 제약을 받는다.

22-2g 예상치 못한 인플레이션의 특별한 비용 : 부의 자의적인 재분배

지금까지 설명한 인플레이션의 비용은 인플레이션이 안정적이고 예측 가능한 경우에 발생하는 비용이다. 그러나 예기치 못한 인플레이션은 또 하나의 비용을 초래한다. 예상치 못한 인플레이션은 사람들의 능력과 필요에 무관하게 부(wealth)를 재분배한다. 이와 같은 재분배가 발생하는 것은 대출 조건이 화폐라는 회계 단위를 기준으로 설정되기 때문이다.

예를 들어 소피라는 학생이 대학등록금을 마련하기 위해 은행에서 금리 7%에 2만 달러를 대출받았다고 하자. 이 원금에 10년 동안 매년 7%의 복리이자가 붙으면 원리금 상환액은 4만 달러가 된다. 그런데 10년 뒤 4만 달러의 실질가치는 인플레이션율에 따라 좌우된다. 소피가 운이 좋아서 초인플레이션이 발생하면 임금과 물가가 너무 빠른 속도로 상승하여 푼돈을 가지고도 4만 달러를 갚을 수 있을 것이다. 반면에 디플레이션이 발생하면 임금과 물가가 하락하여 원리금 상환액 4만 달러의 실질가치는 예상한 것보다 훨씬 커질 것이다.

앞의 예는 예상치 못한 물가변동이 채무자와 채권자의 부를 재분배한다는 사실을 보여준다. 초인플레이션이 발생하면 원리금 상환액의 실질가치가 하락하므로 돈을 빌린 소피에게 유리하고, 돈을 빌려준 은행은 손해를 본다. 즉 소피는 자신이 예상했던 것보다 가치가 낮은 화폐로 대출금을 갚을 수 있다. 반대로 디플레이션이 발생하면 원리금 상환액의 실질가치가 증가하므로 돈을 빌린 소피에게 불리하고, 돈을 빌려준 은행에게 유리하다. 이 경우 소피는 자신이 예상했던 것보다 가치가 더 높은 화폐로 대출금을 갚아야 한다. 만일 인플레이션율을 예측할 수 있다면 채무자와 채권자는 인플레이션율을 감안한 명목이자율에 합의할 수 있을 것이다(피셔 효과를 적용하면 된다). 그러나 인플레이션율을 예측하기 어렵다면 채무자나 채권자 모두 회피하고 싶어하는 위험을 감수해야 한다.

평균 인플레이션율이 높을수록 인플레이션이 특별히 변동성이 크고 불확실하다는 사실을 감안하면 예상치 못한 인플레이션의 비용은 더 중요해진다. 이러한 사실은 여러 나라의 경험을 분석해보면 쉽게 알 수 있다. 20세기 후반 독일의 경우처럼 평균 인플레이션율이 낮은 나라에서는 인플레이션이 대체로 안정적이다. 이에 반해 평균 인플레이션율이 높은 중남미 국가들의 인플레이션은 불안정한 경향이 있다. 인플레이션이 높으면서 안정적인 경제는 알려진 사례가 없다. 인플레이션율과 인플레이션의 변동성 사이에 성립하는 이러한 관계는 인플레이션에 따른 또 한 가지 비용을 암시한다. 어떤 나라에서 높은 인플레이션을 조장하는 통화정책을 시행하면 예상된 높은 인플레이션에 따른 비용을 부담해야 할 뿐 아니라, 예상치 못한 인플레이션에 따른 부의 자의적인 재분배도 감수해야 한다는 것이다.

22-2h 인플레이션도 나쁘지만 디플레이션은 더 나쁘다

최근 미국 역사에서는 인플레이션이 정상적인 현상이었다. 그러나 19세기 말이나 1930년대 초에 그랬던 것처럼 때로는 물가 수준이 하락한 적도 있다. 일본에서는 1998년에서 2012년 사이에 전반적인 물가 수준이 4% 하락했다. 따라서 인플레이션의 비용에 대한 설명을 마무리하면서 디플레이션의 비용에 대해서도 간단히 생각해봐야 하겠다.

일부 경제학자들은 소폭의 예측 가능한 디플레이션은 바람직할 수 있다고 말했다. 밀턴 프리드먼은 디플레이션이 발생하면 명목이자율이 낮아지고(피셔 효과를 상기하라) 명목이자율이 낮아지면 화폐 보유의 비용이 감소한다고 말했다. 그는 화폐 보유에 따른 구두창 비용은 명목이자율이 0에 근접하여 실질이자율이 디플레이션율과 같아질 때 최소화될 수 있다고 주장했다. 이와 같은 완만한 디플레이션 처방을 프리드먼 준칙(Friedman Rule)이라고 부른다.

그러나 디플레이션의 비용도 있다. 이들 중 일부는 인플레이션 비용과 대칭적이다. 예를 들어 물가 수준이 상승하면 메뉴 비용이 오르고 상대가격의 변동성이 커지듯 물가 수준이 하락해도 마찬가지 비용이 발생한다. 그뿐 아니라 현실적으로 디플레이션은 프리드먼이 제안한 것처럼 꾸준하거나 예측 가능하지 않다. 디플레이션은 갑작스럽게 발생하는 경우가 더 흔하고 이에 따라 채무자로부터 채권자에게로 부를 재분배한다. 채무자가 채권자보다 가난한 경우가 많으므로 이러한 부의 재분배는 특히 해롭다.

아마도 가장 중요한 점은 디플레이션이 전반적인 거시경제 문제 때문에 발생한다는 사실일 것이다. 뒤에 나오는 장들에서 살펴보겠지만 통화량의 감소 같은 사건으로 인해 재화와 서비스에 대한 전반적인 수요가 감소할 때 물가 수준이 하락한다. 이러한 총수요의 감소는 소득 감소와 실업 증가로 이어진다. 다시 말해 디플레이션은 더 심각한 경제 문제의 징후라는 것이다.

『오즈의 마법사』와 은화 자유 주조 논쟁

여러분은 어렸을 때 1900년에 쓰인 동화 『오즈의 마법사(The Wizard of Oz)』를 본 적이 있을 것이다. 이 동화는 집에서 멀리 떨어진 낯선 곳에서 길을 잃고 헤매는 도로시라는 소녀에 관한 이야기다. 그러나 독자들은 일부 전문가들이 이 이야기가 19세기 후반 미국의 통화정책을 풍자한 것이라고 믿는다는 사실은 몰랐을 것이다.

1880년부터 1896년까지 미국의 물가는 23% 하락했다. 이러한 물가 하락은 전혀 예상하지 못했기 때문에 대폭적인 부의 재분배가 일어났다. 서부에 살던 대부분의 농민들은 동부의 은행들에게 빚을 진 상태였기 때문에 물가가 하락하자 농민들이 진 부채의 실질가치는 증가했고, 은행들은 부자가 되었다.

당시 대중당(Populist, 1891년에 결성되어 농민의 이해를 대변한 정당－역자주) 정치인들은 은화의 자유 발행을 허용하면 이 문제를 해결할 수 있을 것이라고 생각했다. 미국은 금본위제도하에 있었으므로 금의 양이 통화량과 물가를 결정했다. 은화 자유 주조를 지지한 사람들은 은도 금처럼 화폐로 통용되도록 만들려고 했다. 이 주장이 채택되었다면 통화량이 증가해서 물가가 상승하고, 농부들이 진 부채의 실질 부담도 줄어들었을 것이다.

은화 자유 주조에 대한 논쟁은 점점 가열되었고 1890년대의 주요 정치 쟁점이 되었다. 대중당 정치인들은 '우리는 모든 것을 저당 잡혔지만 우리의 표는 저당 잡히지 않았다'는 선거 구호를 내걸었다. 1896년에 민주당 대통령 후보로 지명된 윌리엄 제닝스 브라이언(William Jennings Bryan)은 은화 자유 주조를 지지한 대표적인 인물이다. 브라이언이 지금까지도 기억되는 이유 중의 하나는 그가 민주당 대통령 후보 지명대회에서 한 연설 때문이다. '노동자들의 이마에 가시 면류관을 씌우지 마라. 인류를 황금의 십자가에 못 박지 마라.' 브라이언 이후 통화정책에 대해 이처럼 시적으로 표현한 정치인은 없었다. 그럼에도 불구하고 브라이언은 대통령 선거에서 공화당의 윌리엄 매킨리(William Mckinley)에게 졌고, 그 결과 미국은 금본위제도를 그대로 유지했다.

AF ARCHIVE/ALAMY STOCK PHOTO

19세기 말의 통화정책에 대한 논쟁

『오즈의 마법사』의 작가 프랭크 봄(L. Frank Baum)은 중서부의 기자였다. 그는 어린이들을 위한 이야기를 쓰면서 당시 중요한 정치 논쟁에 참여하던 주역들을 토대로 등장인물을 만들어냈다. 경제사학자 휴 로코프(Hugh Rockoff)는 1990년 『저널 오브 폴리티컬 이코노미(Journal of Political Economy)』에 게재된 논문에서 『오즈의 마법사』의 등장인물을 다음과 같이 해석했다.

DOROTHY(도로시) : 미국의 전통적 가치
TOTO(토토) : 금주주의당(절대금주주의자)
SCARECROW(허수아비) : 농부들
TIN WOODMAN(깡통 나무꾼) : 산업 근로자들
COWARDLY LION(겁쟁이 사자) : 브라이언(William Jennings Bryan)
MUNCHKINS(난쟁이족) : 동부 사람들
WICKED WITCH OF THE EAST (사악한 동쪽의 마녀) : 클리블랜드(Grover Cleveland)
WICKED WITCH OF THE WEST (사악한 서쪽의 마녀) : 매킨리(William Mckinley)
WIZARD(마법사) : 공화당 의장 한나(Marcus Alonzo Hanna)
OZ(오즈) : 금의 무게 단위인 온스의 줄임말
Yellow Brick Road(노란 벽돌길) : 금본위제도

이 동화에서 도로시는 결국 집으로 돌아가는 길을 찾지만, 노란 벽돌길을 따라간 것 때문만은 아니다. 길고 위험한 여행을 하면서 도로시는 마법사가 자신과 친구들을 도울 능력이 없다는 것을 깨닫는다. 대신 도로시는 자기가 신은 구두에 마법의 힘이 있다는 사실을 발견한다(1939년에 개봉된 영화 「오즈의 마법사」에서 도로시의 신발은 은에서

뉴스 속의 경제학

하이퍼인플레이션 속의 일상생활

인플레이션이 극도로 심해지면 그 비용도 가장 명백해진다.

연 52,000% 인플레이션이 한 나라에 끼칠 수 있는 영향

Brook Larmer

나는 고무줄로 묶은 니카라과(Nicaraguan)의 화폐인 코르도바(córdobas) 돈다발이 한가득 들어 있는 백팩을 메고 마나과(managua)에 있는 텅 빈 음식점에 걸어 들어갔다. 예상한 대로 웨이터는 그 돈을 전부 달라고 요구했다. 불법 거래처럼 보였을 수도 있다. 그러나 이건 니카라과 정부군과 미국에 의해 훈련받은 반군 사이의 전쟁이 막바지에 이르렀던 1990년에 실제 일어난 일이고 나는 내가 가진 돈의 가치가 더 떨어지기 전에 밥 한 끼를 사 먹으려 했을 뿐이다. 십 년 간의 게릴라 전쟁과 적자 재정 지출로 하이퍼인플레이션과 물량 부족이라는 혼란이 가속화되었다. 메뉴판에 있는 요리 중 두 가지만 먹을 수 있었고 가격은 몇 주 사이에 배로 오른 상태였다. 인플레이션이 연간 13,000%를 넘어서자 식당들은 손님들에게 선불을 요구했다. 직원들이 돈을 셀 시간을 확보하기 위해서였다. 내가 주문한 쌀과 콩 요리를 먹는 동안 두 명의 웨이터들이 다른 테이블에 앉아 지폐를 한 장씩 세고 있었다. 그들이 내가 밥값으로 지불한 10달러의 가치도 안 되는 수백만 코르도바 지폐를 다 세기 전에 나는 식사를 마쳤다.

하이퍼인플레이션(hyperinflation)은 한 나라의 정부가 가지고 있지도 않은 돈을 지속적으로 지출하거나 발행하여 국민들이 화폐에 대한 신뢰를 잃을 때 발생하는 파국이라는 변덕스러운 현상이다. 곧 가치가 없어질 현금을 백팩 가득 가지고 다니는 것 같은 왜곡은 어처구니없고 우스꽝스럽게 보일 수 있다. 그러나 하이퍼인플레이션이 국민과 국가에 끼칠 수 있는 폐해는 웃을 일이 아니다. 존스 홉킨스대학교 응용경제학 교수이자 하이퍼인플레이션(그는 월 50% 인플레이션이 적어도 30일 이상 지속되는 현상을 하이퍼인플레이션으로 정의하였다)의 권위자인 스티브 행크(Steve Hanke)는 "여러분이 국가가 발행하는 화폐를 신뢰할 수 없다면 그 어느 것도 신뢰할 수 없습니다."라고 말한다. 행크 교수는 독일 바이마르공화국부터 내가 목격한 니카라과 에피소드까지 기록이 남아있는 58개의 하이퍼인플레이션 사례를 연구하였다. 각각의 사례는 사람들의 생활이 걸려있는 근본적인 기초, 즉 화폐 가치에 대한 신뢰를 잃게 만든 지진과도 같았다.

불명예스러운 리스트에 가장 최근에 추가되었고 미국 정부에 경각심을 일으킨 사례는 베네수엘라이다. 베네수엘라는 세계에서 가장 풍부한 유전을 보유하고 있으면서도 경제를 잘못 운영하여 경제적 파탄에 도달하였다. 하이퍼인플레이션과 그에 수반되는 식료품과 의약품의 만성적 부족 현상으로 3,100만 명의 인구 대부분이 빈곤에 빠졌다. 최근의 한 조사에 따르면 베네수엘라 국민 10명 중 9명은 충분한 식료품을 살만한 돈을 벌지 못한다. 사람들의 체중은 24파운드 줄었다. 말라리아와 범죄도 증가하고 있다. 나라를 떠날 능력이 있는 사람들은 그렇게 하고 있다. 전체 의사들의 절반 이상을 포함하여 국민 230만 명 이상이 베네수엘라를 떠났다.

상황은 아직도 통제가 안 되고 있다. 2013년부터 2017년 사이에 베네수엘라의 경제 규모는 35% 줄어들었고 2018년에는 18% 더 축소될 것으로 경제학자들은 전망하고 있다. 시설의 유지 관리와 투자가 이루어지지 않아 원유생산 능력이 훼손되었고 7월 생산량은 거의 70년 만에 최저 수준으로 감소하였다. 행크 교수에 따르면 지난 12개월 동안의 인플레이션은 52,000%에 달하였다. 베네수엘라의 혼란은 지역 전체에 대한 리스크가 되고 있다. 존스 홉킨스대학교 국제학부 남미연구소 소장인 브라질 출신 경제학자 모니카 드 볼(Monica de Bolle) 박사는 "베네수엘라는 미주 지역에서 지난 수십 년 동안 일어난 가장 심각한 경제적, 인도적, 정치적 위기를 촉발하였다."라고 말한다. "이 지역에서 많은 위기가 있었지만 베네수엘라 사태 같은 위기는 처음이다."

거의 100년 전 『뉴욕타임스』는 하이퍼인플레이션이 자본주의 정신 자체를 박멸할 수 있는 가장 간단한 방법이라는 블라디미르 레닌(Vladimir Lenin)의 말을 인용한 바 있다. 그는 만일 한 국가가 실질 가치를 지닌 그 무엇과도 연계되어 있지 않은 고액권을 대거 찍어내면

루비로 바뀌었다. 할리우드의 영화 제작사들은 그들이 19세기의 미국 통화정책에 관해 이야기한다는 사실을 몰랐던 모양이다).

은화 주조론자들이 논쟁에서는 졌지만, 결과적으로 그들이 바라던 통화 공급 확대는

'화폐로 아무것도 살 수 없다는 사실을 사람들이 발견하는 즉시 화폐를 귀하게 여기지 않거나 보유하지 않게 되고, 자본주의 국가의 기초인 화폐의 가치와 구매력에 대한 위대한 환상은 확실히 파괴될 것이다.'라는 논리를 폈다.

레닌의 암울한 묵상은 제1차 세계대전의 파장을 거의 예언한 것 같이 보인다. 독일 바이마르공화국은 패전에 따른 비용을 차입한 자금으로 조달하려는 무모한 도박을 감행하였다. 많은 부채를 안고 있는 상태에서 1921년에 승전국들에 대한 배상을 강요받자 독일은 화폐를 찍어냈고 이는 역사상 가장 악명 높은 하이퍼인플레이션을 초래하였다. 1923년 후반에는 물가가 3.5일마다 거의 2배로 올랐고 1달러가 6,7조 마르크가 된 적도 있었다. 제2차 세계대전 후에는 더 심한 하이퍼인플레이션이 일어났다. 헝가리가 전후 복구 비용을 조달하기 위해 점점 더 액면 금액이 높아진 지폐를 발행한 것이다. 그 결과는 기록에 남아 있는 가장 급속한 하이퍼인플레이션이었다. 그 절정이었던 1946년 7월에는 물가가 15시간마다 2배로 올랐다.

전쟁이 하이퍼인플레이션의 촉매 역할을 한 사례가 많긴 하지만 전쟁만이 작용한 것은 아니다. 1990년대 초 하이퍼인플레이션은 전쟁과 구소련의 붕괴에 직면해 있었던 유고슬라비아, 보스니아-헤르체고비나, 아르메니아 등 동유럽 국가들을 덮쳤다. 그로부터 10년 후 짐바브웨에서는 농업 생산이 장기간 감소하고 있었음에도 불구하고 로버트 무가베(Robert Mugabe) 정권이 비대한 관료조직과 자신들의 주머니를 채우기 위해 돈을 찍어냈다. 2007년에 무가베 대통령이 인플레이션이 불법이라고 선언하자 국민들은 화폐에 대한 신뢰를 잃었다. 1년도 안 되는 기간 동안에 인플레이션은 796억 퍼센트로 치솟았고 물가가 하도 비싸져서 정부가 100조 짐바브웨 달러 지폐를 발행하면 얼마 지나지 않아 쓸데없는 기념품이 되어 버렸다.

하이퍼인플레이션은 좀 심각한 인플레이션일 뿐이라고 생각하는 사람도 있겠지만 사실은 그렇지 않다. 하이퍼인플레이션은 경제학뿐 아니라 정치학과 심리학에 의해 촉발되는 전혀 다른 짐승이다. 정부가 지급능력의 범위를 크게 초과해서 지속적으로 지출을 늘리고 돈을 찍어내는 행위는 그 의도가 전쟁 경비를 조달하려는 것이든, 선거에 이기려는 것이든, 아니면 대중들에 영합하려는 것이든 정치적이다. 이러한 무절제한 통화 관리는 식량 부족, 물가 상승, 통화 평가 절하의 악순환으로 이어지게 된다. 가장 큰 타격을 입는 사람들은 재산을 부동산, 주식, 상품 등으로 보유하고 있는 부자들이 아니라 그 나라 화폐로 지급되는 임금과 하이퍼인플레이션에 의해 가치가 줄어드는 저축과 연금에 의존하는 중산층이다.

베네수엘라가 혼란에 빠진 것은 분쟁이나 자연재해의 탓이 아니다. 지도자들이 자초한 일이다. 사우디아라비아의 매장량보다 많은 3,000억 배럴의 확인된 원유 매장량을 지닌 베네수엘라는 잘 살아야 마땅하다. 그러나 주로 외국기업들이 주도한 초기의 오일 붐은 산발적인 개발로 이어졌을 뿐이다. 1998년에 휴고 차베스(Hugo Chávez)가 대통령에 당선되었을 때 그는 권력과 부를 국민들에게 주겠다고 맹세했다. 원유 가격이 지속적으로 오른 데 고무되어 그는 기업들을 국영화하고 원유 판매수입을 복지프로그램들과 식량 수입에 털어 넣었다. 그 결과 빈곤율과 실업률은 반으로 줄었다. 2008년에 원유 가격이 하락했을 때도 차베스는 아무것도 달라지지 않았다는 듯 지출을 계속하였다. 2013년에 차베스가 사망하자 그의 후계자인 니콜라스 마두로(Nicolás Maduro) 대통령은 차베스 정책을 2배로 강화했으며 반대 세력을 폭력적으로 억압하기까지 했다. …

마두로가 집권하고 있는 한 새로운 시대가 열릴 것 같지 않다. 그는 지출 삭감과 베네수엘라 화폐인 볼리바르(bolivar)를 견고한 외국 화폐에 연계시키는 등 경제적 균형을 회복할 수도 있을 조치들에 대해 관심을 보이지 않았다. 미국 정부는 정권교체의 필요성을 중얼대고 있다. 그러나 현재 마두로가 직면한 가장 심각한 위협은 미국 법원에서 진행되고 있는 Citgo에 대한 일련의 소송들이다. 이 베네수엘라 국영기업은 외국 채권자들이 받아들일 외화의 가장 큰 조달원이다. 이들 소송에서 차베스 정권의 국유화로 피해를 입었다는 원고 측의 주장이 받아들여진다면 마두로 정권의 주요 생명선이 끊어질 수도 있다. 드 볼 박사는 "돈이 사라지면 그에 대한 지지도 사라지고 정권은 붕괴할 것이다"라고 말한다. 그런 지경이 되어야 베네수엘라 국민들은 자신들의 수중에 있는 화폐를 신뢰할 수 없는 지금의 악몽에서 벗어날 수 있을 것으로 보인다. ■

토론 질문

1. 이 기사에서는 베네수엘라의 하이퍼인플레이션과 경제규모의 축소가 동시에 일어났다고 말한다. 산출량의 감소가 어떻게 하이퍼인플레이션에 기여하는가? 하이퍼인플레이션은 어떻게 산출량 감소에 기여하는가?
2. 정치인들은 왜 하이퍼인플레이션으로 이어질 정책들을 추구한다고 생각하는가?

자료: *New York Times*, 2018년 11월 4일.

이루어졌고 물가는 상승했다. 1898년 금광업자들이 알래스카의 클론다이크(Klondike) 강 근처에서 금광을 발견했고, 캐나다의 유콘(Yukon)과 남아프리카의 금광에서도 금 공급이 증가했으며, 그 결과 미국과 금본위제도를 사용하는 다른 나라들의 통화 공급이 늘고 물가가 상승하기 시작한 것이다. 15년 이내에 미국의 물가는 1880년대 수준을 회복했고, 농부들은 빚을 갚기가 수월해졌다. ●

간단한 퀴즈

6. 진행 중인 인플레이션이 반드시 사람들의 소득을 낮추지 않는 이유는?

a. 세법이 인플레이션에 완전히 연동되어 있기 때문
b. 인플레이션에 대응하여 사람들이 화폐 보유량을 줄이기 때문
c. 물가 인플레이션과 함께 임금 인플레이션이 발생하기 때문
d. 인플레이션이 높아지면 실질 이자율이 하락하기 때문

7. 어느 경제의 물가상승률이 항상 10%라면 인플레이션의 비용 중 이 경제에 해당되지 않는 것은 무엇인가?

a. 현금 보유를 줄이려는 과정에서 발생하는 구두창 비용
b. 빈번한 가격 조정에 따른 메뉴 비용
c. 명목 자본이득에 대한 과세에 따른 왜곡
d. 채무자와 채권자 사이의 자의적인 재분배

8. 대부분의 대출 계약이 ( ) 기준으로 되어 있기 때문에 예상하지 못한 인플레이션은 ( )에게 해가 된다.

a. 실질 이자율, 채권자
b. 실질 이자율, 채무자
c. 명목 이자율, 채권자
d. 명목 이자율, 채무자

정답은 각 장의 끝에

22-3 결론

이 장에서는 인플레이션의 원인과 그 사회적 비용에 대해 공부했다. 인플레이션의 주된 원인은 통화량의 증가다. 중앙은행이 통화량을 큰 폭으로 늘리면 화폐의 가치는 시간이 지날수록 급속히 하락한다. 따라서 물가 안정을 유지하기 위해서는 중앙은행이 통화량을 철저히 통제해야 한다.

인플레이션의 비용은 보다 미묘하다. 인플레이션의 비용에는 구두창 비용, 메뉴 비용, 상대가격의 변동성 증가, 의도치 않은 세금 부담, 혼란과 불편, 부의 자의적 재분배 등이 있다. 초인플레이션은 이러한 비용이 막대하다는 데 모든 경제학자가 동의하지만, 연 10% 이내인 완만한 인플레이션의 경우 이들 비용이 얼마나 큰지는 논쟁거리다.

이 장에서 인플레이션에 관한 대부분의 중요한 교훈을 소개했지만, 인플레이션에 관한 분석은 완전하지 않다. 화폐수량설이 시사하듯이 중앙은행이 통화량 증가율을 낮추면 인플레이션율도 낮아진다. 그러나 이러한 정책은 경제가 새로운 균형으로 옮겨가는 과도기 동안 생산과 고용에 부정적인 영향을 미칠 가능성이 높다. 즉 장기적으로는 화폐의 중립성이 성립하지만 단기적으로는 통화량이 실질변수에 막대한 영향을 주는 것이다. 이 책의 뒷부분에서는 인플레이션의 원인과 그 비용에 관한 우리의 이해를 넓히기 위해 화폐의 단기 비중립성에 대해 살펴볼 것이다.

요약

- 한 경제의 전반적인 물가 수준은 화폐의 수요와 공급이 일치하도록 움직인다. 중앙은행이 통화량을 증가시키면 물가 수준이 상승한다. 통화량의 지속적인 증가는 지속적인 인플레이션을 유발한다.
- 화폐의 중립성은 통화량의 변화가 명목변수에만 영향을 주고 실질변수에는 영향을 주지 않는다는 주장이다. 대부분의 경제학자들은 화폐의 중립성이 경제의 장기적인 행태를 비교적 잘 설명한다고 믿는다.
- 정부는 단순히 화폐를 찍어 지출의 일부를 충당할 수 있다. 이러한 인플레이션 조세에 지나치게 의존하면 초인플레이션이 발생한다.
- 피셔 효과는 화폐의 중립성 원칙을 응용한 것이다. 피셔 효과에 따르면 인플레이션율이 증가할 때 명목이자율이 같은 크기로 증가하고, 실질이자율은 변하지 않는다.
- 많은 사람이 인플레이션이 자신이 구입하는 물건의 비용을 증가시킴으로써 자신을 더 궁핍하게 만든다고 생각한다. 그러나 이러한 생각은 잘못된 것이다. 인플레이션은 사람들의 명목소득도 증가시키기 때문이다.
- 경제학자들은 인플레이션의 비용을 여섯 가지로 정리한다. 화폐 보유를 줄이기 위해 치러야 하는 구두창 비용, 가격을 더 자주 조정하는 데 들어가는 메뉴 비용, 상대가격의 변동성이 커진다는 점, 세제가 물가에 연동되지 않아 세금 부담이 변한다는 점, 회계의 단위가 변함에 따라 발생하는 혼동과 불편, 채권자와 채무자 사이의 부의 재분배 등이다. 초인플레이션이 있을 경우 이러한 비용이 상당히 크다. 그러나 완만한 인플레이션의 경우에는 이들 비용이 얼마나 큰지 분명하지 않다.

중요개념

복습문제

1. 물가 수준의 상승이 화폐의 실질가치에 미치는 영향을 설명하라.
2. 화폐수량설에 따르면 통화량이 증가할 때 어떤 효과가 나타나는가?
3. 명목변수와 실질변수의 차이를 설명하고 각각의 예를 2개씩 들라. 화폐의 중립성에 따르면 명목변수와 실질변수 중 어느 변수가 통화량의 변화에 영향을 받는가?
4. 인플레이션은 어떤 의미에서 세금과 같은가? 인플레이션을 일종의 세금으로 보는 시각은 초인플레이션을 설명하는 데 어떤 도움을 주는가?
5. 피셔 효과에 따르면 인플레이션율의 증가는 실질이자율과 명목이자율에 어떤 영향을 주는가?
6. 인플레이션의 비용은 어떤 것들인가? 이 비용들 중에서 가장 중요한 것은 무엇이겠는가?
7. 인플레이션율이 예상보다 낮으면 채무자와 채권자 어느 쪽에게 유리한가? 설명하라.

응용문제

1. 올해 통화량이 5,000억 달러, 명목 GDP가 10조 달러, 실질 GDP가 5조 달러라고 하자.

a. 물가 수준은 얼마인가? 화폐유통속도는 얼마인가?

b. 화폐유통속도는 일정하고 실질 GDP는 매년 5% 증가한다고 하자. 중앙은행이 통화량을 현재 수준으로 고정한다면 내년 명목 GDP와 물가 수준은 얼마가 되겠는가?

c. 중앙은행이 물가 수준을 올해 수준으로 유지하려면 통화량은 얼마가 되어야 하는가?

d. 중앙은행이 내년 인플레이션율이 10%가 되도록 하려면 통화량은 얼마가 되어야 하는가?

2. 신용카드의 보급이 늘어서 사람들이 현금을 지금보다 덜 보유한다고 하자.

a. 화폐 수요에는 어떤 영향을 미치겠는가?

b. 중앙은행이 아무런 대응을 하지 않는다면 물가 수준은 어떻게 변하겠는가?

c. 중앙은행이 물가 수준을 안정적으로 유지하려면 어떻게 대응해야 하는가?

3. 미국에서는 연방준비제도가 인플레이션율을 0%로 낮추도록 노력해야 한다는 주장을 종종 듣는다. 화폐유통속도가 일정하다고 가정할 경우 이 목표를 달성하기 위해서는 통화량의 증가율도 0%가 되어야 하는가? 그렇다면 왜 그런지 설명하라. 그렇지 않다면 통화량의 증가율은 얼마가 되어야 하는지 설명하라.

4. 어떤 나라의 인플레이션율이 급격히 상승했다고 가정하자. 화폐 보유자들의 인플레이션 조세 부담은 어떻게 되겠는가? 저축예금 계좌에 예치된 부는 왜 인플레이션 조세의 영향을 받지 않는가? 저축예금을 보유한 사람들은 인플레이션율의 상승으로 인해 어떤 식으로 타격을 받을 수 있겠는가?

5. 콩을 재배하는 농부 밥과 쌀을 재배하는 농부 리타로 구성된 경제에 인플레이션이 미치는 영향을 살펴보자. 밥과 리타는 각각 항상 같은 양의 쌀과 콩을 소비한다고 하자. 2019년에 콩 가격은 1달러, 쌀 가격은 3달러였다.

a. 2020년에 콩 가격은 2달러, 쌀 가격은 6달러가 되었다고 하자. 인플레이션율은 얼마인가? 이러한 인플레이션으로 인해 밥은 전보다 좋아졌는가, 나빠졌는가, 아니면 아무 영향을 받지 않았는가? 리타의 경우는 어떤가?

b. 2020년에 콩 가격은 2달러, 쌀 가격은 4달러가 되었다면 인플레이션율은 얼마인가? 이러한 인플레이션으로 인해 밥은 전보다 좋아졌는가, 나빠졌는가, 아니면 아무 영향을 받지 않았는가? 리타의 경우는 어떤가?

c. 2020년에 콩 가격은 2달러, 쌀 가격은 1.50달러가 되었다면 인플레이션율은 얼마인가? 이러한 인플레이션으로 인해 밥은 전보다 좋아졌는가, 나빠졌는가, 아니면 아무 영향을 받지 않았는가? 리타의 경우는 어떤가?

d. 콩과 쌀의 상대가격 변화와 전반적인 인플레이션 중 어느 것이 밥과 리타에게 더 중요한 영향을 미치는가?

6. 세율이 40%라고 가정하고 다음 각 경우에 세전 실질이자율과 세후 실질이자율을 계산하라.

a. 명목이자율=10%, 인플레이션율=5%

b. 명목이자율=6%, 인플레이션율=2%

c. 명목이자율=4%, 인플레이션율=1%

7. 화폐는 세 가지 기능을 수행한다고 했다. 이 세 가지 기능은 무엇인가? 인플레이션은 화폐의 세 가지 기능에 각각 어떤 영향을 주겠는가?

8. 예상 인플레이션은 3%였으나, 실제로는 물가가 5% 상승했다고 하자. 이 예상치 못한 높은 인플레이션율은 다음의 경제주체들에게 어떤 영향을 미치겠는가?

a. 정부

b. 고정이자율로 대출을 받아 집을 구입한 사람

c. 계약 2년째에 접어드는 노동조합 소속 근로자

d. 재단 자금의 일부를 국채에 투자한 대학

9. 다음 각 문장의 주장이 옳은지, 옳지 않은지, 아니면 불확실한지 설명하라.

a. 인플레이션은 채무자에게 손해를, 채권자에게 이득을 준다. 채무자는 더 높은 이자를 지불해야 하기 때문이다.

b. 여러 물건들의 가격이 변했지만 전반적인 물가 수준은 변하지 않았다면, 아무도 이익을 보거나 손해를 보지 않는다.

c. 인플레이션으로 인해 대다수 근로자들의 구매력이 낮아지지는 않는다.

간단한 퀴즈 정답

1. d 2. d 3. b 4. b 5. a 6. c 7. d 8. c

THE
RESTROOMS
BAÑOS
ATM

23장

총수요와 총공급

경제활동 수준은 매년 변한다. 대부분의 경우 한 해의 재화와 서비스 생산은 그 전해에 비해 증가한다. 시간이 흐를수록 경제활동 인구가 증가하고, 자본이 축적되고, 기술이 진보하여 경제의 생산 능력이 높아지기 때문이다. 경제의 생산 능력이 높아지면 모든 사람들이 더 높은 생활 수준을 누릴 수 있다. 지난 50년 동안 실질 GDP로 측정한 미국의 산출량은 매년 평균 약 3%씩 증가했다.

그러나 어떤 해에는 경제가 성장하지 않고 오히려 축소되기도 한다. 기업은 만들어낸 재화와 서비스를 다 판매할 수 없어서 생산을 줄인다. 이에 따라 근로자들이 해고되고 실업률이 확산되며 공장은 가동을 멈춘다. 재화와 서비스의 생산이 줄어들면 실질 GDP나 다른 국민소득 지표도 하락한다. 이처럼 소득이 하락하고 실업이 증가하는 현상을

ISTOCK.COM/LOLOSTOCK; GEORGE RUDY/SHUTTERSTOCK.COM

경기침체 실질소득이 감소하고 실업이 증가하는 시기

불황 심한 경기침체

경기침체(recession)라 하고, 그 정도가 심하면 불황(depression)이라고 한다.

그 한 예가 지금은 '대침체(The Great Recession)'로 지칭되는 2008년과 2009년에 발생한 경기침체다. 2007년 4/4분기부터 2009년 2/4분기 사이에 미국의 실질 GDP는 4.0% 감소했다. 2007년 5월에 4.4%였던 실업률이 2009년 10월에는 10.0%까지 증가하였다. 이는 지난 25년 이상 기간 동안 가장 높은 수치였다. 놀라운 일은 아니지만 이 시기에 대학을 졸업한 학생들은 좋은 일자리를 구하기 어려웠다.

경제활동이 단기적으로 변동하는 이유는 무엇일까? 소득의 하락과 실업의 증가를 초래하는 경기침체를 막는 데 효과적인 정책이 있을까? 있다면 어떤 정책일까? 경기침체나 불황이 닥칠 경우 정책담당자들이 어떻게 하면 그 지속 기간과 고통을 줄일 수 있을까? 이제 이러한 문제들에 대해 알아보자.

분석의 중심에 있는 변수들은 이전 장들에서 소개된 익숙한 것들이다. 이들은 GDP, 실업률, 이자율, 그리고 물가 수준 등이다. 정부지출, 조세, 통화량 등 정책수단 역시 우리에게 익숙한 것들이다. 앞으로 공부할 장들과 지금까지 배운 장들의 차이점은 분석 대상 기간이다. 지금까지 논의한 것은 경제의 장기 행태에 초점이 모아졌지만, 이제부터는 장기 추세를 중심으로 한 단기 경기변동 분석에 초점을 맞출 것이다. 다시 말해 한 세대에서 다음 세대로 이어지는 장기 경제성장을 설명하는 요인들에 초점을 맞추는 대신 우리의 관심은 한 해에서 다음 해 사이의 경기변동을 설명하는 요인들에 있다는 것이다.

단기 경기변동을 어떻게 가장 잘 설명할 수 있는지에 대해서는 경제학자들이 아직도 논쟁을 벌이고 있지만 대부분의 학자들은 총수요 · 총공급 모형을 사용한다. 이 모형을 이용하여 다양한 사건들과 정책들의 단기 효과를 분석하는 방법을 배우는 것이 중요한 과제이다. 이 장에서는 이 모형의 두 가지 핵심 요소인 총수요와 총공급에 대해 살펴본다. 그러나 모형에 대해 설명하기 전에 경기변동을 보여주는 몇 가지 사실을 살펴보자.

23-1 경기변동의 세 가지 중요한 특징

단기 경기변동은 어떤 나라에나 있고, 역사상 모든 시대에 일어났다. 이러한 경기변동을 이해하기 위해 우선 경기변동의 가장 중요한 특징 몇 가지를 살펴보자.

23-1a 특징 1 : 경기변동은 불규칙적이고 예측하기 어렵다

경제활동의 변동은 흔히 경기순환(business cycle)이라고 불린다. 이 용어가 말해주듯이 경기변동은 사업 여건의 변동을 의미한다. 실질 GDP가 급속히 증가할 때는 사업이 잘

그림 23.1

미국 경제의 단기 경기변동 추이 이 그림은 미국 경제의 분기 자료를 이용하여 실질 GDP(그림 a), 투자지출(그림 b), 실업률(그림 c)의 변동을 보여준다. 색칠된 부분은 경기침체기로, 실질 GDP와 투자지출은 감소하고 실업률은 상승함을 알 수 있다.

자료: 미국 상무부, 노동부

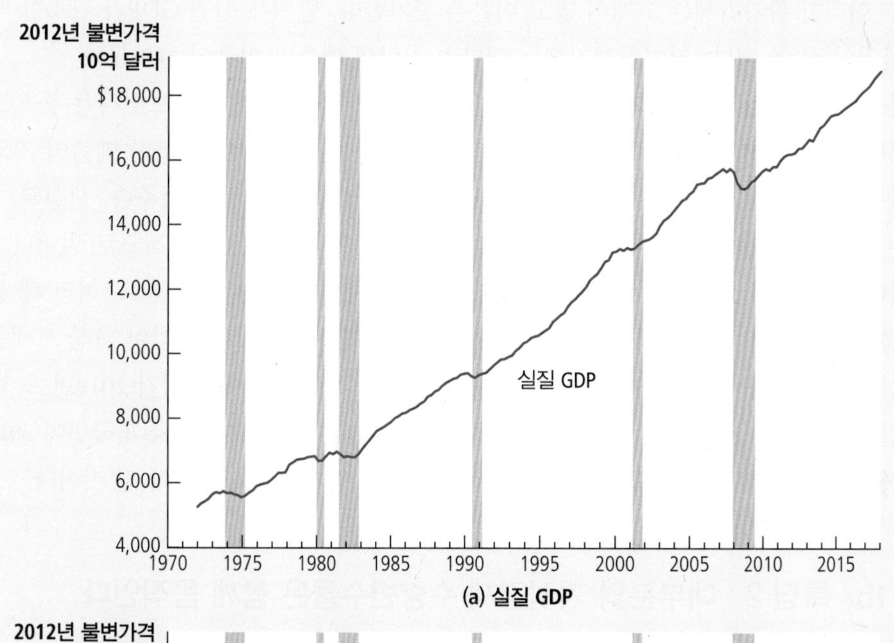

(a) 실질 GDP

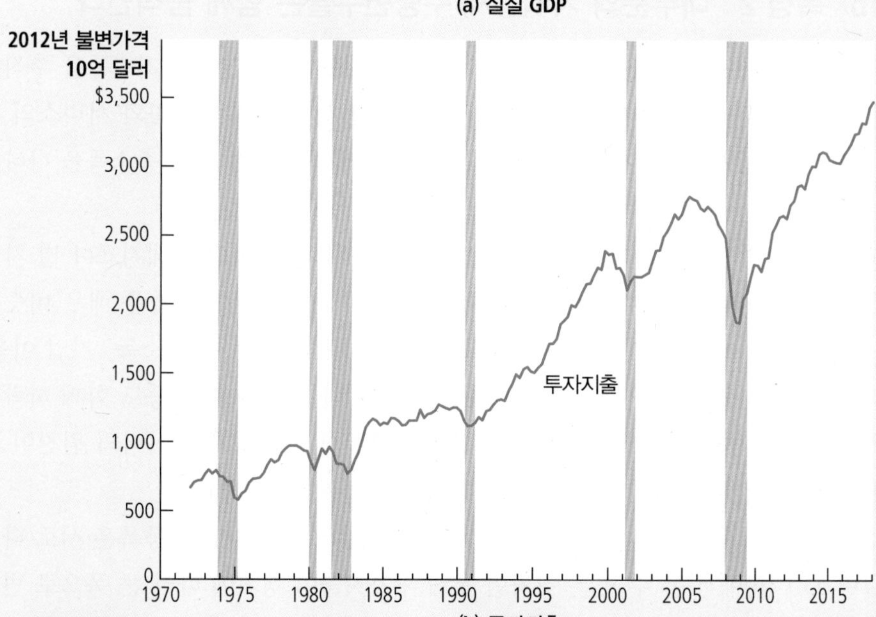

(b) 투자지출

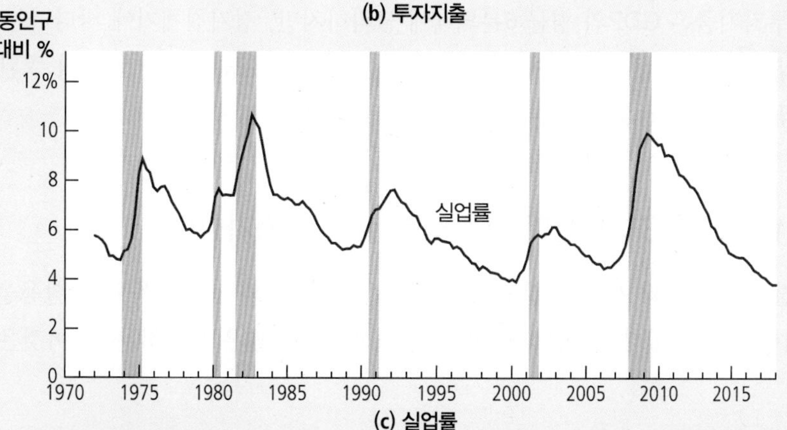

(c) 실업률

된다. 이러한 활황기에는 고객이 많고 이윤은 증가한다. 반면에 실질 GDP가 감소할 때는 사업이 잘 안 된다. 경기침체기에는 대다수 기업의 매출과 이윤이 줄어든다.

경기순환이라는 말은 경기변동이 규칙적이고 예측 가능한 패턴을 보인다는 뜻으로 오해될 소지가 있다. 실제로 경기변동은 전혀 규칙적이지 않으며, 정확한 예측이 거의 불가능하다. 그림 23.1 (a)는 1972년 이래 미국의 실질 GDP 추세를 보여준다. 색칠된 부분은 경기침체기를 나타낸다. 그림에서 볼 수 있듯이 경기침체는 규칙적으로 일어나지 않았다. 1980년과 1982년처럼 짧은 간격으로 경기침체가 일어난 적도 있고, 여러 해 동안 경기침체 없이 경제가 성장한 기간도 있다. 미국 역사상 경기침체 없이 가장 오랫동안 경제가 성장한 시기는 1991년에서 2001년이다. 이 책이 출판에 들어간 2019년 초 현재 진행되고 있는 경기확대 국면도 긴 것 중의 하나이다. 만일 이 경기확대 국면이 2019년 7월까지 경기침체로 인해 중단되지 않는다면 최장 경기확대 신기록이 될 것이다.

23-1b 특징 2 : 대부분의 거시경제 수량변수들은 함께 움직인다

실질 GDP는 경제활동을 나타내는 가장 포괄적인 지표이므로 단기 경기변동을 추적하는 데 널리 사용된다. 실질 GDP는 일정한 기간 동안 생산된 최종 재화와 서비스의 가치를 나타내며, 동시에 한 나라 모든 사람들의 (인플레이션을 감안한) 총소득을 나타내기도 한다.

그러나 단기 경기변동을 파악하는 데는 실질 GDP나 다른 어떤 경제지표나 별 차이가 없다. 소득, 지출, 생산수준을 측정하는 대부분의 거시경제 지표들은 매우 비슷하게 움직이기 때문이다. 경기침체기에 실질 GDP가 하락할 때는 개인 소득, 기업 이윤, 소비지출, 투자지출, 산업 생산, 소매업 매출, 주택이나 자동차 판매 등도 함께 하락한다. 경기침체는 경제 전체에 일어나는 현상이기 때문에 거시경제 데이터의 원천이 되는 여러 분야에 걸쳐 나타난다.

ROBERT MANKOFF/CARTOONSTOCK LTD

"자네는 해고야. 그러니 자네도 가서 부하들을 해고하라고."

이처럼 많은 거시경제 변수들이 함께 움직이는 것은 사실이지만 변동폭은 서로 다르다. 그림 23.1 (b)에서 볼 수 있는 것처럼 특히 투자지출이 경기에 따라 큰 폭으로 변한다. 투자지출은 GDP의 평균 6분의 1에 불과하지만, 경기침체기에 나타나는 GDP 감소의 약 3분의 2가 투자 감소에 따른 것이다. 다시 말해 경제 여건 악화의 주된 원인은 신규 공장과 주택 건설, 재고 투자지출의 감소다.

23-1c 특징 3 : 생산이 감소하면 실업은 증가한다

한 경제의 재화와 서비스 산출량의 변동은 그 경제의 경제활동인구 활용률의 변동과 밀접한 관련이 있다. 즉 실질 GDP가 감소하면 실업률은 상승하는데, 이것은 놀라운 일이 아니다. 기업들이 재화와 서비스의 생산을 줄이기로 결정하면 일부 근로자들을 해고하고, 이에 따라 실업자가 늘어나기 때문이다.

그림 23.1 (c)는 1972년 이래 미국의 실업률을 보여준다. 앞에서와 마찬가지로 색칠된 부분은 경기침체기를 나타낸다. 그림에서 볼 수 있듯이 경기침체는 실업에 분명한 영향을 미친다. 경기침체기마다 실업률이 큰 폭으로 상승하며, 경기침체기가 끝나고 실질 GDP가 증가하기 시작하면 실업률은 점점 낮아진다. 그러나 한 일자리를 떠나 다른 일자리로 옮겨가는 사람들이 늘 있기 때문에 실업률은 절대로 0%가 되지 않고 대개 5% 주변에서 움직인다.

간단한 퀴즈

1. 경제가 침체기에 들어가면 실질 GDP는 ( )하고 실업률은 ( )한다.

a. 증가, 증가
b. 증가, 감소
c. 감소, 증가
d. 감소, 감소

2. 경기침체는 얼마나 자주 발생하는가?

a. 규칙적으로 약 3년 간격
b. 규칙적으로 약 7년 간격
c. 규칙적으로 약 12년 간격
d. 불규칙적으로

정답은 각 장의 끝에

23-2 단기 경기변동에 관한 설명

경기변동에 따라 경제에 나타나는 현상을 설명하기는 쉽지만, 경기변동의 원인을 설명하는 것은 어렵다. 사실 경기변동 이론에 대해서는 지금까지 우리가 공부한 주제들에 비해 쟁점이 많다. 이 장에서는 대부분의 경제학자들이 단기 경기변동을 설명하기 위해 사용하는 모형을 소개한다.

23-2a 고전학파 경제학의 가정들

지금까지 우리는 주요 거시경제 변수들의 결정 요인들을 설명하는 이론을 구축했다. 17장에서는 생산성과 실질 GDP, 그 증가 요인을 설명했다. 18, 19장에서는 금융제도가 어떻게 작동하며 실질이자율이 어떻게 변동하여 저축과 투자의 균형이 달성되는지 살펴보았다. 20장에서는 실업이 항상 어느 정도 존재하는 원인에 대해 설명했다. 21, 22장에서는 금융제도를 소개하고 통화량의 변동이 물가와 인플레이션율, 명목이자율에 어떤 영향을 미치는지 살펴보았다. 지금까지 진행한 모든 분석은 고전학파의 이분법과 화폐의 중립성이라는 두 가지 연관된 개념에 기초한 것이다. 여러분이 기억하는 대로 고전학파의 이분법은 경제변수들이 (수량 혹은 상대가격을 나타내는) 실질변수와 (화폐 단위로 측정되는) 명목변수로 구분된다는 의미다. 고전학파의 거시경제 이론에 따르면 통화량의 변동은 명목변수에는 영향을 미치지만 실질변수에는 영향을 미치지 못한다. 이러한 화폐의 중립성 덕분에 17~20장에서는 (통화량과 물가 등) 명목변수를 도입하지 않고 (실질 GDP, 실질이자율, 실업률 등) 실질변수들의 결정을 설명할 수 있었다.

어떤 의미로는 고전학파의 세계에서 화폐는 아무런 역할을 하지 못한다. 경제의 통화량이 2배로 증가하면 모든 물건값은 2배로 오르고, 모든 사람들의 소득도 2배로 증가할 것이다. 이러한 변화는 말 그대로 '거의 중요하지 않다'는 의미의 '명목적' 변화에 불과하다. 사람들이 정말 중요하게 여기는 일자리, 재화와 서비스 구입 능력 등은 통화량이 증가하기 전과 완전히 똑같다.

이러한 고전학파의 견해를 '화폐는 베일(veil)이다'라고 표현하기도 한다. 즉 우리가 경제를 관찰할 때 명목변수부터 보는데, 이는 경제변수들이 화폐 단위로 표시되기 때문이다. 그러나 더 중요한 것은 실질변수들과 그것을 결정하는 요인들이다. 고전학파의 이론에 따르면 실질변수를 이해하기 위해서는 베일 속을 들여다봐야 한다는 것이다.

23-2b 단기 경기변동의 현실

앞에서 설명한 고전학파 거시경제 이론의 가정들이 실제로 성립하는가? 이 질문에 대한 답은 거시경제를 이해하는 데 매우 중요하다. 대부분의 경제학자들은 고전학파의 이론이 경제의 장기 행태를 설명할 수는 있지만 단기 경기변동을 설명하지는 못한다고 생각한다.

화폐가 경제에 미치는 영향에 대해 다시 한번 생각해보자. 대부분의 경제학자들은 고전학파의 이론처럼 장기에는 통화량의 변화가 물가와 다른 명목변수에 영향을 미치지만 실질 GDP와 실업률, 다른 실질변수에는 영향을 미치지 못한다고 생각한다. 그러나 한 해 한 해 경기변동을 연구하는 데 있어 화폐의 중립성이라는 가정은 더 이상 적절하지 않다. 단기적으로는 실질변수와 명목변수가 밀접하게 연결되며, 통화량이 변하면 실질 GDP가 일시적으로 장기 추세에서 벗어날 수 있다.

데이비드 흄(David Hume) 같은 고전학파 경제학자들도 고전학파의 거시경제 이론이 단기에는 성립하지 않는다는 사실을 알았다. 흄은 18세기 영국에서 금을 발견함으로써 통화량이 늘어나고 한참 뒤에야 물가가 오르기 시작했고, 그전에는 고용과 생산이 증가했다고 말했다.

경제가 단기에 어떻게 작동하는지 이해하기 위해서는 새로운 이론 모형이 필요하다.

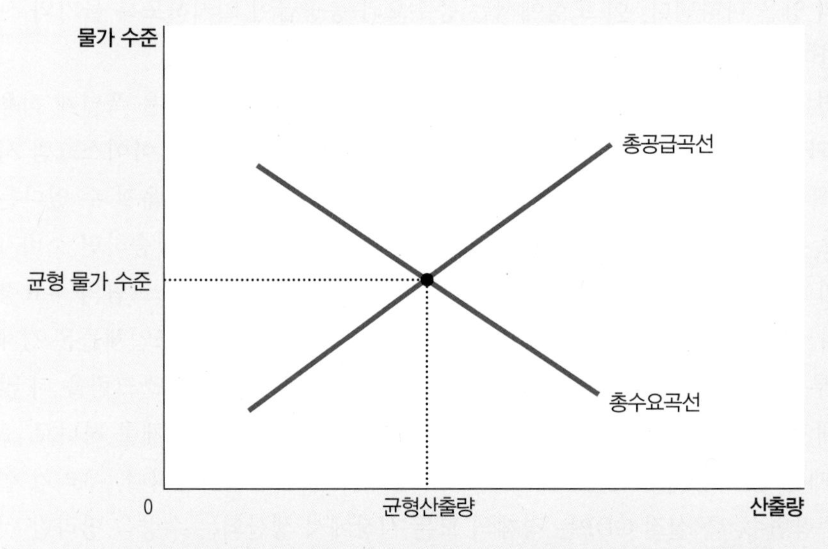

그림 **23.2**

총수요와 총공급
경제학자들은 총수요 · 총공급모형을 이용하여 경기변동을 분석한다. 세로축은 물가 수준이고, 가로축은 재화와 서비스의 총산출량을 나타낸다. 총수요와 총공급이 일치할 때까지 산출량과 물가 수준이 조정된다.

이 새로운 모형을 구축하기 위해 우리는 앞에서 배운 분석 도구들을 그대로 사용하겠지만, 고전학파의 이분법과 화폐의 중립성 가정은 버려야 한다. 새로운 모형에서는 산출량과 고용량 등 실질변수에 대한 분석을 통화량이나 물가 수준 같은 명목변수의 분석과 분리할 수 없다. 새로운 모형은 실질변수와 명목변수가 어떻게 상호작용하는지에 주목할 것이다.

23-2c 총수요 · 총공급모형

여기에서 소개하는 단기 경기변동 모형은 두 가지 변수에 초점이 맞춰져 있다. 첫째 변수는 실질 GDP로 측정한 재화와 서비스의 산출량이고, 둘째 변수는 소비자물가지수(CPI)나 GDP 디플레이터로 측정한 물가 수준이다. 이때 산출량은 실질변수, 물가 수준은 명목변수라는 점에 주목해야 한다. 따라서 두 변수의 관계를 중점적으로 분석한다는 것은 고전학파의 이분법을 배제한다는 뜻이다.

개별 시장의 분석을 위해 시장 수요곡선과 공급곡선을 사용하듯이 경제 전체의 변동을 설명하기 위해 총수요·총공급모형(model of aggregate demand and aggregate supply)을 사용한다. 이 모형은 그림 23.2에 표시되어 있다. 그래프의 세로축은 경제의 전반적인 물가 수준을 나타내며, 가로축은 이 경제에서 생산되는 재화와 서비스의 총산출량을 나타낸다. 총수요곡선(aggregate demand curve)은 주어진 각 물가 수준에서 가계, 기업, 정부, 그리고 해외고객들이 구입하려는 재화와 서비스의 양을 나타낸다. 총공급곡선(aggregate supply curve)은 각 물가 수준에서 기업이 생산 · 판매하려는 재화

총수요 · 총공급모형 장기 추세를 중심으로 발생하는 단기 경기변동을 설명하는 모형

총수요곡선 각 물가 수준에서 가계, 기업, 정부가 구입하려는 재화와 서비스의 양을 나타내는 곡선

총공급곡선 각 물가 수준에서 기업들이 생산 · 판매하려는 재화와 서비스의 양을 나타내는 곡선

와 서비스의 양을 나타낸다. 이 모형에서는 총수요와 총공급이 일치하도록 물가와 산출량이 변한다.

얼핏 보면 총수요·총공급모형이 4장에서 배운 시장 수요·공급모형을 폭넓게 적용한 것에 불과하다고 생각할 수도 있다. 그러나 두 모형은 전혀 다르다. 아이스크림 시장과 같은 특정 재화의 시장에서는 자원을 한 시장에서 다른 시장으로 옮길 수 있다는 것을 전제로 수요자와 공급자의 행동을 분석한다. 아이스크림 가격이 상승하면 소비자들이 자신의 소득으로 아이스크림 대신 다른 물건을 사기 때문에 아이스크림의 수요량이 줄어든다. 같은 이치로 아이스크림 가격이 상승하면 아이스크림 제조업체들은 경제 내의 다른 부문에 고용된 근로자들을 아이스크림 생산에 투입하여 아이스크림을 더 많이 만들어내기 때문에 아이스크림 공급량이 늘어난다. 그러나 경제 전체를 하나로 보아 분석할 때는 한 시장에서 다른 시장으로 미시경제적 대체가 불가능하다. 우리가 설명하려는 수량변수, 즉 실질 GDP는 경제의 모든 시장에서 생산되는 수량을 망라한 것이기 때문이다. 따라서 총수요곡선이 왜 우하향하며(마이너스의 기울기), 총공급곡선이 왜 우상향하는지(플러스의 기울기) 이해하기 위해서는 재화와 서비스에 대한 총수요량과 총공급량을 설명하는 거시경제 이론이 필요하다. 이러한 이론을 구축하는 것이 우리의 다음 과제다.

간단한 퀴즈

3. 고전학파 거시경제 이론과 화폐 중립성에 따르면 화폐공급의 변동은 다음 어느 변수에 영향을 미치는가?

a. 실업률
b. 실질 GDP
c. GDP 디플레이터
d. 답 없음

4. 대부분의 경제학자들은 고전학파 거시이론을 어떻게 평가하는가?

a. 장기에만 유효하다.
b. 단기에만 유효하다.
c. 늘 유효하다.
d. 늘 유효하지 않다.

5. 총수요·총공급곡선 모형 그래프에서 가로축은 (　　　)의 수량을, 세로축은 (　　　)을 표시한다.

a. 산출량, 이자율
b. 산출량, 물가 수준
c. 통화량, 이자율
d. 통화량, 물가 수준

정답은 각 장의 끝에

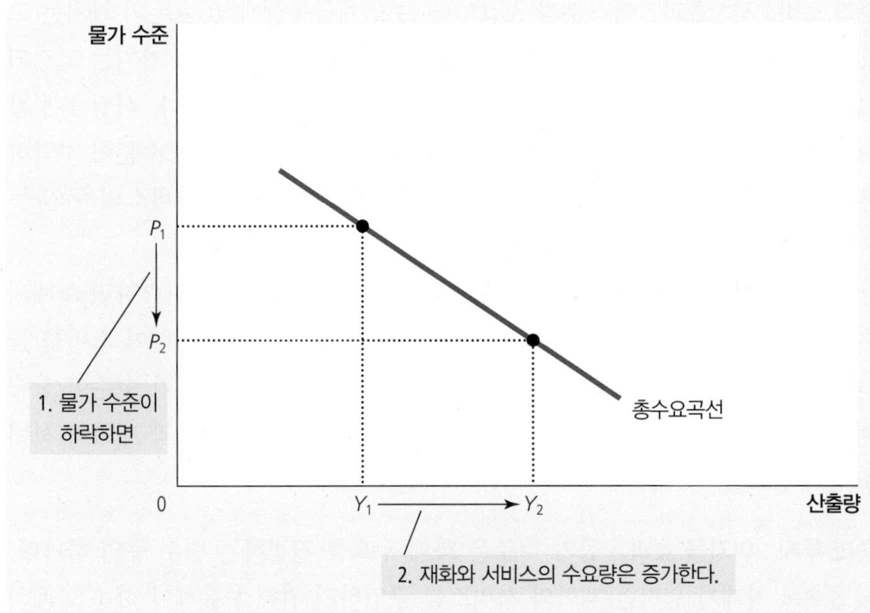

그림 23.3

총수요곡선

물가 수준이 P_1에서 P_2로 하락하면 재화와 서비스의 수요량은 Y_1에서 Y_2로 증가한다. 총수요곡선이 마이너스의 기울기를 보이는 데는 세 가지 이유가 있다. 즉 물가가 하락함에 따라 재산의 실질 가치가 증가하여 소비가 증가하고, 금리가 하락하여 투자가 증가하며, 환율이 절하되어 순수출이 증가한다. 따라서 물가 수준이 낮아지면 재화와 서비스에 대한 수요량이 증가한다.

23-3 총수요곡선

총수요곡선은 각 물가 수준에 대응하는 한 나라 경제의 모든 재화와 서비스의 수요량을 나타낸다. 그림 23.3처럼 총수요곡선은 우하향한다. 즉 다른 조건이 같을 때 경제의 전반적인 물가 수준이 (P_1에서 P_2로) 하락하면 재화와 서비스의 수요량은 (Y_1에서 Y_2로) 증가한다. 반대로 물가 수준이 상승하면 재화와 서비스의 수요량은 감소한다.

23-3a 총수요곡선이 우하향하는 이유

물가가 변동할 때 재화와 서비스 수요량이 반대 방향으로 움직이는 이유는 무엇일까? 이 질문에 답하기 위해서는 GDP(Y)가 소비(C), 투자(I), 정부구입(G), 순수출(NX)의 합이라는 사실을 상기할 필요가 있다. 즉 다음과 같은 식이 성립한다.

$$Y = C + I + G + NX$$

네 가지 구성요소 하나하나가 재화와 서비스에 대한 총수요에 포함된다. 당분간 정부지출은 정책에 의해 고정되어 있다고 가정한다. 나머지 소비, 투자, 순수출은 경제 여건, 그중에서도 물가 수준의 영향을 받는다. 따라서 총수요곡선이 우하향하는 이유를 이해하기 위해서는 물가 수준이 소비, 투자, 순수출을 위한 재화와 서비스의 수요량에 어떤 영향을 미치는지 살펴봐야 한다.

물가 수준과 소비 : 자산효과 여러분의 지갑이나 은행 예금통장에 있는 돈의 가치는 고정되어 있다. 즉 1달러는 늘 1달러의 가치가 있다. 그러나 1달러의 실질 가치는 고정되어 있지 않다. 사탕이 1개에 1달러라면 1달러의 가치는 사탕 1개와 같다. 사탕 1개 값이 50센트로 내리면 1달러의 가치는 사탕 2개와 같아진다. 이처럼 물가 수준이 하락하면 소비자가 보유한 돈의 가치가 높아지고 실질 자산이 늘어 재화와 서비스의 구입 능력이 증가한다.

이러한 논리가 총수요곡선이 우하향하는 첫째 이유다. 물가 수준이 하락하면 화폐의 실질 가치가 상승하고 이에 따라 소비자들은 더 부자가 된 것으로 생각하여 소비를 늘린다. 소비지출이 늘면 재화와 서비스의 수요량이 증가한다. 반대로 물가 수준이 상승하면 화폐의 실질 가치가 하락하고 소비자들의 부(富)가 줄어 소비지출과 재화와 서비스의 수요량이 감소한다.

물가 수준과 투자 : 이자율 효과 물가 수준은 화폐 수요를 결정하는 변수 중의 하나다. 물가가 낮을수록 가계가 원하는 재화와 서비스를 구입하기 위해 보유해야 하는 화폐의 양은 줄어든다. 따라서 물가 수준이 하락하면 가계는 보유 화폐의 일부를 남에게 빌려줌으로써 화폐 보유를 줄이려 한다. 예컨대 가계는 남는 돈으로 이자가 붙는 채권을 구입할 수 있다. 아니면 은행의 저축예금 계좌에 예금할 수도 있고, 은행은 이 예금을 재원으로 대출을 늘릴 수 있다. 두 경우 모두 가계가 보유한 화폐의 일부가 이자가 붙는 자산으로 바뀌는 과정에서 이자율이 하락한다. (여기에 대해서는 다음 장에서 더 자세히 분석할 것이다.)

이자율은 다시 재화와 서비스에 대한 지출에 영향을 미친다. 이자율이 낮아지면 자금 차입비용이 하락하므로 새로운 공장 건설과 기계 장비에 투자하려는 기업들의 차입과 새집에 투자하려는 가계의 차입이 증가한다. (이자율이 하락하면 특히 자동차처럼 할부로 구입하는 고가 내구재에 대한 소비지출이 촉진된다.) 따라서 이자율이 하락하면 재화와 서비스에 대한 수요량은 증가한다.

이것이 총수요곡선이 우하향하는 둘째 이유다. 물가가 하락하면 이자율이 하락하고 투자재의 지출이 늘어 재화와 서비스의 수요량이 증가한다. 반대로 물가가 상승하면 이자율이 상승하여 투자지출과 재화와 서비스에 대한 지출이 줄어든다.

물가 수준과 순수출 : 환율효과 앞에서 설명한 것처럼 미국의 물가가 낮아지면 이자율은 낮아지고, 이에 따라 미국의 일부 투자자들은 수익률이 높은 해외 투자로 눈을 돌린다. 예컨대 미국 국채의 이자율이 하락하면 어떤 뮤추얼 펀드는 보유하던 미국 국채를 팔고 대신 독일 국채를 사려고 할 것이다. 이 뮤추얼 펀드는 해외 자산을 구입하는 데 필요한 외환을 구하기 위해 외환시장에서 달러를 매각한다.

유로화를 얻기 위해 달러 공급이 증가하면 달러는 유로화에 비해 가치가 하락한다.

이에 따라 실질환율, 즉 국내 상품과 외국 상품의 상대가격이 변한다. 1달러로 살 수 있는 외국 화폐의 양이 줄어들기 때문에 미국 국내 상품에 비해 외국 상품이 비싸진다.

재화의 상대가격이 변하면 국내 소비와 해외 소비지출이 변한다. 외국 재화가 상대적으로 비싸졌기 때문에 미국 소비자들은 외국 상품을 덜 사고, 이에 따라 미국의 수입은 감소한다. 동시에 미국 상품이 더 싸졌으므로 외국인들이 미국 상품을 더 많이 구입하고, 이에 따라 미국의 수출은 증가한다. 순수출은 수출에서 수입을 뺀 것인데, 물가 수준이 하락하면 미국의 수입이 줄고 수출은 증가하므로 미국의 순수출은 증가한다. 이처럼 달러가 절하되면 미국 재화와 서비스에 대한 수요량은 증가한다.

이것이 총수요곡선이 우하향하는 셋째 이유다. 미국 물가 수준이 하락하여 이자율이 하락하면 외환시장에서 달러의 실질 가치가 하락하고, 달러가 절하되면 미국의 순수출이 늘어 재화와 서비스 수요량이 증가한다. 반대로 미국 물가 수준이 상승하여 미국의 이자율이 상승하면 달러의 실질 가치가 상승하고, 달러가 절상되면 미국의 순수출이 감소하여 재화와 서비스 수요량은 감소한다.

요약 물가 수준이 하락할 때 재화와 서비스 수요량이 증가하는 것은 서로 관련이 있지만, 독립적인 세 가지 이유 때문이다.

1. 소비자들의 부가 증가하여 소비재에 대한 수요가 증가한다.
2. 이자율이 하락하여 투자재에 대한 수요가 증가한다.
3. 환율이 절하되어 순수출이 증가한다.

세 가지 효과는 반대 방향으로도 작용한다. 물가 수준이 상승하면 소비자들의 부가 줄어 소비지출이 감소하며, 이자율이 상승하여 투자지출이 줄고, 환율이 절상되어 순수출이 감소한다.

여러분의 직관을 더 연마하기 위해 다음과 같은 상황을 생각해보자. 어느 날 아침에 일어났더니 무슨 이유에서인지 모든 재화와 서비스 가격이 절반으로 떨어져 여러분 수중에 있는 달러의 가치가 2배로 높아졌다고 하자. 실질적으로 여러분이 어젯밤 잠자리에 들 때보다 돈이 2배 많아진 셈이다. 이제 남아도는 돈으로 무엇을 할까? 좋아하는 음식점에 가서 외식을 즐기면 소비지출이 증가할 것이다. 채권을 사거나 은행에 예금하는 방식으로 남에게 빌려주면 이자율이 하락하여 투자지출이 증가할 것이다. 외국 뮤추얼 펀드 지분을 구입하는 방식으로 해외에 투자하면 달러의 실질환율이 하락하여 순수출이 증가할 것이다. 세 가지 중 어떤 방식으로 대응하든 물가 수준이 하락하여 재화와 서비스 수요량은 증가한다. 이 관계가 총수요곡선의 마이너스 기울기가 나타내는 바이다.

모든 수요곡선에서와 마찬가지로 총수요곡선을 그릴 때도 다른 조건이 일정하다고 가정한다. 앞에서 총수요곡선이 우하향하는 세 가지 이유를 설명하며 통화량은 고정된 것으로 가정했다. 즉 한 경제의 통화량이 일정하다는 가정하에 물가의 변동이 재화와 서비스의 수요량에 어떤 영향을 미치는지 고려하는 것이다. 나중에 보겠지만, 통화량이 변하면 총수요곡선은 이동한다. 여기에서는 총수요곡선을 그릴 때 통화량이 고정된 것으로 가정한다는 사실만 기억해두자.

23-3b 총수요곡선이 이동하는 이유

총수요곡선이 우하향한다는 것은 물가가 하락하면 전반적으로 재화와 서비스의 수요량이 증가한다는 뜻이다. 그러나 물가 수준 외에도 재화와 서비스의 수요량에 영향을 미치는 다른 요인들이 있으며, 이런 요인들이 변하면 총수요곡선은 이동한다.

이제 총지출 중 어떤 구성요소에 가장 큰 영향을 미치는가를 기준으로 총수요곡선을 이동시키는 몇 가지 사례를 살펴보자.

소비지출의 변동 미국인들이 갑자기 노후에 대비한 저축의 필요성을 느껴 현재 소비를 줄인다면 각 물가 수준에서 재화와 서비스의 수요량이 적어지므로, 총수요곡선은 왼쪽으로 이동한다. 반대로 주식시장의 호황으로 사람들이 부자가 되었다고 느껴 저축을 덜한다면 소비지출이 늘어 주어진 물가 수준에서 재화와 서비스의 수요량이 증가하므로, 총수요곡선은 오른쪽으로 이동한다.

즉 주어진 물가 수준에서 사람들의 소비량을 변동시키는 사건은 총수요곡선을 이동시킨다. 조세는 이런 변화를 가져오는 정책변수 중 하나다. 정부가 세금을 인하하면 소비지출이 증가하여 총수요곡선은 오른쪽으로 이동한다. 반대로 정부가 세금을 인상하면 소비지출이 감소하여 총수요곡선은 왼쪽으로 이동한다.

투자지출의 변동 주어진 물가 수준에서 기업들이 투자하려는 금액에 영향을 미치는 사건도 총수요곡선을 이동시킨다. 예를 들어 컴퓨터업계에서 처리 속도가 빠른 신형 컴퓨터를 개발하여 많은 기업들이 새로운 컴퓨터 시스템을 구입한다면 각 물가 수준에서 재화와 서비스의 수요량이 증가하므로, 총수요곡선은 오른쪽으로 이동한다. 반대로 기업들이 장래 사업 여건이 비관적이라고 생각하여 투자를 줄이면 총수요곡선은 왼쪽으로 이동한다.

조세정책도 투자의 변동을 통해 총수요곡선에 영향을 미칠 수 있다. 예컨대 투자세액 공제(기업의 투자지출과 연계된 세금 환급)는 주어진 이자율에서 투자재에 대한 기업의 수요를 증가시키기 때문에 총수요곡선은 오른쪽으로 이동한다. 투자세액 공제가 폐지되면 기업의 투자가 줄어 총수요곡선은 왼쪽으로 이동한다.

투자와 총수요에 영향을 미치는 또 다른 정책변수는 통화량이다. 24장에서 자세히 살펴보겠지만 통화량이 증가하면 단기적으로 이자율이 하락한다. 이에 따라 자금의 차입비용이 낮아지므로 투자지출이 늘고, 총수요곡선은 오른쪽으로 이동한다. 반대로 통화량이 감소하면 이자율이 상승하여 투자가 줄고, 총수요곡선은 왼쪽으로 이동한다. 많은 경제학자들은 미국 역사에서 통화량의 변동이 총수요를 이동시킨 중요한 원인이라고 믿는다.

정부구입의 변동 정책 당국이 총수요곡선을 이동시킬 수 있는 가장 직접적인 방법은 정부구입의 증감이다. 예컨대 의회가 새로운 무기의 구입을 줄이기로 결정한다면 각 물가 수준에서 재화와 서비스의 수요량이 감소하므로, 총수요곡선은 왼쪽으로 이동한다. 반면에 주 정부들이 더 많은 도로를 건설하기 시작하면 각 물가 수준에서 재화와 서비스의 수요량이 증가하여 총수요곡선은 오른쪽으로 이동한다.

순수출의 변동 각 물가 수준에서 순수출을 변동시키는 사건은 총수요를 이동시킨다. 예를 들어 유럽 경기가 침체되면 미국 제품의 구입이 줄어든다. 이에 따라 미국의 순수출은 감소하고 총수요곡선은 왼쪽으로 이동한다. 유럽의 경기가 회복되어 미국 제품을 더 많이 구입하면 총수요곡선은 오른쪽으로 이동한다.

순수출은 환율의 변동에 따라 변하기도 한다. 예컨대 외환시장에서 환투기로 달러의 가치가 상승하면 미국 제품이 외국 제품에 비해 비싸지므로 순수출이 줄고 총수요곡선이 왼쪽으로 이동한다. 반대로 달러의 가치가 하락하면 순수출이 늘고 총수요곡선은

표 23.1

총수요곡선 : 요약

총수요곡선이 우하향하는 이유

1. **자산효과 :** 물가 수준이 하락하면 자산의 실질 가치가 상승하고, 이에 따라 소비지출이 증가한다.
2. **이자율 효과 :** 물가 수준이 하락하면 이자율이 하락하고, 이에 따라 투자지출이 증가한다.
3. **환율효과 :** 물가 수준이 하락하면 실질환율이 절하되어 순수출이 증가한다.

총수요곡선이 이동하는 이유

1. **소비지출의 변동 :** 세금 인하, 주식시장의 호황 등 주어진 물가 수준에서 소비지출을 증가시키는 사건은 총수요곡선을 오른쪽으로 이동시킨다. 세금 인상, 주식시장의 침체 등 주어진 물가 수준에서 소비지출을 감소시키는 사건은 총수요곡선을 왼쪽으로 이동시킨다.
2. **투자지출의 변동 :** 장래 경기에 대한 낙관적인 전망, 통화량 증가에 따른 이자율 하락 등 주어진 물가 수준에서 기업의 투자지출을 증가시키는 사건은 총수요곡선을 오른쪽으로 이동시킨다. 장래 경기에 대한 비관적인 전망, 통화량 감소에 따른 이자율 상승 등 주어진 물가 수준에서 기업의 투자지출을 감소시키는 사건은 총수요곡선을 왼쪽으로 이동시킨다.
3. **정부구입의 변동 :** 국방비 증가, 고속도로 건설 등 정부의 재화와 서비스 구입의 증가는 총수요곡선을 오른쪽으로 이동시킨다. 국방비 삭감, 고속도로 건설 감축 등 정부의 재화와 서비스 구입의 감소는 총수요곡선을 왼쪽으로 이동시킨다.
4. **순수출의 변동 :** 해외 경기 호황, 자국 화폐의 가치 하락 등 주어진 물가 수준에서 순수출을 증가시키는 사건은 총수요곡선을 오른쪽으로 이동시킨다. 해외 경기 침체, 자국 화폐의 가치 상승 등 주어진 물가 수준에서 순수출을 감소시키는 사건은 총수요곡선을 왼쪽으로 이동시킨다.

오른쪽으로 이동한다.

요약 24장에서 총수요곡선을 보다 자세히 분석할 것이다. 특히 재정정책과 통화정책 수단이 어떻게 총수요곡선을 이동시킬 수 있으며, 정책담당자들이 총수요곡선을 이동시킬 목적으로 이들 정책수단을 사용해야 하는지 여부에 대해 알아볼 것이다. 그러나 지금까지 설명을 통해서 독자들은 총수요곡선이 왜 우하향하며, 어떤 사건과 정책들이 총수요곡선을 이동시키는지 어느 정도 이해했을 것이다. 지금까지 배운 내용은 표 23.1에 요약되어 있다.

간단한 퀴즈

6. 총수요곡선이 우하향하는 이유는?
a. 물가 수준이 하락하면 실질 자산이 감소하기 때문
b. 물가 수준이 하락하면 이자율이 하락하기 때문
c. 물가 수준이 하락하면 자국 화폐가 절상되기 때문
d. 위의 모두

7. 다음 중 총수요곡선을 왼쪽으로 이동시키는 것은?
a. 주가 하락
b. 조세 증가
c. 정부지출 감소
d. 위의 모두

정답은 각 장의 끝에

23-4 총공급곡선

총공급곡선은 주어진 물가 수준에서 한 경제의 모든 기업들이 생산·판매하려는 재화와 서비스의 양을 말해준다. 총수요곡선이 항상 우하향하는 데 반해 총공급곡선이 나타내는 물가와 총공급량의 관계는 분석 기간이 단기인지 장기인지에 따라 달라진다. 총공급곡선은 장기에는 수직이고 단기에는 우상향한다. 단기 경기변동과 경제의 단기 행태가 장기 행태와 어떻게 다른지 이해하려면 장기 총공급곡선과 단기 총공급곡선을 함께 살펴봐야 한다.

23-4a 장기 총공급곡선이 수직인 이유

장기적으로 재화와 서비스의 공급량을 결정하는 것은 무엇일까? 우리는 17장에서 경제성장 과정을 분석하며 이 질문에 암묵적으로 답했다. 장기적으로 한 나라 경제의 재화와 서비스 공급량(실질 GDP)은 그 경제가 보유한 노동, 자본, 자연자원의 양과 이러한 생산요소들을 재화와 서비스로 변환하는 가용 기술에 따라 좌우된다.

장기 경제성장을 좌우하는 이러한 요인들을 분석할 때 우리는 전반적인 물가 수준에 신경 쓸 필요가 없었다. 물가 수준에 대해서는 별도의 장에서 살펴봤는데, 물가 수준

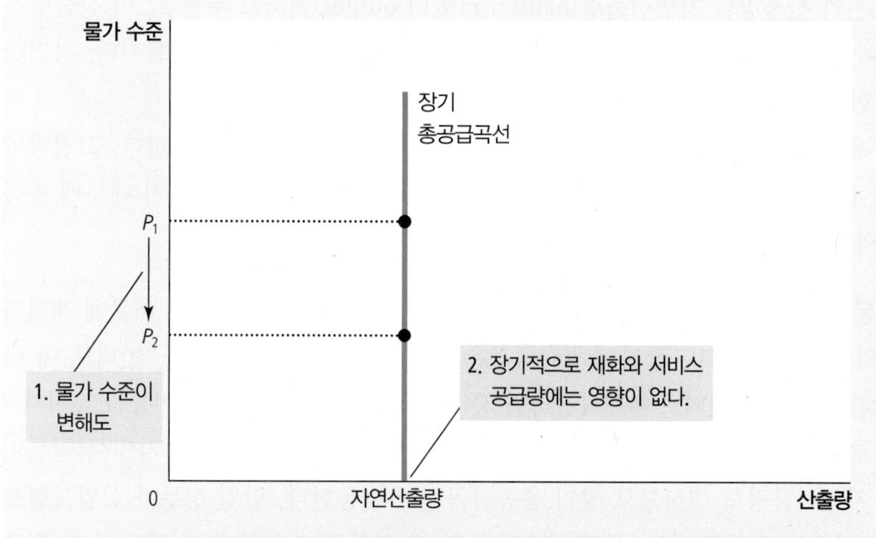

그림 23.4

장기 총공급곡선

장기적으로 총공급량은 노동, 자본, 자연자원의 양과 이러한 생산요소들을 산출물로 변환하는 기술에 좌우된다. 총공급량은 물가 수준의 영향을 받지 않는다. 따라서 장기 총공급곡선은 자연산출량 수준에서 수직이다.

이 통화량에 따라 결정된다는 것이 결론이었다. 두 나라 경제가 다른 차이는 아무것도 없고 한 나라의 통화량이 다른 나라의 2배라면 통화량이 2배 많은 나라의 물가 수준이 2배 높을 것이다. 그러나 화폐의 양이 기술이나 노동, 자본, 자연자원의 공급에 영향을 미치지 않기 때문에 두 나라 경제의 재화와 서비스 생산량은 같을 것이다.

물가 수준이 장기 실질 GDP에 영향을 주지 않으므로 장기 총공급곡선은 그림 23.4에 표시된 것처럼 수직이다. 다시 말해 장기에는 경제의 노동, 자본, 자연자원, 기술이 재화와 서비스의 공급량을 결정하며, 이 공급량은 물가 수준이 얼마가 되든 변하지 않는다는 것이다.

수직인 장기 총공급곡선은 고전학파의 이분법과 화폐의 중립성을 그래프로 표시한 것이다. 앞에서 설명했듯이 고전학파의 거시경제 이론은 실질변수가 명목변수의 영향을 받지 않는다는 가정을 전제로 한다. 장기 총공급곡선이 수직인 것은 산출량이라는 실질변수가 물가 수준이라는 명목변수의 영향을 받지 않는다는 뜻이므로 고전학파의 거시경제 이론에 부합된다. 앞에서 지적한 바와 같이 대부분의 경제학자들은 고전학파의 이론이 장기 경제 행태를 분석할 때는 적합하지만, 단기 경기변동을 설명하는 데는 적합하지 않다고 믿는다. 따라서 총공급곡선은 장기에만 수직이다.

23-4b 장기 총공급곡선이 이동하는 이유

고전학파 거시경제 이론은 한 경제의 재화와 서비스의 장기 산출량을 예측하기 때문에 장기 총공급곡선의 위치를 설명하기도 한다. 장기 생산량 수준은 잠재산출량(potential output) 혹은 완전고용 산출량(full-employment output)이라고 불린다. 좀더 정확하게,

자연산출량 실업률이 정상 수준에 있을 때 경제가 장기적으로 달성하는 재화와 서비스의 산출량

여기서는 이 산출량을 자연산출량(natural rate of output)이라고 부른다. 이 산출량은 실업률이 자연 실업률, 즉 정상 수준에 있을 때의 산출량을 나타내기 때문이다. 자연산출량은 한 나라 경제의 산출량이 장기적으로 수렴하는 수준을 말한다.

어떤 요인에 의해서든 자연산출량이 변하면 장기 총공급곡선이 이동한다. 고전학파의 모형에서는 산출량이 노동, 자본, 자연자원, 기술지식에 의해 결정되기 때문에 총공급곡선의 이동도 이 변수들의 변동에 따른 것으로 구분할 수 있다.

노동 부문의 변동 어떤 경제에 이민자가 증가하면 노동인구가 증가하기 때문에 재화와 서비스의 생산량이 늘고, 장기 총공급곡선은 오른쪽으로 이동할 것이다. 반대로 이 나라의 많은 노동자가 해외로 빠져나간다면 장기 총공급곡선은 왼쪽으로 이동할 것이다.

장기 총공급곡선의 위치는 자연 실업률에 의해서도 영향을 받는다. 자연 실업률이 변하면 자연산출량도 변하므로 장기 총공급곡선이 이동한다. 만일 정부가 실업보험을 훨씬 더 관대하게 만든다면, 실직 근로자들은 새 직장을 열심히 찾지 않을 수도 있고 그렇게 되면 자연 실업률이 상승하고 경제의 재화와 서비스 생산량은 감소할 것이다. 이에 따라 장기 총공급곡선은 왼쪽으로 이동할 것이다. 반면, 의회가 실직 근로자들을 위한 성공적인 직무훈련 프로그램을 입안한다면, 자연 실업률은 하락하고 장기 총공급곡선은 오른쪽으로 이동할 것이다.

자본 부문의 변동 경제의 자본량이 증가하면 생산성이 높아져 재화와 서비스의 장기 생산량이 증가하고, 이에 따라 장기 총공급곡선은 오른쪽으로 이동한다. 반면에 경제의 자본량이 감소하면 생산성이 낮아져 재화와 서비스의 장기 생산량이 감소하고, 이에 따라 장기 총공급곡선은 왼쪽으로 이동한다.

이러한 논리는 물적 자본과 인적 자본에 대해 똑같이 적용된다. 기계의 대수가 많아지거나 대학 졸업생 수가 늘어나면 그 경제의 재화와 서비스 생산 능력이 커지기 때문에 장기 총공급곡선은 오른쪽으로 이동한다.

자연자원의 변동 한 나라의 산출량은 토지, 광물, 기후 등 자연자원에 의해서도 영향을 받는다. 예를 들어 새로운 광물이 발견되면 장기 총공급곡선은 오른쪽으로 이동한다. 기후 패턴이 바뀌어 농사짓기가 전보다 어려워지면 장기 총공급곡선은 왼쪽으로 이동한다.

많은 나라들은 핵심적인 자원을 외국에서 수입하기 때문에 이들 자원의 공급량이 변하면 총공급곡선이 이동한다. 이 장의 뒷부분에서 설명하겠지만 예컨대 세계 원유시장에서 일어난 사건들이 역사적으로 미국과 원유 수입국들의 총공급곡선을 이동시키는 중요한 요인으로 작용했다.

기술지식의 변동 오늘날 우리 경제가 100년 전보다 많은 재화와 서비스를 생산할 수

있는 가장 중요한 원인은 기술지식의 진보일 것이다. 예컨대 컴퓨터의 발명으로 주어진 노동과 자본, 자연자원을 투입해서 더 많은 재화와 서비스를 생산할 수 있다. 컴퓨터 이용이 경제 전체로 확산됨에 따라 장기 총공급곡선이 오른쪽으로 이동했다.

기술 진보는 아니지만 기술 진보와 같은 효과를 내는 사건도 장기 총공급곡선에 동일한 영향을 미친다. 9장에서 배운 것처럼 국제무역을 허용하면 새로운 생산 공정을 개발하는 것과 비슷한 효과가 나타나 장기 총공급곡선은 오른쪽으로 이동한다. 반대로 정부가 어떤 생산 방법이 노동자들에게 너무 위험하거나 환경에 해롭다는 이유로 그 사용을 법으로 규제한다면 장기 총공급곡선은 왼쪽으로 이동할 것이다.

요약 장기 총공급곡선은 앞에서 공부한 고전학파의 거시경제 모형을 새로운 방식으로 표현한 것에 불과하다. 따라서 실질 GDP를 증가시키는 것으로 나타난 정책이나 경제 현상은 재화와 서비스 공급량을 증가시키고 장기 총공급곡선을 오른쪽으로 이동시키는 역할을 한다고 해석하면 된다. 마찬가지로 실질 GDP를 감소시키는 것으로 나타난 정책이나 경제 현상은 재화와 서비스 공급량을 감소시키고 장기 총공급곡선을 왼쪽으로 이동시킨다고 보면 된다.

23-4c 장기 경제성장과 인플레이션

지금까지 설명한 총수요곡선과 총공급곡선을 사용하여 거시경제의 장기 추세를 새로운 방법으로 설명할 수 있다. 그림 23.5는 한 경제에서 10년 단위로 일어나는 변화를 보여준다. 그림에서 두 곡선이 모두 이동한다는 사실에 주목하기 바란다. 장기적으로 두 곡선은 여러 가지 이유로 이동할 수 있지만 현실적으로 가장 중요한 요인은 기술 진보와 통화정책이다. 기술 진보가 일어나면 재화와 서비스 생산 능력이 증대되어 장기 총공급곡선이 지속적으로 오른쪽으로 이동한다. 동시에 중앙은행이 통화량을 증가시킴에 따라 총수요곡선도 오른쪽으로 이동한다. 그 결과 그림에서 볼 수 있듯이 산출량(Y)이 지속적으로 증가하고, 물가 수준(P)도 계속 상승하여 인플레이션이 발생한다. 이것은 우리가 17장과 22장에서 소개한 경제성장과 인플레이션에 관한 고전학파의 분석을 다른 식으로 표현한 것에 불과하다.

그러나 우리가 총수요 · 총공급모형을 도출한 목적은 장기 추세에 대한 결론을 다른 식으로 입증하려는 데 있는 것이 아니다. 조금 뒤에 보겠지만 우리의 목적은 단기 분석의 틀을 제공하려는 것이다. 앞으로 단기 분석 모형에서는 분석을 단순화하기 위해 그림 23.5에 곡선의 이동으로 표시된 지속적인 성장과 인플레이션 추세를 생략할 것이다. 그러나 장기 추세가 단기 경기변동의 배경이 된다는 사실을 기억하기 바란다. 즉 산출량과 물가 수준의 단기 변동은 산출량과 인플레이션의 지속적인 장기 추세에서 이탈하는 것으로 이해되어야 한다.

그림 23.5

총수요 · 총공급모형을 통해 본 장기 경제성장과 인플레이션

시간이 경과함에 따라 주로 기술 진보로 인해 경제의 재화와 서비스 생산 능력이 확대되고, 이에 따라 장기 총공급곡선이 오른쪽으로 이동한다. 동시에 중앙은행이 통화량을 증가시킴에 따라 총수요곡선도 오른쪽으로 이동한다. 이 그림에서 산출량은 Y_{2000}에서 Y_{2010}으로, 그리고 다시 Y_{2020}으로 증가하고 물가 수준은 P_{2000}에서 P_{2010}으로, 그리고 다시 P_{2020}으로 상승한다. 이와 같이 고전학파의 성장과 인플레이션 이론을 총수요 · 총공급모형을 이용하여 새롭게 표현할 수 있다.

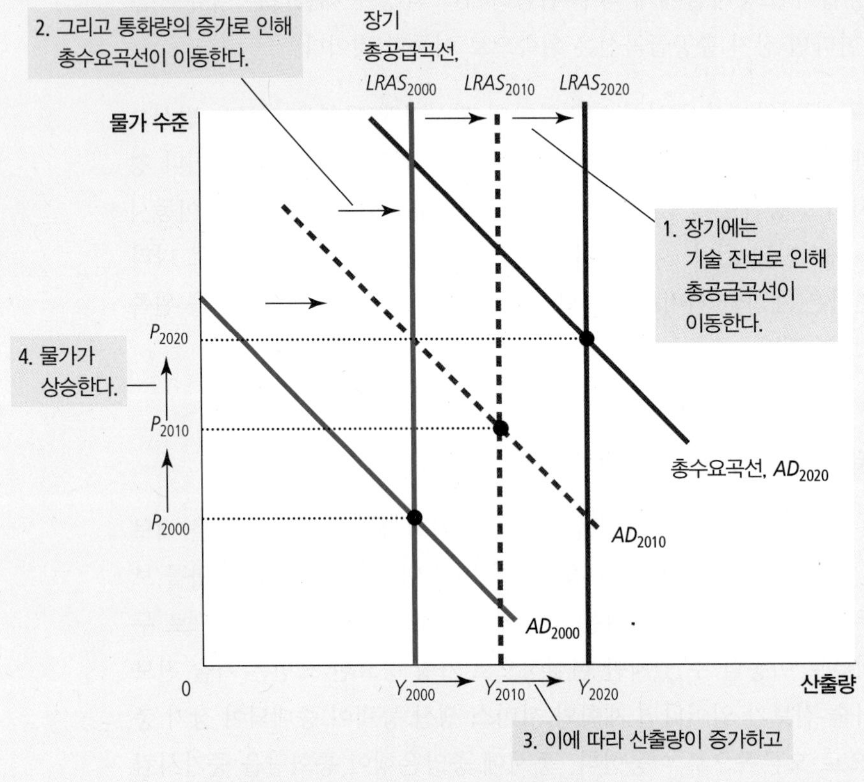

23-4d 단기 총공급곡선이 우상향하는 이유

단기와 장기의 핵심적인 차이는 총공급곡선의 행태에 있다. 장기에는 전반적인 물가 수준이 경제의 재화와 서비스 생산 능력에 영향을 주지 못하기 때문에 장기 총공급곡선은 수직이다. 이와 대조적으로 단기에는 물가 수준이 경제의 산출량에 영향을 미친다. 즉 1~2년의 단기에는 물가 수준이 상승하면 재화와 서비스의 공급량이 늘고, 물가 수준이 하락하면 재화와 서비스의 공급량이 줄어든다. 따라서 그림 23.6에서 볼 수 있듯이 단기 총공급곡선은 우상향한다.

물가 수준의 변동이 단기적으로 산출량에 영향을 미치는 이유는 무엇일까? 거시경제학자들은 단기 총공급곡선이 우상향하는 이유를 설명하기 위한 세 가지 이론을 제시

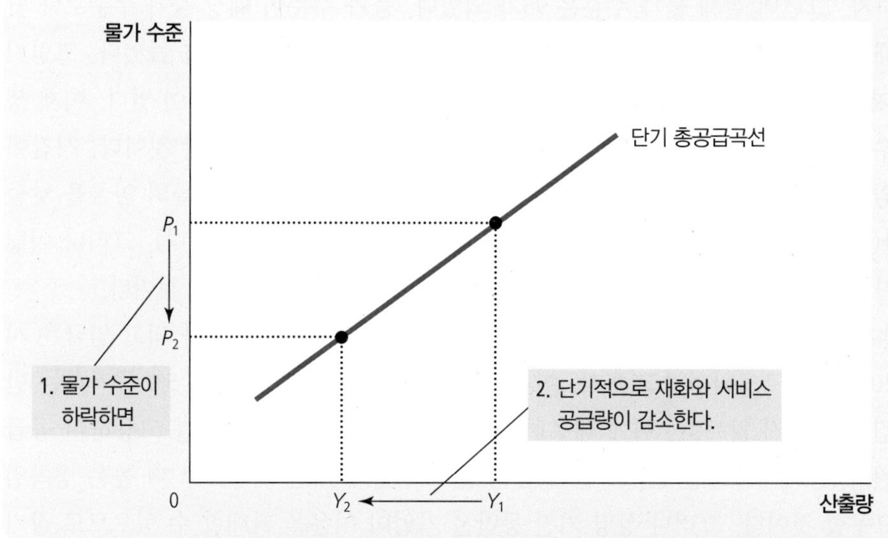

그림 23.6

단기 총공급곡선
단기에 물가 수준이 P_1에서 P_2로 하락하면 재화와 서비스의 총공급량은 Y_1에서 Y_2로 감소한다. 물가 수준과 총공급 사이에 플러스의 상관관계가 존재하는 것은 임금과 가격의 경직성이나 착각 때문이다. 시간이 흐름에 따라 임금, 가격, 그리고 경제주체들의 인식이 조정되므로 이러한 플러스 상관관계는 일시적으로만 성립한다.

하였다. 이들 이론에 따르면 각각 나름의 시장 불완전성 때문에 단기 총공급이 장기 총공급과 다른 형태를 보인다. 세 이론의 구체적인 내용은 서로 다르지만 한 가지 공통점이 있다. 그것은 한 경제의 실제 물가 수준이 사람들이 예상한 수준에서 벗어나면 산출량도 장기 자연산출량에서 벗어난다는 사실이다. 즉 물가가 사람들이 예상한 수준보다 높으면 산출량이 자연산출량을 초과하고, 물가가 예상한 수준보다 낮으면 산출량이 자연산출량에 미달한다는 것이다.

임금 경직성 이론 단기 총공급곡선이 우상향하는 이유를 설명하는 첫 번째 이론은 임금 경직성 이론이다. 이 이론은 총공급곡선에 관한 세 가지 설명 중 가장 단순하다. 또한 일부 경제학자들은 이 이론이 경제가 단기와 장기에 왜 다른지에 대한 가장 중요한 이유를 잘 드러낸다고 생각한다. 따라서 이 책에서도 단기 총공급곡선 이론으로 임금 경직성 이론을 강조한다.

임금 경직성 이론에 따르면 단기에는 명목임금이 경제 상황 변화에 대응하여 서서히 변동하기 때문에 총공급곡선이 우상향한다. 즉 단기적으로 임금이 경직적(sticky)이라는 것이다. 명목임금이 서서히 조정되는 이유 중 하나는 명목임금이 길게는 3년 동안 효력을 갖는 장기 계약에 따라 결정된다는 데 있다. 또한 이러한 더딘 조정은 임금의 결정에 영향을 미치는 사회적 규범이나 공정성에 대한 인식이 천천히 변하기 때문일 수 있다.

다음 예는 명목임금이 경직적이면 왜 단기 총공급곡선이 우상향하는지 이해하는 데 도움이 될 것이다. 1년 전에 어떤 기업이 1년 후 물가 수준이 100이 될 것으로 예상하고, 이를 토대로 그 기업이 고용한 근로자들에게 시간당 20달러를 지급하기로 계약했다고 하자. 그런데 실제 물가 수준은 95가 되었다. 물가 수준이 예상 물가 수준보다 낮았기 때문에 이 기업의 제품 한 단위당 판매 수입은 당초 예상보다 5% 줄었다. 그렇지만 이 제품을 생산하는 데 투입되는 인건비는 시간당 20달러에 고정되어 있다. 이제 생산의 수익성이 낮아졌으므로 이 기업은 고용을 줄이고 생산을 감축할 것이다. 시간이 흘러 임금 계약 기간이 만료되면 기업은 임금 재협상을 통해 근로자들의 임금을 낮출 것이다(물가 수준이 낮으므로 근로자들도 낮은 임금을 받아들일 것이다). 그러나 이렇게 되기까지 경과 기간 동안에는 고용과 산출량이 장기 수준보다 낮을 것이다.

똑같은 논리가 반대 방향으로도 적용된다. 실제 물가 수준이 105가 되고 임금은 시간당 20달러에 고정되었다고 하자. 이제 제품 한 단위당 판매 수입은 5% 증가하는 반면 인건비는 늘지 않는다. 이에 대응하여 이 기업은 더 많은 근로자를 고용하여 공급을 늘린다. 궁극적으로는 근로자들이 높은 물가 수준에 대한 보상으로 더 높은 명목임금을 요구할 것이다. 그러나 상당 기간 동안은 기업이 이윤을 확대할 수 있으므로 장기 수준보다 고용과 생산을 늘릴 것이다.

간단히 말해 임금 경직성 이론에 따르면 명목임금은 물가에 대한 기대를 토대로 설정되며, 실제 물가 수준이 기대 물가 수준과 다를 경우 즉각적으로 조정될 수 없기 때문에 단기 총공급곡선이 우상향한다는 것이다. 명목임금의 경직성 때문에 기업은 실제 물가 수준이 예상보다 낮으면 자연산출량보다 덜 생산하고, 물가가 예상보다 높으면 자연산출량보다 더 생산할 경제적 유인이 있다.

가격 경직성 이론 일부 경제학자들은 가격 경직성 이론이라는 단기 총공급 이론을 주장했다. 앞에서 설명한 것처럼 임금 경직성 이론은 명목임금이 서서히 조절된다는 사실을 강조한다. 가격 경직성 이론은 경제 여건이 변함에 따라 명목임금뿐만 아니라 일부 재화와 서비스 가격도 천천히 조정된다는 사실을 강조한다. 그 이유 중 하나는 가격을 조정하는 데 비용이 들기 때문인데, 이러한 비용을 메뉴비용(menu costs)이라고 한다. 메뉴비용에는 상품 목록을 새로 인쇄하고 배포하는 비용과 가격표를 바꾸는 데 들어가는 시간이 포함된다. 이러한 메뉴비용 때문에 단기에는 임금은 물론 재화 가격도 경직적이라는 것이다.

가격 경직성 이론이 단기 총공급곡선의 기울기를 어떻게 설명하는지 이해하기 위해 각 기업이 다음 해 경제 여건에 대한 예상을 토대로 가격을 미리 공표한다고 가정하자. 이렇게 가격이 공표된 다음에 갑자기 통화량이 감소했다고 하자. 이로 인해 장기적으로는 물가가 하락할 것이다. 단기에는 어떤 일이 일어날까? 일부 기업들은 이러한 경제 여건의 변화에 대응하여 가격을 재빨리 인하하겠지만, 추가적인 메뉴비용을 부담하기 싫어서 가격을 조정하지 않는 기업도 많이 있을 것이다. 결과적으로 이들은 가격인하에 있어 일시적으로 뒤처지게 된다. 가격 조정에 뒤처진 기업들이 공급하는 재화의 가격은 너무 높아서 판매량이 줄어들 것이고, 이에 따라 이 기업은 생산과 고용을 감축할 것이다. 즉 여건 변화에 대응하여 모든 가격이 즉시 조절되지 않기 때문에 예상치 않은 물가 하락으로 일부 기업들의 가격이 바람직한 가격 수준보다 높아져 판매량이 줄고, 이에 따라 재화와 서비스의 생산이 감소한다는 것이다.

기업이 당초 가격을 책정할 때 예상한 수준보다 실제 통화량과 물가 수준이 높을 경우에도 비슷한 논리가 적용된다. 새로운 경제 환경에 대응하여 어떤 기업들은 신속하게 가격을 인상하지만, 다른 기업들은 시차를 두고 가격을 조정하므로 제품 가격이 바람직한 수준보다 낮을 수 있다. 가격이 낮으면 소비자들이 몰리고 기업들은 고용과 생산을 늘린다. 이러한 기업들이 조정되지 않은 가격으로 생산하는 동안에는 물가 수준과 공급량 사이에 플러스 상관관계가 성립한다. 이러한 플러스 상관관계는 우상향하는 단기 총공급곡선으로 표시된다.

착각 이론 단기 총공급곡선이 우상향하는 이유를 설명하는 세 번째 이론은 착각 이론이다. 이 이론에 따르면 전반적인 물가 수준이 변할 때 공급자들이 일시적으로 자신의 제품이 거래되는 시장에서 일어나는 현상을 잘못 인식할 가능성이 있다. 이러한 단기적인 착각 때문에 공급자들이 물가 수준의 변동에 반응하고, 이에 따라 단기 총공급곡선은 우상향한다는 것이다.

이 이론을 이해하기 위해 전반적인 물가 수준이 사람들이 예상한 수준보다 낮다고 가정해보자. 공급자들은 자신이 생산하는 물건 가격이 하락한 것을 보고 그 물건의 상대가격이 하락한 것으로 착각할 수 있다. 즉 자신들의 가격이 다른 가격에 비해 하락한 것으로 착각한다는 뜻이다. 예컨대 밀을 재배하는 농부들은 밀 가격이 하락한 것을 목격하고 한참 뒤에야 자신들이 소비하는 다른 물건 가격도 하락했다는 사실을 알게 될 가능성이 있다. 이 경우 우선 밀 가격이 하락한 것을 보고 밀의 상대가격이 하락하여 밀 생산의 수익성이 하락했다고 판단하면 농부들은 밀의 공급량을 줄일 수 있다. 마찬가지로 근로자들은 자신들의 임금이 하락한 것을 발견하고 한참 뒤에야 자신들이 구입하는 다른 물건들의 가격도 하락했다는 사실을 알게 된다. 따라서 노동의 대가가 일시적으로 낮아졌다고 판단하여 노동의 공급량을 줄일 수 있다. 두 경우 모두 전반적인 물가 수준의 하락을 상대가격의 하락으로 잘못 인식하여 공급자들이 재화와 서비스의 공급량을 줄이기 때문에 물가가 하락하면 공급량이 감소한다.

물가 수준이 예상보다 높을 때도 비슷한 착각이 일어날 수 있다. 재화와 서비스의 공급자들이 산출물 가격이 상승하는 것을 보고 자신들이 생산하는 재화의 상대가격이 오르는 것으로 잘못 판단하여 생산을 늘려야 한다는 결론을 내릴 수 있다. 이들의 잘못된 판단이 시정될 때까지 생산자들은 물가 상승에 반응하여 생산을 늘린다. 이러한 행태로 인해 단기 총공급곡선은 우상향한다.

요약 단기 총공급곡선이 우상향하는 이유를 설명하는 이론에는 (1) 임금 경직성 이론,

(2) 가격 경직성 이론, (3) 상대가격에 관한 착각이론이 있다. 세 가지 중 어떤 이론이 옳은지는 경제학자들 사이에 논란이 있으며, 각 이론은 나름대로 옳은 측면이 있다. 우리 입장에서는 세 가지 이론의 차이점보다는 실제 물가가 사람들이 예상한 수준과 다르면 단기산출량이 자연산출량과 달라진다는 공통점이 중요하다. 이러한 결론은 다음과 같은 수식으로 표시할 수 있다.

$$\text{산출물의 공급량} = \text{자연산출량} + a(\text{실제 물가 수준} - \text{예상 물가 수준})$$

여기서 a는 산출량이 예상하지 못한 물가 수준 변동에 얼마나 민감하게 반응하는지를 나타내는 숫자다.

세 가지 이론이 강조하는 상황은 일시적인 것이다. 단기 총공급곡선이 우상향하는 이유가 임금의 경직성이든, 가격의 경직성이든, 착각이든 이런 상황이 영원히 지속될 수는 없다. 시간이 흐르면 명목임금과 물가가 덜 경직적이 되고 상대가격에 대한 잘못된 판단도 시정될 것이다. 장기적으로는 임금과 물가가 경직적이 아니라 신축적이고, 사람들도 상대가격에 대해 혼동하지 않는다고 가정하는 것이 합리적이다. 이처럼 단기 총공급곡선이 왜 우상향하는지를 설명하는 훌륭한 이론들이 있고, 이 이론들은 수직인 장기 총공급곡선과도 부합된다.

23-4e 단기 총공급곡선이 이동하는 이유

단기 총공급곡선은 주어진 물가 수준에서 단기에 공급되는 재화와 서비스의 양을 표시한다. 단기 총공급곡선은 장기 총공급곡선과 비슷하지만 임금 경직성, 가격 경직성, 착각 때문에 수직이 아닌 플러스 기울기를 보이는 것으로 생각할 수 있다. 따라서 단기 총공급곡선이 이동하는 이유를 알기 위해서는 장기 총공급곡선을 이동시키는 모든 변수들을 고려해야 한다. 이에 더하여 경직적인 임금, 경직적인 가격, 상대가격에 대한 인식 오류 등에 영향을 미치는 예상 물가 수준이라는 새로운 변수를 감안해야 한다.

먼저 장기 총공급곡선에 대해 우리가 아는 사실부터 살펴보자. 앞에서 설명한 바와 같이 정상적인 경우 장기 총공급곡선은 노동, 자본, 자연자원, 기술지식의 변동에 따라 이동한다. 이 변수들은 단기 총공급곡선을 이동시키는 요인이기도 하다. 예를 들어 어떤 경제의 자본량이 증가함으로써 생산성이 높아지면 그 경제는 더 많은 재화와 서비스를 생산할 수 있기 때문에 장기 총공급곡선과 단기 총공급곡선이 모두 오른쪽으로 이동한다. 최저임금이 인상되어 자연 실업률이 높아지면 그 경제의 고용이 줄고 생산량이 감소하므로, 장기 총공급곡선과 단기 총공급곡선이 모두 왼쪽으로 이동한다.

단기 총공급곡선의 위치에 영향을 미치는 새로운 변수는 물가 수준에 관한 사람들의 예상이다. 앞에서 설명한 바와 같이 단기적으로 재화와 서비스의 공급량은 임금 경직성, 가격 경직성, 착각의 영향을 받는다. 그런데 임금, 가격, 그리고 사람들의 인식은 물가 수준에 대한 예상을 근거로 형성된다. 따라서 물가에 관한 예상이 바뀌면 단기 총공급곡선은 이동한다.

이상의 개념을 보다 구체화하기 위해 임금 경직성에 입각한 단기 총공급곡선 이론에 대해 생각해보자. 이 이론에 따르면 기업과 근로자들이 물가 수준이 높을 것으로 예상하면 높은 임금에 합의할 가능성이 크다. 임금이 높아지면 주어진 실제 물가 수준에서 기업의 생산비가 상승하여 재화와 서비스의 공급량이 줄어든다. 이처럼 예상 물가 수준이 상승하면 임금과 비용이 상승하기 때문에 주어진 실제 물가 수준에서 기업의 재화와 서비스 공급량이 감소하고, 단기 총공급곡선은 왼쪽으로 이동한다. 반면에 예상 물가 수준이 하락하면 임금과 비용이 하락하여 주어진 실제 물가 수준에서 기업의 생산량이 증가하며, 단기 총공급곡선은 오른쪽으로 이동한다.

총공급곡선에 대한 세 가지 이론에는 비슷한 논리가 공통적으로 적용되며, 일반적인 결론은 다음과 같다. 예상 물가 수준이 상승하면 재화와 서비스 공급량이 감소하고, 단기 총공급곡선은 왼쪽으로 이동한다. 예상 물가 수준이 하락하면 재화와 서비스 공급량이 증가하고, 단기 총공급곡선은 오른쪽으로 이동한다. 다음 절에서 살펴보겠지만 기대가 단기 총공급곡선의 위치에 미치는 영향은 경제가 단기에서 장기로 어떻게 이행

표 23.2

단기 총공급곡선 : 요약

단기 총공급곡선이 우상향하는 이유

1. **임금 경직성 이론 :** 물가 수준이 예상보다 낮으면 실질임금이 상승하여 기업들이 고용을 감축하고, 재화와 서비스 생산량이 감소한다.
2. **가격 경직성 이론 :** 물가 수준이 예상보다 낮으면 일부 기업의 가격이 바람직한 수준보다 높아 판매가 감소하고, 이에 따라 생산을 줄인다.
3. **착각 이론 :** 물가 수준이 예상보다 낮으면 일부 공급자들은 자신의 상대가격이 하락했다고 생각하여 생산을 줄인다.

단기 총공급곡선이 이동하는 이유

1. **노동의 변동 :** 자연 실업률의 하락 등으로 노동인구가 증가하면 총공급곡선은 오른쪽으로 이동한다. 자연 실업률의 상승 등으로 노동인구가 감소하면 총공급곡선은 왼쪽으로 이동한다.
2. **자본의 변동 :** 물적자본이나 인적자본이 증가하면 총공급곡선은 오른쪽으로 이동한다. 물적자본이나 인적자본이 감소하면 총공급곡선은 왼쪽으로 이동한다.
3. **자연자원의 변동 :** 가용 자연자원이 증가하면 총공급곡선은 오른쪽으로 이동한다. 가용 자연자원이 감소하면 총공급곡선은 왼쪽으로 이동한다.
4. **기술지식의 변동 :** 기술 진보가 일어나면 총공급곡선이 오른쪽으로 이동한다. 정부의 규제 등으로 가용 기술에 제약이 가해지면 총공급곡선은 왼쪽으로 이동한다.
5. **예상 물가 수준의 변동 :** 예상 물가 수준이 하락하면 단기 총공급곡선이 오른쪽으로 이동한다. 예상 물가 수준이 상승하면 단기 총공급곡선이 왼쪽으로 이동한다.

하는지 설명하는 데 핵심적인 역할을 한다. 단기적으로 기대는 고정되어 있고 경제는 단기 총공급곡선과 총수요곡선이 만나는 점에 위치한다. 장기에는 실제 물가 수준이 기대한 것과 다르면 사람들의 기대가 조정되어 단기 총공급곡선은 이동한다. 이와 같은 단기 총공급곡선의 이동을 통해 궁극적으로 경제는 총수요곡선과 장기 총공급곡선이 만나는 점에 도달한다.

이제 여러분은 단기 총공급곡선이 왜 우상향하는지, 어떤 사건과 정책이 단기 총공급곡선을 이동시키는지 이해했을 것이다. 지금까지 배운 내용은 표 23.2에 요약되어 있다.

간단한 퀴즈

8. 단기 총공급곡선이 우상향하는 이유 중의 하나는 물가 수준이 상승하면?

a. 만일 실질임금이 경직적일 경우 명목임금이 상승하기 때문이다.
b. 만일 실질임금이 경직적일 경우 명목임금이 하락하기 때문이다.
c. 만일 명목임금이 경직적일 경우 실질임금이 상승하기 때문이다.
d. 만일 명목임금이 경직적일 경우 실질임금이 하락하기 때문이다.

9. 다음 중 단기 총공급곡선을 이동시키지만 장기 총공급곡선을 이동시키지 않는 요인은?

a. 노동인구
b. 자본 스톡
c. 기술 수준
d. 예상 물가 수준

정답은 각 장의 끝에

23-5 경기변동의 두 가지 원인

지금까지 총수요 · 총공급모형을 소개했으므로 우리는 경제활동 수준의 변동을 분석하는 기본적인 도구를 갖게 되었다. 특히 우리가 배운 총수요 · 총공급곡선을 이용하여 경기변동의 두 가지 주요 원인인 총수요의 변동과 총공급의 변동의 효과를 분석할 수 있다.

분석을 단순화하기 위해 경제가 그림 23.7과 같은 장기 균형에서 출발한다고 가정하자. 장기에는 총수요곡선과 총공급곡선이 만나는 점 A에서 물가 수준과 균형산출량이 결정된다. 이 점에서 균형산출량은 자연산출량과 같다. 경제는 항상 단기 균형 상태에 있으므로 단기 총공급곡선도 장기 균형점인 A를 통과한다. 따라서 사람들의 예상 물가 수준은 이 장기 균형점에 맞춰 조절된 상태다. 즉 경제가 장기 균형 상태일 때는 예상 물가 수준이 실제 물가 수준과 같아 총수요곡선과 단기 총공급곡선이 만나는 점이 총수요곡선과 장기 총공급곡선이 만나는 점과 일치한다.

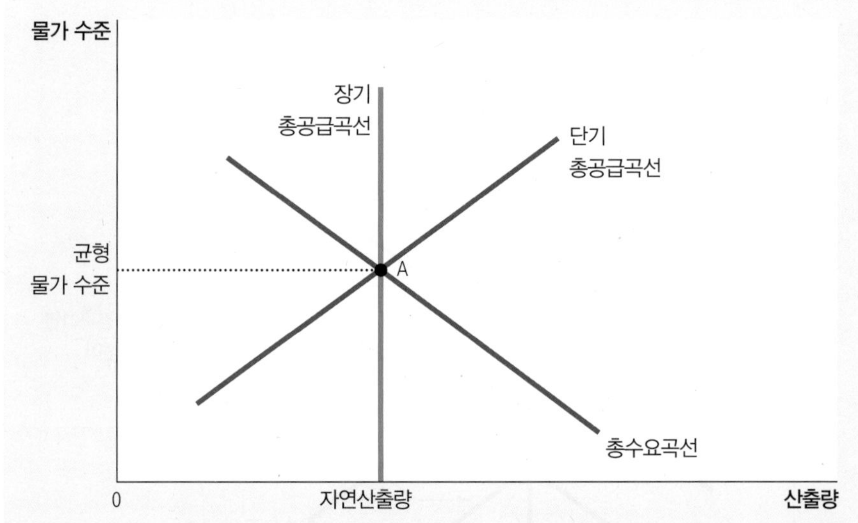

그림 23.7

장기 균형

경제의 장기 균형은 총수요곡선과 총공급곡선이 만나는 점 A에서 성립한다. 경제가 장기 균형에 도달하면 예상 물가 수준이 실제 물가 수준과 같도록 조정되므로 단기 총공급곡선도 점 A를 통과한다.

23-5a 총수요곡선 이동의 효과

갑자기 경제 전체가 비관적인 전망에 사로잡혔다고 가정하자. 그 원인은 백악관의 스캔들일 수도 있고 주가 폭락일 수도 있으며, 해외에서 갑작스런 전쟁의 발발일 수도 있을 것이다. 이로 인해 많은 사람들이 장래에 대한 확신을 잃어 계획을 바꾼다고 하자. 가계는 소비를 줄이고 큰돈이 소요되는 물건의 구입을 늦추며, 기업은 새로운 기계장비의 구입을 연기한다고 하자.

이러한 일련의 비관적 태도는 거시경제에 어떤 영향을 미칠까? 이 질문에 답하기 위해 우리는 4장에서 특정한 시장의 수요와 공급을 분석할 때 사용한 3단계 논법을 적용할 수 있다. 첫째, 이 사건이 총수요와 총공급곡선 중 어떤 쪽에 영향을 미치는지 결정한다. 둘째, 해당 곡선이 어떤 방향으로 이동할지 판단한다. 셋째, 총수요 · 총공급곡선 그래프를 이용하여 최초 균형과 새로운 균형을 비교한다. 한 가지 새로운 점은 넷째 단

1. 어떤 사건이 총수요곡선과 총공급곡선 중 어느 쪽(혹은 양쪽 다)에 영향을 미치는지 판단한다.
2. 해당 곡선이 어느 방향으로 이동할지 판단한다.
3. 총수요 · 총공급곡선 그래프를 이용하여 단기적으로 산출량과 물가 수준이 어떻게 변하는지 결정한다.
4. 총수요 · 총공급곡선 그래프를 이용하여 경제가 새로운 단기 균형에서 새로운 장기 균형으로 어떻게 이행하는지 분석한다.

표 23.3

거시경제의 변동을 분석하는 4단계

그림 23.8

총수요의 감소

경제에 대한 비관적인 전망으로 총수요가 감소하면 총수요곡선이 AD_1에서 AD_2로(왼쪽으로) 이동한다. 단기적으로 경제의 균형은 점 A에서 점 B로 옮겨간다. 산출량은 Y_1에서 Y_2로 감소하고, 물가 수준은 P_1에서 P_2로 하락한다. 시간이 흐름에 따라 예상 물가 수준이 조정되어 단기 총공급곡선이 AS_1에서 AS_2로(오른쪽으로) 이동하고, 경제는 새로운 총수요곡선이 장기 총공급곡선과 만나는 점 C에 도달한다. 장기적으로 물가는 P_3로 하락하고, 산출량은 자연산출량 수준인 Y_1으로 복귀한다.

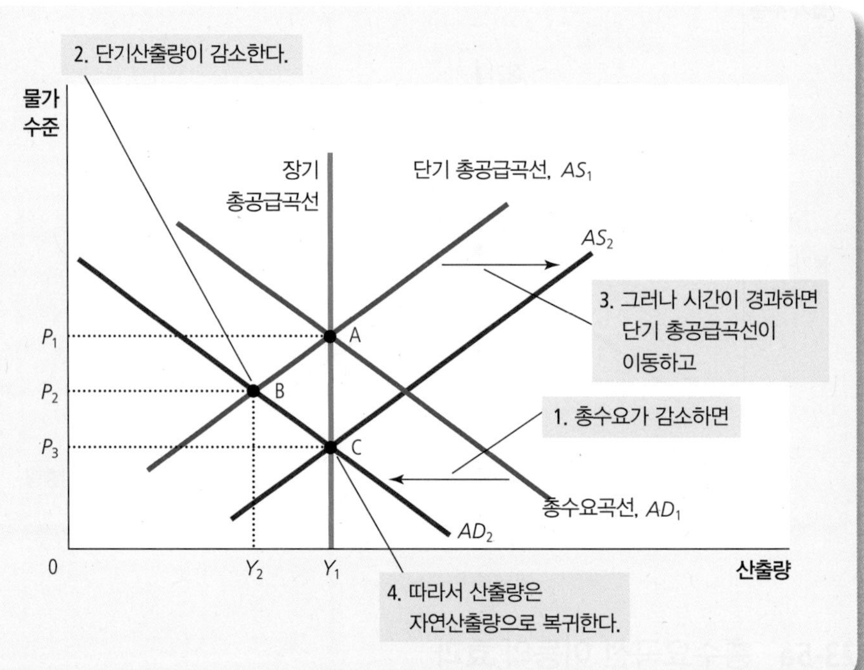

계를 추가해야 한다는 것이다. 우리는 새로운 단기 균형과 장기 균형, 그리고 단기 균형에서 장기 균형으로의 이행을 추적해야 한다. 경기변동을 분석하는 이러한 4단계는 표 23.3에 요약되어 있다.

처음 두 단계는 단순하다. 첫째, 비관적 태도가 지출 계획에 영향을 미쳐 총수요곡선에 영향을 준다. 둘째, 이제 소비자들과 기업들이 주어진 물가 수준에서 재화와 서비스의 구입량을 줄이려 하므로 총수요곡선은 왼쪽으로 이동한다. 그림 23.8에 표시된 것처럼 총수요곡선은 AD_1에서 AD_2로 왼쪽으로 이동한다.

이 그림을 이용하여 셋째 단계를 분석할 수 있다. 즉 최초 균형과 새로운 균형을 비교함으로써 총수요 감소의 효과를 이해할 수 있는 것이다. 단기에는 경제가 최초의 단기 총공급곡선 AS_1을 따라 점 A에서 점 B로 운동하므로, 산출량은 Y_1에서 Y_2로 감소하고 물가는 P_1에서 P_2로 하락한다. 산출량이 감소한다는 것은 경기침체를 의미한다. 이 그림에는 나타나지 않지만 이러한 경기침체로 판매량이 감소함에 따라 기업들은 고용을 감축한다. 따라서 총수요곡선의 이동을 초래한 비관적 전망이 실현되었다고 할 수 있다. 미래에 대한 비관적 전망으로 소득이 하락하고 실업은 증가한 것이다.

이제 넷째 단계, 즉 단기 균형에서 장기 균형으로 이행하는 것을 살펴보자. 총수요가 감소함에 따라 처음에 물가 수준은 P_1에서 P_2로 하락한다. 이 물가 수준은 총수요가 갑자기 위축되기 전에 사람들이 기대하던 물가 수준 P_1보다 낮다. 사람들이 단기적으

화폐 중립성의 재조명

고전학파 거시경제 이론에 따르면 화폐는 중립적이다. 즉 통화량이 변하면 물가 수준 같은 명목변수에는 영향이 있지만, 산출량 같은 실질변수에는 아무런 영향이 없다. 이 장 앞부분에서 우리는 대부분의 경제학자들이 화폐의 중립성이 경제의 장기적 작동을 설명할 수 있다고 인정하지만 단기적으로는 그렇게 생각하지 않는다고 배웠다. 이제 총수요·총공급모형을 이용하면 이 결론을 보다 충분히 설명할 수 있다.

중앙은행이 통화량을 감축한다고 하자. 이 정책으로 어떤 변화가 일어날까? 설명한 바와 같이 통화량은 총수요를 결정하는 변수 중 하나다. 통화량이 감소하면 총수요곡선은 왼쪽으로 이동한다.

이 분석은 그림 23.8과 동일하다. 총수요곡선이 변동하는 이유는 다르지만 산출량과 물가 수준에는 동일한 영향을 미친다는 것을 알 수 있다. 단기적으로 산출량과 물가 수준이 하락하고, 경제는 경기침체를 겪는다. 그러나 시간이 경과하면 예상 물가 수준도 하락한다. 기업들과 근로자들은 새로운 예상 물가 수준에 대응하여 예컨대 더 낮은 명목임금에 합의한다. 궁극적으로 경제는 다시 장기 총공급곡선 위에 있는 점으로 돌아간다.

그림 23.8은 통화량이 어떤 경우에 실질변수에 영향을 미치고, 어떤 경우에 영향을 미치지 못하는지 보여준다. 장기에 화폐가 중립적이라는 사실은 경제가 점 A에서 점 C로 움직이는 것으로 표시되어 있다. 그러나 단기에는 경제가 점 A에서 점 B로 움직이는 것에서 볼 수 있듯이 실질변수에 영향을 미친다. 이상의 분석은 다음과 같은 오래된 표현으로 요약된다. '화폐는 베일(veil)이다. 그러나 베일이 펄럭대면 실질산출량도 출렁인다.' ■

로는 놀라겠지만 장기에도 계속 놀란 상태로 남아 있지는 않는다. 시간이 흐르면 새로운 현실에 기대가 적응하여 예상 물가 수준이 하락한다. 예상 물가 수준이 하락하면 임금과 가격, 그리고 사람들의 인식도 변하고, 이에 따라 단기 총공급곡선의 위치도 바뀐다. 예컨대 임금 경직성 이론에 따르면 근로자들과 기업들의 예상 물가 수준이 낮아지면 더 낮은 명목임금에 합의하고, 이에 따라 인건비가 낮아지면 기업들은 더 많은 근로자를 고용하여 주어진 물가 수준에서 생산이 증가한다. 이처럼 예상 물가 수준이 하락하면 그림 23.8에서 단기 총공급곡선은 AS_1에서 AS_2로 이동한다. 단기 총공급곡선의 이동으로 경제는 총수요곡선(AD_2)이 장기 총공급곡선과 만나는 점 C에 접근한다.

새로운 장기 균형점 C에서 산출량은 자연산출량 수준을 회복한다. 경제가 자체 조정된 것이다. 산출량이 감소한 후 정책 개입이 없었음에도 불구하고 장기 산출량이 회복된 것이다. 비관적인 경제 전망으로 총수요가 줄었지만 물가 수준이 P_3까지 큰 폭으로 하락하여 총수요곡선의 이동을 상쇄했고, 사람들도 이러한 낮은 물가 수준을 예상한 것이다. 따라서 장기에는 총수요곡선의 이동이 전적으로 물가 수준에 반영되고 산출량에는 아무런 변화가 없다. 다시 말해 총수요 변동의 장기적 효과는 명목적 변화(물가 수준의 하락)일 뿐 실질적 변화는 없다(산출량은 불변).

총수요가 갑자기 감소할 경우 정책담당자들이 할 수 있는 일은 무엇일까? 이 분석에서 우리는 정책담당자들이 아무런 행동을 취하지 않는다고 가정했다. 또 다른 가능성은 경제가 점 A에서 점 B로 이동하여 경기침체가 일어나자마자 정부가 총수요를 증가시키기 위한 조치를 취하는 것이다. 앞에서 배운 바와 같이 정부지출이나 통화량을 늘리면 각 물가 수준에 대응하는 재화와 서비스의 수요량은 증가하고, 총수요곡선은 오른쪽으로 이동한다. 정책담당자들이 신속하고 정확한 정보를 바탕으로 행동을 취한다면 총수요곡선을 AD_2에서 AD_1으로 다시 이동시켜 경제를 점 A로 돌려놓을 수 있을 것이다. 정책이 성공한다면 산출량과 고용의 감소라는 고통스러운 기간이 단축되고 심각성이 완화될 수 있다. 재정정책과 통화정책이 총수요에 어떻게 영향을 미치는지, 이들 정책수단을 사용하는 데 따르는 현실적인 문제점이 무엇인지는 24장에서 상세히 다룰 것이다.

요약하면 총수요곡선의 이동은 다음과 같은 세 가지 중요한 시사점을 준다.

- 총수요곡선이 이동하면 단기적으로 재화와 서비스의 산출량이 변동한다.
- 장기적으로 총수요곡선의 이동은 물가에는 영향을 주지만, 산출량에는 아무런 영향을 미치지 않는다.
- 정책 당국은 총수요에 영향을 줄 수 있기 때문에 경기변동의 심각성을 완화시킬 수도 있다.

총수요의 대폭적인 변동 : 대공황과 제2차 세계대전

이 장의 첫 부분에서 1972년 이래 미국 경제 데이터의 분석을 통해 경기변동에 관한 세 가지 사실을 확인했다. 이제 미국 경제의 보다 장기적인 역사를 살펴보자. 그림 23.9는 1900년부터 약 100년 동안 3년 전 대비 실질 GDP의 변동

그림 23.9

1900년 이래 미국의 실질 GDP

미국 역사를 살펴보면 두 차례의 대규모 경기변동이 눈에 띈다. 1930년대 초에 미국 경제는 대공황을 겪었으며, 이 기간 중에 재화와 서비스 산출량은 대폭 줄었다. 1940년대 초에 미국이 제2차 세계대전에 돌입하면서 총생산은 급격히 증가했다. 두 가지 사건은 총수요의 대폭적인 변동으로 설명된다.

자료: Louis D. Johnston and Samuel H. Williamson, "What was GDP Then?" http://www.measuringworth.com/usgdp/; 미국 상무부

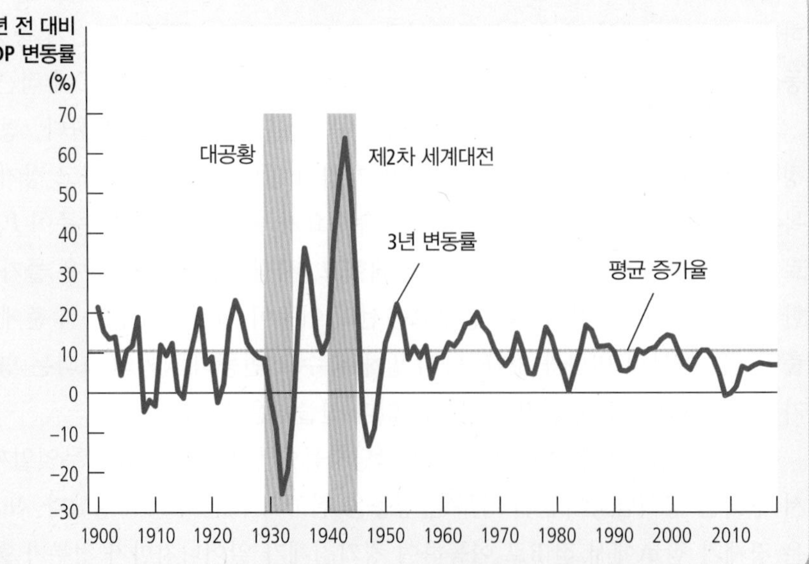

률을 보여준다. 3년 기간 동안 실질 GDP는 평균 10%, 연간으로는 3% 남짓한 성장률을 보인다. 그러나 경기변동으로 인해 실질 GDP는 이 평균선을 중심으로 등락한다. 특별히 두 가지 사건이 뚜렷하게 보인다. 하나는 1930년대 초에 실질 GDP가 대폭 감소한 것이고, 또 하나는 1940년대 초에 실질 GDP가 대폭 증가한 것이다. 두 사건은 모두 총수요의 변동 때문에 발생했다.

BETTMANN/CORBIS

대폭적인 총수요 감소의 결과

1930년대 초의 극심한 경제적 재앙은 대공황(Great Depression)이라고 불리는데, 이는 미국 역사상 단연코 최대의 경기침체다. 1929년부터 1933년 사이에 실질 GDP가 26% 감소했고, 실업률은 3%에서 25%로 상승했다. 동시에 이 4년 동안의 물가 수준은 22% 하락했다. 이 기간 동안 많은 다른 나라에서도 비슷하게 산출량이 줄고 물가가 하락했다.

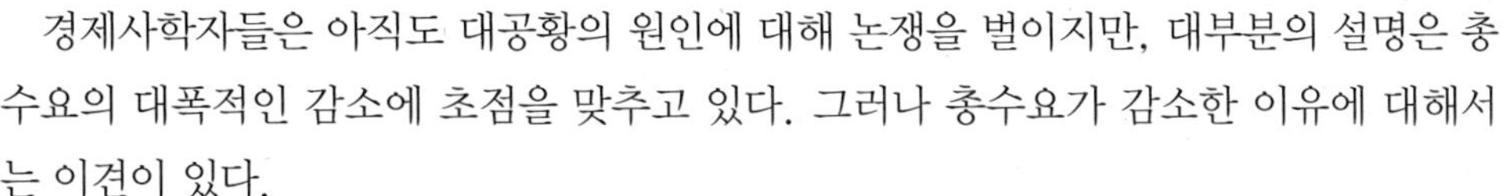

경제사학자들은 아직도 대공황의 원인에 대해 논쟁을 벌이지만, 대부분의 설명은 총수요의 대폭적인 감소에 초점을 맞추고 있다. 그러나 총수요가 감소한 이유에 대해서는 이견이 있다.

많은 경제학자들은 통화량의 감소 때문에 총수요가 감소했다고 주장한다. 실제로 1929년부터 1933년 사이에 통화량은 28% 감소했다. 통화량이 이렇게 감소한 것은 은행제도에 문제가 있었기 때문이다. 가계들이 재무 상태가 불안한 은행에서 예금을 인출하고, 은행들은 더욱 신중해져서 지급준비금을 더 많이 보유함에 따라 부분지급준비금제도하의 예금통화 창출 과정이 역으로 작동하여 통화승수가 작아졌다. 한편 연방준비제도는 공개시장조작을 통해 통화량을 증가시키지 않았으므로 통화승수의 감소를 상쇄하지 못했으며, 결과적으로 통화량이 감소했다. 많은 경제학자들은 연방준비제도가 적절한 대응을 하지 않았기 때문에 대공황이 심각한 상태가 되었다고 믿는다.

몇몇 경제학자들은 총수요가 감소한 데는 다른 이유가 있었다고 주장한다. 예컨대 이 기간 중에 주식가격이 90% 하락하여 가계의 자산이 감소했고, 소비가 위축되었다는 것이다. 뿐만 아니라 은행제도의 문제 때문에 기업들이 신규 투자 프로젝트와 사업확장에 필요한 자금을 은행에서 빌릴 수 없었고, 이로 인해 투자지출이 감소했을 가능성도 있다. 이러한 요인들이 동시에 작용하여 대공황 기간 중에 총수요가 크게 감소했을 수도 있다.

그림 23.9에서 눈에 띄는 두 번째 사건인 1940년대 초의 호황은 보다 쉽게 설명할 수 있다. 이 사건의 원인은 제2차 세계대전이었다. 미국이 해외에서 전쟁을 수행함에 따라 더 많은 자원을 군에 투입해야 했다. 1939년부터 1944년 사이에 정부의 재화와 서비스 구입은 거의 5배로 증가했다. 이처럼 총수요가 큰 폭으로 증가함에 따라 미국 경제의 재화와 서비스 생산량은 거의 2배로 늘었으며, 물가 수준은 20% 상승했다(정부가 여러 부문에서 물가 통제를 실시했기 때문에 물가 상승이 그 정도에 그쳤다). 실업률은 1939년 17%에서 1944년에는 미국 역사상 가장 낮은 1% 수준으로 하락했다. •

2008, 2009년의 대침체

2008년과 2009년 미국 경제는 금융 위기와 경제활동의 극심한 침체를 경험했다. 여러 모로 지난 반세기 동안 최악의 사건이었다.

이 경기침체 이야기는 그보다 몇 년 앞서 발생한 미국 주택시장의 호황으로부터 시작된다. 주택시장의 호황은 부분적으로 낮은 이자율에 의해 촉발되었다. 2001년 경기침체 직후 연방준비제도는 이자율을 역사상 최저 수준으로 낮추었다. 저금리는 경기회복에 도움을 주었지만, 한편으로는 주택담보대출을 받아 집을 구입하는 비용을 하락시켜 주택가격 상승에 기여했다.

저금리에 더하여 주택담보대출 시장에서 다양한 여건 변화로 인해 비우량 차입자들, 즉 소득과 과거 신용 이력에 비추어 채무 불이행의 위험이 높은 차입자(subprime borrowers)들이 대출을 받아 집을 사는 것이 쉬워졌다. 이들 여건 변화 중의 하나는 증권화다. 증권화(securitization)란 금융기관이 대출을 실행한 다음 (투자은행의 도움을 받아) 대출채권들을 모아서 모기지 담보부증권(mortgage backed securities, MBS)이라는 새로운 금융상품을 만드는 것이다. 이들 증권은 (은행이나 보험회사 등) 다른 금융기관들에 매각되었는데, 이들 금융기관은 자신들이 구입한 증권의 위험을 충분히 이해하지 못했을 수 있다. 어떤 경제학자들은 이러한 고위험 대출에 대한 규제가 불완전했다고 비판한다. 다른 경제학자들은 잘못된 정부 정책을 비난한다. 어떤 정책들은 저소득 가구들의 주택 구입을 촉진할 목적으로 고위험 주택대출을 장려했다. 이러한 일련의 여건으로 주택수요가 증가하고 주택가격이 상승했다. 1995년부터 2006년까지 미국의 평균 주택가격은 2배 이상으로 올랐다.

그러나 높은 주택가격은 지속될 수 없었다. 2006년부터 2009년 사이에 미국 평균 주택가격은 약 30% 하락했다. 시장경제에서 이런 가격 변동 자체가 반드시 문제가 되어야 하는 것은 아니다. 따지고 보면 가격 변동이 시장수요와 공급을 일치시키는 것이다. 그러나 이 경우 가격 하락이 두 가지 파급효과를 통해 총수요의 대폭적인 감소를 초래했다.

첫 번째 파급효과는 주택담보대출 연체율과 주택 압류가 증가한 것이다. 주택경기가 좋았을 때 많은 주택소유자가 최소한의 자기자금만 내고 대부분을 대출받아서 집을 샀다. 집값이 하락하게 되자 이들은 깡통 주택을 소유한 셈이 되었다. (대출잔액이 집값보다 높아졌다.) 이런 처지에 놓인 많은 주택소유자들은 대출상환을 멈췄다. 원리금 상환을 관리하는 은행들은 채무불이행 사태에 대응하여 담보 주택을 압류하여 경매에 넘겼다. 은행들의 목적은 부실 채권으로부터 얼마라도 건지려는 것이었다. 그러나 매물로 나온 주택이 늘어나면서 집값 하락의 악순환은 심화되었다. 집값이 하락하자 신규 주택 건설에 대한 지출도 격감했다.

두 번째 파급효과는 주택저당증권을 보유하고 있던 여러 금융기관들이 대규모 손실을 입은 것이다. 본질적으로 이들 금융기관은 자금을 차입해서 고위험 주택담보대출을 대거 사들임으로써 집값이 계속 상승할 것이라는 데 돈을 건 셈이다. 이 예측이 틀렸음을 알았을 때, 그들은 이미 파산의 위험에 처해 있었다. 이러한 손실 때문에 많은 금융기관들은 대출할 자금 여력이 없어졌고, 이에 따라 자원을 최선의 용도에 사용할 수 있는 사람들에게 배분하는 금융 시스템의 기능이 훼손되었다. 심지어 신용이 높은 고객들조차도 투자지출 재원을 빌릴 수 어렵게 되었다. 이러한 사건을 신용경색(credit crunch)이라고 부른다.

신규주택 투자의 급감과 신용경색으로 인해 미국 경제는 총수요의 수축을 겪었다. 이 장의 도입부에서 인용한 통계수치들을 다시 살펴볼 필요가 있다. 2007년 4/4분기부터 2009년 2/4분기 사이에 실질 GDP가 4.0% 감소했다. 실업률은 2007년 5월의 4.4%에서 2009년 10월에는 10.0%로 높아졌다. 이러한 경험은 경기침체와 그에 따른 개인적인 고난이 역사적 유물이 아니라 현대 경제에서 늘 존재하는 위험이라는 사실을 분명히 일깨워준다.

경제 위기가 전개됨에 따라 미국 정부는 다양한 방식으로 대응했다. 부분적으로 총수요를 위기 이전 수준으로 되돌려놓을 목적으로 도입한 세 가지 정책 대응이 주목할 만하다.

첫째, 연방준비제도는 연방기금 금리를 2007년 9월 5.25%에서 2008년 12월에는 거의 0%까지 인하했다. 이에 더하여 연방준비제도는 양적완화(quantitative easing)라는 정책을 도입하여 공개시장조작을 통해 주택저당증권과 여타 장기 채권을 사들이기 시작했다. 양적완화의 목표는 장기 이자율을 낮추고 금융제도권에 추가 자금을 공급하여 은행들이 더 쉽게 대출을 제공할 수 있도록 하는 것이었다.

둘째, 2008년 10월에는 이보다 더욱 이례적인 조치로 의회가 재무부에 금융 시스템을 구제하는 데 투입할 7,000억 달러를 배정했다. 이 자금의 대부분은 은행들의 자본을 확충하는 데 투입되었다. 즉 재무부가 은행 시스템에 자금을 공급하여 은행들이 이 자금으로 대출을 늘리고 정상적인 영업을 계속할 수 있도록 한 것이다. 이러한 자금을 공급하는 대신 미국 정부는 적어도 일시적으로 이들 금융기관의 일부 지분을 소유하게 되었다. 이 정책의 목표는 월가(wall street)의 위기를 막고 기업들과 개인들이 보다 쉽게 대출을 받을 수 있도록 하는 것이었다.

마지막으로 2009년 1월에 오바마 대통령이 취임했을 때 첫 번째로 발의한 주요 법안이 정부지출의 대폭적인 증액이었다. 단기간의 의회 토론을 거쳐 2009년 2월 17일에 오바마 신임 대통령은 7,870억 달러의 경기부양 법안에 서명했다. 이 조치에 대해서는 다음 장에서 재정정책이 총수요에 미치는 영향을 살펴볼 때 상세히 설명할 것이다.

이 경기침체로부터의 회복은 공식적으로 2009년 6월부터 시작되었지만 역사적 기준으로 볼 때 미미한 것이었다. 그 후 7년 동안의 실질 GDP 증가율은 연평균 2.2%에 불과하여 과거 50년간 평균 성장률인 3%보다 훨씬 낮았다. 실업률은 2016년에 들어서야 5% 밑으로 하락하였다.

이러한 정책 중 어느 것이라도 효과가 있었다면 그중 경기침체를 끝내는 데 가장 중요한 역할을 한 것은 무엇일까? 어떤 다른 정책을 썼더라면 보다 강건한 경기회복이 가능했을까? 이러한 질문들에 대해 거시경제사학자들은 계속 논쟁을 하고 있다. ●

23-5b 총공급곡선 이동의 효과

경제가 장기 균형 상태에 있다가 갑자기 어떤 기업들의 생산비용이 증가했다고 가정하자. 예를 들어 기상이변으로 곡창지대의 수확량이 감소하여 식료품 생산비용이 높아졌거나, 중동에 전쟁이 일어나서 원유 운송이 중단되고 석유 제품의 생산비가 높아졌다고 하자.

이러한 생산비 증가의 거시경제적 효과를 분석하기 위해 우리는 4단계 접근법을 적용할 수 있다. 1단계, 어떤 곡선이 영향을 받을까? 생산비는 재화와 서비스를 생산하는 기업들에게 영향을 미치기 때문에 생산비용의 변동은 총공급곡선의 위치에 영향을 미친다. 2단계, 총공급곡선이 어떤 방향으로 이동할까? 생산비가 높아지면 재화와 서비스 생산의 수익성이 낮아지므로 기업들은 주어진 물가 수준에서 산출량을 줄인다. 따라서 그림 23.10에 표시된 것처럼 단기 총공급곡선이 AS_1에서 AS_2로 이동한다. (상황에 따라서는 장기 총공급곡선도 함께 이동할 수 있지만 분석을 단순화하기 위해서 이 가

그림 23.10

총공급의 감소

어떤 이유로 기업의 생산비가 상승하면 단기 총공급곡선이 AS_1에서 AS_2로(왼쪽으로) 이동한다. 경제의 균형은 점 A에서 점 B로 옮겨간다. 이에 따라 산출량은 Y_1에서 Y_2로 감소하고, 물가 수준은 P_1에서 P_2로 상승하는 스태그플레이션이 발생한다.

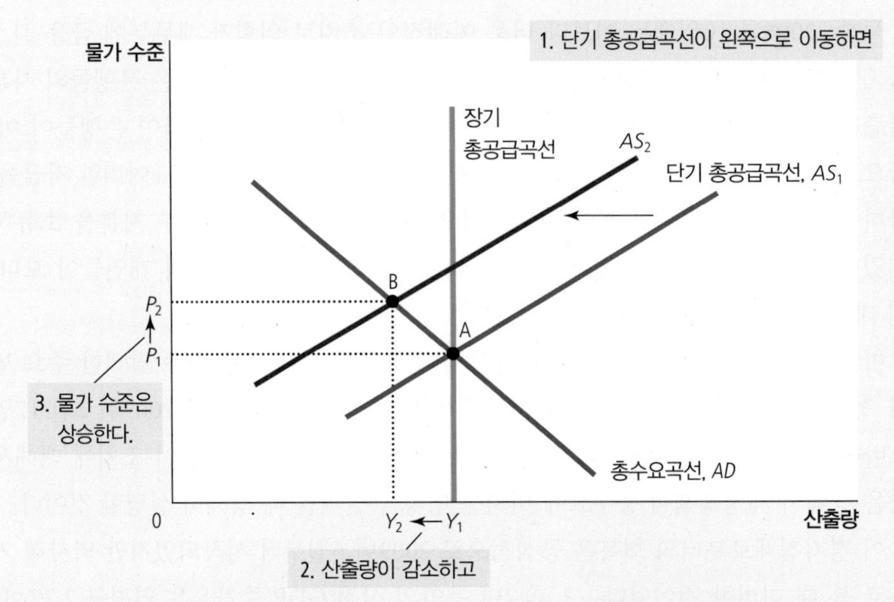

능성은 배제한다.)

이 그림을 이용하여 분석의 3단계, 즉 최초 균형과 새로운 균형을 비교해보자. 단기에는 경제가 최초의 총수요곡선 *AD*를 따라 점 A에서 점 B로 이동하며, 산출량은 Y_1에서 Y_2로 감소하고 물가는 P_1에서 P_2로 상승한다. 이처럼 경제의 산출량이 감소하고(stagnation) 동시에 물가는 상승하는(inflation) 상황을 스태그플레이션(stagflation)이라고 한다.

스태그플레이션 산출량이 감소함과 동시에 물가가 오르는 현상

이제 4단계, 즉 단기 균형에서 장기 균형으로 이행하는 과정에 대해 살펴보자. 임금 경직성 이론에 따르면 핵심 이슈는 스태그플레이션이 명목임금에 어떻게 영향을 미치는가 하는 점이다. 기업들과 근로자들이 물가 수준의 상승에 대응해서 처음에는 기대 물가 수준을 상향 조정하고 명목임금 인상에 합의할 수 있을 것이다. 이 경우 기업의 인건비는 더욱 상승하고 단기 총공급곡선은 더 큰 폭으로 왼쪽으로 이동하여 스태그플레이션이 심화될 것이다. 이처럼 높은 물가가 높은 임금으로 이어지고, 높은 임금으로 인해 다시 물가가 상승하는 현상을 임금 · 물가 악순환(wage-price spiral)이라고 한다.

어느 시점에서 임금 · 물가 상승의 악순환은 감속될 것이다. 산출량과 고용량이 낮아지면 근로자들의 명목임금에 하향 압력이 가해진다. 실업률이 높아지면 근로자들의 협상력이 떨어지기 때문이다. 명목임금이 하락하면 재화와 서비스 생산의 수익성이 향상되고, 단기 총공급곡선은 오른쪽으로 이동한다. 단기 총공급곡선이 궁극적으로 다시 AS_1으로 이동함에 따라 물가는 하락하고 산출량은 자연산출량 수준으로 회복된다. 장기적으로 경제는 총수요곡선이 장기 총공급곡선과 만나는 점 A로 돌아간다.

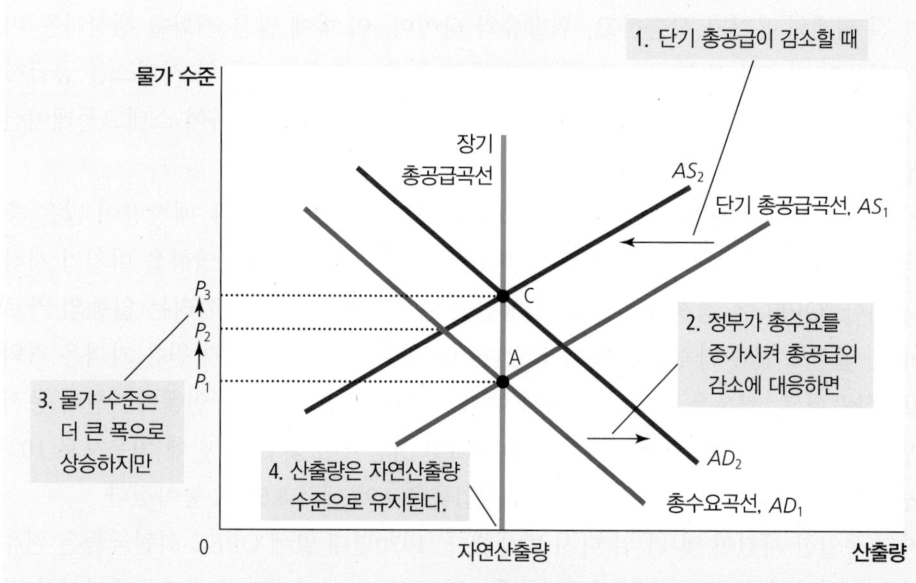

그림 23.11

총공급의 감소에 대응한 총수요 확대 정책

단기 총공급곡선이 AS_1에서 AS_2로(왼쪽으로) 이동할 때 정부가 총수요를 확대하여 총수요곡선을 AD_1에서 AD_2로(오른쪽으로) 이동시킬 수 있다. 경제의 균형은 점 A에서 점 C로 옮겨간다. 이러한 정책은 단기적으로 산출량의 감소를 막을 수 있지만, 그 결과 물가 수준은 P_1에서 P_3로 항구적으로 상승한다.

그러나 이처럼 경제가 최초 균형점으로 돌아가는 것은 이 과정 동안 총수요가 변동하지 않는다는 가정하에서 가능하다. 현실세계에서는 그렇지 않을 수 있다. 정책 당국은 재정정책이나 통화정책을 이용하여 총수요곡선을 이동시켜 총공급곡선의 이동을 상쇄할 수도 있다. 이 가능성은 그림 23.11에 표시되어 있다. 이 경우 총수요를 증가시켜 총수요곡선을 AD_1에서 AD_2로 이동시키면 총공급곡선의 이동에 따른 산출량의 감소가 정확하게 상쇄되어 경제는 점 A에서 곧바로 점 C로 옮겨간다. 산출량은 자연산출량 수준에서 유지되고, 물가는 P_1에서 P_3로 상승한다. 이 경우 전보다 높은 산출량과 고용을 유지하기 위해 항구적으로 물가에 반영되도록 허용하는 셈이므로 정책 당국이 총공급 감소를 수용(accommodate)했다고 말한다.

요약하면 총공급곡선의 이동은 다음과 같은 두 가지 중요한 시사점을 준다.

- 총공급곡선의 이동은 경기침체(산출량의 감소)와 인플레이션(물가의 상승)이 동시에 나타나는 스태그플레이션을 초래할 수 있다.
- 총수요에 영향을 미칠 수 있는 정책 당국은 산출량에 미치는 부정적 효과를 완화할 수는 있겠지만, 이를 위해서는 인플레이션의 악화라는 대가를 치러야 한다.

사례 연구

석유와 거시경제

1970년 이래 미국 경제에서 가장 큰 규모의 경기변동 중 몇 가지는 중동의 유전에서 발생했다. 원유는 여러 가지 재화와 서비스 생산에 투입되는 핵심 생산 요소며, 세계 원유는 대부분 사우디아라비아와 쿠웨이트, 그리고 여타 중동 산유국에서 생산된다. 어떤 사건 (대개 정치적인)에 의해 중동지역의 원유 생산이 줄어들면 전 세계의 유가가 상승하고, 휘발유와 타이어, 이 밖에 많은 재화를 생산하는 미국 기업들의 비용이 상승한다. 이에 따라 특정 물가 수준에서 재화와 서비스를 공급하는 기업의 이윤이 감소한다. 그 결과 총공급곡선이 왼쪽으로 이동하여 스태그플레이션이 발생한다.

이러한 사건이 처음 발생한 것은 1970년대 중반의 일이다. 원유 매장량이 많은 중동 국가들이 석유수출국기구(OPEC)의 회원국으로서 세계 경제에 영향을 미치기 시작한 것이다. OPEC은 경쟁을 제한하고 생산을 감축하여 가격을 높이려는 일종의 카르텔이다. 실제로 원유 가격은 상당히 올랐다. 1973년부터 1975년까지 원유 가격은 거의 2배로 상승했고, 원유를 수입하는 세계 여러 나라에서 경기침체와 인플레이션이 동시에 발생했다. 미국의 경우 소비자물가지수(CPI) 상승률이 몇십 년 만에 처음으로 10%를 넘어섰고, 1973년부터 1975년 사이에 실업률은 4.9%에서 8.5%로 높아졌다.

거의 동일한 사건이 몇 년 뒤 다시 발생했다. 1970년대 말에 OPEC 회원국들은 원유 가격을 인상하기 위해 다시 한번 원유 생산을 줄였고, 이번에도 스태그플레이션이 발

이해를 돕기 위해 총수요 · 총공급모형의 기원

총수요 · 총공급모형에 대한 기초지식을 습득했으니 잠시 뒤로 물러나 이 모형의 역사를 살펴보는 것도 의미가 있을 것이다. 단기 경기변동을 설명하는 이 모형은 어떻게 생겨났을까? 그 답은 이 모형이 상당 부분 1930년대 대공황의 산물이라는 것이다. 당시 경제학자들이나 정책담당자들은 공황의 원인이 무엇인지 의아해했고, 어떻게 대처해야 할지도 몰랐다.

1936년에 케인즈가 『고용과 이자 및 화폐에 관한 일반 이론(The General Theory of Employment, Interest, and Money)』이라는 책을 출판했다. 이 책은 일반적인 단기 경기변동과 대공황에 대한 설명을 시도했다. 케인즈의 주된 메시지는 경기침체와 불황이 재화와 서비스에 대한 수요 부족 때문에 발생할 수 있다는 것이었다.

케인즈는 (이 책에서 우리가 공부한) 고전학파의 경제 이론이 경제정책의 장기 효과밖에 분석할 수 없다고 오래전부터 비판해왔다. 『일반 이론』을 발표하기 몇 년 전에 케인즈가 고전학파 경제 이론에 대해 쓴 글에는 다음과 같은 대목이 있다.

> 장기 분석은 현재 벌어지는 상황을 이해하는 데 도움이 되지 않는다. 장기에는 우리는 모두 죽는다. 경제학자들의 역할이 고작 태풍이 닥치는 계절에 "태풍이 지나가고 한참 있으면 바다가 잠잠해질 것이다"라고 말하는 정도에 그친다면 그 역할은 너무 쉽고 쓸모없는 것이다.

존 메이너드 케인즈

케인즈의 이 말은 경제학자들뿐만 아니라 정책담당자들을 겨냥한 것이기도 했다. 세계경제가 높은 실업에 시달릴 때 케인즈는 공공사업에 대한 재정지출을 포함한 총수요 부양 정책을 주장했다.

다음 장에서는 정책 당국이 총수요를 조절하기 위해 어떤 식으로 통화정책과 재정정책 수단을 사용할 수 있는지 자세히 살펴볼 것이다. 이 장과 다음 장의 내용은 케인즈의 사상에 힘입은 바 크다. ■

생했다. 1978년에서 1981년 사이에 원유 가격은 2배 이상 올랐다. 제1차 오일쇼크 이후 안정된 물가가 다시 연 10% 이상 상승했다. 그러나 연방준비제도가 이렇게 높은 인플레이션을 수용하지 않기로 결정했기 때문에 얼마 안 되어 경기침체가 찾아왔다. 이에 따라 1978년부터 1979년까지 6% 정도에 머물던 실업률이 몇 년 뒤에는 약 10%로 상승한 것이다.

중동지역의 원유 생산 변동은 미국 경기변동의 원인 중 하나다.

세계 원유시장에서 벌어지는 일들은 총공급곡선을 오른쪽으로 이동시킬 수도 있다. 1986년에 OPEC 회원국들의 분란으로 원유 감산 합의가 이행되지 않아 국제 원유시장에서 원유 가격이 약 50% 하락했다. 이러한 원유 가격 하락으로 기업의 생산비용이 하락하여 각 물가 수준에서 재화와 서비스를 공급하는 기업의 이윤이 증가했고 총공급곡선은 오른쪽으로 이동했다. 이에 따라 미국 경제는 스태그플레이션과 정반대의 결과를 경험했다. 즉 산출량은 급속히 증가하고 실업은 감소했으며, 인플레이션율은 여러 해 동안의 최저치에 접근했다.

최근에는 세계 원유시장이 미국 경기변동의 중요한 원인이 된 적이 없다. 한 가지 이유는 자원 보존을 위한 노력, 기술 변화, 그리고 대체 에너지원의 등장 등으로 경제의 석유 의존도가 훨씬 낮아졌기 때문이다. 1970년대의 오일쇼크 이래 실질 GDP 한 단위를 생산하는 데 사용되는 석유의 양은 50% 이상 줄었다. 결과적으로 미국에서 오늘날 석유 가격 변동의 경제적 충격은 과거에 비해 작아졌다. ●

간단한 퀴즈

10. 기업들이 갑자기 비관적인 태도를 갖게 되면 ( )곡선이 이동하여 산출량이 ( )한다.

a. 총공급, 감소
b. 총공급, 증가
c. 총수요, 감소
d. 총수요, 증가

11. 재화와 서비스에 대한 총수요의 증가는 ( )에는 산출량에 더 큰 영향을 미치며 ( )에는 물가 수준에 더 큰 영향을 미친다.

a. 단기, 장기
b. 장기, 단기
c. 단기, 단기
d. 장기, 장기

12. 스태그플레이션은 다음 어느 경우에 발행하는가?

a. 총수요곡선이 왼쪽으로 이동한다.
b. 총수요곡선이 오른쪽으로 이동한다.
c. 총공급곡선이 왼쪽으로 이동한다.
d. 총공급곡선이 오른쪽으로 이동한다.

정답은 각 장의 끝에

23-6 결론

이 장에서 우리는 두 가지 목표를 달성하였다. 첫째, 단기 경기변동의 중요한 특징적 현상에 대해 설명하였다. 둘째, 이러한 단기 경기변동을 설명하는 기본 모형인 총수요 · 총공급모형을 소개하였다. 다음 장에서는 단기 경기변동의 원인과 경기변동에 대응한 정책을 이해하기 위해 총수요 · 총공급모형을 계속 공부할 것이다.

요약

- 모든 경제는 장기 추세를 중심으로 일어나는 단기적 경기변동을 겪는다. 이러한 경기변동은 규칙적이지 않고 예측하기도 매우 어렵다. 경기침체기에는 실질 GDP와 다른 소득, 지출, 생산지표들도 하락하는 반면 실업률은 높아진다.
- 고전학파의 거시경제 이론은 통화량이나 물가 수준 같은 명목변수들이 산출량이나 고용량 같은 실질변수에 영향을 미치지 않는다는 가정에 입각한 것이다. 대부분의 경

제학자들은 이 가정이 장기적으로는 정확하지만 단기에는 그렇지 않다고 생각한다. 경제학자들은 총수요 · 총공급모형을 사용하여 단기적인 경기변동을 분석한다. 이 모형에 따르면 재화와 서비스의 산출량과 물가 수준이 변동하여 총수요와 총공급의 균형이 이루어진다.

- 총수요곡선은 다음의 세 가지 이유로 우하향한다. 첫째, 자산효과다. 물가 수준이 하락하면 가계가 소유한 화폐의 실질 가치가 증가하여 소비지출이 늘어난다. 둘째, 이자율 효과다. 물가 수준이 하락하면 가계의 화폐 수요량이 감소하고, 가계들이 화폐를 이자가 붙는 자산으로 바꾸려 함에 따라 이자율은 하락하고 투자지출은 증가한다. 셋째, 환율효과다. 물가 수준이 하락하면 이자율이 하락하므로 외환시장에서 달러가 절하되고 순수출이 증가한다.
- 주어진 물가 수준에서 소비, 투자, 정부구입, 순수출을 증가시키는 사건이나 정책은 총수요를 증가시킨다. 주어진 물가 수준에서 소비, 투자, 정부구입, 순수출을 감소시키는 사건이나 정책은 총수요를 감소시킨다.
- 장기 총공급곡선은 수직이다. 장기적으로 재화와 서비스 공급량은 그 경제의 노동, 자본, 자연자원, 기술에 따라 결정되며 물가 수준의 영향을 받지 않기 때문이다.
- 단기 총공급곡선은 우상향한다. 단기 총공급을 설명하는 이론에는 세 가지가 있다. 임금 경직성 이론에 따르면 예상치 못한 물가의 하락은 일시적인 실질임금의 상승을 초래하고, 기업은 고용과 생산을 줄인다는 것이다. 가격 경직성 이론에 따르면 물가가 예상치 못하게 하락할 경우 일시적으로 너무 높은 가격을 유지하는 기업들이 있으며, 이런 기업들의 매출이 줄고 결국 생산량도 줄어든다는 것이다. 착각 이론에 따르면 예상치 못한 물가 하락이 공급자들에게 자신이 공급하는 재화의 상대가격이 낮아진 것 같은 착각에 빠지게 하고, 결국 생산량을 줄이게 만든다는 것이다. 세 가지 이론의 공통적인 시사점은 물가 수준이 사람들이 예상한 수준과 다를 경우 산출량도 자연산출량과 달라진다는 것이다.
- 노동, 자본, 자연자원, 기술 등 경제의 재화와 서비스 생산 능력을 변동시키는 사건들은 단기 총공급곡선을 이동시킨다(장기 총공급곡선도 함께 이동할 수 있다). 덧붙여 예상 물가 수준도 단기 총공급곡선의 위치에 영향을 미친다.
- 경기침체를 유발할 수 있는 원인 중 하나는 총수요의 감소다. 총수요곡선이 왼쪽으로 이동하면 단기적으로 산출량이 줄고 물가는 하락한다. 시간이 흐름에 따라 임금과 가격이 조절되고 경제주체들의 인식이 변하면 단기 총공급곡선이 오른쪽으로 이동한다. 이에 따라 경제는 자연산출량을 회복하고 물가는 전보다 낮아진다.
- 경기침체를 유발할 수 있는 또 다른 이유는 총공급의 감소다. 총공급곡선이 왼쪽으로 이동하면 단기적으로 산출량이 감소하고 물가는 상승하는 스태그플레이션이 발생한다. 시간이 지나면 임금과 가격이 조절되고 경제주체들의 인식이 변하여 단기 총공급곡선이 오른쪽으로 이동한다. 이에 따라 경제는 자연산출량을 회복하고 물가도 이전 수준으로 하락한다.

중요개념

복습문제

1. 경기가 침체될 때 하락하는 거시경제 변수를 2개 들라. 경기가 침체될 때 상승하는 거시경제 변수를 1개 들라.

2. 총수요곡선, 단기 총공급곡선, 장기 총공급곡선을 그려라. 가로축과 세로축에 해당 변수를 표시하라.

3. 총수요곡선이 우하향하는 세 가지 이유를 설명하라.
4. 장기 총공급곡선이 수직인 이유를 설명하라.
5. 단기 총공급곡선이 우상향하는 이유를 설명하라.
6. 총수요곡선을 왼쪽으로 이동시키는 요인에는 어떤 것이 있는가? 이러한 이동의 효과를 총수요 · 총공급모형을 사용하여 분석하라.
7. 총공급곡선을 왼쪽으로 이동시키는 요인에는 어떤 것이 있는가? 이러한 이동의 효과를 총수요 · 총공급모형을 사용하여 분석하라.

응용문제

1. 경제가 장기 균형 상태에 있다고 하자.
   a. 총수요곡선, 단기 총공급곡선, 장기 총공급곡선의 그래프를 사용해 경제의 현재 상태를 나타내라.
   b. 이제 주가 폭락으로 총수요가 감소한다고 하자. 앞의 그래프를 사용해 단기적으로 산출량과 물가가 어떻게 될지 설명하라. 실업률은 어떻게 되겠는가?
   c. 임금 경직성 이론을 사용해 장기적으로 산출량과 물가 수준이 어떻게 될지 설명하라(정책 변화는 없다고 가정하라). 이러한 조정 과정에서 예상 물가 수준은 어떤 역할을 하는가? 답을 그래프에 표시하라.
2. 다음의 사건들이 장기 총공급을 감소시킬지, 증가시킬지, 아무런 영향을 미치지 않을지 설명하라.
   a. 많은 사람이 미국으로 이민 온다.
   b. 미국 정부가 최저임금을 시간당 15달러로 인상한다.
   c. 인텔사가 더 강력한 컴퓨터 칩을 개발했다.
   d. 몇 차례의 태풍으로 미국 동부 해안의 공장지역이 피해를 보았다.
3. 어떤 경제가 장기 균형에 있다고 하자.
   a. 총수요 · 총공급모형을 그리고 최초 균형점을 그래프에 점 A로 표시하라. 단기 총공급곡선과 장기 총공급곡선을 반드시 표시하라.
   b. 중앙은행이 통화량을 5% 늘린다고 하자. 그래프를 이용하여 경제가 새로운 단기 균형점 B로 이동함에 따라 산출량과 물가 수준이 어떻게 변하는지 설명하라.
   c. 새로운 장기 균형점 C를 표시하라. 경제가 점 B에서 점 C로 이행하도록 만드는 것은 무엇인가?
   d. 임금 경직성에 입각한 총공급 이론에 따르면 점 A의 명목임금은 점 B의 명목임금과 어떻게 다른가? 점 A의 명목임금은 점 C의 명목임금과 어떻게 다른가?
   e. 임금 경직성에 입각한 총공급 이론에 따르면 점 A의 실질임금은 점 B의 실질임금과 어떻게 다른가? 점 A의 실질임금은 점 C의 실질임금과 어떻게 다른가?
   f. 통화량이 명목임금과 실질임금에 미치는 영향으로 볼 때 이 분석은 화폐가 단기에는 실질적 효과가 있지만 장기에는 중립적이라는 정리에 부합되는가?
4. 미국 경제가 대공황에서 완전히 회복되지 않은 1939년, 루스벨트 대통령은 추수감사절 휴가를 예년에 비해 한 주 앞당긴다고 선포했다. 이는 크리스마스까지 쇼핑 시즌을 연장하기 위한 것이었다. (이 정책은 'Franksgiving'이라고 명명되었다.) 총수요 · 총공급모형을 이용하여 루스벨트 대통령이 기대한 효과를 설명하라.
5. 다음의 문장들이 왜 옳지 않은지 설명하라.
   a. '총수요곡선이 우하향하는 것은 총수요곡선이 개별 재화의 수요곡선들을 수평으로 더한 것이기 때문이다.'
   b. '장기 총공급곡선은 경제적 요인이 장기 총생산 능력에 아무런 영향을 미치지 않기 때문에 수직이다.'
   c. '기업들이 제품 가격을 매일 조정한다면 단기 총공급곡선은 수평이 될 것이다.'
   d. '경제가 침체기에 빠질 때마다 그 경제의 장기 총공급곡선은 왼쪽으로 이동한다.'
6. 단기 총공급곡선이 우상향한다는 사실을 뒷받침하는 세 가지 이론을 이용하여 다음 질문에 답하라.
   a. 정부의 아무런 정책 개입이 없어도 경제가 스스로 경기침체에서 회복하여 장기 균형으로 돌아가는 이유는 무엇인가?
   b. 이러한 회복 속도를 결정하는 변수는 무엇인가?
7. 경제가 장기 균형에서 출발한다고 하자. 어느 날 대통령이 중앙은행 총재를 교체했다. 새로 임명된 중앙은행 총재는 인플레이션이 주된 문제가 아니라고 생각하는 것으

로 유명한 사람이라고 하자.

a. 중앙은행 총재의 교체 소식은 사람들의 기대 물가 수준에 어떤 영향을 미칠까?
b. 기대 물가 수준의 변동은 새로운 노사 임금 계약의 명목임금에 어떤 영향을 미칠까?
c. 명목임금의 변동은 주어진 물가 수준에서 재화와 서비스 생산의 수익성에 어떤 영향을 미칠까?
d. 수익성의 변화는 단기 총공급곡선에 어떤 영향을 미칠까?
e. 총수요곡선이 고정되었다면 총공급곡선의 이동은 물가 수준과 산출량에 어떤 영향을 미칠까?
f. 중앙은행 총재를 교체한 것은 잘한 일인가?

8. 다음의 사건들이 단기 총공급곡선을 이동시킬지, 총수요곡선을 이동시킬지, 두 곡선을 동시에 이동시킬지, 아니면 둘 중 어떤 것도 이동시키지 않을지 설명하라. 곡선을 이동시키는 사건이 경제에 미치는 영향을 그래프로 표시하라.

a. 가계들이 소득에서 더 많은 부분을 저축하기로 결심했다.
b. 플로리다의 오렌지 농가들이 계속된 냉해로 피해를 보았다.
c. 해외 취업 기회가 늘어 많은 사람들이 외국으로 이민을 떠났다.

9. 다음 각 사건이 산출량과 물가 수준에 단기 · 장기적으로 미치는 효과를 설명하라. 정부가 이 사건에 대응하여 아무런 행동을 취하지 않는다고 가정하라.

a. 주식시장이 급격히 침체되어 소비자들의 자산이 줄었다.
b. 정부가 국방비 지출을 늘렸다.
c. 기술 진보로 생산성이 증가했다.
d. 외국의 경기침체로 외국인들이 미국 제품의 구입을 줄였다.

10. 기업들이 향후 사업 환경을 낙관적으로 평가하여 새로운 자본 설비에 막대한 투자를 했다고 하자.

a. 총수요 · 총공급곡선 그래프를 이용하여 기업가들의 이러한 낙관적 태도가 경제에 미치는 단기 효과를 분석하라. 새로운 산출량과 물가 수준을 그래프에 표시하라. 재화의 총공급량이 변한 이유를 설명하라.
b. (a)의 그래프를 이용하여 이 경제의 새로운 장기 균형을 보여라(장기 총공급곡선의 변동은 없다고 가정하라). 단기와 장기 사이에 재화의 총수요량이 변한 이유를 설명하라.
c. 앞에서 설명한 투자 붐은 장기 총공급곡선에 어떤 영향을 미치겠는가? 설명하라.

간단한 퀴즈 정답

1. c　2. d　3. c　4. a　5. b　6. b　7. d　8. d　9. d　10. c　11. a　12. c

THE SAN
RESTROOMS
BAÑOS
ATM

24장

통화정책과 재정정책이 총수요에 미치는 효과

여러분이 통화정책을 결정하는 연방공개시장위원회(우리나라의 금융통화위원회)의 위원이라고 상상해보자. 대통령과 의회가 세금을 늘리기로 합의했다면 이러한 재정정책 변화에 대해 중앙은행은 어떻게 대처해야 할까? 통화량을 늘려야 할까, 줄여야 할까, 아니면 그대로 유지해야 할까?

이 질문에 답하기 위해서는 통화정책과 재정정책이 경제에 미치는 효과를 고려해야 한다. 23장에서 우리는 총수요 · 총공급모형을 사용하여 단기 경기변동을 설명하였다. 총수요곡선이나 총공급곡선이 이동하면 재화와 서비스의 산출량과 물가가 변하는 것을 보았다. 그런데 앞 장에서 강조한 것처럼 재정정책과 통화정책은 총수요에 영향을 미친다. 따라서 재정정책이나 통화정책은 단기적으로 산출량과 물가의 변동을 가져온다. 정책담당자들은 재정정책이나 통화정책 중 한 가지

ISTOCK.COM/LOLOSTOCK; GEORGE RUDY/SHUTTERSTOCK.COM

정책이 변할 경우 그 효과를 예측하여 나머지 다른 정책을 통해 이에 대응하려 할 것이다.

이 장에서는 정부의 정책수단들이 총수요곡선의 위치에 어떤 영향을 미치는지 좀더 자세히 살펴볼 것이다. 이러한 수단에는 통화정책(중앙은행이 결정하는 통화량)과 재정정책(대통령과 국회에 의해 결정되는 정부지출과 조세 수준)이 포함된다. 우리는 재정정책과 통화정책의 장기 효과에 대해 공부했다. 17, 18장에서 재정정책이 저축, 투자, 장기 경제성장에 미치는 영향에 대해 살펴보았다. 또 21, 22장에서는 중앙은행이 어떤 식으로 통화량을 조절하며, 통화량이 장기적으로 물가에 어떤 영향을 미치는지 공부했다. 이제 재정정책과 통화정책이 어떤 식으로 총수요곡선을 이동시키며, 그 과정에서 단기적으로 거시경제 변수들에 어떤 영향을 미치는지 살펴보자.

재정정책과 통화정책 외에도 총수요에 영향을 미치는 요인들이 많다. 구체적으로 가계와 기업이 원하는 지출 수준이 재화와 서비스에 대한 총수요를 결정하므로 이러한 지출이 변하면 총수요도 변한다. 정부가 이와 같은 총수요 변동에 정책적으로 대응하지 않으면 단기산출량과 고용이 변한다. 따라서 정부는 이러한 총수요 변동을 상쇄하고 경제를 안정시키기 위해 재정정책과 통화정책 수단을 동원하기도 한다. 이제 이러한 정책의 배경이 되는 이론을 소개하고, 그 이론을 현실에 적용하는 데 따르는 어려움에 대해 살펴보자.

24-1 통화정책이 총수요에 미치는 효과

총수요곡선은 주어진 물가 수준에서 수요되는 재화와 서비스의 양을 나타낸다. 앞 장에서 총수요곡선이 우하향(마이너스 기울기)하는 세 가지 이유를 설명했다.

- **자산효과** : 물가 수준이 하락하면 가계가 보유한 자산의 일부인 화폐의 실질 가치가 증가한다. 자산의 실질 가치가 증가하면 소비지출이 증가하고 이에 따라 재화와 서비스에 대한 수요가 증가한다.
- **이자율효과** : 물가 수준이 하락하면 사람들이 보유하려는 화폐의 양이 감소한다. 사람들이 남아도는 화폐를 빌려주려고 하면 이자율이 하락한다. 이자율이 하락하면 투자가 촉진되고 이에 따라 재화와 서비스에 대한 수요가 증가한다.
- **환율효과** : 물가 수준이 하락하여 이자율이 낮아지면 투자자들은 더 높은 수익을 찾아 해외로 자금의 일부를 옮긴다. 이러한 자금 유출로 인해 외환시장에서 자국 화폐의 실질 가치가 하락하여 국내 상품이 외국 상품에 비해 저렴해진다. 실질환율의 변동으로 순수출이 늘고, 이에 따라 재화와 서비스에 대한 수요가 증가한다.

이상의 세 가지 효과가 동시에 작용하여 물가 수준이 하락하면 재화와 서비스의 수요가 증가하고, 물가 수준이 상승하면 재화와 서비스의 수요가 감소한다.

세 가지 효과 하나하나가 총수요곡선이 우하향하는 이유를 설명하는 데 도움이 되지만 그 중요성은 각기 다르다. 화폐 잔고는 가계가 보유하는 자산의 작은 부분에 불과하므로 세 가지 효과 중에서 자산효과가 가장 덜 중요하다. 또 미국의 경우 수출과 수입이 GDP에 비해 작으므로 환율효과도 별로 크지 않다(작은 나라 경제에서는 수출과 수입이 GDP에서 큰 비중을 차지하므로 환율효과가 미국보다 훨씬 중요하다). 그러므로 미국 경제의 총수요곡선이 우하향하는 가장 중요한 이유는 이자율 효과다.

총수요를 보다 잘 이해하기 위해 단기 이자율 결정에 대해 좀더 자세히 알아보자. 여기에서는 유동성 선호이론(theory of liquidity preference)을 소개한다. 이 이자율 이론은 총수요곡선이 우하향하는 이유와 재정정책과 통화정책으로 인해 총수요곡선이 어떻게 이동하는지 설명하는 데 도움이 된다. 유동성 선호이론은 총수요곡선을 새롭게 조명함으로써 단기 경기변동의 원인과 정부가 경기변동에 대응할 수 있는 방법에 대한 이해를 넓혀준다.

유동성 선호이론 이자율이 변해서 화폐의 수요와 공급이 일치한다는 케인즈의 이론

24-1a 유동성 선호이론

케인즈는 『고용과 이자 및 화폐에 관한 일반 이론』에서 한 경제의 이자율을 결정하는 요인들을 설명하기 위해 유동성 선호이론을 제시했다. 이 이론은 기본적으로 수요·공급 이론을 응용한 예다. 케인즈에 따르면 이자율은 화폐의 수요와 공급이 일치하도록 변동한다.

여러분은 경제학자들이 명목이자율과 실질이자율을 구분한다는 사실을 기억할 것이다. 명목이자율은 보통 접하는 이자율이고, 실질이자율은 인플레이션의 영향을 감안하여 조정된 이자율이다. 인플레이션이 없으면 두 이자율은 같다. 그러나 돈을 빌리는 사람과 빌려주는 사람이 대출 기간 동안 물가가 오를 것으로 예상한다면 이들은 실질이자율보다 예상 인플레이션 만큼 더 높은 명목이자율에 합의할 것이다. 더 높은 명목이자율은 대출금이 가치가 더 낮은 화폐로 상환될 것이라는 예상을 보상해주는 것이다.

유동성 선호이론으로 설명하려는 이자율은 어떤 이자율인가? 답은 둘 다이다. 이 장의 분석에서는 예상 인플레이션이 일정하다고 가정한다. 이 가정은 거시경제의 단기분석에 적합하다. 단기적으로는 인플레이션 예상이 대개 안정적이기 때문이다. 이 경우 명목이자율과 실질이자율의 격차는 상수다. 명목이자율이 상승하거나 하락하면 사람들이 예상하는 실질이자율도 동일한 수치만큼 상승하거나 하락한다. 이 장에서 이자율의 변동은 명목이자율과 실질이자율 모두의 변동을 의미한다.

이제 화폐의 수요와 공급, 그리고 이들이 각각 이자율에 의해 어떻게 영향을 받는지 살펴보자.

화폐 공급 유동성 선호이론의 첫째 구성요소는 화폐 공급이다. 21장에서 배운 것처럼 화폐 공급, 즉 통화량은 중앙은행(미국의 경우 연방준비제도)에 의해 결정된다. 중앙은행은 주로 공개시장에서 국채의 매입, 매각을 통해 은행 전체의 지급준비금을 증감하는 방식으로 통화량을 조절한다. 중앙은행이 국채를 매입하고 대금을 지급하면 그 자금이 은행에 예치되므로 은행권 전체의 지급준비금이 증가한다. 중앙은행이 국채를 매각하면 은행권에서 인출된 자금으로 대금이 지급되므로 은행권 전체의 지급준비금이 감소한다. 이와 같이 은행의 지급준비금이 변동하면 은행의 대출 능력과 통화 창출 능력이 변한다. 따라서 중앙은행은 공개시장조작을 통해 국채를 매입하거나 매각함으로써 통화공급을 변화시킨다.

공개시장조작 외에도 연방준비제도는 다양한 다른 수단을 이용해 통화 공급에 영향을 미칠 수 있다. 한 가지 방법은 연방준비제도가 은행들에 대한 대출금을 조절하는 것이다. 예를 들어 재할인율(은행들이 연방준비제도로부터 지급준비금을 차입할 때 내야 하는 이자율)을 인하하면 은행들이 연방준비제도로부터 더 많은 자금을 대출받게 되어 지급준비금이 늘고, 따라서 통화량도 증가한다. 반대로 재할인율을 인상하면 은행들은 연방준비제도로부터 차입을 줄이게 되고, 이에 따라 지급준비금과 통화량이 감소한다. 연방준비제도는 법정지급준비금(은행들이 예금에 대해 보유해야 하는 지급준비금)을 변동시키거나 은행들이 연방준비제도에 맡긴 지급준비예금에 대한 이자율을 조절함으로써 통화량을 변동시킬 수 있다.

이러한 구체적인 통화량 조절 방법은 중앙은행의 정책에는 중요하지만 이 장의 분석에는 그리 중요하지 않다. 이 장의 목적은 통화량의 증감이 총수요에 어떤 영향을 미치는지 분석하는 데 있기 때문이다. 따라서 우리는 중앙은행이 통화정책을 어떻게 수행하는지 자세한 내용은 무시하고 중앙은행이 통화량을 직접적으로 통제한다고 가정하자. 다시 말해서 한 나라 경제의 화폐 공급량은 중앙은행이 결정하는 수준에 고정된다는 것이다.

이와 같이 통화량은 중앙은행의 정책에 따라 결정되기 때문에 다른 경제변수, 특히 이자율에 좌우되지 않는다. 일단 중앙은행이 화폐 공급에 관한 정책을 결정하면 통화량은 시장 이자율에 관계없이 일정하다. 이처럼 통화량은 중앙은행에 의해 고정되기 때문에 그림 24.1에서 화폐 공급은 수직선으로 표시된다.

화폐 수요 유동성 선호이론의 둘째 구성요소는 화폐 수요다. 화폐 수요를 이해하기 위해 어떤 자산의 유동성(liquidity)이란 그 자산을 교환의 매개로 얼마나 쉽게 바꿀 수 있는지를 의미한다는 점을 기억하기 바란다. 그런데 화폐는 그 자체가 교환의 매개이므

그림 24.1

화폐시장의 균형

유동성 선호이론에 따르면 화폐의 수요량과 공급량이 같아지도록 이자율이 변동한다. 이자율이 균형 수준보다 높은 r_1이면 사람들이 보유하려는 화폐의 양(M_1^d)이 중앙은행이 공급하는 통화량보다 적다. 따라서 화폐의 초과공급으로 이자율은 하락한다. 반대로 이자율이 균형 수준보다 낮은 r_2면 사람들이 보유하려는 화폐의 양(M_2^d)이 중앙은행이 공급하는 통화량보다 많다. 따라서 화폐의 초과수요로 이자율은 상승한다. 이같이 화폐시장에서 수요와 공급의 힘은 이자율을 균형이자율 방향으로 움직이게 한다. 균형이자율에서는 사람들이 보유하려는 화폐의 양이 중앙은행의 화폐 공급량과 일치한다.

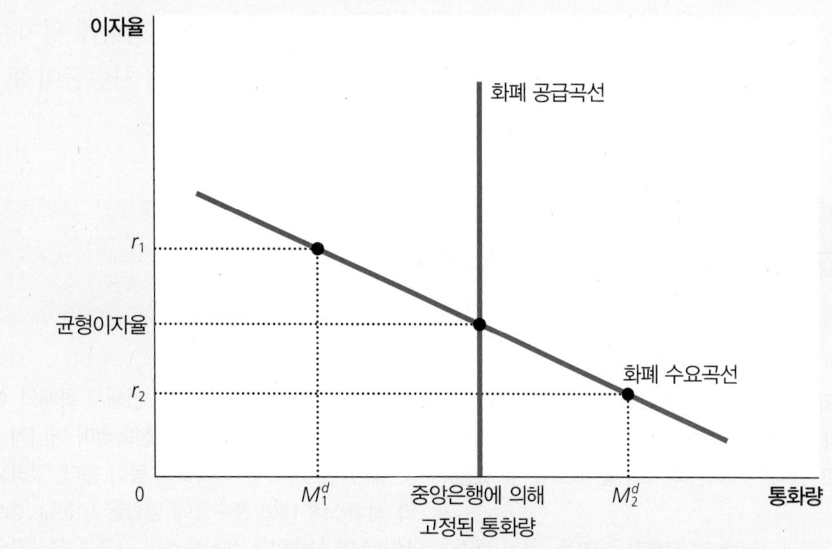

로 유동성이 가장 높은 자산이다. 화폐의 유동성은 화폐수요를 설명한다. 즉 사람들이 수익률이 높은 다른 자산 대신 화폐를 보유하려는 것은 화폐를 재화와 서비스를 구입하는 데 사용할 수 있기 때문이다.

화폐 수요를 결정하는 변수는 많지만 유동성 선호이론은 그중에서 이자율을 강조한다. 그 이유는 이자율이 화폐 보유의 기회비용을 나타내기 때문이다. 여러분이 재산을 이자가 붙는 자산이나 은행 예금으로 보유하는 대신 현금으로 지갑에 넣고 다니면 이자 수입을 포기하는 것이다. 이자율이 상승하면 화폐를 보유하는 데 따르는 기회비용이 증가하므로 화폐의 수요량이 감소한다. 반면에 이자율이 하락하면 화폐 보유에 따르는 기회비용이 감소하므로 화폐 보유가 증가한다. 따라서 화폐 수요곡선은 그림 24.1에 표시된 것처럼 우하향한다(마이너스 기울기).

화폐시장의 균형 유동성 선호이론에 따르면 화폐의 수요와 공급이 일치하도록 이자율이 변동한다. 화폐의 수요량과 공급량이 정확하게 일치하는 이자율은 균형이자율 하나밖에 없다. 이자율이 균형이자율과 다르면 사람들은 화폐와 그 밖의 다른 자산의 구성을 조절하고, 이에 따라 이자율은 균형이자율에 접근한다.

예를 들어 그림 24.1의 r_1에서처럼 이자율이 균형이자율보다 높다고 가정하자. 이 경우에는 사람들이 보유하려는 화폐의 양(M_1^d)이 중앙은행이 공급한 화폐의 양보다 적다. 자신들이 원하는 수준보다 많은 화폐를 보유한 사람들은 이 초과 보유액을 예금하거나 이자가 붙는 채권을 구입하는 데 사용한다. 그런데 은행이나 채권 발행기관에서는 낮은 이자율을 지급하는 편이 이득이므로 화폐의 초과공급이 있을 때는 이자율을 낮추려 한다. 이자율이 하락하면 사람들이 화폐 보유를 늘린다. 균형이자율에 도달하면 화폐의 수요량이 중앙은행이 공급하는 통화량과 정확하게 일치한다.

반대로 r_2에서처럼 이자율이 균형이자율보다 낮으면 사람들이 보유하려는 화폐의 양

이해를 돕기 위해

장기 이자율과 단기 이자율

18장에서 대부자금의 수요와 공급, 즉 국민저축과 투자가 일치하도록 이자율이 변동한다고 배웠다. 이 장에서는 화폐의 수요와 공급이 일치하도록 이자율이 조절된다고 했다. 두 이론의 모순을 해소할 수 있을까?

이 질문에 답하기 위해 재화와 서비스의 산출량, 이자율, 물가 수준 등 세 가지 거시경제 변수들에 초점을 맞출 필요가 있다. 17, 18, 22장에서 소개한 고전학파의 이론에 의하면 이 변수들은 다음과 같이 결정된다.

1. 산출량은 자본과 노동의 공급량, 그리고 자본과 노동을 산출량으로 변환하는 생산기술에 따라 결정된다(이것을 자연산출량이라고 부른다).
2. 산출량이 주어지면 대부자금의 수요와 공급이 일치하도록 이자율이 조절된다.
3. 산출량과 이자율이 주어지면 화폐의 수요와 공급이 일치하도록 물가 수준이 조절된다. 통화량이 변동하면 물가 수준이 비례적으로 변동한다.

이상이 고전학파 경제 이론의 세 가지 주요 정리다. 대부분의 경제학자들은 이러한 정리가 장기적 경제현상을 잘 설명한다고 믿는다.

그러나 이 정리들은 단기에는 성립하지 않는다. 23장에서 설명한 바와 같이 통화량이 변할 때 여러 재화의 가격은 서서히 조절된다. 이러한 이유로 단기 총공급곡선이 수직이 아니라 우상향(플러스 기울기)한다. 따라서 단기에는 물가 수준이 변해서 화폐의 수요와 공급이 일치할 수 없다. 이와 같이 물가가 완전 신축적이 아니기 때문에 화폐시장의 균형을 달성하는 역할은 이자율의 몫이 된다. 그리고 이자율의 변동은 재화와 서비스에 대한 총수요에 영향을 미친다. 총수요가 변동하면 재화와 서비스의 산출량은 생산요소의 공급과 생산기술에 따라 결정되는 장기 산출량과 일치하지 않는다.

거시경제의 단기(일간, 주간, 월간, 분기 단위) 작동을 이해하기 위해서는 다음과 같은 논리를 염두에 두는 것이 최선이다.

1. 단기적으로 물가 수준은 (과거에 형성된 예상 물가에 따라) 고정되고, 경제 여건 변화에 신축적으로 반응하지 않는다.
2. 물가 수준이 주어지면 이자율이 변해서 화폐의 수요와 공급이 일치한다.
3. 화폐시장의 균형을 달성하는 이자율은 재화와 서비스에 대한 수요에 영향을 미치고, 따라서 산출량 수준에도 영향을 미친다.

이러한 단기 분석의 논리는 장기 분석과 순서가 정확히 반대임을 알 수 있다.

이와 같이 이자율에 관한 두 가지 이론은 각각 다른 현상을 분석하는 데 유용하다. 장기 이자율의 결정 요인을 분석할 때는 나라 경제의 저축 성향과 투자 기회의 중요성을 강조하는 대부자금 이론이 가장 적합하다. 반면에 단기 이자율의 결정 요인을 분석할 때는 통화정책의 중요성을 강조하는 유동성 선호이론이 가장 적합하다. ■

(M_2^d)이 중앙은행이 공급한 화폐의 양보다 많다. 따라서 사람들은 채권이나 이자가 붙는 다른 자산 보유액을 줄이고 대신 화폐 보유액을 늘리려고 한다. 사람들이 채권 보유액을 줄이면 채권을 발행하는 기관은 채권 수요자를 확보하기 위해 더 높은 이자율을 지급해야 한다. 따라서 이자율은 균형이자율에 도달할 때까지 상승한다.

24-1b 총수요곡선의 기울기

지금까지 유동성 선호이론이 나라 경제의 균형이자율을 결정하는 과정에 대해 살펴보았다. 이제 유동성 선호이론이 재화와 서비스의 총수요에 주는 시사점을 찾아보자. 먼저 이자율 효과와 총수요곡선의 기울기에 대해 다시 생각해보자. 구체적으로 물가가 상승하면 화폐의 수요와 공급을 일치시키는 이자율은 어떻게 변하며, 그 결과 재화와 서비스의 총수요량에는 어떤 영향이 미칠까?

22장에서 설명한 바와 같이 물가 수준은 화폐 수요를 결정하는 변수 중 하나다. 물가가 높아지면 재화와 서비스의 거래에 필요한 화폐의 양이 증가하고, 따라서 사람들은 화폐를 더 많이 보유하려고 한다. 즉 물가 수준이 상승하면 각 이자율 수준에서 화폐

그림 24.2

화폐시장과 총수요곡선의 기울기

물가가 P_1에서 P_2로 상승하면 그림 (a)에서 화폐 수요곡선은 오른쪽으로 이동하고, 이자율은 r_1에서 r_2로 상승한다. 이자율은 자금의 차입비용이므로 이자율이 오르면 재화와 서비스의 수요량이 Y_1에서 Y_2로 감소한다. 이와 같이 물가 수준과 재화와 서비스의 수요량은 반대 방향으로 움직이기 때문에 그림 (b)의 총수요곡선은 우하향한다.

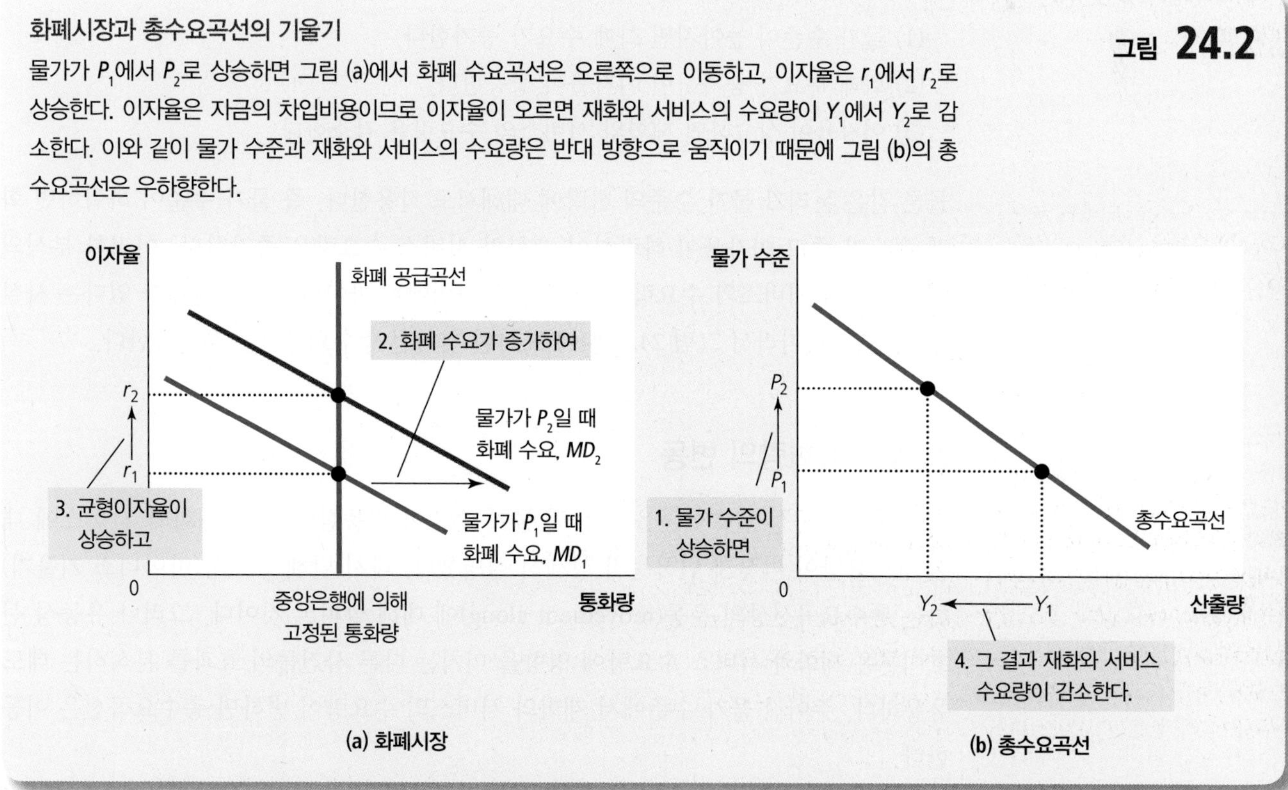

수요량이 증가하는 것이다. 따라서 그림 24.2 (a)에서 물가가 P_1에서 P_2로 상승하면 화폐 수요곡선은 MD_1에서 MD_2로(오른쪽으로) 이동한다.

이처럼 화폐 수요곡선이 이동하면 화폐시장의 균형에 어떤 영향이 미치는지 알아보자. 화폐 공급이 고정된 상태에서 화폐 수요가 증가하면 이자율이 상승해야 화폐의 수요량과 공급량이 다시 같아질 수 있다. 즉 물가가 상승하여 사람들이 더 많은 화폐를 보유하기 원하고 이에 따라 화폐 수요곡선이 오른쪽으로 이동하는 반면 화폐 공급량은 일정하기 때문에, 이자율이 r_1에서 r_2로 상승하여 화폐 수요량이 줄어야 균형이 회복되는 것이다.

그림 24.2 (b)에서 볼 수 있는 것처럼 이자율의 상승은 화폐시장뿐만 아니라 재화와 서비스의 수요량에도 영향을 미친다. 이자율이 높아지면 자금의 차입비용과 저축의 수익률이 상승한다. 이자율이 상승하면 대출을 받아 새집을 구입하려는 사람이 줄고, 주택을 구입하는 사람도 더 작은 집을 구입하므로 신규 주택에 대한 투자 수요가 감소한다. 또 이자율이 높아지면 자금을 차입하여 새 공장을 짓거나 기계 장비를 구입하려는 기업이 줄어서 기업의 투자 수요도 감소한다. 따라서 물가 수준이 P_1에서 P_2로 상승하면 화폐 수요가 MD_1에서 MD_2로 증가하여 이자율이 r_1에서 r_2로 상승하며, 이에 따라 재화와 서비스의 수요량은 Y_1에서 Y_2로 감소하는 것이다.

따라서 이자율 효과에 대한 분석은 3단계로 요약될 수 있다.

(1) 물가 수준이 높아지면 화폐 수요가 증가한다.
(2) 화폐 수요가 증가하면 이자율이 상승한다.
(3) 이자율이 상승하면 재화와 서비스의 수요량은 감소한다.

물론 같은 논리가 물가 수준의 하락에 대해서도 작용한다. 즉 물가 수준이 하락하면 화폐 수요가 줄고 이자율이 하락하여 재화와 서비스 수요량은 증가한다. 이러한 분석의 결과 재화와 서비스의 수요량과 물가 수준 사이에는 마이너스 상관관계가 있다는 사실이 확인된다. 따라서 그림 24.2 (b)에 표시된 것처럼 총수요곡선은 우하향한다.

24-1c 통화량의 변동

지금까지 유동성 선호이론을 사용해 물가 수준이 변동함에 따라 재화와 서비스에 대한 총수요량이 어떻게 변하는지 상세히 설명했다. 다시 말해 우하향(마이너스 기울기)하는 총수요곡선상의 운동(movement along)에 대해 살펴본 것이다. 그러나 유동성 선호이론은 재화와 서비스 수요량에 영향을 미치는 다른 사건들의 효과를 분석하는 데도 유용하다. 주어진 물가 수준에서 재화와 서비스의 수요량이 변하면 총수요곡선은 이동한다.

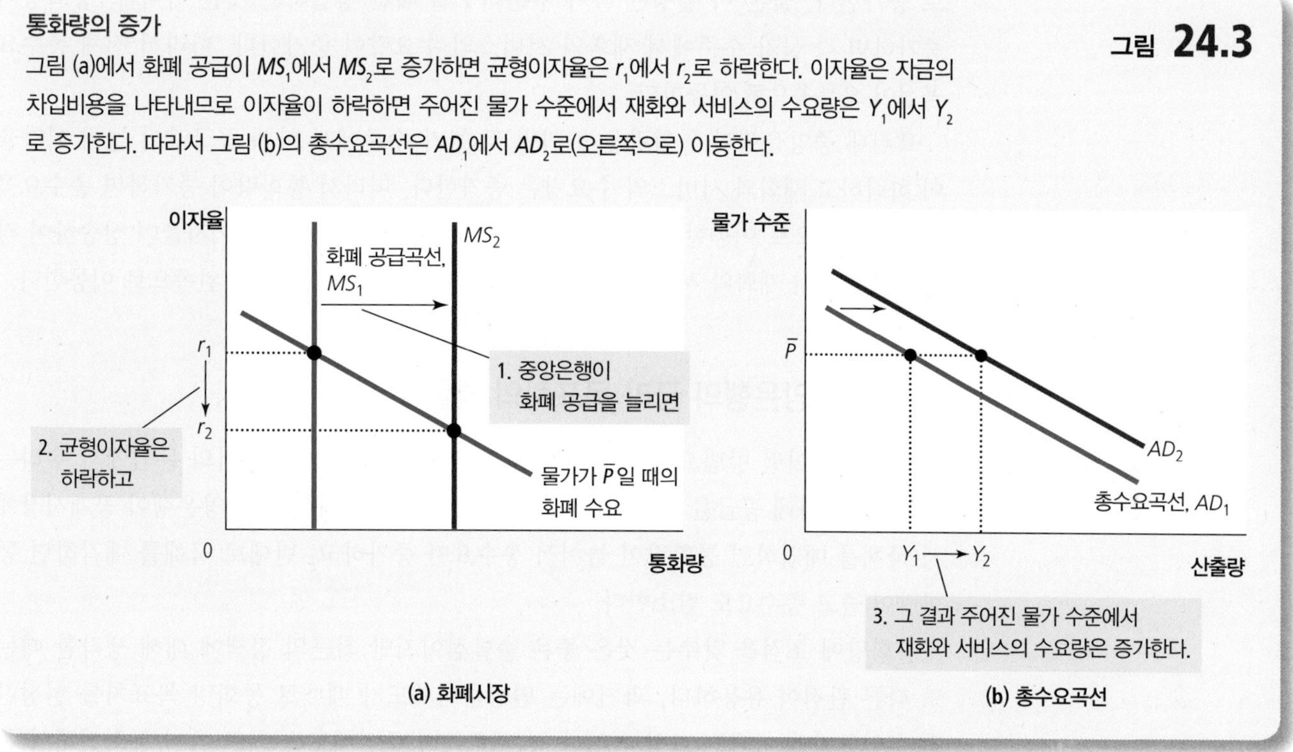

그림 24.3

통화량의 증가

그림 (a)에서 화폐 공급이 MS_1에서 MS_2로 증가하면 균형이자율은 r_1에서 r_2로 하락한다. 이자율은 자금의 차입비용을 나타내므로 이자율이 하락하면 주어진 물가 수준에서 재화와 서비스의 수요량은 Y_1에서 Y_2로 증가한다. 따라서 그림 (b)의 총수요곡선은 AD_1에서 AD_2로(오른쪽으로) 이동한다.

총수요곡선을 이동시키는 중요한 변수 중 하나는 통화정책이다. 통화정책이 단기적으로 거시경제에 어떻게 영향을 미치는지 알아보기 위해 중앙은행이 공개시장에서 국채를 매입하여 통화량이 증가한다고 가정하자. (이 조치의 효과를 이해하게 되면 연방준비제도가 왜 이런 조치를 취하게 되는지가 분명해질 것이다.) 이러한 통화량의 증가로 주어진 물가 수준에서 균형이자율이 어떻게 변동할지에 대해 생각해보자. 이를 통해 통화량의 증가가 총수요곡선의 위치에 어떤 영향을 미칠지를 이해할 수 있을 것이다.

그림 24.3 (a)에서 볼 수 있듯이 통화량이 증가하면 화폐 공급곡선은 MS_1에서 MS_2로(오른쪽으로) 이동한다. 그런데 화폐 수요곡선은 변하지 않으므로 화폐의 수요량과 공급량이 일치하기 위해서는 이자율이 r_1에서 r_2로 하락해야 한다. 중앙은행이 추가로 공급한 화폐를 사람들이 보유하도록 만들어 화폐시장의 균형을 회복하려면 이자율이 낮아져야 하기 때문이다.

그림 24.3 (b)에서 볼 수 있는 것처럼 이자율은 재화와 서비스의 수요량에도 영향을 미친다. 이자율이 낮아지면 자금의 차입비용과 저축의 수익률이 하락한다. 이자율이 하락하면 신규 주택에 대한 가계지출이 증가하여 신규 주택에 대한 투자 수요가 증가한다. 신규 공장 건설이나 기계 장비 구입을 위한 기업의 지출이 늘어 기업의 투자 수요도 증가한다. 따라서 고정된 물가 수준 $\bar{P}$에서 재화와 서비스의 수요량이 Y_1에서 Y_2

로 증가한다. 물론 이 설명은 물가 수준이 $\bar{P}$일 때만 성립하는 것은 아니다. 통화량이 증가하면 각 물가 수준에서 재화와 서비스의 수요량이 증가한다. 따라서 전체 총수요곡선이 오른쪽으로 이동한다.

요컨대 중앙은행이 통화량을 늘리면 각 물가 수준에서 화폐 공급량이 늘어 이자율이 하락하고 재화와 서비스의 수요량은 증가한다. 따라서 통화량이 증가하면 총수요곡선이 오른쪽으로 이동한다. 반대로 중앙은행이 통화량을 줄이면 이자율이 상승하여 각 물가 수준에서 재화와 서비스 수요량이 감소하므로 총수요곡선이 왼쪽으로 이동한다.

24-1d 중앙은행의 금리 목표치의 역할

중앙은행은 어떤 방법으로 거시경제에 영향을 미칠까? 지금까지의 논의에서 우리는 통화량, 즉 화폐 공급을 중앙은행의 정책수단으로 간주해왔다. 중앙은행이 공개시장에서 국채를 매입하면 통화량이 늘어서 총수요가 증가하고, 반대로 국채를 매각하면 통화량이 줄고 총수요도 감소한다.

통화량에 초점을 맞추는 것은 좋은 출발점이지만 최근의 정책에 대해 생각할 때는 또 다른 관점이 유용하다. 과거에는 연방준비제도가 때때로 통화량 목표치를 설정한 적이 있었지만 이제는 그렇지 않다. 실제로 연방준비제도는 최근 들어 통화정책의 중간목표를 연방기금 금리(federal funds rate), 즉 은행 간 단기 자금 거래에 적용되는 이자율로 삼고 있다. 이 중간목표 수치는 6주마다 개최되는 연방공개시장위원회에서 재검토된다.

연방준비제도가 연방기금 금리를 중간목표로 삼는 데는 몇 가지 이유가 있다. 우선 통화량을 정확하게 측정하기 어렵다는 것이다. 또 다른 이유는 화폐 수요가 시간에 따라 변동한다는 것이다. 통화량이 주어졌을 때 화폐 수요가 변동하면 이자율, 총수요, 산출량이 변한다. 반면에 연방준비제도가 연방기금 금리 목표를 발표하면 그에 따라 통화량을 조정함으로써 매일매일 화폐 수요의 이동을 수용할 수 있다.

그러나 중앙은행이 이자율을 중간목표로 삼는다 해도 통화정책에 대한 분석은 근본적으로 달라지지 않는다. 유동성 선호이론이 보여주는 한 가지 중요한 원리는 통화정책이 통화량이나 이자율, 어느 쪽을 기준으로 하든 설명될 수 있다는 것이다. 예컨대 미국 연방공개시장위원회(FOMC)가 연방기금 금리를 4%에 유지하기로 중간목표를 정하면 채권 거래를 담당하는 부서에 '공개시장조작을 통해 균형이자율이 4%가 되도록 하라'고 명령한다. 즉 연방준비제도가 이자율 목표치를 설정하면 화폐시장의 균형이자율이 목표치와 같아지도록 통화량을 조절하는 것이다.

따라서 통화정책의 변동은 통화량 중간목표치의 변동으로 보든, 이자율 중간목표치의 변동으로 보든 마찬가지다. '연방준비제도가 연방기금 금리를 4%에서 3%로 인하했다'는 뉴스는 연방기금 금리가 새 목표치에 도달할 수 있도록 연방준비제도의 채권 트레이더들이 필요한 조치를 취했다는 뜻으로 이해하면 된다. 연방기금 금리를 낮추려면 연방준비제도의 채권 트레이더들은 국채를 매입하고, 국채를 매입하면 그림 24.3에서 보는 것처럼 통화량이 증가하고 균형이자율이 하락한다. 반대로 FOMC가 연방기금 금리 목표치를 인상하면 공개시장에서 국채를 매각한다. 국채를 매각하면 통화량이 줄고 균형이자율은 상승한다.

이상의 분석의 시사점을 간단히 요약하면 다음과 같다. 총수요를 증가시키기 위한 통화정책의 변동은 통화량을 늘리거나 이자율을 낮추는 정책으로 표시할 수 있다. 반면에 총수요를 감소시키기 위한 통화정책의 변동은 통화량을 줄이거나 이자율을 높이는 정책으로 표시할 수 있다.

사례 연구

연방준비제도는 왜 주식시장에 주목하며, 주식시장은 왜 연방준비제도의 정책을 주시하는가

'주식시장은 과거 다섯 차례 경기침체 중 아홉 차례의 경기침체를 예측했다.' 저명한 경제학자이며 경제학 교과서의 저자인 폴 사무엘슨(Paul Samuelson) 교수의 농담이다. 주식시장은 매우 변동성이 크고, 따라서 경제에 대한 잘못된 신호를 줄 수 있다는 사무엘슨 교수의 생각은 옳았다. 그러나 주식가격의 변동은 전반적인 경제 상황의 징표인 적이 많다. 예컨대 1990년대 호황은 GDP의 급속한 성장과 실업률 하락뿐 아니라 주가 상승으로도 나타났다. 1990년대에 미국 주가는 약 4배 올랐다. 마찬가지로 2008년과 2009년의 경기침체는 주가 하락에 반영되었다. 2007년 11월부터 2009년 3월 사이에 주식 가치의 거의 절반이 사라졌다.

중앙은행이 주식시장 변동에 어떻게 반응해야 할까? 중앙은행이 주가 자체에 대해 신경을 쓸 이유는 없다. 그러나 중앙은행은 거시경제 전반에 일어나는 변동을 지켜보고 대응할 책임이 있으며, 주식시장은 이러한 변동의 한 영역이다. 주가가 상승하면 가계의 자산이 증가하여 소비가 증가한다. 또 주가가 상승하면 기업들의 신주 발행이 쉬워져서 투자가 촉진된다. 이 두 가지 이유로 주식시장이 호황이면 재화와 서비스에 대한 총수요는 증가한다.

이 장의 뒷부분에서 보다 상세히 설명하겠지만 중앙은행의 목표 중 하나는 총수요를 안정시키는 데 있다. 총수요가 안정적일수록 산출량과 물가 수준의 안정성이 더 높아지기 때문이다. 따라서 주식시장이 호황을 보이면 중앙은행은 총수요를 안정시키기 위해 통화량을 줄이거나 이자율을 인상할 가능성이 있다. 이렇게 되면 이자율 상승에 따른 총수요 감소효과가 주가 상승에 따른 총수요 증가효과를 상쇄하여 총수요가 안정될 수 있다. 실제로 미국의 연방준비제도는 이런 행태를 보인다. 1990년대 말 주식시장이 '이상 과열'되었을 때 이자율은 과거 추세에 비해 높은 수준으로 유지되었다.

반대로 주식시장이 침체되면 소비와 투자지출이 줄어서 총수요가 감소하며 경기도 침체한다. 이러한 상황에서 총수요를 안정시키기 위해 중앙은행은 통화량을 늘리고 이자율을 인하한다. 실제로 연방준비제도는 이러한 조치를 취한다. 예컨대 1987년 10월 19일에 주가가 하루 최대 하락폭인 22.6% 폭락하자 연방준비제도는 통화량을 늘리고 이자율을 인하했다. 연방기금 금리는 10월 초 7.7%에서 10월 말에는 6.6%로 하락했다. 이처럼 연방준비제도가 신속한 행동을 취한 덕분에 경기침체를 피할 수 있었다. 비슷한 예로 23장 사례연구에서 설명한 것처럼 미국의 중앙은행은 2008년과 2009년 경기와 주가가 하락했을 때 이자율을 인하했다. 그러나 이때의 통화정책은 경기침체를 막기에는 역부족이었다.

중앙은행이 주식시장 동향을 주시하는 것처럼 주식시장 참여자들도 중앙은행의 정책을 주시한다. 중앙은행은 이자율과 경기에 영향을 미칠 수 있기 때문에 주가에도 영향을 미칠 수 있다. 예컨대 중앙은행이 통화량을 줄여서 이자율이 상승하면 두 가지 이유로 주식 보유의 매력이 감소한다. 첫째, 이자율이 높아지면 주식의 대체 자산인 채권의 수익이 높아진다. 둘째, 중앙은행의 통화 긴축정책은 재화와 서비스에 대한 수요의 위축을 초래하여 기업 이윤이 감소할 위험이 있다. 따라서 중앙은행이 이자율을 인상하면 주가가 하락하는 경우가 많다. ●

24-1e 0% 이자율 목표치 하한

앞에서 살펴본 것처럼 통화정책은 이자율을 통해서 작동한다. 이런 결론은 한 가지 의문을 제기한다. 만일 연방준비제도의 이자율 목표치가 더 이상 하락할 수 없을 정도로 낮아지면 어떻게 해야 하나? 실제로 2008년과 2009년의 대침체기에 연방기금 금리는 거의 0%로 떨어졌다. 이런 상황에서 경기를 부양하기 위해 통화정책은 도대체 무엇을 할 수 있을까?

어떤 경제학자들은 이런 상황을 유동성 함정(liquidity trap)이라고 부른다. 유동성 선호이론에 따르면 확대적인 통화정책은 이자율의 하락과 투자지출 증가를 통해 작동한다. 그러나 이자율이 이미 거의 0으로 하락한 상태라면 통화정책은 아마도 효과가 없을 것이다. 명목이자율은 0 이하로 떨어질 수 없다. 사람들은 마이너스 명목이자율에 돈을 빌려주느니 차라리 현금을 보유하려 할 것이다. 이런 상황에서 확대적인 통화정책으로 통화량이 증가하면 사람들이 보유한 자산 포트폴리오의 유동성은 더 높아지겠지만, 이자율이 더 이상 떨어질 수 없기 때문에 추가적인 유동성은 아무 효과를 내지 못할 것이다. 총수요와 고용은 낮은 수준에서 빠져나오지 못할 것이다.

다른 경제학자들은 유동성 함정의 타당성에 대해 회의적이며 이들은 중앙은행이 이자율 목표 하한인 0%에 이른 후에도 경기를 확대할 수단을 지니고 있다고 믿는다. 한

가지 방안은 중앙은행이 상당 기간동안 이자율을 낮은 수준에 유지하겠다고 약속하는 것이다. 이러한 정책을 포워드 가이던스(forward guidance)라고 한다. 중앙은행의 이자율 목표치 하한이 당장 더 내려갈 수는 없겠지만 이자율을 계속 낮게 유지하겠다는 약속이 투자지출을 촉진할 수도 있다.

두 번째 방안은 중앙은행이 통화량을 늘리기 위한 공개시장조작에 더 다양한 자산을 활용하는 것이다. 통상 연방준비제도는 단기 국채를 매입하는 방식으로 확장적인 공개조작정책을 시행한다. 그러나 이에 더하여 모기지 담보부증권(mortgage-backed securities)이나 장기 국채를 매입하면 이들 대출의 이자율이 낮아질 것이다. 이러한 비전통적인 통화정책은 은행들의 지급준비금을 늘리는 정책이기 때문에 양적 완화(quantitative easing)라고 불린다. 2008년과 2009년의 대침체기에 연방준비제도는 포워드 가이던스와 양적·완화를 실행하였다.

어떤 경제학자들은 이자율 목표치 하한인 0%에 도달할 가능성을 감안하여 인플레이션 목표치를 0%보다 훨씬 높게 잡아야 한다고 주장한다. 0% 인플레이션에서는 명목이자율은 물론 실질이자율도 마이너스가 될 수 없다. 그러나 정상적인 인플레이션율이 예컨대 4%라면 중앙은행이 명목이자율을 0%까지 낮춤으로써 실질이자율을 마이너스 4%로 쉽게 낮출 수 있다. 이처럼 인플레이션 목표치를 높게 설정하면 통화정책의 이자율 목표치의 하한인 0%에 도달하여 경제가 유동성 함정에 빠질 위험이 줄어들고 통화정책 당국은 필요한 경우 경기를 부양할 수 있는 여력을 갖게 될 것이다.

간단한 퀴즈

1. 유동성 선호이론에 따르면 한 경제의 이자율은 ( ) 변동한다.

a. 대부자금의 수요와 공급이 일치하도록
b. 화폐의 수요와 공급이 일치하도록
c. 예상 인플레이션에 맞추어 1:1로
d. 세계 금융시장의 이자율과 일치하도록

2. 중앙은행이 총수요를 감축하고 싶으면 통화량을 ( )시키면 된다. 이 경우 이자율은 ( )할 것이다.

a. 증가, 상승
b. 증가, 하락
c. 감소, 상승
d. 감소, 하락

3. 미국 연방준비제도의 연방기금 금리 목표치는 ( ).

a. 통화공급과 독립적이고 중앙은행의 추가적인 정책수단이다.
b. 연방준비제도로 하여금 통화량을 조절해서 공표한 목표치를 달성하도록 구속한다.
c. 연방준비제도는 통화량만을 결정할 수 있기 때문에 달성하기 어려운 목표이다.
d. 연방 자금시장에서 차입하거나 대출하는 은행들에게는 중요하지만 총수요에 영향을 미치지는 않는다.

정답은 각 장의 끝에

24-2 재정정책이 총수요에 미치는 효과

재정정책 정부지출과 조세에 관한 정부의 결정

정부는 통화정책뿐만 아니라 재정정책을 통해서도 거시경제에 영향을 미칠 수 있다. 재정정책(fiscal policy)이란 정부지출과 조세의 전반적인 수준에 관한 정부의 결정을 말한다. 이 책의 앞부분에서 우리는 재정정책이 장기적으로 저축과 투자, 경제성장에 미치는 영향에 대해 공부했다. 그러나 단기에는 재정정책이 주로 재화와 서비스의 총수요에 영향을 미친다.

24-2a 정부구입의 변동

정부가 통화량을 조절하거나 조세 수준을 변동시키면 기업과 가계의 지출이 영향을 받으며, 이에 따라 총수요곡선이 이동한다. 반면에 정부가 재화와 서비스 구입을 위한 지출을 변동시키면 총수요곡선이 직접적으로 이동한다.

예를 들어 미국 국방부가 대형 항공기 제조업체인 보잉(Boeing)사에 200억 달러 상당의 전투기 구입을 발주한다고 하자. 이 주문으로 보잉사가 생산하는 제품에 대한 수요가 증가하므로 이 회사는 근로자를 더 고용하고 생산을 늘릴 것이다. 그런데 보잉사도 미국 경제의 일부이므로 이 회사가 생산하는 전투기의 수요가 증가하면 재화와 서비스에 대한 총수요가 증가한다. 따라서 총수요곡선은 오른쪽으로 이동한다.

이 예에서 정부가 200억 달러 상당의 주문을 하면 총수요곡선은 얼마나 이동할까? 언뜻 생각하면 총수요곡선이 오른쪽으로 200억 달러만큼 이동할 것 같지만 사실은 그렇지 않다. 승수효과와 밀어내기 효과라는 두 가지 거시경제 효과 때문에 총수요곡선의 이동폭은 정부지출의 증가폭과 같지 않다. 구체적으로 말해서 승수효과로 인해 총수요곡선이 200억 달러보다 큰 폭으로 이동할 수도 있고, 밀어내기 효과로 인해 총수요곡선의 이동폭이 200억 달러보다 작을 수도 있다. 이제 두 가지 효과에 대해 살펴보자.

24-2b 승수효과

미국 정부가 보잉사에서 200억 달러 상당의 재화를 구입하면 그 효과는 다른 부문에 파급된다. 정부지출 증가의 직접적인 효과는 보잉사의 고용과 이윤의 확대로 나타난다. 이 회사 근로자들의 임금소득이 증가하고 주주들에게 돌아가는 이윤이 증가하면 이들의 소비지출도 증가한다. 따라서 정부가 보잉사에서 재화를 구입하면 다른 기업들이 생산하는 여러 가지 다른 재화와 서비스에 대한 수요도 증가한다. 이와 같이 정부지출이 1달러 증가하면 재화와 서비스에 대한 수요는 1달러보다 큰 폭으로 증가하기 때문에 정부구입은 총수요에 승수효과(multiplier effect)를 미친다고 말한다.

승수효과 확대재정 정책에 따른 소득 증가로 소비지출이 증가하여 총수요가 추가적으로 증가하는 현상

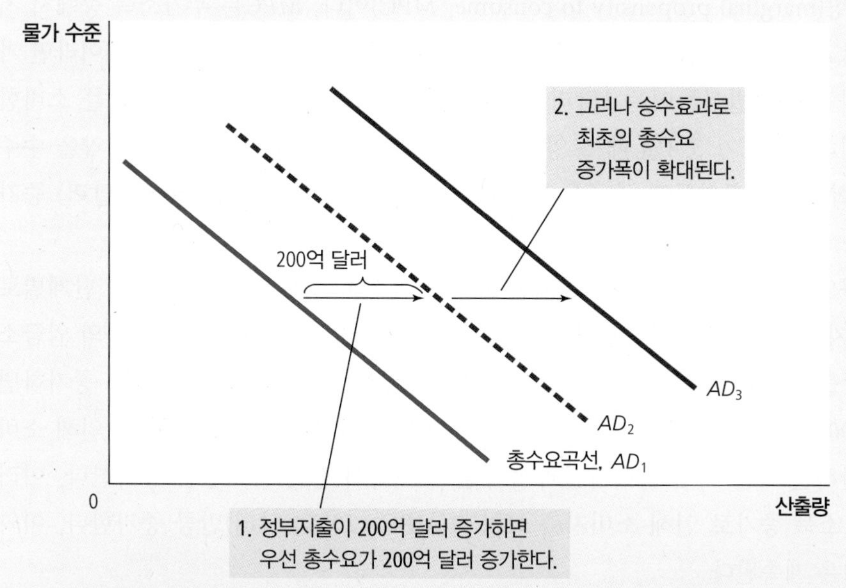

그림 **24.4**

승수효과

정부가 재정지출을 200억 달러 늘리면 총수요곡선은 이 금액보다 큰 폭으로 오른쪽으로 이동한다. 이러한 승수효과가 발생하는 것은 재정지출의 증가에 따른 총소득의 증가로 소비지출이 추가로 증가하기 때문이다.

이러한 승수효과는 다음 단계에서도 계속 진행된다. 소비지출이 증가하면 이들 소비재를 생산하는 기업들의 고용이 늘고 이윤도 증가한다. 이들의 근로소득과 이윤 배당이 증가함에 따라 소비지출이 다시 증가한다. 이처럼 수요가 증가하면 소득이 늘고, 소득이 늘면 다시 총수요가 증가하는 상승작용(feedback)이 일어난다. 이러한 모든 파급효과를 더하면 정부지출에 따른 총수요의 증가액은 최초의 정부지출 증가액보다 훨씬 많아진다.

그림 24.4는 승수효과를 보여준다. 정부구입이 200억 달러 증가하면 처음에는 총수요곡선이 AD_1에서 AD_2로, 즉 오른쪽으로 정확히 200억 달러만큼 이동한다. 그러나 소비지출이 추가로 증가하면 총수요곡선은 다시 AD_3까지 이동한다.

총수요가 증가할 때 투자가 증가하면 소비지출의 증가에서 비롯되는 승수효과가 더 강력해진다. 예컨대 정부가 보잉사에 전투기 제작을 발주하면 이 회사는 기계 장비를 더 구입하고 공장을 새로 지을 수 있다. 이 경우 정부지출 수요의 증가로 투자재에 대한 수요가 증가한 것이다. 수요가 증가하면 투자가 늘어나는 상승효과를 투자 가속도(investment accelerator)라고 부르기도 한다.

24-2c 정부지출 승수 공식

기본적인 대수학을 이용하면 정부지출 증가가 유발하는 소비지출의 증가에서 비롯되는 승수효과의 크기를 나타내는 공식을 도출할 수 있다. 이 공식에서 중요한 변수는 한계소비성향(marginal propensity to consume, MPC)이다. *MPC*는 추가소득 중에서 저축되지 않고 소비되는 금액의 비율을 말한다. 예를 들어 한계소비성향이 3/4이라면 가계가 추가적으로 벌어들이는 1달러 중에서 0.25달러는 저축하고 0.75달러를 소비한다는 뜻이다. *MPC*가 3/4일 때 보잉사가 정부로부터 200억 달러 상당의 계약을 수주하면 이 회사의 근로자들과 주주들의 소비지출은 150억 달러(3/4×200억 달러) 증가한다.

정부 구입의 증가가 총수요에 미치는 효과를 계산하기 위해서 그 효과를 단계별로 분석해보자. 최초에 정부가 200억 달러를 지출하면 국민소득(보잉사 직원들의 임금소득과 주주들에게 돌아가는 이윤)이 200억 달러 증가한다. 소득이 200억 달러 증가하면 *MPC*×200억 달러만큼 소비지출이 증가한다. 이러한 추가적인 소비지출로 인해 소비재를 생산하는 다른 기업 근로자들과 주주들의 소득이 같은 금액만큼 증가한다. 이러한 2단계 소득 증가로 인해 소비지출 *MPC*×(*MPC*×200억 달러)만큼 증가한다. 이와 같은 과정은 계속된다.

정부지출의 증가가 재화와 서비스의 총수요에 미치는 총효과를 계산하려면 앞에서 설명한 모든 단계의 효과를 합한다.

$$
\begin{array}{rcl}
\text{정부구입 증가} & = & \text{200억 달러} \\
\text{1단계 소비 증가} & = & MPC \times \text{200억 달러} \\
\text{2단계 소비 증가} & = & MPC^2 \times \text{200억 달러} \\
\text{3단계 소비 증가} & = & MPC^3 \times \text{200억 달러} \\
\vdots & & \vdots \\
\hline
\end{array}
$$

$$\text{총수요 변동분의 합} = (1 + MPC + MPC^2 + MPC^3 + \cdots) \times \text{200억 달러}$$

여기서 '…'은 이와 같이 일정한 규칙을 따르는 항이 무한정 계속된다는 뜻이다. 따라서 정부지출 승수는 다음과 같이 표시된다.

$$\text{승수} = 1 + MPC + MPC^2 + MPC^3 + \cdots$$

이 승수는 정부구입이 1달러 증가할 때 재화와 서비스에 대한 수요가 얼마나 창출되는지 말해준다.

이제 무한등비급수의 합을 구하는 다음 공식을 이용하여 앞에서 도출한 승수방정식을 단순화해보자. x 값이 -1과 $+1$ 사이에 있을 경우 다음과 같은 식이 성립된다.

$$1 + x + x^2 + x^3 + \cdots = 1/(1-x)$$

우리의 예에서 $x = MPC$이므로

$$\text{승수} = 1/(1-MPC)$$

이다. 예컨대 *MPC*가 3/4이면 정부지출 승수는 1/(1−3/4), 즉 4가 된다. 이 경우 정부지출이 200억 달러 증가하면 재화와 서비스에 대한 수요가 800억 달러 증가하는 것이다.

이 승수 공식은 승수의 크기가 한계소비성향에 달렸다는 사실을 보여준다. *MPC*가 3/4이면 승수가 4인 반면, *MPC*가 1/2이면 승수는 2가 된다. 즉 *MPC*가 클수록 승수도 커진다. 그 이유를 이해하려면 승수효과가 발생하는 것은 소득이 증가함에 따라 소비가 증가하기 때문이라는 점을 기억하기 바란다. *MPC*가 클수록 소득 증가에 대해 소비가 더 큰 폭으로 반응하고 승수도 커진다.

24-2d 승수효과의 응용

정부구입이 1달러 증가하면 승수효과 때문에 총수요는 1달러보다 큰 폭으로 증가한다. 그러나 승수효과의 논리는 정부구입의 증가에만 적용되는 것이 아니다. 즉 승수효과는 소비, 투자, 정부구입, 순수출 등 GDP를 구성하는 모든 요소에 적용된다.

예를 들어 해외 경기침체로 미국 순수출에 대한 수요가 100억 달러 감소한다고 하자. 미국에서 생산된 재화와 서비스에 대한 수요가 감소함에 따라 미국의 국민소득이 감소하고 이에 따라 소비지출도 감소한다. 한계소비성향이 3/4이라면 승수효과는 4고, 따라서 순수출이 100억 달러 감소하면 총수요가 400억 달러 감소한다.

다른 예로 주식시장의 호황으로 가계 자산이 증가하여 재화와 서비스에 대한 지출이 200억 달러 증가한다고 하자. 소비지출의 증가로 국민소득이 증가하고 다시 소비지출이 증가한다. 한계소비성향이 3/4이라면 승수효과는 4이고, 따라서 소비지출이 200억 달러 증가하면 총수요가 800억 달러 증가한다.

승수는 최초의 지출 증가가 얼마나 큰 폭으로 확대되는지 보여주기 때문에 거시경제학에서 중요한 개념이다. 소비, 투자, 정부구입, 순수출이 최초에 조금만 증가해도 총수요에 커다란 영향을 미칠 수 있고, 이에 따라 경제 전체의 재화와 서비스 생산이 큰 폭으로 증가할 수 있는 것이다.

24-2e 밀어내기 효과

승수효과에 따르면 정부가 보잉사에서 200억 달러 상당의 전투기를 구입하면 총수요는 반드시 200억 달러 이상 증가해야 한다. 그러나 반대 방향으로 작용하는 또 다른 효과가 있다. 정부구입이 증가하면 재화와 서비스에 대한 총수요가 증가하지만 동시에 이자율도 상승한다. 이자율이 상승하면 투자지출이 줄어서 총수요가 감소한다. 이처럼 재정지출 증가로 이자율이 상승하여 총수요가 감소하는 현상을 밀어내기 효과(crowding-out effect, 구축효과라고도 함−역자주)라고 한다.

밀어내기 효과 확대재정 정책에 따른 이자율의 상승으로 투자가 감소하여 총수요의 증가가 일부 상쇄되는 현상

그림 24.5 **밀어내기 효과**

그림 (a)는 화폐시장을 보여준다. 정부의 재정지출이 증가하면 소득이 증가하여 화폐 수요가 증가한다. 따라서 화폐 수요곡선이 MD_1에서 MD_2로 이동하고, 균형이자율은 r_1에서 r_2로 상승한다. 그림 (b)는 총수요에 미치는 효과를 나타낸다. 처음에 재정지출이 증가하면 총수요곡선이 AD_1에서 AD_2로(오른쪽으로) 이동한다. 그러나 이자율은 자금의 차입비용이므로 이자율이 상승하면 주어진 물가 수준에서 재화와 서비스의 수요량, 특히 투자재에 대한 수요량이 감소한다. 이러한 민간투자의 감소로 재정지출 증가효과가 부분적으로 상쇄된다. 궁극적으로는 총수요곡선이 AD_3까지만 이동한다.

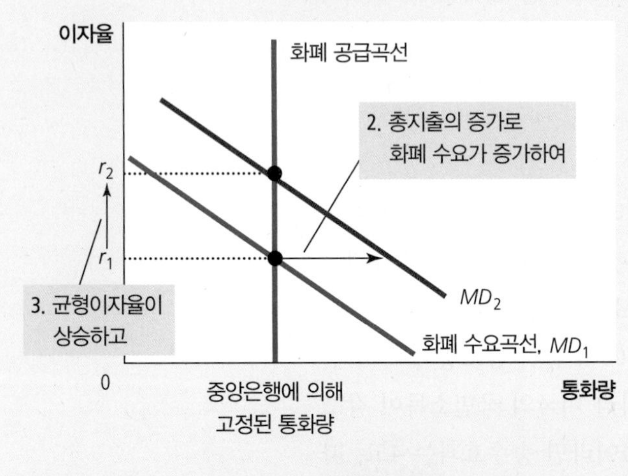

(a) 화폐시장

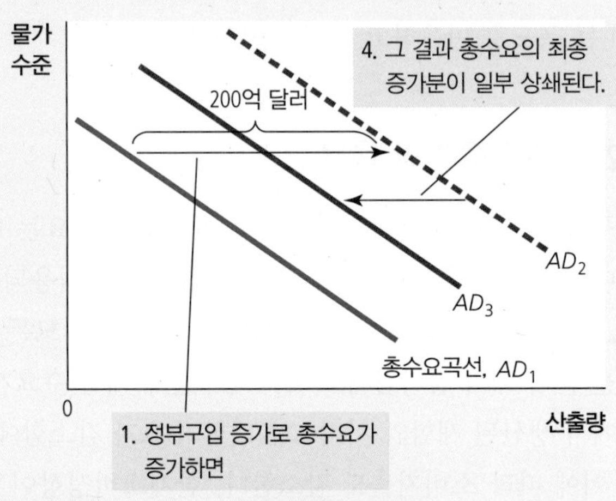

(b) 총수요곡선의 이동

밀어내기 효과가 발생하는 이유를 설명하기 위해 정부가 보잉사에서 전투기를 200억 달러어치 구입한다고 하자. 앞에서 설명한 것처럼 정부지출 수요가 증가하면 보잉사의 (승수효과를 감안하면 다른 기업의) 근로자들과 주주들의 소득이 증가한다. 소득이 증가함에 따라 가계는 재화와 서비스의 구입량을 늘리고 이에 따라 유동 자산의 보유도 늘리려고 한다. 즉 재정지출의 증가로 인해 소득이 증가하면 화폐 수요도 증가하는 것이다.

이러한 화폐 수요의 증가는 그림 24.5 (a)에 표시되어 있다. 중앙은행이 통화량을 변화시키지 않았으므로 화폐 공급곡선은 변함이 없다. 따라서 소득의 증가로 화폐 수요곡선이 MD_1에서 MD_2로(오른쪽으로) 이동할 때 화폐의 수요와 공급을 일치시키기 위해서는 이자율이 r_1에서 r_2로 상승해야 한다.

이자율이 상승하면 재화와 서비스에 대한 수요가 감소한다. 구체적으로 말해서 자금의 차입비용이 높아지기 때문에 신규 주택 투자와 기업의 설비 투자가 줄어든다. 다시 말해 정부의 재화 구입이 증가함에 따라 투자가 감소할 수 있는 것이다. 그림 24.5 (b)에서 볼 수 있듯이 이러한 밀어내기 효과는 정부구입의 증가가 총수요에 미치는 효과를 부분적으로 상쇄한다. 최초에 정부구입의 증가로 인해 총수요곡선은 AD_1에서 AD_2로 이동하지만, 밀어내기 효과가 작동하면 총수요곡선은 다시 AD_3로 이동한다.

요컨대 정부구입을 200억 달러 늘리면 경제 전체의 재화와 서비스에 대한 총수요는 승수효과와 밀어내기 효과 중 어느 쪽이 더 강한가에 따라 200억 달러보다 많이 증가할 수도 있고 덜 증가할 수도 있다. 승수효과는 총수요가 200억 달러보다 더 큰 폭으로 증가하게 만든다. 밀어내기 효과는 총수요곡선을 반대 방향으로 이동시키는데, 만일 그 이동폭이 충분히 크면 총수요 증가 폭이 200억 달러보다 더 작아질 수도 있다.

24-2f 세금의 변동

정부구입 외에 재정정책의 주요 수단은 조세다. 예를 들어 정부가 개인소득세를 인하하면 가계의 처분가능소득이 증가한다. 가계는 이러한 추가 소득의 일부를 저축하고 일부는 소비재의 구입에 지출한다. 이와 같이 세금이 인하되면 소비지출이 증가하므로 총수요곡선은 오른쪽으로 이동한다. 반대로 세금이 인상되면 소비지출이 감소하므로 총수요곡선은 왼쪽으로 이동한다.

세금 변동에 따른 총수요 변동폭도 승수효과와 밀어내기 효과의 영향을 받는다. 정부가 세금을 인하하여 소비지출을 촉진하면 근로소득과 이윤이 증가하고, 이에 따라

이해를 돕기 위해

재정정책이 총공급에 영향을 미칠 수 있는 이유

지금까지 재정정책에 관한 논의에서는 정부구입과 세금의 변동이 재화와 서비스의 수요량에 미치는 영향을 강조했다. 대부분의 경제학자들은 단기적으로 재정정책은 주로 총수요의 변동을 통해 거시경제에 영향을 미친다고 믿는다. 그러나 재정정책은 재화와 서비스의 공급량에도 영향을 미칠 가능성이 있다.

세금의 변동이 총공급에 미치는 영향의 예를 생각해보자. 1장에서 배운 경제학의 10대 기본원리 중에 사람들은 경제적 유인에 반응한다는 것이 있다. 정부가 세금을 인하하면 근로자들의 세후 소득이 증가하므로 일을 더하고 재화와 서비스를 더 많이 생산할 경제적 유인이 생긴다. 그 결과 주어진 물가 수준에서 공급되는 재화와 서비스의 양이 늘어나 총공급곡선이 오른쪽으로 이동한다.

조세정책이 총공급에 중요하다는 점을 강조하는 경제학자들은 공급주의자들이라고 불리기도 한다. 공급주의 경제학자들은 도널드 트럼프 대통령의 자문들로 특히 부각되었으며 이들은 2017년에 입법된 조세감면안을 기안하는데 기여했다. 법인세율의 대폭 인하는 자본축적과 장기 경제성장을 촉진하기 위한 목적으로 단행되었다.

때때로 공급주의 경제학자들은 조세감면이 총공급에 미치는 영향이 매우 커서 세율을 인하하면 생산과 소득이 충분히 증가하여 조세 수입이 증가할 수 있다고 주장하였다. 이 결과는 이론적으로는 가능하지만 대부분의 경제학자들은 정상적인 경우가 아니라고 생각한다. 조세가 총공급에 미치는 효과를 고려하는 것은 중요하지만, 세율 인하가 세수 증가로 이어질 만큼 그 효과가 충분히 클 가능성은 희박하다.

세금 변동과 마찬가지로 정부구입의 변동도 잠재적으로 총공급에 영향을 미칠 수 있다. 예를 들어 정부가 도로와 같은 사회간접자본에 대한 지출을 늘린다고 해보자. 민간기업들은 도로를 이용하여 제품을 고객에게 수송하기 때문에 도로의 양적 확충이나 질적 개선은 기업의 생산성을 높인다. 따라서 정부가 도로에 대한 지출을 늘리면 각 물가 수준에서 공급되는 재화와 서비스의 양이 증가하여 총공급곡선이 오른쪽으로 이동한다. 그러나 정부가 새 도로를 건설하여 개통하는 데는 시간이 걸리므로 이러한 정부구입이 총공급에 미치는 효과는 단기보다는 장기에 크게 나타난다. ■

소비지출이 증가한다. 이것이 승수효과다. 한편 소득이 늘면 화폐 수요가 증가하여 이자율이 상승한다. 이자율이 상승하면 자금의 차입비용이 높아져 투자지출이 위축된다. 이것이 밀어내기 효과다. 따라서 두 가지 효과 중에 어느 쪽이 더 큰가에 따라 세금 변동으로 인한 총수요 변동폭이 세금 변동폭보다 클 수도 있고 작을 수도 있다.

승수효과와 밀어내기 효과 외에도 세금 변동에 따른 총수요의 변동폭을 결정하는 중요한 요소가 하나 더 있다. 가계가 세금 변동을 항구적인 조치로 인식하는가, 아니면 일시적인 조치로 인식하는가 하는 것이다. 예컨대 정부가 가구당 1,000달러의 세금 인하 계획을 발표한다고 하자. 이 1,000달러 중에서 얼마를 소비할지 결정하는 데 있어 각 가계는 이 추가 소득이 얼마나 오래 지속될지를 판단해야 한다. 만일 가계들이 세금 인하가 항구적으로 지속될 것으로 예상한다면 자신들의 장기적인 소득이 상당히 증가한 것으로 보아 소비지출을 크게 늘릴 것이다. 이 경우 세금 인하로 인해 총수요가 큰 폭으로 증가할 것이다. 반면에 가계들이 세금 인하 조치가 일시적인 것이라고 판단하면 가용재원이 소폭 증가하는데 그칠 것으로 보아 소비지출을 약간만 늘릴 것이다. 이 경우 세금 인하는 총수요에 큰 영향을 미치지 못할 것이다.

1992년에 발표된 세금 인하는 일시적인 세금 인하의 극단적인 예다. 그해 미국 경제는 경기침체를 겪고 있었으며 부시 대통령은 재선을 위한 선거운동에 한창이었다. 이러한 상황에 대응하여 부시 대통령은 연방 정부가 근로자들의 급여에서 원천징수하는 소득세를 줄인다고 발표했다. 그러나 세법상의 소득세율은 인하되지 않았으므로 1993년 4월 15일에 1992년 소득세 신고를 할 때 1992년 원천징수액의 감소분만큼 세금을 추가로 내야 했다. 따라서 부시 대통령의 '세금 인하'는 정부의 단기 융자에 불과했던 것이다. 이 조치로 인해 소비지출과 총수요에 별 영향이 없었다는 사실은 놀랍지 않다.

간단한 퀴즈

4. 정부가 총수요를 확대하고 싶으면 정부구입을 (　　　)시키거나 세금을 (　　　)하면 된다.

a. 증가, 인상
b. 증가, 인하
c. 감소, 인상
d. 감소, 인하

5. 총수요 부족으로 경기침체를 겪고 있는 경제에서 정부구입을 1,200달러 늘린다고 하자. 한편 중앙은행은 통화량을 조절하여 이자율을 일정하게 유지한다고 하자. 투자지출은 변동이 없고 한계소비성향은 2/3이다. 이 경우 총수요는 얼마나 증가하겠는가?

a. 400달러
b. 800달러
c. 1,800달러
d. 3,600달러

6. 5번 문제에서 만일 중앙은행이 통화량을 일정하게 유지하고 이자율이 변동하도록 허용한다면 정부구입의 증가에 따른 총수요의 변동폭은 (　　　　　　).

a. 더 클 것이다.
b. 같을 것이다.
c. 더 작지만 플러스일 것이다.
d. 마이너스일 것이다.

정답은 각 장의 끝에

24-3 경제 안정화 정책

지금까지 통화정책과 재정정책이 재화와 서비스의 총수요에 어떻게 영향을 미칠 수 있는지 살펴보았다. 이러한 이론적 결과를 통해 다음과 같은 중요한 정책 질문이 제기된다. 정책담당자들이 총수요를 조절하고 경기변동을 완화하기 위해 통화정책과 재정정책을 사용해야 하는가? 그렇다면 정부가 언제 개입해야 하는가? 아니라면 그 이유는 무엇인가?

24-3a 적극적인 안정화 정책에 대한 찬성 논리

이 장 서두에서 던진 질문으로 돌아가 보자. 대통령과 의회가 세금을 인상할 경우 중앙은행은 어떻게 대응해야 할까? 앞에서 살펴본 것처럼 조세 수준은 총수요곡선의 위치를 결정하는 많은 변수 중 하나에 불과하다. 정부가 세금을 인상하면 총수요가 감소하고 이에 따라 단기적으로 생산과 고용이 줄어든다. 재정정책으로 인한 총수요의 감소를 중앙은행이 상쇄하고 싶으면 통화량을 늘려 총수요를 확대하면 된다. 통화량이 증가하면 이자율이 하락하여 소비와 투자지출이 증가한다. 통화정책이 제대로 시행된다면 재정정책과 통화정책 변동의 효과가 상쇄되어 재화와 서비스의 총수요는 변하지 않을 것이다.

연방공개시장위원회 위원들은 바로 이러한 분석을 한다. 이들은 통화정책이 총수요를 결정하는 중요한 요인이며, 대통령과 의회가 결정하는 재정정책을 포함한 여러 가지 다른 요인도 총수요에 영향을 미친다는 사실을 안다. 따라서 이 위원회는 재정정책을 둘러싼 논쟁을 주의 깊게 지켜본다.

재정정책의 변동에 대한 통화정책의 이러한 반응은 총수요의 안정을 통해 생산과 고용을 안정시키기 위한 정책의 한 가지 예다. 미국의 경우 경제 안정화 정책은 1946년에 고용법이 제정된 이래 정부의 명시적인 정책목표가 되어왔다. 이 법에는 '완전 고용과 생산을 촉진하는 것은 정부의 지속적인 정책이고 책임이다'라고 규정되어 있다. 이에 따라 정부가 실질적으로 단기 거시경제의 운영 성과에 책임을 지기로 한 것이다.

이 법은 두 가지 시사점이 있다. 첫째는 다소 소극적인 것으로

경기부양

"미국에서 2009년에 제정된 미국 경제회복과 재투자법 덕택에 2010년 미국의 실업률은 이 법이 제정되지 않았을 경우에 비해 낮았다."

이 설문에 대한 경제학자들의 답변은?

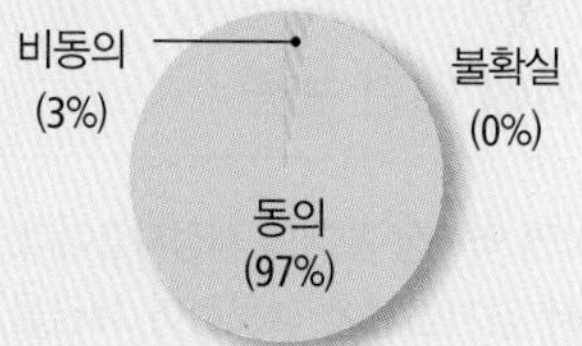

"미국 경제회복과 재투자법에 따른 모든 경제적 결과(세출증가 재원 마련을 위한 세금 인상의 경제적 비용, 미래 지출에 미치는 영향과 미래에 일어날 수 있는 다른 효과들)를 감안할 경우 경기 부양의 편익이 비용보다 더 클 것이다."

이 설문에 대한 경제학자들의 답변은?

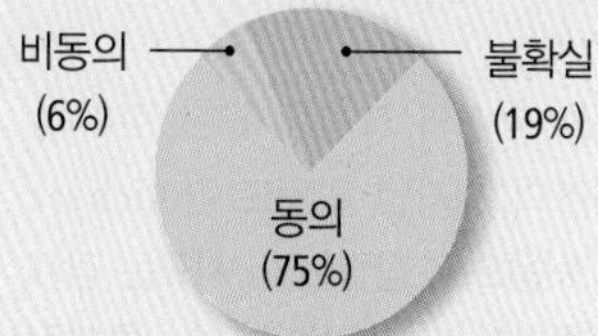

자료: IGM Economic Experts Panel, 2014년 7월 29일.

정부가 경기변동의 원인이 되지 않아야 한다는 것이다. 즉 대부분의 경제학자들은 통화정책과 재정정책을 대폭적으로, 갑작스럽게 변동시키지 말라고 조언한다. 그러한 정책 변화는 총수요의 변동을 초래하기 때문이다. 또 통화정책이나 재정정책 중 하나가 대폭적으로 변동할 경우 나머지 다른 정책을 담당하는 정책담당자들은 이를 인식하고 대처해야 한다는 것이다.

고용법의 둘째 시사점은 보다 야심찬 것으로 총수요를 안정시키기 위해서 정부는 민간 부문에서 일어나는 변동에 대처해야 한다는 것이다. 이 법이 통과된 것은 역대 가장 영향력 있는 경제학 저술 중 하나인 케인즈의『고용과 이자 및 화폐에 관한 일반 이론』이 출판되고 얼마 지나지 않아서다. 이 책에서 케인즈는 단기 경기변동을 설명하는 데 총수요의 역할이 매우 중요하다는 점을 강조했다. 케인즈는 총수요가 완전 고용을 달

재정정책 승수는 얼마나 큰가

2008년과 2009년 대침체기에 세계 여러 나라 정부들은 총수요를 부양하기 위해 재정정책을 동원하였다. 이들은 재정지출승수가 커서 재정정책이 효과적일 것으로 기대했다. 그러나 승수의 크기는 여전한 논쟁거리다.

승수의 크기에 대한 논란

전시를 제외하면 역사상 최대의 재정지출이다. 세계 도처에서 경기침체에 대응하여 세금을 낮추고 정부지출을 늘렸다. 이번 주에 피츠버그에서 정상회담을 갖는 G20 국가들은 2009년에는 GDP의 평균 2%, 2010년에는 GDP의 1.6% 규모의 경기부양책을 내놓았다. 이 정도 규모로 행동이 통일된 것을 보면 확대 재정정책의 효과에 대한 공감대가 있는 듯하다. 그러나 사실 경제학자들은 이런 정책이 효과가 있을지, 효과가 있다면 얼마나 클지에 대해 의견이 심각하게 갈려 있다.

쟁점은 재정 승수의 크기에 관한 것이다. 1931년 케인즈의 제자인 리처드 칸(Richard Kahn)에 의해 처음으로 정립된 이 지표는 감세나 정부지출 증가가 산출량을 얼마나 효과적으로 증가시키는지를 나타낸다. 승수가 1이라는 것은 정부지출이 10억 달러 증가하면 GDP도 10억 달러 증가한다는 뜻이다.

승수의 크기는 경제 여건에 따라 가변적일 수밖에 없다. 경제가 생산 능력의 최대치에 근접한 수준에 있다면 재정 승수는 0이 될 것이다. 남아도는 자원이 없기 때문에 정부에 의한 수요 증가는 다른 부문에서의 지출을 대체할 뿐이다. 그러나 경기침체기에는 유휴 인력과 유휴 설비가 있기 때문에 확대 재정정책은 총수요를 증가시킨다. 그리고 최초의 부양책이 소비자들과 기업들 지출을 연쇄적으로 증가시키면 승수는 1보다 훨씬 클 수 있다.

승수의 크기는 재정정책의 내용에 따라서도 다르다. 만일 소비자들이 감세액 일부를 저축한다면 교량 건설에 대한 정부지출의 승수효과가 감세의 효과보다 더 클 것이다. 저소득층이 고소득층에 비해 소득에서 차지하는 지출의 비중이 높기 때문에 고소득층보다는 저소득층을 겨냥한 조세 감축이 총지출에 더 큰 영향을 미칠 것이다.

매우 중요한 점은 재정 승수의 크기가 사람들이 정부 차입 증가에 어떻게 반응하느냐에 따라 달라진다는 것이다. 정부의 재정 확대가 민간의 확신을 강화하고 동물적 충동을 되살린다면 수요는 증가하고 민간 투자가 더 큰 폭으로 증가할 것이다. 그러나 정부 차입이 증가함에 따라 이자율이 상승하면 원래 시행되었을 일부 민간 투자가 무산되는 밀어내기 효과가 나타날 수 있다. 또한 소비자들이 정부가 미래에 차입금 상환을 위한 재원을 마련하기 위해 세금을 인상할 것으로 예상하면 현재 소비를 줄일 수도 있다. 이 모든 경우 재정 승수는 작아지고 0보다 작을 가능성도 있다.

정부지출 증가가 이자율과 민간지출에 미치는 영향에 대한 가정의 차이 때문에 재정지출 확대의 승수효과 추정치는 연구에 따라 큰 차이를 보인다. 오바마 정부의 경제학자들은 향후 4년 동안 연방기금 금리가 일정할 것이라는 가정하에 이번 미국의 재정 확대의 재정지

성할 수 있는 생산수준에 못 미칠 경우에는 정부가 적극적으로 개입하여 총수요를 확대해야 한다고 주장했다.

케인즈와 그 추종자들은 대체로 근거가 약한 낙관론과 비관론의 요동으로 총수요가 변동한다고 주장했다. 케인즈는 이러한 자의적인 태도 변화를 동물적 충동(animal spirits)이라고 불렀다. 비관론이 득세하면 가계는 소비지출을 줄이고 기업은 투자지출을 줄인다. 이에 따라 총수요가 줄고 생산이 감소하며 실업률이 높아진다. 반대로 낙관론이 지배하면 가계와 기업의 지출이 증가한다. 따라서 총수요가 늘고 생산이 증가하며 물가상승 압력이 생긴다. 경제에 관한 이러한 태도 변화는 어느 정도 스스로 실현된다(self-fulfilling).

이론적으로 말하면 낙관론과 비관론이 요동칠 때 정부가 통화정책과 재정정책을 사

출 승수가 1.6, 조세 감축 승수가 1.0이 될 것으로 기대한다. 반면에 존 코건(John Cogan), 토비아스 치비크(Tobias Cwik), 존 테일러(John Taylor), 폴커 빌란트(Volker Wieland)의 모형은 정부 차입이 증가함에 따라 이자율과 조세가 좀더 빠르게 상승할 것으로 가정한다. 이들이 생각하는 승수는 훨씬 작다. 이들은 미국의 재정 확대에 따른 GDP 증가 규모가 오바마 정부가 기대하는 수준의 6분의 1에 그칠 것으로 전망한다.

이처럼 미래지향적인 모형들 간의 견해가 극적으로 다르다면, 과거의 재정 확대 효과에 대한 엄밀한 분석이 논란을 해소하는 데 도움이 되어야 할 것이다. 그러나 불행하게도 재정정책 변화의 효과만 분리해내기가 매우 어렵다. 한 가지 접근 방법은 특정 세금 환급이나 감세에 대한 소비자들의 반응을 분석한 미시적 사례연구를 이용하는 것이다. 이런 연구들은 대개 미국의 세금 변동에 기초한 것인데, 임시적인 감세보다는 영구적인 감세가 소비지출에 더 큰 영향을 미치며, 신용카드 사용 한도에 근접한 소비자들처럼 차입이 어려운 소비자들이 세금 감면에 대응하여 소비를 더 큰 폭으로 늘린다는 것을 보여준다. 그러나 사례연구들은 감세나 정부지출 증가가 산출량에 미치는 전반적인 효과를 측정하지 않는다.

다른 접근 방법은 정부지출 변동이나 감세가 GDP에 미치는 통계적 효과를 추정하는 것이다. 여기서 어려운 것은 재정 확대의 효과를 경기침체에 자연스럽게 수반되는 국민연금 지출의 증가나 조세수입의 감소로부터 분리하는 일이다. 이런 실증적 접근 방법으로 어떤 영역에서는 추정치의 범위가 좁아졌다. 또한 흥미로운 국제비교 결과도 있다. 개방경제에 비해 폐쇄경제의 재정 승수가 더 큰 것으로 나타났는데, 이는 폐쇄경제에서 재정지출 확대가 수입을 통해 외국으로 유출될 가능성이 더 낮기 때문이다. 또한 신흥경제보다는 부유한 국가에서 승수가 큰데, 이는 신흥경제에서는 투자자들이 보다 즉각적으로 반응하여 이자율이 오르기 때문이다. 그러나 전체적으로 보아 경제학자들은 이론적 모형으로부터 도출한 승수들 간의 격차만큼이나 큰 격차를 실증적 추정치들에서도 발견한다.

혼선을 더 하자면 사용되는 통계모형들이 제2차 세계대전 이후 경험으로부터 도출된 것인데, 지금 상황은 당시 상황과 매우 다르다는 것이다. 대부분 정부지출 승수는 군비지출에 입각한 것이지만 금번 재정 확대 패키지는 인프라 지출에 매우 집중되어 있다. 많은 부유한 나라의 현재 이자율은 0%에 가깝기 때문에 재정 확대의 필요성도 크고 그 효과도 더 강력할 수 있다. 금융 위기로 인해 보다 많은 사람이 차입 제약에 직면하고 있기 때문에 세금 감면의 효과가 더 클 수 있다. 동시에 소비자들의 부채가 많기 때문에 차입금을 줄이려는 열망이 강하고, 따라서 승수가 작을 수 있다. 그리고 오늘날의 투자자들은 신흥국 시장보다 부유한 나라들의 재정 상태에 대해 더 걱정할 이유가 있다.

이상을 모두 감안하면 경제학자들은 눈을 감고 비행하고 있는 셈이다. 경제학자들은 어느 정도의 확신을 가지고 상대적인 판단을 할 수 있다. 예컨대 일시적인 세금 감면이 영구적인 감면에 비해 효과가 작고, 재정이 건전한(채무가 적은) 나라에 비해 채무가 많은 나라의 승수가 아마도 더 작을 것이다. 그러나 정확한 추정치를 찾고 있는 정책 당국자들은 스스로를 속이고 있는 셈이다. ■

토론 질문

1. 재정 승수의 크기에 관한 불확실성은 경제 안정화를 위한 정책수단인 통화정책과 재정정책에 대한 의존도에 어떤 영향을 미치겠는가?
2. 여러분 생각에는 정부가 세금을 변동시키는 것과 지출계획을 변경하는 것 중 어느 것이 더 쉬울 것 같은가? 왜 그렇게 생각하는가? 여러분의 답은 정책에 어떤 시사점을 주는가?

자료: *Economist*, 2009년 9월 24일.

용하여 대처하면 총수요를 안정시킬 수 있다. 예를 들어 사람들이 지나친 비관론에 사로잡혔을 때는 중앙은행이 통화량을 늘려 이자율을 낮추고 총수요를 확대할 수 있다. 반대로 사람들이 경제에 대해 지나치게 낙관적일 때는 통화량을 줄여 이자율을 높이고 총수요를 진정시키면 된다. 연방준비제도이사회 의장을 지낸 윌리엄 마틴(William McChesney Martin)은 통화정책에 관한 이러한 견해를 '잔치 분위기가 무르익을 무렵에 상을 치워버리는 일이 중앙은행의 역할이다'라고 간결하게 표현했다.

사례 연구

미국 대통령 경제 참모를 지낸 케인즈학파 학자들

1961년에 한 기자가 존 F. 케네디 대통령(John F. Kennedy)에게 세금 인하를 옹호하는 이유가 무엇이냐고 물었더니 대통령은 이렇게 대답했다. "경기를 부양하기 위해서죠. 기자 양반은 경제학 원론에서 배운 걸 잊었나 보죠?" 실제로 케네디 대통령의 정책은 이 장에서 소개한 재정정책에 관한 분석에 근거한 것이었다. 그의 목표는 총수요를 부양하여 생산과 고용을 촉진하는 것이었다.

케네디는 경제참모들의 조언을 받아들여 이러한 정책을 채택했다. 이 참모진에는 제임스 토빈(James Tobin)과 로버트 솔로우(Robert Solow) 같은 유명한 경제학자들이 있었는데, 두 사람 모두 나중에 노벨 경제학상을 받았다. 1940년대에 경제학도였던 이들은 그 당시 출판된 지 몇 년 되지 않았던 케인즈의『일반 이론』을 열심히 공부했다. 그리고 훗날 케네디 대통령이 세금 인하를 제안함으로써 이들은 케인즈의 생각을 실행에 옮겼다.

세금의 변동은 총수요에 강력한 영향을 미치지만 앞의 '이해를 돕기 위해'에서 설명한 것처럼 재화와 서비스의 총공급을 변화시킬 수도 있다. 케네디가 제안한 정책 중에는 새로운 자본재에 투자하는 기업에게 세금을 감면해주는 투자세액 공제가 들어 있었다. 투자가 늘면 총수요가 즉각적으로 증가할 뿐만 아니라 시간이 경과함에 따라 경제의 생산 능력도 증가한다. 따라서 총수요를 진작해 생산을 확대한다는 단기적인 목표는 총공급을 확충하여 생산을 늘린다는 장기적인 목표와 결합되어 있었다. 마침내 1964년에 케네디의 세금 인하 계획이 법안으로 확정되었고, 실제로 이 정책은 탄탄한 경제적 번영의 시대를 여는 데 기여했다.

1964년의 세금 인하 조치를 필두로 정책담당자들은 가끔씩 총수요를 조절하기 위해 재정정책 도구를 사용할 것을 제안했다. 예컨대 2009년에 오바마 대통령이 취임했을 때 미국 경제는 경기침체의 한복판에 있었다. 오바마 대통령이 채택한 최초의 정책 중의 하나는 경제회복과 재투자법(American Recovery and Reinvestment Act, ARRA)이라 명명된 상당폭의 정부지출 증가를 포함한 경기부양책의 입법이었다. '뉴스 속의 경제학' 기사는 이 경기부양책에 대한 논란에 대해 설명한다. ●

24-3b 적극적인 안정화 정책에 대한 반대 논리

정부가 경기변동을 완화할 목적으로 통화정책과 재정정책을 사용하려고 해서는 안 된다고 주장하는 경제학자들도 있다. 이들은 통화정책과 재정정책은 경제성장 촉진과 물가 안정 등 장기적인 목표를 달성하기 위해 사용되어야 하며, 단기 경기변동은 자체적으로 해결되도록 내버려 두어야 한다고 주장한다. 이들은 통화정책과 재정정책이 이론적으로는 경기변동을 완화할 수 있다고 인정하지만 현실적으로 가능한지에 대해서는 회의적이다.

적극적인 통화정책과 재정정책에 대한 주요 반대 논리는 이 정책들이 경제에 영향을 미치는 데 긴 시차가 따른다는 것이다. 앞에서 살펴본 것처럼 통화정책은 이자율의 변동을 가져오고, 이자율이 변하면 투자지출이 변한다. 그런데 대부분의 기업은 장래를 내다보고 미리 투자 결정을 내린다. 따라서 통화정책은 적어도 6개월은 지나야 생산과 고용에 영향을 미치며, 그 효과는 몇 년 동안 지속될 수 있다. 경제 안정화 정책을 비판하는 학자들은 이러한 시차 때문에 중앙은행이 경기를 미세조정(fine-tune)을 해서는 안 된다고 주장한다. 이들에 따르면 중앙은행이 경제 여건 변화에 너무 늦게 대응하

여 결과적으로 경기변동을 치유하기는커녕 오히려 경기변동의 원인을 제공하는 경우가 허다하다는 것이다. 따라서 이들은 통화량을 꾸준히 소폭 증가시키는 것과 같은 수동적인 통화정책을 권한다.

재정정책에도 시차가 있다. 그러나 통화정책의 경우와 달리 재정정책의 시차는 주로 정치적 과정 때문에 발생한다. 미국에서 정부지출이나 세금을 조절하려면 하원과 상원 소위원회의 심의를 거쳐 하원과 상원 본회의를 통과한 후 대통령이 비준해야 한다. 이러한 과정은 몇 개월 걸리는 것은 보통이고, 경우에 따라서는 몇 년이 소요되기도 한다. 따라서 재정정책 변동 제안이 이 과정을 통과하여 시행에 들어갈 준비가 완료될 때쯤에는 경제 상황이 바뀌어 있을 가능성도 있다.

이와 같이 통화정책과 재정정책의 시차가 문제가 되는 이유 중 하나는 경제 예측이 매우 부정확하다는 데 있다. 1년 뒤 경제 여건을 정확하게 예측할 수 있다면 정책담당자들은 1년 뒤를 내다보고 통화정책과 재정정책 결정을 내릴 것이다. 이런 경우에는 정책의 시차가 있더라도 정책담당자들이 경제 안정화에 기여할 수 있다. 그러나 현실적으로 경기침체나 불황은 별다른 예고 없이 찾아온다. 따라서 정책담당자들이 취할 수 있는 최선의 정책은 그때그때 상황에 대처하는 것이다.

24-3c 자동안정화 장치

적극적인 경제 안정화 정책을 지지하는 경제학자나 반대하는 경제학자나 정책을 집행하는 데 따른 시차 때문에 단기적으로 경제 안정화 정책의 효용이 떨어진다는 사실에는 동의한다. 따라서 정책담당자들이 이런 시차를 피할 방법을 찾을 수 있다면 경제는 보다 안정적이 될 것이다. 실제로 그런 방법이 있다. 자동안정화 장치(automatic stabilizers)는 경기침체가 발생할 때 정부가 별도의 조치를 취하지 않더라도 총수요가 증가하도록 만드는 재정정책의 변동을 말한다.

자동안정화 장치 경기침체가 발생할 때 정부가 별도의 조치를 취하지 않더라도 총수요가 증가하도록 만드는 재정정책의 변동

가장 중요한 자동안정화 장치는 조세제도다. 경기가 침체되면 정부가 징수하는 세금은 자동적으로 줄어든다. 거의 모든 세금이 경제활동 수준과 밀접하게 연계되기 때문이다. 예컨대 개인소득세는 가계소득에, 사회보장세는 근로자들의 임금소득에, 법인세는 기업의 이윤에 대해 각각 부과된다. 그런데 경기침체기에는 소득, 임금, 이윤이 모두 하락하므로 정부의 조세수입도 줄어든다. 이렇게 세금이 자동적으로 줄어들면 총수요가 늘고 경기 변동폭은 작아진다.

일부 정부지출은 자동안정화 장치 역할을 하기도 한다. 특히 경기침체가 닥치고 근로자들이 해고되면 실업급여, 빈민층에 대한 공적 부조 등 소득 보조를 받을 자격을 충족하는 사람들이 많아진다. 정부지출의 이러한 자동적인 증가는 총수요가 부족해서 완전 고용이 어려운 시점에 총수요를 확대하는 역할을 한다. 실제로 1930년대 미국에서

실업보험제도가 도입될 때 경제학자들이 지지한 것은 실업보험의 자동안정화 장치 역할을 인식했기 때문이기도 하다.

미국 경제의 자동안정화 장치들은 경기침체를 완전히 막을 수 있을 정도로 강력하지는 못하다. 그러나 이러한 자동안정화 장치들이 없다면 산출량과 고용은 지금보다 훨씬 더 변동이 심할 것이다. 이런 이유로 많은 경제학자들은 연방 정부가 의무적으로 항상 재정수지의 균형을 달성하도록 요구하는 일부 정치인들의 헌법 수정안에 반대한다. 경기가 침체되면 조세수입이 줄고 정부지출은 증가하여 재정수지 적자 요인이 발생한다. 정부가 반드시 재정수지 균형을 유지해야 한다면 이러한 경기침체기에 세금을 인상하거나 지출을 줄일 수밖에 없다. 다시 말해서 엄격한 재정수지 균형 준칙은 세제와 정부지출에 내재한 자동안정화 장치를 없애는 결과를 초래할 것이다.

간단한 퀴즈

7. 경제주체들이 동물적 충동으로 인해 경제의 미래에 대해 비관적이 되었다고 하자. 이 경우 총수요를 부양하려면 연방준비제도가 연방기금금리 목표치를 (　　　)하거나 의회가 세금을 (　　　) 할 수 있을 것이다.

a. 인상, 인상
b. 인상, 인하
c. 인하, 인상
d. 인하, 인하

8. 통화정책이 시차를 두고 경제에 영향을 미치는 이유는 (　　　) 시간이 많이 소요되기 때문이다.

a. 중앙은행이 정책을 변경하는데
b. 정책 결정이 내려진 후 통화량을 변동시키는데
c. 통화량의 변동이 이자율에 영향을 미치는데
d. 이자율의 변동이 투자지출에 영향을 미치는데

9. 다음 중 경기침체기에 작동하는 자동안정화 장치의 예는?

a. 더 많은 사람들이 실업급여를 받을 수 있게 된다.
b. 주가, 특히 경기변동의 영향을 받는 기업들의 주가가 하락한다.
c. 의회가 가능한 경기부양책에 대한 청문회를 개최한다.
d. 연방준비제도가 연방기금 금리 목표치를 수정한다.

정답은 각 장의 끝에

24-4 결론

정책담당자들은 정책을 바꾸기에 앞서 그 정책 결정이 가져올 모든 결과를 감안해야 한다. 이 책의 앞부분에서 우리는 통화정책과 재정정책의 장기적 효과를 설명하는 고전학파의 거시경제 모형에 대해 살펴보았다. 이 모형을 통해 재정정책이 저축, 투자, 장기 경제성장에 어떤 영향을 미치는지, 통화정책이 물가 수준과 인플레이션에 어떤 영향을 주는지에 대해 공부했다.

이 장에서는 통화정책과 재정정책의 단기 효과에 대해 살펴보았다. 이들 정책수단이 재화와 서비스의 총수요에 어떤 영향을 미치고, 이에 따라 단기적으로 생산과 고용에 어떤 영향을 미치는지 배웠다. 의회가 재정수지의 균형을 달성하기 위해 정부지출을 삭감하려고 할 때는 이 정책이 저축과 성장에 미치는 장기적 효과와 함께 총수요와 고용에 미치는 단기적 효과도 감안해야 한다. 중앙은행이 통화량의 증가율을 낮출 때는 생산에 미치는 단기적 효과뿐만 아니라 인플레이션에 미치는 장기적 효과도 고려해야 한다. 모든 정책담당자들은 단기 정책목표와 장기 정책목표 모두를 염두에 두어야 한다.

요약

- 단기 경기변동의 이론을 전개하면서 케인즈는 이자율의 결정 요인을 설명하기 위해 유동성 선호이론을 내놓았다. 이 이론에 따르면 이자율은 화폐의 수요와 공급이 일치하도록 변동한다.
- 물가가 상승하면 화폐 수요가 증가하고, 화폐시장의 균형 이자율도 상승한다. 이자율은 자금의 차입비용을 나타내므로 이자율이 높아지면 투자지출이 감소하고, 따라서 재화와 서비스의 수요량도 감소한다. 우하향하는 총수요곡선은 물가 수준과 총수요량 사이의 마이너스 상관관계를 나타낸다.
- 정부는 통화정책을 통해 총수요에 영향을 미칠 수 있다. 통화량이 증가하면 주어진 물가 수준에서 균형이자율이 하락한다. 이자율이 하락하면 투자지출이 증가하기 때문에 총수요곡선은 오른쪽으로 이동한다. 반대로 통화량이 감소하면 주어진 물가 수준에서 균형이자율이 상승하고 총수요곡선은 왼쪽으로 이동한다.
- 정부는 재정정책을 통해서도 총수요에 영향을 미칠 수 있다. 정부구입이 늘거나 세금이 인하되면 총수요곡선은 오른쪽으로 이동한다. 반대로 정부구입이 줄거나 세금이 증가하면 총수요곡선은 왼쪽으로 이동한다.
- 정부가 지출이나 세금을 변동시킬 경우 그로 인한 총수요곡선의 이동폭은 재정변수의 변동보다 클 수도 있고 작을 수도 있다. 승수효과는 재정정책이 총수요에 미치는 효과를 확대하는 경향이 있다. 밀어내기 효과는 재정정책이 총수요에 미치는 영향을 축소하는 경향이 있다.
- 통화정책과 재정정책이 총수요에 영향을 미칠 수 있기 때문에 정부는 때때로 이런 정책수단들을 사용하여 경기변동을 완화하려고 노력한다. 정부가 얼마나 적극적으로 개입해야 하는지에 대해서는 경제학자들 사이에 이견이 있다. 적극적 개입에 찬성하는 학자들은 가계와 기업의 태도 변화가 총수요를 변동시키기 때문에 정부가 적절한 대응 조치를 취하지 않으면 바람직하지 않고 불필요한 고용과 산출량 변동이 일어난다고 주장한다. 적극적인 안정화 정책에 반대하는 학자들은 통화정책과 재정정책의 효과가 긴 시차를 두고 나타나기 때문에 경제를 오히려 불안정하게 만든다고 주장한다.

중요개념

유동성 선호이론 599
재정정책 610
승수효과 610
밀어내기 효과(구축효과) 613
자동안정화 장치 622

복습문제

1. 유동성 선호이론은 무엇이며, 총수요곡선이 우하향하는 것을 어떻게 설명할 수 있는가?

2. 통화량이 감소하면 총수요곡선에 어떤 영향이 미치는지 유동성 선호이론을 사용하여 설명하라.

3. 정부가 경찰차를 구입하는 데 30억 달러를 지출한다고 하자. 총수요가 30억 달러 이상 또는 30억 달러보다 덜 증가할 수 있는 이유를 설명하라.

4. 소비자 신뢰도 조사 결과에 따르면 비관론이 나라 전체를 휩쓸고 있는 것으로 나타났다고 한다. 정책담당자가 아무런 조치를 취하지 않는다면 총수요는 어떻게 되겠는가? 중앙은행이 총수요를 안정시키려면 어떤 조치를 취해야 하겠는가? 중앙은행이 아무런 조치를 취하지 않을 경우 총수요를 안정시키기 위해 의회는 어떤 조치를 취해야 하겠는가? 그 이유를 설명하라.

5. 자동안정화 장치의 역할을 수행하는 정부 정책의 예를 하나 들라. 이 정책이 왜 자동안정화 장치 효과를 나타내는지 설명하라.

응용문제

1. 다음의 각 사건들이 화폐 공급과 화폐 수요, 이자율에 어떤 영향을 미칠지 적절한 그래프를 이용하여 설명하라.
  a. 중앙은행이 공개시장조작을 통해 국채를 사들인다.
  b. 신용카드 보급이 늘어 사람들이 보유하고자 하는 현금의 양이 줄어든다.
  c. 중앙은행이 지급준비율을 인하한다.
  d. 가계들이 크리스마스 쇼핑에 쓰기 위해 더 많은 화폐를 보유한다.
  e. 낙관론이 대두되어 기업의 투자지출이 증가한다.

2. 중앙은행이 통화량을 5% 늘린다고 하자.
  a. 유동성 선호이론을 이용하여 이 정책이 이자율에 미치는 효과를 그래프로 설명하라.
  b. 총수요 · 총공급이론을 이용하여 이러한 이자율 변동이 단기적으로 산출량과 물가 수준에 미치는 영향을 설명하라.
  c. 경제가 단기 균형에서 새로운 장기 균형으로 이행할 때 물가 수준은 어떻게 변동하겠는가?
  d. 이러한 물가 수준 변동은 화폐 수요와 균형이자율에 어떤 영향을 미치겠는가?
  e. 이상의 분석은 통화량이 단기에는 실물 분야에 영향을 미치지만 장기에는 중립적이라는 정리와 부합되는가?

3. 컴퓨터 바이러스의 공격으로 현금자동인출기가 마비되어 예금을 인출하기가 불편해지고, 이에 따라 사람들이 보유하려는 현금의 액수가 늘어 화폐 수요가 증가한다고 하자.
  a. 중앙은행이 화폐 공급을 변동시키지 않는다고 하자. 유동성 선호이론에 따르면 이자율은 어떻게 변할까? 총수요는 어떻게 변할까?
  b. 중앙은행이 총수요를 안정시키려 한다면 통화량을 어떻게 조절해야 하겠는가?
  c. (b)에서 필요한 통화량 조절을 위해서는 어떤 공개시장조작이 필요하겠는가?

4. 두 가지 정책을 생각해보자. 하나는 1년 동안만 세금을 낮추는 것이고, 다른 하나는 항구적으로 세금을 낮추는 것이다. 어떤 정책이 소비자의 지출을 더 증가시키겠는가? 어떤 정책이 총수요에 더 큰 영향을 주겠는가? 설명하라.

5. 경제가 실업률이 높고 생산은 낮은 경기침체 상태다.
  a. 총수요곡선, 단기 총공급곡선, 장기 총공급곡선 그래프를 사용하여 현재 상황을 나타내라.
  b. 자연산출량을 회복하려면 어떠한 공개시장조작이 필요한가?
  c. 화폐시장의 그래프를 사용해 이러한 공개시장조작의 효과를 설명하라. 이자율은 어떻게 변동하는가?

d. (a)와 비슷한 그래프를 사용해 공개시장조작이 산출량과 물가 수준에 미치는 영향을 보여라. 이 결과를 말로 설명하라.

6. 1980년대 초에 새로운 법률이 제정되어 은행들이 요구불예금에 대해 이자를 지급할 수 있게 되었다.

a. 요구불예금을 화폐에 포함시킨다면 이 법률은 화폐 수요에 어떤 영향을 미쳤겠는가? 설명하라.

b. 이런 상황에서 중앙은행이 통화량을 일정하게 유지했다면 이자율은 어떻게 되었겠는가? 총수요와 산출량은 어떻게 되었겠는가?

c. 이런 상황에서 중앙은행이 시장이자율(화폐 이외의 금융자산에 대한 이자율)을 일정하게 유지하려 했다면 통화량을 어떻게 조절했어야 하는가? 그 결과 총수요와 산출량은 어떻게 되었겠는가?

7. 경제학자들의 관찰 결과 정부지출이 100억 달러 증가하면 재화와 서비스의 총수요는 300억 달러 증가하는 것으로 나타났다고 한다.

a. 이 경제학자들이 밀어내기 효과의 가능성을 무시한다면 한계소비성향(*MPC*)이 얼마라고 추정하겠는가?

b. 이제 경제학자들이 밀어내기 효과를 받아들인다면 한계소비성향의 추정치는 (a)에서보다 크겠는가, 작겠는가?

8. 어떤 경제의 산출량이 자연산출량 수준에 비해 4,000억 달러 낮고 정부가 이러한 경기침체 갭을 재정정책을 이용하여 해소하려고 한다. 중앙은행은 이자율이 유지되도록 통화량을 조정하기로 동의했고, 따라서 밀어내기 효과는 발생하지 않는다고 하자. 한계소비성향은 4/5이고 물가 수준은 단기적으로 완전히 고정되었다고 한다. 경기침체 갭을 해소하기 위해서는 정부지출을 어떤 방향으로 얼마나 조절해야 하겠는가? 그 이유를 설명하라.

9. 정부지출이 증가했다고 하자. 중앙은행이 아무런 대응 조치를 취하지 않을 경우와 이자율을 고정하기 위해 개입할 경우, 어떤 경우에 총수요에 더 큰 영향이 미치겠는가? 설명하라.

10. 다음 중 어떤 상황에서 확대재정 정책이 단기적으로 투자 증가를 유발할 가능성이 높은가? 그 이유를 설명하라.

a. 투자 가속도가 클 때 또는 작을 때

b. 이자율에 대한 투자의 반응도가 클 때 또는 작을 때

11. 아래와 같은 방정식들에 의해 움직이는 경제에 대해 질문에 답하라.

$$Y = C + I + G$$
$$C = 100 + 0.75(Y - \mathrm{T})$$
$$I = 500 - 50r$$
$$G = 125$$
$$T = 100$$

여기서 Y는 GDP, C는 소비, I는 투자, G는 정부 구입, T는 조세, r은 이자율이다. 이 경제가 완전고용상태에 있다면(즉 산출량이 자연산출량과 같다면) GDP는 2000이 될 것이다.

a. 위의 각 방정식의 의미를 설명하라.

b. 이 경제의 한계소비성향은 얼마인가?

c. 중앙은행이 이자율이 4%에서 유지되도록 통화량을 조절한다고 하자. 이 경우 GDP는 얼마가 되겠는가? 완전고용 GDP보다 더 높은가 더 낮은가?

d. 통화정책에 변화가 없을 경우 정부 구입을 얼마로 바꾸면 완전고용을 회복할 수 있겠는가?

e. 재정정책에 변화가 없을 경우 이자율을 얼마로 바꾸면 완전고용을 회복할 수 있겠는가?

간단한 퀴즈 정답

1. b 2. c 3. b 4. b 5. d 6. c 7. d 8. d 9. a

부록

우리나라 통계 자료

표 **2.1**

대부분의 경제학자들이 동의하는 10가지 명제

이 표에는 대부분의 경제학자들이 동의하는 10가지 명제에 대한 미국과 우리나라 경제학자들의 동의비율이 정리되어 있다. 대체로 두 나라 경제학자들의 동의비율이 비슷하지만 명제 1과 6을 제외하면 우리나라 경제학자들의 동의비율이 다소 높다.

자료 : 1) 미국 수치는 본문 p.39 참고. 미국의 경우 1991년 설문에 기초한 것이며 본문 표 2.1은 2006년 설문이 추가되었음.
2) 한국 수치는 Jae Ho Cho, "Korean Economists' Belief about Economic Issues", *Korean Economic Review* 17(1), Summer 2001, pp.67~79 참고

	명제	미국	한국
1.	주택임대료 규제는 주택의 수량과 품질의 저하를 가져온다.	93	87
2.	관세와 수입쿼터가 부과되면 대체로 경제적 후생 수준이 낮아진다.	93	95
3.	변동환율제는 유효한 국제통화 체제다.	90	96
4.	조세감면이나 정부지출의 증가와 같은 재정정책은 완전고용에 미달한 경제에서는 현저한 경기부양 효과를 나타낸다.	90	91
5.	정부재정의 균형은 매년 달성하는 것보다 경기순환주기를 단위로 달성해야 한다.	85	88
6.	현금을 주는 것이 같은 값의 물건으로 주는 것보다 받는 사람에게 더 큰 이득이다.	84	80
7.	과도한 재정적자는 국민경제에 나쁜 영향을 끼친다.	83	86
8.	최저임금제가 시행되면 젊은 비숙련 근로자들의 실업률이 높아진다.	79	80
9.	빈곤층 소득보조는 '마이너스 소득세(부의 소득세)' 개념으로 개편되어야 한다.	79	85
10.	배출부담금(피구세라고도 함)과 배출권 거래제도는 배출량 상한 규제보다 우월한 방식이다.	78	84

표 15.1

명목 GDP와 그 구성요소 : 2019년

이 표는 2019년의 명목 국내총생산과 그 구성비를 나타낸 것이다. 우리나라 GDP는 가계와 정부의 최종 소비지출, 총자본형성(투자), 순수출로 구성된다. 이중 가계 소비지출이 48.5%로 가장 큰 비중을 차지한다. 총자본 형성에는 정부 부문이 포함되어 있으므로 본문의 정부구입 자료를 구하려면 정부 부문의 최종 소비지출과 총자본 형성을 합해야 한다. 2019년의 경우 정부 부문의 총자본 형성은 98조 원이었으므로 정부구입은 427.4조 원이고 이는 국내총생산 1,919조 원의 22.3%에 달한다.

주: 2019년 총인구는 51,849,861명임(통계청 주민등록인구 자료)
자료: 한국은행, 경제통계시스템, 『국민계정』편

항목	금액(10억 원)	1인당 금액(만 원)	구성비(%)
최종 소비지출	1,260,965.1	2,432.0	65.7
가계(민간)	931,669.5	1,796.9	48.5
정부	329,295.5	635.1	17.2
총자본 형성	601,581.4	1,160.2	31.3
민간	503,393.8	970.9	26.2
정부	98,187.6	189.4	5.1
재화와 서비스의 수출	766,602.0	1,478.5	39.9
재화와 서비스의 수입(공제)	710,990.2	1,371.2	37.0
통계상 불일치	881.5	1.7	0.0
국내총생산	1,919,039.8	3,701.1	100.0

그림 15.2

실질 GDP : 1970~2020년

이 그림은 1970년 이후 분기별 실질 국내총생산(GDP)의 추이를 나타낸 것이다. 연간 기준으로 1980년, 1998년, 그리고 2020년에 예외적으로 감소하였다. 분기 기준으로는 2000년 이후 2003년 1,2분기, 2008년 4분기, 2019년 1분기, 그리고 2020년 1,2분기에 실질 GDP가 감소하였다.

주 : 기준연도: 2015년, 연두색 막대 부분은 GDP가 감소한 기간임
자료 : 한국은행, 경제통계시스템, 『국민계정』편

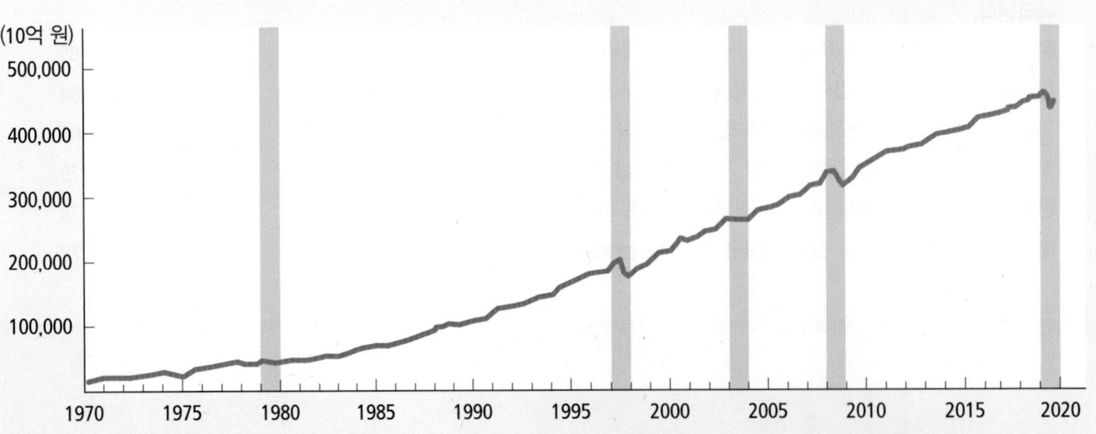

그림 16.1

도시근로자 가구당 월평균 소비지출 : 2019년

이 그림은 2019년 도시근로자 가구당 월평균 소비지출 구조를 보여 준다. 우리나라 도시근로자 가구의 소비지출 중 약 49.5%가 교육, 식음료, 숙박, 교통에 집중되어 있다. 미국에 비해 주거비 비중이 매우 낮은 것은 주거비의 정의가 다르기 때문이다.

자료 : 통계청, 국가통계포털, 『소득 · 소비 · 자산』편

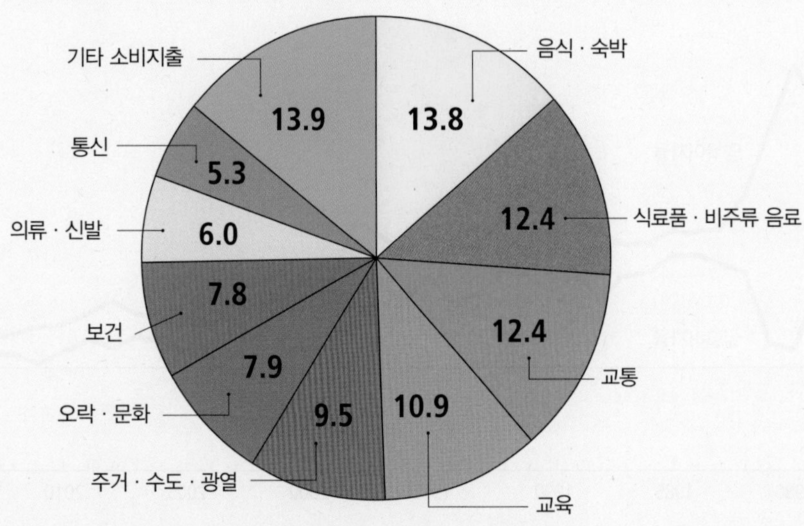

그림 16.2

두 가지 물가지수로 측정한 물가상승률 : 1970~2020년

이 그림은 소비자물가지수(CPI)와 GDP 디플레이터로 측정한 물가상승률 추이를 보여 준다. 대체로 두 지수가 비슷하게 움직이고 있음을 알 수 있다.

주 : 1) 기준연도 : 2015년
2) CPI는 2020년, GDP 디플레이터는 2019년까지임.

자료 : 한국은행, 경제통계시스템, 『국민계정』, 『물가』편

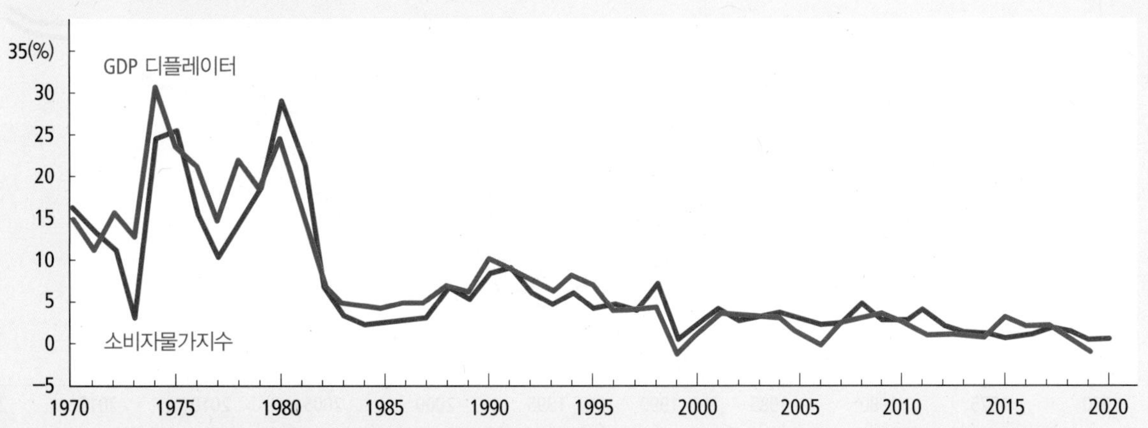

그림 **16.4** 명목이자율과 실질이자율 : 1975~2020년

이 그림은 명목이자율과 실질이자율 추이를 보여 준다. 명목이자율은 3년 만기 회사채 수익률이며 실질이자율은 명목이자율에서 소비자물가 상승률을 뺀 수치다. 1990년대 이전에는 두 이자율의 격차가 매우 크고 변동 방향도 달랐으나 이후에는 격차가 줄어들고 있다.

자료 : 한국은행, 경제통계시스템, 『금리』, 『물가』 편

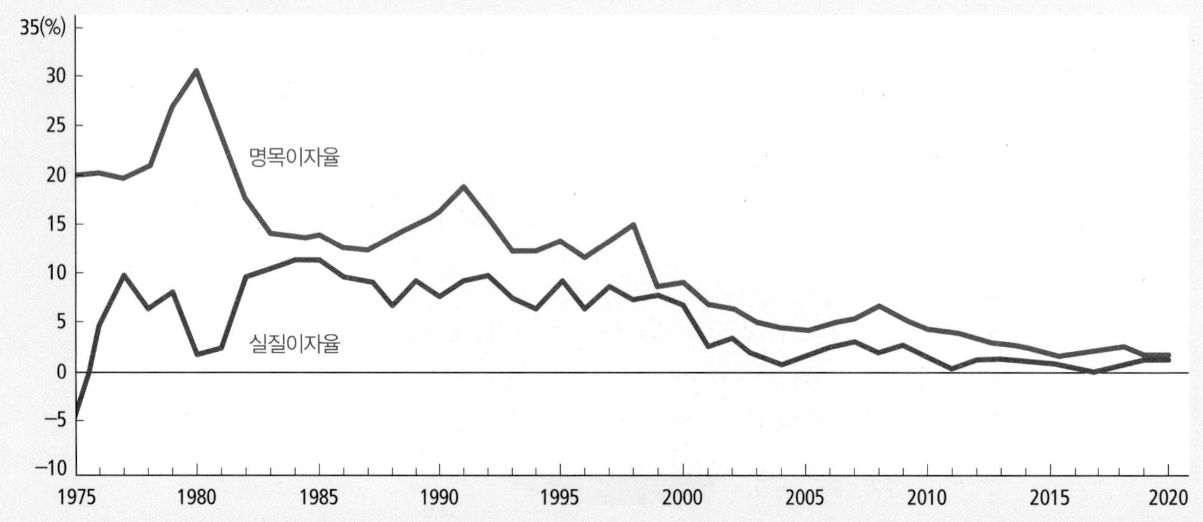

그림 **18.5** GDP 대비 총 국가채무 잔액 : 1970~2019년

이 그림은 GDP 대비 국가채무 비율의 추이를 보여 준다. 이 비율은 1980년대 초부터 하락해 왔으나 외환 위기를 거치며 대폭 상승하였다. 2000년대에는 비교적 안정적이었으나 글로벌 금융 위기 이후 다시 상승하였다.

주 : 1) 국가채무 = 차입금 + 국채 + 국고채무 부담 + 보증채무
2) 지방 정부 채무는 포함하지 않음

자료 : 기획재정부, 『결산개요』, 각 연도

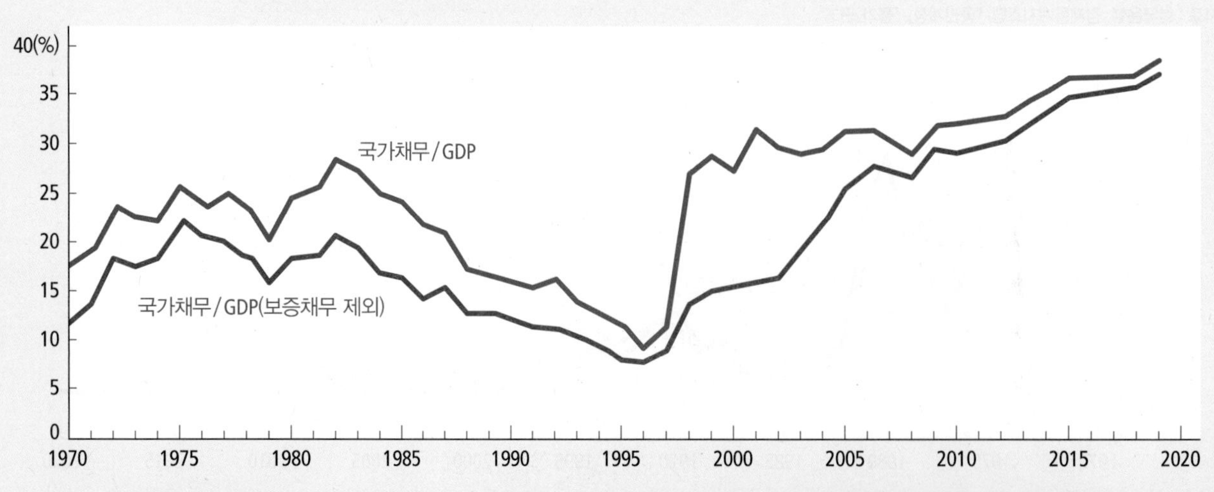

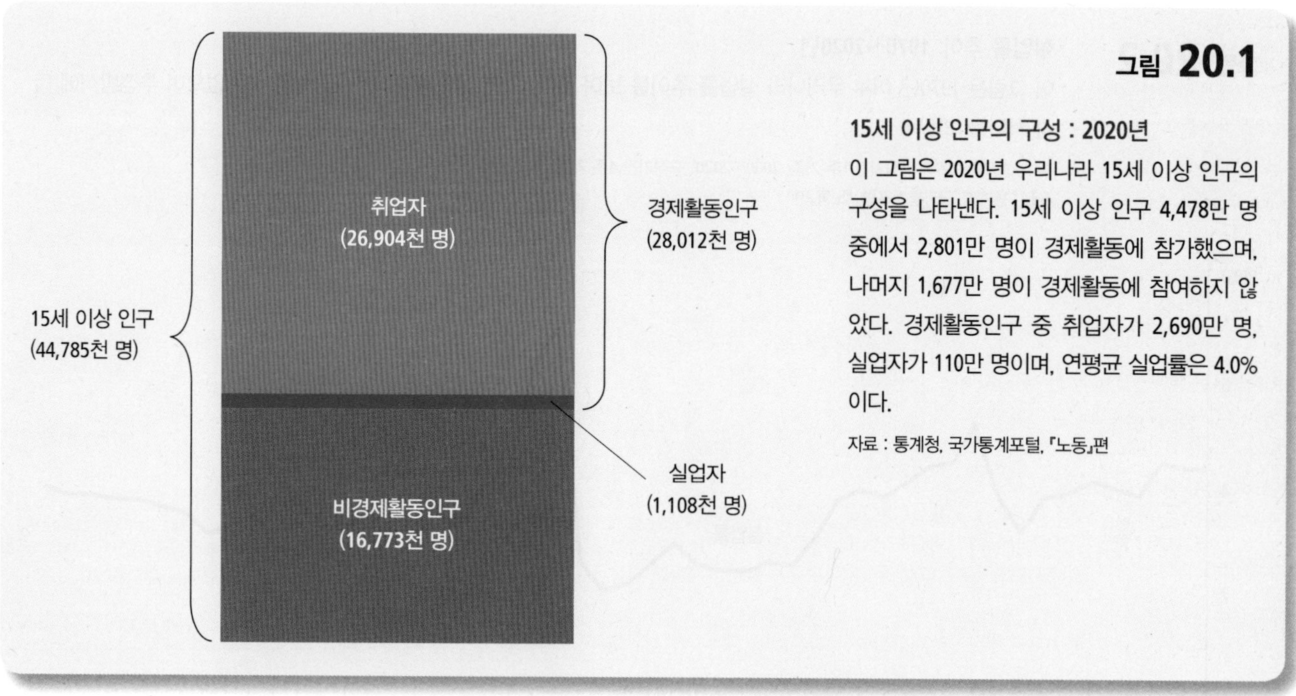

그림 20.1

15세 이상 인구의 구성 : 2020년

이 그림은 2020년 우리나라 15세 이상 인구의 구성을 나타낸다. 15세 이상 인구 4,478만 명 중에서 2,801만 명이 경제활동에 참가했으며, 나머지 1,677만 명이 경제활동에 참여하지 않았다. 경제활동인구 중 취업자가 2,690만 명, 실업자가 110만 명이며, 연평균 실업률은 4.0%이다.

자료 : 통계청, 국가통계포털, 『노동』편

표 20.1

인구통계학적 분류에 의한 노동시장 구조 : 2020년

이 표는 인구통계학적 분류에 따른 2020년 노동시장 구조를 나타낸 것이다. 전체 인구 중 15세 이상 인구의 경제활동 참가율은 62.5%인 반면, 10대의 경제활동 참가율은 7.2%에 불과하다. 성별로는 15세 이상 남성에 비해 여성의 경제활동 참가율과 실업률이 더 낮다.

자료 : 통계청, 국가통계포털, 『노동』편

	실업률(%)	경제활동 참가율(%)
15세 이상 인구		
총계	4.0	62.5
남성	3.9	72.6
여성	4.0	52.8
15～19세 인구		
총계	8.7	7.2
남성	10.8	6.5
여성	7.1	8.0

그림 **20.2** 실업률 추이: 1970~2020년

이 그림은 1970년 이후 우리나라 실업률 추이를 보여 준다. 자연 실업률에 대한 공식 통계는 없으며 추정방식에 따라 차이를 보인다.

주 : 1970~1999: 구직기간 1주 기준, 2000~2020: 구직기간 4주 기준

자료 : 통계청, 국가통계포털, 『노동』편

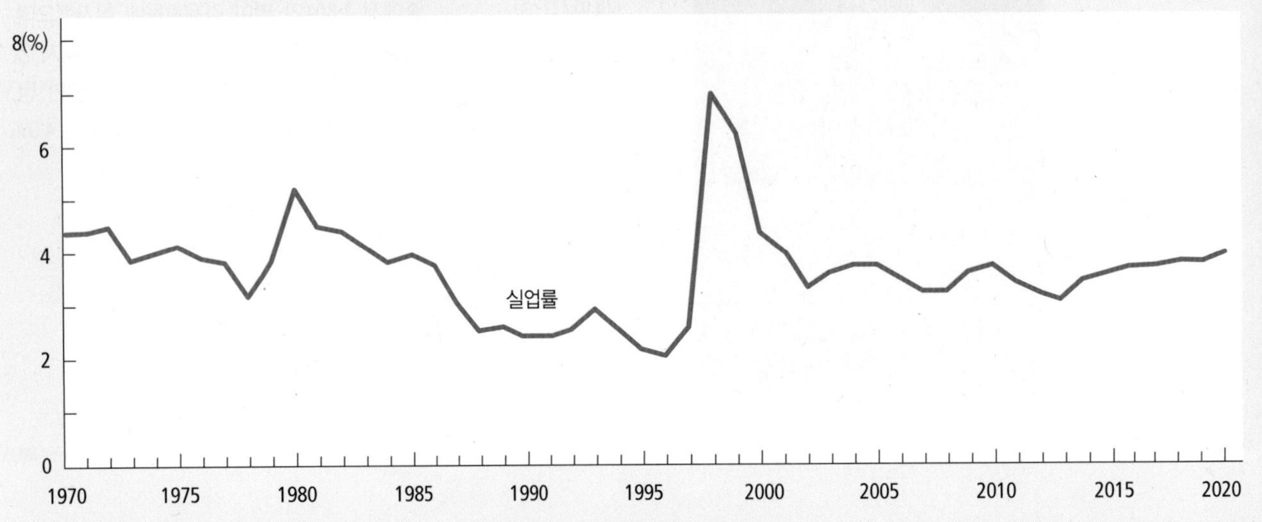

그림 **20.3** 남성과 여성의 경제활동 참가율 : 1970~2020년

이 그림은 1970년 이후 남성과 여성의 경제활동 참가율 추이를 보여 준다. 여성의 경제활동 참가율은 꾸준히 상승하고 있으나 남성에 비해서는 매우 낮은 수준이다.

주 : 1970~1999: 구직기간 1주 기준, 2000~2020: 구직기간 4주 기준

자료 : 통계청, 국가통계포털, 『노동』편

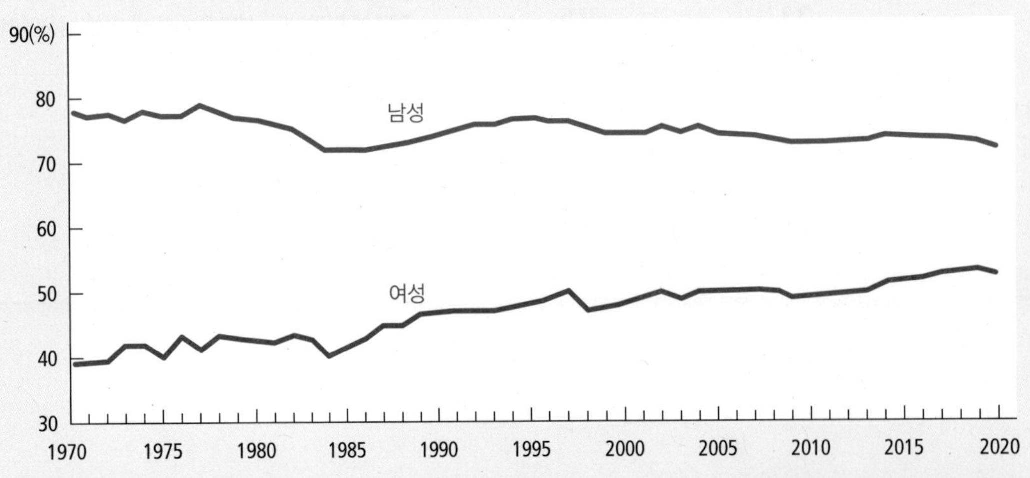

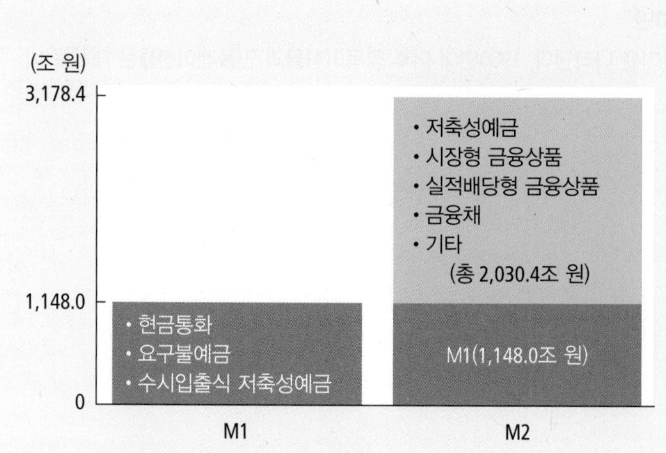

그림 21.1

두 가지 통화량 지표 : 2020년 11월 평균잔액

이 표는 협의통화(M1)와 광의통화(M2)의 구성요소와 2019년의 금액을 보여 준다. 협의통화(M1)는 현금통화에 요구불예금과 수시입출식 저축성예금을 더한 것이며, 광의통화(M2)는 협의통화(M1)에 저축성예금과 시장형 금융상품, 실적배당형 금융상품 등을 추가한 것이다.

자료 : 한국은행, 경제통계시스템, 『통화 및 유동성 지표』편

그림 22.3

명목 GDP, 통화량, 화폐유통속도 : 1970~2019년

이 그림은 1970년 이후 명목 GDP, 통화량, 화폐유통속도의 추이를 보여 준다. 통화량이 명목 GDP보다 빠른 속도로 증가하여 화폐유통속도(명목 GDP/통화량)가 지속적으로 하락하였으나 2000년 이후에는 안정세를 보이고 있다.

자료 : 한국은행, 경제통계시스템, 『국민계정』편

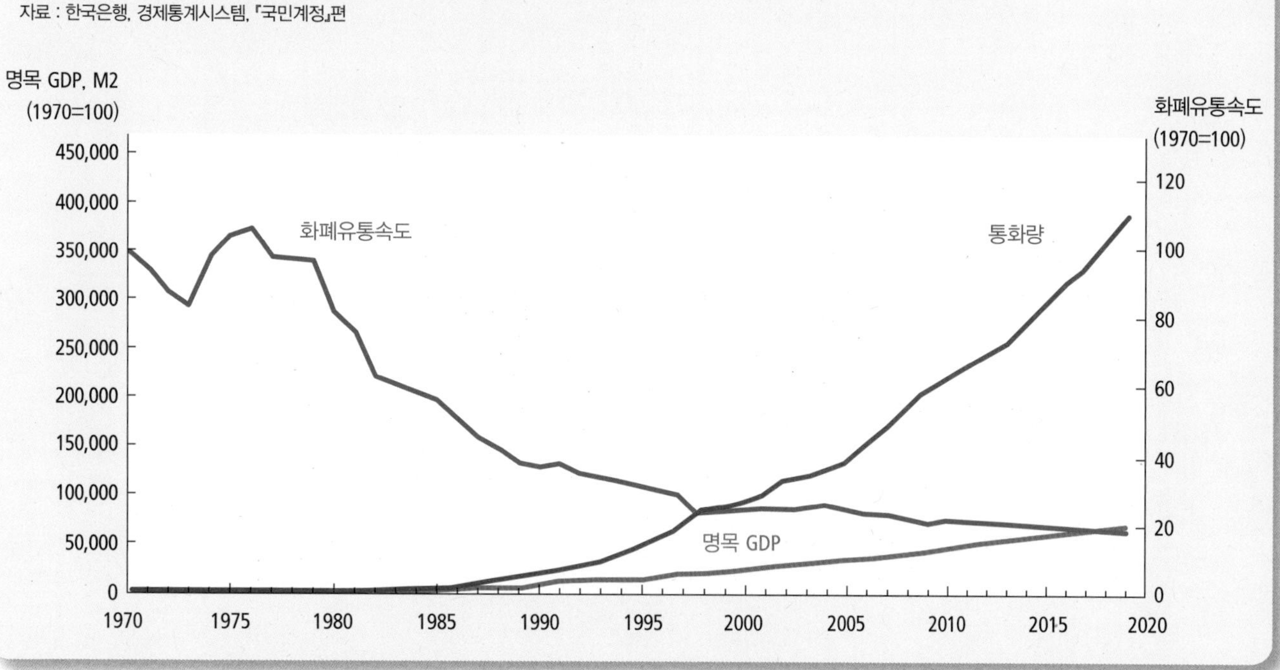

그림 22.5 **명목이자율과 인플레이션율 : 1975~2020년**

이 그림은 명목이자율과 인플레이션율의 추이를 나타낸다. 1980년대 이후 명목이자율과 인플레이션율은 대체로 비슷한 움직임을 보이고 있다.

주 : 1) 명목이자율은 3년 만기 회사채 수익률임
2) 인플레이션율은 소비자물가 상승률임

자료 : 한국은행, 경제통계시스템, 『금리』, 『물가』편

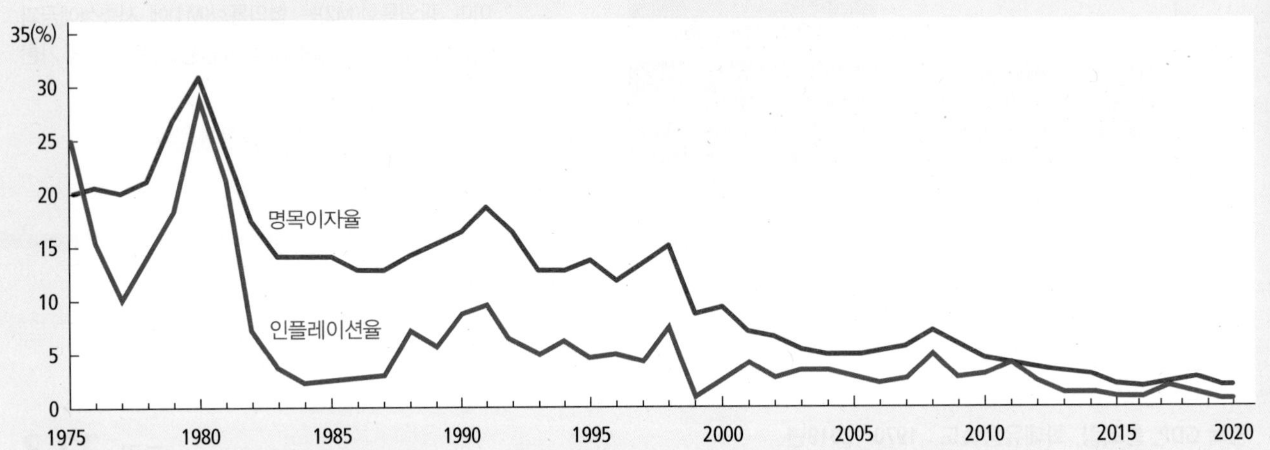

그림 23.1

경기변동: 실질 GDP, 총투자, 실업률 : 1970~2020년

그림 (a)는 실질 GDP, (b)는 실질 총투자, (c)는 실업률의 계절 조정 분기 자료를 보여 준다. 실질 GDP는 지속적으로 증가해왔으며 연간 기준으로 1980년, 1998년, 그리고 2020년에 예외적으로 감소하였다. 분기 기준으로는 2000년 이후 2003년 1,2분기, 2008년 4분기, 2019년 1분기, 그리고 2020년 1,2분기에 실질 GDP가 감소하였다. 총투자도 실질 GDP와 비슷한 움직임을 보였으나 그 진폭이 훨씬 크다. 1980년 이후 지속적으로 하락세를 보이던 실업률은 1998년에 큰 폭으로 상승했다가 1999년 이후 다시 하락세로 돌아섰다.

주 : 1) 총투자는 2020년 3분기까지임.
2) 투자에 대한 디플레이터를 이용하여 명목총투자를 실질화
3) 1970~1999 : 구직기간 1주 기준 실업률, 2000~2020 : 구직기간 4주 기준 계절 조정 실업률

자료 : 1) 통계청, 국가통계포털, 『노동』편
2) 한국은행, 경제통계시스템, 『국민계정』편

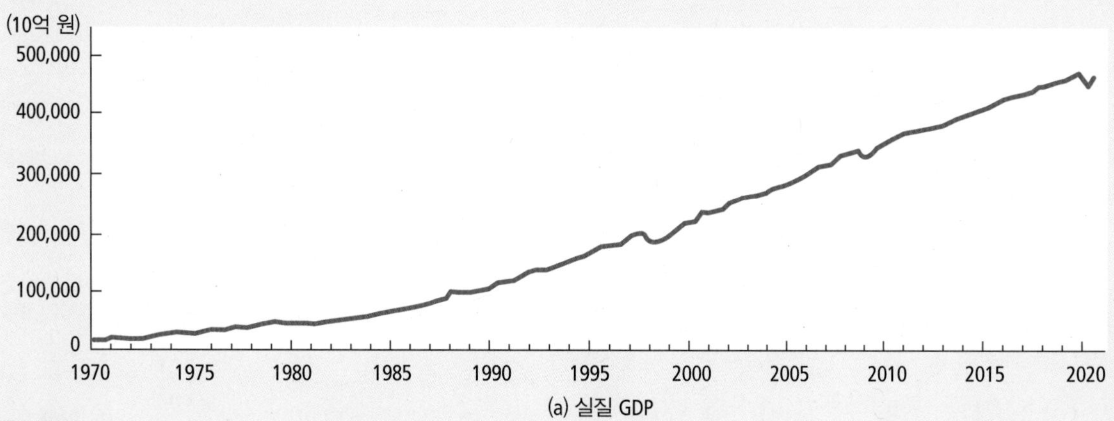

(a) 실질 GDP

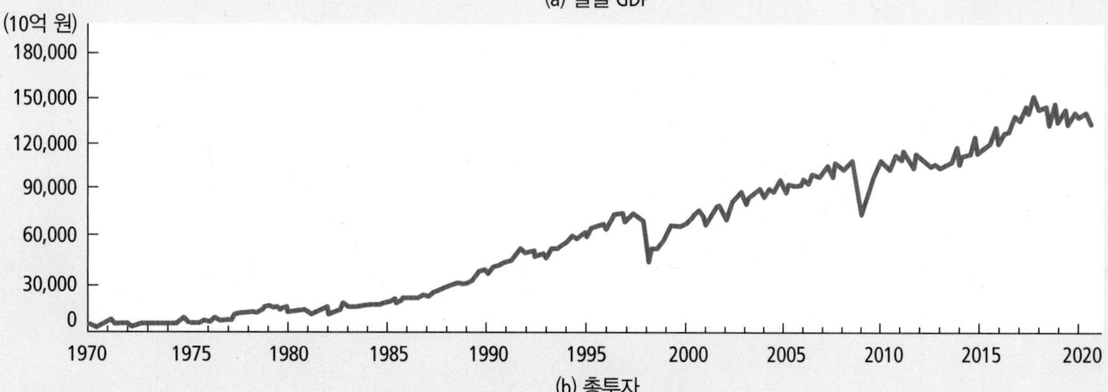

(b) 총투자

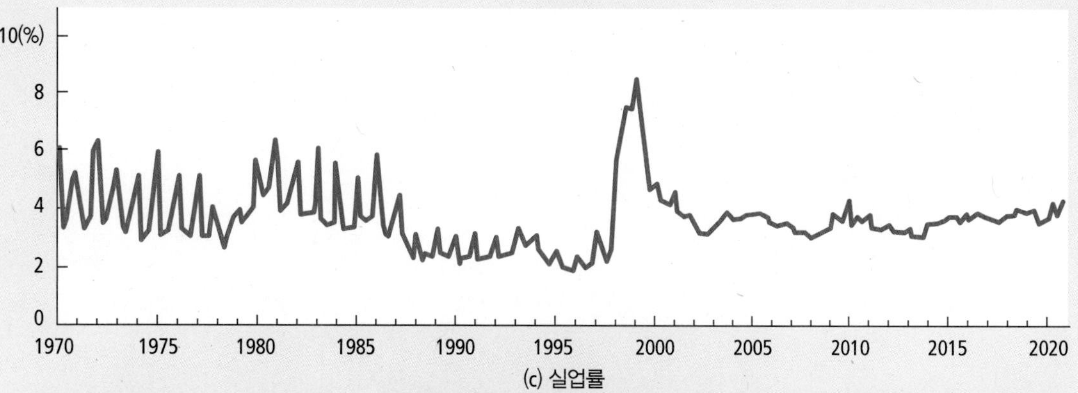

(c) 실업률

RESTROOMS
BAÑOS
ATM

용어 설명

ㄱ

가격상한(price ceiling) 어떤 재화 판매가격의 법정 최고치

가격차별(price discrimination) 동일한 상품에 대해 소비자에 따라 다른 가격을 받는 행위

가격하한(price floor) 어떤 재화 판매가격의 법정 최저치

가변비용(variable costs) 산출량에 따라 변하는 비용

가치의 저장수단(store of value) 현재의 구매력을 미래로 이전하는 데 이용되는 수단

거래비용(transaction costs) 이해당사자들이 협상을 통해 합의에 도달하는 과정에서 부담하는 비용

거시경제학(macroeconomics) 인플레이션, 실업, 경제성장 등과 같이 나라 경제 전체에 관한 경제 현상을 연구하는 경제학의 한 분야

경기순환(business cycle) 고용, 생산량과 같은 경제활동의 지표가 주기적으로 오르내리는 현상

경기적 실업(cyclical unemployment) 자연 실업률을 벗어난 실업

경기침체(recession) 실질소득이 감소하고 실업이 증가하는 시기

경쟁시장(competitive market) 동일한 상품을 취급하는 수많은 공급자와 수요자로 구성되어 모든 사람이 가격수용자인 시장

경제순환모형도(circular-flow diagram) 시장을 통해 가계와 기업 간에 자금이 순환하는 과정을 그림으로 표현한 경제모형

경제적 순손실(deadweight loss) 세금 부과 등과 같은 시장 왜곡현상에 따라 초래되는 총잉여 감소분

경제적 유인(incentive) 사람들이 행동하도록 만드는 그 무엇

경제학(economics) 한 사회가 희소자원을 어떻게 관리하는지 연구하는 학문

경제학적 이윤(economic profit) 총수입에서 명시적 비용과 암묵적 비용을 포함한 모든 기회비용을 뺀 금액

경제활동인구(labor force) 취업자와 실업자의 합

경제활동 참가율(labor-force participation rate) 성인 인구 중에서 경제활동인구가 차지하는 비율

고전학파의 이분법(classical dichotomy) 경제변수를 명목변수와 실질변수로 나누는 것

고정비용(fixed costs) 산출량에 따라 변하지 않는 비용

공개시장조작(open-market operations) 중앙은행이 민간에게서 국채를 사거나 파는 행위

공공재(public goods) 배제성도 없고 소비에 있어서 경합성도 없는 재화

공급곡선(supply curve) 어떤 재화의 가격과 공급량의 관계를 보여주는 그래프

공급과잉(surplus) 공급량이 수요량을 초과하는 상태

공급량(quantity supplied) 판매자들이 팔 의사와 능력이 있는 재화의 양

공급의 가격탄력성(price elasticity of supply) 어느 재화의 가격이 변할 때 그 재화의 공급량이 얼마나 변하는지 나타내는 지표. 공급량의 변화율을 가격 변화율로 나눈 수치

공급의 법칙(law of supply) 다른 조건이 불변일 때, 어떤 재화의 가격이 상승하면 그 재화의 공급량이 증가하는 법칙

공급표(supply schedule) 어떤 재화의 가격과 공급량의 관계를 나타내는 표

공유자원(common resources) 소비에 있어서 경합성은 있으나 배제성이 없는 재화

공유자원의 비극(Tragedy of the Commons) 공유자원이 사회적 관점에서 볼 때 과다하게 사용되어 결국 고갈된다는 우화

관세(tariff) 외국에서 생산되어 국내에서 소비되는 물건에 부과되는 세금

교정적 조세(corrective tax) 개별 의사결정자들이 부정적 외부효과에서 비롯되는 사회비용을 감안하도록 유도하기 위해 고안된 조세

교환의 매개수단(medium of exchange) 재화나 서비스를 사는 사람이 파는 사람에게 주는 지불수단

구두창 비용(shoeleather costs) 인플레이션에 직면한 경제주체들이 현금 보유를 줄이는 과정에서 낭비되는 자원

구조적 실업(structural unemployment) 노동시장에서 제공되는 일자리의 수가 직장을 찾고 있는 노동자들의 수에 비해 적어서 발생하는 실업

국내총생산(gross domestic product, GDP) 한 나라에서 일정 기간 동안 생산된 모든 최종 재화와 서비스의 시장가치

국민저축(national saving) 경제 전체의 소득에서 소비와 정부구입에 충당하고 남은 금액

국제가격(world price) 세계시장에서 형성된 가격

규모에 대한 수익불변(constant returns to scale) 장기 평균총비용이 산출량과 관계없이 일정한 현상

규모의 경제(economies of scale) 산출량이 증가함에 따라 장기 평균총비용이 하락하는 현상

규모의 불경제(diseconomies of scale) 산출량이 증가함에 따라 장기 평균총비용이 상승하는 현상

규범적 서술(normative statements) 현실이 어떻게 되어야 한다는 주장

균형(equilibrium) 수요량과 공급량을 일치시키는 시장가격에 도달한 상태

균형가격(equilibrium price) 수요량과 공급량을 일치시키는 가격

균형거래량(equilibrium quantity) 균형가격에서 수요량과 공급량

근원 소비자물가지수(core CPI) 식료품과 에너지를 제외한 모든 재화와 서비스의 전반적인 비용을 나타내는 지표
금융시장(financial markets) 저축하는 사람들이 차입하는 사람들에게 자금을 공급할 수 있게 해주는 시장
금융제도(financial system) 한 사람의 저축을 다른 사람의 투자로 연결하는 것을 돕는 여러 기관들로 구성
금융중개 기관(financial intermediaries) 저축하려는 사람들이 차입하려는 사람들에게 자금을 간접적으로 공급할 수 있게 해주는 금융기관
기술지식(technological knowledge) 재화와 서비스를 생산하는 최선의 방법에 대한 사회의 이해
기초 가치 분석(fundamental analysis) 기업의 가치를 산정하기 위해 기업의 재무제표와 장래 전망을 분석하는 것
기회비용(opportunity cost) 무엇을 얻기 위해 포기한 모든 것

ㄴ

노동조합(union) 임금이나 근로 조건에 대해 고용주와 교섭하는 근로자들의 단체

ㄷ

단체교섭(collective bargaining) 노동조합과 기업주가 고용 조건에 합의하는 과정
대부자금 시장(market for loanable funds) 저축하려는 사람들이 투자 재원을 마련하기 위해 차입하려는 사람들에게 자금을 공급해주는 시장
대체재(substitutes) 한 재화의 가격이 하락함에 따라 다른 한 재화의 수요가 감소하는 관계에 있는 두 재화
독점기업(monopoly) 밀접한 대체재가 없는 상품의 유일한 공급자
따라잡기 효과(catch-up effect) 가난한 상태에서 출발한 나라들이 부유한 상태에 있는 나라들에 비해 성장률이 높은 경향

ㄹ

랜덤워크(random walk) 변화를 예측할 수 없는 변수의 변동 행태
레버리지(leverage) 기존의 자금에 차입한 자금을 더하여 투자 재원을 마련하는 것
레버리지 비율(leverage ratio) 은행의 자산을 자기자본으로 나눈 비율

ㅁ

마찰적 실업(frictional unemployment) 구직자들이 자신에게 가장 잘 맞는 직장을 찾는 데 시간이 걸리기 때문에 발생하는 실업
매몰 비용(sunk cost) 한번 발생하고 난 뒤 회수할 수 없는 비용
메뉴 비용(menu costs) 가격을 변동시키는 데 드는 비용
명목 GDP(nominal GDP) 재화와 서비스 생산의 가치를 현재 가격으로 계산한 것
명목변수(nominal variables) 화폐 단위로 측정된 변수
명목이자율(nominal interest rate) 인플레이션을 감안하여 조정하지 않은 이자율
명시적 비용(explicit costs) 현금 지출이 필요한 요소비용
무임승차자(free rider) 어떤 재화를 소비하여 이득을 보았음에도 불구하고 이에 대한 대가를 지불하지 않는 사람
무차별곡선(indifference curve) 소비자에게 동일한 만족을 주는 재화 묶음들을 연결한 곡선
물가연동(indexation) 어떤 금액에 대해 법이나 계약에 따라 자동적으로 인플레이션 효과를 조정하는 것
물량 부족(shortage) 수요량이 공급량을 초과하는 상태
물적자본(physical capital) 재화와 서비스의 생산에 투입되는 장비와 건축물
물품화폐(com-modity money) 물건 자체로도 상품가치가 있는 화폐
뮤추얼 펀드(mutual fund) 일반 대중에게 주식을 공모하여 조성한 자금으로 다양한 주식과 채권을 구입하는 투자 회사
미래가치(future value) 현재 이자율에서 오늘 주어진 금액으로 미래에 얻을 수 있는 금액
미시경제학(microeconomics) 가계와 기업이 어떻게 의사결정을 내리며, 시장에서 이들이 어떻게 상호작용하는지 연구하는 경제학의 한 분야
민간저축(private saving) 가계소득 중에서 소비와 정부지출에 충당하고 남은 금액
밀어내기(crowding out) 정부차입으로 인한 민간 투자의 감소 현상
밀어내기 효과(crowding-out effect) 확대재정 정책에 따른 이자율의 상승으로 투자가 감소하여 총수요의 증가가 일부 상쇄되는 현상

ㅂ

배제성(excludability) 사람들이 재화를 소비하는 것을 막을 수 있는 가능성
법정 지급준비율(reserve requirements) 은행들이 예금액 중에서 의무적으로 보유해야 하는 지급준비금의 최저 비율
법화(fiat money) 자체로는 가치가 없고 정부의 명령에 따라 통용되는 화폐
보완재(complements) 한 재화의 가격이 하락함에 따라 다른 한 재화의 수요가 증가하는 관계에 있는 두 재화
복리계산(compounding) 은행 예금의 이자가 그 계좌에 예치되어 거기에 다시 이자가 붙는 방식으로 원리금이 축적되는 것
부분 지급준비제도(fractional-reserve banking) 예금액의 일부만 지급준비금으로 남겨두고 나머지는 대출하는 은행제도
분산투자(diversification) 한 가지 위험을 여러 개의 서로 관련 없는 소규모 위험으로 대체할 경우 위험이 감소되는 현상
불황(depression) 심한 경기침체

비교우위(comparative advantage) 다른 생산자에 비해 같은 재화를 더 적은 기회비용으로 생산할 수 있는 능력
비용(cost) 재화를 생산하기 위해 생산자가 포기해야 하는 모든 것의 가치
비용 · 편익 분석(cost-benefit analysis) 공공재 공급의 사회적 비용과 편익을 비교하는 연구 · 분석
빈곤층 소득보조(welfare) 미국 정부의 빈곤층 소득보조 프로그램

ㅅ

사적 재화(private goods) 배제성과 소비에 있어서 경합성이 있는 재화
생산가능곡선(production possibilities frontier) 한 나라의 경제가 주어진 생산요소와 생산기술을 사용하여 최대한 생산할 수 있는 산출물의 조합을 나타내는 곡선
생산성(productivity) 노동 투입량 한 단위당 재화와 서비스의 산출량
생산자물가지수(producer price index) 기업들이 구입하는 재화와 서비스 묶음의 비용을 나타내는 지표
생산자잉여(producer surplus) 생산자가 실제로 받은 금액에서 생산자가 그 물건을 제공하는 비용을 뺀 나머지 금액
생산함수(production function) 투입된 생산요소와 산출량의 관계
소비(consumption) 신축 주택 구입을 제외한 재화와 서비스에 대한 가계의 지출
소비자물가지수(consumer price index, CPI) 대표적인 소비자가 구입하는 재화와 서비스의 전반적 비용을 나타내는 지표
소비자잉여(consumer surplus) 소비자의 지불용의에서 소비자가 실제로 지불한 금액을 뺀 나머지 금액
수요곡선(demand curve) 어떤 재화의 가격과 수요량의 관계를 보여주는 그래프
수요 · 공급의 법칙(law of demand and supply) 어느 재화의 가격이 그 재화에 대한 수요량과 공급량이 일치하도록 조정되는 현상
수요량(quantity demanded) 소비자들이 값을 치르고 구입할 의사와 능력이 있는 재화의 양
수요의 가격탄력성(price elasticity of demand) 어떤 재화의 가격이 변할 때 그 재화의 수요량이 얼마나 변하는지 나타내는 지표. 수요량의 변화율을 가격 변화율로 나눈 수치
수요의 교차탄력성(cross-price elasticity of demand) 한 재화의 가격이 변할 때 다른 재화의 수요량이 얼마나 변하는지 나타내는 지표. 한 재화의 수요량의 변화율을 다른 재화의 가격 변화율로 나눈 수치
수요의 법칙(law of demand) 다른 조건이 불변일 때, 어떤 재화의 가격이 상승하면 그 재화의 수요량이 감소하는 법칙
수요의 소득탄력성(income elasticity of demand) 소비자의 소득이 변할 때 어떤 재화의 수요량이 얼마나 변하는지 나타내는 지표. 수요량의 변화율을 소득 변화율로 나눈 수치
수요표(demand schedule) 어떤 재화의 가격과 수요량의 관계를 나타내는 표
수입품(imports) 외국에서 생산되어 국내에서 소비되는 재화
수출품(exports) 국내에서 생산되어 외국에서 소비되는 재화
수확 체감(diminishing returns) 생산요소의 투입량이 증가함에 따라 추가 투입에 따른 산출량 증가분이 감소하는 현상
순수출(net exports) 한 나라의 수출액에서 수입액을 뺀 금액. 무역수지라고도 함
스태그플레이션(stagflation) 산출량이 감소함과 동시에 물가가 오르는 현상
승수효과(multiplier effect) 확대재정 정책에 따른 소득 증가로 소비지출이 증가하여 총수요가 추가적으로 증가하는 현상
시장(market) 특정한 재화나 서비스를 사고파는 사람들의 모임
시장경제(market economy) 수많은 기업과 가계가 시장에서 상호작용하면서 분산된 의사결정에 의해 자원배분이 이루어지는 경제 체제
시장 실패(market failure) 시장이 자유롭게 기능하도록 맡겨 두었을 때 효율적인 자원 배분을 달성하지 못하는 경우
시장 위험(market risk) 모든 기업에게 동시에 영향을 미치는 위험
시장지배력(market power) 한(혹은 소수의) 사람이나 기업이 시장가격에 상당한 영향을 미칠 수 있는 능력
실망 노동자(discouraged workers) 직장을 찾다가 구직활동을 포기한 사람
실업률(unemployment rate) 경제활동인구에서 실업자가 차지하는 비율
실업보험(unemployment insurance) 근로자들이 실직할 경우 소득의 일부를 보충해주는 정책 프로그램
실증적 서술(positive statements) 현실이 어떠하다는 주장
실질 GDP(real GDP) 재화와 서비스 생산의 가치를 불변 가격으로 계산한 것
실질변수(real variables) 실물 단위로 측정된 변수
실질이자율(real interest rate) 인플레이션을 감안하여 조정한 이자율

ㅇ

암묵적 비용(implicit costs) 현금 지출이 필요하지 않은 요소비용
연방기금 금리(federal funds rate) 은행들 사이의 하루짜리 대출에 적용되는 이자율
연방준비제도(Federal Reserve, Fed) 미국의 중앙은행
열등재(inferior good) 다른 조건이 불변일 때, 소득이 증가(감소)함에 따라 수요가 감소(증가)하는 재화
예금통화 승수(money multiplier) 1달러의 지급준비금으로 은행제도가 창출할 수 있는 예금통화의 양
외부효과(externality) 한 사람의 행위가 제3자의 경제적 후생에 영향을 미치고 그에 대한 보상이 이루어지지 않는 현상
외부효과의 내부화(internalizing an externality) 사람들의 유인 구조를 바꾸어 자신들의 행동이 초래하는 외부효과를 의사결정에서 감안하도록 만드는 것
요구불예금(demand deposits) 개인 수표를 발행하여 인출할 수 있는 은행 예금 계좌
위험 회피적(risk averse) 불확실성을 싫어하는 성향

유동성(liquidity) 어떤 자산을 교환의 매개수단으로 얼마나 쉽게 바꿀 수 있는지의 정도
유동성 선호이론(theory of liquidity preference) 이자율이 변해서 화폐의 수요와 공급이 일치한다는 케인즈의 이론
은행자본(bank capital) 은행 주주들이 은행에 출자한 자금
이윤(profit) 총수입−총비용
인적자본(human capital) 교육이나 직업 훈련과 같은 사람에 대한 투자의 축적
인플레이션(inflation) 물가 수준의 전반적인 상승 현상
인플레이션 조세(inflation tax) 정부가 통화 증발을 통해 조달하는 수입
인플레이션율(inflation rate) 지난 기 대비 물가지수 변동률

ㅈ

자동안정화 장치(automatic stabilizers) 경기침체가 발생할 때 정부가 별도의 조치를 취하지 않더라도 총수요가 증가하도록 만드는 재정정책의 변동
자본금 규제(capital requirement) 은행 자기자본금의 최소 규모를 규정하는 정부규제
자연독점(natural monopoly) 시장 전체 수요를 여러 생산자보다 하나의 생산자가 맡아 더 적은 비용으로 생산 · 공급할 수 있는 시장 조건
자연산출량(natural rate of output) 실업률이 정상 수준에 있을 때 경제가 장기적으로 달성하는 재화와 서비스의 산출량
자연 실업률(natural rate of unemployment) 실제 실업률이 상승 · 하락하는 기준이 되는 정상적인 실업률
자연자원(natural resources) 토지, 강, 광물 등 자연에 의해 제공되는 생산요소
재무이론(finance) 시간에 걸친 자원 배분과 위험 관리에 관한 사람들의 의사결정을 연구하는 분야
재산권(property right) 한 개인이 희소자원을 소유하고 통제할 수 있는 능력
재정적자(budget deficit) 정부수입이 정부지출에 미달하는 금액
재정정책(fiscal policy) 정부지출과 조세에 관한 정부의 결정
재정흑자(budget surplus) 정부수입이 정부지출을 초과하는 금액
재할인율(discount rate) 연방준비제도가 은행들에게 제공하는 대출에 대해 부과하는 이자율
절대우위(absolute advantage) 다른 생산자에 비해 같은 재화를 더 적은 양의 생산요소를 투입하여 생산할 수 있는 능력
정보 효율성(informationall efficiency) 사용 가능한 모든 정보를 합리적으로 반영한 자산가격을 나타냄
정부구입(government purchases) 재화와 서비스에 대한 연방정부, 주 정부, 지방 정부의 지출
정부저축(public saving) 정부의 조세수입에서 정부지출을 제하고 남은 금액
정상재(normal good) 다른 조건이 불변일 때, 소득이 감소(증가)함에 따라 수요가 감소(증가)하는 재화
정액세(lump-sum tax) 누구에게나 동일한 금액으로 부과되는 세금
조세의 귀착(tax incidence) 세금이 시장 참여자 사이에서 분담되는 현상
주식(stock) 한 회사의 소유 지분에 대한 청구권
중앙은행(central bank) 한 나라의 은행제도를 감독하고 통화량을 통제하는 기구
지급준비금(reserves) 은행 예금 중에서 대출되지 않은 금액
지급준비율(reserve ratio) 예금 중에서 은행이 지급준비금으로 보유하는 금액의 비율
지불용의(willingness to pay) 구입 희망자가 어떤 재화를 구입하기 위해 지불하고자 하는 최고 금액
직업 탐색(job search) 근로자들이 자신의 취향과 기술에 맞는 적절한 직업을 찾는 과정

ㅊ

채권(bond) 일종의 차용증서
총공급곡선(aggregate supply curve) 각 물가 수준에서 기업들이 생산 · 판매하려는 재화와 서비스의 양을 나타내는 곡선
총비용(total cost) 기업이 생산 과정에 투입한 모든 요소의 시장가치
총수요곡선(aggregate demand curve) 각 물가 수준에서 가계, 기업, 정부가 구입하려는 재화와 서비스의 양을 나타내는 곡선
총수요 · 총공급모형(model of aggregate demand and aggregate supply) 장기 추세를 중심으로 발생하는 단기 경기변동을 설명하는 모형
총수입(total revenue) 어떤 재화에 대한 소비자의 지출액이며 동시에 재화 판매자의 판매 수입. 재화의 가격에 거래량을 곱한 수치

ㅋ

코즈의 정리(Coase theorem) 민간 경제주체들이 자원 배분 과정에서 아무런 비용을 치르지 않고 협상할 수 있다면, 외부효과로 인해 초래되는 비효율성을 시장에서 그들 스스로 해결할 수 있다는 정리
클럽재(club goods) 소비에 있어서 경합성은 없으나 배제성이 있는 재화

ㅌ

탄력성(elasticity) 수요량이나 공급량이 그 결정변수의 변화에 대해 반응하는 정도를 나타내는 지표
통화량(money supply) 경제 내에 유통되는 화폐의 공급량
통화정책(monetary policy) 중앙은행의 정책담당자들이 통화량을 결정하는 것
투자(investment) 기업 자본, 주택 자본 및 재고품에 대한 지출
특정 기업 위험(firm-specific risk) 특정 기업에게만 영향을 미치는 위험

ㅍ

파업(strike) 기업과 노동조합이 합의에 도달하지 못해 노동조합이 조직적으로 작업을 거부하는 행위

평균가변비용(average variable cost) 가변비용을 산출량으로 나눈 것

평균고정비용(average fixed cost) 고정비용을 산출량으로 나눈 것

평균수입(average revenue) 총수입을 수량으로 나눈 값

평균총비용(average total cost) 총비용을 산출량으로 나눈 것

피셔 효과(Fisher effect) 인플레이션율이 변하면 명목이자율도 같은 폭으로 변하는 현상

ㅎ

한계비용(marginal cost) 산출량을 한 단위 증가시킬 때 총비용의 증가분

한계생산물(marginal product) 생산요소의 투입량을 한 단위 증가시킬 때 창출되는 산출량의 증가분

한계생산물 체감 현상(diminishing marginal product) 생산요소의 투입량이 증가함에 따라 그 요소의 한계생산물이 감소하는 현상

한계수입(marginal revenue) 한 단위를 추가 판매함으로써 발생하는 총수입의 변화

한계적 변화(marginal changes) 현재의 행동에 대한 계획을 조금씩 바꾸어 조정하는 것

합리적인 사람(rational people) 목적을 달성하기 위해 체계적이고 계획적으로 최선을 다하는 사람

현금(currency) 일반 국민들의 수중에 있는 지폐와 동전

현재가치(present value) 현재 이자율을 적용하여 미래에 주어진 금액을 얻기 위해 지금 필요한 금액

형평성(equality) 경제 발전의 혜택이 사회구성원에게 균등하게 분배되는 속성

화폐(money) 사람들이 다른 사람들로부터재화와 서비스를 구입하기 위해 일반적으로 사용하는 몇 가지 자산

화폐 수량 방정식(quantity equation) $M \times V = P \times Y$라는 통화량, 화폐유통속도, 재화와 서비스 산출물의 달러 가치 사이의 관계를 나타내는 방정식

화폐수량설(quantity theory of money) 한 경제에 유통되는 화폐의 양이 물가수준을 결정하며, 통화량의 증가율이 인플레이션율을 결정한다는 이론

화폐유통속도(velocity of money) 화폐가 한 사람에게서 다른 사람에게로 이동하는 빈도

화폐의 중립성(monetary neutrality) 통화량의 변화가 실질변수에 영향을 주지 못한다는 이론

회계의 단위(unit of account) 물건 가격을 정하고 채무를 기록할 때 사용되는 측정 기준

회계학적 이윤(accounting profit) 총수입에서 명시적 비용을 뺀 금액

효율성(efficiency) 사회 구성원이 누리는 총잉여를 극대화하는 자원 배분의 속성

효율임금(efficiency wages) 근로자의 생산성을 높이기 위해 기업 스스로 균형임금보다 높은 임금을 지불하는 것

효율적 생산량(efficient scale) 평균총비용이 최소가 되는 산출량 수준

효율적 시장 가설(efficient markets hypothesis) 자산가격이 그 자산의 가치에 관한 모든 공개된 정보를 반영한다는 이론

후생경제학(welfare economics) 자원의 배분이 사람들의 경제적 후생에 미치는 영향을 연구하는 경제학의 한 분야

희소성(scarcity) 한 사회가 가지고 있는 자원의 유한성

기타

GDP 디플레이터(GDP deflator) 물가 수준의 지표로, 명목 GDP를 실질 GDP로 나눈 수치에 100을 곱한 것

THE
RESTROOMS
BAÑOS
ATM

찾아보기

ㅈ

ㅊ

ㅋ

ㅌ

ㅍ

ㅎ

기타

유용한 인터넷 사이트 목록

Mankiw의 블로그 http://gregmankiw.blogspot.kr

국제 기구

국제통화기금(International Monetary Fund, IMF)	www.imf.org
세계은행(World Bank)	www.worldbank.org
경제협력개발기구(Organization for Economic Co-operation and Development, OECD)	www.oecd.org
UN 개발계획(United Nations Development Programme, UNDP)	www.undp.org
국제결제은행(Bank of International Settlements, BIS)	www.bis.org
세계무역기구(World Trade Organization, WTO)	www.wto.org
유럽연합(European Union, EU)	europa.eu
아시아개발은행(Asian Development Bank, ADB)	www.adb.org
아시아태평양경제협력체(Asia-Pacific Economic Cooperation, APEC)	www.apec.org

경제 관련 정부 부처

기획재정부	www.mosf.go.kr	국토교통부	www.molit.go.kr
고용노동부	www.moel.go.kr	외교부	www.mofat.go.kr
산업통상자원부	www.motie.go.kr	환경부	www.me.go.kr
공정거래위원회	www.ftc.go.kr	금융위원회	www.fsc.go.kr
통계청	www.kostat.go.kr	행정안전부	www.mois.go.kr

국내 주요 경제 기관

한국은행	www.bok.or.kr	한국거래소	www.krx.co.kr
대한무역투자진흥공사	www.kotra.or.kr	은행연합회	www.kfb.or.kr
예금보험공사	www.kdic.or.kr	금융투자협회	www.kofia.or.kr
대한상공회의소	www.korcham.net	금융감독원	www.fss.or.kr

미국 정부 기관 및 중앙은행

재무부	www.treasury.gov	노동통계국(BLS)	stats.bls.gov
상무부	www.commerce.gov	경제자문위원회	www.whitehouse.gov/cea

연방준비제도이사회(Federal Reserve) www.federalreserve.gov

신용 평가 기관

스탠더드 앤드 푸어스	www.standardandpoors.com	무디스	www.moodys.com
피치	www.fitchratings.com		

민간 경제 연구소

삼성경제연구소	www.seri.org	한국경제연구원	www.keri.org
LG경제연구원	www.lgeri.com	한국금융연구원	www.kif.re.kr
현대경제연구원	www.hri.co.kr		

정부 출연 연구 기관

한국개발연구원(KDI)	www.kdi.re.kr	한국노동연구원	www.kli.re.kr
한국조세재정연구원	www.kipf.re.kr	한국해양수산개발원	www.kmi.re.kr
대외경제정책연구원	www.kiep.go.kr	한국교통연구원	www.koti.re.kr
산업연구원	www.kiet.re.kr	한국환경정책 · 평가연구원	www.kei.re.kr
에너지경제연구원	www.keei.re.kr	한국농촌경제연구원	www.krei.re.kr
정보통신정책연구원	www.kisdi.re.kr	국토연구원	www.krihs.re.kr
한국보건사회연구원	www.kihasa.re.kr	과학기술정책연구원	www.stepi.re.kr

국내외 경제신문 · 잡지

매일경제신문	www.mk.co.kr	서울경제신문	www.sedaily.com
한국경제신문	www.hankyung.com	CNN	money.cnn.com
Economist	www.economist.com	Business Week	www.businessweek.com
Financial Times	www.ft.com	Wall Street Journal	www.wsj.com

경제 관련 학회, 자료 검색 및 통계 사이트

한국경제학회	www.kea.ne.kr	한국국제경제학회	www.kiea.or.kr
국회도서관	www.nanet.go.kr	KDI경제정보센터	eiec.kdi.re.kr
통계청 국가통계포털	kosis.kr	한국은행 경제통계시스템	ecos.bok.or.kr
구글 학술검색	scholar.google.com	Global Insight	www.ihs.com
NBER	www.nber.org	IDEAS	ideas.repec.org

Greg Mankiw's Blog	https://gregmankiw.blogspot.com/
Tyler Cowen, Marginal Revolution	https://marginalrevolution.com/
Noriel Roubini Macroeconomics	www.nouriel roubini.com
Stephen Malpezzi, Real Estate and Urban Development Viewpoint	http://reudviewpoint.blogspot.com/
FRED, Federal Reserve Economic Data	https://fred.stlouisfed.org/
Max Roser, Our World in Data	https://ourworldindata.org/
Hans Rosling and family: Gapminder	https://www.gapminder.org/